权威性 科学性 准确性 实用性

2017年（第十二卷）

长三角年鉴

Yangtze River Delta Yearbook（2017）

孙克强 / 主编

长江经济带研究中心
长三角城市经济协调会办公室
长江经济网
长三角智库 协办

河海大学出版社

Hohai University Press

长三角城市经济协调会

长江三角洲城市经济协调会的前身是1992年建立的长江三角洲15个城市协作部门主任联席会议制度。为推动和加强长江三角洲地区经济联合与协作，促进长江三角洲地区的可持续发展，由区域内的上海、无锡、宁波、舟山、苏州、扬州、杭州、绍兴、南京、南通、泰州、常州、湖州、嘉兴、镇江（按城市笔画为序）等15个城市，经过沟通协商，于1997年升格为长江三角洲城市经济协调会。在2003年8月第四次会议上，台州市被接纳为正式成员。2010年3月26日，第十次会议正式吸收合肥、盐城、马鞍山、金华、淮安、衢州为会员。2013年4月13日，第十三次市长联席会议正式吸收芜湖、连云港、徐州、滁州、淮南、丽水、宿迁、温州等8个城市为会员。常务主席方是上海市，常设联络处设在上海市人民政府合作交流办公室。

长江经济网：WWW.yangtze.org.cn

长江经济网在有长三角联合网的基础上升格而成，主要面向长江经济带地区的政府部门、高等院校、研究机构、金融机构、企业集团、产业园区及海内外关心长江经济带发展的各类机构，为他们提供关于长江经济带地区专业的、一线的、动态的经济信息、形势分析、统计数据、文献资料等。

长江经济网，具有五大功能：（1）长江经济带地区最具权威的专业门户网站；（2）覆盖上海、江苏、浙江、安徽、江西、湖南、湖北、贵州、云南、四川、重庆沿江区域；（3）聚焦长江沿岸地区的经济发展与最新动向；（4）定期发布长三角地区和长江经济带的经济形势分析与预测报告；（5）建立大容量的长江文献统计数据库。

《长三角年鉴》编辑部

《长三角年鉴》编纂指导委员会

（排名不分先后）

上海市人民政府	副市长	彭沉雷
南京市人民政府	常务副市长	杨学鹏
杭州市人民政府	副市长	谢双成
合肥市人民政府	常务副市长	罗云峰
宁波市人民政府	副市长	李关定
苏州市人民政府	常务副市长	王　翔
无锡市人民政府	常务副市长	黄　钦
南通市人民政府	常务副市长	单晓鸣
常州市人民政府	常务副市长	曹佳中
扬州市人民政府	常务副市长	陈　扬
淮安市人民政府	常务副市长	戚寿余
盐城市人民政府	常务副市长	陈红红
泰州市人民政府	常务副市长	杨　杰
镇江市人民政府	常务副市长	裔玉乾
衢州市人民政府	常务副市长	汤飞帆
绍兴市人民政府	常务副市长	凌志峰
舟山市人民政府	常务副市长	周伟江
台州市人民政府	副市长	蒋冰风
嘉兴市人民政府	常务副市长	楼建明
湖州市人民政府	常务副市长	高　屹
金华市人民政府	常务副市长	陈　晓
马鞍山市人民政府	常务副市长	周善武
长三角城市经济协调办公室	主　任	姚　新
华东师范大学长江流域发展研究院	常务副院长	徐长乐
华东师范大学中国现代城市研究中心	主　任	宁越敏
上海交通大学经济学 中国服务经济与管理研究中心	执行院长 主　任	陈　宪
上海交通大学中国都市圈发展与管理研究中心	主　任	王方华
浙江大学区域经济开放与发展研究中心	主　任	张小蒂
复旦大学城市经济研究所	所　长	周伟林
复旦大学长三角研究院	院　长	桑玉成
复旦大学中国经济研究中心	主　任	张　军
南京大学城市学院	副院长	黄贤金
中科院南京地理所城市研究中心	主　任	姚士谋

携手城市合作 筑梦崛起江淮

——淮安市参与长三角城市合作情况综述

从2004年被列入长三角城市经济协调会观察员城市，到2010年正式成为长三角城市经济协调会成员城市，再到长三角城市经济协调会成立20周年之际我市作为轮值主席方成功举办长三角城市经济协调会第17次市长联席会，淮安市在长三角城市合作中，认真落实历次市长联席会议的工作部署，紧紧围绕共推长三角城市转型升级、一体化发展的目标，以加强城市间重点领域合作为重点，深化合作与交流，努力推动实施创新驱动战略、推进生态文明建设、深入推进产学研合作，形成了有效的工作机制，在产业、旅游、信息、交通等方面和长三角成员城市无缝对接、联动发展，有效加快了淮安融入长三角和长三角一体化的步伐。

联动互动，主动融入长三角大力提升淮安品牌

2010年5月，国务院正式批准的《长江三角洲地区区域规划》，其中将淮安定位为“国家历史文化名城和生态旅游城市，长三角北部地区重要的中心城市、交通枢纽和先进制造业基地”。上海世博会期间，淮安的“运河枢纽”成为世博会主题体验之旅示范点，“四大名著”访古探迹等5条专线入选江苏省世博之旅精品线路，成功举办了淮安(上海)世博旅游专场推介会。

通过多年努力，在承接产业转移方面淮安已经走在了前列，并与沪商、浙商和苏南民营资本形成了紧密联系，累计有200多家总部设在上海 的企业来淮投资，在淮经商的浙江人超10万名、投资企业2000余家，并荣获浙商最佳投资城市称号。淮安积极参与长三角各类活动，特别是长三角协调会组织的各类会展，让成员城市认识了淮安，看到了淮安特色，长三角地区来淮投资企业逐渐呈现数量越来越多、体量越来越大、产业层次也越来越高的特点，已成为淮安经济发展新的增长点。2015年，淮安市委常委、常务副市长戚寿余率市发改委、苏淮高新技术产业开发区相关负责人赴上海国际展览中心参加长江流域园区与产业合作对接会，通过加入长江流域园区联盟、参加主题论坛、项目合作路演、招商推介等多种形式，加强与长三角园区、企业合作与联系，积极融入长江流域园区与产业合作，并荣获长三角协调会颁发的“会展最佳组织奖”。

近年来，长三角城市群之间的时空距离正随着快速通道的增加而不断缩短，同城化、一体化发展趋势越来越凸显。货物进出口的“区港联动”、“属地申报、属地验放”、商检等同城化待遇普惠各成员市，城市间的人流、物流、资金流、信息流等要素流动不断加快。淮安市参与了长三角公交一卡通方案、标准的制定，率先在南京都市圈内开通了“一卡通”，大大方便了两地居民的生活。目前，淮安正在积极推进长三角地区职工医保、住房公积金、企业信用等公共平台建设，共推、共享一体化进程。

互相配合，积极开展长三角各类专课题研究

自2010年3月加入协调会以来，淮安共牵头、参与长三角城市经济合作专、课题10余个，成果显著。特别是2015年，由淮安牵头，与嘉兴、丽水、衢州协作开展长三角地区家庭农场发展模式与趋势研究课题研究，选取了江苏省6家、浙江省4家和安徽省2家共12个典型代表城市进行研究分析，通过查阅文献、问卷调查、实地考察、会议研讨等多种形式，调查了解长三角地区家庭农场的总体情况，密切与成员城市间的合作。2015年12月3日，经过长三角协调会办公室组织的长三角各城市专家和网上专家两个评审环节，以总分87.14的成绩通过专家评审。2016年2月26日，在浙江金华召开的长三角城市经济协调会办公室第41次工作会议上，我市2015年承担的《长三角地区家庭农场发展模式与趋势研究》课题喜获二等奖。五年来，淮安还与南通、盐城、嘉兴、马鞍山、温州等城市一同开展长三角跨区域联合开发区（合作共建开发区）管理机制研究、长三角建设科技创新型城市群研究、长三角运河国际旅游产品联动开发与营销研究、长三角城市优化创业创新环境对策研究、长三角城市金融改革路径探索等，并开展交流互访，加深了城市间交流与合作。

出席长江三角洲城市经济协调会第十七次市长联席会议领导合影

2017年3月30日，长江三角洲城市经济协调会第十七次市长联席会议内部会议在淮安举行

长江三角洲城市经济协调会第十七次市长联席会议全体会议上宣读《淮安宣言》

合作共赢，全力开展长三角专委会和联盟工作

自从长三角2014年引入专业委员会、联盟工作机制以来，我市先后积极加入长三角新型城镇化专委会、长三角品牌专委会、长三角旅游专委会、长三角会展专委员会、长三角健康服务业专委员会、长三角非物质文化遗产联盟、长三角创意经济专委会、长三角青年创新创业联盟、长三角新能源汽车联盟等组织，并根据专委会、联盟职能、性质，组织市发改委、经信委、规划局、工商局、旅游局、团市委等单位积极对接、承接、参加专委会、联盟组织的各项会议和经贸活动，开展跨市产业合作和产业转移，支持外地企业来淮投资发展，积极宣传淮安、扩大淮安影响力。

2016年11月2日，在市委、市政府召开的专题会议上，为深入贯彻五大发展理念，把长三角建成为全国生态文明建设先行区和示范区提供智力支持，充分发挥淮安在长三角区域中的积极作用，市委书记姚晓东明确要求我市争取设立长三角生态经济专业委员会。

2017年3月2日，经过积极努力争取，在长三角协调会办公室第45次工作会议上，长三角协调会办公室正式决定由我市牵头成立长三角生态经济专委会。11月14日，按照长三角协调会第十七次市长联席会议精神，由淮安市发改委和淮阴师范学校共同牵头组织的长三角生态经济专业委员会成立大会暨绿色发展与江淮生态经济区建设高峰论坛在淮安成功举办，会上由上海市政府合作交流办副主任、长三角城市经济协调会办公室主任姚新和淮安市委常委、市政府常务副市长戚寿余揭牌正式成立长三角生态经济专委会，长三角20个成员城市正式加入专委会。该专委会的成功设立将更加凸显淮安在推进长三角一体化发展过程中的重要作用，进一步凝聚长三角地区生态经济建设力量，加快长三角生态经济建设重大课题研究步伐，不断推动长三角地区生态经济建设工作深入开展。

积极筹备，第17次市长联席会议胜利召开

根据2016年3月25日在浙江金华召开的长三角城市协调会第16次市长联席会议精神，2017年我市将担任长三角城市协调会轮值执行主席方，并承办第17次市长联席会议。

从2016年4月份开始，我市即启动了会议筹备相关工作，学习马鞍山和金华市办会经验，与长三角协调会办公室保持沟通交流，草拟会议筹备工作初步方案。2016年9月23日，市发改委专程赴上海长三角协调会办公室，汇报了会议初步方案，并按照长三角协调会办公室周立总干事的意见，对会议方案进行了进一步修改。10月17日，戚寿余常务副市长带队赴上海，与长三角协调会办公室主任姚新和区域合作处全体人员就会议方案进行了深入会商研究，重点就会议时间、主题、日程、市长高峰论坛主持人、主旨演讲嘉宾、展览展示内容、专委会活动及在淮安设立专委会、淮安宣言等进行了商榷。在10月27日长三角协调会专家咨询会议、12月6日长三角协调会办公室干事会等多个会议上，各位专家和城市领导对会议筹备方案进行充分的讨论、完善，形成会议初步方案。11月2日，淮安市委、市政府召开第17次市长联席会议筹备工作情况汇报会，市主要领导对我市筹备会议工作做了具体部署，并决定成立以惠建林市长任主任的会议筹委会。12月13~16日，在宿迁召开的长三角协调会第41次主任办公会上，长三角30个城市一致通过第十七次市长联席会议筹备方案。

2017年1月11日，我市专程赴上海与长三角协调办共同邀请上海文广新闻传媒集团广播新闻中心首席主持人秦畅作为市长高峰论坛主持人，并与周立总干事就准备在市长联席会议上发布的《淮安宣言》等事项深入商讨。2月13日，上海市政府合作交流办公室副主任、长三角城市经济协调会办公室主任姚新同志一行，专程来我市考察商谈此次联席会议相关工作，并听取会议筹备工作情况汇报。姚主任对会议筹备情况特别是对我市提出的会议方案包括分工方案给予了充分肯定。2月16日，市政府召集全市50余部门和单位召开会议筹备分工第一次专题会议，就会议筹备重点工作进行部署和分工，成立综合协调组、宣传报道组、安全保卫组、后勤保障组、会务接待组等五个小组，并制定详细“一对一”对口接待等详细的工作方案，明确工作任务，将任务分解落实到人，时间节点细化到了具体日期。2月20日，戚寿余常务副市长会同周立总干事赴国家发改委地区经济司邀请领导来淮参加17次市长联席会议并致辞。

3月30日，长三角城市经济协调会第十七次市长联席会议在淮安市胜利召开，长三角30个成员城市市长出席会议，国家发改委地区司副巡视员黄徽波，沪苏浙皖三省一市发改委领导，长三角协调会成员城市发改委、经协部门领导，泛珠三角、环渤海区域合作组织代表，长三角协调会专家咨询委员会、专业委员会、合作联盟和部分课题代表，共300多位嘉宾应邀参加会议。淮安市委书记姚晓东、淮安市委副书记、市长蔡丽新出席会议并致辞。会议签署了《淮安宣言》，并成立了长三角生态经济专委会等4个专委会及联盟。此次会议的组织、筹备、宣传、后勤保障等一系列工作受到了领导及与会嘉宾的一致好评，极大的提升了淮安的知名度和美誉度。

淮安市委书记姚晓东在长江三角洲城市经济协调会第十七次市长联席会议全体会议上致辞

淮安市市长蔡丽新在长江三角洲城市经济协调会第十七次市长联席会议内部会议上致辞

长江三角洲城市经济协调会第十七次市长联席会议市长高峰论坛

宁淮挂钩，深度融入南京都市圈发展

南京都市圈是以南京为中心的经济区域带，是长三角地区重要的都市圈，淮安市是南京都市圈的重要城市之一，也是江苏省委、省政府明确由南京市结对挂钩合作的城市。2001年宁淮两市开展挂钩合作以来，通过政府推动、市场调节，宁淮两市在共建园区、人才交流、产业转移与合作、科技、教育、医疗卫生、文化旅游等方面，取得了丰硕成果。2017年11月15日，宁淮两市共同编制的《宁淮挂钩深度合作规划（2017-2030）》获省发改委正式批复实施。《规划》的批复实施标志着宁淮挂钩合作已由最初的工业为主向一、三产业拓展，由产业合作为主向科技、金融合作拓展，由经济领域为主向经济社会发展各个领域拓展，进一步明确了宁淮挂钩的优势以及未来走向深度合作的方向。

一是干部人才交流方面，宁淮两地分别从重点企业和经济主管部门互派5批共218名年轻、有潜力、政治素质高、工作作风好、业务能力强的骨干挂职锻炼，促成了一批在宁企业来淮投资，丰富了宁淮挂钩的合作内涵。

二是产业合作方面，南京、淮安两市秉持“政府引导、企业唱戏”的宗旨，以经贸活动为平台，以项目为纽带，产业合作成效显著。两市共举办18次宁淮挂钩合作（项目）签约大会，签约项目540多个，总投资550亿元，旺旺集团、中央新亚、经纬纸业、华润苏果淮安配送中心、雨润集团、苏宁电器等一批名气大、投资大、体量大的好项目相继落户淮安。

三是医疗卫生领域合作方面，宁淮两市卫生部门在对口支援、学术交流、人才培养等方面签署了多个合作协议，南京市医院对口支援淮安市县（区）医院及乡镇卫生院，安排医务人员赴宁进修，派驻卫生专家队伍进驻农村医疗卫生机构，将宁淮医卫合作提升到了新的发展层次。

四是教育领域合作方面，2010年以来，南京组织名师团队赴淮安市开展教师培训共计1500人次。南京提供15个免费网络培训课程，参加培训教师2000余人。宁淮合作建设“宁红希望小学”、“高沟镇中心幼儿园”等一批基础教育基地。

五是文化旅游合作方面，宁淮两市共推旅游线路和特色节庆，共同打造“明文化”、“红色文化”、“生态文化”精品旅游线路，互派代表团参加“南京文化旅游节”、“梅花节”和“淮扬菜美食文化旅游周”。里运河文化旅游区与南京秦淮区夫子庙秦淮风光带管理局成功签订《淮安市里运河文化长廊水上游览项目合作协议》，合作开通里运河水上游览线，做大做强淮安里运河水上旅游，与南京16家旅行社签订了合作协议。

六是共建园区方面，宁淮两市共创建5家宁淮共建园区，其中4家为省级南北共建园区，累计完成基础设施投入22亿元，产业特色初步形成。2017年，我市4家省级宁淮南北共建园区，共获得2016年度省南北共建园区考核4000万元奖励。宁淮合作共建园区已成为宁淮深度挂钩合作的先行区、示范区和对接南京江北新区的最前沿。宁淮新兴产业科技园2017年成功获批省级南北共建园区，宁淮现代服务业集聚区纳入省级南北共建园区考核获省有关部门支持。

牵头引领，推进淮河生态经济带建设取得新突破

淮河是我国第三大河流，流经河南、安徽、江苏3省，是东部与中部的连接桥梁、南方与北方的过渡地带。国家近期正大力推动淮河生态经济带规划发展，目前确定的规划范围是长三角地区的重要组成部分，是长三角地区重要腹地，拥有丰富的土地、矿产等自然资源，广阔的消费市场，具备一定的产业配套能力。

2010年，淮安市站在淮河流域区域协调发展的角度，率先提出规划建设“淮河生态经济带”，把苏北、皖北、豫南境内淮河流域建设成科技型、外向型和生态型的健康生态经济长廊。2012年初，淮安市委托中国国际经济交流中心开展“构建淮河生态经济带先导区”研究课题。随着研究逐步深入，沿淮蚌埠、信阳、盐城、淮南等地相继加入委托，课题名称更改为“淮河生态经济带发展规划”。课题组用一年多时间进行实地调研，掌握了大量数据材料，最终形成了《淮河生态经济带发展战略规划研究报告（2013-2030）》。2015年3月29日，李克强总理对全国人大原副委员长蒋正华、全国人大法律委员会原副主任王茂林、中央政策研究室原副主任郑新立联名提出的《关于促进淮河生态经济带发展的建议》做出重要批示，要求国家发改委会同有关部门开展相关工作。

在淮安市的积极推动下，2016年3月，《中华人民共和国国民经济和社会发展第十三个五年规划纲要》第三十七章第三节中明确提出“推进汉江、淮河生态经济带建设”，为淮河生态经济带建设上升为国家战略提供了支撑。同期，江苏省、安徽省、河南省三省确定了20个市1个县的淮河经济带规划范围。2016年 10月18日，按照国家发改委的要求，淮安市牵头开展淮河生态经济带发展规划前期研究工作。经过研究讨论、实地调研，在江苏、河南、安徽三省发改委及相关各市的大力支持下，综合各方意见形成了《淮河生态经济带发展规划》（初稿），并于2017年3月2日将规划初稿正式上报国家发改委。4月13日，国家发改委地区经济司在京召开淮河生态经济带发展规划专题会议，根据司领导要求，我市立即组织对规划进行了修改。4月27日，江苏省发改委在南京召开规划集中修改工作会议，河南省发改委及所属6市、桐柏县发改委参加了会议，江苏省淮安市、徐州市、盐城市、扬州市发改委就淮河生态经济带统领江淮生态大走廊、盐城滨海新区、淮海经济区等重大事项作了补充完善，5月2日，江苏省发改委将规划文本上报国家发改委。6月13日，国家发改委地区司中部处周毅仁处长带队来淮安进行实地调研，为国家发改委下一步修改完善规划做前期工作。国家发改委已将组织编制淮河生态经济带发展规划作为2017年国家发改委重点工作报送国务院，李克强总理、张高丽副总理等国务院领导已圈阅同意。目前，《淮河生态经济带发展规划》已经通过国家发改委主任办公会审议并上报国务院审批，预计将于2018年上半年将正式获批并上升为国家战略。

未来五年，淮安将深度融入“一带一路”、沿江、沿海、沿东陇海发展战略，积极推动淮河生态经济带建设，推动向东向西双向开放、向南向北全面对接，形成“东融西拓、南联北接”的新格局，将淮安打造成为苏北地区和长三角北部重要增长极。

江苏省南京市

南京地处长江下游中部，长江横穿市区，现辖11个区，行政区域总面积6 587平方公里，常住人口827万人。

一、东部地区重要的中心城市

根据国务院批复同意的《南京市城市总体规划（2011—2020年）》，南京被定位为东部地区重要的中心城市。

1. 江苏省省会

作为江苏省会城市，南京不断提高在省内首位度，2016年实现地区生产总值突破万亿元，比上年增长8%。根据《2016中国城市金融竞争力指数报告》显示，南京金融竞争力指数位居全国第五，排名仅次于北京、上海、深圳和广州。

2. 特大城市

根据《长江三角洲城市群发展规划》，按长三角城市群各城市规模等级划分，南京被列为唯一的特大城市，城市规模等级仅次于上海。《长江三角洲城市群发展规划》构建的五大都市圈第一圈正是南京都市圈，包括南京、镇江、扬州三市。

3. 国家级新区

南京江北新区是中国第13个、江苏省唯一的国家级新区，2015年6月27日由国务院批准设立，位于南京市长江以北，规划面积788平方公里。南京江北新区的战略定位是打造自主创新先导区、新型城镇化示范区、长三角地区现代产业集聚区和长江经济带对外开放合作重要平台。

航运枢纽建家园（胡德文 摄）

新城夜色（葛宏军 摄）

紫金山瞭望台

二、国家历史文化名城

南京是国务院公布的首批历史文化名城。悠久的历史留下了众多具有全国乃至世界影响力的文化资源。

1. 古都风貌

南京有近2 500年建城史和450多年建都史，与北京、西安、洛阳并称我国“四大古都”，拥有全国重点文物保护单位49处。颐和路、梅园新村入选全国首批历史文化街区，高淳淳溪镇入选国家历史文化名镇。

2. 文化遗产

南京拥有中国现存规模最大的古城墙、世界文化遗产明孝陵，还有云锦织造、金陵刻经印刷、南京剪纸、古琴艺术4项世界级非物质文化遗产。入选《世界记忆名录》的药学巨著《本草纲目》（金陵本）于1593年在南京刻印。南京正积极参与“中国明清城墙”和“海上丝绸之路·中国史迹”联合申遗。

3. 公共文化

南京公共文化设施不断完善，现有文化馆14个、公共图书馆15个、文化站100个、博物馆57个，每万人拥有公共文化设施面积达1 850平方米。2016年文化产业增加值达到629.93亿元，文化企业1.87万家，同比增长17%以上。

夕照仪凤门（胡明礼 摄）

三、全国重要的科研教育基地

南京科教综合实力仅次于北京、上海，在中国城市中位居第三。

1. 科教中心

全市拥有普通高等院校53所。南京是全国唯一的科技体制综合改革试点城市，全社会研发经费投入320亿元，占地区生产总值比重超过3%，达到发达国家水平。全市拥有国家级重点实验室31家，世界500强和中国500强企业研发机构113家。

2. 人才高地

南京人才资源丰厚。截至2016年末，在宁中国科学院院士43人、中国工程院院士38人，在宁“两院”院士数量超过院士总人数的5%；在校大学生和在学研究生82.78万人，相当于南京常住人口总数的10%。南京获选2016年“魅力中国——外籍人才眼中最具吸引力的十大城市”。

3. 创业创新

南京是国家创新型城市试点城市之一，2016年，南京地区共有35项重大科技成果获得国家科学技术奖励；大力促进应用技术成果就地转化，签订各类技术合同成交数22 827项，合同成交总额215.73亿元。南京不断加大创业创新载体建设力度，纳入国家科技部备案的众创空间累计达169家。

四、综合交通枢纽

南京是全国重要的综合交通枢纽，也是长三角辐射带动中西部地区发展的重要门户。

1. 长江航运物流中心

南京港是全国重要的江海转运主枢纽港，也是万吨级以上大型海轮进长江的终点港。2016年，长江南京以下12.5米深水航道初步贯通至南京，南京港口货物吞吐量接近2.3亿吨，南京港集团成为长江沿线首家年货物吞吐量突破亿吨的港口企业。

2. 铁路枢纽中心

南京是全国铁路干线重要交汇点，年运输旅客总量超过4 000万人次。南京现已开通驶往中亚五国的“中亚班列”及直达莫斯科的“中欧班列”，已成为南京参与“一带一路”建设最直接的渠道。

3. 大型枢纽机场

南京禄口国际机场拥有国际最高等级的4F级飞行区，航线通达国内60个主要城市及32个国家和地区城市航点，2016年完成旅客吞吐量首次突破2 000万人次。中国邮政航空速递物流南京集散中心是中国邮政速递物流网络的核心枢纽。

五、幸福感强的宜居城市

2016年，南京在“中国最具幸福感城市”评选中排名第三，连续8年获此荣誉。

1. 社会建设

全体居民人均可支配收入达44 009元，增长8.8%，超过地区生产总值增速。全市财政一般公共预算支出中民生支出占比达77.8%。全年地铁承担客运人数8.32亿人次，主城区公交机动化出行分担率达63%。社区卫生服务城市人口覆盖率达到100%。

2. 人居质量

2016 年，南京被授予“国家生态市”称号，PM2.5平均浓度比上年下降16.%，全市绿化造林2.7万亩，建成区绿化覆盖率超达44.75%，实施美丽乡村示范区建设340平方公里。

3. 体育事业

2016年，南京成功举办世界速度轮滑锦标赛，被国际轮滑联合会授予全球首个“世界轮滑之都”称号；获得2017年首届全项目轮滑世锦赛、2018年羽毛球单项世锦赛、2019年国际篮联篮球世界杯（南京赛区）承办权；城市社区“10分钟体育健身圈”覆盖率、完好率保持100%。

南京博物馆大型实景演出《报恩盛典》（孙参 摄）

青春绽放山水间（艾小龙 摄）

首列空铁列车竣工下线（吴彬 摄）

浙江省杭州市

2016年，杭州市委、市政府认真贯彻习近平总书记重要指示精神，以“最高标准、最快速度、最实作风、最佳效果”为要求，举全市之力做好场馆改造、会议服务、平安护航、氛围营造以及6大类605个环境整治提升项目等峰会各项服务保障工作，圆满实现了“四个满意”目标，得到习近平总书记的充分肯定、高度赞扬。动员全市广大干部群众积极参与“服务G20，人人都是东道主”主题活动，树立“诚信包容、文明友善”的市民形象，向世界展现了杭州历史与现实交汇的独特韵味，为成功举办峰会贡献了杭州的智慧和力量。抓住“后峰会、前亚运”窗口期，加快城市国际化步伐，入选全球国际会议目的地百强城市、全球52个最值得到访的旅游目的地。

全市实现地区生产总值11 313.72亿元，比上年（指2015年，下同）增长9.6%。财政总收入2 558.41亿元，增长14.0%。杭州市全体居民人均可支配收入46 116元，比上年增长8.1%，扣除价格因素，实际增长5.4%。城镇登记失业率1.72%。居民消费价格指数上升2.6%。杭州市常住人口自然增长率6.0‰。

持续发力促进经济提质增效。全市完成固定资产投资5 842.42亿元，增长5.1%。社会消费品零售总额5 176.20亿元，增长10.5%；网络零售额3 445.65亿元，增长28.6%。全市货物进出口总额4 485.97亿元，增长8.7%。其中：进口总额1 172.17亿元，增长14.6%；出口总额3 313.80亿元，增长6.7%。全市跨境电子商务进出口总额81.12亿美元，增长134.2%。其中，出口60.60亿美元，进口20.52亿美元，分别增长166.7%和72.3%。经济结构继续优化，三次产业结构调整为2.7∶36.4∶60.9。2016年，杭州信息经济引领全市经济转型。信息经济实现增加值2 688.00亿元，比上年增长22.8%，占GDP的24.3%，提高1.3个百分点。其中，电子商务产业、移动互联网产业、数字内容产业分别增长45.2%、45.1%和35.0%。全市实现工业增加值3 726.20亿元，增长5.2%；规模以上工业企业实现利税1 655.64亿元，增长6.8%，其中利润946.06亿元，增长6.7%。

2016年9月4~5日，二十国集团领导人第十一次峰会在杭举行。图为国内外新闻工作者在现场报道（王川 摄）

2016年9月4日晚，G20杭州峰会文艺演出“最忆是杭州”在西湖景区举行。图为演出节目《欢乐颂》剧照（杭州图库 供稿）

2016年11月15~16日，联合国教科文组织全球学习型城市网络第一届成员大会在杭州召开（杭州图库 供稿）

2016年10月13日，在杭州·云栖大会开幕式上，“杭州城市数据大脑”正式发布（杭州图库 供稿）

东梓关村新貌（朱啸尘 摄）

扎实推动改革开放创新举措落地。深化“放管服”改革，“五证合一”商事登记办法向全国推广。出台网络预约出租车和私人小客车合乘管理实施细则。发布全国首个跨境电子商务发展指数，跨境电子商务上线企业超过6 000个，“六体系两平台”跨境电子商务模式向全国推广。浙商回归资金、到位内资、实际利用外资分别增长7.5%、11.8%和1.4%；新增上市企业17个、新三板挂牌企业192个；新设各类市场主体16.93万户，增长25.5%。推进国家自主创新示范区建设，实施科技企业“双倍增”行动计划，新认定国家重点扶持高新技术企业515个。未来科技城、阿里巴巴集团入选国家首批“双创示范基地”。制定出台“人才意见22条”，新增“国千”人才19名、“省千”人才54名。成立浙江西湖高等研究院、浙江工程师学院。

大力推进城市建设和环境治理。1月11日，《杭州市城市总体规划（2001～2020）（2016年修订）》获国务院批复。杭州市完成城市基础设施投资1 630.53亿元，比上年增长20.3%。市区建成区面积541平方千米，建成区绿化覆盖率40.7%。建成杭长高速公路、萧山机场高速公路。地铁2号线西北段、4号线南段等加快建设，三期建设规划获批。杭富、杭临城际铁路试验段开工。东湖快速路、紫之快速路等建成通车。主城区新建停车泊位5.1万个。入选全国地下综合管廊试点城市，开发利用地下空间723万平方米。持续推进“五水共治”，新增污水管网269千米，完成7座污水处理厂一级A提标改造，完成160个行政村生活污水治理。市控以上断面水质达标率85.1%，钱塘江杭州段干流均达到或优于Ⅲ类水质。千岛湖配供水工程顺利推进，闲林水库下闸蓄水，祥符水厂一期改造提前完成。扎实推进“五气共治”，三区四县（市）中心城区建成“无燃煤区”，主城区节能及新能源公交车占比95.78%，建筑工地扬尘监管全覆盖；市区空气质量优良天数260天。积极推进“五废共治”，九峰环境能源项目扎实推进，市第二固废处置中心投用，工业固废、生活垃圾、医疗废物无害化处理工作进一步加强。深入推进“三改一拆”，完成“三改”3 349.7万平方米，拆除违法建筑2 182.4万平方米；打响城中村改造和小城镇环境综合整治攻坚战，23个村完成全面改造。深化美丽乡村建设，开展杭派民居示范创建村12个。扎实推进节能减排，单位生产总值能耗下降6.9%。

着力加强民生和社会保障。至2016年末，杭州市职工基本养老保险、职工基本医疗保险、工伤保险、生育保险、失业保险参保人数分别为575.98万人、529.32万人、428.41 万人、349.33 万人、374.16万人，比上年末分别增加6.89万人、29.11万人、10.24万人、22.68万人和24.74 万人。市区城乡居民最低生活保障标准由每人每月744元调整为819元，各县（市）最低生活保障标准同步提高。全市城镇享受最低生活保障人数2.19 万人，农村享受最低生活保障9.94 万人。杭州养老服务业综合改革试点工作深入推进，基本建成城市15分钟、农村20分钟养老服务圈。至年末，拥有各类养老机构341所，比上年增加25所，床位6.73万张，收养各类人员2.29万人。全市有5.6万名残疾人纳入基本生活保障范畴，残疾人的托养中心68个。福利企业288个，安置残疾人就业1.21万名。福利彩票销售额26.3亿元，增长5.6%；各级慈善总会共募集善款2.7亿元。全市保障性安居工程项目开工7.61万套，竣工5.87万套，推出公共租赁住房配租房源7 492套，新增货币补贴保障家庭1 169户。

浙江省绍兴市

镜湖湿地

迪荡新城

古纤道

绍兴地处长江三角洲南翼，浙江省中北部，西接杭州，东临宁波，北濒杭州湾，下辖越城区、柯桥区、上虞区、诸暨市、嵊州市和新昌县，面积8279平方公里、户籍人口443万。绍兴是首批二十四个中国历史文化名城之一，近年来又相继获得全国文明城市、联合国人居奖等殊荣。

绍兴历史悠久、文化底蕴深厚，7 000多年前属于河姆渡文化区域，春秋战国时期为越国的中心，秦汉时期设立会稽郡，隋唐史称越州，南宋以后定名为绍兴至今。绍兴文化几千年绵延不绝，越王勾践“卧薪尝胆”造就的越文化、“天下黄酒源绍兴”传承的酒文化、越剧绍剧为主体的戏曲文化、兰亭曲水流觞为源头的书法文化等，都已成为中华文明的璀璨明珠。绍兴古城被誉为“没有围墙的博物馆”，舜禹遗迹、越国古址、秦汉碑刻、唐宋摩崖、明清故居展现着历史的光辉，鲁迅故里、大禹陵、兰亭、古桥群、古纤道等文物古迹随处可见。目前，全市共拥有曹娥庙、斯氏古民居建筑群、马寅初故居、大佛寺等全国重点文物保护单位30余处，拥有国家级非物质文化遗产保护项目21个，“绍兴会稽山古香榧群”为全球重要农业文化遗产保护单位。

航拍古城

水乡风貌

绍兴历史上曾是著名的鱼米之乡，改革开放30多年来，经济发展始终保持良好势头，综合实力不断增强。2016年，全市实现生产总值4 710亿元，人均生产总值超过1.5万美元，一般公共预算收入390亿元。目前，全市拥有绍兴高新技术产业开发区、袍江经济技术开发区、柯桥经济开发区、杭州湾上虞经济技术开发区等4个国家级开发区和绍兴滨海新城省级产业集聚区，共有上市企业64家，全球50多个国家和地区的外商在绍投资办厂超过5 900家。在长期的发展过程中，绍兴形成了鲜明的产业特色，是亚洲最大的化纤面料生产基地，柯桥中国轻纺城是全球规模最大的纺织品集散中心，嵊州市是全国最大的领带生产基地，诸暨市是全国最大的袜业生产基地。全市建筑业产值超过6 000亿元，在全国同类城市中处于领先地位。绍兴立足现有产业基础和发展趋势，正在致力打造高端纺织、先进装备制造、生命健康、文化旅游、现代住建等中高端产业集群。**一是稳增长。**千方百计扩大有效投资，着力抓好“三去一降一补”，积极培育信息、教育、旅游等新消费，努力帮扶企业化解生产经营困难，全市生产总值增长5.5%，一般公共预

新城夜景

古大善塔

算收入增长7.3%，规上工业增加值增长4.7%，第三产业增加值增长6.9%，固定资产投资增长11.6%，自营进出口实现正增长。**二是调结构**。围绕“绿色高端、世界领先”目标，切实强化标准管控，停产整治印染企业107家、化工企业102家，整治提升“低小散”企业2 671家，淘汰企业落后产能330家，处置僵尸企业28家。大力发展新兴产业，高新技术和装备制造业占规上工业增加值比重分别达到28.7%和29.9%。**三是优环境**。推动制定《绍兴市水资源保护条例》和《绍兴市大气污染防治条例》，深入实施“811”美丽绍兴建设行动计划。持续打好“五水共治”攻坚战，完成清淤1951万立方米，24个省控以上水质断面消灭Ⅴ类水。开展燃煤烟气、工业废气、汽车尾气治理等六大攻坚行动，淘汰老旧机动车6385辆，空气质量优化幅度居全省第二位。全面打响治危拆违攻坚战，完成“三改”3 229万平方米，拆违1 973万平方米、完成率居全省首位。开展城乡生活垃圾分类试点，实施“深度清洁”城市保洁。深化美丽宜居示范村建设35个，完成街道整治任务954条。**四是促融合**。调整完善越城区、高新区管理体制，逐步理顺市与区事权。实施基础设施相连相通计划，推进群贤路东延、104国道柯桥段高架改造等项目，建成孙曹公路、二环北路拓宽等工程，城市轨道交通一期建设规划获批。完成三区公交融合，完善干线公交、快速公交体系。搭建统一的智慧城管、智慧交管信息共享平台，清理规范主干道名称，制订旅游交通标识标牌一体化规划。建立三区统一的基本医疗保险制度，健全普通高中、中职教育融通招生机制。五是惠民生。市政府承诺的十方面民生实事如期完成。推广“就业通”线上服务平台，帮助城镇失业人员再就业4.2万人，培养高技能人才2.1万人。提高企事业单位退休人员养老金标准，完成机关事业单位养老保险制度改革，建成市民卡网点307个。统一市区城乡低保标准，提高全市医疗救助水平，建立残疾人生活、护理补贴制度。持续优化公共服务，新建城乡社区居家养老服务照料中心826个，完成幼儿园建设50所，全科医生规范签约服务达到109万人。提高城乡交通品质，协同推进治堵工作，新增公交营运里程273公里，新建公交站点135个，打造港湾式停靠站379个，到京始发列车实现零突破。新建“菜篮子”基地1 040亩、改造提升1 620亩，农产品抽检合格率达到99.5%。

水乡一角

新城一角

2017年是实施“十三五”规划的重要一年，是推进供给侧结构性改革的深化之年，也是绍兴市新一届政府的开局之年，做好全年工作意义重大。在具体工作中，市政府将按照市委的总体部署，着力补齐“八大短板”，坚决打好“八大战役”，重点推进八方面工作：一要聚焦转型升级，振兴实体经济。坚持工业立市，持续深入打好经济转型升级系列组合拳，推进产业跃升发展。二要注重创新引领，增强发展动能。抢抓新一轮科技和产业变革战略机遇，促进创业创新，蓄积发展动能。三要强化全域统筹，加快协同发展。坚持全市域协同大市区融合，着力推进新型城镇化，构建城乡均衡发展格局。四要夯实三农基础，建设美丽乡村。把“三农”工作放在更加突出位置，加快推进农业供给侧改革，提升农业品质、农村环境和农民生活水平。五要推动改革落地，增创发展优势。坚持问题导向、需求导向，全面深化重点领域和关键环节改革，提升资源配置效率与政务服务效能。六要扩大对外开放，提升发展活力。牢固树立“市外就是外”的大开放理念，提高对外开放质量和发展的内外联动性。七要深化环境治理，建设生态绍兴。全面实施“811”美丽绍兴建设行动，联动推进治水治气治脏治乱，争创国家生态文明建设示范市。八要切实改善民生，促进和谐稳定。坚持以人民为中心，不断优化公共服务供给，努力让广大市民拥有更强的安全感、获得感和幸福感。

安徽省合肥市

大湖名城　创新高地

高新俯瞰

滨湖新区晨曦

【地理位置】

合肥，安徽省省会，居皖之中，地处长江、淮河之间，因东淝河、南淝河由此发源而得名，是全国唯一环抱五大淡水湖之一巢湖的省会城市，是正在建设中的“大湖名城、创新高地”，是长三角世界级城市群副中心和“一带一路”节点城市，是皖江示范区、合肥经济圈、合芜蚌试验区核心城市，是“全国文明城市”。现辖肥东、肥西、长丰、庐江4个县和县级巢湖市（代管），瑶海、庐阳、蜀山、包河4个区和国家高新技术产业开发区、国家经济技术开发区、新站综合开发试验区、合肥巢湖经济开发区4大开发区。全市总面积1.14万平方公里，常住人口779万人。

滨湖生态观光区

【历史沿革】

合肥历史悠久。自秦置县，至今有2 200多年历史，素有“江南唇齿，淮右襟喉”和“江淮首郡，吴楚要冲”之称。人文底蕴深厚，宋代名臣包拯、晚清重臣李鸿章、台湾首任巡抚刘铭传、诺贝尔物理学奖获得者杨振宁等都是合肥人。

巢湖湿地美

【生态环境】

合肥环境宜居宜业。合肥坐拥八百里烟波浩渺的巢湖，城湖共生、产城一体、生态宜居，是国家首批命名的3个全国园林城市之一和“国家森林城市”，多次荣膺“中国人居环境范例奖”。目前，城市建成区绿化覆盖率达46%，人均公共绿地13平方米，森林覆盖率达到26.8%，是全国唯一城区拥有两个国家级森林公园的城市。

【区位优势】

合肥区位优越。承东启西、连南接北，正在成为全国重要的区域性综合交通枢纽。现有6条铁路、7条高速公路在此交汇；随着近年铁路建

环巢湖大道

海尔工业园

天鹅湖俯瞰

水天一色 靓丽滨湖

设步伐的迈进，已实现1小时到南京，2小时到上海、武汉、杭州，3个多小时到北京。未来合肥还将形成“一横两纵四射”“米”字形的高铁路网布局，3小时内可通达国内诸多重要城市。4E级新桥国际机场设计年吞吐能力1 200万人次，1 500吨级货轮可从合肥新港通江达海，开通了新亚欧大陆桥国际货运班列。

【开放合作】

合肥充满开放活力。先后同180多个国家和地区建立经贸往来，与日本久留米、美国哥伦布等11个城市结为友好城市，相继与宁波、佛山、南京、广州等城市签署全面合作框架协议，是皖江城市带承接产业转移示范区核心城市、长三角城市经济协调会成员城市。现有39家境外世界500强企业在肥投资。相继被评为“全国投资环境50优城市”、“全国十大经商成本最低城市”、“中国最佳投资城市”。

【科教资源】

合肥科教资源丰富。是全国重要的科教基地、唯一的国家科技创新型试点市、国家创新型试点市，也是世界科技城市联盟会员城市。中国第一台窗式空调、微型电子计算机及世界第一台VCD、仿生洗衣机、变容式冰箱等均诞生于合肥。现有中科大等高等院校60所，中科院合肥物质科学研究院、中电科38所等中央驻肥科研机构13家，各类研发机构959家，省部级重点实验室和工程试验室150个、国家大科学工程5个，进入“千人计划”的海归人才159人，在肥工作的两院院士82名，各类科技人员60多万。

【产业基础】

合肥产业基础雄厚。现有37个工业行业、200多个工业门类，拥有汽车、装备制造、家用电器、电子信息等一大批重点产业，是全国最大的家电城，全国最大的挖掘机、叉车、轮胎生产基地之一，全国汽车及零部件出口基地，是我国为数不多的全系列汽车生产基地，拥有江淮、安凯、昌河等知名自主汽车品牌。近年来，新型平板显示、智能语音、新能源汽车、太阳能光伏、公共安全等战略性新兴产业呈爆发式增长，确立在全国先发优势，集成电路、燃气轮机、生物医药、高端医疗与装备、智能机器人与智能制造等产业加快推进，正在形成新的突破。2015年，战略性新兴产业产值占全市工业30%，增加值增长21.9%，对工业增长的贡献率达54.2%；高新技术产业增加值占GDP比重达22.2%，国家高新技术企业数居全国省市城市第8位。

【经济发展】

在全国26个省会城市中，合肥主要经济指标总量大多从“十五”末的第17位、18位，提升至前10位，或接近前10位。2015年，全市生产总值5 660.3亿元，同比增长10.5%；完成固定资产投资6 153.35亿元，同比增长15.4%；规模以上工业总产值9 312.8亿元，实现增加值2 255.65亿元，同比增长11.3%；财政收入1 000.5亿元，同比增长13.6%，其中地方财政收入571.54亿元，增长14.2%；社会消费品零售总额2 183.65亿元，增长12%。

【愿景展望】

面向“十三五”，合肥市将站在“四个全面”战略布局的高度，不断解放思想，深化改革开放，树立新标杆、谋求新跨越，瞄准长三角世界级城市群副中心和“一带一路”节点城市，努力开创“大湖名城、创新高地”建设新局面，在全省率先全面建成小康社会，初步形成长三角世界级城市群副中心的综合功能，人均收入达到长三角城市群平均水平，生态环境质量居全国省会城市先进水平。

江苏省淮安市

淮安地处长江三角洲北部，是一代伟人周恩来的家乡，总面积1.01万平方公里，户籍人口560.2万人，现辖三县四区以及淮安经济技术开发区、淮安工业园区、淮安生态文旅区、苏淮高新区，拥有国家历史文化名城、国家卫生城市、国家园林城市、国家环保模范城市、中国优秀旅游城市、中国淮扬菜之乡、中国运河之都等称号。

淮安这座城市集中体现了“南北兼容”的鲜明特征：一是处于中国南北地理的分割线。地处中国秦岭淮河一线，千里淮河穿境而过。淮安以南是地理中国的南方，以北则是地理中国的北方。独特的地理环境使淮安蕴藏着丰富的矿产资源，岩盐探明储量居世界前列，凹凸棒土储量占全球50%，芒硝储量为华东之最。二是处于中国南北气候的过渡带。淮安兼有南北气候特征，四季分明、风光旖旎，水系发达、生态优良，京杭大运河、古淮河、盐河、里运河等四河穿过主城区，洪泽湖、白马湖、高邮湖、宝应湖、里下河湖区等五湖镶嵌境内，湿地资源在全国名列前茅，空气环境质量年均优良天数占比保持在85%以上。独特的气候条件使淮安物产丰饶、农作物种类多样，是全国著名的商品粮基地。三是处于中国南北文化的融合区。淮安因地处南北分界和大运河的关键节点，历史上曾是“南船北马”“九省通衢”的“运河之都”。正因如此，淮安地方文化兼具南方细腻含蓄与北方粗犷豪放的特征，是典型的以兼容并蓄、开放包容为特质的运河文化。独特的文化使淮安这座城市人杰地灵，新中国开国总理周恩来、千古

2017年11月2日～3日，江苏省委书记娄勤俭来淮安调研

2017年6月21日，江苏省委副书记、省长吴政隆赴淮安调研

名将韩信、小说大家吴承恩等众多名人以及《西游记》《老残游记》等历史巨著均诞生于此，这里还是中国四大传统菜系之一淮扬菜的主要发源地。

近年来，淮安认真落实习近平总书记“把周总理的家乡建设好，很有象征意义”嘱托要求，大力弘扬“包容天下，崛起江淮”新时期淮安精神，聚焦推进全面建成小康社会和建设苏北重要中心城市“两大目标”，经济社会保持健康较快发展势头，取得了电子信息和食品产业产值先后突破千亿元大关、三次产业占比实现从“二三一”到“三二一”的历史性跨越、35项改革纳入国家和省级试点、淮安高新区获批国家级高新区、成为大陆唯一国家级台资集聚示范区并获省级专门政策支持、在苏北率先通过国家生态市考核验收等诸多突破性成果，综合实力不断迈上新的台阶。“十三五”是淮安实现“两大目标”的决胜决战阶段，全市上下将始终保持“急不得也慢不得”的坚强定力，认真贯彻中央和省委、省政府各项决策部署，紧扣“五位一体”总体布局、“四个全面”战略布局，深入落实“两聚一高”战略部署，以践行新发展理念为引领，以以推进供给侧结构性改革为主线，大力实施“六大战略”，更加突出创新驱动、特色发展、绿色崛起、富民优先导向，统筹抓好稳增长、促改革、调结构、惠民生、优生态、防风险各项工作，确保与全省同步高水平全面建成小康社会，基本奠定苏北重要中心城市地位，加快建设繁荣安康宜居文明的美好淮安，谱写好实现中国梦和建设新江苏的淮安精彩篇章。

淮安清江浦夜景

淮安涟水机场

2017年5月17日，第十七届中国·盱眙国际龙虾节龙虾开捕仪式正式启动

浙江省宁波市

宁波简称“甬”，历史文化底蕴深厚，“书藏古今，港通天下”是城市形象主题口号。宁波是中国东南沿海重要的港口城市，长江三角洲南翼经济中心，国家历史文化名城。市境行政区域土地面积9 816.23平方千米，其中市区面积3 730.1平方千米。经技术部门初步测量，全市海域总面积8 355.8平方千米。全市建成区面积494.29平方千米。2016年9月，宁波市行政区划调整，撤销江东区，其管辖的行政区域划归鄞州区管辖，鄞州区7镇1乡1街道划归海曙区管辖；撤销县级奉化市，设立奉化区，以原县级奉化市的行政区域为奉化区的行政区。调整后，宁波市辖6区2县级市2个县，下设69个街道办事处、75个镇、10个乡，有704个社区居民委员会、2 519个村民委员会。年末，全市户籍人口590.96万人，其中市区284.2万人。

第二次中国—中东欧国家经贸促进部长级会议与会代表

第二届海丝港口国际合作论坛

2016年，宁波市推动实施“十三五”规划纲要和60个专项规划。召开市委十二届十一次全会，对补齐科技创新、城市品质、国际化发展、生态环境、民生服务、改革落地“六块短板”作出部署。宁波市获批全国国有土地上房屋征收补偿信息公开试点城市（2月国家发改委公布，全国首个）；全国科技和金融结合试点城市（5月科技部、中国人民银行、中国银监会、中国证监会、中国保监会公布，第二批）；全国海绵城市建设试点城市（4月财政部、住房城乡建设部、水利部公布，第二批）；全国文化消费试点城市（7月文化部公布，第一批）；“中国制造2025”试点示范城市（8月工业和信息化部公布，首个）；全国健康城市建设试点城市（11月全国爱卫办公布，第一批）；全国“十三五”服务业综合改革试点区域（12月国家发改委公布）等。创建国家社会信用体系建设示范城市，信用综合指数居全国城市第二位。

宁波市实现地区生产总值8 541.11亿元，比上年增长7.1%。其中，第一产业304.62亿元，增长2.1%；第二产业4 239.64亿元，增长6.5%；第三产业3 996.85亿元，增长8.1%。三次产业之比为3.6∶49.6∶46.8。按常住人口计算，全市人均地区生产总值108 804元，按年平均汇率折合为16 380美元。规模以上工业企业实现总产值14 440.20亿元，增长4.4%；工业销售产值13 886.18亿元，增长4.1%，其中出口交货值2 816.95亿元。实现利税1 746.90亿元，增长18.0%，其中利润993.84亿元，增长30.5%。实现工业增加值3 766.63亿元，增长7.0%。其中规模以上工业企业实现增加值2 799.12亿元，增长7.3%。在规模以上工业35个行业大类中，有10个行业增加值超过100亿元，其中汽车制造业实现增加值403.6亿元，增长29.9%；烟草制品业增长17.5%，石油加工业增长19.5%。规模以上大、中、小型企业工业增加值分别增长12.4%、4.1%和5.0%。战略性新兴产业、高新技术产业、装备制造业增加值分别为484.5亿元、1 153.7亿元和1 319.9亿元，分别增长10.4%、9.1%和11.1%。规模以上工业企业科技活动经费支出205.90亿元，增长12.1%。规模以上工业新产品产值4 613.71亿元，增长14.3%，新产品产值率提高到32.0%，再创历史新高。宁波杭州湾滨海新城、航天智慧科技城、临空经济示范区入选国家通用航空产业综合示范区。中芯国际宁

2016 中国科技创业计划大赛暨天使中国科技创新大赛宁波站总决赛

第二届中国—中东欧国家投资贸易博览会

中国（宁波）跨境电子商务综合试验区建设动员大会

波基地等一批单体投资超百亿产业项目签约，大榭石化三期馏分油综合利用项目、中车宁波产业基地、华强方特东方神画等建成投用。

宁波舟山港货物吞吐量92 209.2万吨，居全球第一位，其中宁波港域完成49 618.8万吨。宁波舟山港集装箱吞吐量2 156.1万标准箱，比上年增长4.5%，吞吐量居全球第四位、全国第三位，其中宁波港域完成集装箱吞吐量2 069.6万标箱，增长4.4%。宁波港域集装箱航线总数232条，其中远洋干线111条，近洋支线69条，内支线20条，内贸线32条。宁波港域全年完成海铁联运25万标箱，增长46.9%。杭甬运河宁波段500吨级航道通航效应初显，大宗货物海河联运130余万吨。全市交通基础设施投资242.3亿元，增长29.8%。新增公路里程65.0千米，年末公路总里程11 247.7千米。

城市夜景美化工程完成后的三江口夜色

宁波市口岸进出口总额11 666.43亿元，其中出口8 793.2亿元。外贸自营进出口总额6 262.1亿元，其中出口4 359.4亿元。民营企业（包括私营企业和集体企业）出口额占全市出口总额的67.7%，出口额比上年增长1.4%，拉动全市出口增长0.9个百分点。机电产品和高新技术产品出口额分别占全市出口总额的54.5%和6.6%。对“一带一路”沿线国家进出口1 638.4亿元，增长5.9%。新批外商投资项目458个，合同利用外资79.9亿美元，增长4.4%；实际利用外资45.1亿美元，增长6.6%。新批境外投资企业和机构220家，核准中方投资额35.1亿美元，增长39.9%。全年浙商回归项目181个，实到资金612亿元，增长11.7%。国内招商引资项目649个，实到资金913.6亿元，增长10.4%。跨境电子商务交易总额270.1亿元，其中跨境电商进口额53.6亿元，出口额216.5亿元。新增境内上市公司5家，实现首发融资17.2亿元；新增“新三板”挂牌公司71家。至年底，境内上市公司56家，挂牌公司136家。举办第二届中东欧博览会等会展项目310个。

第六届中国（宁波）智慧城市技术与应用产品博览会

宁波市完成市政基础设施投资98.6亿元，基本形成“一纵两横”快速路骨架网络，澄浪桥及接线、机场路北延快速化改造等一批项目建成通车。中山路综合整治工程全线恢复交通，“三江六岸”滨江休闲带核心区基本建成。生活垃圾分类稳步推进，中心城区31个街道584个小区31.8万户家庭参与分类。拆除违法建筑面积1 886.6万平方米。商品房销售面积1 336.9万平方米，比上年增长32.7%，其中住宅销售面积1 126.1万平方米，增长33.0%。年末全市共有公交运营车辆9 296标台，增长7.7%；运营线路1151条，增加93条。轨道交通客运量9 968.1万人次，日均27.2万人次，分别增长164%和131.3%。新增公共自行车网点323个，累计建成公共自行车网点1 582个，增长25.7%，投放公共自行车40 243辆，租车总量3 990.9万辆次，增长8.2%。

宁波音乐港、国家音乐产业基地合作协议签署仪式

宁波市引进共建麻省理工宁波（中国）供应链创新学院，创建中官路创业创新大街等“双创”平台，吉利研究院建成投用。有137项科技创新项目获国家自然科学基金项目支持，1项获国家重大专项支持，3项入选国家重点研发计划。有省级企业研究院47家、省级高新技术企业研究开发中心344家。累计培育创新型初创型企业9 010家，科技部国际科技合作基地8家。有众创空间53家，新增国家级科技企业孵化器1家。专利申请量68 244件，专利授权量40 792件，其中发明专利授权5 669件，比上年增长4.7%。每万人发明专利授权数23件。新增各类人才14.1万人，年末人才总量201.3万人，增长7.5%。新评审出市“3315计划”人才25人、高端创业创新团队26个。新建院士工作站11家，累计98家；新建技能大师工作室10家，累计60家。

宁波市居民人均可支配收入44 641元，比上年增长7.9%。其中，城镇居民人均可支配收入51 560元，实际增长5.5%；农村居民人均可支配收入28 572元，实际增长6.1%。城镇新增就业人员19.0万人，7.1万名城镇失业人员实现再就业。城镇登记失业率2.01%。职工基本养老、基本医疗、失业、工伤和生育保险参保人数分别为412.1万人、386.9万人、262.5万人、297.0万人和251.4万人。“东亚文化之都·2016宁波”活动年共举办文化、教育、体育、宗教、旅游、经贸等各类活动217项。宁波市文化馆通过文化部第三批“国家一级馆”复评。举办第二届浙江全民阅读节暨2016宁波书展，成立宁波阅读联盟，发布宁波阅读地图，图书交易额超过4 200万元。有医疗卫生机构4 115个，其中医院143家；实有病床3.5万张，各类专业卫生人员7.2万人。以户籍人口计算，每千人床位数、卫技人员数、执业医师（含助理）数和注册护士数分别为5.9张、10.0人、3.9人和4.1人。宁波籍运动员获世界冠军3个，在亚洲级比赛中获9金3银2铜，在全国性比赛中获30金23银17铜。

宁波市继续推动和参与长三角区域合作和城市间合作交往。参与长三角协同发展，与长三角城市达成合作项目78项，涉及资金123亿元。参加长三角协调会第15次市长联席会议，长三角城市经济协调会专业委员会及合作联盟工作会议在宁波举行。7月26日，宁波杭州湾新区宣布全面启动沪甬合作示范区建设。《宁波杭州湾新区全方位接轨上海三年行动计划（2016～2018）》开始实施，提出“十三五”期间，争取每年引进上海投资项目200亿元以上，目标成为两地同城化水平最高的地区，初步建成长三角世界级城市群中有影响力的国际化滨海名城。

江苏省常州市

2016年，常州市坚持稳中求进总基调，积极践行新发展理念，不断创新举措，狠抓工作落实，全市经济社会实现了平稳健康发展。全年地区生产总值5700亿元，同比增长8.5%；一般公共预算收入480.3 亿元，同比增长3%；固定资产投资3605.1亿元，同比增长6.5%；社会消费品零售总额2202.8亿元，同比增长10.7%；城乡居民人均可支配收入38435元，同比增长8.6%。

持续推进重大项目建设。深入开展“重大项目推进年”活动，引进时代新能源锂电池长三角基地、瑞声手机3D玻璃等4个总投资超100亿元或10亿美元项目，车和家智能汽车、恒益大通芯片载带、北汽集团常州产业基地等7个总投资超50亿元或5亿美元项目。东风汽车AX5、北汽通航P-750飞机、天域航空无人机等一批项目实现整机整车下线。

着力推动转型创新。获批共建“中国制造2025”苏南城市群试点示范，入选省大中型制造装备升级项目数居全省第一。十大产业链产值达4213亿元，增长9.5%。“互联网+”、电子商务发展迅速，电商服务业业务收入增长超过40%。旅游业持续增长，接待国内外游客和旅游总收入分别达6004.2万人次、833.6亿元，分别增长10.1%、14%。全市高新技术企业总数达1231家，预计全社会研发投入占地区生产总值的比重达2.69%，发明专利申请量、授权量分别增长25%、30%。武进获批国家首批“双创”示范基地，常州科教城获准建设全国首个国家机器人及智能硬件知识产权保护中心，戚研所捧回我国工业最高荣誉“中国工业大奖”，中简科技成为我国高性能碳纤维产业的领军企业。

深入推进改革开放。大力推进供给侧结构性改革，全面完成省下达的钢铁、水泥去产能任务，市区商品住房可售余量去化周期缩减到6个月以内，实体经济杠杆水平有所降低，降低企业成本150亿元，棚户区改造、生态环保等补短板工程取得积极进展。加快金融创新，成功设立注册资本均为百亿元的中德产业发展基金、中以创新发展基金，金融商务区建设顺利推进。大力实施经济国际化战略，新增协议外资超3000万美元以上项目43个，中以常州创新园共建计划正式发布，苏澳合作园区落地我市，中德创新园入选"中欧城镇化伙伴关系示范区"，西太湖科技产业园获批设立"海峡两岸（常州）健康产业合作区"。

加大城乡建设和生态环境改善力度。完成常州市空间发展战略规划编制。122省道常州东段等道路建成通车，340省道常州东段、地铁1号线一期等在建工程进展顺利。成功申报省海绵城市建设试点城市。积极应对、成功抗击夏季特大洪涝灾害。生态绿城建设持续推进，实现增核14000亩、扩绿4000亩、连网200公里以上，全市林木覆盖率达25.9%，建成区绿化覆盖率达43.1%，人均公园绿地达14.5平方米。单位GDP能耗下降超额完成省定任务。

强化民生保障。健全就业促进机制，城镇新增就业13万人，扶持创业1.3万人。城乡居民医保制度整合全面完成。积极推进教育优质均衡发展，常州五中等7所学校建成投用，新增省、市优质幼儿园34所，常州工学院新校区投入使用，高考全市本二以上达线率达80.56%，比上年提高3.1个百分点。深化公立医院综合改革，以三级医院为主体的区域性医联体实现主城区全覆盖，分级诊疗、家庭医生签约服务、智慧健康建设加快推进。关爱失独家庭，全面二孩政策稳妥实施。强化社会治理创新，安全生产、食品药品安全形势总体平稳，社会保持和谐稳定。

江苏省丹阳市

【经济发展概况】

2016年，实现地区生产总值1 135亿元，增长9%；一般公共预算收入65.5亿元，同比口径增长3.6%；规模以上固定资产投资510亿元，增长15%；社会消费品零售总额315亿元，增长11%；城乡居民人均可支配收入41 506元、21 682元，分别增长7.6%、9%；服务业增加值占GDP比重达45.7%；单位GDP能耗下降3.8%；主要污染物排放量削减率完成年度目标，实现了“十三五”良好开局。

2016年突出产业的转型升级，使得发展质态有效提升。规模以上工业技改投资高幅增长，全年完成190亿元，增长35%；工业应税销售1 105亿元，增长8.3%。40个镇江市级重点产业类项目完成投资156亿元，形成一批新的增长点。积极推动技术、资金、人才等创新要素向新材料、新能源、生物医药和医疗器械等产业集聚，新兴产业全年销售收入占规模以上工业比重40.8%。推进“互联网+”，实现在线销售52亿元，横塘村等4个村入选中国淘宝村，镇江市跨境贸易电子商务监管中心投入试运行。

在经济发展发面，我们致力于稳增长、调结构，在转型升级中优化了经济质态，提升了综合实力。三次产业结构由2011年的5.4∶55.2∶39.4优化为2016年的4.5∶49.8∶45.7。GDP超过1 100亿元，一般公共预算收入和全社会固定资产投资分别是2011年的1.5倍和2.2倍，综合实力、工业经济发展实力均位居全国百强县（市）第18位。

【城市建设与生态环境建设】

我市新一轮土地利用总体规划完成调整，划定城市周边基本农田6 773亩。123项城乡重点建设项目完成投资108亿元。城乡交通网络进一步完善，省道、县道实现提档升级。继续加快老旧城区改造，城市节点景观品位不断提升。大力发展公共交通，优化调整公交线路3条，新增新能源公交车50辆、公共自行车站点15个、停车泊位900个。重点整治断面达标、工

市生态环境修复基础启动仪式

市老年服务中心挂牌成立

业排放等问题，共完成37项交办事项整改。严格实施秸秆禁烧，淘汰营运黄标车1 616辆，整治燃煤锅炉362台，全年空气质量达到二级标准的天数比例78.4%，PM2.5年均浓度下降率7.9%。畜禽养殖污染治理成效明显，签约关闭禁养区范围养殖场403家。开工建设新孟河延伸拓浚、九曲河整治工程。完成城区水环境综合整治三年行动以及利民河防洪除涝等一批项目，疏浚农村河道、二级沟35条。关闭7座砖瓦窑厂，完成国家废弃矿山整治（二期）90%土石方工程量。在统筹协调中丰富了城市内涵，改善了城乡面貌，创成国家环保模范城市、国家生态市，被评为中国宜居宜业典范城市。

【城市科、教、文、卫、体事业】

全市启动“丹凤朝阳”人才计划，新增领军人才（团队）40个，2人入选镇江“金山英才”顶尖人才专项计划。成立全国唯一的眼镜知识产权快速维权中心。新增专利授权3200件，其中发明专利授权594件。而且，本市企业在高性能合金材料、高分子复合材料、大型医疗器械三大领域呈现出技术全国领先、发展潜力巨大的繁荣景象。

本市教育现代化水平省级检测得分列全省前列，完成实验小学、华南实验分校以及普善等5所幼儿园新改扩建。南师大中北学院一期工程主体完工。建成142个文化广场，顺利通过全国文化先进县（市）复查验收，被授予中华诗词之乡称号。“平安丹阳”“法治丹阳”建设成效显著，被评为全国法治县（市区）创建活动先进单位。成为首批全国县级文明城市提名城市。

围绕2016年全国卫生城市复评、全国文明城市和省级优秀管理城市创建，全市组织开展“十整治一提升”城市环境综合整治行动，户外广告、乱停乱放等问题得到较大改善，市容市貌焕然一新。开展省级美丽乡村、镇江市美丽宜居村庄建设。与此同时，我市人民医院综合大楼和皇塘、访仙卫生院加快建设，精神病防治院及一批社区卫生服务中心建成启用。改扩建人民医院、二院等工程，基本建立“市镇两级、镇村一体、防治结合”的医疗卫生服务体系。全市193个村（社区）实现综合文化服务中心全覆盖。新增公共体育设施面积5.8万平方米。全民建身中心投入使用，人均体育场地面积超过2.8平方米。

【城市就业及社会保障】

全市城镇新增就业1.67万人，城镇登记失业率为2.29%。城乡居民最低生活保障标准提高到每人每月625元。全年发放各类救助资金5500余万元。坚持因地制宜、市场导向开展精准扶贫，落实帮扶项目140个，26个经济薄弱村、1 608户低收入农户顺利脱贫。完成保障性住房2 984套（户）。社会保险覆盖率超过98.5%，基本医保参保人数27万人，新农合纯农民参合率保持在99%以上，重大疾病保障病种拓展到20种。低保标准五年翻了一番。建设各类保障性住房20 449套（户）。完成两轮“扶村帮户”脱贫任务。成立慈善总会和镇（区、街道）慈善分会。

九曲河枢纽水利风景区休闲广场

CBA 季前赛在我市开战

江苏省句容市

在江苏省会南京的东郊，坐落着一座被誉为“石头城边现宝玉”的小城—句容。不同于毗邻的繁华金陵，这里绿水环抱青山，苍松掩映古寺，远离尘嚣，古老安宁。

句容，拥有国家5A级景区1家、4A级2家，全国休闲农业与乡村旅游五星级园区2家，省级旅游度假区1个，江苏省星级乡村旅游点29家，荣膺全国“最佳旅游目的地城市”、“中国优秀旅游城市”称号，入选国家首批“全域旅游示范区创建单位”，是画家陈逸飞眼中“中国最美乡村”。

茅山景区（曹小华）

句容，旅游资源丰富，不仅拥有“南道北佛”，还包括红色文化、高效农业等多种旅游资源。依托良好的山水生态资源，近年来，句容坚持把旅游业作为调结构、促转型的重要抓手，全力打造全景化体验、全业化融合、全时化产品、全民化共享的“四全”旅游，努力把旅游作为“生态领先、特色发展”的最佳聚焦点，坚持用“全域”的理念来谋划推进，牢牢抓住国家级旅游度假区、全域旅游示范区两大创建，按照“景城、特色镇、美丽乡村”三个层级来布局，把“山水林田湖”作为有机生命体来打造，突出重点、整体推进，厚植全域旅游新优势。

游福地，问道茅山，慢步绿道，寻佛宝华，赏湖光山色，观四季花海，游生态农园，品乡野美食，叹自然灵秀，悟宗教神奇。

宝华山（张成军）

11月12日，“2016”第七届环太湖国际公路自行车赛句容赛段在赤山湖湿地公园鸣锣开赛（王维）

赤山湖（王镇容）

茅山（郑军）

江苏省泰兴经济开发区

江苏省泰兴经济开发区始建于1991年9月，是全国最早的专业性精细化工园区之一，是江苏沿江重点支持发展园区，1993年被省政府批准为省级经济开发区。先后被命名为“中国精细化工（泰兴）开发园区”、“国家火炬计划泰兴精细专用化学品特色产业基地”、“全球精细化工产业集群合作基地”、“中国产学研合作创新示范基地”、“国家知识产权试点园区”、“国家循环化改造重点支持园区”、“全国产业集群区域品牌建设精细化工产业试点园区”。

园区升级版

园区已入驻20多个国家和地区的企业100多家，其中世界500强企业16家，逐步形成了化工新材料、新能源、生物医药、油脂加工、高端装备制造等产业链明晰的特色集群，呈现出“规模企业集聚、优势产品集中、主导产业集群”的发展格局。

滨江不夜天

黄金水道

产业创新中心

2016年，园区经济运行稳中快进、持续向好、综合实力再攀新高、重大项目加快突破、生态环境持续改善。全年实现工业国税开票865亿元，利税总额超过150亿元。在全国502家化工园区排名第7位，列江苏省开发区科学发展综合考评第7名，谱写了“十三五”期间“再创发展黄金期”的精彩开篇。

当前及“十三五”期间，园区将以党的十九大精神为指引，始终坚持“稳中快进，进中求质”总基调，认真践行“五大发展理念”和长江经济带发展“共抓大保护、不搞大开发”要求，不忘初心、牢记使命，紧紧围绕创建国家级经济技术开发区的目标追求，聚焦“创新转型、绿色发展、能级提升”三大主题工作，更加注重转型升级、开发开放、安全环保、港产城融合、富民惠民，坚决打赢“创新转型、追赶跨越”攻坚战，全力打造具有国际竞争力的世界级精细化学品产业基地。

江苏泰兴黄桥经济开发区

黄桥工业园区创业创新中心

江苏泰兴黄桥经济开发区位于江苏省中部、长江之滨、革命老区。黄桥经济开发区创建于2008年，规划总面积18平方公里，核心区内“九通一平”全部到位，“七横七纵”发展框架已经形成。目前已入驻企业790多家，其中规模以上企业82家，依托比较坚实的产业基础和资源优势，重点发展现代装备制造、新能源新材料、乐器制造等三大主导产业，产业特色日趋明显，集聚效应逐步形成。黄桥经济开发区重点打造以惠尔信机械、中一环保等企业为主体的百亿级现代装备制造产业集群，以九天光电、三杰新能源等企业为主体的百亿级新材料新能源产业集群；同时发挥“中国提琴产业之都”的蝴蝶效应，围绕乐器产业链前伸后延，聚力打造集产业、旅游和文化功能为一体的独具特色的琴韵小镇。

装备制造龙头企业
——惠尔信机械（泰兴）有限公司

新能源特色产业龙头企业
——江苏三杰新能源有限公司

新材料特色龙头企业
——江苏九天光电有限公司

在各级党委、政府的关心下，黄桥经济开发区于2013年8月跻身省级经济开发区管理序列。2014年4月，江阴高新技术产业开发区黄桥工业园被省政府认定为南北共建园，同年首次参加全省南北共建考核，取得了第22名的好成绩，并获省政府奖励资金。2016年6月份正式获批筹建江苏泰兴黄桥经济开发区。同年在全省南北共建园区特色发展考核中名列第一。2016年黄桥经济开发区又与上海金桥集团合作共建“上海金桥集团黄桥产业园”，打造高科技产业化基地项目，总规划面积2平方公里，首期开工建设500亩，重点吸引汽车零部件、专业环保装备、智能装备制造等高新技术企业，产业载体平台得到进一步提升。

2016年，黄桥经济开发区完成工业国税开票销售100.7亿元，工商税收收入7.12亿元，2017年1—11月份，完成工业国税开票销售107.1亿元，工商税收收入8.45亿元，实现了经济发展“三年翻一番”的目标。近几年开发实施亿元以上项目78个，其中，10亿元以上重大项目4个、5亿元以上项目6个。

下一步，江苏泰兴黄桥经济开发区将立足省级开发区新起点，进一步解放思想，创新转型，巩固深化南北共建、全面拓展合作领域，努力实现经济总量、园区能级、特色产业转型升级的新突破，实现“三年翻一番，五年翻两番”，力争到2020年实现工业国税开票销售250亿元、工商税收收入15亿元。全面打造成为黄桥老区开发建设的龙头、苏中地区先进制造业的产业化基地、全省乃至全国老区开发建设的样板。

2017年7月6日，省长吴政隆来黄桥调研

2017年8月30日，省委副书记、常务副省长黄莉新调研黄桥经济开发区南北共建情况

2013年11月7日上午，江阴、泰兴南北合作共建对接交流和签约活动在江阴市举行，双方共建江阴高新区黄桥工业园区

2016年5月，上海金桥集团与泰兴市政府签署框架合作协议，共建“上海金桥黄桥产业园”

长江三角洲政区示意图

山东省
河南省
湖北省
江西省
福建省
黄海
东海

江苏省
连云港市
徐州市
宿迁市
淮安市
盐城市
扬州市
泰州市
南通市
镇江市
南京市
常州市
无锡市
苏州市

安徽省
亳州市
淮北市
宿州市
阜阳市
蚌埠市
淮南市
滁州市
合肥市
六安市
马鞍山市
芜湖市
铜陵市
安庆市
池州市
宣城市
黄山市

上海市

浙江省
湖州市
嘉兴市
舟山市
杭州市
绍兴市
宁波市
衢州市
金华市
台州市
丽水市
温州市

图例
省、直辖市政府驻地
地级市政府驻地
省、直辖市边界
地级市边界
海岸线

编写说明

近年来，长江三角洲地区的发展引起了人们的广泛关注，以长江三角洲的发展为对象的研究活动正在迅速兴起。为组织和协调区域内的重要学术研究力量，进一步加强对长江三角洲地区的跟踪报道与深入研究，从2005年12月起，我们分别与上海社会科学院、江苏省社会科学院、浙江省社会科学院和安徽省社会科学院的部分研究人员决定共同研究长三角地区经济、社会、文化与生态等方面的问题，并从2006年开始，共同组织编写与出版《长三角年鉴》。

在对长三角地区的定义上，学术界与实际工作部门的同志曾经有多种不同的解释。一种观点认为，“长三角”主要是指上海市全境与江苏省的苏南及苏中8市，以及浙江省的7个城市，共16个城市。这被称为“小长三角”。一种观点认为，“长三角”主要是指上海市与江苏省、浙江省三个省市区的全部行政区域。这被称为“长三角”。一种观点认为，“长三角”主要是指上海市、江苏省、浙江省与安徽省等省市。这被称为“大长三角”。

本年鉴中使用的“长江三角洲地区”原来主要是指上海市、江苏省、浙江省三个省市行政区域。后来又加上安徽省的全部行政区域。即使用的是“大长三角”的概念。

《长三角年鉴》重点分析长三角地区年度经济社会发展的基本情况与基本成就。但在年鉴的部分内容中也使用了前几年的发展数据，主要用于说明事情发展变化的过程，便于使用者从历史变化的角度对长三角地区的发展有一个整体认识。部分数据使用了相关地区的政府工作报告和年度统计公报中的材料。

《长三角年鉴》主要开设以下栏目：长三角区域概况，重点介绍和分析本区域的自然条件与自然状况、气候与行政区划等方面的基本情况；长三角地区经济社会发展总报告，介绍和分析长三角地区总体发展情况，长三角地区三次产业结构和市县发展情况，同时对一年中上海市、江苏省、浙江省和安徽省及各省辖市经济社会发展的主要进展与主要成就进行分析和研究；长三角地区区域发展报告，重点分析和研究一年来上海市、江苏省、浙江省和安徽省及各省辖市经济发展基本情况；长三角地区产业经济与社会发展报告，重点是从长三角整体的角度对区域内年度经济与社会发展的主要方面进行分析和总结；长三角地区经济社会发展重要指标，用经济发展数据和社会发展数据介绍、分析和研究长三角地区总体和各市县综合实力，居民收入，经济国际化水平，社会财富等；重要文献，主要介绍一年中上海市、江苏省、浙江省和安徽省政府制定和实施的重要文件；大事记。

《长三角年鉴》采用篇章编纂法编写，篇下设章，篇和章的标题分别使用不同字体和字号以示区别，篇目标明于页眉，以便于检索。

编　者

2017 年 12 月

目　录
Content

长三角年鉴(2017)
Yangtze River Delta Yearbook 2017

特　载

国务院关于进一步推进长江三角洲地区改革开放和经济社会发展的指导意见

国务院关于进一步推进长江三角洲地区改革开放和经济社会发展的指导意见

国发〔2008〕30号

各省、自治区、直辖市人民政府，国务院各部委、各直属机构：

长江三角洲地区是我国综合实力最强的区域，在社会主义现代化建设全局中具有重要的战略地位和带动作用。改革开放特别是推进上海浦东开发开放以来，长江三角洲地区经济社会发展取得巨大成就，对服务全国大局，带动周边发展做出了重要贡献，积累了丰富经验。在当前国际经济环境发生重大变化、国内各项改革深入推进的新形势下，为进一步推进长江三角洲地区改革开放和经济社会发展，现提出以下意见：

一、进一步推进长江三角洲地区改革开放和经济社会发展的重要意义、总体要求、主要原则和发展目标

（一）重要意义。长江三角洲地区包括上海市、江苏省和浙江省。进一步推进长江三角洲地区改革开放和经济社会发展，有利于推进区域经济一体化，提高自主创新能力和整体经济素质；有利于增强对中西部地区的辐射带动作用，推动全国区域协调发展；有利于提高开放型经济水平，增强我国国际竞争力和抗风险能力；有利于推进体制创新，促进建立健全充满活力、富有效率、更加开放的体制机制。

（二）总体要求。高举中国特色社会主义伟大旗帜，以邓小平理论和"三个代表"重要思想为指导，深入贯彻落实科学发展观，进一步解放思想、与时俱进，进一步深化改革、扩大开放，着力推进经济结构战略性调整，着力增强自主创新能力，着力促进城乡区域协调发展，着力提高资源节约和环境保护水平，着力促进社会和谐与精神文明建设，实现科学发展、和谐发展、率先发展、一体化发展，把长江三角洲地区建设成为亚太地区重要的国际门户、全球重要的先进制造业基地、具有较强国际竞争力的世界级城市群，为我国全面建设小康社会和实现现代化做出更大贡献。

（三）主要原则。坚持科学发展，努力提高自主创新能力，切实加强资源节约和环境保护，推进经济发展方式的转变；坚持和谐发展，着力保障和改善民生，加强社会主义民主法制建设，维护社会公平正义；坚持率先发展，加强与周边地区和长江中上游地区的联合与协作，强化服务和辐射功能，带动中西部地区发展；坚持一体化发展，统筹区域内基础设施建设，形成统一开放的市场体系，促进生产要素合理流动和优化配置；坚持改革开放，继续在体制创新上先行先试，率先在重要领域和关键环节取得突破，为又好又快发展提供制度保障。

（四）发展目标。到2012年，产业结构进一步优化，服务业比重明显提高；创新能力显著增强，科技进步对经济增长的贡献率大幅提升；区域分工和产业布局趋于合理，对外开放的质量和水平明显提升；单位地区生产总值能耗低于全国平均水平，重点地区生态环境恶化的趋势得到遏制；社会保障体系覆盖城乡，公共服务能力进一步增强，基本实现全面建设小康社会的目标。

到2020年，形成以服务业为主的产业结构，三次产业协调发展；在重要领域科技创新接近或达到世界先进水平，对经济发展的引领和支撑作用明显增强；区域内部发展更加协调，形成分工合理、各具特色的空间格局；主要污染物排放总量得到有效控制，单位地区生产总值能耗接近或达到世界先进水平，形成人与自然和谐相处的生态环境；社会保障水平进一步提高，实现基本公共服务均等化。再用更长一段

时间，率先基本实现现代化。

二、加快发展现代服务业，努力形成以服务业为主的产业结构

（五）优先发展面向生产的服务业。加快以上海国际航运中心和国际金融中心为主的现代服务业发展。进一步整合港口资源，加强港口基础设施、集疏运体系建设，加快发展现代航运服务体系，努力提高管理水平和综合服务能力，尽快建成以上海为中心、以江苏和浙江港口为两翼的上海国际航运中心。依托区域综合交通网络，大力推进现代物流业发展。积极探索金融机构、金融产品和服务方式等多种金融创新，健全多层次金融市场体系，引进和培育高层次金融人才，大力改善金融业发展环境，提高金融服务业发展水平。扶持和培育技术创新型第三方服务企业，大力发展科技服务业。运用信息技术和现代经营方式改造提升传统商贸业，加快现代商贸业发展步伐。整合建立区域内综合性的软件服务公共技术平台和公共信息应用平台，培育创新型特色化的软件服务和信息服务企业，积极发展增值电信业务、软件服务、计算机信息系统集成和互联网产业。

（六）积极发展面向民生的服务业。大力发展旅游业，进一步拓展市场、整合资源，建设世界一流水平的旅游目的地体系。加快发展广播影视、新闻出版、邮政、电信、文化、体育和休闲娱乐等服务业。积极扶持电子书刊、网络出版、数字图书馆、网络游戏、电影特技制作、数字艺术设计、数字媒体、虚拟展示等新兴数字创意产业发展。

（七）大力改善服务业发展环境。加快建设区域服务业联动机制，开展多方面的交流与协作。研究建立区域现代服务业标准规范体系，加强面向现代服务业技术、产品与服务的认证机制建设。加快建立市场化运作的企业和个人信用服务体系，制定行业标准，完善监管制度。大力开展现代服务业人才培训与职业教育，多层次培养现代服务业复合型人才。

三、全面推进工业结构优化升级，努力建设国际先进制造业基地

（八）做大做强高技术产业和优势支柱产业。继续巩固和提高实体经济发展水平，集中力量积极发展电子信息、生物、新材料、新能源等战略性高技术产业，培育更多新的增长点。进一步做大做强石化、钢铁、汽车、船舶及先进装备制造等优势支柱产业，加快形成核心关键技术和提升规模水平。大力发展总部经济和研发、设计、营销中心，促进产业链条向高端延伸。加快淘汰落后生产能力，积极推动传统产业的升级改造和梯度转移。大力培育建设与全球先进制造业基地相适应的优秀经营管理人才和高级技工队伍。

（九）进一步优化空间布局。以沪宁、沪杭甬沿线为重点发展具有先导效应、发展潜力大的电子信息、生物、新材料和先进装备制造等产业；在沿江、沿海、杭州湾沿线优化发展产业链长、带动性强的石化、钢铁、汽车、船舶等产业。促进企业向产业带集中、向园区集聚，引导关联企业集聚发展。加快连云港、温州等发展潜力较大地区的发展，形成新的经济增长点，带动江苏沿海、东陇海沿线、浙江温台沿海、金衢丽高速公路沿线发展。

（十）进一步提升企业竞争力。鼓励和支持优质资本、优势企业跨行政区并购和重组。在电子信息、石化、钢铁、汽车、船舶、装备制造、轻纺、商贸、旅游等重点领域和优势行业，加快培育形成一批拥有自主知识产权的世界级品牌、具有国际竞争力的大企业，形成以大企业为龙头，中小企业专业化配套的协作体系，提升产业整体素质，增强竞争能力。

四、统筹城乡发展，扎实推进社会主义新农村建设

（十一）大力发展现代农业。着力发展高附加值的特色农业、设施农业、生态农业、观光农业、都市农业和现代养殖业。支持创建名优品牌。充分发挥江苏沿海等地区滩涂资源丰富的优势，建立现代农业示范区，积极发展规模化高效农业。稳定发展粮食生产，积极推进大型优质商品粮基地建设。依托沿江靠海的优势，发展现代渔业。积极改造和提升传统农业，大力提高农业机械化水平和土地集约利用水平。加强优势农产品产业带和规模化养殖基地建设。大力支持农业产业化经营和标准化生产，培育一

批带动能力强的龙头企业。鼓励扩大农产品出口，进一步做大做强外向型农业。

（十二）加快完善农业生产、经营、流通等服务体系。加快培育生产性的专业服务组织，构建新型农业服务体系。大力发展农村现代物流，在农村培育一批大型流通企业。积极培育、发展农民专业合作社和农业行业协会、学会等各类组织，加快农业信息服务网络建设。改善农村金融服务，发展农村信用担保和农村小额贷款，加快建立农业保险体系。

（十三）全面深化农村改革。坚持农村基本经营制度，稳定和完善土地承包关系，按照依法、自愿、有偿的原则，健全土地承包经营权流转市场，有条件的地方可以适度发展多种形式的规模经营。深化集体林权制度改革。探索集体经济有效实现形式。加快农村投融资体制改革，合理划分各级政府的财政投入职责，加大政府对农业和农村的投入，引导各类资本进入农业社会化服务体系和合理开发未利用农业资源。建立健全多层次、广覆盖、可持续的农村金融体系，不断完善对"三农"的金融服务。扎实推进农村综合改革，强化乡镇政府的社会管理和公共服务职能，逐步建立起精干高效的农村基层行政管理体制。建立健全村民自治机制，完善村民一事一议制度，积极推进奖补措施，推广民主恳谈会、村民议事会等有效的民主形式。

（十四）稳步推进城乡一体化进程。统筹城乡基础设施建设，推动城市基础设施、公共服务和现代文明向农村延伸。进一步做好村庄规划，节约农村建设用地。加强城市饮用水安全保障工作，加快实施农村饮水安全工程建设和中小河流及湖泊河网水环境整治，推进农村节能减排，加强城乡绿化美化一体化建设。统筹城乡社会事业发展，逐步实现城乡基本公共服务均等化。全面落实被征地农民基本生活保障制度，确保做到即征即保，探索建立农村养老保险制度，积极做好城乡社会保障制度的统筹衔接。提高农村最低生活保障水平，逐步实行城乡统一的低保制度。统筹城乡劳动就业，逐步建立城乡统一的人力资源市场和公平竞争的就业制度。

五、大力推进自主创新，加速建成创新型区域

（十五）构建具有国际竞争力的区域创新体系。抓紧编制自主创新规划，加快构建技术创新体系。引导创新要素向企业集聚，支持有条件的企业建立技术研发机构和创办海外研发机构，鼓励有条件的企业与高校、科研院所建立技术创新战略联盟。整合自主研发力量，建设一批一流的研究型大学、科研机构和创新型企业，加强国家重点实验室、工程技术（研究）中心、国家重大科学工程的建设，建设开放共享的科技基础条件平台和产业共性技术研发试验平台。构建区域创新网络，建立和完善技术转移转化的公共服务平台和中介服务机构，重点办好若干区域性重点科技园区。实行科技资质互认制度。

（十六）实现关键领域和核心技术的创新突破。重点推进电子信息、生物、先进制造、新能源、新材料、航天航空等领域的自主创新，加强区域联合协作，共同攻克产业核心技术、共性关键技术，组织开展新技术开发和推广示范。充分发挥高新技术产业园区在产业集聚和创新载体方面的作用，协同推进原始创新、集成创新和引进消化吸收再创新。支持区域联合承担国家重大科技专项。

（十七）营造鼓励自主创新的政策环境。加大财政对竞争前技术和共性技术研发、引进技术消化吸收再创新、初创型科技中小企业的引导性投入。抓好企业研发费用税前抵扣和高新技术企业优惠政策的贯彻落实。进一步改善创新创业投融资环境，鼓励发展创业风险投资和私募股权投资，支持区域内国家级开发区中高新技术企业进入股权代办转让系统，鼓励发展金融租赁业，积极发展小企业信用担保体系。推动形成市场化、专业化的创新服务体系。加大知识产权保护力度，加强知识产权的集成、运营和管理。

（十八）加强创新型人才的培养和引进。调整完善高等教育的学科布局和专业设置。鼓励企业依托高等院校、职业院校和科研机构，建立区域高新技术和高层次应用型人才、高技能人才培养基地。加强国际合作交流，发展和完善多种形式的科技创新人才国际化培养模式。加大人才引进力度，重点引进高层次人才、高科技人才以及经济社会发展需要的紧缺人才。

六、走新型城市化道路，培育具有较强国际竞争力的世界级城市群

（十九）构建完备的城镇体系。加快建设以特大城市和大城市为主体，中小城市和小城镇合理发展的网络化城镇体系。发展基础较好、已初步形成城市带的各个城市，要进一步密切相互间的经济、技术、文化联系，促进要素流动和功能整合，发挥同城效应。苏北、浙西南等开发强度相对不高、发展潜力较大的地区，要大力引导产业、人口有序集聚，形成新的城镇发展带。

（二十）完善和提升各类城市功能。继续发挥上海的龙头作用，加快建成国际经济、金融、贸易和航运中心，进一步增强创新能力和高端服务功能，率先形成以服务业为主的经济结构，成为具有国际影响力和竞争力的世界城市。进一步提升南京、杭州等特大城市的综合承载能力和服务功能，扩大辐射半径。其他大城市要按照自身优势，形成特色，提升功能。中小城市和小城镇要进一步增强实力，完善服务功能。

（二十一）提高城乡规划和建设管理水平。合理规划城市规模，优化城镇建设布局。严格控制新增建设用地规模，促进城镇集约紧凑发展。统筹规划建设城镇供排水、供电、通信、垃圾处理和覆盖城乡的区域性防洪排涝、供水、治污工程等重大基础设施。加强城镇防灾减灾和应急管理能力建设。统筹新区开发与旧城保护，切实维护城镇历史文化风貌。

七、积极推进重大基础设施一体化建设，增强区域发展的支撑能力

（二十二）完善综合交通运输体系。铁路要以客运专线和城际轨道交通建设为重点，加快区域对外通道、区域内省际通道、城际快速通道以及跨长江通道、重要枢纽客运设施等建设，优化路网结构，提高路网质量。公路要以加强关键工程和断头路段建设为重点，加快国家高速公路网建设，加强区域对外通道、区域内省际通道、重要的城际快速通道、跨海湾和跨长江通道及重要疏港高速公路建设。抓紧编制实施沿海港口发展总体规划，加强港口群协调发展。提高长江“黄金水道”、京杭运河等高等级航道通航标准，完善集装箱运输系统、外贸大宗散货海进江中转运输系统、江海物资转运系统和客运系统。积极推进空域管理和使用方式改革，科学利用空域资源，加强航空枢纽与配套支线机场建设。

（二十三）构建区域能源安全体系。进一步优化能源结构，鼓励发展可再生能源和清洁能源。加快石油、天然气基础设施建设，共同推进石油和液化天然气码头建设，完善油气输送管道网络，加强油气战略储备，加快建设区域石油流通枢纽和交易中心，研究建立区域天然气交易中心。改善煤炭运输条件，研究规划建设大型储煤基地。优化电力基础设施建设与布局，重点在沿海、沿江地带布置电源点，加快西电东送、北电南送和皖电东送输变电线路等的规划和建设，建设过江电缆通道。加快核电的规划和建设，进一步做好江苏沿海等地区的风电项目规划建设。

（二十四）改善水利基础设施。按照水资源和水环境承载能力，统筹协调区域水利基础设施建设，构筑防洪减灾体系、水资源合理配置和高效利用体系、饮用水安全保障体系以及水生态环境保护体系。加快实施太湖流域第二轮治理、长江口综合整治、淮河治理和沿海防浪堤及防护林等重点工程建设，加强城市防洪排涝能力建设，继续实施病险水库除险加固，加强蓄滞洪区建设和管理，加强低洼易涝地区和山洪灾害易发区综合治理。加快水源工程等水资源调蓄和配置工程建设，继续加强重点地区、重点城市河湖治理和水生态修复工程建设。加快水文、水资源和水环境实时监控系统建设。加强水资源统一管理，完善流域综合管理体制。

（二十五）改进和健全信息基础设施。统筹规划，加快推进区域信息一体化，统一数据标准，完善信息资源共建共享机制。完善信息网络基础设施，不断提高网络性能和技术水平，务实推进“三网”（电信网、广播电视网、计算机网）融合，组织推进光纤接入等高速接入技术的试点，促进传统电信网向宽带综合信息服务网络发展，强化网络信息安全与应急保障基础设施建设。加快区域空间信息基础设施建设，提高地理空间信息社会化应用与共享程度。推进综合性网络应用工程、公益性信息服务工程、企业信息化等重点应用项目建设。促进高速公路电子收费系统、交通信息联网、危急抢险信息联网建设。

八、推进资源节约型和环境友好型社会建设，全面提高可持续发展能力

（二十六）提高土地节约和集约利用水平。坚决实行最严格的土地管理制度，严格执行土地利用总体规划和土地利用年度计划，切实保护耕地和基本农田，加强土地资源需求调控，实行更严格的区域土地供应政策和市场准入标准，制定并实行合理的新建项目土地使用率标准，严格控制新增建设用地。加强对存量建设用地的调整和改造，加大对闲置土地行为的处罚力度，积极盘活闲置和空闲土地。积极开展土地复垦，大力加强农村土地整理，适度开发宜耕后备资源。加强围海造地的管理和调控，合理有序开发利用滩涂资源。

（二十七）全面推进节能降耗。加强区域产业政策和环保政策的衔接，完善节能减排地方性法规。对新建、改建、扩建等涉及新增能力的项目，率先实行国际先进水平的能耗、物耗、水耗等标准。突出抓好高耗能行业和重点耗能企业的节能降耗工作，全面实施节能降耗重点工程，着力推进节能降耗科技进步。到2010年全部淘汰国家产业政策明令禁止的落后生产能力。着力抓好高耗水行业的节水改造和水的循环利用，加强工业、农业和城市节水，全面推进节水型社会建设。大力推动发展节能省地环保型建筑，推进政府办公建筑及大型公共建筑节能运行与改造，新建筑严格实施节能强制性标准。大力发展资源再生和环保产业。大力发展循环经济，实现清洁发展。落实节能降耗目标责任制。

（二十八）强化环境保护和生态建设。加强区域生态环境的共同建设、共同保护和共同治理。落实《太湖流域水环境综合治理总体方案》和《淮河流域水污染防治规划》，加强杭州湾、长江沿岸、长江口和近海海域污染综合治理和生态保护。实行更严格的环境保护标准。完善区域污染联防机制，推进区域环境保护基础设施共建、信息共享和污染综合整治。加快规划和建设城乡污水处理和生活垃圾处理设施，强化对已建成污染治理设施的运行监管。治理农村面源污染，加大畜禽养殖污染防治力度。加大江河湖库饮用水源地建设，加强饮用水水源地保护，确保饮用水安全。坚决关停达不到污染物排放标准的企业，治理工业污染，大幅减少燃煤电厂二氧化硫和汽车尾气排放，控制高架源氮氧化物的排放。加大水土流失综合防治力度，加强水土保持清洁型、生态型小流域综合治理。严格执行开发建设项目"三同时"（建设项目环保设施与主体工程同时设计、同时施工、同时投产使用）和水土保持方案报告制度。加强林业生态建设，增强涵养水源等能力。强化地下水资源保护，遏制地下水超采，建立区域联动机制，防治地面沉降，保护地质环境。建立海洋重大污染事件通报和海区关闭制度。健全环境违法行为联合惩处机制，加强联合执法检查，完善跨界污染防治的协调和处理机制。披露环境信息，建立健全社会公众参与和监督机制。落实污染减排考核和责任追究制度，实行环境保护一票否决和问责制。研究推进排污权交易和建立生态环境补偿机制。

九、加强文化建设和社会事业建设，促进经济社会协调发展

（二十九）切实加强社会文化建设。运用生动活泼、寓教于乐的形式，广泛开展社会主义核心价值体系宣传普及活动，大力弘扬爱国主义、集体主义、社会主义思想，为和谐社会建设注入精神动力。切实加强社会公德、职业道德、家庭美德和个人品德建设，形成文明健康的社会风尚。建立区域文化联动发展协作机制，制定区域文化发展规划。不断深化文化体制改革，着力推进文化创新，加快文化产业基地和区域性特色文化产业群建设。建立完善覆盖城乡的公共文化服务体系，重视城乡区域文化协调发展，着力丰富农村、相对落后地区和进城务工人员的精神文化生活。加强网络文化建设与管理，营造良好网络环境。加强中华优秀文化传统教育，认真做好文物和非物质文化遗产保护，不断扩大对外文化交流。

（三十）着力推进社会事业发展。整合区域社会事业资源，强化教育、卫生、体育等领域的合作与交流。推进义务教育实现"双高普九"，率先基本实现教育现代化，基本普及包括学前教育、义务教育和高中阶段教育在内的15年教育，全面提高高等教育质量，显著提升高校科技创新与服务能力。大力发展职业教育，加快建立完善的区域职业教育培训体系。建立更加完善的现代国民教育体系和终身教育体系，加快学习型社会建设。着力构建覆盖城乡的公共卫生服务体系、医疗服务体系、医疗保障体系、药品

供应保障体系。建立健全区域内疾病预防控制、卫生监督、突发公共卫生事件应急处理协调机制和联防联控网络。积极发展体育产业，加快构建全民健身服务体系。

（三十一）加快完善就业和社会保障体系。制定统一规范的劳动用工制度，完善转移就业的政策制度，建立区域人力资源市场。逐步完善就业服务、社会保障服务、信息服务和劳动维权等人力资源市场管理体系。鼓励自谋职业和自主创业。加快建立覆盖城乡居民的社会保障体系，继续完善城镇企业职工基本养老保险制度，加快实现省级统筹，积极推行农村养老保险制度，切实做好被征地农民就业培训和社会保障工作。完善城镇职工基本医疗保险制度，推进城镇居民基本医疗保险制度试点和新型农村合作医疗制度建设。完善失业保险制度，扩大工伤和生育保险覆盖面。鼓励发展补充性保险。加快社会保障服务中心建设，随着经济发展适当提高社会保障标准。规范灾民救助制度和农村五保供养制度，健全教育救助、医疗救助、住房救助、司法救助等专项救助制度，率先建立较为完善、覆盖城乡的社会救助体系。发展适度普惠型社会福利事业，扩大社会福利覆盖范围。大力培育各类慈善组织。率先建立更加科学合理的收入分配调节机制和宏观监测机制，努力缩小城乡、地区和居民间的收入差距。

（三十二）加强外来人口服务和管理。改革区域户籍制度，逐步实行以居住证为主的属地化管理制度。保障外来务工人员子女的同等受教育机会。完善和落实国家有关农民工的政策，切实维护农民工的合法权益。在国家统一规划指导下，建立社会保险关系跨统筹区转移制度和信息网络，完善参保人员社会保险关系转移、衔接的政策措施。建立健全区域内流动人口管理与服务协调机制。健全流浪乞讨人员救助管理制度。

十、着力推进改革攻坚，率先建立完善的社会主义市场经济体制

（三十三）大力推进行政管理体制改革。切实转变政府职能，全面实现政企分开、政资分开、政事分开以及政府与中介组织分开，进一步强化社会管理和公共服务职能，加快构建责任政府和服务政府。创新政府管理模式，减少和规范行政审批，积极利用市场机制和法律法规进行管理，必不可少的行政审批尽可能采取核准和备案方式。深化机构改革，优化政府管理层次，加强社会管理机构，完善经济调节机构，合并职能相同或相近的政府部门，规范各种类型的办事机构，减少行政层级，提高运行效率。

（三十四）继续推进非公有制经济发展和国有企业改革。推进公平准入，改善融资条件，优化政策环境，促进非公有制经济发展，支持有条件的中小企业做大做强。开展相关试点工作，探索、引导和推动个体、私营企业制度创新，优化产业结构，提高自主创新能力，实现科学发展。加强和改进对非公有制企业的服务和监管，切实维护企业和职工合法权益。加快国有大型企业和国有垄断企业公司制股份制改革和战略并购重组，鼓励发展具有国际竞争力的大企业集团。运用多种有效方式，推动国有资本、民营资本和外资经济的融合，积极发展混合所有制经济。平等保护各类产权，推动形成各种所有制经济平等竞争、相互促进的新格局。

（三十五）加快市场化进程。建立统一开放的产品、技术、产权、资本、人力资源等各类市场，实现生产要素合理流动和资源优化配置。进一步整顿和规范市场秩序，以信贷、纳税、合同履约等信用记录为重点，建立区域社会信用平台与体系，构建经济、金融信息共享平台。实施统一的准入标准和技术标准，建立区域市场准入和质量互认制度。抓紧清理和修订阻碍要素合理流动的法规和政策，逐步统一企业创业和经营的地方性法规。完善财税管理体制。建立科技、人力资源共享和联动机制以及人力资源的合理流动机制，建立信息资源的开放共享机制，建立知识产权的协调保护机制。

（三十六）着力构建规范透明的法制环境。进一步清理、修订、完善现有政策和各类法规，建立稳定、规范和可预见的政策环境以及与国际通行做法相适应的法制环境，加快建立与国际接轨的法律规则。大力推进依法行政，加强政府法制建设。加快推进政务公开，建立公开、透明的行政体制和问责机制，实行投诉制、评估制、公示制和监察制，建立完善的监管制度。加强区域立法工作的合作与协调，形成区域相对统一的法制环境。

（三十七）继续推进重大改革试验。深化上海浦东综合配套改革试点，推广相对成熟、行之有效的改

革政策。对具备一定人口规模和经济实力的中心镇赋予必要的城市管理权限。在国家批准的范围内，实行城镇建设用地增加和农村建设用地减少挂钩的改革试点，在严格执行土地用途管制的基础上，促进农村集体建设用地依法流转。积极探索互利共赢的财政政策，有序推动异地联合兴办开发区。深化金融改革，扩大金融改革试点。推动外汇管理改革创新，优化企业跨区域外汇业务规程，支持中外资金融机构提供多样化的外汇服务。推进地方中小金融机构和农村金融机构改制、重组和上市。

十一、健全开放型经济体系，全面提升对外开放水平

（三十八）加快转变外贸增长方式。进一步优化进出口结构，鼓励高附加值产品、服务产品出口，大力支持自主品牌和自主知识产权产品出口。鼓励能源、原材料、先进技术装备、关键零部件进口。率先实现加工贸易转型升级，严格执行加工贸易禁止类和限制类产品目录，推动加工贸易由代加工逐步向代设计、自主品牌转变，推动加工贸易梯度转移。率先推行符合国际惯例的质量、安全、环保、技术、劳工等标准，强化企业社会责任。加快推进海关特殊监管区域整合，推进大通关建设。

（三十九）着力提高利用外资质量。统筹协调对外开放政策，完善涉外经济管理体制。继续积极有效利用外资，更加注重引进先进技术、管理经验和智力资源。创新外商投资管理方式，试行对外商投资企业合同、章程的格式化审批。进一步优化外资结构，引导外资投向高新技术产业、基础设施领域和高端制造环节。大力承接国际服务外包。积极拓展利用外资方式，规范和引导外国投资者以多种方式参与国有企业改组改造以及向上市公司战略投资。在有条件的地方，扩大离岸金融试点。规范招商引资行为，实行相对统一的土地、税收政策，营造公平、开放的投资环境。

（四十）加快企业“走出去”步伐。鼓励各类有条件的企业开展对外投资与合作，在海外建立生产加工基地、营销网络和研发中心，在境外投资、海关通关、人员出入境、税收等方面予以支持。加大对企业境外重点开发项目的支持力度。鼓励对外工程承包，简化境外工程承包相关物资出口的退税审批手续，简化对境外工程承包相关设备出境的外汇管理。鼓励国内商业银行进一步扩展海外网点和业务，为企业境外并购融资。选择有条件的企业开展国际贸易人民币结算试点。

十二、加强组织协调，全面落实各项任务

（四十一）加强统筹协调。推进长江三角洲地区改革开放和经济社会发展是一项系统工程，各有关方面要认真贯彻落实本指导意见提出的各项目标和任务。两省一市要根据本指导意见的要求，研究制订切实可行的实施方案，落实各项工作任务；要深入实际调查研究，及时总结经验，扎实推进，重大问题要及时向国务院报告。由国家发展和改革委员会牵头，抓紧编制《长江三角洲地区区域规划》，并做好与相关规划的衔接协调、组织实施和各项政策措施落实的督促检查工作。国务院各有关部门要加快职能转变，增强服务意识，根据本指导意见研究提出本部门支持和推进长江三角洲地区改革开放和经济社会发展的具体措施。

（四十二）完善合作机制。要积极探索新形势下管理区域经济的新模式，坚持政府引导、多方参与，以市场为基础、以企业为主体，进一步完善合作机制，着力加强基础设施建设、产业分工与布局、生态建设与环境保护等方面的联合与协作。积极推进泛长江三角洲区域合作，要进一步加强与中西部地区经济协作和技术、人才合作，带动和帮助中西部地区发展。积极推进与港澳台的经济联系与合作。

实现长江三角洲地区又好又快发展，事关国家改革开放和现代化建设大局。两省一市和国务院各有关部门要加强合作，团结奋斗，真抓实干，创造性地开展工作，努力促进长江三角洲地区在高起点上争创新优势、实现新跨越。

国务院

二〇〇八年九月七日

第一篇

概　况

第一章 历史沿革

一 上海市的历史沿革

上海，简称“沪”，别称“申”。大约在6000年前，现在的上海西部即已成陆，东部地区成陆也有2000年之久。相传春秋战国时期，上海曾经是楚国春申君黄歇的封邑，故上海别称为“申”。公元四五世纪时的晋朝，以捕鱼为生的居民创造了一种竹编的捕鱼工具叫“扈”，又因为当时江流入海处称“渎”，因此松江下游一带被称为“扈渎”，以后又改“扈”为“滬(沪)”。

唐天宝十年(公元751年)，上海地区属华亭县(现今的松江区)，范围北到今天的虹口一带，南到海边，东到下沙。宋淳化二年(公元991年)，因松江上游不断淤浅，海岸线东移，大船出入不便，外来船舶只得停泊在松江的一条支流“上海浦”(其位置在今外滩以东至十六铺附近的黄浦江中)上。南宋咸淳三年(公元1267年)在上海浦西岸设置市镇，定名为上海镇。元至元二十九年(公元1292年)，元朝中央政府把上海镇从华亭县划出，批准上海设立上海县，标志着上海建城之始。

明代中叶(公元16世纪)，上海已成为全国棉纺织手工业中心。清康熙二十四年(公元1685年)，清政府在上海设立海关。19世纪中叶，上海已成为商贾云集的繁华港口。鸦片战争以后，上海被殖民主义者辟为“通商口岸”。1949年5月27日，上海获得解放，开始新生。

中华人民共和国成立后，揭开了上海发展的新篇章。在中国共产党领导下，上海人民经过60多年的艰苦奋斗，使上海的经济和社会面貌发生了巨大变化。特别是1978年以来，上海不断扩大开放，深化改革，率先走出一条具有特大城市特点的科学发展之路。进入21世纪后，上海坚持创新驱动、转型发展，努力开创建设国际经济、金融、贸易、航运中心和社会主义现代化国际大都市的新局面。

二 江苏省的历史沿革

春秋时期(前770—前476年)，分属齐、鲁、宋、吴、楚等国。

秦代实行郡县制，境内长江以南属会稽郡，以北分属东海郡和泗水郡。

西汉初年，郡国并行，江苏省先后分属楚、荆、吴、广陵、泗水等国，会稽、丹阳、东海、临淮、琅邪、沛等郡。东汉永和五年(140年)，省境长江以南属扬州，以北属徐州。

三国鼎立时期，分属孙吴、曹魏二国。

西晋建国初，江南复属扬州，江北复属徐州。

东晋及南北朝时期，江苏省大体上以淮河一线为界，以南属南朝，以北属北朝。从晋怀帝永嘉年间到南朝宋元嘉年间(307—453年)，南迁移民，其中接受移民最多的是江苏省，在今南京、镇江、常州一带最为集中，苏北地区则以扬州、淮阴等地为主。孙吴、东晋和南朝的宋、齐、梁、陈均定都于南京。

隋统一中国后，境内分置苏州、常州、蒋州(今南京)、润州(今镇江)、扬州、方州(今六合)、楚州(今淮安)、邳州、泗州、海州和徐州。

唐分中国为十道，江苏分属河南道、淮南道及江南东道。

五代时期(907—960年)，淮北的徐州先后属梁、唐、晋、汉、周，江南的苏州属吴越钱氏，其他各州先后属杨吴和南唐。

北宋政和元年(1111年)，分属江南东路、两浙路、淮南东路、京东东路和京东西路。宋室南渡，宋金对峙，金人据有淮北，南宋据有江南和淮南。

元代实行行省制，江苏先后分属江淮行省、江浙行省、河南行省。

靖康之乱后，靖康元年至绍兴十一年(1126—1141年)，北方人民南迁以本阶段人数最多，短短十余年，"江、浙、湖、湘、闽、广，西北流寓之人遍满"。绍兴十一年(1141年)，绍兴和议达成，和约规定南宋不得接收金朝"逃亡之人"，南迁的浪潮始告消退。

明初定都应天府(今南京)，今江苏范围内先后称为南京、京师，明成祖迁都北京后，复称南京，大致辖有今江苏、安徽两省和上海市，因相对于北直隶称南直隶，南京是明朝陪都。南京应天府治江宁、上元(今江苏省南京市区)。辖:江宁(县治在今南京市区东南部)、上元(县治在今南京市区西北部)、句容(县治在今江苏省句容市)、溧水(县治在今南京市溧水区)、高淳(县治在今南京市高淳区)、江浦(县治在今南京市浦口区)、六合(县治在今南京市六合区)，溧阳(县治在今江苏省溧阳市)共8县。

明洪武十三年(1380年)，罢中书省，苏州府归属南直隶(南京)六部管辖。明永乐十九年(1421年)，明迁都北京，苏州府归属直隶南京六部(简称南直隶)管辖，吴、长洲两县隶苏州府。

清初灭南明，废南京，以南京原辖区域改设江南省。康熙六年(1667年)，分江南省为江苏(含今上海)、安徽二省，江苏省(巡抚衙门驻苏州)辖江宁府(今南京)、苏州府、徐州府、常州府、镇江府、松江府(今上海)、扬州府、淮安府，两江总督署驻南京，江苏巡抚衙门驻苏州。这是江苏建省之始，取江宁、苏州二府的首字而得名，简称"苏"。

到清末时，江苏省辖有8府3直隶州1直隶厅。期间，太平天国曾在咸丰三年至同治三年(1853—1864年)间建都南京，称天京，并曾在此短暂地设置过天京省、天浦省和苏福省。

民国元年(1912年)，中华民国临时政府在南京成立。

民国十六年(1927年)，国民政府定都南京，析置江苏省江宁县设立南京特别市，析置江苏省上海县、宝山县设立上海特别市，分出江苏省，直隶于国民政府行政院，称院辖市。

民国十七年(1928年)至1949年，镇江市成为江苏省省会驻地。

民国二十二年(1933年)设立行政督察区。江苏省的体制一直延续到民国以后。

1949年4月23日，中国人民解放军横渡长江，南京解放。1949年6月，江苏全境解放，设苏北、苏南行署区及南京市三个省级行政区。

1952年，为了更好治理洪泽湖，安徽的盱眙县和泗洪县划归江苏，作为交换，萧县和砀山县划归安徽。

1953年1月，三个省级行政区合并，恢复江苏省建制，南京市降为省辖市，并将省会设在南京市。

三 浙江省的历史沿革

浙江历史悠久，文化灿烂，是中国古代文明的发祥地之一。

早在5万年前的旧石器时代，浙江就有原始人类"建德人"活动;境内已发现新石器时代遗址100多处，有距今7000年的河姆渡文化、距今6000年的马家浜文化和距今5000年的良渚文化。春秋时浙江分属吴、越两国。秦朝在浙江设会稽郡。三国时富阳人孙权建立吴国。唐朝时浙江先后属江南东道、两浙道，渐成省级建制的雏形。五代十国时临安人钱镠建立吴越国。元代时浙江属江浙行中书省。明初改元制为浙江承宣布政使司，辖11府、1州、75县，省界区域基本定型。清康熙初年改为浙江省，建制至此确定。

四 安徽省的历史沿革

安徽建省于清朝康熙六年(公元1667年)，省名取当时安庆、徽州两府首字合成，因境内有皖山、春秋时期有古皖国而简称皖。现辖16个地级市、62个县(市)、43个县级区和1522个乡镇、街道办事处。

安徽是中国史前文明的重要发源地之一，文化底蕴深厚，源远流长，曾培育出道教文化、建安文学、桐城派、北宋理学、徽文化等，涌现出老子、庄子、管子、曹操、华佗、包拯、朱元璋、李鸿章、胡适等一批著名历史人物。产生于淮河流域的老庄道家学派，与儒家学说一起构成我国传统文化两大支柱;徽文化是明清时期最有影响的文化流派。徽剧是京剧的主要源流之一，黄梅戏是中国四大戏曲门类之一，池州的傩戏号称"戏剧活化石"，淮河两岸流行的花鼓灯被誉为"东方芭蕾"。

第二章　自然地理

一　上海市的自然地理

上海位于北纬 31 度 14 分，东经 121 度 29 分；地处太平洋西岸，亚洲大陆东沿，长江三角洲前缘；东濒东海，南临杭州湾，西接江苏、浙江两省，北界长江入海口，长江与东海在此连接。

上海位于中国南北弧形海岸线中部，交通便利，腹地广阔，是一个良好的江海港口。

上海属北亚热带季风性气候，四季分明，日照充分，雨量充沛。上海气候温和湿润，春秋较短，冬夏较长。2015 年，全市平均气温 17.1℃，日照 1493.8 小时，无霜期 269 天，降水量 1649.1 毫米。全年 70%以上的雨量集中在 4 月至 9 月的汛期。

1949 年末，上海的土地面积仅为 636.18 平方千米。2015 年末，上海全市土地面积为 6340.5 平方千米，占全国总面积的 0.06%。境内辖有崇明、长兴、横沙三个岛屿，其中崇明岛是中国的第三大岛。

上海河网大多属黄浦江水系，主要有黄浦江及其支流苏州河、川扬河、淀浦河等。黄浦江流经市区，终年不冻，是上海的水上交通要道。淀山湖是上海的最大湖泊。

上海境内除西南部有少数丘陵山脉外，整体地势为坦荡低平的平原，是长江三角洲冲积平原的一部分，平均海拔高度 4 米左右。陆地地势总体呈现由东向西低微倾斜。大金山为上海境内最高点，海拔高度 103.4 米。

二　江苏省的自然地理

江苏地处中国大陆东部沿海地区中部，长江、淮河下游，东濒黄海，北接山东，西连安徽，东南与上海、浙江接壤，是长江三角洲地区的重要组成部分。地跨东经 116°18′—121°57′，北纬 30°45′—35°20′。内陆面积 10.72 万平方千米，占中国土地总面积的 1.12%。江苏海域面积 3.75 万平方千米，共 26 个海岛。

江苏地形以平原为主，平原面积 7 万多平方千米，占江苏省面积的 70%以上，比例居中国各省首位，主要由苏北平原、黄淮平原、江淮平原、滨海平原、长江三角洲平原组成。

江苏是中国地势最低的一个省区，绝大部分地区在海拔 50 米以下，低山丘陵集中在西南部，占江苏省总面积的 14.3%，主要有老山山脉、云台山脉、宁镇山脉、茅山山脉、宜溧山脉。连云港云台山玉女峰为江苏最高峰，海拔 625 米。

长江横贯江苏东西 425 千米，京杭大运河纵贯南北 718 千米，海岸线长 954 千米。江苏地处江淮沂沭泗五大河流下游，长江横穿江苏省南部，江水系江苏省最可靠的水资源。境内有太湖、洪泽湖、高邮湖、骆马湖、白马湖、石臼湖、微山湖等大中型湖泊，以及大运河、淮沭河、串场河、灌河、盐河、通榆运河、灌溉总渠和通扬运河等各支河，河渠纵横，水网稠密。

中国五大淡水湖，有两个位于江苏，太湖 2250 平方千米，居全国第三；洪泽湖 2069 平方千米，居全国第四，此外还有大小湖泊 290 多个，其中 50 平方千米以上的湖泊 12 个。

江苏属于温带向亚热带的过渡性气候，气候温和，雨量适中，四季气候分明，以淮河、苏北灌溉总渠一线为界，以北属暖温带湿润、半湿润季风气候，以南属亚热带湿润季风气候。

江苏各地平均气温介于 13—16℃，江南 15—16℃，江淮流域 14—15℃，淮北及沿海 13—14℃，由东北向西南逐渐增高。最冷月为 1 月份，平均气温－1.0—3.3℃，其等温线与纬度平行，由南向北递减，7

月份为最热月,沿海部分地区和里下河腹地最热月在 8 月份,平均气温 26—28.8℃,其等温线与海岸线平行,温度由沿海向内陆增加。江苏省春季升温西部快于东部,东西相差 4—7 天;秋季降温南部慢于北部,南北相差 3—6 天。

三 浙江省的自然地理

浙江省地处中国东南沿海长江三角洲南翼,东临东海,南接福建,西与江西、安徽相连,北与上海、江苏接壤。境内最大的河流钱塘江,因江流曲折,称之江,又称浙江,省以江名,简称"浙"。省会杭州。

浙江地势由西南向东北倾斜,地形复杂。山脉自西南向东北成大致平行的三支。西北支从浙赣交界的怀玉山伸展成天目山、千里岗山等;中支从浙闽交界的仙霞岭延伸成四明山、会稽山、天台山,入海成舟山群岛;东南支从浙闽交界的洞宫山延伸成大洋山、括苍山、雁荡山。龙泉市境内海拔 1929 米的黄茅尖为浙江最高峰。水系主要有钱塘江、瓯江、灵江、苕溪、甬江、飞云江、鳌江、曹娥江八大水系和京杭大运河浙江段。钱塘江是浙江省内第一大江,有南、北两源,北源从源头至河口入海处全长 668 千米,其中在浙江省境内 425 千米;南源从源头至河口入海处全长 612 千米,均在浙江省境内。湖泊主要有杭州西湖、绍兴东湖、嘉兴南湖、宁波东钱湖四大名湖,以及新安江水电站建成后形成的全省最大人工湖泊千岛湖等。地形大致可分为浙北平原、浙西中山丘陵、浙东丘陵、中部金衢盆地、浙南山地、东南沿海平原及海滨岛屿 6 个地形区。

浙江陆域面积 10.55 万平方千米,占全国陆域面积的 1.1%,是中国面积较小的省份之一。东西和南北的直线距离均为 450 千米左右。全省陆域面积中,山地占 74.63%,水面占 5.05%,平坦地占 20.32%,故有"七山一水两分田"之说。浙江海域面积 26 万平方千米,面积大于 500 平方米的海岛有 2878 个,大于 10 平方千米的海岛有 26 个,是全国岛屿最多的省份,其中面积 502.65 平方千米的舟山岛为中国第四大岛。在"2016 中国海洋宝岛榜"中,浙江有 21 个海岛上榜,占总数的 1/5。

四 安徽省的自然地理

安徽地处长江、淮河中下游,长江三角洲腹地,居中靠东、沿江通海,东连江苏、浙江,西接湖北、河南,南邻江西,北靠山东,东西宽约 450 千米,南北长约 570 千米,土地面积 13.94 万平方千米,占全国的 1.45%,居第 22 位。地跨长江、淮河、新安江三大流域,世称江淮大地。长江流经安徽境内约 400 千米,淮河流经省内约 430 千米,新安江流经省内 242 千米。长江、淮河横贯东西,将全省分为淮北平原、江淮丘陵、皖南山区三大自然区域。境内巢湖是全国五大淡水湖之一,面积 800 平方千米。

安徽在中国交通干线网中具有承东启西的地位,铁路密度居华东前列。武汉—合肥—南京铁路客运专线将合肥到上海、武汉的行程缩短到 3 个小时和 2 个小时;京沪高速铁路使合肥到北京的行程缩短到 4 小时左右。2016 年,全省新增高速公路 294 千米、一级公路 667 千米、铁路营业里程 62.3 千米。到 2016 年末,全省高速公路达 4543 千米、一级公路达 3833 千米、铁路营业里程达 4124.4 千米,其中高速铁路营业里程 1354 千米。合宁高速东达宁沪,芜宣高速南连杭州,合安高速西接武汉,合徐高速北通徐州,一个四通八达的高速公路网络已基本形成。合肥新桥国际机场是国内 4E 级枢纽干线机场。

第三章 自然资源

一 上海市的自然资源

境内缺乏金属矿产资源，建筑石料也很稀少，陆上的能源矿产同样匮乏。20世纪70年代以来开始在近海寻找油气资源，在多口钻井中获得工业原油和天然气。据初步估算，东海大陆架油气资源储量约有60亿吨，是中国近海海域最大的含油气盆地。附近的南黄海，经过调查和勘探，也发现油气资源，估算有2.9亿吨储量。东海海水中化学资源丰富，在长江口浅海底下，还发现一些矿物异常区，有锆石、钛铁砂、石榴石、金红石等重要矿物。

上海市境内天然植被残剩不多，绝大部分是人工栽培作物和林木。天然的木本植物群落，仅分布于大金山岛和佘山等局部地区，天然草本植物群落分布在沙洲、滩地和港汊。栽培的农作物共有100多个种类，近万个品种。蔬菜多达400多种，居全国之冠，瓜果和观赏花卉品种也很多。动物资源主要是畜禽品种，野生动物种类已十分稀少。水产资源丰富，共有鱼类177属226种，其中淡水鱼171种，海水鱼55种。

上海市地处长江入海口、太湖流域东缘。境内河道(湖泊)面积约500多平方千米，河面积率为9%—10%；上海市河道长度2万余千米，河网密度平均每平方千米3千米—4千米。境内江、河、湖、塘相间，水网交织，主要水域和河道有长江口，黄浦江及其支流吴淞江(苏州河)、蕰藻浜、川杨河、淀浦河、大治河、斜塘、圆泄泾、大泖港、太浦河、拦路港以及金汇港、油墩港等。其中黄浦江干流全长80余千米，河宽大都在300米—700米之间，其上游在松江区米市渡处承接太湖、阳澄淀泖地区和杭嘉湖平原来水，贯穿上海至吴淞口汇入长江口。吴淞江发源于太湖瓜泾口，在市区外白渡桥附近汇入黄浦江，全长约125千米，其中上海境内约54千米，俗称苏州河，为黄浦江主要支流。上海的湖泊集中在与苏、浙交界的西部洼地，最大的湖泊为淀山湖，面积为60余平方千米。

二 江苏省的自然资源

江苏境内降雨年径流深在150—400毫米之间。江苏省平原地区广泛分布着深厚的第四纪松散堆积物，地下水源丰富。

江苏地处江、淮、沂沭泗流域下游和南北气候过渡带，河湖众多，水系复杂。江苏省本地水资源量320亿立方米。全省多年平均过境水量9492亿立方米，其中长江径流占95%以上。

江苏地下水资源量142.4亿立方米，其中，平原区地下水资源量134.4亿立方米，山丘区地下水资源量13.1亿立方米，重复计算量5.1亿立方米。

江苏耕地面积6875万亩，人均占有耕地0.86亩。全省海域面积3.75万平方千米，共26个海岛。沿海未围滩涂面积5001.67平方千米，约占全国滩涂总面积的1/4，居中国首位。

江苏湿地资源丰富，江苏湿地面积为282.19万公顷，其中自然湿地195.32万公顷，人工湿地86.87万公顷。湿地的分布，沿海以近海与海岸湿地为主，苏南以湖泊、河流、沼泽类型为主，里下河地区以河流湖泊为主，苏北以人工输水河与运河为主。

江苏地跨华北地台和扬子地台两大地质构造单元，有色金属类、建材类、膏盐类、特种非金属类矿产是江苏矿产资源的特色和优势。截至2017年4月，江苏发现的矿产品种有133种，探明资源储量的有68种，其中钽铌矿、含钾砂页岩、泥灰岩、凹凸棒石粘土、二氧化碳气等矿产查明资源储量居中国前列。

江苏省森林面积156万公顷，林木覆盖率22.8%，活立木总蓄积量9609万立方米，国有林场76个、面积10.67万公顷。

江苏重点国家保护植物有金钱松、银缕梅、宝华玉兰、天目木兰、琅琊榆、香樟、青檀、榉树、香果树、银杏、短穗竹、秤锤树、明党参、珊瑚菜、独花兰、莼菜、野菱、野大豆、水蕨、中华水韭等，计20种，分属17科19属，其中中国特有种13种。全省共建立林木种质资源原地保存地46处，面积1.29万公顷，主要分布在自然保护区和森林公园内，保护种质资源树种1063种，如金钱松、宝华玉兰、南京椴、楸树、青檀、黄连木、银杏、银缕梅等。

江苏共有野生动物604种，其中兽类79种，爬行类56种，两栖类21种，鸟类448种。鸟类主要是野鸡、野鸭，沿海有丹顶鹤、白鹤、天鹅等珍稀飞禽，沿海地区还建有世界上第一个野生麋鹿保护区。植物资源非常丰富，约有850多种，尚有可利用和开发前途的野生植物资源600多种。水生动物资源极为丰富。东部沿海渔场面积达10万平方千米，其中包括著名的吕四、海州湾、长江口、大沙四大渔场，盛产黄鱼、带鱼、鲳鱼、虾类、蟹类及贝藻类等水产品。内陆水面有2600多万亩，养殖面积1140万亩。有淡水鱼类140余种，是中国河蟹、鳗鱼苗的主要产地。被称为“长江三鲜”的鲥鱼、刀鱼、河豚，“太湖三白”的白鱼、银鱼、白虾，都是水中珍品。

三　浙江省的自然资源

浙江是我国高产综合性农业区，杭嘉湖平原、宁绍平原是著名的粮仓和丝、茶产地，舟山渔场是中国最大的渔场，茶叶、蚕丝、水产品、柑桔、竹制品等在全国占有重要地位。非金属矿产资源丰富，东海大陆架盆地有良好的石油和天然气开发前景。

浙江是中国古代文明的发祥地之一。100万年前境内已出现人类活动，已发现新石器时代遗址百余处，最著名的有距今4000—5000年的良渚文化、距今5000—7000年的河姆渡文化、距今6000多年的马家浜文化、距今7000—8000年的跨湖桥文化、距今1万年的上山文化，近来在良渚遗址又发现了5000年前中国最大古城。浙江春秋时分属吴、越两国，战国时属楚；秦时分属会稽郡、鄣郡、闽中郡；汉时属扬州刺史部；三国时入东吴版图，仍属扬州；唐朝时先属江南道，后属江南东道，又分置浙江东道、浙江西道两节度使，“浙江”作为行政区名称自此始；五代十国时临安人钱镠建立吴越国，属江南道；北宋时属两浙路；南宋建都临安（即今杭州），分置两浙西路和两浙东路；元代时属江浙行中书省；明初置浙江行中书省，简称浙江省，省名自此出现，后改为浙江承宣布政使司，辖11府、1州、75县，省界区域基本定型；清康熙初年改为浙江省，沿袭至今。据统计，东汉以来载入史册的浙江籍文学家逾千人，约占全国的六分之一。特别是“五四”运动以来，出现了鲁迅、茅盾等一大批浙籍文化名人。新中国成立以来的“两院”院士（学部委员）中，浙江籍人士占了近五分之一。

浙江自然风光与人文景观交相辉映。杭州市2016年G20峰会举办地，具有历史和现实交汇的独特韵味。以杭州西湖为中心，纵横交错的风景名胜遍布全省，有22个国家级风景名胜区、4个国家级旅游度假区、10个国家级自然保护区、30个国家园林城市、11个国家级湿地公园、39个国家森林公园，5个国家级城市湿地公园。全省有杭州、宁波、绍兴、衢州、金华、临海、嘉兴、湖州、温州9座国家历史文化名城，20个中国历史文化名镇，28个中国历史文化名村，名镇、名村总数全国第一。在国务院公布的四批国家级非物质文化遗产名录中，浙江每一批入选数量均居全国第一，现总入选数已达217项。杭州西湖、京杭大运河浙江段和浙东运河入选世界文化遗产，江郎山入选世界自然遗产。有中国优秀旅游城市27座浙江旅游资源非常丰富，自然风光与人文景观交相辉映，全省有重要地貌景观800多处、水域景观200多处、生物景观100多处、人文景观100多处，还有可供旅游开发的主要海岛景区（点）450余处。现有国家级风景名胜区22个，国家级旅游度假区4个，4A级以上旅游景区197家，数量分别居全国首位和第二位，其中国家5A级旅游景区有杭州西湖、千岛湖、普陀山、雁荡山、乌镇古镇、奉化溪口——滕头、东阳横店影视城、西溪湿地、嘉兴南湖、绍兴鲁迅故居·沈园景区、开化根宫佛国、南浔古镇、天台山、神仙居等14家。浙江每年都吸引众多游客来访，2016年分别接待境内、境外游客分别为5.73亿人次和1120万人次，实现旅游总收入8093亿元。

全年全省平均降水量为2042毫米(折合降水总量2116亿立方米)，全省水资源总量为1430.6亿立方米，比多年平均955.4亿立方米多49.7%；人均水资源量为2590立方米。

浙江森林面积9088.65万亩，其中省级以上生态公益林面积4535.68万亩，森林覆盖率达61%，活立木总蓄积量3.14亿立方米，居全国前列。

四 安徽省的自然资源

安徽省矿产资源条件优越，全省已发现的矿种为128种(计算到亚矿种为160种)，查明资源储量的矿种124种(含亚矿种)，其中能源矿种6种，金属矿种22种，非金属矿种94种，水气矿种2种。安徽煤、铁、铜、硫铁矿等矿产资源保有储量在全国名列前茅。2016年地质勘查部门开展各类地质(科研)项目(省级)158项，新增查明资源储量的大中型矿产地10处，新增探明储量矿种1种(镍矿)。旅游资源丰富，是中国旅游资源最丰富的省份之一。黄山、西递和宏村古民居群等被联合国教科文组织列入世界文化遗产名录。拥有黄山、九华山、天柱山、琅琊山、齐云山、采石矶、巢湖、花山谜窟、太极洞和花亭湖等10处国家级重点风景名胜区，拥有歙县、寿县、亳州、安庆和绩溪5座国家级历史文化名城，6个国家级自然保护区，29个国家级森林公园，56处国家重点文物保护单位。

第四章　行政区划

一　上海市的行政区划

别称沪或申。市政府驻黄浦区人民大道200号。全市总面积6340.50平方千米。户籍人口1433.62万人，常住人口2415.27万人(2015年末数据)。现辖16个市辖区，106个街道、107个镇、2个乡(合计215个乡级行政单位)。

一、县级以上行政区划及驻地一览

黄浦区(外滩街道)
徐汇区(徐家汇街道)
长宁区(江苏路街道)
静安区(江宁路街道)
普陀区(真如镇街道)
虹口区(嘉兴路街道)
杨浦区(平凉路街道)
闵行区(莘庄镇)
宝山区(友谊路街道)
嘉定区(新成路街道)
浦东新区(花木街道)
金山区(山阳镇)
松江区(方松街道)
青浦区(夏阳街道)
奉贤区(南桥镇)
崇明县(城桥镇)

二、行政区划变更情况

2016年6月8日，《国务院关于同意上海市调整部分行政区划的批复》(国函〔2016〕97号)：同意撤销崇明县，设立上海市崇明区，以原崇明县的行政区域为崇明区的行政区域，崇明区人民政府驻城桥镇人民路68号。

2016年7月26日，市政府(沪府〔2016〕60号)批复同意奉贤区设立奉浦街道，行政区域范围东至S4沪金高速公路；南至浦南运河；西边界沿横泾港向北，至淀港转沪杭公路，至程普路转环城西路，再沿奉浦大道至竹港以北；北至西渡街道发展村和金港村村界。南桥镇行政区域范围则作相应调整。奉浦街道办事处驻地为奉浦大道111号。

二　江苏省的行政区划

简称苏。省会南京(省政府驻南京市鼓楼区北京西路68号)。全省辖13个地级市，55个市辖区、21个县级市、20个县(合计96个县级行政区划单位)。

一、县级以上行政区划及驻地一览

1. 南京市(玄武区),辖11个市辖区。

玄武区(梅园新村街道)
秦淮区(五老村街道)
建邺区(沙州街道)
鼓楼区(宁海路街道)
浦口区(江浦街道)
栖霞区(仙林街道)
雨花台区(雨花街道)
江宁区(东山街道)
六合区(龙池街道)
溧水区(永阳街道)
高淳区(淳溪街道)

2. 无锡市(滨湖区),辖5个市辖区,代管2个县级市。

梁溪区(崇安寺街道)
锡山区(东亭街道)
惠山区(堰桥街道)
滨湖区(太湖街道)
新吴区(新安街道)
江阴市(澄江街道)
宜兴市(宜城街道)

3. 徐州市(云龙区),辖5个市辖区、3个县,代管2个县级市。

鼓楼区(牌楼街道)
云龙区(黄山街道)
贾汪区(大泉街道)
泉山区(奎山街道)
铜山区(铜山街道)
新沂市(新安街道)
邳州市(东湖街道)
丰县(中阳里街道)
沛县(汉源街道)
睢宁县(睢河街道)

4. 常州市(新北区),辖5个市辖区,代管1个县级市。

天宁区(天宁街道)
钟楼区(北港街道)
新北区(河海街道)
武进区(湖塘镇)
金坛区(西城街道)
溧阳市(溧城镇)

5. 苏州市(姑苏区),辖5个市辖区,代管4个县级市。

姑苏区(苏锦街道)

虎丘区(狮山街道)
吴中区(长桥街道)
相城区(元和街道)
吴江区(滨湖街道)
常熟市(虞山镇)
张家港市(杨舍镇)
昆山市(玉山镇)
太仓市(娄东街道)

6. 南通市(崇川区),辖3个市辖区、2个县,代管3个县级市。

崇川区(虹桥街道)
港闸区(永兴街道)
通州区(金新街道)
启东市(汇龙镇)
如皋市(如城街道)
海门市(海门街道)
海安县(中城街道)
如东县(城中街道)

7. 连云港市(海州区),辖3个市辖区、3个县。

连云区(墟沟街道)
海州区(浦东街道)
赣榆区(青口镇)
东海县(牛山街道)
灌云县(侍庄街道)
灌南县(新安镇)

8. 淮安市(淮安区),辖4个市辖区、3个县。

淮安区(淮城街道)
淮阴区(王营镇)
清江浦区(城南街道)
洪泽区(高良涧街道)
涟水县(涟城镇)
盱眙县(盱城街道)
金湖县(黎城镇)

9. 盐城市(亭湖区),辖3个市辖区、5个县,代管1个县级市。

亭湖区(新城街道)
盐都区(新都街道)
大丰区(大中镇)
东台市(东台镇)
响水县(响水镇)
滨海县(东坎镇)
阜宁县(新城街道)
射阳县(合德镇)
建湖县(塘河街道)

10. 扬州市(邗江区),辖3个市辖区、1个县,代管2个县级市。

广陵区(汶河街道)

邗江区(邗上街道)

江都区(仙女镇)

仪征市(真州镇)

高邮市(高邮街道)

宝应县(安宜镇)

11. 镇江市(京口区),辖3个市辖区,代管3个县级市。

京口区(正东路街道)

润州区(七里甸街道)

丹徒区(宜城街道)

丹阳市(曲阿街道)

扬中市(三茅街道)

句容市(崇明街道)

12. 泰州市(海陵区),辖3个市辖区,代管3个县级市。

海陵区(城中街道)

高港区(口岸街道)

姜堰区(三水街道)

兴化市(昭阳镇)

靖江市(靖城街道)

泰兴市(济川街道)

13. 宿迁市(宿豫区),辖2个市辖区、3个县。

宿城区(双庄镇)

宿豫区(豫新街道)

沭阳县(梦溪街道)

泗阳县(众兴镇)

泗洪县(青阳镇)

二、行政区划变更情况

★2016年6月8日,《国务院关于同意江苏省调整淮安市部分行政区划的批复》(国函〔2016〕100号):一、同意撤销淮安市清河区、清浦区,设立淮安市清江浦区,以原清河区、清浦区的行政区域为清江浦区的行政区域,清江浦区人民政府驻城南乡淮海南路268号。二、同意撤销洪泽县,设立淮安市洪泽区,以原洪泽县的行政区域为洪泽区的行政区域,洪泽区人民政府驻高良涧街道东九道26号。

☆7月7日《江苏省关于调整淮安市部分行政区划的通知》(苏政发〔2016〕87号)

◎2016年1月11日,省政府(苏政复〔2016〕5号)批复同意睢宁县撤销睢城镇,设立睢城街道、睢河街道、金城街道。调整后,睢宁县人民政府驻睢河街道永康路1号。

◎2016年1月11日,省政府(苏政复〔2016〕6号)批复同意淮安市淮安区撤销淮城镇和城东乡,设立淮城街道、河下街道、城东街道。调整后,淮安区人民政府驻淮城街道西长街141号。

◎2016年5月26日,省政府(苏政复〔2016〕57号)批复同意淮安市清浦区撤销城南乡,设立城南街道。调整后,清浦区人民政府驻城南街道淮海南路268号。

◎镇江市润州区设立南山街道(镇政复〔2016〕14号)。

三　浙江省的行政区划

简称浙。总面积约10.18万平方千米。省会杭州(省政府驻杭州市西湖区省府路8号)。全省辖11个地级市,36个市辖区、19个县级市、33个县、1个自治县(合计89个县级行政区划单位)。

一、县级以上行政区划及驻地一览

1. 杭州市(江干区),9区2县2县级市。

上城区(清波街道)
下城区(文晖街道)
江干区(采荷街道)
拱墅区(拱宸桥街道)
西湖区(灵隐街道)
滨江区(西兴街道)
萧山区(北干街道)
余杭区(临平街道)
富阳区(富春街道)
建德市(新安江街道)
临安市(锦城街道)
桐庐县(城南街道)
淳安县(千岛湖镇)

2. 宁波市(鄞州区),6区2县2县级市。

海曙区(鼓楼街道)
江北区(中马街道)
北仑区(新碶街道)
镇海区(招宝山街道)
鄞州区(首南街道)
奉化区(锦屏街道)
余姚市(兰江街道)
慈溪市(白沙路街道)
象山县(丹东街道)
宁海县(跃龙街道)

3. 温州市(鹿城区),4区5县2县级市。

鹿城区(五马街道)
龙湾区(永中街道)
瓯海区(娄桥街道)
洞头县(北岙街道)
瑞安市(安阳街道)
乐清市(城东街道)
永嘉县(北城街道)
平阳县(昆阳镇)
苍南县(灵溪镇)

文成县(大峃镇)
泰顺县(罗阳镇)

4. 嘉兴市(南湖区),2区2县3县级市。

南湖区(东栅街道)
秀洲区(新城街道)
海宁市(海州街道)
平湖市(当湖街道)
桐乡市(梧桐街道)
嘉善县(罗星街道)
海盐县(武原街道)

5. 湖州市(吴兴区),2区3县。

吴兴区(八里店镇)
南浔区(南浔镇)
德清县(武康镇)
长兴县(雉城街道)
安吉县(昌硕街道)

6. 绍兴市(越城区),3区1县2县级市。

越城区(塔山街道)
柯桥区(柯桥街道)
上虞区(百官街道)
诸暨市(暨阳街道)
嵊州市(剡湖街道)
新昌县(南明街道)

7. 金华市(婺城区),2区3县4县级市。

婺城区(白龙桥镇)
金东区(多湖街道)
兰溪市(兰江街道)
义乌市(稠城街道)
东阳市(江北街道)
永康市(东城街道)
武义县(壶山街道)
浦江县(浦阳街道)
磐安县(安文镇)

8. 衢州市(柯城区),2区3县1县级市。

柯城区(信安街道)
衢江区(樟潭街道)
江山市(双塔街道)
常山县(天马街道)
开化县(华埠镇)
龙游县(龙洲街道)

9. 舟山市(定海区),2区2县。

定海区(昌国街道)

普陀区(东港街道)
岱山县(高亭镇)
嵊泗县(菜园镇)

10. 台州市(椒江区),3 区 4 县 2 县级市。

椒江区(海门街道)
黄岩区(西城街道)
路桥区(路北街道)
温岭市(太平街道)
临海市(古城街道)
玉环县(玉城街道)
三门县(海游街道)
天台县(始丰街道)
仙居县(南峰街道)

11. 丽水市(莲都区),1 区 6 县 1 自治县 1 县级市。

莲都区(万象街道)
龙泉市(龙渊街道)
青田县(鹤城街道)
缙云县(五云街道)
遂昌县(妙高街道)
松阳县(西屏街道)
云和县(浮云街道)
庆元县(松源街道)
景宁畲族自治县(红星街道)

二、行政区划变更情况

★《国务院关于同意浙江省调整宁波市部分行政区划的批复》(国函〔2016〕158 号):

一、同意撤销宁波市江东区,将原江东区管辖的行政区域划归宁波市鄞州区管辖。

二、同意将鄞州区的集士港镇、古林镇、高桥镇、横街镇、鄞江镇、洞桥镇、章水镇、龙观乡、石碶街道划归宁波市海曙区管辖。

三、同意撤销县级奉化市,设立宁波市奉化区,以原县级奉化市的行政区域为奉化区的行政区域,奉化区人民政府驻锦屏街道锦屏南路 1 号。

☆2016 年 9 月 28 日《浙江省人民政府关于调整宁波市部分行政区划的通知》(浙政发〔2016〕36 号)

★《国务院关于同意浙江省杭州市人民政府驻地迁移的批复》(国函〔2016〕160 号):同意杭州市人民政府驻地由拱墅区环城北路 318 号迁移至江干区解放东路 18 号。

☆2016 年 9 月 30 日《浙江省人民政府关于杭州市人民政府驻地迁移的通知》(浙政发〔2016〕38 号)

四　安徽省的行政区划

别称皖。省会合肥(省政府驻合肥市包河区中山路 1 号)。全省辖 16 个地级市,44 个市辖区、6 个县级市、55 个县(合计 105 个县级行政区划单位)。

一、县级以上行政区划及驻地一览

1. 合肥市(蜀山区),辖4个市辖区、4个县,代管1个县级市。

瑶海区(明光路街道)
庐阳区(亳州路街道)
蜀山区(三里庵街道)
包河区(骆岗街道)
长丰县(水湖镇)
肥东县(店埠镇)
肥西县(上派镇)
庐江县(庐城镇)
巢湖市(半汤街道)

2. 芜湖市(鸠江区),辖4个市辖区、4个县。

镜湖区(张家山社区)
弋江区(利民路街道)
鸠江区(官陡街道)
三山区(龙湖街道)
芜湖县(湾沚镇)
繁昌县(繁阳镇)
南陵县(籍山镇)
无为县(无城镇)

3. 蚌埠市(蚌山区),辖4个市辖区、3个县。

龙子湖区(东升街道)
蚌山区(天桥街道)
禹会区(金域社区)
淮上区(小蚌埠镇)
怀远县(城关镇)
五河县(城关镇)
固镇县(城关镇)

4. 淮南市(田家庵区),辖5个市辖区、2个县。

大通区(大通街道)
田家庵区(公园街道)
谢家集区(平山街道)
八公山区(新庄孜街道)
潘集区(田集街道)
凤台县(城关镇)
寿县(寿春镇)

5. 马鞍山市(雨山区),辖3个市辖区、3个县。

花山区(解放路街道)
雨山区(雨山街道)
博望区(博望镇)
当涂县(姑孰镇)

含山县(环峰镇)
和县(历阳镇)

6. 淮北市(相山区),辖3个市辖区、1个县。

杜集区(高岳街道)
相山区(相南街道)
烈山区(杨庄街道)
濉溪县(濉溪镇)

7. 铜陵市(铜官区),辖3个市辖区、1个县。

铜官区(乌木山社区)
郊区(桥南街道)
义安区(五松镇)
枞阳县(枞阳镇)

8. 安庆市(宜秀区),辖3个市辖区、6个县,代管1个县级市。

迎江区(龙狮桥乡)
大观区(十里铺乡)
宜秀区(大龙山镇)
桐城市(文昌街道)
怀宁县(高河镇)
潜山县(梅城镇)
太湖县(晋熙镇)
宿松县(孚玉镇)
望江县(华阳镇)
岳西县(天堂镇)

9. 黄山市(屯溪区),辖3个市辖区、4个县。

屯溪区(阳湖镇)
黄山区(甘棠镇)
徽州区(徽州街道)
歙县(徽城镇)
休宁县(海阳镇)
黟县(碧阳镇)
祁门县(祁山镇)

10. 滁州市(南谯区),辖2个市辖区、4个县,代管2个县级市。

琅琊区(清流街道)
南谯区(乌衣镇)
天长市(天长街道)
明光市(明光街道)
来安县(新安镇)
全椒县(襄河镇)
定远县(定城镇)
凤阳县(府城镇)

11. 阜阳市(颍州区),辖3个市辖区、4个县,代管1个县级市。

颍州区(清河街道)

颍东区(河东街道)
颍泉区(中市街道)
界首市(东城街道)
临泉县(城关街道)
太和县(城关镇)
阜南县(鹿城镇)
颍上县(慎城镇)

12. 宿州市(埇桥区),辖1个市辖区、4个县。

埇桥区(埇桥街道)
砀山县(砀城镇)
萧县(龙城镇)
灵璧县(灵城镇)
泗县(泗城镇)

13. 六安市(金安区),辖3个市辖区、4个县。

金安区(望城街道)
裕安区(平桥乡)
叶集区(叶集镇)
霍邱县(城关镇)
舒城县(城关镇)
金寨县(梅山镇)
霍山县(衡山镇)

14. 亳州市(谯城区),辖1个市辖区、3个县。

谯城区(花戏楼街道)
涡阳县(城关街道)
蒙城县(城关街道)
利辛县(城关镇)

15. 池州市(贵池区),辖1个市辖区、3个县。

贵池区(清风街道)
东至县(尧渡镇)
石台县(仁里镇)
青阳县(蓉城镇)

16. 宣城市(宣州区),辖1个市辖区、5个县,代管1个县级市。

宣州区(鳌峰街道)
宁国市(西津街道)
郎溪县(建平镇)
广德县(桃州镇)
泾县(泾川镇)
绩溪县(华阳镇)
旌德县(旌阳镇)

二、行政区划变更情况

★2016年1月11日,《国务院关于同意安徽省人民政府驻地迁移的批复》(国函〔2016〕15号):同意安徽省人民政府由合肥市庐阳区长江路221号迁移至合肥市包河区中山路1号。

2016年3月17日，中共安徽省委、省人大常委会、省政府、省政协机关迁址公告：经国务院批准，中共安徽省委机关（合肥市长江中路39号）、省人大常委会机关（合肥市屯溪路435号）、省人民政府机关（合肥市长江中路221号）、省政协机关（合肥市宿州路317号）自2016年4月1日起开始搬迁，2016年5月1日起在合肥市包河区中山路1号正式办公。

★《安徽省民政厅关于同意六安市叶集区与霍邱县部分行政区划调整的函》（皖民地函〔2016〕355号）：同意将霍邱县姚李镇、洪集镇划归叶集区管辖。

第二篇

长三角地区经济社会发展总报告

第一章　长三角地区生产总值

2016 年，长三角地区面对错综复杂的国内外形势和持续加大的经济下行压力，坚决贯彻落实中央关于经济工作的决策部署，着力推进供给侧结构性改革，促使经济保持平稳运行。经济运行中的分化特征更加突出，经济结构持续优化调整，经济增长质量和效益不断提升，经济稳中有进的态势更加凸显，增长总体平稳，产业结构继续优化，经济地位稳固。

一　长三角地区生产总值总体情况

2016 年，上海、浙江、江苏、安徽三省一市共完成国内生产总值 175634.07 亿元，同比增长 8.3%，高出全国经济增长率 1.6 个百分点，经济总量占全国的比重为 23.4%。

图 1　2010—2016 年长三角地区生产总值总体情况（单位：亿元）

二　上海、江苏、浙江和安徽地区国内生产总值情况

2016 年，上海市着力加强供给侧结构性改革，推进创新驱动发展和经济转型升级，经济运行总体平稳且稳中有进。全市实现国内生产总值 28178.65 亿元，比上年增长 6.8%。

江苏省加快工业转型升级，服务业发展态势良好。全省实现国内生产总值 76086.17 亿元，按可比价格计算，比上年增长 7.8%。

浙江省在确保经济增长的高质量和均衡性等方面采取一系列举措，取得积极成效。全省实现国内生产总值 47251.36 亿元，比上年增长 7.5%。

安徽省经济运行呈现总体平稳、稳中有进、结构向好、活力增强的特点，实现“十三五”良好开局。全省实现国内生产总值 24117.89 亿元，按可比价格计算，比上年增长8.7%，增长率居长三角地区三省一市首位。

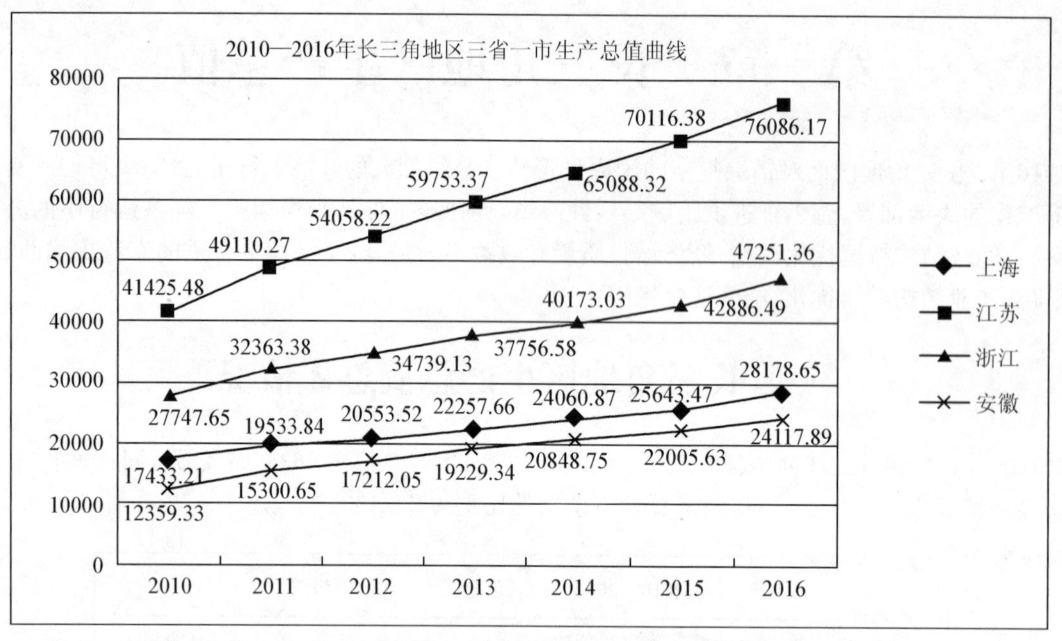

图 2　2010—2016 年上海、江苏、浙江和安徽地区生产总值情况(单位:亿元)

三　长三角地区各省辖市地区生产总值情况

2016 年,长三角 40 个地级市地区生产总值排序前五名与上年完全相同,依次是苏州市(15475.09 亿元)、杭州市(11313.72 亿元)、南京市(10503.02 亿元)、无锡市(9210.02 亿元)和宁波市(8686.49 亿元),其余地级市生产总值均有不同程度的上升。

表 1　2016 年长三角地区各省辖市地区生产总值情况　　(单位:亿元)

地　区	总　值	排　名	地　区	总　值	排　名
苏州市	15475.09	1	连云港市	2376.48	21
杭州市	11313.72	2	宿迁市	2351.12	22
南京市	10503.02	3	湖州市	2284.37	23
无锡市	9210.02	4	安庆市	1531.18	24
宁波市	8686.49	5	马鞍山市	1493.76	25
南通市	6768.20	6	滁州市	1422.83	26
合肥市	6274.38	7	阜阳市	1401.86	27
徐州市	5808.52	8	蚌埠市	1385.82	28
常州市	5773.86	9	宿州市	1351.82	29
温州市	5101.56	10	衢州市	1251.59	30
绍兴市	4789.03	11	舟山市	1241.20	31
盐城市	4576.08	12	丽水市	1210.24	32
扬州市	4449.38	13	六安市	1108.15	33
泰州市	4101.78	14	宣城市	1057.82	34
台州市	3898.66	15	亳州市	1046.10	35

续表

地 区	总 值	排 名	地 区	总 值	排 名
嘉兴市	3862.11	16	淮南市	963.84	36
镇江市	3833.84	17	铜陵市	957.25	37
金华市	3684.94	18	淮北市	799.03	38
淮安市	3048.00	19	池州市	589.02	39
芜湖市	2699.44	20	黄山市	576.82	40

四　长三角地区各县(市)地区生产总值情况

2016年，长三角地区有3个县(市)撤县为区，分别是江苏的洪泽县，浙江的奉化市，上海的崇明县。调整后，江苏是41个县(市)，浙江是53个县(市)，安徽是61个县(市)，总计155个县(市)。

表2　2016年长三角地区各县(市)地区生产总值情况　(单位:亿元)

地区	总值	排名	地区	总值	排名	地区	总值	排名
昆山市	3160.29	1	德清县	433.67	53	利辛县	192.75	105
江阴市	3083.26	2	东海县	433.43	54	固镇县	190.20	106
张家港市	2317.24	3	海盐县	414.90	55	仙居县	190.10	107
常熟市	2112.39	4	丰　县	405.19	56	灵璧县	186.87	108
宜兴市	1377.74	5	泗阳县	402.75	57	三门县	186.02	109
慈溪市	1276.17	6	泗洪县	401.14	58	广德县	184.60	110
太仓市	1155.13	7	长丰县	400.06	59	五河县	180.41	111
丹阳市	1136.04	8	阜宁县	394.40	60	砀山县	175.01	112
义乌市	1131.80	9	滨海县	391.61	61	舒城县	172.62	113
诸暨市	1120.05	10	涟水县	387.09	62	临泉县	171.40	114
海门市	1005.06	11	新昌县	380.00	63	泗　县	171.33	115
余姚市	904.75	12	平阳县	375.25	64	凤阳县	167.94	116
如皋市	904.27	13	桐庐县	373.40	65	定远县	166.38	117
温岭市	899.14	14	永嘉县	365.15	66	宿松县	165.16	118
启东市	881.85	15	盱眙县	356.70	67	界首市	161.40	119
乐清市	861.52	16	无为县	355.55	68	霍山县	156.47	120
泰兴市	832.91	17	建德市	350.43	69	和　县	149.68	121
邳州市	804.14	18	安吉县	330.31	70	阜南县	145.60	122
靖江市	801.75	19	灌云县	328.66	71	东至县	143.04	123
溧阳市	801.26	20	天长市	318.33	72	歙　县	143.01	124
瑞安市	795.02	21	兰溪市	308.47	73	寿　县	142.45	125
海宁市	767.92	22	灌南县	306.80	74	来安县	141.12	126
海安县	755.29	23	当涂县	297.26	75	潜山县	137.10	127
兴化市	748.85	24	巢湖市	292.44	76	含山县	136.57	128

续表

地区	总值	排名	地区	总值	排名	地区	总值	排名
如东县	746.69	25	江山市	273.88	77	明光市	130.55	129
东台市	727.01	26	响水县	270.64	78	全椒县	128.07	130
桐乡市	717.95	27	怀远县	262.45	79	郎溪县	119.75	131
沭阳县	697.31	28	宁国市	254.43	80	常山县	119.23	132
沛　县	665.03	29	涡阳县	247.44	81	龙泉市	118.80	133
肥西县	605.02	30	繁昌县	247.10	82	开化县	114.24	134
新沂市	562.06	31	庐江县	245.32	83	望江县	108.36	135
仪征市	557.05	32	桐城市	244.00	84	太湖县	106.31	136
高邮市	537.50	33	萧　县	242.57	85	嵊泗县	98.62	137
临海市	530.62	34	金湖县	241.88	86	遂昌县	97.48	138
肥东县	528.69	35	蒙城县	240.29	87	金寨县	96.95	139
平湖市	528.68	36	淳安县	235.65	88	松阳县	94.73	140
永康市	527.00	37	岱山县	234.44	89	泾　县	89.88	141
临安市	518.76	38	濉溪县	233.23	90	青阳县	87.08	142
长兴县	509.21	39	凤台县	231.10	91	磐安县	83.88	143
东阳市	506.49	40	颍上县	226.72	92	岳西县	82.62	144
宝应县	506.30	41	武义县	220.06	93	泰顺县	81.68	145
扬中市	504.73	42	霍邱县	215.15	94	文成县	79.49	146
睢宁县	497.38	43	芜湖县	214.54	95	休宁县	78.50	147
句容市	493.20	44	浦江县	214.40	96	庆元县	62.35	148
宁海县	486.69	45	青田县	213.25	97	绩溪县	60.83	149
嵊州市	485.39	46	太和县	211.73	98	云和县	59.09	150
玉环县	469.58	47	龙游县	211.20	99	祁门县	58.34	151
建湖县	466.13	48	天台县	207.05	100	景宁畲族自治县	49.07	152
苍南县	462.51	49	缙云县	206.07	101	旌德县	35.75	153
嘉善县	461.65	50	南陵县	205.54	102	黟　县	28.43	154
象山县	444.22	51	枞阳县	205.40	103	石台县	23.83	155
射阳县	441.65	52	怀宁县	194.30	104			

第二章　长三角地区第一产业发展情况

一　长三角地区第一产业发展总体情况

2016 年，长三角地区第一产业上海市负增长，其他三省低速增长，第一产业产值合计达 8719.55 亿元，较上年增长 3.9%。

图 3　2010—2016 年长三角地区第一产业产值情况（单位：亿元）

二　上海市、江苏省、浙江省和安徽省第一产业发展情况

2016 年，长三角三省一市第一产业增加值分别为，江苏省 4077.18 亿元，比上年增长 2.2%；安徽省 2567.72 亿元，比上年增长 4.5%；浙江省 1965.18 亿元，比上年增长 7.2%；上海市 109.47 亿元，比上年下降 0.3%。

图 4　2010—2016 年上海市、江苏省、浙江省和安徽省第一产业产值情况（单位：亿元）

三 长三角地区各省辖市第一产业发展情况

2016年，长三角地区三省一市产业结构加快调整，第一产业比重下降，第一产业增加值速度放缓。排在前五位的依次是：徐州市(542.88亿元)、盐城市(533.91亿元)、南通市(366.66亿元)、淮安市(324.61亿元)和杭州市(304.21亿元)。

表3 2016年长三角地区各省辖市第一产业产值情况 (单位：亿元)

地 区	总 值	排 名	地 区	总 值	排 名
徐州市	542.88	1	安庆市	192.16	21
盐城市	533.91	2	六安市	189.37	22
南通市	366.66	3	常州市	152.67	23
淮安市	324.61	4	金华市	148.32	24
杭州市	304.21	5	温州市	139.56	25
阜阳市	302.33	6	镇江市	137.78	26
宁波市	302.06	7	嘉兴市	136.91	27
连云港市	301.56	8	无锡市	135.19	28
宿迁市	275.23	9	宣城市	127.57	29
合肥市	270.17	10	湖州市	127.42	30
宿州市	260.18	11	芜湖市	126.90	31
台州市	254.14	12	舟山市	126.71	32
南京市	252.54	13	淮南市	118.41	33
扬州市	251.39	14	丽水市	95.63	34
泰州市	240.00	15	衢州市	88.23	35
滁州市	225.52	16	马鞍山市	83.79	36
苏州市	221.81	17	池州市	71.15	37
绍兴市	207.66	18	淮北市	61.56	38
亳州市	206.17	19	黄山市	56.40	39
蚌埠市	200.01	20	铜陵市	48.95	40

四 长三角地区各县(市)第一产业发展情况

2016年长三角地区各县(市)第一产业增加值有小幅波动，大部分县(市)产值总量平稳增长，前十位排序较上年略有变动，分别是邳州市、兴化市、东台市、沛县、沭阳县、睢宁县、射阳县、丰县、高邮市、温岭市。

表4 2016年长三角地区各县(市)第一产业产值情况 (单位：亿元)

地区	总值	排名	地区	总值	排名	地区	总值	排名
邳州市	111.92	1	霍邱县	46.28	53	瑞安市	22.27	105
兴化市	102.59	2	余姚市	44.92	54	江山市	22.02	106
东台市	91.47	3	临海市	44.37	55	德清县	21.72	107

续表

地区	总值	排名	地区	总值	排名	地区	总值	排名
沛　县	91.29	4	江阴市	44.34	56	海宁市	21.68	108
沭阳县	91.27	5	寿　县	44.32	57	来安县	21.67	109
睢宁县	84.09	6	宁海县	43.90	58	宁国市	21.59	110
射阳县	81.01	7	句容市	43.11	59	乐清市	21.46	111
丰　县	74.81	8	常熟市	42.76	60	广德县	21.30	112
高邮市	69.59	9	临安市	42.24	61	潜山县	21.04	113
温岭市	69.58	10	濉溪县	41.70	62	怀宁县	21.01	114
临泉县	69.30	11	响水县	41.42	63	海盐县	20.63	115
如东县	67.87	12	无为县	41.14	64	金寨县	19.62	116
东海县	67.28	13	砀山县	40.00	65	芜湖县	19.21	117
象山县	67.00	14	宿松县	38.81	66	含山县	19.01	118
启东市	66.58	15	嵊州市	38.61	67	东阳市	18.61	119
宝应县	66.44	16	凤阳县	37.09	68	泾　县	17.52	120
怀远县	66.16	17	太仓市	36.76	69	歙　县	17.09	121
新沂市	64.91	18	岱山县	36.05	70	武义县	16.20	122
肥东县	64.26	19	枞阳县	34.81	71	平阳县	15.97	123
灌云县	64.10	20	淳安县	34.29	72	岳西县	15.72	124
如皋市	62.99	21	明光市	33.45	73	仙居县	15.35	125
泗洪县	61.13	22	长兴县	33.19	74	郎溪县	15.24	126
长丰县	59.51	23	金湖县	33.11	75	平湖市	15.19	127
滨海县	57.99	24	玉环县	32.77	76	龙游县	14.57	128
泗阳县	57.85	25	建德市	32.75	77	霍山县	14.49	129
涟水县	56.64	26	凤台县	32.60	78	永嘉县	14.28	130
海安县	55.97	27	天长市	32.34	79	松阳县	14.09	131
固镇县	54.72	28	苍南县	31.93	80	龙泉市	13.86	132
阜宁县	54.60	29	张家港市	31.34	81	天台县	13.65	133
五河县	54.40	30	巢湖市	30.47	82	扬中市	12.96	134
定远县	54.31	31	昆山市	30.07	83	开化县	12.73	135
盱眙县	54.20	32	南陵县	30.04	84	休宁县	12.57	136
泰兴市	53.95	33	舒城县	29.78	85	磐安县	11.39	137
萧　县	53.46	34	望江县	28.66	86	遂昌县	11.23	138
海门市	53.28	35	桐城市	28.21	87	浦江县	10.72	139
慈溪市	52.68	36	当涂县	27.80	88	缙云县	10.69	140
丹阳市	52.31	37	三门县	27.47	89	青阳县	10.51	141
诸暨市	51.88	38	安吉县	26.97	90	繁昌县	9.42	142
灵璧县	51.61	39	桐乡市	26.90	91	绩溪县	9.18	143
灌南县	51.51	40	嵊泗县	26.89	92	永康市	8.80	144
肥西县	51.49	41	兰溪市	26.22	93	文成县	8.44	145

续表

地区	总值	排名	地区	总值	排名	地区	总值	排名
蒙城县	50.62	42	东至县	25.90	94	常山县	8.27	146
太和县	49.52	43	全椒县	25.10	95	青田县	8.17	147
颍上县	49.23	44	太湖县	24.90	96	庆元县	7.93	148
宜兴市	48.74	45	桐庐县	24.48	97	泰顺县	7.84	149
泗　县	48.48	46	界首市	24.38	98	景宁畲族自治县	6.96	150
溧阳市	48.29	47	和　县	24.19	99	祁门县	6.12	151
阜南县	47.68	48	仪征市	23.36	100	旌德县	5.40	152
庐江县	47.54	49	靖江市	22.51	101	云和县	4.62	153
建湖县	46.73	50	嘉善县	22.41	102	石台县	4.11	154
利辛县	46.69	51	新昌县	22.41	103	黟　县	3.71	155
涡阳县	46.61	52	义乌市	22.31	104			

第三章　长三角地区第二产业发展情况

一　长三角地区第二产业发展总体情况

2016年，长三角地区第二产业产值总量平稳增长，三省一市第二产业总产值达到了74741.68亿元，增长率为5.3%。

图5　2010—2016年长三角地区第二产业产值情况(单位:亿元)

二　上海市、江苏省、浙江省和安徽省第二产业发展情况

2016年，受需求不振、产能过剩、成本上升及产业结构调整转变等多种因素影响，长三角地区传统产业优势弱化，一些传统支柱行业景气度下滑。上海市工业生产小幅增长，战略性新兴产业制造业增长较快，第二产业增加值8406.28亿元，比上年增长1.7%；江苏省工业经济运行平稳，第二产业产值为33550.54亿元，比上年增长4.7%；浙江第二产业产值为21194.61亿元，比上年增长7.5%；安徽第二产业产值为11590.25亿元，比上年增长5.8%。

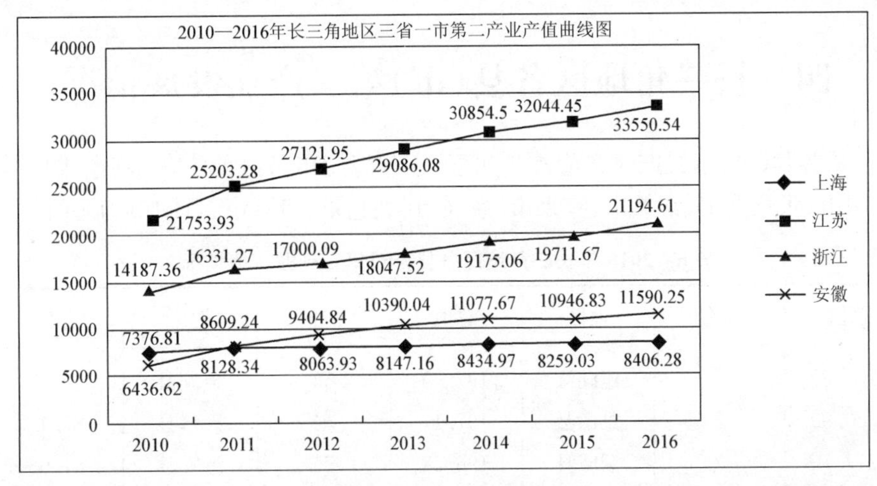

图6　2010—2016年上海市、江苏省、浙江省和安徽省第二产业产值情况(单位:亿元)

三　长三角地区各省辖市第二产业发展情况

2016年，长三角地区40个地市第二产业产值有增有减，前五位排序较上年略有变动。依次是，苏州市（7277.46亿元）、宁波市（4455.34亿元）、无锡市（4346.78亿元）、杭州市（4120.93亿元）和南京市（4117.32亿元）。

表5　2016年长三角地区各省辖市第二产业产值情况　　（单位：亿元）

地　区	总　值	排　名	地　区	总　值	排　名
苏州市	7277.46	1	宿迁市	1139.97	21
宁波市	4455.34	2	湖州市	1099.47	22
无锡市	4346.78	3	连云港市	1049.90	23
杭州市	4120.93	4	马鞍山市	827.49	24
南京市	4117.32	5	安庆市	727.18	25
合肥市	3181.24	6	滁州市	707.23	26
南通市	3170.30	7	蚌埠市	609.12	27
常州市	2682.46	8	铜陵市	569.59	28
徐州市	2513.85	9	衢州市	564.58	29
绍兴市	2398.27	10	阜阳市	557.78	30
温州市	2096.45	11	丽水市	543.42	31
扬州市	2197.63	12	宿州市	512.83	32
盐城市	2050.02	13	舟山市	510.04	33
嘉兴市	2010.50	14	宣城市	502.17	34
泰州市	1933.89	15	六安市	490.63	35
镇江市	1870.40	16	淮南市	454.63	36
台州市	1695.80	17	淮北市	450.21	37
金华市	1643.43	18	亳州市	404.93	38
芜湖市	1506.32	19	池州市	257.84	39
淮安市	1268.15	20	黄山市	224.23	40

四　长三角地区各县（市）第二产业发展情况

2016年长三角各县（市）第二产业产值排名如下，江苏海门市挤进前十位，其余排位与去年相同，分别是昆山市、江阴市、张家港市、常熟市、宜兴市、慈溪市、太仓市、诸暨市、丹阳市和海门市。

表6　2016年长三角地区各县（市）第二产业产值情况　　（单位：亿元）

地区	总值	排名	地区	总值	排名	地区	总值	排名
昆山市	1708.82	1	建湖县	197.59	53	金湖县	90.31	105
江阴市	1680.99	2	象山县	197.17	54	天台县	87.42	106
张家港市	1214.70	3	桐庐县	196.28	55	淳安县	81.08	107

续表

地区	总值	排名	地区	总值	排名	地区	总值	排名
常熟市	1082.43	4	新昌县	195.53	56	和　县	80.62	108
慈溪市	762.27	5	天长市	192.89	57	仙居县	78.82	109
宜兴市	709.51	6	当涂县	190.76	58	砀山县	78.27	110
诸暨市	592.61	7	东海县	186.57	59	舒城县	77.62	111
太仓市	583.87	8	苍南县	182.71	60	潜山县	74.58	112
丹阳市	567.57	9	永嘉县	182.19	61	固镇县	73.05	113
余姚市	507.59	10	无为县	180.87	62	含山县	70.35	114
海门市	504.53	11	建德市	176.00	63	歙　县	70.28	115
如皋市	434.36	12	丰　县	171.60	64	来安县	69.20	116
启东市	422.85	13	繁昌县	171.31	65	三门县	67.90	117
乐清市	417.36	14	阜宁县	169.15	66	宿松县	67.59	118
海宁市	414.74	15	泗洪县	168.93	67	郎溪县	66.83	119
义乌市	401.23	16	兰溪市	158.83	68	凤阳县	63.92	120
肥西县	393.65	17	滨海县	156.72	69	灵璧县	62.77	121
溧阳市	392.29	18	射阳县	155.78	70	东至县	58.40	122
靖江市	391.95	19	桐城市	155.63	71	五河县	58.26	123
泰兴市	388.52	20	巢湖市	153.54	72	泗　县	55.36	124
温岭市	366.44	21	平阳县	153.17	73	利辛县	53.22	125
桐乡市	359.63	22	安吉县	148.94	74	全椒县	52.32	126
海安县	354.15	23	宁国市	148.24	75	常山县	49.77	127
瑞安市	349.95	24	涟水县	147.51	76	龙泉市	49.26	128
邳州市	347.27	25	灌南县	144.78	77	定远县	48.12	129
肥东县	343.73	26	灌云县	143.12	78	太湖县	46.69	130
如东县	340.57	27	盱眙县	140.30	79	阜南县	45.71	131
沭阳县	317.95	28	凤台县	135.53	80	望江县	45.48	132
永康市	315.85	29	江山市	134.39	81	岳西县	44.70	133
平湖市	305.68	30	芜湖县	127.62	82	青阳县	44.38	134
沛　县	305.05	31	响水县	126.77	83	临泉县	42.17	135
仪征市	294.27	32	濉溪县	125.58	84	松阳县	42.09	136
东台市	292.03	33	怀宁县	121.17	85	开化县	41.95	137
兴化市	289.85	34	浦江县	120.47	86	寿　县	40.24	138
扬中市	261.44	35	青田县	119.98	87	明光市	40.16	139
临安市	260.58	36	岱山县	119.47	88	磐安县	39.15	140
长兴县	258.82	37	颍上县	114.94	89	金寨县	37.61	141
嘉善县	252.54	38	武义县	113.19	90	遂昌县	36.82	142
宁海县	251.22	39	怀远县	111.10	91	泾　县	36.50	143
玉环县	247.97	40	庐江县	110.62	92	休宁县	32.13	144
海盐县	246.08	41	缙云县	109.81	93	云和县	29.87	145

续表

地区	总值	排名	地区	总值	排名	地区	总值	排名
长丰县	245.26	42	涡阳县	104.27	94	绩溪县	27.89	146
嵊州市	241.78	43	龙游县	102.61	95	庆元县	25.97	147
东阳市	239.62	44	枞阳县	102.39	96	泰顺县	24.20	148
高邮市	237.86	45	广德县	99.64	97	文成县	22.73	149
新沂市	232.17	46	南陵县	96.23	98	祁门县	22.01	150
句容市	231.90	47	界首市	95.01	99	旌德县	15.48	151
临海市	229.24	48	萧　县	93.97	100	景宁畲族自治县	14.09	152
德清县	228.41	49	太和县	93.27	101	嵊泗县	13.70	153
宝应县	226.31	50	霍山县	92.57	102	黟　县	11.94	154
睢宁县	207.65	51	蒙城县	91.48	103	石台县	8.47	155
泗阳县	199.21	52	霍邱县	91.34	104			

第四章　长三角地区第三产业发展情况

一　长三角地区第三产业发展总体情况

2016年，长三角地区第三产业实现较快增长，高于区域经济增速和全国第三产业增速。第三产业产值达到92172.84亿元，比上年增长13.3%。

图7　2010—2016年长三角地区第三产业产值情况(单位:亿元)

二　上海市、江苏省、浙江省和安徽省第三产业发展情况

2016年，长三角地区服务业发展向好，服务业增加值占GDP比重稳步增大，产业结构调整为3.0∶43.8∶53.2，稳定呈现“三、二、一”产业结构。上海市第三产业增加值为19662.90亿元，比上年增长

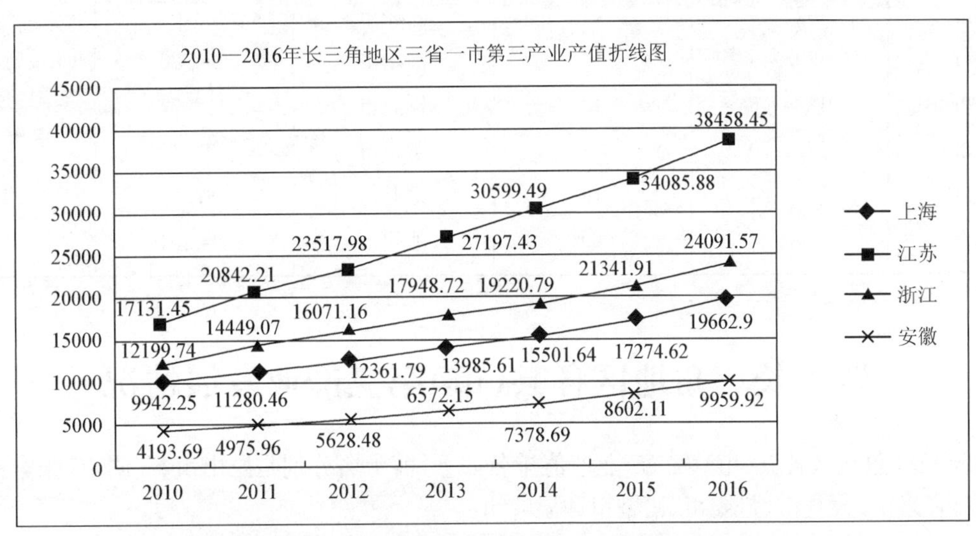

图8　2010—2016年上海、江苏、浙江和安徽第三产业产值情况(单位:亿元)

13.8%，占全市GDP比重达到70.5%，比上年提高2.7个百分点；江苏第三产业增加值为38458.45亿元，比上年增长12.8%，对GDP的增长贡献率为59.2%；浙江第三产业增加值为24091.57亿元，比上年增长12.8%，对GDP的增长贡献率为64.7%；安徽第三产业增加值为9959.92亿元，比上年增长15.7%，增长率居长三角地区之首。

三　长三角地区各省辖市第三产业发展情况

2016年，长三角地区40个地市的第三产业产值均高于上年，前五位排名与上年相同，依然是苏州市(7975.82亿元)、杭州市(6888.59亿元)、南京市(6133.16亿元)、无锡市(4728.05亿元)和宁波市(3929.10亿元)。

表7　2016年长三角地区各省辖市第三产业产值情况　(单位:亿元)

地　区	总　值	排　名	地　区	总　值	排　名
苏州市	7975.82	1	湖州市	1057.49	21
杭州市	6888.59	2	连云港市	1025.02	22
南京市	6133.16	3	宿迁市	935.92	23
无锡市	4728.05	4	安庆市	611.84	24
宁波市	3929.10	5	舟山市	604.45	25
南通市	3231.24	6	衢州市	598.78	26
常州市	2938.73	7	马鞍山市	582.48	27
温州市	2865.55	8	宿州市	578.80	28
合肥市	2822.97	9	蚌埠市	576.69	29
徐州市	2751.79	10	丽水市	571.19	30
绍兴市	2183.11	11	阜阳市	541.75	31
扬州市	2000.36	12	滁州市	490.08	32
盐城市	1992.15	13	亳州市	435.00	33
台州市	1948.73	14	六安市	428.15	34
泰州市	1927.89	15	宣城市	428.08	35
金华市	1893.19	16	淮南市	390.80	36
镇江市	1825.66	17	铜陵市	338.72	37
嘉兴市	1714.70	18	黄山市	296.19	38
淮安市	1455.24	19	淮北市	287.26	39
芜湖市	1066.22	20	池州市	260.04	40

四　长三角地区各县(市)第三产业发展情况

2016年长三角地区各县(市)第三产业产值排名如下，前十名分别是昆山市、江阴市、张家港市、常熟市、义乌市、宜兴市、太仓市、丹阳市、诸暨市和温岭市。

表 8 2016 年长三角地区各县(市)第三产业产值情况 (单位:亿元)

地区	总值	排名	地区	总值	排名	地区	总值	排名
昆山市	1421.40	1	象山县	180.06	53	芜湖县	67.71	105
江阴市	1357.93	2	东海县	179.58	54	泗　县	67.49	106
张家港市	1071.21	3	滨海县	176.90	55	凤阳县	66.92	107
常熟市	987.20	4	泗洪县	171.08	56	繁昌县	66.37	108
义乌市	708.26	5	阜宁县	170.65	57	舒城县	65.22	109
宜兴市	619.49	6	永嘉县	168.68	58	凤台县	62.98	110
太仓市	534.50	7	盱眙县	162.20	59	颍上县	62.55	111
丹阳市	516.16	8	新昌县	162.07	60	固镇县	62.43	112
诸暨市	475.56	9	肥西县	159.89	61	定远县	62.42	113
温岭市	463.12	10	丰　县	158.78	62	常山县	61.19	114
慈溪市	461.22	11	安吉县	154.41	63	桐城市	60.16	115
海门市	447.25	12	桐庐县	152.63	64	临泉县	59.93	116
瑞安市	422.80	13	无为县	149.28	65	开化县	59.55	117
乐清市	422.71	14	海盐县	148.19	66	宿松县	58.76	118
如皋市	406.92	15	泗阳县	145.69	67	东至县	58.74	119
启东市	392.42	16	建德市	141.67	68	嵊泗县	58.03	120
泰兴市	390.44	17	兰溪市	123.42	69	寿　县	57.89	121
靖江市	387.29	18	灌云县	121.44	70	明光市	56.95	122
溧阳市	360.68	19	肥东县	120.70	71	砀山县	56.74	123
兴化市	356.41	20	淳安县	120.28	72	龙泉市	55.67	124
余姚市	352.24	21	金湖县	118.46	73	歙　县	55.64	125
海安县	345.17	22	江山市	117.46	74	阜南县	52.22	126
邳州市	344.95	23	灌南县	110.51	75	怀宁县	52.12	127
东台市	343.51	24	巢湖市	108.42	76	全椒县	50.65	128
如东县	338.25	25	天台县	105.99	77	来安县	50.25	129
海宁市	331.50	26	响水县	102.45	78	泰顺县	49.64	130
桐乡市	331.42	27	蒙城县	98.18	79	遂昌县	49.43	131
沭阳县	288.09	28	涡阳县	96.56	80	霍山县	49.41	132
沛　县	268.69	29	仙居县	95.92	81	文成县	48.32	133
新沂市	264.98	30	长丰县	95.29	82	含山县	47.21	134
临海市	257.01	31	萧　县	95.15	83	和　县	44.87	135
东阳市	248.26	32	龙游县	94.02	84	潜山县	41.47	136
苍南县	247.87	33	天长市	93.10	85	界首市	42.02	137
仪征市	239.42	34	利辛县	92.84	86	金寨县	39.72	138
扬中市	230.33	35	三门县	90.66	87	松阳县	38.56	139
高邮市	230.05	36	武义县	90.66	88	郎溪县	37.68	140
建湖县	221.81	37	庐江县	87.16	89	泾　县	35.86	141
句容市	218.19	38	濉溪县	85.95	90	太湖县	34.72	142

续表

地区	总值	排名	地区	总值	排名	地区	总值	排名
长兴县	217.20	39	缙云县	85.57	91	望江县	34.22	143
临安市	215.94	40	怀远县	85.18	92	休宁县	33.79	144
宝应县	213.55	41	青田县	85.10	93	磐安县	33.35	145
平湖市	207.80	42	宁国市	84.60	94	青阳县	32.18	146
平阳县	206.11	43	浦江县	82.92	95	祁门县	30.21	147
睢宁县	205.64	44	广德县	81.89	96	庆元县	28.62	148
嵊州市	205.00	45	南陵县	79.27	97	景宁畲族自治县	28.02	149
射阳县	204.86	46	岱山县	78.92	98	云和县	25.10	150
永康市	202.35	47	当涂县	78.70	99	绩溪县	23.76	151
宁海县	191.58	48	霍邱县	77.54	100	岳西县	22.21	152
玉环县	188.84	49	灵璧县	72.49	101	旌德县	14.87	153
嘉善县	186.70	50	太和县	68.94	102	黟　县	12.78	154
德清县	183.55	51	枞阳县	68.20	103	石台县	11.25	155
涟水县	182.94	52	五河县	67.75	104			

第五章　长三角地区财政收入情况

一　长三角地区财政预算收入情况

长三角地区财政预算收入平稳增长，2016 年三省一市合计达 22502.13 亿元。

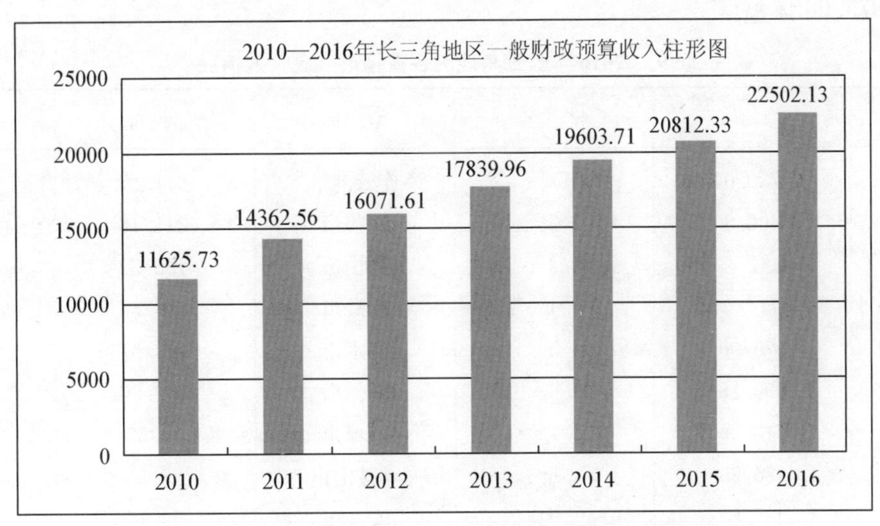

图 9　2010—2016 年长三角地区财政预算收入情况(单位:亿元)

二　上海市、江苏省、浙江省和安徽省财政收入情况

2016 年，江苏完成一般公共预算收入 8121.2 亿元，同口径增长 5.0%，其中，税收收入 6531.83 亿元，占比达 80.4%；上海实现一般公共预算收入 6406.13 亿元，较上年增长 16.1%，其中，税收 5625.90 亿

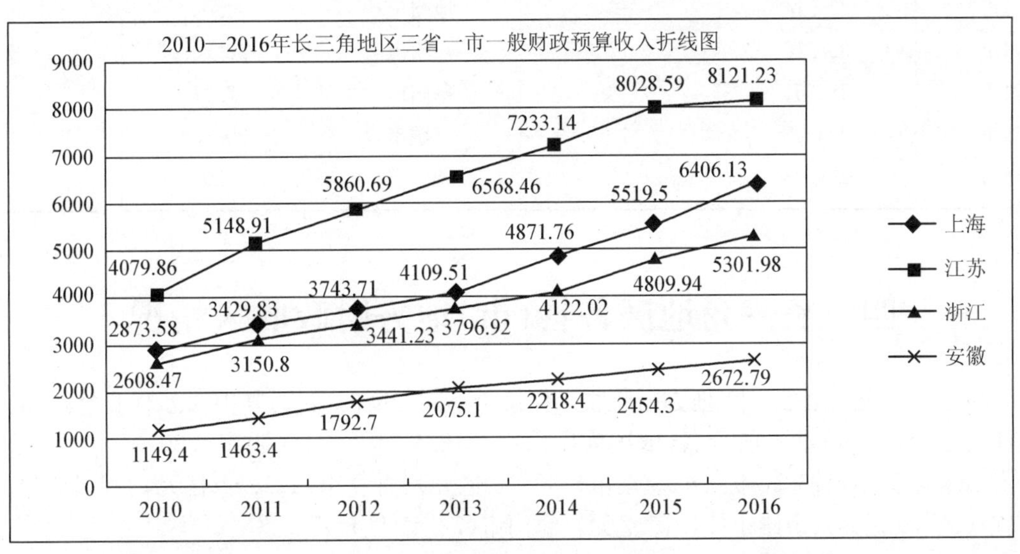

图 10　2010—2016 年上海、江苏、浙江和安徽一般财政预算收入情况(单位:亿元)

元，占比87.8%；浙江实现一般公共预算收入5301.98亿元，同口径增长9.8%，其中，税收收入4540.08亿元，占比85.6%；安徽实现一般公共预算收入2672.79亿元，较上年增长8.9%，其中，税收收入1857.53，占比69.5%。

三　长三角地区各省辖市地方财政收入情况

2016年，长三角各省辖市地方财政收入平稳增长，除上海增幅较大，浙江也保持较快增长，排前五名的依次是苏州市（1730.04亿元）、杭州市（1402.38亿元）、南京市（1142.60亿元）、宁波市（1114.54亿元）和无锡市（875.00亿元）。

表9　2016年长三角地区各省辖市财政收入情况　（单位：亿元）

地　区	总　值	排　名	地　区	总　值	排　名
苏州市	1730.04	1	连云港市	211.47	21
杭州市	1402.38	2	湖州市	211.18	22
南京市	1142.60	3	舟山市	120.32	23
宁波市	1114.54	4	芜湖市	106.33	24
无锡市	875.00	5	丽水市	103.57	25
南通市	590.18	6	衢州市	102.56	26
徐州市	516.06	7	蚌埠市	57.67	27
常州市	480.29	8	马鞍山市	53.83	28
温州市	439.87	9	安庆市	52.17	29
盐城市	415.18	10	滁州市	43.97	30
绍兴市	390.30	11	淮南市	42.47	31
嘉兴市	387.93	12	铜陵市	41.27	32
合肥市	386.92	13	宿州市	34.83	33
扬州市	345.30	14	六安市	34.62	34
台州市	343.28	15	淮北市	32.61	35
金华市	338.14	16	池州市	30.09	36
泰州市	321.18	17	亳州市	28.26	37
淮安市	315.51	18	阜阳市	27.47	38
镇江市	293.01	19	宣城市	20.35	39
宿迁市	238.08	20	黄山市	20.06	40

四　长三角地区各县（市）地方财政收入情况

2016年，长三角地区各县（市）地方财政收入保持了不同程度的增长，其中江苏有七个县（市）进入前十名，浙江有三个县（市）进入前十名，依次为昆山市（318.92亿元）、江阴市（229.91亿元）、张家港市（190.00亿元）、常熟市（173.58亿元）、慈溪市（132.10亿元）、太仓市（127.71亿元）、宜兴市（108.65亿元）、义乌市（81.79亿元）、余姚市（81.16亿元）、海门市（72.41亿元）。

表10　2016年长三角地区各县(市)财政收入情况　(单位:亿元)

地区	总值	排名	地区	总值	排名	地区	总值	排名
昆山市	318.92	1	繁昌县	33.66	53	界首市	15.12	105
江阴市	229.91	2	泗阳县	33.34	54	定远县	14.49	106
张家港市	190.00	3	长丰县	33.33	55	岱山县	14.09	107
常熟市	173.58	4	扬中市	32.50	56	龙游县	14.04	108
慈溪市	132.10	5	嵊州市	32.01	57	来安县	13.62	109
太仓市	127.71	6	苍南县	31.82	58	怀宁县	12.54	110
宜兴市	108.65	7	泗洪县	31.75	59	缙云县	12.15	111
义乌市	81.79	8	肥东县	31.66	60	五河县	12.14	112
余姚市	81.16	9	新昌县	30.94	61	泾　县	12.10	113
海门市	72.41	10	宝应县	30.81	62	涡阳县	11.92	114
乐清市	72.23	11	盱眙县	30.78	63	歙　县	11.86	115
海宁市	72.00	12	当涂县	30.35	64	霍邱县	11.66	116
诸暨市	71.79	13	响水县	29.60	65	利辛县	11.65	117
沭阳县	71.75	14	永嘉县	29.59	66	舒城县	11.25	118
如皋市	71.21	15	涟水县	28.98	67	青阳县	10.84	119
启东市	71.03	16	天长市	28.10	68	含山县	10.78	120
丹阳市	65.55	17	芜湖县	28.02	69	固镇县	10.75	121
邳州市	62.40	18	平阳县	27.77	70	明光市	10.75	122
温岭市	61.69	19	宁国市	27.32	71	临泉县	9.96	123
东台市	60.26	20	桐庐县	26.17	72	东至县	9.69	124
瑞安市	59.05	21	无为县	24.81	73	常山县	9.40	125
溧阳市	59.00	22	凤台县	23.79	74	寿　县	8.96	126
靖江市	58.93	23	广德县	23.44	75	霍山县	8.45	127
桐乡市	58.00	24	建德市	22.71	76	枞阳县	8.35	128
沛　县	57.68	25	兰溪市	22.65	77	金寨县	8.30	129
海安县	57.58	26	东海县	22.61	78	磐安县	8.22	130
泰兴市	57.20	27	灌南县	22.43	79	阜南县	8.21	131
平湖市	56.79	28	武义县	22.04	80	开化县	8.16	132
东阳市	56.26	29	金湖县	22.00	81	休宁县	8.14	133
如东县	54.41	30	射阳县	21.58	82	泗　县	8.04	134
新沂市	49.91	31	灌云县	21.52	83	文成县	7.92	135
宁海县	48.79	32	太和县	20.40	84	砀山县	7.90	136
永康市	48.53	33	南陵县	19.35	85	龙泉市	7.86	137
长兴县	45.46	34	凤阳县	18.72	86	泰顺县	7.81	138
临海市	44.92	35	怀远县	18.27	87	遂昌县	7.80	139
仪征市	44.74	36	郎溪县	17.86	88	灵璧县	7.39	140
玉环县	42.62	37	巢湖市	17.84	89	绩溪县	7.37	141
睢宁县	42.52	38	庐江县	17.55	90	潜山县	7.28	142

续表

地区	总值	排名	地区	总值	排名	地区	总值	排名
肥西县	42.12	39	淳安县	17.36	91	宿松县	7.11	143
德清县	42.03	40	天台县	17.04	92	嵊泗县	6.73	144
嘉善县	41.80	41	颍上县	16.78	93	景宁畲族自治县	6.23	145
句容市	40.48	42	浦江县	16.61	94	松阳县	5.86	146
象山县	38.07	43	和　县	16.38	95	祁门县	5.68	147
临安市	37.34	44	全椒县	16.34	96	旌德县	5.36	148
兴化市	37.06	45	仙居县	16.25	97	望江县	5.00	149
阜宁县	36.24	46	濉溪县	16.14	98	太湖县	4.94	150
安吉县	35.85	47	青田县	16.00	99	云和县	4.66	151
海盐县	35.18	48	江山市	15.86	100	岳西县	4.57	152
建湖县	35.01	49	桐城市	15.75	101	庆元县	3.91	153
丰　县	35.00	50	萧　县	15.71	102	黟　县	3.56	154
高邮市	34.12	51	三门县	15.58	103	石台县	1.73	155
滨海县	34.07	52	蒙城县	15.49	104			

第六章　长三角地区城镇居民可支配收入情况

一　上海市、江苏省、浙江省和安徽省城镇居民可支配收入情况

2016年长三角地区城镇居民可支配收入持续增加，上海以人均收入57692元位列第一，增长8.9%，扣除价格因素，实际增长5.5%；浙江其次，人均收入47237元，增长8.1%，扣除价格因素，实际增长6.0%；江苏第三，人均收入40152元，较上年增长8.0%；安徽城镇常住居民人均可支配收入29156元，增长8.2%，扣除价格因素，实际增长6.3%。

图11　2010—2016年上海市、江苏省、浙江省和安徽省城镇居民可支配收入情况(单位:元)

二　长三角地区各省辖市城镇居民可支配收入情况

2016年，长三角地区40个地级市城镇居民可支配收入排名见下表，位居第一的仍为江苏苏州市，达54341元，其次为杭州、宁波、绍兴和南京市。

表11　2016年长三角地区各省辖市城镇居民可支配收入情况　(单位:元)

地　区	总　值	排　名	地　区	总　值	排　名
苏州市	54341	1	合肥市	34852	21
杭州市	52185	2	芜湖市	32315	22
宁波市	51560	3	宣城市	30877	23
绍兴市	50305	4	铜陵市	30633	24
南京市	49997	5	盐城市	30496	25
嘉兴市	48926	6	淮安市	30335	26
无锡市	48628	7	蚌埠市	28653	27

续表

地 区	总 值	排 名	地 区	总 值	排 名
舟山市	48423	8	徐州市	28421	28
温州市	47785	9	黄山市	28393	29
台州市	47162	10	淮南市	28098	30
金华市	46554	11	连云港市	27853	31
常州市	46058	12	淮北市	27248	32
湖州市	45794	13	安庆市	26502	33
镇江市	41794	14	滁州市	26286	34
南通市	39247	15	池州市	26261	35
马鞍山市	38142	16	宿州市	25533	36
泰州市	36828	17	阜阳市	25483	37
衢州市	36188	18	亳州市	25053	38
丽水市	35968	19	六安市	24728	39
扬州市	35659	20	宿迁市	24086	40

三 长三角地区各县(市)城镇居民可支配收入情况

2016年,长三角地区各县(市)城镇居民可支配收入排序见下表,前十位依次是:义乌市、玉环县、昆山市、江阴市、张家港市、常熟市、太仓市、诸暨市、海宁市和瑞安市。江苏省和浙江省各占五席。

表12 2016年长三角地区各县(市)城镇居民可支配收入情况 (单位:元)

地区	总值	排名	地区	总值	排名	地区	总值	排名
义乌市	60773	1	青田县	36996	53	庐江县	26515	105
玉环县	55979	2	遂昌县	36955	54	射阳县	26509	106
昆山市	54728	3	淳安县	36708	55	含山县	26247	107
江阴市	54631	4	如皋市	36590	56	休宁县	26153	108
张家港市	54602	5	仪征市	36523	57	潜山县	26082	109
常熟市	54411	6	泰兴市	36521	58	歙 县	26025	110
太仓市	54099	7	缙云县	35299	59	太湖县	25917	111
诸暨市	53547	8	兰溪市	35041	60	祁门县	25845	112
海宁市	51954	9	仙居县	34072	61	响水县	25564	113
瑞安市	50904	10	宁国市	34069	62	阜宁县	25543	114
慈溪市	50828	11	云和县	33785	63	固镇县	25377	115
乐清市	50263	12	兴化市	33614	64	五河县	25349	116
海盐县	50216	13	广德县	33348	65	涟水县	25230	117
嘉善县	50021	14	武义县	32894	66	怀远县	25227	118
平湖市	49775	15	文成县	32747	67	黟 县	25174	119
温岭市	48941	16	东台市	32686	68	泾 县	25119	120

续表

地区	总值	排名	地区	总值	排名	地区	总值	排名
余姚市	48831	17	磐安县	32472	69	颍上县	25022	121
嵊州市	48062	18	高邮市	31430	70	东至县	25004	122
桐乡市	48020	19	泰顺县	31337	71	新沂市	24928	123
宁海县	47702	20	松阳县	31250	72	利辛县	24589	124
新昌县	47045	21	庆元县	31243	73	灌南县	24494	125
象山县	46836	22	肥西县	31034	74	濉溪县	24436	126
永康市	46463	23	景宁畲族自治县	30899	75	霍山县	24305	127
德清县	46444	24	金湖县	30799	76	全椒县	24268	128
宜兴市	46092	25	常山县	30742	77	太和县	24099	129
长兴县	46026	26	盱眙县	30684	78	沭阳县	23933	130
扬中市	45842	27	郎溪县	30395	79	望江县	23702	131
临安市	44858	28	芜湖县	30190	80	泗阳县	23535	132
东阳市	44542	29	当涂县	30070	81	明光市	23515	133
安吉县	44358	30	繁昌县	30008	82	阜南县	23496	134
临海市	43332	31	建湖县	29637	83	睢宁县	23403	135
嵊泗县	43191	32	无为县	29411	84	临泉县	23372	136
岱山县	42965	33	肥东县	29290	85	定远县	23180	137
桐庐县	42496	34	南陵县	29181	86	石台县	23118	138
溧阳市	42063	35	开化县	29013	87	蒙城县	23090	139
丹阳市	41653	36	邳州市	28546	88	舒城县	22983	140
建德市	41531	37	凤台县	28313	89	灌云县	22979	141
句容市	40582	38	巢湖市	28058	90	丰　县	22971	142
海门市	40509	39	长丰县	28008	91	泗洪县	22953	143
苍南县	39729	40	绩溪县	27509	92	涡阳县	22316	144
靖江市	39713	41	砀山县	27445	93	岳西县	22239	145
平阳县	39628	42	东海县	27391	94	旌德县	22185	146
天台县	38526	43	和　县	27292	95	枞阳县	22071	147
浦江县	38413	44	沛　县	27277	96	宿松县	22024	148
永嘉县	38246	45	天长市	27162	97	霍邱县	21799	149
江山市	38080	46	怀宁县	26899	98	金寨县	21454	150
三门县	37908	47	桐城市	26899	99	凤阳县	21272	151
龙泉市	37406	48	青阳县	26870	100	灵璧县	20871	152
启东市	37390	49	宝应县	26842	101	寿　县	20866	153
龙游县	37334	50	来安县	26573	102	萧　县	20530	154
海安县	37297	51	滨海县	26543	103	泗　县	20209	155
如东县	37133	52	界首市	26535	104			

第七章　长三角地区农村居民纯收入情况

一　上海市、江苏省、浙江省和安徽省农村居民纯收入情况

2016年长三角地区农村居民可支配收入继续上升，上海为25520元，排名第一，增长10.0%，扣除价格因素，实际增长6.6%；浙江第二，人均收入22866元，增长8.2%，扣除价格因素，实际增长6.3%；江苏第三，人均收入17606元，较上年增长8.3%；安徽第四，人均收入11720元，较上年增长8.3%，扣除价格因素，实际增长6.6%。

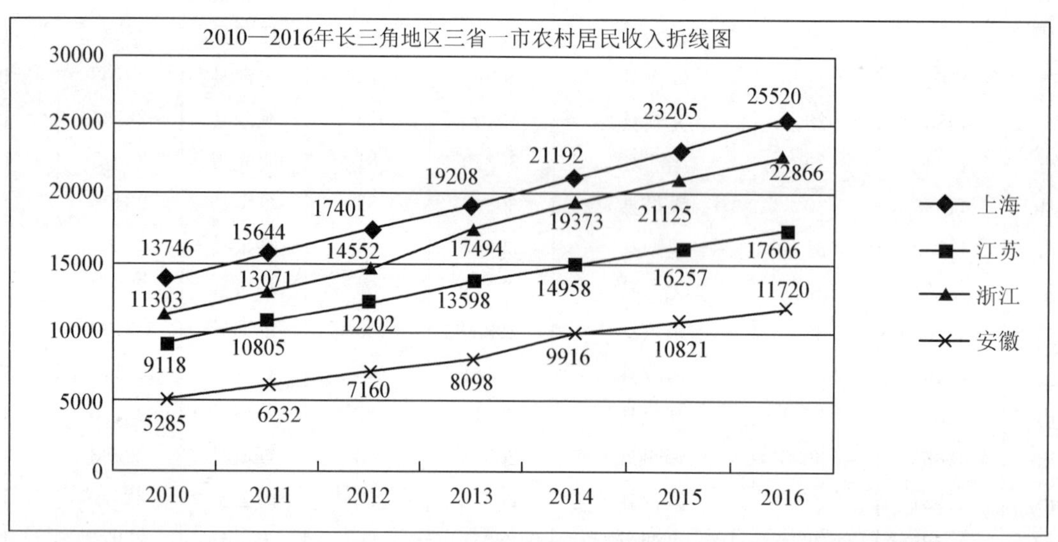

图12　2010—2016年上海市、江苏省、浙江省和安徽省农村居民可支配收入情况(单位:元)

二　长三角地区各省辖市农村居民纯收入情况

2016年，长三角40个地级市农村居民可支配收入持续稳定增长，排序情况见下表。前五位排序与上年相同，依次为嘉兴市(28997亿元)、宁波市(28572亿元)、舟山市(28308亿元)、杭州市(27908亿元)、绍兴市(27744亿元)。

表13　2016年长三角地区各省辖市农村居民可支配收入情况　(单位:元)

地　区	总　值	排　名	地　区	总　值	排　名
嘉兴市	28997	1	盐城市	17172	21
宁波市	28572	2	合肥市	17059	22
舟山市	28308	3	丽水市	16459	23
杭州市	27908	4	徐州市	15274	24
绍兴市	27744	5	淮安市	14319	25
苏州市	27691	6	连云港市	13932	26

续表

地　区	总　值	排　名	地　区	总　值	排　名
湖州市	26508	7	宿迁市	13929	27
无锡市	26158	8	宣城市	13379	28
常州市	23780	9	黄山市	12869	29
台州市	23164	10	蚌埠市	12591	30
温州市	22985	11	池州市	12409	31
金华市	21896	12	铜陵市	12054	32
南京市	21156	13	滁州市	10956	33
镇江市	20922	14	淮南市	10848	34
南通市	18741	15	安庆市	10814	35
衢州市	18421	16	淮北市	10653	36
扬州市	18057	17	亳州市	10576	37
泰州市	17861	18	六安市	9960	38
马鞍山市	17719	19	宿州市	9917	39
芜湖市	17307	20	阜阳市	9776	40

三　长三角地区各县(市)农村居民纯收入情况

2016 年,长三角地区 155 个县(市)农村居民可支配收入排序见下表,排在前十位的依次是:义乌市、诸暨市、海宁市、桐乡市、海盐县、慈溪市、嘉善县、平湖市、余姚市和岱山县。均为浙江所属县市。

表 14　2016 年长三角地区各县(市)农村居民可支配收入情况　(单位:元)

地区	总值	排名	地区	总值	排名	地区	总值	排名
义乌市	30571	1	苍南县	18470	53	睢宁县	13822	105
诸暨市	30224	2	肥西县	18413	54	泗洪县	13625	106
海宁市	30200	3	永嘉县	18391	55	涟水县	13372	107
桐乡市	29623	4	海安县	17978	56	郎溪县	13070	108
海盐县	29606	5	浦江县	17857	57	青阳县	13056	109
慈溪市	29547	6	泰兴市	17842	58	灌云县	12969	110
嘉善县	29514	7	肥东县	17813	59	黟　县	12912	111
平湖市	29028	8	仪征市	17516	60	固镇县	12802	112
余姚市	28589	9	龙泉市	17497	61	歙　县	12790	113
岱山县	28366	10	仙居县	17453	62	桐城市	12757	114
江阴市	28181	11	如东县	17119	63	怀远县	12732	115
昆山市	28178	12	建湖县	17083	64	祁门县	12706	116
常熟市	27956	13	高邮市	16952	65	休宁县	12706	117
张家港市	27849	14	兴化市	16915	66	五河县	12660	118
太仓市	27766	15	如皋市	16883	67	东至县	12432	119

续表

地区	总值	排名	地区	总值	排名	地区	总值	排名
玉环县	27446	16	宝应县	16856	68	灌南县	12430	120
嵊泗县	27380	17	常山县	16713	69	怀宁县	12345	121
德清县	27140	18	巢湖市	16688	70	凤台县	12185	122
乐清市	26943	19	兰溪市	16608	71	泾　县	11989	123
长兴县	26909	20	射阳县	16536	72	全椒县	11526	124
宁海县	26233	21	长丰县	16149	73	霍山县	11175	125
象山县	26113	22	缙云县	16130	74	绩溪县	11051	126
温岭市	25922	23	淳安县	16110	75	来安县	10889	127
临安市	25849	24	沛　县	15791	76	旌德县	10732	128
瑞安市	25570	25	庐江县	15769	77	界首市	10684	129
安吉县	25477	26	金湖县	15683	78	濉溪县	10600	130
桐庐县	24619	27	和　县	15658	79	定远县	10220	131
东阳市	24556	28	含山县	15607	80	枞阳县	10190	132
嵊州市	24521	29	遂昌县	15545	81	明光市	10131	133
扬中市	23855	30	阜宁县	15439	82	砀山县	10128	134
宜兴市	23709	31	云和县	15420	83	舒城县	10019	135
永康市	23625	32	无为县	15340	84	灵璧县	10018	136
新昌县	23555	33	邳州市	15321	85	蒙城县	10003	137
临海市	22932	34	天长市	15309	86	涡阳县	9899	138
溧阳市	21899	35	广德县	15145	87	潜山县	9874	139
建德市	21896	36	宁国市	15016	88	萧　县	9856	140
丹阳市	21706	37	景宁畲族自治县	14989	89	颍上县	9826	141
海门市	20608	38	滨海县	14931	90	利辛县	9799	142
三门县	20428	39	武义县	14834	91	望江县	9711	143
当涂县	20029	40	磐安县	14656	92	岳西县	9677	144
江山市	19956	41	新沂市	14526	93	凤阳县	9617	145
启东市	19875	42	松阳县	14501	94	宿松县	9615	146
东台市	19727	43	盱眙县	14495	95	太湖县	9521	147
靖江市	19605	44	东海县	14487	96	泗　县	9497	148
天台县	18947	45	文成县	14414	97	临泉县	9344	149
芜湖县	18947	46	开化县	14371	98	阜南县	9328	150
句容市	18893	47	响水县	14299	99	霍邱县	9327	151
平阳县	18861	48	庆元县	14244	100	太和县	9285	152
青田县	18830	49	泰顺县	14130	101	金寨县	9269	153
繁昌县	18805	50	沭阳县	14107	102	寿　县	9236	154
南陵县	18757	51	丰　县	14026	103	石台县	8759	155
龙游县	18621	52	泗阳县	13952	104			

第三篇

长三角地区区域经济社会发展报告

第一章　上海市 2016 年经济社会发展报告

2016 年，在党中央、国务院和中共上海市委、上海市人民政府的坚强领导下，全市深入贯彻习近平总书记系列重要讲话精神和治国理政新理念新思想新战略，按照当好改革开放排头兵、创新发展先行者的根本要求，主动适应经济发展新常态，坚持稳中求进工作总基调，坚定不移推进供给侧结构性改革，坚持不懈推进创新驱动发展、经济转型升级，完成了市十四届人大四次会议确定的目标任务，实现了“十三五”时期经济社会发展的良好开局。

一　上海市 2016 年经济发展概况

（一）综合经济

1. 经济总量

全年实现上海市生产总值（GDP）28178.65 亿元，比上年增长 6.8%。其中，第一产业增加值 109.47 亿元，下降 6.6%；第二产业增加值 8406.28 亿元，增长 1.2%；第三产业增加值 19662.90 亿元，增长 9.5%。第三产业增加值占上海市生产总值的比重为 70.5%，比上年提高 2.7 个百分点。按常住人口计算的上海市人均生产总值为 11.36 万元。三次产业结构比重为 0.4∶29.8∶69.8。

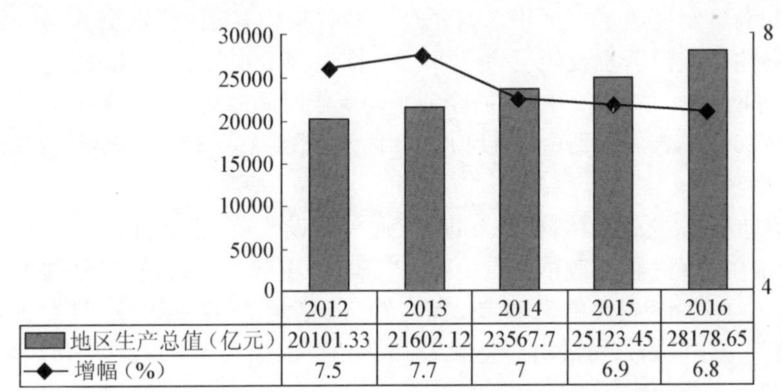

	2012	2013	2014	2015	2016
地区生产总值（亿元）	20101.33	21602.12	23567.7	25123.45	28178.65
增幅（%）	7.5	7.7	7	6.9	6.8

图 1　2012—2016 年上海市生产总值及增长速度

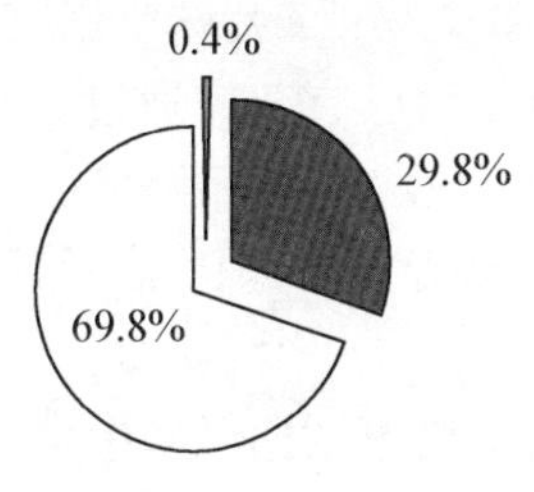

图 2　2016 年上海市三次产业结构图

在上海市生产总值中，公有制经济增加值 13193.27 亿元，比上年增长 6.8%；非公有制经济增加值 14272.88 亿元，增长 6.8%。非公有制经济增加值占上海市生产总值的比重为 52.0%，与上年持平。

全年战略性新兴产业增加值 4182.26 亿元，比上年增长 5.0%。其中，制造业增加值 1807.75 亿元，增长 2.7%；服务业增加值 2374.51 亿元，增长 6.9%。战略性新兴产业增加值占上海市生产总值的比重为 15.2%。

2. 财政收支

全年地方一般公共预算收入 6406.13 亿元，比上年增长 16.1%。地方一般公共预算支出 6918.94 亿元，增长 11.7%。全年税务部门组织的税收收入完成 11847.05 亿元（不含关税及海关代征税），同比增长 5.5%。

3. 物价指数

以上年价格为 100，全年居民消费价格指数为 103.2，其中，食品烟酒类价格指数为 103.7，居住类价格指数为 105.1，医疗保健类价格指数为 109.0；固定资产投资价格指数为 99.6；工业生产者出厂价格指数为 98.8，工业生产者购进价格指数为 97.7。

以上年 12 月价格为 100，新建住宅销售价格指数为 126.5，其中，商品住宅价格指数为 131.7；以上年价格为 100，新建住宅销售价格指数为 127.0，其中，商品住宅价格指数为 132.8。

4. 固定资产投资

全年完成全社会固定资产投资总额 6755.88 亿元，比上年增长 6.3%。其中，第三产业投资占全社会固定资产投资总额的比重为 85.4%；非国有经济投资占全社会固定资产投资总额的比重为 72.7%。

5. 自由贸易试验区建设

持续推动中国（上海）自由贸易试验区制度创新。开展市场准入负面清单制度试点，深化外商投资、境外投资管理和商事制度改革。至年末，自贸试验区“集中登记地”增至 61 处，已注册企业 21400 户。推行“企业简易注销登记”，惠及经营者 1289 户；推出网上预约、预登记服务，试行手机 APP“掌上预约”。至年末，受理网上预约登记 29448 件，企业平均等候时间缩短 2/3。至年末，区内共有企业 79669 户，其中内资企业 62365 户，涉及注册资本 41403.62 亿元；外资企业 17304 户，涉及注册资本 2436.86 亿美元。

深化“三互”（信息互换、监管互认、执法互助）大通关建设改革，建立符合高标准贸易便利化规则的贸易监管制度。探索在通关一体化改革试点中引入“三自一重”（自主报税、自助通关、自动审放、重点稽查）理念，年内受理“三自一重”报关单 5155 单、货值 69.83 亿元、征收税款 12.04 亿元，同比分别增长7.5 倍、3.0 倍和 3.1 倍。全年区内外贸进出口总额 7836.80 亿元，增长 5.9%，其中出口额 2315.85 亿元，增长 14.5%。

推出金融综合监管试点等一批实施细则和创新案例，实施自由贸易账户功能拓展等一批改革举措，金融制度创新框架基本形成。上海保险交易所、上海票据交易所、中国信托登记有限责任公司正式开业，自贸试验区“国际版”大宗商品交易平台已有 7 家通过验收。至年底，上海自贸试验区开设 FT 账户超过 6.34 万个，账户收支总额 5.74 万亿元。人民币跨境交易规模持续扩大，全年保税区跨境人民币境外借款 40.70 亿元，跨境人民币结算总额已达 11518 亿元，跨境双向人民币资金池业务收支总额累计 3520.13 亿元。

制定实施事中事后监管深化方案，推进市区两级事中事后综合监管平台建设，开通企业信用信息公示系统，形成以政府职能转变为核心的事中事后监管制度构架。

（二）农业经济

全年全市实现农业总产值 286.27 亿元，比上年下降 6.9%。其中，种植业 149.14 亿元，下降 4.2%；林业 13.27 亿元，增长 23.6%；牧业 60.71 亿元，下降 12.9%；渔业 52.57 亿元，下降 8.5%；农林牧渔服务业 10.59 亿元，下降 8.1%。上海域外市属农场实现农业总产值 32.16 亿元，增长 47.7%。

全年全市农作物播种面积 29.63 万公顷，比上年减少 13.3%，其中，粮食播种面积 14.01 万公顷，减少 13.5%。粮食产量 99.55 万吨，比上年下降 11.2%；生牛奶产量 26.04 万吨，下降 6.0%；水产品产量 26.05 万吨，下降 10.7%。

至年末，全市有 1670 家企业、7289 个产品获得"三品一标"农产品认证。其中，绿色食品证书使用企业 209 家，绿色食品 305 个；无公害农产品证书使用企业 1450 家，无公害农产品 6957 个。

至年末，全市累计建成设施粮田面积 86.53 千公顷，市级蔬菜标准园 150 家，标准化畜禽养殖场 304 家，标准化水产养殖场 270 家。至年末，全市有农业产业化龙头企业 383 家，农民专业合作社 3202 家，经农业主管部门认定的粮食家庭农场 3990 个。

(三) 工业和建筑业

全年实现工业增加值 7145.02 亿元，比上年增长 1.0%。全年完成工业总产值 33079.72 亿元，增长 0.7%，其中，规模以上工业总产值 31082.72 亿元，增长 0.8%。在规模以上工业总产值中，国有控股企业总产值 11498.09 亿元，增长 1.3%。

全年节能环保、新一代信息技术、生物医药、高端装备、新能源、新材料和新能源汽车等战略性新兴产业制造业完成工业总产值 8307.99 亿元，比上年增长 1.5%。

全年六个重点行业完成工业总产值 21001.28 亿元，比上年增长 1.9%，占全市规模以上工业总产值的比重为 67.6%。

全年规模以上工业产品销售率为 99.9%。全年原油加工量 2470.77 万吨，比上年下降 2.0%；工业机器人产量 2.91 万套，增长 24.4%；手机产量 4801.43 万台，下降 28.8%；汽车产量 260.77 万辆，增长 7.3%。

全年规模以上工业企业实现利润总额 2898.52 亿元，比上年增长 8.1%，实现税金总额 1954.19 亿元，下降 1.9%。规模以上工业企业亏损面为 21.9%。

全年实现建筑业总产值 6046.19 亿元，比上年增长 7.0%；房屋建筑施工面积 36019.72 万平方米，下降 1.7%；竣工面积 7481.15 万平方米，增长 3.1%。

(四) 服务业

1. 国内贸易

全年实现批发和零售业增加值 4032.43 亿元，比上年增长 4.6%。

全年实现商品销售总额 10.08 万亿元，比上年增长 7.9%，其中批发销售额 9.10 万亿元，增长 7.9%。

全年实现社会消费品零售总额 10946.57 亿元，比上年增长 8.0%，其中无店铺零售额 1584.00 亿元，增长 13.8%。网上商店零售额 1249.77 亿元，增长 15.8%，占社会消费品零售总额的比重为11.4%，比上年提高 0.5 个百分点。

至年末，全市已开业城市商业综合体达 189 家，其中，商场建筑面积 10 万平方米以上的有 68 家。全年全市城市商业综合体实现营业额达 1287.20 亿元，比上年增长 12.2%。

2. 交通运输和邮电

全年实现交通运输、仓储和邮政业增加值 1160.27 亿元，比上年增长 6.3%。

全年各种运输方式完成货物运输量 88689.16 万吨，比上年下降 2.8%。旅客发送量 19564.44 万人次，增长 5.3%。

全年上海港口货物吞吐量达到 70176.56 万吨，比上年下降 2.2%；集装箱吞吐量 3713.31 万国际标准箱，增长 1.6%。集装箱水水中转比例为 46.5%，国际中转比例为 7.2%。上海浦东、虹桥两大国际机场全年共起降航班 74.19 万架次，增长 5.1%；进出港旅客达到 10646.25 万人次，增长 7.3%。其中，国内航线进出港旅客6996.85万人次，增长5.3%；国际及地区航线进出港旅客3649.40万人次，增长11.4%。

全年上海港接待邮轮靠泊509艘次，其中，以上海为母港的邮轮482艘次。邮轮旅客吞吐量289.38万人次，比上年增长76.2%。

至年末，全市轨道交通运营线路达到15条。全年优化调整公交线路214条，其中新辟42条。至年末，公交运营车辆达1.67万辆，其中国Ⅴ及以上标准及零排放车辆7019辆，占全部公交运营车辆的42.0%；运营出租车4.73万辆。全年市内公共交通客运量67.05亿人次，比上年增长1.0%。其中，轨道交通客运量34.01亿人次，增长10.9%；公共汽电车客运量23.91亿人次，下降6.2%。

至年末，全市拥有各类民用汽车322.94万辆，比上年增长14.4%，其中私人汽车242.71万辆，增长16.3%。

全年完成邮政业务总量564.25亿元，比上年增长46.3%；电信业务总量1101.73亿元，增长41.2%。邮政业全年完成邮政函件业务8.26亿件、包裹业务272.86万件、快递业务26.03亿件；快递业务收入709.51亿元。年末固定电话用户731.62万户，其中住宅电话421.80万户。移动电话用户3156.14万户，比上年末减少103.79万户。移动电话用户普及率130.7部/百人。

3. 旅游业

全年实现旅游产业增加值1689.70亿元，比上年增长6.9%。

至年末，全市已有星级宾馆238家，旅行社1518家，A级旅游景区(点)97个，红色旅游基地34个。

全年接待国际旅游入境者854.37万人次，比上年增长6.8%。其中，入境外国人659.83万人次，增长7.4%；港、澳、台同胞194.54万人次，增长4.9%。在国际旅游入境者中，过夜旅游者690.43万人次，增长5.6%。全年接待国内旅游者29620.60万人次，增长7.4%，其中，外省市来沪旅游者14679.73万人次，增长5.4%。全年入境旅游外汇收入65.30亿美元，增长9.6%；国内旅游收入3443.93亿元，增长14.6%。

4. 金融、证券和保险

全年实现金融业增加值4762.50亿元，比上年增长12.8%。

至年末，全市各类金融单位达到1473家。其中，货币金融服务单位622家；资本市场服务单位382家；保险业单位386家。至年末，全市各类金融单位中，在沪经营性外资金融单位达到242家。

至年末，全市中外资金融机构本外币各项存款余额110510.96亿元，比年初增加6750.32亿元；贷款余额59982.25亿元，比年初增加6595.04亿元。

全年金融市场交易总额达到1364.66万亿元，比上年减少6.7%。上海证券交易所总成交金额283.87万亿元，增长6.6%，其中债券成交额224.72万亿元，增长82.9%；股票成交金额49.79万亿元，减少62.4%。全年通过上海证券市场股票筹资8056.45亿元，比上年减少7.5%；发行公司债25547.20亿元，增长46.7%。至年末，上海证券市场上市证券9647只，比上年末增加3733只，其中股票1226只，增加101只。

上海期货交易所总成交金额84.98万亿元，增长33.7%。中国金融期货交易所总成交金额18.22万亿元，减少95.6%。银行间市场总成交金额960.15万亿元，增长36.3%。上海黄金交易所总成交金额17.44万亿元，增长61.7%。

全年保险公司原保险保费收入1529.26亿元，比上年增长35.9%。其中，财产险公司原保险保费收入410.78亿元，增长6.5%；寿险公司原保险保费收入1118.48亿元，增长51.3%。全年保险赔付支出528.77亿元，增长11.7%。其中，财产险赔款支出222.55亿元，增长16.3%；寿险给付245.86亿元，增长7.2%；健康险赔款给付49.96亿元，增长12.8%；意外险赔款支出10.41亿元，增长19.8%。

5. 房地产业

全年完成房地产开发投资3709.03亿元，比上年增长6.9%。其中，住宅投资1965.43亿元，增长

8.4%;办公楼投资695.95亿元,增长6.3%;商业营业用房投资519.41亿元,增长11.1%。商品房施工面积15111.24万平方米,增长0.1%;竣工面积2550.64万平方米,下降3.6%。商品房销售面积2705.69万平方米,增长11.3%,其中,住宅销售面积2019.80万平方米,增长0.5%。全年商品房销售额6695.85亿元,增长31.5%,其中,住宅销售额5233.29亿元,增长21.1%。全年存量房买卖登记面积3398.31万平方米,增长28.3%。

全年新增供应各类保障性住房5.2万套。中心城区实际完成二级旧里以下房屋改造约59万平方米,受益居民约3万户。

6. 城市信息化

全年实现信息产业增加值2994.33亿元,比上年增长8.5%。其中,信息服务业增加值1963.79亿元,增长11.9%。

至年末,全市光纤到户覆盖总量达941万户,比上年末增加31万户,实际使用用户数达到515.74万户,比上年末增加54.62万户。固定宽带用户平均可用下载速率达14.03 Mb/s,比上年末提高2.72 Mb/s。下一代广播电视网(NGB)覆盖744万户家庭,比上年末增加24万户。全市第三代移动通信技术(3G)和第四代移动通信技术(4G)用户总数达到2390.09万户,比上年末增加178.82万户。开展i-Shanghai服务优化升级,公共场所服务场点累计开通1400余处,比上年末增加近600处。互联网网民数1791万人,互联网普及率为74.1%。城市公共区域WLAN接入热点累计达13.72万个。互联网宽带接入用户804.12万户,比上年末增加119.30万户。互联网省际出口带宽8.59T,比上年末增加2.99T,互联网国际出口带宽1.08T,比上年末增加0.16T。IPTV用户数达230万户,增加53万户。数字电视用户数达562万户,增加20万户。

全年完成电子商务交易额20049.30亿元,比上年增长21.9%。其中,B2B交易额14445.60亿元,增长17.3%,占电子商务交易额的72.1%;网络购物交易额5603.70亿元,增长35.4%,占27.9%。

全年口岸税费电子支付系统入网企业累计约8.3万家,增长3.7%,报文传输量为2.47亿个,实现电子支付金额13662亿元,增长7.4%。至年末,已有148万家单位持有有效“一证通”185万张。

至年末,“市民信箱”累计注册用户582万人,比上年增长20.0%。

至年末,市信用平台累计对外提供查询2223.84万次。其中,法人信用信息被查询713.38万次;自然人信用信息被查询1510.46万次。97家单位确认向市信用平台提供5198项信息事项,其中,涉及法人信息事项4072项,涉及自然人信息事项1126项。平台可查询数据3.14亿条,法人数据1064.03万条,自然人数据3.04亿条。

至年末,市信用平台已建21个子平台(16个区以及市商务委、市住建委、市司法局、市社团局、市酒类专卖局5家市级委办局),在建子平台1个(市卫计委)。除市信用平台服务大厅外,已设立13家服务窗口(10个区、自贸试验区和司法局服务窗口、上海图书馆),在建服务窗口1个(宝山区)。

(五)开放型经济

1. 对外贸易

全年上海关区货物进出口总额52334.85亿元,比上年增长3.3%。其中,进口20683.76亿元,增长5.1%;出口31651.09亿元,增长2.1%。

全年上海市货物进出口总额28664.37亿元,比上年增长2.7%。其中,进口16558.92亿元,增长5.2%;出口12105.45亿元,下降0.5%。按市场分,对欧盟进口3729.41亿元,增长6.3%;出口1990.54亿元,下降10.9%;对美国进口1791.99亿元,增长2.4%;出口2965.08亿元,增长5.6%;对东盟进口2069.86亿元,增长6.2%;出口1446.00亿元,增长6.3%;对日本进口1941.73亿元,增长9.7%;出口1266.95亿元,下降3.5%。

2016 年上海市进出口总额及其增长速度

指　标	绝对值(亿元)	比上年增长(%)
上海市货物进出口总额	28664.37	2.7
上海市货物进口总额	16558.92	5.2
＃国有企业	3024.38	6.7
外商投资企业	10749.20	2.0
私营企业	2618.84	16.1
＃一般贸易	8870.70	9.5
加工贸易	2033.48	−5.8
＃机电产品	8139.15	0.4
＃高新技术产品	5134.10	−1.1
上海市货物出口总额	12105.45	−0.5
＃国有企业	1478.40	−6.3
外商投资企业	8159.31	0.3
私营企业	2355.17	0.9
＃一般贸易	5255.66	1.1
加工贸易	4847.34	−6.4
＃机电产品	8506.80	−0.1
＃高新技术产品	5219.96	−1.4

2. 对外合作

全年新设外商直接投资项目 5153 项，比上年下降 14.2%；合同金额 509.78 亿美元，下降 13.5%；全年外商直接投资实际到位金额 185.14 亿美元，增长 0.3%。全年第三产业实际到位金额 163.35 亿美元，增长 2.5%，占全市实际利用外资的比重为 88.2%。至年末，在上海投资的国家和地区达 168 个。在上海落户的跨国公司地区总部达到 580 家，投资性公司 330 家，外资研发中心 411 家。年内新增跨国公司地区总部 45 家，其中亚太区总部 15 家；投资性公司 18 家；外资研发中心 15 家。

全年备案和核准对外直接投资项目 1425 项，比上年增长 6.5%；对外直接投资中方投资额 366.50 亿美元，下降 8.1%。签订对外承包工程合同金额 118.45 亿美元，增长 6.7%；实际完成营业额 66.56 亿美元，下降 10.7%；派出人员 6497 人次，增长 10.8%。对外劳务合作派出人员 15290 人次，增长 6.4%。至年末，上海对外承包工程和劳务合作涉及的国家和地区达 178 个。

全年举办各类展览会项目 880 个，总展出面积 1605.08 万平方米，比上年增长 6.2%。其中，国际展览会项目 287 个，展出面积 1177.47 万平方米，增长 4.8%；国内展览会项目 593 个，展出面积 427.60 万平方米，增长 10.5%。

二　上海市 2016 年社会发展概况

(一) 人口、人民生活

至年末，全市常住人口总数为 2419.70 万人。其中，户籍常住人口 1439.50 万人，外来常住人口 980.20 万人。全年常住人口出生 21.84 万人，出生率为 9.0‰；死亡 12.08 万人，死亡率为 5.0‰；常住人口自然增长率为 4.0‰。全年户籍常住人口出生 12.92 万人，出生率为 9.0‰；死亡 11.4 万人，死亡率为 7.9‰；户籍常住人口自然增长率为 1.1‰。

全市户籍人口平均期望寿命达到 83.18 岁。其中，男性 80.83 岁，女性 85.61 岁。

据抽样调查，全年全市居民人均可支配收入 54305 元，比上年增长 8.9%，扣除价格因素，实际增长 5.5%。其中，城镇常住居民人均可支配收入 57692 元，增长 8.9%，扣除价格因素，实际增长 5.5%；农村常住居民人均可支配收入 25520 元，增长 10.0%，扣除价格因素，实际增长 6.6%。全市居民人均消费支出 37458 元，比上年增长 7.7%。其中，城镇常住居民人均消费支出 39857 元，增长 7.9%；农村常住居民人均消费支出 17071 元，增长 5.7%。

至年末，城镇居民人均住房建筑面积 36.1 平方米，居民住宅成套率达到 97%。

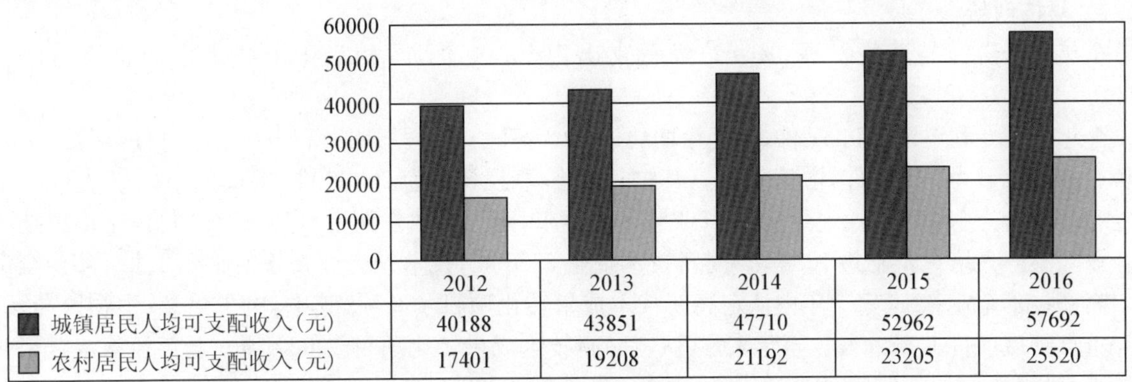

	2012	2013	2014	2015	2016
城镇居民人均可支配收入(元)	40188	43851	47710	52962	57692
农村居民人均可支配收入(元)	17401	19208	21192	23205	25520

图 3　2012—2016 年上海市城市和农村居民家庭人均可支配收入对比

(二) 就业、社会保障

全年新增就业岗位 59.93 万个。全年新安置就业困难人员 10786 人，新消除零就业家庭 108 户。全年帮扶引领成功创业人数 11795 人，其中，青年大学生 7538 人；帮助 8802 名长期失业青年实现就业创业。全年共完成职业培训 64.94 万人，其中，农民工职业培训 27.77 万人。至年末，累计有 894 人入选国家"千人计划"，798 人入选上海"千人计划"。高技能人才占技能劳动者比例达到 31.1%。至年末，全市城镇登记失业人员 24.26 万人，城镇登记失业率为 4.1%。

至年末，全市共有 1446.85 万人(包括离退休人员)参加城镇职工基本养老保险，有 79.54 万人参加城乡居民基本养老保险。在 2015 年实现城乡低保标准一体化基础上，2016 年继续加大调标力度，最低生活保障标准从上年的每人每月 790 元提高到 880 元，增长 11.4%。月最低工资标准从 2020 元提高到 2190 元，小时最低工资标准从 18 元提高到 19 元。

至年末，全市共有 1404 万人(包括离退休人员)参加职工基本医疗保险，338.03 万人参加城乡居民基本医疗保险。

至年末，全市民政部门共有各类提供住宿的收养性社会服务机构 738 个，床位 13.75 万张，其中，养老机构 702 家，床位 13.28 万张。在全市养老机构中，由社会投资开办的有 347 家，床位 5.94 万张。全市建有社区老年人日间服务中心 488 家，社区老年人助餐服务点 633 个。

全年各级政府支出城镇居民最低生活保障金 15.34 亿元、农村居民最低生活保障金 2.40 亿元、农村五保供养资金 0.19 亿元、粮油帮困资金 0.69 亿元、医疗救助金 3.47 亿元。

年内新办福利企业 13 家，新安置 293 名残疾人就业。全市福利企业年销售收入 189.22 亿元，年利润总额 8.49 亿元。

(三) 教育与科技创新

1. 教育

至 2015—2016 学年末，全市共有普通高等学校 64 所，普通中等学校 885 所，普通小学 753 所，特殊教育学校29所。普通高等学校和普通小学毕业生数均有所增加，普通中等学校的毕业生数有所减少。全市共有48家机构培养研究生，全年招收研究生4.91万人，在校研究生14.50万人，毕业研究生3.97万人。九年义务教育入学率保持在99.9%以上，高中阶段新生入学率达98.7%。

至2015—2016学年末，全市共有民办普通高校20所，在校学生10.59万人；民办普通中学121所，在校学生7.64万人；民办小学156所，在校学生12.54万人。全市共有成人中高等学历教育学校32所，成人职业技术培训机构674所，老年教育机构291所。全市共有校外教育机构20所。其中，少年宫（含青少年活动中心）16所，少年科技站3所，少年之家1所。

2. 科技创新

全年用于研究与试验发展（R&D）经费支出1030.00亿元，相当于上海市生产总值的比例为3.80%。

全年受理专利申请119937件，比上年增长19.9%，其中，受理发明专利申请54339件，增长15.7%。全年专利授权量为64230件，增长5.9%，其中，发明专利授权量为20086件，增长14.1%。全年PCT国际专利受理量为1560件，比上年增长47.2%。至年末，全市有效发明专利达85049件。全市科技小巨人企业和小巨人培育企业共1638家，高新技术企业6938家，技术先进型服务企业272家。年内全市新认定高新技术企业2306家。年内认定高新技术成果转化项目469项，其中，电子信息、生物医药、新材料等重点领域项目占87.4%。至年末，共认定高新技术成果转化项目10969项。全年经认定登记的各类技术交易合同2.12万件，比上年下降5.8%；合同金额822.86亿元，增长16.2%。

（四）文化、卫生和体育

1. 文化事业

年内成功举办第三十三届"上海之春"国际音乐节、第十八届中国上海国际艺术节、第五届上海国际芭蕾舞比赛、首届上海艾萨克·斯特恩国际小提琴比赛、上海国际电影电视节、刘海粟美术馆新馆开馆、第四届市民文化节等重大文化活动。全年市民参与文化活动人数近2000万人次。继续实施新一轮公共文化从业人员"三年万人培训"项目，年内参训3597人次。至年末，全市有市、区级文化馆、群众艺术馆24个，艺术表演团体273个，市、区级公共图书馆24个，档案馆50个，博物馆124个。全市共有公共广播节目22套，公共电视节目25套。有线电视用户771.68万户，有线数字电视用户721.55万户。全年生产电视剧52部，共2118集；动画电视10184分钟。全年共出版报纸10.08亿份、各类期刊1.11亿册、图书4.18亿册；摄制完成80部影片。

2. 卫生事业

年内圆满完成第九届全球健康促进大会承办任务。至年末，全市共有医疗卫生机构5011所，卫生技术人员21.72万人。全年全市医疗机构共完成诊疗人次2.66亿人次；户籍人口期望寿命达到83.18岁，上海地区婴儿死亡率3.76‰，孕产妇死亡率5.64/10万。为1.4万对计划怀孕夫妻提供免费孕前优生健康检查。

全市公立医院药品（除中药饮片）加成率降至5%，共调整660项医疗服务项目价格，调价总补偿率85%左右。在首批65家社区卫生服务综合改革试点基础上，启动第二批121家社区试点，试点社区已覆盖全市社区卫生服务中心总量的77%。至年末，已有215家社区卫生服务中心正式开展"1+1+1"签约服务，已签约居民130万余人，开具延伸处方14万余张。超额完成市政府实事"上海市社区居民大肠癌免费筛查及跟踪管理"项目任务，累计为50.7万余人免费筛查。全年市级公立医院有34家单位共派出414人参加临床主治医师到基层定期工作，区属公立医疗机构派出542人支援社区卫生服务中心、医疗急救机构。

3. 体育事业

年内成功举办国际滑联"上海超级杯"、世界水上摩托锦标赛、F1中国大奖赛、上海ATP1000网球大师赛、国际田联钻石联赛、汇丰高尔夫球世界锦标赛、世界斯诺克上海大师赛、NBA 国际系列赛等 67 次国际性体育赛事和 89 次全国性体育赛事。成功举办第二届市民运动会，包括 67 项总决赛、234 项市级赛事以及各级各类赛事 9778 项，参赛人数达 146.15 万人，参与人次达 788.99 万；举办市级 12 类主题活动、各类活动 7000 余次，参与人次达 378 万。上海体育健儿在第三十一届奥运会上获得 3 人次金牌、3 人次银牌和 4 人次铜牌，1 人次创 1 项世界纪录，1 人次破 1 项奥运会纪录，7 个小项创中国奥运参赛最好成绩，3 个小项创上海奥运参赛最好成绩。年内新建 65 条市民健身步道，新建改建 56 片市民球场。

（五）城市基础建设

全年完成城市基础设施建设投资 1551.87 亿元，比上年增长 8.9%。其中，交通运输邮电通信投资 990.18 亿元；市政建设投资 345.75 亿元；公用事业投资 70.90 亿元。

至年末，全市轨道交通运营线路长度达到 617.53 千米，公交专用道路达到 325 千米。建成长江西路越江隧道。国际旅游度假区和迪士尼乐园开园运营，世博央企总部集聚区全面建成。黄浦江滨江公共空间贯通 10 千米。建成中心城区 228 个排水系统，打通 17 条区区对接道路。

全市自来水供水能力为 1152 万立方米/日，比上年增加 15 万立方米/日。全年供水总量为 32.04 亿立方米，增长 2.6%；售水总量为 25.24 亿立方米，比上年增长 2.7%，其中，工业用水量、生活用水量分别为 4.82 亿立方米、20.42 亿立方米，分别比上年下降 2.3%和增长 4.0%。全年全市用电量 1486.02 亿千瓦时，增长 5.7%。至年末，全市家庭液化气用户 333.6 万户，家庭天然气用户 675.2 万户。

（六）环境保护和绿地建设

全年全社会用于环境保护的资金投入 823.57 亿元，相当于上海市生产总值的比例为 3.0%。

全年环境空气质量（AQI）优良率为 75.4%，比上年上升 4.7 个百分点。二氧化硫年日均浓度 15 微克/立方米，比上年下降 11.8%；可吸入颗粒物（PM10）年日均浓度 59 微克/立方米，下降 14.5%；细颗粒物（PM2.5）年日均浓度 45 微克/立方米，下降 15.1%；二氧化氮年日均浓度 43 微克/立方米，下降 6.5%；一氧化碳年日均浓度 0.79 毫克/立方米，下降 8.1%；臭氧日最大 8 小时滑动平均值达标率 89.3%，下降 0.6 个百分点。全市平均区域降尘量 4.5 吨/平方千米·月，比上年下降 8.2%。

年末，城市污水处理厂日处理能力达 815.1 万立方米，比上年末增长 2.6%；城镇污水处理率达到 93%，比上年提高 0.2 个百分点。全市生活垃圾末端处理能力达 22650 吨/日，其中焚烧 11800 吨/日。全年清运生活垃圾 879.86 万吨，生活垃圾无害化处理率达到 100%。年内新增生活垃圾分类居住区覆盖家庭 100 万户，累计达 500 余万户；"绿色账户"激励机制覆盖 200 万户。居住区分类达标 3850 个，创建分类示范菜场 22 个。加强道路扬尘防治，20 条重点路段得到有效治理，完成 412 套在线检测设备安装，实时反馈扬尘指数。

全年新建绿地 1221 公顷，其中公园绿地 560 公顷；新增林地 2400 公顷。至年末，人均公园绿地面积达到 7.82 平方米，建成区绿化覆盖率达到 38.8%，全市森林覆盖率达到 15.6%。完成 203 千米绿道建设，新增立体绿化 41 万平方米，完成高架桥柱绿化 1.2 万根。创建命名林荫道 22 条，全市累计达 174 条。城市公园增至 217 座，完成 16 个老公园改造，89 座公园实施延长开放，接待公园游客 2.2 亿人次以上。长兴、青西 2 座郊野公园建成开放。至年末，自然保护区达到 4 个，其中国家级自然保护区 2 个。成功举办第二届市民绿化节，推出家庭园艺、绿色展示、体验互动、科普服务四大系列 42 项市级活动，组织活动逾 1500 场次，参与人数逾千万人。

（七）安全生产

全年查处食品安全违法犯罪案件 7240 起，罚没金额 16300.10 万元。开展日常巡查、监督检查和专项执法检查共计 45.90 万户次，共监督抽检各类食品样品 198630 件，合格率为 98.5%。各类食品检测总体合格率为97.3%，年食品抽检数达到10件/千人。全年共报告发生集体性食物中毒7起，中毒人数229人（无死亡），中毒发生率为0.95例/10万人。建立食品安全信息追溯平台，制定9大类20个重点监管品种信息追溯目录，数据已达7695万余条。

全年共发生道路交通、工矿商贸、火灾、铁路交通、农业机械生产安全事故5497起，造成死亡1027人，分别比上年下降7.7%和10.5%。其中，工矿商贸生产安全事故223起，造成死亡219人，分别下降24.4%和3.1%；道路交通事故794起，造成死亡759人，分别下降24.0%和12.6%；火灾事故4475起，造成死亡46人，分别下降2.8%和11.5%；铁路交通事故3起，比上年上升50.0%，死亡1人。农业机械事故2起，下降71.4%，死亡2人。全年亿元生产总值生产安全事故死亡人数为0.037人。

三　上海市在泛长三角地区经济发展中的地位

长江三角洲及其沿江地区（以下简称“长三角地区”）作为我国七大经济协作区之一，地跨江浙沪两省一市，其所形成的长江经济带是我国产业布局的重要轴线，它的持续、快速和稳定发展对于全国国民经济的持续、快速和稳定发展都起着重要的作用。2016年以来，上海经济社会保持平稳健康发展，顺利完成了市十四届人大四次会议确定的目标任务，实现了“十三五”良好开局。这一年，面对严峻复杂的外部环境，全市深入贯彻习近平总书记治国理政新理念新思想新战略，坚定不移推进供给侧结构性改革，经济社会发展砥砺前行，创新驱动发展、经济转型升级取得积极进展。

（一）地区生产总值

2012—2016年上海市地区生产总值所占比重分别为：16.00%、15.70%、15.75%、15.69%和16.04%，整体呈现“U”形发展的态势，2016年逆势大幅上扬。2016年较上年增加了0.35个百分点。5年间，占比累计增加了0.07个百分点，与2012年基本持平。在泛长三角中排名为第3位，在泛长三角41市（苏浙两省24个地级市、上海市和安徽省16市，下同）排名为第1位。

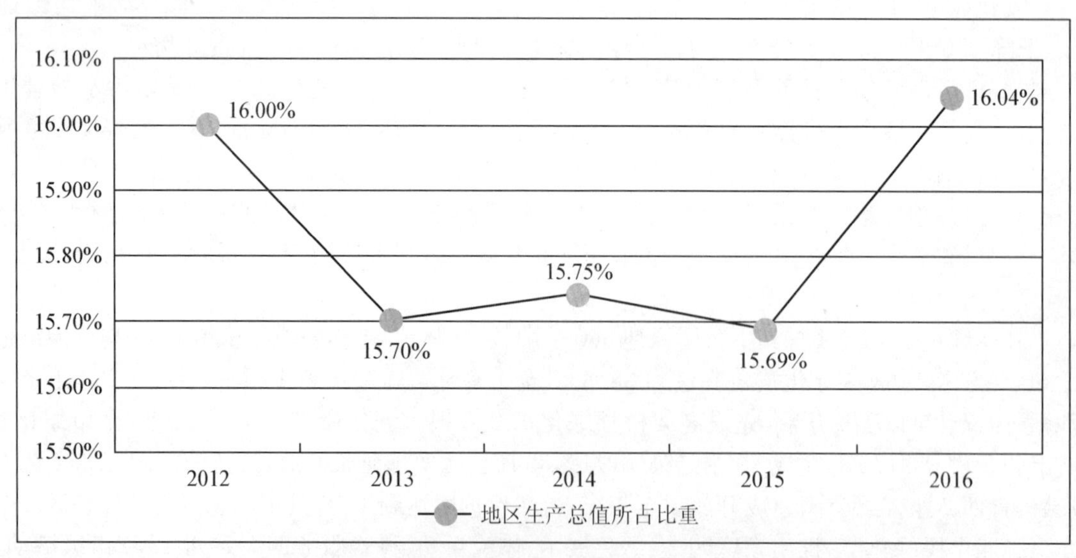

图4　2012—2016年上海市地区生产总值在泛长三角（江苏、浙江和安徽三省及上海市三省一市，下同）所占比重的变化趋势

2016年，全市实现生产总值2.75万亿元，比上年增长6.8%。这是自2008年以来，上海年度GDP增速第一次超过全国增长速度。尽管增速比上年小幅放缓0.1个百分点，但总体平稳、稳中有进的良好态势没有改变。一方面，经济增长符合预期。6.8%的增速处于年初制定的6.5%—7.0%的目标区间

内，且增速回落幅度较前两年收窄，说明经济运行逐渐趋稳。另一方面，经济增长符合自身发展阶段的特点。全市正处于调结构、转方式的关键阶段，结构调整的阵痛还在继续释放，经济增速虽略有回落但符合客观规律，同时也为结构调整预留更多空间。经济结构持续优化。从产业层面看，第三产业对经济增长贡献继续加大。2016 年，全市第三产业增加值占生产总值的比重达到 70.5%，对经济增长贡献率高达 94.7%。更可喜的是，第三产业中的高附加值行业增长较快。其中，金融业、信息服务业增加值分别比上年增长 12.8%和 11.9%，均高于第三产业平均增速，占第三产业比重则分别达到 24.6%和 10.1%。从需求层面看，消费对经济增长的拉动作用进一步增强。2016 年，全市社会消费品零售总额比上年增长 8.0%。随着市民消费模式的转变，全市加快商贸业态转型，已开业城市商业综合体有 189 家，实现营业额超过 1200 亿元，比上年增长 12.2%。

（二）地方财政一般预算收入

2012—2016 年上海市地方财政一般预算收入在泛长三角所占比重为：25.23%、24.83%、25.25%、26.52%和 28.47%，整体呈持续增加态势，五年时间累计增幅为 3.24 个百分点。在泛长三角三省一市中排第 2 位，在泛长三角 41 市排名为第 1 位。

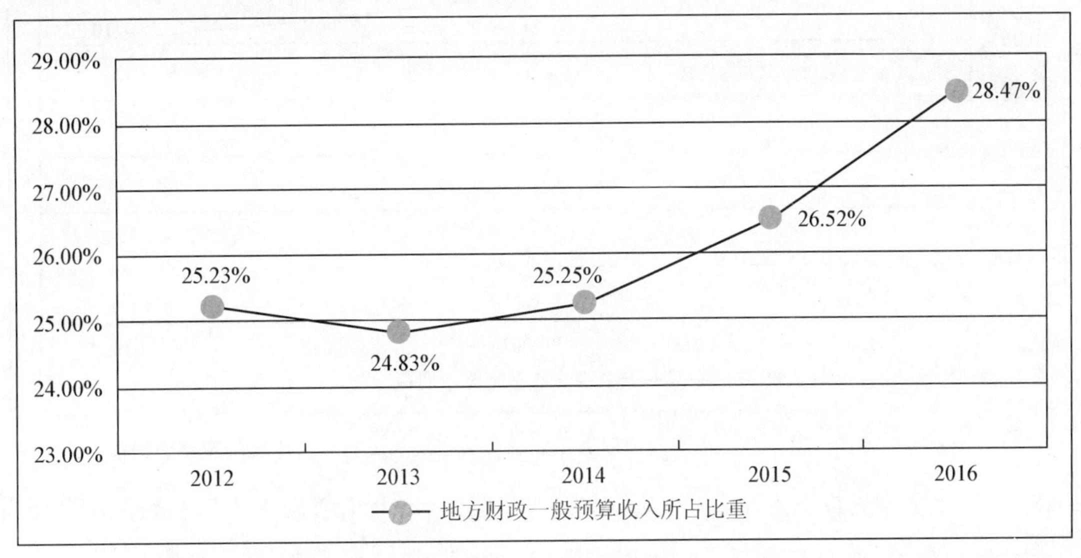

图 5　2012—2016 年上海市地方财政一般预算收入在泛长三角所占比重变化趋势

2016 年，各区、各部门、各单位在党中央、国务院和中共上海市委的坚强领导下，主动适应经济发展新常态，坚持稳中求进工作总基调，坚持新发展理念，着力加强供给侧结构性改革，着力推进创新驱动发展、经济转型升级，经济社会平稳健康发展，市十四届人大四次会议确定的目标任务顺利完成，实现了“十三五”发展的良好开局。在此基础上，本市财税改革发展取得新成效，政府“四本预算”执行情况总体良好。2016 年，全市一般公共预算收入 6406.1 亿元，为预算的 108.5%，比 2015 年（下同）增长 16.1%（需要说明的是，全市财政收入继续实现平稳较快增长，主要得益于本市重点领域先行先试的改革红利不断释放、科技创新的引领支撑作用不断增强、经济发展的质量和效益不断提高，特别是第三产业拉动力持续增强、区级收入增幅超过市本级、郊区增长快于中心城区、税费结构较为合理）。加上中央财政税收返还和补助收入 687.4 亿元，上年结转收入、调入资金、动用预算稳定调节基金等 762.2 亿元，以及本市地方政府一般债务收入 1033 亿元，收入总量为 8888.7 亿元。全市一般公共预算支出 6918.9 亿元，完成调整预算的 99.8%，增长 11.7%。加上上解中央财政支出 191.2 亿元、地方政府一般债务还本 862.3 亿元、补充预算稳定调节基金 727 亿元、结转下年支出 189.3 亿元，支出总量为 8888.7 亿元。全市预算收支执行基本平衡。市本级一般公共预算收入 3125.4 亿元，为预算的 104.1%，增长 11.4%。加上中央财政税收返还和补助收入687.4亿元，上年结转收入、区级上解收入、调入资金、动用预算稳定调节基金等391.6亿元，以及本市地方政府一般债务收入1033亿元，收入总量为5237.4亿元。市本级一般公共预算支出2380.2亿元，完成调整预算的99%，增长2%。加上上解中央财政支出191.2亿元、市对区税收返还和转移支付1351亿元、地方政府一般债务还本205亿元、地方政府一般债务转贷支出863亿元、补充预算稳定调节基金202.1亿元、结转下年支出44.9亿元，支出总量为5237.4亿元。市本级预算收支执行基本平衡。

（三）规模以上工业总产值

2012—2016年上海市规模以上工业总产值在泛长三角的占比分别为：13.27%、12.18%、11.66%、10.88%和10.34%，五年时间持续下滑，已累计减少了2.93个百分点。在泛长三角三省一市中排名为第4位，在泛长三角41市排名为第1位。

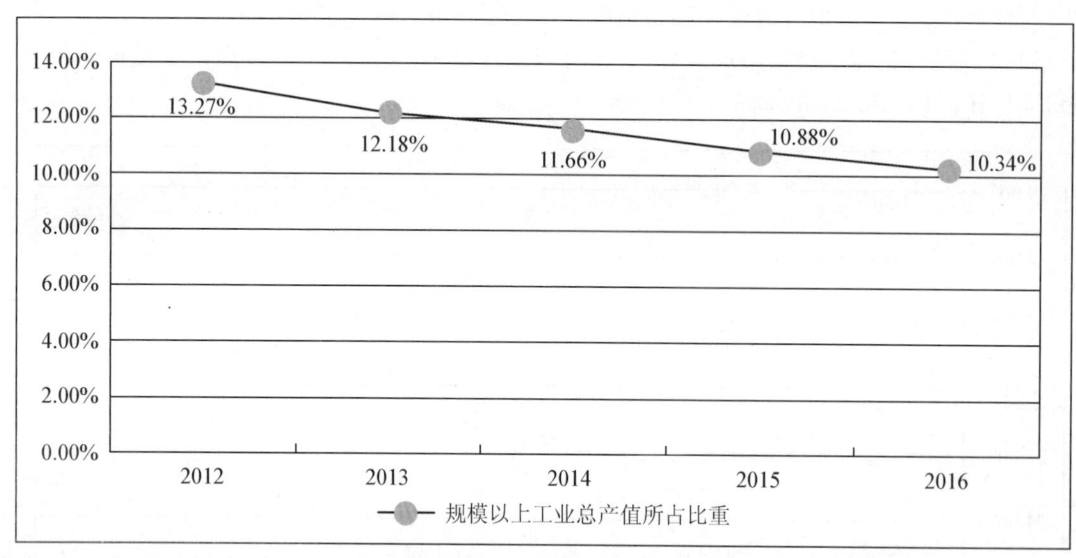

图6　2012—2016年上海市规模以上工业总产值在泛长三角所占比重的变化趋势

2016年，全年全市规模以上工业总产值31082.72亿元，比上年增长0.8%，扭转了上年下降的态势。规模以上工业出口交货值7277.02亿元，下降4.7%。工业产销率为99.9%，比上年提高0.4个百分点。工业企业完成出口交货值7277.02亿元，下降4.7%。

六个重点工业行业共完成工业总产值21001.28亿元，比上年增长1.9%，呈现出两升四降发展态势。其中，汽车制造业完成5781.58亿元，增长12.6%，在六个重点工业行业中增速最高；生物医药制造业完成958.63亿元，增长5.9%；石油化工及精细化工制造业完成3259.33亿元，下降0.3%；电子信息产品制造业完成6045.08亿元，下降2.2%；成套设备制造业完成3896.48亿元，下降2.6%；精品钢材制造业完成1060.17亿元，下降5.5%。

（四）进出口总额

2012—2016年上海市进出口总额在泛长三角的占比分别为：32.68%、33.13%、32.52%、32.43%和32.76%，继2013年大幅下降后，2014年以来整体呈恢复增长态势，五年时间增加了0.08个百分点。在泛长三角三省一市中排第2位，在泛长三角41市排名为第1位。

2016年，在全国进出口总值比2015年（下同）下降0.9%的背景下，上海市累计实现进出口总值2.87万亿元人民币，增长2.7%。其中，进口1.66万亿元，增长5.2%，比全国增幅（0.6%）高4.6个百分点；出口1.21万亿元，下降0.5%，比全国降幅（2%）低1.5个百分点。由于进出口形势明显好于全国，

图 7 2012—2016 年上海市进出口总额在泛长三角所占比重的变化趋势

上海市外贸进出口占全国比重由 2015 年的 11.4%上升至 11.8%。

2016 年,上海市各季度外贸进出口增速分别为−3.2%、2.3%、0.7%、10.2%。第四季度进、出口年内首次实现双增,增速分别为 13.8%、5.3%,比同期全国进出口总体增速分别高出 5.1 个和 5 个百分点。其中 12 月单月进出口值首次突破 3000 亿元,达 3060.3 亿元,当月进口 1868.1 亿元,进出口值、进口值均创历史新高。2016 年,上海自贸区特殊监管区域进出口企业表现活跃,进出口增速领跑全市。当年,自贸区海关特殊监管区域内有进出口记录的企业数量为 5942 家,比上年增加 982 家,合计实现进出口 7836.8 亿元,增长 5.9%,比同期全市进出口总体增速快 3.2 个百分点,占全市进出口总值的 27.3%。其中,出口 2315.8 亿元,增长 14.5%;进口 5521 亿元,增长 2.7%。

(五) 实际外商直接投资金额

2012—2016 年上海市实际外商直接投资金额在泛长三角地区所占比重分别为 20.90%、22.41%、24.39%、25.18%和 24.55%,五年时间整体呈增长态势,2016 年轻微下跌。五年累计增幅达 3.65 个百分点。在泛长三角三省一市中排第 2 位,在泛长三角 41 市排名为第 1 位。

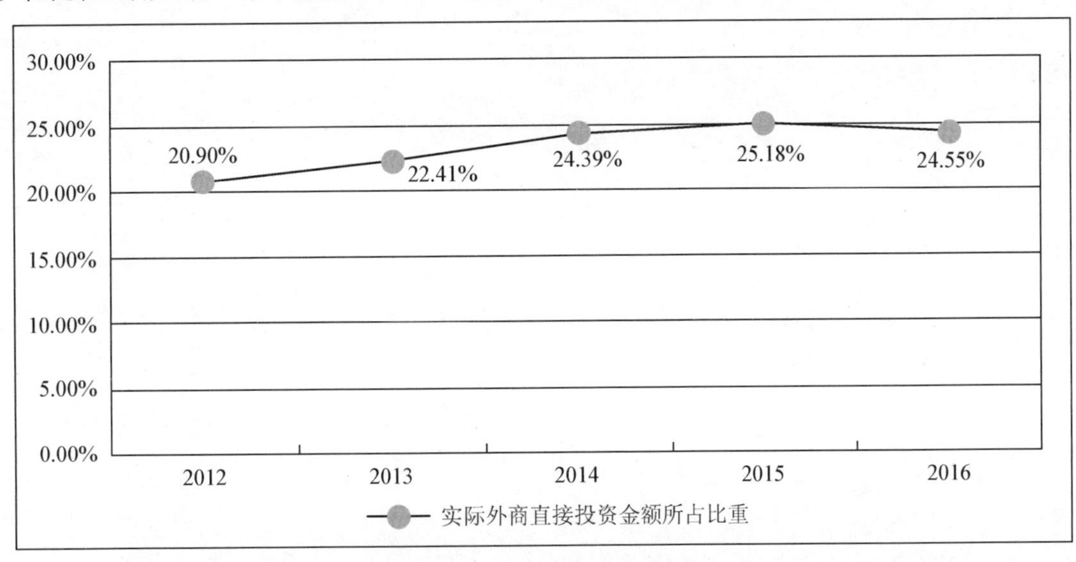

图 8 2012—2016 年上海市实际外商直接投资金额在泛长三角所占比重的变化趋势

2016 年，在全球投资总体趋缓、引资竞争日趋激烈的形势下，上海全面推进外商投资管理体制改革，主动扩大对外开放，完善投资促进和综合服务体系，优化法治化、国际化、便利化的营商环境，全年利用外资规模稳中有进，质量和效益明显提高。2016 年，上海合同利用外资再次突破 500 亿美元，达到 510 亿美元，实际利用外资超过 185 亿美元，同比微增 0.3%，连续 17 年实现增长。

外资结构加快优化升级。2016 年，服务业实际利用外资达到 163.35 亿美元，同比增长 2.5%，占全市实到外资的 88.2%。以总部经济为主的租赁和商务服务业跃升为本市利用外资第一大领域，实际利用外资超过 47 亿美元，同比增长近 70%。金融服务、信息服务、科技研发、医疗卫生领域利用外资实现快速增长，增幅均超过 20%。制造业实际利用外资 21.43 亿美元，新型电子设备、新能源、新材料领域的投资不断增多。

跨国公司地区总部能级提升，总部经济溢出效应明显。全年新设跨国公司地区总部 45 家，其中富世华、卡摩速、李尔等 15 家跨国公司设立了亚太区总部，新增投资性公司 18 家。截至 2016 年底，累计落户上海的跨国公司地区总部、投资性公司分别达 580 家、330 家，上海作为中国内地跨国公司地区总部最集中的城市地位继续巩固。外资积极参与上海科技创新中心建设，全年新增舍弗勒、天合汽车科技等外资研发中心 15 家，累计达到 411 家，其中全球研发中心 40 余家，成为吸引和培育全球高端创新要素的重要载体。

第二章　江苏省及各市 2016 年经济社会发展报告

一　江苏省 2016 年经济社会发展报告

2016 年，面对复杂多变的宏观经济环境和艰巨繁重的改革发展任务，全省上下认真贯彻中央和省委省政府决策部署，坚持稳中求进工作总基调，自觉践行新发展理念，以供给侧结构性改革为主线，扎实做好各项工作，经济社会保持平稳健康发展，实现了“十三五”良好开局。全省综合实力明显增强，转型升级步伐加快，新旧动力加速转换，发展质量稳步提升，社会事业取得进步，民生福祉持续改善。

一、江苏省 2016 年经济发展概况

（一）综合经济

1. 经济总量

经济发展总体平稳、稳中有进。全年实现地区生产总值 76086.17 亿元，比上年增长 7.8%。其中，第一产业增加值 4077.18 亿元，增长 0.7%；第二产业增加值 33550.54 亿元，增长 6.6%；第三产业增加值 38458.45 亿元，增长 9.7%。全省人均生产总值 95259 元，比上年增长 7.5%。全社会劳动生产率持续提高，全年平均每位从业人员创造的增加值达 159934 元，比上年增加 12620 元。产业结构加快调整。三次产业增加值比例调整为 5.4∶44.1∶50.5，全年服务业增加值占 GDP 比重提高 1.5 个百分点。全年实现高新技术产业产值 6.7 万亿元，比上年增长 8.0%；占规上工业总产值比重达 41.5%，比上年提高 1.4 个百分点。战略性新兴产业销售收入 4.9 万亿元，比上年增长 10.5%；占规上工业总产值比重达 30.2%。经济活力继续增强。全年非公有制经济实现增加值 51510.3 亿元，比上年增长 8.0%，占 GDP 比重达 67.7%，其中私营个体经济占 GDP 比重为 43.6%。民营经济增加值占 GDP 比重达 55.2%。年末全省工商部门登记的私营企业达 222.9 万户，当年新增 50.1 万户，注册资本 98090.7 亿元，比上年增长 34.4%；个体户 438.8 万户，当年新增 77.6 万户。新型城镇化建设加快。年末城镇化率达 67.7%，比上年提高 1.2 个百分点。区域发展协调性进一步提高。苏中和苏北对全省经济增长的贡献率达 45.3%，沿海地区对全省经济增长的贡献率达 18.4%。

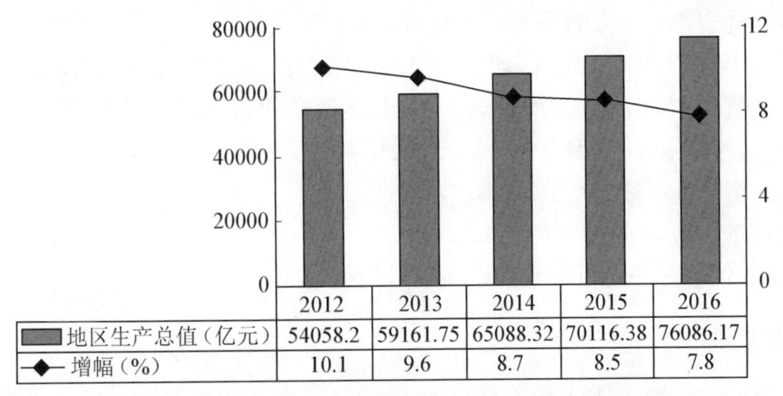

	2012	2013	2014	2015	2016
地区生产总值（亿元）	54058.2	59161.75	65088.32	70116.38	76086.17
增幅（%）	10.1	9.6	8.7	8.5	7.8

图 1　2012—2016 年江苏省地区生产总值及增长速度

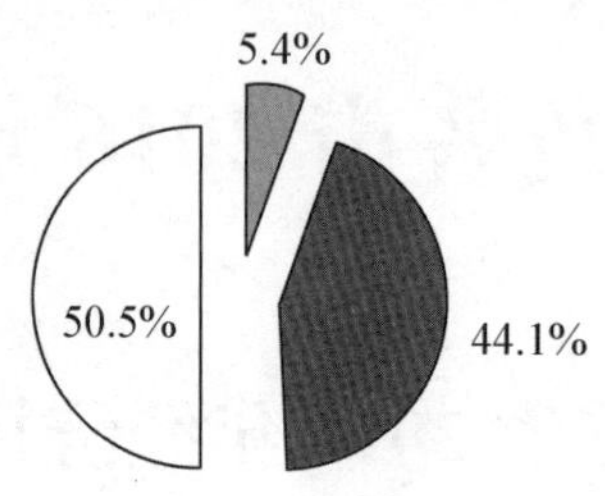

图2 2016年江苏省三次产业结构图

2. 财政收支

财政收入保持增长。全年完成一般公共预算收入8121.2亿元,同口径增长5.0%;上划中央四税5295.4亿元,比上年增长5.8%。

财政支出结构优化。全年一般公共预算支出9990.1亿元,比上年增长3.1%。一般公共预算支出中,教育支出1845.1亿元,比上年增长5.7%;公共安全支出632.5亿元,增长21.6%;医疗卫生支出715.3亿元,增长10.2%;社会保障和就业支出907.2亿元,增长8.2%;住房保障支出265.9亿元,增长7.6%。

3. 物价指数

消费价格温和上涨。全年居民消费价格比上年上涨2.3%,其中城市上涨2.4%,农村上涨1.8%。分类别看,食品烟酒上涨3.8%,衣着上涨1.8%,居住上涨1.2%,生活用品及服务上涨1.6%,交通和通信下降1.2%,教育文化和娱乐上涨0.9%,医疗保健上涨9.1%,其他用品和服务上涨2.7%。在食品烟酒中,鲜菜上涨11.3%,畜肉类上涨11.1%,水产品上涨6.7%,禽肉类上涨1.2%,食用油上涨0.9%,粮食上涨0.2%,蛋类下降3.7%。工业生产者价格有所回升。全年工业生产者出厂价格同比下降1.9%,降幅较上年收窄2.8个百分点,其中生产资料下降2.2%,生活资料下降0.7%。全年工业生产者购进价格下降2.0%,降幅较上年收窄5.9个百分点。

4. 固定资产投资

固定资产投资缓中趋稳。全年完成固定资产投资49370.9亿元,比上年增长7.5%。其中,国有及国有经济控股投资10444.3亿元,增长5.1%;港澳台及外商投资4692.8亿元,增长20.3%;民间投资34233.7亿元,增长6.8%,占固定资产投资比重达69.3%。分类型看,完成项目投资40414.5亿元,比上年增长7.1%;房地产开发投资8956.4亿元,增长9.8%。

投资结构持续调优。第一产业投资293.1亿元,比上年增长26.2%;第二产业投资24673.8亿元,增长7.8%;第三产业投资24403.9亿元,增长7.1%。第二产业投资中,工业投资24544.4亿元,增长7.9%,其中制造业投资22869.7亿元,增长7.7%。技术改造投资14570亿元,增长14.8%,占全部投资比重达29.5%;其中工业技改投资13603.9亿元,增长10.2%,占工业投资比重达55.4%。高新技术产业投资8010.8亿元,增长6.3%。

重点项目扎实推进。启动实施民生保障、公共服务等五大领域200个项目,完成投资4000亿元以上。交通、能源、水利、信息等一批重大基础设施项目相继建成。

(二)农林牧渔业

种植业产品产量有所下降。全年粮食播种面积543.3万公顷,比上年增加0.8万公顷;棉花面积6.3万公顷,减少3.1万公顷;油料面积43.9万公顷,减少3.7万公顷;蔬菜面积143万公顷,减少0.1万

公顷。受灾害天气影响，全年粮食总产量3466万吨，比上年减产95.3万吨，下降2.7%。其中，夏粮1216.5万吨，下降4.3%；秋粮2249.5万吨，下降1.8%。

林牧渔业总体稳定。全年造林面积2.8万公顷，比上年下降34.3%。全年猪牛羊禽肉产量345.9万吨，比上年下降3.7%；禽蛋产量198.5万吨，增长1.2%；牛奶总产量59万吨，下降1.0%；水产品总产量524.7万吨，增长0.5%，其中淡水产品373.4万吨，海水产品151.3万吨，分别增长0.1%和1.4%。

现代农业加快推进。全省高标准农田比重达到56%，农业科技进步贡献率提高到67%，家庭农场、农民合作社分别达到3.4万家和7.4万个。有效灌溉面积达406.7万公顷，新增有效灌溉面积4.1万公顷，新增节水灌溉面积19.2万公顷；新增设施农业面积3.4万公顷；年末农业机械总动力4906.6万千瓦，比上年增长1.7%。

（三）工业和建筑业

工业经济运行平稳。全年规模以上工业增加值比上年增长7.7%，其中轻工业增长7.6%，重工业增长7.7%。分经济类型看，国有工业增长4.2%，集体工业增长5.5%，股份制工业增长9.3%，外商港澳台投资工业增长5.3%。在规模以上工业中，国有控股工业增长4.0%，私营工业增长10.6%。

企业效益稳步改善。全年规模以上工业企业实现主营业务收入15.8万亿元，比上年增长7.5%；利润10525.8亿元，增长10.0%。企业亏损面12.3%，比上年下降1.5个百分点。规模以上工业企业总资产贡献率、主营业务收入利润率和成本费用利润率分别为16.7%、6.7%和7.2%。

先进制造业加快发展。全年规模以上工业中，汽车制造业实现产值7967.7亿元，比上年增长13.1%；医药制造业产值3992.4亿元，增长12.3%；专用设备制造业产值6450.7亿元，增长8.4%；电气机械及器材制造业产值17986.5亿元，增长9.4%；通用设备制造业产值9401.6亿元，增长6.4%；计算机、通信和其他电子设备制造业产值19438.7亿元，增长2.3%。代表智能制造、新型材料、新型交通运输设备和高端电子信息产品的新产品产量实现较快增长。全年工业机器人产量增长90.6%，服务器增长50.2%，碳纤维增强复合材料增长36.6%，智能手机增长30.2%，智能电视增长21.0%，太阳能电池增长22.6%。

建筑业稳定发展。全年实现建筑业总产值25791.8亿元，比上年增长4.1%；竣工产值21270.4亿元，增长4.1%；竣工率达82.5%；全省建筑企业实现利税总额1823.5亿元，增长4.1%；建筑业劳动生产率为30.5万元/人，增长2.5%；建筑业企业房屋建筑施工面积221493.6万平方米，增长2.7%；竣工面积74990.3万平方米，减少2.4%，其中住宅竣工面积54532.7万平方米，减少3.3%。

（四）服务业

1. 国内贸易

消费品市场平稳运行。全年实现社会消费品零售总额28707.1亿元，比上年增长10.9%。按经营单位所在地分，城镇消费品零售额25768亿元，增长10.8%；乡村消费品零售额2939.1亿元，增长12.0%。按消费类型分，商品零售额25947.6亿元，增长10.6%；餐饮收入额2759.5亿元，增长14.0%。在限额以上企业商品零售额中，粮油、食品类增长12.5%，饮料类增长10.3%，烟酒类增长9.3%，服装、鞋帽、针纺织品类增长9.1%，金银珠宝类增长1.8%，日用品类增长6.5%，五金、电料类增长20.1%，书报杂志类增长10.2%，家用电器和音像器材类增长9.2%，中西药品类增长11.5%，通讯器材类增长16.9%，文化办公用品类增长26.2%，家具类增长14.8%，石油及制品类增长2.4%，建筑及装潢材料类增长15.4%，汽车类增长10.5%。网上零售保持较快增长，全省限额以上批发和零售业网上零售额增长44.8%。

2. 交通运输、邮电

交通运输基本平稳。全年旅客运输量、货物运输量分别比上年下降3.3%和增长2.3%，旅客周转量、货物周转量分别增长1.6%和5.9%。全省机场飞机起降39.2万架次，比上年增长14.1%；旅客吞吐量3726.1万人次，比上年增长20.2%，货邮吞吐量51.6万吨，比上年增长6.3%。完成规模以上港口货物吞吐量21.6亿吨，比上年增长3.7%，其中外贸货物吞吐量4.5亿吨，增长12.0%；集装箱吞吐量1621.6万标准集装箱，增长1.0%。年末全省公路里程15.7万千米。其中，高速公路里程4657.4千米，新增118.3千米。铁路营业里程2721.9千米，铁路正线延展长度4676.7千米。年末民用汽车保有量1435.5万辆，增长15.0%；净增186.7万辆，增长29.7%。年末个人汽车保有量1252.2万辆，增长16.3%；净增175.3万辆，增长24.2%。其中，个人轿车保有量892.1万辆，增长15.3%；净增118.2万辆，增长9.2%。

邮政电信快速发展。全年邮政电信业务总量3431.2亿元，比上年增长50.5%。分类型看，邮政行业业务总量663.7亿元，增长28.6%；电信业务总量2767.5亿元，增长56.8%。邮政电信业务收入1345.3亿元，比上年增长8.1%。分类型看，邮政行业业务收入463.3亿元，增长13.8%；电信业务收入882亿元，增长5.4%。年末局用交换机总容量288.6万门。年末固定电话用户1708.3万户，比上年末减少264.7万户。分城乡看，城市电话用户1097万户，乡村电话用户611.4万户。年末移动电话用户8198.8万户，比上年末减少28.6万户。年末电话普及率达124.2部/百人，其中移动电话普及率为102.2部/百人。长途光缆线路总长度4万千米，新增1107.7千米。年末互联网宽带接入用户2685.2万户，新增502.2万户。

3. 旅游业

旅游业较快增长。全年接待境内外游客68109.8万人次，比上年增长9.4%；实现旅游业总收入10263.6亿元，增长13.4%。接待入境过夜旅游者329.8万人次，增长8.1%。其中：外国人218万人次，增长8.5%；港澳台同胞111.8万人次，增长7.3%。旅游外汇收入38亿美元，增长7.8%。接待国内游客67780万人次，增长9.4%，实现国内旅游收入9952.5亿元，增长13.5%。

4. 金融、证券和保险业

金融信贷规模扩大。年末全省金融机构人民币存款余额121106.6亿元，比年初增加13233.6亿元，比上年末增长12.3%。其中，住户存款比年初增加3337.5亿元，同比多增476.1亿元；非金融企业存款比年初增加6344.6亿元，同比多增2382.7亿元。年末金融机构人民币贷款余额91107.6亿元，比年初增加12238.1亿元，比上年末增长15.5%。其中，中长期贷款比年初增加12169.2亿元，同比多增6208.4亿元；短期贷款比年初下降991.4亿元，同比少增2516.2亿元。

证券交易稳定发展。年末全省境内上市公司317家，省内上市公司通过首发、配股、增发、可转债、公司债在上海、深圳证券交易所筹集资金2254.6亿元，比上年增加1040.6亿元。江苏企业境内上市公司总股本2838.5亿股，比上年增长31.8%；市价总值37174.1亿元，增长1.2%。年末全省共有证券公司6家，证券营业部805家；期货公司10家，期货营业部140家；证券投资咨询机构3家。全年证券市场完成交易额34.6万亿元。分类型看，证券经营机构股票交易额19.7万亿元，下降44.0%；期货经营机构代理交易额14.9万亿元，下降51.3%。

保险行业快速发展。全年保费收入2690.2亿元，比上年增长35.2%。分类型看，财产险收入733.4亿元，增长9.1%；寿险收入1507亿元，增长39.0%；健康险和意外伤害险收入449.8亿元，增长92.4%。全年赔付额915.1亿元，比上年增长24.9%。其中，财产险赔付437.7亿元，增长8.6%；寿险赔付404亿元，增长50.6%；健康险和意外伤害险赔付73.5亿元，增长19.8%。

（五）开放型经济

1. 对外贸易

外贸形势略有好转。全年进出口总额33634.8亿元，比上年下降0.7%。其中，出口总额21063.2亿元，比上年增长0.2%；进口总额12571.6亿元，下降2.2%。

江苏省2016年进出口贸易主要分类情况

指　　标	绝对数(亿元)	比上年增长(%)
出口总额	21063.2	0.2
#一般贸易	10253.4	6.4
加工贸易	9165.1	−0.2
#工业制成品	20300.3	−0.5
初级产品	338.6	7.1
#机电产品	13721.1	−1.7
#高新技术产品	7718.0	−5.2
#国有企业	1892.7	−0.8
外商投资企业	12305.7	2.3
私营企业	6473.2	−2.4
进口总额	12571.6	−2.2
#一般贸易	5849.9	12.7
加工贸易	5093.5	0.4
#工业制成品	10518.0	−3.2
初级产品	1541.5	−1.9
#机电产品	7557.3	−4.1
#高新技术产品	5199.6	−7.8
#国有企业	830.0	−6.2
外商投资企业	9210.2	3.5
私营企业	2346.0	−17.1

2. 境外投资较快增长

全年新批外商投资企业2859家，新批协议注册外资431.4亿美元；实际使用外资245.4亿美元，比上年增长1.1%。新批及净增资9000万美元以上的外商投资大项目290个。全年新批境外投资项目1067个，比上年增长21.3%；中方协议投资142.2亿美元，比上年增长38.0%。

二、江苏省2016年社会发展概况

(一) 人口、人民生活

人口总量缓慢增长。年末全省常住人口7998.6万人，比上年末增加22.3万人，增长0.3%。在常住人口中，男性人口4025.66万人，女性人口3972.94万人；0—14岁人口1080.58万人，15—64岁人口5896.39万人，65岁及以上人口1021.63万人。全面两孩政策平稳有序推进。全年人口出生率9.76‰，比上年提高0.71个千分点；人口死亡率为7.03‰，与上年持平；人口自然增长率2.73‰，比上年提高0.71个千分点。

居民收入持续增加。根据城乡一体化住户抽样调查，全年全省居民人均可支配收入32070元，比上年增长 8.6%。按常住地分，城镇居民人均可支配收入 40152 元，增长 8.0%；农村居民人均可支配收入 17606 元，增长 8.3%。全省居民人均可支配收入中位数 27436 元，增长 9.3%。全省居民人均可支配收入中，按五等份分组，低收入组人均可支配收入 9436 元，增长 11.2%；中低收入组人均可支配收入 18581 元，增长 11.8%；中等收入组人均可支配收入 27670 元，增长 10.1%；中高收入组人均可支配收入 40363 元，增长 11.0%；高收入组人均可支配收入 73201 元，增长 6.7%。全省居民人均消费支出 22130 元，比上年增长 7.7%。

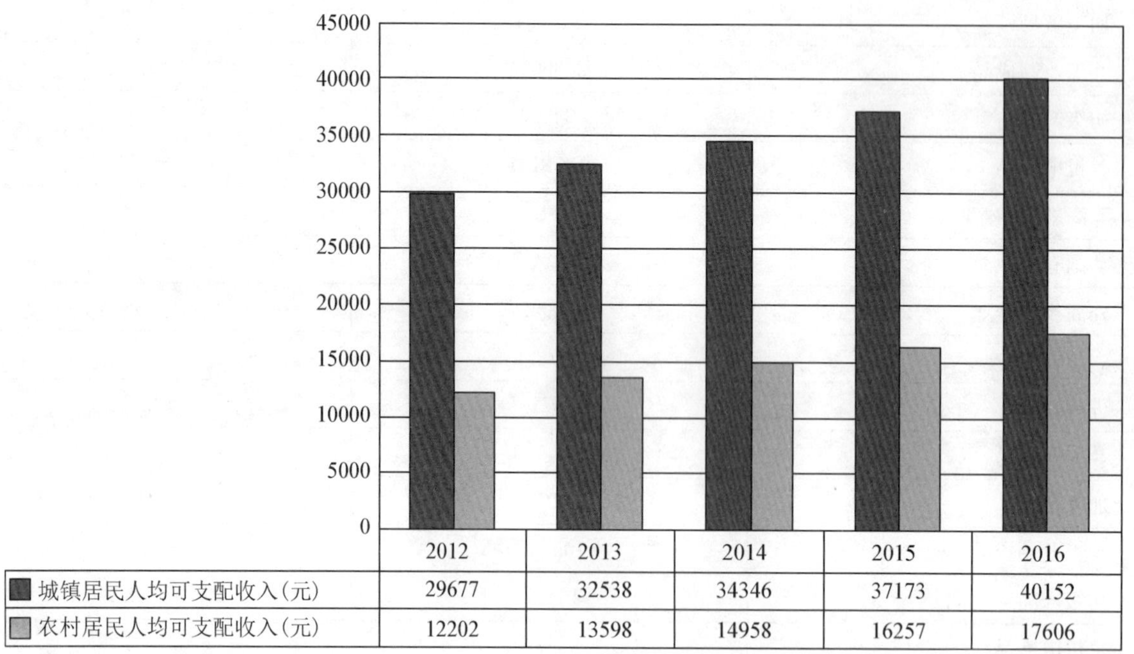

	2012	2013	2014	2015	2016
城镇居民人均可支配收入(元)	29677	32538	34346	37173	40152
农村居民人均可支配收入(元)	12202	13598	14958	16257	17606

图 3　2012—2016 年江苏省城乡居民收入对比一览

(二) 就业和社会保障

1. 就业形势趋向稳定

就业形势保持平稳。年末全省就业人口 4756.22 万人，第一产业就业人口 841.85 万人，第二产业就业人口 2045.17 万人，第三产业就业人口 1869.2 万人。城镇地区就业人口 3126.26 万人，城镇新增就业 143.22 万人，城镇登记失业率 3.0%。新增转移农村劳动力 26.49 万人。促进失业人员再就业 77.82 万人，其中就业困难人员就业 13.12 万人。分流安置去产能职工 2.31 万人，应届高校毕业生年末总体就业率达到 96.9%，扶持城乡劳动者自主创业 22.82 万人。

2. 社保体系逐步完善

社保体系更加牢固。机关事业单位养老保险制度改革全面展开，城乡居民基本医疗保险制度整合取得突破，全民参保登记全面完成，社会保险主要险种覆盖率达 97%以上。年末全省企业职工基本养老保险(含离退休人员)、城镇职工基本医疗保险(含退休人员)、失业保险参保人数分别达 2726.07 万人、2486.73 万人和 1538.12 万人，分别比上年末增长 2.7%、2.4%和 3.2%。年末享受企业职工基本养老保险离退休人员 679.37 万人，享受城镇职工基本医疗保险退休人员 640.06 万人。年末城乡居民基本养老保险参保人数 1289.54 万人，领取基础养老金人数 1045.79 万人。年末城镇居民基本医疗保险参保人数(含人社部门经办的新型农村合作医疗)为 1999.28 万人，比上年末增长 26.1%。机关事业单位和企业退休人员养老金首次统筹调整，人均上调 6.9%。城镇职工医保和居民医保报销比例进一步提高，基本实现省内异地就医联网结算，新农合政策范围内报销比例达到 76%以上。保障性安居工程扎实推进，新开工棚户区（危旧房）和城中村改造27.4万套、基本建成27.5万套。

（三）教育和科学技术

1. 教育事业

教育事业全面发展。全省共有普通高校141所。普通高等教育本专科招生45.3万人，在校生174.6万人，毕业生48.2万人；研究生教育招生5.3万人，在校生16.2万人，毕业生4.4万人。高等教育毛入学率达54.7%，比上年提高2.4个百分点。全省中等职业教育在校生达65.3万人（不含技工学校）。九年义务教育巩固率100%，高中阶段教育毛入学率99.2%，基本普及高中阶段教育。特殊教育招生0.4万人，在校生2.5万人。全省共有幼儿园6867所，比上年增加108所；在园幼儿257.2万人，比上年增加6.5万人。学前三年教育毛入园率达97.8%。

2. 科学技术

科技创新能力增强。区域创新能力连续八年保持全国第一。全省科技进步贡献率达61%，比上年提高1个百分点。90%以上的大中型企业建立了研发机构，省级以上众创空间384家。全年授权专利23.1万件，其中发明专利4.1万件。万人发明专利拥有量18.5件。全年共签订各类技术合同2.9万项，技术合同成交额达728亿元，比上年增长4.0%。全省企业共申请专利33.9万件。

高新产业较快发展。组织实施省重大科技成果转化专项资金项目173项，省资助资金投入13.5亿元，新增总投入108.6亿元。全省按国家新标准认定高新技术企业累计达1.2万家。新认定省级高新技术产品9816项，已建国家级高新技术特色产业基地147个。

科研投入比重提高。全社会研究与发展（R&D）活动经费1985亿元，占地区生产总值比重为2.61%，比上年提高0.04个百分点。全省从事科技活动人员118万人，其中研究与发展（R&D）人员75万人。全省拥有中国科学院和中国工程院院士97人。全省各类科学研究与技术开发机构中，政府部门属独立研究与开发机构达144个。全省已建国家和省级重点实验室170个，科技服务平台294个，工程技术研究中心3126个，企业院士工作站344个，经国家认定的技术中心104家。

（四）文化、卫生和体育

1. 文化事业

文化服务水平提升。城乡公共文化设施网络基本建成，全民阅读促进工作走在全国前列。年末全省共有文化馆、群众艺术馆115个，公共图书馆114个，博物馆312个，美术馆25个，综合档案馆117个，向社会开放档案52.2万件。共有广播电台8座，中短波广播发射台和转播台21座，电视台8座，广播综合人口覆盖率和电视综合人口覆盖率均为100%。有线电视用户2063万户。生产故事影剧片29部。全年报纸出版23.3亿份，杂志出版1.2亿册，图书出版5.6亿册。

2. 卫生事业

卫生事业快速发展。年末共有各类卫生机构32080个。其中医院1679个，疾病预防控制中心117个，妇幼卫生保健机构110个。各类卫生机构拥有病床43.3万张，其中医院拥有病床34.8万张。共有卫生技术人员51.9万人，其中执业医师、执业助理医师19.6万人，注册护士21.8万人，疾病预防控制中心卫生技术人员0.6万人，妇幼卫生保健机构卫生技术人员1.1万人。新型农村合作医疗人口覆盖率达99%以上。分级诊疗制度加快实施，基层诊疗人次占诊疗总数的比重达到60%。

3. 体育事业

体育事业保持稳定。江苏体育健儿在里约奥运会和残奥会取得优异成绩。在重大比赛中获世界冠军22项，获金牌67人次，获银牌44人次，获铜牌62人次。

（五）生态建设和节能减排

生态建设稳步推进。年末全省设立自然保护区31个，其中国家级自然保护区3个，面积达53.6万公顷。实施大气治理重点工程，PM2.5平均浓度同比下降12.1%，城市空气质量优良天数比例提高3.4个百分点。切实加强水污染防治，推进污水处理厂提标改造和城市黑臭水体整治，104个国家考核断面水质优Ⅲ比例提高9.9个百分点，太湖流域连续九年实现“两个确保”。出台土壤污染防治工作方案，建立完善土壤环境监测网络。城乡环境综合整治成效显著，林木覆盖率提高到22.8%，国家生态市（县、区）达到45个。

节能减排扎实推进。积极推进生产方式绿色化转型，加强重点领域节能减排，圆满完成G20杭州峰会空气质量保障任务。万元地区生产总值能耗降低率及化学需氧量、二氧化硫、氨氮、氮氧化物排放削减均完成年度目标任务。

（六）安全生产

安全生产形势总体平稳。事故起数和死亡人数实现“双下降”，全年发生各类生产安全事故8686起，死亡4819人，按可比口径计算，分别下降3.1%和4.0%。亿元GDP生产安全事故死亡率为0.063，比上年下降13.7%。

三、江苏省在泛长三角地区经济发展中的地位

2016年以来，面对复杂严峻的宏观经济环境，全省上下认真贯彻中央和省委省政府决策部署，坚持稳中求进总基调，统筹做好改革发展稳定各项工作，经济运行总体平稳、稳中有进、稳中有好，主要指标保持在预期和合理区间，转型升级步伐不断加快，供给侧结构性改革扎实推进，新旧动力转换呈现积极进展，发展质量稳步提升，民生福祉持续改善。2014年9月长江经济带开发战略上升为国家战略后，沿江11省市要素流动活跃，产业合作增强，积极推动供给侧结构性改革，聚焦创新驱动，正在发展成为承载我国未来经济社会发展的重要战略支撑带，成为衔接“一带一路”倡议和双向开放战略的重要纽带。江苏是全国的经济大省，位于长江下游，在长江经济带开发战略中具有极其重要的地位和作用，应在省十三次党代会精神指引下，抢抓新一轮国家开发长江经济带机遇，充分发挥江苏自身优势，加快产业结构转型升级步伐，加强基础设施建设，增强与长江沿岸各省市经济联系和要素互动。

（一）地区生产总值

近年来，江苏省地区生产总值在泛长三角地区稳居第一位，所占比重呈现明显的逐年增加趋势。2012—2016年，江苏省地区生产总值在泛长三角地区所占比重分别为42.86%、43.01%、43.49%、43.79%和43.32%，2016年首次出现下跌，五年累计增幅高达0.46个百分点。

2016年，在泛长三角地区41市（苏浙两省24个地级市、安徽省16个地级市和上海市，下同）生产总值所占比重排名的前十位中，江苏省13个地级市占据6席，与去年相持平。

全省实现生产总值76086.2亿元，按可比价格计算，比上年增长7.8%。分产业看，第一产业增加值4078.5亿元，增长0.7%；第二产业增加值33855.7亿元，增长7.1%；第三产业增加值38152亿元，增长9.2%。农业生产基本稳定。全省粮食播种面积8149.1万亩，较上年增加12.1万亩；受灾害天气影响，全年粮食总产量3466万吨，较上年减产95.3万吨，下降2.7%，但总产量依然属于历史上较高的年份。工业转型升级明显。全年规模以上工业增加值比上年增长7.7%。国有企业、股份制、民营、私营工业增加值同比分别增长4.2%、9.3%、9.8%和10.6%。服务业保持较快增长。全年服务业增加值增速达9.2%，比GDP增速高1.4个百分点；占GDP比重达50.1%，比上年提高1.5个百分点。消费品市场平稳较快增长。全年实现社会消费品零售总额28707.1亿元，比上年增长10.9%。按经营单位所在地分，城镇消费品零售额25768亿元，增长10.8%；乡村消费品零售额2939.1亿元，增长12%。按消费形态分，批发和零售业零售额25899.1亿元，比上年增长10.6%；住宿和餐饮业零售额2808亿元，增长14%。

2016年江苏省内各市GDP总量前十排名分别是苏州市、南京市、无锡市、南通市、徐州市、常州市、

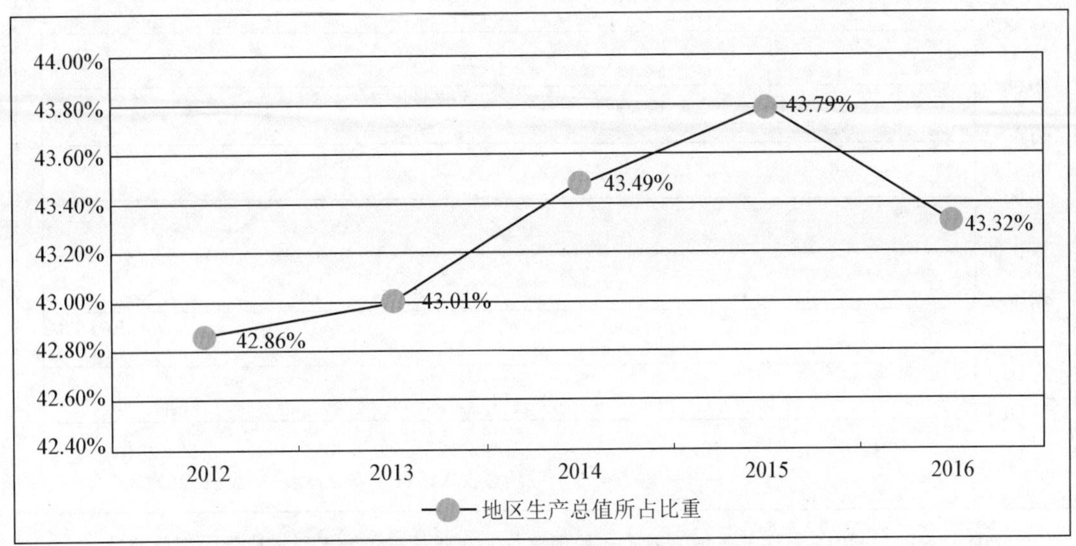

图4 2012—2016年江苏省地区生产总值在泛长三角地区（江苏、浙江、安徽和上海市三省一市，下同）所占比重的变化趋势

盐城市、扬州市、泰州市和镇江市。而GDP增速最快的是泰州市，为12.21%；其次是淮安市、扬州市和宿迁市，GDP增速均超10%。在人均GDP方面，人均GDP总值最高的是苏州市，为14.56万元；其次是无锡市，为14.15万元。

2016年江苏供给侧结构性改革成效显著。全年全省原煤、平板玻璃和船舶行业产量比上年分别下降28.7%、12.5%和22.2%，粗钢、水泥产量分别增长3.4%、0.3%。房地产"去库存"稳步推进。2016年底，全省商品房待售面积6519.1万平方米，其中住宅3774.8万平方米，比上年分别下降5.6%和11.6%。"去杠杆"积极稳妥。2016年末，江苏规模以上工业企业资产负债率为52.24%，同比下降0.76个百分点。企业实现降本增效。2016年，全省规模以上工业企业每百元主营业务收入中的"三项费用"为6.91元，同比减少0.14元。发展短板逐步补齐。重点支持棚户区改造、铁路、农村电网改造、环境生态等短板领域项目建设。全年全省固定资产投资中，铁路运输业投资同比增长323.2%，航空运输业投资增长132%，环境治理业投资增长22.8%。

（二）地方财政一般预算收入

2012—2016年，江苏省地方财政一般预算收入在泛长三角地区的占比分别是39.50%、39.69%、39.83%、38.58%和36.09%，五年整体下跌3.41个百分点，近两年持续下跌。在泛长三角地区稳居第一位。2016年，在泛长三角地区41市地方财政一般预算收入所占比重排名的前十位中，江苏省13个地级市占据6席，较去年增加一席。

2016年，全省各级财政部门认真贯彻中央和省委、省政府决策部署，认真落实省十二届人大四次会议的有关决议，全力支持经济平稳增长和加快转型升级，着力保障和改善民生，深入推进财政改革创新，努力为实现"十三五"良好开局提供坚实保障。全省和省级预算执行情况良好。全省财政金融运行平稳。

全省一般公共预算收入8121.23亿元，比上年（下同）增加92.64亿元，同口径增长5.0%。其中，税收收入6531.83亿元，同口径增长3.8%，占一般公共预算收入的80.4%。全省一般公共预算支出9990.13亿元，增加302.55亿元，增长3.1%。

当年全省一般公共预算收入，加中央税收返还及转移支付收入、地方政府一般债务收入及上年结转收入等5366.2亿元，收入共计13487.43亿元。当年一般公共预算支出，加上解中央支出、地方政府一般债务还本支出、补充预算稳定调节基金等2844.99亿元，当年支出共计12835.12亿元。收支相抵，预

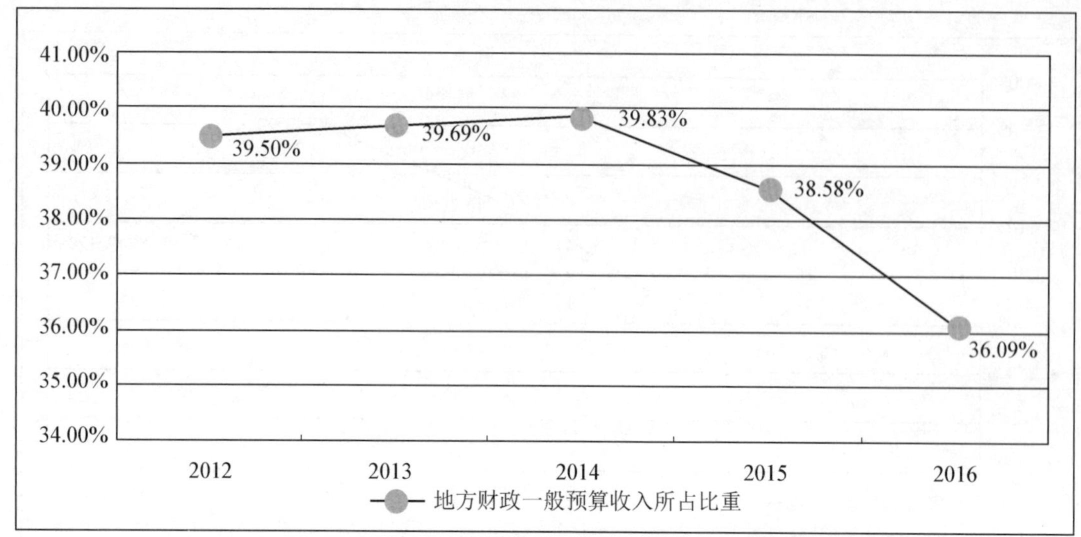

图 5 2012—2016 年江苏省地方财政一般预算收入在泛长三角地区所占比重的变化趋势

计结转下年支出 652.31 亿元。省级一般公共预算收入 647.33 亿元,同口径增长 11.1%。省级一般公共预算支出 966 亿元,下降 2.8%。

省级一般公共预算收入,加中央税收返还和转移支付收入、地方政府一般债务收入、下级上解收入及上年结转收入等 5399.51 亿元,收入共计 6046.84 亿元。省级一般公共预算支出,加上解中央支出、对市县税收返还及转移支付支出、地方政府一般债务转贷支出、地方政府一般债务还本支出、补充预算稳定调节基金等 5012.19 亿元,当年支出共计 5978.19 亿元。收支相抵,预计结转下年支出 68.65 亿元。当前财政工作中存在的问题和不足:受营改增和增值税收入划分改革等因素影响,财政收入增速回落与财政支出刚性增长矛盾突出,财政收支平衡压力加大;财政事权与支出责任划分等改革推进难度加大;个别地方政府债务风险不容忽视;财政资金全过程监督还存在薄弱环节等。

(三) 规模以上工业总产值

2012—2016 年,江苏省规模以上工业总产值在泛长三角地区的占比分别是 49.97%、51.11%、

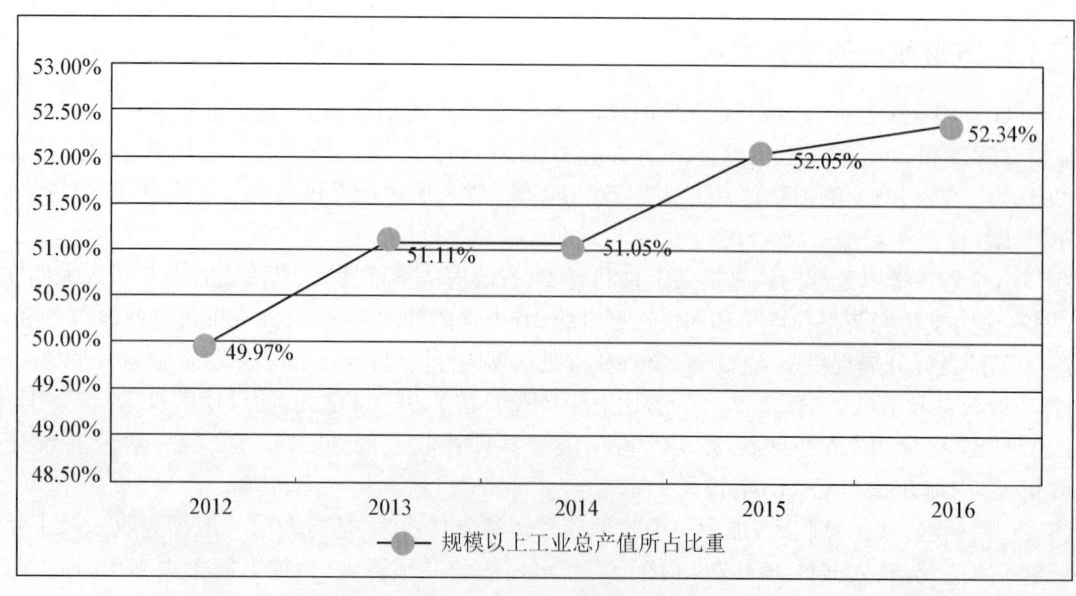

图 6 2012—2016 年江苏省规模以上工业总产值在泛长三角地区所占比重变化趋势

51.05%、52.05%和52.34%，整体呈持续增长的态势，累计增幅高达2.37个百分点。2016年所占比重占据着第一的位置。

2016年，在泛长三角地区41市规模以上工业总产值所占比重排名的前十位中，江苏省13个地级市占据7席，与去年相持平。

2016年，全年全省规模以上工业企业实现主营业务收入15.8万亿元、利润总额10525.8亿元，同比分别增长7.5%、10%；总资产贡献率为16.7%，主营业务收入利润率为6.7%。全省规模以上轻、重工业增加值同比分别增长7.6%、7.7%，轻工业增速与上年持平，而重工业则回落0.9个百分点。重工业增加值占规上工业比重为71.4%，比2015年下降0.3个百分点。医药、汽车、仪器仪表等先进制造业增长较快，2016年产值分别增长12.3%、13.1%和14.1%。从投资看，火力发电投资下降6.5%，石油加工、炼焦和核燃料加工业投资下降8.1%，而计算机及办公设备、医药、新能源制造业等高技术行业投资则呈现快速增长，增速分别达到25.2%、23.5%和24%。

（四）进出口总额

2012—2016年，江苏省进出口总额在泛长三角地区的占比分别是41.01%、40.10%、39.29%、39.17%和38.48%，呈持续下跌趋势，累计降幅达2.53个百分点，但始终保持着泛长三角地区三省一市第一的位置。2016年，在泛长三角地区41市进出口总额所占比重排名的前十位中，江苏省13个地级市占据4席，与去年相持平。

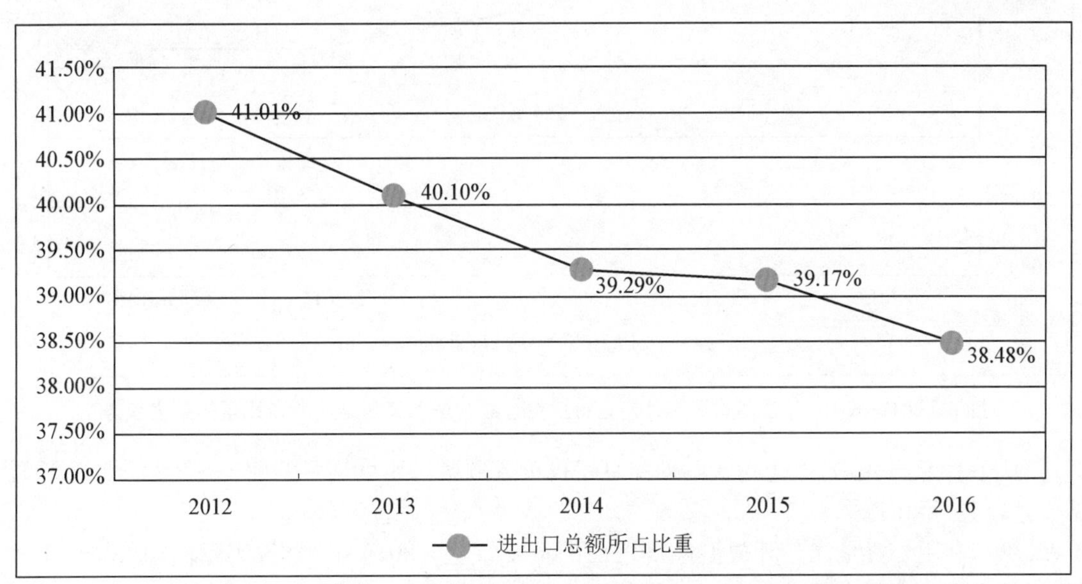

图7　2012—2016年江苏省进出口总额在泛长三角地区所占比重的变化趋势

中国外贸百强城市评选标准由城市外贸水平竞争力、结构竞争力、效益竞争力、发展竞争力和潜力竞争力5项。在这份名单中，深圳、上海、东莞分别占据综合排名的前三名。从全省情况看，一共有10个城市入围百强。其中，苏州排名第4位，紧随其后的是排名第13位的无锡，盐城以69.3分的综合得分，占据了全省第8的位置。其他的上榜城市，还包括南京、常州、南通、镇江、泰州、扬州、连云港。

2016年，按人民币计价，全省进出口总额33634.8亿元，同比下降0.7%，降幅较上年收窄1.5个百分点。其中，进口12571.6亿元，下降2.2%，降幅较上年收窄3.6个百分点；出口21063.2亿元，增长0.2%，增幅较上年回升0.1个百分点。一般贸易出口额10253.4亿元，同比增长6.4%，增幅比上年回升7.4个百分点；占出口总额比重达48.7%，比上年提升0.2个百分点。

从贸易方式看，一般贸易进出口总额16103.2亿元，同比增长8.6%；占进出口总额比重达47.9%，超过加工贸易5.5个百分点。

从出口主体看，国有企业、私营企业出口额分别下降0.8%和2.4%，外资企业增长2.3%。从出口市场看，对美国、欧盟出口比上年增长4.7%和4%，对日本出口下降1.7%，对印度、俄罗斯、东盟出口分别增长9.5%、18.1%和6.3%。

对"一带一路"沿线部分国家出口保持较快增长，出口额5098.1亿元，增长6.1%，高出全省出口额增幅5.9个百分点；占全省出口额的24.2%，比上年提升1.3个百分点。

（五）实际外商直接投资金额

2012—2016年，江苏省实际外商直接投资金额在泛长三角地区的占比分别是49.22%、44.41%、37.83%、33.11%和32.55%，整体呈下降趋势，2016年较上年减少了0.56个百分点，较2012年减少了16.67个百分比。

图8 2012—2016年江苏省实际外商直接投资金额在泛长三角地区所占比重的变化趋势

2016年，在泛长三角地区41市实际外商直接投资金额所占比重排名的前十位中，江苏省13个地级市占据4席，与去年相持平。

长期以来，利用外资是江苏开放型经济发展的重要特色。2016年，全省实际使用外资245.4亿美元，同比增长1.1%，规模位居全国第一。全球经济总体复苏缓慢，跨国投资增长乏力，利用外资难度加大，江苏能保持这一规模来之不易。江苏利用外资不仅规模稳住了，质量和效益也得到较大提升。服务业利用外资占比提高到46.7%，以先进制造业为主的十大战略性新兴产业实际外资占比达到40.4%。此外，从外资来源地看，美国、加拿大等主要发达国家对江苏的投资都有较大幅度上升。尤其值得关注的是，世界500强企业在江苏设立研发中心和机构的势头不断提高，像丰田汽车、西门子、博世家电等都在江苏设立了具有一定规模的研发机构。

2016年全省新设及净增资1亿美元以上企业215家，同比增长44.3%，引进了南京台积电等一批重大外资项目；全省新认定跨国公司地区总部26家、功能性机构13家，累计认定了180家跨国公司地区总部和功能性机构。截至2016年底，江苏累计设立外商投资企业11.8万余家，累计实际利用外资近4000亿美元。外资企业每年为江苏贡献四分之一的固定资产投资和税收、超过60%的对外贸易额和30%以上的就业岗位。

二　南京市 2016 年经济社会发展报告

2016 年，面对错综复杂宏观经济形势，全市人民在市委、市政府的坚强领导下，紧紧围绕城市战略定位，牢固树立和贯彻落实新发展理念，积极把握和引领经济发展新常态，以深化供给侧结构性改革为主线，狠抓各项政策措施推进落实，经济社会平稳健康发展，实现“十三五”发展良好开局。

一、南京市 2016 年经济发展概况

（一）综合经济

1. 经济总量

经济运行总体稳定。全年实现地区生产总值 10503.02 亿元，按可比价格计算，比上年增长 8.0%。其中，第一产业增加值 252.54 亿元，增长 1.0%；第二产业增加值 4117.32 亿元，增长 5.3%，其中工业增加值 3581.72 亿元，增长 4.8%；第三产业增加值 6133.16 亿元，增长 10.2%。按常住人口计算，全年人均生产总值为 127264 元，按年平均汇率折算为 19160 美元。产业结构进一步优化。三次产业增加值比例调整为 2.4∶39.2∶58.4，服务业主体地位不断强化，服务业增加值占全市地区生产总值的比重达到 58.4%，较上年提高 1.1 个百分点。工业转型升级步伐加快，全年实现高新技术产业产值 5903 亿元，占规模以上工业总产值比重为 45.31%。

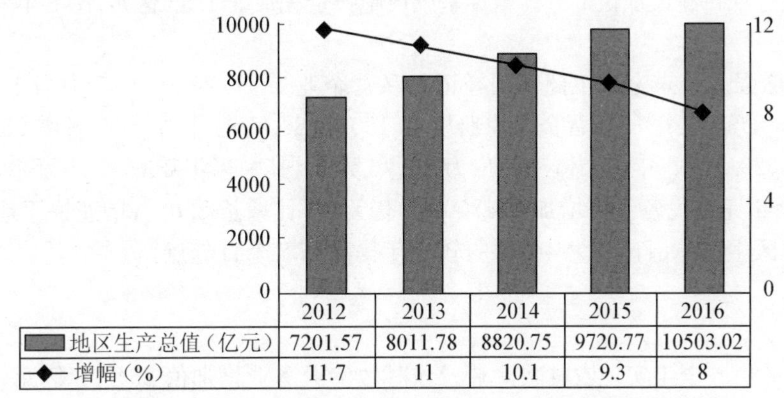

	2012	2013	2014	2015	2016
地区生产总值（亿元）	7201.57	8011.78	8820.75	9720.77	10503.02
增幅（%）	11.7	11	10.1	9.3	8

图 1　2012—2016 年南京市地区生产总值及增长速度

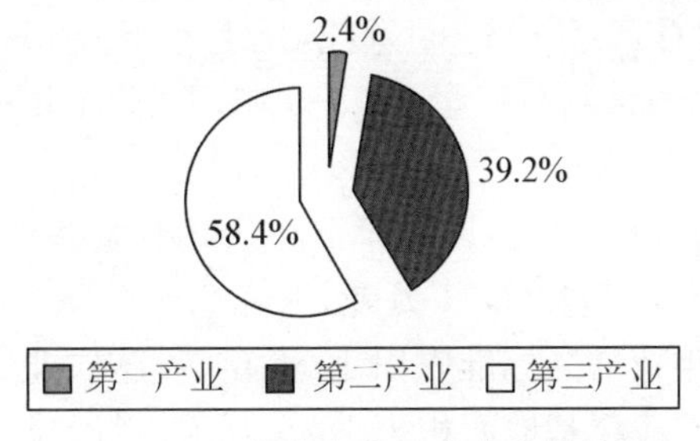

图 2　2016 年南京市三次产业结构图

2. 财政收支

财政收支结构优化。全年完成一般公共预算收入 1142.60 亿元，比上年增长 12.0%。其中，税收收入 956.62 亿元，比上年增长 14.1%，占一般公共预算收入的比重为 83.7%。民生领域支出增长较快。全年一般公共预算支出 1173.79 亿元，比上年增长 12.3%，其中住房保障支出增长 42.2%、教育支出增长 14.7%。

3. 物价指数

居民消费价格温和上涨。全年城市居民消费价格总水平比上年上涨 2.7%。八大类商品“七涨一跌”，其中食品烟酒涨 2.4%，衣着涨 3.5%，居住涨 2.2%，生活用品及服务涨 2.1%，教育文化和娱乐涨 3.4%，医疗保健涨 9.9%，其他用品及服务涨 2.9%，交通和通信跌 0.7%。

4. 固定资产投资

固定资产投资稳中趋优。全年完成全社会固定资产投资 5533.56 亿元，比上年增长 2.0%，增幅比上年提升 1.6 个百分点。其中，国有及国有经济控股投资 2009.50 亿元，增长 4.9%；外商及港澳台投资 603.61 亿元，增长 37.5%。

固定资产投资中，第一产业投资 40.78 亿元，比上年增长 10.4%；第二产业投资 1784.22 亿元，下降 14.2%，其中工业投资 1761.65 亿元，下降 14.4%；第三产业投资 3708.57 亿元，增长 12.0%。三次产业投资比例为 0.7∶32.2∶67.1。

投资结构继续改善。全年完成工业技改投资 1007.6 亿元，占工业投资比重为 57.2%，同比提高 5.5 个百分点。火力发电、建材、冶金、石化等高耗能行业投资 274.46 亿元，比上年下降 21.2%，占工业投资比重为 15.6%，同比回落 1.3 个百分点。全年完成服务业投资增长 12%，增速快于全市投资平均增速 10 个百分点；占全市投资比重为 67.1%，同比提升 5.9 个百分点。

重大项目推进有力。实施民生社会事业、城建基础设施、制造业、服务业、现代农业等 188 个重大项目，完成投资 1600.70 亿元。基础设施建设步伐加快，扬子江隧道建成通车，地铁四号线一期建成试运行，红山南路东延一期等工程顺利建成，南京长江第五大桥、南部新城医疗中心、纬七路东进二期工程、宁和线一期、宁高线二期、宁溧线等项目建设加快推进。全年基础设施投资完成 951.95 亿元，比上年增长 7.7%。

5. 民营经济

民营经济活力增强。年末全市工商部门登记的私营企业为 47.29 万户，其中当年新增 17.10 万户，分别比上年增长 53.8%、54.6%；私营企业注册资本 13097.80 亿元，其中当年新增 2857.80 亿元，分别比上年增长 48.8%、23.1%。年末个体工商户为 43.76 万户，其中当年新增 7.21 万户，分别比上年增长 14.3%、28.1%。全年完成民营经济增加值 4700.11 亿元，可比增长 8.6%，增速快于地区生产总值增速 0.6 个百分点；占地区生产总值比重为 44.8%，较上年提高 0.8 个百分点。

（二）农业

农业生产保持平稳。全年实现农林牧渔业及农林牧渔服务业增加值 264.98 亿元，可比增长 1.3%。

全年粮食播种面积 229.58 万亩，比上年下降 2.0%；受缩油扩粮影响，油料播种面积 45.75 万亩，下降 29.4%；蔬菜播种面积 119.85 万亩，下降 7.3%；花卉苗木种植面积 1.32 万亩，增长 45.3%。

受灾害性天气影响，全年粮食总产量 108.04 万吨，比上年下降 5.3%，其中夏粮 23.74 万吨，下降 3.1%，秋粮 84.30 万吨，下降 5.9%；油料总产量 7.43 万吨，下降 31.4%；蔬菜总产量 274.96 万吨，下降 9.8%，其中食用菌 3.69 万吨，增长 2.8%。

全年猪、牛、羊、禽肉类总产量 9.83 万吨，比上年下降 5.9%；禽蛋产量 6.54 万吨，下降 9.27%；牛奶产量 7.47 万吨，下降 6.21%；水产品产量 22.31 万吨，下降 2.4%。

现代农业建设步伐加快。全年新增高标准农田 10 万亩、设施农业 4.2 万亩、家庭农场 690 家、农民专业合作社 245 家。全市“菜篮子”蔬菜基地面积为 18.5 万亩；累计建成现代农业示范园区 40 个，其中国家级园区 2 个、省级现代农业产(渔)业园区 9 个；市级农业科技园区 13 家；省级示范家庭农场 81 家。

（三）工业和建筑业

1. 工业

工业生产总体稳定。全年规模以上工业企业实现工业总产值 13026.90 亿元，比上年增长 1.0%。

在规模以上工业中，国有及国有控股企业增长0.8%，私营企业增长1.2%；股份制企业增长0.5%，外商及港澳台投资企业增长1.3%。

分行业看，全市37个工业大类行业中，有17个行业保持增长。高技术制造业实现产值增长2.9%，占规模以上工业比重为23.5%，同比提升0.4个百分点。装备制造业实现产值增长3.9%，占规模以上工业比重为55.4%，同比提升1.6个百分点，其中智能装备制造业实现产值增长4.7%。全年完成39家企业涉及低效产能的淘汰工作，生铁、粗钢、民用钢质船舶产量分别较上年减少36.88万吨、24.53万吨、8.81万载重吨。钢铁、石化、建材等五大高耗能行业实现产值下降2.8%，占规模以上工业比重为26.9%，同比回落1.1个百分点。

工业生产者价格有所回升。全年工业生产者出厂价格比上年下跌2.3%，降幅较上年收窄7.2个百分点。其中，生产资料价格下跌2.4%，生活资料价格下跌1.8%；轻工业类价格下跌1.3%，重工业类价格下跌2.5%。全年工业生产者购进价格下跌2.5%，降幅较上年收窄6.7个百分点。

企业效益有所改善。全年规模以上工业企业实现主营业务收入12421.68亿元，比上年增长2.2%；利润总额941.81亿元，增长12.8%，增幅较上年提升3.9个百分点；亏损企业亏损额68.47亿元，下降24.3%。规模以上工业企业每百元主营业务收入中成本下降0.7元；主营业务税金及附加下降1%；资产负债率54.2%，同比下降0.2个百分点；财务费用下降10.7%。

2. 建筑业

全年具有资质等级的总承包和专业承包建筑业企业完成建筑业总产值3094.65亿元，比上年增长2.2%，其中在外省完成建筑业总产值1111.36亿元，比上年下降2.9%。

（四）服务业

1. 国内贸易

市场销售稳中有升。全年实现社会消费品零售总额5088.20亿元，比上年增长10.9%，增速较上年提升0.7个百分点。其中，限额以上单位社会消费品零售额3271.21亿元，增长9.4%，增速比上年提升2.7个百分点。分行业看，批发和零售业实现零售额4638.46亿元，增长10.6%；住宿和餐饮业实现零售额449.74亿元，增长13.2%。

在限额以上企业（单位）批发零售贸易业零售额中，文化办公用品类增长45.7%，通讯器材类增长37.9%，日用品类增长14.0%，家用电器和音像器材类增长10.5%，粮油、食品类增长9.2%，建筑及装潢材料类增长8.8%，中西药品类增长6.0%，服装、鞋帽、针纺织品类增长4.7%，汽车类增长4.4%，金银珠宝类增长2.7%。

2. 交通运输和邮电

交通、邮电和旅游业总体平稳。全年货物运输总量31460.84万吨，比上年增长5.5%。货物运输周转量2483.78亿吨千米，比上年下降15.5%。全年港口货物吞吐量22768万吨，比上年增长2.5%，其中，外贸货物吞吐量2369万吨，增长5.2%。港口货物吞吐量中，集装箱吞吐量308.39万标箱，比上年增长4.9%。

全年旅客运输总量16300.86万人次，比上年增长2.3%。旅客运输周转量437.49亿人千米，比上年增长8.4%。

年末机动车保有量239.87万辆，比上年末增加15.81万辆，增长7.1%。民用汽车221.68万辆，比上年末增加23.75万辆，增长12.0%，其中本年新注册30.10万辆。其中，私人汽车192.71万辆，比上年末增加20.64万辆，增长12.0%；私人汽车中轿车140.90万辆，比上年末增加14.40万辆，增长11.4%，其中本年新注册19.14万辆。

年末城市公共汽车运营线路网长度为10244.5千米；公共汽车运营车辆9208辆11465.2标台；全年公共汽车客运总量20.08亿人次，比上年下降2.4%。年末有轨交通运营车辆1194辆2913标台，轨道交通运营线路长度为231.80千米；全年地铁承担客运人数8.32亿人次，比上年增长16.0%。出租车总数14297辆。

全年完成邮电业务总量(按2010年价格计算)306.42亿元，比上年增长14.3%。其中，邮政业务总量102.89亿元，增长0.3%；电信业务总量203.53亿元，增长23.0%。全年完成邮电业务收入(按现价计算)203.16亿元，比上年增长9.4%。其中，邮政业务收入78.79亿元，增长2.1%；电信业务收入124.37亿元，增长5.2%。全年完成国际国内快递业务量47229.59万件，比上年下降6.0%。年末拥有移动电话用户1107.20万户，其中4G移动电话用户707.15万户，增长51.9%；拥有固定电话用户250.28万户；拥有宽带用户339.14万户。

3. 旅游业

全年实现旅游总收入1909.26亿元，比上年增长13.1%。接待海内外旅游者11206万人次，增长9.5%。其中，接待国内旅游者11142万人次，增长9.5%；接待入境旅游者63.78万人次，增长8.5%。全年实现国际旅游创汇收入6.76亿美元，增长5.7%。年末共有等级旅游景区56家，其中4A级以上高等级景区22家；国家、省、市级旅游度假区17家。拥有星级宾馆饭店89家，其中五星级以上酒店21家。拥有各类旅行社576家，其中具有组织出境游资质的旅行社44家。

4. 金融和保险

金融市场发展态势较好。全年实现金融业增加值1241.76亿元，可比增长14.0%，占全市地区生产总值比重为11.8%，比上年提高0.3个百分点。

存贷款稳定增长。年末金融机构本外币各项存款余额28355.89亿元，比年初增加1884.20亿元，比上年末增长7.1%。其中住户存款6095.08亿元，比年初增加443.51亿元；非金融企业存款3133.49亿元，比年初增加857.84亿元。年末金融机构本外币各项贷款余额22268.94亿元，比年初增加3317.21亿元，比上年末增长17.5%。其中住户贷款6533.72亿元，比年初增加2452.18亿元；非金融企业及机关团体贷款10.78亿元，比年初增加7.88亿元。

金融创新继续深化。年末金融业总资产达到6万亿元，比上年增长14.9%。全年新增上市企业7家，募集资金107.8亿元，年末共有境内外上市企业85家。新增备案创投企业3家，累计备案创投企业(含省级在宁企业)43家。年末共有203家企业挂牌或者获准挂牌新“三板”，共有证券营业部138家。

保险市场较快发展。全年实现保费收入485.80亿元，比上年增长32.0%。分类型看，财产险收入127.38亿元，增长11.4%；寿险收入252.43亿元，增长28.1%。全年累计赔付额162.75亿元，比上年增长32.5%。其中财产险赔付77.48亿元，增长9.8%；寿险赔付85.27亿元，增长63.1%。

5. 房地产业

房地产投资平稳增长。全年完成房地产开发投资1845.60亿元，比上年增长29.2%。其中住宅投资1392.76亿元，增长28.8%；办公楼投资96.68亿元，增长11.4%；商业用房投资195.05亿元，增长34.6%。全年商品房销售面积1558.18万平方米，比上年增长1.0%，商品房销售额2766.35亿元，增长56.0%。

(五)开放型经济

1. 对外贸易

进出口实现正增长。全年按人民币计价海关完成进出口总额3315.19亿元，比上年增长0.3%，增速较上年提升6.3个百分点。其中出口1952.15亿元，下降0.2%；进口1363.04亿元，增长1.0%。

从出口商品市场看，对欧盟、美国、东盟三大经济体出口额1038.32亿元，比上年下降1.1%，占全市出口总额的53.2%。

从出口商品构成看，全年高新技术产品出口483.05亿元，比上年下降1.8%，占全市出口总额的24.7%。机电产品出口1006.16亿元，比上年增长0.4%，占全市出口总额的51.5%。

2. 利用外资

利用外资稳定增长。全年新批外商投资企业 346 家，较上年增长 38.4%。新批外商投资功能性机构 15 家，其中投资性公司 3 家、研发机构 8 家、销售结算和物流配售中心等其他功能性机构 4 家。注册合同外资 56.55 亿美元，下降 8.4%。实际使用外资 34.79 亿美元，增长 4.3%。分产业看，第一产业使用外资 0.31 亿美元，增长 7.1 倍；第二产业使用外资 11.66 亿美元，增长 50.1%；第三产业使用外资 22.82亿美元，下降 10.6%。分行业看，制造业利用外资占比 25.7%，房地产业占比 21.6%，租赁和商务服务业占比 16.0%，金融租赁服务业占比 9.4%，科研技术服务业占比 5.7%，软件信息服务业占比 4.1%，批发零售和住宿餐饮业占比 3.7%。

全年开发区合同利用外资 45.52 亿美元，比上年增长 19.3%，占全市合同利用外资的比重为 80.5%；实际使用外资 24.98 亿美元，比上年增长 36.4%，占全市实际使用外资的比重为 71.8%。

3. 对外经济

全年新增境外投资项目 175 个(含新增)，比上年增长 2.9%；中方协议投资额 30.07 亿美元，增长 45.9%。全年对外承包劳务合作合同金额为 30.72 亿美元，下降 19.4%；实际完成对外承包劳务营业额 37.25 亿美元，增长 11.7%。

二、南京市 2016 年社会发展概况

(一) 人口、人民生活

人口低速平稳增长。年末全市常住人口 827 万人，比上年末增加 3.41 万人，增长 0.41%。其中，城镇常住人口 678.14 万人，占总人口比重(常住人口城镇化率)为 82%，比上年末提高 0.6 个百分点。在常住人口中，0—14 岁人口为 87.34 万人，占比 10.56%；15—64 岁人口 648.9 万人，占比 78.46%；65 岁及以上人口 90.76 万人，占比 10.98%。年末全市户籍总人口为 662.79 万人，比上年末增加 9.39 万人。

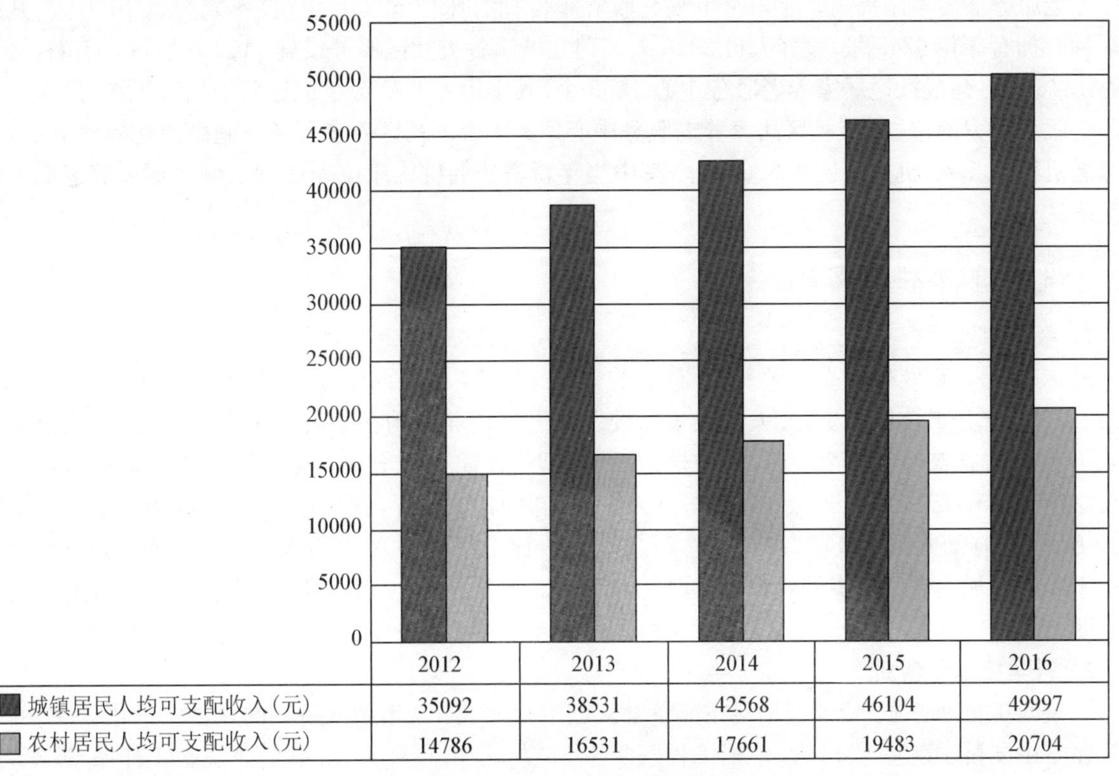

	2012	2013	2014	2015	2016
城镇居民人均可支配收入(元)	35092	38531	42568	46104	49997
农村居民人均可支配收入(元)	14786	16531	17661	19483	20704

图 3　2012—2016 年南京市城乡居民收入对比一览

居民收支稳定增长。根据城乡一体化住户抽样调查，全年全体居民人均可支配收入 44009 元，比上年增长 8.8%。按常住地分，城镇居民人均可支配收入 49997 元，增长 8.4%；农村居民人均可支配收入 21156 元，增长 8.6%。城镇居民人均可支配收入中位数为 46392 元，增长 8.4%；农村居民人均可支配收入中位数为 20704 元，增长 9.4%。全体居民人均生活消费支出 26802 元，比上年增长 7.7%，其中食品烟酒支出占比为 26.2%。按常住地分，城镇居民人均生活消费支出为 29772 元，增长 7.1%，其中食品烟酒支出占比为 25.6%；农村居民人均生活消费支出为 15773 元，增长 12.3%，其中食品烟酒支出占比为 30.0%。

（二）就业

就业形势总体稳定。全年培育自主创业者 2.04 万人，其中大学生创业 5071 人。城镇新增就业 22.42 万人，实现再就业 10.67 万人，援助困难人员就业 1.43 万人，农村劳动力转移 3.12 万人次。开展各类职业技能培训 40.11 万人次。年末城镇登记失业率为 1.88%。

（三）社会保障

社会保障扩面提标。年末全市城镇社会保险五大险种累计参保人数为 1480.31 万人次，其中企业职工基本养老保险参保人数 303.50 万人、城镇职工基本医疗保险参保人数 400.21 万人、失业保险参保人数 259.76 万人、工伤保险参保人数 265.10 万人、生育保险参保人数 251.74 万人。城乡低保标准和基础养老金标准分别统一提高到每人每月 750 元和 345 元。企业退休人员人均月养老金达到 2781 元，位列全省第一。全年累计新开工保障房 495 万平方米，竣工 413 万平方米，完成棚户区改造 365 万平方米，率先将公租房货币化保障对象扩大到城市中等偏下收入住房困难家庭和新市民，发放住房租赁补贴 5.28亿元。年末全市城乡居民享受最低生活保障 9.54 万人，享受国家抚恤、补助等各类优抚人员达到 2.17 万人。

养老服务能力不断提高。年末全市福利收养单位拥有床位 5.5 万张，收养人员 2.16 万人，其中社会福利院拥有床位 6745 张，收养人员 2323 人。建立城镇各类社区服务设施 11030 处，区、街镇社区服务中心 1346 个。建成社区居家养老服务中心 1255 个，其中由专业社会组织运营，具备"助餐、助医、助急"等养老服务能力的市 3A 级社区居家养老服务中心达 261 个。社区养老服务设施配建达标率 100%。现有养老机构 305 家，机构床位数 6.6 万张，其中当年新增养老机构床位 4080 张，城乡居家养老服务中心覆盖率达 100%。

（四）教育和科学技术

1. 教育事业

教育事业全面发展。全市在宁普通高等学校 53 所（不含部队院校），在校学生（不含研究生）71.74万人，比上年增加 1.12 万人。在宁高校及研究生培养机构在学研究生 11.04 万人，比上年增加 0.40万人。共有普通中学 227 所，在校学生 22.45 万人，比上年增加 0.46 万人；中等职业学校 26 所，在校学生 6.85 万人，比上年减少 0.21 万人。共有小学 346 所，在校学生 37.54 万人，比上年增加 1.74万人；共有幼儿园 878 所，在园儿童 22.37 万人，比上年增加 1.63 万人。全市共有小班化教育的中小学 184 所。加大老城范围外教育配套力度，建成 29 所幼儿园、中小学校。义务教育优质资源覆盖率达 85%。

2. 科学技术和创新

科技创新能力增强。全年新增科技部备案众创空间 27 家，全市纳入备案的众创空间累计达 169 家；年末在宁中国科学院院士 43 人、中国工程院院士 38 人；全市共有省、市级企业院士工作站 66 家，进站"两院"院士 78 名；各级工程技术研究中心 808 家；省级以上重点实验室 91 家，其国家级 31 家、省级 60

家。全年共引进世界500强和中国500强企业研发机构11家，总数达到113家。新增高淳、麒麟、白马三家省级高新区。

科技创新成果丰硕。全年南京地区共有35项重大科技成果获得国家科学技术奖励，其中自然科学奖二等奖5项，技术发明奖二等奖(通用)8项，科技进步奖(通用项目)特等奖1项、一等奖2项、二等奖19项。全年签订各类输出技术合同22827项，合同成交总额215.73亿元，增长10%。全年受理专利申请65198件，其中发明专利31556件，分别增长16.2%和13.4%；专利授权28782件，其中发明专利8697件，分别增长2.4%和5.5%。全年PCT专利384件，比上年增长41.7%。

(五) 文化、卫生和体育

1. 文化事业

文化事业繁荣发展。年末全市共有文化馆14个，公共图书馆15个(不含教育系统、企事业组织的图书馆，下同)，文化站100个，博物馆57个，市级以上文物保护单位516处，拥有国家级历史文化街区2个，省级历史文化街区7个，国家级历史文化名镇(村)2个。有线电视用户204.25万户(不含电信等非广电有线系统的电视用户)，其中数字电视用户191.71万户。

文化惠民富有成效，全年市级层面组织开展交响音乐会、合唱音乐会、“520音乐厅”音乐会等公益演出1348场；举办未成年人心理健康教育活动14场、市民学堂24场、金陵群文大课堂10场、金图讲坛92场；放映公益电影7851场、送戏1268场；为农村和基层送书21.1万册，更新160家书屋出版物，创建50家星级示范农家书屋。新增全民阅读新空间20个，居民综合阅读率达到93.1%。达到省级标准的社区综合性文化服务中心280个。每万人拥有公共文化设施面积达1850平方米。文化产业实力增强，新增江苏省文化产业示范基地(园区)4个，国家、省、市文化产业(示范)基地累计分别达到12个、23个、15个。

2. 卫生事业

卫生事业持续发展。全市各类医疗卫生机构2383个，其中医院、卫生院及社区卫生服务中心348个，疾病预防控制中心17个，妇幼卫生保健机构14个。年末各类卫生机构共有病床4.99万张，其中医院、卫生院床位数4.52万张，分别比上年增加0.33万张、0.36万张。各类卫生机构共有卫生技术人员7.07万人，其中执业(助理)医师2.53万人，注册护士3.21万人，分别比上年增加0.56万人、0.30万人、0.33万人。累计建成社区卫生服务中心(卫生院)139个、社区卫生服务站(村卫生室)681个。社区卫生服务城市人口覆盖率达到100%。

3. 体育事业

体育事业健康发展。成功举办2016世界速度轮滑锦标赛、2016南京马拉松、南京市第21届运动会、2016南京国际青年体育文化活动周、2016世界奥林匹克博物馆联盟年会等活动；南京被国际轮滑联合会授予首个“世界轮滑之都”称号，并获得2017年首届全项目轮滑世锦赛的承办权。城市社区“10分钟体育健身圈”覆盖率、完好率保持100%，广泛开展各类群体活动2000多项次，通过政府购买公共服务促进公共体育设施低价或者免费开放、财政直接补贴消费者约10万人次，为5.4万人进行公益体质检测服务。南京体育健儿参加里约奥运会，取得“一金、两银、一铜，十人出征、六人获牌”的优异成绩，金牌数和奖牌数均排名全省第一。

(六) 城乡建设

加大统筹力度、完善功能品质，承载能力不断提高。南京市城市总体规划和江北新区城市总体规划正式获批，城市规划建设管理进一步加强。江北新区建设框架基本拉开，中心区基础设施建设和中央商务区地下空间开发加快推进，扬子江隧道建成通车，过江隧道免费通行。三大枢纽经济区、江心洲生态科技岛、麒麟科创园形象初显，鼓楼滨江、铁心桥—西善桥等五大片区改造顺利推进。基础设施建设步伐加快，地铁 4 号线一期试运行，宁和线一期、宁高线二期、宁溧线加快推进，长江五桥开工建设，红山南路东延一期等工程顺利建成。推进城市精细化管理，落实“门前三包”责任制，实施交通枢纽、特色景区及明城墙等夜景照明提升工程，推进 19 条干道和 4 个重点片区环境综合整治，拆除违规户外广告 460 处。实施美丽乡村示范区建设 340 平方千米，高淳桠溪镇成功入选第一批国家级特色小镇。

（七）节能减排和生态环境

节能降耗成效显著。四大片区工业布局调整取得新进展，实施 100 个重点节能项目。全社会用电量 524.79 亿千瓦时，比上年增长 5.98%。其中工业用电量 310.81 亿千瓦时，增长 3.42%。规模以上工业综合能源消费量 3822.21 万吨标准煤，比上年增长 3.95%，低于工业增加值可比增速 0.85 个百分点。能源利用效率有所提高，规模以上工业万元增加值能耗下降 0.81%。从消耗的主要能源品种看：原煤 2785.91 万吨，增长 1.63%；原油 2918.68 万吨，增长 4.6%；天然气 236540 万立方米，下降 3.43%。

生态环境持续改善。推进 19 条干道和 4 个重点片区环境综合整治，鼓楼滨江、铁心桥—西善桥等五大片区改造扎实推进。深化大气污染防治，完成 125 项大气污染治理重点工程和冬春季管控措施，实施 30 家重点企业挥发性有机物治理项目。全年 PM2.5 平均浓度比上年下降 16.3%，空气质量达到国家二级标准天数为 242 天，达标率为 66.1%，比上年提升 1.7 个百分点。推进城市黑臭河道整治，43 条城市黑臭河道水质明显改善，完成排水达标区创建 230 个。强化畜禽养殖环境管理，基本完成禁养区内规模养殖场关闭搬迁。实施美丽乡村示范区 340 平方千米建设。绿化造林 2.7 万亩。被授予“国家生态市”称号。

三、南京市在泛长三角地区经济发展中的地位

2016 年，面对错综复杂宏观经济形势，全市上下在市委、市政府领导下，牢固树立五大发展理念，积极适应和引领经济发展新常态，紧紧围绕城市战略定位，狠抓各项政策措施的推进落实，经济运行总体呈现稳中有进、稳中提质的态势，显现出增速平稳、结构优化、动能转换、质效提升、民生改善、功能提升等方面的积极变化，实现了“十三五”发展良好开局。

（一）地区生产总值

2012—2016 年南京市地区生产总值在泛长三角地区所占比重分别为 5.62%、5.73%、5.80%、5.98%和 5.89%，五年整体上呈增加态势，2016 年出现轻微下跌。2016 年所占比重比 2012 年增加了 0.27 个百分点。2016 年南京市地区生产总值在泛长三角地区 41 个市排名第 4 位，与去年排名相一致。

2016 年，全年实现地区生产总值 10503.02 亿元，按可比价格计算，比上年增长 8.0%，增幅高于全国和全省平均水平 1.3 个和 0.2 个百分点。其中，第一产业增加值 252.51 亿元，增长 1.0%；第二产业增加值 4117.20 亿元，增长 5.3%，其中工业增加值 3581.72 亿元，增长 4.8%；第三产业增加值 6133.31 亿元，增长 10.2%。

经济总量突破 10000 亿元。继 2011 年、2012 年、2013 年、2015 年全市地区生产总值分别突破 6000 亿元、7000 亿元、8000 亿元和 9000 亿元之后，2016 年突破 10000 亿元大关，达到 10503.02 亿元，成为全国第 11 个、长三角城市群第 4 个经济总量超过万亿的城市，占全国、全省的比重分别达到 1.4%、13.8%。

人均 GDP 突破 19000 美元。2016 年，全市按常住人口计算的人均地区生产总值达到 127264 元，按当年平均汇率折算，继 2011 年突破 10000 美元之后，攀升到 19160 美元。产业结构优化。全年三次产业增加值比例由上年的 2.4∶40.3∶57.3 调整为 2.4∶39.2∶58.4，第三产业增加值占地区生产总值的比重比上年提高 1.1 个百分点。工业过剩产能有序化解，全年完成 39 家企业涉及低效产能的淘汰工作，

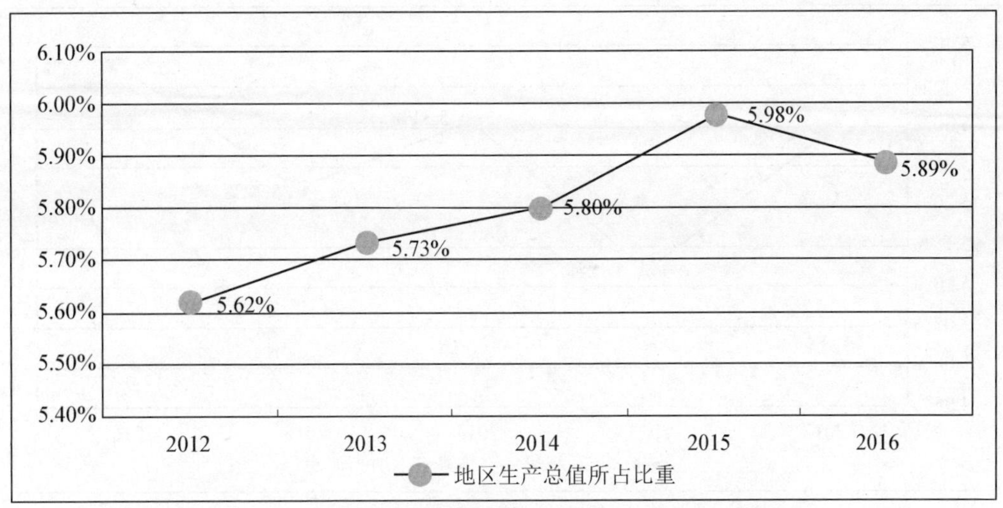

图 4　2012—2016 年南京市地区生产总值在泛长三角地区
(江浙 24 个地级市、安徽省 16 个地级市和上海市共 41 市)所占比重的变化趋势

生铁、粗钢、民用钢质船舶产量分别减少 36.88 万吨、24.53 万吨、8.81 万载重吨。五大高耗能行业实现产值 3063.39 亿元,比上年下降 2.8%,占全部工业比重为 26.9%,比上年下降 1.1 个百分点。装备制造业实现产值增长 3.9%,快于全市工业增速 2.9 个百分点,占全部工业比重达到 55.4%,比上年提升 1.6 个百分点。规模以上服务业中生产服务类行业营业收入占全部规模以上服务业企业比重高达 93%;生活服务类行业营业收入增长较快。

农业发展保持平稳。受农林牧渔服务业、林业、渔业增长较快的影响,农业生产基本平稳。全年完成农林牧渔业增加值 264.98 亿元,可比增长 1.3%,增速高于全省 0.2 个百分点。现代农业建设步伐加快,全年新增高标准农田 10 万亩、设施农业 4.2 万亩、家庭农场 690 家、农民专业合作社 245 家。全市“菜篮子”蔬菜基地面积达 18.5 万亩,累计建成市级农业科技园区 13 家。

服务业发展态势良好。全年实现服务业增加值 6133.31 亿元,可比增长 10.2%,快于第二产业增速 4.9 个百分点;服务业对全市经济增长贡献率达到 72.9%,比上年提高 8.5 个百分点,拉动经济增长 5.9 个百分点。分行业看,金融业实现增加值 1241.76 亿元,可比增长 14.0%,拉动经济增长 1.6 个百分点;批发和零售业增加值 1174.06 亿元,可比增长 9.7%,拉动经济增长 1.1 个百分点。全年完成服务业税收 1165.22 亿元,比上年增长 21.3%,其中房地产业、批发和零售业、信息传输业和金融业税收分别增长 35.9%、15.4%、11.7%和 10.5%,均快于全市税收平均水平。

(二) 地方财政一般预算收入

2012—2016 年南京市地方财政一般预算收入在泛长三角地区所占比重分别为 5.28%、5.12%、5.31%、5.22%和 5.38%,呈振荡上升态势,2016 年较上年增加了 0.16 个百分点。2016 年南京市地方财政一般预算收入在泛长三角地区 41 个市中排名第 4 位,与去年保持一致。

2016 年,全市一般公共预算收入完成 1142.6 亿元,增长 12%(剔除“营改增”收入分成调整因素后,同口径增长 13.2%),完成预算的 103.2%,税比 83.7%。按照省对市财政体制,全市总财力为 1363 亿元,支出 1173.8 亿元,增长 12.3%,另外,全年预计增设预算稳定调节基金 94 亿元,地方债还本 4.6 亿元,结转 90.6 亿元。

市本级一般公共预算收入完成 161.2 亿元,完成预算的 107.5%。市本级总财力 436 亿元,支出 340.4 亿元,增长 12.6%,另外,全年预计增设预算稳定调节基金 42.8 亿元,地方债还本 2.3 亿元,结转 50.5 亿元。

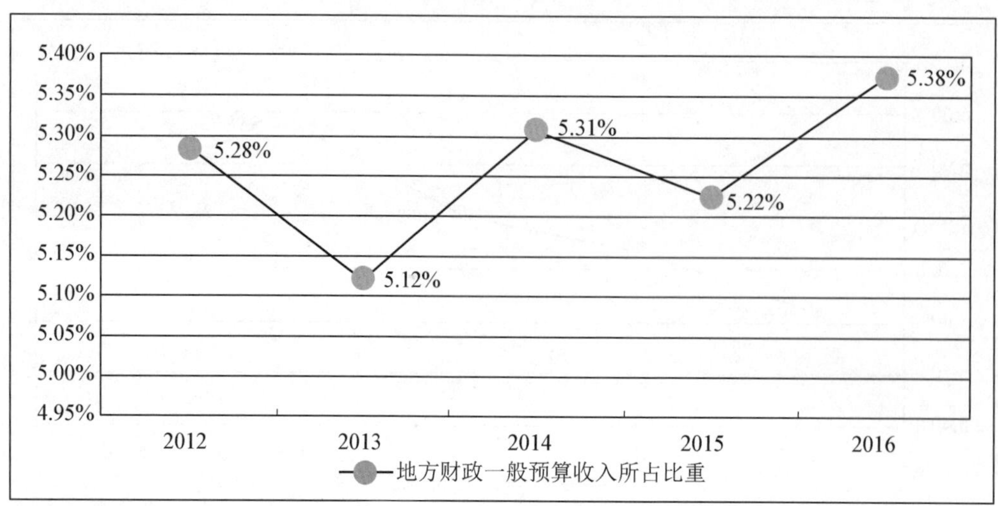

图 5　2012—2016 年南京市地方财政一般预算收入在泛长三角地区所占比重的变化趋势

全市各级财税部门强化组织协调，规范支出管理，在全面实行"营改增"和房地产市场回暖的大背景下，财政收支运行平稳，为完成全年经济社会主要目标任务提供了有力支撑。一是坚持依法征收，强化收入预测和执行分析，重视收入组织统筹管理，保证平稳有序入库。全市财政收入增长与社会经济发展相匹配，增速位列全省第一，收入质量进一步提升，税比为 83.7%。二是贯彻减税清费政策，按照中央统一要求，完成全面"营改增"试点，降低企业运行成本，为企业发展减负，进一步涵养税源；推进普遍性降费的政策措施，清理规范行政事业性收费、政府性基金政策，暂停征收防洪保安资金、取消网络计量检测费等。三是强化预算支出管理，盘活统筹存量资金，加快预算支出进度，确保重点项目资金及时拨付到位。

（三）规模以上工业总产值

2012—2016 年南京市规模以上工业总产值在泛长三角地区所占比重分别为 4.81%、4.85%、4.76%、4.53% 和 4.34%，整体呈下降趋势，其中 2016 年比上年下降了 0.19 个百分点，五年时间累积下降了0.48个百分点。2016 年南京市规模以上工业总产值在泛长三角地区 41 个市中排名第 7 位，较上年下降了一位。

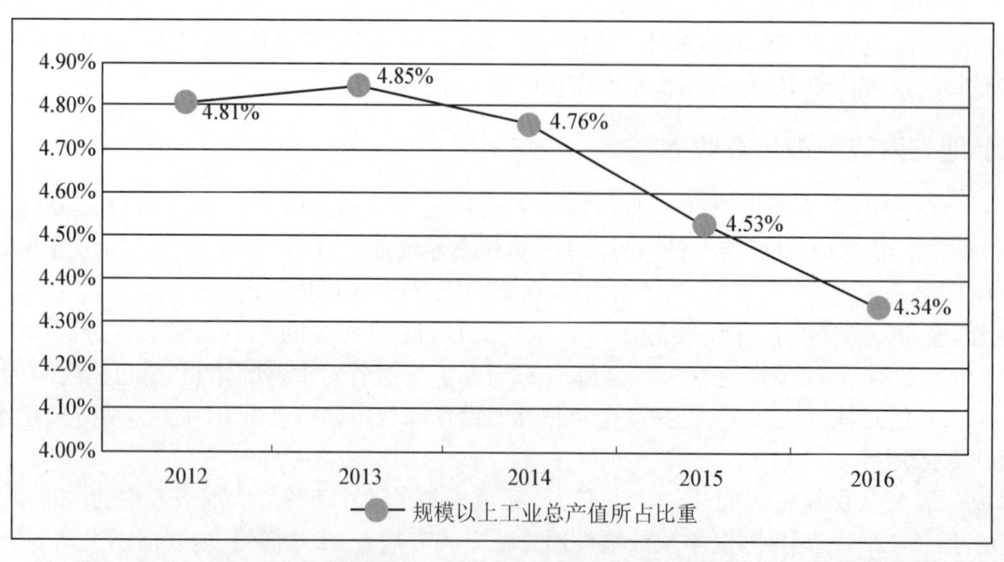

图 6　2012—2016 年南京市规模以上工业总产值在泛长三角地区所占比重的变化趋势

全年规模以上工业实现总产值13026.90亿元，比上年增长1.0%，增幅比1—3季度提升1个百分点，比上年同期提升2.6个百分点。从年内走势看，工业增速呈现“先抑后扬”的发展态势，尤其是四季度以来，受工业生产价格指数较快提升等因素的影响，工业生产连续3个月保持回升。四大优势产业贡献突出，电子、石化、钢铁、汽车产业实现产值占比达65%，增长2.1%，快于全市工业平均增速1.1个百分点。企业集聚度进一步提高，六大工业区实现产值占比达79.6%，增长2.6%，快于全市工业增速1.6个百分点。

高技术、新产品发展势头好。规模以上工业中高技术行业实现产值3063.39亿元，增长2.9%，快于全市工业平均增速1.9个百分点。规模以上工业实现新产品产值1582.77亿元，增长14.2%，快于全市工业13.2个百分点。列入国家“三新”统计的新产品产量中，工业机器人、智能手机、光缆、智能电视产量分别增长226.4%、121.7%、11.8%和7.8%。

企业效益有所改善。降本增效成效初显，落实降成本“双二十条”意见，规模以上工业企业每百元主营业务收入中成本下降0.7元，企业财务费用下降10.7%，主营业务税金及附加下降1%。全年规模以上工业企业盈余相抵后实现利润总额941.81亿元，增长12.8%，快于销售、利税增速11.5个、5.9个百分点，增幅比上年提升3.9个百分点；亏损企业亏损额68.47亿元，比上年下降24.3%。

节能减排提质量。全年实施100个重点节能项目，预计万元GDP能耗比上年下降3.9%左右。规模以上工业综合能源消费量增长3.95%，低于工业增加值可比增速0.85个百分点。能源利用效率有所提高，规模以上工业万元增加值能耗下降0.81%。燃煤消耗下降率实现年度目标。工业主要污染物中，二氧化硫排放量、废水中化学需氧量排放量分别下降4%、2%，氨氮削减率和氮氧化物削减率分别达到2%和4%。

（四）进出口总额

2012—2016年南京市进出口总额在泛长三角地区所占比重分别为4.13%、4.06%、3.99%、3.82%和3.79%，整体呈下降趋势。2016年较2012年下降了0.34个百分点。2016年南京市进出口总额在泛长三角地区41个市中排名第6位，与去年排名保持一致。

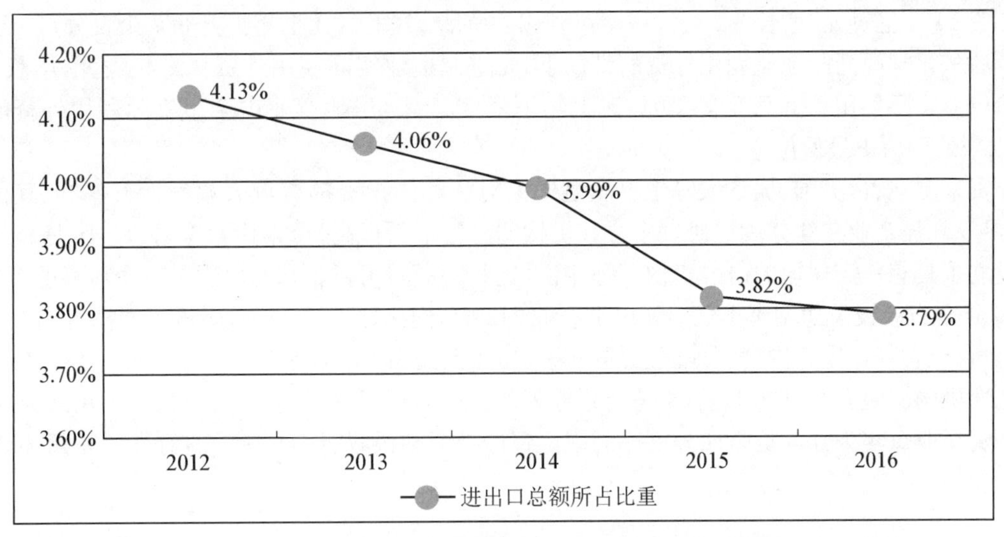

图7　2012—2016年南京市进出口总额在泛长三角地区所占比重的变化趋势

2016年，出口回落幅度收窄。按人民币计价全年海关出口1952.15亿元，比上年下降0.2%，降幅比上年同期收窄2.2个百分点。从贸易方式看，一般贸易出口1303.06亿元，增长1.3%，占全市出口的66.8%，比上年同期提高1个百分点。从企业主体看，民营企业出口155.07亿元，增长18.6%，占全市出口的 31.8%，比上年同期提高 1.5 个百分点。

贸易结构进一步优化，特别在加工贸易下行的情况下，代表江苏外贸经济发展实力的一般贸易增长 8%，一带一路政策稳中有升，沿线国家大幅增长，尤其对俄罗斯的增长速度超过 20%。

（五）实际外商直接投资金额

2012—2016 年南京市实际外商直接投资金额在泛长三角地区所占比重分别为 5.68%、5.38%、4.40%、4.55%和 4.52%，整体呈下滑态势，2016 年较 2012 年下降了 1.16 个百分点。2016 年南京市实际外商直接投资金额在泛长三角地区 41 个市中排名第 5 位，与去年排名保持一致。

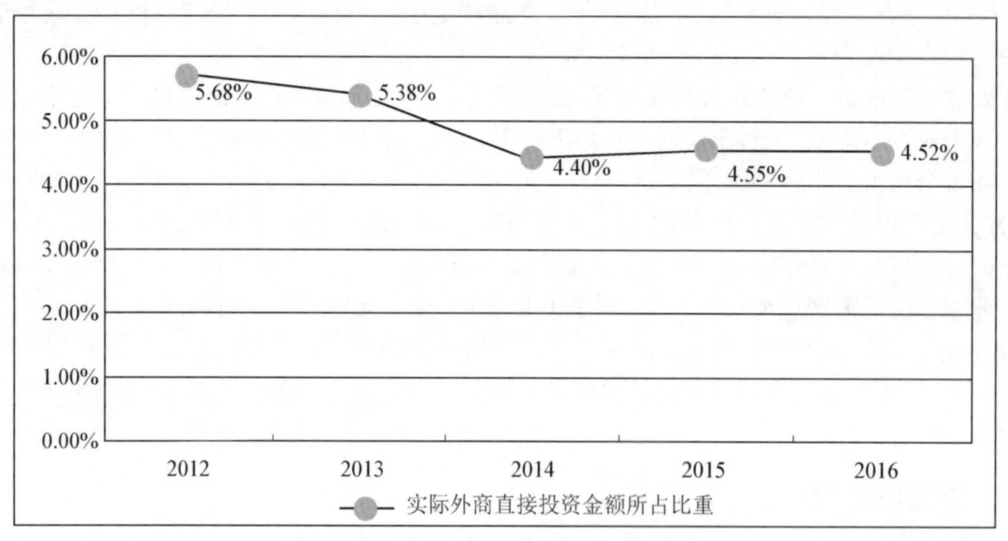

图 8　2012—2016 年南京市实际外商直接投资金额在泛长三角地区所占比重的变化趋势

2016 年，利用外资质量提升。全年新增实际使用外资 34.79 亿美元，比上年增长 4.3%，增幅比上年提升 3 个百分点。受商务租赁、科研技术、软件信息服务业使用外资较快增长的影响，现代服务业实际使用外资 14.5 亿美元，增长 34.1%，占全市利用外资的 41.2%，比上年提升 8.7 个百分点。在电子通信、集成电路、化学医药制造业利用外资的带动下，先进制造业实际使用外资 4.3 亿美元，增长 61.1%。全年房地产业实际使用外资 7.5 亿美元，比上年下降 26.1%，房地产业占全市实际利用外资的比重自 2009 年以来处于历史最低位。

从外资来源地看，美国、加拿大等主要发达国家对江苏的投资都有较大幅度上升。“尤其值得关注的是，世界 500 强企业在江苏设立研发中心和机构的势头不断提高，像丰田汽车、西门子、博世家电等都在江苏设立了具有一定规模的研发机构。”孙津说，这些外资利用新业态的出现是一个可喜的现象。

2016 年全省新设及净增资 1 亿美元以上企业 215 家，同比增长 44.3%，引进了南京台积电等一批重大外资项目；全省新认定跨国公司地区总部 26 家、功能性机构 13 家，累计认定了 180 家跨国公司地区总部和功能性机构。截至 2016 年底，江苏累计设立外商投资企业 11.8 万余家，累计实际利用外资近 4000 亿美元。外资企业每年为江苏贡献四分之一的固定资产投资和税收、超过 60%的对外贸易额和 30%以上的就业岗位。

三　无锡市2016年经济社会发展报告

2016年，在市委、市政府的正确领导下，全市上下积极贯彻五大发展理念，把握引领发展新常态，全力推进供给侧结构性改革，统筹做好稳增长、促改革、调结构、惠民生、优生态、防风险等各项工作，全市经济运行总体保持平稳，产业强市建设成效初显，实现了“十三五”的良好开局。

一、无锡市2016年经济发展概况

（一）综合经济

1. 经济总量

经济运行总体平稳。全市实现地区生产总值9210.02亿元，按可比价格计算，比上年增长7.5%。按常住人口计算人均生产总值达到14.13万元。

产业结构加快调整。全市实现第一产业增加值135.19亿元，比上年下降2.4%；第二产业增加值4346.78亿元，比上年增长6.8%；第三产业增加值4728.05亿元，比上年增长8.6%；三次产业比例调整为1.5∶47.2∶51.3。

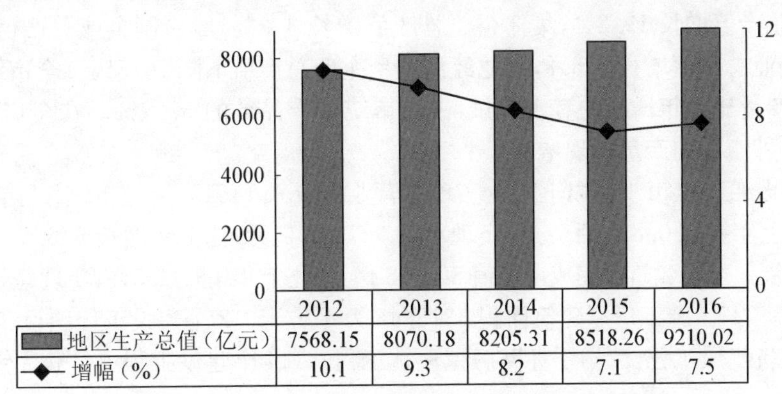

图1　2012—2016年无锡市地区生产总值及增长速度

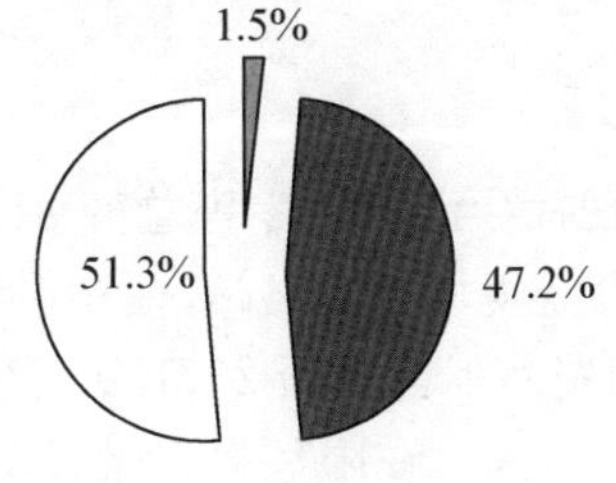

第一产业　第二产业　第三产业

图2　2016年无锡市三次产业结构图

2. 财政收支

财税实力明显增强。全市一般公共预算收入875亿元，比上年增长5.4%。财政支出结构继续调整，预计一般公共预算支出867.66亿元，比上年增长5.6%。

3. 物价水平

消费品价格稳中有涨。全年市区居民消费价格指数(CPI)为102.3，比上年扩大0.5个百分点。其中服务项目价格指数为103.6，消费品价格指数为101.4，商品零售价格指数为100.9。

4. 固定资产投资

固定资产投资小幅增长。全年固定资产投资完成4795.25亿元，比上年增长2.0%。分产业投向：第一产业投资9.05亿元，比上年下降11.4%，第二产业投资2048.65亿元，比上年增长7.0%，第三产业投资2737.55亿元，比上年下降1.4%。

（二）农业

农业生产小幅下降。全年粮食总产量59.16万吨，比上年下降18.1%。预计油料总产量8073吨，比上年下降6.5%，其中油菜籽6484吨，比上年下降5.6%；茶叶总产量6507吨，比上年下降3.0%；水果总产量17.62万吨，比上年略降0.4%。全年水产品产量12.67万吨，比上年略增1.2%。

种植业结构调整。全年粮食种植面积为94.06千公顷，比上年减少7.94千公顷；油料种植面积为3.65千公顷，比上年减少0.15千公顷；蔬菜种植面积45.90千公顷，比上年减少3.2千公顷；水果种植面积16.35千公顷，比上年增加0.41千公顷。

（三）工业和建筑业

工业生产保持稳定。全市规模以上工业企业实现增加值3075.49亿元，比上年增长5.8%。分经济类型看，国有企业总产值增长19.2%，集体企业总产值增长3.3%，股份制企业总产值增长3.2%，外商及港澳台商投资企业总产值增长4.6%，其他经济类型企业总产值下降10.5%。全市统计的284只主要工业产品中，产品产量比上年增长的有164只，占全市统计产品数的57.7%。在全市跟踪统计的22种重点产品中，有15种产品的产量实现增长。

工业效益稳步改善。全市规模以上工业实现主营业务收入14643.13亿元，比上年增长4.6%；工业产销率98.1%，比上年提高0.8个百分点；实现利润977.92亿元，比上年增长9.6%。

建筑业稳步发展。全年建筑业完成增加值369.68亿元，比上年增长4.3%；实现建筑业总产值633.52亿元，比上年增长5.3%。施工房屋建筑面积3313.48万平方米。2个建设工程项目获得鲁班奖，8个建设工程项目获江苏省优质工程奖“扬子杯”（房屋建筑工程），114个建设工程项目获无锡市“太湖杯”优质工程奖。

（四）服务业

1. 国内贸易

消费品市场平稳运行。全年实现社会消费品零售总额3119.56亿元，比上年增长9.6%。其中，批发和零售业零售额2880.94亿元，比上年增长9.4%，住宿和餐饮业零售额238.62亿元，比上年增长11.2%。按经营地统计，城镇社会消费品零售总额2671.95亿元，比上年增长10.0%；乡村社会消费品零售总额447.61亿元，比上年增长7.1%。在限额以上批发和零售业零售额中，汽车类增长6.3%；粮油、食品类增长3.6%；石油及制品类增长1.1%；中西药品类增长11.6%；家具类增长6.6%；文化办公用品类增长2.2%。

2. 交通、邮电业

交通运输能力提升。年末全社会拥有车辆176.9万辆，比上年增长6.4%。其中汽车158.5万辆，比上年增长11.5%。私人汽车拥有量年末达到133.8万辆，比上年增长13.8%。

客货运输基本稳定。全年完成客运量9025.56万人次，比上年增长1.4%；完成货运量15408.68万吨，比上年增长0.4%。全市港口吞吐量18815.07万吨，比上年下降5.3%。全年空港旅客吞吐量556.29万人次，比上年增长20.7%。

邮政通讯较快发展。全年邮电业务总量201.4亿元，发送函件3697万件。全年规模以上快递服务

企业业务量完成3.48亿件，比上年增长30.3%。率先建成国内高标准全光网城市，覆盖用户超过648.6万户，城域网出口带宽4.34T。建设4G基站累计达到22372个。年末移动电话用户864.62万户，其中4G手机用户达到547.76万户。固定互联网宽带接入用户275.47万户，移动互联网宽带接入用户699.74万户。

3. 旅游业

旅游业较快增长。全年共接待国内游客8586.03万人次，比上年增长6.7%；接待旅游、参观、访问及从事各项活动的入境过夜旅游者43.92万人次，比上年增长12.2%。旅游总收入达1555.62亿元，比上年增长12.0%。全市拥有年接待游客10万人以上的景区50个，国家5A级景区3家，国家4A级景区27家，3A级景区14家，2A级景区16家。省星级乡村旅游区（点）86个。年末全市星级宾馆已达42家，其中五星级宾馆13家，四星级宾馆11家。全市拥有旅行社189家，其中出境游组团社20家。

4. 金融、保险业和证券

金融信贷规模扩大。年末金融机构各项本外币存款余额达14612亿元，比上年增长10.9%；各项本外币贷款余额10517.75亿元，比上年增长10.4%。存款中，非金融企业存款余额6429.48亿元，比上年增长7.8%；住户存款余额4957.02亿元，比上年增长5.6%。贷款中，非金融企业及机关团体贷款8470.3亿元，比上年增长6.5%；住户贷款2043.62亿元，比上年增长30.9%。全年现金净投放313.85亿元。

保险业收入增长较快。全年实现保费收入316.68亿元，比上年增长17.3%。其中财产险收入86.01亿元，比上年增长6.0%；人寿险收入230.67亿元，比上年增长67.9%。保险赔款支出55.35亿元，比上年下降21.3%。保险给付支出24.94亿元，比上年增长19.7%。

证券交易市场稳定发展。全年证券市场完成交易额5.46万亿元，比上年增长2.1%。本年新增上市公司17家，累计111家；全市证券交易开户总数141.02万户，托管市值2933.2亿元，增长16.9%。年末全市共有证券公司2家，证券营业部132家。全年新三板企业挂牌105家，累计挂牌209家。

5. 房地产业

全年房地产业实现增加值527.49亿元，比上年增长8.4%。完成房地产开发投资1033.62亿元，比上年增长4.2%，商品房施工面积为5986.76万平方米，比上年下降9.1%，竣工面积1325.22万平方米，比上年增长12.3%。全年商品房销售面积1276.41万平方米，比上年增长29.3%，商品房销售额1108.03亿元，比上年增长42.7%。

（五）开放型经济

1. 对外贸易

对外贸易实现正增长。按美元计，全年实现对外贸易进出口总额698.05亿美元，比上年增长2.0%。其中，进口总额268.95亿美元，比上年增长2.5%；出口总额429.10亿美元，比上年增长1.6%。一般贸易实现出口额232.67亿美元，总量占比达54.2%。按人民币计，全年实现对外贸易进出口总额4610亿元，比上年增长8.5%。其中，进口总额1777.73亿元，比上年增长9.1%；出口总额2832.26亿元，比上年增长8.1%。

2. 利用外资

利用外资结构优化。全年批准外资项目354个，协议注册外资44.83亿美元，下降19.0%。到位注册外资34.13亿美元，增长6.3%。制造业利用外资占到位注册外资比重达到66.3%，全年完成协议注册外资超3000万美元的重大外资项目45个。至2016年底全球财富500强企业中有96家在无锡市投资兴办了182家外资企业。

3. 服务外包产业

服务外包产业快速增长。全市服务外包产业接包合同总额122.4亿美元，比上年增长23.4%，执行金额 102.9 亿美元，比上年增长 24.6%；离岸合同总额 80.9 亿美元，比上年增长 23.2%，离岸执行金额 65.1 亿美元，比上年增长 22.8%。

4. 对外经济合作势头良好

全年备案投资项目 142 个，中方协议投资额达到 20.97 亿美元，比上年增长 20%，其中 1000 万美元以上项目 42 个。

二、无锡市 2016 年社会发展概况

（一）人口、人民生活

人口规模逐步扩大。年末全市户籍人口 486.20 万人，比上年增长 1.1%。全年出生人口 44836 人，出生率 9.2‰；死亡人口 31253 人，死亡率 6.4‰，人口自然增长率为 2.79‰。户籍人口城镇化率 74.88%。年末全市常住人口 652.90 万人，比上年增长 0.28%，其中城镇常住人口 494.9 万人，比上年增长 0.8%，常住人口城镇化率 75.8%。

居民收入不断提高。全体居民人均可支配收入 42757 元，比上年增长 8.4%。城镇常住居民人均可支配收入 48628 元，比上年增长 7.8%。农村常住居民人均可支配收入 26158 元，比上年增长 8.3%。全体居民人均消费支出 27932 元，比上年增长 7.6%，城镇常住居民人均消费支出 31438 元，比上年增长 6.7%。农村常住居民人均生活消费支出 18463 元，比上年增长 12.1%。

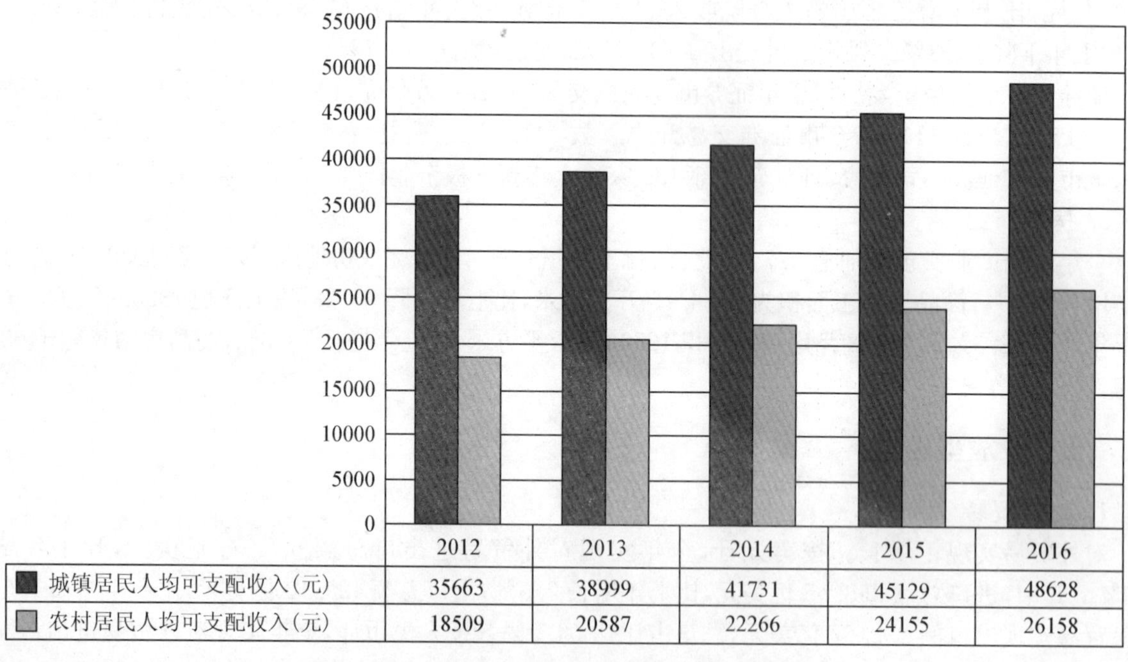

	2012	2013	2014	2015	2016
城镇居民人均可支配收入（元）	35663	38999	41731	45129	48628
农村居民人均可支配收入（元）	18509	20587	22266	24155	26158

图 3　2012—2016 年无锡市城乡居民收入对比一览

（二）就业与社会保障、福利

1. 就业

就业和再就业持续推进。全年城镇新增就业 14.9 万人，其中：各类城镇下岗失业人员实现就业再就业 6.28 万人，援助就业困难人员再就业 1.94 万人。全市城镇登记失业率为 1.85%。

2. 社会保障

社会保障逐步完善。全市企业职工基本养老保险人数达到 239.96 万人，扩面 5.95 万人。全市参

加城镇职工基本医疗保险人数达到 314.53 万人,扩面 5.17 万人。全市参加失业保险职工人数为 204.25 万人,扩面 3.29 万人。全市参加工伤保险人数 198.54 万人,扩面 3.3 万人。全市参加生育保险人数 199 万人,扩面 3.3 万人。市区月低保标准提高至 760 元。年末在领失业保险金人数为 3.98 万人。

社会福利事业全面推进。城乡居民最低生活保障对象 29027 人;全年共发放低保金 1.65 亿元。实施城乡医疗救助 21.8 万人次,支付救助金 6045.04 万元;实施临时救助 44902 人次,发放救助金 4573.79 万元。全市重点优抚对象 6103 人。保障性安居工程建设有序推进,全市新开工保障性住房 12784 套,基本建成 9508 套。

(三) 教育和科学技术

1. 教育事业

教育事业全面发展。全市共有普通高校 12 所。普通高等教育本专科招生 3.23 万人,在校生 10.7 万人,毕业生 3.22 万人;研究生教育招生 0.22 万人,在校生 0.67 万人,毕业生 0.18 万人。全市中等职业教育在校生达 6.61 万人。九年义务教育巩固率 100%,高中阶段教育毛入学率 100%,普及高中阶段教育。特殊教育招生 248 人,在校生 1118 人。全市共有幼儿园 383 所,比上年增加 13 所;在园幼儿 18.2 万人,比上年增加 1.2 万人。

2. 科学技术

科技人才不断强化。全市共有国家级工程技术研究中心 6 家,国家、省级高技术研究重点实验室 10 家,国家级国际合作基地 10 家,省级外资研发中心 41 家,省级国际技术转移中心 8 家。当年入选国家"千人计划"5 人,累计培育国家"千人计划"专家 84 人,目前全市共有"千人计划"人才 241 人。

科技产出水平上升。全市高新技术产业产值占规模以上工业总产值比重达到 43.4%,比上年提高 1.1 个百分点。截止到 2016 年底有效期内高新技术企业 1638 家。省级高新技术产品 1072 个。

科技创新成效明显。全市发明专利申请量达 32610 件,比上年增长 34.8%;发明专利授权量达 5583 件,比上年增长 1.9%。全市获国家、省科技计划到位经费 6.45 亿元,比上年增长 32.1%,其中获国家科技经费 1.06 亿元。

质量检验能力增强。全市共有国家级产品质量监督检查中心 12 个,国家级型式评价实验室 1 个,国家级检测重点实验室 7 个,国家级产业计算测试中心 1 个,全年省级监督抽查无锡市产品 719 批次,强制性产品认证获证企业 6729 家,法定计量技术机构 3 家,强制检定计量器具 70 万台(件),全年新增主导和参与制修订国际、国家、行业标准 98 项。

(四) 文化、卫生和体育

1. 文化事业

文化事业和文化产业持续推进。年末共有艺术表演团体 57 个,文化馆 8 个,公共图书馆 8 个,文化站 80 个,博物(纪念)馆 61 个。全市人民广播电台节目 8 套,电视台节目 10 套,无锡有线电视总用户已达 152.49 万户。电视人口总覆盖率和广播人口覆盖率均达 100%。全市档案馆 10 个,已向社会开放档案 15.77 万卷(件、册)。

2. 卫生事业

卫生事业健康发展。全市拥有卫生医疗机构 2309 个,其中综合医院 82 家,社区卫生服务中心(卫生院)89 家,社区卫生服务站(村卫生室)710 家,护理院 15 家,疗养院 7 家。年末全市共有卫生技术人员 4.75 万人,其中执业(助理)医师 1.81 万人;拥有医疗床位 3.98 万张,其中医院、社区卫生服务中心(卫生院)3.85 万张。全市实际参合农民 54.16 万人,人口覆盖率 100%。全市各级医疗机构全年完成诊疗 5145.58 万人次,比上年增长 2.9%。

3. 体育事业

体育事业有序发展。全市新增公共体育设施面积 22.86 万平方米，新增各级社会体育指导员 1300 人。国民体质总体达标率达 96.34%。成功举办无锡国际马拉松赛、环太湖国际公路自行车赛、亚洲击剑锦标赛等一批大型国际赛事。全年无锡籍运动员在全国以上各级各类比赛中共取得 46 个冠军，其中 2 人获 4 项世界冠军。全市体育彩票销售达到 26.09 亿元，增长 14.6%。

（五）城乡建设

制定实施城市现代化和城乡发展一体化规划，常住人口城镇化率由 72.2%提高到 75.8%，建成区面积由 289 平方千米增加到 332 平方千米。着力推进太湖新城、锡东新城、惠山新城、马山国际旅游岛、古运河风光带等重点区域建设，一批重点项目建成投运。推进中心城区更新改造，实施棚户区（危旧房、城中村）改造 127 万平方米，整治提升旧住宅区 1104 万平方米。市区拆除违法违章建筑 130 万平方米，完成 115 条主要道路包装出新和 478 个背街小巷综合治理。城市给排水设施不断完善，全市污水管网由 7904.79 千米增加到 8724.25 千米，主城区生活污水集中处理率达 95%以上，供水设施覆盖率达 100%，城市再生水利用率由 32%提高到 33%。积极推进市域重大交通基础设施建设，京沪高铁、宁杭高铁无锡段、新锡澄路惠山段、望虞河大桥建成，完成锡澄运河江阴及惠山段航道整治，无锡（江阴）港跻身亿吨大港，苏锡常南部高速公路建设启动。完善公共交通体系，地铁 1、2 号线建成投运，1 号线工程获国家优质工程“金奖”，3 号线一期、1 号线南延线工程开工建设，市区公交分担率达 28.2%，镇村公交覆盖率保持在 100%，成为全国首批“绿色交通城市”。城市防洪排涝能力不断提高，走马塘工程建成通水。深入推进美丽乡村建设，“三星级康居乡村”和“江苏最美乡村”数量居全省前列。丁蜀镇入选第一批“中国特色小镇”。智慧城市建设持续推进，成为全国首个高标准全光网城市，在全国智慧城市发展水平评选中连续四年名列前茅。

（六）资源、环境和绿化

用地分配更趋务实。全年全市国有建设用地供应总量 2085.95 公顷，比上年增长 11.6%，其中，工矿仓储用地 599.36 公顷；房地产用地 372.08 公顷，基础设施等其他用地 1114.51 公顷。

水资源得到充分利用。预计，年末全市水资源总量 62.9 亿立方米，比上年增长 43.9%，全年总用水量 26.59 亿立方米，比上年下降 0.2%。其中，生活用水增长 0.1%，工业用水（不含火电用水）下降 0.5%，农业用水下降 6.8%，生态补水下降 0.4%。

环境保护力度加大。预计，全市 PM2.5 年均浓度较上年下降 13.1%。环境空气质量优良天数比例为 66.9%，集中式饮用水源地水质达标率 100%，全市功能区昼间和夜间噪声达标率分别为 87% 和 80%。

城市绿化不断提升。年内市区新增绿地面积 200 公顷，人均公园绿地面积 14.91 平方米，建成区绿化覆盖率达到 42.98%。

（七）生产安全

安全生产“双下降”。全年发生各类事故 833 起，死亡 394 人。亿元 GDP 生产安全事故死亡率 0.043 人/亿元。

三、无锡市在泛长三角地区经济发展中的地位

2016 年是“十三五”的开局之年，全市上下全面贯彻落实省、市党代会精神，以“产业强市”为突破口，认真贯彻新发展理念，主动适应引领发展新常态，全力推进供给侧结构性改革，统筹做好稳增长、促改革、调结构、惠民生、优生态、防风险等各项工作，全市经济运行呈“总体平稳，稳中有进，稳中向好”的积

极态势。

(一) 地区生产总值

2012—2016 年无锡市地区生产总值在泛长三角地区所占比重为 5.90%、5.77%、5.39%、5.24%和 5.16%，总体是下降态势。2016 年所占比重较 2015 年下降了 0.08 个百分点，较 2012 年下降了 0.74 个百分点。2016 年无锡市地区生产总值在泛长三角地区 41 个市中排名第 5 位，与去年保持一致。

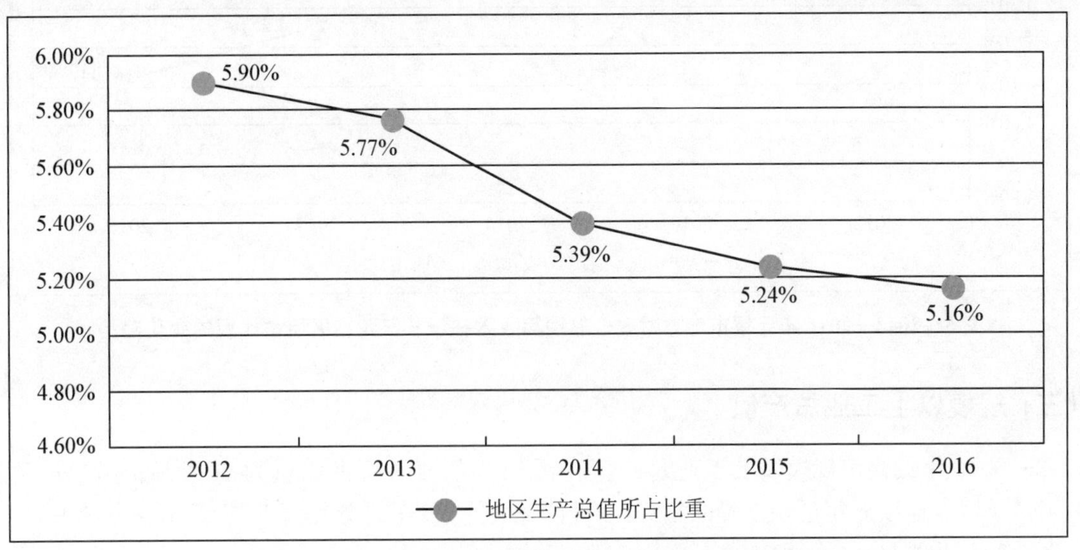

图 4　2012—2016 年无锡市地区生产总值在泛长三角地区
(苏浙两省 24 个地级市、安徽 16 个地级市和上海市，下同)所占比重的变化趋势

2016 年，全年实现地区生产总值 9210.02 亿元，比上年增长 7.5%，较 2015 年提高 0.4 个百分点，分产业看，第一产业增加值 135.19 亿元，比上年下降 2.4%，第二产业增加值 4346.78 亿元，比上年增长 6.8%，第三产业增加值 4728.05 亿元，比上年增长 8.6%。人均地区生产总值突破 14 万元，达到 14.13 万元，较上年增加 1 万多元，可比价增长 7.3%，远高于全省(9.53 万元)和全国(5.40 万元)，继续保持在全省前列，无锡人均 GDP 已经迈入高收入地区行列。值得一提的是，居民人均可支配收入 42757 元，较上年增长 8.4%，居民"钱袋子"增速跑赢 GDP。

(二) 地方财政一般预算收入

2012—2016 年无锡市地方财政一般预算收入在泛长三角地区所占比重为 4.74%、4.38%、4.51%、4.25%和 4.12%，2016 年较 2012 年减少了 0.62 个百分点。2016 年无锡市地方财政一般预算收入在泛长三角地区 41 个市中排名第 6 位。

2016 年，面对复杂严峻的经济形势和全面"营改增"给无锡全市收入征管工作带来的巨大挑战，在全市各级财税部门认真贯彻落实中央和省财政部门各项决策部署，稳中求进，迎难而上，科学理财、统筹兼顾，主动适应经济发展新常态，加快推进供给侧结构性改革，全力抓好稳增收、促改革、减税负等各项工作，全年财税收入组织工作顺利收官。

2016 年，无锡市累计完成一般公共预算收入 875 亿元，同比增长 5.4%，全省排名第 3 位。其中，实现税收收入 706.04 亿元，增长 5.7%，税收收入占一般公共预算收入的比重为 80.7%，全省排名第 4 位。无锡市一般公共预算收入不仅顺利实现争先进位，超额完成市人代会目标。一般公共预算支出 867.66 亿元，同比增长 5.6%，支出更多投向民生领域，医疗卫生与计划生育支出同比增长 9.4%，教育支出同比增长 7.5%，节能环保支出同比增长 12.6%。

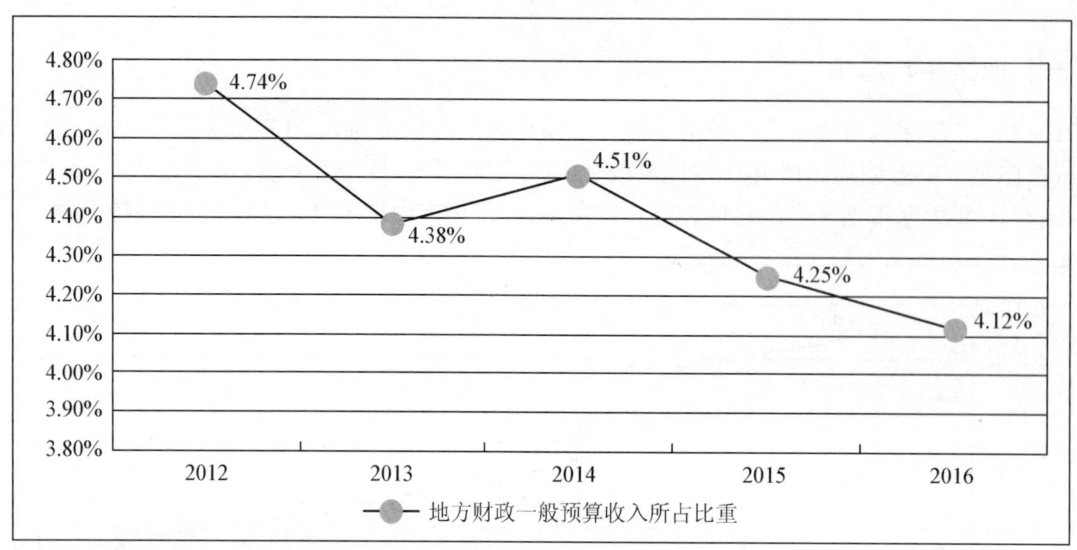

图 5　2012—2016 年无锡市地方财政一般预算收入在泛长三角地区所占比重的变化趋势

（三）规模以上工业总产值

2012—2016 年无锡市规模以上工业总产值在泛长三角地区所占比重为 6.07%、5.71%、5.20%、5.11%和 4.81%，连续五年呈现下降的趋势，累计降幅为 1.26 个百分点。2016 年无锡市规模以上工业总产值在泛长三角地区 41 个市中排名第 5 位，较去年下降了 2 位。

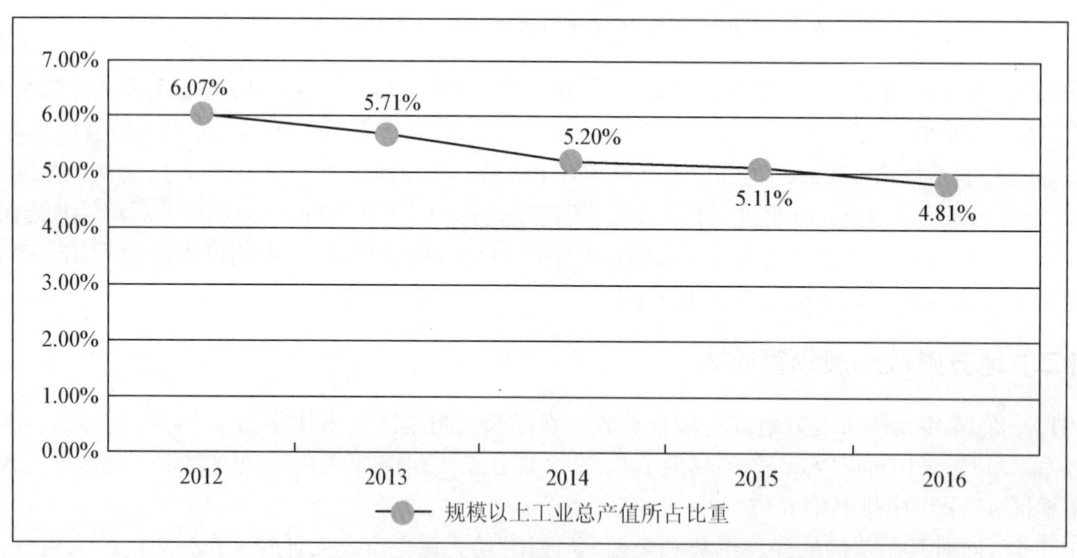

图 6　2012—2016 年无锡市规模以上工业总产值在泛长三角地区所占比重的变化趋势

2016 年，全市规模工业总产值突破 1.5 万亿，达到 15084.26 亿元，同比增长 3.8%，增速比上年回升了 2.0 个百分点，完成规模以上工业增加值 3075.49 亿元，同比增长 5.8%，增速比上年回升了 1.4 个百分点。其中高技术产业完成产值 2580.36 亿元，同比增长 6.4%，增速高于规模以上工业 2.6 个百分点，占规模工业比重为 17.1%，同比提高 0.7 个百分点。全年规模工业产销率 98.1%，规模以上工业实现出口交货 2799.57 亿元，比上年增长 2.1%，由负转正趋势向好，企业效益明显改善，全市规模以上工业实现利润总额 977.92 亿元，同比增长 9.6%，比上年提高了 7.6 个百分点。规模以上工业主营业务收入利润率为 6.23%，同比提高 0.52 个百分点。在产业强市主导战略确立实施的一年中，全市现代产业发展

工作取得了积极成效，多项数据领跑全省。2016 年，全市工业投入增长 7%左右；规模以上工业总产值、增加值分别增长 3%、5.7%。主要指标好于上年同期，部分指标省内领先。与此同时，高新技术产业产值占规模以上工业总产值比重达 43.6%，同比提高 2 个百分点；全社会研发投入占比达 2.82%，万人有效发明专利拥有量 31.4 件，全市科技进步贡献率达 63%。

（四）进出口总额

2012—2016 年无锡市进出口总额在泛长三角地区所占比重为 5.30%、5.12%、5.17%、4.91%和 5.27%，2016 年逆势大幅上扬，2016 年上年增加了 0.36 个百分点。2016 年无锡市进出口总额在泛长三角地区 41 个市中排名第 4 位，排名较靠前。

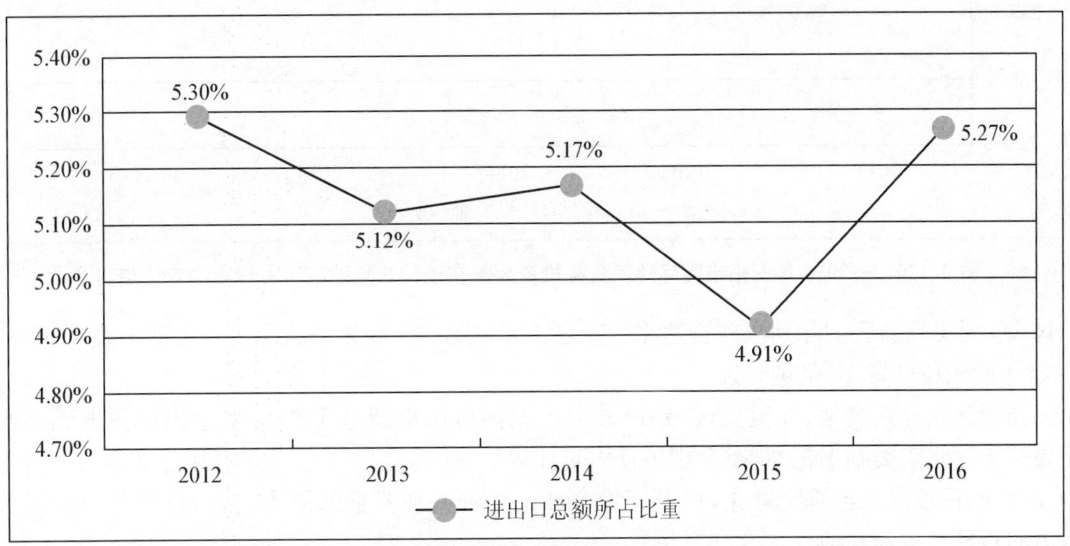

图 7　2012—2016 年无锡市进出口总额在泛长三角地区所占比重的变化趋势

2016 年，全市实现进出口总额 698.05 亿美元，同比增长 2.0%，较上年回升了 9.7 个百分点；其中出口总额为 429.10 亿美元，同比增长 1.6%，较上年回升了 6.1 个百分点，进口总额为 268.95 亿美元，同比增长 2.5%，较上年回升了 14.9 个百分点，进出口、出口、进口增长自 11 月起均浮出水面。从贸易方式看，一般贸易实现出口总额 232.67 亿美元，比上年提高 6.6%；加工贸易实现出口总额 172.63 亿美元，同比下降 4.8%，一般贸易出口增长快于加工贸易 11.4 个百分点，一般贸易出口总额占出口总额比重 54.2%，比上年提高 2.5 个百分点。

全市进出口值以同比 4%的跌幅起步；3 月起，累计降幅逐月收窄，全年前低后高、呈增幅逐季扩大趋势，最终以实现美元计价“正增长”收官。而以人民币计价，去年全市进出口同比增幅 8.5%，不仅高于全省平均水平 9.2 个百分点，还高于苏州、南京、南通和常州等其他主要外贸城市。深耕本地的存量外资企业，通过总部化经营、加工贸易转型升级等动作，为外贸增长助了一臂之力。随着阿斯利康中国物流中心开业，无锡成为阿斯利康中国市场生产、物流和销售的枢纽，8 月逐步投产以来，对医药品出口增长拉动作用显现，2016 年医药品出口同比增长 113%。而受希捷集团内部产能转移等影响，2016 年共出口硬盘 90 亿元，同比增长 60%。此外，招商引贸持续展开，悉心培育新兴增量，中小微企业成为外贸阵营中的活力因子。阿里巴巴一达通去年 6 月底在锡完成工商注册，当月实现出口实绩，到去年底已服务中小微外贸企业近千家，实现出口金额近 1 亿美元。

（五）实际外商直接投资金额

2012—2016 年无锡市实际外商直接投资金额在泛长三角地区所占比重为 5.52%、4.46%、3.89%、

4.36%和4.43%，2015年以来止跌上扬，2016年与上年比增加了0.07个百分点，较2012年下降了1.09个百分点。2016年无锡市实际外商直接投资金额在泛长三角地区41个市中排名第6位。

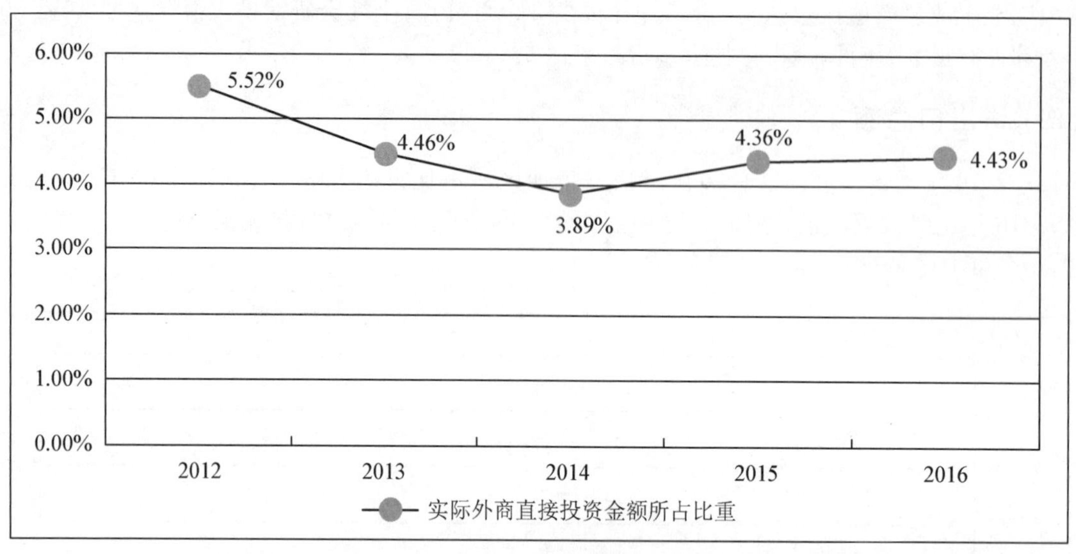

图8 2012—2016年无锡市实际外商直接投资金额在泛长三角地区所占比重的变化趋势

2016年，无锡高新区实际到账外资达12.64亿美元，成立24年来首次名列江苏省开发区第一，连续10年保持年度到位外资10亿美元以上。

无锡高新区是外资高地、外贸大区，到位外资占无锡市比重超过1/3，外贸进出口占据无锡半壁江山。无锡高新区党工委副书记、管委会副主任洪延伟表示，无锡高新区发挥在国际经济竞争与合作方面的优势和潜能，深度融入经济全球化，提升配置全球市场资源和要素的能力，努力打造具有国际影响力和竞争力的对外开放新高地。

通过深化高端制造业国际合作，引进在全球价值链中处于中高端、与本地优势产业结合紧密的制造业重大项目，极大提升了无锡高新区的产业发展水平。截至2016年年底，高新区累计到位外资196.82亿美元，外商投资企业1000余家，形成了高端装备制造业和微电子、物联网、新能源、生物医药、软件服务外包、航空产业等六大新兴产业。

在外资利用规模创历史新高的背后，总部经济成为助推器。目前，高新区拥有各类外资企业总部超过60家，其中经省级认定的“跨国公司地区总部和功能性机构”18家，涌现出卡特彼勒、普利司通、江森自控等一批专业性强、档次高、发展潜力足的技术研发中心。2016年这些研发中心完成技术出口合同50份，预计可形成2.5亿美元的技术出口额，同比增幅超过20%。

四　徐州市 2016 年经济社会发展报告

2016 年，面对错综复杂的经济形势和艰巨繁重的振兴转型任务，全市上下认真贯彻落实党的十八大和十八届三中、四中、五中、六中全会精神，主动适应引领新常态，认真践行五大发展理念，着力推进供给侧结构性改革，与时俱进抓好各项重点工作，全市经济运行呈现稳中有进、稳中向好的发展态势，转型升级步伐加快，改革开放日益深化，民生事业持续进步，经济社会发展迈上新台阶。

一、徐州市 2016 年经济发展概况

（一）综合经济

1. 经济总量

2016 年，全市实现地区生产总值（GDP）5808.52 亿元，按可比价计算，较上年增长 8.2%。其中，第一产业增加值 542.89 亿元，增长 1.9%；第二产业增加值 2513.85 亿元，增长 8.7%；第三产业增加值 2751.78 亿元，增长 9.1%。人均 GDP 达 66845 元，较上年增长 7.7%。全社会劳动生产率持续提高，全年平均每位从业人员创造的增加值达 120160 元，比上年增加 9812 元。

产业结构持续优化。全市三次产业结构调整为 9.3 : 43.3 : 47.4，第三产业增加值比重较上年提高 1.2 个百分点，超过二产 4.1 个百分点。全年实现高新技术产业产值 5177.46 亿元，同比增长 16.7%，占规模以上工业总产值比重为 36.7%，较上年提高 0.5 个百分点；高耗能产业产值增长 10.9%，增速低于规模以上工业 4.1 个百分点，占规模以上工业产值比重下降 1.2 个百分点。

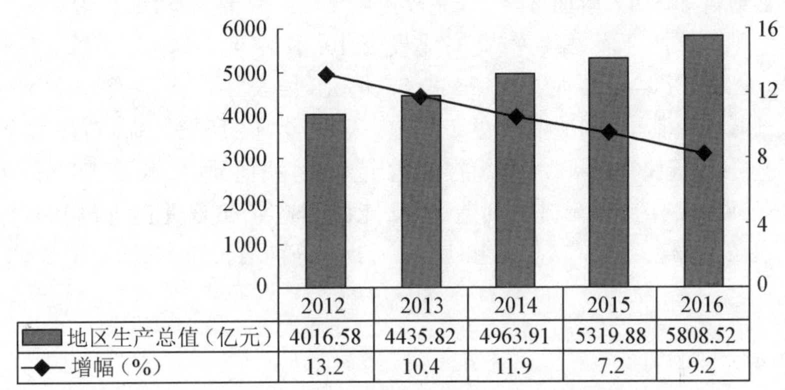

	2012	2013	2014	2015	2016
地区生产总值（亿元）	4016.58	4435.82	4963.91	5319.88	5808.52
增幅（%）	13.2	10.4	11.9	7.2	9.2

图 1　2012—2016 年徐州市地区生产总值及增长速度

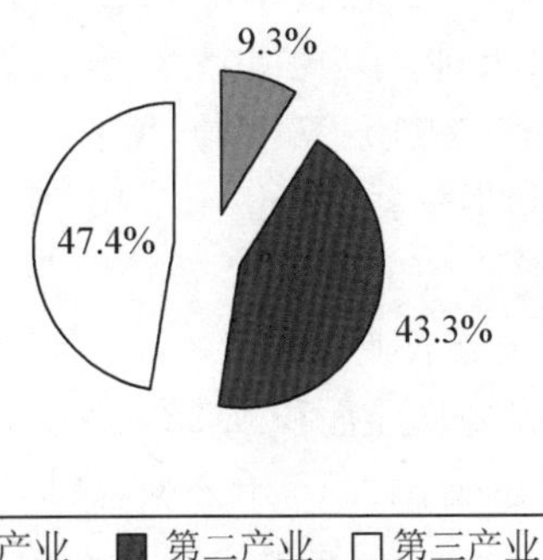

图 2　2016 年徐州市三次产业结构图

2. 财政收支

财税收入缓中趋稳。全年完成一般公共预算收入516.06亿元，按同口径计算比上年增长6.1%；其中，完成税收收入390.31亿元，占一般公共预算收入比重为75.6%。国税、地税和财政部门分别实现一般公共预算收入98.23亿元、325.07亿元和92.77亿元。占税收收入86.3%的营业税、增值税、土地增值税、契税、城市维护建设税和企业所得税六大主体税种分别实现税收收入104.69亿元、82.64亿元、48.73亿元、33.33亿元、29.40亿元和25.93亿元。

财政支出结构不断优化。全年一般公共预算支出798.89亿元，比上年增长6.2%。其中，教育支出161.53亿元，增长9.1%；社会保障和就业支出88.02亿元，增长30.4%；医疗卫生与计划生育支出60.41亿元，增长3.0%；住房保障支出25.0亿元，增长4.4%；城乡社区事务支出125.21亿元，增长16.8%；节能环保支出19.87亿元，下降4.5%；农林水事务支出116.56亿元，下降11.0%。

3. 物价指数

价格指数温和上涨。全市城市居民消费价格总水平较上年上涨2.3%，涨幅较上年提高0.8个百分点。全年工业品出厂价格指数上涨0.1%；工业品购进价格指数上涨1.4%，涨幅较上年提高1.1个百分点。

4. 固定资产投资

固定资产投资较快增长。全年完成固定资产投资4797.33亿元，较上年增长12.5%，其中项目投资完成4248.20亿元，增长11.9%。在项目投资中，国有经济控股投资809.60亿元，增长6.0%；外商及港澳台商投资企业完成投资169.59亿元，增长30.2%；民间投资3335.78亿元，增长13.0%，占固定资产投资比重达78.5%，其中私营企业完成投资2701.66亿元，增长34.4%。基础设施投资844.43亿元，增长6.5%。全市亿元以上在建项目951个，比上年增加378个，完成投资额2322.60亿元，增长32.7%。其中亿元以上新开工项目658个，增加233个，完成投资1417.07亿元，增长13.7%。

投资结构持续优化。分产业看，第一产业完成投资40.37亿元，比上年下降17.5%；第二产业投资2668.61亿元，增长14.3%；第三产业投资2088.35亿元，增长10.9%。第二产业投资中，工业投资2664.93亿元，增长15.4%，其中，制造业投资2415.91亿元，增长16.7%；高新技术产业投资664.30亿元，增长12.6%，占全市投资比重达13.8%。技改投资818.39亿元，增长35.9%。航空航天器及设备制造业、计算机及办公设备制造业、新材料制造业、新能源制造业和软件业等高新技术产业投资分别为7.40亿元、3.0亿元、142.03亿元、40.97亿元和18.01亿元，分别增长111.2%、84.2%、44.6%、325.5%和24.3%。

（二）农业和农村建设

农业生产保持稳定。全市实现农林牧渔业总产值1046.76亿元，按可比价计算，比上年增长1.7%。全年粮食总产量469.16万吨，下降0.4%，粮食亩产423.9公斤，减少2.5公斤；其中夏粮产量203.28万吨，增长0.3%；秋粮产量265.88万吨，下降1.0%。棉花总产量2.07万吨，下降20.5%；油料产量13.45万吨，增长20.1%；园林水果产量110.07万吨，增长1.5%；蚕茧产量3674吨。全年成片造林面积3.73千公顷，下降8.0%。全年猪牛羊禽肉产量101.05万吨，增长8.4%；禽蛋产量46.90万吨，下降18.8%。水产品产量18.88万吨，增长0.5%。

现代农业加快推进。全年新增设施农业面积7.07千公顷，设施农业面积累计达141.8千公顷，占全市耕地面积比重达25.9%；新增设施渔业面积0.23千公顷，累计达6.65千公顷，比上年增长3.5%；新建高标准农田24.6千公顷，累计建成312.15千公顷，高标准农田比重达到51.3%，比上年提高4.0个百分点。新增有效灌溉面积9.87千公顷，累计达521.30千公顷；新增节水灌溉面积17.1千公顷，累计达319.36千公顷；年末农业机械总动力712.33万千瓦，比上年增长4.1%，农业生产机械化水平达81.0%。

农业生产方式不断革新。新增国家级农业龙头企业 2 家、新增市级农业龙头企业 34 家、年产值超 3 亿元的农业企业 6 家。市级以上农业龙头企业销售收入 1310 亿元，同比增长 8.6%；带动农户 206.9 万户，同比增长 8.9%。搭建一批农产品产销对接平台，年末全市共有 21 个省级电子商务示范村、8 个示范镇。全年秸秆还田面积达 812 万亩，综合利用率达 92%以上；累计建设秸秆收储中心和临时堆放点 1187 处，年收储能力达 100 万吨。全市土地承包经营权流转面积达 370 万亩，家庭农场、农民合作社分别达到 5180 家和 1.58 万个，农村产权交易市场建设进展顺利。

（三）工业和建筑业

工业生产稳中有升。全年规模以上工业增加值比上年增长 9.8%，其中轻工业增长 9.0%，重工业增长 10.3%。分经济类型看，国有工业增加值增长 9.4%；股份制工业增长 10.7%；外商及港澳台投资工业增长 4.2%；国有控股工业下降 6.5%，民营工业增长 13.9%。重点培育的六大千亿元产业产值达 12442.09 亿元，增长 15.1%，占规模以上工业总产值比重达到 88.2%。其中，装备制造业、食品与农副食品加工业、煤盐化工业、冶金业和建材业分别增长 17.7%、18.8%、14.5%、10.0%和 20.2%；能源业下降 7.6%。工业产品销售率达到 98.1%。

产业结构向中高端攀升。规模以上工业企业中先进制造业产值保持较快增长。其中，医药制造业实现产值 601.30 亿元，同比增长 10.7%；仪器仪表制造业 761.70 亿元，增长 26.4%；计算机、通信和其他电子设备制造业 397.79 亿元，增长 9.9%；专用设备制造业 541.96 亿元，增长 22.9%；电气机械和器材制造业 945.84 亿元，增长 18.5%；汽车制造业 84.12 亿元，增长 32.2%。工业机器人产量增长 70.2%，太阳能电池增长 20.0%。

企业效益总体稳定。全市规模以上工业企业实现主营业务收入 13866.05 亿元，比上年增长 14.9%；利税 1980.55 亿元，增长 11.9%；利润 1106.16 亿元，增长 13.3%。企业亏损面为 3.5%，较上年收窄 1.3 个百分点；亏损企业亏损额下降 49.9%。规模以上工业企业营业收入利润率和成本费用利润率分别为 7.5%和 8.2%。

建筑业发展态势平稳。年末全市资质以上建筑企业达 455 家，比上年增加 25 家；全年实现建筑业总产值 1387.79 亿元，比上年增长 2.0%。全年房屋建筑施工面积 11880.35 万平方米，增长 1.4%，其中新开工面积 5371.02 万平方米。全年建筑业竣工产值 1164.20 亿元，增长 4.1%。

（四）服务业

1. 国内贸易

消费品市场平稳增长。全年实现社会消费品零售总额 2659.39 亿元，比上年增长 12.8%。按经营单位所在地分，城镇消费品零售额 2192.97 亿元，增长 12.3%；乡村消费品零售总额 466.41 亿元，增长 15.1%。按消费形态分，批发业实现零售额 428.30 亿元，增长 13.2%；零售业零售额 2005.22 亿元，增长 12.1%；住宿业 42.10 亿元，增长 8.8%；餐饮业 183.77 亿元，增长 19.9%。在限额以上单位中，粮油食品类、饮料类、服装鞋帽针纺织品类和日用品类商品分别实现零售额 273.7 亿元、27.6 亿元、172.1 亿元和 83.2 亿元，分别增长 24.5%、18.6%、16.5%和 17.6%；五金电料类、家具类和建筑及装潢材料类商品分别实现零售额 103.7 亿元、43.9 亿元和 201.0 亿元，分别增长 18.9%、19.7%和 21.1%；文化办公类、体育娱乐用品类分别实现零售额 43.5 亿元和 6.8 亿元，分别增长 16.0%和 13.6%；石油及制品类、汽车类分别实现零售额 79.8 亿元和 407.3 亿元，分别增长 14.1%和 14.7%。

2. 交通、邮电

交通运输业基本平稳。全市年末公路总里程 16277.36 千米，其中高速公路 458.57 千米。完成公路货运量 17586 万吨，比上年增长 4.0%。水运货运量 5801 万吨，增长 2.6%。分别完成公路、水运货物周转量 445.12 亿吨千米和 212.37 亿吨千米，分别增长 4.0%和 9.2% 。完成公路旅客运输量 1.32 亿人次，公路旅客周转量 78.62 亿人千米，分别下降 1.0%和 1.3%。完成港口吞吐量 9122.14 万吨，增长 1.0%，公路水路国际标准集装箱吞吐量达 11.40 万标箱，增长 1.6%。年末输油管道 6548 千米，管道货物运输量 13828 万吨，管道货物周转量 642.24 亿吨千米。观音机场航空旅客运输量 148.71 万人次，增长 12.8%；航空货物运输量 9088.1 万吨，增长 29.1%。年末铁路营业里程 488.80 千米，铁路正线延展长度 949.09 千米，全年完成铁路客运量 4629.94 万人，货运量 3342.08 万吨。年末民用汽车保有量 101.61 万辆，比上年末增长 13.9%，本年净增 18.53 万辆；年末私人汽车保有量 92.64 万辆，增长 21.4%，净增 16.34 万辆，其中，私人轿车保有量 56.29 万辆，增长 21.7%，净增 10.03 万辆。

邮政电信快速发展。邮政行业业务总量 39.30 亿元，增长 63.1%；邮政行业业务收入 23.77 亿元，增长 37.2%。电信业务总量 207.39 亿元，增长 64.1%；电信业务收入 60.78 亿元，增长 7.0%。年末固定电话 115.78 万户，比上年末减少 22.72 万户；移动电话用户 762.01 万户，比上年末增加 5.57 万户。年末互联网宽带接入用户 227.04 万户，新增 46.95 万户。

3. 旅游业

旅游业较快增长。全年接待境内外游客 4518.89 万人次，比上年增长 12.7%；实现旅游总收入 572.74 亿元，增长 16.4%。接待入境过夜旅游者 3.41 万人次，增长 1.0%。其中，外国人 2.53 万人次，增长 1.9%。旅游外汇收入 3938.36 万美元，增长 2.0%。接待国内游客 4515.48 万人次，增长 12.7%，实现国内旅游收入 565.90 亿元，增长 16.4%。云龙湖、大龙湖景区分别获批国家 5A 级旅游景区、省级旅游度假区。

4. 金融、证券和保险

金融信贷规模稳步扩大。年末全市金融机构人民币存款余额 5495.31 亿元，比年初增加 748.30 亿元，比上年末增长 15.8%。其中，住户存款 3090.21 亿元，增长 11.1%；非金融企业存款 1408.89 亿元，增长 21.1%。年末金融机构贷款余额 3620.21 亿元，比年初增加 550.07 亿元，比上年末增长 17.9%。其中，住户贷款 1231.35 亿元，增长 25.8%；非金融企业及机关团体贷款 2388.76 亿元，增长 14.2%。按贷款期限分，中长期贷款 1862.88 亿元，增长 34.8%；短期贷款 1370.76 亿元，下降 5.2%。

证券业务平稳发展。年末全市共有证券公司 3 家，证券营业部 29 家；期货经纪公司 1 家，期货营业部 6 家。全市 A 股账户数 110.03 万个，比上年末增长 25.9%；资金账户数 61.28 万个，增长 25.8%。全年累计证券交易额为 10861.83 亿元，指定与托管市值 581.93 亿元，期货经营机构累计交易金额 4461.39 亿元。

资本市场作用凸显。年末全市境内上市公司 11 家，上市公司通过首发、配股、增发、可转债、公司债在上海、深圳、香港证券交易所累计募集资金 430.84 亿元，比上年增长 20.4%；当年新增募集资金总额 73.0 亿元，增长 17.7%。上市公司总股本 132.69 亿股，增长 10.7%；市价总值 1014.66 亿元，增长 1.2%。新增“新三板”挂牌企业 11 家，累计达 20 家。新增债券融资 226 亿元，比上年多增 79.5 亿元。新增股权交易挂牌企业 155 家，累计达到 281 家，累计融资 3.6 亿元。

保险业健康平稳运行。新增保险机构 2 家，年末保险机构 59 家，各类分支机构 148 家。全年实现保费收入 166.43 亿元，比上年增长 30.2%。其中，财产险收入 50.09 亿元，增长 17.2%；寿险收入 116.34 亿元，增长 36.7%；健康险和意外伤害险收入 6.37 亿元，增长 30.3%。全年保险赔款和给付支出 52.68 亿元，比上年增长 24.8%；其中赔付额 28.06 亿元，增长 18.7%。在赔付额中，财产险赔付 24.44 亿元，增长 18.4%；寿险赔付 3.62 亿元，增长 20.0%；健康险和意外伤害险赔付 3.20 亿元，增长 63.3%。保险深度、保险密度分别为 2.9%和 1911 元/人。

5. 房地产业

房地产市场企稳回升。全年房地产开发投资 549.13 亿元，比上年增长 16.8%。其中，住宅开发投资 415.04 亿元，增长 22.5%；商业营业用房投资 84.77 亿元，增长 11.2%；办公楼投资 25.52 亿元，下降 7.0%。全年商品房施工面积 4290.41 万平方米，增长 12.4%；新开工面积 1309.92 万平方米，增长

22.0%;竣工面积601.79万平方米,下降10.4%。全年商品房销售面积1071.43万平方米,增长35.5%,其中住宅917.89万平方米,增长34.0%;商品房销售额587.82亿元,增长36.3%,其中住宅467.02亿元,增长36.3%。

(五) 开放型经济

1. 对外贸易

外贸进出口发展向好。全年实现进出口总额62.48亿美元,比上年增长15.4%;其中,出口总额52.54亿美元,增长19.7%。按人民币计价的进出口总额413.8亿元,增长23.0%;其中,服务贸易进出口总额4.82亿元,增长16.7%。出口结构有所优化,一般贸易出口额45.80亿美元,增长26.3%;加工贸易出口额6.69亿美元,下降11.6%。机电产品出口额20.47亿美元,增长6.9%,高新技术产品出口额2.29亿美元,增长22.3%。分出口市场看,对东南亚国家联盟出口11.65亿美元,增长42.6%;对欧盟出口7.0亿美元,增长47.0%;对美国出口8.5亿美元,增长68.0%;对拉丁美洲出口3.36亿美元,下降5.6%;对日本出口2.01亿美元,下降0.8%;对非洲出口4.15亿美元,下降6.3%。

2. 对外经济

实际使用外资和对外经济合作发展良好。全年实际使用外资15.06亿美元,比上年增长5.5%。新批外商投资企业166个,增加57个;新批协议外资35.12亿美元,增长121.0%;新批及净增资3000万美元以上的项目55个,增加29个,其中1亿美元以上的项目11个,增加8个。对外投资增势良好,新签对外承包工程合同额、新签对外承包工程完成营业额分别为0.98亿美元和1.0亿美元;新批境外投资项目24个,境外投资中方协议外资7.65亿美元,增长4.0%。

3. 开发区建设

开发区经济稳定发展。全市共有省级以上开发园区13个,其中国家级开发区2个。全年开发区业务总收入1.41万亿元,比上年增长5.2%;一般公共预算收入252.49亿元,下降2.1%。全市开发区实现进出口总额45.08亿美元,占全市总量的72.2%;其中,出口总额36.21亿美元,占全市总量的68.9%;实际到账注册外资12.02亿美元,增长42.8%,占全市总量的79.8%。

二、徐州市2016年社会发展概况

(一) 人口、人民生活

人口总量略有增长。年末全市常住人口871.00万人,比上年末增加4.10万人,增长0.5%;其中城镇人口543.85万人,增长2.8%。在常住人口中,0—14岁人口169.38万人,15—64岁人口600.36万人,65岁及以上人口101.26万人。全年人口出生率12.93‰,比上年提高0.84个千分点;人口死亡率为7.27‰,提高0.07个千分点;人口自然增长率5.66‰,比上年提高0.77个千分点。年末全市户籍人口1041.39万人,比上年增长1.2%;其中男性人口539.47万人,女性人口501.91万人;户籍人口出生率为17.7‰,死亡率为3.8‰。

居民收入持续增长。全年全市居民人均可支配收入22348元,比上年增长9.4%。其中,城镇居民人均可支配收入28421元,增长8.4%;农村居民人均可支配收入15274元,增长9.2%。城乡收入比由上年的1.88∶1调整为1.86∶1,收入差距进一步缩小。全市居民人均生活消费支出14321元,增长8.7%,其中,城镇居民人均生活消费支出17255元,增长6.9%;农村居民人均生活消费支出11059元,增长12.0%。

(二) 就业和社会保障

就业情况总体稳定。年末全市就业人口483.4万人,其中,第一产业144.3万人,第二产业159.9万

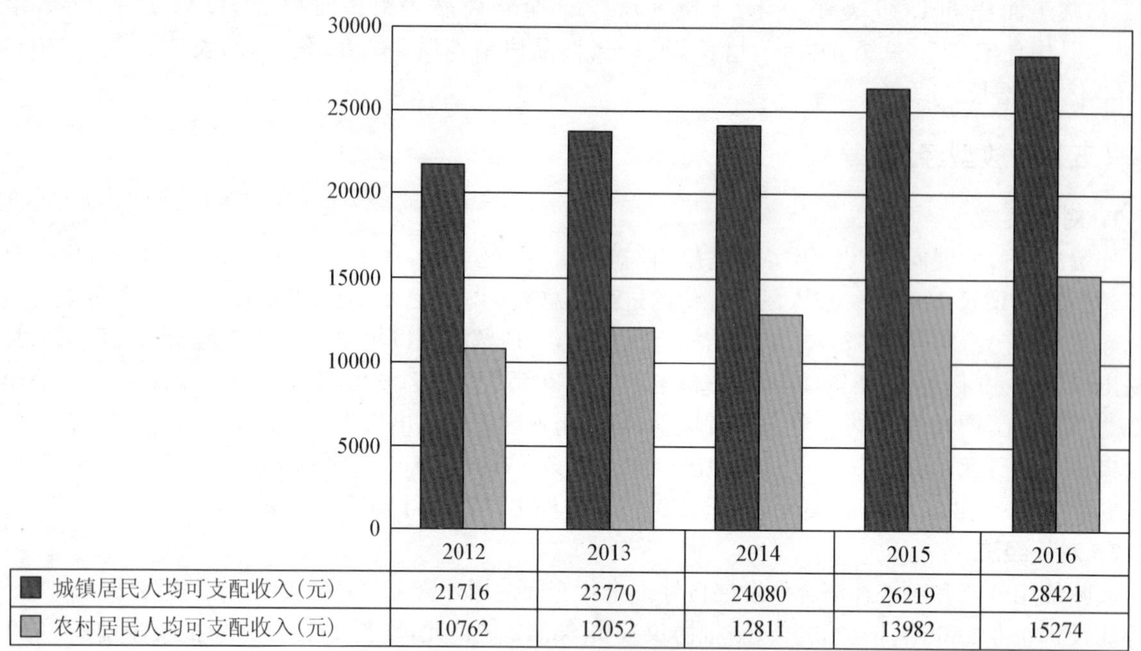

图3 2012—2016年徐州城乡居民收入对比一览

人,第三产业179.2万人。全年新增城镇就业11.94万人,比上年增长0.7%;失业人员再就业10.06万人,其中就业困难人员就业1.34万人;新增农村劳动力转移5.68万人。年末城镇登记失业率为1.85%,较上年下降0.04个百分点。新增大学生创业人数1578人,增长35.0%,创业人数累计达到7767人。全年城乡劳动者职业技能培训7.59万人。规模以上企业劳动合同签订率达99.5%,已建工会企业集体合同签订率达96.0%。

社会保障体系不断完善。年末职工养老保险、城乡居民养老保险参保人数分别达155.57万人和194.70万人,较上年分别增长1.7%和0.4%,城乡基本养老保险覆盖率达97.1%,较上年提高0.5个百分点;城镇居民医疗保险、职工医疗保险参保人数分别达140.89万人和157.03万人,城镇基本医疗保险覆盖率达97.5%,较上年提高0.4个百分点。全市城镇和农村低保标准分别达到每人每月558元和430元,最低生活保障救济人数18.07万人,比上年增长0.3%;全年实施医疗救助37.24万人次,支出救助金2.1亿元。年末各类养老机构达277家,养老床位6.3万张,千名老人拥有机构养老床位39.2张,比上年增加2.7张。

保障性住房建设有序推进。基本建成公共租赁住房3767套,完成目标任务的121.5%;基本建成经济适用住房373套,完成目标任务的100%;新增廉租补贴住户201户,完成目标任务的118.2%。

(三)教育与科技创新

1. 教育事业

教育事业全面发展。年末全市拥有各级各类学校2172所,招生47.14万人,在校学生184.35万人,毕业生42.11万人,专任教师10.44万人。其中普通高等院校10所,全日制本专科招生2.95万人,在校学生10.68万人,毕业生2.67万人;成人高等学校在校学生3.44万人,毕业生1.6万人。研究生教育招生0.40万人,在校生1.20万人,毕业生0.34万人。中等职业教育在校生8.01万人,毕业生3.27万人。普通高中在校生11.90万人,毕业生4.57万人。全市共有初中249所,在校学生24.21万人,比上年增长10.1%;小学928所,在校学生90.54万人,比上年增长7.6%;特殊教育学校12所,在校学生0.23万人;幼儿园(含民办)861所,在园幼儿37.59万人,比上年下降5.8%。小学学龄儿童入学率为100%,九

年义务教育巩固率达到99.8%。

2. 科学技术

科技创新能力持续增强。省级以上科技创新平台200个，当年新增5个；科技企业孵化器达到35个，新增4个；大中型工业企业及规模以上高新技术企业研发机构492个，新增18个。国有独立科研机构17个；民营型科技企业9915个，比上年增长25.3%。高新技术企业317家，新增64家；新认定的省级高新技术产品346项，增长13.1%。技术市场签订技术合同817个，技术合同成交金额24.19亿元，增长135.3%。科技服务业总收入267.04亿元，比上年增长5.4%。

科技创新成绩明显。全市通过鉴定的科技成果240项，当年新增60项；其中达到国际水平的72项，比上年增加37项。获国家专利奖6项，比上年增加3项；省级科学技术奖17项，增加8项；发明专利授权1330件。组织实施省重大科技成果转化专项资金项目6项，比上年增加3项。万人发明专利拥有量5.02件，比上年增加1.23件。

质量检验检测能力全面增强。全市共有质量检验机构143家、国家级产品质量监督检验中心3个、国家公证实验室3个、省级产品质量监督检验中心6个。全年监督抽查产品112种736批次。企业获批强制性产品认证证书1347张，较上年增长2.0%。共有法定计量技术机构7家，其中省级计量中心1个，强制检定计量器具12.57万台件。新增43个江苏名牌产品，获批建设5项国家级和7项省级标准化项目，制修订国家标准和行业标准9项、地方标准6项。全市质量管理体系证书达2899张。

(四) 文化、卫生和体育

1. 文化事业

公共文化服务水平稳步提高。年末全市共有艺术表演团体9个、文化馆11个、博物馆21个、美术馆1个，共有公共图书馆8个，公共图书馆总藏量329.52万册、电子图书藏量611.02万册。综合档案馆11个，向社会开放档案超过12.40万件。共有电影放映单位31家、广播电台8座、中短波广播发射台和转播台10座、电视台8座，广播和电视综合人口覆盖率均为100%。有线电视用户263.77万户，有线电视入户率95.0%。全市现有市级以上文物保护单位297处，其中全国重点文物保护单位8处，省级29处。拥有9个国家级、43个省级非物质文化遗产名录项目和6位国家级、28位省级非遗代表性传承人。全年组织实施52个文化产业项目，淮海文博园获2016年首批江苏省重点文化产业示范园区称号。

2. 卫生事业

医疗卫生服务能力持续增强。年末全市共有各类卫生机构4584个，其中，医院、卫生院291个，卫生防疫防治机构12个，妇幼保健机构13个。各类卫生机构拥有病床5.22万张，其中，医院、卫生院床位4.89万张，每千人拥有医疗机构床位数6.0张，较上年增加0.47张。共有各类卫生技术人员5.55万人，其中，执业医师、执业助理医师2.18万人，注册护士2.43万人，每千人拥有执业(助理)医师数和注册护士数分别为2.51人和2.79人，分别比上年提高0.18人和0.33人。卫生防疫防治机构卫生技术人员441人，妇幼卫生保健机构卫生技术人员1029人。城乡基本卫生服务网络更加健全，乡镇卫生院160个，床位1.07万张，卫生技术人员1.16万人，乡村医生和卫生员6805人，新型农村合作医疗人口覆盖率100%。

3. 体育事业

体育事业蓬勃发展。全年徐州体育健儿在7个项次国际比赛中获得3金、1银、5铜。7名徐州籍运动员入选里约奥运会中国代表团，获得1金、2铜，参赛人数和成绩创历史最佳。年末全市共有32名一级运动员、137名二级运动员，参加省级注册运动员2716名，向省优秀运动队输送超过30名运动员；2人被授予“国际级运动健将”称号。全市社会体育指导员3万余人，其中国家级170人，一级537人；国际级裁判 6 人，国家级裁判员 35 人。市属体育社会组织达 119 个，晨晚练健身站点达 4606 个。圆满举办徐州市第 21 届运动会暨第 2 届全民健身运动会和首届中国·徐州国际武术大赛暨丝路汉风武术文化周。承办 7 项国家级赛事、7 项省级赛事。体育彩票全年销售额 9.47 亿元，增长 5.1%。

（五）城乡建设

高水平建设区域性中心城市。明确提出打造"五个城市"及"四个中心"的城市定位，着力构建中心城市"2＋6＋15"空间布局和五级新型城镇体系，不断增强城市集聚辐射带动力。一是城市综合功能建设加快。完成徐州都市圈规划修编和城乡统筹、重要功能片区、镇村布局优化、新型农村社区等专项规划编制。190 项城建重点工程开工 172 项，开工率达 90.5%，竣工 76 项。郑徐客专开通运营，三环北路高架快速路建成通车，徐济高速全线开通，轨道交通 1、2、3 号线全部开工建设，空军徐州机场迁建以及徐宿淮盐铁路、徐明高速等工程进展顺利。完成 56.7 千米城市道路改造，新增停车泊位 3.2 万个、更新泊位 4600 个。中心医院新城区分院、二院开发区分院投入使用，第一医院迁建、北区股份制医院建设有序推进。骆马湖水源地及徐庄水厂建成使用，结束了市区供水长期采用地下水的历史。启动市区棚户区改造 579.78 万平方米。完成 73 个老旧小区环境综合整治。云龙湖、大龙湖景区分别获批国家 5A 级旅游景区、省级旅游度假区。二是城市环境面貌日趋改善。文明城市创建深入推进，背街小巷、集贸市场等专项整治成效明显，文明礼仪教育、志愿服务等活动广泛开展，群众文明素质不断提高。"城管＋公安"联动执法、环卫保洁市场化一体化等城管机制逐步健全，246 条道路街巷、22 类突出问题专项治理扎实推进。完成 387 台燃煤锅炉拆除或改燃工作，淘汰黄标车和老旧车辆近 3 万辆，市区 PM2.5 平均浓度有所下降。市区黑臭水体整治加快实施，国家考核断面水质达标率 100%。成功创建省级生态市和省优秀管理城市，获得中欧绿色和智慧城市奖。以优异成绩荣膺中国人居环境奖。三是新型城镇体系建设有序展开。制订新型城镇化建设实施意见，确立"1530＋30＋130"城镇体系。5 个中等城市产业和人口集聚功能进一步增强，新一轮新型城镇建设试点启动实施。创建省级美丽村庄、康居村庄和村庄保护项目 32 个，建成市级新农村示范村 40 个。

（六）环境保护和节能减排

生态环境建设稳步推进。年末全市自然保护区 6 个，面积 3.66 万公顷。全市林木覆盖率和市区建成区绿化覆盖率分别为 30.3%和 43.3%。大气污染治理工程扎实开展，市区 PM2.5 浓度较上年下降 7.7%。空气质量二级以上优良天数为 238 天，优良率 65.0%，较上年提高 1.6 个百分点。地表水国控断面优于Ⅲ类水质的比例为 78%，省考以上地表水断面水质优良（达到或优于Ⅲ类）比例为 79.2%。成功创建省级生态市，并以综合得分第一名的成绩荣膺中国人居环境奖。全市生活垃圾收运覆盖率和无害化处理率均达到 100%。

节能减排成效明显。严格按照国家过剩产能化解政策淘汰落后产能，严控高耗能高污染项目，重点耗能企业能效持续提升。全市单位 GDP 能耗下降 5.9%，超额完成省定目标，达到国家节能减排财政综合示范城市节能任务要求。主要污染物排放逐年递减，化学需氧量、氨氮、二氧化硫、氮氧化物四项主要污染物减排完成省定任务。

（七）安全生产

安全生产形势良好。全年发生各类生产安全事故 912 起，死亡 405 人，按可比口径比上年分别下降 21.9%和 7.5%，事故总量和死亡人数继续实现"双下降"。

三、徐州市在泛长三角地区经济发展中的地位

2016 年以来，在以习近平同志为核心的党中央坚强领导下，认真贯彻落实中央、省、市决策部署，积

极应对复杂严峻的宏观经济形势，紧紧围绕“五位一体”总体布局和“四个全面”战略布局，坚持稳中求进工作总基调，以新发展理念引领经济发展新常态，统筹做好改革发展稳定各项工作，着力推进供给侧结构性改革，全市经济运行稳中有进、稳中向好的态势更加凸显，主要指标增速呈现逐季上行，经济结构日益优化，增长动能有所增强，发展态势好于全国、全省，实现“十三五”良好开局。

(一) 地区生产总值

2012—2016 年徐州市地区生产总值在泛长三角所占比重分别为 3.13%、3.17%、3.26%、3.27%和 3.26%，整体上呈增加态势，其中 2016 年比上年占比减少了 0.01 个百分点，五年累计增加了 0.13 个百分点。2016 年徐州市地区生产总值在泛长三角地区 41 个市所占比重中与上年比下降了一位，排名第 10 位。

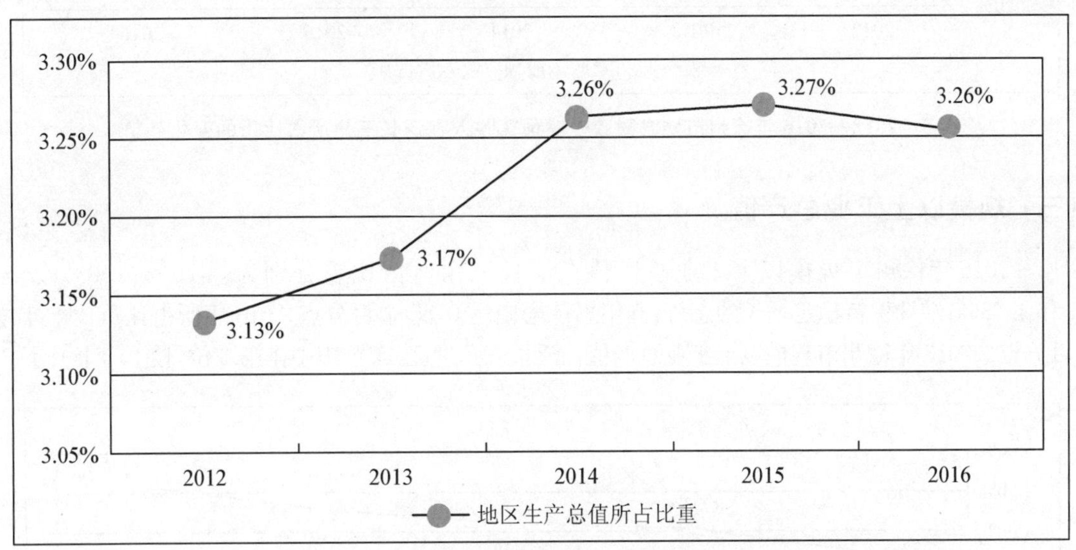

图 4　2012—2016 年徐州市地区生产总值在泛长三角
(苏浙两省 24 个地级市、安徽 16 个地级市和上海市，下同)所占比重的变化趋势

2016 年，全市实现地区生产总值 5808.52 亿元，按可比价计算，同比增长 8.2%，增幅分别快于全国、全省 1.5 和 0.4 个百分点。增速较一季度、上半年分别回升 0.9 和 0.2 个百分点，总量继续居全省第 5 位。其中第一产业增加值增长 1.9%、第二产业增长 8.7%、第三产业增长 9.1%。人均 GDP 达 66845 元，增长 7.7%，按年平均汇率折算超过 1 万美元。

(二) 地方财政一般预算收入

2012—2016 年徐州市地方财政一般预算收入在泛长三角所占比重分别为 2.64%、2.61%、2.77%、2.71%和 2.43%，整体呈振荡下降趋势。2016 年比上年减少 0.28 个百分点，五年累计减少了 0.21 个百分点。2016 年徐州市地方财政一般预算收入在泛长三角地区 41 个市中排第 10 位，较上年下降了一位。

汇总全市一般公共预算收入 516.06 亿元，同口径增长 6.1%。其中：税收收入 390.31 亿元，同口径增长 1.5%；非税收入 125.75 亿元，增长 23.8%。汇总全市一般公共预算支出 798.89 亿元，增长6.2%。其中：社会保障和就业支出 88.02 亿元，增长 25%；公共安全支出 43.17 亿元，增长 20%；城乡社区支出 125.21 亿元，增长 12%；科学技术支出 20.71 亿元，增长 7.9%；教育支出 161.53 亿元，增长 6%；一般公共服务支出 62.89 亿元，增长 4.3%；医疗卫生与计划生育支出 60.41 亿元，增长 3.7%。市本级一般公共预算收入 113.4 亿元(含徐州经济技术开发区 37.05 亿元)，增长 3.5%。

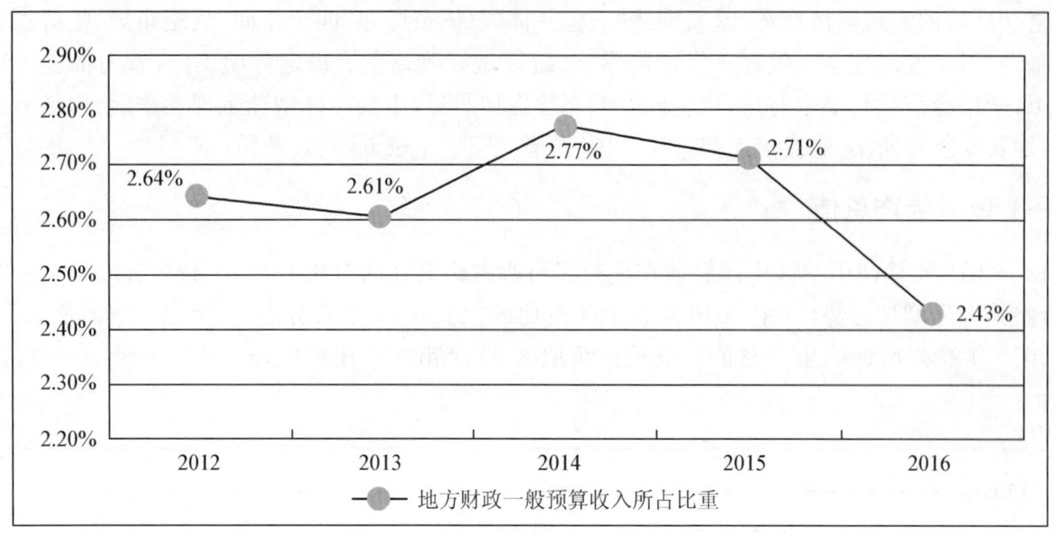

图5 2012—2016年徐州市地方财政一般预算收入在泛长三角所占比重的变化趋势

(三)规模以上工业总产值

2012—2016年徐州市规模以上工业总产值在泛长三角所占比重分别为3.73%、4.03%、4.11%、4.29%和4.58%,继续保持稳定增长的态势,五年累计增幅达0.85个百分点,2016年所占比重比上年增加近0.3个百分点。2016年徐州市规模以上工业总产值在泛长三角地区41个市中排第6位,较上年上升了2位。

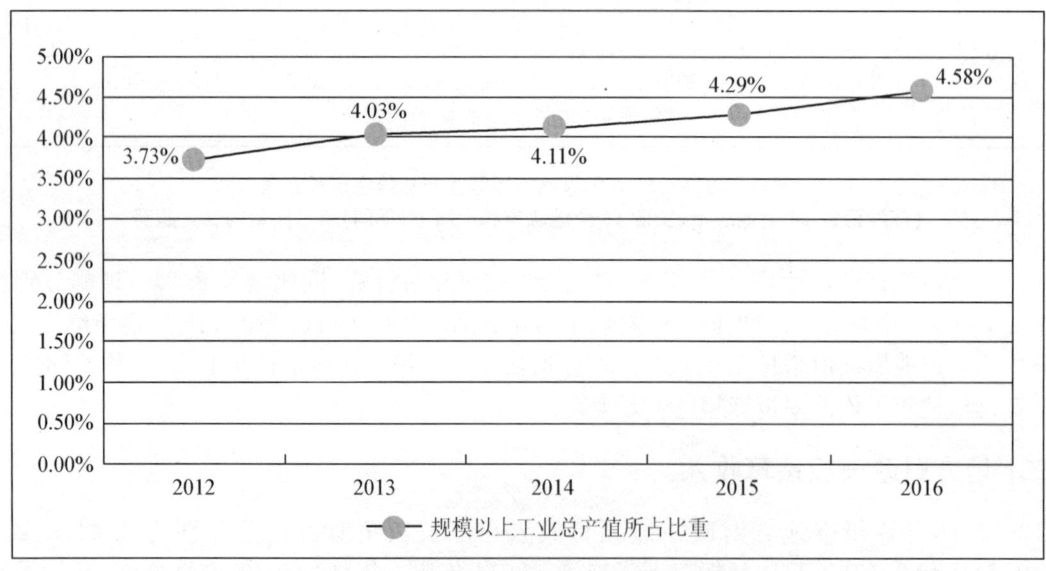

图6 2012—2016年徐州市规模以上工业总产值在泛长三角所占比重的变化趋势

2016年,工业经济稳中有升。一是产业规模持续壮大,全市规模以上工业实现总产值14113.93亿元,同比增长15.0%,增速快于上年6.5个百分点;规模以上工业实现增加值3010.33亿元,增长9.8%,快于全省2.1个百分点,增速较一季度、上半年和前三季度分别回升1.3、0.8和0.3个百分点。二是行业增长状况良好,37个行业大类中有33个同比正增长,27个行业增速同比回升。前十大行业产值增速同比"八升二降",其中通用设备制造业、仪器仪表制造业、农副食品加工业、木材加工业、非金属矿物制品业、电气机械和器材制造业、黑色金属冶炼和压延加工业、化学原料和化学制品制造业产值增速同比分别回升21.1、15.2、13.5、12.9、12.5、8.4、2.9和1.7个百分点。

(四) 进出口总额

2012—2016 年徐州市进出口总额在泛长三角所占比重分别为 0.62%、0.46%、0.42%、0.39%和 0.47%，2016 年止跌上扬，较去年增加了 0.08 个百分点；2016 年较 2012 年减少了 0.15 个百分点。2016 年徐州市进出口总额在泛长三角地区 41 个市排名第 22 位，较上年上升了 1 位。

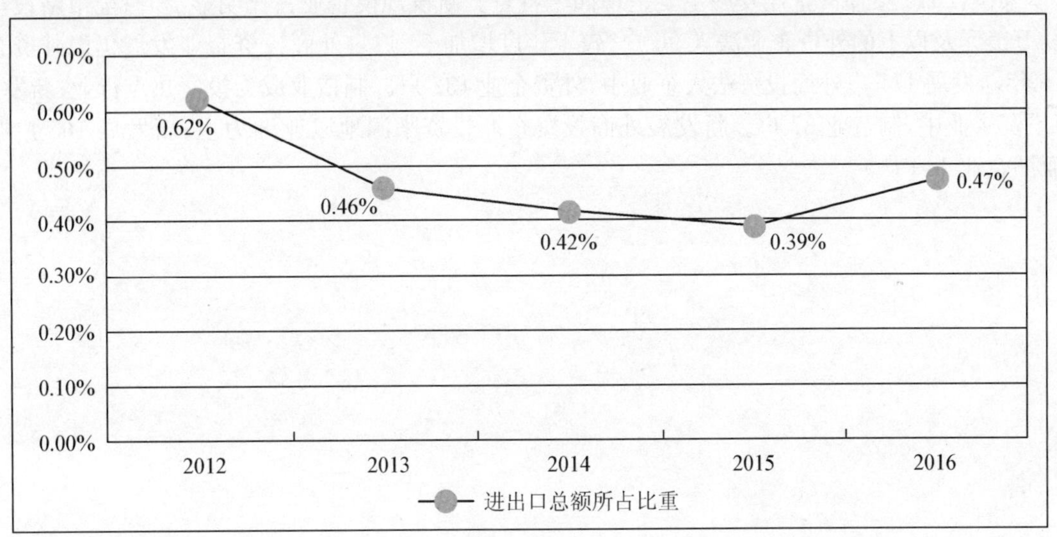

图 7　2012—2016 年徐州市进出口总额在泛长三角所占比重的变化趋势

2016 年，全市实现进出口总额 62.48 亿美元，同比增长 15.4%，增速同比提高 25.0 个百分点，高于全省平均水平 22.0 个百分点。其中，出口总额 52.54 亿美元，增长 19.7%，增速比去年同期提高 25.8 个百分点，两项增速均居全省首位。

(五) 实际外商直接投资金额

2012—2016 年徐州市实际外商直接投资金额在泛长三角所占比重分别为 2.34%、2.00%、2.22%、1.95%和 1.96%，五年整体减少了 0.38 个百分点。2016 年徐州市实际外商直接投资金额在泛长三角地区 41 个市中排第 13 位。

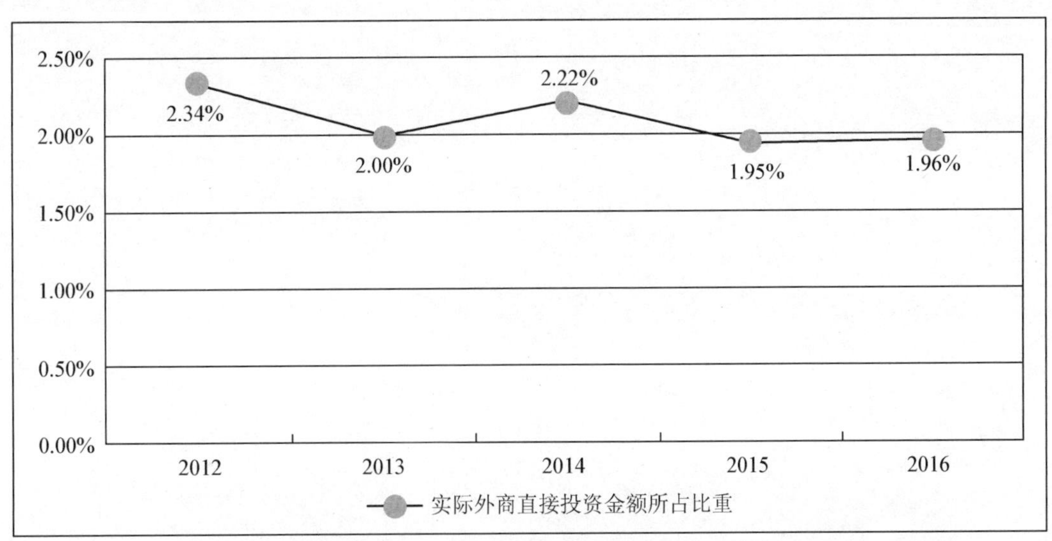

图 8　2012—2016 年徐州市实际外商直接投资金额在泛长三角所占比重的变化趋势

2016年，全年实际利用外资15.06亿美元，增长5.5%，增速快于全省4.4个百分点。2016年，全市新登记外商投资企业227户，投资总额45.30亿美元、注册资本35.23亿美元、外方认缴31.97亿美元，与上年同比户数增长49.34%，投资总额、注册资本、外方认缴与去年同比分别增长122.38%、178.36%、170.31%。截至2016年底，全市累计实有外商投资企业1516户，投资总额268.68亿美元、注册资本166.56亿美元。

总体来说，2016年外资企业发展主要呈现四个特点。新设规模企业占比明显提升；全市新设注册资本1000万美元及以上的外资企业法人96户，较上年度增加54户。外商投资企业发展仍以外资企业为主；2016年新发展171户外商投资法人企业中，外资企业132户。制造业成为投资热点行业；新发展227户外商投资企业中，制造业87户。新发展外商投资企业投资来源地以亚洲为主；新发展165户有限公司中，亚洲企业149户。

五　常州市 2016 年经济社会发展报告

2016 年，全市上下坚持稳中求进总基调，积极践行新理念，主动适应新常态，着力加强供给侧结构性改革，加快推进转型升级、产城融合、民生保障等各项工作，全市经济社会呈现平稳健康发展的态势，实现了“十三五”良好开局。

一、常州市 2016 年经济发展概况

（一）综合经济

1. 经济总量

经济运行总体平稳。全年实现地区生产总值 5773.86 亿元，按可比价计算增长 8.5%。其中，第一产业增加值 152.67 亿元，下降 0.9%；第二产业增加值 2682.46 亿元，增长 7.4%；第三产业增加值 2938.73 亿元，增长 10.1%。全市按常住人口计算的人均生产总值达 122721 元，按平均汇率折算达 18476 美元。全市三次产业增加值比例调整为 2.6∶46.5∶50.9，全年服务业增加值占 GDP 比重提高 1.4 个百分点。民营经济完成增加值 3882.3 亿元，按可比价计算增长 8.6%，占地区生产总值的比重为 67.2%。

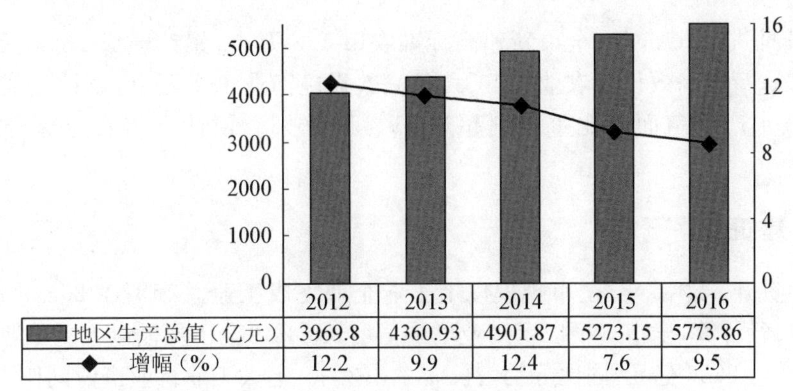

图 1　2012—2016 年常州市地区生产总值及增长速度

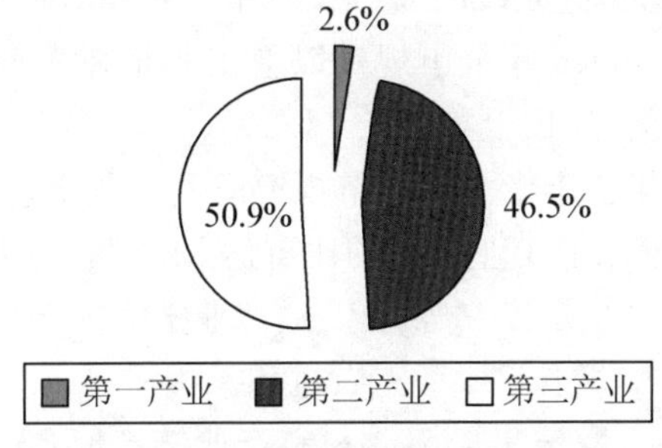

图 2　2016 年常州市三次产业结构图

2. 财政收支

财政收入增速放缓。全年完成一般公共预算收入 480.3 亿元，增长 3%，其中税收收入 383.2 亿元，增长 2.5%，税收占比 79.8%。主要税种中，增值税及营改增增值税完成 132.5 亿元，营业税完成 55.2 亿元，企业所得税完成 51.3 亿元。全年一般公共预算支出 505.5 亿元，增长 4.2%，其中教育支出 83.5 亿元，社会保障和就业支出 56 亿元，医疗卫生与计划生育支出 43.2 亿元，科学技术支出 27.4 亿元。

3. 物价水平

居民消费价格温和上涨。全年居民消费价格总指数为102.5，八大类商品“六涨两跌”，其中食品烟酒价格上涨3.6%，衣着上涨3.3%，居住上涨1.9%，生活用品及服务上涨2.5%，医疗保健上涨12.6%，其他用品和服务上涨2.6%，交通和通信下降1.3%，教育文化和娱乐下降0.4%。

4. 固定资产投资

投资结构不断优化。2016年全市完成固定资产投资3605.1亿元，增长6.5%，其中工业投资1918.5亿元，增长9.2%，服务业投资1681.5亿元，增长2.7%。全市高新技术产业完成投资891.2亿元，增长8.8%。全年房地产开发投资446.7亿元，比上年下降12.1%；商品房施工面积3388.9万平方米，比上年下降14.2%，其中新开工面积514.3万平方米，下降19.4%；年末商品房待售面积535.3万平方米，比上年末减少97.5万平方米。

（二）农业与农村经济

农业生产总体平稳。2016年，全市完成农林牧渔业现价总产值284亿元，增长4.5%。其中，农业产值152.4亿元，增长3.5%；林业产值2亿元，增长3.7%；牧业产值39.4亿元，增长1.7%；渔业产值73亿元，增长6.9%；农林牧渔服务业产值17.2亿元，增长10.1%。受不利天气影响，全年粮食播种面积199.2万亩，比上年下降7%；粮食总产量93.7万吨，下降13.5%，其中夏粮、秋粮总产分别为25万吨、68.8万吨，分别下降19.2%和11.2%。2016年，全市稻谷亩产617.4公斤，下降4.1%；小麦亩产307.1公斤，下降13.9%。

现代农业持续推进。2016年，全市新建高标准农田4.3万亩，累计建成139.3万亩，占全市耕地面积比重达61.9%；新增高效设施农业1.5万亩、高效设施渔业1.1万亩，累计建成47.5万亩、20.3万亩，占耕地面积、水产养殖面积比重分别超过21%和36%。预计全市农业综合机械化水平达到86.5%。

（三）工业、建筑业

工业经济稳中有升。2016年，全市规模以上工业企业完成工业总产值12266.9亿元，比上年增长8.5%。按省统一口径计算，全市规模以上工业增加值增长8%。全市规模以上重工业完成产值9430.9亿元，轻工业完成产值2836亿元，同比分别增长9%、8.3%。七大工业行业产值同比均实现增长，电子、机械、化工、建材、纺织服装、冶金、生物医药行业分别完成工业总产值735.4亿元、4892.4亿元、2119.5亿元、361.7亿元、1032.5亿元、1975亿元、285亿元，同比分别增长12%、9.8%、9.4%、8.8%、7.1%、6.6%、1.5%。企业效益稳定增长，2016年全市规模以上工业企业实现主营业务收入12441.4亿元，比上年增长9.2%；实现利润730.7亿元，比上年增长14.5%。

十大产业链发展良好。2016年全市十大产业链规模以上工业企业完成产值4212.7亿元，同比增长9.5%，十大产业链产值占全市规模以上工业产值的比重达34.3%，较上年提高1个百分点，对规模以上工业产值的贡献率达36.7%。十大产业链中，轨道交通产业链完成产值400.2亿元，同比下降2.8%；汽车及零部件产业链产值873.1亿元，增长31.1%；农机和工程机械产业链产值577.3亿元，增长4.9%；太阳能光伏产业链产值690.8亿元，增长8.4%；碳材料产业链产值86.5亿元，增长14%；新医药产业链产值432亿元，增长5%；新光源产业链产值111.6亿元，增长8.1%；通用航空产业链产值22.7亿元，增长30.5%；智能电网产业链产值743.7亿元，增长2.1%；智能数控和机器人产业链产值274.7亿元，增长11.8%。

建筑行业发展放缓。建筑企业全年完成施工产值1273.4亿元，比上年下降1.2%；房屋施工面积9236.2万平方米，下降7.7%；房屋竣工面积3575.2万平方米，增长3.7%。建筑业按施工产值计算的全员劳动生产率为27.7万元/人，比上年下降2.8%。

(四)服务业

1. 国内贸易

消费品市场稳步增长。2016年全市实现社会消费品零售总额2202.8亿元,增长10.7%。从消费形态看,批发业实现零售额278.3亿元,增长15.9%;零售业实现零售额1737.7亿元,增长9.6%;餐饮业实现零售额169.6亿元,增长13.2%;住宿业实现零售额17.2亿元,增长16%。从城乡消费市场看,城镇消费品零售额2060.1亿元,增长10.7%,农村消费品零售额142.7亿元,增长10.3%。

2. 交通运输和邮电

交通运输业平稳发展。年末全市公路总里程9031千米,其中高速公路306千米。全年营业性客运量7204.5万人,比上年下降4.9%,货运量13396.1万吨,比上年增长3.4%。公路客运量5423万人,比上年下降7.4%,公路旅客周转量37.1亿人千米,下降7.7%;公路货运量1.1亿吨,增长4%,公路货物周转量122亿吨千米,增长4%。铁路客运量1434.3万人,增长4.8%;铁路货运量108.9万吨,增长2.9%。民用航空旅客吞吐量195.6万人次,增长8%,货物邮吞吐量1.57万吨,下降10.9%。港口货物吞吐量9385万吨,其中常州长江港货物吞吐量4031万吨,分别增长4.5%和11.4%。年末全市民用汽车拥有量109.8万辆,其中个人汽车93.9万辆。

邮政通信业快速发展。全年邮政业务总量40.6亿元,比上年增长38.5%;全年邮政业务总收入33.9亿元,增长30.5%,其中快递业务收入24.5亿元,增长41.3%。邮政业全年发送特快专递1.6亿件,增长40.4%。全年通信业务收入54.7亿元,增长3.7%。年末全市固定电话用户123.4万户,移动电话用户526.2万户,其中4G用户达到388.9万户。年末互联网用户216.1万户,其中宽带网用户210.3万户。

3. 金融、保险和证券

金融市场平稳运行。年末全市金融机构人民币存款余额8540.8亿元,比年初增加1102.1亿元,增长14.8%,其中住户存款3366.8亿元,增长5.4%。全市金融机构人民币贷款余额6043.2亿元,比年初增加688.6亿元,增长12.9%,其中住户贷款余额1460.1亿元,非金融企业及机关团体贷款余额4582.3亿元,分别增长18.3%和11.2%。

保险业加快发展。年末全市保险公司共68家,其中产险公司28家,寿险公司40家。全年保费总收入224.9亿元,比上年增长43.6%,其中人寿险169.4亿元,增长61.5%,财产险55.5亿元,增长7.4%。全年保险赔(结)款支出67.4亿元,比上年增长22.3%,其中人寿险33.2亿元,增长53%,财产险34.2亿元,增长2.3%。

证券市场运行平缓。年末全市证券营业部总数达46个,资金账户总数106.9万户,持有A股市值1198亿元。证券市场全年各类证券交易总额19439亿元,比上年下降39.6%。其中A股交易额16684亿元,下降42.4%;B股交易额321亿元,增长817.7%;基金成交额334.4亿元,下降55.4%;债券成交额2099.6亿元,下降14.0%。年末全市共有境内外上市公司43家,累计募集资金638亿元;年内新增上市企业5家,首发募集资金共16.5亿元。

4. 旅游业

旅游产业快速发展。2016年,全市实现旅游总收入833.6亿元,比上年增长14%;旅游接待总人数6004.2万人次,增长10.1%,接待国内游客5989.6万人次,国内旅游收入820亿元,分别增长10%和14.2%;接待入境过夜旅游者14.6万人次,旅游外汇收入1.3亿美元,分别增长14.9%和9%。年末全市共有省级以上旅游度假区4家,其中国家级旅游度假区1家;国家A级以上景区32家,其中5A级2家,4A级9家;全国工农业旅游示范点17家,江苏省四星级乡村旅游点28家,江苏省工业旅游点4家,江苏省自驾游基地7家;旅行社139家,1家旅行社进入全省旅行社20强;星级酒店46家,其中五星级7家,四星级19家。旅游公共服务能力不断提升,全年新建旅游厕所67座,改扩建旅游厕所31座。新建旅游停车场 15 个，总面积 12.3 万平方米，共计新增大车停车位 283 个，小车停车位 2399 个。新设、更新旅游道路交通指引标志 282 块。

（五）开放型经济

1. 对外贸易稳中向好

2016 年，全市完成外贸进出口 1820 亿元，增长 4.6%，其中出口 1375 亿元，增长 4.2%。新兴市场、特别是"一带一路"市场有效拓展，全年对"一带一路"出口增长 9.8%，增幅高于全市平均 5.6 个百分点。全年完成高新技术产品出口 240 亿元，增长 5.1%。

2. 利用外资难中求进

全年新增协议注册外资 41.1 亿美元，比上年增长 48.3%，其中总投资超亿美元项目 24 个，比上年增加 10 个。全市实际到账注册外资 25 亿美元，增长 0.5%。新增省级跨国公司地区总部和功能性机构 6 家，住友电气、富士通等 5 家世界 500 强企业投资项目实现增资扩股。

3. 外经合作稳步推进

全年新备案境外投资项目 91 个，中方协议投资额 9.7 亿美元，增长 27.9%，其中涉及"一带一路"国家和地区项目 14 个，中方协议投资额 2.9 亿美元，占比达 30%。全年完成服务外包合同额 4.9 亿美元，服务外包执行额 4.1 亿美元，分别增长 27.9%和 29.0%，其中离岸服务外包合同额 1.6 亿美元，离岸服务外包执行额 1.4 亿美元，分别增长 7.2%和 24.6%。

4. 开发区建设步伐加快

全市开发区实现一般公共预算收入 236.6 亿元，完成工业投入 1436.5 亿元，基础设施建设投入 323.7 亿元，实际到账外资 23 亿美元，新批协议注册外资 37 亿美元。开发区新增协议注册外资 3000 万美元以上外资项目 37 个，占全市的 86%。江苏中关村科技产业园获批筹建省级高新区，苏澳合作园区正式落地，武进高新区、武进经开区获批国家生态工业示范园区。

5. 外事活动保持活跃

全年接待外宾 215 批 1399 人次，其中外国驻华使领馆团组 35 批 174 人次，外国友好城市团组 43 批 242 人次，外国来访记者 17 批 52 人次，经贸团组 39 批 371 人次。2016 年新缔结友城两个，分别是德国明登市和英国索利哈尔市。

二、常州市 2016 年社会发展概况

（一）人口、人民生活

人口规模保持稳定。年末全市常住人口 470.8 万人，比上年末增长 0.1%，其中城镇人口 334.3 万人，城镇化率达到 71%。全市户籍总人口 374.9 万人，增长 1.1%。其中，男性 185.2 万人，增长 0.9%；女性 189.7 万人，增长 1.3%。户籍人口出生率 9.93‰，死亡率 6.06‰，人口自然增长率 3.87‰。

居民收入稳步增长。2016 年全市居民人均可支配收入 38435 元，增长 8.6%，其中城镇居民人均可支配收入 46058 元，增长 7.8%，农村居民人均可支配收入 23780 元，增长 8.5%，城乡居民收入比为 1.94∶1。全市居民人均生活消费支出 23980 元，增长 7.9%，其中城镇居民人均生活消费支出 27080 元，增长 6.8%，农村居民人均生活消费支出 16567 元，增长 12.2%。城镇居民恩格尔系数 27.2%，农村居民恩格尔系数 30.8%，分别较上年下降 0.8 个、0.9 个百分点。

（二）就业与社会保障

1. 就业工作积极推进

全年城镇新增就业 13.4 万人，失业人员实现再就业 5.1 万人，扶持创业 1.5 万人，援助困难群体再

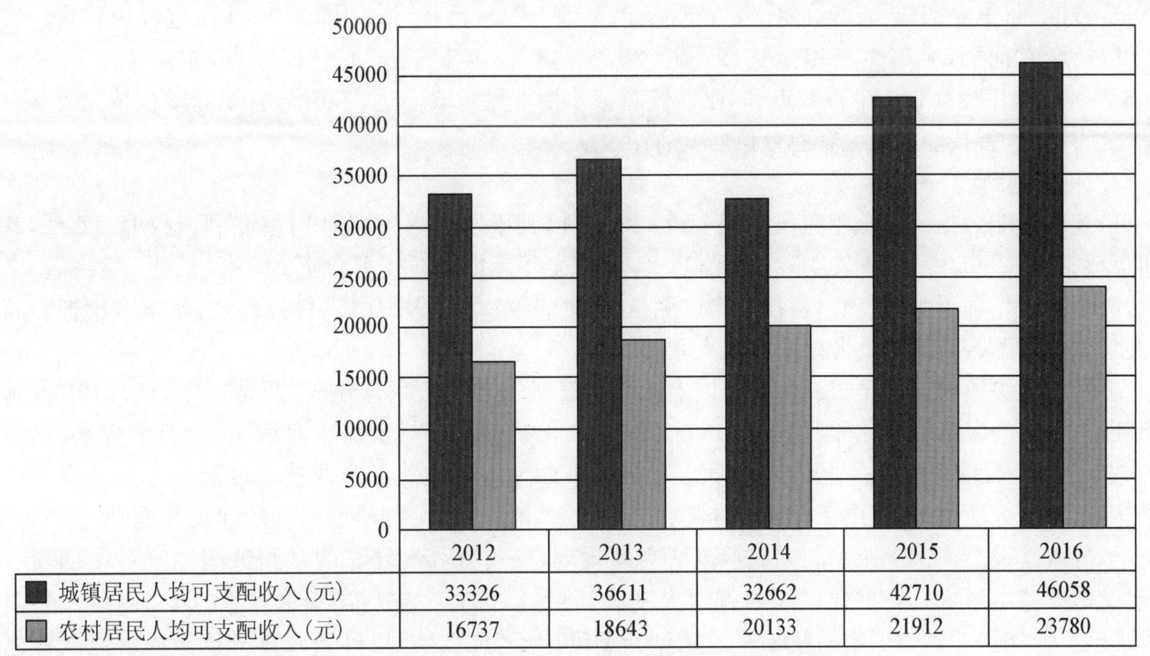

	2012	2013	2014	2015	2016
城镇居民人均可支配收入(元)	33326	36611	32662	42710	46058
农村居民人均可支配收入(元)	16737	18643	20133	21912	23780

图 3　2012—2016 年常州市城乡居民收入对比一览

就业 1.1 万人，年内新安置残疾人就业 522 人，年末城镇登记失业率为 1.85%。

2. 住房保障力度加大

全年新开工保障房 27440 套，基本建成 27476 套。全年新增公共租赁住房家庭 1151 户，其中实物配租家庭 829 户，租金补贴家庭 322 户。中低收入公共租赁住房申请家庭及经济适用住房申请家庭的人均月可支配收入门槛放宽到 3560 元(含)以下。

3. 社会保障水平稳步提升

年末全市企业职工养老保险参保人数 137.9 万人，比上年增长 3.1%；城镇职工基本医疗保险参保人数 193.0 万人，增长 2.5%；城镇失业保险参保人数 111.6 万人，增长 2.7%。养老、医疗、失业三大保险综合覆盖率达 98%。企业退休人员月均养老金 2143 元，比上年提高 4.1%。

4. 社会福利事业不断完善

最低生活保障水平不断提升，四城区城乡低保标准提高到 730 元/月，金坛区、溧阳市城乡低保标准均为 670 元/月。2016 年全市 19584 户、32229 人纳入低保范围，其中城镇低保对象 6738 户、10679 人，农村低保对象 12846 户、21550 人，累计发放保障金 1.9 亿元。全年医疗直接救助 27.4 万人次，医疗直接救助金额 6189.8 万元。年末全市拥有各类养老机构 102 个，养老机构床位数 22009 张，收养人数 12615 人。全年发行福利彩票 11.43 亿元。

(三) 教育和科学技术

1. 教育事业

教育现代化水平不断提高。年末全市拥有各级各类学校 696 所，在校学生 81.3 万人，教职工 5.8 万人，九年义务教育巩固率 100%，高中阶段毛入学率 100%。2015 年全市教育现代化建设综合得分为 88.1分。现代化学校建设稳步实施，全年列入市年度考核重点建设项目 52 个，投入使用 6 个，在建 38 个，8 个项目正在办理前期相关手续。各级各类教育协调发展，全年新增 20 所省优质园，13 所市优质园，7 所市特色幼儿园；开展常州市义务教育“新优质学校”创建工作，6 所学校通过首批“新优质学校”评估；全面完成“江苏省高水平现代化职业学校”建设，年末全市共有 8 所省高水平现代化职业学校，数量位居全省前列；重点实施“省级高水平示范性实训基地”建设，已投入使用10个，并通过省级验收。教育教学保持全省前列，全市本二以上达线率达80.6%，较上年提高3.1个百分点，本一以上达线率达26.31%，较上年提高近2个百分点；职业学校对口单招本科录取率达37.6%；省职业学校技能大赛总分位居全省第三，省技能状元大赛总分位居全省第二。

2. 科技创新

科技创新能力提升。全年完成专利申请43860件，其中发明专利15349件；专利授权17790件，其中发明专利授权2865件；万人发明专利拥有量24件。全年新增高新技术企业105家，累计1231家。全年新增产学研合作项目1066项。科技进步监测位居全省第4名。大力引进科技人才，年末全市拥有高技能人才26.7万人，每万劳动者中高技能人才949人。

平台建设提质加速。全年新增省级以上企业研发机构56家，累计建成“两站三中心”1249个，其中省级以上631个。新增孵化器、加速器15家，累计123家；新增孵化、加速面积超50万平方米，累计达850多万平方米；培育科技企业6300多家。积极推进江苏省智能装备产业技术创新中心及4家省产业研究院预备研究所建设，其中2家正式挂牌；完成30家市级重大公共研发机构的建设和提升。

示范区建设全面推进。编制完成示范区空间规划，“一核两区多园”的常州苏南国家自主创新示范区建设框架基本形成。获批建设江苏省西太湖高新区、江苏省中关村高新区。“中国以色列常州创新园”建设步伐加快；“常州国家科技领军人才创新驱动中心”成效明显；科教城省科技服务示范区特色鲜明；武进高新区及江南石墨烯研究院被列为科技部科技服务业区域和行业试点。

（四）文化、卫生和体育

1. 文化事业

文化事业加快发展。年末全市共有艺术表演团体11个，群众艺术馆、文化馆8个，博物馆27个；公共图书馆5个，图书总藏量332.9万册，全年总流通236.6万人次；自办广播节目7套，电视台节目7套，有线电视、数字电视用户分别为116万户、114.7万户。常州博物馆顺利通过国家一级博物馆创建验收并荣获“2016年全国最具创新力博物馆”称号。通过江苏省公共文化服务体系示范区创建验收，全市四级文化设施网络覆盖基本到位，每万人拥有公共文化设施面积超过1600平方米。连续三年成功举办“文化100”大型惠民行动，全年共推出十大系列、387项免费文化活动与市民共享。原创锡剧《夕照青果巷》代表江苏进京演出，大型滑稽戏《幸福的红萝卜》成功入选省舞台艺术十大精品工程并参加“江苏省第三届艺术节”展演，中篇弹词《龙城谍恋》入围全国牡丹奖。

2. 卫生事业

卫生服务水平不断提升。年末全市共有各级各类医疗卫生机构1267个，拥有总床位25085张，卫生技术人员3.1万人，其中执业（助理）医师12297人、注册护士13394人，全市每千人拥有执业（助理）医师2.61人。深化公立医院综合改革，区域型医疗联合体实现全覆盖。大力提升公共卫生服务效能，人均基本公共卫生服务经费标准提高至60元，居民电子健康档案合格率94.7%。深化智慧健康建设，成为首批健康医疗大数据中心与产业园建设国家试点城市。

3. 体育事业

体育事业蓬勃发展。年末全市拥有体育场地12837个，其中体育场27个，体育馆30个。全市公共体育设施面积147.9万平方米，其中年内新增35.6万平方米。体育民生实事扎实推进，全市建设包括笼式足球场、灯光篮球场、拼装式游泳池等全民健身示范工程25个，新建和更新288个健身点、2494件健身器材。年内共承办中国羽毛球大师赛、首届中国常州国际标准舞（体育舞蹈）国际公开赛、常州武进西太湖国际半程马拉松等8项次国际比赛以及24项次全国比赛和16项次省级比赛。竞技体育实现突破，5名常州运动员和4名省市联办优秀运动队运动员参加第31届奥运会，获得2枚金牌、1枚铜牌，江苏省体育局、常州市人民政府和南京工业大学三方联办的江苏女子垒球队分别获得全国锦标赛和全国冠军杯赛冠军。

(五) 城乡建设和公用事业

城乡基础设施不断完善。122 省道常州东段等道路建成通车，340 省道常州东段、地铁 1 号线一期等在建工程进展顺利。城市路网得到优化完善，永宁路、新一路、龙汇路、红梅南路和新堂北路建成通车；青果巷历史文化街区、文化广场、金融商务区等重点工程快速推进。年内完成各类水利建设土方 3301.1 万立方米，恢复治理水土流失面积 20 平方千米。新孟河、新沟河延伸拓浚工程顺利推进。

公交服务不断提升。年末全市公交线路 324 条，公交营运车辆 3106 辆，营运出租汽车 3680 辆。城市居民公共交通出行分担率 29.4%，镇村公交开通率 100%。

公用事业不断发展。全年全社会用电量 429.9 亿千瓦时，比上年增长 5.4%，其中城乡居民生活用电 41.8 亿千瓦时，增长 21.7%。全年城区实现供水 3.3 亿立方米，供气 9.1 亿立方米，污水处理 2.5 亿立方米，供水普及率 100%，供气普及率 99.96%，污水处理率 96.2%。通用自来水深度处理工艺改造加快推进，港华天然气利用铸铁管改造全面完工，改造、新建管道 77.3 千米。戚墅堰污水处理厂三期工程竣工并调试运行，市区污水收集管网不断完善，污水集中处理率进一步提升。基本完成了老小区雨污分流改造和污水提升工作。

(六) 生态环境与城市绿化

生态绿城建设持续推进。全市林木覆盖率达 25.5%，建成区绿化覆盖率达 43.1%，市区人均公园绿地达 14.5 平方米。完成老运河陶家村绿地、桃园路、红梅南路街头绿地、美然印染厂地块沿新运河滨河绿地、高架沿线地块补绿等 9 个项目。积极推进皇粮浜公园、老运河小九华地块等项目，建成贺家塘河生态绿道，基本建成劳动西路与勤业路交叉口绿地、老运河保护和环境整治工程部分段落。2016 年圆满创成国家森林城市。

环境质量持续改善。2016 年，全市完成大气污染防治项目 1083 项、水环境整治项目 475 项。环境质量不断改善，市区空气质量优良天数为 246 天，优良率为 67.4%；市区 PM2.5 平均浓度比上年下降 10.5%；重污染天数比上年减少 13 天。集中式饮用水水源地水质达标率为 100%。

三、常州市在泛长三角地区经济发展中的地位

2016 年，在中共常州市委的正确领导下，在市人大、市政协的监督支持下，紧紧依靠全市人民，主动适应经济发展新常态，解放思想，开拓创新，真抓实干，奋力拼搏，胜利完成了市十五届人大历次会议确定的各项任务，全市经济社会发展迈上了一个新台阶。获批国家历史文化名城，创成国家生态市、国家森林城市，摘得中国人居环境综合奖。

(一) 地区生产总值

2012—2016 年，常州市地区生产总值在泛长三角所占比重分别为 3.10%、3.12%、3.22%、3.24% 和 3.24%，呈现逐年增长的态势，累计增幅为 0.14 个百分点，其中，2016 年所占比重与上年持平。2016 年常州市地区生产总值在长三角地区 41 个市中排名第 10 位，保持比较靠前的位置。

2016 年全市实现地区生产总值(GDP)5773.86 亿元，按可比价格计算同比增长 8.5%，增幅高出全省平均水平 0.7 个百分点。其中，第一产业完成增加值 152.67 亿元，下降 0.9%；第二产业完成增加值 2682.29 亿元，增长 7.4%；第三产业完成增加值 2938.90 亿元，增长 10.1%。

从全省情况看，常州市 GDP 增速列全省第 8 位，在苏南五市中位列第 2，低于镇江(9.3%)，高于南京(8.0%)、苏州(7.5%)和无锡(7.5%)。

大力推进"三位一体"工业经济转型升级战略和现代服务业三年行动计划，产业结构实现"三二一"

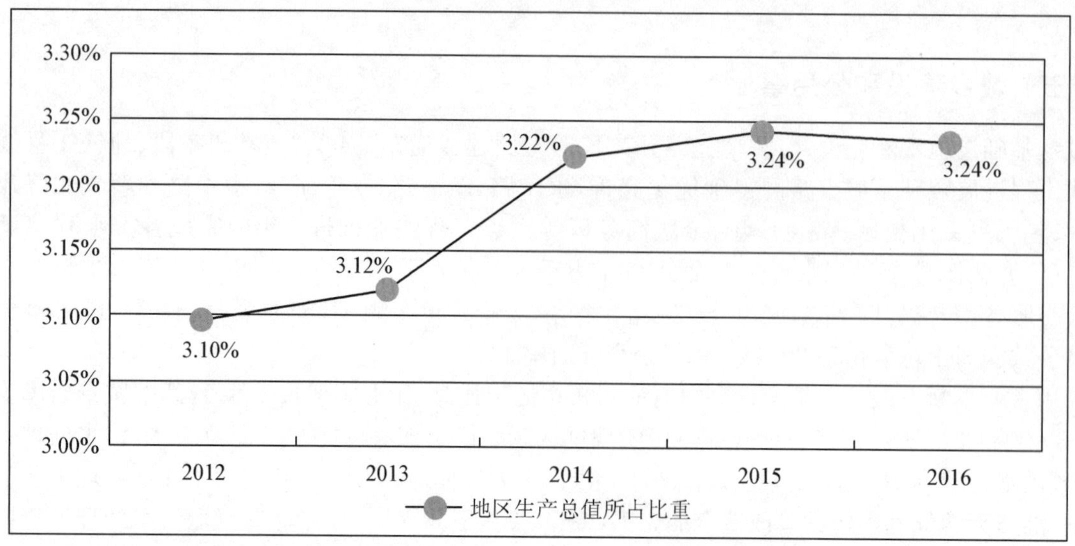

图 4 2012—2016 年常州市地区生产总值在泛长三角
(苏浙两省 24 个地级市、安徽省 16 个地级市和上海市,下同)所占比重的变化趋势

的标志性转变,全市经济发展的质量和效益显著提高。主要经济指标稳健增长。全市地区生产总值连跨两个千亿元台阶,2016 年达 5773.9 亿元,按可比价年均增长 10%,人均地区生产总值达 1.85 万美元,达到中等发达国家水平,稳居城市综合竞争力全国前 30 强。

(二)地方财政一般预算收入

2012—2016 年,常州市地方财政一般预算收入在泛长三角所占比重分别为 2.73%、2.52%、2.55%、2.39%和 2.26%,整体呈持续下滑态势,其中,2016 年较上年下降了 0.13 个百分比,较 2012 年下降了 0.47 个百分点。2016 年常州市地方财政一般预算收入在泛长三角地区 41 个市中排名第 10 位,较去年上升了一位。

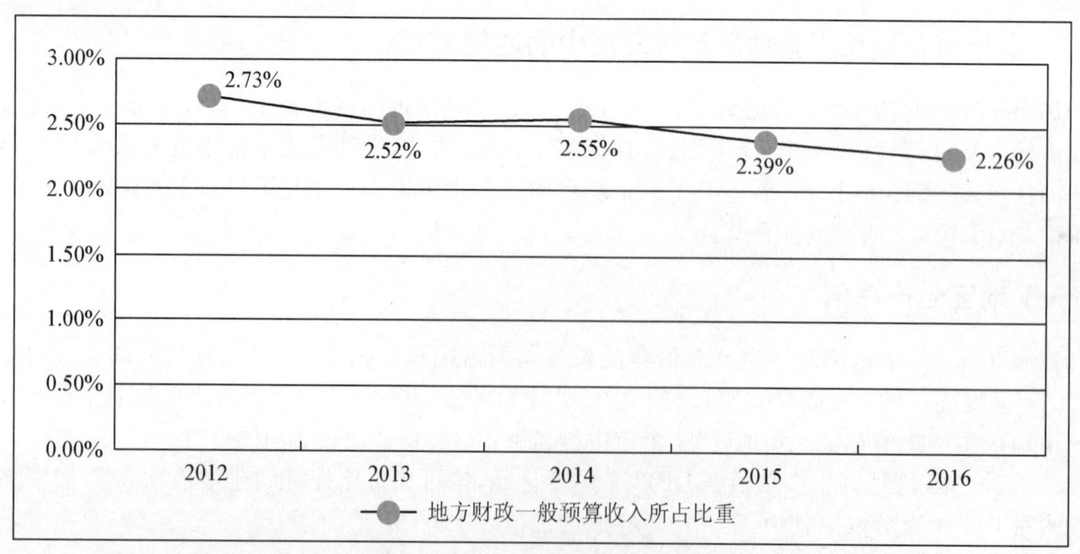

图 5 2012—2016 年常州市地方财政一般预算收入在泛长三角所占比重的变化趋势

2016 年,全市财政系统在市委、市政府的正确领导下,在市人大、市政协的监督支持下,坚持稳中求进工作总基调,主动适应经济新常态,实施积极的财政政策,强化财政管理,深化财税改革,财政收入保

持稳步增长，重点支出得到有力保障，在复杂严峻的环境下保持了财政运行的稳健态势。

全市一般公共预算收入完成480.29亿元，较上年实际增长3%，增幅列全省第4位，增收14.01亿元。其中税收完成383.19亿元，增长2.5%，增收9.49亿元。市级完成一般公共预算收入43.79亿元。全市一般公共预算支出预计完成514.28亿元，增长6%，增支28.95亿元。其中市级一般公共预算支出预计完成127.66亿元，增长2.8%，增支3.49亿元。全市一般公共预算收入加上预计上级补助收入、地方政府债券收入、上年结转、调入预算稳定调节基金和调入资金，减去全市一般公共预算支出、上解上级支出、地方政府债券支出等收支相抵后，年终结转38.19亿元。市级一般公共预算收入加上预计上级补助收入、下级上解收入、地方政府债券收入、上年结转、调入预算稳定调节基金和调入资金等，总收入合计496.38亿元，减去一般公共预算支出、上解上级支出、补助下级支出、地方政府债券支出合计482.88亿元，预计年终结转13.5亿元。2016年全市财政实现收支平衡。

（三）规模以上工业总产值

2012—2016年，常州市规模以上工业总产值在泛长三角所占比重分别为3.77%、3.86%、3.98%、3.90%和4.06%，整体呈上扬态势，2015年出现下跌，2016年所占比重较2012年上升了0.29个百分点。2016年常州市规模以上工业总产值在泛长三角地区41个市中排名第10位，较去年下滑一位。

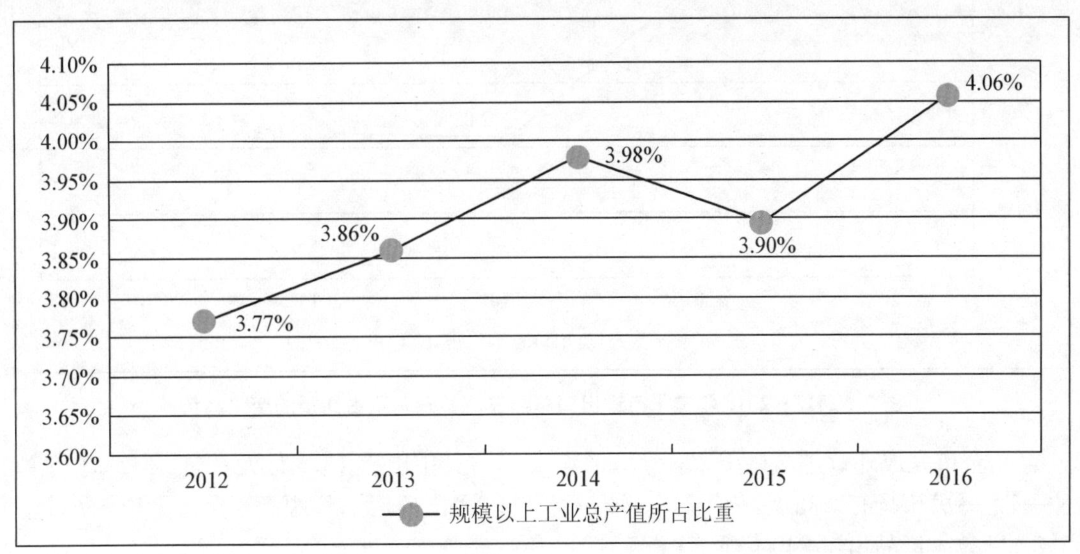

图6 2012—2016年常州市规模以上工业总产值在泛长三角所占比重的变化趋势

2016年，全市规模以上工业企业实现主营业务收入12441.4亿元、利润730.7亿元，同比分别增长9.2%和14.5%，增幅较上年分别提高4.3个和4.7个百分点，企业亏损面14.3%，较上年下降1.5个百分点。

盈利能力提升。2016年，全市规模以上工业企业财务费用同比下降10.7%，其中，利息支出同比下降12.4%，每百元主营业务收入中的财务费用由一季度的0.9元、上半年的0.8元降至全年的0.7元；全市规模以上工业企业主营业务收入利润率5.9%，成本费用利润率6.3%，较上年均提高0.3个百分点。

偿债能力增强。2016年，全市规模以上工业企业资产总额8831.5亿元，同比增长6.6%，负债总额4905.5亿元，同比增长3%。工业企业资产负债率为55.5%，同比下降3.3个百分点，延续了前三年的下降趋势。

纳入统计的1279家规模以上服务业企业（不含批发零售业、住宿餐饮业、金融业和房地产开发业企业）中，营业收入超亿元企业达159家，占比达12.4%，其中超10亿元企业7家。超亿元企业实现营业收入530.7亿元，比上年增长12.5%，高出规模以上服务业平均水平3.2个百分点，占全部规模以上服务业营业收入比重为65.3%；吸纳从业人员8.4万人，增长6.3%；应付职工薪酬61.2亿元，增长14.7%。

超亿元企业总体收益向好。159家企业中，121家企业营业收入实现正增长，占总数的76.1%。分行业看，租赁和商务服务业49家，营业收入159.6亿元，增长32.3%；科学研究和技术服务41家，营业收入129.8亿元，下降3.5%；交通运输、仓储和邮政业33家，营业收入78.5亿元，增长18.2%。

（四）进出口总额

2012—2016年，常州市进出口总额在泛长三角所占比重分别为2.17%、2.13%、2.01%、2.01%和2.08%，2013—2014年大幅下跌，2016年止跌上扬，2016年较2012年下跌了0.09个百分点。2016年常州市进出口总额在泛长三角地区41个市中排名第11位。

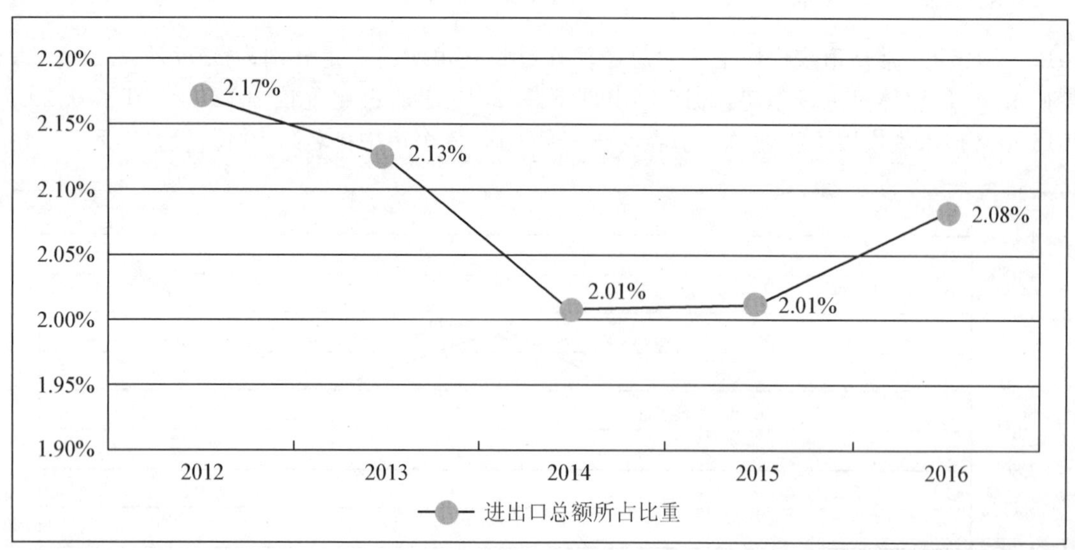

图7　2012—2016年常州市进出口总额在泛长三角所占比重的变化趋势

2016年，全市完成外贸进出口1820亿元，增长4.6%，其中出口1375亿元，增长4.2%。新兴市场，特别是"一带一路"市场有效拓展，全年对"一带一路"出口增长9.8%，增幅高于全市平均5.6个百分点。全年完成高新技术产品出口240亿元，增长5.1%。

2016年上半年，常州在严峻的外贸形势下交出期中考成绩单，外贸进出口主要指标均列全省第五位。1月至6月，全市实现外贸进出口总值864.1亿元人民币，同比增长1.5%。其中出口661.5亿元，增长3.2%，进口202.6亿元，贸易顺差458.9亿元，扩大6.7%。1月至6月，全市对"一带一路"国家和地区出口32.7亿美元，同比增长0.3%，高于全市出口平均3个百分点，占全市出口的32.1%。对菲律宾、孟加拉国、印度出口分别增长39.8%、16%、23.5%。其中，天合光能、中天钢铁、华贸通、东恒印染、上上电缆等重点企业对"一带一路"国家和地区的出口增势明显。

作为全球一流的光伏电站系统集成商，天合光能2015年蝉联世界组件出货量第一，组件出货量达5.74GW，同比增长56.8%；公司净营收总额为30亿美元，同比增长了32.8%，全球市场份额超过10%。今年第一季度，天合光能组件出货总量增至1.42GW，同比增长38.7%，营收和净收益则分别上升46.4%和91.3%。公司相关负责人表示，国家"一带一路"战略的实施，为企业提供了一个更好的氛围，在贸易保护的大环境下，增加了更多自由度、更大空间。近3年来，天合光能先后在马来西亚、泰国、越南投资新产能。今年3月，天合光能在泰国建设的工厂竣工投产。随着天合光能在海外布局方面的加快加深，公司将进一步有效利用全球资源，增强天合光能海外市场竞争力，运用国际化思维，培养国际

一流企业。

（五）实际外商直接投资金额

2012—2016 年，常州市实际外商直接投资金额在泛长三角所占比重分别为 4.62%、4.15%、3.22%、2.35%和 3.25%，2016 年止跌上扬，2016 年较 2015 年增加了 0.9 个百分点，较 2012 年下跌了 1.37 个百分点。2016 年常州市实际外商直接投资金额在泛长三角地区 41 个市中排名第 10 位，较去年上升了两位。

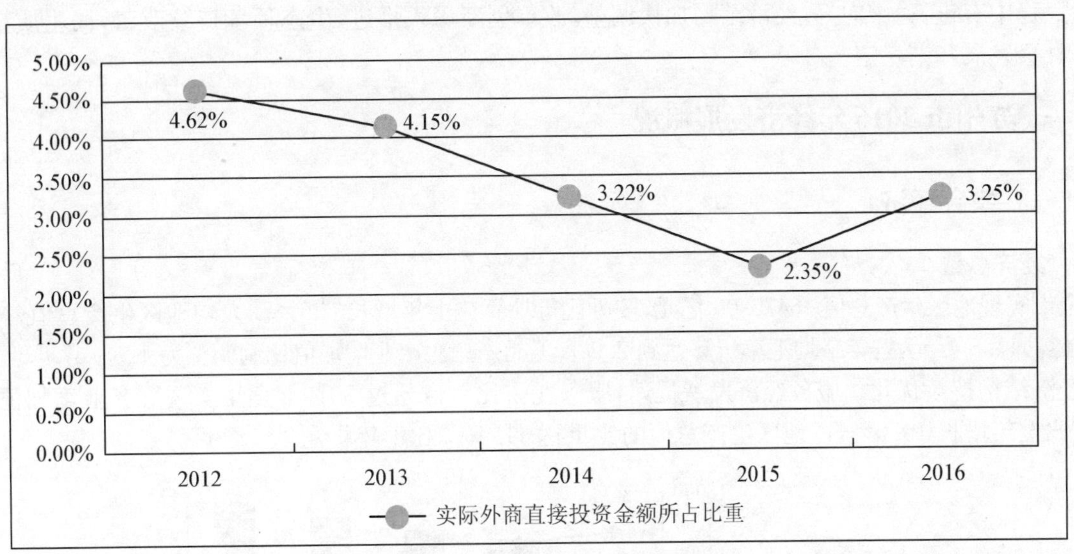

图 8　2012—2016 年常州市实际外商直接投资金额在泛长三角所占比重的变化趋势

常州是一座历史悠久的文化名城，也是一座充满活力的先进制造业城市。近年来，常州始终秉承开放发展理念，大力推进企业、产业、园区、城市、人才“五个国际化”建设，经济国际竞争力、城市对外影响力、重大战略融入力达到新的水平。特别是连续 12 年举办“9.28”科技经贸洽谈会，持续推进重大项目，推动产业转型升级，洽谈会已成为常州市与国内外科技、经贸、产业、项目对接合作的重要平台和特色品牌。近五年来，全市共吸引外资 127 亿美元，签约项目 1409 个；实现外贸出口总额 1427 亿美元，其中出口 1038 亿美元，省级跨境电商产业园、华贸通等外贸新模式、新业态加快发展。截至目前，全市共有世界 500 强企业 65 家，投资项目 105 个，省级跨国公司地区总部 7 家、功能性机构 5 家。瑞声科技、天合光能、华利达、金昇集团等一批优势企业相继“走出去”，并购境外优质资产，设立境外研发中心，打造境外产业园区，建立境外生产基地，形成了常州企业海外军团。中以常州创新园、中德创新园区成为国家间合作项目，苏澳合作园区落户，常州机场实现一类口岸开放，开放合作的道路越走越宽。

2016 年，全年新增协议注册外资 41.1 亿美元，比上年增长 48.3%，其中总投资超亿美元项目 24 个，比上年增加 10 个。全市实际到账注册外资 25 亿美元，增长 0.5%。新增省级跨国公司地区总部和功能性机构 6 家，住友电气、富士通等 5 家世界 500 强企业投资项目实现增资扩股。

六 苏州市 2016 年经济社会发展报告

2016 年，面对错综复杂的宏观经济环境，全市上下在苏州市委、市政府的正确领导下，深入贯彻党的十八大和十八届三中、四中、五中、六中全会精神，以习近平总书记系列重要讲话特别是视察江苏重要讲话精神为指引，自觉践行五大发展理念，坚持稳中求进工作总基调，坚定不移推进供给侧结构性改革，积极应对各种风险和挑战，统筹推进稳增长、促改革、调结构、惠民生、防风险等各项工作，全市经济运行总体平稳、稳中有进、稳中向好，经济结构加快调整，改革创新深入推进，生态环境持续改善，民生质量不断提高，社会发展和谐稳定。

一、苏州市 2016 年经济发展概况

（一）综合经济

1. 经济总量

全市实现地区生产总值 15475.09 亿元，按可比价计算比上年增长 8.5%。人均地区生产总值(按常住人口计算)14.5 万元，按年平均汇率折算达到 2.2 万美元。三次产业增加值比例调整为 1.5：47：51.5。

经济结构持续优化。服务经济发展提速，服务业占比首次超过 50%。全年实现服务业增加值 7916 亿元，比上年增长 10.0%，占地区生产总值的比重达 51.4%，比上年提高 1.5 个百分点。

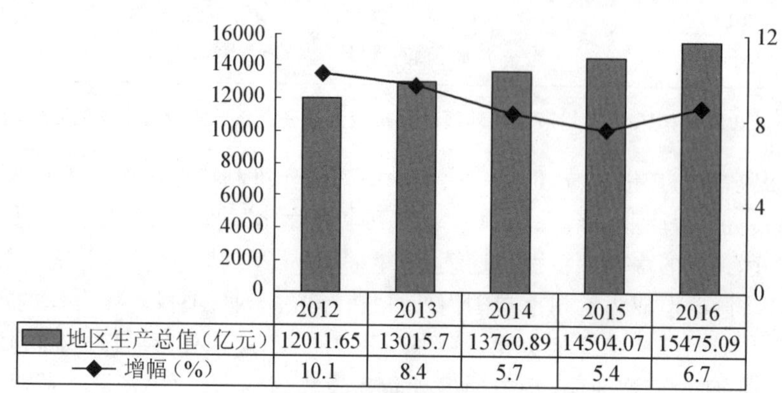

图 1 2012—2016 年苏州市地区生产总值及增长速度

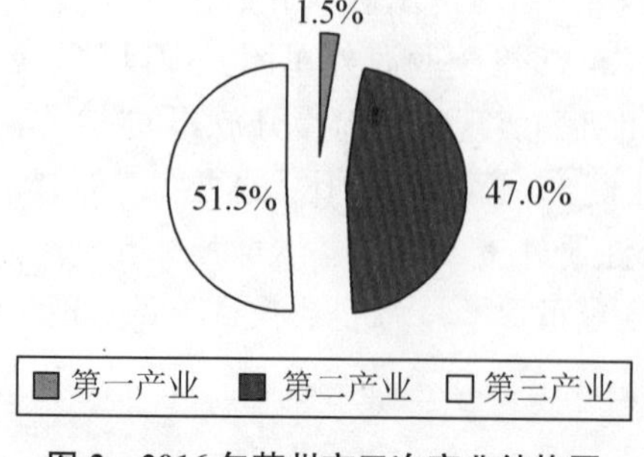

图 2 2016 年苏州市三次产业结构图

2. 财政收支

财税收入平稳增长，全年实现一般公共预算收入 1730 亿元，比上年增长 10.8%。其中税收收入 1505.8 亿元，增长 12.5%，税收收入占一般公共预算收入的比重达 87%，比上年提高 1.2 个百分点，财政收入总量、增量和税收占比保持全省首位。财政支出更多投向民生领域，全年一般公共预算支出

1617.2亿元，比上年增长5.9%。其中城乡公共服务支出1221.3亿元，城乡公共服务支出占一般公共预算支出的比重达75.5%。

3. 物价水平

物价水平基本稳定。市区居民消费价格总水平比上年上涨2.7%。八大类商品及服务价格"七升一降"。其中食品烟酒类价格比上年上涨4.3%；衣着类价格上涨2.0%；居住类价格上涨1.7%；生活用品及服务价格上涨2.0%；教育文化和娱乐价格上涨1.4%；医疗保健价格上涨14.0%；其他用品和服务价格上涨2.8%；交通和通信类价格比上年下降2.3%。

4. 固定资产投资

固定资产投资提质发展。全年完成全社会固定资产投资5648.49亿元，比上年下降7.8%。分产业看，第一产业完成投资0.91亿元，比上年下降76.4%；第二产业完成投资1987.31亿元，比上年下降9.8%，其中工业投资1982.29亿元，下降9.9%；第三产业完成投资3660.27亿元，比上年下降6.5%，占全社会固定资产投资的比重达64.8%。民间投资比重提升。全年完成民间投资3237.93亿元，比上年下降1.4%，民间投资占全社会固定资产投资的比重达57.3%，比上年提高3.7个百分点。

"两新一改"投资占比提高。全年新兴产业完成投资1410.18亿元，占全社会固定资产投资的比重达25.0%，比上年提高1.5个百分点；高新技术产业完成投资820.22亿元，占工业投资的比重达41.4%。工业技术改造投资1427.03亿元，占工业投资的比重达72.0%，比上年提高2.6个百分点。

(二) 农业和农村建设

农业生产保持稳定。全市实现农林牧渔业总产值424.67亿元，按可比价计算比上年下降0.3%。全年粮食总产量97.68万吨，比上年下降9.7%，其中夏粮产量28.91万吨，下降20.6%；秋粮产量68.77万吨，比上年下降4.2%。全年猪牛羊禽肉产量9.83万吨，比上年下降9.2%；禽蛋产量3.8万吨，比上年下降12.4%；水产品产量25.29万吨，比上年下降3.5%。

现代农业生产方式加快转变。全年新建成高标准农田3.5千公顷，新增现代农业园区面积4.9千公顷，年末现代农业园区总面积达75.5千公顷。农业适度规模经营比重达92%，农业综合机械化水平88.5%。创新产销对接模式。搭建一批农产品产销对接平台，年末全市共有5家省级农产品电子商务示范单位，46个农产品电子商务"淘宝村"，全年农产品生产和经营企业实现网上交易额26.5亿元。

农村改革稳步推进。年末全市农村各类合作组织4407家，持股农户比例超过96%。年末农村集体经济总资产1720亿元，村均年稳定性收入801万元，分别比上年增长6.8%和3.2%。全市618个村完成农村承包土地确权登记颁证工作。

(三) 工业和建筑业

工业生产保持平稳。全市实现工业总产值35767亿元，比上年增长0.1%，其中规模以上工业总产值30679亿元，增长1.1%。规模以上工业中，国有及国有控股工业产值785亿元，比上年增长1.8%；外商及港澳台资工业产值19653亿元，比上年增长1.3%；民营工业产值10400亿元，比上年增长0.6%。电子、电气、钢铁、通用设备、化工、汽车六大行业实现产值20542亿元，比上年增长1.7%，占规模以上工业总产值的比重达67.0%。

先进制造业加快发展。全市制造业新兴产业产值15265亿元，比上年增长2.2%，占规模以上工业总产值的比重达49.8%，比上年提高1.1个百分点。工业机器人、光伏、轨道交通、新能源汽车、生物技术和新医药五大新产业实现产值1915亿元，比上年增长5.2%。其中工业机器人产业产值161亿元，增长14.8%；光伏产业产值615亿元，增长10.3%。高端产品产量快速增长。工业机器人产量比上年增长171.3%；运动型多用途乘用车(SUV)产量增长110.7%；锂电池产量增长67.9%；光电子器件产量增长

25%;医疗仪器设备及器械产量增长29.2%。

工业效益稳定改善。全市规模以上工业经济效益综合指数235%,比上年提高14个百分点。规模以上工业企业主营业务收入30135亿元,比上年增长1.5%;实现利润1816亿元,比上年增长15.0%。规模以上工业企业亏损面23.0%,比上年回落2.6个百分点;规模以上工业资产负债率52.3%,较上年下降1.3个百分点。工业生产效率提升。规模以上工业全员劳动生产率22.5万元/人,比上年提高8.5%;总资产贡献率8.8%,比上年提高0.6个百分点。

建筑业基本稳定。全市完成建筑业总产值1856亿元,比上年下降5.1%,其中建筑、安装工程产值1842亿元,下降5.1%。竣工产值1702亿元,比上年增长3.6%,竣工率为91.7%。全市资质以上建筑业企业房屋施工面积9682万平方米,比上年下降11%,其中新开工面积2730万平方米,下降1.8%。年末拥有总承包和专业承包资质建筑企业1395家,实现利税140亿元,比上年下降5.5%。建筑业全员劳动生产率32.28万元/人,比上年下降1.1%。建筑业企业在外省完成建筑业产值513亿元,比上年增长19.4%。

(四)服务业

1. 国内贸易

消费市场稳步提升。全年实现社会消费品零售总额4937亿元,比上年增长10.7%。其中,批发和零售业零售额4345亿元,比上年增长10.8%;住宿和餐饮业零售额592亿元,比上年增长9.3%。按经营单位所在地分,城镇消费品市场实现零售额4313亿元,比上年增长10.7%;农村消费品市场实现零售额624亿元,比上年增长10.7%。消费升级类商品增势较好。限额以上批发和零售业中,通讯器材类商品零售额比上年增长12.1%;家具类商品零售额比上年增长13.3%;汽车类零售额比上年增长10.6%。

年末全市拥有国家级特色商业街18条,拥有亿元以上市场82个,实现市场成交额5878亿元,比上年增长5.6%。新型商业模式迅猛发展。全年电子商务交易额9000亿元,比上年增长30%。限额以上批发和零售业实现互联网零售额比上年增长29.1%。

2. 交通运输、邮电业

交通运输发展平稳。年末全市公路总里程12680.78千米,其中高速公路598.12千米。全市完成公路、水路客运量3.26亿人次,旅客周转量124.74亿人千米,均比上年下降5.8%。公路、水路完成货运量1.34亿吨,货物周转量225.07亿吨千米,分别比上年增长3.1%和5.4%。全年铁路旅客发送量4059万人次,比上年增长8.4%。铁路货物发送量81.95万吨,货物到达量141.46万吨。苏州港港口货物吞吐量5.79亿吨,比上年增长7.3%,其中外贸货物吞吐量1.51亿吨,比上年增长7.5%。苏州港集装箱运量548万标箱,比上年增长7.4%。

汽车保有量稳步增长。年末拥有汽车313.3万辆,其中私家汽车268.4万辆,分别比上年增长16.6%和17.1%。

邮电业务快速发展。全年邮政业务收入132.95亿元,比上年增长22.5%。全年发送快递8.18亿件,比上年增长45.2%;实现快递业务收入112.98亿元,比上年增长27.6%。电信业务收入194.11亿元,比上年增长4.8%。年末固定电话用户252万户;移动电话用户1690.6万户,其中4G用户1079.7万户。年末互联网宽带用户数达433.64万户,比上年末净增24.24万户。

3. 金融、证券和保险

金融运行保持稳定。年末全市金融机构总数774家,金融从业人员7.5万人,金融总资产4.4万亿元。年末全市金融机构人民币存款余额25864.26亿元,比年初增加2205.16亿元,比年初增长9.3%。年末金融机构人民币贷款余额21924.44亿元,比年初增加2724.34亿元,比年初增长14.2%。

证券业务平稳发展。年末全市证券交易开户总数233万户。证券机构托管市值总额6176亿元。全年各类证券交易额4.87万亿元,期货市场交易额2.84万亿元。

资本市场作用凸显。全年新增上市公司13家，年末上市公司总数达113家，累计募集资金1582亿元。新增“新三板”挂牌企业203家，累计达432家。全年新增债券融资1373.8亿元，比上年多增688.1亿元。

保险业务稳步增长。全年新增保险机构6家，年末保险机构81家，各类分支机构921家。全年保费收入524.57亿元，比上年增长42.4%；保险赔款和给付支出156.35亿元，比上年增长14.5%。保险深度、保险密度分别达到3.41%和4940元/人。

4. 旅游业

旅游市场健康发展。全市实现旅游总收入2078亿元，比上年增长11.5%，其中旅游外汇收入21.56亿美元。全年接待入境过夜游客161.33万人次，接待国内游客11294.80万人次，分别比上年增长6.7%和6.5%。年末全市共有5A级景区6家(11个点)、4A级景区36家，五星级饭店29家。省级以上旅游度假区10家，其中国家级2家。苏州获评全国首批、全省唯一“国家全域旅游示范区”创建的地级市。游客满意度和旅游市场秩序指数保持全国前列。

5. 房地产业

房地产市场平稳发展。全年完成房地产开发投资2163.24亿元，比上年增长16.0%。商品房新开工面积2966.51万平方米，比上年增长37.8%；商品房施工面积12124.1万平方米，比上年增长7.4%；商品房竣工面积1882.07万平方米，比上年增长13.8%；商品房销售面积2494.05万平方米，比上年增长16.9%，其中住宅销售面积2258.6万平方米，比上年增长16.4%。

(五) 开放型经济

1. 对外贸易

对外贸易基本稳定。全市实现进出口总额18081亿元，其中出口10817亿元，进口7264亿元。全市一般贸易进出口比上年增长8.8%，占进出口总额的比重达33.6%，比上年提高4.2个百分点。从出口市场看，全年对美国出口比上年增长4.8%，对东盟出口增长4.0%，对欧盟出口增长3.2%，对日本出口下降8.2%；对“一带一路”沿线国家出口占全市出口总额的比重达20.3%，比上年提高1.5个百分点。

服务贸易发展良好。全市服务贸易进出口总额141.16亿美元，比上年增长15.0%。服务外包平稳发展。全年服务外包接包合同额128.44亿美元，比上年增长7.8%；服务外包离岸执行额66.84亿美元，比上年增长6.7%。

2. 利用外资

使用外资层次提升。全年新设外商投资项目784个，实际使用外资60亿美元，其中服务业实际使用外资占比42.8%，比上年提高4.7个百分点；战略性新兴产业和高技术项目实际使用外资占比50.0%。区域性外资总部集聚区建设取得新成效，全市新设具有地区总部特征或共享功能的外资企业30家，年末累计超过250家。

3. 对外经济合作

“走出去”步伐加快。全年新批境外投资项目中方协议投资额32亿美元，比上年增长56.7%，其中第三产业项目中方协议投资额占比56.6%；民营企业境外中方协议投资额占比74.9%。全年新签对外工程承包合同额15.1亿美元，比上年下降19.4%；完成营业额11.6亿美元，比上年增长11.2%。“一带一路”战略效应进一步显现，对“一带一路”沿线国家协议投资额5.99亿美元，占比达18.8%。

4. 开发区建设

开放水平继续提升。苏州获批国家跨境电子商务综合试验区、服务贸易创新发展试点城市。51项自贸区改革试点经验在苏州市复制推广。年末全市拥有国家级开发区14家、省级开发区3家、综合保税区7家、保税港区1家。“苏满欧”国际铁路货运班列运能不断提升，全年累计发运出口班列120次，运载货物10706标箱，货值9.77亿美元。

二、苏州市2016年社会发展概况

（一）人口、人民生活

人口总量基本稳定。年末全市常住人口1062.57万人，其中城镇人口802.24万人。全市户籍人口678.2万人，户籍人口出生率11.2‰，比上年提高1.28个千分点；户籍人口自然增长率4.85‰，比上年上升1.81个千分点。

居民收入平稳增长。根据抽样调查，全体常住居民人均可支配收入46460元，比上年增长8.1%。其中城镇常住居民人均可支配收入54400元，比上年增长8.0%；农村常住居民人均可支配收入27750元，比上年增长8.5%。

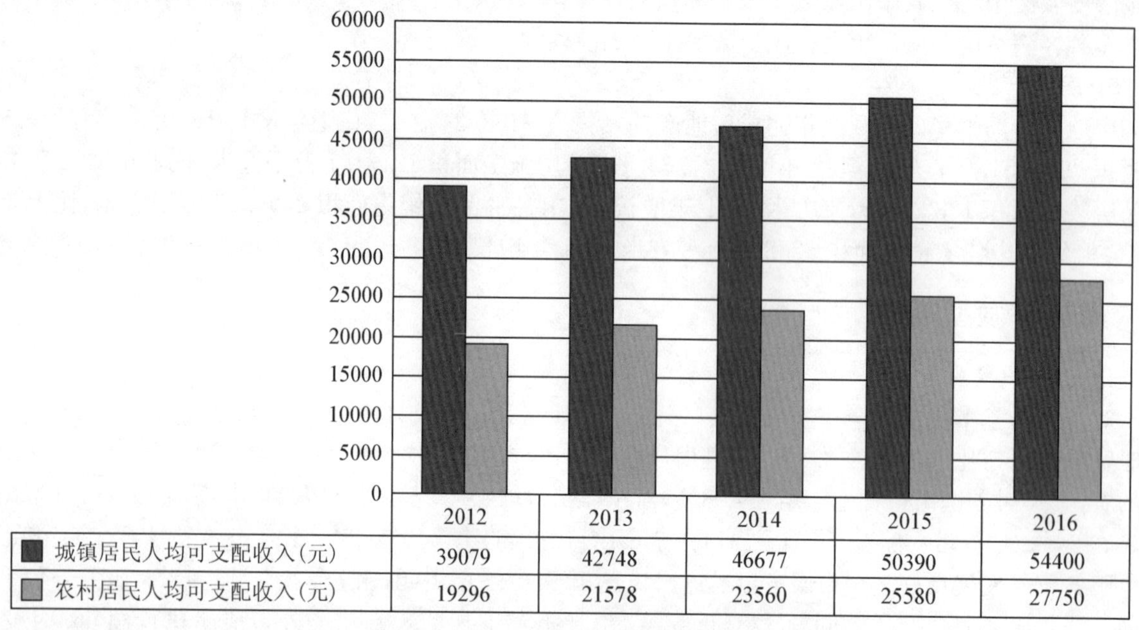

	2012	2013	2014	2015	2016
城镇居民人均可支配收入(元)	39079	42748	46677	50390	54400
农村居民人均可支配收入(元)	19296	21578	23560	25580	27750

图3　2012—2016年苏州市城乡居民收入对比一览

（二）就业与社会保障

就业形势保持平稳。全市新增就业17.11万人，开发公益性岗位0.93万个，城镇就业困难人员实现就业1.8万人。城镇登记失业率1.89%。苏州籍应届高校毕业生就业率达到98.52%。全年免费城乡劳动者职业技能培训4.3万人。全力推进大众创业。年末全市共有国家级创业示范基地1家，省级创业示范基地23家，各级创业孵化载体214家。

社会保障体系进一步完善。年末全市企业职工养老保险缴费人数478.46万人，比上年增加8.45万人；企业养老保险享受人数147.06万人。市区企业退休人员月人均增加养老金148元。年末城乡居民社会养老保险参保人数46.37万人，领取基础养老金人数43.16万人。参加城镇职工基本医疗保险人数635.09万人，比上年增加23.37万人；参加居民医疗保险人数276.82万人。参加失业保险人数446.63万人，比上年增加23.09万人。全市城镇职工社会保险覆盖率、城乡居民养老保险和医疗保险覆盖率均保持在99%以上。

全市城乡最低生活保障标准由750元/月提高至810元/月。年末全市1.76万户、共计2.89万人享受低保，全年发放低保金2.13亿元。市区居民基础养老金由每人每月380元上调至430元。全年社会救助支出19.28亿元。年末拥有各类养老机构232个，养老机构床位总数66701张。全市新开工建设保

障性住房3.14万套，基本建成3.21万套，为837户困难家庭发放住房租赁补贴。全市新增缴存公积金职工68.85万人，年末缴存住房公积金职工数达268.89万人，全年职工提取公积金245.72亿元。

（三）教育与科技创新

1. 教育事业

教育资源优化布局。全年新建和改扩建中小学、幼儿园52所，新增学位6.6万个。全市拥有各级各类学校（含外来工子弟学校）754所，在校学生131.04万人，毕业生26.9万人，专任教师8.27万人。其中普通高等院校22所，独立学院5所，普通高等学校在校学生21.93万人，毕业生5.93万人。高等教育毛入学率68.5%。成人高等学校在校学生3.96万人，毕业生1.26万人。拥有幼儿园（含民办）754所，在园幼儿32.44万人。

2. 科技事业

科技创新加快推进。全市财政性科技投入95.2亿元，占一般公共预算支出的5.9%。研究与试验发展经费支出占地区生产总值的比重达到2.7%。全市新增高新技术企业920家，累计4133家。高新技术产业产值14382亿元，占规模以上工业总产值的比重达46.9%，比上年提高1.0个百分点。全年新增省级以上民营科技企业1472家，累计达11825家。

创新载体加快培育。全年新增24家国家级众创空间，41家省级众创空间，年末共有国家级众创空间32家，省级众创空间88家，规模领跑全省。年末全市共有省级以上科技孵化器93家，孵化面积490万平方米，省级以上在孵企业超6100家。中科院电子所苏州研究院、纳米真空互联实验站开工建设。清华—苏州环境创新研究院、华中科技大学（苏州）脑空间信息技术研究院、牛津大学—苏州先进研究中心、悉尼大学中国中心相继设立。年末省级以上公共技术服务平台60家，其中国家级15家。新增省级以上工程技术研究中心43家，累计达620家；新增省级以上企业技术中心61家，累计达381家；新增省级以上工程中心（实验室）11家，累计达68家。

创新人才加速聚集。年末全市各类人才总量243万人，其中高层次人才19.8万人，高技能人才52.43万人。年末拥有各类专业技术人员162.5万人，比上年增长8.6%。新增国家“千人计划”32人，累计达219人，其中创业类人才120人。新增省“双创计划”人才104人，累计达683人。

创新成果质量提升。全年专利申请量和授权量分别达10.1万件和5.1万件，其中发明专利申请量和授权量分别达4.5万件和1.2万件，发明专利申请占比由上年的43.8%提高至44.6%，发明专利授权占比由上年的16.8%提高至23.5%。万人有效发明专利拥有量达到37.6件，比上年增加10.1件。

（四）文化、卫生、体育

1. 文化事业

公共文化服务体系进一步完善。年末全市共有文化馆11个、文化站98个、公共图书馆12个、博物馆42个。文化创意产业做大做强。全市有8个国家级、15个省级和55个市级文化产业示范园区（基地），全年文化创意产业主营业务收入超过4700亿元，比上年增长15%。文化保护与传承进一步加强。全市现有市级以上文物保护单位816处，其中全国重点文物保护单位59处、省级112处，国家级历史文化名镇13个、名村5个。推动苏州文化“走出去”。全年共组织文化“走出去”项目47批次，涵盖“一带一路”沿线中东欧和欧美共23个国家和地区。

2. 卫生事业

医疗卫生服务能力持续增强。年末全市拥有各类卫生机构3210个，其中医院208个、卫生院77个。年末卫生机构床位数6.3万张，其中医院病床5.61万张；拥有卫生技术人员7.43万人，其中执业医师和执业助理医师2.81万人、注册护士3.23万人，分别比上年增长7.3%和14.5%。学科建设和人才培养成效显著。全市建成国家级医学重点学科2个，临床重点专科16个，位列全国地级市前列。医药卫生体制改革取得成效，分级诊疗制度初步形成，上下联动、统一协作的健康管理综合服务机制逐步健全。全市建成紧密合作型医联体97个，组建家庭医生团队1030个，签约家庭65万户，实行社区药品“直通车”制度。苏州科技城医院正式投用，加快整合广济医院、苏州市第五人民医院打造公共医疗中心。

3. 体育事业

体育事业稳步发展。体育设施建设加快推进。年末全市公共体育设施面积超过3290万平方米，共有全民健身站点6903个、健身步道1653千米。苏州工业园区体育中心抓紧建设，苏州湾体育公园建成开园，环古城河健身步道全面提升。竞技体育实力增强。苏州体育健儿在里约奥运会、残奥会上夺得7枚金牌。昆山成功举办“汤尤杯”世界羽毛球团体锦标赛。全年体育彩票销售39.17亿元。

（五）城市建设和公用事业

全年完成基础设施投资738.1亿元。常嘉高速公路、张家港疏港高速公路建成通车，沪通铁路苏州段建设进展顺利。城市轨道交通加快建设。轨道交通2号线延伸线建成运营，4号线及支线工程试运行、3号线、5号线建设稳步推进。市区人民路综合整治提升工程基本完成。苏州汽车西站综合客运枢纽建设投运。全市建成换乘停车场24处，泊位1万多个。苏州工业园区桑田岛地下综合管廊建成使用，海绵城市试点项目积极推进。1000千伏特高压淮上线东吴变电站投入运行，“城市光网”覆盖到村，“智慧苏州”重点项目加快建设。

全年全社会用电量1382.58亿千瓦时，比上年增长5.4%。其中工业用电量1116.3亿千瓦时，增长3.9%；城乡居民生活用电108.26亿千瓦时，增长14.5%。全市拥有区域供水厂22座，总供水能力717.5万立方米/日，其中市区（不含吴江，下同）自来水日供水能力达到255万立方米。全年新建、改建城镇生活污水处理厂5座，新增生活污水处理能力11.55万吨/日，年末生活污水处理能力达到379万吨/日。城镇生活污水处理率达到95.2%，农村生活污水处理率达到75%。市区管道天然气供气总量8.3亿立方米。

年末城市轨道交通运营线路总长86.1千米，全年运营总里程864.2万列千米，线网客流总量15056.8万人次。市区新辟公交线路34条，其中社区巴士线路20条，年末营运线路364条，线路总长7290千米，全年公交运客总量5.72亿人次。年末市区营运出租汽车4803辆。全年新增农村客运（公交）班线20条，行政村农村客运班车通达率、镇村公交开通率均保持100%。

（六）环境保护与节能降耗

生态保护得到加强。全市环保投入641亿元，比上年增长11.2%，占地区生产总值的比重达4.2%。全市新增生态红线保护面积54.5平方千米，总面积达3260平方千米。生态文明建设“十大工程”重点项目全年完成投资127.1亿元。全市空气质量达标天数（按AQI标准）比例为76.2%。市区PM2.5年均浓度比上年下降20.7%。集中式饮用水水源地水质达标率100%。市区新增绿地面积350万平方米，建成区绿化覆盖率42.7%，市区建成区人均公园绿地面积14.99平方米。农村新增林地、绿地624.73公顷，陆地森林覆盖率29.69%。全市建成美丽村庄示范点10个、三星级康居乡村305个。

节能减排扎实推进。全面推进工程减排、结构减排和管理减排，实施减排项目181个。劝退、拒批不符合环保要求建设项目132个。整治燃煤小锅炉1802台。主要污染物排放总量削减完成省下达的任务。全市新增三星级以上“能效之星”企业33家，累计达411家。

三、苏州市在泛长三角地区经济发展中的地位

2016年，在中共苏州市委的领导下，深入贯彻党的十八大、十八届三中、四中、五中、六中全会和习近平总书记系列重要讲话特别是视察江苏重要讲话精神，紧紧围绕“五位一体”总体布局和“四个全面”战略布局，主动适应经济发展新常态，自觉践行新发展理念，团结依靠全市人民，克难奋进，开拓创新，推动经

济社会发展取得了一系列重大成就。

（一）地区生产总值

2012—2016年苏州市地区生产总值在长三角所占比重分别为9.37%、9.31%、9.05%、8.92%和8.67%，呈持续下滑态势，2016年较上年下降了0.25个百分点，较2012年下降了0.7个百分点。2016年苏州市地区生产总值在泛长三角地区41个市中排名第2位。

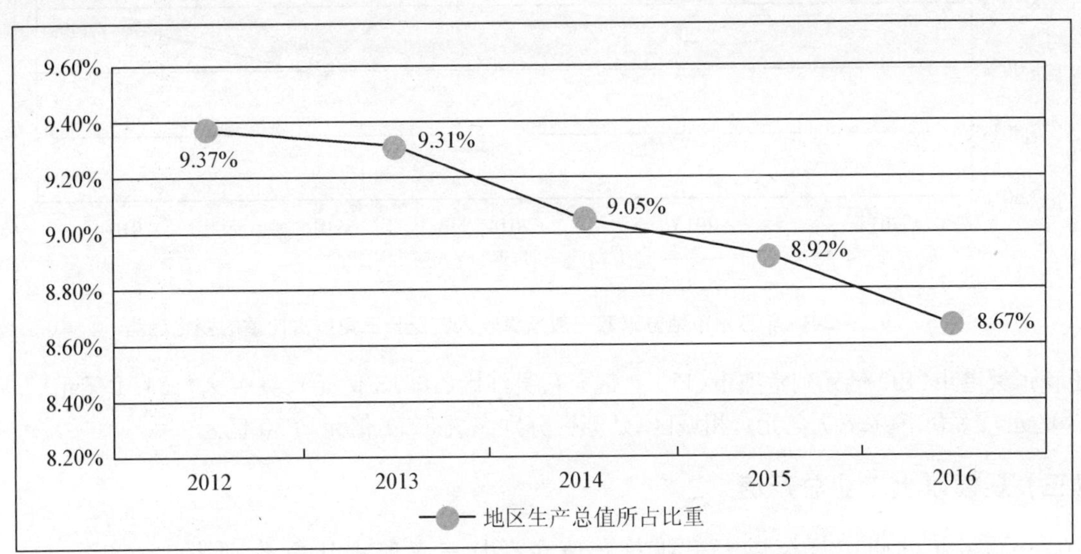

图4　2012—2016年苏州市地区生产总值在泛长三角（苏浙两省24个地级市、安徽省16个地级市和上海市，下同）所占比重的变化趋势

2016年，经济运行总体平稳。初步核算，全市实现地区生产总值1.54万亿元，按可比价计算比上年增长7.5%以上。人均地区生产总值（按常住人口计算）14.5万元，按年平均汇率折算达到2.2万美元。

五年来，经济保持平稳增长，产业结构不断优化，质量效益持续提高。地区生产总值、一般公共预算收入年均分别增长8.6%和9.5%。按常住人口计算人均地区生产总值由1.58万美元提高到2.2万美元。产业结构实现“三二一”战略性转变，新兴产业、高新技术产业产值占规模以上工业总产值比重分别提高11.7个和9.6个百分点，形成新材料、高端装备制造、软件和集成电路等千亿级新兴主导产业。科技综合实力保持全省第一，发明专利申请量、授权量位居全国城市前列。新型平板显示、纳米技术应用、生物医药等领域取得重大创新成果，昆山维信诺OLED项目荣获国家技术发明一等奖，亨通集团摘得中国工业大奖。

（二）地方财政一般预算收入

2012—2016年苏州市地方财政一般预算收入在泛长三角所占比重分别为8.68%、8.20%、8.48%、7.99%和8.14%，五年整体呈下跌，2016年比上年增加了0.15个百分点，五年累计跌幅达0.54个百分点。2016年苏州市地方财政一般预算收入在泛长三角地区41个市中排名第2位。

面对错综复杂的外部环境和经济下行的压力，苏州市各级财政部门坚持稳中求进的工作总基调，坚定不移地推进供给侧结构性改革，全面贯彻创新、协调、绿色、开放、共享的发展理念，积极应对各种风险和挑战，牢牢把握工作的主动权，圆满完成年初确定的工作目标，财政收入实现稳定优质增长。

2016年，全市财政完成一般公共预算收入1730亿元，增长10.8%，其中税收收入完成1506亿元，增长12.5%，税收占一般公共预算收入的比重为87%，收入总量、增量、税收占比继续保持全省第一。全市10个地区中，昆山市超300亿，完成318.9亿元，工业园区超200亿，完成288.1亿元，其他超百亿的

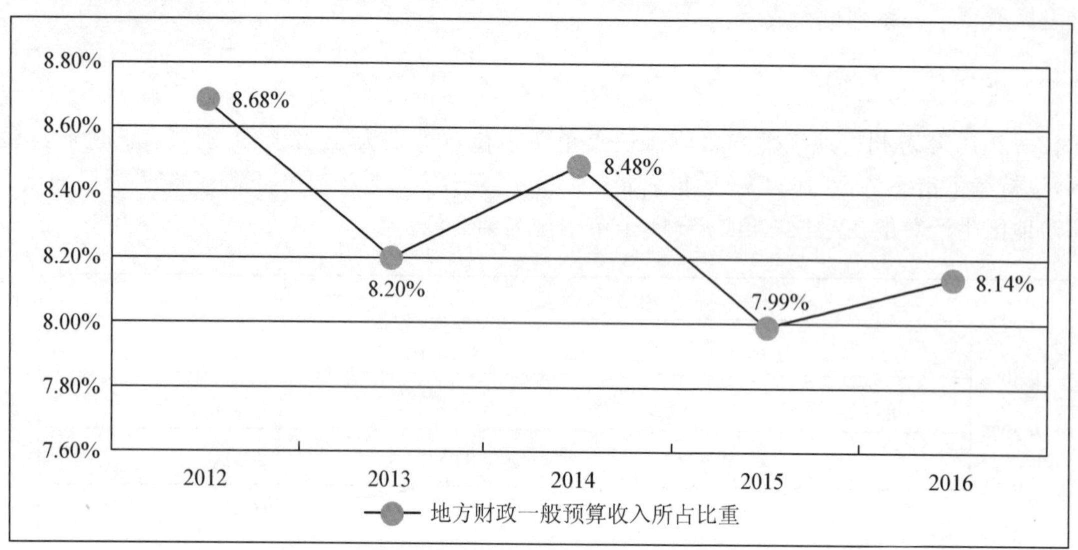

图 5　2012—2016 年苏州市地方财政一般预算收入在泛长三角所占比重的变化趋势

地区还有张家港市(190 亿元)、常熟市(173.6 亿元)、吴江区(165.3 亿元)、吴中区(134.4 亿元)、高新区(129.8 亿元)、太仓市(127.7 亿元),相城区、姑苏区分别完成 80.1 亿元和 50 亿元。

(三)规模以上工业总产值

2012—2016 年苏州市规模以上工业总产值在泛长三角所占比重分别为 12.09%、11.65%、10.93%、10.62%和 10.30%,五年时间持续下跌,2016 年较上年下跌 0.32 个百分点,五年累计跌幅达 1.79 个百分点。2016 年苏州市规模以上工业总产值在泛长三角地区 41 个市中排名第 2 位。

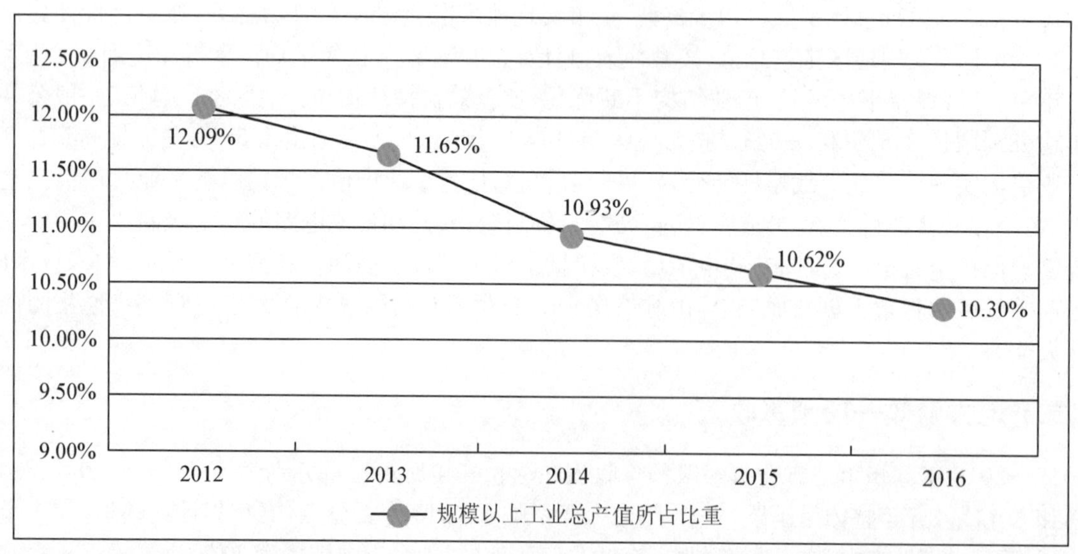

图 6　2012—2016 年苏州市规模以上工业总产值在泛长三角所占比重的变化趋势

2016 年,在持续推进供给侧结构性改革、不断创新经济调控调节方式的综合作用下,苏州工业经济效益稳步提高,运行质量持续优化,稳中提质的特征进一步显现:一是全年销售收入由降转增。2016 年,苏州市规模以上工业企业主营业务收入 30223 亿元,增速为 1.7%,扭转了 2015 年销售收入下降(—1.5%)的局面。二是利润增长逐步加快。2016 年,规模以上工业企业实现利润 1761 亿元,增速由一季度的 5.5%、上半年的 7.7%、三季度的 12.7%提升至全年的 14.1%。规模以上工业企业亏损面 22.3%,

比上年回落 3.3 个百分点，降低至 2013 年以来的最低值。三是利润率明显上升。2016 年，规模以上工业企业主营业务收入利润率为 5.83%，比上年提高 0.75 个百分点。四是部分重点行业盈利增长较快。2016 年，苏州市黑色金属冶炼和压延加工业实现利润 63.3 亿元，同比增长 39.9%，扭转了 2015 年利润下降(－22.8%)的局面；汽车制造业实现利润 126.6 亿元，同比增长 46.0%；化学原料和化学制品制造业实现利润 177.2 亿元，同比增长 33.9%，较上年增速加快 25.2 个百分点。

(四) 进出口总额

2012—2016 年苏州市进出口总额在泛长三角所占比重分别为 22.87%、22.52%、21.70%、21.91% 和 20.67%，整体呈下行态势，2016 年较上年下降了 1.24 个百分点，五年累计下降了 2.2 个百分点。2016 年苏州市进出口总额在泛长三角地区 41 个市中排名第 2 位。

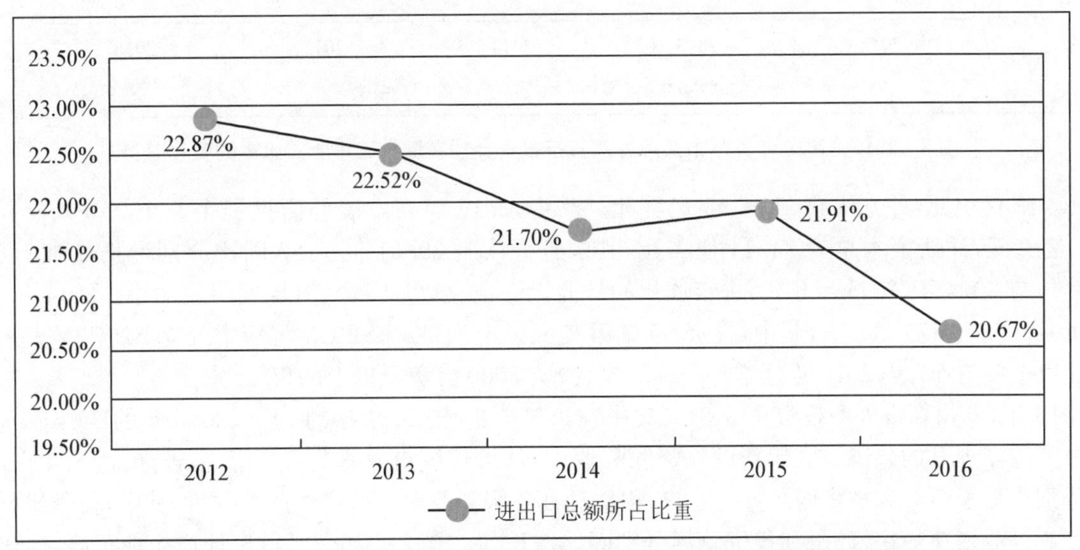

图 7　2012—2016 年苏州市进出口总额在泛长三角所占比重的变化趋势

2016 年，面对国内外经济形势的深刻复杂变化，苏州市对外贸易受到了严峻的挑战，全年实现进出口总额 2737.58 亿美元，比上年下降 10.3%，其中出口额 1639.40 亿美元，比上年下降 9.7%，进口额 1098.18 亿美元，比上年下降 11.4%，降幅分别比 2015 年扩大了 8.4、9.9 和 6.6 个百分点。

从全省情况来看，2016 年江苏省实现进出口总额 5096.12 亿美元，比上年下降 6.6%，在全省十三市中苏州增幅位列第十一位，低于全省平均水平 3.7 个百分点，进出口总额占全省的比重为 53.7%，比上年下降 2.3 个百分点。

(五) 实际外商直接投资金额

2012—2016 年苏州市实际外商直接投资金额在泛长三角所占比重分别为 12.61%、11.61%、10.87%、8.18%和 7.80%，2012 至 2016 年连续五年出现下降，累计降幅达 4.81 个百分点。2016 年苏州市规模以上工业总产值在泛长三角地区 41 个市排名第 3 位，与去年保持一致。

2016 年，使用外资层次提升。全年新设外商投资项目 784 个，实际使用外资 60 亿美元，其中服务业实际使用外资占比 42.8%，比上年提高 4.7 个百分点；战略性新兴产业和高技术项目实际使用外资占比 50.0%。区域性外资总部集聚区建设取得新成效，全市新设具有地区总部特征或共享功能的外资企业 30 家，年末累计超过 250 家。

苏州对外吸引力仍然保持前两年的态势，发展平稳。至去年底，全市(包括苏州工业园区、张家港保税区和在江苏省工商局登记的)外商投资企业总量已达 2.01 万余户，投资总额 2720.53 亿美元，注册资

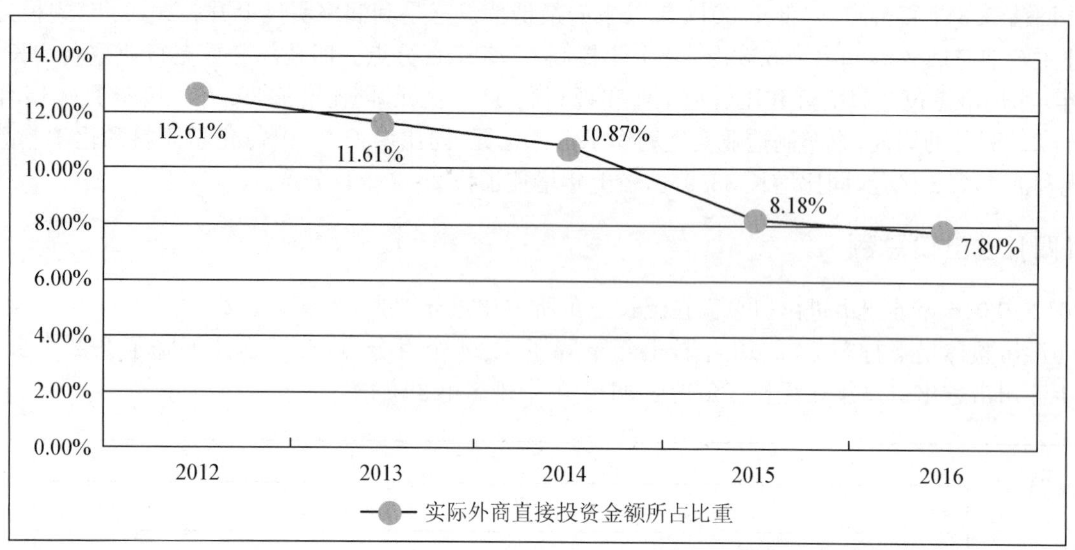

图8 2012—2016年苏州市实际外商直接投资金额在泛长三角所占比重的变化趋势

本1310.48亿美元,外方认缴1139.95亿美元。其中,2016年新发展外商投资企业1300户,投资总额65.27亿美元,注册资本总额34.14亿美元,其中外方认缴29.51亿美元,同比分别增长3%、2.62%、3.49%。与2014年、2015年相比,去年苏州的外商投资企业数量略增,但规模明显缩小。2014年当年,苏州市共计新增外企855户,其中,投资5000万美元以上的20家;2015年新增外企876户,投资5000万美元以上的有13家;2016年新增外企900家,投资5000万美元以上的仅11家。

2016年,苏州新设外商投资企业81%集中在第三产业,较2014年的71%、2015年的79.45%,表现出集中度逐年提升的趋势。去年新设外资服务业中,从事传统批发零售业的依然居首、达326户,其余依次分别为科学研究和技术服务业126户,租赁和商务服务业90户,房地产19户。其中,科学研究和技术服务业企业增速最快,数量和投资总额分别同比增长58.10%和49.79%;房地产企业下降,同比下降13.64%。

然而,有个变化值得关注,即与第二产业制造业相比,投向第三产业的外资服务业投资总额和注册资本总额出现下降态势,同比分别下降21.24%、25.07%;而制造业的投资总额、注册资本、外方认缴分别同比增长了14.63%、6.42%、20.12%。

苏州市工商局管辖区内(不包括苏州工业园区和张家港保税区)2010年到2016年的存量数据表明:每年落户苏州的外资制造业企业呈增长态势,但增速逐年放慢。如2010年底时,苏州拥有制造业企业8635户,至2016年底,是9615户。

从2016年新设外资的来源地来看,台湾地区居首,达157家;其次是香港地区,为95家,其余依次分别是德国36家、美国35家、韩国44家。

苏州实际使用外资完成60亿美元的目标任务,新增具有地区总部特征或共享功能的外资企业30家。中方境外协议投资额达到32亿美元,增长56.7%。

七　南通市 2016 年经济社会发展报告

2016 年，面对严峻复杂的外部环境和困难挑战，全市上下全面贯彻落实习近平总书记系列重要讲话特别是视察江苏重要讲话精神，按照“五位一体”的总体布局和“四个全面”战略布局要求，坚持稳中求进，推动好上又好、能快则快发展，主要指标符合预期，经济社会发展呈现稳中有进的态势，实现了“十三五”良好开局。

一、南通市 2016 年经济发展概况

（一）综合经济

1. 经济总量

全市实现生产总值 6768.2 亿元，按可比价格计算，比上年增长 9.3%。其中：第一产业增加值 366.1 亿元，增长 0.7%；第二产业增加值 3170.3 亿元，增长 9.0%；第三产业增加值 3231.8 亿元，增长10.7%。人均 GDP 达到 92702 元，增长 9.3%。按 2016 年平均汇率计算，人均 GDP 为 13961 美元。

全市三次产业结构演进为 5.4∶46.8∶47.8。“两新”产业较快发展，完成高新技术产业产值 6883.1 亿元，增长 12.6%，占规模以上工业比重达到 46.0%，同比提高 1 个百分点；六大新兴产业完成产值 5074.2 亿元，增长 11.8%，占规模以上工业的比重达到 33.9%，同比提高 0.8 个百分点。投资结构加快调整，产业项目加快投入，完成市级重大产业项目投入 830 亿元；服务业投资占固定资产投资比重达到 49.8%，同比提高 0.8 个百分点。

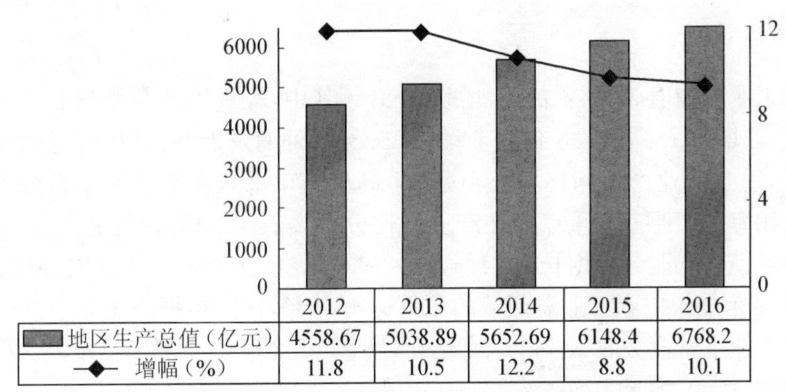

图 1　2012—2016 年南通市地区生产总值及增长速度

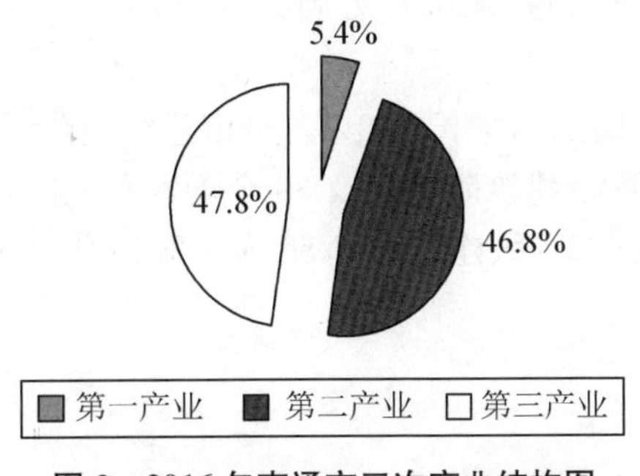

图 2　2016 年南通市三次产业结构图

2. 财政收支

全年一般公共预算收入590.2亿元，同口径增长0.5%，其中，增值税增长66.9%，改征增值税增长143.2%，营业税下降48.6%，企业所得税下降11.5%，个人所得税下降30.1%，契税增长13.5%。全年一般公共预算支出750.1亿元，增长0.2%。一般公共预算支出中民生支出570亿元，占一般公共预算支出的比重达到76%，比上年提高1个百分点。

3. 物价指数

市区居民消费价格总指数102.3，物价总水平比上年增长2.3%，其中，服务项目价格上涨2.8%，消费品价格上涨1.9%。八大类消费价格呈现"六涨一平一降"的态势。

4. 固定资产投资

全市完成固定资产投资额4812亿元，比上年增长10.0%，其中，民间投资3621.5亿元，增长6.6%，占固定资产投资的比重达75.3%，回落1.9个百分点；工业投资2406.4亿元，增长8.2%，其中技改投资1664.7亿元，增长9.1%，占工业投资的比重达到69.2%，比上年提高0.6个百分点。全市服务业投资达到2396.1亿元，增长11.8%。完成基础设施投资717.4亿元，增长5.8%。

（二）农林牧渔业

全市农林牧渔业总产值691.6亿元，按可比价计算，增长2.0%。其中，农业产值294.6亿元，与上年持平；牧业产值159.1亿元，增长2.6%；渔业产值164.0亿元，增长1.9%。全年粮食亩产417.8公斤，下降3.9%。

粮食播种面积778.3万亩，增长0.4%；棉花种植面积28.7万亩，下降40.0%；油料种植面积172.5万亩，下降5.4%；蔬菜种植面积204.2万亩，增长2.5%。

（三）工业和建筑业

全市规模以上工业增加值3330.4亿元，增长9.8%，其中，轻重工业分别增长6.8%和11.3%。分经济类型看，国有企业增长7.5%，股份制企业增长10.8%，外商及港澳台投资企业增长7.6%。"3+3"重点产业较快增长，重点产业产值同比增长10.5%，高于全市平均水平1.6个百分点，其中，电子信息业、高端纺织业、船舶海工产业三大重点支柱产业同比分别增长17.4%、8%和7.6%。新能源、智能装备和新材料三大重点新兴产业分别增长19.4%、15%和6.8%。工业产值中，装备制造业产值7447.1亿元，增长12.6%，占全市规模以上工业总产值的比重达49.8%，比上年提高1.2个百分点。

全市规模以上工业主营业务收入14683.6亿元，增长10.2%，利润总额1110亿元，增长8.1%。亏损企业亏损总额86.2亿元，增长108.1%。

规模以上工业企业中，七大高耗能行业产值增长4.2%，占规模以上工业产值比重为28.9%，同比下降1.3个百分点。全市能源消费总量2427.9万吨标准煤，万元地区生产总值能耗为0.361吨标准煤，比上年下降3.97%。

全市实现建筑业增加值539.4亿元，增长5.8%。全市建筑企业承建施工面积7.17亿平方米，增长4.9%。全市建筑队伍人数170万人，建筑队伍遍及39个国家和地区，年末出国人数0.77万人；年末全市拥有特级资质建筑企业15家，拥有一级建造师8780人。2016年新增鲁班奖3项，累计共获91项，居全国地级市之首。

（四）服务业

1. 国内贸易

全年社会消费品零售总额2632.9亿元，增长10.7%。其中，城市消费品零售额1942亿元，增长11.0%；农村消费品零售额690.9亿元，增长9.7%。分行业看，批发和零售业消费品零售额2406.8亿

元,增长10.5%;住宿和餐饮业消费品零售额226.1亿元,增长11.9%。

限额以上贸易单位商品零售额中,汽车类零售额比上年增长9.5%,石油及制品类增长4.8%,粮油食品饮料烟酒类增长8.7%,服装鞋帽针织纺品类增长13.1%,日用品类下降1.8%,金银珠宝类下降11.0%,家用电器和音像器材类增长6.6%。

2. 交通、邮政电信业

全年交通运输、仓储及邮政业增加值229.1亿元,比上年增长3.6%。兴东国际机场年末拥有国际航线4条、开通周航班量13班,国内航线23条,开通周航班量171班,完成旅客运输量153.8万人次,增长32.4%;全年民航货邮吞吐量4.27万吨,增长18.2%。年末铁路南通站始发列车28对;全年铁路客运量380.7万人次,增长36.0%;货运量104.8万吨,增长17.3%。全年公路货运量11737万吨,增长5.8%;公路客运量6761万人次,下降5.5%。

南通港全年货物吞吐量22614万吨,增长3.6%,其中,进港13429万吨,增长3.9%;外贸吞吐量5811万吨,增长12.8%。集装箱吞吐量82.7万标准箱,增长9.0%,其中,外贸航线36.1万标准箱,增长15.5%。

年末全市机动车保有量177.72万辆,比上年末减少16.82万辆。其中,载客汽车126.60万辆,增加18.09万辆;载货汽车7.63万辆,增加0.59万辆;摩托车42.13万辆,减少35.59万辆。年末全市个人汽车保有量达120.41万辆,比上年末增加17.59万辆。

全年实现邮政业务收入37.4亿元,增长31.0%,电信业务收入65.4亿元,增长4.8%。年末全市固定电话用户179.7万户,比上年减少26.1万户,其中,城市电话用户100.2万户,减少35.4万户;住宅电话用户152.1万户,减少5.23万户。年末移动电话用户819万户,减少115.1万户。年末互联网用户891.8万户,新增31万户,其中固定宽带互联网用户247.6万户,新增41.5万户,无线宽带互联网用户644.3万户,减少10.5万户。

全年用电量374.8亿千瓦时,增长7.3%。分产业看,第一产业用电量7.8亿千瓦时,增长15.3%;第二产业用电量269.8亿千瓦时,增长4.5%,其中,工业用电量265.7亿千瓦时,增长5.0%;第三产业用电量43.7亿千瓦时,增长17.3%。全年城乡居民生活用电量53.5亿千瓦时,增长13.8%。

全市拥有发电装机容量1030.3万千瓦,其中燃煤火电厂装机737.7万千瓦,占全市总装机容量的71.6%,风力发电、光伏发电、生物质发电、燃气发电装机容量分别为182.7万千瓦、52.8万千瓦、13.1万千瓦、44.0万千瓦,占全市总装机容量的比重分别为17.7%、5.1%、1.3%和4.3%。

3. 金融、保险和证券

全年金融机构新增本外币存款1486.6亿元,年末存款余额11330.6亿元,其中,储蓄存款余额5395.4亿元,比年初增长319.9亿元;非金融企业存款余额3808.8亿元,比年初增长707.3亿元。全年金融机构投放贷款814.9亿元,年末各项贷款余额6896.6亿元。

全年发放住房公积金贷款74.5亿元,比上年增长23.4%;本年提取公积金68.6亿元,增长27.9%。全年新增公积金开户人数13.1万人,年末开户职工人数达97.2万人。

年末全市拥有保险机构76家,保险行业从业人员3.1万人。全年保费收入270.7亿元,比上年增长51.0%,其中,财产险收入59.7亿元,增长9.6%;人寿险收入170.7亿元,增长63.8%。全年已决赔款及给付111.3亿元,增长53.3%。

年末全市上市公司37家,其中境内上市公司31家,比上年新增5家,上市公司通过首发、配股、增发、可转债、公司筹集资金237.5亿元。企业境内上市公司年末总股本265.6亿股,市价总值3559.2亿元。

4. 旅游业

全年接待海内外旅游者总人数3810.13万人次,比上年增长11.9%。其中,国内旅游者3792.11万人次,增长12%,旅游住宿设施和居民家中接待过夜海外旅游者18.0万人次,增长4.1%。全年实现旅游总收入533.83亿元,比上年增长15.2%,其中,外汇收入1.25亿美元,增长7%。年末全市拥有旅游星级饭店 80 家，旅行社 163 家，A 级旅游景区(点)48 处，全国农业旅游示范点 2 个，全国工业旅游示范点 11 个。

5. 房地产业

全年房地产开发投资 584.1 亿元，下降 15.5%。商品房施工面积 5102.3 万平方米，下降 5.1%，其中，普通商品房施工面积 3692.8 万平方米，下降 5.5%。全市商品房竣工面积 1049.3 万平方米，下降 17.1%，其中，普通商品房竣工面积 771.5 万平方米，下降 6.3%。商品房销售面积 1200.8 万平方米，增长 28.0%，其中普通商品房 975.1 万平方米，增长 53.3%。

(五) 开放型经济

1. 对外贸易

全年进出口总值 2035.3 亿元，增长 3.8%，其中，出口总值 1516.7 亿元，增长 7.0%；进口总值 518.6 亿元，下降 4.5%。年末与该市建立进出口贸易关系的国家和地区 201 个，比上年减少 8 个。全市有进出口业绩的企业 5798 家，增长 7.2%。

2. 外经合作

全年新批外商投资项目 329 个，比上年增长 4.4%，其中，千万美元以上项目 194 个，比上年增长 15.5%；新批协议外资 60.5 亿美元，增长 20.8%；实际到账注册外资 23.9 亿美元，增长 3.1%。

全年新批境外投资项目 112 个，中方协议投资额 12.1 亿美元，比上年增长 6.1%。

新签对外承包劳务合同额 10.5 亿美元，下降 10.0%；完成对外承包劳务营业额 20.1 亿美元，下降 17.6%；新派劳务人员 9149 人次，下降 35.8%；年末在外劳务人员 23948 人，减少 5.2%。

二、南通市 2016 年社会发展概况

(一) 人口、人民生活

年末全市常住人口 730.2 万人，其中，城镇人口达到 470.0 万人，增长 2.6%，城镇化率 64.4%，比上年提高 1.6 个百分点。年末户籍人口 766.7 万人。全市人口出生率 7.45‰，人口死亡率 7.75‰，人口自然增长率 -0.3‰。

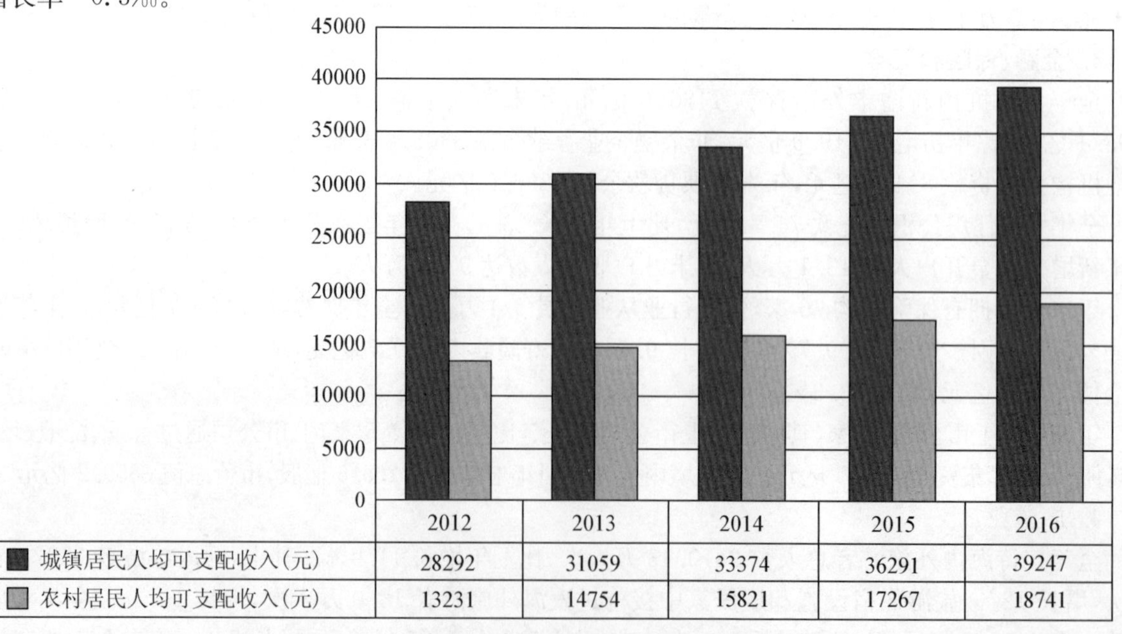

	2012	2013	2014	2015	2016
城镇居民人均可支配收入(元)	28292	31059	33374	36291	39247
农村居民人均可支配收入(元)	13231	14754	15821	17267	18741

图 3 2012—2016 年南通市城乡居民收入对比一览

城乡居民收入稳步增加。全体居民人均可支配收入30084元,比上年增长9.1%,按常住地分,城镇居民人均可支配收入39247元,比上年增长8.1%;农村居民人均可支配收入18741元,比上年增长8.5%。

全体居民人均消费支出19827元,比上年增长8.0%,按常住地分,城镇居民人均消费支出25217元,增长6.5%;农村居民人均消费支出13440元,增长11.5%。

年末,城镇居民家庭每百户拥有电冰箱114台,空调211台,移动电话258部,家用电脑102台,家用汽车60辆。农村居民家庭每百户拥有电冰箱107台,空调136台,移动电话245台,家用电脑59台,家用汽车34辆。

年末全市城镇居民人均住房建筑面积47.8平方米,比上年增长1.1%。农村居民人均住房面积61.5平方米,比上年增长3.7%。

(二)就业与社会保障

全年新增就业人数8.59万人,新增转移农村劳动力2.67万人。全年提供就业岗位34.6万个。年末从业人员达458万人,其中,第一产业96万人,第二产业213万人,第三产业149万人。劳动生产率稳步提高。全年全员劳动生产率为140069元/人,比上年提高9.8%。

年末全市参加企业职工养老保险(在职)人数149.6万人,比上年增加2.7万人。全市城镇职工基本养老保险离退休人数60.5万人,比上年增加3.3万人。城乡居民养老保险参保人数151.7万人;参加失业保险人数103.3万人,比上年末增加2.5万人;参加城镇职工医疗保险人数(在职)达135.7万人,比上年末增加3.3万人;参加工伤保险人数为129.8万人,比上年末增加2.9万人。

年末全市拥有各类养老机构250家,床位数39546张,其中,农村敬老院92家,床位23466张。全市拥有养老床位总数(含社区养老)69985张。年末农村五保对象21057名,集中供养9744人,农村五保集中供养能力达到111.2%。全年结婚登记55641对。

(三)教育与科技

1. 教育

全市拥有普通高等学校8所,年末在校学生9.48万人;成人高校2所,在校学生2.43万人;中等职业教育学校18所,在校学生6.02万人;普通高中46所,在校学生7.73万人;普通初中160所,在校学生15.86万人;小学322所,在校学生32.71万人;特殊教育学校7所,在校学生0.11万人;各级各类幼儿园462所,在园儿童17.06万人。

2. 科技

年末全市拥有高新技术企业978家;新增省级高新技术产品876项;年末拥有省级企业重点实验室(含企业研究院)6家,省级工程技术中心352家,院士工作站43家;新建市级公共技术服务平台3家,市级工程技术研究中心69家,重点实验室5家。全年有14项科技成果获江苏省科技进步奖,其中,一等奖4项,二等奖3项,三等奖7项;获国家专利优秀奖10项。年末,全市共建成科技孵化器51家,其中国家级12家、省级26家。全年专利申请量45557件,比上年增长31.0%;专利授权量24337件,同比减少6.3%;其中,发明专利申请量9303件,增长6.4%,发明专利授权量2725件,增长22.9%,万人发明专利拥有量18.32件,增长21.7%。全社会研发投入占GDP的比重达到2.61%,比上年提高0.06个百分点。

(四)文化、卫生与体育

1. 文化

年末全市拥有文化馆9个,文化站97个,公共图书馆10个,“农家书屋”1650个。全市拥有博物馆

(纪念馆)24 个。市级以上文物保护单位 91 处,其中全国重点文物保护单位 10 处,省级文物保护单位 22 处。市级以上非物质文化遗产 106 项,其中国家级 10 项,省级 53 项。全市拥有广播电视台 7 座,年末数字电视用户 223.79 万户,有线电视数字化率达 88.7%。全市全年共免费登记一般作品版权 4.2 万件。全市文化市场经营单位 1437 个,印刷发行单位 2100 个。全市拥有文化产业示范园区(基地)47 个,其中国家级 2 个,省级 5 个。

2. 卫生

2015 年末全市拥有卫生机构 3131 个,其中,医院、卫生院 321 个,妇幼保健院(所、站)7 个,疾病预防控制中心(站)9 个,专科疾病防治院(所、站)3 个,卫生监督所 7 个。卫生机构床位数 38892 张。卫生技术人员 4.37 万人,其中,执业医师和执业助理医师 1.80 万人,注册护师 1.82 万人。

全市共建成社区卫生服务中心 30 个,其中市区 27 个,市区以街道(镇)为单位建成率 100%。全市累计建成农村社区卫生服务站、村卫生室 1498 个,行政村覆盖率 100%。全市新型农村合作医疗参合率 99.91%。

3. 体育

全年成功承办了 5 项次全国赛事、8 项次省级赛事。全市拥有各级各类体育协会俱乐部 196 个,拥有社会体育指导员 1.9 万人,经常参加体育锻炼的人数比例达到 36%。体育彩票销售创历史新高,全年销售额 13.6 亿元。

(五) 环境保护

全年市区新增绿地 600 公顷,城市绿化覆盖率 43.6%;日供水能力达到 160 万立方米,水质综合指标合格率 100%;市区燃气普及率、用水普及率、生活垃圾无害化处理率均达到 100%。全年市区新增路灯、景观灯 23748 盏,城市道路亮灯率达到 99.7%。

全年共新建(改造)燃煤火电、热电机组脱硫设备 6 套、脱硝设施 6 套、除尘改造 6 套,锅炉平均脱硫效率达 80%以上、综合脱硝效率达 50%以上,烟尘排放基本达到重点区域特别排放限值。全市各地根据实际划定了禁燃区范围。

环境质量保持稳定,环境空气主要污染物年平均值为:二氧化硫 25 微克/立方米,二氧化氮 36 微克/立方米,可吸入颗粒物 70 微克/立方米,PM2.5 浓度为 46 微克/立方米,其中二氧化硫、二氧化氮和可吸入颗粒物年均值符合国家空气质量二级标准,PM2.5 年均值超过国家空气质量二级标准;全年空气质量指数达到良好以上的天数达 263 天,占全年有效监测天数的 71.9%。长江南通段主流水质符合国家地表水环境质量Ⅲ类水质标准,饮用水源地水质达标率 100%。区域环境噪声平均值为 57.1 分贝,交通干线噪声平均值为 67.9 分贝,均符合国家环境噪声质量标准。

(六) 安全生产

全年共发生各类安全生产事故 429 起,死亡 333 人,比上年分别下降 16.9%和 15.5%,其中,工矿商贸企业(含建筑业)发生生产安全亡人事故 151 起,死亡 155 人。全年发生一次死亡 3 人(含 3 人)以上安全生产事故 2 起,死亡 7 人。全市共发生火灾 2104 起,死亡 5 人,受灾 1136 户,烧毁建筑面积 1.55 万平方米,直接财产损失 1592.7 万元。全市共发生一般以上交通事故 1256 起,死亡 426 人,伤 1143 人,直接经济损失 264.7 万元。

三、南通市在泛长三角地区经济发展中的地位

2016 年,在以习近平同志为核心的党中央坚强领导下,深入贯彻省委、省政府和市委决策部署,主动适应经济发展新常态,自觉践行新发展理念,与时俱进推动全面小康社会建设,"迈上新台阶、建设新南通"取得重要进展。

(一) 地区生产总值

2012—2016 年南通市地区生产总值在泛长三角所占比重分别为 3.56%、3.61%、3.72%、3.78%和 3.79%，呈现持续增加的态势，累计增幅为 0.23 个百分点，2016 年较上年增加了 0.01 个百分点。2016 年南通市地区生产总值在泛长三角地区 41 个市中排名第 7 位，在长三角地区中继续保持靠前的位置。

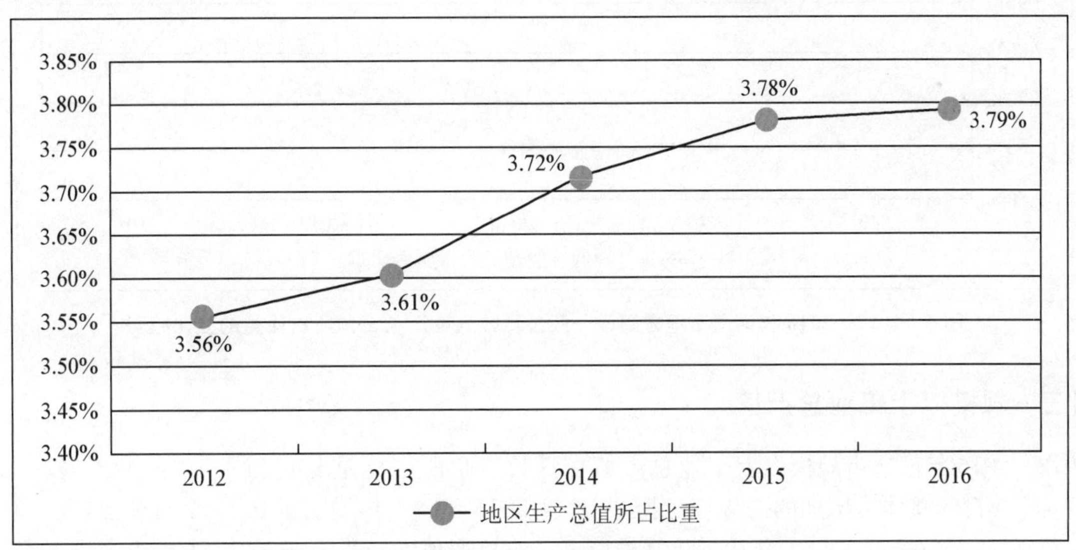

图 4　2012—2016 年南通市地区生产总值在泛长三角
(苏浙两省 24 个地级市、安徽省 16 个地级市和上海市，下同) 所占比重的变化趋势

2016 年，实现地区生产总值 6768 亿元，比 2011 年增长 65.5%，占全省比重从 8.3%提高到 8.9%，在全国大中城市排名从 27 位前移至 21 位。从发展速度看，在 GDP 突破 6500 亿的 25 个城市中，南通 GDP 增速排名第 4 位，列重庆市(10.7%)、杭州市(9.5%)、长沙市(9.4%)之后。在全国设区市排名前 10 位的城市中，南通市 GDP 增速列长沙(9.4%)之后，排第 2 位。

(二) 地方财政一般预算收入

2012—2016 年南通市地方财政一般预算收入在泛长三角所占比重分别为 3.03%、2.99%、3.23%、3.20%和 2.78%，整体呈现下降的态势，累计减少了 0.25 个百分点，2016 年较上年减少了 0.42 个百分点。2016 年南通市地方财政一般预算收入在泛长三角地区 41 个市中排名第 8 位，较上年下降一位。

2016 年 5 月，国务院决定全面推开“营改增”试点，同时，实施增值税收入划分改革，将一般增值税收入分成比例由 75∶25 调整为 50∶50，将原营业税和改征增值税收入 100%留地方改为上划 50%给中央。另外，国家相关部门为落实供给侧结构性改革，出台了多项降税降费减负措施。受以上因素影响，2016 年一般公共预算收入增幅呈下降态势。根据实际执行情况，省本级及省内大部分地区调减了 2016 年一般公共预算收入目标；将全市一般公共预算收入目标由年初 688 亿元调整为 570 亿元，市级一般公共预算收入目标由年初 79.8 亿元调整为 68.6 亿元。

2016 年，全市一般公共预算收入完成 590.2 亿元，占调整后目标(以下简称目标)的 103.5%，同口径增长 0.5%。各地财政决算草案编制正在进行，预计全市财政在上级转移支付补助后，能够实现收支平衡。2016 年，市级(含市本级、经济技术开发区、苏通科技产业园区、通州湾江海联动开发示范区，下同)一般公共预算收入完成 80.5 亿元，占目标的 117.4%，同口径增长 5%。

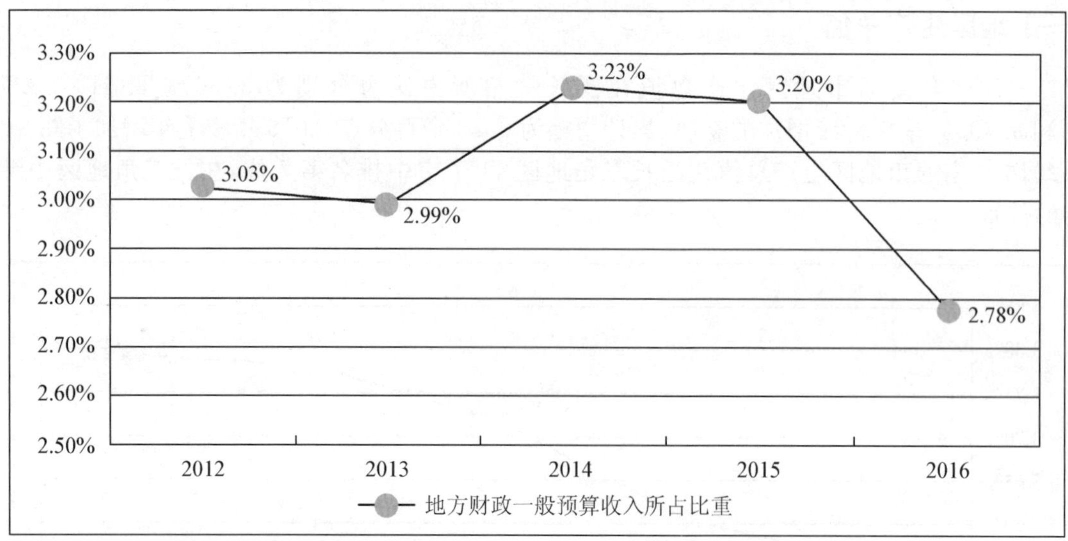

图 5　2012—2016 年南通市地方财政一般预算收入在泛长三角所占比重的变化趋势

（三）规模以上工业总产值

2012—2016 年南通市规模以上工业总产值在泛长三角所占比重分别为 4.16%、4.35%、4.51%、4.74%和 4.87%，总体呈增加的态势，达到历史新高，2016 年较上年增加了 0.13 个百分点，五年时间累积增加了 0.71 个百分点。2016 年南通市规模以上工业总产值在泛长三角地区 41 个市中排名第 3 位，较上年上升了两位，排在比较靠前的位置。

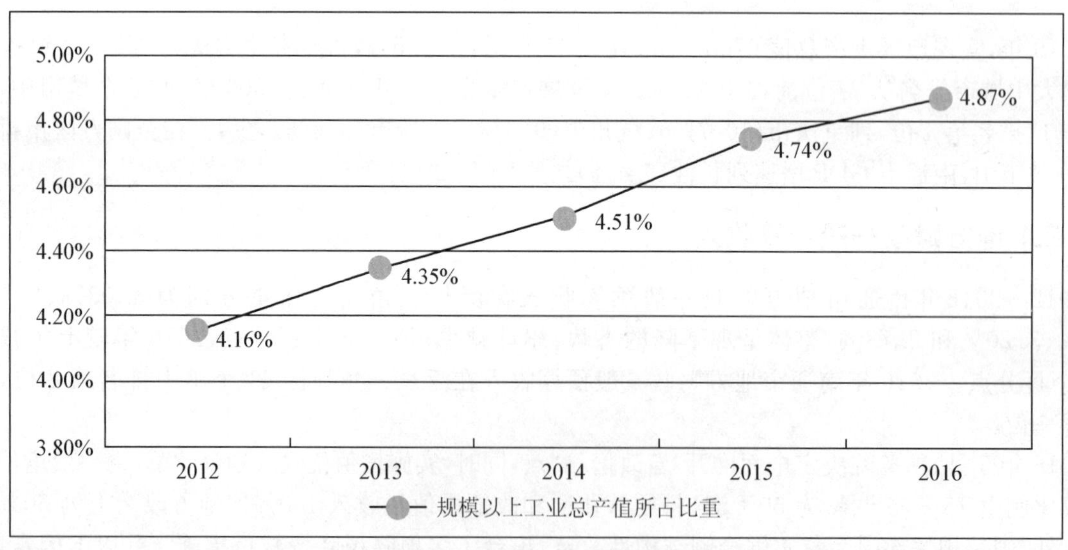

图 6　2012—2016 年南通市规模以上工业总产值在泛长三角所占比重的变化趋势

2016 年，全市工业积极应对国内外市场挑战，着力化解不利因素，工业经济总体保持平稳运行的发展态势。1—11 月份，南通规模以上工业实现工业增加值 3037.6 亿元，同比增长 10.0%，高于全省平均水平 2.2 个百分点；完成工业总产值 13640.0 亿元，同比增长 9.1%。从产业类型看，高新技术产业完成产值 6261.8 亿元，同比增长 12.9%，增幅高出全市平均水平 3.8 个百分点，占规模以上工业的比重为 45.9%，同比提高了 1 个百分点，对全市规模以上工业增长的贡献率达 62.5%。新兴产业完成产值 4634.3 亿元，同比增长 12.4%，增幅高出全市平均水平 3.3 个百分点，占规模以上工业的比重为 34.0%，同比提高了1个百分点，对全市规模以上工业增长的贡献率达44.6%。从经济类型看，股份制企业贡献最大。1—11月份，股份制企业累计完成现价工业总产值9037.8亿元，同比增长10.1%，增幅高出全市平均水平1个百分点，对全市规模以上工业产值增长的贡献率高达72.7%，直接拉动工业产值增长6.6个百分点。

（四）进出口总额

2012—2016年南通市进出口总额在泛长三角所占比重分别为1.97%、2.17%、2.21%、2.27%和2.33%，2016年延续往年态势继续上升，2013年增幅最大，2016年较上年上升0.06个百分点，五年时间累积增加了0.36个百分点。2016年南通市进出口总额在泛长三角地区41个市中排名第9位。

图7　2012—2016年南通市进出口总额在泛长三角所占比重的变化趋势

2016年，南通全市外贸进出口总值为2035.3亿元，同比增长3.8%。其中，出口1516.7亿元，同比增长7%；进口518.6亿元，同比下降4.5%。

全年全市一般贸易进出口1263.5亿元，同比增长0.9%；加工贸易进出口553.5亿元，同比下降12.6%。贸易产品中，高新技术产品、机电产品、纺织服装、化工产品出口保持较快增长，机电产品出口617.9亿元，同比增长1.9%，占全市出口总量的40.7%。

全市外贸进出口总值2035.3亿元人民币，同比增长3.8%。其中出口1516.7亿元，同比增长7%；进口518.6亿元，同比下降4.5%。高新技术产品、机电产品、纺织服装及化工产品出口增长，但船舶海工、集装箱出口依然下滑，一般贸易领先加工贸易。新业态方面，叠石桥市场采购贸易方式试点通关19921票，出口172.5亿元，占全市出口11.4%；通州空港产业园累计通关19.15万单，总量位居全省第二位。此外，民营企业出口总额今年首次超过外资企业。

（五）实际外商直接投资金额

2012—2016年南通市实际外商直接投资金额在泛长三角所占比重分别为3.03%、3.05%、3.08%、3.16%和3.10%，2016年首次出现下跌，2016年较上年下跌了0.06个百分数，五年累计上升了0.07个百分点。2016年南通市实际外商直接投资金额在泛长三角地区41个市排名第11位，较上年下降了两位。

2016年，全市实际到账外资26.75亿美元，超额完成年度工作目标，同比增长3.5%，增幅高于全省2个百分点。新批外资项目329个，协议利用外资60.55亿美元，同比分别增长4.44%、20.81%。全年

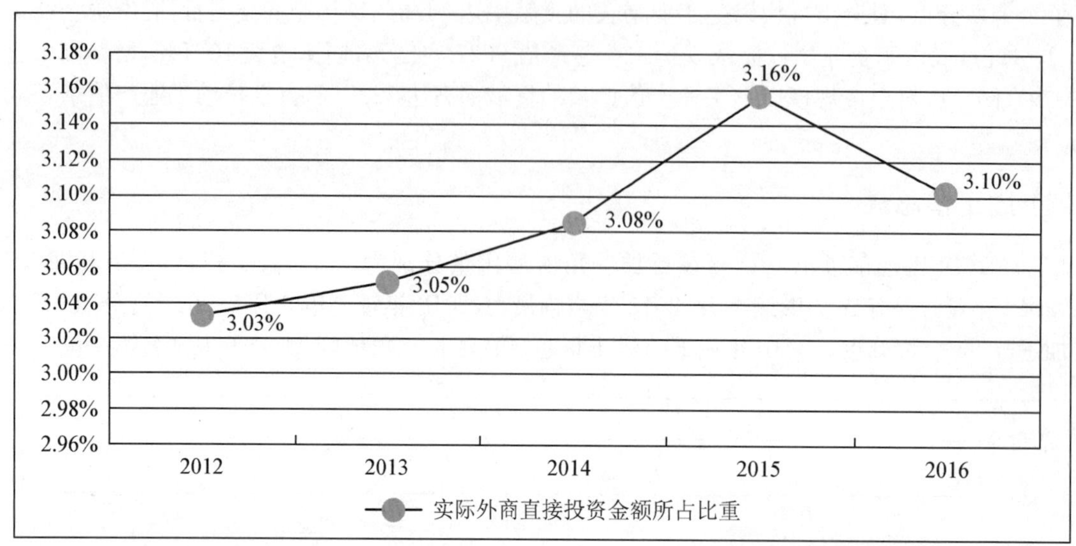

图8　2012—2016年南通市实际外商直接投资金额在泛长三角所占比重的变化趋势

全市新批境外投资项目112个，中方协议投资额12.09亿美元，位居全省第四；对外承包劳务营业额20.1亿美元，位居全省第二。国际产能合作步伐加快。全年新增电子、纺织和化工等制造业项目34个，中方协议投资额5.79亿美元，同比分别增长126.67%和967.07%。企业跨国并购日趋活跃。全市新增境外并购项目22个，中方协议投资额4.37亿美元，同比增长535.6%。

八　连云港市 2016 年经济社会发展报告

2016 年，连云港紧紧抓住国家一带一路建设、沿海发展等重大战略机遇，牢固树立和贯彻落实创新、协调、绿色、开放、共享五大发展理念，以改革创新为引领，以扩大开放求突破，坚持稳中求进主基调，着力加快转型升级，全市经济运行稳中有进，综合实力日益增强，产业发展、城乡面貌、人民生活发生显著变化。

一、连云港市 2016 年经济发展概况

（一）综合经济

1. 经济总量

经济总量不断扩大。全年实现 GDP 2376.48 亿元，增长 7.8%。其中，第一产业增加值 301.56 亿元，增长 1.6%；第二产业增加值 1049.90 亿元，增长 7.8%；第三产业增加值 1025.02 亿元，增长 9.8%。第二、第三产业增加值双双跨上千亿台阶。人均 GDP 首超 50000 元，达到 52986 元。

产业结构逐步调优调高。全市三次产业结构调整为 12.7∶44.2∶43.1。工业化进程逐步提高，工业在全市经济中的主体地位逐步提升，工业化率为 35.8%，比上年提高了 0.3 个百分点。服务业快速发展。第三产业增加值占 GDP 的比重达 43.1%，比上年提高 0.6 个百分点。

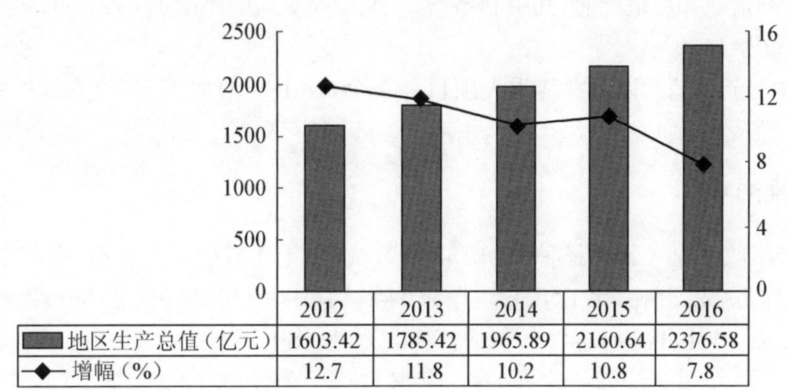

图 1　2012—2016 年连云港市地区生产总值及增长速度

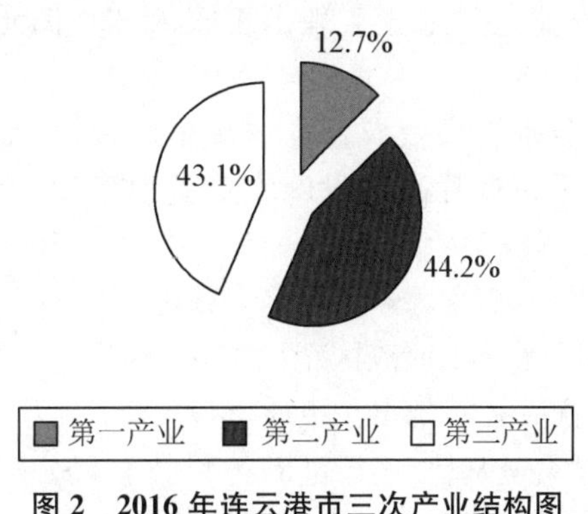

图 2　2016 年连云港市三次产业结构图

2. 财政收支

财政收入下降。受“营改增”等因素影响，全年实现一般公共预算收入 211.47 亿元，下降 27.5%。其中：实现税收收入 170.80 亿元，下降 28.1%。分地区看，市区、三县分别实现一般公共预算收入

144.91 亿元和 66.56 亿元，分别下降 16.1%和 44.1%。

民生支出比重较大。全年实现一般公共预算支出 374.78 亿元，比上年减少 55.00 亿元，下降 12.8%。用于民生支出达到七成，其中教育支出 71.41 亿元，社会保障和就业 36.83 亿元，医疗卫生 31.36 亿元，城乡社区事务 49.80 亿元。

3. 物价水平

物价温和上涨。全年居民消费价格上涨 2.1%，八大类商品和服务项目价格指数均有所上涨。除医疗保健类上涨 12.9%涨幅较大外，其他涨幅均在 3%以下，依次为食品烟酒类、其他用品和服务、居住、衣着、交通和通信、生活用品及服务、教育文化和娱乐，涨幅分别为 2.9%、1.0%、0.8%、0.6%、0.3%、0.3%、0.1%。工业生产者价格有所回升。全年工业生产者出厂价格上涨 0.2%，其中生产资料上涨 0.1%，生活资料上涨 0.4%；工业生产者购进价格下降 0.2%。

4. 固定资产投资

投资总量不断扩大。全年完成固定资产投资 2385.16 亿元，增长 14.8%。其中，工业投资 1487.34 亿元，增长 17.5%；服务业投资 850.35 亿元，增长 8.2%；房地产开发投资 235.41 亿元，增长 14.6%。

工业投资居主导地位。全年完成工业投资 1487.34 亿元，增长 17.5%，对全市投资增长贡献率达 72.0%。其中，化学原料和化学制品制造业完成投资 252.2 亿元，非金属矿物制品业投资 164.0 亿元，电气机械和器材制造业投资 99.0 亿元，农副食品加工业投资 82.2 亿元，专用设备制造业投资 68.5 亿元，医药制造业投资 59.4 亿元，通用设备制造业投资 52.1 亿元。

民间投资保持增长。全年完成民间投资 1622.7 亿元，增长 15.0%，占全市投资的比重为 68.0%。民间投资主要投向制造业和房地产业，其中制造业 1119.9 亿元，占全市民间投资 69.0%，房地产业 241.6 亿元，占全市民间投资 14.9%。

重大项目增多。全年亿元以上在建重大项目 644 个，比上年增加 115 个，完成投资 1502.8 亿元，占全部投资额的 63.0%。

（二）农林牧渔业

粮食种植丰产丰收。全年粮食播种面积 752.3 万亩，比上年减少 1.6 万亩；亩产 479.6 公斤，比上年减少 0.7 公斤；总产 360.8 万吨，比上年减少 1.4 万吨。其中，夏粮播种面积 363.2 万亩，比上年减少 1 万亩；亩产 393.7 公斤，比上年增加 0.2 公斤；总产 143 万吨，比上年减少 0.3 万吨。秋粮播种面积 389.1 万亩，比上年减少 0.6 万亩；亩产 559.8 公斤，比上年减少 1.7 公斤；总产 217.8 万吨，比上年减少 1 万吨。

农业产业化水平不断提升。积极培育农业龙头企业，年末国家级农业产业化龙头企业达到 2 家，省级 48 家，市级 180 家，省级以上农业龙头企业实现销售收入 250 亿元，规模以上农产品加工企业产值 1150 亿元，与农业总产值之比达 1.96。

高效设施农业扩面增效。积极推进高效农业产业集聚区建设，重点抓好东海西甜瓜、灌云设施蔬菜、灌南食用菌、赣榆水果等 8 个千亩连片高效设施农业基地建设。全市新增高效设施农业面积 7 万亩，建成 7 个省级万亩“菜篮子”工程蔬菜生产基地，面积达 8.2 万亩；东海县桃林镇北芹村获批全国“一村一品”示范村镇。

外向型农业全省领先。农业国际合作示范区全面推进，国家地理标志保护产品达 10 个。农业“走出去”迈出坚实步伐，江苏海德益食品有限公司在柬埔寨投资 5000 万元建设热带作物种植农场，江苏雅仕保鲜投资 1000 万元在南非建设雪橙基地，连云港驰神科技有限公司每年向韩国出口食用菌菌棒 100 余万株，并投资 300 多万元在韩国成立公司组织食用菌种植生产。

休闲观光农业快速发展。全年新增全国休闲农业与乡村旅游星级企业 4 家，其中五星级 1 家，四星级 1 家，三星级 2 家，累计分别为 1 家、2 家、7 家。新建省级休闲观光农业示范村 2 个，累计为 9 个。新建市级休闲观光农业示范村 20 个，累计为 50 个。各类休闲观光农业经营主体达 200 多个。

（三）工业和建筑业

1. 工业经济

工业生产总体平稳。全市1694家规模以上工业企业实现总产值6225.87亿元，增长12.2%。其中，轻工业总产值1984.07亿元，增长17.3%，快于全市5.1个百分点；重工业总产值4241.80亿元，增长10.0%。

企业亏损面下降。规模以上工业企业实现产品销售收入6051.58亿元，增长12.4%。实现利润总额465.17亿元，增长10.0%，利润率为7.7%。亏损企业114家，比上年减少31家，下降21.4%；亏损企业亏损额10.05亿元，增长15.7%。

小微企业经营向好。全市1552家企业规模以上小微企业实现总产值2790.57亿元，增长19.1%，高于全市平均水平6.9个百分点，对全市工业生产增长的贡献率为66.2%，拉动全市工业生产增长8.1个百分点。142家大中型企业总产值增长7.1%，对全市工业生产增长的贡献率为33.8%，拉动全市工业生产增长4.1个百分点。

2. 建筑业

建筑业平稳发展。全年完成建筑业总产值648.73亿元，增长3.0%。其中，房屋建筑工程总产值600.74亿元，增长2.2%；安装工程总产值47.99亿元，增长17.4%。资质以上建筑业企业房屋施工面积5309.1万平方米，与上年基本持平；房屋竣工面积2306.1万平方米，增长10.6%。

（四）服务业

1. 国内贸易

消费品市场运行良好。全年实现社会消费品零售总额933.31亿元，增长12.4%。其中，批发业实现零售额83.92亿元，增长29.8%；零售业745.72亿元，增长8.3%；住宿业13.86亿元，增长42.8%；餐饮业89.80亿元，增长32.7%。限额以上单位中，粮油食品类实现零售额50.0亿元，增长44%；服装类21.23亿元，增长25.8%；金银珠宝类15.45亿元，增长17.6%；家用电器类19.41亿元，增长19.4%；中西药品类31.9亿元，增长14.9%；石油制品类90.0亿元，增长2.4%；汽车类70.0亿元，增长10.8%。

新型业态加快发展。连云港被认定为省跨境电子商务试点城市，东海县被评为省级电商示范县，全年电子商务网络零售额突破100亿元，增长25%。苏宁广场、万达广场、东海水晶城等商业综合体人气集聚，综合体建设取得突破。

2. 港口、交通运输与邮电

组合大港基本形成。30万吨级深水航道一期工程建成，赣榆、灌河、徐圩两翼港区开港运营，综合通过能力达到了1.6亿吨。东疏港、大港路中期改造工程、沈海高速赣榆柘汪互通、徐圩港区疏港公路建成启用，旗台作业区铁路专用线实现通车，疏港航道、盐河航道建成通航，公路港、内河港实现运营，千吨级船舶直通京杭大运河，集疏运体系日益完善。全年港口货物吞吐量2.21亿吨，增长5.0%。

铁路建设全面提速。连盐、连淮扬镇、连青铁路建设进展顺利。江苏十三五开工建设的第一个重大铁路项目——徐连高铁东接在建的连盐铁路和连淮扬镇铁路，西连在建的徐盐铁路，高效便捷、内联外通的高铁路网加快形成。连云港境内铁路货运呈现明显积极变化，全年铁路货运量达4528.11万吨，增长9.1%；境内铁路客运总量403.33万人次，下降12.5%。

交通运输平稳运行。全市地方公路客运量4654万人次，旅客周转量33.33亿人千米，分别下降1.0和1.3%；地方公路货运量8378万吨，货运周转量161.07亿吨千米，增长均为2.0%。地方水路货运量1837万吨，增长0.6%，货运周转量144.36亿吨千米，增长7.1%。民航新开通了昆明、石家庄及南宁等3条航线，年末航线达到23条，民航机场飞机起降9322架次，增长19.5%；民航机场旅客吞吐量85.1万人次，增长 20.0%。

邮政通讯业务较快增长。全年邮政通讯总收入 42.27 亿元，增长 9.1%。其中，邮政速递业务收入 11.18 亿元，增长 18.4%；通讯业务总收入 31.09 亿元，增长 6.0%。年末，全市电话用户 486.93 万户，其中移动电话用户 418.29 万户。互联网用户 404.33 万户，增长 12.9%，其中固定宽带接入用户 119.07 万户，增长 7.6%。

3. 旅游业

旅游业较快发展。全年实现旅游总收入 395.40 亿元，增长 15.5%。接待国内游客 3011 万人次，增长 12.2%；实现国内旅游收入 391.58 亿元，增长 15.6%。接待入境过夜旅游者 2.26 万人次，增长 11.2%；实现旅游外汇收入 2281 万美元，增长 10.5%。月牙岛、孔望山、桃花涧、后云台山等景区扩建改造快速实施，花果山景区成功创建 5A 级景区。

4. 金融和保险业

金融信贷较快增长。年末金融机构存款余额 2555.48 亿元，比年初增加 391.56 亿元，同比增长 18.1%。其中，住户存款 1179.91 亿元，比年初增加 123.94 亿元，同比增长 11.7%。金融机构贷款余额 2093.9 亿元，比年初增加 266.22 亿元，同比增长 14.6%。

保险市场快速发展。全年保险业务总收入 69.78 亿元，增长 20.8%。其中，寿险保费收入 41.58 亿元，增长 22.3%；财产险保费收入 20.97 亿元，增长 17.0%；健康险保费收入 5.87 亿元，增长 26.9%；意外险保费收入 1.36 亿元，增长 12.8%。保险业务总支出 23.20 亿元，增长 31.1%。

（五）对外经济

东西双向开放不断深入。向东开放优势不断扩大，进一步加强与日韩、东南亚港航贸易合作。加快做好向西开放文章，强化与上合组织、欧洲等陆桥运输合作，不断深化与哈国铁、欧亚资源、立陶宛克莱佩达港、格鲁吉亚波季港等港航企业合作关系。全年实际到账注册外资 5.50 亿美元，下降 31.3%。进出口总额 70.40 亿美元，下降 12.5%。其中出口总额 36.84 亿美元，下降 9.3%。

两基地建设加快推进。中哈物流基地成效明显。连云港与哈方不断推进合作发展升级，采用“一园三区”方式共建中哈物流园。中哈物流合作基地项目一期建成启用，连云港口岸哈国过境小麦方案通过国家质检总局评审，中哈物流基地粮食仓库硬件设施建设基本完成。上合组织出海基地建设加快。规划建设上合组织成员国特色产品商贸物流园，形成上合组织成员国面向日韩和我国东中部区域的产品展示窗口和交易中心。

建成进口商品保税交易中心。全省第一家进口商品保税交易中心建成，跨境电子商务发展迅速，获批开展除网购保税进口模式以外的一般进口、一般出口、保税出口等各类跨境贸易电子商务试点。

二、连云港市 2016 年社会发展概况

（一）人口、人民生活

人口总量缓慢增长。年末全市户籍人口 533.99 万人，比上年末增加 3.43 万人，增长 0.6%。其中，市区 222.69 万人。常住人口 449.64 万人，比上年末增加 2.27 万人，增长 0.5%。其中，城镇常住人口 270.68 万人，比上年增加 8.07 万人，增长 3.07%。常住人口城镇化率达 60.2%，比上年提高 1.5 个百分点。

居民收入较快增长。根据城乡一体化住户抽样调查，全年全市居民人均可支配收入为 21230 元，增长 9.3%。城镇常住居民人均可支配收入 27853 元，增长 8.3%。其中，工资性收入 15195 元，增长 8.4%；经营净收入 5458 元，增长 6.5%；财产性收入 2316 元，增长 13.9%；转移性收入 4884 元，增长 7.3%。城镇居民人均消费 18344 元，增长 6.3%。农村常住居民人均可支配收入为 13932 元，增长

9.0%。其中,工资性收入6462元,增长9.4%;家庭经营收入4854元,增长7.2%;财产性收入190元,增长15.8%;转移性收入2425元,增长11.4%。农村居民人均消费支出10113元,增长11.7%。

(二)就业、社会保障

就业形势保持平稳。全年新增城镇就业5.4万人,城镇登记失业率1.95%。年末高校毕业生整体就业率稳定在92%以上,转移农村劳动力2.65万人,帮扶就业困难人员再就业0.53万人,开发公益性岗位2000个,"双零"家庭实现动态清零。在100家规模以上企业建立劳动争议调解委员会,完善87个乡镇劳动人事争议专业性调解组织。

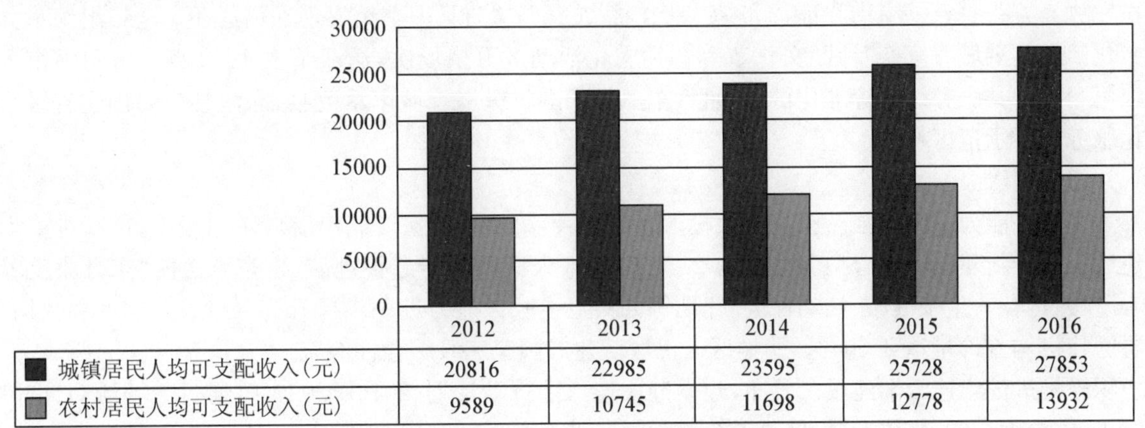

	2012	2013	2014	2015	2016
城镇居民人均可支配收入(元)	20816	22985	23595	25728	27853
农村居民人均可支配收入(元)	9589	10745	11698	12778	13932

图3　2012—2016年连云港市城乡居民收入对比一览

保障水平稳步提升。出台《市实施〈工伤保险条例〉细则》和机关事业单位养老保险制度改革实施办法,完成全民参保登记工作,市区五险费征缴总收入增长7.0%。企业退休人员基本养老金12连调,城乡居保基础养老金实现5连调,最低标准由每人每月105元提高到115元。新农合参合率为99.7%,新增中药饮片18种、中药颗粒462种纳入新农合补偿范围。全市新农合政策补偿比为80%,实际补偿比为55.6%,实现参合患者省内联网医院住院费用即时结报。

(三)教育与科技创新

1. 教育事业

着力实施教育强基工程。坚持育人为本,着力打造教育公共服务平台,形成学历教育和非学历教育协调发展、职业教育和普通教育相互沟通、职前教育和职后教育有效衔接的终身教育体系,教育事业实现了全面协调可持续发展。全年全市新建中小学2所,改造中小学校舍31.4万平方米,安排进城务工人员子女入学3978人。在苏北率先实现教育基本现代化,教育强市步伐不断加快。

教育教学质量稳步提升。全市所有县区全部通过义务教育发展基本均衡县(区)国家级督导认定,新海实验中学代表队获得中国汉字听写大会全国总冠军。九年义务教育巩固率99.9%,比上年提高了0.2个百分点;高中阶段教育毛入学率达到97.4%,比上年提高0.2个百分点。

2. 科学技术

创新载体建设力度加大。全市不断加大创新载体建设力度,倾力打造发展新平台,加快建设区域创新高地。国家高新区、国家级农业科技园区快速推进,装备制造、高性能纤维及复合材料、硅材料、新医药4个国家级特色产业基地加快建设,13个省级以上科技企业孵化器、8个科技产业园投入运营。恒瑞、豪森、康缘、正大天晴四大药企入选中国医药工业企业50强、研发企业20强。

高新产业规模扩大。全社会研发投入占GDP比重提高到1.78%,科技进步贡献率提高到53%。高新技术企业增至226家,实现工业总产值2432.08亿元,增长12.0%,对全市工业生产增长的贡献率为 38.5%，拉动全市生产增长 4.7 个百分点。其中，“三新”产业实现总产值 2214.68 亿元，新材料制造业、新能源制造业、生物医药制造业分别为 1397.50 亿元、241.78 亿元、575.40 亿元。

（四）文化、卫生与体育

1. 文化事业

文化服务水平提升。全年首批建设基层综合文化服务中心 325 家，新增公共文化场馆 39 个，新建市图书馆分馆 12 个。现代淮海戏《辣妈犟爸》参加第三届江苏文化艺术节并获优秀剧目奖，《白雪公主与七个小矮人》填补了本土儿童剧空白，《决战花果山》网页游戏成功上线，实现了游戏研发零的突破。制作发放 5 万张农家书屋借阅证，200 家“一卡通”农家书屋与县图书馆实现通借通还。全年组织举办广场文化活动、“港城一家亲”社区文化节等各类文化活动 2 万余场次，送戏下乡 1328 场。市图书馆入选国家第三批公共服务综合标准化试点项目，东海县入围省级书香城市示范县，灌南县成功创建省级公共文化服务体系示范区。

2. 卫生事业

卫生服务能力不断增强。医疗卫生投入不断加大，第一人民医院新海院区项目竣工，市精神卫生中心建成投用。新建医养融合型养老机构 2 家，赣榆区人民医院养老护理院、市东方医院“东方康复养老中心”投入运营。生殖健康、妇幼保健、托幼等公共卫生服务能力进一步提升。分级诊疗制度加快构建，基层医疗机构首诊量达到 60%。赣榆区人民医院建成国家三级综合性医院。

积极推进健康连云港建设。发布《建设健康连云港行动计划(2016—2020)》，通过广场活动、市民健康学校、健康大讲堂、媒体专栏、健康教育讲师团巡讲等方式，大力普及健康知识；积极倡导健康运动，举办各类健身活动，学校体育设施免费向社会开放。全年新增居民健康卡 50 余万张，获评全国居民健康卡普及应用先进单位。

3. 体育事业

体育事业稳步发展。三名运动员入选第 31 届奥运会中国体育代表团，实现奥运会金牌零的突破。新成立市级体育协会 6 家，总数达到 52 家，组织比赛活动 45 项，举办社会体育指导员培训班 20 期。市、县区全面建成省公共体育服务体系示范区。

（五）城市建设和城乡统筹

城市布局不断优化。全面落实“组团发展、功能互补、提升品质、彰显特色、快速联通”的城市发展布局，城市建成区面积扩大至 214 平方千米。全面加快“三轴一环三圈”建设，港城大道、花果山大道、海滨大道等城市发展主轴、环云台山大道和高铁、空港、海港三大特色商圈建设强势推进。开发区创智绿园、赣榆火车站广场改造获批省级试点，综合管廊获批省级试点城市。

环境综合整治深入推进。秸秆综禁成效明显，化工园区整治力度加大，小钢铁、小化工等领域去产能成效明显。市区空气质量优良率为 76.5%，PM2.5 浓度值为 46 微克/立方米，全省排名第 2 位。22 个省控考核断面中，达到或优于地表水Ⅲ类水比例为 63.6%，劣Ⅴ类水比例为 13.6%，15 条入海河流劣Ⅴ类水比例为 26.7%，均达到年度考核目标。在全国地级市中第一个开展战略环评试点，并通过环保部专家论证暨验收。东海县、赣榆区通过国家级生态县区验收，市开发区获批国家生态工业示范区，海州区、连云区通过省级生态区技术评估。

人居环境显著提升。城市快速公交、公共自行车等绿色出行网络不断完善，城市饮用水“双源双线”工程建成投用。市区新增绿地 300 公顷，建成区绿地率达 37.6%，绿化覆盖率达 40.2%，人均公园绿地面积达 14.4 m^2。公园绿地十分钟服务圈加快实施，扩建月牙岛湿地公园，新建创智绿园、香海湖公园、新丝路公园，修复郁洲公园景观；新改建庙岭游园、西盐河樱花园、和煦园等 9 个街头游园。重点中心镇和临海城镇完成验收，东海温泉、赣榆班庄获批省级重点及特色镇；连云区连岛街道西连岛村西连岛等

11个美丽乡村示范项目完成建设，海州区浦南镇龙浦村大官庄等8个村庄获批省级康居村庄，连云区宿城街道大竹园村大竹园、赣榆区金山镇徐福村后徐福获批省级传统村落项目。创成全国绿化模范城市、国家园林城市和国家节水型城市，国家卫生城市创建圆满通过国家技术评估。

民生工程持续推进。改造背街小巷，完成东大新村、玉带新村、海宁小区、蔷薇小区等23个老旧小区309条53千米背街小巷改造。整治河道，整治生活污水排口105个，完成黑臭水体排查并实施综合治理。改造危旧房，改造农村危旧房1065户，完成渔民上岸安居工程327户。推进保障房建设，新增国开行、农发行等政策性贷款133亿元，新开工保障性安居工程11500套，基本建成11000套。加快实施公用事业，蔷薇湖输水泵站调试运行，海州水厂深度处理加快建设，大浦、墟沟污水处理厂提标改造快速实施；新建供水、污水、燃气等各类管网60千米，新增燃气10800户。城市供水普及率达100%，城市污水处理率达92%，燃气气化率达99.98%。

（六）生态建设

节能减排扎实推进。积极推进生产方式绿色化转型，加强重点领域节能减排，万元地区生产总值能耗降低率及化学需氧量、二氧化硫、氨氮、氮氧化物等四类主要污染物排放削减均完成目标任务。

三、连云港市在泛长三角地区经济发展中的地位

2016年，连云港市积极应对复杂多变的宏观经济形势，坚持以改革创新促发展，以扩大开放求突破。江苏沿海三市紧紧抓住国家“一带一路”建设重大机遇，各展所长，经济保持稳定增长。从增速来看，连云港总体好于盐城与南通。主要经济指标增长快于全省，对全省经济增长的贡献也有所增强。

（一）地区生产总值

2012—2016年连云港市地区生产总值在泛长三角所占比重分别为1.25%、1.28%、1.29%、1.33%和1.33%，累计增幅为0.08个百分点，2016年较上年保持一致。2016年连云港市地区生产总值在泛长三角地区41个市排名第22位，比较靠后。

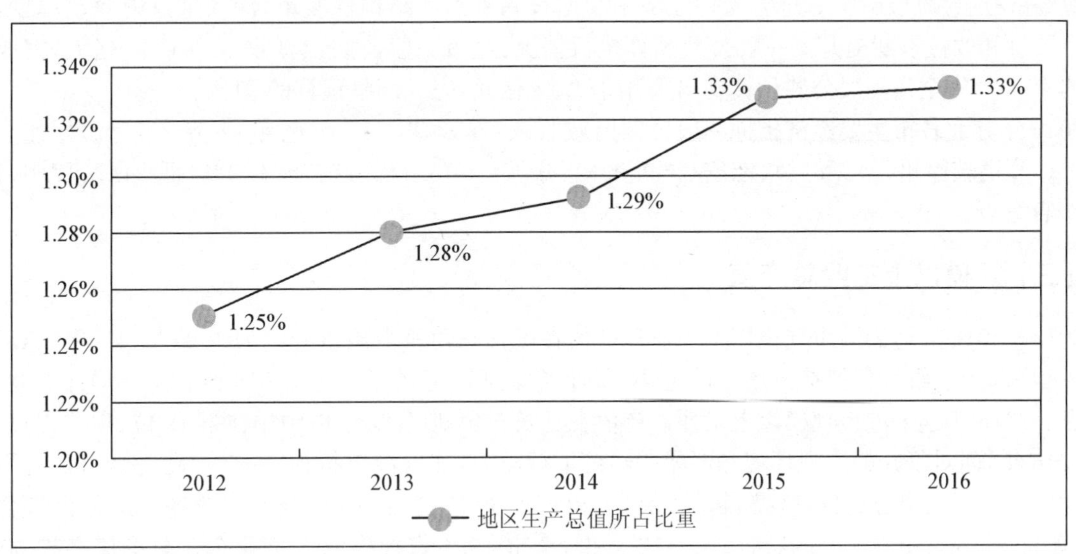

图4　2012—2016年连云港市地区生产总值在泛长三角（苏浙两省24个地级市、安徽省16个地级市和上海市，下同）所占比重的变化趋势

2016年全市实现生产总值2376.48亿元，按可比价格计算，增长7.8%。其中，第一产业实现增加值301.56亿元，增长1.6%；第二产业实现增加值1049.90亿元，增长7.8%；第三产业实现增加值

1025.02亿元，增长9.8%。

苏北各市主要经济指标对比，地区生产总值：连云港2376.48亿元，增长7.8%，增速居苏北第五位。分别较徐州(8.2%)、淮安(9.0%)、盐城(8.9%)、宿迁(9.1%)低0.4、1.2、1.1和1.3个百分点。

(二) 地方财政一般预算收入

2012—2016年连云港市地方财政一般预算收入在泛长三角所占比重分别为1.51%、1.44%、1.54%、1.49%和0.99%，2016年较上年减少了0.50个百分点。2016年连云港市地方财政一般预算收入在泛长三角地区41个市中的排名达到第23位，较上年下降了两位。

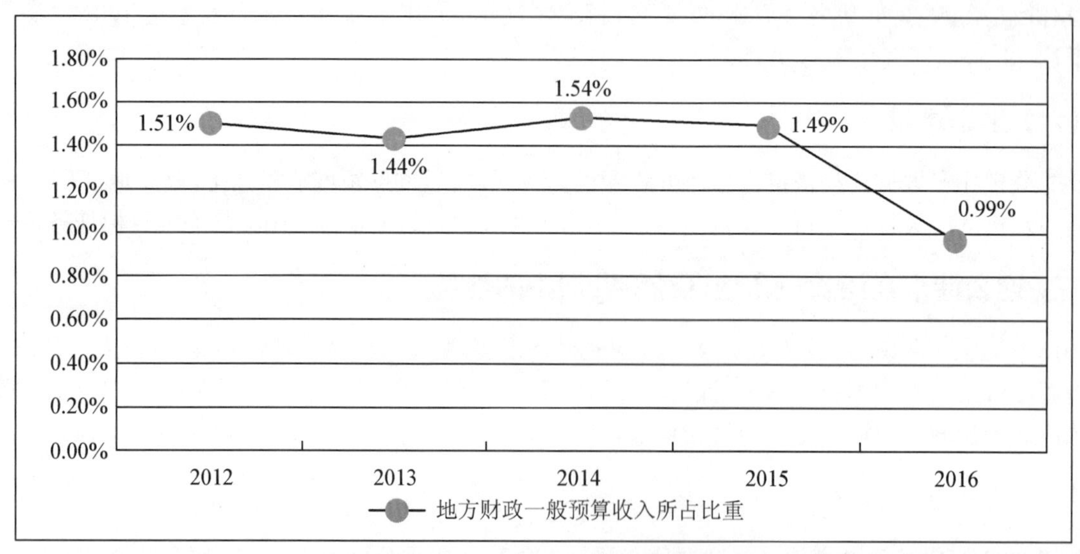

图5 2012—2016年连云港市地方财政一般预算收入在泛长三角所占比重的变化趋势

2016年，全市各级财税部门紧紧围绕市委、市政府各项决策部署，牢牢把握稳中求进工作总基调，主动适应经济社会发展新常态，全力支持经济平稳增长和供给侧结构性改革，深入推进财政改革创新，财政运行质量和效益不断提升。一般公共预算执行情况：全市一般公共预算收入211.47亿元，完成预期目标的100.7%；全市一般公共预算支出预计374.78亿元，完成调整预算的91%。

2016年苏北各市主要经济指标一般公共财政收入：连云港211.47亿元，下降27.5%，增速居苏北第五位。分别较徐州(−2.8%)、淮安(−9.9%)、盐城(−13.1%)、宿迁(1.0%)低24.7、17.6、14.4、28.5个百分点。

(三) 规模以上工业总产值

2012—2016年连云港市规模以上工业总产值在泛长三角所占比重分别为1.44%、1.58%、1.75%、1.91%和2.00%，继续保持持续增长的态势，累计增幅为0.56个百分点，2016年较上年增加了0.09个百分点。2016年连云港市规模以上工业总产值在泛长三角地区41个市中排在第19位。

2016年，面对复杂的宏观环境和严峻的经济下行压力，连云港市抢抓"一带一路"战略机遇，围绕三去、一降、一补五大中心任务，坚持科学发展，突出产业强市、工业立市，全市工业经济运行保持合理区间，呈现总体平稳、稳中向好的特征。1—12月份，全市1694家规模以上工业企业总产值突破6000亿元，达到6225.87亿元，同比增长12.2%，工业生产呈现总体平稳、稳中有升态势。实现销售产值6104.97亿元，同比增长12.5%，产销率达到98.1%，工业产销总体保持同步平稳回升。

全市规模以上工业增加值增速基本在9.3%—9.5%区间内小幅波动，阶段性企稳筑底走势明显。1—12月份，全市规模以上工业累计完成增加值1302.48亿元，同比增长9.3%，增速低于宿迁

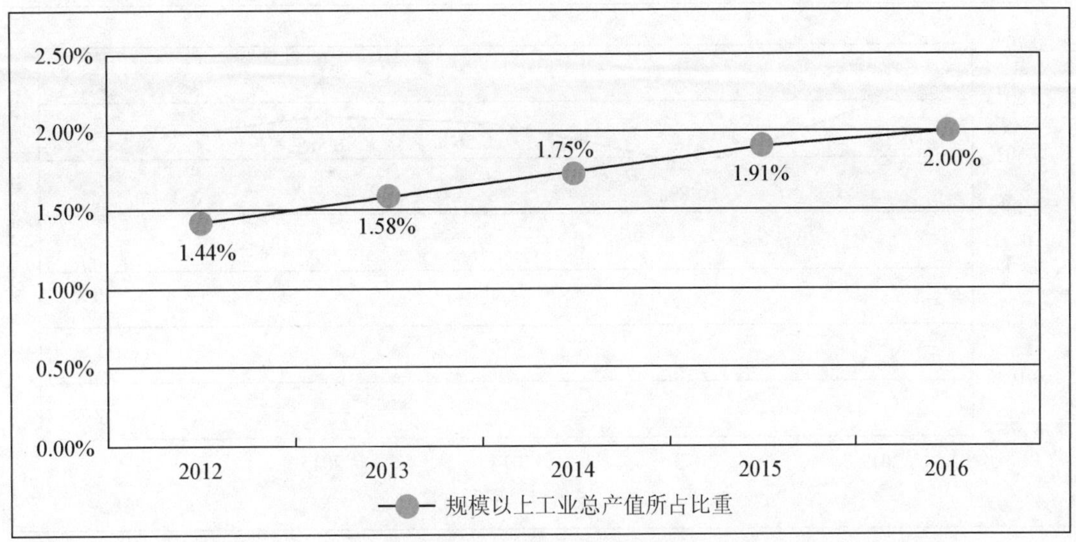

图6　2012—2016年连云港市规模以上工业总产值在泛长三角所占比重的变化趋势

(11.4%)、泰州(10.0%)、南通(9.8%)、淮安(9.8%)、徐州(9.8%)、盐城(9.7%),居苏北第五位,与镇江并列全省第七位。

1—12月份,全市规模以上轻工业完成总产值1984.07亿元,同比增长17.3%,总量占全市的31.9%,增幅快于全市5.1个百分点;重工业完成总产值4241.80亿元,同比增长10.0%,总量占全市的68.1%,增幅低于全市2.2个百分点。轻工业增速明显高于重工业,产业结构不断优化。

1—12月份,全市产值30强工业企业完成产值2762.24亿元,平均保持着10%以上增速,总量占全市的44.4%,对全市工业生产增长的贡献率为38.2%,拉动全市规模以上工业总产值增长4.7个百分点。产值30强中,易达酒业、新海发电、金茂源生物化工、广晟健发等企业增速强劲,保持着30%以上的高速增长;恒瑞医药、正大天晴、宏鹏金属、华尔化工、润众制药等企业增幅高达20%以上。

1—12月份,全市在统的35个工业行业大类中,31个行业生产成正增长态势,增长面为88.6%,有19个行业增速超过全市平均水平,有8个行业增速在20%以上。全市35个行业大类中有15个大行业产值过100亿元,其中过1000亿元1个,500—1000亿元3个,200—500亿元4个,100—200亿元7个。

1—12月份,化学原料和化学制品制造业产值过1200亿元,达到1220.55亿元,同比增长18.2%,总量占全市的19.6%。黑色金属冶炼和压延加工业、非金属矿物制品业、医药制造业三个行业产值过500亿元,分别达到810.57亿元、649.85亿元、567.69亿元,同比分别增长4.5%、17.2%、19.0%,总量分别占全市的13.0%、10.4%、9.1%。农副食品加工业、金属制品业、石油加工业、电气机械和器材制造业4个行业产值过200亿元,分别达到499.04、283.31、254.25、225.75亿元,同比分别增长11.4%、17.9%、7.5%、12.2%,总量分别占全市的8.0%、4.5%、4.1%、3.6%。

(四)进出口总额

2012—2016年连云港市进出口总额在泛长三角所占比重分别为0.60%、0.48%、0.56%、0.58%和0.53%,整体呈振荡发展的态势,2016年比上年下降了0.05个百分点,五年时间累积下降了0.07个百分点。2016年连云港市进出口总额在泛长三角地区41个市中排在第21位,较上年保持一致。

2016年,全市实现外贸进出口总额70.40亿美元,比去年同期减少9.95亿美元,同比下降12.5%。其中出口额为36.84亿美元,进口额为33.56亿美元,同比分别下降9.3%和15.8%,贸易顺差3.28亿美元。

分地区看,2016年,市区实现进出口总额61.23亿美元,同比下降15.2%,占全市外贸进出口总额

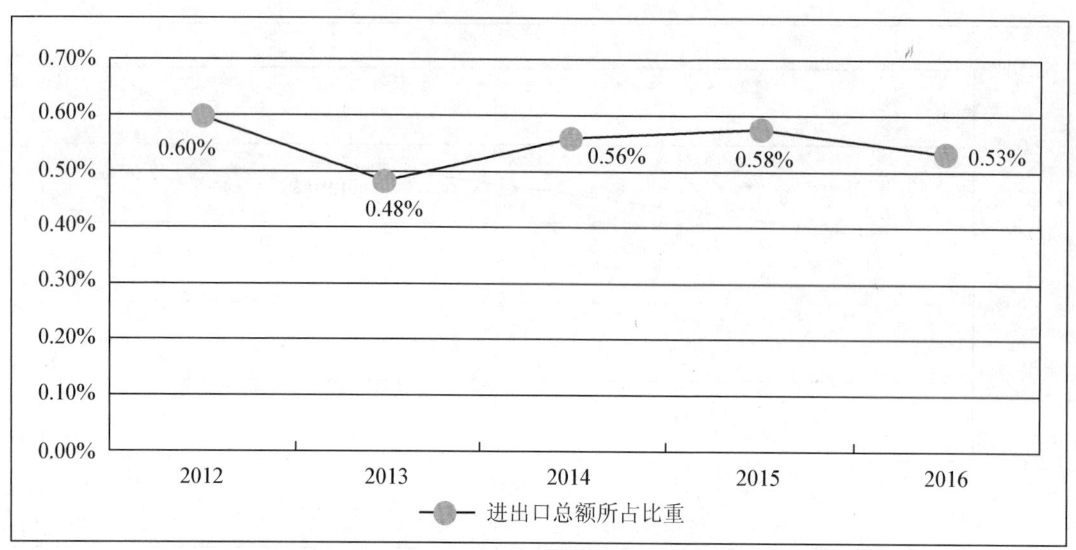

图 7　2012—2016 年连云港市进出口总额在泛长三角所占比重的变化趋势

的 87.0%；三县实现进出口总额 9.17 亿美元，同比增长 12.1%。

2016 年全市有进出口实绩的各类企业 1068 家，比上年同期增加 52 家，其中，全市出口百万美元以上企业 344 家，出口千万美元以上企业 78 家，30 家重点企业完成进出口 328270 万美元。在这些企业的带动下，去年全市共完成进出口 704006 万美元，其中出口 368390 万美元，进口 335616 万美元，进出口值苏北排名第二。

对部分"一带一路"沿线国家出口实现大幅增长。据市商务局相关负责人介绍，随着"一带一路"的稳步推进，"一带一路"沿线国家逐渐成为投资的热点。数据显示，2016 年，企业对马来西亚、印尼、孟加拉国、俄罗斯和土耳其等沿线国家的出口分别增长了 53.2%、41%、14.2%、10.5%和 44.6%。由于"一带一路"沿线国家多为新兴市场经济和发展中国家，所以未来一段时间本地企业赴"一带一路"沿线国家投资仍将面临广阔的发展前景，投资规模也会有很大提升空间。除了对"一带一路"沿线国家出口实现大幅增长，同期连云港市对欧盟、美国、东盟出口也分别增长了 2.2%、6.1%和 19.4%，三大经济体合计占出口总值的 44%。

民营企业出口占比继续保持首位。2016 年，民营企业完成进出口 301766 万美元，占外贸总值的 42.9%，其中，出口 175856 万美元，占连云港市出口比重 47.7%，民营企业继续保持出口份额居首的地位。在贸易结构方面，虽然连云港市加工贸易增长乏力，但更能反映经济发展实力、带来更多增加值的一般贸易却逆势增长，占比继续提升。根据市商务局提供的数据，2016 年连云港市一般贸易进出口 522873 万美元，同比增长 0.7%，占连云港市外贸总值的 74.3%，比 2015 年提升 9.7 个百分点。一般贸易进出口的比重提升也反映了贸易方式结构有所优化。

化工医药和机电产品依然是出口的主打产品。化工医药出口 98933 万美元，占出口比重的 26.9%。其中，尿素出口 13076 万美元；药品出口 9487 万美元，同比增长 233.5%。同期，机电产品出口 92974 万美元，增长 13.9%，占出口比重的 25.5%。其中，风力发电机组、太阳能电池和铝合金轮毂共计出口 3.3 亿美元，占连云港市出口总值的将近十分之一。值得一提的是，出口降幅也在逐季收窄，表明新的外贸发展动能正在积聚并转换。

（五）实际外商直接投资金额

2012—2016 年连云港市实际外商直接投资金额在泛长三角所占比重分别为 1.01%、1.16%、1.28%、1.09%和 0.71%，2015 年以来出现下降，2016 年较上年减少 0.38 个百分点，较 2012 年下降了

0.30 个百分点。2016 年连云港市实际外商直接投资金额在泛长三角地区 41 个市中排在第 27 位，下降了五位。

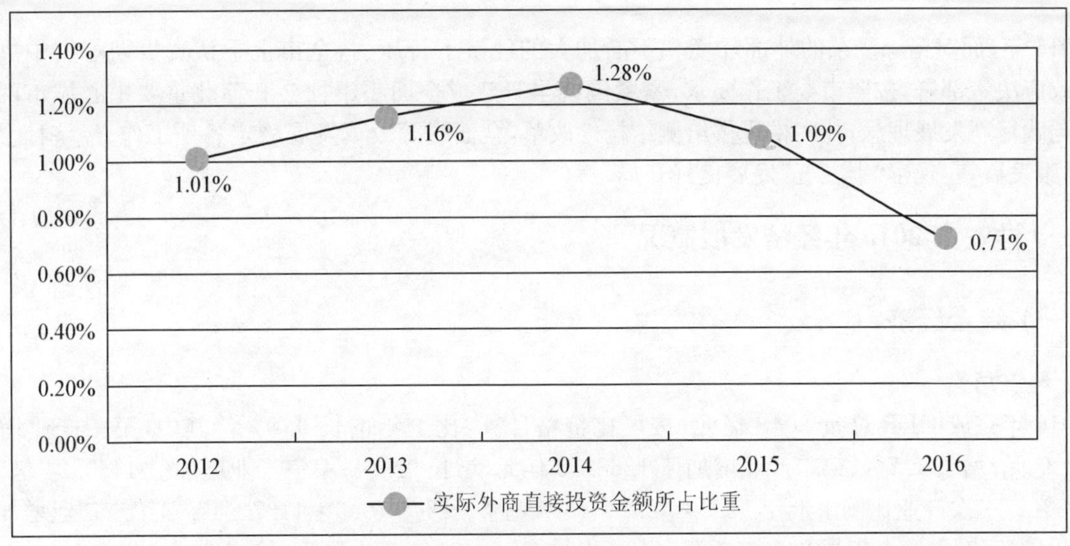

图 8　2012—2016 年连云港市实际外商直接投资金额在泛长三角所占比重的变化趋势

2016 年，连云港市新设立外商投资企业 142 户，同比增长 43.43%，其中新设外商独资企业 117 户，中外合资企业 25 户。新设企业投资总额为 20.52 亿美元，同比增长 45.53%；注册资本为 13.18 亿美元，其中外方认缴出资额为 11.94 亿美元，同比分别增长 12.84%、23.73%。主要特点：

一、利用外资总体呈现上升态势。随着连云港市经济的发展和招商引资力度的加强，该市 2016 年外商投资企业发展速度增快，外商投资企业发展总体呈现上升态势。全年该市新登记企业数量、资金总量、规模企业数量等指标均出现不同程度上扬。新登记企业数在近四年外资发展中处于较高水平。新登记注册资本、投资总额、外方认缴出资额同比分别增长 43.43%、45.53%、23.73%。

二、较大规模外资企业数量有所增加。2016 年，连云港市新发展的外商投资企业中，投资总额在 5000 万美元以上的较大规模企业较上年同期增长了 50%，但由于注册资本在 500 万美元以下的外资企业占全年新设法人企业数的 60.5%，造成户均投资规模较上年同期有所下降。户均注册资本额、外方认缴出资额分别为 928.8 万美元/户、840.8 万美元/户，较上年同期的 1179 万美元/户、974 万美元/户分别下降 21.2%、13.68%。2016 年，该市新登记的最大项目为落户连云港经济技术开发区的连云港四开螺旋藻产业有限公司，该公司主要从事螺旋藻养殖、加工，其投资总额为 8 亿美元、注册资本 2.99 亿美元。

三、外资产业布局进一步优化。2016 年连云港市第一产业新登记外资企业 5 户，数量较上年减少 5 户；第二产业新登记外资企业 33 户，数量较上年增长了 22.2%；第三产业新登记外资企业 104 户，数量较上年增长了 65%。该市新增利用外资总体结构出现第三产业大幅增长局面，“退二进三”趋势明显，总体产业结构不断优化。从行业分布看，2016 年新登记的外资企业中，批发和零售业位列首位，共新登记 57 户，同比增长 58.3%；制造业、科学研究和技术服务业、信息传输和软件及信息技术服务业、租赁和商务服务业、住宿和餐饮业分列二至六位，新增数量分别为 29 户、10 户、9 户、8 户、7 户。

四、投资来源仍主要为亚洲地区。2016 年，亚洲地区客商在连云港市投资企业 127 户，占所有投资地区的 89.4%，继续保持首位，其余分别为北美洲 5 户，大洋洲 5 户、欧洲 4 户、拉丁美洲 1 户。从国别和地区看，2016 年在该市投资企业户数最多的是中国香港，共计新设外资企业 52 户，其次是中国台湾 12 户、韩国 12 户、加拿大 4 户，新加坡 2 户、美国 2 户，萨摩亚 2 户，巴基斯坦 2 户，澳大利亚 2 户。从外方认缴出资额看，排名前三位的分别是中国香港、中国台湾、韩国。从增长幅度看，中国台湾新设企业数、外方认缴出资额较上年同期分别增长了 200%、311%，涨幅居首。

九　淮安市 2016 年经济社会发展报告

2016 年，面对错综复杂的外部环境和不断加大的经济下行压力，全市上下认真贯彻落实中央和省委、省政府决策部署，按照市委工作要求，紧紧围绕早日建成全面小康社会和苏北重要中心城市两大目标，自觉践行新发展理念，扎实推进供给侧结构性改革，全面统筹改革发展稳定各项工作，经济社会保持平稳健康发展，实现了"十三五"发展良好开局。

一、淮安市 2016 年经济发展概况

（一）综合经济

1. 经济总量

2016 年完成 GDP 总量 3048 亿元，按可比价格计算，比上年增长 9.0%。其中，第一产业增加值 324.61 亿元，增长 1.7%；第二产业增加值 1268.15 亿元，增长 9.1%；第三产业增加值 1455.24 亿元，增长 10.6%。三次产业比例由上年 11.2∶42.9∶45.9 调整升级为 10.6∶41.7∶47.7，第三产业增加值占 GDP 比重 47.7%，比上年提升 1.8 个百分点。人均 GDP 62446 元人民币（按当年汇率折算 9401 美元），增长 8.6%。

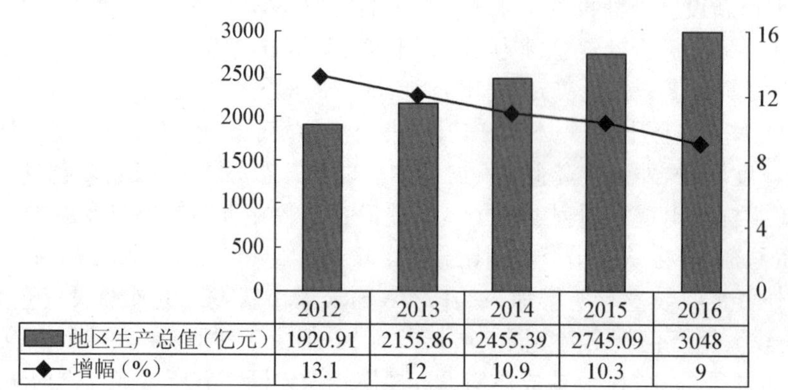

	2012	2013	2014	2015	2016
地区生产总值（亿元）	1920.91	2155.86	2455.39	2745.09	3048
增幅（%）	13.1	12	10.9	10.3	9

图 1　2012—2016 年淮安市地区生产总值及增长速度

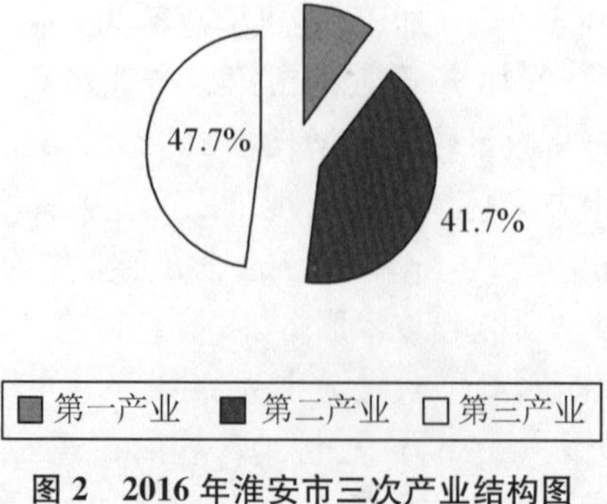

图 2　2016 年淮安市三次产业结构图

2. 财政收支

实现财政总收入 483.13 亿元，比上年下降 5.3%，其中一般公共预算收入 315.51 亿元，下降 9.9%。一般公共预算支出 483.45 亿元，比上年下降 5.8%，其中财政民生类支出 353.95 亿元，下降 5.4%，占一般公共预算支出比重达 73.2%，比上年提升 0.3 个百分点。

3. 物价指数

市区居民消费价格比上年上涨 2.2%。其中，食品烟酒类涨 4.8%，生活用品及服务类涨 1.8%，教育文化和娱乐类涨 0.4%，医疗保健类涨 12.7%，其他用品和服务类涨 2.6%，衣着类跌 0.6%，交通和通信类跌 2.2%，居住类基本持平。

4. 固定资产投资

完成规模以上固定资产投资 2535.19 亿元，比上年增长 15.1%。其中工业投资 1518.49 亿元，增长 17.3%；房地产开发投资 321.41 亿元，增长 13.3%。民间投资 1781.94 亿元，增长 15.4%，占全市规模以上投资比重 70.3%。完成 220 个市级重大项目投资 1040 亿元，比上年增长 11.5%，德科玛半导体、时代芯存相变存储器等一批投资超百亿元重大项目顺利开工。

（二）农林牧渔和水利业

农业生产保持稳定。全年粮食总产量 458.55 万吨，受极端气候因素影响，比上年减少 8.67 万吨，下降 1.9%。其中，夏粮总产量 170.57 万吨，减少 6.80 万吨，下降 3.8%；秋粮总产量 287.98 万吨，减少 1.87 万吨，下降 0.6%。全年粮食播种面积 989.99 万亩，比上年增加 2.63 万亩，其中夏粮面积 463.08 万亩，增加 1.47 万亩；秋粮面积 526.91 万亩，增加 1.15 万亩。油料种植面积 43.71 万亩，减少 1.04 万亩，蔬菜种植面积 145.65 万亩，增加 0.92 万亩。完成成片造林面积 2.53 万亩。水产品总产量 26.10 万吨，下降 1.0%。年末农业机械总动力 623 万千瓦，增长 0.4%。

水利建设成效显著。完成水利建设投资 32.5 亿元。淮河入江水道整治、洪泽湖大堤加固、分淮入沂整治等工程全部完成；黄河故道水利综合治理工程基本完成；列入国家规划的中小河流、大中型涵闸加固、大型泵站更新改造全面完成、发挥效益；淮河入海水道二期等一批重大项目前期工作取得新突破。里运河北门桥、堂子巷及古黄河水利枢纽等“三闸”工程全面建成运行，清江浦老城区除涝综合整治、清隆桥泵站改造、西郊泵站迁建等一批城市河道治理及涵闸工程建成运行。完成农村水利建设 4650 万土方，兴建建筑物 8758 座、防渗渠道 645 千米，疏浚县乡河道 1398 千米，整治村庄河塘 1413 面。

（三）工业和建筑业

工业经济平稳运行。完成规模以上工业增加值 1626.18 亿元，比上年增长 9.8%。其中：国有工业增加值 8.19 亿元，增长 16.3%；集体工业增加值 3.14 亿元，下降 17.8%；股份制工业增加值 1108.31 亿元，增长 17.5%；外商港澳台投资工业增加值 313.13 亿元，下降 7%。大中型工业企业增加值 678.02 亿元，下降 3.2%。轻工业企业增加值 709.48 亿元，增长 7%；重工业企业增加值 916.70 亿元，增长 12.0%。

优势特色产业不断壮大。“4+2”优势特色产业实现产值 4200.40 亿元，比上年增长 5.9%。其中盐化新材料、特钢及装备制造产业、电子信息、食品四大主导产业实现产值 3840.10 亿元，占规模以上工业产值比重 51.4%；新能源汽车及零部件产业、生物技术及新医药产业等两大战略性新兴产业实现产值 360.30 亿元，增长 9.5%。食品产业实现产值 1015.9 亿元，成为继电子信息产业后第二个千亿级产业。单位 GDP 能耗降低率完成省定任务。

骨干企业支撑有力。全市有规模以上工业企业 2664 户，其中年销售收入 100 亿元以上企业 3 户，50 亿元以上企业 9 户，10 亿元以上企业 90 户。全市百户重点企业实现销售 2818.78 亿元，比上年增长 20.8%，高于规模以上工业 8.6 个百分点，占全市工业销售比重 38.6%；实现利润 192.87 亿元，增长 18.1%，高于规模以上工业 9.4 个百分点，占全市工业利润比重 48.0%。

建筑业稳步增长。全市具有资质等级的总承包和专业承包建筑业企业 547 户，完成建筑业总产值 1337.29 亿元，增长 1.0%，其中建筑工程产值 1282.16 亿元，增长 0.4%。实现建筑业增加值 196.70 亿元，比上年增长 2.7%。

(四)服务业

1. 国内贸易

实现社会消费品零售总额1083.83亿元,比上年增长11.7%。按经营单位所在地统计,城镇消费品零售额964.50亿元,增长11.4%;乡村消费品零售额119.33亿元,增长13.7%。按消费形态统计,批发零售业完成零售额978.30亿元,增长11.9%;住宿餐饮业完成零售额105.53亿元,增长9.3%。

限额以上单位实现社会消费品零售额525.16亿元,比上年增长14.9%。其中粮油、食品类增长14.3%,烟酒类增长17.4%,化妆品类增长9.1%,金银珠宝类增长7.9%,电子出版物及音像制品类增长34.8%,五金电料类增长21.3%,家具类增长16.9%,石油及制品类增长6.5%,建筑及装潢材料类增长16.5%,机电产品及设备类增长46.2%,汽车类增长21.9%。

2. 交通运输与邮电

交通基础建设力度加大。完成交通基础设施建设投资93.80亿元,比上年增长221.0%。宁连路南门立交建成通车,新港二期码头完成主体工程施工,连淮扬镇、徐宿淮盐两条高铁完成征地拆迁,宿扬高速、503省道、淮河出海航道整治以及京杭运河淮海路大桥、京杭运河黄码大桥、淮海路跨古淮河桥等项目全面推进,348省道淮安区段等重点项目开工建设。新改建农村公路500千米、桥梁97座。计划总投资151亿元的市区快速路一期工程开工建设。全市年末公路总里程13354千米,其中高速公路里程403.40千米,一级公路里程631.90千米。

运输业稳步发展。完成公路、水路货运量1.22亿吨、周转量372.13亿吨千米,比上年分别增长1.6%和2.8%。完成港口货物吞吐量9050万吨,增长13.1%;完成集装箱吞吐量15万标箱,增长11.5%。淮安机场新开通日本大阪、重庆、大连、海口、福州等航线,通航城市达到20个;完成旅客吞吐量86万人次、货邮吞吐量4638吨,分别增长70.7%、23.5%。市区投放新能源公交车700辆。现代有轨电车全年客流突破540万人次。新增24个乡镇开通镇村公交,全市镇村公交开通率达63%。A级物流企业总数增至22家。

邮电通讯业平稳发展。完成电信业务收入26.11亿元,比上年增长2.2%;邮政业务收入14.53亿元,增长39.9%。年末固定电话用户51万户,下降25.1%。移动电话用户429万户,增长2.8%。年末互联网固定宽带用户95万户,增长17.3%。

3. 旅游业

实现旅游业总收入308.57亿元,比上年增长15.6%。其中,国内旅游收入305.64亿元,增长15.8%;旅游外汇收入1704.53万美元,增长9.4%。接待境内外游客2612.4万人次,比上年增长12.3%;接待入境过夜游客1.82万人次,增长24.2%。全市共有国家A级旅游景区41家,其中5A级1家,4A级12家;省星级乡村旅游区52家,省级自驾游基地3家,省级旅游度假区2家,省级生态旅游示范区2家。有星级旅游饭店48家,其中五星级旅游饭店1家;旅行社105家,其中四星级旅行社2家、出境社2家;持证导游4513人。中国漕运城、西游记文化体验园、白马湖生态旅游度假区、美丽蒋坝休闲旅游度假区项目入选全国优选旅游项目。

4. 金融和保险

年末全市金融机构人民币存款余额3066亿元,比年初增长31.7%。其中,住户存款1360.51亿元,增长14.9%,占全部存款44.4%;非金融企业存款1049.81亿元,增长65.1%,占全部存款34.2%。年末金融机构人民币贷款余额2304.22亿元,比年初增长23.6%。其中,中长期贷款1426.86亿元,增长44.2%;基础设施贷款398.90亿元,增长104.6%。

实现保费收入77.10亿元,比上年增长23.3%。其中,财产保险收入22.70亿元,增长15.8%;寿险收入44.90亿元,增长23.8%;健康险和意外伤害险收入9.50亿元,增长43.4%。全年保险赔款和给付支出28.70亿元。

（五）开放型经济

1. 对外贸易

对外贸易难中有进。累计完成进出口总额 35.04 亿美元，比上年下降 15.1%。其中，出口总额 26.98亿美元，下降 10.3%；进口总额 8.06 亿美元，下降 28.1%。全市有进出口实绩企业 809 家，培育新增长点企业 152 家。组织企业参加广交会、日本大阪展、德国科隆五金展等境内外重点展会 330 家次，设立展位 570 多个。

2. 利用外资

外资外经加快发展。全年新批外资项目 240 个，协议外资 28.58 亿美元，到账外资 11.6 亿美元。新设立总投资 1 亿美元以上项目 10 个、3000 万美元以上项目 59 个。新批伊弗特精密零部件、金俊装备工业和澳洋顺昌集成电路等一批重大外资项目，其中伊弗特精密零部件项目计划总投资 1.55 亿美元。完成外经营业额 1.30 亿美元，比上年增长 24.4%。对外承包工程新签合同额 1.25 亿美元，增长近 3 倍。

二、淮安市 2016 年社会发展概况

（一）人口、人民生活

人口规模小幅增加。年末户籍总人口 567.56 万人，比上年增加 3.11 万人；其中男性人口 291.24 万人，占总人口 51.3%，女性人口 276.31 万人，占总人口 48.7%。年末常住人口 489 万人，比上年增加1.8 万人；其中城镇人口 291.84 万人，增加 8.53 万人。常住人口城市化率 59.7%，比上年提升 1.5 个百分点。常住人口出生率 10.93‰，死亡率 7.44‰，自然增长率 3.49‰。

居民收入稳步增长。全体常住居民人均可支配收入 22762 元，比上年增长 9.2%。城镇居民人均可支配收入 30335 元，增长 7.9%；人均消费性支出 16912 元，增长 6.6%。农村居民人均可支配收入 14319 元，比上年增长 9.1%；人均生活消费支出 9633 元，增长 11.8%。城镇常住居民人均住房面积 44.2平方米，农村常住居民人均住房面积 51.2 平方米。

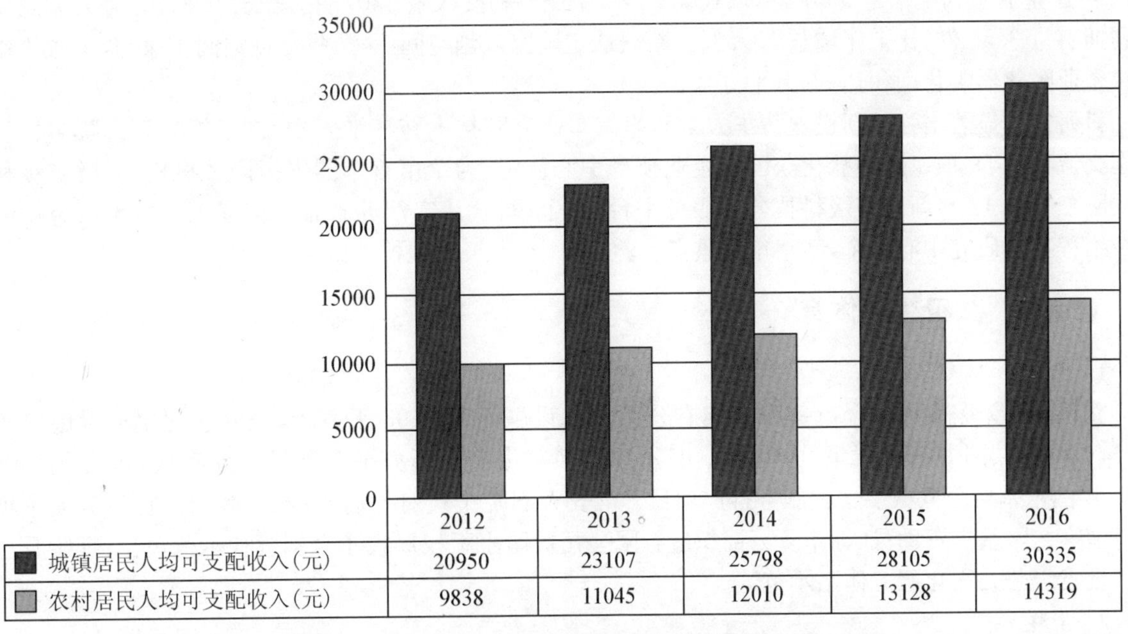

	2012	2013	2014	2015	2016
城镇居民人均可支配收入（元）	20950	23107	25798	28105	30335
农村居民人均可支配收入（元）	9838	11045	12010	13128	14319

图 3　2012—2016 年淮安市城乡居民收入对比一览

（二）就业与社会保障

全年城镇新增就业7.78万人；下岗失业人员再就业4.32万人，其中困难群体再就业6508人。年末城镇登记失业率为1.87%，保持在较低水平。新增转移农村劳动力2.26万人，城乡劳动者职业技能培训3.03万人、创业培训2.9万人。

社会保障体系不断完善。年末全市参加企业养老保险职工人数90.27万人，比上年增加1.37万人；其中农民工参保6.7万人，个体灵活就业人员参保36.04万人。参加工伤保险51.66万人，比上年增加0.5万人；生育保险50.00万人，增加3.13万人；失业保险人数64.3万人，增加1.1万人。参加城镇职工基本医疗保险81.42万人，城镇居民基本医疗保险参保人数80.92万人。参加农村养老保险人数126.32万人，参保率99.48%。全市共支付27.78万名企业离退休人员养老金60.70亿元，全年征缴养老保险费48.16亿元，组织27.63万名企业退休人员第四轮免费体检。

（三）教育与科技创新

1. 教育

教育事业协调发展。拥有各级各类学校、成规模幼儿园898所，在校生87.12万人，教职工5.59万人。其中，成规模幼儿园424所，在园幼儿17.56万人；小学252所，小学生35.05万人；初中157所（含38所九年制学校），初中生14.31万人；高中31所（含8所完全中学），高中生7.22万人；中等职业学校20所，在校学生6.2万人；高校7所，大学生6.69万人；特殊教育学校7所，在校学生0.09万人。通过义务教育基本均衡发展国家督导认定，全市109所中小学达到全国义务教育学校管理示范校标准。淮阴卫校成功升格为江苏护理职业学院。

2. 科技创新

科技创新能力增强。研究与试验发展（R&D）经费支出54亿元，比上年增长20%，占GDP比重1.8%。完成高新技术产业产值1909亿元，增长13.16%。新认定省级高新技术产品91个、市级85个；新认定省级高新技术企业121家、市级67家。专利申请17293件，专利授权8081件，发明专利申请量4061件。企业专利申请量9667件，增长93.8%；企业专利授权量4307件，增长49.3%。万人有效发明专利拥有量3.55件，比上年增长29.5%。新获认定国家众创空间1家、省众创空间1家，全市省级以上科技企业孵化器孵化面积达86万平方米。

科研实力显著增强。新设立清华大学苏州汽车研究院技术转移淮安中心；组织签订大院名校科技合作交流项目59项。井神盐化获国家企业技术中心认定，为全市首个国家级研发机构；新增省级科技公共服务平台1个，新建市级科技公共服务平台10个；新获认定江苏省智能交互工程技术研究中心等省级工程技术研究中心5个，新建市级重点实验室5个，市级工程技术研究中心79个。

（四）文化、卫生和体育

1. 文化

文化事业繁荣发展。全市每万人拥有公共文化设施面积1595平方米，公共文化服务设施覆盖率95%，人均公共图书馆总藏量0.93册。市公共数字文化综合服务平台项目搭建完成，被文化部评为2016年国家基层公共数字文化服务推广项目。淮安大剧院正式对外运营；淮海戏《林道静》等4个项目获得国家艺术基金资助；江苏华夏云锦织造有限公司被国家版权局授予全国版权示范单位；盱眙县创成第三批省级公共文化服务体系示范区。

2. 卫生

卫生服务体系更加健全。全市有各类卫生机构（不含村卫生室）813个，其中疾病预防控制机构9个，卫生监督机构9个，综合医院36个，专科医院14个，中医院6个，妇幼保健机构9个，卫生院128个，

社区卫生服务中心(站)79个。各类卫生机构实有病床27529张,其中医院17574张、卫生院7926张。卫生技术人员3.15万人,其中执业(助理)医师1.24万人,注册护士1.43万人;疾病预防控制机构卫生技术人员432人,卫生监督机构卫生技术人员167人,妇幼卫生保健机构卫生技术人员1587人。市妇幼保健院、市公共卫生中心异地新建有序推进,市直医院全部达到三级以上。

3. 体育

体育事业成果显著。成功举办2016国际智力运动联盟智力运动精英赛、里运河中国淮安·丝绸之路户外运动挑战赛以及全市第八届运动会等赛事。新建健身路径40套、健身步道58千米、笼式足球场4个、拼装式游泳池1个,全市30个乡镇建成多功能运动场。市本级被列为首批省级体育改革发展试验区,淮安区施河镇被命名为首批省级体育健康特色小镇。在2016年里约奥运会花样游泳比赛中,该市培养的淮安籍运动员梁馨枰摘得银牌。

(五)环境保护

环境保护能力提高。通过国家生态市考核验收,成功创建国家节水型城市。全市设立自然保护区5个,面积7.09万公顷,其中省级自然保护区2个,面积5.7万公顷。空气质量优良天数280天,优良率76.5%;城市水域功能区水质优良率81.5%,集中式饮用水源地水质达标率100%;市区环境噪声平均等效声级53.5分贝,声环境质量等级较好。盱眙县、淮安区和淮阴区通过国家生态县区考核验收,市经济技术开发区通过国家生态工业示范园区验收,市工业园区获得省级生态工业园区命名。

三、淮安市在泛长三角地区经济发展中的地位

2016年,淮安市聚焦"两大目标",奋力建设美好淮安,努力实现"十三五"良好开局。全市上下积极贯彻落实中央和省委、省政府决策部署,始终把科学发展作为第一要务,坚持以经济建设为中心,积极应对新挑战,主动适应新常态,攻坚克难、真抓实干,全市经济发展取得显著成效,不断迈上新台阶。

(一)地区生产总值

2012—2016年,淮安市地区生产总值在泛长三角所占比重分别为1.50%、1.54%、1.61%、1.69%和1.71%,连续多年出现持续的增长,累计增幅为0.21个百分点,2016年较2015年上升0.02个百分点。2016年淮安市地区生产总值在泛长三角地区41个市中排名第20位。

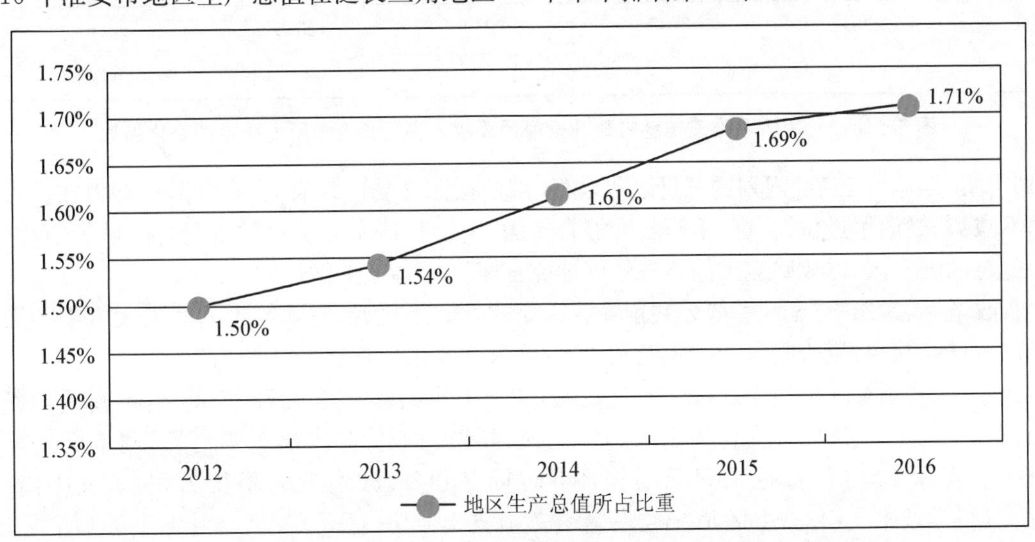

图4 2012—2016年淮安市地区生产总值在泛长三角(苏浙两省24个地级市、安徽省16个地级市和上海市,下同)所占比重的变化趋势

2016 年，全市实现 GDP 3048 亿元，比上年增长 9.0%，增速高于全国 2.3 个百分点；人均 GDP 62446 元人民币(按当年年平均汇率折算 9401 美元)，增长 8.6%，达到中等收入国家或地区水平；全体居民人均可支配收入 22762 元，比上年增长 9.2%，其中城乡居民人均可支配收入分别达到 30335 元和 14319 元，分别增长 7.9%和 9.1%；年末城镇登记失业率控制在 1.87%；市区居民消费价格指数(CPI)为 102.2，比上年上涨 2.2%，涨幅低于全省平均水平 0.1 个百分点。

2016 年全市人均 GDP 达到 62446 元。与 1978 年、2000 年相比，名义增长了 205 倍和 10 倍。与 2010 年相比，翻了一番多。2000 年，淮安市人均 GDP 5716 元，是全国水平的 72%，是全省的 48.6%。2013 年，首次超过全国。2016 年，达到全国水平的 115.7%，达到全省水平的 65.6%。

按可比价计算，2016 年，全市地区生产总值增长 9.0%，增速与前三季度持平。其中，一产增加值增长 1.7%，较前三季度降低 0.1 个百分点；二产增加值增长 9.2%，与前三季度持平；三产增加值增长 10.6%，较前三季度提升 0.4 个百分点。

(二) 地方财政一般预算收入

2012—2016 年，淮安市地方财政一般预算收入在泛长三角所占比重分别为 1.68%、1.67%、1.81%、1.79%和 1.48%，整体呈现下降的态势，累计下降了 0.20 个百分点，2016 年较上年下降了 0.31 个百分比。2016 年淮安市地方财政一般预算收入在泛长三角地区 41 个市排名第 19 位，下降了四位。

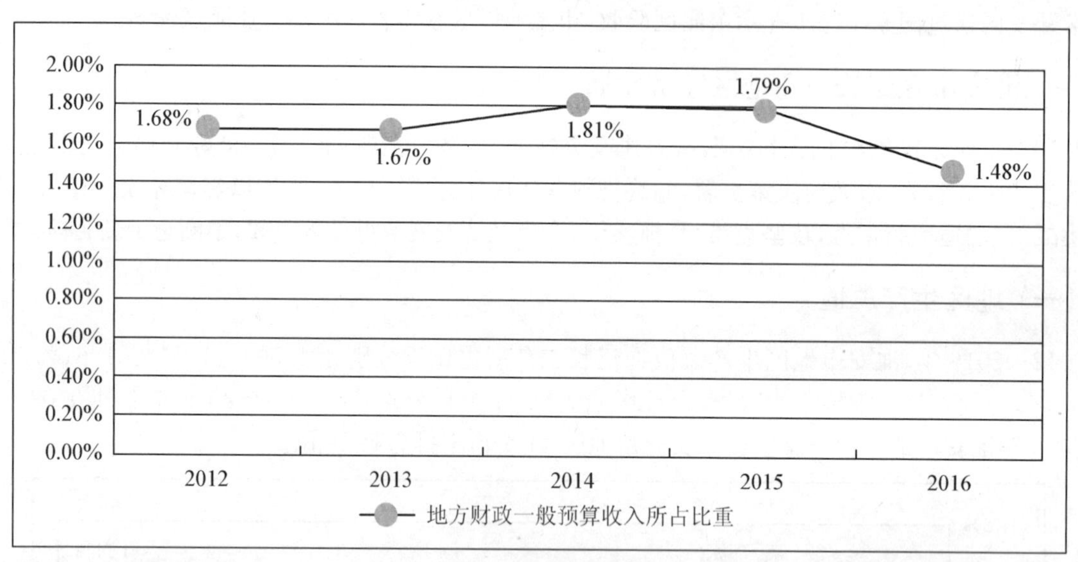

图 5　2012—2016 年淮安市地方财政一般预算收入在泛长三角所占比重的变化趋势

2016 年是实施“十三五”规划的开局之年，财税部门按照区委区政府的总体部署，努力在新常态下实现“调速不减势、横向争进位”目标，不断壮大综合实力，奋力打造实力更强、结构更优、城乡更美、民生更好、活力更足的淮安区，以攻坚克难的姿态较好地完成了全年各项工作任务。

受“营改增”因素影响，全区一般公共预算收入完成 33.44 亿元，完成第十六届人大常委会第三十次会议调整后目标，其中：税收收入 26.04 亿元，非税收入 7.4 亿元，税收占比为 77.88%。

全区一般公共预算支出当年安排 46.77 亿元，加上上年结转支出 8.73 亿元、当年调整工资等追加安排支出 1.96 亿元、上级转移支付支出 17.07 亿元、新增一般债券支出 1.4 亿元，调整后预算支出为 75.93 亿元。实际支出 67.62 亿元(不含置换债券转贷支出 23.82 亿元)，增长 7.8%。其中：教育支出 14.35 亿元、科学技术支出 0.61 亿元、社会保障和就业支出 7.79 亿元、医疗卫生与计划生育支出 10.08 亿元、农林水支出 8.89 亿元。收入短收及工资调整等刚性支出造成的收支缺口，通过调入预算稳定调节基金、调入其他资金等办法保持当年收支平衡。

（三）规模以上工业总产值

2012—2016 年，淮安市规模以上工业总产值在泛长三角所占比重分别为 1.66%、1.84%、2.04%、2.30%和 2.33%，呈现逐年增加的趋势，累计增幅为 0.67 个百分点，2016 年较上年仅增长 0.03 个百分点。2016 年淮安市规模以上工业总产值在泛长三角地区 41 个市排名第 17 位，较上年上升了两位。

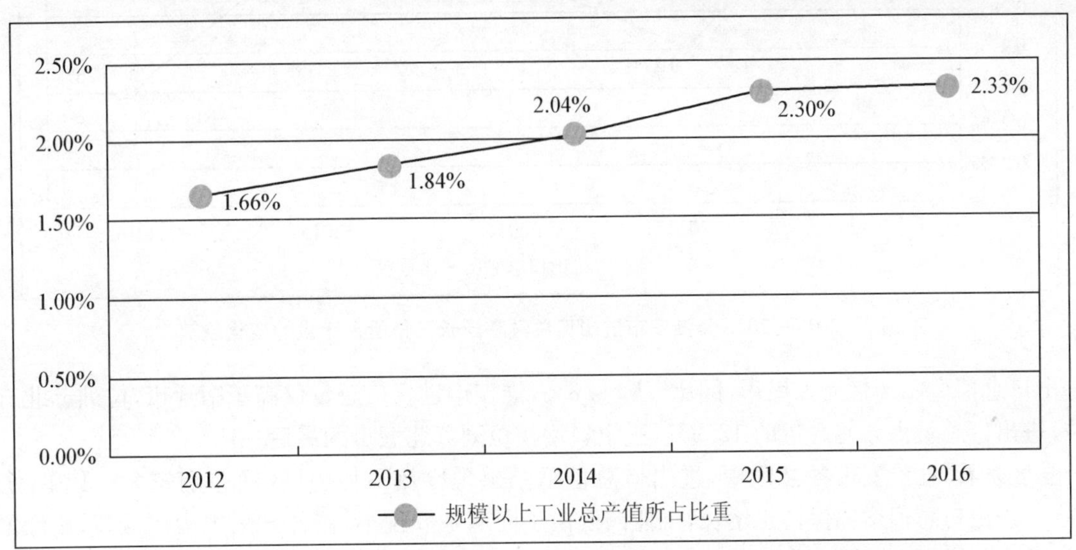

图 6　2012—2016 年淮安市规模以上工业总产值在泛长三角所占比重的变化趋势

2016 年，全年完成工业总产值 7476.27 亿元，比上年增长 12.6%；全市完成规模以上工业增加值 1626.18 亿元，比上年增长 9.8%，增速居全省第 3，苏北第 2。实现利润总额 400.79 亿元，比上年增长 8.5%。全市“4＋2”工业优势特色产业在库企业 1025 户，比上年底增加 64 户；实现产值 4200.4 亿元，比上年增长 5.9%。盐化新材料、食品、特钢及装备制造等产业保持快速增长，其中食品产业规模不断扩大，实现产值 1015.9 亿，比上年增长 14.6%，成为“4＋2”产业中继电子信息产业后第二个规模突破千亿的产业。两大新兴产业呈集群式发展，新能源汽车及零部件产业实现产值 214.5 亿元，生物技术及新医药产业实现产值 145.8 亿元，分别比上年增长 9.0%和 10.4%。

（四）进出口总额

2012—2016 年，淮安市进出口总额在泛长三角所占比重分别为 0.32%、0.27%、0.29%、0.30%和 0.26%，呈震荡下降态势，2016 年较上年下降了 0.04 个百分点。2016 年淮安市规模以上工业总产值在泛长三角地区 41 个市排名第 26 位，较上年下滑了五位。

2016 年，在世界经济总体复苏乏力、国际市场需求低迷、国内经济下行压力加大的大环境下，淮安市外贸发展面临较大的压力，但部分行业产业也浮现突出亮点。2016 年全市累计实现外贸进出口 231.2 亿元人民币，同比下降 9.8%。其中出口 177.9 亿元，下降 4.8%；进口 53.3 亿元，下降 23.4%。

从月度数据看，月度间进出口数据波动较大。2016 年，全市外贸月度进出口总体呈现震荡增加的发展态势。在 2016 年前 7 个月中，除 3 月份进出口值达 22.7 亿元外，其他月度进出口值均不足 20 亿元，1—7 月淮安市外贸进出口降幅达 13.9%；从 8 月份起，淮安市外贸进出口降幅连续 4 个月收窄，1—11 月份降幅收窄至 5.1%；12 月当月进出口受去年同期高基数的影响，下降 38.1%，2016 年全市外贸进出口下降 9.8%。

从苏北五市看，淮安市进出口总量增幅均较低。2016 年，苏北五市进出口总量 1794.4 亿元人民币，其中盐城、连云港、徐州总量位居前三位，分别为 525.4 亿元、464.3 亿元、413.8 亿元。淮安市累计实现

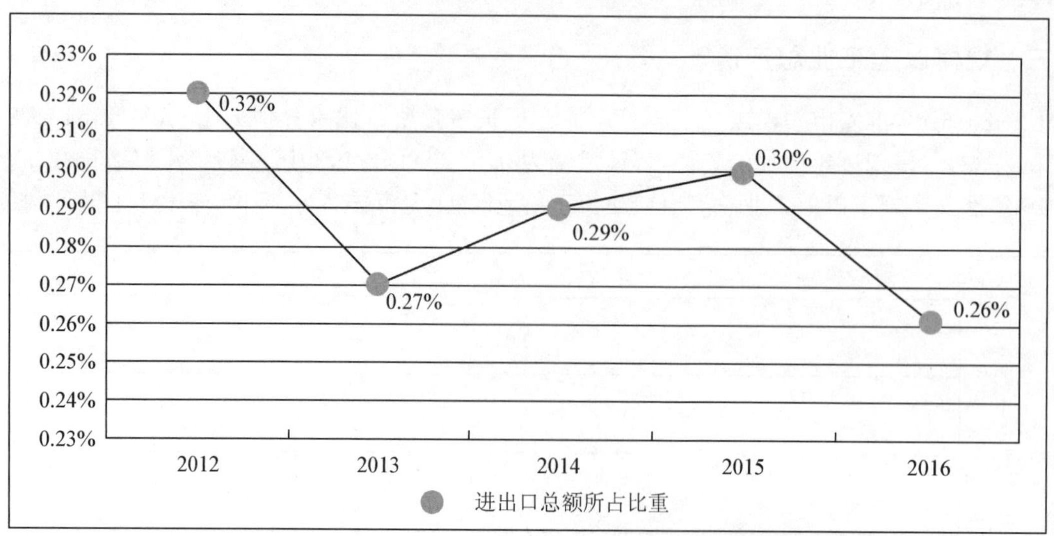

图7 2012—2016年淮安市进出口总额在泛长三角所占比重的变化趋势

外贸进出口总值231.2亿元人民币，同比下降9.8%，淮安市进出口总量仅高于宿迁市，位列苏北五市的第四位，进出口总量占苏北总量的12.9%，进出口增幅位列苏北五市的最后一位。

分县区来看，在淮安市各县区中，进出口总值增幅出现冷热不均，县区间差别较大。其中，工业园区、涟水县进出口总值增幅保持正增长，工业园区由于同期基数较小，在各县区中增幅最高，累计增幅为11.8%，涟水县增幅1.2%。洪泽区、盱眙县、淮阴区、开发区四个县区下降较大，同比下降超过20%，其他县区进出口累计增幅也出现不同程度下降。

从企业性质看，外商投资企业占据主导地位。2016年，全市外商投资企业进出口143.5亿元，下降4.2%，占同期淮安市进出口总值的62.1%，仍然占据主导地位。其中出口102.7亿元，下降1.7%；进口40.8亿元，下降10.2%。与此同时，民营企业则降幅较大，2016年淮安市民营企业进出口83亿元，下降14.2%，占35.9%。其中出口71.5亿元，下降9.8%；进口11.5亿元，下降34.4%。

（五）实际外商直接投资金额

2012—2016年，淮安市实际外商直接投资金额在泛长三角所占比重分别为2.92%、1.54%、

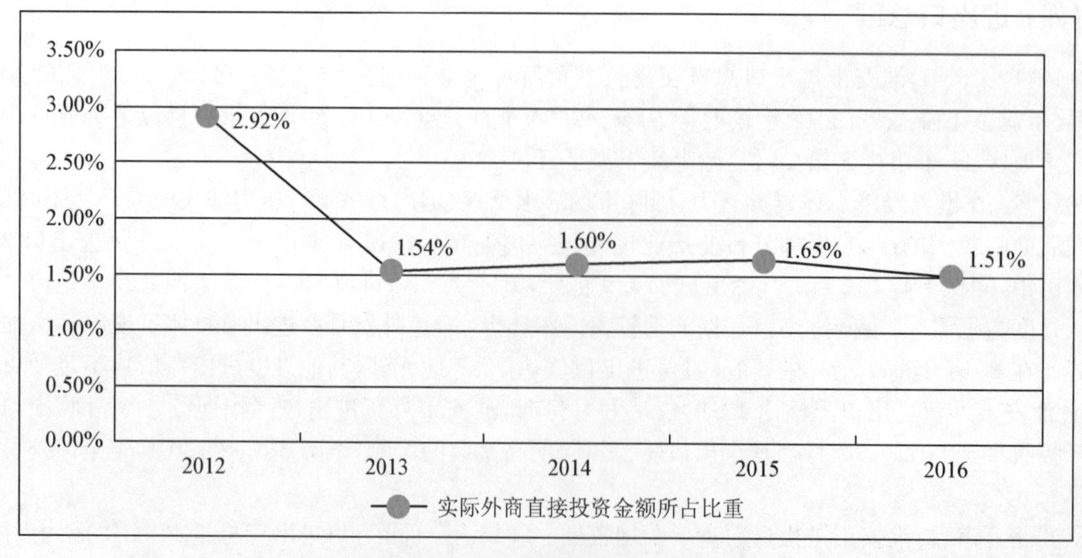

图8 2012—2016年淮安市实际外商直接投资金额在泛长三角所占比重的变化趋势

1.60%、1.65%和1.51%，2013年呈现大幅下跌的态势，2013年以来基本保持稳定，2016较上年下降了0.14个百分点，5年下降了1.41个百分点。2016年淮安市实际外商直接投资金额在泛长三角地区41个市排名第18位，较上年下降了两位。

2016年，外资外经加快发展。全年新批外资项目240个，协议外资28.58亿美元，到账外资11.6亿美元。新设立总投资1亿美元以上项目10个、3000万美元以上项目59个。新批伊弗特精密零部件、金俊装备工业和澳洋顺昌集成电路等一批重大外资项目，其中伊弗特精密零部件项目计划总投资1.55亿美元。完成外经营业额1.30亿美元，比上年增长24.4%。对外承包工程新签合同额1.25亿美元，增长近3倍。

十 盐城市 2016 年经济社会发展报告

2016 年，面对错综复杂的宏观经济形势，在市委、市政府的正确领导下，全市上下坚持稳中求进总基调，围绕“建设新盐城、发展上台阶”总定位，积极践行新发展理念，深入推进供给侧结构性改革，全市经济运行总体平稳、稳中有进，较好地完成了年初确定的目标任务，实现了“十三五”的良好开局。

一、盐城市 2016 年经济发展概况

（一）综合经济

1. 经济总量

2016 年，全市实现地区生产总值 4576.08 亿元，按可比价计算，比上年增长 8.9%；其中第一产业实现增加值 533.91 亿元，比上年增长 0.9%；第二产业实现增加值 2050.02 亿元，比上年增长 9.2%；第三产业实现增加值 1992.15 亿元，比上年增长 10.8%。产业结构持续优化。三次产业增加值比例调整为 11.7∶44.8∶43.5，二三产业比重比上年提高了 0.6 个百分点，人均地区生产总值达 63277 元（按 2016 年年平均汇率折算约 9526 美元），比上年增长 8.8%。

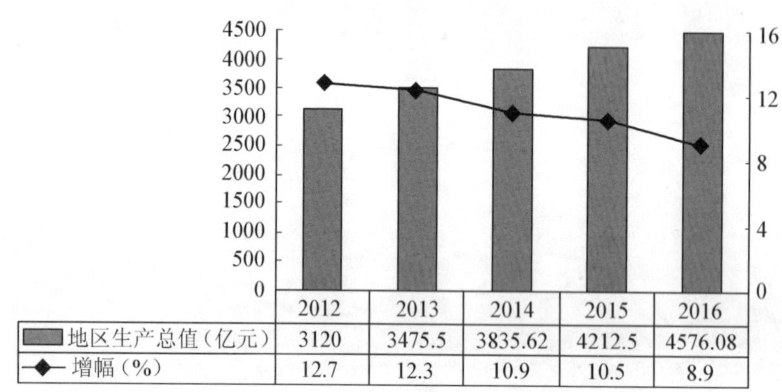

	2012	2013	2014	2015	2016
地区生产总值（亿元）	3120	3475.5	3835.62	4212.5	4576.08
增幅（%）	12.7	12.3	10.9	10.5	8.9

图 1 2012—2016 年盐城市地区生产总值及增长速度

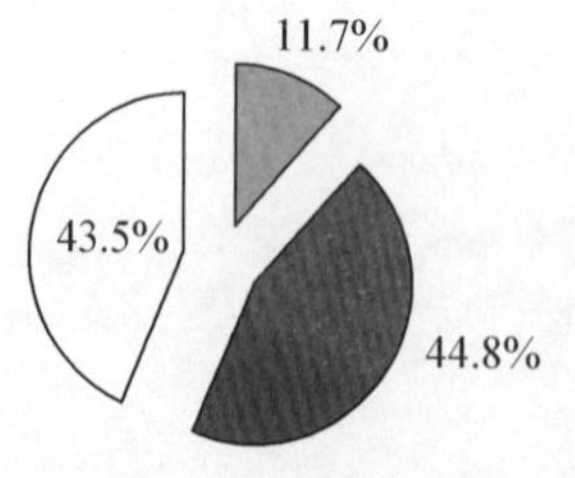

图 2 2016 年盐城市三次产业结构图

2. 财政收支

财政收支有所下降。2016 年，全市实现一般公共预算收入 415.2 亿元，比上年下降 2.7%，其中税收收入 324.7 亿元，比上年下降 2.3%，税收占一般公共预算收入的比重为 78.2%。主体税种保持稳定，实现营业税 109.7 亿元、增值税 69.4 亿元、企业所得税 25.4 亿元、个人所得税 14.0 亿元。财政惠民力度不断加大，2016 年全市一般公共预算支出 732.5 亿元，比上年下降 1.8%，其中用于民生保障 552.4 亿

元，占一般公共预算支出的75.4%。

3. 物价指数

物价水平温和上涨。2016年，市区居民消费价格总指数（CPI）同比上涨2.1%。八大类商品价格“四升一降三平”：食品烟酒类上涨4.5%，居住类上涨1.5%，医疗保健类上涨6.1%，其他用品和服务类上涨2.8%，生活用品及服务类下降0.4%，衣着类、交通和通信类、教育文化和娱乐类与上年持平。全市工业生产者出厂价格指数（PPI）同比上涨0.3%，工业生产者购进价格指数（IPI）同比下降0.3%。

4. 固定资产投资

投资结构更加优化。2016年，全市完成固定资产投资3882.8亿元，比上年增长15.2%，其中工业投资2292亿元，比上年增长14.4%。投资结构进一步优化，全市第一产业完成投资47.3亿元，比上年增长15.3%；第二产业完成投资2301.5亿元，比上年增长14.8%；第三产业完成投资1534亿元，比上年增长15.7%。民间投资2868.6亿元，比上年增长6.2%，低于投资增速9个百分点。

重点领域投资较快。2016年，全市民生行业投资保持较快增长。全市卫生和社会工作业实现投资29.8亿元，比上年增长9.3%；水利、环境和公共设施管理业实现投资335.9亿元，比上年增长26.2%；教育实现投资36.5亿元，比上年增长11.9%；居民服务、修理和其他服务业实现投资12.6亿元，比上年增长18%。全市基础设施投资732.5亿元，比上年增长30.1%，比全市固定资产投资增速高14.9个百分点，占全市固定资产投资的比重为18.9%，比上年提高2.2个百分点，拉动全部投资增长5个百分点，对全部投资增长的贡献率达33.1%。

新开工项目稳定增长。2016年，全市新开工项目4782个，比上年增加490个；新开工项目计划总投资2882亿元，比上年增长1.1%。亿元及以上新开工项目367个，其中5亿元以上51个、10亿元以上36个。新开工项目多数集中在制造业行业，其中通用设备制造业、纺织业、专用设备制造业等行业新开工项目数均在200个以上。

（二）农林牧渔业

农业生产稳中趋缓。2016年，全市实现农林牧渔业总产值1104.9亿元，可比价增长1.9%。粮食总产量十三年来首次出现下跌。全市粮食总产量达687.3万吨，比上年减少20.8万吨，下降2.9%；粮食播种面积1472.4万亩，比上年增加0.8万亩。粮食亩产466.8公斤，比上年减少14.4公斤。棉花播种面积14万亩，比上年减少27万亩，总产1.1万吨。全市油料作物播种面积120万亩，比上年减少17.7万亩，油料总产量24.3万吨。

农业机械化规模扩大。2016年，全市农机总动力678.4万千瓦。大中型拖拉机、联合收割机、水稻插秧机保有量分别达到27608台、25727台和23960台。全市联耕联种面积523.9万亩，完成还田面积919万亩，还田率77.2%，较上年增加5个百分点。2016年农机化作业收入58亿元。

农业现代化进程加快。2016年，全市累计新增设施农业16.3万亩，总规模213.9万亩，占全省设施农业总面积17%。全市拥有无公害农产品、绿色食品、有机农产品2360个，年内新增677个。全市拥有农业产业化龙头企业1661个，比上年增加49个；农民专业合作组织10402个，比上年增加799个。全市拥有家庭农场3801家，年内新增918家。农村劳动力109.9万人，新增培训人数7.8万人。

（三）工业和建筑业

工业生产总体平稳。2016年，全市规模以上工业企业实现总产值9205.8亿元，比上年增长8.3%，实现增加值2173.9亿元，比上年增长9.7%。其中轻、重工业分别比上年增长6.9%和11.1%。民营工业持续向好。2016年，全市民营企业实现增加值1547.4亿元，比上年增长10.4%，占规模以上工业比重71.2%。全市规模以上工业企业实现利润总额458.4亿元，比上年下降3%。全市工业用电量201.4亿千瓦时，比上年下降2.4%。

支柱产业稳定发展。2016 年，全市工业企业实现全口径开票销售 4631.5 亿元，比上年增长 14.3%，其中汽车、机械、纺织、化工四大传统支柱产业实现工业开票销售 3221.3 亿元，增长 10.2%，占工业总量的 69.6%。其中汽车产业实现开票 1170.7 亿元，比上年增长 12.7%，东风悦达起亚汽车公司销售汽车 65 万辆，比上年增长 5.5%。

高新技术产业加快发展。2016 年，全市高新技术产业企业 817 家，实现产值 3044.2 亿元，占全市规模以上工业产值的比重为 33.1%，比上年提高 4.4 个百分点。2016 年，高新技术产业产值对全市规模以上工业增长贡献率达 48.3%，比上年提高 7.9 个百分点。

建筑业稳步增长。2016 年，全市完成建筑业总产值 1422.7 亿元，比上年增长 5.9%，实现增加值 280.8 亿元，比上年增长 5.1%。2016 年，全市建筑企业房屋施工总面积 12729.7 万平方米，比上年增长 16.8%；房屋建筑竣工面积 4954.3 万平方米，比上年增长 15.2%，其中住宅竣工面积 3411.2 万平方米，比上年增长 13%。

（四）服务业

1. 国内贸易

消费市场保持平稳。2016 年，全市社会消费品零售总额完成 1630.9 亿元，比上年增长 11.1%。分城乡看，乡村消费增速领先城镇，全年城乡分别实现社会消费品零售总额 1545.3 亿元和 85.6 亿元，比上年增长 11.0%和 11.5%。分行业看，消费市场平稳增长。批发、零售、住宿、餐饮业分别实现零售额 198.9 亿元、1266.4 亿元、17.0 亿元和 148.7 亿元，比上年分别增长 10.7%、11.0%、11.6%和 11.8%。分规模看，限额以上零售额 618.5 亿元，比上年增长 9.9%；限额以下零售额 578.1 亿元，比上年增长 12.1%。

生活消费平稳增长。在限额以上批发和零售业主要经营类别中，文化办公用品类商品销售有所提高，电子出版物及音像制品类 0.6 亿元，比上年增长 27.7%；吃穿类消费平稳增长，粮油、食品类消费 72.0亿元，比上年增长 13.4%，饮料类 9.5 亿元，比上年增长 15%；住行类消费增速趋缓，建材家具类和家用电器类分别实现销售额 44.9 亿元和 68.3 亿元，比上年增长 6.7%和 16%。汽车销售市场普遍进入整合期。汽车类商品实现限上零售额 192.6 亿元，比上年增长 12.4%，较上年回落 3.1 个百分点。

2. 交通运输和邮电业

运输能力逐步增强。截至 2016 年底，全市共有公路总里程 19568 千米，其中国道 994 千米、省道 990 千米；拥有等级公路 19303 千米，其中高速公路 396 千米、一级公路 1393 千米、二级公路 2531 千米、三级公路 1517 千米、四级公路 13466 千米，等外公路 265 千米。“5+1”高速铁路网建设加快推进，盐徐高铁、盐宁高铁、连盐快铁进展顺利，协调推进盐通高铁提速。2016 年，全社会客运量 8415 万人，比上年增长 0.6%，客运周转量 82.0 亿人千米，比上年下降 0.3%；全社会货运量 15551 万吨，比上年下降 2.7%，货运周转量 412.9 亿吨千米，比上年增长 0.1%。全年保障航班 1.24 万架次，年旅客吞吐量 120.9 万人次，分别比上年增长 40.3%、41.9%，货邮吞吐量 5119.9 吨，比上年增长 70.3%。沿海港口货物吞吐量 7964 万吨，比上年增长 5.1%，其中外贸 2032.2 万吨，比上年增长 18.3%。

邮电业务平稳发展。2016 年，全市完成邮电业务总量 70.7 亿元，比上年增长 12.9%。邮政业务收入 15.2 亿元，比上年增长 22.6%，其中规模以上快递服务企业完成业务量 8560.49 万件，比上年增长 65.7%，实现业务收入 7.32 亿元，比上年增长 42.5%。电信业务收入 48.0 亿元，比上年增长 2.0%。

3. 旅游业

旅游业蓬勃发展。2016 年，全市共接待海内外游客 2580 万人次，比上年增长 13.1%，实现旅游外汇收入 6418.9 万美元，比上年增长 9.4%。景区建设进一步加快。盐城生态湿地旅游建设内容列入国务院公布的《国家“十三五”旅游发展规划》。东台市安丰镇荣获中国首批特色小镇。丹顶鹤湿地生态旅游区和黄海国家森林公园成功创建为国家 4A 级旅游景区。旅游市场日渐活跃。生态湿地游、民俗文化

游和乡村旅游成为新的旅游热点。成功举办2016中国盐城丹顶鹤国际湿地生态旅游节暨第九届海盐文化节旅游活动。

4. 金融和保险

信贷规模持续扩大。2016年，全市共有银行业金融机构43家，年内净增3家，其中新韩银行为苏北首家外资银行。金融机构年末本外币存款余额5471.0亿元，比上年末增长23.9%，其中住户存款2693.1亿元，比上年末增长12.0%。金融机构年末本外币贷款余额3718.4亿元，比上年末增长20.8%，其中中长期贷款1785.9亿元，比上年末增长2.2%。

保险业健康发展。2016年，全市拥有保险市场主体71家，其中市级财产险公司21家，寿险公司36家，保险专业中介一级法人机构14家。保险分支机构及营销网点701个，保险从业人员4.05万人。全市实现保费收入137.9亿元，比上年增长30.8%，其中财产险35.8亿元，比上年增长9.9%；人身险102.1亿元，比上年增长39.1%。全市各项赔偿和给付48.9亿元，比上年增长55.0%。

5. 房地产业

房地产库存周期缩短。2016年，全市房地产开发投资358.6亿元，比上年下降2.5%，增速同比回升0.7个百分点，其中住宅投资完成273亿元，比上年下降0.5%，增速同比回升0.3个百分点。商品房销售增势明显。2016年，全市实现商品房销售面积824.6万平方米，比上年增长17.6%，其中住宅751.3万平方米，比上年增长21.3%；商品房销售额433.7亿元，比上年增长27%，其中住宅销售额356亿元，比上年增长25.2%。全市商品房库存去化周期9.1个月，比上年缩短10个月。

（五）开放型经济

2016年，全市实现进出口总额79.5亿美元，比上年下降2.1%，其中出口47.4亿美元，比上年下降7.5%，进口32.1亿美元，比上年增长7.2%。新批利用外资项目150个，比上年增长2.7%，其中3000万美元以上项目48个，比上年增长26.3%。注册外资实际到账7.1亿美元，比上年下降11.1%。外资结构逐步优化。全市新批高新技术产业协议外资1.6亿美元、到账1.1亿美元，分别比上年增长26.5%和91%。

二、盐城市2016年社会发展概况

（一）人口、人民生活

人口总量保持稳定。2016年末，全市户籍人口830.5万人，比上年末增加2.5万人，其中城镇人口484.4万人，乡村人口346.1万人。全年人口出生率为11.02‰，死亡率为6.03‰，自然增长率为4.99‰。年末常住人口723.5万人，城镇化率61.6%，比上年提高1.5个百分点。

生活水平不断提高。2016年，全体居民人均可支配收入24463元，比上年增长9.1%。城镇常住居民人均可支配收入30496元，比上年增长8.1%；人均消费支出17546元，比上年增长6.1%。农村常住居民人均可支配收入17172元，比上年增长9.0%；人均生活消费支出13145元，比上年增长11.2%。

（二）就业、社会保障

城镇就业基本稳定。2016年末，全市从业人员446万人，比上年增加0.3万人，其中第一产业从业人员110.2万人，第二产业从业人员159.8万人，第三产业从业人员176万人。新增城镇就业人员11.1万人。城镇登记失业率保持1.85%的较低水平。

社会保障日臻完善。2016年，全市城乡居民大病保险实现全覆盖，建立困难群众保障援助和市区困难群众托底救助制度，全年累计发放特困人员救助供养金2.2亿元。托底救助总支出5800余万元，10.7万低收入人口完成脱贫。年内新开工各类保障性住房15271套，基本建成17074套。全市建有公

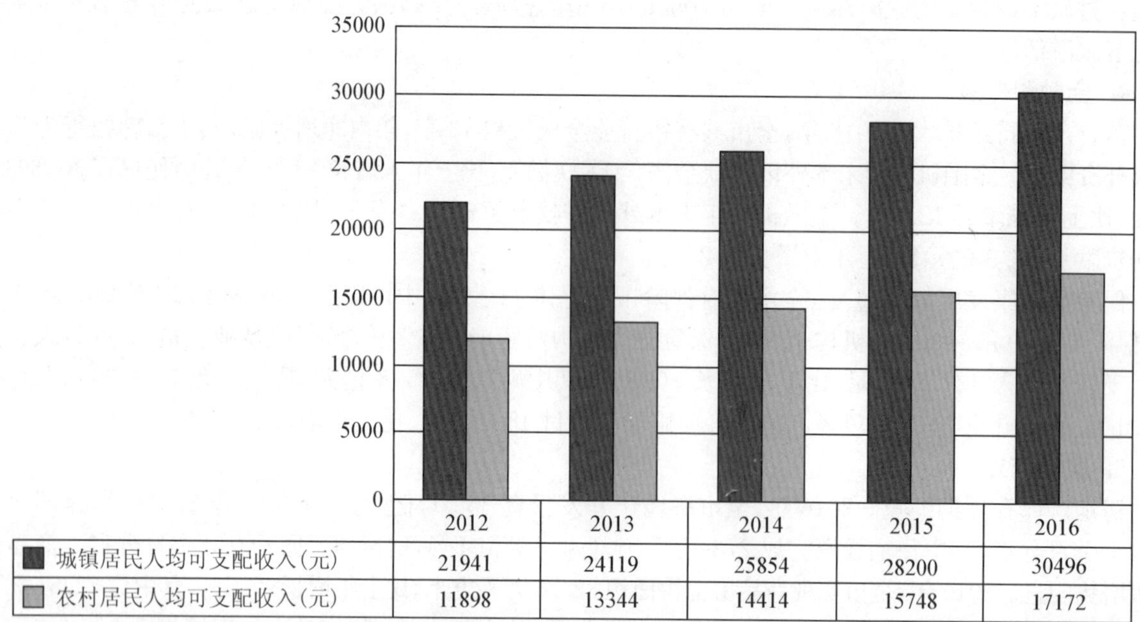

图 3 2012—2016 年盐城市城乡居民收入对比一览

办养老机构 156 家，民办养老机构 97 家，城乡标准化社区居家养老服务中心 280 个。每千名老人拥有养老床位数 38 张。大市区城乡社区居家养老信息化平台实现全覆盖，农村敬老院改造全部达到省定标准。

(三) 教育与科学技术

1. 教育

教育事业协调发展。2016 年，全市共有普通高校 6 所，招生 1.8 万人，在校生 7 万人，毕业生 1.7 万人；普通中专 5 所，在校生 2.1 万人；职业高中 10 所，在校生 2.5 万人；普通中学 277 所，在校生 27.0 万人；小学 329 所，在校生 45.0 万人。全市初中毕业生升学率 97%，在校生年巩固率 99.6%；小学毕业生升学率 94.4%，在校生年巩固率 99.8%。学龄儿童入学率 100%。幼儿园在园幼儿 22.8 万人，学前三年幼儿入园率为 98.4%。全市共有教职工 8.7 万人，其中专任教师 7.3 万人。

2. 科技

创新能力不断增强。2016 年，全市科技研发投入占地区生产总值的比重为 1.9%，科技进步贡献率 53.8%。全市拥有高新技术企业 532 家，新增 148 家。新认定省级以上研发机构 37 家，新获批国家、省级众创空间各 7 家。全年申请专利 25926 件，比上年增长 25.1%，其中发明专利 4826 件，比上年增长 47.2%；授权专利 7533 件，其中发明专利 768 件，比上年增长 5.6% 和 94.4%；有效发明专利拥有量 2520 件，比上年增长 50.8%。

(四) 文化、卫生与体育

1. 文化事业

文化建设成果丰硕。文化惠民工程扎实推进。深入开展文化“三送”工程，年内完成送戏 1200 余场，送书 17 万册，送电影 23000 多场。文化场馆建设彰显历史文化底蕴，形成地域独特的文化标识。年内完成了新四军纪念馆、市博物馆、水浒文化博物馆、市文化馆内部设施的改造提升。文化惠民系列活动被省委宣传部、省文化厅评为省首批“百千万”工程优秀文化品牌项目。现代淮剧《小镇》获中国舞台艺术政府最高奖（文华大奖）、《烽烟桃花飞》获第三届江苏文化艺术节优秀剧目奖。东方 1 号文化创意

产业园获省重点示范园区称号，2 人获省双创人才。

2. 卫生事业

卫生体系更加健全。2016 年，全市拥有卫生计生机构 3233 个，其中医院 151 个，基层医疗卫生机构 2931 个，卫生监督机构 10 个，妇幼卫生机构 10 个。各类卫生机构拥有床位 3.9 万张，在岗职工 5 万人，其中执业（助理）医师 1.8 万人，注册护士 1.5 万人。

3. 体育事业

体育事业健康发展。2016 年，盐城市成功举（承）办了沿海湿地国际公路自行车赛等 6 项国际赛事，4 项全国赛事和 10 项全省青少年赛事。广泛开展全民健身活动和群众体育活动，在全省率先实现公共体育服务体系示范区全覆盖。"10 分钟体育健身圈"不断完善，至 2016 年底，全市建成各类健身步道 674.2 千米。继续加大社会体育指导员培训力度，2016 年拥有社会体育指导员 26027 人。青少年校园足球活动蓬勃开展，全市共有国家青少年足球特色学校 46 所。

（五）城乡建设

城乡建设成效显著。2016 年，市区"一环五射"内环高架快速路网 54.6 千米全面建成通车，年度完成投资 34.3 亿元。市区新辟公交线路 19 条，新增公交车 200 辆，优化调整 15 条公交线路。新农村公共服务体系逐步健全，全市新增 22 个乡镇开通镇村公交，全市村通公路实现全覆盖。区域供水镇 95 个，解决 343 万人安全饮水问题。建成城镇污水处理厂 92 座，城市（县城）污水处理率超 80%，建制镇污水处理设施覆盖率 95%。城乡垃圾无害化处理率达 70.9%。

（六）生态环境建设

生态环境持续改善。绿色发展继续成为盐城鲜明特色。2016 年，全市实施大面积国土绿化行动，全面启动森林城市、森林小镇和森林村庄规划建设，推进沿海百万亩生态防护林工程建设，规划新建成片生态防护林 40 万亩，提升改造现有成片防护林 60 万亩。积极推动绿色盐城建设，新增绿化造林 8.8 万亩，林木覆盖率达 26.3%。整治城乡环境，开展城乡河道综合整治行动，实施通榆河沿线环境专项整治。2016 年，全市空气质量持续保持全省第一、全国前列，优良率达 77.9%，PM2.5 平均浓度 43 微克/立方米，被誉为全国 18 座"洗肺城市"之一。

三、盐城市在泛长三角地区经济发展中的地位

2016 年，在市委、市政府的正确领导下，全市上下坚持稳中求进总基调，自觉践行发展新理念，主动适应经济新常态，经济总体呈现"运行平稳、结构优化、质量提升、民生改善"的态势，基本达到年初确定的目标任务，实现了"十三五"发展的良好开局。

（一）地区生产总值

2012—2016 年盐城市地区生产总值在泛长三角所占比重分别为 2.43%、2.49%、2.52%、2.59%和 2.56%，整体呈增长趋势，五年累计增加了 0.13 个百分点，2016 年比上年减少了 0.03 个百分点。2016 年盐城市地区生产总值在泛长三角地区 41 个市位居第 13 位。

2016 年，全市实现地区生总值 4576 亿元，增长 8.9%，全年一直稳定在 9%左右，增速比全省、全国分别高 1.1 和 2.2 个百分点。城镇新增就业人数 11 万人，完成计划的 123%，城镇登记失业率 1.85%，实现 4%以内的预期目标，全市居民消费价格总水平累计平均比上年上涨 2.1%，比年初确定的价格调控目标低 0.9 个百分点。从横向比较看，增长势头总体好于全省。11 项考核指标，9 项增速高于全省，3 项增速全省前列。其中全口径工业开票增速全省第二，服务业增加值和固定资产投资增速全省第三，农民人均纯收入增速仍在全省前列。

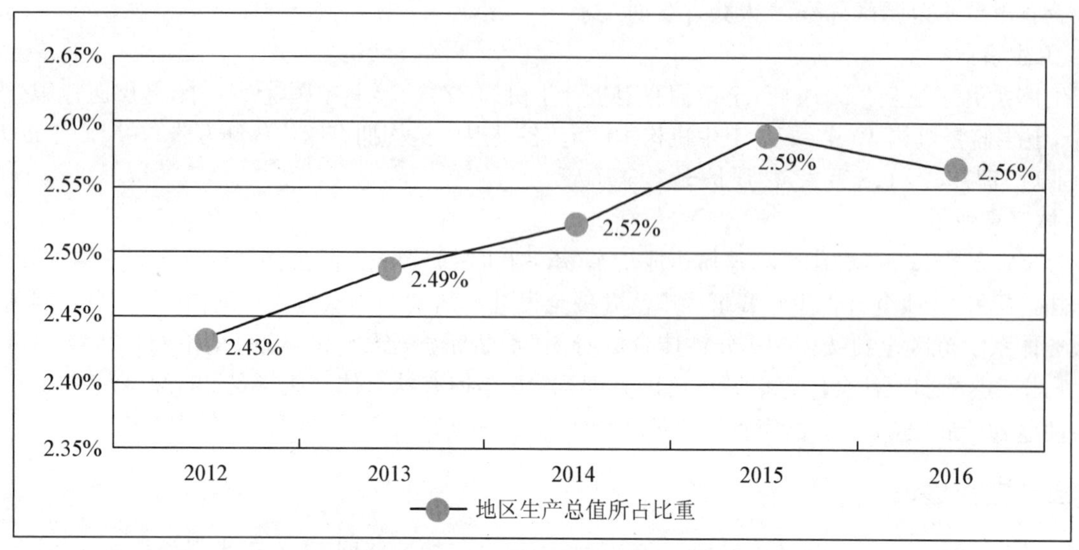

图 4　2012—2016 年盐城市地区生产总值在泛长三角
（苏浙两省 24 个地级市、安徽 16 个地级市和上海市，下同）所占比重的变化趋势

产业结构加快调整。2016 年，全市三次产业结构由上年的 12.3∶45.7∶42 调整为 11.7∶44.8∶43.5，第三产业占 GDP 比重提升 1.5 个百分点。战略性新兴产业主营业务收入 2600 亿元，增长 20.7%。节能环保科技城开票销售增长 8.3%，智能终端产业园落户亿元项目 30 个。

2016 年，沿海三市经济保持平稳增长，增长态势好于全省，南通经济总量和增速均处于沿海三市之首。全年沿海三市实现地区生产总值 13720.8 亿元，增长 8.9%，高于全省平均水平 1.1 个百分点。从总量看，南通实现地区生产总值 6768.2 亿元，居全省第四、沿海三市之首；盐城实现 4576.1 亿元，居全省第七、沿海三市第二；连云港实现 2376.5 亿元，居全省第十二。从增速看，南通地区生产总值同比增长 9.3%，居全省第三、沿海三市之首；盐城增长 8.9%，居全省第七、沿海三市第二；连云港增长 7.8%，居全省第十一。

节能降耗成效明显。今年前三季度，全省单位 GDP 能耗下降率为 3.84%，未能达到全国 5.2% 的降幅平均水平。其中，下降幅度 5%—7%的有 5 个市，3%—5%的有 5 个市，无锡、扬州、宿迁亮红灯预警，南京和南通为黄灯预警。盐城单位 GDP 能耗下降率为 6%，降幅排全省前列，超过全国平均水平。

生态建设不断加快。实施大面积国土绿化行动，全面启动森林城市、森林小镇和森林村庄规划建设，推进沿海百万亩生态防护林工程，规划新建成片生态防护林 40 万亩，提升改造现有成片生态防护林 60 万亩。全市空气质量持续保持全省第一、全国前列，优良率达 77.9%，PM2.5 平均浓度 43 微克/立方米，被人民网等媒体再次列为全国 18 座“洗肺城市”之一，绿色发展成为盐城鲜明特征。

（二）地方财政一般预算收入

2012—2016 年盐城市地方财政一般预算收入在泛长三角所占比重分别为 2.25%、2.26%、2.46%、2.45%和 1.95%，保持整体下降的态势，累计跌幅为 0.30 个百分点，2016 年较上年减少了 0.50 个百分点。2016 年盐城市地方财政一般预算收入在泛长三角地区 41 个市中的排名达到第 12 位，较上年下降了两位。

2016 年，市本级实现一般公共预算收入 67.73 亿元、政府性基金收入 57.84 亿元、国有资本经营收入 1.44 亿元、社会保险基金收入 47.14 亿元，分别完成调整预算的 104.85%、115.53%、106.22%和 107.60%；完成一般公共预算支出 110.84 亿元、政府性基金支出 58.28 亿元、国有资本经营支出 1.26 亿

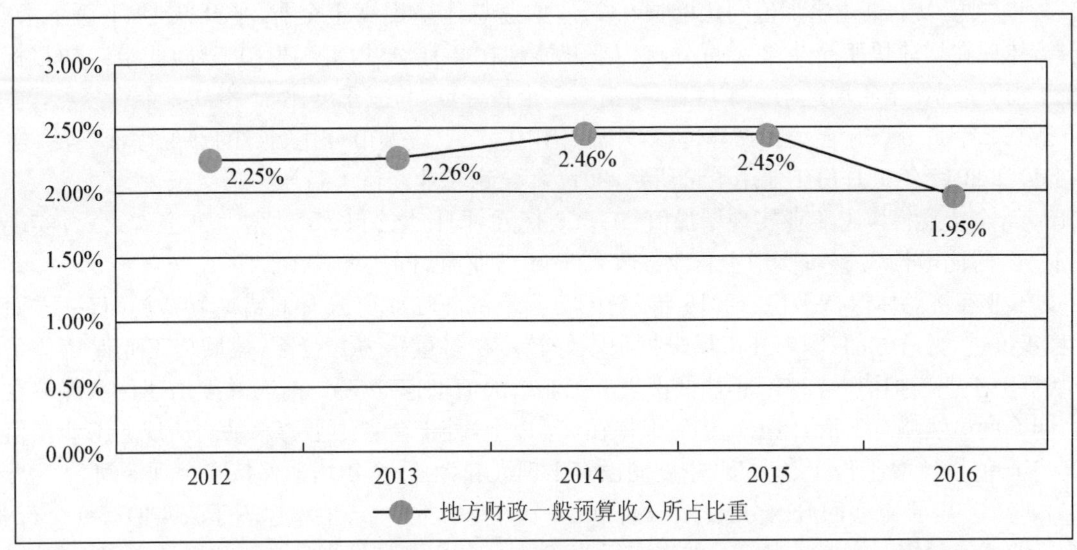

图 5　2012—2016 年盐城市地方财政一般预算收入在泛长三角所占比重的变化趋势

元、社会保险基金支出 42.49 亿元，分别完成调整预算的 93.12%、77.58%、96.81%和 100.10%。

2016 年，受营改增影响，沿海三市财政收入增速出现较大回落，南通一般公共预算收入与 2015 年相比略有增加，连云港下降较为明显。全年沿海三市共实现一般公共预算收入 1216.8 亿元，同口径相比下降 5.0%，比全省平均水平低 10 个百分点。从总量看，南通实现一般公共预算收入 590.2 亿元，居全省第四、沿海三市之首；盐城实现 415.2 亿元，居全省第七、沿海三市第二；连云港实现 211.5 亿元，总量全省垫底。从增速看，南通一般公共预算收入同口径增长 0.5%，居全省第十、沿海三市之首；盐城同口相比下降 2.7%，居全省第十二；连云港同口径相比下降 20.9%，增速全省垫底。

（三）规模以上工业总产值

2012—2016 年盐城市规模以上工业总产值在泛长三角所占比重分别为 2.34%、2.47%、2.61%、2.90%和 3.08%，整体呈增长的态势下，持续上涨，2016 年较上年增幅为 0.18 个百分点。2016 年盐城市规模以上工业总产值在泛长三角地区 41 个市中排在第 14 位，较上年上升了一位。

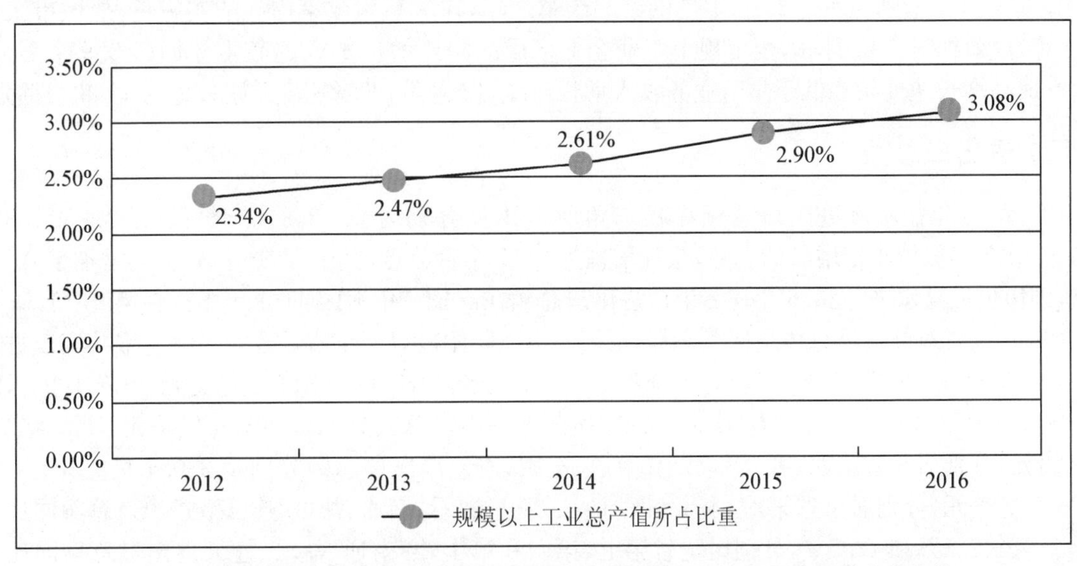

图 6　2012—2016 年盐城市规模以上工业总产值在泛长三角所占比重的变化趋势

2016 年，规模以上工业增加值同比增长 9.7%，增速总体呈现高于全省、平开低走、平缓下滑态势。高于全省，体现在增速快于全省 2 个百分点。平开体现在 2 月份开局增速 10.5%，低于年初目标。低走、平缓下滑，体现在全年增速与一季度比，下滑 0.7 个百分点，与三季度比，下滑 0.3 个百分点，与 11 月份比，下滑 0.2 个百分点。在美元强势、资本外流、国内一二三线城市分化明显的宏观背景下，结合 2016 年全年走势和 2017 年 1 月份工业用电量研判，2017 年全市工业经济下行压力仍然很大。

2016 年，全市规模以上工业实现增加值 2173.9 亿元，同比增长 9.7%，增速列全省第六；实现产值 9205.7 亿元，同比增长 8.3%；实现主营业务收入 8809.6 亿元，同比增长 10.2%。

（一）工业经济总体保持平稳。2016 年，全市工业经济面临前所未有的错综复杂局面，一方面市各项改革稳步推进，另一方面，国内外市场未见根本好转。在多重压力并行下，盐城市工业保持住了总体平稳。从规上工业增加值看，2016 年盐城市规上工业增加值增速 9.7%，前三季度增速位次保持在全省前四名，四季度虽然略有下滑，但增速仍然保持在 9%以上，处于全省中上游水平。从规上工业产值数据看，2016 年产值累计增速 8.3%，月度、季度间没有出现大起大落，全年增速保持在合理区间。

（二）汽车产业贡献率回升。分行业看，全市 34 个行业大类中，产值增速高于去年的有 9 个行业，其余 25 个行业增速放缓。产值排名第一的汽车行业，2016 年 1—2 月份当月产值和累计产值均负增长，全市工业经济保稳压力巨大。在一系列政策措施的激励下，下半年汽车产业走出低谷，三、四季度盐城市汽车行业产销持续回升，全年汽车业实现产值 1306.8 亿元，同比增长 5.3%，比三季度提高 3.1 个百分点，比二季度（−2.6%）提高 7.9 个百分点，汽车业对全市产值增长的贡献率由负转正。

（三）转型升级稳步推进。2016 年，在工业步伐整体放缓的大背景下，盐城市新行业、新经济、符合消费转型升级的新成品成长加快。规模以上工业中，医药制造业增长 17.8%，电子及通信设备制造业增长 16.5%，仪器仪表制造业增长 21.2%，智能装备制造业增长 10.6%，远远超出规模以上工业总产值增速。从产品看，坚果及水果加工产值增长 161.1%、精制茶加工产值增长 127.1%、医疗仪器设备及器械制造增长 60.3%、广播电视接收设备及器材制造增长 46.8%。这些细分行业大多属于高技术、装备制造类、消费品类产品，是工业结构转型升级的主要发展方向。从高耗能行业看，2016 年，盐城市高耗能行业有萎缩趋势。全年规模以上工业中高耗能行业产值 3160.4 亿元，同比增长 6.0%，增速低于规上工业总产值 2.3 个百分点，7 个高耗能行业中造纸业、纺织业、黑色金属冶炼及压延业下降幅度较大，其中造纸业列入负增长行列。高耗能产值占规上工业总产值的比重为 34.3%，占比较 2015 年下降 1.9 个百分点。

（四）库存压力有所缓解。2016 年是供给侧改革之年，在一系列政策措施的实施下，盐城市工业企业“去库存”成效初显。12 月底，全市规上工业企业产成品同比增长 4.2%，较上年回落 3.9 个百分点，且年内产成品增长速度始终低于主营业务收入增长速度，12 月份，两者速度差距拉大为 11.8 个百分点。

（四）进出口总额

2012—2016 年盐城市进出口总额在长三角所占比重分别为 0.43%、0.48%、0.52%、0.58%和 0.60%，连续多年保持小幅增长的态势，累计增幅为 0.17 个百分点，其中，2016 年较上年增加了 0.02 个百分点，创历史最高水平。2016 年连云港市进出口总额在泛长三角地区 41 个市中排在第 21 位。

2016 年，全省对外贸易总体呈回落态势，沿海三市下降幅度好于全省。全年沿海三市共实现进出口总额 458.5 亿美元，下降 4.0%，降幅好于全省 2.6 个百分点；出口总额 314.3 亿美元，下降 1.8%，降幅好于全省 3.9 个百分点。从总量看，南通、盐城、连云港进出口总额分别是 308.6 亿美元、79.5 亿美元、70.4 亿美元，分别居全省第四、第九和第十；南通、盐城、连云港出口总额分别是 230.1 亿美元、47.4 亿美元、36.8 亿美元，分别居全省第六、第十和第十一。从增速看，南通、盐城、连云港进出口总额同比分别下降了 2.3%、2.1%和 12.5%，分别居全省第七、第六和第十二；南通、盐城、连云港出口总额同比分别增长了 0.8%、下降了 7.5%和 9.3%，分别居全省第六、第十和第十一。

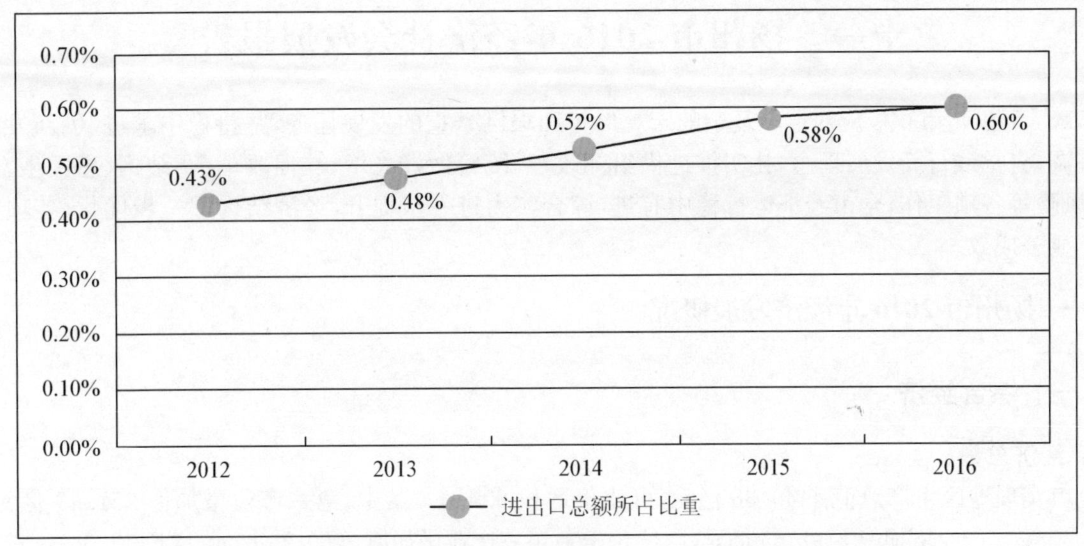

图 7　2012—2016 年盐城市进出口总额在泛长三角所占比重的变化趋势

(五) 实际外商直接投资金额

2012—2016 年盐城市进出口总额在泛长三角所占比重分别为 2.90%、2.07%、1.40%、1.08%和 0.92%，整体呈下跌态势，五年跌幅为 1.98 个百分点，2016 年较 2015 年下降了 0.16 个百分点。2016 年盐城市进出口总额在泛长三角地区 41 个市中排在第 25 位，下降了一位。

图 8　2012—2016 年盐城市实际外商直接投资金额在泛长三角所占比重的变化趋势

2016 年，盐城市新增外商投资企业 179 户，比上年增长 20.13%，投资总额 31.31 亿美元，注册资本 17.66 亿美元，其中外商认缴 15 亿美元，分别比上年增长 104.59%、153.35%、136.94%。截至 2016 年末，全市实有外资企业 2305 户。

十一　扬州市 2016 年经济社会发展报告

2016 年，扬州市积极应对严峻复杂的宏观形势和艰巨繁重的发展任务，坚持稳中求进、创新发展的工作基调，自觉践行新发展理念，扎实推进供给侧改革，统筹做好稳增长、促改革、调结构、惠民生、优生态、防风险等各项工作，全市经济运行稳中有进，综合实力进一步提升，经济结构进一步优化，各项事业取得了显著成效。

一、扬州市 2016 年经济发展概况

（一）综合经济

1. 经济总量

全市实现地区生产总值 4449.38 亿元，可比价增长 9.4%。其中，第一产业增加值 251.49 亿元，增长 0.1%；第二产业增加值 2197.63 亿元，增长 8.3%；第三产业增加值 2000.26 亿元，增长 12.0%。三次产业结构由上年的 6.0∶50.1∶43.9 调整为 5.6∶49.4∶45.0。人均地区生产总值 99150 元，增长 9.2%。

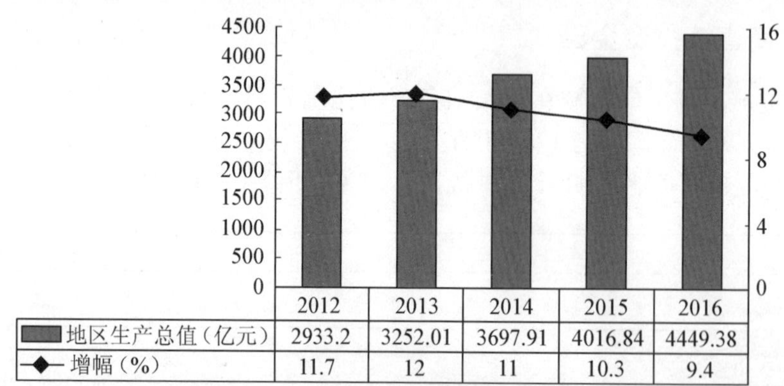

图 1　2012—2016 年扬州市地区生产总值及增长速度

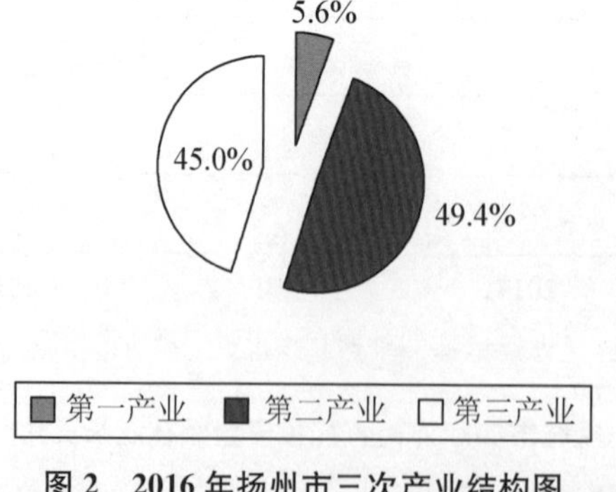

图 2　2016 年扬州市三次产业结构图

2. 财政收支

全市一般公共预算收入 345.30 亿元，增长 2.5%，其中，税收收入 267.16 亿元，下降 2.7%。主体税种中，增值税、营业税、企业所得税、个人所得税合计完成 168.70 亿元，下降 5.1%。其中，增值税 79.96 亿元，增长 87.5%；营业税 50.70 亿元，下降 49.8%；企业所得税 27.85 亿元，增长 11.4%；个人所得税 10.19 亿元，增长 10.7%。

全市一般公共预算支出 484.25 亿元，增长 11.2%，其中一般公共服务支出 59.32 亿元，增长 9.1%；

教育支出84.92亿元，增长13.3%；科学技术支出13.06亿元，增长1.0%；社会保障和就业支出39.28亿元，增长17.6%；医疗卫生与计划生育支出38.53亿元，增长18.2%；节能环保支出21.20亿元，增长45.4%。

3. 物价指数

市场物价温和上涨，全年居民消费品价格指数为102.4。其中，消费品价格上涨1.7%，服务项目价格上涨3.4%。构成居民消费品价格指数的八大类指数分别是：食品烟酒类104.0、衣着类101.9、居住类100.6、生活用品及服务类101.5、交通和通信类98.5、教育文化和娱乐类101.8、医疗保健类110.9、其他用品和服务类102.1。商品零售价格总指数为100.5。

4. 固定资产投资

全市完成固定资产投资3288.68亿元，增长15.3%，其中，建设项目投资2878.51亿元，增长16.1%；房地产开发投资410.18亿元，增长8.5%。从产业来看，第一产业投资16.84亿元，增长4.3%；第二产业投资1714.93亿元，增长13.5%；第三产业投资1556.91亿元，增长17.1%。一、二、三产业投资占全部投资的比重为0.5∶52.2∶47.3。

市级重大项目建设有序推进，347个市级重大项目完成投资1489亿元，48个市级政府投资项目完成投资58.6亿元。新开工重大产业项目136个，其中，工业项目54个、服务业项目50个、农业项目32个。

基础设施建设加快推进，宁启铁路开启动车。连淮扬镇铁路扬州站站场开工建设。扬宿高速、江广高速扩容全线施工。邗江南路全线通车，城市南部快速通道、金湾路、S611等加快推进。西区新城、生态科技新城、广陵新城建设明显提速。完成国庆路南段、渡江路等骨干道路整治。

（二）农业

全年粮食播种面积628.3万亩，总产300.3万吨，继"十二连增"后首次出现下降。生猪出栏128.5万头，下降3.2%。家禽出栏4315万只，增长3.1%。年末生猪存栏70.5万头，下降3.1%。家禽存栏1443万只，下降1.4%。肉类总产量18万吨，下降0.8%。实现农林牧渔业总产值478.8亿元，增长4%。

全市水产养殖面积119万亩，比上年扩大1万亩。特种水产养殖面积105万亩，同比扩大1万亩。实现水产品产量40万吨，比上年增加0.5万吨。

全市种植面积在100亩以上的家庭农场2703个，其中列入名录的家庭农场有454个，经营面积9.4万亩。全市各级农业龙头企业达415家，其中国家级4家，省级50家，市级148家，县级213家。市级以上农（渔）业园区54家，其中：国家级1家、省级8家、市级45家。新建高标准农田20.45万亩，设施农（渔）业13.93万亩，农业机械化水平85.1%。

（三）工业和建筑业

全市2707家规模以上工业企业完成总产值10099.6亿元，增长7.5%，工业增加值增长9.2%。产值过亿元的工业企业1489家，比上年增加26家，占全部规上企业的55.0%。亿元企业完成产值9542亿元，占全市规模以上工业的94.5%。其中完成产值100亿元以上的企业9家，50—100亿元的10家，30—50亿元的23家，10—30亿元的132家，5—10亿元的255家，1—5亿元的1060家。

新兴产业完成产值4404.6亿元，增长10.3%。"三新"产业完成产值1623.7亿元，占全市的16.1%，增长7.1%，其中，114家新材料企业完成产值839.8亿元，增长7.8%；78家新光源企业完成产值322.7亿元，增长7.7%；58家新能源企业完成产值461.2亿元，增长5.4%。

五个千亿级产业累计完成产值6815.4亿元，增长6.8%，其中，汽车产业1326.1亿元，增长11.2%；机械装备产业3521.6亿元，增长6.6%；新能源和新光源产业783.9亿元，增长6.3%；石化产业1033.6

亿元，增长 6.0%；船舶产业 257.4 亿元，下降 1.4%。

规模以上工业企业实现主营业务收入 9603.1 亿元，增长 6.6%；实现利润 603 亿元，增长 2.5%。

全社会用电量 225.37 亿千瓦时，增长 6.6%。第一产业用电量 4.73 亿千瓦时，增长 15.7%；第二产业 159.08 亿千瓦时，增长 2.7%，其中，工业用电 156.6 亿千瓦时，增长 2.7%；第三产业 27.15 亿千瓦时，增长 15.9%；城乡居民生活用电 34.41 亿千瓦时，增长 18.1%。

全市实现建筑业总产值 3346.5 亿元，增长 5.7%；建筑业增加值 272.30 亿元，增长 3.5%。房屋建筑施工面积 26807.9 万平方米，增长 6%，其中新开工面积 10853.6 万平方米，增长 8.5%；竣工产值 2867.4 亿元，增长 4.2%；竣工面积 10094.7 万平方米，下降 4.9%。

（四）服务业

1. 国内贸易

全市社会消费品零售总额 1358.80 亿元，增长 9.9%，其中，批发业 172 亿元，增长 3.3%；零售业 1029.38 亿元，增长 10.7%；住宿业 22.02 亿元，增长 15.2%；餐饮业 135.40 亿元，增长 11.7%。城镇消费品零售额 1260.86 亿元，增长 9.8%；乡村消费品零售额 97.94 亿元，增长 9.9%。

限额以上批发和零售企业中，粮油、食品类零售额 29.17 亿元，增长 9%；饮料类零售额 3.27 亿元，增长 4.6%；烟酒类零售额 11.23 亿元，增长 3.3%；服装、鞋帽、纺织品类零售额 36.11 亿元，增长2.7%；日用品类零售额 12.68 亿元，增长 12%；家用电器和音像器材类零售额 34 亿元，增长 7.8%；中西药品类零售额 43.63 亿元，增长 9.1%；建筑及装潢材料类零售额 9.53 亿元，增长 16%；汽车类零售额 157.14 亿元，增长 7.2%。

2. 交通运输和邮电

全市货运总量和货物周转量分别完成 1.23 亿吨和 357.75 亿吨千米，分别增长 1.3%、5.3%。客运量和旅客周转量完成 3852.2 万人和 32.23 亿人千米，分别下降 7.4%、7.7%。港口货物吞吐量 12159.7 万吨，增长 10.3%；集装箱吞吐量 51.4 万标箱，下降 17.1%。扬州泰州机场升级为国际机场，全年旅客吞吐量 143.7 万人次，增长 65.2%，货邮吞吐量 7714.9 吨，增长 25%。新开辟国际航线 5 条，累计开通航线 34 条，其中国内 21 条，国际/地区 10 条，平均客座率 83.25%，总起降架次 36010 架次，其中运输架次 13010 架次。

年末全市公路里程 9546.36 千米，年末高速公路里程 270.91 千米。

全市邮政通讯业务收入 61.2 亿元，增长 7.6%。其中，通讯业务收入 42 亿元，增长 3.9%；邮政业务收入 19.2 亿元，增长 16.7%。年末电话用户 614.01 万户，增长 1.7%，其中移动电话用户 506.88 万户，增长 3.7%。互联网宽带接入用户 139.25 万户，增长 13.9%。

3. 金融、保险和证券

年末人民币存款余额 5361.55 亿元，比年初增加 642.15 亿元，增长 13.6%，其中，住户存款余额 2560.98 亿元，比年初增加 184.29 亿元。人民币贷款余额 3508.13 亿元，比年初增加 411.63 亿元，增长 13.3%。其中，中长期贷款余额 1822.67 亿元，比年初增加 421.75 亿元；个人消费贷款 837.40 亿元，比年初增加 171.89 亿元。

全市各类保险机构实现保费收入 148.36 亿元，增长 20.5%。其中，财产险保费收入 33.42 亿元，增长 6.8%；人身险保费收入 114.94 亿元，增长 25.1%。保险赔款总支出 23.31 亿元，增长 24.2%，其中财产险支出 20.43 亿元，增长 28.7%；人身险支出 2.88 亿元，下降 0.6%。

全市证券公司营业部累计开户 55.67 万户，比上年增加 8.96 万户。证券交易额 11724.82 亿元，比上年减少 7078.35 亿元，其中股票交易额 9325.35 亿元，比上年减少 7041.37 亿元，占交易额的79.54%；基金交易额 312.32 亿元，比上年减少 183.13 亿元，占交易额的 2.66%。新增苏奥传感、罗思韦尔、金世纪车轮 3 家上市公司，累计融资 10.59 亿元。全市累计拥有境内外上市公司 14 家。

4. 旅游业

全市旅游总收入691.39亿元，增长15.1%。全年接待入境过夜游客5.86万人次，增长14.3%。旅游外汇收入6280万美元，增长12.4%。主要封闭式景区接待游客1042.54万人次，增长14.6%。全市拥有国家A级景区37家，其中5A级1家、4A级10家、3A级13家。省星级乡村旅游区(点)48家，其中四星级16家。共有星级饭店48家，其中五星级4家、四星级13家。星级饭店客房出租率67.55%。旅行社138家，其中出境游组团社7家。

5. 房地产业

全市房地产开发投资410.18亿元，增长8.5%，其中，住宅投资289.28亿元，下降3.1%；商业营业用房投资75.80亿元，增长73.9%；办公楼投资12.98亿元，下降0.1%；其他用房投资32.11亿元，增长39.1%。商品房施工面积2752.89万平方米，增长1%，其中，新开工面积709.14万平方米，增长12.6%；商品房竣工面积731.88万平方米，增长13.7%；商品房销售面积734.76万平方米，增长15.1%。

（五）开放型经济

1. 对外贸易

全市进出口总额96.25亿美元，下降6.9%，其中，出口72.59亿美元，下降5.9%；进口23.66亿美元，下降9.9%。从贸易方式看，一般贸易出口51.18亿美元，下降3.4%；加工贸易出口16.9亿美元，下降20.4%。从贸易市场看，美国出口17.66亿美元，下降1.1%；欧盟出口15.78亿美元，下降3.7%；东盟出口6.40亿美元，增长4.9%；香港出口6.65亿美元，增长12.4%；拉丁美洲出口4.72亿美元，下降14.9%。

2. 利用外资

全市外资实际到账12.04亿美元，增长41.9%。新批准项目70个，协议外资13.21亿美元。全市完成外经营业额8.19亿美元，增长11%；全年备案境外投资项目49个，中方协议投资额5.77亿美元，增长48.5%。

二、扬州市2016年社会发展概况

（一）人口、人民生活

年末全市户籍总人口461.67万人，比上年末增加5431人。全市登记出生人口4.00万人，出生率8.66‰；死亡人口3.11万人，死亡率6.74‰。人口自然增长率为1.92‰。年末市区户籍总人口为232.47万人，增长0.24%。年末全市常住人口449.14万人，常住人口城镇化率为64.40%，比上年提高1.61个百分点。

全体居民人均可支配收入28633元，增长9.1%，其中，城镇居民人均可支配收入35659元，增长8.2%；农村居民人均可支配收入18057元，增长8.7%。全体居民人均生活消费支出18054元，增长8.0%，其中，城镇居民人均生活消费支出21064元，增长6.5%；农村居民人均生活消费支出13722元，增长11.4%。市区、县(市)最低工资月标准分别提高至1770元、1600元。

（二）就业、社会保障与福利

1. 就业

全市城镇新增就业72307人，新增转移农村劳动力16300人，期末城镇登记失业率1.88%。城镇失业人员再就业69047人，就业困难人员再就业5604人。高校毕业生年末总体就业率97.8%，扶持农村劳动力自主创业5336人。

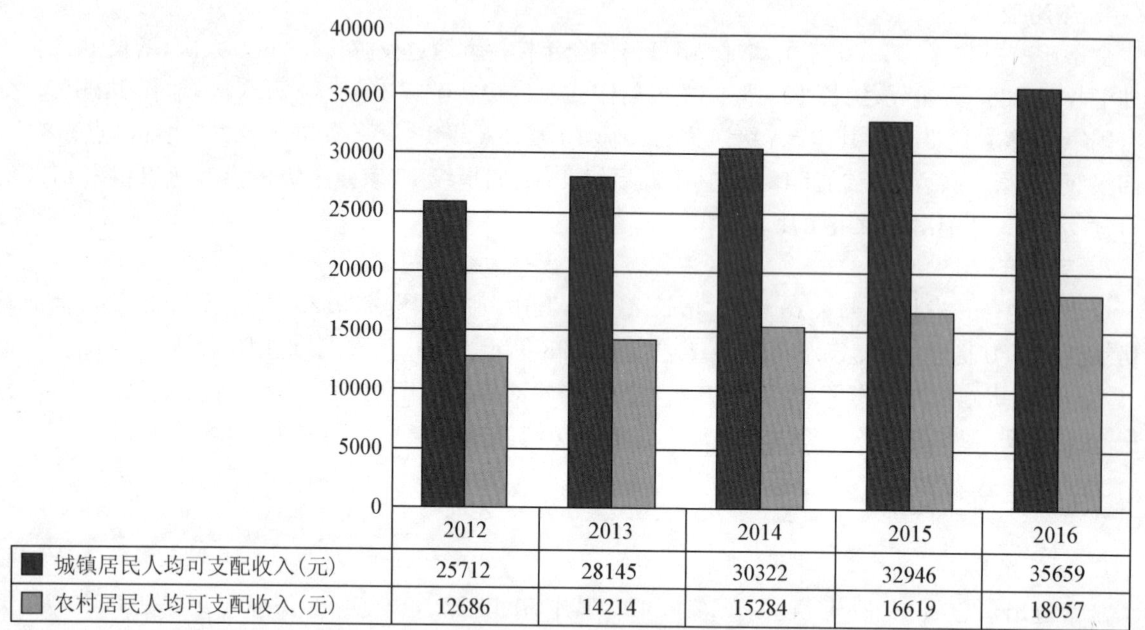

图 3　2012—2016 年扬州市城乡居民收入对比一览

2. 社会保障

年末企业职工基本养老保险、城镇职工基本医疗保险、失业保险参保人数分别达 107.42 万人、124.19 万人和 65.49 万人。年末城乡居民养老保险参保人数 89.24 万人，基础养老金发放率达 100%。年末城镇基本医疗保险参保人数为 205.81 万人。2016 年，全面实施城镇居民大病保险和城镇职工大病补充保险。新型农村合作医疗人均财政补助提高至 425 元，政策范围内报销比例提高至 76%。城乡居民基础养老金月最低标准调至 115 元。

3. 社会福利

社会福利事业不断提升，城乡居民最低生活保障对象 63820 人，累计资金支出 19062.28 万元；临时救助 33086 户，支出 1769.62 万元；城乡医疗救助 353333 人次，累计支出 8875.15 万元。市区城乡低保标准统一提高至每月 600 元。

（三）教育与科技创新

1. 教育

新(迁)建中小学 12 所，新(改、扩)建幼儿园 12 所，创成省优质园 6 所，新创省义务教育现代化学校 55 所。全市共有幼儿园 295 所，小学 203 所，普通中学 166 所，普通高校 7 所。在园幼儿 110948 人，小学在校生人数 212554 人，普通中学在校生人数 175579 人，普通高校在校生人数 80305 人。全市幼儿园毛入学率为 99.1%，义务教育入学率和高中阶段毛入学率达 100%，高等教育毛入学率达 53.2%。全市高考本二以上上线人数达 11458 人。

2. 科技创新

实施新一轮“科教合作新长征”和“科技产业合作远征”行动，签订产学研合作协议 523 项，新建校企联盟 155 家，新增市级科教合作重大项目 56 项，新引进南邮扬州研究院、武汉大学空间信息大数据研发基地、重庆市科研院扬州分院等研创中心 46 家，新建产学研联合创新载体 61 个。全年新增省级“两站三中心”42 家，累计数达 470 家。

全市新增国家高新技术企业 102 家，总数达 706 家，实现高新技术产业产值 4520.1 亿元，占规上工业总产值的比重 44.7%。全市专利受理量 27043 件，增长 8.98%；专利授权 13253 件，下降 4.98%。20

家科技型企业登陆新三板。

全年新获批国家“万人计划”领军人才 2 人；新增省双创博士“科技副总”126 人，同比增长 113%，位居全省第一。新建科技综合体和众创空间 106 万平方米，入驻企业突破 1200 家，新增国家级孵化器 3 家，省级以上众创空间 11 家。

（四）文化、卫生和体育

1. 文化

新建 3 家城市书房、399 个基层综合文化服务中心。成功承办第六届江苏书展和首届江苏原创戏剧节双年展。高邮获批国家历史文化名城。主城区公共图书服务网络、农村（社区）基层综合文化服务中心覆盖率分别达到 90%和 30%。年末全市共有文化馆、群众艺术馆 7 个，公共图书馆 7 个。共有广播电台 6 座，中短波广播发射台和转播台 13 座，广播综合人口覆盖率和电视综合人口覆盖率均达 100%，有线数字电视缴费用户 107.79 万户。

2. 卫生

在全省率先成立公立医院管理委员会，实现全市范围内纵向医联体全覆盖。高邮市成为扬州市首家国家级妇幼健康优质服务示范市。年末共有各类卫生机构 1787 个，其中医院、卫生院 142 个。各类卫生机构拥有病床 20683 张，其中医院、卫生院病床 18421 张。共有卫生技术人员 25273 人，其中执业（助理）医师 10405 人，注册护士 10406 人。

3. 体育

第十九届省运会筹备工作有序推进，开工建设游泳健身中心、射击运动中心。承办 2016 国际泳联花样游泳大奖赛等 3 项全国以上级别比赛。新建更新健身设施 1700 余件。

（五）城乡建设

制定推进乡镇差别化发展指导意见。加快实施居住证制度，基本实现户口迁移“零门槛”。改造区域供水支管网 220 千米。市区新改建农贸市场 12 个，取缔马路市场 20 处。新改建公共停车场 3 座、公厕 76 座。整治老旧小区 72 万平方米，实施公房解危 3.6 万平方米，完成棚户区改造 2411 户。新辟优化公交线路 26 条，主城区公交分担率达 26.6%，镇村公交覆盖率 80%。新改建农村道路 206 千米、危桥 65 座。疏浚县乡骨干河道 81 条。高邮、仪征入围“全国科学发展百强县市”，江都、邗江、广陵入围“全国科学发展百强区”。建成农村区域性医疗卫生中心 5 家。11 个村入选省级美丽乡村建设试点。

（六）生态环境

江淮生态大走廊建设上升为省级战略。基本建成 10 大生态中心，新改扩建公园 626 万平方米。整治挥发性有机物污染企业 30 家。淘汰 10 蒸吨以下小型燃煤锅炉 1296 台套。淘汰黄标车 7813 辆、老旧汽车 6206 辆。取缔露天烧烤点 65 个。全年空气优良天数 262 天，优良率 71.6%。PM2.5 年平均浓度比 2013 年下降 22.2%。完成 6 条市区河道整治。实行地表水“断面长制”，9 个国家考核断面水质、11 个城市集中式饮用水水源地水质全部达标。全市成片造林 2.5 万亩，恢复湿地 5650 亩，创成省级绿化示范村 56 个。古运河成功创成国家级水利风景区。成功申办省园博会和世界园博会。

三、扬州市在泛长三角地区经济发展中的地位

2016 年，面对严峻复杂的宏观形势和艰巨繁重的发展任务，扬州上下认真贯彻落实中央和省委、省政府的各项决策部署，坚持“五大发展理念”，科学统筹稳增长、促改革、调结构、惠民生、防风险，以推进供给侧结构性改革为主线，积极适应经济发展新常态，经济稳的格局更加巩固，好的态势更加明显。五年凝心聚力，五年砥砺前行，过去五年是扬州综合实力提升最快、城乡面貌变化最大、人民群众得实惠最

多的时期之一，为奋力绘就“两聚一高”新蓝图交出一份无愧于时代与人民的亮丽答卷。

(一) 地区生产总值

2012—2016 年扬州市地区生产总值在泛长三角所占比重分别为 2.29%、2.33%、2.43%、2.47%和 2.49%，保持持续增长的态势，累计增幅为 0.20 个百分点，其中 2016 年较上年增长了 0.02 个百分点。2016 年扬州市地区生产总值在泛长三角地区 41 个市中排名第 14 位。

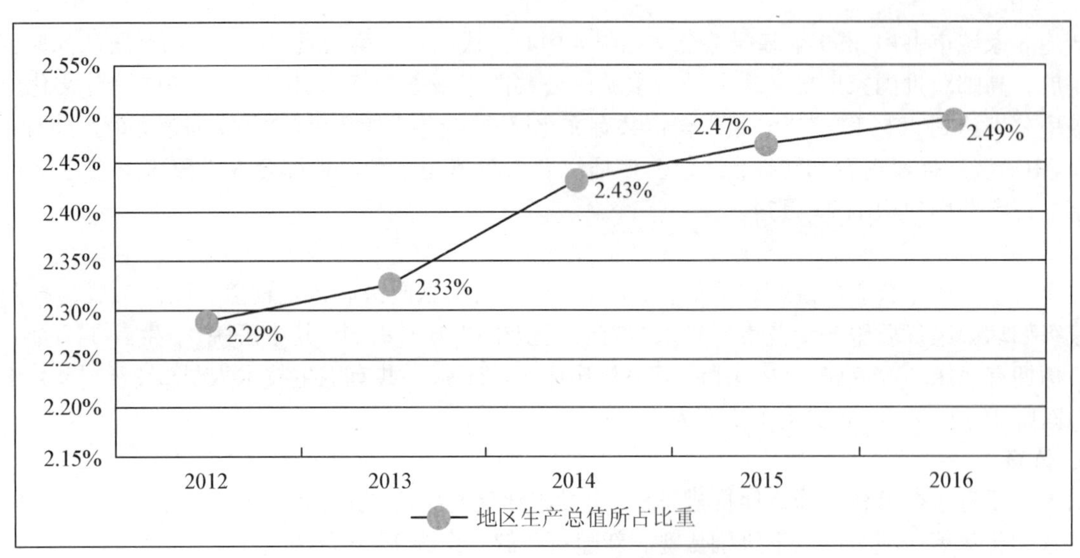

图 4 2012—2016 年扬州市地区生产总值在泛长三角
(苏浙两省 24 个地级市、安徽省 16 个地级市和上海市，下同)所占比重的变化趋势

2016 年，经济保持中高速增长。连续 3 年制定实施服务企业“2 号文件”，推动实体经济做大做强。五年来，扬州地区生产总值连续跃过 3000、4000 亿元大关，2016 年达到 4449.38 亿元，年均增长 10.7%，增速连续 3 年位列全省前三。人均 GDP 2012 年突破 1 万美元，2014 年在苏中苏北率先超省均，2016 年达 99150 元，高于全省 3891 元。一般公共预算收入连续迈上 200、300 亿元台阶，2016 年达到 345.3 亿元，是 2011 年的 1.5 倍，年均增长 11.3%。产业结构持续优化。三次产业结构由 2012 年的 7.0：53.0：40.0 调整为 5.6：49.4：45.0。高新技术产业快速发展，2016 年，新增国家高新技术企业 102 家，实现高新技术产业产值 4520.1 亿元，五年年均增长 9%，占规模以上工业产值比重为 44.8%，比 2012 年提高 2.52 个百分点。

科技创新成效显著。荣获国家创新型试点城市，创成国家高新区，获批国家现代农业示范区、国家农业科技园区。还作为江苏第一家全国小微企业创业创新基地城市示范。建成 8 个国家特色产业基地和 12 个省级科技产业园。2016 年新建科技综合体和众创空间 106 万平方米，入驻企业突破 1200 家，新增国家级孵化器 3 家，省级以上众创空间 11 家。全社会 R&D 经费支出达 105.4 亿元，比 2012 年增加 45.4 亿元，占 GDP 比重达 2.37%，比 2012 年提升 0.32 个百分点。五年累计完成专利申请量 11.64 万件，专利授权量 5.86 万件，分别是上个五年的 2.76 倍和 3.84 倍。

改革服务不断深化。深入开展跨江融合发展综合改革试点，所有省级以上开发园区均与上海、苏南开发区结对共建。医药卫生、食品药品监管、城市水务管理体制改革等顺利推进。供给侧结构性改革取得阶段性成效，在全省率先建成并开通“扬州市行政审批中介服务网上超市”。

(二) 地方财政一般预算收入

2012—2016 年扬州市地方财政一般预算收入在泛长三角所占比重分别为 1.62%、1.60%、1.73%、

1.72%和1.62%，2016年较上年减少了0.10个百分点，总体与2012年相持平。2016年扬州市地方财政一般预算收入在泛长三角地区41个市中的排名达到第15位。

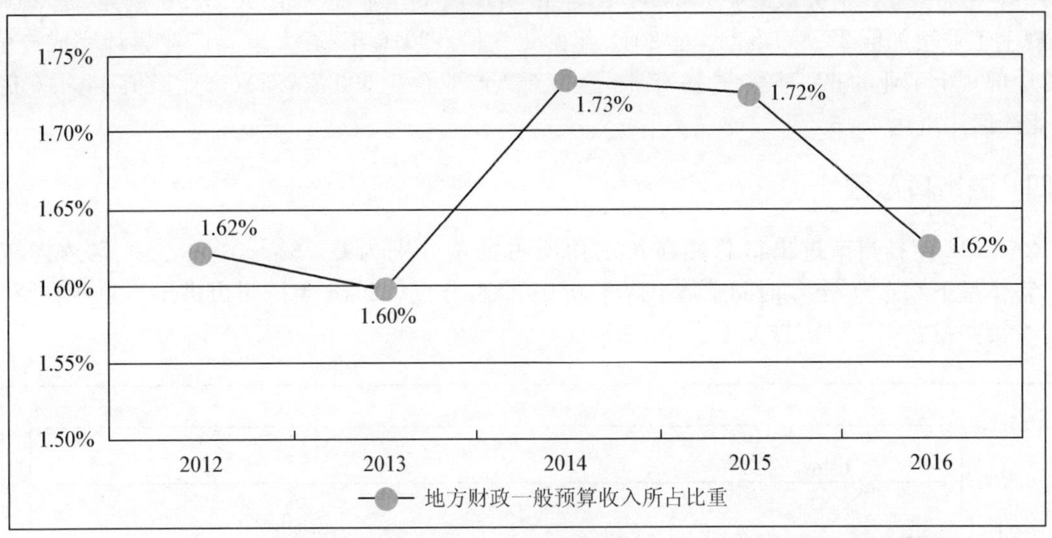

图5　2012—2016年扬州市地方财政一般预算收入在泛长三角所占比重的变化趋势

2016年全市一般公共预算收入完成345.3亿元，总量居全省第8位(比2015年前进1位)，同比增长2.5%(同口径增长7.8%)，增幅居全省第5位。市第六次党代会以来，财政收入保持平稳较快增长，2016年全市一般公共预算收入比2012年增长53.5%，年均增幅达11.3%，名列全省第二。2016年，面对营改增结构性减税和财政收入级次调整的双重影响，财政收入仍保持稳中有进的良好态势，主要得益于实体经济稳定发展和城市品质稳步提升。从与经济规模关联度较大的税种来看，2016年剔除营改增不可比增收因素后，全市全口径增值税收入105.2亿元，比2015年增长14.9%；消费税收入21.19亿元，同比增长8%。从土地市场看，2016年市区(不含江都区)商业土地出让收入65亿元，比2015年增收10亿元。这几年市区商业土地收入均稳定在60亿元左右，房地产市场调控稳定有力。

(三) 规模以上工业总产值

2012—2016年扬州市规模以上工业总产值在泛长三角所占比重分别为3.03%、3.26%、3.19%、

图6　2012—2016年扬州市规模以上工业总产值在泛长三角所占比重的变化趋势

3.23%和 3.24%，总体呈上涨态势，2014 年小幅下跌，五年时间累积增幅达 0.21 个百分点。2016 年扬州市规模以上工业总产值在泛长三角地区 41 个市中排在第 13 位。

2016 年规上工业产值突破万亿。2016 年，全市实现规上工业总产值 10099.6 亿元，是 2012 年的 1.4 倍；规上工业增加值 2298.1 亿元，是 2012 年的 1.3 倍。2016 年，五大主导产业累计完成产值 6816 亿元，占全部规上工业的 67.5%。2016 年末，全市新兴产业企业 693 家，新兴产业产值 4404.6 亿元，占规上工业产值比重达 43.6%。

（四）进出口总额

2012—2016 年扬州市进出口总额在长三角所占比重分别为 0.76%、0.69%、0.70%、0.74%和 0.73%，整体呈下跌态势，五年时间整体下降了 0.03 个百分点。2016 年扬州市进出口总额在泛长三角地区 41 个市中排在第 19 位，较上年下降了三位。

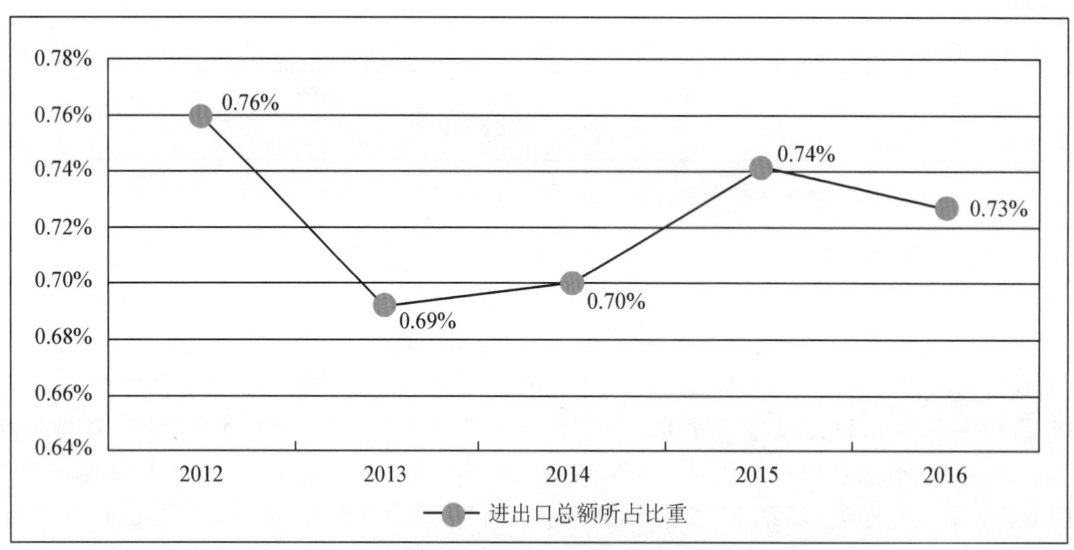

图 7　2012—2016 年扬州市进出口总额在泛长三角所占比重的变化趋势

2016 年，面对严峻复杂的外贸形势，始终坚持“两手抓”，一手抓外贸稳增长，一手抓外贸新业态培育，进出口回稳向好。2016 年，全市实现进出口 634.5 亿元。其中，出口 478.2 亿元，同比增长 0.06%。促进措施：一是主动融入“一带一路”战略。2016 年，全市在“一带一路”沿线国家完成外经营业额约6.31 亿美元，占全市总量的 77%；“一带一路”沿线国家工程签约项目占比七成有余。全市在“一带一路”沿线国家在谈、已签千万美元以上的工程项目 12 个，占比 75%，项目合同额 15.5 亿美元。二是促进合作交流。先后两次促成安哥拉经贸代表团来扬访问。推动莫桑比克 MDM 公司来扬访问并与扬州中化集团签订全面合作谅解备忘录。帮助亚普、牧羊、江都建设、恒远、汇鸿 5 家企业入围江苏省对外投资和经济合作重点联系企业名录。三是加大信息平台服务。编辑《对外投资和经济合作信息》，通过市商务局微信公共平台、“走出去”企业 QQ 群等渠道向企业发布。四是强化推介培训。组织企业先后参加省商务厅举办的哈萨克斯坦推介会、中美省州合作研讨会等各类培训、推介活动 10 多场。联合交行扬州分行、扬大商学院共同举办“走出去”业务培训班，帮助企业了解拓宽融资渠道等业务知识。2016 年，市商务局积极用好用足跨江融合综合改革试点政策，以合作共建为抓手，以项目落地为根本，把开发园区真正建成开放型经济发展的主战场、主引擎。同时不断加快口岸开放步伐，载体功能不断升级。支撑体系：一是深化与上海、苏南结对合作。整理出上海市结构调整企业 1086 家，督导全市开发园区定向对接。对接上海项目库入库项目 139 个，已落户 87 个，计划总投资 453.75 亿元。二是加快园区升级。扬州出口加工区升级为综合保税区，维扬经济开发区获批国家级生态工业园区。“日本健康产业园”合作项目成

功签约，中德梅泰尔工业园列入2016年江苏省重大项目。三是加快口岸开放步伐。扬州泰州机场升级为“国际机场”，新增至日本大阪和茨城、韩国济州岛、泰国普吉岛等4条国际航线。国际货运站已立项，国际功能区免税店申请已获海关总署批准。电子口岸“三个一”系统运行平稳。

（五）实际外商直接投资金额

2012—2016年扬州市实际外商直接投资金额在泛长三角所占比重分别为：2.94%、2.44%、1.86%、1.16%和1.56%，比重2016年逆势持续下降，2015年比上年下降了0.7个百分点，五年时间下降了1.38个百分点。2016年扬州市实际外商直接投资金额在泛长三角地区41个市中排在第17位，下上升了四位。

图8　2012—2016年扬州市实际外商直接投资金额在泛长三角所占比重的变化趋势

开放型经济发展结构优化，总体规模提升，2016年全市到账外资12亿美元，同比增长41.5%；外经营业额8.1亿美元，同比增长10%；发展质态优化，全市新批准外资项目超过50个，其中千万美元以上项目32个。新落户法国道达尔电子化学品助剂、日本三菱化学电子气体、新加坡淡马锡丰树集团商贸物流园等世界500强企业投资项目6个；外资结构优化，外资并购成为新亮点，江苏融汇、德奇电子等5家内资企业完成外资并购，项目涵盖第一、二、三产业；外经发展迅猛，全市在“一带一路”沿线国家投资项目达11个，中方协议投资额2.07亿美元，同比增长133.8%。

在积极融入“一带一路”的同时突出国际产能合作，分布于“一带一路”沿线30个国家和地区的46个国际产能合作项目列入全省重大项目库；在扩大对外开放的同时加快对内产业合作，多批企业参加全省推进国际产能合作“走出去”政策对接会、江苏—美国州经贸和人文交流推介会、江苏—拉美经贸合作研讨会等国际性会议，产业合作空间不断拓宽；在实施全面开放的同时加快园区开放，美国微软、惠普，德国大陆、通快，英国吉凯恩等25家世界500强及跨国公司先后落户9家省级以上开发园区。

园区发展转型升级，全市已有12个省级以上开发园区，其中国家级经济技术开发区1个、国家级高新区1个、国家级综合保税区1个、省级开发区7个、省级高新区2个。扬州经济技术开发区进入全省国家级开发区前十，扬州出口加工区转型为国家综合保税区，维扬开发区创成国家生态工业示范园区，波司登（高邮）工业园、上海莘庄（宝应）工业区被省政府批准为共建园区；城市品质不断优化，先后创成全国文明城市、国家生态城市，大运河申遗成功，城市变得更加宜居、宜游、宜创。扬州泰州国际机场新增4条国际航线，升格为一类开放口岸；扬州港“一港三区”的综合物流体系初步形成；连淮扬镇高铁等一批事关发展全局和长远的重大基础设施建设项目全面推进。

十二　镇江市 2016 年经济社会发展报告

2016 年，在宏观经济环境依然复杂严峻，实体经济仍面临较多困难，结构调整任务艰巨繁重的形势下，全市上下紧紧围绕市委、市政府"六个年"的工作部署，坚持"生态领先，特色发展"战略，积极践行新发展理念，以创新驱动激发内生动力，加快供给侧结构性改革步伐，以"一切在于干"推动各项工作"实现新发展"，全市经济运行总体平稳，创新活力增强，民生持续改善，各项社会事业健康稳步发展，"十三五"实现良好开局。

一、镇江市 2016 年经济发展概况

（一）综合经济

1. 经济总量

全年实现地区生产总值 3833.84 亿元，按可比价计算比上年增长 9.3%，其中第一产业增加值 137.78 亿元，增长 0.1%；第二产业增加值 1870.40 亿元，增长 8.6%；第三产业增加值 1825.66 亿元，增长 10.7%。人均地区生产总值 120603 元，比上年增长 9.1%，按年平均汇率折算 18750 美元。产业结构继续优化，三次产业增加值比例由上年的 3.8∶49.3∶46.9 调整为 3.6∶48.8∶47.6，服务业增加值占 GDP 比重提高 0.7 个百分点。

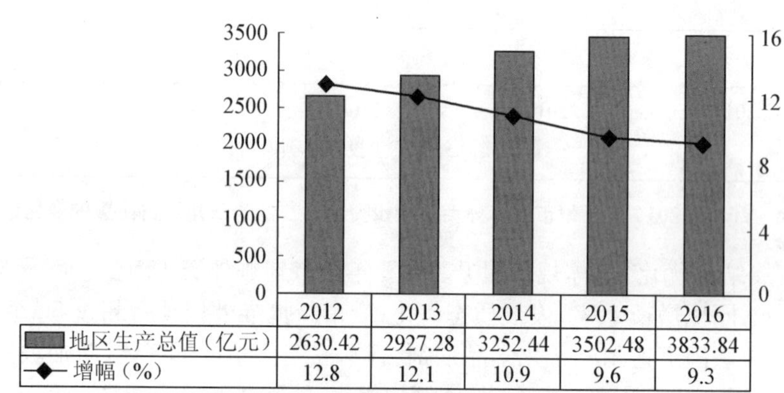

	2012	2013	2014	2015	2016
地区生产总值（亿元）	2630.42	2927.28	3252.44	3502.48	3833.84
增幅（%）	12.8	12.1	10.9	9.6	9.3

图 1　2012—2016 年镇江市地区生产总值及增长速度

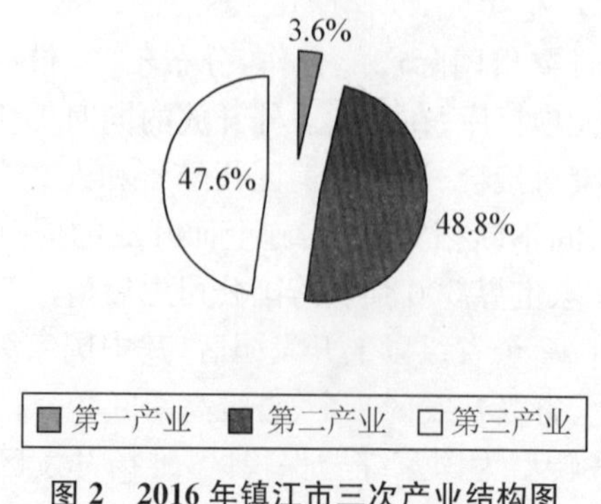

图 2　2016 年镇江市三次产业结构图

2. 财政收支

财政增收形势趋紧。财政收入受"营改增"影响较大，全年实现一般公共预算收入 293.01 亿元，同口径比上年增长 4.7%，其中税收收入 231.40 亿元，下降 5.7%；非税收入 61.61 亿元，增长 7.2%。分

国地税看，国税完成81.36亿元，比上年增长59.5%；地税完成150.14亿元，比上年下降22.8%。从主要税种看，增值税比上年增长91.8%，营业税比上年下降45.1%，企业所得税比上年下降1.7%，个人所得税比上年下降16.3%。全年一般公共预算支出360.10亿元，比上年增长2.4%，其中教育支出65.85亿元，社会保障和就业支出32.06亿元，医疗卫生支出23.53亿元，环境保护支出17.71亿元。

3. 物价指数

全年居民消费价格(CPI)总指数为102.2，比上年上涨2.2%。其中消费品价格上涨1.9%，服务项目价格上涨2.6%。居民消费价格八大类呈“六升二降”：食品烟酒类上涨4.0%，衣着类上涨1.0%，居住类上涨2.9%，生活用品及服务类上涨1.7%，医疗保健类上涨5.9%，其他用品和服务类上涨2.8%；交通和通信类下跌1.6%，教育文化和娱乐类下跌0.4%。

4. 固定资产投资

投资保持较快增长。全年在建亿元以上项目606个，其中当年新开工项目259个。全年完成固定资产投资2873.43亿元，比上年增长15.1%，其中国有及国有经济控股投资634.62亿元，下降3.5%；港澳台及外商投资280.51亿元，增长25.9%；民间投资2034.98亿元，增长21.5%。分三次产业看，第一产业投资5.34亿元，增长92.0%；第二产业投资1515.95亿元，增长12.1%，其中：工业投资1475.13亿元，增长11.5%；第三产业投资1352.14亿元，增长17.9%。在全部固定资产投资中，工业技改投资739.18亿元，比上年增长31.5%，占比重50.1%，比上年提高9.1个百分点。

(二) 农林牧渔业

农业生产稳定。全年粮食播种面积261.03万亩，比上年减少1.73万亩，下降0.7%。受播种面积减少和气候因素影响，全市粮食总产量118.74万吨，比上年减少6.41万吨，下降5.1%，其中夏粮总产量34.97万吨，减少2.59万吨，下降6.9%；秋粮总产量83.77万吨，减少3.82万吨，下降4.4%。全年油料总产量5.83万吨，比上年增长0.3%。蔬菜总产量95.83万吨，比上年增长1.2%。瓜果类产量10.69万吨，比上年增长26.2%。

牧渔业发展平稳。全年肉类总产量7.95万吨，比上年下降2.5%。全年生猪出栏量58.36万头，比上年下降2.4%。家禽出栏量1674.91万只，比上年下降0.3%。禽蛋产量2.78万吨，比上年增长4.1%。牛奶产量1.8万吨，比上年下降2.2%。水产品产量9.85万吨，比上年增长0.8%。

农业结构调整稳步推进。全年新增高效设施农业面积2.5万亩，高效设施农业面积占比20%，比上年提高0.8个百分点。新增高标准农田面积3万亩，累计117.83万亩，高标准农田占比重50%。全年新增农业部标准化示范养殖场1家、省级生态健康养殖示范场8家。全年绿化造林面积1万余亩，完成省级绿化示范村建设26个。积极培育新型农业经营主体，全市新增省级示范家庭农场25家、市级示范家庭农场101家。全市共有农民合作社3472家，新增3家国家级示范社。年末农机总动力145.72万千瓦，比上年增加4.33万千瓦。

(三) 工业、建筑业

工业生产走势趋稳。年末拥有规模以上工业企业2710家，实现工业总产值9066.19亿元，比上年增长7.2%，其中大中型企业总产值6180.02亿元，增长7.5%。分轻重工业看，轻工业总产值1575.66亿元，比上年增长8.1%；重工业总产值7490.53亿元，比上年增长7.0%。分经济类型看，国有企业总产值60.51亿元，比上年下降5.8%；集体企业总产值38.46亿元，比上年下降0.6%；股份制企业总产值5483.72亿元，比上年增长7.9%；三资企业总产值3038.03亿元，比上年增长6.5%。在规模以上工业企业中，民营企业总产值5560.67亿元，比上年增长8.5%，其中私营企业总产值3735.24亿元，增长9.5%。

企业效益逐步改善。全年规模以上工业实现主营业务收入8852.71亿元，比上年增长7.4%；实现利税总额906.74亿元,比上年增长7.0%;实现利润总额585.40亿元,比上年增长6.4%。

新兴产业发展势头良好,全年六大新兴产业(新材料、高端装备制造、新能源、航空航天、生物技术与新医药、新一代信息技术)实现销售收入4089.95亿元,比上年增长12.5%,占规模以上工业销售比重46.2%。

建筑业发展放缓。年末拥有资质以上建筑业企业369家。全年实现建筑业总产值530.67亿元,比上年下降2.4%,其中竣工产值387.26亿元,下降13.2%。建筑业全员劳动生产率为29.29万元/人,比上年增长10.8%。建筑业企业房屋建筑施工面积2406.84万平方米,比上年增长1.9%;竣工面积878.01万平方米,比上年下降5.3%,其中住宅竣工面积499.69万平方米,下降10.1%。

(四)服务业

1. 国内贸易

消费品市场运行平稳。全年实现社会消费品零售总额1236.78亿元,比上年增长11.1%。按经营单位所在地分,城镇市场零售额1170.93亿元,比上年增长11.5%;乡村市场零售额65.85亿元,比上年增长10.6%。按消费形态分,批发业零售额194.99亿元,比上年增长7.9%;零售业零售额891.95亿元,比上年增长10.6%;餐饮业零售额135.87亿元,比上年增长17.3%;住宿业零售额13.97亿元,比上年增长31.3%。从零售业态看,全市限上单位中专卖店、专业店、百货店、大型超市零售额分别比上年增长7.1%、10.1%、8.3%、3.6%。

从限额以上批发和零售业分类商品零售情况看,汽车类零售额129.69亿元,比上年增长8.6%;石油及制品类零售额94.80亿元,比上年增长11.2%;通讯器材类零售额6.57亿元,比上年增长18.1%;日用品类零售额18.67亿元,比上年增长14%;家用电器和音像器材类零售额33.13亿元,比上年增长7.5%;化妆品类零售额5.19亿元,比上年增长2.7%;金银珠宝类零售额16.22亿元,比上年增长6.4%;文化办公用品类零售额10.90亿元,比上年增长21.3%;建筑及装潢材料类零售额36.30亿元,比上年增长14.6%;粮油食品、饮料烟酒类零售额74.03亿元,比上年增长6.2%。

2. 交通、邮电

交通运输基本平稳。全年公路客运量4439万人,比上年下降1.8%;铁路客运量1054.50万人,下降0.5%。公路旅客周转量253345万人千米,比上年下降3.1%。公路货运量7447万吨,比上年增长2.0%;水路货运量1430万吨,增长2.1%;铁路货运量224万吨,下降33.5%。公路货物周转量793232万吨千米,增长2.0%;水路货物周转量378387万吨千米,增长5.1%。全年完成港口货物吞吐量14887万吨,比上年增长0.7%,其中长江港口吞吐量13137万吨,增长1.0%;港口集装箱吞吐量37.30万标箱,下降8.4%。年末全市民用汽车拥有量43.68万辆,其中私人汽车41.73万辆,分别比上年增长17.3%和18.0%。

邮政电信业较快发展。全年邮政电信业务总量109.87亿元,比上年增长52.9%,其中:邮政业务总量16.62亿元,增长28.3%;电信业务总量93.25亿元,增长58.3%。邮政电信业务收入42.60亿元,比上年增长7.9%,其中:邮政业务收入12.41亿元,增长27.5%;电信业务收入30.19亿元,增长1.5%。年末固定电话用户75.79万户,比上年末减少11.44万户。移动电话用户305.89万户,比上年减少3.67万户。年末互联网宽带接入用户107.69万户,比上年增加15.88万户。

3. 旅游业

旅游业快速发展。成功举办第六届苏台灯会"江苏·台湾灯会",入选"国家全域旅游示范区"第二批创建单位。全市共接待国内旅游人数5348.34万人次,比上年增长11.4%。接待入境过夜旅游者5.49万人次,比上年增长3.7%。实现旅游业总收入714.35亿元,增长15%。实现国内旅游收入706.19亿元,增长15%。旅游外汇收入6479万美元,增长8.1%。年末拥有A级景区44个,其中5A级景区2家,4A级景区7家,3A级景区11家。拥有省级旅游度假区3家,省星级乡村旅游点101家,其中三星级及以上 69 家；拥有星级宾馆 34 家，其中五星级宾馆 3 家；拥有旅行社 108 家，其中星级旅行社 31 家。

4. 金融、保险和证券

金融存贷规模不断扩大。年末全市金融机构人民币存款余额 4705.99 亿元，比年初增加 736.88 亿元，其中：住户存款 1879.10 亿元，比年初增加 137.62 亿元；非金融企业存款 1711.03 亿元，比年初增加 365.52 亿元。年末金融机构人民币贷款余额 3444.36 亿元，比年初增加 461.48 亿元，其中：短期贷款 1421.33 亿元，比年初减少 19.61 亿元；中长期贷款 1845.45 亿元，比年初增加 451.46 亿元。

企业上市取得积极进展。全年新增 1 家在上交所主板上市企业，15 家"新三板"挂牌企业，21 家"四板"市场挂牌企业，上市挂牌企业股权融资金额 87 亿元。截至年末，累计挂牌上市企业 117 家，其中主板上市 16 家（境内 10 家，境外 6 家），"新三板"挂牌企业 43 家，"四板"挂牌企业 58 家。

保险业保持较快发展。全年保费收入 100.96 亿元，比上年增长 26.1%。其中，财产险收入 25.35 亿元，增长 10.8%；寿险收入 75.62 亿元，增长 32.3%；健康险和意外伤害险收入 3.4 亿元，增长26.5%。全年赔付额 34.53 亿元，比上年增长 26%。其中，财产险赔付 13.74 亿元，增长 2.8%；寿险赔付 20.79 亿元，增长 48.1%；健康险和意外伤害险赔付 1.85 亿元，增长 22.4%。

5. 房地产业

房地产市场明显升温。全年完成房地产开发投资 448.64 亿元，比上年增长 26.1%，其中住宅投资 341.45 亿元，增长 26.6%。房地产开发企业房屋施工面积 3177.73 万平方米，比上年下降 0.6%，其中住宅施工面积 2440.07 万平方米，增长 0.2%。商品房竣工面积 446.66 万平方米，比上年下降 32.4%，其中住宅竣工面积 359.24 万平方米，下降 34.1%。商品房销售面积 996.5 万平方米，比上年增长 66.7%，其中住宅销售面积 947.93 万平方米，增长 75.4%。商品房销售额 631.05 亿元，比上年增长 91.8%，其中住宅销售额 584.70 亿元，增长 107.6%。

（五）开放型经济

1. 对外贸易

对外贸易形势稳定。全年实现进出口总额 103.16 亿美元，比上年增长 2.5%，其中出口总额 69.51 亿美元，增长 1.1%；进口总额 33.65 亿美元，增长 5.5%。从出口方式上看，一般贸易出口 51.32 亿美元，比上年增长 1.7%；加工贸易出口 17.55 亿美元，比上年增长 3.5%。分企业类型看，国有企业出口 1.80 亿美元，比上年增长 1.3%；外商投资企业出口 30.82 亿美元，比上年下降 2.6%；民营企业出口 36.12亿美元，比上年增长 4.8%。从主要出口产品看，机电产品出口 31.11 亿美元，比上年增长 6.0%；纸及纸制品出口 7.65 亿美元，比上年增长 3.2%。高新技术产品出口 12.69 亿美元，比上年增长 61.2%。从出口市场看，对亚洲出口 36.51 亿美元，比上年增长 9.5%，其中对东盟组织出口 7.74 亿美元，下降 0.7%；对韩国出口 3.5 亿美元，增长 48.2%；对日本出口 4.31 亿美元，下降 4.7%；对印度出口 3.53 亿美元，增长 7.1%。对欧洲出口 10.79 亿美元，比上年增长 3.2%，其中对欧盟出口 8.50 亿美元，增长 1.7%。对美国出口 12.83 亿美元，比上年下降 10.5%。

2. 利用外资

利用外资保持稳定。全年新批外商投资企业 106 家，新批协议外资 24.05 亿美元，比上年增长 64.9%；实际利用外资 13.51 亿美元，比上年增长 3.5%。新批及净增资 1000 万美元以上项目 89 个，其中新批及净增资 3000 万美元以上项目 37 个。

3. 对外投资

对外经济稳定增长。全年新批境外投资项目 34 个，比上年下降 22.7%；中方协议投资 1.95 亿美元，比上年下降 10.8%；新签订对外承包工程合同额 4018 万美元，比上年下降 17.5%；完成营业额 3.28 亿美元，比上年增长 88.2%；新派劳务 1442 人，比上年增长 14.6%。截至年末，全市累计批准 196 家企业在 65 个国家和地区投资 270 个境外项目，中方协议投资 11.09 亿美元。

二、镇江市 2016 年社会发展概况

(一) 人口、人民生活

人口规模保持稳定。年末常住人口 318.13 万人，比上年增加 0.48 万人，其中城镇人口 220.79 万人，城镇化率 69.2%。全年常住人口出生率 7.98‰，死亡率 6.97‰，自然增长率为 1.01‰。在常住人口中 65 岁及以上人口占比达到 13.1%，比上年提高 0.5 个百分点。年末户籍人口 271.98 万人，比上年增加 0.31 万人，其中男性 134.53 万人，增加 0.07 万人；女性 137.45 万人，增加 0.24 万人。

居民生活持续改善。全年全市居民人均可支配收入 34064 元，比上年增长 9.0%；人均消费支出 21167 元，比上年增长 8.2%。城镇常住居民人均可支配收入 41794 元，比上年增长 8.1%；人均生活消费支出 24388 元，比上年增长 6.7%。农村常住居民人均可支配收入 20922 元，比上年增长 8.9%；人均生活消费支出 15925 元，比上年增长 12.0%。城乡收入差距不断缩小，城乡居民收入比由上年的 2.01：1 缩小到 2.00：1。人民生活条件持续改善，年末城镇居民现住房人均建筑面积 44.72 平方米，百户家庭拥有汽车 49 辆、电脑 112 台、手机 261 部；年末农村居民现住房人均建筑面积 57.72 平方米，百户家庭拥有汽车 33 辆、电脑 69 台、手机 255 部。

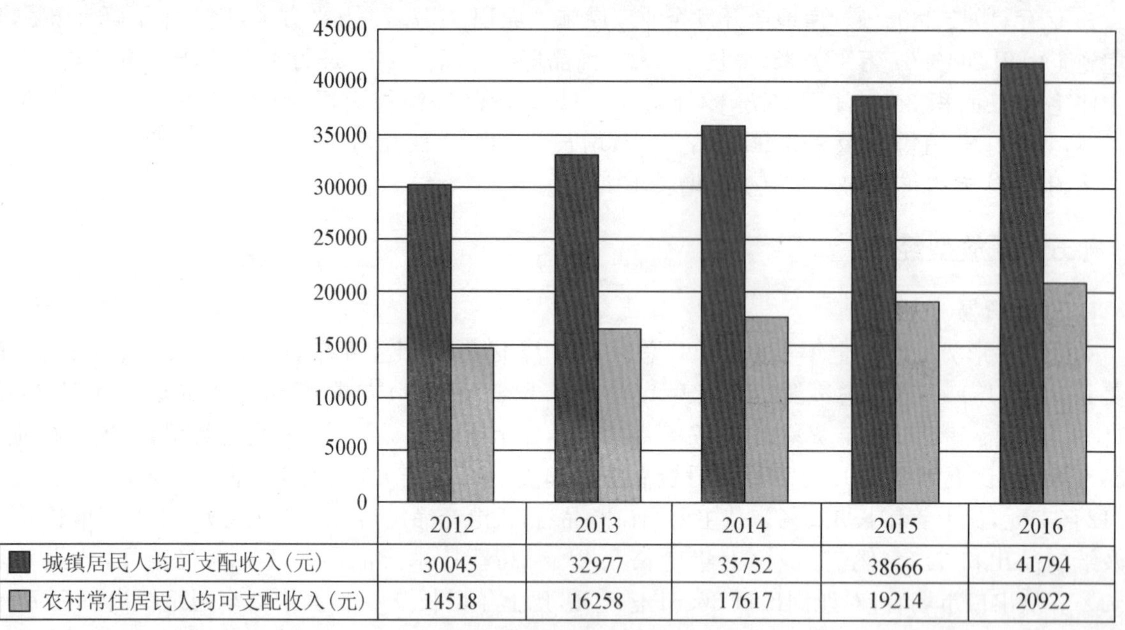

	2012	2013	2014	2015	2016
城镇居民人均可支配收入(元)	30045	32977	35752	38666	41794
农村常住居民人均可支配收入(元)	14518	16258	17617	19214	20922

图 3　2012—2016 年镇江市城乡居民收入对比一览

(二) 就业与社会保障

1. 就业

年末从业人员 194.32 万人，比上年增加 1.25 万人，其中第一产业 22.23 万人、第二产业 88.06 万人、第三产业 84.03 万人。全年新增城镇就业 7.99 万人，城镇失业人员再就业人数 3.38 万人，新增转移农村劳动力 0.99 万人，城镇登记失业率 1.85%。全年新增登记注册私营个体从业人员 17.34 万人，其中私营企业 10.28 万人、个体工商户 7.06 万人。

2. 社会保障

民生保障水平稳步提高。各类保险保持较高水平，主要险种参保率稳定在 98%以上，企业职工养老保险、医疗保险、失业保险参保人数分别为 90.29 万人、150.68 万人、52.9 万人。一般公共预算支出中

民生类支出256.01亿元，占比重71.1%，其中：社会保障和就业支出增长25.6%、农林水事务支出增长16.4%、交通运输支出增长18%。企业退休人员养老金增加162元/每月，达2157元/每月，全年发放最低生活保障费15413万元。年末每千人拥有医生数2.4人、每千名老人拥有养老床位数41张。

（三）教育与科技创新

1. 教育

教育事业全面发展。全市共有各类学校243所（不含技工学校），在校学生37.61万人，毕业生9.45万人。普通高校6所，本专科招生2.27万人，在校学生7.79万人，毕业生1.98万人；研究生教育招生3092人，在校生9574人，毕业生2651人。全市中等职业学校（不含技工学校）11所，在校生1.90万人。普通中学110所，在校生9.52万人，毕业生3.15万人。小学111所，在校学生14.38万人，毕业生2.27万人。九年义务教育巩固率100%，高中阶段教育毛入学率100%。全市共有幼儿园231所，比上年增加9所；在园幼儿7.37万人，比上年增加0.41万人。

2. 科技

科技创新能力增强。年末全市拥有省级以上工程技术研究中心178家，拥有省级重点实验室6家、产业研究院1家，拥有企业院士工作站21家。大中型工业企业和规模高新技术企业省级以上研发机构占比达43.3%。4家孵化器成功获批国家级孵化器，年末累计10个。新增入选国家级众创空间2家，入选省级众创空间11家。全市科技进步贡献率达61%，比上年提高0.5个百分点。全年新增专利授权量13836件，其中新增发明专利授权量2942件。万人发明专利拥有量23.2件，比上年增加2.6件。全年研究与试验发展（R&D）经费支出占GDP比重2.59%，比上年提高0.04个百分点。每万劳动力中研发人员数140人年，比上年提高5人年。

高新技术产业势头良好。全年高新技术产业实现产值4451.5亿元，比上年增长8.2%，占规模以上工业产值比重49.1%，比上年提高0.5个百分点。年末拥有国家高新技术企业数619家，当年新认定134家；拥有省级以上高新技术产品2969项，当年新认定294项。

质量检验能力稳步提升。年末共有产品质量检验机构4个，国家检测中心2个。法定计量技术机构5个，强制检定计量器具21.06万台（件），比上年增加2.43万台（件）。全年监督抽查产品30种，完成强制性产品认证的企业717家，比上年增加123家。

（四）文化、卫生与体育

1. 文化

文化服务体系不断完善。扬剧《完节堂1937》入选2016年江苏省舞台艺术精品工程精品剧目，获第三届江苏文化艺术节"优秀剧目奖"和"优秀表演奖"。扬剧《红船》入选文化部剧本重点孵化计划。年末共有艺术表演团体4个，文化馆8个，公共图书馆9个，文化站54个，博物（纪念）馆14个。年末拥有市（县）级以上文物保护单位296处，其中全国重点保护文物单位13处，省级重点保护文物单位42处。拥有省级历史文化街区3个。年末有线电视总用户98.77万户，有线电视入户率97.6%，其中数字电视用户91.92万户。文化惠民力度加大，全年送戏下乡535场次，送图书下乡4.7万册，农村电影放映8111场次，观看人数达202.4万人次。举办"文心"系列公益文化活动118场，惠及群众15万多人次。

2. 卫生

卫生服务能力不断提升。年末全市拥有各类卫生机构976个，其中医院47个、卫生院48个，社区卫生服务中心35个，卫生防疫防治机构7个，妇幼保健机构7个，村卫生室311个。卫生机构床位14585张，其中医院、卫生院1830张，社区卫生服务中心1174张。年末拥有卫生技术人员19449人，其中执业医师及执业助理医师7884人，注册护士8278人。全市医疗机构全年总诊疗2346.5万人次。公立医院分级诊疗制度进一步完善，共有16家基层医疗卫生机构开设了康复联合病房，城乡居民大病保险实现全覆盖。全市基层医疗卫生机构乡镇(街道)覆盖率100%,省级示范乡镇卫生院(社区卫生服务中心)比重达到64.7%,建成304个标准化村卫生室,形成15分钟健康服务圈。

3. 体育

体育事业持续发展。成功组织中国国际飞行器设计挑战赛总决赛和首届江苏航空体育旅游季活动。全年新增14所全国青少年校园足球特色学校,年末拥有全国校园足球特色学校53所。八叉巷小学、梦溪棋院创成国家级示范性青少年体育俱乐部。镇江市体育健儿在国内外大赛中共夺得86枚奖牌,其中金牌37枚、银牌28枚、铜牌21枚。全年实现体育彩票销售额7.51亿元,比上年增长1.2%。

(五) 城乡建设

城乡基础设施不断完善。五凤口高架全面建成,312国道南移工程年内试通车,九华山路改造建成通车,焦山路全线贯通,镇丹高速、连镇铁路、丁卯桥路快速化改造开工。全年保障房开工18204套(户),基本建成15795套(户)。海绵城市顺利通过国家三部委组织的试点期中期评估,海绵城市建设完成投资28.81亿元,完成35个小区LID改造。建成1个美丽宜居镇和10个美丽宜居村,建成70个村庄生活污水治理设施。市区建成区面积139.23平方千米,比上年增加1.73平方千米。完成农村公路升级180千米、桥梁改造30座。市区优化公交线路19条,城市居民公共交通出行分担率24.03%,比上年提高0.53个百分点。

(六) 生态建设

生态环境持续改善。成功举办2016镇江国际低碳技术产品交易展示会,发布低碳发展“镇江指数”。国家级生态城镇化示范区正式获批。全年主要污染物排放、单位GDP能耗下降率全面超额完成省下达任务,六大高耗能行业单位产值能耗下降6.4%,占比重下降0.4个百分点。年末林木覆盖率达25.1%,市区建成区绿化覆盖率42.9%,人均公园绿地面积18.9平方米,年末市级以上生态村占比超90%,生态乡镇全覆盖。全年实施大气污染防治工程74项,空气质量不断改善,全年PM2.5平均浓度下降12.5%,空气质量优良天数占比76.4%,比上年提高4.6个百分点。国考、省考断面水质优良比例分别为75%、60%。

三、镇江市在泛长三角地区经济发展中的地位

国务院正式批准《长江三角洲地区区域规划》,将把长三角建成“亚太地区重要的国际门户、全球重要的现代服务业和先进制造业中心、具有较强竞争力的世界城市群”作为发展定位。由于长三角区域城市发展基础不同,城市之间经济发展水平还存有较大差异,镇江作为长三角的一员,近年来加快长三角一体化进程,经济和社会发展稳中奋进,但对比长三角洲城市仍有较大差距。2016年,全面贯彻党的十八大和十八届三中、四中、五中、六中全会精神,以习近平总书记“镇江很有前途”的殷切寄语为强劲动力,在省委、省政府和市委的坚强领导下,紧紧围绕“强富美高”新镇江建设目标,团结和依靠全市人民,努力践行创新、协调、绿色、开放、共享的发展理念,坚持生态领先、特色发展,推动全市经济社会发展取得了新成就。

(一) 地区生产总值

2012—2016年镇江市地区生产总值在泛长三角所占比重分别为2.05%、2.09%、2.14%、2.15%和2.15%,持续增加,2016年较上年基本持平,较2012年增加了0.10个百分点。2016年镇江市地区生产总值在泛长三角地区41个市排名第18位。

全年实现地区生产总值3833.84亿元,按可比价计算增长9.3%,其中第一产业增加值137.78亿元,增长0.1%;第二产业增加值1870.40亿元,增长8.6%;第三产业增加值1825.66亿元,增长10.7%。

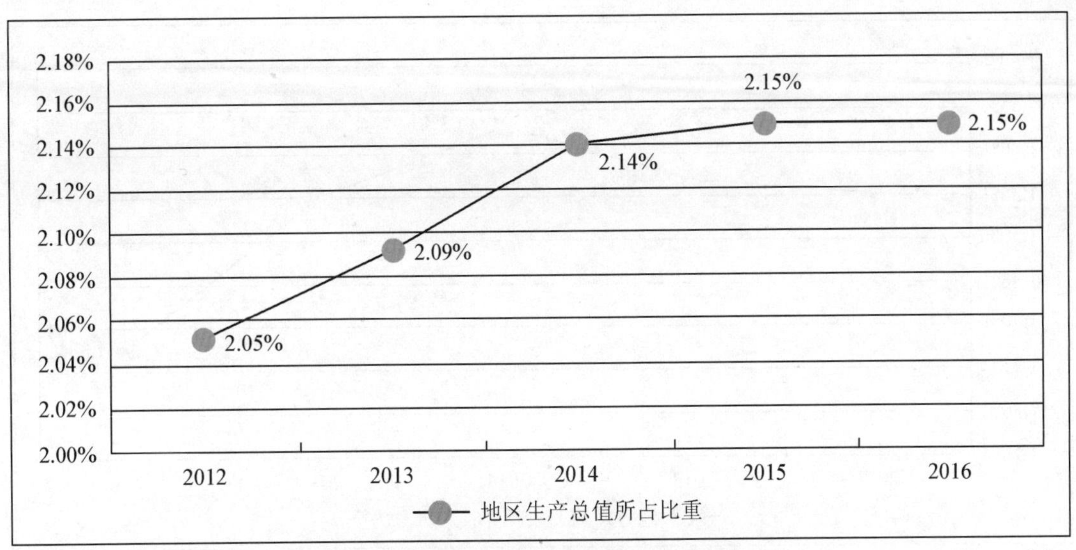

图 4　2012—2016 年镇江市地区生产总值在泛长三角
(苏浙两省 24 个地级市、安徽省 16 个地级市和上海市，下同)所占比重的变化趋势

人均地区生产总值 120603 元，增长 9.1%，按现行汇率折算 18750 美元。

经济发展稳中有进。完成地区生产总值 3833.8 亿元，增长 9.3%，增幅列全省第 3 位；一般公共预算收入 293 亿元，同口径增长 4.7%；固定资产投资 2873.4 亿元，增长 15.1%，增幅列全省第 4 位；社会消费品零售总额 1236.8 亿元，增长 11.1%，增幅列全省第 5 位；R&D 经费支出占 GDP 比重达 2.59%，列全省第 5 位；城乡居民人均可支配收入达 41794 元和 20922 元，分别增长 8.1%和 8.9%。

产业结构优化提升。新兴产业完成销售 4090 亿元，增长 12.5%，占全市工业销售比重达 46.2%。落实《中国制造 2025 镇江行动纲要》。成功举办“百家央企镇江行”活动。全面实施质量强市战略。新增上市挂牌企业 37 家，花王股份成功登陆上交所主板。服务业增加值占 GDP 比重达 47.6%，提高 0.7 个百分点。成功举办香港现代服务业招商会。入围“国家全域旅游示范区”创建单位。城市新地标苏宁广场对外营业。高效设施农业占比达 20%。20 个产业“三集”示范园区加快建设，首批 8 家市级特色小镇启动创建。

(二) 地方财政一般预算收入

2012—2016 年镇江市地方财政一般预算收入在泛长三角所占比重分别为 1.55%、1.57%、1.63%、1.55%和 1.38%，整体呈下跌态势，五年累计下降了 0.17 个百分点，其中 2016 年较上年减少了 0.17 个百分点。2016 年镇江市地方财政一般预算收入在泛长三角地区 41 个市排名第 21 位，较上年下滑了两位。

2016 年，财政收入有所下降。“营改增”对全市财政增收影响较大，全年实现一般公共预算收入 293.01 亿元，下降 3.2%(同口径增长 4.7%)，其中税收收入 231.40 亿元，下降 5.7%；非税收入 61.61 亿元，增长 7.2%。分国地税：国税完成 81.36 亿元，增长 59.5%；地税完成 150.14 亿元，下降 22.8%。分主要税种：增值税增长 91.8%，营业税下降 45.1%，企业所得税下降 1.7%，个人所得税下降 16.3%。全年一般公共预算支出 360.10 亿元，增长 2.4%。全市累计完成一般公共预算收入 2930110 万元，同口径增长 4.7% ，完成年度调整预算的 102.1%，其中：税收收入 2314039 万元，同口径增长 4.5% 。财政支出及平衡情况按现行财政体制，加上上年结转、上级专项、地方政府债券支出等，全市累计完成一般公共预算支出 3601018 万元，完成年度调整预算的 90.5% ，同比增长 2.4% ，其中：教育、社 保、医疗卫生等民生支出合计完成 2560803 万元，占比达到 71.1%。当年财政全部安排支出，财政收支平衡。2016

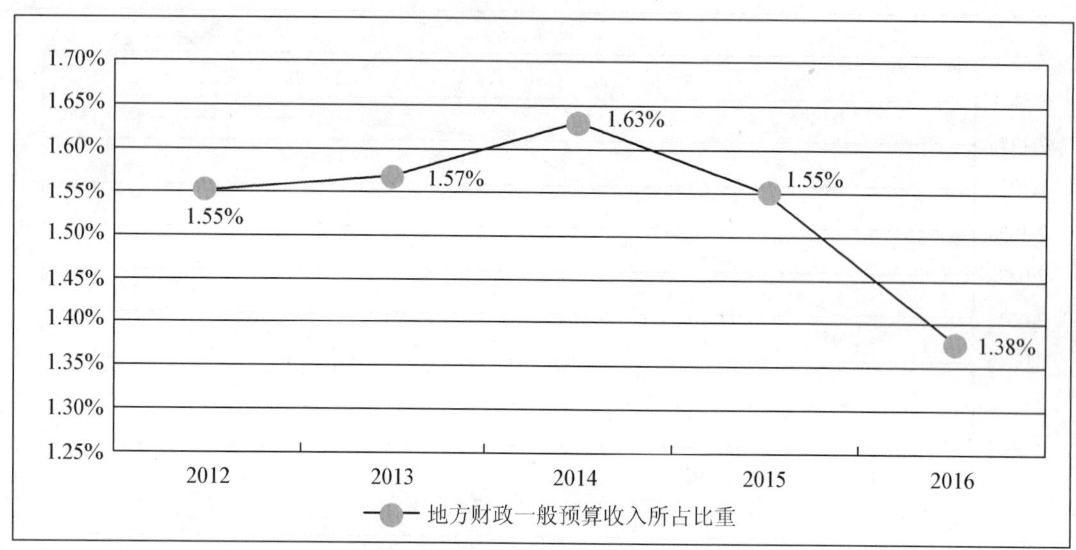

图 5　2012—2016 年镇江市地方财政一般预算收入在泛长三角所占比重的变化趋势

年,市本级累计完成一般公共预算收入 1198789 万元,完成年度调整预算的 103.6%,同口径增长4.1%,其中:市直 698459 万元(市直属收入 400282 万元,与辖区共享收入 298177 万元),新区 500330 万元。按现行财政体制,加上上年结转、上级专项、地方政府债券支出等,累计完成一般公共预算支出 1245537 万元,完成年度调整预算的 92% ,同比增长 9.2% ,其中:市直 871600 万元,新区 373937 万元。

(三)规模以上工业总产值

2012—2016 年镇江市规模以上工业总产值在泛长三角所占比重分别为 2.57%、2.76%、2.92%、2.95%和 2.93%,连续多年实现增长,2016 年轻微下跌,五年累计增幅为 0.36 个百分点,其中 2016 年较上年减小 0.02 个百分点。2016 年镇江市规模以上工业总产值在泛长三角地区 41 个市排名较上年下降一位,排名第 15 位。

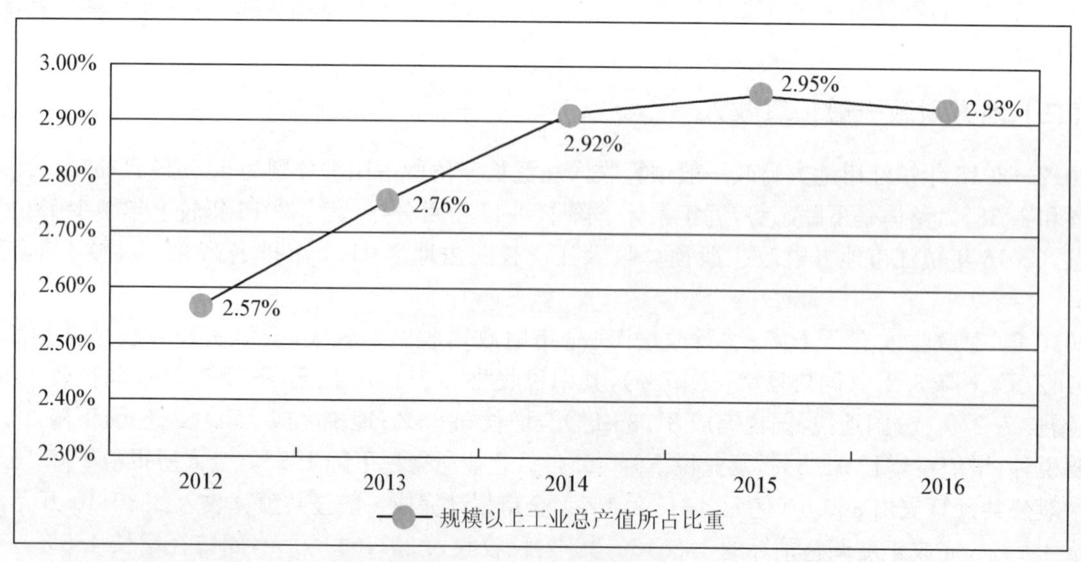

图 6　2012—2016 年镇江市规模以上工业总产值在泛长三角所占比重的变化趋势

2016 年,全市拥有规模以上工业企业 2710 家,其中销售超 100 亿元企业 7 家、利税超 10 亿元企业 15 家。全年规模以上工业企业实现增加值 2064.56 亿元,增长 9.3%。轻重工业增加值增幅差距有所

缩小，轻工业增幅由上年低于重工业的 9.3 缩小到 0.5 个百分点，占比提高 0.5 个百分点。股份制企业加快发展，实现增加值 1198.39 亿元，增长 10%，比上年提高 1.4 个百分点。民营企业发展势头良好，实现增加值 1220.24 亿元，增长 10.0%，占比重为 59.1%。从 36 个大类行业看，超过七成行业的产值保持正增长，超六成的企业产值实现正增长。根据市 632 家规模以上工业企业生产经营景气状况调查结果显示，2016 年镇江市工业企业生产经营状况总体平稳，企业家信心指数和企业景气指数分别为 114.7 和 119.2，处于"相对景气"区间。信心指数比上年提高 2.3 个百分点；景气指数比上年提高 4.6 个百分点。表明全市规模以上工业经济总体运行平稳。

（四）进出口总额

2012—2016 年镇江市进出口总额在泛长三角所占比重分别为 0.85%、0.72%、0.72%、0.72%和 0.78%，呈"U"形发展态势，2013—2014 年下跌，2016 年较 2012 年下跌了 0.07 个百分点。2016 年镇江市进出口总额在泛长三角地区 41 个市排名第 17 位，较去年上升了两位。

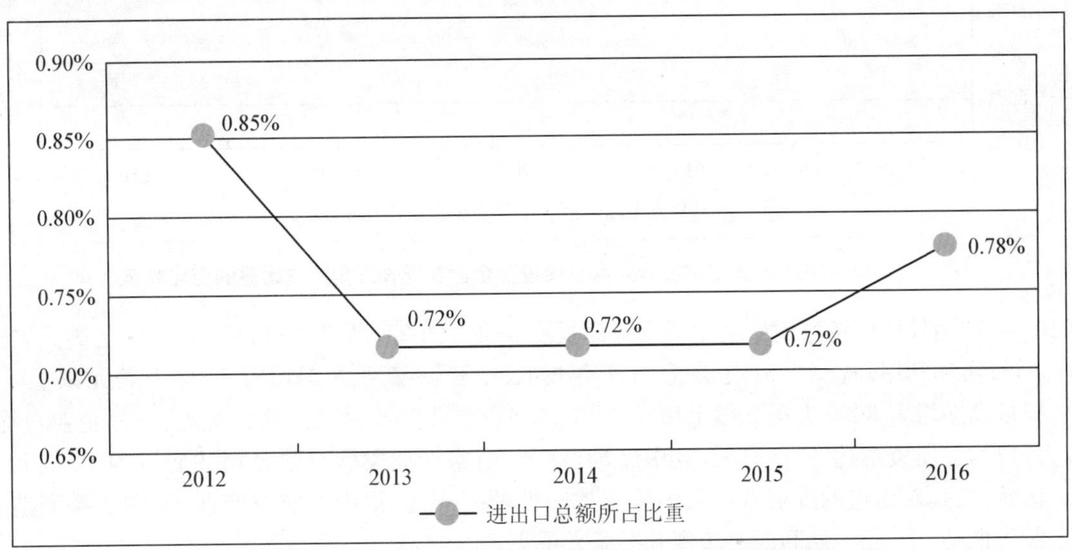

图 7　2012—2016 年镇江市进出口总额在泛长三角所占比重的变化趋势

2016 年全年实现进出口总额 103.16 亿美元，增长 2.5%，比上年提高 4.9 个百分点，其中：出口总额 69.51 亿美元，增长 1.1%；进口总额 33.65 亿美元，增长 5.5%。从出口方式上看，一般贸易出口 51.32 亿美元，增长 1.7%；加工贸易出口 17.55 亿美元，增长 3.5%。民营企业成为出口的主力军，全年出口 36.12 亿美元，增长 4.8%，高于全市平均 3.7 个百分点，占比重 52%，比上年提高 1.9 个百分点。高新技术产品出口保持高速增长，实现出口总额 12.69 亿美元，增长 61.2%，比上年提高 37.1 个百分点，占全市比重 18.3%，比上年提高 4.5 个百分点。机电产品出口保持平衡增长，实现出口总额 31.11 亿美元，增长 6.0%，高于全市平均 4.9 个百分点，占比重比上年提高 1 个百分点。

高新技术产品出口增长迅猛，无线电话机、集成电路等出口均实现倍增，塑料地板、晶体切片、眼镜、船用推进器及桨叶、铝制品等出口增长良好。大豆、多晶硅、其他机器及机械器具等进口增长显著，而传统进口商品如化工品等进口则出现明显下滑。从贸易方式来看，一般贸易进出口稳步增长，加工贸易进出口增势明显，对外承包工程出口货物和外商投资设备物品增长迅猛。

2016 年以来，尤其是下半年以来，国际市场铁矿砂等大宗商品价格大幅反弹，以铁矿石、焦煤为代表的"黑色系"的上涨势头异常迅猛，大宗商品价格大幅反弹带动进口贸易持续攀升，同时部分特色行业出口产品维持增长高位，奠定了全年外贸增长的基础。

（五）实际外商直接投资金额

2012—2016 年镇江市实际外商直接投资金额在泛长三角所占比重分别为 3.05%、4.13%、1.73%、1.78%和 1.76%，五年整体下跌了 1.29 个百分点，其中 2016 年较上年减少了 0.02 个百分点。2016 年镇江市进出口总额在泛长三角地区 41 个市排名第 15 位。

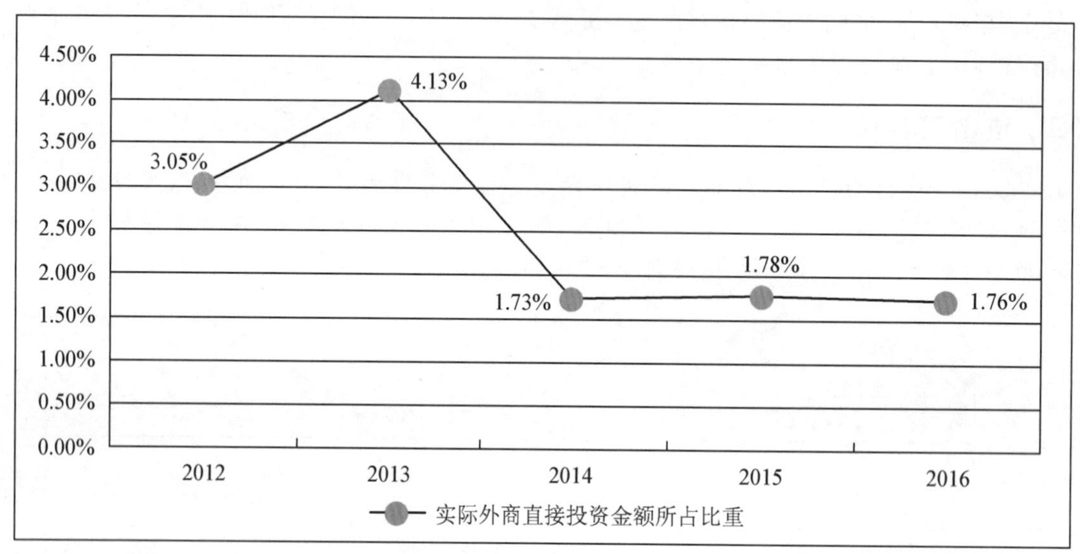

图 8　2012—2016 年镇江市实际外商直接投资金额在泛长三角所占比重的变化趋势

2016 年，利用外资保持稳定。全年新批外商投资企业 106 家，新批协议外资 24.05 亿美元，比上年增长 64.9%；实际利用外资 13.51 亿美元，比上年增长 3.5%。新批及净增资 1000 万美元以上项目 89 个，其中新批及净增资 3000 万美元以上项目 37 个。外资企业开业呈现出两大特点：一是企业户均注册资本较大，户均注册资本达 8600 万元，其中席勒（江苏）航空产业发展有限公司注册资本 10 亿元，投资总额 12 亿元；二是新引进的外资企业大多属于战略性新兴产业，集中在航空产业、高端装备制造、金融等行业，对于推动“十三五”期间产业转型升级意义重大。

十三　泰州市 2016 年经济社会发展报告

2016 年，面对错综复杂的国内外宏观经济环境，全市上下在市委、市政府的坚强领导下，深入贯彻落实党的十八大和十八届三中、四中、五中、六中全会精神，以省、市党代会精神为指引，坚持稳中求进工作总基调，积极践行五大发展理念，着力推进供给侧结构性改革，扎实开展“三大主题”工作和“四个名城”建设，全市经济运行稳中有进，社会事业加快发展，顺利实现“十三五”良好开局。

一、泰州市 2016 年经济发展概况

(一) 综合经济

1. 经济总量

经济发展缓中有进。全市实现地区生产总值 4101.78 亿元，增长 9.5%，比上年回落 0.7 个百分点，但增速跃居全省首位。其中第一产业增加值 240.00 亿元，增长 1.4%；第二产业增加值 1933.89 亿元，增长 8.8%；第三产业增加值 1927.89 亿元，增长 11.4%。三次产业结构为 5.9 ∶ 47.1 ∶ 47.0。按常住人口计算，全年人均地区生产总值 88330 元，增长 9.4%，人均地区生产总值按当年汇率折算为 13298 美元。

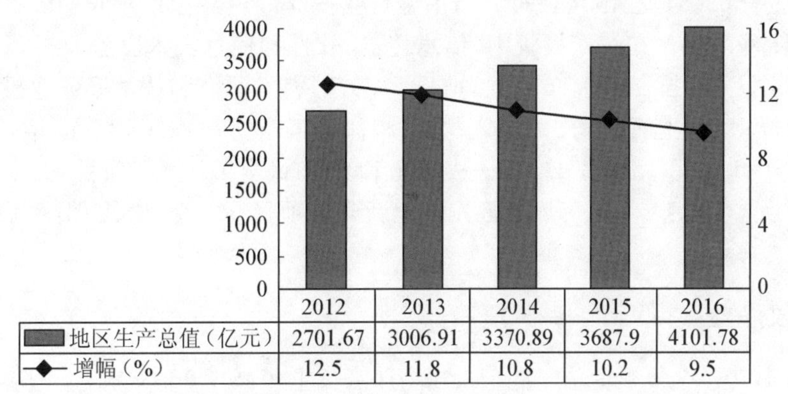

图 1　2012—2016 年泰州市地区生产总值及增长速度

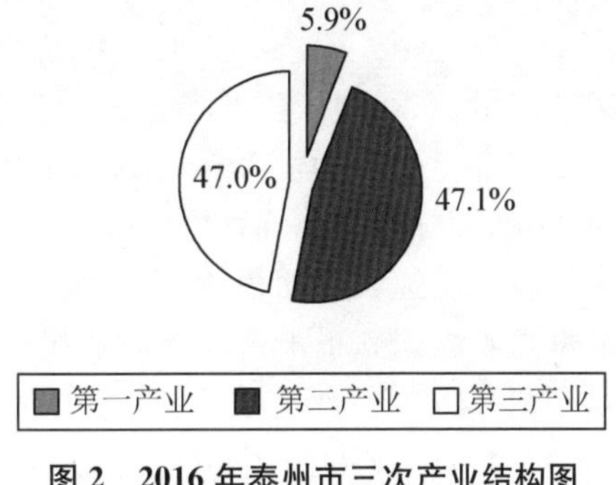

图 2　2016 年泰州市三次产业结构图

2. 财政收支

财政收支平稳增长。受“营改增”影响，全年完成一般公共预算收入 327.60 亿元，增长 1.7%(同口径增长 5.8%)，其中税收收入 263.73 亿元，增长 0.6%，税收收入占公共财政预算收入的比重为 80.5%。全年一般公共预算支出 450.88 亿元，增长 4.9%，其中公共安全支出 29.08 亿元，增长 14.1%；教

育支出75.05亿元，增长8.8%；科学技术支出11.61亿元，增长3.6%；文化体育与传媒支出6.24亿元，下降21.1%；社会保障和就业支出43.85亿元，增长17.7%；医疗卫生支出40.40亿元，增长1.9%；节能环保支出11.06亿元，增长9.8%；城乡社区事务支出56.91亿元，下降0.6%；交通运输支出10.94亿元，增长12.6%。

3. 物价水平

价格指数保持在合理区间。居民消费价格指数温和上涨。全年居民消费价格指数(CPI)同比上涨2.1%，较上年扩大0.4个百分点。从调查项目看，食品价格上涨4.6%，非食品价格上涨1.5%，服务项目价格上涨2.2%，工业消费品价格上涨0.6%。从调查类别看，八大类商品和服务价格“七涨一跌”，其中食品烟酒类上涨3.8%，衣着类上涨2.2%，居住类上涨1.5%，生活用品及服务类上涨1.9%，教育文化和娱乐类上涨1.3%，医疗保健上涨3.3%，其他用品和服务类上涨2.8%；交通和通信类下跌0.3%。全年工业生产者出厂价格指数(PPI)同比下降1.9%，跌幅较上年缩小2.1个百分点；工业生产者购进价格指数(IPI)同比下降1.7%，跌幅较上年缩小7.7个百分点。

4. 固定资产投资

固定资产投资快速增长。全年固定资产投资3164.12亿元，增长17.4%。分行业看，一产投资6.84亿元，增长10.5%；二产投资1962.54亿元，增长19.6%；三产投资1194.74亿元，增长14.0%。在二产投资中，工业投资1957.87亿元，增长19.8%，其中食品制造业投资131.83亿元，增长75.0%；纺织服装业投资77.36亿元，下降2.7%；石化投资186.87亿元，增长11.3%；医药制造业投资95.49亿元，增长33.7%；建材行业投资52.54亿元，增长6.5%；冶金行业投资64.45亿元，增长60.7%；装备制造业投资1109.68亿元，增长27.3%。在三产投资中，信息传输、软件和信息技术服务业投资22.82亿元，增长59.0%；租赁和商务服务业投资119.36亿元，增长52.4%；科学研究和技术服务业投资56.83亿元，增长30.8%；教育投资49.27亿元，增长97.8%；卫生和社会工作投资24.08亿元，增长23.8%；文化、体育和娱乐业投资63.41亿元，增长274.3%。从新开工项目看，全年新开工项目4121个，增长8.2%；完成投资2172.09亿元，增长11.4%。其中，亿元以上新开工项目543个，增长61.6%；完成投资785.74亿元，增长38.9%。

(二) 农林牧渔业

农业生产因灾减产。全年粮食总产量313.03万吨，比上年减少16.3万吨，下降5.0%。其中夏粮113.99万吨，下降7.5%；秋粮199.04万吨，下降3.5%。棉花产量1770吨，下降64.6%；油料产量12.20万吨，下降8.1%。粮食播种面积652.58万亩，比上年减少3.6万亩，下降0.5%。粮食单产479.7公斤/亩，比上年减少22.3公斤，下降4.4%。虽因灾减产，但粮食综合亩产仍位于全省第一。

农林牧渔业平稳发展。全年肉类产量26.03万吨，下降3.3%；禽蛋产量12.44万吨，增长3.5%；牛奶产量4.21万吨，下降8.0%；水产品产量39.64万吨，增长1.0%。完成成片造林面积3.85万亩，新建完善农田林网27.7万亩，四旁植树446.9万株，森林抚育面积5.4万亩，年末林木覆盖率23.5%。

农业现代化建设深入推进。全年新增设施农业面积4000公顷，新增设施渔业面积1561公顷，新增有效灌溉面积0.79千公顷，新增节水灌溉面积9.1千公顷。农业机械化耕种程度提高。全年新增大中型高效农机具5412台，新增粮食烘干机1152台，年末农业机械总动力达275.52万千瓦，增长2.7%。全市水稻机插率、秸秆还田率超过85%和65%，其中机插率超90%的“整体推进镇”达到52个。

(三) 工业和建筑业

工业增长稳中趋缓。全年规模以上工业增加值增长10.0%，比上年回落1.0个百分点；规模以上工业总产值12575.81亿元，增长12.9%，比上年回落2.0个百分点。分轻重工业看，轻工业产值3444.08亿元，增长15.3%；重工业产值9131.73亿元，增长12.0%。分经济类型看，国有、集体、股份制、外商和

港澳台投资企业分别完成产值91.13亿元、167.69亿元、9007.12亿元、2645.20亿元，分别增长2.9%、10.0%、13.2%、11.0%。分企业规模看，大中型、小微型企业分别完成产值6155.71亿元、6420.09亿元，分别增长7.7%、18.3%。分重点行业看，食品制造业产值886.56亿元，增长8.0%；纺织服装业产值682.74亿元，增长17.6%；石化产值1826.25亿元，增长12.2%；医药制造业产值863.36亿元，增长19.7%；建材产值207.37亿元，增长11.4%；冶金行业产值668.29亿元，增长3.2%；装备制造业产值6822.85亿元，增长12.9%。

工业效益稳中向好。全市规模以上工业企业实现主营业务收入12190.18亿元，增长13.0%；实现利润936.76亿元，增长11.2%。年末，规模以上工业亏损企业亏损额9.16亿元，下降56.3%；规模以上工业企业资产负债率为51.1%，比上年下降2.3个百分点。

建筑业平稳发展。全年建筑业完成总产值2924.44亿元，同比增长9.8%；实现增加值255.4亿元，增长3.4%。年末具有资质等级的总承包和专业承包建筑企业633家，其中具有特级、一级和二级资质企业262家，比上年增加21家。全年建筑业企业平均从业人员98.32万人，增长9.5%。

（四）服务业

服务业加快发展。全年服务业增加值增速比上年提升0.2个百分点；服务业增加值占地区生产总值比重为47.0%，比上年提升2.0个百分点。服务业税收有所回落，全年完成服务业税收收入206.82亿元，下降4.4%；服务业税收收入占全部税收收入的比重为44.7%。

1. 国内贸易

消费品市场发展势头加快。全年社会消费品零售总额1118.34亿元，增长11.7%，比上年提升0.8个百分点。从城乡市场看，城镇消费品零售额1035.78亿元，增长11.6%；乡村消费品零售额82.56亿元，增长12.8%。从消费形态看，批发和零售业964.94亿元，增长11.7%；住宿和餐饮业153.40亿元，增长11.1%。从限额以上单位看，全年限额以上社会消费品零售总额446.90亿元，增长14.3%，其中限额以上批发零售业零售额424.08亿元，增长14.6%；限额以上住宿餐饮业零售额22.82亿元，增长7.7%。

全年限额以上贸易单位中书报杂志、家用电器和音响器材、通讯器材、建筑及装潢材料、汽车等发展享受型消费实现零售额178.57亿元，同比增长16.3%，高于限额以上社会消费品零售增速2.0个百分点；发展享受型消费占限额以上社会消费品零售额的比重为40.0%，同比提升0.7个百分点。

2. 交通运输和邮电

交通运输平稳发展。全年公路客运量8766万人，下降2.6%；公路客运周转量542963万人千米，下降0.7%；公路货运量2546万吨，增长2.3%；公路货运周转量716605万吨千米，增长4.1%；水路货运量15215万吨，增长0.6%；水路货运周转量7981620万吨千米，增长6.3%。港口货物吞吐量18823万吨，下降3.5%，其中泰州港区吞吐量16941万吨，增长0.8%，外贸吞吐量1524万吨，增长3.5%。

居民汽车保有量稳步增长。年末民用汽车拥有量61.93万辆，增长15.0%；私人汽车拥有量55.56万辆，增长15.3%。

邮电业发展较快。全年邮政业务总量18.25亿元，比上年增长23.8%。邮电业务收入51.46亿元，同比增长7.8%。年末移动电话用户405.17万户，比上年增长6.1%。互联网宽带接入用户117.50万户，比上年增长28.7%。

3. 旅游业

旅游市场健康发展。全年接待国内游客2282万人次，增长12.0%；接待入境过夜游客3.61万人次，增长13.1%。全年实现旅游总收入283亿元，增长15.5%；实现旅游外汇收入3631万美元，增长11.6%。

4. 金融、保险和证券

金融市场规模不断扩大。年末全市金融机构人民币各项存款余额5275.62亿元，比年初增加833.92亿元，其中住户人民币存款余额2474.71亿元，比年初增加232.25亿元。金融机构人民币各项贷款余额3656.79亿元，比年初增加428.71亿元，其中住户人民币贷款余额1010.62亿元，比年初增加152.77亿元；人民币贷款中短期贷款1218.19亿元，中长期贷款1211.56亿元。

保险业发展势头良好。全年保险业务收入123.30亿元，增长24.4%，其中财产险收入32.87亿元，增长10.6%；人寿险收入90.43亿元，增长30.3%。全年赔款和给付51.38亿元，增长37.9%，其中财产险赔付19.97亿元，增长19.7%；人寿险赔付31.41亿元，增长52.7%。

证券市场回归理性。全年证券交易额7946.99亿元，下降30.6%；基金交易额155.53亿元，下降11.2%；债券交易额3.91亿元，下降68.0%。全年期货交易额605.76亿元，下降30.2%。

5. 房地产业

房地产市场健康发展。全年房地产开发投资250.71亿元，增长1.3%，其中住宅投资194.91亿元，下降2.0%。商品房施工面积2312.85万平方米，增长0.7%，其中住宅1809.61万平方米，下降0.8%；商品房新开工面积555.03万平方米，增长31.4%，其中住宅413.39万平方米，下降221.3%；商品房竣工面积525.97万平方米，下降6.7%，其中住宅437.40万平方米，增长0.3%；商品房销售面积698.56万平方米，增长31.8%，其中住宅645.44万平方米，增长31.4%；商品房待售面积435.46万平方米，增长7.4%，其中住宅291.77万平方米，增长4.2%；商品房销售额402.68亿元，增长28.8%，其中住宅359.33亿元，增长30.1%。年末全市商品房库存去化周期为9.5个月，同比下降8.5个月。

（五）开放型经济

1. 对外贸易

对外贸易基本稳定。全年完成进出口总额103.81亿美元，增长1.5%，其中出口66.74亿美元，增长4.7%；进口37.07亿美元，下降3.8%。按贸易方式分，出口中，一般贸易出口40.07亿美元，与上年持平；加工贸易出口26.33亿美元，增长14.6%。进口中，一般贸易进口26.04亿美元，下降3.8%；加工贸易进口7.97亿美元，增长0.6%。按企业性质分，出口中，外商投资企业出口36.35亿美元，增长2.2%；民营企业出口28.62亿美元，增长10.0%。进口中，外商投资企业进口26.72亿美元，增长5.6%；民营企业进口9.62亿美元，下降23.7%。按商品类别分，出口中，机电产品出口35.32亿美元，增长10.6%；农产品出口3.28亿美元，增长32.4%。进口中，机电产品进口6.06亿美元，下降10.4%；农产品进口9.57亿美元，下降18.4%。按产销国别分，对亚洲出口24.82亿美元，下降0.4%；对非洲出口1.06亿美元，下降41.1%；对欧洲出口5.6亿美元，下降37.5%；对拉丁美洲出口5.57亿美元，下降37.5%；对北美洲出口13.91亿美元，增长6.3%；对大洋洲出口8.55亿美元，增长138.8%。

2. 利用外资

全年新批协议注册外资25.16亿美元，增长100.6%；实际到账注册外资13.44亿美元，增长26.2%。

二、泰州市2016年社会发展概况

（一）人口、人民生活

人口平稳增长。年末户籍总人口508.21万人，增长0.07%，其中市区163.98万人，其中女性249.25万人，性别比103.90，比上年下降0.11。当年出生人口4.66万人，人口出生率9.17‰；死亡人口3.67万人，人口死亡率7.23‰；人口自然增长率1.94‰。年末全市常住人口464.58万人，其中市区162.60万人。年末常住人口城镇化率为63.2%，比上年提高1.65个百分点。

居民生活持续改善。全年城镇常住居民人均可支配收入36828元，农村常住居民人均可支配收入

17861 元，分别增长 8.0%、8.8%。城镇常住居民、农村常住居民人均生活消费支出分别为 22480 元和 13250 元，分别增长 7.0%和 11.9%。

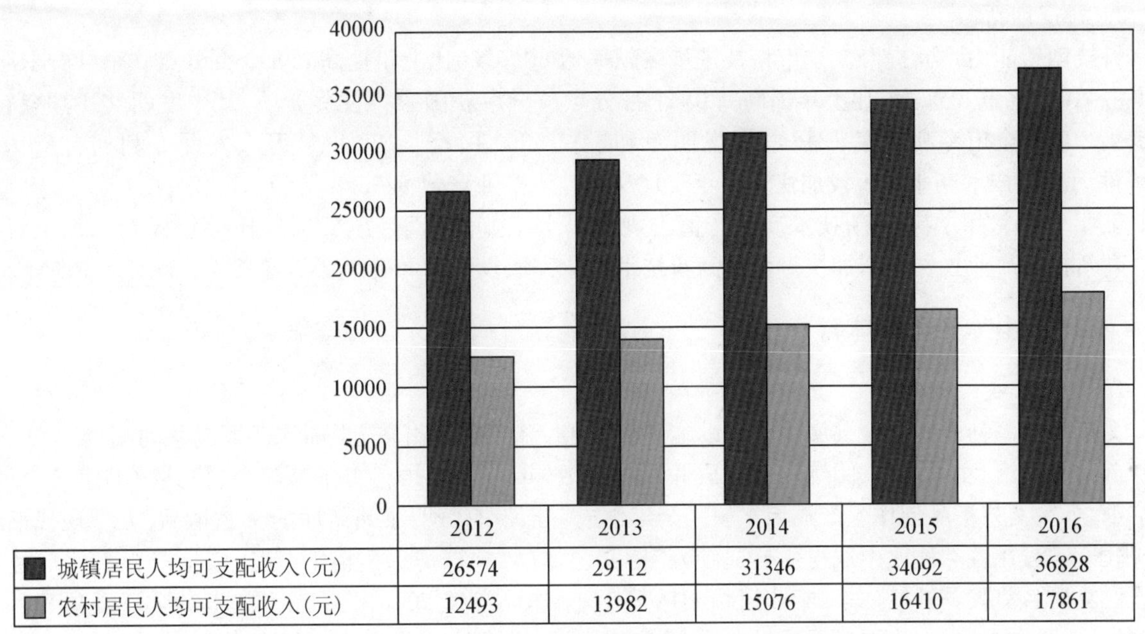

	2012	2013	2014	2015	2016
城镇居民人均可支配收入(元)	26574	29112	31346	34092	36828
农村居民人均可支配收入(元)	12493	13982	15076	16410	17861

图 3　2012—2016 年泰州市城乡居民收入对比一览

（二）就业与社会保障

就业形势整体良好。积极推进城乡统筹就业，着力解决困难群众就业问题。全年新增城镇就业 9.96 万人，城镇失业人员再就业 5.28 万人，新增创业 6.65 万人，带动就业 18.59 万人，培训城乡劳动者 17.85 万人，年末城镇登记失业率 1.87%。

保障水平不断提高。全市企业职工基本养老、医疗、失业、工伤和生育保险参保人数分别达到 84.9 万人、121.68 万人、65.3 万人、82.4 万人、59.19 万人，城乡居民养老保险参保 209.3 万人、机关事业单位养老保险参保 5.5 万人。职工医保、城镇居民住院合规费用报销比例分别达到 81.91%和 70%。提高城乡低保标准，城市统一提高到每人每月 590 元，农村提高到 470 元以上，保障了 1.12 万名城镇和 6.72 万名农村低保对象的基本生活，其中市区和靖江实现低保标准城乡一体化。继续实施覆盖市区所有户籍居民和自住房的"佑护万家"自然灾害惠民保险，市区全年累计赔付 119 例、115.65 万元。稳步推进养老服务设施建设。全市建成标准化社区居家养老服务中心 154 个、社区日间照料中心 6 个、助餐点 152 个。开展未成年人保护工作。全市排查出留守儿童 2.1 万人，为市区 500 名监护缺失未成年人营造良好的成长环境。

（三）教育和科学技术

1. 教育事业

教育现代化建设加快推进。学前教育优质资源不断扩大。新创建省优质园 31 所，占成型园总数的 77%，占比列全省第一。义务教育实现高位全域均衡发展。新创义务教育现代化学校 36 所，建成比例达 88%。普通高中教育优质特色发展稳步推进。全市高考再创佳绩，本二以上达线人数连续 9 年超万人，高分层人数继续位列全省第一方阵。新增四星级高中 1 所，四星占比达 40%。高等教育内涵发展成效明显。全年新增本科专业 16 个，引进博士、教授等高层次人才 27 名。年末全市拥有小学 149 所，在校学生 22.00 万人；初中 149 所，在校学生 10.94 万人；高中 37 所，在校学生 6.14 万人；职业高中 3 所，在校学生0.26万人；普通中等专业学校9所，在校学生2.13万人；普通高等学校7所，在校学生5.92万人；特殊教育学校5所，在校学生1029人。

2. 科技创新

科技创新能力不断提升。全市科技进步贡献率达60.5%，比上年提高0.8个百分点。全社会R&D支出占GDP比重2.45%，比上年提高0.08个百分点。全市获国家科技奖3项，其中发明奖1项，科技进步奖2项。全市专利授权12489件，发明专利授权939件，增长47.9%，万人发明专利拥有量达到7.86件。高新技术产业化步伐加快。全年实现高新技术产业产值5393.86亿元，增长14.4%，快于规模以上工业1.5个百分点；高新技术产业产值占规模以上工业的比重为42.9%，比上年提高0.6个百分点。高新技术产业投资不断加快。全年高新技术产业完成投资688.54亿元，增长45.8%。

（四）文化、卫生和体育

1. 文化事业

文化事业蓬勃发展。公共文化服务设施更加完善。打造“泰州掌上图书馆”手机移动阅读APP，24小时自助图书馆、实体书店、阅读书吧建成并对外开放，年末全市共有文化馆7个、公共图书馆7个、博物馆19个。文艺精品创作生产成果丰硕。全年创成一批带有鲜明泰州烙印的文艺精品，大型现代淮剧《赶鸭子下架》在各类评比中取得优异成绩，广播文艺作品《桑梓情深话梅郎》获得广播影视大奖广播电视节目奖提名奖，《花开等你来》泰州风情组歌等18个作品参选2016年度江苏艺术基金资助项目。公共文化活动影响力进一步提升。成功举办2016中国泰州梅兰芳艺术节，开展“书香泰州”全民阅读活动，圆满举办“2016胡瑗读书节”，全市居民综合阅读率达87.5%。年末全市公共图书馆总藏量298.38万册，电子图书藏量28.52万册，电视综合人口覆盖率100%，有线电视入户率97.2%。

2. 卫生事业

卫生事业加快发展。年末全市拥有各类卫生机构1963家，其中医院、卫生院183家，卫生防疫防治机构11个，妇幼卫生保健机构6个；各类卫生机构拥有病床23237张，其中医院、卫生院拥有病床21778张；拥有卫生技术人员26124人，其中执业(助理)医师11317人、注册护士10172人。其中乡镇卫生院116个，床位5187张，卫生技术人员5819人；乡村医生和卫生员2709人。新型农村合作医疗人口覆盖率100%。

3. 体育事业

体育事业持续发展。打造“康泰之州、运动之城”，构建“1+4+N”体育健身场馆格局。实施民生体育“十百万工程”，投入4000多万元用于体育设施建设，为12000多名市民提供健康评估测试并建立健康档案。推动社会优质体育设施资源对外开放，率先试点推行高校体育场地设施向社会免费开放，最大限度满足市民体育健身需求。主动承办体育赛事活动。成功举办中欧乒乓球冠军对抗赛、第十一届“春兰杯”世界职业围棋锦标赛、泰州“铁人三项”亚洲杯，顺利实现“泰铁”“两年三步跳”，从业余赛直接升格为洲际性比赛。

（五）城乡建设

城乡基础设施建设扎实推进。重大城建项目大突破。稻河古街区保护复兴工程建设全面完工，九州森美国际影视城和古井博物馆顺利建成，省泰中新校区竣工交付，东风路快速路、永定路与东风路交叉形成的五层高架、永定路1号和2号隧道全面贯通，农溱线接通、运河路接通、京泰路南延、梅兰路东延、吴陵路北延等一批城市道路正在抓紧推进。生态建设全面提升。周山河十里生态长廊景观工程全面完成，凤城河污水管网全覆盖工程完成阶段性目标，市区人行道进行海绵化试点改造总面积约8000平方米。民生实事稳步推进。完成30个老旧小区的“微整治”，累计增加停车位2800个，道路维修6000平方米，清掏下水管网450处；完成13个小区共3290户老小区管道燃气改造和2000多户居民二次供水改造接管等。

（六）生态环境与节能减排

生态文明建设成效显著。全市通过国家生态市考核验收，海陵、姜堰获得国家生态区正式命名，靖江、泰兴、高港通过国家生态市(区)考核验收，全市建成国家级生态乡镇85个，覆盖率高达95.5%。环境质量持续改善。全市PM2.5平均浓度同比下降9.8%，优良天数同比增加4天，其中空气质量优的天数同比增加45天；城市空气质量达到及好于二级标准天数比例达到74.0%，环境污染治理项目842个；地表水好于Ⅲ类水质比例达到87.5%；村庄环境整治达标率100%。

节能降耗压力较大。全市规模以上工业综合能源消费量为970.08万吨标准煤，比上年增长21.3%，规模以上工业万元产值能耗为0.0779吨标准煤/万元，同比增长7.0%。其中电力、热力生产和供应业498.7万吨标准煤，增长49.8%，万元产值能耗4.7943吨标准煤/万元，增长11.1%；石化工业42.54万吨标准煤，增长19.0%，万元产值能耗0.1344吨标准煤/万元，增长8.7%。高耗能投资回落较快。全年高耗能制造业投资下降17.9%，高耗能制造业占工业投资的比重下降7.3个百分点。

（七）安全生产

安全生产形势基本稳定。全市发生各类安全生产事故503起，上升7.5%；死亡265人，下降7.0%。其中生产经营性道路交通事故451起，死亡211人，事故起数上升5.4%，死亡人数下降10.66%。全市亿元GDP生产安全事故死亡0.065人，下降15.1%。

三、泰州市在泛长三角地区经济发展中的地位

2016年，正值地级泰州市建市20周年，面对错综复杂的国内外经济环境，全市上下克难奋进，经济社会发展实现重大突破，全市地区生产总值突破4000亿元，主要经济指标增速居全省前列，顺利实现了“十三五”良好开局。

（一）地区生产总值

2012—2016年泰州市地区生产总值在长三角所占比重为2.11%、2.15%、2.22%、2.27%和2.30%，继续保持增长态势，其中，2016年比上年增加0.03个百分点，五年时间累积增加了0.19个百分

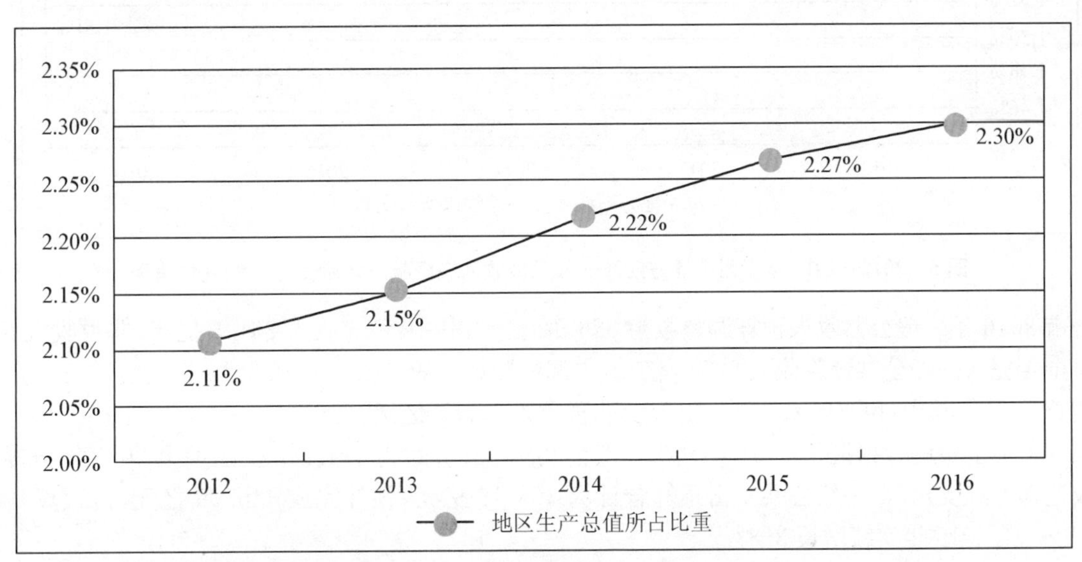

图4　2012—2016年泰州市地区生产总值在泛长三角（苏浙两省24个地级市、安徽省16个地级市和上海市，下同）所占比重的变化趋势

点。2016 年泰州市地区生产总值在泛长三角地区 41 个市排名第 15 位。

2016 年，全市实现地区生产总值首次突破 4000 亿元大关，达 4102 亿元，同比增长 9.5%，增速列全省第一位，这是建市 20 年来的最好名次；固定资产投资突破 3000 亿元，工业技改投资突破 1000 亿元，分别增长 17.4%、19.8%，两项增速均列全省第一。

在产业结构上，2016 年全市服务业持续较快增长，现代服务业发展势头良好，全年第三产业增加值同比增长 11.4%，快于第二产业增速 2.6 个百分点，服务业增加值占地区生产总值的比重为 47%，比 2015 年提升 2 个百分点；服务业对经济增长的贡献率达到 53.7%，分别高于第二产业、工业 8.3、11.9 个百分点。国家现代农业示范区建设成效显著，新型农业经营主体已达 2.38 万家。

在需求结构上，泰州市扩内需、促消费取得积极进展，经济增长主要靠内需消费拉动，全市实现社会消费品零售总额 1118.34 亿元，增长 11.7%，其中限额以上社会消费品零售额 446.9 亿元，增长 14.3%，同比提升 6.3 个百分点。

多重国家战略在泰州叠加交汇，泰州市成功获批金融支持产业转型升级改革创新试验区、长江经济带大健康产业集聚发展试点、国家高标准农田建设试点、海峡两岸（泰州）医药产业合作示范区、国家中医药综合改革试验区和康养旅游示范基地，“牌子”的含金量正逐步转化为发展的含金量。

（二）地方财政一般预算收入

2012—2016 年泰州市地方财政一般预算收入在泛长三角所占比重为 1.61%、1.55%、1.63%、1.62% 和 1.51%，2016 年较去年减少了 0.11 个百分点，五年下降了 0.10 个百分点。泰州市地方财政一般预算收入在泛长三角地区 41 个市排名第 18 位，较上年下滑一位。

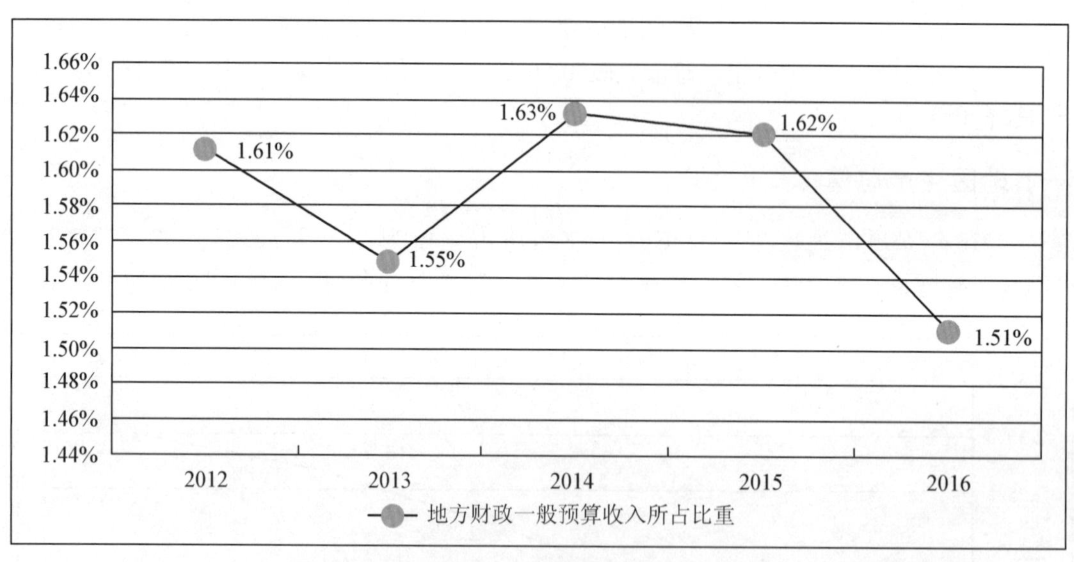

图 5　2012—2016 年泰州市地方财政一般预算收入在泛长三角所占比重的变化趋势

全市 2016 年一般公共收入预算调整数为 326.12 亿元，其中：税收收入 261.5 亿元、非税收入 64.62 亿元。全年完成一般公共预算收入 327.6 亿元，占调整预算数的 100.5%，比 2015 年实绩增长 1.7%，同口径增长 5.8%，其中：税收收入 263.73 亿元、非税收入 63.87 亿元。

根据各地上报的数据汇总，2016 年全市一般公共支出预算数为 424.19 亿元，加上 2015 年结转结余和上级追加专项支出等，一般公共支出预算合计为 463.89 亿元，预计完成 446.09 亿元，占预算合计数的 96.2%，比 2015 年实绩增长 3.8%。

(三) 规模以上工业总产值

2012—2016 年泰州市规模以上工业总产值在泛长三角所占比重为 3.00%、3.26%、3.48%、3.88% 和 4.08%，保持明显增长的态势，累计增幅为 1.08 个百分点，2016 年与上年比增加了 0.2 个百分点。2016 年泰州市规模以上工业总产值在泛长三角地区 41 个市排名第 9 位，较上年上升一位。

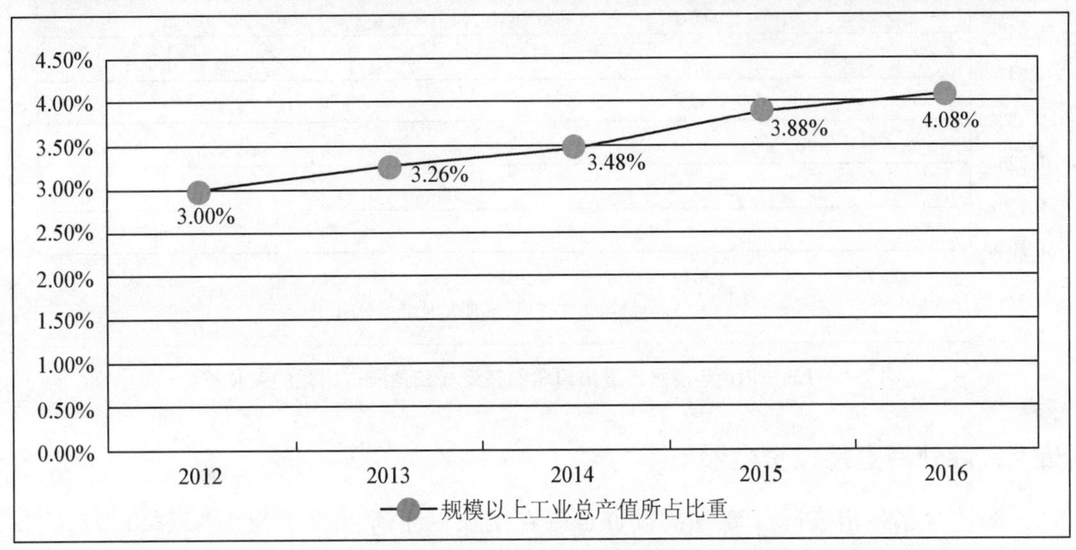

图 6　2012—2016 年泰州市规模以上工业总产值在泛长三角所占比重的变化趋势

2016 年，全年规模以上工业增加值同比增长 10.0%，比 2015 年回落 1.0 个百分点，但增速在全省的位次由第五位前移至第二位。农业增长因灾趋缓。全年第一产业实现增加值 240.00 亿元，增长 1.4%，增速比 2015 年回落 2.0 个百分点。企业运行质态继续稳中向好，净增规模以上工业企业 157 家，新增销售收入 10 亿元以上企业 29 家、利税过亿元企业 31 家，企业盈利状况进一步改善，企业"口袋"鼓得更加充分。仅以 2016 年前 11 个月的数据为例，全市规模以上工业实现利润 790.56 亿元，同比增长 11.4%；企业亏损面 7.14%，同比下降 0.26 个百分点；亏损企业亏损额同比下降 53.3%，亏损深度(亏损额占利润比重)仅为 1.5%。

(四) 进出口总额

2012—2016 年泰州市进出口总额在泛长三角所占比重为 0.78%、0.76%、0.76%、0.73% 和 0.78%，2016 年逆势上扬，较 2012 年基本持平。2016 年泰州市进出口总额在泛长三角地区 41 个市排名第 16 位，较上年上升一位。

对外贸易基本稳定。全年完成进出口总额 103.81 亿美元，增长 1.5%，其中出口 66.74 亿美元，增长 4.7%；进口 37.07 亿美元，下降 3.8%。按贸易方式分，出口中，一般贸易出口 40.07 亿美元，与上年持平；加工贸易出口 26.33 亿美元，增长 14.6%。进口中，一般贸易进口 26.04 亿美元，下降 3.8%；加工贸易进口 7.97 亿美元，增长 0.6%。按企业性质分，出口中，外商投资企业出口 36.35 亿美元，增长 2.2%；民营企业出口 28.62 亿美元，增长 10.0%。进口中，外商投资企业进口 26.72 亿美元，增长 5.6%；民营企业进口 9.62 亿美元，下降 23.7%。按商品类别分，出口中，机电产品出口 35.32 亿美元，增长 10.6%；农产品出口 3.28 亿美元，增长 32.4%。进口中，机电产品进口 6.06 亿美元，下降 10.4%；农产品进口 9.57 亿美元，下降 18.4%。按产销国别分，对亚洲出口 24.82 亿美元，下降 0.4%；对非洲出口 1.06 亿美元，下降 41.1%；对欧洲出口 5.6 亿美元，下降 37.5%；对拉丁美洲出口 5.57 亿美元，下降 37.5%；对北美洲出口 13.91 亿美元，增长 6.3%；对大洋洲出口 8.55 亿美元，增长 138.8%。

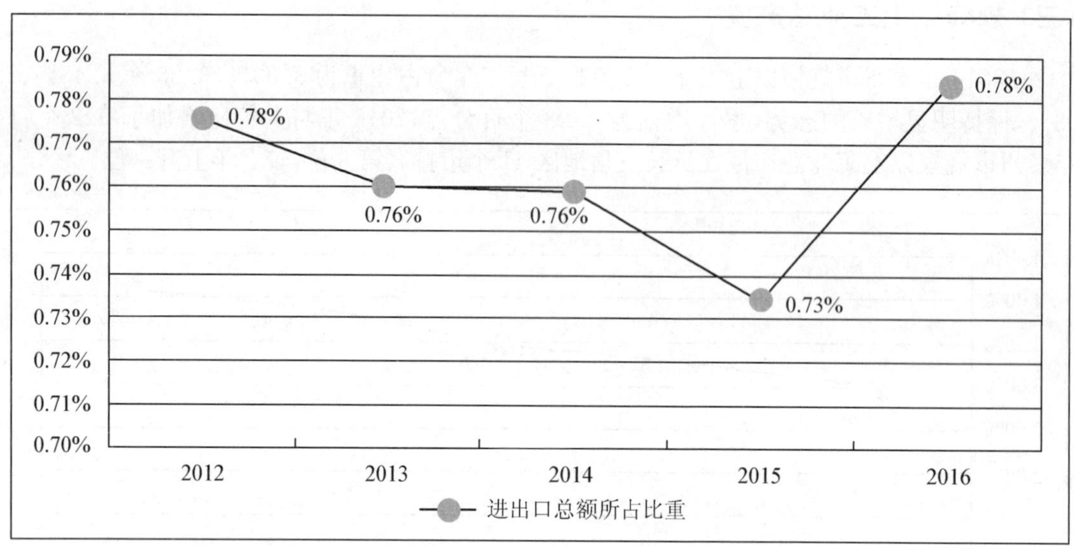

图 7　2012—2016 年泰州市进出口总额在泛长三角所占比重的变化趋势

（五）实际外商直接投资金额

2012—2016 年泰州市实际外商直接投资金额在泛长三角所占比重为 1.99%、1.77%、1.26%、1.45%和 1.75%，五年时间下跌了 0.24 个百分点。2016 年泰州市实际外商直接投资金额在泛长三角地区 41 个市排名第 16 位，较上年上升一位。

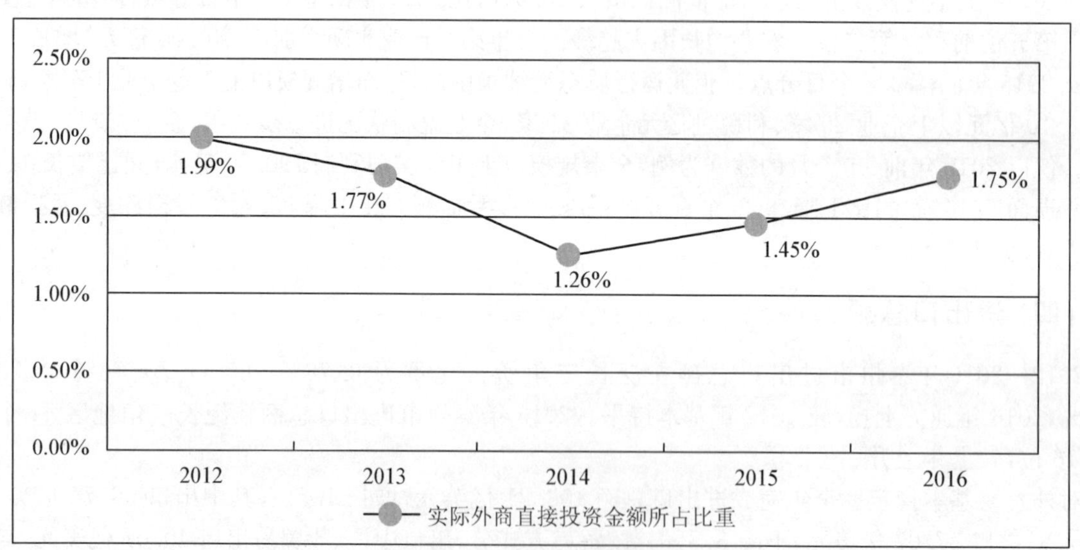

图 8　2012—2016 年泰州市实际外商直接投资金额在泛长三角所占比重的变化趋势

2016 年，外向型经济形势良好。在“项目大突破”的助推下，全市实际利用外资形势较好。2016 年全年实际到账注册外资 13.44 亿美元，增长 26.2%，同比提升 12.8 个百分点，增速居全省第三位。出口增长态势也在逐步巩固，全年共完成出口 66.74 亿美元，增长 4.7%，同比提升 1.5 个百分点，增速居全省第二位。

十四　宿迁市 2016 年经济社会发展报告

2016 年，全市上下紧紧围绕全面建成小康社会奋斗目标，深入落实“五大发展理念”，扎实推进供给侧结构性改革，突出“三抓三促”工作主线，主动适应经济新常态、引领新常态，统筹做好稳增长、调结构、促改革、惠民生各项工作，综合经济实力大幅提升，人民生活继续改善，实现了“十三五”良好开局。

一、宿迁市 2016 年经济发展概况

（一）综合经济

1. 经济总量

2016 年全市实现地区生产总值 2351.12 亿元，比上年增长 9.1%，比全省增速快 1.3 个百分点。其中第一产业增加值 275.23 亿元，增长 2.0%；第二产业增加值 1140.37 亿元，增长 10.1%；第三产业增加值 935.52 亿元，增长 10.2%。人均 GDP 达 48309 元，按平均汇率达 7275 美元。

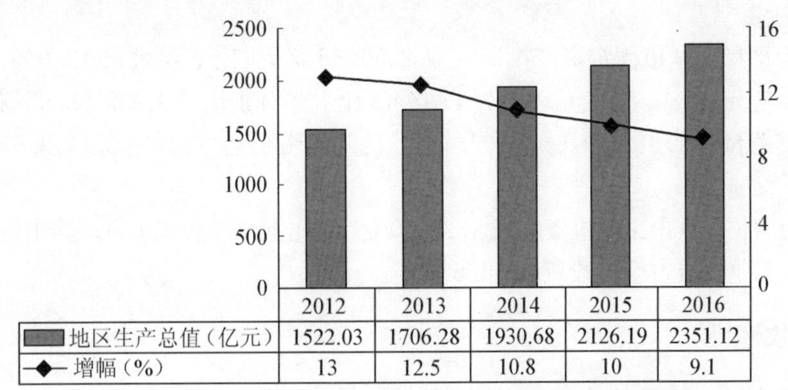

	2012	2013	2014	2015	2016
地区生产总值（亿元）	1522.03	1706.28	1930.68	2126.19	2351.12
增幅（%）	13	12.5	10.8	10	9.1

图 1　2012—2016 年宿迁市地区生产总值及增长速度

经济结构进一步优化。一是产业结构进一步优化。三次产业结构调整为 11.7∶48.5∶39.8，其中一产比重较上年下降 0.4 个百分点，二产比重较上年持平，三产比重较上年提高 0.4 个百分点。二是服务业贡献继续提升。全市服务业增加值增速比 GDP 快 1.1 个百分点，服务业对全市 GDP 增长的贡献率为 43.7%，拉动全市经济增长 4.0 个百分点。三是新特产业稳步发展。四大特色产业产值均突破 500 亿元，总量达 2668.73 亿元；四大新兴产业产值达 448.13 亿元，占比达 10.4%。实现高新技术产业产值 949.61 亿元，占全市总量的 22.0%，比上年占比提高 1.8 个百分点。智能家电、绿色建材双双获批省级先进制造业基地，顺利通过中国家电产业基地验收评审。四是新型服务业态加快发展。成功举办中国

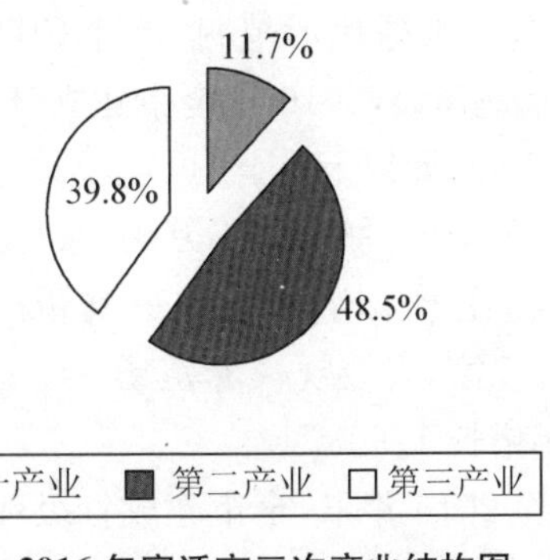

图 2　2016 年宿迁市三次产业结构图

“互联网+创业”大会、第四届中国淘宝村高峰论坛，获批江苏省跨境电子商务试点城市，创建全国网络市场监管与服务示范区。

2. 财政收支

财政收支平稳增长。2016年，全市实现财政总收入444亿元。其中一般公共预算收入238.08亿元，同口径增长10.3%。一般公共预算收入中税收占比78.2%。全市工业入库地方税收42.0亿元，同口径增长29.0%；建安和房地产业入库地方税收99.3亿元，下降3.6%。其中房地产业入库地方税收64.8亿元，增长2.4%；建筑业入库地方税收34.5亿元，下降13.1%。全市完成财政总支出547.89亿元，比上年增长10.6%。其中一般公共预算支出425.05亿元，增长4.7%。财政支出继续优化，民生支出保障有力。2016年全市民生支出342亿元，增长11.5%，占一般公共预算支出的79.5%。

3. 物价水平

消费价格涨幅平稳。全年居民消费价格总水平(CPI)比上年上涨2.0%，比上年涨幅提高0.4个百分点。八大类消费价格呈现“七升一降”格局。“七升”即为：食品烟酒类上涨3.7%，衣着类上涨1.7%，居住类上涨0.2%，生活用品及服务类上涨0.4%，教育文化和娱乐类上涨0.4%，医疗保健类上涨10.3%，其他用品和服务类上涨2.1%；“一降”即：交通和通信类下降1.3%。

4. 固定资产投资

投资总体较为平稳。全市固定资产投资完成2059.58亿元，比上年增长12.0%。一、二、三产业投资分别完成26.38亿元、1330.76亿元和702.44亿元，比上年分别增长1.2倍、8.3%和17.4%。三次产业投资分别占投资总量的1.3%、64.6%和34.1%。民间投资仍是主力，完成1599.60亿元，占全部投资的77.7%。

工业投资平稳增长。全市工业投资完成1328.70亿元，比上年增长8.6%。其中制造业完成1219.38亿元，增长6.0%；工业投资占全部投资的64.5%。

(二) 农林牧渔业

农业经济稳步推进。2016年，全市实现农林牧渔业总产值517.24亿元，可比价增长2.0%。其中农业298.51亿元，林业18.09亿元，牧业102.14亿元，渔业84.90亿元，农林牧渔服务业13.61亿元，占比分别为57.7%、3.5%、19.8%、16.4%和2.6%。

粮食总产保持稳定。全年粮食作物播种面积869.12万亩，比上年增加3.17万亩，增长0.5%；夏秋两季受到连续阴雨天气影响，粮食单产略有下降，总产基本持平。全市粮食总产量384.54万吨，较上年下降0.5%；粮食单产442公斤/亩，较上年下降0.9%。其中夏粮总产156.93万吨，比上年增加0.22万吨，增产0.1%；秋粮总产227.61万吨，比上年减少2.3万吨，减产1.0%。

造林抚育扎实开展。大力开展植树造林工作，以“春季绿化突击月”活动为抓手，全面实施成片林营造、村庄绿化、道路河道绿化、农田防护林等四大林业重点工程建设，稳步增加绿量。2016年全市共成片造林3.7万亩，植树670万株，打造省级绿化示范村46个(其中森林生态示范村6个)，森林抚育面积11.05万亩。加强林下经济示范基地建设，2016年全市建立林下经济示范基地72个，示范面积1.37万亩，推广面积7.7万亩，亩均增益1500元以上。

畜牧业、渔业稳步发展。全市生猪出栏262.71万头，家禽出栏7791.1万只，分别比上年增长1.4%和2.4%。肉类总产量34.25万吨，比上年增长1.9%。禽蛋产量14.88万吨，比上年增长1.6%。年末拥有部级畜禽养殖标准化示范场15家，省级规模养殖场943家，生猪大中型规模养殖比重75.2%。全市水产品产量27.11万吨，比上年增长1.9%。

高效设施农业快速发展。截至2016年末，全市建成省级现代农业园区8个，发展设施农业111.1万亩、设施渔业27.5万亩，分别占农业、渔业生产总面积的17.2%和26.7%，科技兴农步伐不断加快。

(三) 工业和建筑业

工业经济稳中向好。2016年,全市工业经济稳步发展,质量和效益明显提高。全部工业增加值比上年增长10.6%。规模以上工业企业实现产值4313.56亿元,比上年增长13.0%。经济效益稳步提升。全市规模以上工业企业实现主营业务收入4077.11亿元,比上年增长11.0%;实现利润总额403.28亿元,比上年增长11.6%。

重点企业梯度分布趋向改善。2016年,全市大中型工业企业实现产值1444.87亿元,占全市规模以上工业企业的33.5%。全市规模以上工业企业中,大、中、小微型企业数量占比由2011年的0.6∶4.5∶94.9调整为2016年的1.1∶6.9∶92.0,大中型企业在规模以上工业企业中的地位有所提升,"中坚力量"进一步增强,全市工业企业梯度分布趋向改善。

特色产业发展加快。2016年,全市规模以上四大特色产业实现产值2668.73亿元,比上年增长13.7%,高于全市平均增速0.7个百分点,占全市规模以上工业企业总产值的61.9%。其中发展最快的机电装备业实现产值765.70亿元,增长20.4%;纺织服装业实现产值596.93亿元,增长17.5%;家居制造业实现产值571.55亿元,增长10.0%;食品饮料业实现产值734.55亿元,增长7.6%。特色产业加速发展,进一步筑牢了宿迁市工业基础。

新兴产业发展平稳。2016年,全市规模以上四大新兴产业实现产值448.13亿元,比上年增长7.9%。其中智能家电实现34.18亿元,增长34.5%;绿色建材实现101.56亿元,增长15.6%;功能材料实现284.74亿元,增长2.5%;智能电网实现27.65亿元,增长14.4%。

主要产品产量有增有降。列入全市统计范围的工业产品共167个,其中70.7%的产品产量增长,增幅在30%以上的有24个,占14.3%。

建筑业总产值突破700亿元。截至2016年末,全市共有列统总承包和专业承包建筑企业374家,比上年增长3.3%;全年完成建筑业总产值716.82亿元,比上年略降2.8%;全年房屋建筑施工面积6289万平方米,比上年下降9.2%;房屋建筑竣工面积2995万平方米,比上年下降14.8%。其中住宅竣工面积2153万平方米,下降24.2%;签订建筑合同额1157.31亿元,比上年增长19.1%。其中本年新签合同额878.40亿元,增长37.4%。

(四) 服务业

1. 国内贸易

国内消费稳步增长。2016年,全市实现社会消费品零售总额705.54亿元,比上年增长12.6%。按消费形态分,批发和零售业实现614.55亿元,增长12.3%;住宿和餐饮业实现90.99亿元,增长14.5%。按城乡市场分,城镇实现563.66亿元,增长13.2%;乡村实现141.88亿元,增长10.4%。

全市全年限额以上批发和零售业实现社会消费品零售额262.62亿元,比上年增长14.8%。其中粮油食品类、服装鞋帽针纺织品类和日用品类分别实现19.76亿元、11.67亿元和7.73亿元,分别增长9.0%、7.9%和21.7%;烟酒类和饮料类分别实现5.83亿元和3.34亿元,分别增长4.3%和3.1%;汽车类和石油及制品类分别实现81.44亿元和44.24亿元,分别增长20.5%和7.3%;书报杂志类实现30.36亿元,增长28.4%;家用电器和音像器材类实现20.33亿元,增长8.0%。限额以上住宿和餐饮业实现零售额12.47亿元,比上年增长11.4%。

2. 交通运输和邮电

交通运输业低速增长。2016年,全市完成客运量5909万人,比上年下降1.0%;实现旅客运输周转量42.19亿人千米,比上年下降1.3%;全市完成货运量6023万吨,比上年增长0.7%。其中公路货运3785万吨,增长2.0%;水路货运2238万吨,下降1.4%。全市实现货物运输周转量202.79亿吨千米,比上年增长3.0%。其中公路货物周转量133.65亿吨千米,增长2.0%;水路货物周转量69.14亿吨千米，增长5.1%。完成港口货物运输吞吐量1582万吨，比上年增长7.8%。

邮政通信业喜忧参半。2016年，全市邮政业实现业务收入11.49亿元，比上年下降68.9%；实现邮政业务总量24.63亿元，比上年下降28.3%。2016年，全市电信业实现业务收入30.73亿元，比上年增长7.0%。年末全市有各类电话用户478.17万户，比上年末增加9.87万户。其中移动电话用户432.70万户，增加21.32万户；固定电话用户45.47万户，比上年末减少11.45万户。2016年末，全市有国际互联网用户382.57万户，比上年末净增43.21万户。其中宽带用户113.55万户，净增21.94万户。

3. 旅游业

旅游业较快发展。2016年末，全市有等级旅游景区47个，比上年末增加16个，增长51.6%。其中，4A、3A和2A级景区分别有9个、20个和18个，分别比上年末增加1个、4个和11个，分别增长12.5%、25.0%和157.1%。等级旅游景区数量增长较快，旅游供给能力明显增强。2016年，全市实现旅游总收入216.26亿元，比上年增长23.2%。接待国内外游客1925.5万人次，比上年增长20.2%。其中4A级景区接待人数658.83万人次，增长18.1%。年末旅行社数量达到72家，比上年末增加5家。

4. 金融和保险业

金融业发展较快。全年金融业实现增加值108.36亿元，比上年增长15.6%，快于服务业增速5.4个百分点。南京银行、民生银行等4家银行成功引进，南京证券、海通证券等9家证券机构先后入驻，太平财险、华泰财险等11家保险公司开业运营，各类金融机构超过120家。全市金融机构人民币各项存款余额2207.43亿元，比年初增加387.62亿元，增长21.3%。其中住户存款余额1086.33亿元，比年初增加136.82亿元，增长14.4%。全市金融机构人民币各项贷款余额1960.37亿元，比年初增加263.32亿元，增长15.5%。保险体系逐步健全。全市市级专业保险机构32家。其中人寿保险14家，财产保险18家。全市共实现保费收入62.66亿元，较上年增长7.4%。其中财险保费收入24.21亿元，增长15.3%；人身险保费收入38.45亿元，增长3.0%。

5. 房地产业

商品房去化库存成效显著。全年房地产开发投资完成309.76亿元，比上年下降14.6%。其中住宅投资完成225.10亿元，下降15.5%；全市商品房施工面积3909.47万平方米，比上年下降1.3%。其中商品住宅施工面积2987.38万平方米，下降2.2%。网签数据显示，全市商品房销售面积836.15万平方米，比上年增长46.8%。其中住宅销售面积714.33万平方米，增长47.1%；市区商品住宅去化周期由最高的28个月缩短至11.5个月。

（五）开放型经济

1. 对外贸易

对外贸易呈下降态势。2016年，全市实现进出口总额24.22亿美元，比上年下降6.8%。其中出口18.71亿美元，增长1.2%；进口5.51亿美元，下降26.5%。全年出入境检验检疫22232批次，比上年增长11.7%；出入境检验检疫金额达9.53亿美元，比上年下降31.3%。全年新批外商投资企业46个，比上年增长70.0%；完成协议注册外资8.07亿美元，比上年增长0.7%。全市实际使用外资4.50亿美元，比上年增长51.0%。

2. 园区建设

2016年，全市开发区共有规模以上工业企业1015家，比上年增加54家；实现规上工业总产值2410.02亿元，比上年增长17.0%；实现主营业务收入2273.08亿元，比上年增长14.0%。

投资形势趋好。2016年初全市开发区固定资产投资以－6.4%增速开局，之后逐步回升，1—9月增速达年内最高，增长12.4%，此后各月投资保持平稳增长。全年完成固定资产投资955.72亿元，比上年增长10.6%。其中工业投资完成785.68亿元，增长7.1%。

转型升级有序推进。2016 年，全市开发区规上工业中高新技术产业完成产值 782.58 亿元，比上年增长 19.6%。从行业看，新材料制造业实现产值 266.86 亿元，占高新技术产业产值的 34.1%，占比最大；技术改造投资完成 166.57 亿元，比上年增长 17.0%，增速最快；占工业投资的 21.2%，比上年占比提升 1.8 个百分点。

一般公共预算收入较快增长。2016 年，全市开发区实现一般公共预算收入 90.16 亿元，占全市总量的 37.9%，比上年同口径增长 11.9%。

外资外贸"一增一降"。2016 年，全年开发区实际使用外资 4.18 亿美元，比上年增长 46.0%；本地企业实现进出口总额 21.66 亿美元，比上年下降 3.3%。

二、宿迁市 2016 年社会发展概况

（一）人口、人民生活

全市人口逐年增长。2016 年末，全市户籍总户数 150.12 万户，比上年增加 0.84 万户；户籍总人口 591.60 万人，比上年增加 5.32 万人；常住人口 487.94 万人，比上年增加 2.56 万人；常住人口出生率 14.12‰，死亡率 7.29‰，人口自然增长率 6.83‰；全市城镇常住人口 280.71 万人，比上年增加 11.18 万人，增长 4.1%。

居民生活水平持续改善。2016 年，全市居民人均可支配收入 18957 元，比上年增长 9.3%。按收入来源分，工资性收入 10162 元，增长 7.8%；经营净收入 5137 元，增长 9.5%；财产净收入 747 元，增长 13.0%；转移净收入 2911 元，增长 13.8%。按常住地分，城镇居民人均可支配收入 24086 元，增长 8.3%；农村居民人均可支配收入 13929 元，增长 9.1%。全市居民人均消费支出 12315 元，比上年增长 8.7%，恩格尔系数为 35.1%。

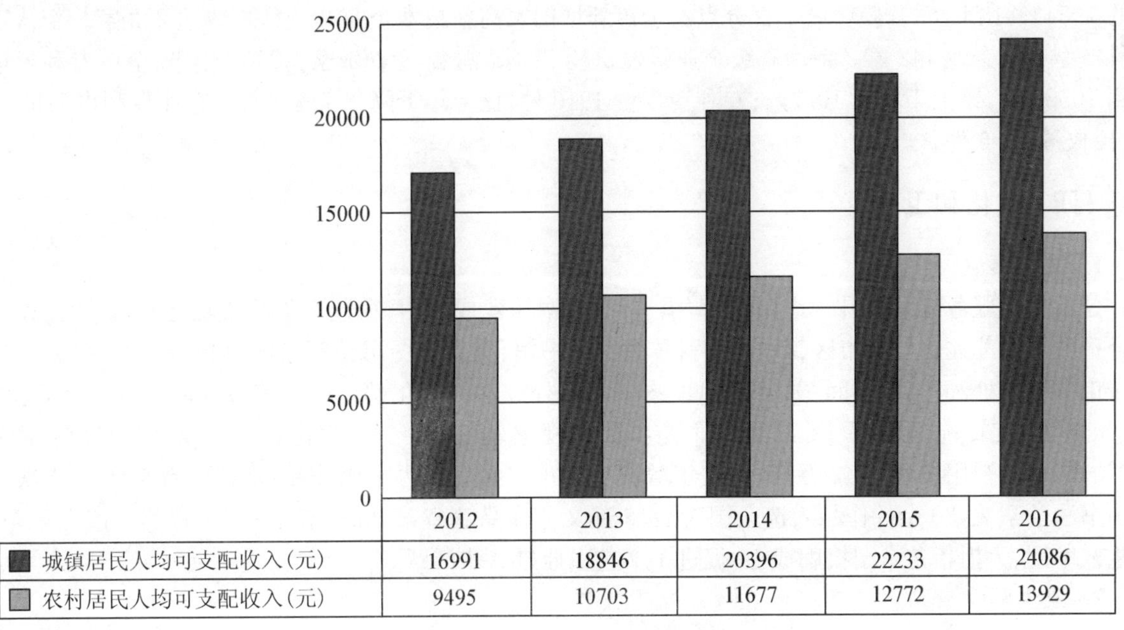

图 3　2012—2016 年宿迁市城乡居民收入对比一览

（二）就业、社会保障

就业形势总体平稳。年末全市从业人员 283.2 万人，比上年增加 1.6 万人，增长 0.6%。其中，一产 89.3 万人，减少 10.3 万人，下降 10.3%；二产 106.8 万人，增加 7.5 万人，增长 7.6%；三产 87.1 万人，

增加 4.4 万人，增长 5.3%。城镇登记失业率 1.88%，比上年回落 0.12 个百分点。

社会保障体系更加完善。全面落实社保惠民政策，积极构建更加公平可持续社会保障体系。开展社会保险"幸福行动"，全市职工"五险"基金总收入 43.5 亿元，"五险"扩面新增 31.2 万人次，增长 10.6%，增幅全省领先。城镇居民医保补偿率达 70%。持续提升兜底保障能力。全市共保障城乡低保对象 10.8 万户、24.5 万人，发放低保金 8.66 亿元，农村低保标准从每人每月 370 元提高至 390 元，城市低保标准继续保持每人每月 490 元。推进城乡社区居家养老服务中心、农村老年关爱之家等载体建设，全市居家养老床位 1.1 万张，居家养老服务中心(站)1352 个，建成城市社区小型托老所 39 个，农村老年人"关爱之家"102 个，全市城市社区居家养老服务中心基本实现全覆盖，农村社区居家养老服务中心覆盖率达到 87.0%。

（三）教育和科学技术

1. 教育事业

教育事业稳步发展。基础教育进一步夯实。新增省优质幼儿园 14 所，深入推进集团化办学，成立高中、初中、小学和幼儿园 4 个学段发展联盟。全市基础教育集团拥有成员学校 184 所，集团化办学覆盖率达 54.0%。高考成绩持续攀升，2016 年全市本科录取 15999 人，录取率 55.51%。全市录取清华、北大 19 人，位居苏北前列。构建适合宿迁实际的现代职教体系，新增 5 所省高水平现代化职业学校、13 个省高水平示范性实训基地、2 个省现代化中职专业群。人才培养质量不断提高，在省职业教育技能大赛中获得奖牌 140 枚，比上年净增 26 枚。高端技能大赛成绩取得历史性突破，在全国职业教育技能大赛中获得 3 金 2 银，1 人获得"2016 中餐烹饪世界锦标赛"果蔬雕刻项目亚军。

2. 科学技术

科技创新成绩显著。2016 年，全社会研究与发展(R&D)活动经费支出 35.88 亿元，占地区生产总值的 1.54%，比上年提高 0.08 个百分点。全市新增国家高新技术企业 28 家，总数达 212 家。新认定省级科技型中小企业 142 家。新增省级企业研发机构 51 家，总数达 262 家。2016 年末，全市专利申请量达到 10522 件，比上年增长 10.7%；专利授权量 4910 件，比上年下降 4.7%。其中企业专利申请量 8387 件，授权量 3986 件。

（四）文化和卫生

1. 文化事业

公共文化服务继续提升。市博物馆、图书馆、档案馆建成使用，宿迁音乐厅成功运营，文化建设工程综合指数跃居苏北首位。市区新增可成科技数字图书馆、高新区图书馆等市图书馆分馆 5 家，新增项里等城市书吧 4 处和"第五空间"24 小时自助图书馆 2 处。各级文化部门全年实现送戏 524 场次，送电影 10596 场次，流转配送图书 12 万册。推进乡镇电视整转工作，乡镇镇区数字电视信号通达率实现 100%；数字电视用户累计 42 万户，比上年增长 13.5%。成功举办书画作品进省展、晋京展，6 人次入选中国书法兰亭奖，30 余件作品入选全国美展，6 部文艺作品获省第九届"五个一"工程奖。市青年乐团、拂晓艺术团、大拇指艺术团揭牌成立，促进了文艺事业进一步活跃。

2. 卫生事业

医疗卫生事业稳步发展。医疗机构建设加快，全市医疗卫生资产突破 160 亿元。市第一人民医院正式投入运行，市人民医院新门急诊大楼、市儿童医院新院、市体检康复中心等卫生重大项目有序推进，沭阳县人民医院获批三级乙等综合医院，市人民医院顺利通过三级乙等综合医院复核评价。顺利完成乡镇卫生院、计划生育服务中心机构整合，全市共成立乡镇(街道)卫计中心 120 个，并正常开展工作。基本药物制度乡镇全覆盖。全市 129 个乡镇医院全部实施基本药物制度，平均销售基本药物采购金额占比 75%、品种占比 57%，门诊次均药品费用和住院次均药品费用分别较上年下降 18.0%和 7.0%。新农合制度进一步完善。全市新农合参合人数达 383.4 万，参合率 99.7%，连续六年稳定在 99%以上。2016 年，全市新农合补偿 164.35 万人次，累计补偿 18.76 亿元，较上年增加 2.67 亿元。

（五）城市建设

城市建设迈上新台阶。加快人文关怀城市建设，加快城市基础设施建设，全面推进新型城镇化。全市城镇化率 57.5%，较上年提高 2.0 个百分点。中心城市建成区面积扩大到 85 平方千米，人口增至 75 万人。成功摘得中国人居环境奖城市、国家卫生城市、国家节水型城市、全国双拥模范城、中国人居环境范例奖、省优秀管理城市等一系列桂冠。

（六）环境保护和节能减排

生态环境治理成效显著。空气质量明显改善。全面完成 2016 年空气质量国（省）考约束性指标，市区空气质量优良天数增幅位居全省第四，PM2.5 年均浓度为 56 微克/立方米，比 2013 年减降 24.3%，提前一年达到“国十条”考核要求，三县空气质量全面完成市考目标。国考断面、饮用水源地水质达标率均为 100%，省考以上断面水质达标率 92.3%，优Ⅲ比例高于省定目标 4 个百分点。高水平实施绿化工程。五年来中心城市累计新（改）建绿地 5.6 万亩，绿地率、绿化覆盖率分别达 39.7% 和 42.7%。植树造林工程稳步推进。五年来累计新造成片林 41.89 万亩，林木覆盖率提高到 30.1%，居全省第二位。

环保基础设施进一步完善。加大资金投入，不断提升环保基础设施水平。实施“雨污分流”，五年来累计铺设雨污水管网 1470 千米，实现雨污分流面积 130 平方千米。大力推进高清监控“四大工程”，织密防护“天网”。污水处理设施不断健全。五年来新（扩）建城市污水处理厂 6 座，日污水处理能力达 51.75 万吨，提高了 0.85 倍；垃圾焚烧发电厂二期、有机生物处置中心、危险废物填埋场等先后建成，生活垃圾转运处置体系基本建成。

节能减排效果显著。2016 年，全市能耗总量略有上升，能源利用率和节能降耗向好发展。全市单位 GDP 能耗 0.37 吨标准煤/万元，比上年下降 1.8%；单位工业增加值能耗为 0.45 吨标准煤/万元，比上年下降 2.1%；单位 GDP 电耗为 0.07 万千瓦时/万元，比上年上升 2.3%。

三、宿迁市在泛长三角地区经济发展中的地位

2016 年，在省委、省政府和市委的坚强领导下，在市人大、市政协监督支持下，深入贯彻党的十八大、十八届三中、四中、五中、六中全会和习近平总书记系列重要讲话精神，紧紧围绕全面建成小康社会的奋斗目标，自觉践行“五大发展理念”，突出“三抓三促”工作主线，扎实做好稳增长、促改革、调结构、惠民生、防风险各项工作，经济社会发展呈现出“总体平稳、稳中有进、进中向好、结构优化、质量提升”的良好态势，完成了市四届人大各次会议确定的目标任务，开创了宿迁改革发展稳定的新局面。

（一）地区生产总值

2012—2016 年宿迁市地区生产总值在长三角所占比重为 1.19%、1.22%、1.27%、1.31% 和 1.32%，连续多年比重明显增加，累计增幅为 0.13 个百分点，其中 2016 年较上年增长 0.01 个百分点。2016 年宿迁市地区生产总值在泛长三角地区 41 个市排名第 23 位。

2016 年，一批综合性指标增幅持续领先，实现经济总量跻身全国百强的历史性跨越。坚持超前研判、精准施策、积极作为，有效顶住了经济下行压力，经济发展始终保持快于全省、好于周边的势头。地区生产总值突破 2000 亿元大关，由 1522 亿元增至 2351 亿元，成功跻身全国地级市百强，年均增长 10.6%，分别快于全国、全省 3.4 个、2 个百分点；人均 GDP 从 5042 美元增至 7276 美元，达到中上等收入国家水平。三次产业结构调整为 11.7∶48.5∶39.8。

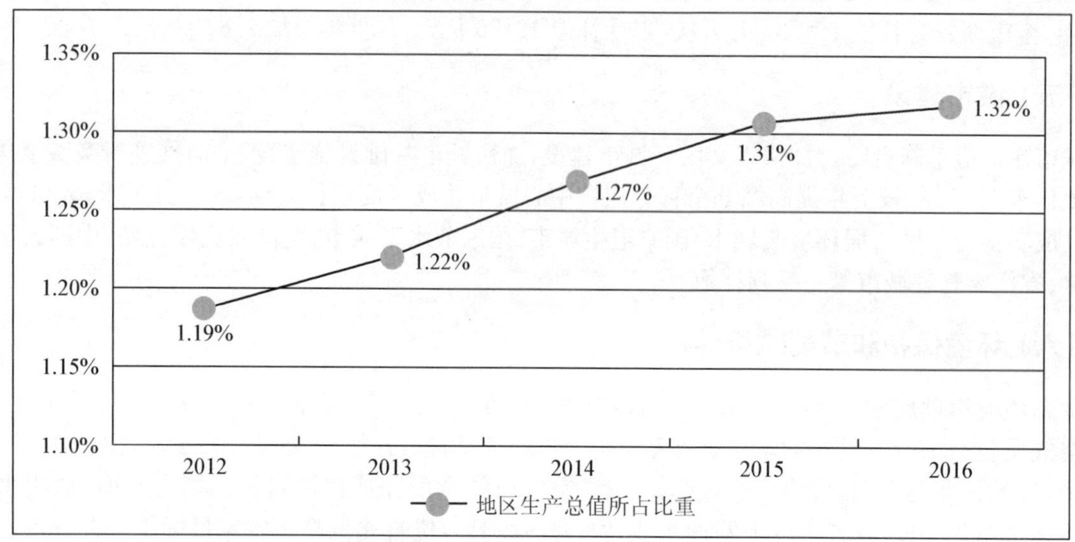

图 4　2012—2016 年宿迁市地区生产总值在泛长三角
（苏浙两省 24 个地级市、安徽省 16 个地级市和上海市，下同）所占比重的变化趋势

（二）地方财政一般预算收入

2012—2016 年宿迁市地方财政一般预算收入在泛长三角所占比重为 1.14%、1.14%、1.23%、1.21% 和 1.12%，呈倒“U”形发展态势。五年减少了 0.02 个百分点，其中 2016 年较上年减少了 0.09 个百分点。2016 年宿迁市地方财政一般预算收入在泛长三角地区 41 个市排名第 22 位。

图 5　2012—2016 年宿迁市地方财政一般预算收入在泛长三角所占比重的变化趋势

2016 年，全市各级财政部门认真落实市四届人大五次会议的决议，面对复杂严峻的宏观经济形势和“营改增”等减税降费政策，主动加强政策研判，勇于担当，积极应对，统筹推进稳增长、调结构、促改革、惠民生、防风险等工作，财政运行保持平稳，支出绩效不断提高，财税改革取得关键进展，较好地完成了各项目标任务。

一般公共预算收入 238.1 亿元，与市四届人大五次会议通过的预算目标存在差距，主要是因为：从 2016 年 5 月 1 日起，国务院决定全面推开“营改增”试点，并实施中央与地方收入划分改革，一是“营改

增”税制改革对企业产生减税效应，二是中央与地方收入划分改革造成宿迁市结构性减收。完成调整预算的101%，同口径增长10.3%，其中税收收入186.3亿元，同口径增长5.1%，税收占比78.2%；非税收入51.8亿元，增长33.8%。一般公共预算支出425亿元，完成预算的98.8%，增长4.7%。

初步测算，全市一般公共预算总来源464.7亿元，其中：当年一般公共预算收入238.1亿元、上级税收返还及转移支付补助195亿元、上年结转收入17亿元、地方政府新增一般债券14.6亿元。一般公共预算总支出471亿元，其中：当年一般公共预算支出425亿元、上解上级支出32亿元、结转下年支出14亿元。当年收支缺口6.3亿元，主要通过向上争取扶持、调入资金等渠道弥补，实现当年收支平衡。

（三）规模以上工业总产值

2012—2016年宿迁市规模以上工业总产值在泛长三角所占比重为0.95%、1.09%、1.21%、1.36%和1.37%，继续保持增长的态势，累计增幅为0.42个百分点，其中2016年较上年增加0.01个百分点。2016年宿迁规模以上工业总产值在泛长三角地区41个市排名较上年上升一位，排名第23位。

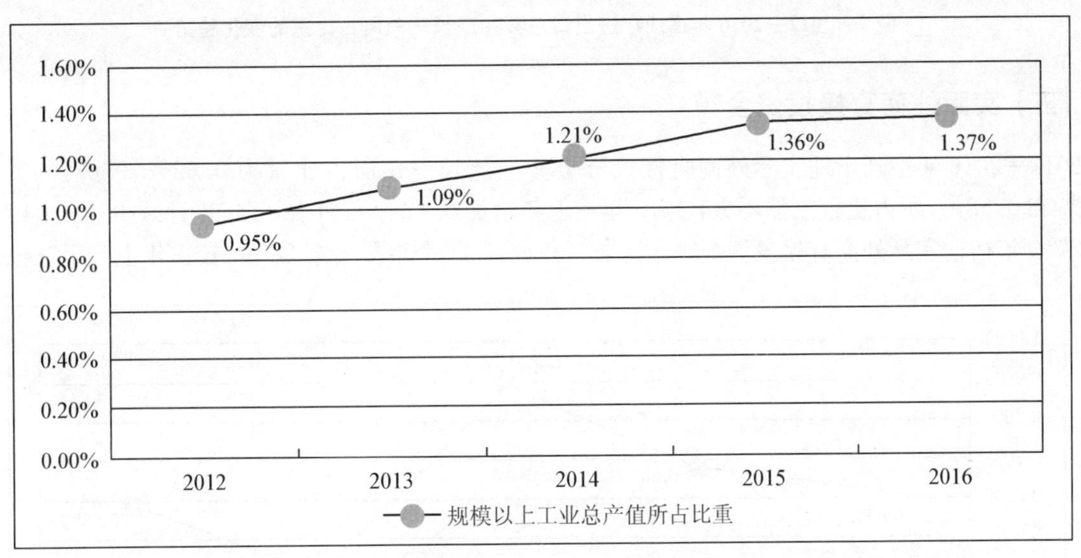

图6　2012—2016年宿迁市规模以上工业总产值在泛长三角所占比重的变化趋势

2016年，工业生产稳步增长。全市规模以上工业企业实现产值4313.56亿元，比上年增长13.0%；实现增加值1090.04亿元，比上年增长11.4%，高出全省平均水平3.7个百分点；全市工业用电量115.81亿千瓦时，比上年增长9.2%，高出全省平均水平4.6个百分点，工业增加值和工业用电增速均居全省首位。

（四）进出口总额

2012—2016年宿迁市进出口总额在泛长三角所占比重为0.21%、0.24%、0.26%、0.19%和0.18%，五年整体上减少了0.03个百分点。2016年宿迁进出口总额在泛长三角地区41个市排名第29位。

2016年，全市实现进出口总额24.22亿美元，比上年下降6.8%。其中出口18.71亿美元，增长1.2%；进口5.51亿美元，下降26.5%。全年出入境检验检疫22232批次，比上年增长11.7%；出入境检验检疫金额达9.53亿美元，比上年下降31.3%。2016年，宿迁市进出口贸易发展是江苏外贸发展中的短板。与苏南、苏中都存在较大的差距，就苏北五市而言，宿迁依然处于出口比较薄弱的环节，外向型发展存在巨大的上升空间。但如果从横向比较，宿迁进出口呈增长趋势。

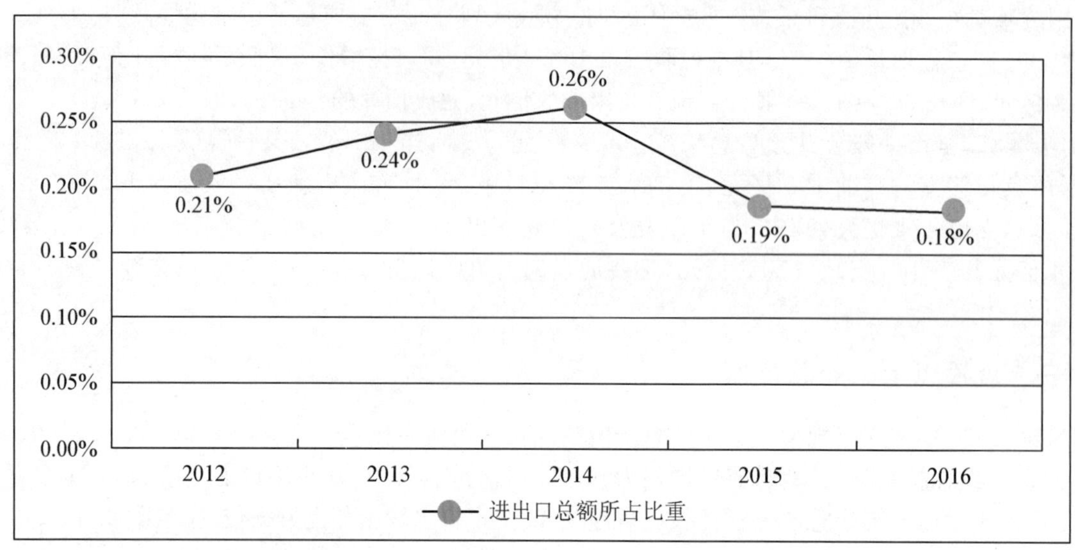

图 7　2012—2016 年宿迁市进出口总额在泛长三角所占比重的变化趋势

(五) 实际外商直接投资金额

2012—2016 年宿迁市地实际外商直接投资金额在泛长三角所占比重为 0.62%、0.68%、0.89%、0.41%和 0.58%，所占比重虽然不大，2015 年较上年增加 0.17 个百分点，五年累计减少达 0.04 个百分点。2016 年宿迁实际外商直接投资金额在泛长三角地区 41 个市排名第 28 位，较去年上升了三位。

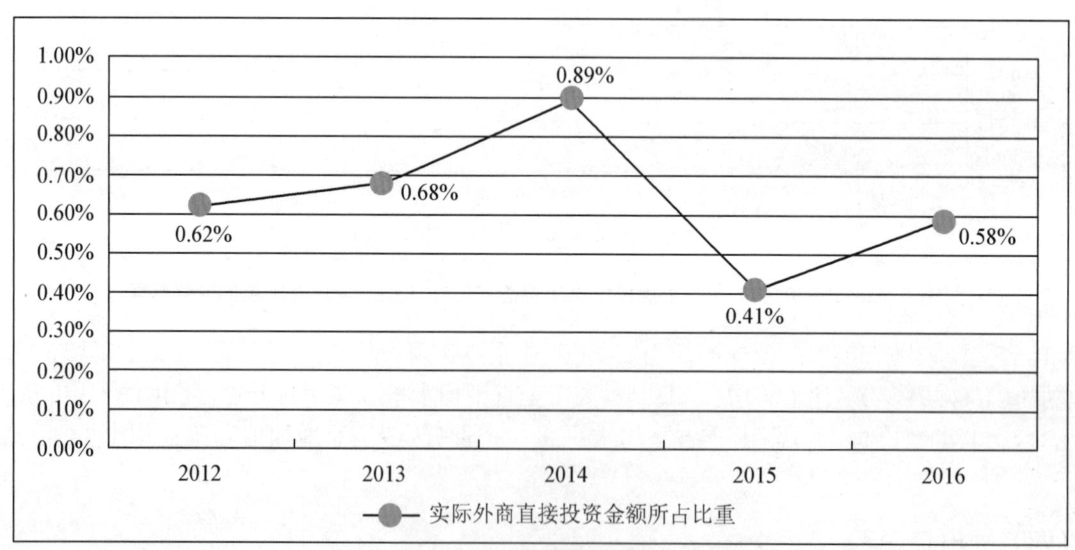

图 8　2012—2016 年宿迁市实际外商直接投资金额在泛长三角所占比重的变化趋势

2016 年，全年新批外商投资企业 46 个，比上年增长 70.0%；完成协议注册外资 8.07 亿美元，比上年增长 0.7%。全市实际使用外资 4.50 亿美元，比上年增长 51.0%。

第三章　浙江省及各市 2016 年经济社会发展报告

一　浙江省 2016 年经济社会发展报告

2016 年，全省上下全面贯彻落实党中央、国务院和省委、省政府决策部署，坚持稳中求进工作总基调，主动把握和引领经济发展新常态，积极推进供给侧结构性改革，坚定不移打好转型升级系列组合拳，经济运行稳走向好，社会发展和谐稳定。

一、浙江省 2016 年经济发展概况

（一）综合经济

1. 经济总量

全年地区生产总值（GDP）47251.36 亿元，比上年增长 7.6%。其中，第一产业增加值 1965.18 亿元，第二产业增加值 21194.61 亿元，第三产业增加值 24091.57 亿元，分别增长 2.7%、5.7%和 9.7%，第三产业对 GDP 的增长贡献率为 62.9%。三次产业增加值结构由上年的 4.3∶45.9∶49.8 调整为 4.2∶44.8∶51，第三产业比重提高 1.8 个百分点。人均 GDP 为 83538 元（按年平均汇率折算为 12577 美元），增长 6.7%。全员劳动生产率为 12.4 万元/人，按可比价计算比上年提高 6.8%。

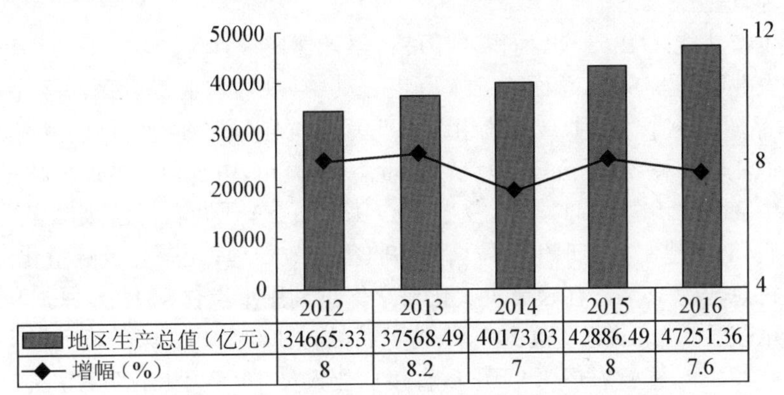

	2012	2013	2014	2015	2016
地区生产总值（亿元）	34665.33	37568.49	40173.03	42886.49	47251.36
增幅（%）	8	8.2	7	8	7.6

图 1　2012—2016 年浙江省地区生产总值及增长速度

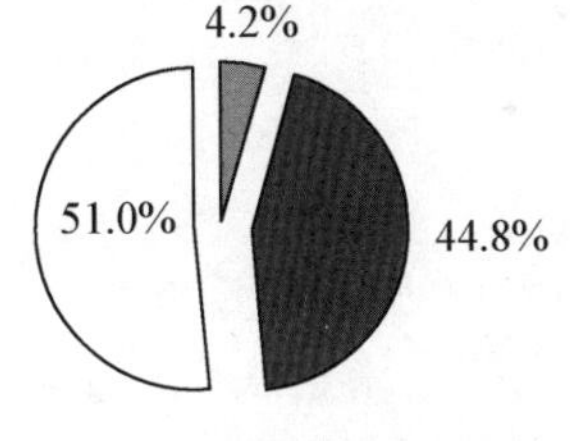

图 2　2016 年浙江省三次产业结构图

2. 财政收入

全年财政总收入9225亿元，比上年增长7.7%；财政一般公共预算收入5302亿元，同口径增长9.8%。

3. 物价水平

全年居民消费价格比上年上涨1.9%，其中食品类价格上涨5.1%。商品零售价格上涨1.0%。农业生产资料价格下降0.5%。工业生产者出厂价格下降1.7%，工业生产者购进价格下降2.2%。固定资产投资价格下降0.5%。

4. 固定资产投资

全年固定资产投资29571亿元，比上年增长10.9%。非国有投资18146亿元，占61.4%，其中民间投资16441亿元，占55.6%。

在固定资产投资中，第一产业投资386亿元，比上年增长13.9%；第二产业投资9109亿元，增长3.5%；第三产业投资20076亿元，增长14.6%。投资项目51754个，比上年增长7.8%，其中新开工项目36732个，增长22.0%。

（二）农业和新农村建设

全年粮食播种面积1255千公顷，比上年下降1.8%；粮食单产5991公斤/公顷，增长1.8%；粮食总产量752万吨，与上年持平。油菜籽播种面积118千公顷，下降3.9%；蔬菜633千公顷，增长2.4%；花卉苗木160千公顷，增长9.8%；中药材43千公顷，增长11.4%；果用瓜102千公顷，增长1.6%。

生猪年末存栏574万头，年内出栏1169万头，分别比上年下降21.4%和11.1%；全年肉类总产量118万吨，下降9.9%；水产品总产量631万吨，增长4.8%，其中，海水产品产量517万吨，增长5.2%；淡水产品产量114万吨，增长3.2%。

全年新建粮食生产功能区1245个，面积84万亩，累计建成粮食生产功能区9131个，总面积760万亩。累计建成现代农业园区818个，总面积516万亩。其中，现代农业综合区107个，主导产业示范区200个，特色农业精品园511个。农业产业化组织5.5万家，农业龙头企业7600多家，销售收入3500多亿元。全年新增土地流转面积50万亩，土地流转总量1005万亩，占承包耕地面积比重53.0%。

全年开展农村生活污水治理村4173个，受益农户115万户；开展农村垃圾减量化资源化处理试点村230个。截至年底，86%建制村实现生活垃圾集中收集有效处理；开展垃圾减量化资源化无害化处理村4500个，占建制村总数的16%。在建历史文化村落保护利用重点村131个，保护利用一般村653个；创建省级美丽乡村示范县6个、示范乡镇100个、特色精品村300个。农家乐特色村1103个，特色点(各类农庄、山庄、渔庄)2381个，经营农户1.9万户，直接从业人员16.6万人，接待游客2.8亿人次，全年营业收入291亿元。“千万农民素质提升工程”培训32.2万人，其中，各类农村实用人才19.4万人，农村富余劳动力8.7万人，实现转移就业7.3万人，转移就业率为83.6%。

（三）工业和建筑业

1. 工业增加值

全年全部工业增加值17974亿元，比上年增长6.2%。规模以上工业增加值14009亿元，增长6.2%。规模以上工业销售产值67222亿元，增长4.5%，其中出口交货值11837亿元，增长1.4%。

规模以上工业中，高新技术产业增加值增长10.1%，占规模以上工业的40.1%，对规模以上工业增长贡献率为68.5%；装备制造业增加值增长10.9%，占规模以上工业的38.8%；战略性新兴产业增加值增长8.6%，占规模以上工业的22.9%。在规模以上工业中，健康产品制造、节能环保产业增加值分别增长8.9%、7.4%；新一代信息技术和物联网、海洋新兴产业、生物产业、核电关联产业增加值分别增长21.2%、16.0%、8.3%和7.9%。规模以上工业新产品产值率34.3%，比上年提高2.3个百分点。

全年规模以上工业企业实现利润4323亿元，比上年增长16.1%。其中，国有及国有控股企业687亿元，增长16.9%；股份制企业660亿元，增长19.9%；外商及港澳台投资企业1122亿元，增长14.4%；私营企业1402亿元，增长7.4%。劳动生产率为20.7万元/人，按可比价计算比上年提高7.9%。

2. 建筑业

全年建筑业增加值2611亿元，比上年增长2.8%。具有资质的总承包和专业承包建筑业企业总产值24989亿元，增长4.2%；实现利税总额1215亿元，增长2.4%。

（四）服务业

1. 国内贸易

全年社会消费品零售总额21971亿元，比上年增长11.0%。按经营地统计，城镇消费品零售额18281亿元，增长10.7%；乡村消费品零售额3690亿元，增长13.0%。按消费类型统计，商品零售额19723亿元，增长10.8%；餐饮收入额2248亿元，增长13.1%。网络零售额10307亿元，增长35.4%；省内居民网络消费5252亿元，增长30.9%。

在限额以上批发零售贸易业零售额中，汽车类零售额比上年增长9.3%，石油及制品类增长0.1%，粮油、食品类增长14.4%，服装、鞋帽、针纺织品类增长16.7%，中西药品类增长5.1%，日用品类增长13.7%，通讯器材类增长14.5%，家具类增长13.0%，五金、电料类增长29.7%，建筑及装潢材料类增长24.3%，金银珠宝类下降1.4%。

年末已登记商品交易实体市场3926家，交易额为2.05万亿元，比上年下降0.1%。

2. 交通运输、邮电

全年交通运输、仓储和邮政业增加值1765亿元，比上年增长5.2%。

年末全省民用汽车拥有量1258万辆，比上年末增长12.2%，其中个人汽车1105万辆，增长13.0%。民用轿车拥有量810万辆，增长11.3%，其中个人轿车750万辆，增长12.0%。

全年完成邮电业务总量3715亿元，比上年增长55.3%。其中，邮政业务总量1251亿元，增长54.2%；电信业务总量2465亿元，增长55.9%。年末移动电话交换机容量11698万户，增加275万户。移动电话用户7225万户，比上年减少241万户，普及率130.4部/百人。固定互联网宽带接入用户2160万户，增加844万户，普及率39户/百人；移动互联网用户6366万户，增加936万户。全省快递业务量59.9亿件，比上年增长56.3%。

全省公路总里程11.9万千米，其中高速公路4062千米。共有民航机场7个，完成旅客发送量2628万人，吞吐量5050万人。铁路、公路和水运完成货物周转量9789亿吨千米，比上年下降0.8%；旅客周转量1075亿人千米，下降1.6%。港口完成货物吞吐量14.1亿吨，增长2.0%，其中，沿海港口完成11.4亿吨，增长3.9%；内河港口完成2.7亿吨，下降5.5%。

3. 旅游业

全年旅游产业增加值3305亿元，比上年增长12.8%，占GDP的7.1%；实现旅游总收入8093亿元，增长13.4%。其中，接待国内游客5.73亿人次，增长9.1%，实现国内旅游收入7600亿元，增长13.1%；接待入境旅游者1120万人次，增长10.7%，实现旅游外汇收入74.3亿美元，增长9.5%。

4. 金融、证券和保险

年末全部金融机构本外币各项存款余额99530亿元，比上年末增长10.2%，其中人民币存款余额增长10.3%。全部金融机构本外币各项贷款余额81805亿元，增长7.0%，其中人民币贷款余额增长7.9%。年末住户本外币存款余额38755亿元，增长11.4%。

年末境内上市公司329家，累计融资7484亿元；其中，中小板上市公司131家，占全国中小板上市公司的15.9%；创业板上市公司60家，占全国创业板上市公司的10.5%。

全年保险业实现保费收入1785亿元，比上年增长24.4%。其中，财产险保费收入697亿元，增长

7.7%；人身险保费收入1088亿元，增长38.0%。支付各类赔款及给付633亿元，增长13.3%。其中，财产险赔付支出414亿元，人身险赔付支出219亿元。

5. 房地产业

全年房地产开发投资7469亿元，比上年增长5.0%，其中住宅投资4807亿元，增长8.0%。商品房销售面积8637万平方米，增长44.3%；商品房销售额9605亿元，增长52.5%。

（五）对外经济

1. 对外贸易

全年货物进出口总额22202亿元，比上年增长3.1%。其中，出口17666亿元，增长3.0%，出口占全国的12.8%，份额比上年提高0.6个百分点；进口4536亿元，增长3.7%。民营企业出口13380亿元，增长6.5%，占出口总额的75.7%，比上年提高2.5个百分点。机电产品出口7490亿元，增长3.6%；高新技术产品出口1112亿元，增长6.5%。市场采购贸易出口1872亿元，增长5.9%，占出口总额的10.6%；外贸综合服务平台出口792亿元，增长66.8%。对"一带一路"沿线主要国家合计出口1506亿元，增长18.6%。

全年服务贸易进出口额3173亿元，比上年增长15.2%，服务贸易进出口额占货物和服务贸易总额的12.5%，比重比上年提高1.2个百分点。其中，出口2074亿元，增长17.0%；进口1099亿元，增长12.0%。

2016年进出口主要分类情况

指　　标	金额(亿元)	比上年增长(%)
货物进出口总额	22202	3.1
货物出口额	17666	3.0
其中：一般贸易	13936	4.4
加工贸易	1694	−6.7
市场采购贸易	1872	5.9
其中：机电产品	7490	3.6
高新技术产品	1112	6.5
货物进口额	4536	3.7
其中：一般贸易	3481	7.9
加工贸易	608	−8.6
其中：机电产品	854	4.0

2. 外资状况

新批外商直接投资项目2145个，比上年增加367个；合同外资281亿美元，实际利用外资176亿美元，分别增长0.9%和3.6%。第二产业中，化学原料及化学制品制造业，电力、燃气及水的生产和供应实际利用外资分别增长1.9倍和1.1倍。第三产业为外商投资主要领域，有投资项目1718个，比上年增长25.8%，占外商直接投资项目总数的80.1%，合同外资180亿元，实际利用外资103亿元，分别增长3.3%和6.4%，占外资总额的比重分别为64.2%和58.6%。

3. 对外承包

国外经济合作完成营业额474亿元，比上年增长16.9%。其中，对外承包工程完成营业额463亿元，增长15.3%；新签合同额376亿元，与上年基本持平；共派出各类劳务人员20396人次，外派劳务人员实际收入11.2亿元。经备案、核准的境外企业和机构803家，比上年增加43家；境外直接投资备案额

1172 亿元，增长 29.0%。

二、浙江省 2016 年社会发展概况

（一）人口、人民生活

据 2016 年全省 5‰人口抽样调查推算，年末全省常住人口 5590 万人，比上年末增加 51 万人。其中，男性人口为 2867.7 万人，女性人口为 2722.3 万人，分别占总人口的 51.3%和 48.7%。全年出生人口 62.4 万人，出生率为 11.22‰；死亡人口 30.7 万人，死亡率为 5.52‰；自然增长率为 5.70‰。城镇化率为 67.0%，比上年提高 1.2 个百分点。

根据城乡一体化住户调查，全年全省居民人均可支配收入 38529 元，比上年增长 8.4%，扣除价格因素增长 6.4%。按常住地分，城镇常住居民和农村常住居民人均可支配收入分别为 47237 元和 22866 元，增长 8.1%和 8.2%，扣除价格因素分别增长 6.0%和 6.3%。全省居民人均可支配收入中位数 34192 元，比上年增加 2693 元，增长 8.6%。

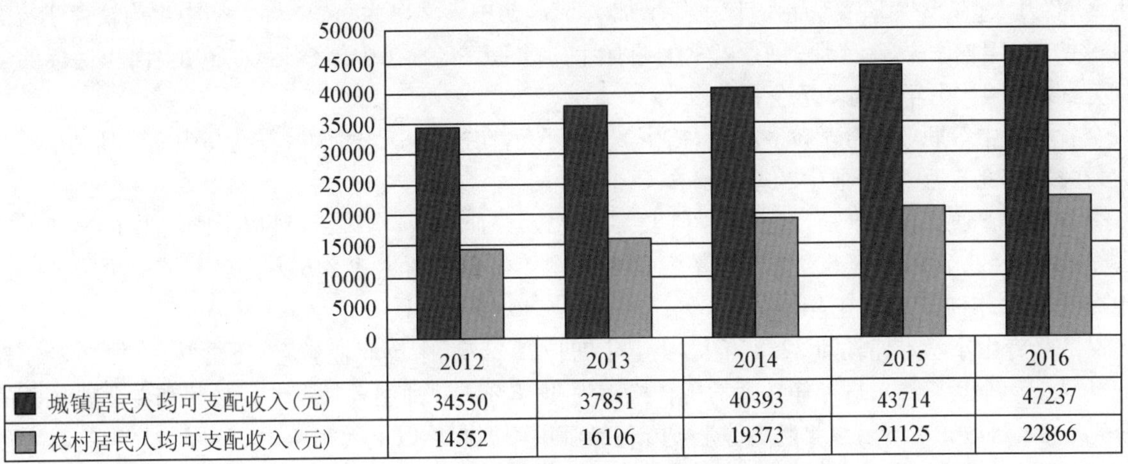

	2012	2013	2014	2015	2016
城镇居民人均可支配收入（元）	34550	37851	40393	43714	47237
农村居民人均可支配收入（元）	14552	16106	19373	21125	22866

图 3　2012—2016 年浙江省城乡居民收入对比一览

全省居民人均生活消费支出 25527 元，比上年增长 5.8%，扣除价格因素增长 3.8%。其中，城镇常住居民和农村常住居民人均生活消费支出分别为 30068 元和 17359 元，增长 4.9%和 7.8%，扣除价格因素分别增长 2.8%和 5.9%。

年末每百户居民家庭拥有家用汽车 45.2 辆，比上年末增加 5.4 辆；拥有计算机 77.8 台，其中接入互联网的计算机 69.4 台，分别增加 0.2 和 0.6 台；拥有移动电话 233.1 部，其中接入互联网的移动电话 138.6 部，分别增加 8.9 和 22.8 部；拥有彩色电视机 172.6 台、电冰箱 98.9 台、洗衣机 86.4 台、空调 169.3 台、热水器 92.0 台，分别增加 3.3、3.2、3.2、14.8 和 4.5 台。

（二）就业、社会保障与社会福利

1. 就业

全年新增城镇就业 116 万人，其中 42 万名城镇失业人员实现再就业，13 万名就业困难人员实现就业。年末城镇登记失业率为 2.87%，比上年下降 0.06 个百分点。

2. 社会保障与社会福利

年末参加企业基本养老保险人数 2323 万人，参加城镇职工基本医疗保险人数 2018 万人，参加失业保险人数 1317 万人，参加工伤保险人数 1881 万人，参加生育保险人数 1294 万人。正常缴费企业退休人员基本养老金月均水平超过 2910 元；城乡居民养老保险基础养老金最低标准提高到 120 元；因工死亡职工供养亲属抚恤金月人均提高100元。

年末在册低保对象84.1万人，其中，城镇9.9万人，农村74.2万人。低保资金（含各类补贴）支出33亿元，比上年增长41.0%；城乡低保平均标准分别为每人每月678元和631元，分别增长3.8%和10.7%。

全年支出医疗救助资金12.5亿元，比上年增长23.0%。中央和省财政投入补助资金3.7亿元，新增各类机构养老床位数3.3万张，新建成社区居家养老服务照料中心3450个。

全年发行各类福利彩票151.3亿元，比上年增加4.4亿元，筹集公益金43.3亿元。

（三）教育和科学技术

1. 教育事业

年末全省共有小学3269所，招生59.5万人；在校生355万人，比上年减少0.55%，小学学龄儿童入学率为99.99%。小学生均校舍建筑面积8.6平方米；生均图书27.8册；每百名学生拥有计算机18.1台；小学体育运动场（馆）面积达标的学校比例为98.6%，比上年提高1.3个百分点。共有初中1717所，招生53.2万人；在校生150.3万人，比上年增加1.6%，初中入学率为99.99%。初中生均校舍建筑面积19.1平方米；生均图书47.4册；每百名学生拥有计算机29.9台；初中体育运动场（馆）面积达标的学校比例为98.3%，比上年提高0.7个百分点。

全省各类中等职业教育学校340所，招生23.6万人，在校生65.9万人；普通高中574所，招生25.9万人，在校生76.6万人，毕业生26万人。

全省共有普通高校108所（含独立学院及筹建院校）。研究生、本科、专科招生比例为1∶6.9∶6.1；高考录取率为89.7%，高等教育毛入学率为57%。全年研究生招生22246人，其中：博士生2580人，硕士生19666人，招生总数比上年增长3.5%。

义务教育中小学专任教师32.2万人，比上年增长2.2%。中等职业教育（不含技工学校）专任教师3.35万人，生师比15.6∶1；专任教师学历合格率为96.6%。双师型教师占专任教师和专业课教师的比例分别为43.0%和79.5%。普通高等学校专任教师中副高职称以上教师所占比例为45.4%；具有硕士以上学位教师比例为80.9%。

全省共有幼儿园8771所，在园幼儿191.8万人。幼儿园专任教师12万人，比上年增加0.4万人；幼儿教师学历合格率为99.9%。

2. 科学技术

全年全社会研究和发展（R&D）经费支出1130亿元，相当于地区生产总值的比例为2.43%，比上年提高0.07个百分点。财政一般公共预算支出中科技支出269亿元，比上年增长7.3%。

有国家认定的企业技术中心107家（含分中心）。新认定高新技术企业2595家，累计9474家。新培育科技型中小企业7654家，累计31584家。全年专利申请量39.3万件，比上年增长27.6%；授权量22.1万件，下降5.8%，其中发明专利授权量2.7万件，增长13.8%。

（四）文化、卫生和体育

1. 文化事业

全省共有公共图书馆102个，文化馆102个，文化站1364个，博物馆275个，隶属文化部门艺术表演团体63个。有线广播电视用户数1531万户，与上年基本持平；广播、电视人口综合覆盖率分别为99.6%和99.7%。全年制作电视剧57部2576集；制作影片54部；制作动画片46部21782分钟。图书出版社14家；影视制作机构1435家，其中上市公司32家。公开发行报纸68种，出版期刊226种。新闻出版广播影视业营业收入2001亿元，与上年基本持平。

2. 卫生事业

年末全省共有卫生机构3.15万个(含村卫生室),其中,医院1131个,乡镇卫生院1194个,社区卫生服务中心(站)5870个,诊所(卫生所、医务室)9673个,村卫生室11677个,疾病预防控制中心101个,卫生监督所(中心)103个。卫生技术人员43.2万人,比上年末增长6.9%,其中,执业(助理)医师16.8万人,注册护士17.4万人,分别增长6.3%和9.1%。医疗卫生机构床位数29万张,增长6.6%,其中,医院26万张,乡镇卫生院2万张。医院年诊疗25357万人次,增长2.9%。孕产妇死亡率5.73/10万,5岁以下儿童死亡率4.00‰,婴儿死亡率2.82‰。

全年全省预约诊疗服务平台预约请求量836.4万人次,预约成功量为597.5万次,比上年分别增长24.7%和23.8%,日均预约成功量16369次。新增注册用户191.4万人,增长47.1%,日均注册量为5243人次。全年完成新接入医院40家,累计接入医院260家。

3. 体育事业

全年浙江运动员在各类国际性、洲际性、全国性比赛中共获得奥运会冠军2个、世界锦标赛冠军5个、世界杯分站赛冠军32个、世界青年锦标赛冠军8个,亚洲锦标赛冠军26个、亚洲青年锦标赛冠军13个,全国各类比赛冠军148个。共创建省级青少年体育俱乐部4个,青少年户外体育活动营地1个。全省共有省级青少年体育俱乐部408所,国家级青少年体育俱乐部148所;省级青少年户外活动营地55个,国家级营地6所。

全年销售体育彩票124亿元,比上年增加15.5亿元,增长14.3%。

(五) 城乡建设

推动重大开放举措落地。深入实施国家“一带一路”倡议、长江经济带等重大战略,全面启动义甬舟开放大通道规划建设,金甬铁路顺利开工,义乌国际贸易综合改革、舟山江海联运服务中心建设扎实推进,中国(浙江)自由贸易试验区获批,宁波梅山新区规划建设积极推进。加快中国(杭州、宁波)跨境电子商务综合试验区建设。积极打造区域发展新动能。支持杭州、宁波、温州、金华—义乌四大都市区加快改革发展,四大省域中心城市城市化水平达到71%左右,高出全省平均水平约4个百分点;地区生产总值平均增长8.3%,高出全省平均水平约1个百分点。支持和鼓励省域中心城市周边有条件的县(市、区)规划建设高铁小镇,积极融入中心城市,实现与主城区一体化发展。支持区域中心城市与相邻县市一体化发展,加快县域经济向城市经济、都市经济转型。积极推进海洋经济发展示范区、舟山群岛新区建设,大力发展海洋经济。扎实推进湖州等生态文明先行示范区建设,主动研究并积极推动浙皖闽赣国家生态旅游协作区规划建设,支持衢州、丽水等生态功能区加快绿色发展。

(六) 资源、环境保护和生态建设

全年平均降水量为1954毫米(折合降水总量2025亿立方米),全省水资源总量为1322亿立方米,比多年平均955亿立方米多38.3%;人均水资源量为2365立方米。

全年完成造林更新面积25.3千公顷,比上年减少42.3%,其中,人工造林12.4千公顷,无林地和疏林地封育1.6千公顷,迹地更新11.3千公顷。森林抚育面积131.4千公顷,完成义务植树6151万株。新植珍贵树木2099万株,重点建设珍贵彩色森林20.6万亩。根据2015年浙江省森林资源年度监测结果显示,全省森林覆盖率为60.96%(含灌木林)。水土流失治理面积503平方千米。

221个省控断面中,Ⅰ—Ⅲ类水质断面占77.4%,比上年提高4.5个百分点;劣Ⅴ类水质断面占2.7%,下降4.1个百分点;满足水环境功能区目标水质要求断面占81.0%,提高5.9个百分点。按达标水量计,11个设区城市的主要集中式饮用水水源地水质达标率为96.2%,提高3.4个百分点;县级以上城市集中式饮用水水源地水质达标率为93.0%,提高3.6个百分点。按个数计,11个设区城市的主要集中式饮用水水源地水质达标率为90.5%,比上年提高17.8个百分点;县级以上城市集中式饮用水水

源地水质达标率为 91.1%，提高 6.0 个百分点。145 个跨行政区域河流交接断面中，满足水环境功能区目标水质要求断面占 88.9%，比上年提高 15.8 个百分点。近岸海域发现赤潮 27 次，累计面积约 2615 平方千米，其中有害赤潮 2 次，面积 95 平方千米。

城市污水排放量 31.9 亿立方米，比上年增长 1.3%，城市污水处理量为 29.7 亿立方米，增长 3.1%，城市污水处理率 93.2%，比上年提高 1.91 个百分点。城市生活垃圾无害化处理率 99.97%，城市用水普及率 99.97%，城市燃气普及率 99.79%，人均公园绿地面积 13.3 平方米。年末有气象雷达观测站点 10 个，卫星云图接收站点 25 个，区域自动气象观测站 2532 个。霾平均日数 34 天，比上年减少 19 天。11 个设区城市环境空气 PM2.5 年均浓度平均为 41 微克/立方米，比上年下降 12.8%；日空气质量(AQI)优良天数比例范围为 65.6%—95.4%，平均为 83.1%，比上年提高 4.9 个百分点。69 个县级以上城市日空气质量(AQI)优良天数比例范围为 65.6%—99.7%，平均为 88.4%，提高 3.4 个百分点。

全年累计建成国家级生态县(市、区)34 个，国家环境保护模范城市 7 个，国家级生态乡镇 691 个，省级生态县(市、区)67 个，省级环保模范城市 10 个。

全年规模以上工业企业能源消费比上年增长 2.3%，单位工业增加值能耗下降 3.7%。其中，千吨以上和重点监测用能企业能源消费分别增长 0.5%和 0.8%，单位工业增加值能耗分别下降 4.2%和 4.1%。

(七) 社会安全

全年发生各类生产安全事故 4566 起、死亡 3330 人、受伤 1327 人，事故起数和死亡人数比上年分别下降 9.1%和 7.8%。其中，发生较大生产安全事故 19 起、死亡 73 人；未发生重大生产安全事故。道路运输共发生事故 3677 起、死亡 2420 人、受伤 1222 人。

三、浙江省在泛长三角地区经济发展中的地位

2016 年是实施"十三五"规划开局之年。面对错综复杂的外部发展环境和繁重的改革发展稳定任务，在党中央、国务院和中共浙江省委的坚强领导下，省政府全面落实党的十八大和十八届三中、四中、五中、六中全会精神，深入贯彻习近平总书记系列重要讲话精神和考察浙江时的重要指示，统筹推进"五位一体"总体布局和协调推进"四个全面"战略布局，以"八八战略"为总纲，认真落实省委各项决策部署和省十二届人大四次会议确定的目标任务，坚持稳中求进工作总基调，主动把握和引领经济发展新常态，积极推进供给侧结构性改革，坚定不移打好转型升级系列组合拳，扎实做好补短板各项工作，全面完成年初确定的工作目标，全省经济稳走向好、社会和谐稳定，实现了"十三五"良好开局。

(一) 地区生产总值

按总量来讲，多年来浙江省地区生产总值在泛长三角地区位居第二位。2012—2016 年浙江省地区生产总值在泛长三角地区所占比重分别为 27.49%、27.31%、26.84%、26.78%和 26.90%。浙江省地区生产总值在泛长三角地区占比呈现下降态势，2016 年与 2012 年比下降了 0.59 个百分点。

2016 年，在泛长三角地区 41 市(苏浙两省 24 个地级市、安徽省 16 个地级市和上海市，下同)地区生产总值所占比重排名的前十位中，浙江省 11 个地级市仅占据 2 席。

2016 年，全省生产总值(GDP)46485 亿元，按可比价格计算，比上年增长 7.5%，增速高于全国(6.7%)0.8 个百分点。分季度看，一季度增长 7.2%，上半年增长 7.7%，前三季度增长 7.5%。分产业看，第一产业增加值 1966 亿元，增长 2.7%；第二产业增加值 20518 亿元，增长 5.8%；第三产业增加值 24001 亿元，增长 9.4%。三次产业比例为 4.2∶44.2∶51.6。人均 GDP 为 83538 元，增长 6.7%，按当年平均汇率折算，为 12577 美元。主要经济指标呈现平稳增长态势，增速快。

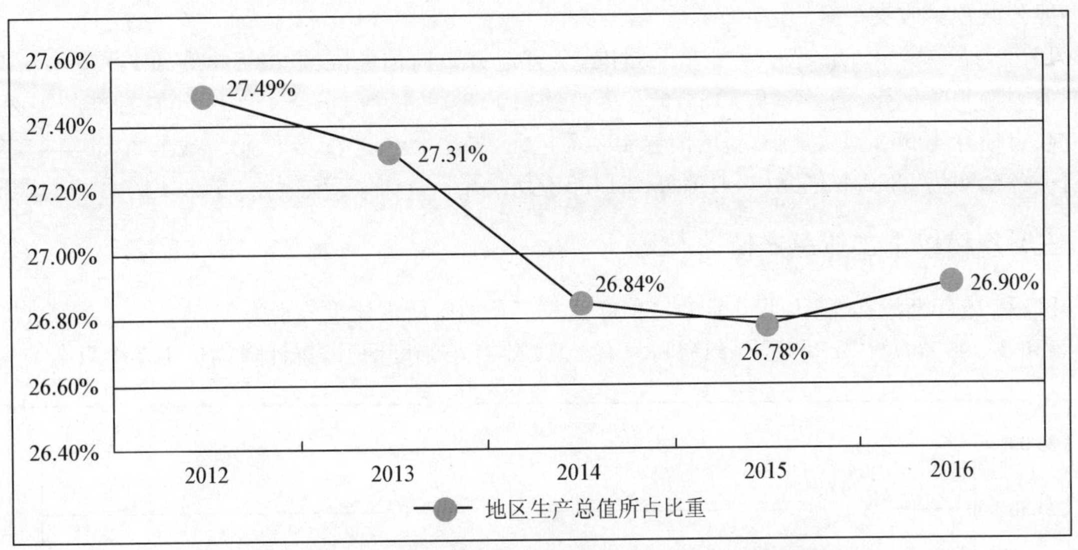

图 4 2012—2016 年浙江省地区生产总值在泛长三角地区（江苏省、浙江省、安徽省和上海市）所占比重的变化趋势

（二）地方财政一般预算收入

2012—2016 年浙江省地方财政一般预算收入在泛长三角地区所占比重分别为 23.19%、22.94%、22.70%、23.11%和 23.56%，2015 年以来逆势上扬，2016 年较 2012 年上升了 0.37 个百分点。

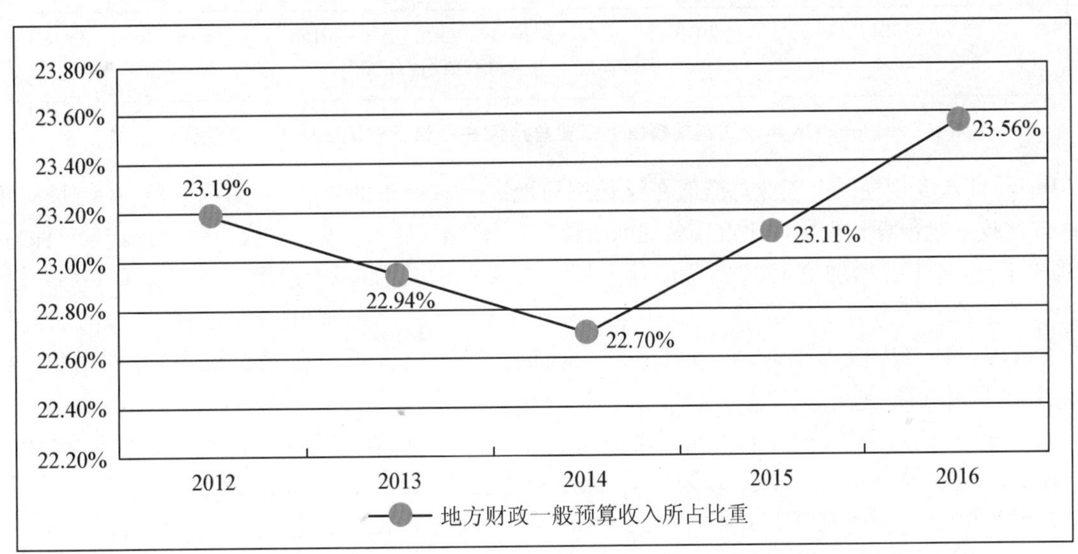

图 5 2012—2016 年浙江省地方财政一般预算收入在泛长三角地区所占比重的变化趋势

2016 年全省一般公共预算收入 5301.81 亿元，增长 9.8%，剔除营业税清算等一次性收入因素，增长 7.8%；加上转移性收入 4056.13 亿元，收入合计 9357.94 亿元。全省一般公共预算支出 6976.33 亿元，完成预算的 105.4%，增长 10.1%；加上转移性支出 2381.61 亿元，支出合计 9357.94 亿元。收支相抵，全省一般公共预算收支平衡。

2016 年省级一般公共预算收入 347.76 亿元，增长 5.5%，剔除营业税清算等一次性收入因素，增长 5.0%；加上转移性收入 3928.88 亿元，收入合计 4276.64 亿元。省级一般公共预算支出 509.53 亿元，完成调整后预算 100.1%，增长 5.8%；加上转移性支出 3767.11 亿元，支出合计 4276.64 亿元。收支相抵，省级一般公共预算收支平衡。

2016 年，经财政部核定，省人大常委会批准，全省地方政府债务限额 9685.3 亿元，比上年新增地方政府债务限额 497 亿元，债务率 90.9%，低于警戒线(100%)9.1 个百分点。2016 年在批准的限额内，发行地方政府债券 4065 亿元，其中，新增债券 492.7 亿元，置换债券 3572.3 亿元。截至 2016 年末，全省地方政府债务余额为 8390.8 亿元(一般债务 4814.5 亿元，占 57.4%，专项债务 3576.3 亿元，占 42.6%)。

(三) 规模以上工业总产值

2012—2016 年浙江省规模以上工业总产值在泛长三角地区所占比重分别为 24.60%、23.90%、23.93%、23.21%和 22.90%，总体上呈现下降趋势，只有 2014 年有小幅度回升，累计降幅达 1.7 个百分点。

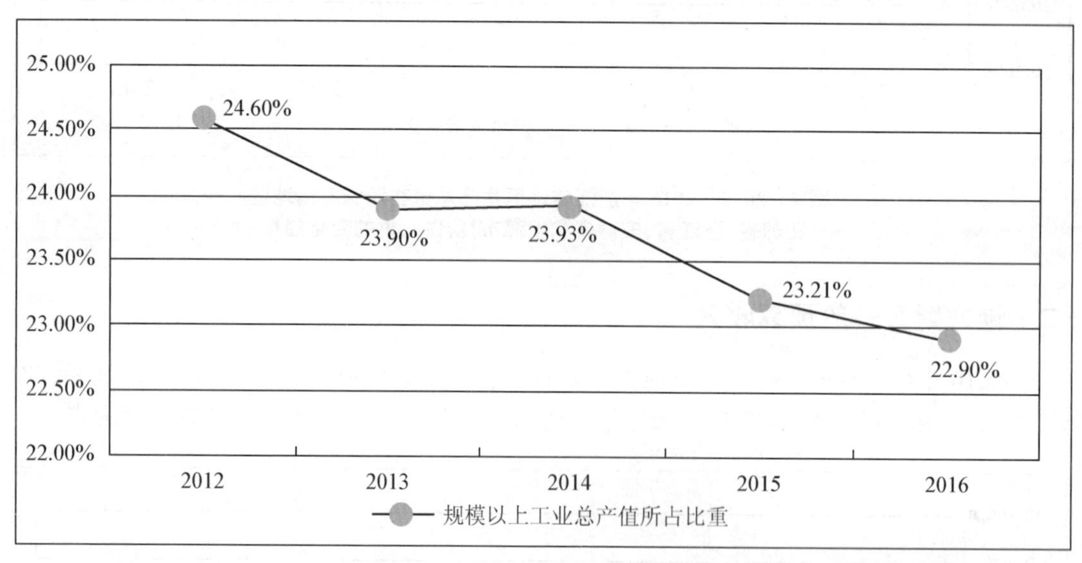

图 6 2012—2016 年浙江省规模以上工业总产值在泛长三角地区所占比重的变化趋势

2016 年，浙江省规模以上工业总产值在泛长三角地区三省一市的排名中，为第 2 位；在泛长三角地区 41 市地方财政一般预算收入所占比重排名的前十位中，浙江省 11 个地级市占据 2 席，与 2015 年保持一致。

2016 年，全部工业增加值 17974 亿元，比上年增长 6.2%，其中，规模以上工业增加值 14009 亿元，增长 6.2%，增速高于上年 1.8 个百分点，高于全国 0.2 个百分点。重工业增长快于轻工业，增加值分别增长 8.6%和 3.0%，其中汽车制造、通信电子、石油加工、仪器仪表等行业增长较快，分别增长 24.5%、19.4%、18.0%和 11.1%。

七大产业中，信息经济核心产业、高端装备、健康产业制造业增加值增长较快(见表 2)，预计全年信息经济核心产业增加值比上年增长 12%以上，旅游业增加值增长 10.6%。高新技术、装备制造、战略性新兴产业增加值分别占规模以上工业的 40.1%、38.8%和 22.9%，比重比上年提高 2.0、2.0 和 0.5 个百分点，对规模以上工业的增长贡献率分别达 68.5%、65.0%和 31.0%。从 31 个制造业行业大类看，25 个行业保持正增长，其中，汽车制造(24.5%)、通信电子(19.4%)、石油加工(18.0%)、仪器仪表(11.1%)、专用设备(9.5%)、医药(8.5%)、电气机械(8.2%)等行业增加值增长较快。规模以上服务业企业中，信息传输、软件和信息技术等行业持续保持强劲发展势头，1—11 月营业收入和利润分别增长 35.2%和 40.8%。

2016 年，规模以上工业新产品产值增长 11.6%；新产品产值率为 34.3%，比上年提高 2.3 个百分点，对规模以上工业总产值的增长贡献率达 90.2%。列入国家“三新”统计的 10 种新产品产量中，有 6 种呈两位数增长，其中，新能源汽车、智能电视、光纤、智能手机、光缆和太阳能电池分别增长 19.9 倍、29.1%、28.5%、25.1%、18.0%、11.8%，生产工业机器人 3169 套。

（四）进出口总额

2012—2016年浙江省进出口总额在泛长三角地区所占比重分别为23.36%、24.44%、24.75%、24.90%和25.41%，总体上呈现增长态势，五年间增加了2.05个百分点，其中2016年较上年上升了0.51个百分点。

图7 2012—2016年浙江省进出口总额在泛长三角地区所占比重的变化趋势

2016年，浙江省进出口总额在泛长三角地区三省一市的排名为第3位；在泛长三角地区41市地方财政一般预算收入所占比重排名的前十位中，浙江省11个地级市占据5席。

2016年，货物贸易进出口额22202亿元，比上年增长3.1%，增速高于全国平均水平4.0个百分点，比上年提高4.2个百分点，进出口额占全国的9.1%，比上年提高0.3个百分点。

1. 出口增速保持领先，市场份额持续提高。2016年，货物出口17666亿元，比上年增长3.0%，增速高于全国平均水平4.9个百分点，也高于广东（-1.0%）、江苏（0.2%）、上海（-0.5%）、福建（-2.3%）和山东（1.2%），出口增速连续四年居沿海主要省市之首。市场份额不断提高，占全国出口的12.8%，比上年提高0.6个百分点；出口规模已超越印度，占全球市场的1.7%，相当于全球排名第17位的西班牙的出口额。

2. 出口发挥引擎作用，贸易竞争力较强。出口对浙江省经济增长发挥重要作用。2016年，出口依存度为38.0%，高于全国平均水平19.4个百分点，在沿海主要出口省市中仅次于广东（49.7%）和上海（44.1%），高于江苏（27.7%）、山东（13.5%）和福建（24.0%）。贸易顺差达到13093亿元，约相当于全国顺差额的五分之二（39.2%）。货物贸易竞争力较强，2016年贸易竞争力指数为0.591，远高于全国和沿海主要出口省市。

3. 一般贸易占比进一步提高，新型贸易方式发展良好。一般贸易是货物出口的主要形式。2016年，一般贸易出口13936亿元，比上年增长4.4%，增速比上年提高4.1个百分点，占全省出口的78.9%，比重高于全国53.8%的平均水平，比上年提高1.0个百分点。加工贸易出口1694亿元，下降6.7%，降幅比上年收窄2.2个百分点。市场采购贸易方式出口1872亿元，增长5.9%，占全省出口的10.6%，比重比上年提高0.3个百分点。13家外贸服务平台企业出口606亿元，增长83.2%，新增有外贸实绩的企业1.13万家，新增企业出口值达245亿元。

4. 民营企业出口一枝独秀，外商投资企业出口降幅收窄。2016年，拥有外贸经营权的登记备案企业达15.2万家，比上年增加1.6万家。民营企业继续发挥出口主力军的作用，2016年出口13380亿元，比上年增长6.5%,占全省出口总额的75.7%,比重比上年提高2.5个百分点。国有企业和外商投资企业出口分别为964亿元和3322亿元,分别下降10.7%和5.4%。

5. 出口产品结构升级优化,机电、高新技术产品出口高于平均水平。机电、高新技术产品出口占比不断提高。2016年,机电产品出口7490亿元,比上年增长3.6%,占全省出口总额的42.4%,比重比上年提高0.3个百分点;其中机械设备出口20850亿元,增长5.8%。高新技术产品出口1112亿元,增长6.5%,占全省出口总额的6.3%,比重比上年提高0.2个百分点;其中材料技术出口增长50.7%,增速居高新技术产品出口首位;生命科学技术出口290亿元,增长7.2%。7大类传统劳动密集型产品合计出口6436亿元,增长1.6%,其中玩具出口高速增长,增速达41.1%,增速比上年提高20.4个百分点。摩托车及其零附件、光伏产品、安防类电视摄像机等高附加值、自主品牌产品出口增速高于全省平均。

6. 对欧美等传统出口市场稳定增长,对"一带一路"沿线国家出口快速增长。欧盟和美国是最主要的出口市场。2016年,对欧盟和美国的出口额分别为3947亿元和3250亿元,比上年分别增长4.9%和6.9%,份额分别为22.3%和18.4%。对东盟、俄罗斯出口较快增长,增速分别为7.5%和6.4%;对日本出口平稳增长,增速为1.4%;对中国香港、巴西出口额大幅下降,分别下降20.9%和11.8%。对"一带一路"沿线国家出口快速增长,在出口增速高于10%的16个国家中,除葡萄牙和韩国外,其他14个国家均为"一带一路"沿线国家,合计出口1506亿元,增长18.6%。

7. 进口实现正增长。受产业结构优化升级、国际大宗商品价格上涨等因素影响,2016年进口4536亿元,比上年增长3.7%,从2016年11月开始结束了连续29个月的累计增速负增长态势,其中12月当月进口489亿元,增长22.6%,规模和增速均创年内新高。机电产品进口854亿元,增长4.0%,增速比上年提高11.8个百分点。高新技术产品进口528亿元,增长11.9%,占全省进口的比重比上年提高0.8个百分点。15种主要大宗商品合计进口1939亿元,增长0.3%。

8. 区域差异明显,杭州、嘉兴和湖州出口增速居前三。从出口看,6个市出口增速高于全省平均水平,其中杭州、嘉兴和湖州居前三,温州、宁波和衢州出口下降。从进口看,区域间分化明显,丽水、杭州、衢州增速在15%以上,而绍兴和舟山分别下降21.4%和17.5%。

(五) 实际外商直接投资金额

2012—2016年浙江省实际外商直接投资金额在泛长三角地区所占比重分别为17.99%、18.91%、21.21%、23.13%和23.31%,呈持续上涨态势,2016年较2012年增加了5.32个百分点。

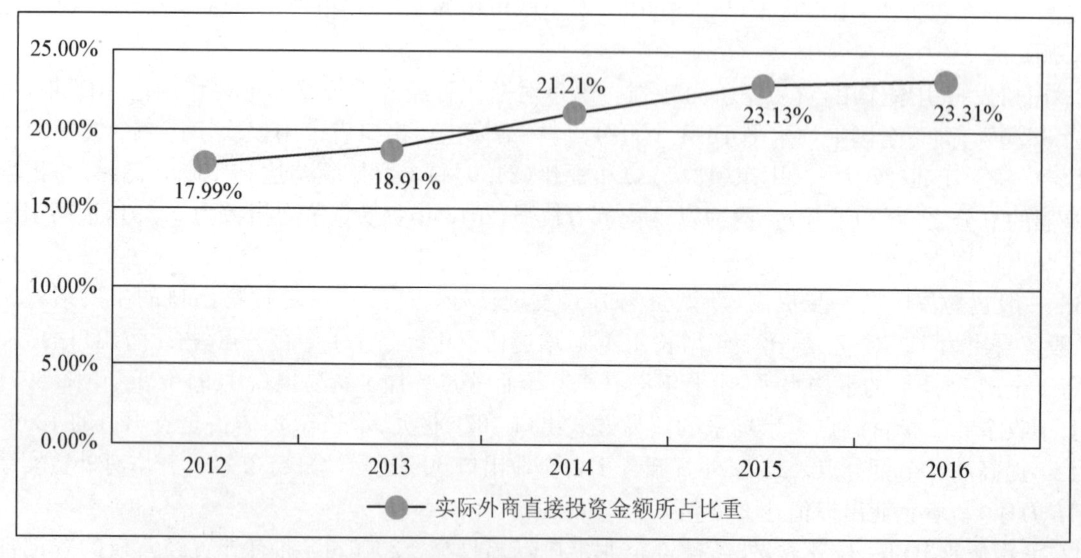

图8 2012—2016年浙江省实际外商直接投资金额在泛长三角地区所占比重的变化趋势

2016年，浙江省实际外商直接投资金额在泛长三角地区三省一市的排名为第3位；在泛长三角地区41市地方财政一般预算收入所占比重排名的前十位中，浙江省11个地级市占据3席。

2016年新批外商直接投资项目2145个，比上年增加367个；合同外资281亿美元，实际利用外资176亿美元，分别增长0.9%和3.6%。1—11月，新批外商投资企业1797家，投资总额396.0亿美元，合同外资235.2亿美元，实际外资146.0亿美元(折合人民币969亿元，增长14.3%)，合同外资和实际外资同比分别下降0.8%和增长5.4%，实际外资进度完成年度目标91.3%。

截至2016年11月底，全省累计共批外商投资企业57702家，投资总额5543.5亿美元，合同外资3141.9亿美元，实际外资1732.5亿美元。

大部分地级市利用外资保持增长态势。1—11月按时间进度完成目标任务的有杭州、宁波、金华、台州、衢州市；其中金华、台州、衢州市已完成全年任务。实际外资除丽水市外均有不同程度的同比增长；但温州市同比仅完成目标任务的39.3%。

外资产业结构发生较大变化。第二产业和第三产业呈现反向发展，制造业的新增项目、合同外资和实际外资分别下降了7%、8.3%和0.3%，实际外资降幅大幅收窄。服务业则发展较快，新增项目、合同外资和实际外资分别增长了24%、1.7%和11.8%。其中居民服务业、仓储、金融、批发和零售等增长迅速，房地产外资下降29.1%。目前实际外资的一、二、三产业比例为0.5%、42.1%、57.4%。

外商投资大项目增多。1—11月新批总投资3千万美元以上项目250个，比2015年增加14个，合计总投资253亿美元，同比增长21.8%，占总数的63.9%。其中新批总投资1亿美元以上项目54个，比2015年减少8个，合计总投资157.1亿美元，但同比增长19.8%，占总数的39.7%；项目涉及新能源、生物科技、新材料、物联网、金融等行业。

外资主要来源地结构有所优化。1—11月来自欧盟的实际外资12.1亿美元，同比增长39.9%(其中法国、西班牙、芬兰增幅较大)。来自美国的实际外资2.6亿美元，同比下降36.4%。日、韩、中国台湾地区出现恢复性增长，实际外资分别同比增长77.9%、170.3%、277.4%。来自自由岛的英属维尔京群岛、开曼群岛实际外资分别增长66%、74%，合计为15.6亿美元，占总数的10.7%。

开发区利用外资略有增长。受制造业外商投资降幅缩小的影响，全省开发区实际外资80亿美元，同比增长2%，占全省比重54.8%；其中省级开发区实际外资30.9亿美元，同比增长12.6%，占全省比重的21.2%。

二　杭州市 2016 年经济社会发展报告

2016 年，全市深入贯彻落实中央、省、市各项决策部署，以服务保障 G20 杭州峰会为圆心，主动把握和引领经济发展新常态，坚定不移打好转型升级系列组合拳，着力培育经济发展新动能，全市经济实现了持续稳定增长，发展质量效益同步提升，经济社会发展保持了稳中有进、稳中向好的良好态势，实现了“十三五”发展良好开局。

一、杭州市 2016 年经济发展概况

（一）综合经济

1. 经济总量

2016 年，全市实现生产总值 11313.72 亿元，比上年增长 9.5%。其中第一产业增加值 304.21 亿元，第二产业增加值 4120.93 亿元，第三产业增加值 6888.59 亿元，分别增长 1.9%、4.7%和 13.0%。常住人口人均生产总值 121394 元，增长 7.7%。按国家公布的 2016 年平均汇率折算，为 18282 美元。三次产业结构由上年的 2.9∶38.9∶58.2 调整为 2.8∶36.0∶61.2。

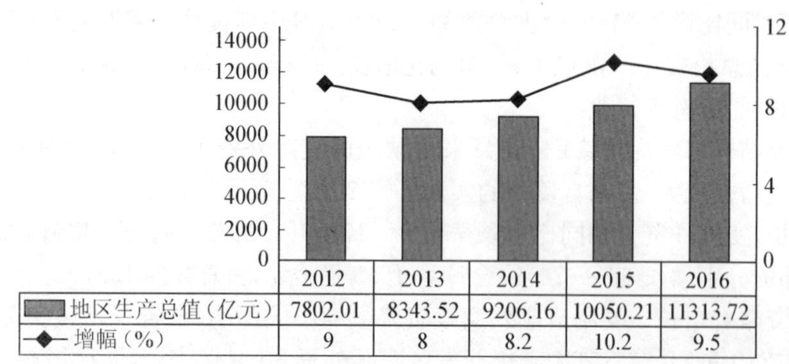

	2012	2013	2014	2015	2016
地区生产总值（亿元）	7802.01	8343.52	9206.16	10050.21	11313.72
增幅（%）	9	8	8.2	10.2	9.5

图 1　2012—2016 年杭州市地区生产总值及增长速度

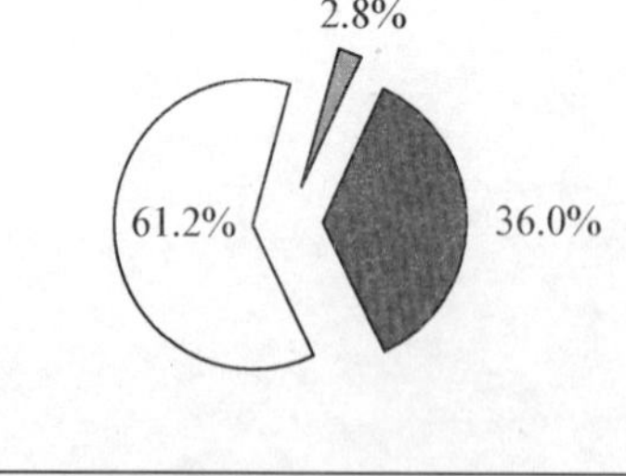

图 2　2016 年杭州市三次产业结构图

2. 非公经济

全市民营经济实现增加值 6586.09 亿元，占 GDP 的 59.6%。年末，全市私营企业 40.06 万户，比上年末增长 19.7%；个体工商户 42.60 万户，增长 10.3%。私营企业和个体工商户从业人员分别为 281.70 万人、84.45 万人，增长 8.9%和 6.3%。

全市信息经济实现增加值 2688.00 亿元，增长 22.8%，占 GDP 的 24.3%，同比提高 1.3 个百分点。其中，电子商务产业、移动互联网产业、数字内容产业分别增长 45.2%、45.1%和 35.0%。

3. 财政收支

全市财政总收入2558.41亿元，一般公共预算收入1402.38亿元，分别增长14.0%和13.2%。一般公共预算支出1404.31亿元，增长16.4%，其中，民生类支出1084.40亿元，增长17.4%，民生支出占比77.2%。

4. 市场价格

市区居民消费价格比上年上涨2.6%，涨幅同比提高0.8个百分点。八大类商品和服务项目价格呈"六升二降"格局。全市工业生产者出厂价格下降0.8%，工业生产者购进价格下降1.1%，同比降幅分别缩小2.7和6.0个百分点。

5. 固定资产投资

全市完成固定资产投资5842.42亿元，增长5.1%。非国有投资3561.16亿元，增长0.6%，占固定资产投资的61.0%，其中民间投资3006.78亿元，增长1.0%，占固定资产投资的51.5%。从产业投向看，第一产业39.36亿元，增长25.1%；第二产业886.90亿元，下降4.8%，其中工业883.95亿元，下降5.0%；第三产业4916.16亿元，增长7.0%。

（二）农业

全市实现农林牧渔业增加值309.66亿元，增长2.0%。其中，农业194.03亿元，林业41.25亿元，分别增长3.6%和0.4%；渔业27.82亿元，牧业41.75亿元，分别下降0.2%和1.9%；农林牧渔服务业4.82亿元，增长5.8%。全市粮食总产量63.60万吨，增长0.3%；蔬菜产量335.34万吨，增长5.2%；水果产量76.41万吨，肉类产量26.27万吨，水产品产量19.48万吨，分别下降3.2%、5.6%和7.2%。新建市级"菜篮子"基地35个，各级粮食生产功能区152个。

（三）工业和建筑业

1. 工业生产

全市实现工业增加值3578.67亿元，增长5.2%，其中规模以上工业增加值2983.91亿元，增长5.6%。规模以上工业中，战略性新兴产业、装备制造业、高新技术产业分别实现增加值812.07亿元、1249.59亿元和1372.92亿元，增长11.6%、14.6%和12.5%。新产品产值率由上年35.4%提高到37.7%。工业产品产销率为99.3%。

2. 工业效益

全市规模以上工业企业实现利税1610.31亿元，增长6.8%，其中利润927.94亿元，增长6.7%。企业亏损面17.0%。

3. 建筑业

全市实现建筑业增加值400.11亿元，增长0.7%。具有总承包和专业承包资格的建筑企业1474家，完成施工产值4105.30亿元，增长0.2%；房屋建筑施工面积27220.71万平方米，下降3.2%；房屋建筑竣工面积9754.11万平方米，下降3.8%。

（四）服务业

1. 国内贸易

全市实现批发和零售业增加值860.74亿元，增长4.2%；住宿餐饮业增加值177.47亿元，增长4.6%。

全市实现社会消费品零售总额5176.20亿元，增长10.5%，扣除价格因素，实际增长8.9%。其中商品零售额4637.58亿元，增长10.7%，餐饮收入538.62亿元，增长8.7%。城镇消费品零售额4904.61亿元，增长10.4%；乡村消费品零售额271.59亿元，增长10.9%。

在限额以上批发零售贸易业零售额中，文化办公用品类、五金电料类商品分别增长40.1%和29.9%，粮油食品类、服装鞋帽针纺织品类商品分别增长16.7%和14.8%，汽车类、通讯器材类商品分别增长10.7%和7.4%；金银珠宝类、石油及制品类商品分别下降12.6%和5.4%。

全市实现网络零售额3445.65亿元，增长28.6%，居民网络消费额1499.98亿元，增长34.0%。

2. 交通运输与邮电

全市实现交通运输、仓储和邮政业增加值323.26亿元，增长6.0%。

全社会货物运输总量3.02亿吨，增长2.7%。旅客运输量2.05亿人次，下降11.1%。至年末，萧山国际机场已开通航线240条，其中国际航线38条，港澳台航线7条。内地航线进出港旅客2741.43万人次，增长11.0%；国际及地区航线进出港旅客418.06万人次，增长14.5%。境内公路总里程达到16306.07千米，其中高速公路632.04千米。

全市民用机动车拥有量达263.35万辆，下降3.7%。民用汽车拥有量234.15万辆，增长4.3%，其中，私人汽车182.65万辆，增长3.4%。

年末市区公共交通运营线路703条，其中，主城区356条。市区新增公共交通运营线路15条，其中，主城区12条。

全市新增停车泊位64734个，其中，公共泊位12667个。

全年地铁客运量达到2.69亿人次，增长20.3%。

全市邮政企业和规模以上快递服务企业实现业务收入215.17亿元，增长34.8%。规模以上快递服务企业业务量18.05亿件，增长43.6%。实现电信业务收入186.10亿元，增长5.9%。年末固定电话用户265.70万户，下降9.5%；移动电话用户1734.41万户，宽带用户443.55万户，分别增长0.4%和15.9%。

全年杭州电网建设投入44.91亿元。新开工110千伏及以上输电工程20项，容量198万千伏安，线路179.76千米。全市用电量678.29亿千瓦时，增长4.9%，其中城乡居民生活用电107.30亿千瓦时，增长18.9%。

3. 旅游业

全市实现旅游产业增加值808.89亿元，增长13.3%。

全市实现旅游总收入2571.84亿元，增长16.9%，其中旅游外汇收入31.49亿美元，增长7.5%。接待入境旅游者363.23万人次，增长6.3%；接待国内游客1.37亿人次，增长13.8%。

至年末，全市各类旅行社达717家，增长4.7%；星级宾馆173家，其中五星级24家，四星级46家；A级景区70个，其中5A级3个，4A级34个。

4. 金融、证券和保险

全市实现金融业增加值987.67亿元，增长6.5%。

年末全市金融机构459家，当年新增50家。全市金融机构本外币存款余额33386.04亿元，增长11.8%；贷款余额26169.00亿元，增长12.2%，其中住户贷款7800.77亿元，增长33.1%，非金融企业及机关团体贷款18124.97亿元，增长5.1%。

全年新增上市公司17家，募集资金297.41亿元。至年末，全市上市公司累计135家，实现上市融资3806.97亿元。新三版挂牌企业347家。

全市保费收入518.40亿元，增长38.5%，其中，财产险保费收入172.49亿元，增长9.9%，人身险保费收入345.91亿元，增长59.1%。支付各类保险赔款158.88亿元，增长13.7%，其中财产险100.04亿元，增长6.7%，人身险58.85亿元，增长28.1%。

5. 房地产业

全市完成房地产开发投资2606.41亿元，增长5.4%，其中住宅投资1559.98亿元，增长8.2%。房屋施工面积11562.96万平方米，增长3.8%；竣工面积1922.99万平方米，增长15.5%。全年商品房销

售面积 2326.69 万平方米，增长 57.1%，其中住宅销售 1887.11 万平方米，增长 46.1%。保障性安居工程项目开工 76161 套，竣工 58664 套。

（五）对外经济

1. 对外贸易

全市实现货物进出口总额 4485.97 亿元，增长 8.7%。其中，进口总额 1172.17 亿元，增长 14.6%；出口总额 3313.80 亿元，增长 6.7%。（不含省属企业，出口 3019.05 亿元，增长 9.5%。）出口总额中，机电产品出口 1357.20 亿元，高新技术产品出口 424.23 亿元，分别增长 8.3%和 7.6%。按贸易方式分，一般贸易出口 2922.94 亿元，增长 8.7%；进料加工贸易出口 347.38 亿元，下降 8.1%。出口市场中，亚洲、欧洲市场分别增长 8.0%和 8.3%。

全市服务贸易进出口总额 1399.64 亿元，增长 18.0%。其中，出口总额 945.67 亿元，增长 19.0%。

2. 对外合作

至年末，全市设立各类境外投资企业（机构）1586 个，其中非贸易企业 624 个。境外合同投资 52.18 亿美元，其中非贸易性投资 41.92 亿美元，增长 185.0%。对外承包工程和劳务合作营业额 19.26 亿美元，增长 8.9%。离岸服务外包合同执行额 58.72 亿美元，增长 13.1%。

3. 利用外资

全市批准外商直接投资 462 项，实际利用外资 72.09 亿美元，增长 1.4%。新批总投资 3000 万美元以上项目 145 个，总投资 141.27 亿美元，占新批外商项目总投资的 94.0%。引进世界 500 强投资项目 10 个，至 2016 年末，有 117 家世界 500 强企业来杭投资 198 个项目。

4. 浙商回归

全市共引进内资项目 2733 个，到位资金 1397.07 亿元，增长 11.8%。其中浙商回归项目到位资金 709.96 亿元，增长 7.5%。

5. 开发区建设

杭州经济技术开发区、杭州高新技术产业开发区、萧山经济技术开发区、杭州之江国家旅游度假区、余杭经济技术开发区、富阳经济技术开发区、临江国家高新区 7 个国家级开发区实现规模以上工业主营业务收入 6719.15 亿元，利润总额 609.65 亿元，分别增长 9.6%和 18.5%；规模以上服务业主营业务收入 2251.06 亿元，利润总额 309.58 亿元，分别增长 14.7%和 17.8%。

6. 跨境电子商务

全市实现跨境电商进出口总额 81.12 亿美元，增长 134.2%。其中，出口 60.60 亿美元，进口 20.52 亿美元，分别增长 166.7%和 72.3%。

二、杭州市 2016 年社会发展概况

（一）人口、人民生活

至年末，全市常住人口 918.80 万人，比上年末增加 17.00 万人，其中城镇人口 700.13 万人，占比 76.2%，比 2015 年提高 0.9 个百分点；人口出生率为 11.1‰，人口自然增长率为 6.0‰。全市户籍人口 736.00 万人，人口出生率为 13.21‰，人口自然增长率为 7.16‰。

全年全体居民人均可支配收入 46116 元，增长 8.1%，扣除价格因素，实际增长 5.4%。其中，城镇常住居民人均可支配收入 52185 元，增长 8.0%，农村常住居民人均可支配收入 27908 元，增长 8.5%，扣除价格因素，实际分别增长 5.3%和 5.8%。全体居民人均消费支出 31905 元，增长 5.7%。其中，城镇常住居民人均消费支出 35686 元，农村常住居民人均消费支出 20563 元，分别增长 5.5%和 6.4%。

年末，城镇居民人均现住房建筑面积 35.8 平方米，每百户居民家庭拥有家用汽车 52.3 辆、空调

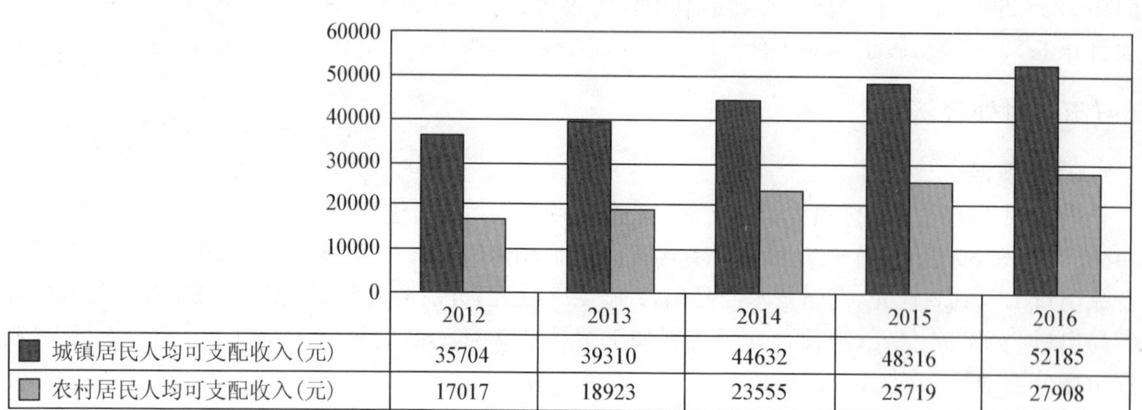

	2012	2013	2014	2015	2016
城镇居民人均可支配收入(元)	35704	39310	44632	48316	52185
农村居民人均可支配收入(元)	17017	18923	23555	25719	27908

图 3 2012—2016 年杭州市城乡居民收入对比一览

226.6 台、家用电脑 112 台；农村居民人均现住房建筑面积 69.9 平方米，每百户农村居民家庭拥有家用汽车 42.4 辆、空调 168.2 台、家用电脑 75 台。

（二）就业、社会保障与社会福利

1. 就业

全市新增城镇就业人员 27.13 万人，安置失业人员再就业 11.48 万人。年末城镇登记失业率 1.72%。

2. 社会保障与社会福利

年末全市参加基本养老保险 671.49 万人，比上年末增加 2.84 万人；参加基本医疗保险 897.53 万人，增加 26.82 万人；参加职工失业、工伤、生育保险人数分别达 374.16、428.41 和 349.33 万人，比上年末净增 24.74、10.24 和 22.68 万人。城乡基本医疗保险参保率为 99.1%。全年推出公共租赁住房配租房源 7492 套，新增货币补贴保障家庭 1169 户。市区城乡居民最低生活保障标准由每人每月 744 元调整为 819 元，各县(市)最低生活保障标准同步提高。全市城镇享受最低生活保障人数 2.19 万人，农村享受最低生活保障 9.94 万人。

年末全市拥有老年食堂 979 家，城乡社区居家养老服务照料中心 2970 家，比上年增加 641 家。拥有各类福利院、敬老院 341 所，比上年增加 25 所，床位 6.73 万张，增长 8.7%，收养人员 2.29 万人。开展第十六次“春风行动”，共募集社会帮扶资金 5535 万元。

（三）教育和科学技术

1. 教育事业

全市共有小学 447 所，在校学生 54.30 万人；初中 249 所，在校学生 21.58 万人；普通高中 77 所，在校学生 11.04 万人。学前三年幼儿入园率为 98.8%，初中毕业生升入各类高中比例为 99.7%。优质高中招生比例由上年的 86.4%提高到 86.7%。普通高等院校 39 所，在校学生 48.10 万人，其中在校研究生 5.30 万人，分别比上年增长 1.1%和 5.6%；毕业生 12.84 万人，其中毕业研究生 1.37 万人，分别增长 2.7%和 3.8%。高等教育毛入学率由上年的 60.4%提高到 62.2%。全市累计解决义务教育阶段外来务工人员子女入学 27.77 万人。

2. 科技

全市发明专利申请量 24951 件，发明专利授权量 8647 件，增长 40.4%和 4.2%。新认定国家重点扶持高新技术企业 515 家，累计达 3035 家。年内新增 11 个中国驰名商标，累计 157 个。年末培育认定研发中心 1765 家，其中省级研发中心 662 家。技术市场共吸纳科技成果 6597 项，实现交易额 84.22 亿元。科技企业孵化器 105 家，其中国家级 30 家，孵化总面积 289.00 万平方米。纳入国家科技孵化器体系的

众创空间达到35家。全市研究和试验发展(R&D)经费支出相当于地区生产总值的3.1%左右。

(四) 文化、卫生和体育

1. 文化事业

全市实现文化创意产业增加值2541.68亿元,增长21.2%。

全市有各类专业艺术表演团体21个、文化馆16个、公共图书馆16个,图书馆藏书1489万册(不含省)。全市有线电视接入户332.13万户,其中数字电视320.99万户,分别增长2.8%和3.4%。全年拍摄电视剧30部,共1342集。生产原创动画片7197分钟。摄制完成20部电影。全市拥有非物质文化遗产保护项目368个,比上年增加34个。

2. 卫生事业

年末,全市拥有各类医疗卫生机构4712个,其中医院277个,比上年末分别增加284个和33个。拥有床位6.77万张,其中医院床位6.40万张,分别增长6.4%和9.6%。有各类专业卫生技术人员10.11万人,其中执业(助理)医师3.82万人,注册护士4.20万人,分别增长8.7%、9.8%和9.9%。全市医疗机构完成诊疗人数12192.03万人次,增长3.9%。全市婴儿死亡率和5岁以下儿童死亡率分别为2.10‰和2.99‰。每十万孕产妇死亡率为1.34人。

3. 体育事业

在巴西里约奥运会上,杭州入选中国体育代表团的体育健儿共获得1金1银1铜佳绩。成功举办国际(杭州)毅行大会、国际钱塘江冲浪对抗赛、杭州马拉松等大型品牌体育赛事活动,吸引近50个国家(地区)、1000余人次国际友人参加。全市现有体育场地面积1658.22万平方米,全市体育锻炼人口占比由上年的40.2%提高至40.5%。

(五) 城乡统筹

市总体规划(修订)批准实施,市政府驻地顺利迁址,钱江新城、钱江世纪城发展进入新阶段。杭黄铁路加快建设,杭富、杭临城际铁路试验段开工建设,富春江船闸开通运行。地铁二期工程加快建设,三期规划获国家批准。萧山机场路、东湖快速路、紫之快速路等一批城市道路建成通车,主城区新建停车泊位5.1万个。交通综合治堵和公交都市创建工作持续深化,城市交通拥堵状况有所缓解。入选全国地下综合管廊试点城市,开发利用地下空间723万平方米。深入推进"三改一拆",完成"三改"3349.7万平方米,拆除违法建筑2182.4万平方米,腾出土地2.67万亩,拆后利用2.09万亩;打响城中村改造和小城镇环境综合整治攻坚战,23个村完成全面改造。深化美丽乡村建设,开展杭派民居示范创建村12个。大力推进城乡统筹,区县协作累计到位资金20.88亿元、实施协作项目1322个;累计建成美丽乡村精品村249个、风情小镇29个、美丽乡村精品线路28条;建成省级现代农业园区85个、各级粮食生产功能区1476个。深入实施"六大西进"行动,县(市)经济发展速度加快,成为全市发展新增长点。

(六) 环境保护

实施美丽杭州、生态文明先行示范区建设"三年行动计划",扎实推进国家生态文明先行示范区建设。持续推动河道综保、湘湖综保工程和"三江两岸"生态景观保护与建设,三江沿线生态廊道基本成型。市区空气质量优良天数为260天,优良率71.0%,PM2.5年平均浓度为48.8 $\mu g/m^3$,下降14.5%。至年末,市区人均公园绿地面积达14.3平方米,建成区绿化覆盖率为40.5%。全年规模以上工业单位增加值能耗下降6.3%,单位GDP能耗预计下降6%以上。

(七) 安全生产

全年共发生各类事故1176起、死亡558人、受伤182人。亿元GDP安全生产事故死亡率由上年的

0.069 人降至 0.051 人。

三、杭州市在泛长三角地区经济发展中的地位

2016 年，全面贯彻党的十八大和十八届三中、四中、五中、六中全会精神，深入贯彻习近平总书记系列重要讲话和对杭州工作重要指示批示精神，在党中央、国务院、省委、省政府和市委的领导下，以服务保障 G20 杭州峰会为圆心，推动经济社会持续稳定健康发展，本届政府工作圆满收官，“十三五”发展精彩开局。

（一）地区生产总值

2012—2016 年杭州市地区生产总值在泛长三角地区所占比重分别为 6.09%、5.97%、6.05%、6.18%和6.34%，2016 年较 2015 年增加了 0.16 个百分点，较 2012 年增加了 0.25 个百分点。2016 年杭州市地区生产总值在泛长三角地区 41 个市排名第 3 位，继上海、苏州之后。

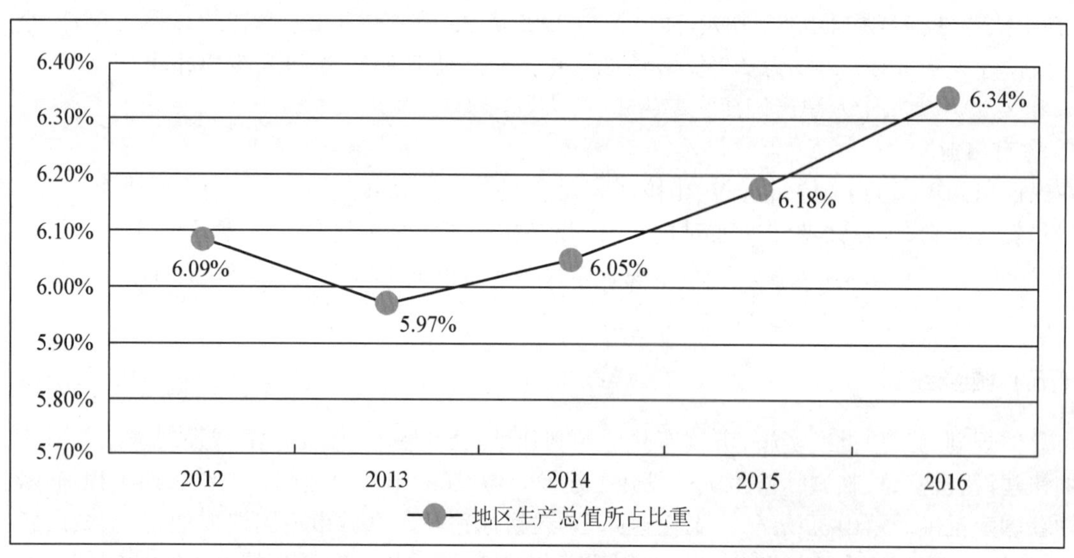

图 4 2012—2016 年杭州市地区生产总值在泛长三角地区
（苏浙两省 24 个地级市、安徽省 16 个地级市和上海市，下同）所占比重的变化趋势

2016 年，杭州全市实现生产总值 11050.49 亿元，同比增长 9.5%，增速分别高于全国、全省 2.8 和 2.0 个百分点。分产业看，第一产业增加值 304.84 亿元，增长 1.9%；第二产业增加值 3977.39 亿元，增长 4.7%，其中工业增加值 3578.67 亿元，增长 5.2%，建筑业增加值 400.11 亿元，增长 0.7%；第三产业增加值 6768.26 亿元，增长 13.0%；三次产业结构由 2015 年 2.9∶38.9∶58.2 升级为 2.8∶36.0∶61.2。

农林牧渔业实现增加值 309.66 亿元，增长 2.0%，拉动 GDP 增长 0.1 个百分点，贡献率 0.6%。累计建成国家级生态乡镇 119 个；新增省级现代生态循环农业示范主体 47 个、各级粮食功能区 152 个，农产品质量安全监测合格率达 98.6%。“五大特色”和“六大优势”产业实现产值 338.35 亿元，增长 5.3%，占农林牧渔业总产值 74.2%。其中，中草药材产值增长 14.4%，花卉苗木产值增长 7.8%。

（二）地方财政一般预算收入

2012—2016 年杭州市地方财政一般预算收入在泛长三角地区所占比重分别为 6.20%、5.27%、6.03%、6.32%和 6.60%，2014 年以来止跌上扬，五年累积增幅达 0.40 个百分点。2016 年杭州市地方财政一般预算收入在泛长三角地区 41 个市排名第 3 位，位居上海和苏州之后。

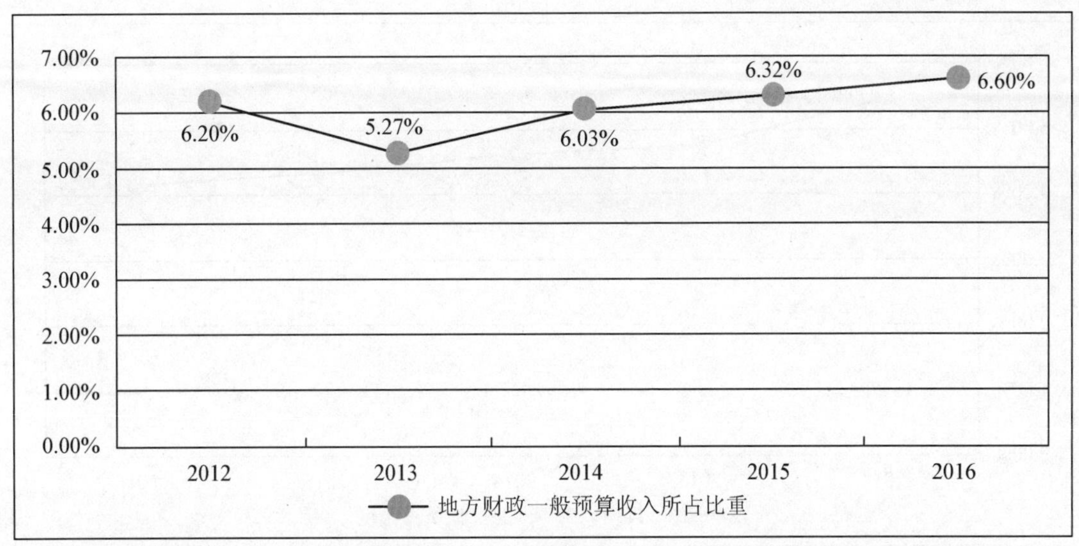

图5　2012—2016年杭州市地方财政一般预算收入在泛长三角地区所占比重的变化趋势

2016年一年来，全市上下按照中央、省、市各项决策部署，坚持“稳中求进”总基调和新发展理念，以推进供给侧结构性改革为主线，深入实施积极财政政策，财政收支平稳运行，收支任务较好完成，预算执行情况良好，实现了“十三五”良好开局。

2016年全市一般公共预算收入1402.38亿元，比上年(下同)同比增长13.2%(根据国家规定，从2016年1月1日起，将水土保持补偿费、政府住房基金等5项政府性基金转列一般公共预算，为同口径比较，相应调增一般公共预算2015年收支基数)。全市一般公共预算收入中的税收收入1289.22亿元，同比增长14.5%；非税收入113.16亿元，同比增长0.1%。税收收入占一般公共预算收入的比重为91.9%，继续位居全国前列。全市一般公共预算支出1404.31亿元，同比增长16.4%。全市一般公共预算收入增长，主要是经济增长稳中提速，转型升级步伐加快，以信息经济引领、服务业主导、先进制造业支撑的产业格局不断巩固，为收入增长增添新动能。全市一般公共预算支出增长较快，主要是积极财政政策持续加力，稳增长、调结构、惠民生的投入不断增强。

(三) 规模以上工业总产值

2012—2016年杭州市规模以上工业总产值在泛长三角地区所占比重分别为5.45%、4.76%、4.63%、4.36%和4.17%，已连续多年出现下降，五年累计降幅为1.28个百分点，2016年较上年减少了0.19个百分点。2016年杭州市规模以上工业总产值在泛长三角地区41个市排名第8位，较上年下降一位。

2016年，规模以上工业增加值14009亿元，比上年增长6.2%，增幅比上年提高1.8个百分点。结构调整稳步推进。2016年，装备制造业、高新技术产业、战略性新兴产业增加值分别增长10.9%、10.1%和8.6%，分别占规模以上工业的38.8%、40.1%和22.9%，比重分别比上年提高2.0、2.0和0.5个百分点；八大高耗能行业增加值增长3.7%，占规模以上工业的34.0%，比重比上年下降0.9个百分点。

创新驱动成效显著。2016年，规模以上工业新产品产值23861亿元，增长11.6%。新产品产值率为34.3%，比上年提高2.3个百分点，对规模以上工业总产值增长的贡献率为90.2% ，比上半年和前三季度分别提高5.9和4.0个百分点。新产品生产快速增长，智能电视、光纤、智能手机、光缆、碳纤维增强复合材料、太阳能电池等产品产量分别增长29.1%、28.5%、25.1%、18.0%、12.7%和11.8%。

发展新动能加快形成。2016年，信息经济核心产业制造业、高端装备产业(制造业)、健康制造业、节能环保制造业等新兴产业增加值分别增长13.6%、9.6%、8.9%和7.4%，增幅分别比规模以上工业高7.4、3.4、2.7和1.2个百分点，分别拉动规模以上工业增加值增长1.4、1.3、0.3和0.8个百分点。

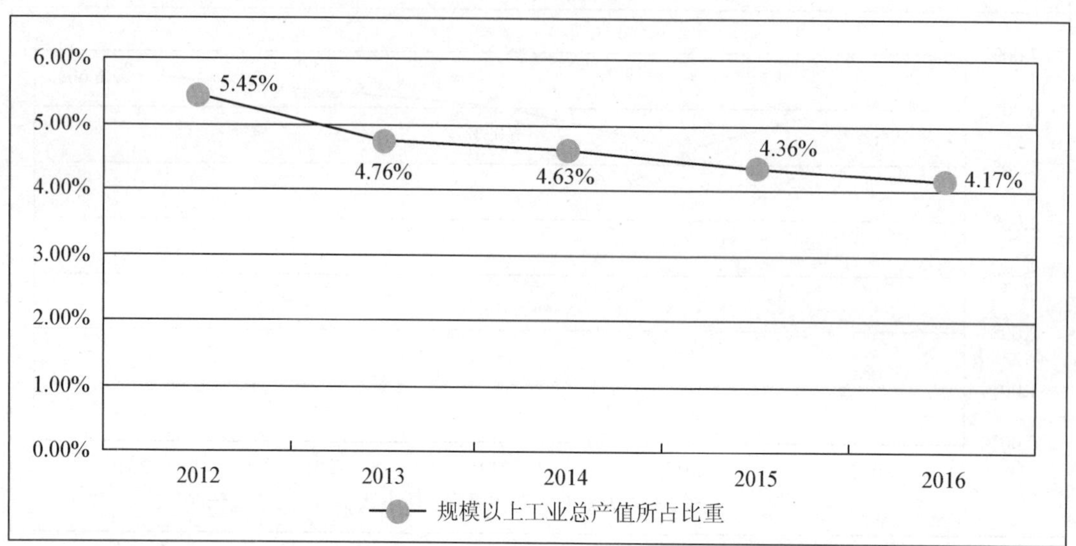

图 6　2012—2016 年杭州市规模以上工业总产值在泛长三角地区所占比重的变化趋势

市场需求不断改善。2016 年，规模以上工业销售产值 67222 亿元，增长 4.5%。其中，国内销售产值和出口交货值分别增长 5.2%和 1.4%，分别比上年提高 4.0 和 5.1 个百分点。分季度看，国内销售产值一季度(4.3%)、上半年(4.9%)、前三季度(4.7%)和全年(5.2%)增速保持稳定增长；出口交货值一季度(0.1%)、上半年(1.0%)、前三季度(1.1%)和全年(1.4%)增速保持回升态势。产销率为 96.7%，比上年提高 0.3 个百分点。

(四) 进出口总额

2012—2016 年杭州市进出口总额在泛长三角地区所占比重分别为 4.62%、4.74%、4.74%、4.78%和5.13%，呈现持续增长态势，2012—2016 年累计增加量为 0.51 个百分点，2016 年杭州市进出口总额在泛长三角地区 41 个市排名第 5 位，位居上海、苏州、宁波、无锡之后。

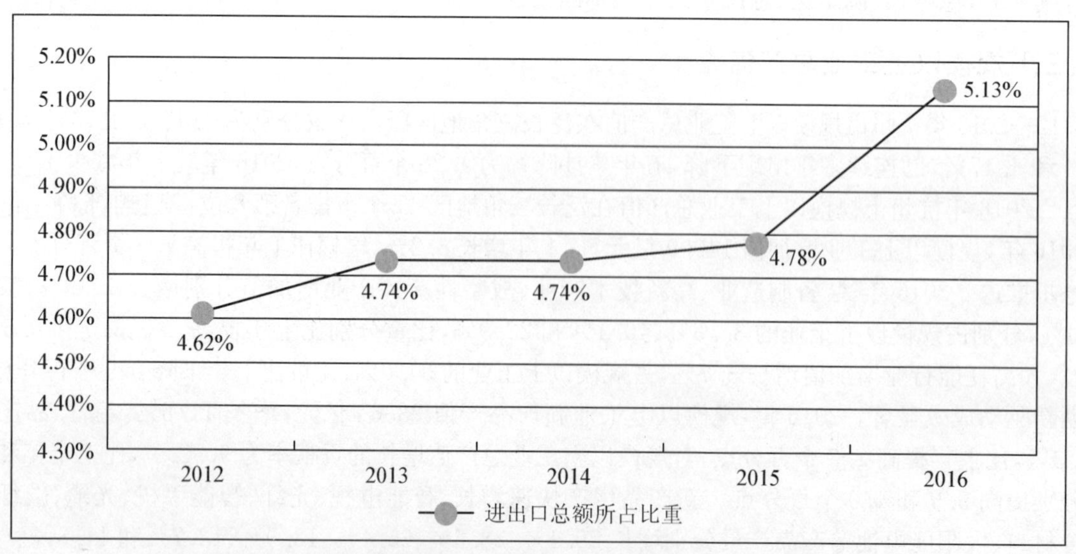

图 7　2012—2016 年杭州市进出口总额在泛长三角地区所占比重的变化趋势

2016 年，上半年，杭州市实现进出口总额 2099.90 亿元，其中出口 1563.52 亿元，同比增长 8.9%，增速较一季度分别提高 4.4 和 3.9 个百分点。

跨境电商作用凸显，实现出口 26.82 亿美元，完成全年目标的 67%。“一带一路”沿线国家贸易提速，对“一带一路”沿线 64 个国家出口 519.45 亿元，增长 15.9%；私营企业出口 950.46 亿元，增长 23.5%。对外投资高速发展，新批境外投资项目 142 个，境外企业总投资额 32.22 亿美元，增长 58.6%，其中境外企业中方投资额 28.41 亿美元，增长 74.4%。

(五) 实际外商直接投资金额

2012—2016 年杭州市实际外商直接投资金额在泛长三角地区所占比重分别为 6.82%、7.04%、8.48%、9.69%和 9.37%，总体呈上升态势，2016 年较上年减少了 0.32 个百分点，五年增加了 0.55 个百分点。2016 年杭州市实际外商直接投资金额在泛长三角地区 41 个市排名第 2 位，位居上海之后。

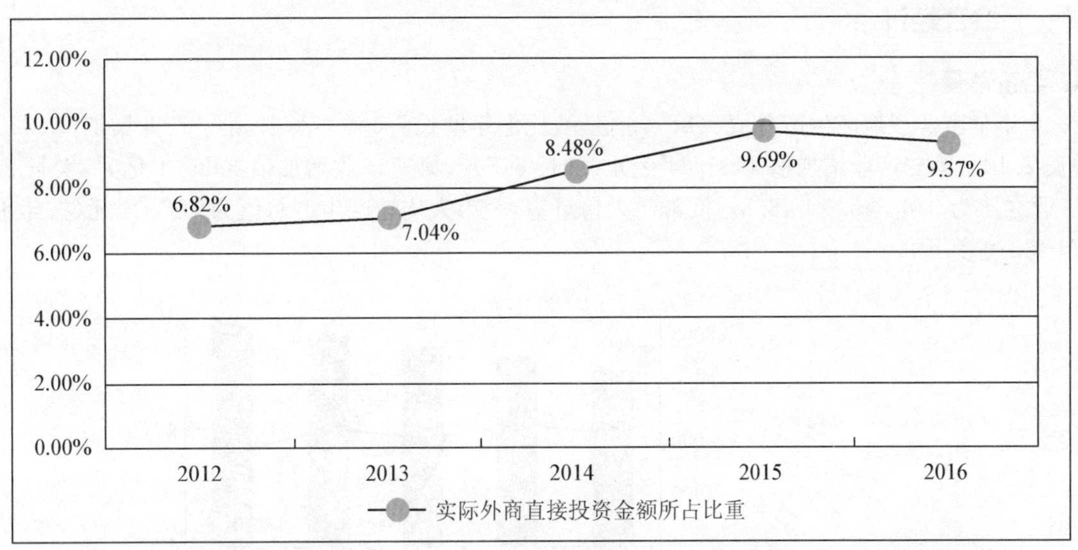

图 8　2012—2016 年杭州市实际外商直接投资金额在泛长三角地区所占比重的变化趋势

2016 年，72.09 亿美元，是杭州市交出的 2016 年实际利用外资成绩单。在利用外资规模持续高位运行的情况下，杭州市顺利完成 2016 年度目标任务，实现同比增长 1.36%。从浙江省情况来看，杭州市实际到资占比为 41.0%，杭州市连续 10 年保持浙江省首位。

2016 年，杭州市外资招引工作按照“招大引强引优”的原则，借力 G20、B20 杭州峰会，紧紧围绕“大项目带动”战略，各项工作顺利推进，年度目标圆满完成，取得了喜人成果，全年新设外商投资企业 462 家。

重大项目带动作用明显。2016 年杭州市引进总投资 3000 万美元以上项目 145 个，总投资 141.27 亿美元，合同外资 72.97 亿美元，占比分别达到 93.97%和 86.06%，提高 9.05 和 23.46 个百分点，其中总投资 5000 万美元以上大项目 86 个，总投资 1 亿美元以上大项目 25 个。重大项目在信息软件产业、金融服务产业等领域的集聚度继续提高，引进信息软件产业重大项目 39 个，融资租赁项目 8 个，投资和创投项目 3 个，银行项目 1 个，汽车金融项目 1 个。总投资 27.66 亿美元的浙商银行股份有限公司和总投资 4.17 亿美元的杭州传裕云鸿科技有限公司两个特大项目顺利落户。

世界 500 强招引成效显著。2016 年杭州共引进世界 500 强企业投资项目 10 个，其中首次引进的世界 500 强企业 5 家，分别是美国高通、美国迪尔、中化集团、中粮集团、京东。截至 2016 年底，杭州市共有 117 家世界 500 强投资 198 个项目。

利用外资结构进一步优化。2016 年杭州市服务业实际利用外资达到 56.55 亿美元，为杭州市总额的 78.43%，同比增长 8.69%，其中交通运输与仓储和邮政业、金融业、批发和零售贸易与餐饮业均有较快增长，分别增长 217.13%、112.60%和 50.20%。

三 宁波市 2016 年经济社会发展报告

2016 年，面对错综复杂的国内外经济环境，全市上下紧紧围绕市委市政府重大战略决策，牢固树立和贯彻落实新发展理念，适应把握引领经济发展新常态，强化精准服务和精准决策，积极推进供给侧结构性改革，扎实做好补短板各项工作，经济运行呈现稳中有进、进中向好的发展态势，结构调整积极推进，效益效率稳步提升，新经济发展态势良好，社会民生持续改善，实现了“十三五”良好开局。

一、宁波市 2016 年经济发展概况

（一）综合经济

1. 经济总量

2016 年全市实现地区生产总值 8686.49 亿元，比上年增长 7.1%。其中，第一产业增加值 302.06 亿元，增长 2.1%；第二产业增加值 4455.34 亿元，增长 6.5%；第三产业增加值 3929.1 亿元，增长 8.1%。三次产业之比为 3.6∶49.6∶46.8。按常住人口计算，全市人均地区生产总值为 108804 元（按年平均汇率折合 16380 美元）。

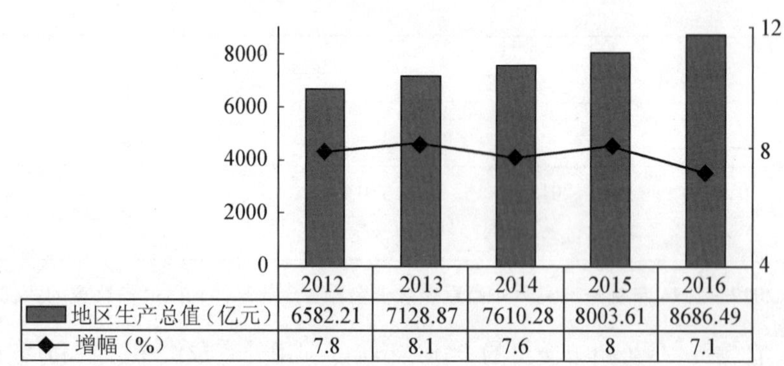

	2012	2013	2014	2015	2016
地区生产总值（亿元）	6582.21	7128.87	7610.28	8003.61	8686.49
增幅（%）	7.8	8.1	7.6	8	7.1

图 1 2012—2016 年宁波市地区生产总值及增长速度

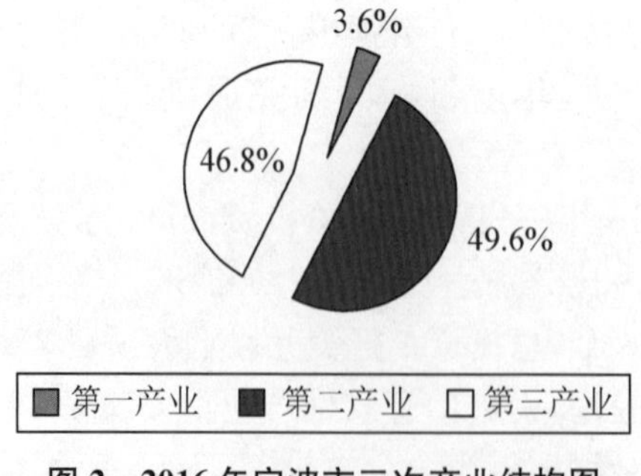

图 2 2016 年宁波市三次产业结构图

2. 财政收支

2016 年全市实现财政总收入 2145.8 亿元，比上年增长 3.4%，其中一般公共预算收入 1114.5 亿元，增长 10.5%。一般公共预算支出 1289.3 亿元，增长 2.8%。城乡社区、文化体育与传媒、科学技术、公共安全、一般公共服务支出分别增长 46.2%、20.2%、19.7%、11.0%和 9.8%。

3. 物价水平

2016 年宁波市区居民消费价格同比上涨 2.1%，涨幅与全国城市平均水平持平、高于全省城市平均

水平0.2个百分点。在全国36个大中城市中列第15位。八大类商品和服务项目价格同比涨跌呈“七升一降”格局:食品烟酒类上涨4.4%,衣着类上涨2.0%,居住类上涨1.3%,生活用品及服务类上涨0.7%,教育文化和娱乐类上涨1.5%,医疗保健类上涨3.0%,其他用品和服务类上涨2.8%;交通和通信类下降0.7%。

2016年工业生产者出厂价格同比下降2.3%,工业生产者购进价格下降3.0%。12月宁波新建住宅销售价格环比下降0.1%,同比上涨12.0%,同比涨幅在全国70个大中城市中排第21位。

4. 固定资产投资

2016年全市完成固定资产投资4961.4亿元,比上年增长10.1%。其中,民间投资2070.0亿元,下降4.4%。分产业看,第一产业投资45.1亿元,下降5.7%;第二产业投资1470.5亿元,下降2.1%;第三产业投资3445.8亿元,增长16.5%。三次产业投资额之比为0.9∶29.6∶69.5。分领域看,基础设施投资1631.5亿元,增长26.5%;工业投资1469.9亿元,下降2.0%,其中工业技改投资1124.8亿元,下降11.7%;房地产开发投资1270.3亿元,增长3.4%。全年商品房销售面积1336.9万平方米,增长32.7%,其中住宅销售面积1126.1万平方米,增长33.0%。

全年完成市政基础设施投资98.6亿元,基本形成“一纵两横”快速路骨架网络,澄浪桥及接线、机场路北延快速化改造等一批项目建成通车。中山路综合整治工程全线恢复交通,“三江六岸”滨江休闲带核心区基本建成。市容环卫全面提升,生活垃圾分类稳步推进,中心城区31个街道584个小区31.8万户家庭参与分类,分类收集覆盖面达73%。智慧城管网格覆盖扩大至414.7平方千米,单元网格4930个,网格覆盖面积占建成区城市化管理区域90%以上。全年完成“三改”建筑面积2811.9万平方米,拆除违法建筑面积1886.6万平方米。

(二) 农业和农村建设

1. 农业生产

2016年全市实现农林牧渔业总产值480.3亿元,比上年增长2.0%。其中,完成农业产值228.0亿元,增长2.8%;林业产值14.3亿元,增长0.5%;牧业产值50.0亿元,下降6.2%;渔业产值179.9亿元,增长3.3%;农林牧渔服务业产值8.0亿元,增长9.6%。粮食作物播种面积196.2万亩,粮食总产量80.5万吨。全年肉类总产量13.2万吨,禽蛋产量4.5万吨,分别下降13.8%和30.7%;牛奶产量3.0万吨,增长3.4%。全年完成水产品总产量106.1万吨,增长2.7%。全年新增市级农业龙头企业10家,累计达251家,其中年产值(销售额)上亿元的达85家。

2. 新农村建设

实施“提升农村品质,建设美丽乡村”三年行动计划,2016年累计开展创建美丽乡村合格村316个,示范村37个,启动示范乡镇创建15个、风景线创建15条,象山县已成功创建省第一批美丽乡村示范县。全年共投入“百千工程”资金9.95亿元,1127个村启动村庄整治建设,占全部行政村的46%。年末农村生活污水治理村覆盖率92.0%。完成农村住房“两改”建设投资60亿元,开工改造建设农村住房4.9万户,已完工2.2万户,面积325.8万平方米。

(三) 工业和建筑业

1. 工业经济

2016年全市实现工业增加值3766.6亿元,比上年增长7.0%。其中规模以上工业企业实现增加值2799.1亿元,增长7.3%。分行业看,在规模以上工业35个行业大类中,有10个行业增加值超过100亿元,其中汽车制造业实现增加值403.6亿元,增长29.9%;烟草制品业增长17.5%,石油加工业增长19.5%。分企业类型看,规模以上大、中、小型企业工业增加值分别增长12.4%、4.1%和5.0%。分经济类型看,有限责任公司、国有企业增加值分别增长15.7%和13.3%;私营企业增长7.1%;港澳台投资企业增长4.0%,外商投资企业增长5.2%。全年规模以上工业企业实现销售产值13886.2亿元,增长4.1%,其中出口交货值2816.9亿元,下降1.5%。全年规模以上工业企业实现利润总额993.8亿元,增长30.5%,实现利税总额1746.9亿元,增长18.0%。

2. 工业创新转型

2016年全市规模以上工业科技活动经费支出205.9亿元,比上年增长12.1%。规模以上工业新产品产值4613.7亿元,增长14.3%,新产品产值率提高到32.0%,再创历史新高。工业结构趋新趋优,规模以上工业中,全年战略性新兴产业、高新技术产业、装备制造业增加值分别为484.5亿元、1153.7亿元和1319.9亿元,分别增长10.4%、9.1%和11.1%。

3. 建筑业

2016年全市完成建筑业总产值4231.1亿元,比上年增长4.3%。房屋建筑施工面积2.7亿平方米,下降5.6%。全年建筑业从业人员平均人数129.6万人,比上年增加17.1万人。

(四)服务业

1. 国内贸易

2016年全市批发和零售业完成商品销售总额1.97万亿元,比上年增长11.4%。全年完成社会消费品零售总额3667.6亿元,增长10.3%。分城乡看,城镇消费品市场实现零售额2992.2亿元,增长9.6%;农村消费品市场实现零售额675.4亿元,增长13.5%。在限额以上企业销售的商品类值中,食品类商品零售额增长2.5%,服装、鞋帽及纺织品类增长10.3%,家用电器类增长42.4%,汽车类增长1.8%。年末全市限额以上贸易企业达4068家,全年实现营业收入12017.8亿元,实现利润总额164.2亿元。

2. 港口、交通运输

2016年宁波舟山港货物吞吐量9.2亿吨,居全球第一位,其中,宁波港域完成5.0亿吨。宁波港域全年完成铁矿石吞吐量7630.5万吨,比上年下降19.6%,煤炭吞吐量5397.4万吨,下降11.5%,原油吞吐量6289.1万吨,下降3.2%。全年宁波舟山港集装箱吞吐量2156.1万标箱,增长4.5%,吞吐量居全球第四位、全国第三位,其中宁波港域完成集装箱吞吐量2069.6万标箱,增长4.4%。年末宁波港域集装箱航线总数达232条,其中远洋干线111条,近洋支线69条,内支线20条,内贸线32条。宁波港域全年完成海铁联运25万标箱,增长46.9%。杭甬运河宁波段500吨级航道通航效应初显,大宗货物海河联运突破130万吨。

2016年全市完成交通基础设施投资242.3亿元,比上年增长29.8%,其中公路建设投资完成180.5亿元,增长43.5%。新增公路里程65千米,年末全市公路总里程达到11247.7千米,其中高速公路495.8千米。年末万吨级码头总数达106个。

2016年全社会完成货运量4.63亿吨,比上年增长9.9%,货物周转量2297.6亿吨千米,增长6.0%。其中,水路货运量1.82亿吨,货物周转量1902.4亿吨千米,分别增长8.7%和5.7%;公路货运量2.56亿吨,货物周转量395.3亿吨千米,分别增长11.9%和7.5%;铁路货物运输量2379万吨,下降0.7%;民航货物吞吐量15.1万吨,增长29.7%。全社会客运量1.04亿人次,增长1.6%。其中,公路客运量4813万人次,下降12.2%;水路客运量170万人次,增长6.3%;铁路客运量4687.3万人次,增长18.5%;民航客运量779.2万人次,增长13.7%。

年末全市共有公交标准运营车辆9296标台,比上年增长7.7%;运营线路1151条,比上年增加93条。轨道交通流量快速增长,全年轨道交通客运量9968.1万人次,日均27.2万人次,分别增长164%和131.3%。年内新增公共自行车网点323个,年末全市共建成公共自行车网点1582个,增长25.7%,投放公共自行车40243辆;全年租车总量3990.9万辆次,增长8.2%。年末全市共有出租车6406辆。

3. 电子商务

2016年1月获国务院批复成为第二批跨境电子商务综合试验区，全年新增跨境电商进口备案企业253家，其中新增上线企业103家，年末全市跨境电商进口备案企业已达825家，其中上线企业295家。2016年全市跨境电子商务交易总额为270.1亿元，占全市外贸进出口总额的4.0%，比上年提高3个百分点，其中跨境电商进口额为53.6亿元，出口额为216.5亿元，均居全国前列。全年全市网络零售额突破千亿，达1024.6亿元，2014年以来年均增长56.2%。

4. 旅游业和会展

2016年全市实现旅游总收入1446.4亿元，比上年增长17.3%。接待国内游客9198.4万人次，增长16.1%；实现国内旅游收入1385.5亿元，增长17.0%。接待入境游客173.5万人次，增长10.1%。年末全市共有星级酒店140家，其中五星级22家；共有4A级以上风景区31处，其中5A级1处。全年新增市级农家乐特色村（点）16个，累计达176个。

2016年全市举办各类会展项目310个，比上年增长3.0%。其中举办展览会188个，增长3.3%，展览总面积达209万平方米，增长3.4%；展览面积2万平方米以上的大型展会数量达27个。县级以上举办商务会议（论坛）92个，增长8.2%；特色节庆活动34个。年度荣获全国优秀会展城市、中国十佳品牌会展城市等奖项。

5. 银行、证券和保险业

2016年末全市金融机构本外币存款余额16989.3亿元，比上年增长5.0%；金融机构本外币贷款余额16622.9亿元，增长5.5%。年末全市银行业金融机构达63家，其中政策性银行3家，大型银行5家，股份制商业银行11家，城市商业银行12家，邮储银行1家，外资银行5家，农村合作金融机构9家，新型农村金融机构13家，非银行金融机构4家。

2016年全市证券成交总额5.3万亿元，比上年下降43.2%。其中股票和基金成交3.9万亿元，下降52.7%，证券客户交易结算资金余额185.6亿元，增长69.7%。期货代理交易量9819.8万手，增长23.7%；代理交易额4.1万亿元，下降56.7%。年末证券投资者开户数170.2万户，增长18.1%。年内新增证券公司分支机构16家，新增期货公司分支机构1家。年末全市共有133家证券公司分支机构，1家证券投资咨询公司，1家期货公司，3家期货分公司和35家期货公司分支机构。年内新增境内上市公司5家，实现首发（IPO）融资17.2亿元；年末境内上市公司总数达56家。年内新增"新三板"挂牌公司71家，挂牌公司总数达136家。全年各类公司通过定向增发、公司债券等工具再融资425.5亿元。

2016年末共有市级及以上产险机构32家、寿险机构24家、专业中介机构61家。全年全市实现保费收入257.6亿元，比上年增长12.8%。其中，财产险保费收入127.2亿元，增长4.9%；人身险保费收入130.3亿元，增长21.9%。全年共为6.2万家次企业和3927.5万人次提供15.9万亿元的风险保障，赔付支出115.3亿元，增长8.2%。其中，财产险赔付支出79.0亿元，增长1.1%；人身险赔付支出36.4亿元，增长27.8%。

（五）对外经济

1. 对外贸易

2016年全市口岸进出口总额11666.4亿元，比上年下降2.6%，其中出口8793.2亿元，增长0.4%，进口2873.3亿元，下降10.7%。外贸自营进出口总额6262.1亿元，增长0.9%，其中出口4359.4亿元，下降1.4%；进口1902.7亿元，增长6.5%。全年新增对外贸易经营备案登记企业3763家，累计达33391家；全年有进出口实绩企业17035家。民营企业（包括私营企业和集体企业）出口额占全市出口总额的67.7%，出口额增长1.4%，拉动全市出口增长0.9个百分点。从产品结构看，机电产品出口额占全市出口总额的54.5%；高新技术产品出口额占全市出口总额的6.6%。从贸易伙伴看，直接与全市开展贸易往来的国家和地区达 223 个，其中欧盟、美国、东盟、拉丁美洲的贸易额占比分别为 21.6%、18.2%、8.6%和 7.4%。对"一带一路"沿线国家进出口 1638.4 亿元，增长 5.9%，其中对中东欧 16 国进出口 156 亿元，增长 12.6%。

2. 利用外资

2016 年全市新批外商投资项目 458 个，合同利用外资 79.9 亿美元，比上年增长 4.4%；实际利用外资 45.1 亿美元，增长 6.6%。第三产业新批项目 328 个，合同外资 48.0 亿美元，实际外资 20.8 亿美元，分别增长 9.7%、25.2%和 7.5%。

3. 对外合作

2016 年全市新批境外投资企业和机构 220 家；核准中方投资额 35.1 亿美元，比上年增长 39.9%。完成境外承包工程劳务合作营业额 20.4 亿美元，增长 6.9%。全年承接服务外包执行额 231.3 亿元，增长 25.2%，其中离岸服务外包执行额 16.5 亿美元，增长 28.6%。年末全市服务外包企业 1299 家，从业人员 5.0 万人。

4. 国内合作

2016 年全市浙商回归项目 181 个，实到资金 612 亿元，比上年增长 11.7%。国内招商引资项目 649 个，实际到位资金 913.6 亿元，增长 10.4%。实施山海协作产业合作项目 76 个，实际到位资金 19.6 亿元。落实对口帮扶黔西南州项目 70 个，资金 5390 万元。

二、宁波市 2016 年社会发展概况

（一）人口、人民生活

2016 年末全市拥有户籍人口 591.0 万人，其中市区 284.2 万人。全年出生 51100 人，其中男性 26341 人，男女性别比为 106∶100。人口出生率为 8.68‰，自然增长率为 2.85‰，比上年提高 1.01 个千分点，连续 19 年低于 5‰。年末全市常住人口为 787.5 万人，城镇人口占总人口的比重（即城镇化率）为 71.9%。

2016 年宁波市居民人均可支配收入 44641 元，比上年增长 7.9%。按城乡分，城镇居民人均可支配收入 51560 元，增长 7.7%，扣除价格指数，实际增长 5.5%；农村居民人均可支配收入 28572 元，增长 7.9%，扣除价格指数，实际增长 6.1%。城乡居民人均收入倍差为 1.80，比上年缩小 0.01。全年居民人均生活消费支出 27891 元，增长 7.0%。按城乡分，城镇居民人均生活消费支出 31584 元，增长 6.5%；农村居民人均生活消费支出 19313 元，增长 8.5%。

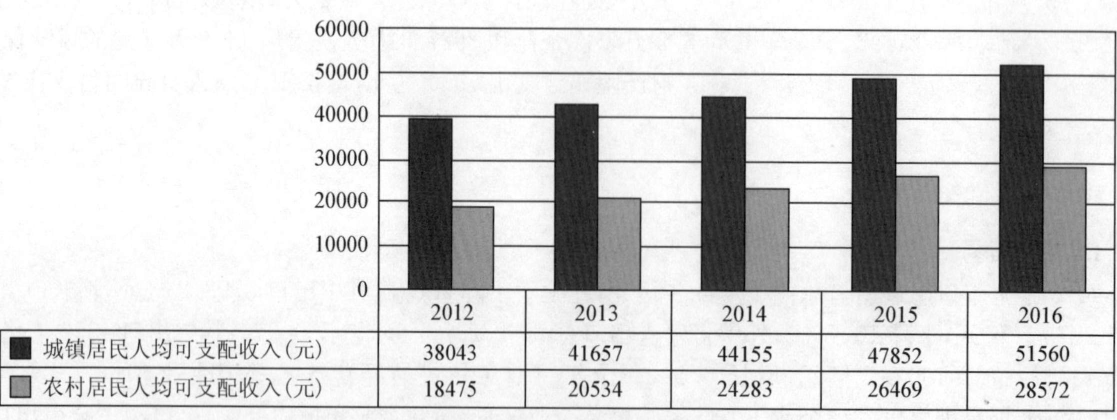

	2012	2013	2014	2015	2016
城镇居民人均可支配收入（元）	38043	41657	44155	47852	51560
农村居民人均可支配收入（元）	18475	20534	24283	26469	28572

图 3　2012—2016 年宁波市城乡居民收入对比一览

（二）就业、社会保障

1. 就业

2016年全市城镇新增就业人员19.0万，7.1万名城镇失业人员实现再就业，其中困难人员1.9万人。年末城镇登记失业率为2.01%。全年完成技能人才培训25.8万人；完成各类农民培训8.0万人次，其中农村实用人才培训1.9万人次，实际新增农村实用人才9078人。

2. 社会保障

2016年末全市职工基本养老、基本医疗、失业、工伤和生育保险参保人数分别为412.1万人、386.9万人、262.5万人、297.0万人和251.4万人，城乡居民基本养老保险、被征地人员养老保障、居民基本医保和新农合参保人数分别为127.4万人、36.8万人、151.3万人和184.8万人。年末全市累计发行社保卡790.3万张。

2016年末全市拥有养老机构272家，比上年增加27家，床位53049张，增长14.2%。年末全市共有最低生活保障对象6.8万人，低保资金实际支出3.2亿元。市区居民最低生活保障标准为月人均744元。企业职工最低工资标准为1860元、1660元和1530元三档。年末累计有6.4万名困难残疾人享受生活补贴，5.6万名残疾人享受护理补贴。年末全市农村五保对象集中供养3898人，集中供养率为98.8%，城镇“三无”对象集中供养1035人，集中供养率为99.7%。

2016年争取国家棚改政策性贷款270.9亿元，启动棚户区改造542.7万平方米，其中危旧房改造288.6万平方米、城中村改造254.1万平方米，高塘一村、二村、潜龙、正大路等一批备受群众关心关注的危旧房小区得到改造，约2.9万户家庭消除住房安全之忧。

2016年市县两级慈善机构募集善款4.4亿元，救助支出4.3亿元，受助的困难群众达42.5万人次。年末全市慈善机构累计募集已达55.0亿元，累计救助支出42.2亿元，受助338.6万人次。

（三）教育、人才和科学技术

1. 教育事业

2016年末全市共有各级各类学校2058所，在校学生总数130.5万人。其中，在甬高校16所，在校学生20.1万人；普通高中85所，在校学生8.6万人；中职学校42所，在校学生6.6万人；初中208所，在校学生19.2万人；小学444所，在校学生47.7万人。年末全市共有全日制民办中小学（幼儿园）1056所，在校（园）生30.1万人，占全市全日制中小学（幼儿园）在校（园）生数的27.3%。义务段有26.7万名外来务工子女就学问题得到妥善解决。

2. 人才和科学技术

2016年全市新增各类人才14.1万人，年末全市人才总量达201.3万人，比上年增长7.5%。其中，新引进海外人才1803人，总量达9204人；新增博士、博士后592人，总量达5340人；新增高技能人才3.8万人，累计达33.3万人。新评审出市“3315计划”人才25人、高端创业创新团队26个。新建院士工作站11家，累计98家；新增省级博士后科研工作（流动）站25家，累计建成省级以上工作（流动）站125家；新建技能大师工作室10家，累计60家。

2016年全市专利申请量68244件，其中发明专利19328件，比上年增长20.4%；专利授权量40792件，其中发明专利授权5669件，增长4.7%。全年有137项科技创新获得国家自然科学基金项目支持，1项获得国家重大专项支持，3项入选国家重点研发计划，共计获得国家级财政拨付经费5904万元。年末全市共有省级企业研究院47家、市级企业研究院104家，省级高新技术企业研究开发中心344家，市级以上企业工程（技术）中心1188家（其中国家认定企业技术中心17家）。累计培育创新型初创型企业9010家，科技部国际科技合作基地8家。年末全市共有众创空间53家，年内新增国家级科技企业孵化器1家。

（四）文化、卫生和体育

1. 文化事业

2016年全市文创产业增加值586亿元，占地区生产总值(GDP)的比重为6.9%。“东亚文化之都·2016宁波”活动年以春夏秋冬为节点，全年共举办文化、教育、体育、宗教、旅游、经贸等各类活动217项。宁波市文化馆通过文化部第三批“国家一级馆”复评，所有区县(市)实现一级馆全覆盖。举办第二届浙江全民阅读节暨2016宁波书展，成立宁波阅读联盟，发布宁波阅读地图，图书交易额突破4200万元。全年“天然舞台”文化惠民演出共计配送547场，“万场电影千场戏”全年送戏3790场，全市共放映公益电影3万多场次。

2. 卫生事业

2016年末全市共有卫生事业医疗机构4115家，医院143家，其中三级甲等医院7家，三级乙等医院10家。年末全市实有病床3.5万张，拥有各类专业卫生人员7.2万人，卫生技术人员5.9万人，其中执业医师(含助理)2.3万人，注册护士2.4万人。按户籍人口统计，每千人床位数、卫技人员数、执业医师(含助理)数和注册护士数分别达到5.9张、10.0人、3.9人和4.1人。全市适龄儿童免疫规划疫苗接种率96.67%，婴儿死亡率及5岁以下儿童死亡率分别为1.66‰和2.29‰，常住人口孕产妇死亡率为6.47/10万。

3. 体育事业

2016年全市共举办46项全国以上赛事和活动。培养和输送5名运动员参加第31届里约奥运会4个大项6个小项的比赛，获得1金2铜。全年宁波籍运动员共获得世界冠军3个，在世界青年赛上斩获2金1银，在亚洲级比赛中夺得9金3银2铜，在全国性比赛中获得30金23银17铜。参加省青少年27个大项比赛，共获得金牌199枚、奖牌430枚，团体总分4572分，金牌数位居全省第二。全年体育彩票销售额达19.8亿元，创历史新高。

（五）城乡建设

城市总体规划修订获批实施，推动全市域“多规融合”。中心城市能级提升，谋划建设宁波都市圈，东部新城、南部新城、镇海新城展露新姿。建成“一环六射”高速路网、“南客北货”铁路格局、“十字形”轨道交通骨架和“一纵两横”快速路网，公路、铁路里程分别增加522千米和89.4千米，打通断头路56条，实现城乡客运一体化。“提升城乡品质”行动全面实施，智慧城市建设深入推进，入选全国海绵城市建设试点，实施“百村示范千村整治”工程，建成一批示范乡镇、示范村和风景线。深化国家新型城镇化综合试点，全面取消户口性质划分，常住人口城市化率达到71.9%。创新流动人口服务管理，完成钦寸水库移民安置5080人，新老宁波人融合发展。扶持“16+3”相对薄弱地区，推动四明山区域生态发展。城乡统筹发展水平保持全国前列。打好“五水共治”“三改一拆”“四边三化”等组合拳，治理黑河臭河垃圾河1062千米，“三改”、拆违分别完成8652万平方米和7231万平方米。实施渔场修复振兴计划。整治重污染行业，淘汰黄标车11.2万辆。开展国家低碳城市试点，节能减排任务全面完成。在省内率先实施生态保护红线规划，获批建设国家生态文明先行示范区，国家生态区县(市)达到5个，森林覆盖率达到48.7%。

（六）生态建设

2016年全市中心城区空气质量优良天数比率为84.7%，比上年提高1.9个百分点；PM2.5浓度为39微克/立方米，下降13.3%。实现建设项目排污权有偿使用和交易全覆盖，全年新增排污权交易89笔，交易金额3105万元，新增有偿使用359笔，金额1.38亿元。深入推进大气污染防治，淘汰高污染燃料锅炉827台；淘汰黄标车1427辆，老旧车3.1万辆。推进生态创建工作，年末全市共有国家级生态区

县(市)5个，省级生态区县(市)9个，国家级生态乡镇(街道)96个、国家级生态村2个、省级生态乡镇(街道)121个。

(七) 平安宁波

2016年全市共发生各类生产安全事故710起、死亡394人，比上年分别下降17.1%和7.5%。其中，较大生产安全事故2起，死亡9人。全市共立案查处各类食品药品违法案件2357件，其中大要案45件，罚没款6553万元，移送公安机关涉嫌犯罪案件87件。全年人民调解组织共调处各类民事纠纷10.8万件，调解成功10.7万件，成功率达99.1%，防止民间纠纷引起的自杀19件、22人次；防止民间纠纷转化为刑事案件105件、249人次。

三、宁波市在泛长三角地区经济发展中的地位

2016年，全市上下紧紧围绕市委市政府重大战略决策，强化精准服务和精准决策，全力推动供给侧结构性改革，加快补齐发展短板，经济运行呈现逐季回升向好的发展态势，结构调整积极推进，效益效率稳步提升，新经济发展态势良好，社会民生持续改善。

(一) 地区生产总值

2012—2016年宁波市地区生产总值在长三角地区所占比重分别5.14%、5.10%、5.00%、4.92%和4.87%，所占比重持续减少，2016年，较上年减少了0.05个百分点，较2012年减少了0.27个百分点。2016年宁波市地区生产总值在泛长三角地区41个市排名第6位。

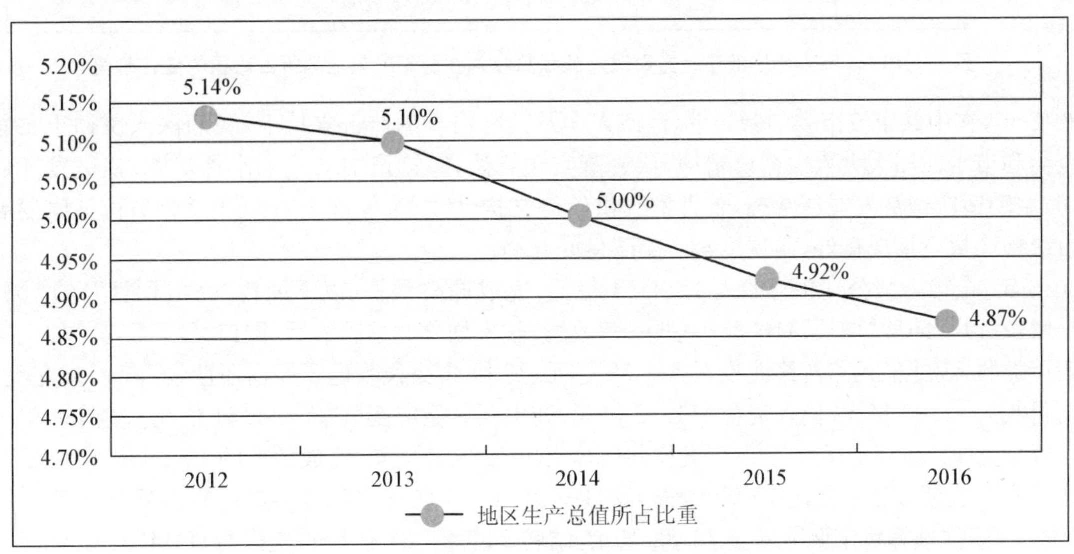

图4　2012—2016年宁波市地区生产总值在泛长三角地区(苏浙两省24个地级市、安徽省16个地级市和上海市，下同)所占比重的变化趋势

2016年宁波市生产总值8541.11亿元，按可比价格计算，比2015年同期增长7.1%。三次产业比例为3.6∶49.6∶46.8，第三产业比重同比提高1.6个百分点。三次产业对GDP的贡献率分别为1.0%、47.0%和52.0%，分别拉动全市经济增长0.1、3.3和3.7个百分点。分产业看，第一产业实现增加值304.62亿元，增长2.1%；第二产业实现增加值4239.64亿元，增长6.5%，其中工业实现增加值3766.63亿元，增长7.0%；第三产业实现增加值3996.85亿元，增长8.1%。前三季度全市实现地区生产总值6011.2亿元，按可比价格计算，同比增长7.4%，增速比上半年提高0.6个百分点。分产业看，第一产业实现增加值206.7亿元，增长2.0%；第二产业实现增加值3049.4亿元，增长7.1%；第三产业实现增加

值 2755.0 亿元，增长 8.3%。三次产业之比为 3.5∶50.7∶45.8，第一、第二、第三产业对 GDP 增长的贡献率分别为 0.9%、49.5%和 49.6%。

（二）地方财政一般预算收入

2012—2016 年宁波市地方财政一般预算收入在泛长三角地区所占比重分别为 5.23%、5.79%、5.06%、5.15%和 5.24%，2016 年较上年增加了 0.09 个百分点，五年时间累积增加了 0.01 个百分点。2016 年宁波市地方财政一般预算收入在泛长三角地区 41 个市排名第 5 位。

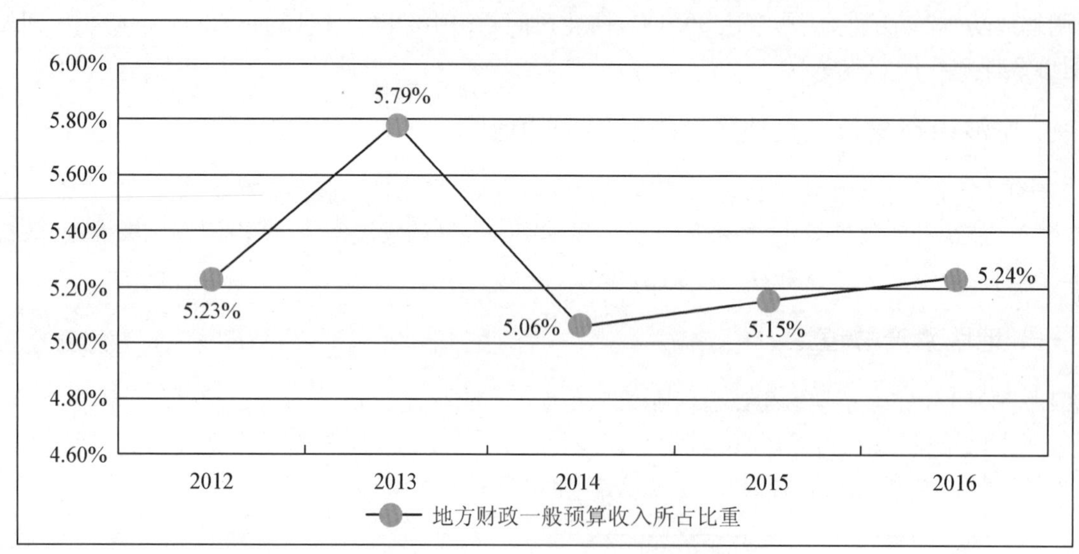

图 5　2012—2016 年宁波市地方财政一般预算收入在泛长三角地区所占比重的变化趋势

2016 年，在中共宁波市委的领导下，在市人大及其常委会的监督支持下，我们深入贯彻十二届市委历次全会和市十四届人大六次会议精神，认真落实预算法，坚持稳中求进工作总基调，积极发挥财政职能作用，主动适应经济发展新常态，着力推进供给侧结构性改革，促进全市经济社会平稳健康发展。全市和市级预算执行情况良好，实现了“十三五”良好开局。

2016 年，全市一般公共预算收入 1114.54 亿元，完成调整预算（以下简称“完成预算”）的 101.7%，比上年增长（以下简称“增长”）10.5%，剔除“营改增”收入划分调整因素后，同口径增长 7%；加上地方政府一般债券收入 29 亿元和转移性收入 330.32 亿元（其中：中央税收返还等返还性收入 50.96 亿元，上级转移支付收入 86.33 亿元，调入资金 111.52 亿元，调入预算稳定调节基金 81.51 亿元），全市一般公共预算可用资金为 1473.86 亿元。全市一般公共预算支出 1289.3 亿元，完成预算的 104.9%，增长 2.8%；加上地方政府一般债券还本支出 19 亿元和转移性支出 165.6 亿元（其中：出口退税专项上解等上解支出 60.96 亿元，安排预算稳定调节基金 76.82 亿元，结转下年 27.82 亿元），支出合计 1473.86 亿元。收支相抵，全市一般公共预算保持平衡。

（三）规模以上工业总产值

2012—2016 年宁波市规模以上工业总产值在泛长三角地区所占比重分别为 5.11%、4.99%、5.06%、4.87%和 4.86%，整体呈下跌趋势，五年跌幅达 0.25 个百分点，2016 年较上年减少了 0.01 个百分点。2016 年宁波市规模以上工业总产值在泛长三角地区 41 个市排名第 4 位，位居上海、苏州、南通之后，保持着领先优势。

2016 年全市实现工业增加值 3766.6 亿元，比上年增长 7.0%。其中规模以上工业企业实现增加值 2799.1 亿元，增长 7.3%。2016 年，全市规模以上工业企业创造利润总额 993.8 亿元，同比增长 30.5%；

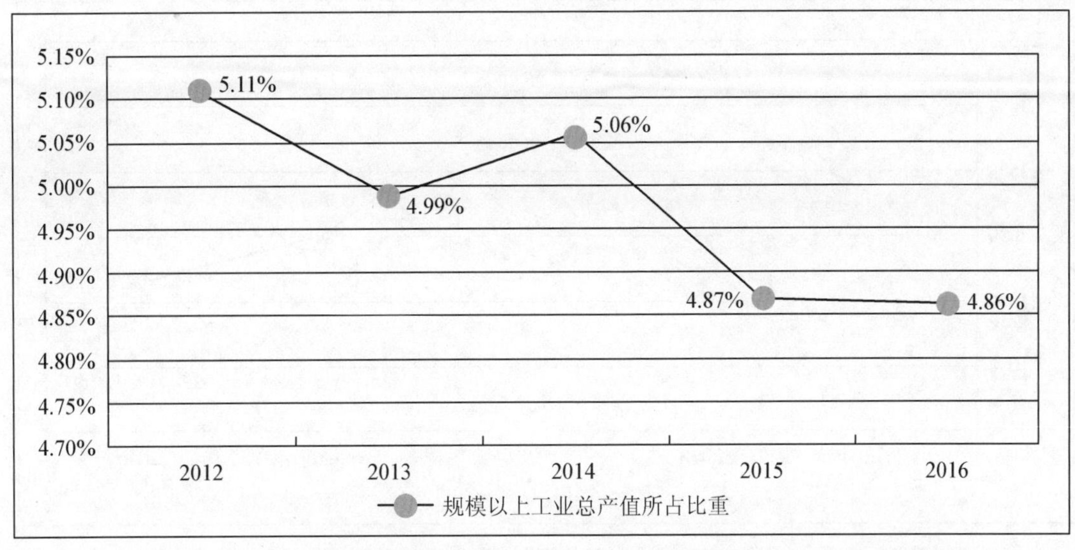

图6 2012—2016年宁波市规模以上工业总产值在泛长三角地区所占比重的变化趋势

利税总额1746.9亿元，同比增长18.0%。受益于一系列降本增效政策的实施，全市规模以上工业企业单位成本同比下降，税费负担进一步减轻。2016年全年，百元主营业务收入成本82元，比2015年同期下降1.1元；财务费用同比下降15.4%；税金同比增长4.7%，增速比2015年全年收窄7.8个百分点。从经营成果看，主营业务收入利润率7.5%，比2015年同期提高1.5个百分点；成本费用利润率8.3%，比2015年同期提高1.7个百分点，企业效益得到大幅提升。

前三季度，全市实现工业增加值2706.1亿元，同比增长7.4%，增速比上半年提高1.5个百分点。其中，规模以上工业增加值2027.5亿元，增长8.5%，增速比一季度和上半年分别提高2.0和1.4个百分点。石油加工、汽车制造、烟草制品业三行业增长最快，增速分别为30.0%、29.3%、23.0%，合计对规模以上工业增加值增长的贡献率达85.1%。完成工业销售产值10015.7亿元，增长4.0%，其中出口交货值2082.3亿元，下降0.8%，增速比上半年回升0.4个百分点。前三季度规模以下工业增加值增长6.2%，增速比一季度和上半年分别提高9.6和2.1个百分点，拉动GDP增长0.7个百分点，比一季度和上半年分别增加1.1和0.3个百分点。企业效益稳步提升。1—8月，全市规模以上工业企业利润总额603.6亿元，利税总额1089亿元，同比分别增长27.5%和14.9%；主营业务收入利润率7.4%，成本费用利润率8.1%，同比分别提高1.5和1.7个百分点。每百元主营业务收入成本为82元，同比下降1.4元。

结构调整积极推进。前三季度，规模以上工业中，装备制造业、战略性新兴产业增加值分别为947.5亿元和347.4亿元，同比分别增长9.7%和9.5%，增速高于规模以上工业1.2和1.0个百分点；装备制造业占规模以上工业增加值的比重提高到46.7%。在战略性新兴产业中，新一代信息技术、生物、新能源产业、新能源汽车增加值增长较快，分别为21.4%、9.3%、15.9%和11.1%，增速均高于全市规模以上工业平均水平。

(四) 进出口总额

2012—2016年宁波市进出口总额在泛长三角地区所占比重分别为7.23%、7.30%、7.30%、7.20%和7.17%。宁波市进出口总额占比在五年时间整体下降了0.06个百分点。2016年宁波市进出口总额在泛长三角地区41个市排名第3位，位居上海、苏州之后，始终保持着领先优势。

2016年宁波市进出口总额达6262.1亿元，比上年同期(下同)增长0.9%。其中，出口1902.7亿元，增长6.5%。2016年宁波外贸进出口总体呈震荡回升态势。出口微跌，但降幅低于全国平均水平0.5个百分点。进口增速分别好于全国、全省5.5和2.6个百分点。

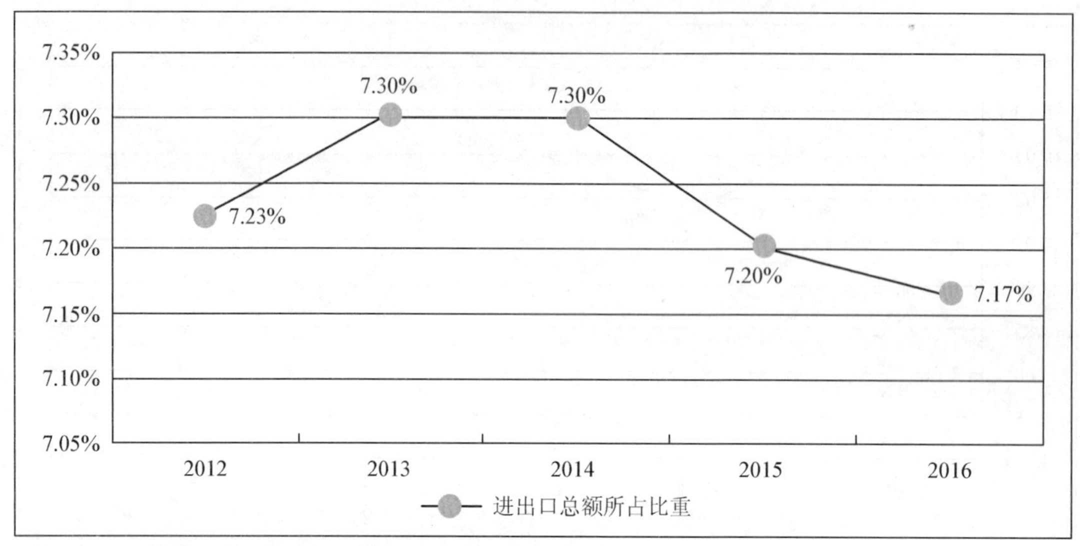

图7 2012—2016年宁波市进出口总额在泛长三角地区所占比重的变化趋势

2016年宁波外贸进出口总体情况呈现了如下特点：

对欧美出口占比有所提高，对新兴市场出口分化明显。2016年，全市对欧盟出口178.5亿美元，同比下降3.5%，占全市出口额27%，比重提高1个百分点；对美国出口148.9亿美元，同比下降2.5%，占全市出口22.5%，比重提高1.1个百分点。对日本出口同比下降8.4%，呈现持续下滑态势。同期，全市对东盟出口49.3亿美元，同比下降3.1%。新兴市场中，对中东、墨西哥、巴西出口同比分别下降13.9%、7.8%和19.1%；对印尼、印度出口实现较快增长，同比分别增长3.8%、3.1%。

日用消费品、机电类产品出口略显疲态，高新技术产品比重略有提升。2016年，服装、纺织、灯具、塑料制品、家具、鞋类、箱包七大类日用消费品出口同比下降7.1%，拉低全市出口增幅2.2个百分点。2016年，机电产品出口同比下降7.3%，占全市出口总额的54.5%，比重同比下降0.1个百分点。同期，高新技术产品出口同比下降5.0%，好于全市出口2.2个百分点，占全市出口6.6%，比重提高0.1个百分点。

大宗商品进口呈量增价跌态势，从新兴市场进口增长较快。2016年，全市进口前20位商品进口量同比增长5.3%，但进口均价同比下降10.0%。其中液化石油气及其他烃类气、原木、成品油、未锻轧铜及铜材进口量同比分别增长52.1%、36.8%、2.1倍和57.1%，进口价格同比分别下降21.3%、11.7%、16.1%和12.3%。在进口量大幅增长拉动下，液化石油气及其他烃类气、成品油、原木、未锻轧铜及铜材进口金额同比分别增长19.6%、1.6%、21.4%、37.7%。2016年，从中国台湾、欧盟进口同比分别下降17.4%、4.8%；从金砖国家、中东和"一带一路"沿线国家进口同比分别增长19.5%、15.2%和10.6%。从新兴市场进口增长较快，从智利、伊朗、巴西进口同比分别增长63.3%、40.5%和17.2%，主要进口商品为铁矿砂及其精矿；从俄罗斯、越南、阿联酋、韩国进口同比分别增长97.0%、32.0%、23.0%、11.0%，主要进口商品分别为己内酰胺、废塑料、苯乙烯、二甲苯。

自营进出口生产企业表现亮眼，重点企业好于全市。2016年，自营进出口生产企业出口同比增长1.5%，拉动全市出口增幅0.4个百分点，占全市出口总额的30.9%，比重提高2.6个百分点。进口方面，自营进出口生产企业进口同比增长15.8%，拉动全市进口增幅4个百分点，占全市进口总额的29.6%，比重提高4.0个百分点。同期，外商投资企业出口、进口同比分别下降11.8%和6.6%，均低于全市平均水平。2016年，全市进出口前108家企业进出口同比增长3.6%，占全市进出口38.4%，比重上升3.2个百分点。其中，全市出口前108家企业出口同比下降2.5%，好于全市出口4.7个百分点，有48家企业出口实现正增长，其中亚洲纸浆、舜宇集团、奥克斯、东方日升等企业出口同比分别增长18.7%、

24.3%、18.2%、33.6%。进口前108家企业进口同比增长9.8%，好于全市9.8个百分点，有64家企业进口实现正增长。

出口订单指数小幅回升，企业出口信心指数继续回落。根据监测数据显示，12月份出口订单同比增长及持平的企业占比为73.9%，环比提高0.9个百分点。出口订单短期化现象有所改善，12月份以三个月内短期订单为主的企业比重为54.1%，环比下降2.2个百分点，结束了连续23个月高位运行。

（五）实际外商直接投资金额

2012—2016年宁波市实际外商直接投资金额在泛长三角地区所占比重分别为3.92%、4.37%、5.39%、5.77%和5.86%，整体呈上升态势，累计增幅达1.94个百分点。2016年较上年增加了0.09个百分点。2016年宁波市实际外商直接投资金额在泛长三角地区41个市排名第4位。

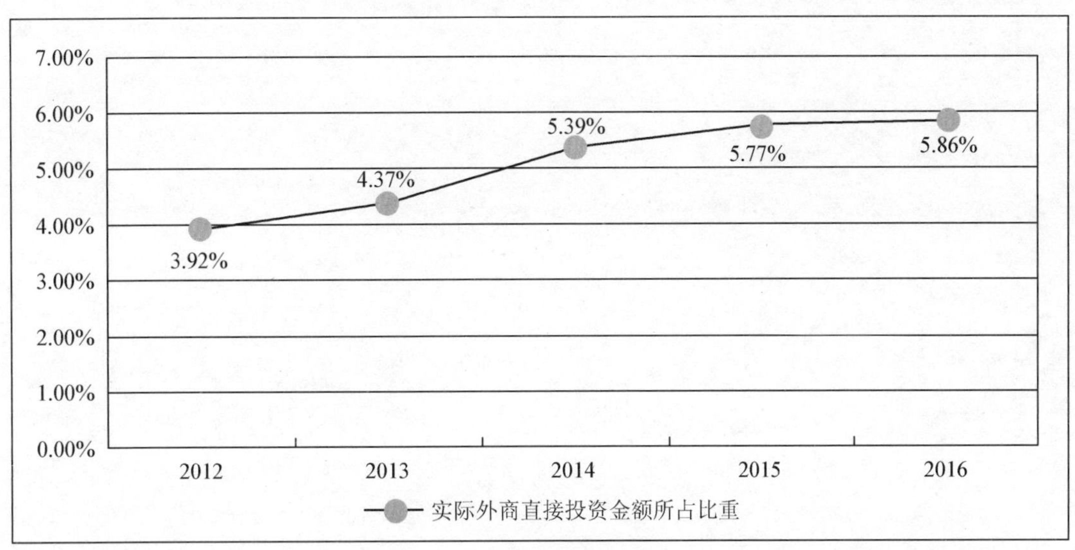

图8　2012—2016年宁波市实际外商直接投资金额在泛长三角地区所占比重的变化趋势

2016年全市新批外商投资项目458个，总投资120.6亿美元，合同利用外资79.9亿美元，实际利用外资45.1亿美元，分别同比增长3.2%、1.2%、4.4%和6.6%。全市利用外资实现了新的突破，实际利用外资创历史新高。

随着对项目投资回报信心的增强，外商投资企业尤其是世界500强企业投资、增资势头强劲。2016年，全市新批境外世界500强投资项目1个，全年境外世界500强投资项目实际到位外资11.7亿美元。同时，中国台湾台塑集团、法国道达尔、美国慈林医院、英国联合利华、德国梅塞尔、荷兰阿克苏诺贝尔和德国大众等8家世界500强企业总投资增资7.3亿美元，合同外资增资7.6亿美元，成为外企增资扩股主力军。

以大项目为龙头带动外资量质并进。2016年，全市新批总投资（含增资）1亿美元以上项目22个，投资总额72.5亿美元，合同利用外资37.1亿美元，分别同比增长22.2%、29%和48.5%，实际到位1.8亿美元。全市新批外商投资项目总投资平均规模为2634万美元，合同外资平均规模为1745万美元，同比提高1.2%。

在全球经济增速普遍放缓的背景下，跨国企业发展重点从内部整合转为外部扩张，并购成为宁波吸引外资的增长极。2016年，全市新批外商并购投资项目39个，同比增长44.4%，投资总额3.7亿美元，合同利用外资2.5亿美元，实到外资4亿美元。其中，第三产业外商并购投资项目占比达到66.6%，涉及商业地产、商业管理、市政公共管理、产品批发和贸易经纪代理等领域。并购投资最大的项目是宁波前程供应链有限公司，并购额4675万美元。并购投资主要来自中国香港、日本、韩国、新加坡、马来西亚、英国、法国、美国、加拿大、哥伦比亚、澳大利亚和塞舌尔等13个国家及地区。

另外，随着外资结构的不断优化，现代服务业正逐渐成为利用外资的“蓄水池”。2016年，全市新批第三产业外商投资项目合同外资47.9亿美元，同比增长25.2%，占全市总数的60%，占比提高9.9个百分点。服务业利用外资领域也有新拓展，在教育、婚庆等领域进一步延伸。目前，全市已有维多利亚早期教育机构、浙江新甬实验学校、富东教育咨询、英之辅语言学校、健跃教育咨询和约克企业管理咨询等7家外资教育机构落户，总投资2946万美元，合同外资2192万美元。落户东钱湖旅游度假区的宁波展翅婚庆服务有限公司，从事婚庆服务、会务服务、摄影摄像服务等，成为全市第二家外资婚庆服务公司。

四　温州市 2016 年经济社会发展报告

2016 年，全市上下认真贯彻落实省委、省政府和市委、市政府决策部署，坚持稳中求进工作总基调，坚持新发展理念，积极推进供给侧结构性改革，坚定不移打好转型升级组合拳，经济运行稳走向好，社会发展和谐稳定，实现了“十三五”良好开局。

一、温州市 2016 年经济发展概况

（一）综合经济

1. 经济总量

2016 年全市生产总值（GDP）5101.56 亿元，比上年增长 8.4%。其中，第一产业增加值 139.56 亿元，增长 4.1%；第二产业增加值 2096.45 亿元，增长 6.3%；第三产业增加值 2865.55 亿元，增长10.4%。按常住人口计算，人均地区生产总值 55165 元（按年平均汇率折算 8305 美元），增长 7.8%。国民经济三次产业结构为 2.7∶41.9∶55.4，第三产业比重比上年提高 2.0 个百分点。

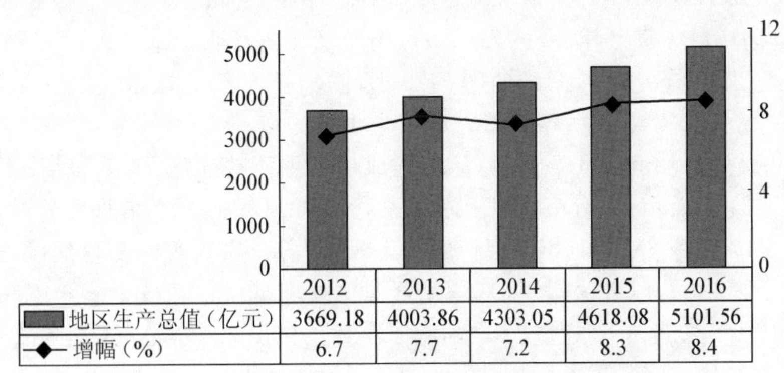

	2012	2013	2014	2015	2016
地区生产总值（亿元）	3669.18	4003.86	4303.05	4618.08	5101.56
增幅（%）	6.7	7.7	7.2	8.3	8.4

图 1　2012—2016 年温州市地区生产总值及增长速度

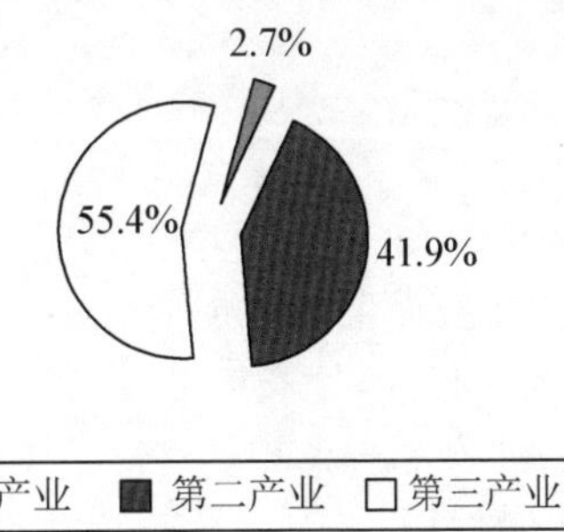

图 2　2016 年温州市三次产业结构图

2. 财政收支

全年财政总收入 724 亿元，比上年增长 6.4%；一般公共预算收入 439.9 亿元，同口径增长 7.7%。

3. 物价水平

全年居民消费价格比上年上涨 1.4%。八大类商品和服务价格呈现“五涨三跌”态势。其中教育文化和娱乐、食品烟酒、其他用品和服务、衣着、医疗保健类同比分别上涨 4.8%、3.8%、2.7%、2.0%和 0.6%；交通和通信、生活用品及服务、居住类分别下降 1.8%、0.9%和 0.7%。全年工业生产者出厂价格比上年下降 2.0%，工业生产者购进价格下降 1.4%。

4. 固定资产投资

全年固定资产投资 3905.7 亿元，比上年增长 13.0%。其中国有投资 1533.3 亿元，增长 26.8%；民间投资 2348.1 亿元，增长 5.3%。

在固定资产投资中，第一产业投资 110.6 亿元，比上年增长 1.7%；第二产业投资 960.1 亿元，增长 6.1%；工业投资 959.6 亿元，增长 8.2%，其中工业技改投资 736.6 亿元，增长 9.6%，战略性新兴产业投资 279 亿元，增长 11.3%，装备制造业投资 509 亿元，增长 15.4%；第三产业投资 2835.1 亿元，增长 16.1%。

在重点领域投资中，重大基础设施投资 545 亿元，比上年增长 30.4%；重大产业项目投资 1149.4 亿元，增长 38.4%；高新技术产业投资 285.1 亿元，增长 19.3%；生态环保投资 36.7 亿元，增长 74.2%。

（二）农业和新农村建设

全市粮食播种面积为 186.4 万亩，比上年增长 1.1%；粮食总产量 75.9 万吨，与上年持平；粮食亩产 408 公斤，比上年下降 1.1%。在经济作物中，蔬菜播种面积 93.5 万亩，增长 5.8%；油菜籽 12.9 万亩，下降 2.8%；中草药材 10.8 万亩，增长 24.0%；花卉苗木 4.3 万亩，增长 12.2%。水果、蔬菜、糖料、茶叶等作物产量均有增长。

全年肉类总产量 12 万吨，比上年下降 3.8%。其中，猪肉产量 8.1 万吨，下降 8.4%；牛肉产量 0.5 万吨，增长 9.2%；禽肉产量 2.7 万吨，增长 7.7%；兔肉产量 0.2 万吨，下降 10.3%。全年水产品总产量 64.4 万吨，比上年增长 4.4%。其中，海洋捕捞 51.5 万吨，增长 4.4%；淡水捕捞 0.5 万吨，增长 5.0%；海水养殖 10.7 万吨，增长 4.4%；淡水养殖 1.7 万吨，增长 5.0%。

全年全市新建粮食生产功能区 5.8 万亩，累计建成粮食生产功能区 76.5 万亩；累计建成现代农业园区 346 个，总面积 131.5 万亩；拥有市级以上示范家庭农场 113 家、示范农民合作社 298 家、农业龙头企业 264 家；实现土地流转率 63.7%，累计流转面积 128.4 万亩；投入美丽乡村建设资金 15 亿元，新增农村生活污水治理村 724 个；开展农村垃圾减量化资源化处理试点村 768 个。全市在建省历史文化村落保护利用重点村 10 个、保护利用一般村 70 个，农家乐特色村 52 个、示范点(各类农庄、山庄、渔庄)350 个，创建美丽乡村标杆乡镇 10 个、特色精品村 104 个。全年异地生态搬迁 19398 人，“千万农民素质提升工程”培训总人数为 2.6 万人。

（三）工业和建筑业

1. 工业增加值

全年全市实现工业增加值 1760.5 亿元，比上年增长 7.1%。规模以上工业企业 4865 家，实现工业增加值 1149.8 亿元，增长 7.9%，其中轻、重工业增加值分别为 441.1 和 708.7 亿元，分别增长 7.2%和 8.4%。规模以上工业销售产值 5006.4 亿元，增长 8.0%，其中出口交货值 722.6 亿元，增长 1.5%。新产品产值 1344.8 亿元，增长 13.8%；新产品产值率为 25.2%，比上年提高 1.2 个百分点。

规模以上工业中，高新技术产业增加值 451.4 亿元，增长 9.6%，占规模以上工业的比重为 39.3%，对规模以上工业增长贡献率为 47.0%；装备制造业增加值 512 亿元，增长 9.4%，占规模以上工业的比重为 44.5%；战略性新兴产业增加值 104 亿元，增长 10.3%，占规模以上工业的比重为 9.0%。信息经济核心产业制造业增加值 131.9 亿元，增长 13.0%。电气、鞋业、服装、汽摩配、泵阀五大传统支柱产业增加值 567 亿元，增长 7.8%，占全部规模以上工业增加值比重 49.3%。全年工业产值超亿元企业达 1013 家，比上年净增加 50 家。

全年规模以上工业企业实现利润 272.5 亿元，比上年增长 6.1%。其中，国有及国有控股企业 23.8 亿元，下降 9.4%；股份制企业 51.6 亿元，下降 5.4%；外商及港澳台投资企业 29.7 亿元，下降 11.8%；私营企业 111.4 亿元，增长 9.0%。规模以上工业全员劳动生产率为 15.5 万元/人，按可比价计算增长 8.5%。

2. 建筑业

全年建筑业增加值352.9亿元，比上年增长2.8%。具有总承包和专业承包资质的建筑企业714家，完成建筑业总产值1534.8亿元，增长10.0%；利润总额31.1亿元，增长14.5%；税金总额54.1亿元，增长15.7%。

（四）服务业

1. 国内贸易

全年社会消费品零售总额3006.9亿元，比上年增长12.3%。其中，城镇消费品零售额2558.6亿元，增长12.3%；乡村消费品零售额448.2亿元，增长12.1%。按行业分，批发零售贸易业零售额2633.4亿元，增长12.0%；住宿餐饮业零售额373.5亿元，增长14.7%。全市网络零售额1225.1亿元，增长37.1%。

在限额以上批发零售业零售额中，汽车类零售额488亿元，比上年增长14.9%；石油及制品类零售额152.7亿元，下降3.7%；粮油及食品类增长25.9%，日用品类增长14.5%，金银珠宝类增长14.3%，鞋服、针纺织品类增长27.1%，通讯器材类增长70.3%。

2. 交通运输、邮电和电力

年末公路总里程14751千米，其中高速公路297千米，一级公路495千米，二、三级公路1865千米。客运班车通村率93.5%，年末实有公共汽（电）车营运车辆3423辆，年载客量4.11亿人次。

年末机动车保有量204.8万辆，比上年末增加2.1万辆，其中载客汽车162.8万辆，载货汽车15.2万辆。私人汽车163.9万辆，增加20.6万辆。全年公路和水运完成货物周转量376亿吨千米，比上年增长4.1%；旅客周转量113.4亿人千米，下降7.7%；铁路客运量2176.1万人次，增长10.1%，货运量502.2万吨，增长6.2%；航空旅客吞吐量819万人次，增长11.3%，货邮吞吐量7.8万吨，增长7.0%。港口货物吞吐量8503万吨，增长0.1%。

全年邮电业务总量493.6亿元，比上年增长56.9%，其中电信业务总量373.9亿元，增长57.6%。年末固定电话用户数156.7万户，移动电话用户数1115万户；固定互联网宽带接入用户321.2万户，移动互联网用户893.5万户。

全市邮政业务总量（含快递）119.8亿元，比上年增长54.5%。全年函件3216万件，包裹12.3万件，汇兑40.1万笔，订销报纸15680万份，订销杂志547万份。全市快递业务量5.9亿件，居全国城市第10位，增长55.8%。

全市电力系统最高负荷758万千瓦，增长8.5%。全年用电量378.3亿千瓦时，增长10.0%。其中工业用电量226.8亿千瓦时，增长8.6%；建筑业用电量8.6亿千瓦时，增长1.4%；服务业用电量51.7亿千瓦时，增长14.0%；居民生活用电量89.8亿千瓦时，增长12.1%。

3. 旅游业

全年接待海内外游客8944.9万人次，实现旅游总收入959.9亿元，分别比上年增长16.5%和19.4%。其中接待国内旅游人数8823.9万人次，增长16.5%，国内旅游收入919.8亿元，增长19.4%；接待入境游客121万人次，增长14.4%，国际旅游外汇收入6.0亿美元，增长9.9%。

4. 金融、证券和保险

年末金融机构本外币存款余额10625亿元，比上年末增长10.9%，其中人民币存款余额10213亿元，增长11.9%。年末住户人民币存款余额5136亿元，增长14.5%。年末金融机构本外币贷款余额8072亿元，增长5.7%，其中人民币贷款余额8011亿元，增长6.4%。

全年全市新增境内外上市公司2家，累计达19家；新增新三板挂牌企业33家，累计挂牌企业达64家；新增区域性资本市场挂牌企业398家，累计达977家；新增股份有限公司124家，累计达810家。

全年保险业保费收入203.6亿元，比上年增长22.3%。其中人身险保费收入127.4亿元，增长

33.3%；财产险保费收入 76.2 亿元，增长 7.5%。支付各类赔款及给付 63.5 亿元，比上年增长 17.6%，其中人身险赔付 19.6 亿元，增长 17.6%；财产险赔款 43.9 亿元，增长 17.6%。

5. 房地产业

全年房地产开发投资 902 亿元，比上年增长 17.7%；房屋施工面积 4723.7 万平方米，增长 1.6%，竣工面积 770.9 万平方米，增长 29.0%；商品房销售面积 773.8 万平方米，增长 47.2%。

（五）对外经济

1. 对外贸易

全年货物进出口总额 1192.8 亿元，比上年下降 1.3%。其中进口 132.4 亿元，下降 9.5%；出口 1060.4 亿元，下降 0.1%。民营企业出口 948.2 亿元，增长 2.6%，占全市货物出口总额的 89.4%，比上年提高 2.4 个百分点。对"一带一路"沿线国家合计出口 371.1 亿元，增长 1.1%。至年末，与全市建立出口和进口贸易关系的国家和地区共计 211 个，有进出口实绩的企业 6431 家。

2. 外资状况

全年新批外商直接投资项目 61 个，比上年增加 17 个；合同外资 5.5 亿美元，增长 83.8%；实际利用外资 2.4 亿美元，下降 19.2%。国外经济合作完成营业额 8408 万美元，增长 35.6%。全年全市境外中方投资总额 7.3 亿美元（含对外承包工程营业额），新批境外投资项目 42 个，增资项目 6 个，其中 22 个项目位于"一带一路"沿线国家（地区）。

二、温州市 2016 年社会发展概况

（一）人口、人民生活

年末全市户籍总人口 818.2 万人，其中市区人口 168.1 万人。从性别看，男性人口 424.3 万人，女性人口 393.9 万人，分别占总人口的 51.9%和 48.1%。年末全市常住人口为 917.5 万人，比上年增加 5.8 万人；城镇化率为 69.0%，比上年提高 1.0 个百分点。

全年全市居民人均可支配收入 39601 元，比上年增长 8.6%，扣除价格因素增长 7.1%。其中，城镇居民和农村居民人均可支配收入分别为 47785 元和 22985 元，增长 8.5%和 8.2%，扣除价格因素分别增长 7.0%和 6.7%。全市居民人均生活消费支出 26234 元，比上年增长 5.8%，扣除价格因素增长 4.3%。其中，城镇居民和农村居民人均生活消费支出分别为 30965 元和 16627 元，增长 5.2%和 7.5%，扣除价格因素分别增长 3.7%和 6.0%。城乡居民恩格尔系数分别下降到 31.6%和 39.0%。年末全市居民人均住房建筑面积 43.1 平方米，其中，城镇居民人均住房建筑面积 43.0 平方米，农村居民人均住房建筑面积 43.1 平方米。年末每百户城镇居民家用汽车拥有量 52.3 辆，每百户农村居民家用汽车拥有量 29.7 辆。

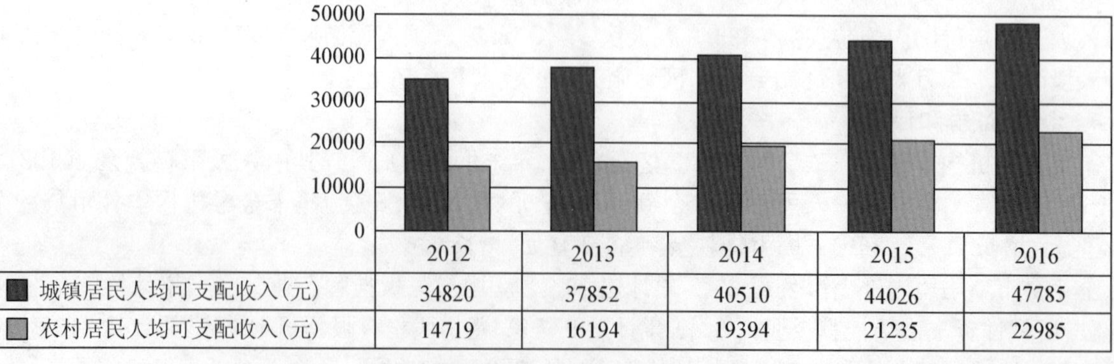

	2012	2013	2014	2015	2016
城镇居民人均可支配收入（元）	34820	37852	40510	44026	47785
农村居民人均可支配收入（元）	14719	16194	19394	21235	22985

图 3　2012—2016 年温州市城乡居民收入对比一览

全市设乡26个，镇93个，街道66个。城市社区229个，居委会153个，建制村5406个。年末实有社会团体3298个。

（二）就业与社会保障

1. 就业

全年新增城镇就业人数11.3万人，城镇失业人员再就业人数1.8万人，安置困难人员就业0.6万人；年末城镇登记失业人数3.1万人，城镇登记失业率为2.10%。

2. 社会保障

全年全市参加企业职工基本养老保险人数245.6万人，参加职工基本医疗保险168.1万人，参加失业保险112.9万人，参加工伤保险243.8万人，参加生育保险104.5万人。全市企业退休人员基本养老金月人均水平为2448元；市区城乡居民养老保险基础养老金月标准150元。

年末全市在册低保对象16.8万人，其中城镇1.5万人，农村15.3万人（含五保对象0.5万人），低保资金（含各类补贴）支出6.6亿元。新增各类机构养老床位数0.6万张，新建成社区（含村级）居家养老服务照料中心812个。获得生活补助的城乡低收入家庭持证重度残疾人2.5万人。全年办理结婚登记67316对。

（三）教育和科学技术

1. 教育事业

年末全市共有小学554所，招生10.5万人，在校生62.7万人，小学学龄儿童入学率为99.99%。小学生均校舍建筑面积6.9平方米。共有初中350所，招生8.9万人，在校生25万人，初中入学率为99.95%。初中生均校舍建筑面积17.8平方米。全市各类中等职业教育学校41所，招生2.7万人，在校生6.9万人；普通高中101所，招生4.0万人，在校生12.1万人，毕业生4.1万人。全市共有普通高校11所、本科独立学院2所，在校生8.6万人。义务教育中小学专任教师5.7万人，比上年增长1.6%。中等职业教育（不含技工学校）专任教师0.4万人。全市共有幼儿园1503所，在园幼儿32.6万人。

2. 科技与创新

年末全市拥有国家级科技创业服务中心3个（其中国家级大学科技园1家）、国家级众创空间6个，省级科技创业服务中心8个、省级众创空间8个；国家级火炬计划特色产业基地5个、省级高新技术特色产业基地12个；国家级企业技术中心6家，省级企业研究院55家（其中省级企业重点研究院14家）、省级高新技术企业研发中心261家、市级企业研发中心558家。全年新增高新技术企业276家，累计认定1107家，新培育省级科技型中小企业670家，累计3322家；市级以上科技企业孵化器19家。全年专利申请量、授权量分别为51213件和29931件，分别比上年增长39.3%和10.5%，其中发明专利授权量为2463件，增长36.7%。全年评出温州市科学技术奖78项，其中科学技术重大贡献奖2项、技术发明奖5项、科学技术进步奖71项。

（四）文化、卫生和体育

1. 文化事业

年末全市共有文化站179个，文化馆12个，公共图书馆13个，博物馆42个，电影放映单位73个。全年院线电影放映83.1万场次，观众997.6万人次；农村数字电影放映5.2万场次，观众737万人次。年末拥有国家级非物质文化遗产36个，省级非物质文化遗产143个，市级非物质文化遗产929个。公共图书馆藏书10124千册，比上年增加798千册。全市广播节目综合人口覆盖率98.65%，电视节目综合人口覆盖率98.95%。

2. 卫生事业

全市共有医疗卫生机构 5563 家，其中医院 138 家，卫生院（社区卫生服务中心）265 家，村卫生室 2428 家，各类诊所（卫生所、医务室）2001 家。年末各类医院床位数 35700 张，卫生技术人员 59210 人，增长 4.2%；其中，执业（助理）医师 24976 人，注册护士 23569 人，分别增长 2.7%和 7.0%。医院年诊疗 3248.5 万人次，增长 5.0%。孕产妇死亡率 5.27 /10 万，5 岁以下儿童死亡率 3.81‰，婴儿死亡率 2.56‰。

3. 体育事业

全市共有公共体育场馆 70 个，独立设置的业余体校 8 所，各类公共体育场所 17802 个。全年全市运动员在全国以上比赛获得奖牌 94 枚，其中奥运会亚军 1 个、季军 1 个，亚洲冠军 13 个，全国冠军 27 个。全年新增省级体育强镇 6 个，累计 130 个；省级体育强县 11 个。全年发行体育彩票 19.87 亿元，比上年增长 15.7%。

（五）城乡建设

进一步完善城市总体规划和土地利用总体规划，洞头实现撤县设区，市区建成区面积扩大到 248.7 平方千米。实施“温州赶超发展三年超万亿投资计划”，交通、水利投资连续多年全省领先，甬台温高速复线、龙丽温高速等一批重大项目开工建设，金温铁路扩能改造、诸永高速延伸线等工程建成投用。加快推进瓯飞等围垦工程，新增围垦 9.8 万亩、造地 4.3 万亩，争取用海指标 6 万亩，极大地拓展了发展空间。持续开展“五水共治”“三改一拆”，基本消除垃圾河、黑臭河，累计拆违 1.2 亿平方米，绿化造林 56 万亩，人均公园绿地面积增加 6 平方米，“六城联创”圆满收官。市区亮点区块初显形象，各县（市）城区展现新貌。洞头、文成、泰顺创成国家级生态县。完成农村生活污水治理 3243 个村，建成美丽乡村精品村 402 个、美丽宜居示范村 64 个。

（六）水资源、生态建设和环境保护

全年全市平均降水量为 2283.6 毫米（折合降水总量 269.1 亿立方米），全市水资源总量为 184.7 亿立方米，人均水资源量为 2012.6 立方米。全市完成营造林面积 34.1 万亩，其中人工造林 2.9 万亩，森林抚育面积 23.5 万亩。

全市已建成国家级生态示范区 3 个，省级生态县 3 个，全国环境优美乡镇 39 个，省级生态乡镇（街道）148 个。

市区环境空气质量达到Ⅰ级标准的有 89 天，达到Ⅱ级标准的有 244 天，城市环境空气 PM2.5 年均浓度平均为 38 微克/立方米，比上年下降 13.6%。全年温州市区空气质量优良率为 91.2%，比上年上升 5.5 个百分点。全市地表水市控及市控以上站位 76 个，水质在Ⅰ至Ⅲ类的站位 40 个，劣Ⅴ类水质断面为 15 个，比上年减少 44.4%。市区区域环境噪声昼间等效声级平均值 54.9 分贝；交通噪声等效声级平均值 67.5 分贝。

全市单位 GDP 能耗比上年下降 3.3%，其中规模以上工业单位增加值能耗下降 7.3%。

（七）平安温州

全年共发生各类生产安全事故 454 起、死亡 380 人，比上年分别下降 15.3%和 12.4%；发生较大事故 1 起、死亡 4 人，比上年减少 4 起。道路运输共发生事故 321 起、死亡 251 人。

三、温州市在泛长三角地区经济发展中的地位

面对错综复杂的宏观环境和前进道路上的风险挑战，在省委、省政府和市委的坚强领导下，凝心聚力、迎难而上，全力打好“拆治归”转型升级组合拳，推动经济发展迈上新台阶、各项社会事业取得新成

就。全市地区生产总值年均增长7.6%，突破5000亿元；一般公共预算收入年均增长10.2%；固定资产投资年均增长20.5%，五年累计达到1.5万亿元，是前五年的3.5倍；城镇和农村居民人均可支配收入年均分别增长8.9%、9.9%，城乡收入差距进一步缩小。

（一）地区生产总值

2012—2016年温州市地区生产总值在泛长三角地区所占比重分别为2.86%、2.86%、2.83%、2.84%和2.86%，2014年以来止跌上扬，五年时间基本持平。2016年温州市地区生产总值在泛长三角地区41个市排名第11位。

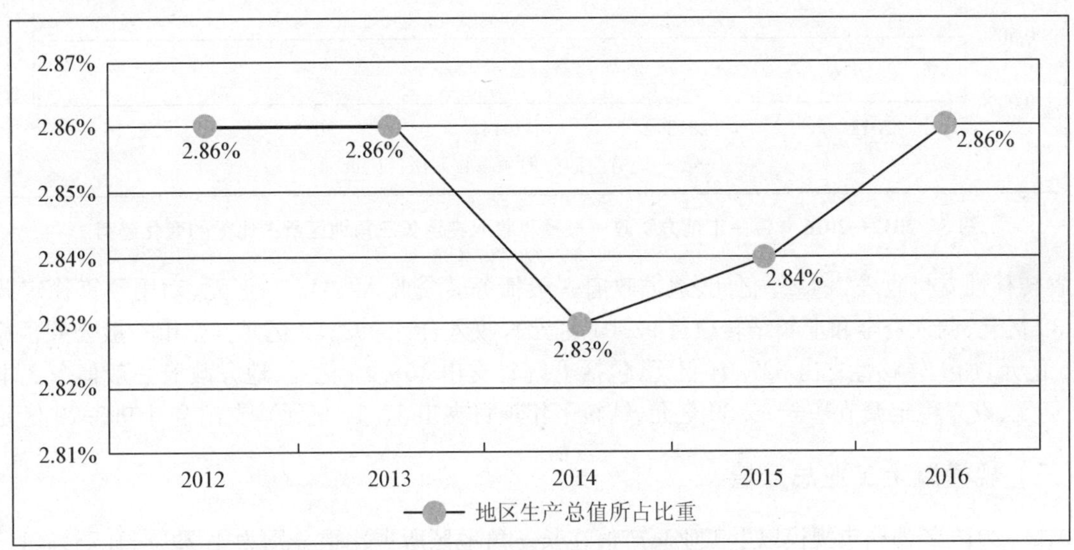

图4　2012—2016年温州市地区生产总值在泛长三角地区（苏浙两省24个地级市、安徽省16个地级市和上海市，下同）所占比重的变化趋势

2016年温州市GDP总量达到5045.4亿元，首次突破五千亿大关，比上年增长8.4%，高于浙江全省平均水平0.9个百分点。经济运行特点显著，呈现稳中有进、稳中提质、稳中向好的发展态势，实现了“十三五”良好开局。

（二）地方财政一般预算收入

2012—2016年温州市地方财政一般预算收入在泛长三角地区所占比重分别为2.09%、2.70%、2.07%、2.06%和2.07%，总体呈现平稳发展趋势，仅2013年上扬，近5年减少了0.02个百分点，其中2016年较上年增加了0.01个百分点。2016年温州市地方财政一般预算收入在泛长三角地区41个市排名第11位。

2016年是“十三五”发展的开局之年，也是全市财税工作服务中心大局、取得显著成绩的一年。一年来，全市财税系统广大干部认真按照市委、市政府的部署要求，自觉接受市人大、市政协监督指导，紧扣生财聚财用财三篇文章，迎难而上、积极作为，圆满完成全年增长7.0%的计划目标，预算执行情况较好。

2016年全市一般公共预算收入439.87亿元，完成预算的101.4%，因“营改增”从2016年5月1日全面实施到位，根据中央“营改增”收入划分方式调整有关规定，调整上年同期基数，同口径增长7.7%（按上年收入口径调整2016年执行数，则完成预算的101.9%，同口径增长9.0%）。

全市一般公共预算支出666.75亿元，完成预算的115.9%，比上年自然增长16.9%，剔除新增地方政府债券因素，同口径增长12.9%。

全市一般公共预算收入439.87亿元，加上转移性收入553.92亿元（包括中央四税返还收入32.67

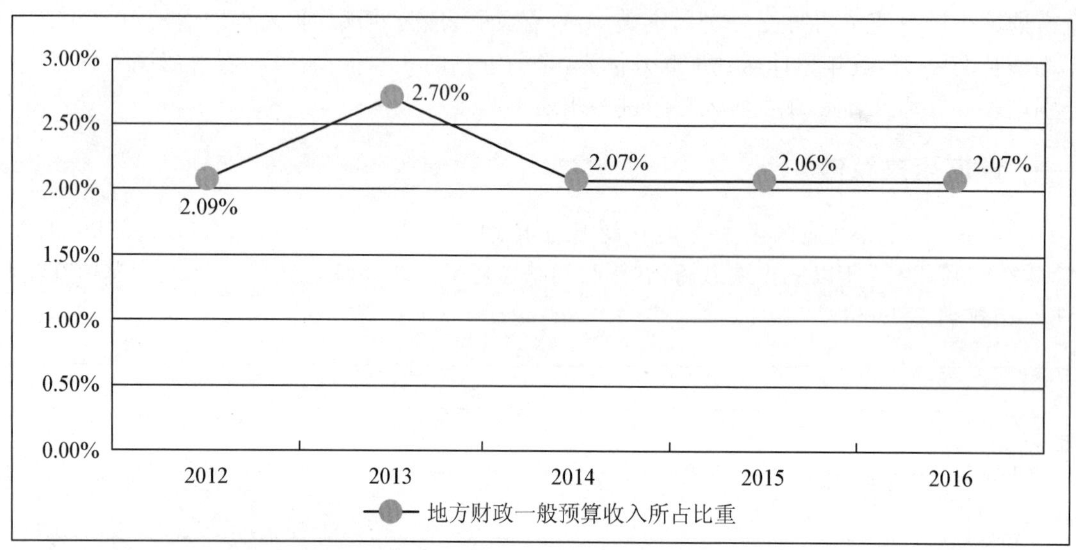

图 5　2012—2016 年温州市地方财政一般预算收入在泛长三角地区所占比重的变化趋势

亿元、省转移性支付收入 204.27 亿元、地方政府一般债务转贷收入 134.59 亿元、动用预算稳定调节基金 89.38 亿元、调入资金和上年结转项目 93.01 亿元)，收入合计 993.79 亿元。全市一般公共预算支出 666.75 亿元，加上转移性支出 327.04 亿元(包括上解省支出 108.46 亿元、地方政府一般债务还本支出 85.89 亿元、设立稳定调节基金 75.59 亿元、结转下年项目支出 57.10 亿元)，支出合计 993.79 亿元。

(三) 规模以上工业总产值

2012—2016 年温州市规模以上工业总产值在长三角地区所占比重分别为 1.79%、1.73%、1.75%、1.74%和 1.75%，总体呈下降的态势，近 5 年累计降幅为 0.04 个百分点，其中 2016 年比上年增加了 0.01个百分点。2016 年温州市规模以上工业总产值在泛长三角地区 41 个市排名第 20 位。

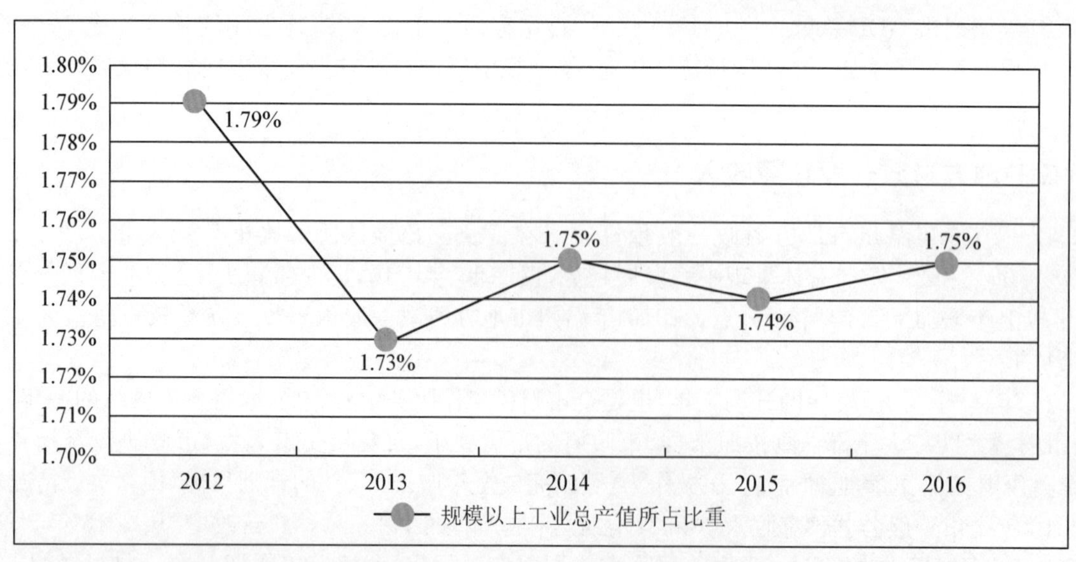

图 6　2012—2016 年温州市规模以上工业总产值在泛长三角地区所占比重的变化趋势

2016 年，工业经济发展呈现“稳中趋好”的态势，主要指标增速均高于全省平均水平。全市实现规模以上工业增加值 1149.76 亿元，同比增长 7.9%，增速高出全省 1.7 个百分点，稳居全省前三位。全市工业总产值同比增长 8.2%、工业用电增长 8.6%，分别高出全省 4.1 和 3.8 个百分点。全市实现工业投资

959 亿元，增速高出全省 4.2 个百分点，总量超过杭州跃居全省第 4 位。企业小升规、小微园竣工面积（标准厂房）、低小散整治、电信业务总量增速和软件服务业等指标增速均居全省前列。

（四）进出口总额

2012—2016 年温州市进出口总额在泛长三角地区所占比重分别为 1.53%、1.50%、1.45%、1.40%和1.37%，2016 年延续以往继续下降，较上年下降了 0.03 个百分点，五年累计跌幅达 0.16 个百分点。2016 年温州市进出口总额在泛长三角地区 41 个市排名第 14 位。

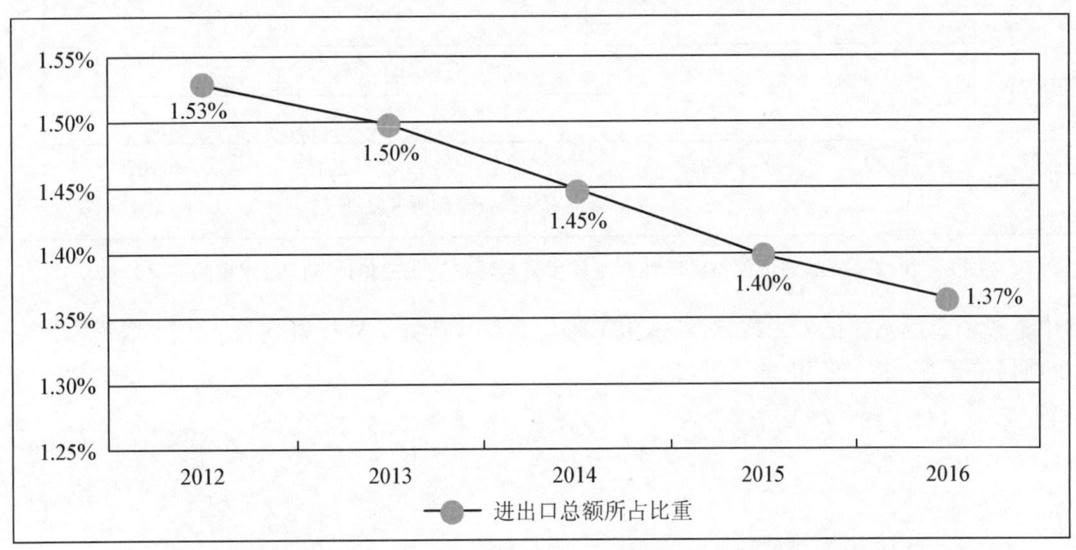

图 7　2012—2016 年温州市进出口总额在泛长三角地区所占比重的变化趋势

2016 年，进出口总值 1192.8 亿元人民币，较 2015 年同期（下同）下降 1.25%；其中出口 1060.4 亿元，进口 132.4 亿元。

出口前十位商品中，除鞋类、纺织纱线织物及制品、金属制品三者下降外，其余商品（机电、电子及电子产品、机械设备、服装、眼镜等）出口值同比均略有增长。其中，鞋类出口虽然呈持续下降态势，但是同比 2015 年同期的下降 10.3%到 2016 年下降 4.3%，降幅逐步收窄。

值得注意的是，玩具出口体量小，能量大，成为出口市场“黑马”。虽然出口值仅为 3.6 亿元，却以 67.23%的增幅独占鳌头，成为出口新的增长点。海关人士分析，这与 2016 年 8 月海关总署与质检总局联合颁布的 81 号公告有关。该公告取消了玩具、童车、儿童用安全座椅等 15 项商品的出境检验检疫监管要求，令全市玩具出口在 2015 年 9—12 月实现了迅猛增长。

在进口市场方面，市民喜爱的时尚消费品进口迅猛增长，但酒类进口出现下滑。服装及衣着附件进口呈现出 103.3%的增长态势；美容化妆品等消费品，虽然进口总量不大，但是均出现较大幅度增长。酒类进口小幅下滑，全年啤酒、葡萄酒分别下降 0.07%和 0.92%。

（五）实际外商直接投资金额

2012—2016 年温州市实际外商直接投资金额在泛长三角地区所占比重分别为 0.55%、0.67%、0.71%、0.41%和 0.32%，2012—2014 年上扬，2016 年较 2015 年降幅达 0.09 个百分点，五年累计减少了 0.23 个百分点。2016 年温州市实际外商直接投资金额在泛长三角地区 41 个市排名第 33 位，较上年下降了三位，排位相当靠后。

2016 年，全年新批外商直接投资项目 61 个，比上年增加 17 个；合同外资 5.5 亿美元，增长 83.8%；实际利用外资 2.4 亿美元，下降 19.2%。国外经济合作完成营业额 8408 万美元，增长 35.6%。全年全

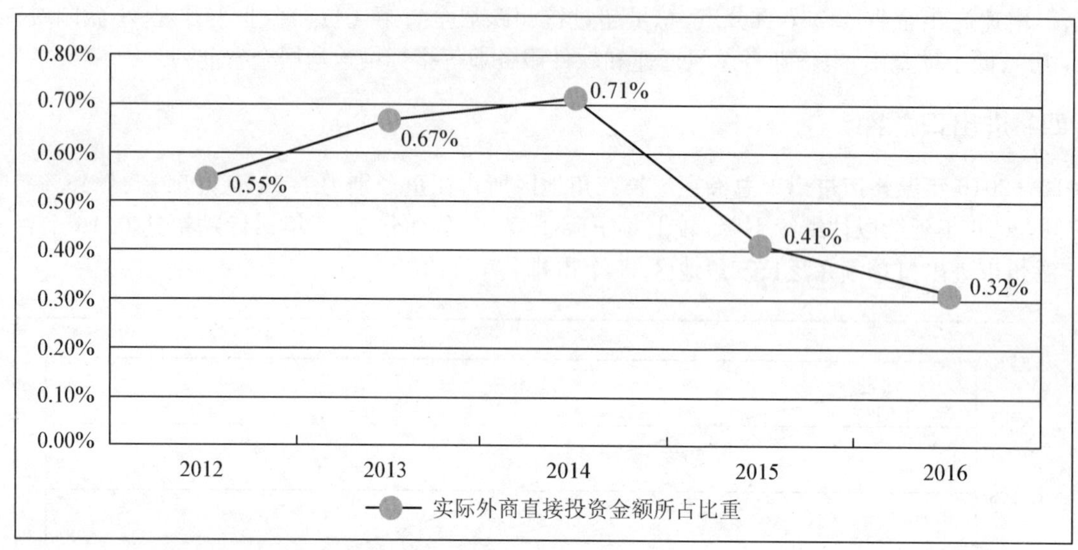

图8 2012—2016年温州市实际外商直接投资金额在泛长三角地区所占比重的变化趋势

市境外中方投资总额7.3亿美元(含对外承包工程营业额),新批境外投资项目42个,增资项目6个,其中22个项目位于"一带一路"沿线国家(地区)。

五　嘉兴市 2016 年经济社会发展报告

2016 年，面对复杂多变的国内外经济形势，全市上下全面落实市委、市政府决策部署，统筹推进“五位一体”总体布局和协调推进“四个全面”战略布局，坚持稳中求进工作总基调，坚持新发展理念，坚定不移地推进供给侧结构性改革，打好转型升级系列组合拳，全力做好稳增长、促改革、调结构、惠民生、防风险各项工作，经济社会保持持续平稳健康发展，实现了“十三五”良好开局。

一、嘉兴市 2016 年经济发展概况

（一）综合经济

1. 经济总量

全市生产总值（GDP）3862.11 亿元，比上年增长 7.0%。其中，第一产业增加值 136.91 亿元，增长 0.9%；第二产业增加值 2010.5 亿元，增长 5.7%；第三产业增加值 1714.70 亿元，增长 9.1%。三次产业结构调整为 3.8∶50.9∶45.3。按常住人口计算，全年人均生产总值 81751 元（按年平均汇率折算为 12308 美元），增长 6.4%。

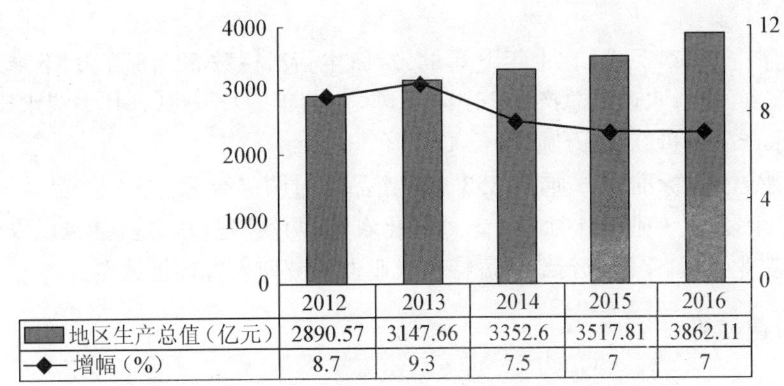

图 1　2012—2016 年嘉兴市地区生产总值及增长速度

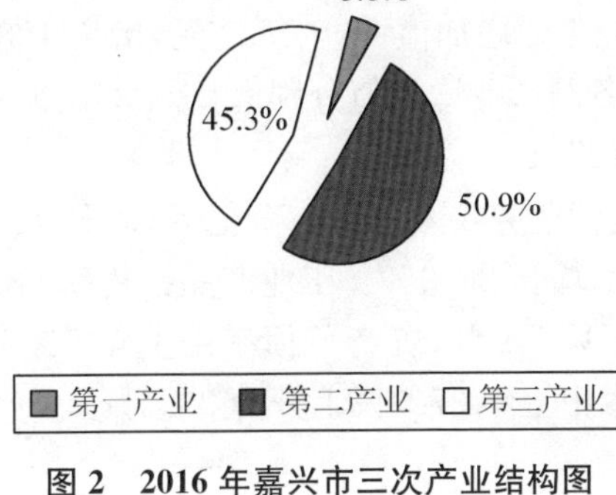

图 2　2016 年嘉兴市三次产业结构图

2. 财政收支

全市财政总收入 673.37 亿元，比上年增长 5.2%，其中一般公共预算收入 387.93 亿元，增长 10.4%（同口径增长 6.6%）。各级财政用于民生支出 353.84 亿元，占一般公共预算支出的 80.0%。

3. 物价水平

市区城市居民消费价格同比上涨 1.8%。八大类商品和服务项目价格总水平呈“六涨两跌”，食品烟

酒价格上涨4.1%，其中，粮食价格上涨1.1%；衣着价格上涨2.7%；居住类价格上涨1.2%；生活用品及服务价格下降0.1%；交通和通信价格下降1.3%；教育文化和娱乐价格上涨1.7%；医疗保健类价格上涨1.4%；其他用品及服务上涨2.4%。2016年嘉兴工业生产者出厂价格同比下跌2.4%，工业生产者购进价格同比下跌3.1%。

4. 固定资产投资

2016年，全市固定资产投资额2790.16亿元，比上年增长11.0%。非国有控股固定资产投资额1955.62亿元，增长7.6%，占全部固定资产投资额比重为70.1%，其中民间投资1654.93亿元，占59.3%。

在固定资产投资中，第一产业投资额38.19亿元，增长26.2%；第二产业投资额1225.73亿元，增长9.6%；第三产业投资额1526.24亿元，增长11.8%。基础设施投资额620.27亿元，增长17.7%。投资项目6871个，增长10.6%，其中新开工项目4592个，增长25.2%。

（二）农业

全年粮食种植面积260.53万亩，比上年下降5.5%；油菜籽种植面积15.96万亩，比上年下降32.6%；蔬菜种植面积131.13万亩，与上年持平；果用瓜种植面积14.65万亩，比上年下降0.8%；花卉苗木种植面积25.43万亩，比上年增长6.8%。全年粮食总产量116.97万吨，下降4.7%；蔬菜总产量272.45万吨，增长1.4%。

年末全市生猪存栏18.34万头，比上年下降44.2%；生猪出栏数52.48万头，下降47.4%；肉类总产量10.57万吨，下降26.0%；水产品总产量15.16万吨，比上年增长0.8%，其中淡水产品产量14.97万吨，增长0.4%，海水产品产量0.20万吨，增长47.4%。

2016年，全市制定农业标准269项，有593个农产品通过国家级无公害农产品认证。全市已建成各类休闲农业园区99个，农民专业合作社949家。深化农业"两区"建设，海盐县凤凰农业产业集聚区、海宁市长安花卉特色农业强镇、平湖市新埭果蔬特色农业强镇被列入省首批试点。

（三）工业和建筑业

1. 工业

2016年，全市工业增加值1727.09亿元，比上年增长6.1%，占全市生产总值的45.9%。规模以上（主营业务收入2000万元以上）工业企业数5063家，实现增加值1543.70亿元，增长5.9%；其中重工业增加值874.43亿元，增长9.1%；轻工业增加值669.27亿元，增长1.8%。全市规模以上工业战略性新兴产业（省标）、高新技术产业和装备制造业增加值分别增长5.3%、9.9%和13.0%，占规模以上工业增加值比重分别为37.2%、45.0%和27.1%。

全市规模以上工业企业全年主营业务收入7303.77亿元，增长4.5%；利税总额761.76亿元，增长17.5%，其中利润总额495.72亿元，增长25.9%。工业产品销售率98.4%，总资产贡献率11.0%，资本保值增值率110.8%，成本费用利润率7.2%，资产负债率由上年56.6%下降为54.4%，亏损率由上年10.8%下降为6.4%，新产品产值率由上年37.3%上升为39.9%。

2. 建筑业

2016年，全社会建筑业增加值185.38亿元，比上年增长2.0%。全市资质内建筑业企业完成建筑业总产值904.92亿元，较上年下降0.3%。

（四）服务业

1. 国内贸易

2016年，全市社会消费品零售总额1638.49亿元，比上年增长10.8%，扣除价格因素增长9.3%。

从行业看，批发零售业零售额1466.92亿元，增长10.4%，住宿餐饮业零售额171.57亿元，增长14.3%。按经营地分，城镇消费品零售额1370.19亿元，增长10.6%；乡村消费品零售额268.30亿元，增长11.4%。全市电子商务网络零售额1113.12亿元，比上年增长33.2%。2016年末，全市拥有各类实体交易市场306个，全年成交额1836.32亿元，比上年增长10.4%。

2. 交通运输、邮电

2016年，全市公路通车里程8177千米，增长0.4%，其中四级以上公路8101千米，增长0.7%。各种运输方式(不包括铁路，下同)货物周转量279.21亿吨千米，增长10.1%，其中公路119.59亿吨千米，增长11.0%；全年旅客周转量(营业性车辆)21.04亿人千米，增长0.5%。全年嘉兴港货物吞吐总量6816.57万吨，增长8.7%，其中，外贸货物吞吐量1166.39万吨，增长22.1%，集装箱134.22万标箱，增长9.3%。

全市机动车总量达145.01万辆，其中汽车105.27万辆，增长14.9%，私人汽车89.90万辆，增长16.1%。

全年邮电业务总量128.91亿元，增长17.6%。其中，邮政业务总量40.99亿元，增长29.1%；电信业务总量87.92亿元，增长12.8%。年末城乡固定电话用户110.46万户，比上年末下降11.1%。移动电话用户608.41万户，增长1.0%。固定互联网用户164.11万户，增长11.1%。全市快递业务量3.32亿件，比上年增长39.2%。

3. 旅游业

全市接待海内外游客7893.81万人次，旅游总收入850.86亿元，分别增长23.7%和25.5%。其中，接待外国、港澳台游客70.73万人次，下降2.6%，旅游外汇收入2.17亿美元，下降14.6%；接待国内游客7823.08万人次，增长24.0%，国内旅游收入836.47亿元，增长26.0%。

4. 金融、证券和保险

年末全部金融机构本外币存款余额6848.41亿元，比上年末增长15.0%，其中人民币存款余额6630.22亿元，比上年末增长14.8%；金融机构本外币贷款余额5286.90亿元，比上年末增长7.5%，其中人民币贷款余额5185.23亿元，比上年末增长9.9%。住户存款余额3245.59亿元，增长10.1%。

嘉兴市2016年年末境内上市公司30家，累计融资750亿元；其中，中小板上市公司13家，占全省中小板上市公司的9.9%；创业板上市公司3家，占全省创业板上市公司的5%。

全市保险业保费收入137.73亿元，比上年增长26.9%。其中，财产险保费收入82.51亿元，增长64.2%；人寿险保费收入55.22亿元，下降5.3%。全年赔付额35.38亿元，增长16%。其中，财产险赔付金额30.52亿元，增长9.7%；人寿险赔付金额(剔除期满给付)4.86亿元，增长82.0%。

5. 房地产业

全年房地产开发投资额478.40亿元，增长4.4%。房屋施工面积4401.19万平方米，增长0.1%；房屋竣工面积1078.09万平方米，增长76.2%，商品房销售面积1144.62万平方米，增长78.7%。

(五) 对外经济

1. 对外贸易

2016年，全市进出口总值2067.97亿元，比上年增长7.2%，其中出口总值1549.88亿元，增长9.0%，进口总值518.09亿元，增长2.4%。机电、服装及纺织类产品等居出口主导地位，机电产品出口539.64亿元，增长12.2%，占全市出口比重34.8%；服装产品出口241.97亿元，增长0.8%；纺织品出口282.48亿元，增长6.5%，占比18.2%。高新技术产品出口96.92亿元，增长35.3%。全市具有出口实绩的民营企业5507家，比上年同期增加260家，累计出口840.8亿元，增长10.9%。

2. 外资状况

全市新批外商投资项目275个；合同利用外资45.67亿美元，比上年下降6.3%；实际利用外资26.92亿美元，增长0.3%。新批境外投资项目80个，对外直接投资额6.92亿美元，比上年增长11.2%。

全市引进内资项目1318个，实际到位内资334.30亿元，增长8.9%。

二、嘉兴市2016年社会发展概况

（一）人口、人民生活

2016年末，全市户籍人口352.12万人，比上年末增加2.64万人。全市户籍人口出生率9.80‰，死亡率6.50‰，自然增长率3.30‰。全年迁入人口2.54万人，迁出人口1.05万人，人口机械增长率4.23‰。

根据省统计局非普查年度5‰人口抽样调查结果审定，2016年全市常住人口总量461.40万人，其中城镇人口达到290.22万人，人口城镇化率达到62.9%，比上年提高2.0个百分点。

2016年，全市城镇居民人均可支配收入48926元，比上年增长7.5%，剔除价格上涨因素实际增长5.6%；农村居民人均可支配收入28997元，比上年增长8.0%，剔除价格上涨因素，实际增长6.1%。城镇居民人均生活消费支出28313元，增长10.8%；农村居民人均生活消费支出18864元，增长7.7%。城乡居民家庭恩格尔系数(即居民家庭食品消费支出占家庭消费总支出的比重)分别为27.9%和30.5%。年末城镇常住居民人均住房建筑面积39.14平方米；农村居民人均住房建筑面积68.20平方米。

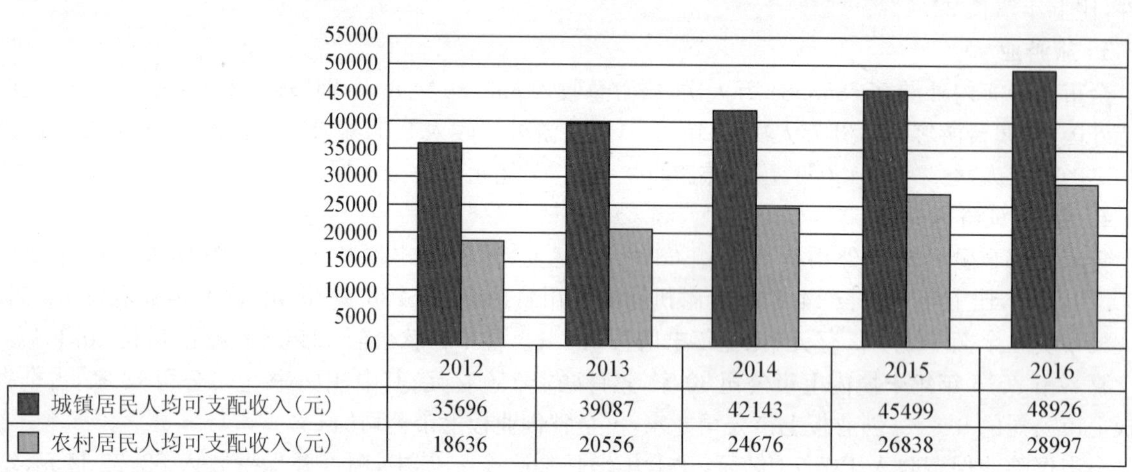

	2012	2013	2014	2015	2016
城镇居民人均可支配收入(元)	35696	39087	42143	45499	48926
农村居民人均可支配收入(元)	18636	20556	24676	26838	28997

图3 2012—2016年嘉兴市城乡居民收入对比一览

（二）就业与社会保障

1. 就业工作

全市城镇新增就业人数10.42万人，比上年增加0.12万人。城镇登记失业率2.87%。年末全市共有职业介绍机构64家，全年举办各类劳动力招聘活动491次。

2. 社会保障

全市城乡享受最低生活保障家庭1.70万户，比上年增加0.38万户；保障人数2.70万人。全市投入城乡最低生活保障资金1.29亿元，上升15.0%，提供城乡各种社会救济16.43万人次。全市基本养老、基本医疗保险参保人数分别达到221万人和209万人，城乡低保标准664元，最低月工资标准1660元。失业保险参保人数达118.73万人，增长3.3%；领取失业保险金的人数2.70万人。获批国家医养结合改革试点，居家养老服务照料中心实现城乡社区全覆盖。

（三）教育和科学技术

1. 教育事业

2016年，全市拥有各类学校(含幼儿园)671所，在校生66.84万人。各类高等教育学校10所，在校生9.03万余人，其中全日制普通高校6所，在校生6.54万人；普通高中36所，在校生5.48万人；初级中学134所，在校生10.36万人；小学146所，在校学生24.60万人。初中、小学入学率和巩固率均达到100%。初中毕业生升高中段各类学校比例达99.04%。普通高校招生2.04万人，毕业学生1.66万人，分别比上年增长30.5%和41.3%。高等自学考试报考人数1.56万人，获得大专以上文凭人数3378人。农村各类文化技术培训81.4万人次，比上年下降6.4%。全市各类民办学校53所，在校学生12.77万人，比上年增长5.0%。

2. 科技与创新

2016年，全市发明专利申请量和发明专利授权量分别为7975件和1654件，全年获得市级以上各类科技成果101项，技术市场发展平稳，全年经认定登记技术交易金额17.71亿元，交易合同数733项。全市年末国家级高新技术企业达669家，省级科技型中小企业2153家，比上年增加530家，新增省级企业研究院18家。全国首家专业科技保险公司落户全市，实现国家级科技企业孵化器县(市、区)全覆盖。全市规模以上工业新产品产值3127.34亿元，增长10.7%。科技创新投入力度加大，全市研究与试验发展经费支出占全市生产总值比重2.81%。

(四) 文化、卫生和体育

1. 文化事业

2016年末，全市拥有文化艺术表演团体11个，艺术表演场所16个，文化馆8个，文化站73个，公共图书馆6个，图书总藏量787万册，图书馆总流通量1365万人次。全市电影院38家，广播电台6座，电视台6座，全市行政村有线电视联网率达到100%，广播和电视人口覆盖率均达100%。2016年，"文化有约"共开展公益性文化服务项目(活动)1462个、8540场次，网站总访问量突破450万次，直接受益群众达150万人次。

2. 卫生事业

2016年末，全市共有医疗卫生机构1447个，各类卫生工作人员31131人，其中医生10408人，注册护士13246人，医疗床位24467张。平均每千人拥有医生2.95名，每千人拥有医院床位6.96张。全年急门诊病人3990万人次，住院74.1万人次。

全市已建成79个社区卫生服务中心，其中省级规范社区服务中心78个，社区卫生服务站761个。全市无偿献血47806人次，献血量1486万毫升；无偿献血占临床用血比例达100%。

全市镇、村合作医疗覆盖率均达100%，镇初保达标率100%。全市农村自来水受益率100%，农村农户改厕率99.5%。

3. 体育事业

推进公共体育设施、学校体育场地设施、企事业单位体育场地设施向社会开放工作，全市符合开放条件的中小学校已和其他公共体育设施实现100%向社会开放。大力开展全民健身运动，举办第四届市民运动会，成功承办了全国蹦床冠军赛暨里约奥运会选拔积分赛、浙江省第二届女子体育节、浙江省幼儿体育大会、浙超联赛等十余项重大赛事活动，创新推出专题类体育电视栏目《嘉兴体育视界》。

(五) 资源、生态环境与节能减排

2016年，全市建设用地供应总量3522.88公顷，面积同比增加84%。其中，工矿仓储用地941.40公顷，面积同比增加22%；房地产用地982.02公顷，面积同比增加97%；基础设施等用地1599.46公顷，面积同比增长150%。

2016年末，全市水资源总量36.43亿立方米，减少6%；人均水资源量789.5立方米(按当年常住人口计算)，减少6.6%；全市平均降水量1635.6毫米，增长3.5%。全市新建城镇污水管网391千米，完成河道清淤1358千米。73个市控断面中，Ⅰ—Ⅲ类水质断面占19.2%，比上年提高11.7个百分点；劣Ⅴ

类水质断面占 1.37%，下降 1.61 个百分点。

2016 年末，全市城市污水处理厂日处理能力 90 万立方米，与上年持平；城市污水处理率 90.31%，提高 0.12 个百分点。城市生活垃圾无害化处理率 100%，提高 0.22 个百分点。

大力实施"五气共治"，淘汰小锅炉 2101 台、黄标车 1760 辆。市区城市环境空气 PM2.5 年均浓度平均为 44 微克/立方米，比上年下降 17.0%；日空气质量(AQI)优良天数比例 74.3%，比上年提高 9.9 个百分点。

大力实施"三改一拆"和环境综合整治行动，全年"三改"面积 3475.6 万平方米，拆除违法建筑 1268.9 万平方米，新增平原绿化 2.6 万亩。全年农房改造集聚 1.2 万户，培育美丽乡村示范镇 8 个、精品村 28 个。

2016 年，全市规模以上工业能源消费总量(等价热值，下同)1359.63 万吨标煤，较上年增长 1.8%，全市规模以上工业单位工业增加值能耗下降 3.9%。八大高耗能行业能耗总量 1063.92 万吨标煤，增长 1.1%，八大高耗能行业单耗下降 3.1%。

(六) 社会安全

建设"平安嘉兴"取得新成效。据调查，2016 年全市人民群众安全感满意率达到 96.81%。全年全市累计发生各类生产安全事故 490 起，死亡 271 人。其中：道路运输事故 413 起、死亡 192 人，工矿商贸企业生产安全事故 71 起、死亡 73 人。

三、嘉兴市在泛长三角地区经济发展中的地位

2016 年，面对错综复杂的内外经济发展环境，全市坚持稳中求进工作总基调，牢固树立和贯彻落实五大发展新理念，坚定不移地推进供给侧结构性改革，全力落实"补短板"等重点任务，巩固提升经济运行中的积极变化，经济运行总体呈现稳中有进、稳中有质的发展态势，实现了"十三五"良好开局。

(一) 地区生产总值

2012—2016 年嘉兴市地区生产总值在泛长三角地区所占比重分别为 2.26%、2.25%、2.20%、2.16% 和 2.16%，总体呈下降趋势，2016 年较上年基本持平，较 2012 年减少了 0.10 个百分点。2016 年嘉兴市地区生产总值在泛长三角地区 41 个市排名第 17 位。

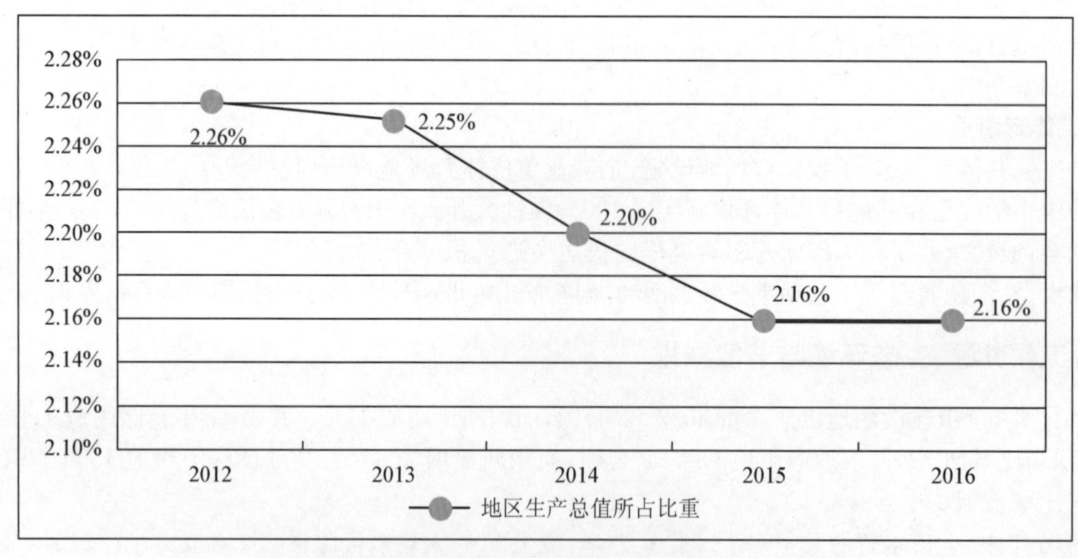

图 4　2012—2016 年嘉兴市地区生产总值在泛长三角地区
(苏浙两省 24 个地级市、安徽省 16 个地级市和上海市，下同)所占比重的变化趋势

2016年，全市生产总值3760.12亿元，按可比价格计算，增长7.0%，增幅高于一季度、上半年均0.2个百分点，与上年持平。其中第一产业增加值143.85亿元，增长0.9%。第二产业增加值1911.57亿元，增长5.7%。其中工业增加值1727.09亿元，增长6.1%。第三产业增加值1704.70亿元，增长9.1%。

嘉兴经济增长从高速增长转为中高速增长。2012—2016年全市GDP增速分别为8.7%、9.3%、7.5%、7.0%和7.0%，年均增速由2006—2011年间的11.8%回落至7.9%，但仍高出全国平均0.6个百分点。产业结构优化升级。全市三次产业结构由2011年的5.3∶56.7∶38.0调整为2016年的3.8∶50.9∶45.3，表现为由“二、三、一”向“三、二、一”转变的趋势，第三产业增加值比重提升7.3个百分点，年均提升1.5个百分点，比2006—2011年的年均提升幅度高0.8个百分点。工业内部结构升级，新型产业发展较快，2016年，规模以上高新技术产业、装备制造业、信息制造业增加值占规模以上工业比重分别为45.0%、27.1%、12.9%，分别比2011年提高24.4、4.7和1.9个百分点。

（二）地方财政一般预算收入

2012—2016年嘉兴市地方财政一般预算收入在泛长三角地区所占比重分别为1.86%、1.87%、1.80%、1.79%和1.83%，累积下跌了0.03个百分点，2016年较上年增加了0.04个百分点。2016年嘉兴市地方财政一般预算收入在泛长三角地区41个市排名第14位。

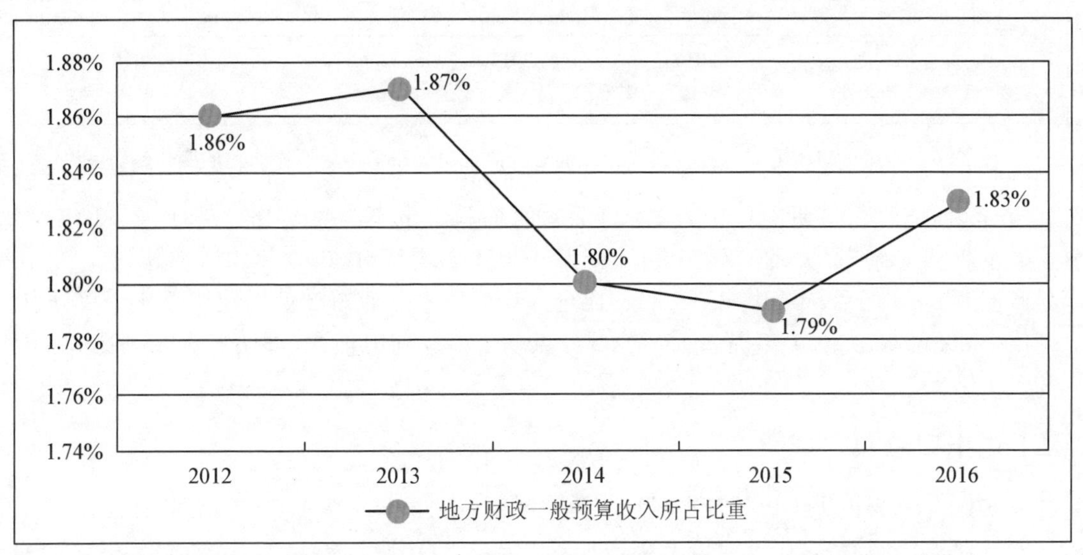

图5　2012—2016年嘉兴市地方财政一般预算收入在泛长三角地区所占比重的变化趋势

2016年是“十三五”规划的开局之年，是全面深化改革的推进之年，也是全面建成小康社会的关键之年。一年以来，面对错综复杂的宏观环境和艰巨繁重的改革任务，全市各级财税部门在市委、市政府的正确领导下，紧紧围绕“抓收入、推改革、促转型、惠民生”这一中心，进一步发挥“生财、聚财、用财”的财政职能作用，深化财税体制改革，大力组织收入，科学安排支出，确保财政持续平稳运行。

全市一般公共预算收入387.93亿元，同比增长10.4%（同口径增长6.6%），为预算的101.8%。全市一般公共预算当年支出预算为355.00亿元，执行中加上上级转移支付、上年结转以及地方政府债券转贷支出等，年终支出预算调整为480.58亿元，实际支出442.19亿元，为预算的92.0%，同比增长4.1%。

经初步结算，2016年全市按现行财政体制结算的一般公共预算收入为387.93亿元，加上上级返还、各项补助、地方政府债券转贷收入、调入资金以及上年结余结转资金等转移性收入，全市收入合计为793.53亿元。2016年实际支出442.19亿元，加上上解上级支出、债务还本支出以及安排预算稳定调节基金等转移性支出，全市支出合计为 755.14 亿元，年终结余 38.39 亿元。

（三）规模以上工业总产值

2012—2016 年嘉兴市规模以上工业总产值在泛长三角地区所占比重分别为 2.54%、2.64%、2.69%、2.66%和 2.64%，2016 年较上年减少了 0.02 个百分点，较 2012 年增加了 0.10 个百分点。2016 年嘉兴市规模以上工业总产值在泛长三角地区 41 个市排名第 16 位。

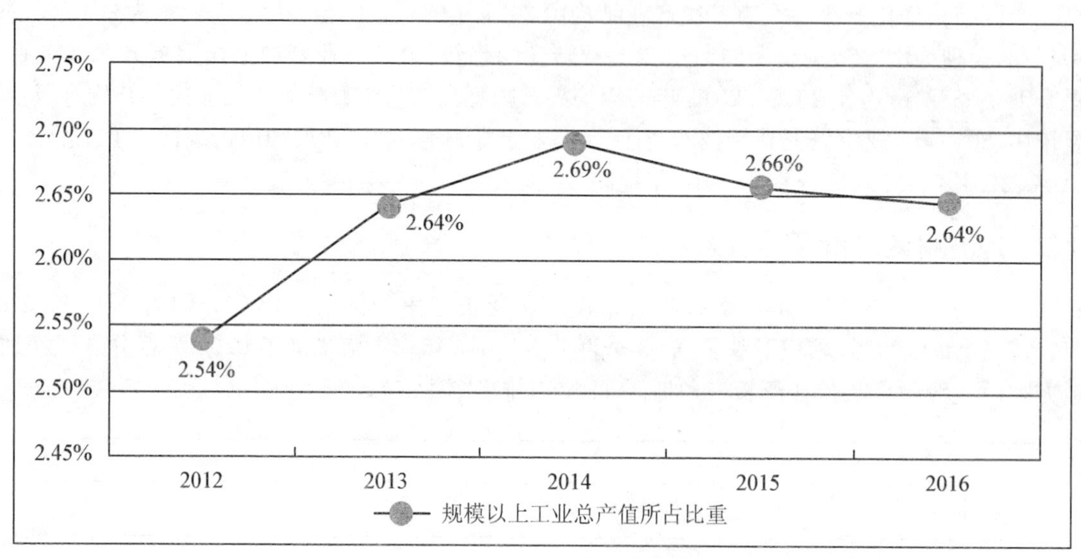

图 6 2012—2016 年嘉兴市规模以上工业总产值在泛长三角地区所占比重的变化趋势

2016 年全市规模以上工业企业中有 R&D 活动的企业 2336 家，占比 46.1%，比 2011 年提高 27.0 个百分点。企业投入新产品开发经费 116.5 亿元，比 2011 年增长 50.0%，年均增长 8.4%。2016 年，全市新产品产值 3127.3 亿元，年均增长 12.1%，比全部规模以上工业总产值增速快 5.4 个百分点。全市新产品产值率 39.9%，比 2011 年提高 8.7 个百分点。全市专利申请数、发明专利分别比 2011 年增长 45.6%和 1.4 倍。

（四）进出口总额

2012—2016 年嘉兴市进出口总额在泛长三角地区所占比重分别为 2.15%、2.31%、2.35%、2.23%和2.37%，总体呈上升趋势，2016 年较上年增加了 0.14 个百分点，五年累计增加了 0.22 个百分点。2016 年嘉兴市进出口总额在泛长三角地区 41 个市排名第 8 位。

2016 年，嘉兴市着力推进外贸领域供给侧改革，克服困难，强优势、补短板，实现外贸出口回稳向好，全年外贸出口增速领跑全省。据嘉兴海关统计，2016 年，嘉兴市共实现外贸出口总值 1549.9 亿元，同比增长 9%，出口增幅在省内 11 个地市中排名第一，高于全省平均水平 6 个百分点。

2016 年，嘉兴充分利用区位优势，招商引资成绩突出，外向型民营企业和外商投资企业队伍进一步扩大。来自市合作交流办、商务局的数据显示，2016 年嘉兴市“浙商回归”引进项目到位资金 390 亿元，增长 12.7%；同年，实际利用外资 179.4 亿元，列全省第三，增长 6.9%。2016 年，嘉兴有出口实绩的企业达 5506 家，与 2015 年相比增加 260 家。全年，嘉兴市民营企业实现出口 869.2 亿元，增长 10.7%，增速快于同期浙江省民营企业出口 4.3 个百分点；外商投资企业出口 594.9 亿元，增长 16.8%，增速快于同期浙江省外商投资企业出口 12.3 个百分点。

嘉兴企业深耕欧盟、美国等传统发达市场，大力拓展东盟、“金砖四国”等新兴市场，紧跟国家战略开拓“一带一路”沿线国家市场，形成了重点突出、多元发展、覆盖广泛的出口市场格局。据嘉兴海关统计，

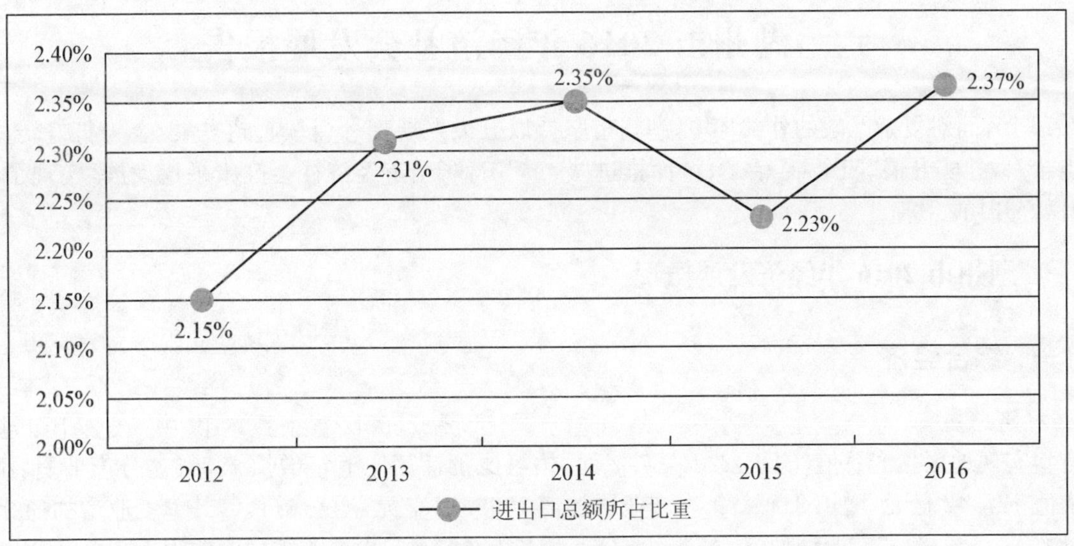

图 7 2012—2016 年嘉兴市进出口总额在泛长三角地区所占比重的变化趋势

2016 年，嘉兴已对全球 212 个国家和地区实现了外贸出口。其中，对美国、欧盟两大主要市场分别出口 414.1 亿元和 354.6 亿元，增长 12.1%和 8.7%，合计占同期全市出口总值的 49.6%。同时，嘉兴企业有效拓展东盟等新兴市场，实现市场多元化发展。2016 年，嘉兴对东盟出口 127.6 亿元，增长 21.1%；对“一带一路”沿线国家出口 409.5 亿元，增长 14.3%，两者对嘉兴出口增量的贡献率分别达到 17.4%和 40.1%。

（五）实际外商直接投资金额

2012—2016 年嘉兴市实际外商直接投资金额在泛长三角地区所占比重分别为 2.45%、2.94%、3.34%、3.66%和 3.50%，2016 年较上年减少了 0.16 个百分点，较 2012 年增加了 1.05 个百分点。2016 年嘉兴市实际外商直接投资金额在泛长三角地区 41 个市排名第 8 位，较 2015 年下降了一位。

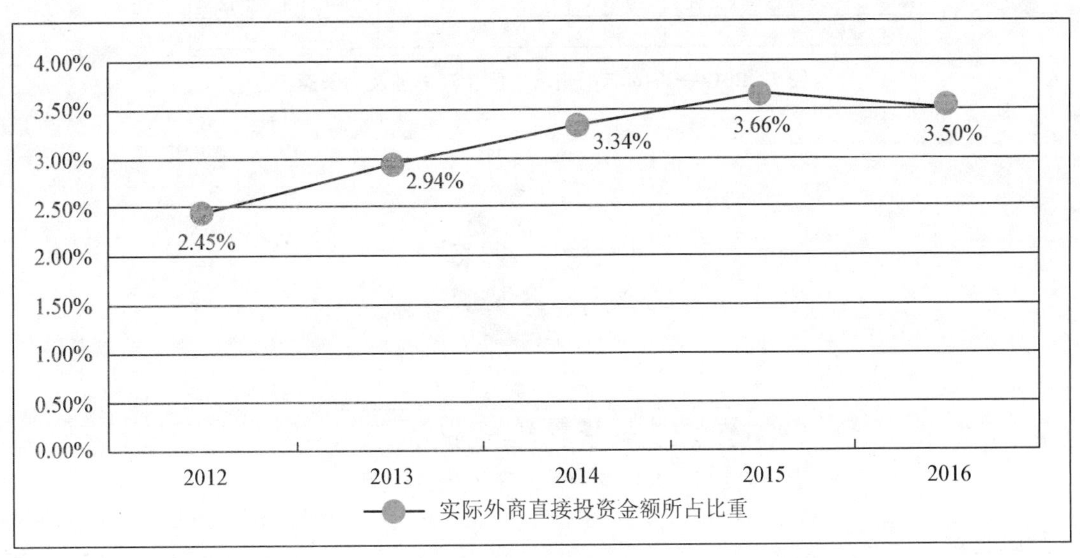

图 8 2012—2016 年嘉兴市实际外商直接投资金额在泛长三角地区所占比重的变化趋势

2016 年，全市新批外商投资项目 275 个；合同利用外资 45.67 亿美元，比上年下降 6.3%；实际利用外资 26.92 亿美元，增长 0.3%。新批境外投资项目 80 个，对外直接投资额 6.92 亿美元，比上年增长 11.2%。全市引进内资项目 1318 个，实际到位内资 334.30 亿元，增长 8.9%。

六　湖州市 2016 年经济社会发展报告

2016 年，面对复杂严峻的外部环境，湖州市坚持以五大发展理念引领赶超发展，全力打好转型升级系列组合拳，扎实开展“四个年”活动，全面推进“六重”工作，全市经济社会健康平稳发展，实现了“十三五”的良好开局。

一、湖州市 2016 年经济发展概况

（一）综合经济

1. 经济总量

全年实现地区生产总值(GDP)2284.37 亿元，按可比价计算比上年增长 7.5%。分产业看，第一产业增加值 127.42 亿元，增长 2.4%；第二产业增加值 1099.47 亿元，增长 6.1%，其中工业增加值 998.28 亿元，增长 6.5%；第三产业增加值 1057.49 亿元，增长 9.6%。三次产业结构比例为 5.7∶47.2∶47.1。按户籍人口计算的人均 GDP 为 84875 元，增长 7.2%，折合 12778 美元；按常住人口计算的人均 GDP 为 75715 元，增长 6.6%，折合 11399 美元。

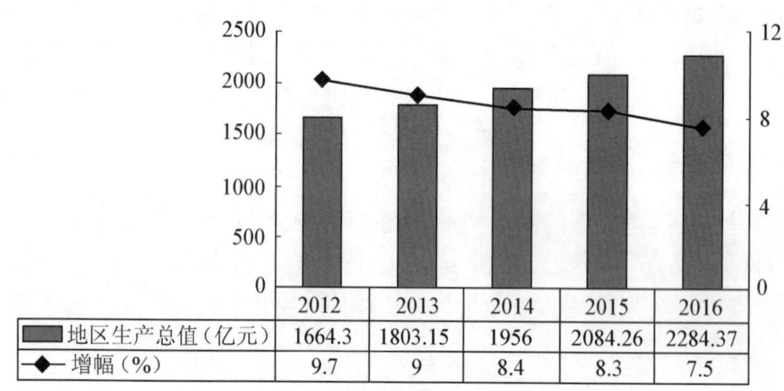

	2012	2013	2014	2015	2016
地区生产总值（亿元）	1664.3	1803.15	1956	2084.26	2284.37
增幅（%）	9.7	9	8.4	8.3	7.5

图 1　2012—2016 年湖州市地区生产总值及增长速度

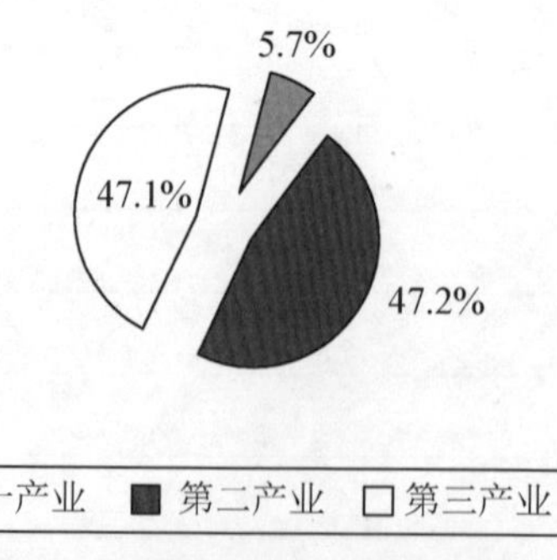

图 2　2016 年湖州市三次产业结构图

2. 财政收支

全年实现财政总收入 360.9 亿元，其中地方财政收入 211.2 亿元，分别比上年增长 9.8%和 9.9%。财政总收入占 GDP 的比重为 16.1%。地方财政收入中，税收收入 182.6 亿元，增长 7.9%，占比为 86.5%；从主要税种看，增值税、营业税、企业所得税、个人所得税分别为 59.5 亿元、31.7 亿元、20.9 亿元和 18.0 亿元，分别增长 5.5%、35.2%、−2.9%和 60.4%。全年财政支出 288.6 亿元，增长 5.2%，其

中民生改善支出 216.6 亿元，增长 4.0%。

3. 物价水平

全年城市居民消费价格总水平比上年上涨 1.6%，其中服务项目价格上涨 1.8%，消费品价格上涨 1.4%。从八大类商品和服务价格看，食品上涨 3.8%，烟酒及用品上涨 0.6%，衣着上涨 2.5%，居住上涨 1.1%，教育文化和娱乐上涨 2.2%，医疗保健上涨 1.2%，其他用品和服务上涨 1.4%，交通和通信下降 1.9%。

4. 固定资产投资

全年固定资产投资项目 2460 个，完成投资 1592.2 亿元，比上年增长 13.5%。其中，基础设施投资 468.0 亿元，增长 44.3%；非国有投资 1125.2 亿元，增长 4.5%。按产业划分，第一产业投资 11.3 亿元，增长 35.6%；第二产业投资 679.7 亿元，增长 10.9%，其中工业投资 678.0 亿元，增长 10.7%；第三产业投资 901.2 亿元，增长 15.3%。

（二）农业和农村建设

全年实现农林牧渔业总产值 223.1 亿元，比上年增长 2.5%。其中，农业产值 99.3 亿元，增长 0.8%；林业产值 22.2 亿元，下降 2.0%；牧业产值 36.5 亿元，增长 1.7%；渔业产值 54.6 亿元，增长 8.3%。全年粮食播种面积 134.5 万亩；经济作物播种面积 114.9 万亩，其中蔬菜面积 55.6 万亩，花卉苗木面积 33.7 万亩。全年粮食产量 63.0 万吨；油菜籽产量 1.8 万吨；生猪出栏 99.9 万头，增长 2.7%；肉类产量 13.8 万吨，增长 6.7%；蚕茧产量 0.7 万吨，减少 7.9%；家禽出栏 3904.8 万羽，增长 7.0%；禽蛋产量 4.7 万吨，增长 10.1%；水产品产量 38.8 万吨，增长 7.6%。

全市年末拥有现代农业示范园 302 个，其中省级 113 个；全年新建现代农业示范园 30 个，其中省级 2 个。年末拥有无公害水产品基地 108 个；拥有农业龙头企业 236 家；拥有省级无公害农产品基地 119.6 万亩，无公害农产品 864 只，绿色食品 228 只。

（三）工业和建筑业

1. 工业增加值

全年规模以上工业实现增加值 828.3 亿元，按可比价计算比上年增长 6.2%，其中轻工业 382.1 亿元、重工业 446.2 亿元，分别增长 8.3%和 4.4%。33 个大类行业中，有 28 个行业增加值实现增长，7 个行业超过 40 亿元。其中，纺织业 111.5 亿元，增长 5.4%；非金属矿物制品业 71.3 亿元，增长 3.3%；电气机械和器材制造业 70.4 亿元，下降 0.9%；电力、热力的生产和供应业 68.1 亿元，增长 12.7%；通用设备制造业 54.6 亿元，增长 4.6%；家具制造业 49.0 亿元，增长 7.8%；化学原料和化学制品制造业 40.5 亿元，增长 10.5%。从重点产业看，高新技术产业 347.4 亿元，增长 5.6%，占比为 41.9%；战略性新兴产业 179.9 亿元，增长 7.2%，占比为 21.7%；装备制造业 206.4 亿元，增长 5.8%，占比为 24.9%。

全年规模以上工业实现主营业务收入 4217.4 亿元，比上年增长 2.2%；利税 427.9 亿元，其中利润 282.8 亿元，分别增长 7.1%和 10.6%。11 个工业行业达到了“主营业务收入超 100 亿元、利税超 10 亿元”，共实现主营业务收入 3175.3 亿元、利税总额 319.8 亿元，分别占全部规模以上工业的 75.3%和 74.7%。8 个行业利税超过 20 亿元。其中，纺织业 54.0 亿元，增长 9.8%；电气机械和器材制造业 45.1 亿元，增长 12.9%；通用设备制造业 35.6 亿元，增长 2.8%；化学原料和化学制品制造业 30.1 亿元，增长 23.0%；非金属矿物制品业 29.0 亿元，下降 0.7%；木材加工和木、竹、藤、棕、草制品业 24.8 亿元，增长 18.2%；电力、热力的生产和供应业 24.8 亿元，下降 9.7%；家具制造业 24.4 亿元，增长 22.5%。

2. 建筑业

全市年末拥有建筑企业 256 家，其中一级资质企业 156 家、二级资质企业 95 家。全年建筑企业完成建筑业总产值 672.3 亿元，比上年增长 8.2%，其中建筑工程产值 582.1 亿元，安装工程产值 55.5 亿元，分别增长6.3%和10.0%;房屋建筑施工面积4009.8万平方米,下降3.8%;竣工面积2183.1万平方米,增长7.4%。

(四)服务业

1. 国内贸易

全年实现社会消费品零售总额1068.9亿元,比上年增长11.8%。其中,批发零售业949.6亿元,增长10.9%;住宿餐饮业119.3亿元,增长18.9%。限额以上批发零售贸易企业全年实现零售额377.1亿元,增长13.6%。其中,石油及制品类73.3亿元,增长2.1%;服装类50.7亿元,增长24.7%;食品类28.1亿元,增长42.3%;汽车类130.8亿元,增长7.0%;家用电器和音像器材类12.6亿元,金银珠宝类9.2亿元,分别下降2.8%和2.6%。

2. 交通运输、电信

加快构建现代化综合交通网络体系。杭长高速公路北延建成通车,京杭运河航道整治等加快建设,申嘉湖高速公路西延、杭宁高速公路改扩建、湖州铁公水综合物流园等全面开建,湖苏沪铁路、杭州绕城高速公路西复线等项目前期加速推进。太嘉河、环湖河道整治基本完工,苕溪清水入湖、扩大南排有序推进。全市年末公路通车里程达到7724千米,其中高速公路289千米、一级公路488千米、二级公路622千米。全年完成客运量5006万人,比上年下降15.9%;客运周转量17.9亿人千米,下降11.3%。完成货运量14526万吨,增长7.1%,其中公路8618万吨,增长10.2%,水路5908万吨,增长2.8%;货运周转量152.8亿吨千米,增长4.1%,其中公路65.8亿吨千米,增长9.3%,水路87.0亿吨千米,增长0.5%。全年内河港口货物吞吐量8664万吨,增长7.6%,内河集装箱吞吐量20.6万标箱,增长11.5%。

全市年末汽车保有量达到64.2万辆,比上年增加8.9万辆,增长16.1%;私人汽车保有量58.9万辆,增加8.3万辆,增长16.5%,其中轿车41.8万辆,增加5.6万辆,增长15.4%。全年小型汽车上牌量10.3万辆,增长6.1%。

全年实现电信业务收入32.6亿元,比上年增长4.2%;全市年末固定电话用户81.9万户,比上年减少7.3万户;移动电话用户456.2万户,增加5.9万户;年末国际互联网宽带用户118.5万户,增加14.2万户。

3. 旅游业

全年接待国内外旅游人数8845.8万人次,比上年增长25.1%。其中,国内旅游人数8752.2万人次,增长25.0%;入境旅游人数93.6万人次,增长33.2%。全年实现旅游总收入882.6亿元,增长26.0%。其中,国内旅游收入859.8亿元,增长26.1%;旅游外汇收入3.6亿美元,增长23.0%。全年旅游景区门票收入8.5亿元,增长21.0%。全市年末拥有星级宾馆42家,其中三星级以上宾馆37家。

4. 金融、证券和保险

全市金融机构年末本外币存款余额3552.4亿元,比上年增长15.0%;本外币贷款余额2757.6亿元,增长8.8%;年末本外币贷款余额比年初增加222.6亿元;其中,住户存款1756.0元,增长12.9%。年末金融机构年末不良贷款余额为34.6亿元,比上年减少4.2亿元,不良贷款率为1.26%,比年初下降0.27个百分点。

全年证券营业机构股票成交额6161.9亿元,比上年下降44.6%,其中代理A股成交6154.8亿元,下降44.1%。德宏股份在上交所主板成功上市,实现首发融资2.7亿元;完美世界、美都能源、超威动力等7家上市公司通过资本市场平台实现再融资252.2亿元。全市年末已拥有上市公司23家,其中境外6家,境内17家。全年保险公司保费收入78.6亿元,增长19.4%。其中,财产险32.7亿元,增长7.2%;人身险45.9亿元,增长30.0%。各项保险赔款和给付支出29.7亿元,增长16.5%。其中,财险赔款19.7亿元,增长26.4%;人身险赔款和给付支出10.0亿元,增长0.9%。

5. 房地产业

全年完成房地产开发投资274.2亿元，比上年下降15.2%。全年房屋施工面积2125.7万平方米，下降11.3%；房屋竣工面积443.1万平方米，增长74.6%；商品房销售面积557.0万平方米，增长39.5%，其中住宅489.8万平方米，增长41.5%；商品房销售额386.9亿元，增长40.8%，其中住宅332.1亿元，增长40.1%。

（五）对外经济

1. 对外贸易

全年实现外贸进出口总额679.9亿元，比上年增长6.9%。其中，出口600.2亿元，增长8.7%；进口79.7亿元，下降5.0%。按贸易方式分，一般贸易出口554.2亿元，增长10.6%；加工贸易出口40.1亿元，下降16.4%。按企业性质分，生产企业出口372.0亿元，增长19.6%；流通企业出口74.3亿元，下降3.1%；外资企业出口148.1亿元，下降8.3%。按主要产品分，机电产品出口220.8亿元，增长8.7%，纺织原料及纺织制品出口179.7亿元，增长2.7%。按主要市场分，北美洲出口增长较快，达到13.5%；欧洲、亚洲、非洲、大洋洲和拉丁美洲分别增长8.3%、6.5%、3.2%、3.1%和1.0%。

2. 利用外资情况

全年新批准及增减资利用外资项目180个。其中，外商投资企业110家，增资项目53个；总投资千万美元以上项目76个。全年合同外资21.3亿美元，比上年增长28.2%。全年实到外资10.0亿美元，比上年增长6.3%。其中，第一产业0.5亿美元，增长255.4%；第二产业3.6亿美元，增长58.6%；第三产业3.5亿美元，下降31.5%。

二、湖州市2016年社会发展概况

（一）人口、人民生活

全市年末户籍人口264.84万人，其中男性131.08万人、女性133.76万人；城镇人口102.40万人；60岁以上人口63.48万人，占总人口的24.0%，占比提高0.9个百分点。全年出生人口2.47万人，出生率为9.34‰；死亡人口1.70万人，死亡率为6.42‰；人口自然增长率为2.91‰。

据619户城镇居民家庭抽样调查，全年城镇居民人均可支配收入达到45794元，比上年名义增长8.4%。其中，工资性收入增长8.4%，经营性收入增长4.0%，财产性收入增长10.4%，转移性收入增长13.8%。人均生活消费支出27731元，增长3.4%。据576户农村居民家庭抽样调查，全年农村居民人

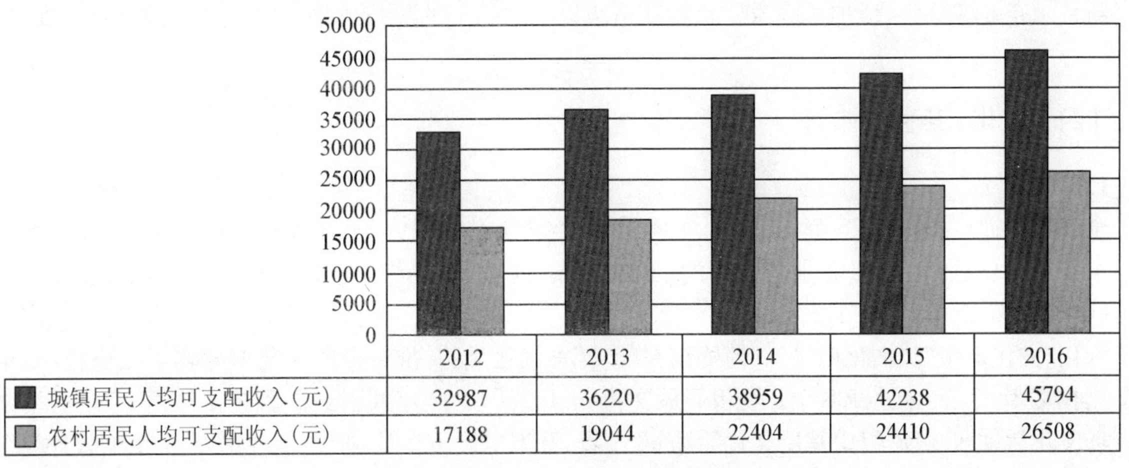

	2012	2013	2014	2015	2016
城镇居民人均可支配收入(元)	32987	36220	38959	42238	45794
农村居民人均可支配收入(元)	17188	19044	22404	24410	26508

图3　2012—2016年湖州市城乡居民收入对比一览

均可支配收入达到 26508 元，比上年名义增长 8.6%。其中，工资性收入增长 8.9%，经营性收入增长 6.1%，财产性收入增长 11.3%，转移性收入增长 15.7%。人均生活消费支出 17609 元，增长 9.3%。按户籍人口计算的人均本外币住户存款余额达 66304 元。

（二）就业与社会保障

1. 就业

全年新增城镇就业 8.98 万人，帮扶下岗失业人员再就业 3.09 万人；年末城镇登记失业率为 2.52%。

2. 社会保障

全市年末参加城镇基本养老保险人数达到 135.55 万人，比上年增加 2.22 万人；参加城镇职工基本医疗保险人数 116.95 万人，增加 5.94 万人；参加失业保险人数 65.61 万人，增加 1.14 万人；参加工伤保险人数 78.33 万人，增加 2.45 万人；参加生育保险人数 66.33 万人，增加 3.49 万人；参加生活保障和生活补助制度的被征地农民 8.12 万人，减少 0.18 万人。全市年末住房公积金正常缴存人数达到 30.47 万人，比上年增加 2.15 万人；全年归集住房公积金 43.22 亿元，增长 12.0%；当年发放个人住房贷款 57.84 亿元，增长 40.3%。

全市年末农村特困对象人数为 1467 人；全年最低生活保障家庭 22715 户，人数 36635 人，其中农村 30370 人、城镇 6265 人；全市城镇和农村低保标准均为每人每月 664 元。全年销售社会福利彩票 10.3 亿元，筹集社会福利资金 2.8 亿元。

（三）教育和科学技术

1. 教育事业

全市年末拥有各级各类学校 461 所，全年招收学生 11.71 万人，在校学生 42.32 万人，毕业生 11.31 万人。高等教育毛入学率 59.31%，比上年提高 2.69 个百分点；初中毕业升高中段比例 99.11%，提高 0.03 个百分点；初中、小学入学率均为 100%；十五年教育毛入学率 99.42%，提高 0.03 个百分点。全市各类学校拥有专任教师 2.85 万人，其中中小学专任教师 2.10 万人；每百名中小学生拥有专任教师 7 人。

2. 科技与创新

全年专利申请量 23271 项，比上年增长 6.6%；专利授权量 13695 项，其中发明专利 2544 项，比上年增加 897 项，增长 54.5%。全年经认定登记的技术成交项目 197 项，比上年减少 17.9%；技术成交金额 18.0 亿元，增长 5.3 倍。全市年末拥有省级高新技术研究开发中心 258 家，比上年增加 35 家；拥有国家级高新技术企业 683 家，增加 233 家。全年获市级以上政府奖的科技成果 76 项，其中国家级 2 项、省级 23 项。

（四）文化、卫生和体育

1. 文化事业

全市年末拥有影剧院 26 个，文化馆、艺术馆 6 个，全年举办展览 239 个，组织文艺活动 1444 次；公共图书馆 5 个，总藏量 246.52 万册件；乡镇街道文化站 94 个；博物馆（纪念馆）36 个；文物保护单位 412 个，其中国家级 25 个，省级 41 个。

深化“文化走亲”、“文化街景”、“博物馆在行动”等文化品牌，推进公共文化服务均等化进程，全年新建文化礼堂 88 个、年末达 408 个。积极开展文化“五送”活动，全年共引进高雅艺术演出 278 场，举办大型广场文化活动 826 场，组织基层文化活动 5682 场，开展电影下乡放映 1.5 万场次。全年出版各类报纸 4076 万份，其中湖州日报 1624 万份，湖州晚报 2239 万份，湖州广播电视报 213 万份。

2. 卫生事业

全市年末拥有医疗卫生机构1391个，其中医院54家、卫生院92家、妇幼保健院4家、社区卫生服务站658个；等级医院24家，其中三级医院8家；拥有医疗床位14113张，其中医院（含妇保院、卫生院）床位13661张；卫生技术人员21407人，其中执业医师6510人、执业助理医师1109人、注册护士8657人。按户籍人口计算，每万人拥有医院（含妇保院、卫生院）床位数53张，每万人拥有卫生技术人员数为81人，其中医生29人。全年婴儿死亡率、5岁以下儿童死亡率分别为1.96‰、2.73‰，分别比上年下降1.64和1.80个千分点。

3. 体育事业

全年共承办了环太湖国际公路自行车赛、全国体操冠军赛、全国极限运动会、中美男子篮球对抗赛、OP级帆船冠军赛、全国射箭冠军赛、太湖图影国际马拉松赛、全国围棋甲级联赛、极限山地自行车速降赛、全国铁人三项赛等40余项国际性和全国性综合大型赛事。湖州市体育运动学校、长兴县少年儿童业余体校获得了国家级高水平体育后备人才基地称号；全年向上输送优秀体育人才8名，共派出运动员2726名参加了省级以上体育赛事58个大项258个小项的比赛，取得183金、212银、158铜的好成绩。完成体育彩票销售7.5亿元，为承办浙江省第十六届运动会打下了坚实基础。

（五）城市建设

统筹推进城市建设，南太湖湿地奥体公园基本建成，市民服务中心、太湖水厂建成投用，小西街、状元街完成修缮整治。“三改一拆”走在全省前列，交通治堵不断深化，城市精细化管理进一步加强。

（六）环境保护

大力推进“五水共治”，连续第三年获得全省治水“大禹鼎”。全市全年地表水市控以上监测断面达到Ⅲ类以上标准的比例为98.2%，满足功能要求断面比例为98.2%，均比上年提高3.9个百分点；县级以上集中式饮用水源地水质达标率为100%；入太湖水质连续9年保持在Ⅲ类以上；市出境断面水质良好，水质达标率继续保持100%。市区PM2.5浓度均值为47微克/立方米，比上年下降19.0%，降幅位列全省第一；市区空气质量优良率为65.6%，比上年提高6.4个百分点。

（七）社会安全

全年共发生工矿商贸企业、道路运输、水上运输、渔业船舶事故等生产安全事故286起、死亡230人，分别比上年下降8.0%、6.9%，无一次死亡3人及以上较大事故发生。

三、湖州市在泛长三角地区经济发展中的地位

2016年，面对错综复杂的外部发展环境和艰巨繁重的改革发展稳定任务，市政府在省委、省政府和市委的坚强领导下，在市人大、市政协等各方面的监督和支持下，带领政府系统，依靠全市人民，主动适应经济发展新常态，自觉践行新发展理念，创新实干、埋头苦干，谱写了加快建设现代化生态型滨湖大城市的新篇章，湖州大地展现新的面貌，赶超发展开启新的征程。

（一）地区生产总值

2012—2016年湖州市地区生产总值在泛长三角地区所占比重分别为1.298%、1.290%、1.286%、1.282%和1.280%，最近5年所占比重持续下降，五年时间累计下跌了近0.02个百分点。2016年湖州市地区生产总值在泛长三角地区41个市排名第24位。

2012—2016年五年间，经济持续快速健康发展，呈现出“稳、进、优、好”良好运行态势。增长速度平稳。在宏观经济步入新常态的背景下，全市经济增长持续保持中高速。五年间全市GDP年均增长

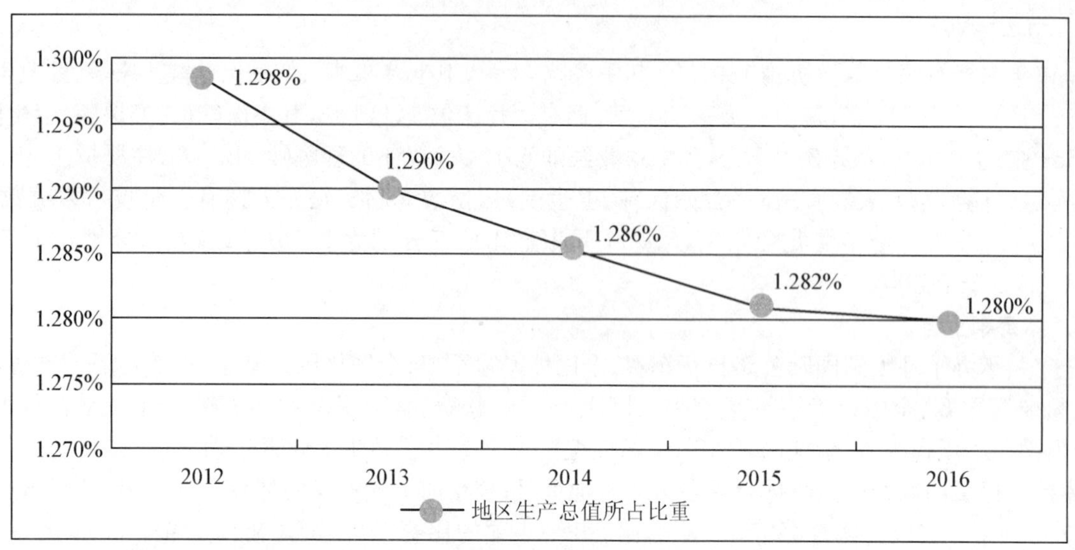

图 4　2012—2016 年湖州市地区生产总值在泛长三角地区
（苏浙两省 24 个地级市、安徽省 16 个地级市和上海市，下同）所占比重的变化趋势

8.6%，增速快于全省平均 0.7 个百分点，排名居全省第 3 位。综合实力进步。全市 GDP 由 2011 年的 1520 亿元跃升到 2016 年的 2243 亿元，占全省份额由 4.70%上升到 4.83%。财政总收入由 2011 年的 219 亿跃升到 361 亿，占全省份额由 3.70%上升到 3.91%，显示出赶超发展的势头。产业结构优化。全市三次产业比例由 2011 年的 7.7∶53.8∶38.5，优化调整为 2016 年的 5.7∶47.2∶47.1，五年间服务业比重提高了 8.6 个百分点。其中，2015 年服务业占比首次超过工业（2015 年分别为 45.1%和 44.2%，2016 年为 47.1%和 42.6%），产业结构发生了重大历史性转变。增长质量较好。五年间，全市财政总收入、城镇居民人均可支配收入、农村居民人均可支配收入和规模以上工业利润，年均分别增长 9.7%、9.6%、10.1%和 13.7%，均高于全省平均水平，经济转型发展的成果初步显现。

（二）地方财政一般预算收入

2012—2016 年湖州市地方财政一般预算收入在泛长三角地区所占比重 1.00%、1.22%、0.99%、0.99%和 0.99%，2016 年较上年及 2012 年基本持平。2016 年湖州市地方财政一般预算收入在泛长三

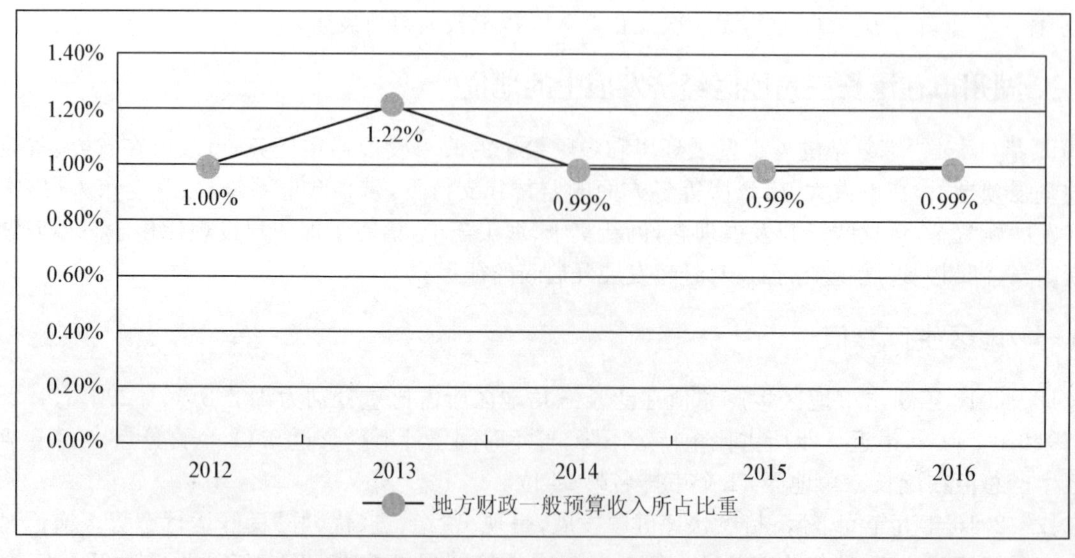

图 5　2012—2016 年湖州市地方财政一般预算收入在长三角地区所占比重的变化趋势

角地区41个市中排名第24位。

2016年，面对相对较为困难的宏观经济和繁重的财税改革双重压力，湖州市各级财政地税部门主动适应经济发展新常态，积极应对财税改革新动向，抓重点、破难点、创亮点，实现了财政收入平稳良好增长，全市财政总收入突破360亿大关，累计完成3608918万元，同比增长9.79%，为预算的102.61%。

2016年全市财政总收入360.89亿元，完成预算的102.6%，比上年增长（以下简称"增长"）9.8%，增幅位列全省第二。全市一般公共预算收入（即地方财政收入）211.18亿元，完成预算的102.7%，增长9.9%，增幅位列全省第五。全市一般公共预算支出288.62亿元，完成预算的101.9%，增长5.2%。2016年市本级财政总收入148.70亿元，完成预算的104.6%，增长13.0%，增幅位列全省第二。市本级一般公共预算收入（即地方财政收入）87.83亿元，完成预算的103.8%，增长12.2%，增幅位列全省第三。市本级一般公共预算支出127.92亿元，完成预算的102.3%，增长5.4%。

全市财政收入中，市本级完成1486968万元，同比增长12.96%；德清县完成727860万元，同比增长8.86%；长兴县完成790788万元，同比增长6.30%；安吉县完成603302万元，同比增长8.08%；吴兴区完成436966万元，同比增长11.96%；南浔区完成382958万元，同比增长8.62%。

此外，全市地方财政收入累计完成2111792万元，同比增长9.88%，为预算的102.71%。

（三）规模以上工业总产值

2012—2016年湖州市规模以上工业总产值所占比重分别为1.40%、1.47%、1.52%、1.55%和1.55%，整体呈上升发展态势，2016年较上年基本持平，五年时间累计增加了0.15个百分点。2016年湖州市规模以上工业总产值在泛长三角地区41个市中排名第22位。

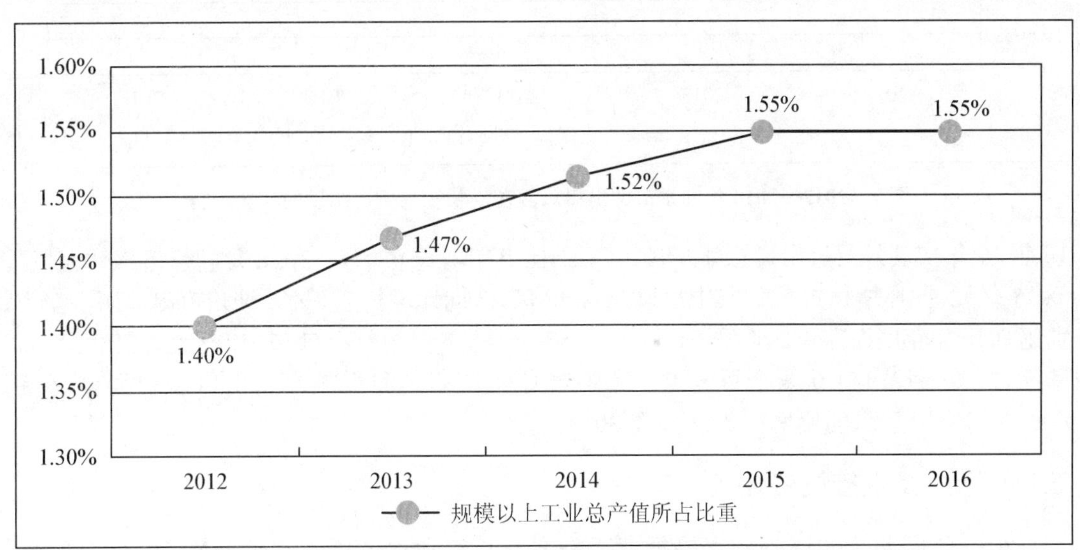

图6　2012—2016年湖州市规模以上工业总产值在泛长三角地区所占比重的变化趋势

2012—2016年，五年来，湖州市坚持工业强市战略不动摇，以质量效益为中心，加快转型升级和创新发展步伐，全市工业经济运行呈现稳中有进、稳中向好的良好态势。主要表现在以下五个方面：

总量占比不断提高。2012—2016年，全市规模以上工业增加值由555.5亿元增至828.3亿元，占全省比重由5.1%提高至6.2%，年均提高0.22个百分点。增长速度排位靠前。2012—2016年，全市规模以上工业增加值年均增长9.2%，高于全省平均水平2.6个百分点，各年增速在全省靠前，年均增幅位居全省第2位。质量效益不断改善。2012—2016年，全市规模以上工业企业利税总额由256.7亿元增至427.9亿元，年均增长12.3%，快于全省平均水平5.8个百分点；利润总额由158.8亿元增至282.8亿元，年均增长13.4%，快于全省平均水平6.3个百分点。转型升级不断深入。2012—2016年，全市高新技术、装备制造和战略新兴三大产业增加值年均分别增长 11.7%、12.5%和 12.6%，分别高于全省平均水平 2.6、4.0 和 4.3 个百分点。新旧动能转换持续推进。近年来，企业注重研发投入和产业化应用。2015 年，全市 R&D 投入 53.2 亿元，占 GDP 比重 2.55%，比 2012 年提高 0.36 个百分点，高于全省 0.19 个百分点；2016 年全市规模以上工业新产品产值 1669.8 亿元，新产品产值率为 36.2%，比 2012 年提高 11.7 个百分点，高于全省平均水平 1.9 个百分点。

(四) 进出口总额

2012—2016 年湖州市进出口总额在泛长三角地区所占比重分别为 0.65%、0.69%、0.70%、0.73%和0.77%，呈连续多年增长态势，累计涨幅为 0.12 个百分点，2016 年所占比重较上年增加了 0.04 个百分点。2016 年湖州市进出口总额在泛长三角地区 41 个市中排名第 18 位。

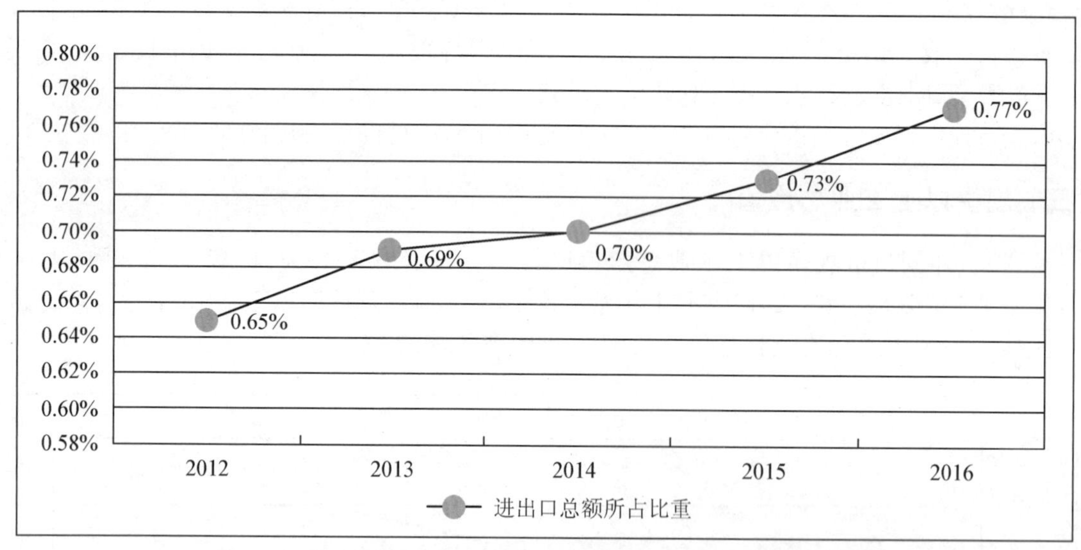

图 7　2012—2016 年湖州市进出口总额在泛长三角所占比重的变化趋势

2016 年，全年实现外贸进出口总额 679.9 亿元，比上年增长 6.9%。1—8 月湖州市累计完成外贸进出口 440.11 亿元，同比增长 4.6%，其中出口 390.05 亿元，同比增长 7.3%。湖州市出口额占全省、全国比重分别比 2015 年年底提升 0.2 个百分点和 0.5 个千分点。8 月单月出口 57.40 亿元，同比增长 23.0%，创历史新高，拉动全省出口 0.5 个百分点。其中当月坐具家具和机电产品出口表现强势，分别出口 19.70亿元和 13.21 亿元，同比增长 32.0%和 30.3%。

(五) 实际外商直接投资金额

2012—2016 年湖州市实际外商直接投资金额在泛长三角地区所占比重分别为 1.41%、1.41%、1.32%、1.28%和 1.30%，整体呈下滑态势，2016 年较上年增加了 0.02 个百分点，较 2012 年减少了0.11 个百分点。2016 年湖州市实际外商直接投资金额在泛长三角地区 41 个市中排名第 20 位，较 2015 年下滑一位。

2016 年，1—12 月份，全市实到外资 10.01 亿美元，同比增长 6.3%，完成年度目标的 100.1%；合同外资 21.32 亿美元，同比增加 28.2%，完成年度目标 115.3%。实到、合同外资总量均列全省第四位。

一是大项目比重增加。新引进总投资超 5000 万美元以上项目 15 个，合同外资 7.77 亿美元，占总量的 36.4%，同比增长 30.4%。成功引进英纳威等投资超亿美元项目 6 个。二是产业导向显著。在引进总投资千万美元以上的 85 个项目中，符合湖州市 4 大产业导向的有 65 个，占比为 77.6%，其中高端装备 31 个，健康产业 7 个，信息经济 18 个，休闲旅游 9 个。三是开发区龙头作用显著。全市各级开发区新

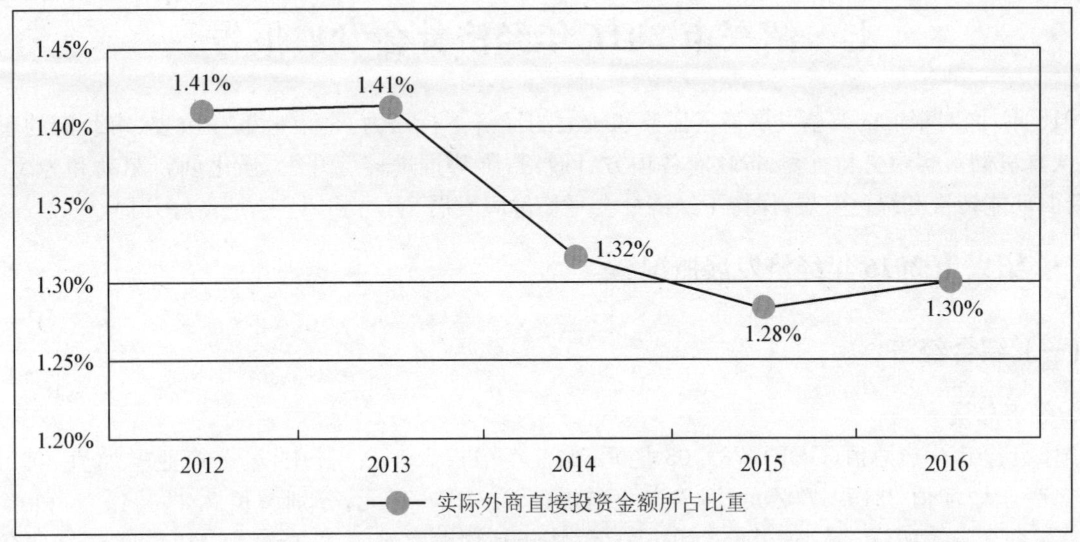

图 8　2012—2016 年湖州市实际外商直接投资金额在泛长三角所占比重的变化趋势

批及增资项目 115 个，占总数 56.5%，合同外资 15.84 亿美元，占总量的 74.3%；实到外资 7.23 亿美元，占总量的 72.2%。新批的 85 个千万美元以上项目，有 59 个落户在各级开发区。四是引资结构有所改善。1—12 月份，全市第一、第二、第三产业新引进项目比为 1∶16.4∶18.6，实到外资比为 1∶5.3∶5.6。其中第二产业新批项目 82 个，合同外资 6.96 亿美元，实到外资 4.44 亿美元，分别较 2015 年同期增长 6.7%，44.5%和 45.6%，增速显著。

七　绍兴市 2016 年经济社会发展报告

2016 年，面对艰巨的改革发展稳定任务和较大的经济下行压力，全市上下在市委、市政府的正确领导下，认真贯彻落实中央和省委、省政府各项方针政策，强势推进转型升级，强化创新驱动和为民导向，加快新旧动能转换和绿色发展，保持了经济社会平稳健康发展，实现了“十三五”良好开局。

一、绍兴市 2016 年经济发展概况

(一) 综合经济

1. 经济总量

2016 年全市生产总值(GDP)4789.03 亿元，比上年增长 5.5%。其中，第一产业增加值 209.86 亿元，第二产业增加值 2319.17 亿元，第三产业增加值 2181.16 亿元，分别增长 2.1%、4.5%和 6.9%。GDP 总量列全省第四位。人均 GDP 为 94620 元(按年平均汇率 6.6423 折算为 14245 美元)，列全省第四位，增长 5.1%。三次产业增加值结构由上年的 4.5∶50.4∶45.1 调整为 4.5∶49.2∶46.3，第三产业增加值比重提高 1.2 个百分点。

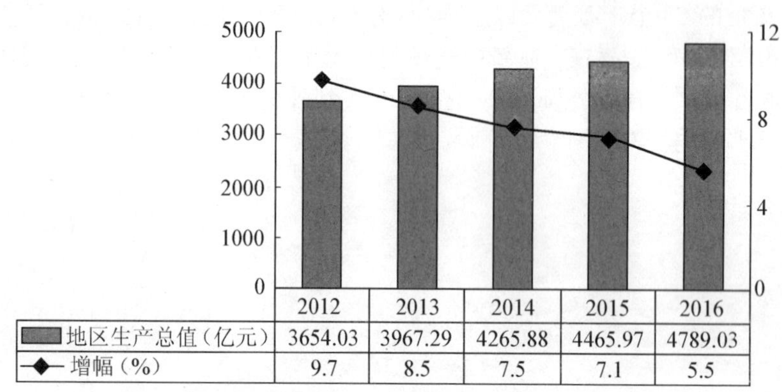

图 1　2012—2016 年绍兴市地区生产总值及增长速度

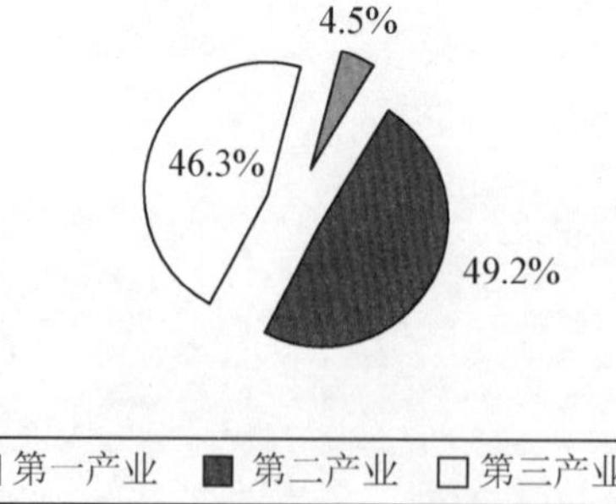

图 2　2016 年绍兴市三次产业结构图

2. 财政收支

全年财政总收入 630.08 亿元，比上年增长 4.5%，其中一般公共预算收入 390.30 亿元，同比增长 7.3%。一般公共预算支出 456.10 亿元，增长 8.2%。

3. 物价水平

全年居民消费价格比上年上涨 1.9%。调查的八大类商品价格“七涨一跌”，其中教育文化和娱乐类上涨 3.7%，食品烟酒类上涨 3.4%，医疗保健类上涨 2.2%，衣着类上涨 1.8%，其他用品和服务类上涨

1.5%，居住类上涨1.4%，生活用品及服务类上涨0.6%；交通和通信类下降1.2%。工业生产者出厂价格和购进价格分别下降1.1%和3.8%。

4. 固定资产投资

全年固定资产投资2882.48亿元，比上年增长11.6%。其中，国有投资844.83亿元、非国有投资2037.66亿元，分别增长53.7%、0.2%，占固定资产投资比重分别为29.3%、70.7%。非国有投资中，民间投资1959.10亿元，下降0.1%，占固定资产投资比重由上年的76.0%下降至68.0%。

固定资产投资中，第一产业投资30.05亿元，比上年增长39.5%；第二产业投资1300.84亿元，增长3.9%；第三产业投资1551.59元，增长18.5%。

全年施工项目5125个，比上年增长13.3%，其中新开工项目4176个，增长15.9%。

（二）农业和农村建设

全年农林牧渔业总产值320.71亿元，按可比价计算，比上年增长2.3%。农林牧渔业增加值211.77亿元，比上年增长2.2%。其中农业增加值143.77亿元，增长2.3%；林业增加值21.07亿元，增长3.3%；牧业增加值22.68亿元，下降2.6%；渔业增加值22.34亿元，增长5.2%；农林牧渔服务业增加值1.91亿元，增长8.8%。

全市农作物播种面积275.44千公顷，比上年增长2.5%，其中粮食播种面积146.21千公顷，下降1.0%。粮食单产6530公斤/公顷，增长1.5%；粮食总产量95.48万吨，增长0.5%。油料作物播种面积20.33千公顷，增长8.0%；蔬菜播种面积53.38千公顷，增长1.7%；花卉苗木播种面积26.53千公顷，增长37.3%；果用瓜播种面积9.59千公顷，下降0.1%。

年末生猪存栏头数（含未断奶小猪）72.33万头，年内生猪出栏头数166.10万头，分别比上年下降10.4%和2.6%；年末牛存栏6943头，比上年下降6.7%，年内牛出栏13848头，比上年增长30.4%；肉类总产量15.26万吨，下降1.4%。其中猪肉产量12.62万吨，下降2.5%；禽蛋产量36185吨，下降11.1%。水产品总产量10.98万吨，增长3.1%。

新建成粮食生产功能区8.54千公顷。建成粮食高产创建万亩片12个、8.62千公顷，千亩片34个、2.71千公顷，百亩方381个、3.35千公顷。拥有省级以上农业龙头企业46家，市级农业龙头企业198家。新增工商登记注册的家庭农场410家，农民专业合作社185家。加快推进农村土地承包经营权确权登记颁证、土地经营权抵押贷款、农村集体股权质押贷款和政策性农业保险扩面试点等涉农改革工作，1913个行政村开展土地承包经营权确权登记颁证，实际测绘面积90.74千公顷，占应测绘承包地总面积的86.8%。

全年财政对农林水事务投入57.43亿元，比上年增长7.5%。财政资金用于美丽乡村建设11.24亿元，增长5.3%。农村生活污水治理位居全省前列。新治理342个村，受益农户15.97万户，完成年度目标的125.0%。全市1674个规划保留村、64.12万农户实现污水治理；在全省率先开展规划非保留村生活污水治理、2013年以前治理村提标改造工程；全面建立"五位一体"运维体系。建成首批总长322.68千米，涉及37个乡镇、161个村的13条美丽乡村景观带；有9个乡镇、28个村创建成为省级美丽乡村示范乡镇、特色精品村。开展村容村貌美化专项整治，完成问题整改4.37万个，涌现了一批样板镇村，村庄环境面貌明显改善。乡村旅游接待游客1831万人次，营业收入19.50亿元，带动农产品销售6.03亿元，比上年分别增长34.4%、22.8%和19.2%。低收入农户人均可支配收入10611元，增长18.5%。消除经济薄弱村124个，超额完成年度任务。加强新型职业农民和农村实用人才培养，培训农民9.65万人，完成全年目标的120.6%。

（三）工业和建筑业

1. 工业增加值增长

全年全部工业增加值2016.44亿元，比上年增长4.7%。规模以上工业增加值1678.63亿元，增长4.7%。规模以上工业销售产值9710.06亿元,增长2.8%,其中出口交货值1252.86亿元,下降2.7%。

规模以上工业中,高新技术产业增加值481.00亿元、装备制造业增加值501.66亿元、战略性新兴产业增加值551.13亿元,同比分别增长7.2%、8.4%、8.7%,占规模以上工业增加值比重为28.7%、29.9%、32.8%,对规模以上工业增加值增长贡献率达到43.1%、51.9%、58.8%;信息制造业增加值58.37亿元,同比增长12.1%;生命健康制造业增加值91.52亿元,同比增长8.8%。规模以上工业新产品产值率38.1%,同比提高2.4个百分点。

全市规模以上工业企业全年实现利润总额575.49亿元,同比增长8.5%。其中,国有控股企业9.92亿元,增长37.0%;有限责任公司92.46亿元,增长10.6%;股份制企业95.48亿元,增长31.3%;港澳台投资企业60.93亿元,下降0.8%;外商投资企业47.78亿元,增长24.3%;私营企业275.26亿元,增长1.4%。主营业务利润率6.2%,同比提高0.4个百分点。

2. 建筑业

全年建筑业增加值306.20亿元,比上年增长3.1%。建筑业总产值6935.54亿元,增长5.4%;利润总额143.18亿元,下降1.9%;税金总额193.26亿元,增长2.7%。

(四)服务业

1. 国内贸易

全年社会消费品零售总额1783.34亿元,比上年增长11.3%,其中限额以上消费品零售总额821.18亿元,增长11.8%。城镇市场消费品零售额1505.99亿元,增长11.0%;乡村市场消费品零售额277.35亿元,增长12.9%。按限额以上批发零售业商品类别分:汽车类零售额333.65亿元,增长8.0%;石油及制品类零售额99.74亿元,增长7.3%;服装、鞋帽、针纺织品类零售额72.81亿元,增长24.3%;粮油、食品类和饮料类、烟酒类零售额69.43亿元,增长13.3%;金银珠宝类零售额45.52亿元,增长29.5%;家用电器和音像器材类零售额39.33亿元,增长12.2%。

全部批发和零售业销售额10108.69亿元,比上年增长13.5%。全部住宿和餐饮业营业额237.59亿元,比上年增长15.3%。网络零售额318.26亿元,增长35.2%。

年末纳入统计的商品交易市场422个,比上年减少2个,其中,成交额超亿元市场75个,超十亿元市场24个,超百亿元市场7个。全年商品市场成交额3314.89亿元,比上年增长6.1%,其中消费品市场成交额1993.68亿元,增长2.4%;生产资料市场成交额1321.21亿元,增长12.3%。中国轻纺城总成交额1504.14亿元,比上年增长8.8%。其中,中国轻纺城和钱清轻纺原料市场成交额分别为970.01亿元和534.13亿元,增长12.0%和3.5%。

全年新设市场主体7.03万户,其中,企业2.02万户,比上年增长21.7%;个体工商户5.01万户,下降5.3%。"个转企"2041家。年末在册市场主体48万户,增长10.1%,其中企业14万户,增长12.9%;注册资本(金)8557亿元,增长26.2%。

2. 交通运输、邮电

全年货物运输总量12447.47万吨,比上年增长1.4%,其中公路货物运输总量11134.00万吨,增长2.5%;水运货物运输总量1313.47万吨,下降6.5%。货物运输周转量1195386万吨千米,下降0.1%,其中公路货运周转量878421万吨千米,下降0.3%;水运货运周转量316965万吨千米,增长0.3%。旅客运输总量3080.66万人,比上年下降4.7%,其中公路旅客运输总量2957.00万人,下降5.0%;水运旅客运输总量123.66万人,增长2.6%。旅客运输周转量308493万人千米,下降7.9%,其中,公路旅客运输周转量307914万人千米,下降8.0%;水运旅客运输周转量579万人千米,增长15.2%。年末公路通车里程10067千米,增长1.1%。

金甬铁路、杭绍台铁路完成工可批复(项目核准)。萧甬铁路开行通勤列车项目与上海铁路局签订框架协议。杭绍台高速公路西线完成立项批复、工可审查，与杭州市、萧山区签订投资框架协议。绍诸高速富盛至杭甬高速边墩连接线等13个综合交通项目列入全省义甬舟开放大通道建设规划。杭绍城际铁路、杭绍台高速主体、527国道嵊州段、群贤路东延主体、绍三线北延、解放路南延、鄞州至云和公路新昌段、31省道后诸互通、滨海浙能电厂二期码头等21个项目开工建设。杭金衢高速拓宽主体、329国道孙曹公路、市区二环北路拓宽、31省道诸暨王家湖至五泄段、诸暨三环线项目建成通车。绍诸高速诸暨延伸线、104国道柯桥段高架、上虞客运中心等项目有序推进。开行绍兴—洛阳、绍兴—宝鸡列车，结束了绍兴无始发列车的历史。新增公交车216辆、运营里程273千米，新(改)建公交站点135个、农村公路候车亭379个。开通第一条嵊州新昌跨区公交、上虞至镜湖快速公交、诸暨店口至杭州东站城际公交。

年末全市民用车辆拥有量(车管所)129.98万辆，比上年末下降1.7%。其中汽车110.46万辆，增长13.8%。

全年邮电业务收入59.97亿元，比上年增长5.0%。年末电话用户数(含小灵通)127.48万户，下降11.5%；移动电话用户数(通话用户)559.34万户，增长4.1%。固定电话普及率28.68号线/百人，下降11.8%；移动电话普及率125.83部/百人，增长3.8%。互联网用户数(不含手机上网用户)180.92万户，增长10.0%。

3. 旅游业

年末全市有旅行社136家，比上年减少2家。全年旅游总收入890.95亿元，比上年增长16.9%。其中，国内旅游收入871.14亿元，增长16.8%；旅游外汇收入29825.16万美元，增长13.3%。接待游客8370.42万人次，增长15.0%。其中，接待国内游客8287.95万人次，增长15.1%；接待入境游客82.47万人次，增长12.2%。

绍兴市被国家旅游局评定为全国首批10个“中国研学旅游目的地”城市，“三味书屋—鲁迅故里”被评为首批20家全国研学旅游示范基地。

年末全市有A级景区76处。其中5A级、4A级、3A级、2A级景区各为1处、14处、32处、29处。

4. 金融、证券和保险

年末金融机构本外币存款余额7435.32亿元，比上年末增长7.0%；贷款余额6153.24亿元，增长1.7%。

全年全市新增社会融资1128.23亿元，同比多增232.53亿元。其中表内贷款考虑打包、核销和债务置换因素实际增492.24亿元，同比多增83.27亿元；直接融资增588.87亿元，同比多增179.72亿元；其他融资增109.56亿元，同比少增144.07亿元；表外融资－62.45亿元，同比少减113.61亿元。36家小额贷款公司累计发放贷款5494笔，共165.54亿元。

年末全市有上市企业62家，其中当年新增2家。“新三板”挂牌61家，浙江股交中心上柜407家。有18家上市公司开展27次并购活动，并购金额129.49亿元。

全市证券交易金额4.24万亿元，比上年下降41.5%；期货交易金额1.18万亿元，下降62.2%。

年末全市有保险市场主体57家。其中，产险27家，寿险30家。实现保费收入129.20亿元，比上年增长17.8%，总赔付金额41.90亿元，增长12.8%。其中，产险收入54.43亿元，增长5.6%，赔款金额31.69亿元，增长10.7%；寿险收入74.78亿元，增长28.6%，赔款金额10.21亿元，增长19.9%。

5. 房地产业

全年房地产开发投资641.19亿元，比上年增长3.0%。其中，住宅投资431.35亿元，增长0.9%。90平方米以下住宅投资、144平方米以上住宅投资和别墅、高档公寓投资分别下降17.3%、12.5%和33.8%；办公楼投资48.91亿元，增长34.5%；商业营业用房投资107.03亿元，与上年持平。商品房销售面积772.61万平方米，销售额614.19亿元，比上年分别增长14.0%和11.9%。房屋施工面积3607.11万平方米，下降5.6%；房屋竣工面积1146.89万平方米，增长64.6%；年末商品房待售面积718.59万平方米，增长16.9%。

（五）对外经济

1. 对外贸易

全年货物进出口总额1820.90亿元，比上年下降1.8%，其中出口总额1686.23亿元，增长0.2%，进口总额134.67亿元，下降21.4%。从出口国家地区看，全市有进出口国家和地区214个，比上年增加4个。其中出口超6500万元的国家和地区111个，比上年增加4个。在15个主要出口国家和地区中，出口前三位的为美国、印度、阿联酋，分别出口251亿元、74亿元、69亿元；增幅排前三位的分别为韩国、伊朗、泰国，分别增长16.5%、12.0%、11.7%。"一带一路"沿线国家进出口732.84亿元，比上年下降0.9%，其中出口697.05亿元，增长0.8%。从出口商品看，纺织品及服装出口仍为全市主要出口产品，全年出口1067.17亿元，虽同比下降3.7%，但仍占全市出口总额的63.3%。机电产品出口324.81亿元，占出口总额19.3%，比上年增长6.3%；化工及相关产品出口125.92亿元，占出口总额7.5%，比上年增长6.9%；高新技术产品出口41.54亿元，占出口总额2.5%，比上年下降15.0%；从企业类型看，有出口实绩企业8789家（包括三资企业），比上年增加79家。出口超6500万元企业544家。

2. 利用外资

全年新批外资项目277只，比上年增加81只。合同利用外资12.85亿美元，比上年下降18.4%；实际利用外资8.00亿美元，下降15.0%。新批（含增资）总投资1000万美元以上大项目73只，比上年减少1只，主要分布在第三产业的科学研究与技术服务，以及工业的机械、化工、医药等领域。共有30多个国家和地区到绍兴投资，亚洲为全市主要的外资来源地。全市开发区完成合同外资8.31亿美元，比上年下降18.7%，实际利用外资5.83亿美元，下降13.1%，分别占全市总量的64.7%和72.9%。

3. 外经合作

全年新批境外投资企业56家，企业增资14家。境外投资企业总投资额151530万美元，其中，中方投资额99564万美元，下降39.6%。境外工程新签合同额14709万美元，完成营业额24272万美元，比上年增长29.4%。

全年服务进出口150亿元，比上年增长24.8%，其中，出口102亿元，增长31.7%，进口48亿元，增长12.3%。年末有服务外包企业220家，当年新增5家。完成服务外包合同签订额13044万美元，离岸合同额12914万美元，离岸合同额比上年增长13.6%；合同执行额12146万美元，离岸执行额12027万美元，增长20.2%。

二、绍兴市2016年社会发展概况

（一）人口、人民生活

据市统计局1%人口变动抽样调查，年末常住人口498.8万人，比上年末增加2.00万人。

据市公安局人口户籍年报统计，年末总户数161.53万户，与上年末的161.43万户略有增加。户籍人口444.53万人，其中男性221.92万人，女性222.61万人，分别占总人口的49.9%和50.1%；全年出生人数38469人，出生率8.67‰；死亡人数26989人，死亡率6.08‰；人口自然增长率2.59‰，比上年提高2.16个千分点。

据城乡一体化住户调查，全年全市常住居民人均可支配收入41506元，比上年增长8.1%。其中，城镇常住居民人均可支配收入50305元，增长7.6%，农村常住居民人均可支配收入27744元，增长8.2%。

全市居民人均生活消费支出24541元，比上年增长3.2%。其中，城镇常住居民和农村常住居民人

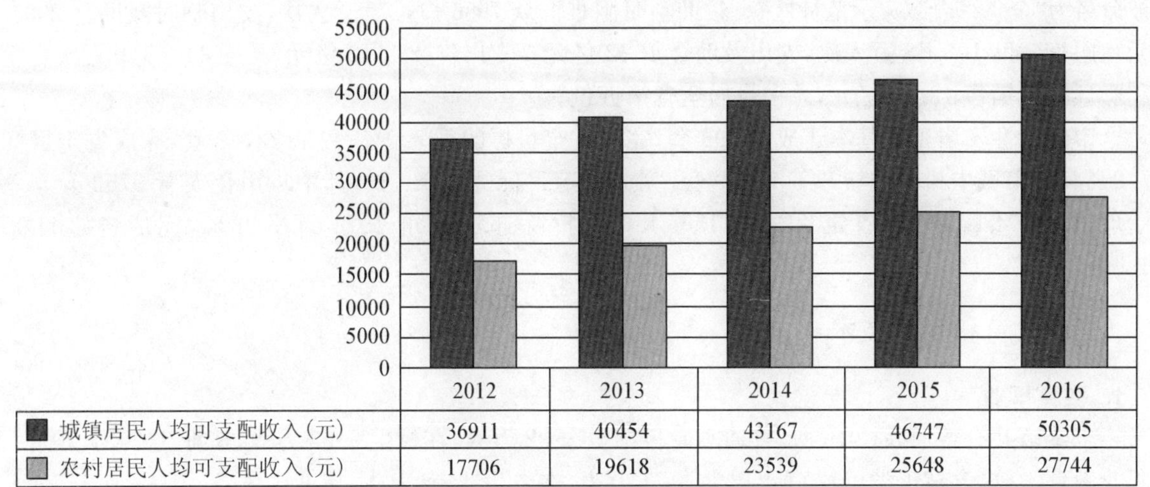

	2012	2013	2014	2015	2016
城镇居民人均可支配收入(元)	36911	40454	43167	46747	50305
农村居民人均可支配收入(元)	17706	19618	23539	25648	27744

图3 2012—2016年绍兴市城乡居民收入对比一览

均生活消费支出分别为28858元和17787元,增长2.5%和3.9%。年末全市常住居民人均住房建筑面积51.1平方米,其中,城镇常住居民人均住房建筑面积44.1平方米,农村常住居民人均住房建筑面积62.1平方米。

年末每百户居民家庭拥有家用汽车47.73辆,比上年末增加6.39辆;拥有计算机78.17台,其中接入互联网的计算机68.44台,分别增加0.75和1.66台;拥有移动电话229.32部,其中接入互联网的移动电话114.27部,分别增加13.24和16.27部;拥有洗衣机92.53台、电冰箱(柜)102.58台、彩色电视机194.71台、空调174.58台、热水器91.43台,分别增加4.14、4.94、11.74、16.24和4.77台。

(二)就业与社会保障

1. 就业

当年新增城镇就业人员12.51万人。城镇失业人员实现再就业4.18万人,就业困难人员实现再就业1.09万人。年末城镇登记失业人员38463人,比上年下降3.7%,城镇登记失业率2.36%,比上年下降0.2个百分点。

2. 社会保障

年末全市城乡基本养老保险和城乡基本医疗保险参保人数分别为319.25和456.02万人,比上年分别下降4.3%和6.5%。城镇失业保险参保人数127.05万人,增长3.6%。

在新一届中国城市公益慈善指数测评中,绍兴市列全国第十四位,浙江省首位。成功争创全国唯一智慧居家养老标准化试点,全面启动全国智慧居家养老标准化示范基地建设工程,建成14个社区(村)智慧居家养老示范基地。发放养老服务补贴4.45万人,发放资金2576.48万元。新增养老机构床位7609张,其中护理型床位4854张,新增社区居家养老服务照料中心826家,实现全市城乡社区居家养老服务照料中心全覆盖。

年末在册低保对象57210人,其中城镇9054人,农村48156人。低保资金(含各类补贴)支出2.57亿元;城乡低保平均标准分别为每人每月687元和665元,分别比上年增长10.1%和22.0%。获得生活补助的城乡低收入家庭持证重度残疾人28082名。开展农村留守儿童关爱保护工作,全市有4185名16周岁以下农村留守儿童。提高孤儿基本生活费标准,机构孤儿基本生活费提高到1610元,社会散居孤儿提高到970元,其他困境儿童随散居孤儿同步调整发放标准。新建避灾安置场所107个,累计建成总数达1454个,用于避灾面积63.36万平方米,可容纳18.79万人,实现乡镇级避灾安置场所100%全覆盖,村级避灾安置点覆盖率50.2%以上。当年有8个社区被命名为"全国综合减灾示范社区",10个社区被命名为“全省综合减灾示范社区”。救助临时困难群众 7956 户，17050 人次，支出临时救助金 2093.99 万元。医疗救助 108.48 万人次，支出救助金 1.22 亿元。支出善款 1.10 亿元，救助 41.43 万人次。全年福利彩票累计销售 13.10 亿元，总销量居全省第五位。

全市保障性安居工程基本建成 21999 套，完成省定目标的 163.0%；竣工 22749 套，完成省定目标的 137.9%。全市城中村改造新开工 18940 套，完成省定目标的 121.4%，其中货币化安置 9752 套。危旧房治理改造 194 幢，完成省定目标的 155.45%。拆除违法建筑 1924 万平方米，完成省定目标的 384.8%。

（三）教育和科学技术

1. 教育事业

年末全市共有普通高校 10 所，普通本专科招生 3.02 万人，在校生 9.03 万人，毕业生 2.31 万人。中等职业教育学校（含技工学校）20 所，招生 1.71 万人，在校生 4.98 万人，毕业生 1.78 万人；其中 14 所中职学校 14 个专业开设“3＋2”职业教育，17 所中职学校 32 个专业开设“五年一贯制”职业教育。普通高中 48 所，招生 3.15 万人，在校生 9.31 万人，毕业生 3.00 万人。初中 138 所，招生 4.71 万人，在校生 13.87 万人，毕业生 4.75 万人；初中毕业生升学率 98.9%。小学 343 所，招生 4.00 万人，在校生 26.41 万人，毕业生 4.96 万人。小学毕业生升学率 100%。幼儿园 633 所，在园幼儿 13.17 万人。全市专任教师 5.16 万人，其中普通高校 0.41 万人，中等职业教育 0.30 万人，普通高中 0.76 万人，初中 1.12 万人，小学 1.57 万人，幼儿园 0.81 万人。

绍兴文理学院共获批 5 项国家社科基金立项项目，名列省内同类高校第一，其国家重点实验室、实验中心建设项目荣获“国家教学成果二等奖”、“国家科技进步二等奖”。越秀外国语学院顺利通过教育部合格本科学校评估。浙江工业大学之江学院连续三年在全国 300 所独立学院中综合实力排名第五。上虞区、柯桥区成功创建教育基本现代化区。全市教育优质均衡示范乡镇创建率 61.3%。

高考文理科第一批上线率 18.7%。清华、北大录取人数 58 人，占全省的 17.1%。中职升学率 42.1%，比上年增长 4.8%。中职学生在全国职业院校技能大赛中取得了 12 金 16 银 4 铜的优异成绩，获得金牌数占全省 29.3%，列全省第一。

省义务教育标准化学校创建率 97%，列全省第二位；新建中小学塑胶跑道 46 条，覆盖率在全省前列；70%的普通高中建成创新实验室，列全省第一；新（改、扩）建幼儿园 50 所，全市 98%以上的儿童在省等级幼儿园上学，列全省第一；市义务教育学校接纳进城务工人员子女入学 9.48 万人，占在校生总数的 23.5%，保障符合条件的外来务工人员子女 100%入学。

2. 科技与创新

全市一般公共预算支出中用于科学技术支出 22.87 亿元，比上年增长 9.0%，高于一般公共预算支出增速 0.8 个百分点。财政科技支出占一般公共预算支出比重 5.0%，与上年基本持平。新昌创建国家高新区，诸暨科技城、嵊州科创中心、新昌南岩科技城等创新平台和“众创空间”等孵化平台加快建设，入选“国家级众创空间”1 家，“省级众创空间”3 家，“省级星创天地”1 家，新增市级科技企业孵化器 2 家。推进省级“创新国家高企培育机制试点”工作，新认定国家高新技术企业 163 家，省级以上专利示范企业 11 家，省级农业科技企业 6 家，省级科技型中小企业 796 家。新增省级重点企业研究院 2 家，省级企业研究院 11 家，省级高新技术企业研发中心 26 家，总量均居全省前列。31 项科技成果获省科学技术奖，居全省前列，其中 2 项成果被评为国家技术发明二等奖。2 项专利获省级专利优秀奖，2 项获中国专利优秀奖。全年全市专利申请量 70942 件，列全省第二；同比增长 57.4%，列全省第一。专利授权 28370 件，列全省第四；发明专利授权 1754 件，同比增长 15.2%。技术交易总额 8.45 亿元，比上年增长 43.6%。

（四）文化、卫生和体育

1. 文化事业

年末有国有艺术表演团体 7 个。艺术表演团体全年演出 903 场次，比上年增加 122 场次，观众 164.74 万人次；广播电台 1 座，电视台 1 座，广播电视台 5 座。广播、电视综合覆盖率均达到 100%；国有剧院 6 个，全年演出 899 场次，比上年增加 6 场次，观众 44.08 万人次；多厅电影院 34 个，电影放映 31.64 万场次（不包含农村电影 2.62 万场），比上年增长 24.9%。群艺馆、文化馆（站）125 个，公共图书馆 7 个，公共图书馆总藏量 417.43 万册，比上年增长 9.3%。组织送书下乡 13 万余册、送戏下乡 1300 多场，送电影下乡 2.62 万场。“电视图书馆”绍兴模式通过文化部验收，正式成为第二批国家公共文化服务体系示范项目。

全市 5 个专业院团新创作（或重大改编）的 5 台戏剧大戏全部入围浙江省第十三届戏剧节。越剧《青藤狂歌—徐渭》等 2 个项目入选 2016 年国家艺术基金资助项目。成功举办第十四届江浙沪闽经典越剧大展演、纪念越剧诞辰 110 周年、首届全球越剧戏迷嘉年华活动、浙江省首届雕塑大展、2016 年首届绍兴市文化旅游创意产品设计大赛等重大文化活动。

开展各类非遗申报，完成绍剧、目连戏、水乡社戏三个国家级非遗资金申报。11 个项目入选第五批省级非遗名录。全市共有 297 位市级非物质文化遗产代表性传承人，其中当年命名有 66 位。越城区、嵊州黄泽镇前良村成功入选浙江省传统戏剧之乡。

2. 卫生事业

年末有卫生机构 2531 个（含村卫生室 975 个），比上年末增加 11 个。其中医院 70 个，增加 4 个；卫生院及分院（社区卫生服务中心、站）883 个，减少 16 个。卫生机构床位数 25459 张，其中医院床位 19876 张，分别增长 8.9%、3.1%。医生数 14171 人，注册护士数 13872 人，分别增长 9.8%、10.6%。每万人拥有医疗床位 57.27 张，比上年增加 4.49 张；每万人拥有医生 31.88 人，比上年增加 2.74 人。

启动绍兴市政府与浙江大学第二轮医学合作，合作学科增加到 20 个。运行“健康绍兴 APP”升级版。推进基层卫生综合改革，新昌县开展卫生重点县建设，嵊州市开展基层补偿机制改革试点。23 个政府性投资项目有序推进，嵊州市人民医院投入运行，PET/CT 落户绍兴。实施“4 个 100”健康促进工程，组织义诊咨询和健康宣教进基层活动 4486 场，9 家卫生院开展医养结合试点。落实计划生育国策，平稳实施全面两孩政策，全年再生育审批 1181 例。规范化的电子健康档案建档率 90.6%，60 岁以上老年人健康体检率 72.5%，65 岁以上老年人健康管理率 71.6%。妇幼重大公共卫生服务项目完成率 100%。有效处置 H7N9 病例和境外输入登革热病例。

3. 体育事业

开展万人登山周、绍兴版各类马拉松、“全民健身日”活动，全市全年举办的各级各类全民健身活动超过 1000 场。举办了国际皮划艇马拉松经典系列赛，来自 14 个国家和国内 15 个省市 319 名运动员参赛。酷玩小镇、e 游小镇列入省第二批体育小镇培育名单之一。当年绍兴运动员共获得国际比赛金牌 1 枚、银牌 2 枚、铜牌 3 枚，获得洲际比赛金牌 4 枚，全国比赛金牌 45 枚、银牌 18 枚、铜牌 22 枚；省锦标赛金牌 92 枚、银牌 134 枚、铜牌 138 枚。

全市体育部门所属的公共体育场地和乡镇（街道）及村的多功能体育场地全部免费或低价向社会开放，符合条件的 527 所学校向市民开放。市奥体中心在游泳、羽毛球、乒乓球、篮球四大项目对外开放的基础上，新增击剑培训项目，填补了绍兴击剑竞技运动的空白，提高大型场馆综合利用效能。

全年全市体育彩票销售 8.59 亿元，比上年增长 31.9%。

（五）资源和环境保护

全市有气象雷达观测站点 3 个，卫星云图接收站点 5 个，区域自动气象观测站 217 个。

全年平均年降水量 1668.5 毫米(折合降水总量 137.77 亿立方米)。总水资源量 80.03 亿立方米,比多年平均 63.78 亿立方米多 25.5%;人均水资源量 1604.47 立方米。

年末实有耕地面积 199.02 千公顷,比上年末下降 0.2%。其中水田 137.76 千公顷,与上年末基本持平;旱地 61.26 千公顷,下降 0.6%。

全年完成造林更新 2.73 万亩,其中平原绿化 2.1 万亩。新建省级森林城镇 3 个、森林村庄 18 个,市级森林城镇 9 个、森林村庄 52 个。建成森林廊道 224.2 千米。新种植珍贵树 152.64 万株,建成珍贵树种示范林 18 片、示范点 17 个、示范单位 18 个。森林覆盖率 54.03%。

全年完成水利建设投资 65.61 亿元,比上年增长 17.9%。18 座病险水库,108 座山塘,53.3 千米堤防除险加固;新增改善灌溉面积 4.06 万亩,改善农村居民饮水 8.61 万人;新建污水管网 246.8 千米,河湖库塘累计清污(淤)量 1951 万方,河道综合整治 254.4 千米;新增高效节水灌溉面积 2.44 万亩。

全市日空气质量 AQI 优良天数比例 80.3%,比上年提高 0.8 个百分点。国控三站点 AQI 优良天数比例为 79.0%,提高 5.1 个百分点,提高幅度高于全省平均 0.2 个百分点;PM2.5 均值浓度 47 微克/立方米,下降 16.1%,下降幅度大于全省平均 3.3 个百分点。空气质量综合指数 4.80,下降 15.2%,下降幅度列全省第一。

24 个省控以上地表水监测断面中,Ⅰ—Ⅲ类水质比例为 91.7%。70 个市控及以上地表水断面中,Ⅰ—Ⅲ类的断面数占监测断面总数的 78.6%。满足功能要求的断面数 57 个,比上年增加 15 个,达标率 81.4%,比上年提高 21.4 个百分点。县级以上集中式饮用水水源地水质达标率继续保持 100%,比全省平均 91.1%高 8.9 个百分点。

诸暨市创建国家级生态县通过环保部验收,新昌县国家级生态县获得环保部正式命名。柯桥区通过省级生态区验收。上虞区被省美丽办明确为省级生态文明示范县候选城市。

初步测算,预计全年万元生产总值能耗下降 4.4%。规模以上工业万元增加值能耗同比下降6.5%,规模以上八大高耗能行业万元增加值能耗同比下降 5.4%。

(六) 社会安全

全年发生各类生产经营性事故 310 起,比上年下降 44.0%,死亡 243 人,下降 24.5%。其中,工矿工贸企业事故 39 起,下降 44.3%,死亡 39 人,下降 50.0%;生产经营性道路交通事故 269 起,下降43.7%,死亡 202 人,下降 15.8%。未发生较大生产经营性事故。

三、绍兴市在泛长三角地区经济发展中的地位

2016 年在中共绍兴市委的坚强领导下,认真贯彻中央和省委省政府各项决策部署,坚持以生态文明建设为统领,以科学发展、执政为民为己任,积极进取、奋发有为,较好地完成了市七届人大一次会议确定的目标任务,各项事业取得新进展。

(一) 地区生产总值

2012—2016 年绍兴市地区生产总值在泛长三角地区所占比重分别为 2.85%、2.84%、2.80%、2.75% 和 2.68%,五年时间减少了 0.17 个百分点,2016 年较上年下跌了 0.07 个百分点。2016 年绍兴市地区生产总值在泛长三角地区 41 个市排名第 12 位。

2016 年全市实现生产总值 4710 亿元,年均增长 7.7%。全市人均 GDP(按常住人口计算)达到 94620 元,按 2016 年美元对人民币的平均汇率 6.6423 计算,达到 14245 美元。全市人均 GDP(按户籍人口计算)达到 106129 元(15978 美元)。

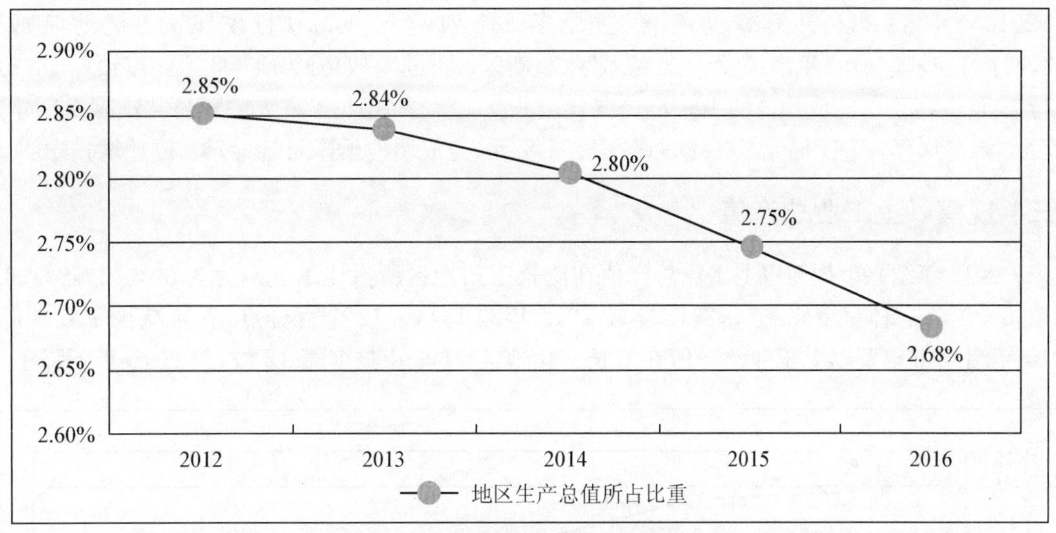

图4 2012—2016年绍兴市地区生产总值在泛长三角地区（苏浙两省24个地级市、安徽省16个地级市和上海市，下同）所占比重的变化趋势

（二）地方财政一般预算收入

2012—2016年绍兴市地方财政一般预算收入在泛长三角地区所占比重分别为1.92%、1.92%、1.86%、1.86%和1.84%，2016年较上年减少了0.02个百分点，较2012年减少了0.08个百分点。2016年绍兴市地方财政一般预算收入在泛长三角地区41个市排名第13位。

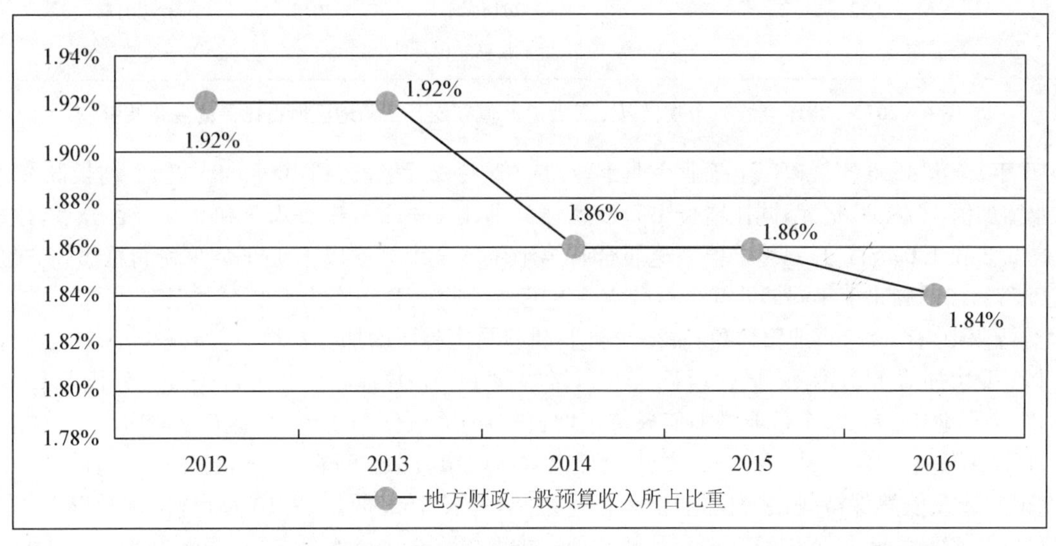

图5 2012—2016年绍兴市地方财政一般预算收入在泛长三角地区所占比重的变化趋势

2016年，一年来，面对严峻复杂的经济形势，全市上下认真贯彻"四个全面"战略部署和省委"八八战略"，以"五大发展理念"为引领，深入实施市委决策部署，根据市七届人大七次会议有关决议精神，依法组织收入，优化支出结构，深化管理改革，全市财政预算运行和执行情况良好，实现了"十三五"良好开局。

2016年全市一般公共预算收入年度汇总预算388.96亿元，实际执行数390.30亿元，完成预算的100.3%，增长7.3%。2016年全市一般公共预算支出年度汇总预算450.98亿元，实际执行数456.10亿元，完成预算的101.1%，增长8.2%。2016年市区（包括市级、越城区〈高新区〉、柯桥区、上虞区，下同）一般公共预算收入年度汇总预算250.74亿元，实际执行数255.56亿元，完成预算的101.9%，增长

8.9%。2016 年市区一般公共预算支出年度汇总预算 261.71 亿元，实际执行数 265.81 亿元，完成预算的 101.6%，增长 1.9%。2016 年市级（不包括越城区〈高新区〉，下同）一般公共预算收入年度预算 53.30 亿元，实际执行数 56.94 亿元，完成预算的 106.8%，同比增长 11.2%。2016 年市级一般公共预算支出年初预算 72.20 亿元，调整预算 76.61 亿元，实际执行数 78.71 亿元，完成调整预算的 102.7%，同比增长 10.1%。

（三）规模以上工业总产值

2012—2016 年绍兴市规模以上工业总产值在泛长三角地区所占比重分别为 3.60%、3.58%、3.51%、3.42% 和 3.30%，总体呈下降态势，2016 年较 2015 年减少了 0.12 个百分点，五年减少了 0.30 个百分点。2016 年绍兴市规模以上工业总产值在泛长三角地区 41 个市排名第 12 位，较 2015 年下降了一位。

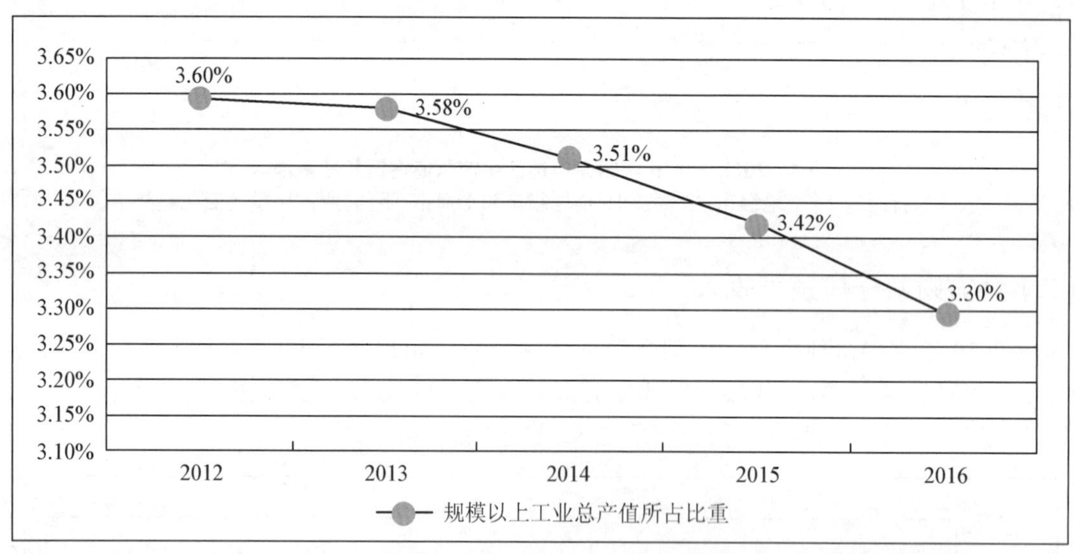

图 6　2012—2016 年绍兴市规模以上工业总产值在泛长三角地区所占比重的变化趋势

2016 年，全市 4293 家规模以上工业企业工业总产值突破万亿，达到 10035.96 亿元，增长 3.2%；规模以上工业增加值 1678.63 亿元，同比增长 4.7%，增速分别比 1—11 月提高 1.5 和 0.6 个百分点，比前三季度则提高 2.2 和 1.0 个百分点，增加值增速居全省第十位。全市规模以上工业企业利润总额 575 亿元，同比增长 8.5%，增速高于上年同期 6.5 个百分点。主营业务收入利润率为 6.2%，同比提高 0.4 个百分点。36 个大类行业中，有 32 个行业整体盈利，20 个行业利润同比有所增加（或亏损有所减少）。1—11 月，全市规模以上工业增加值 1491 亿元，同比增长 4.1%，增幅比 1—10 月提高 0.2 个百分点。分行业看，规模以上工业 37 个行业中，有 25 个行业增加值保持正增长，21 个行业高于规模以上工业平均增幅。在增加值前十大行业中，占增加值总量 23.8%的纺织业降幅有所收窄，同比下降 0.8%，比 1—10 月收窄 0.4 个百分点，汽车制造业依然保持较快增长，居十大行业之首，增长 15.9%。1—10 月，全市规模以上工业企业实现利润总额 428 亿元，同比增长 7.6%，增幅比前三季度提高 3.4 个百分点，亏损面由前三季度的 15.4% 下降到 14.9%。

（四）进出口总额

2012—2016 年绍兴市进出口总额在泛长三角地区所占比重分别为 2.40%、2.43%、2.42%、2.15% 和2.08%。2016 年，较上年减少了 0.07 个百分点，较 2012 年减少了 0.35 个百分比。2016 年绍兴市进出口总额在泛长三角地区 41 个市排名第 10 位。

全年货物进出口总额 1820.90 亿元，比上年下降 1.8%，其中出口总额 1686.23 亿元，增长 0.2%，进口总额 134.67 亿元，下降 21.4%。从出口国家地区看，全市有进出口国家和地区 214 个，比上年增加 4

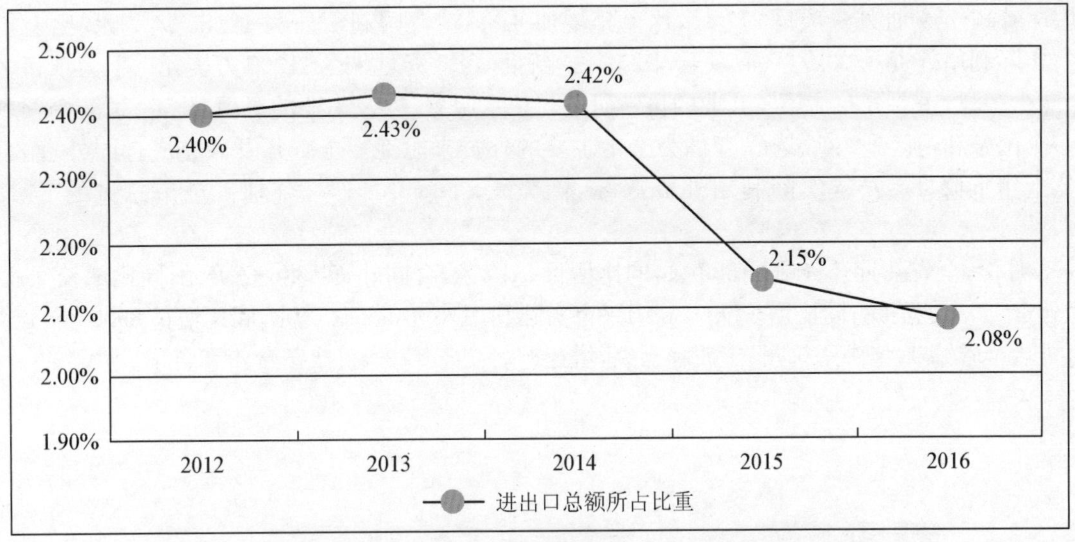

图 7　2012—2016 年绍兴市进出口总额在泛长三角地区所占比重的变化趋势

个。其中出口超 6500 万元的国家和地区 111 个，比上年增加 4 个。在 15 个主要出口国家和地区中，出口前三位的为美国、印度、阿联酋，分别出口 251 亿元、74 亿元、69 亿元；增幅排前三位的分别为韩国、伊朗、泰国，分别增长 16.5%、12.0%、11.7%。“一带一路”沿线国家进出口 732.84 亿元，比上年下降 0.9%，其中出口 697.05 亿元，增长 0.8%。从出口商品看，纺织品及服装出口仍为全市主要出口产品，全年出口 1067.17 亿元，虽同比下降 3.7%，但仍占全市出口总额的 63.3%。机电产品出口 324.81 亿元，占出口总额 19.3%，比上年增长 6.3%；化工及相关产品出口 125.92 亿元，占出口总额 7.5%，比上年增长 6.9%；高新技术产品出口 41.54 亿元，占出口总额 2.5%，比上年下降 15.0%；从企业类型看，有出口实绩企业 8789 家（包括三资企业），比上年增加 79 家。出口超 6500 万元企业 544 家。

（五）实际外商直接投资金额

2012—2016 年绍兴市实际外商直接投资金额在泛长三角地区所占比重分别为 1.31%、1.08%、0.90%、1.28%和 1.04%，2016 年较上年下降了 0.24 个百分点，五年时间所占比例减少了 0.27 个百分点。2016 年绍兴市实际外商直接投资金额在泛长三角地区 41 个市排名第 22 位，较 2015 年下滑了两位。

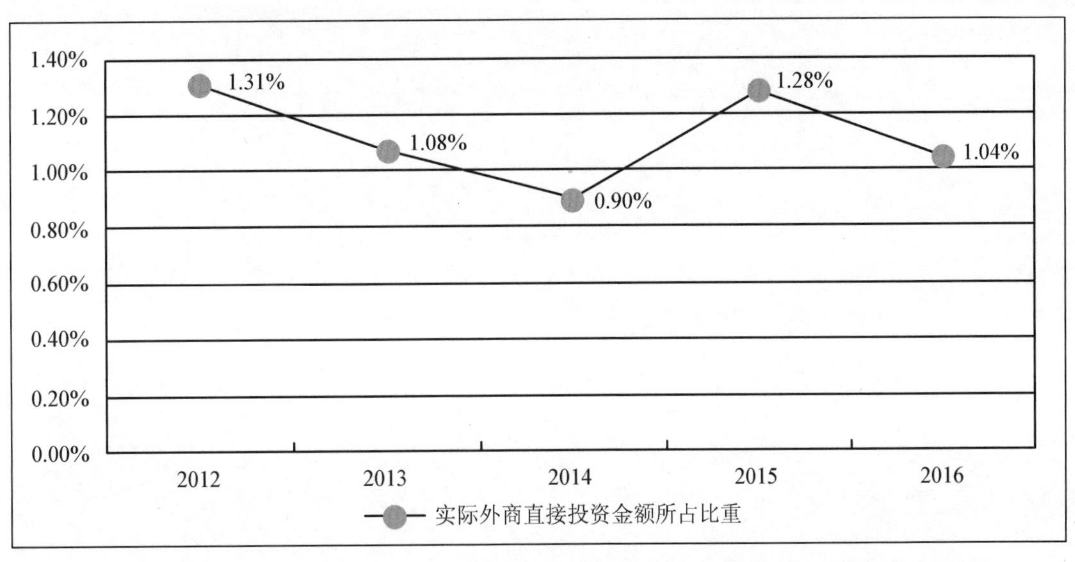

图 8　2012—2016 年绍兴市实际外商直接投资金额在泛长三角地区所占比重的变化趋势

2016年，全年新批外资项目277只，比上年增加81只。合同利用外资12.85亿美元，比上年下降18.4%；实际利用外资8.00亿美元，下降15.0%。新批(含增资)总投资1000万美元以上大项目73只，比上年减少1只，主要分布在第三产业的科学研究与技术服务，以及工业的机械、化工、医药等领域。共有30多个国家和地区到绍兴投资，亚洲为全市主要的外资来源地。全市开发区完成合同外资8.31亿美元，比上年下降18.7%，实际利用外资5.83亿美元，下降13.1%，分别占全市总量的64.7%和72.9%。

1—3月份，全省新批外资项目586只，同比增长51.8%，合同外资53.6亿美元，同比增长9.6%，实际利用外资47.0亿美元，同比增长9.9%.绍兴市实际利用外资3.2亿美元，同比增长89.9%，实到外资绝对值排名全省第4，仅次于杭州、宁波和嘉兴，增速排名全省第3，仅次于台州和金华。

八　金华市 2016 年经济社会发展报告

2016 年,面对复杂多变的宏观经济形势,市委、市政府带领全市上下全面贯彻落实中央、省委省政府的各项决策部署,围绕五大发展理念,积极推进供给侧改革,努力抓好"三去一降一补"等重点任务,凝心聚力,攻坚克难,坚定不移打好转型升级系列组合拳。全市经济稳中有进、进中提质,"十三五"实现良好开局。

一、金华市 2016 年经济发展概况

(一) 综合经济

1. 经济总量

2016 年全市实现生产总值(GDP)3684.94 亿元,按可比价计算,比上年增长 7.5%。其中:第一产业增加值为 148.32 亿元,增长 1.9%;第二产业增加值为 1643.43 亿元,增长 4.9%;第三产业增加值为 1893.19 亿元,增长 10.3%。全市人均生产总值达到 75742 元(按 2016 年年均汇率折算为 11403 美元),增长 6.7%。第一、二、三产业增加值占地区生产总值的比重由上年的 4.1∶45.6∶50.3 变化为 4.1∶43.6∶52.3,三产比重比上年提高 2.0 个百分点。

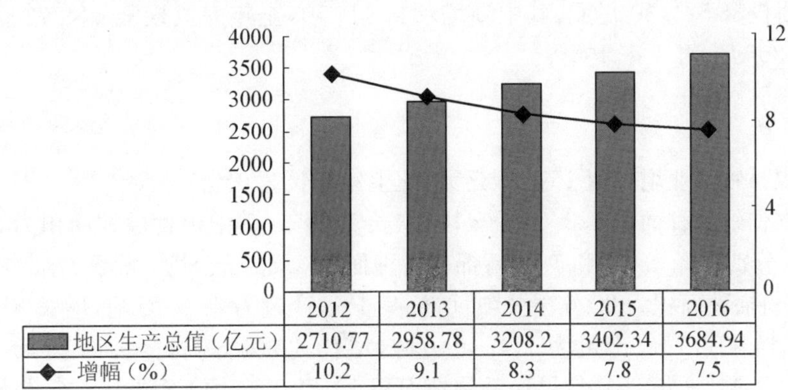

	2012	2013	2014	2015	2016
地区生产总值(亿元)	2710.77	2958.78	3208.2	3402.34	3684.94
增幅(%)	10.2	9.1	8.3	7.8	7.5

图 1　2012—2016 年金华市地区生产总值及增长速度

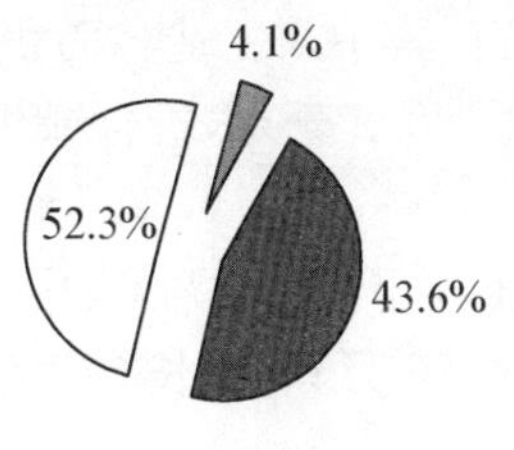

第一产业　第二产业　第三产业

图 2　2016 年金华市三次产业结构图

2. 财政收支

2016 年全市完成财政总收入 555.2 亿元,比上年增长 7.3%,其中:上划中央财政收入 217.0 亿元,增长 4.8%;一般公共预算收入 338.1 亿元,增长 9.0%。全市一般公共预算支出 542.4 亿元,增长 16.7%。财政更加关注民生,一般公共预算支出的 73.5%用于保障和改善民生。其中住房保障支出、节能环保支出、城乡社区事务支出、文化体育与传媒支出、医疗卫生和计划生育支出、教育支出、科学技术

支出同比分别增长7%、38.5%、82.4%、6.1%、11.7%、8.2%、13.2%。

3. 物价水平

市区居民消费价格总水平比上年同期上涨1.5%,涨幅较上年扩大0.3个百分点。所调查的八大类消费品及服务项目价格"七涨一跌",食品烟酒价格上涨2.7%;衣着价格上涨2.6%;居住价格上涨1.7%;生活用品及服务价格上涨0.5%;教育文化和娱乐价格上涨1.8%;医疗保健价格上涨1.4%;其他用品和服务价格上涨3.8%;交通和通信价格下跌2.5%。商品零售价格指数下跌0.2%。全市工业生产者出厂价格下跌2.0%,工业生产者购进价格下跌2.8%,购销价格为顺差0.8个百分点。

4. 固定资产投资

2016年全市完成固定资产投资2084.01亿元,比上年增长13.5%。其中,房地产开发投资408.85亿元,增长16.7%;投资项目(单位)投资1675.16亿元,增长12.7%。国有投资快速增长,全年实现国有投资736.06亿元,增长43.5%,占固定资产投资的35.3%。

投资结构进一步优化。在固定资产投资中:第一产业完成投资15.05亿元,增长41.4%。第二产业完成投资749.95亿元,下降1.4%;其中工业投资749.57亿元,增长1.2%。第三产业完成投资1319.02亿元,增长23.8%。第二、第三产业投资比重分别下降和上升5.4和5.3个百分点,三次产业投资结构调整为0.7∶36.0∶63.3。

全市省重点建设项目176项,年计划投资254.60亿元,其中新增省重点项目41项,全年完成投资339.04亿元,为年度计划133.2%,开工率为100%,竣工投产项目39项。列入市重点建设实施类项目共计306项,年计划投资511.30亿元,其中新增项目111项,全年完成投资644.72亿元,为年度计划126.1%,开工项目306项,开工率100%。

(二)农业建设

2016年,全市农林牧渔业增加值151.95亿元,比上年增长2.0%。

2016年,全市农作物播种面积223.56千公顷,增长1.3%。其中粮食播种面积为99.36千公顷,总产量为60.44万吨,分别下降0.9%和1.9%;棉花播种面积3.53千公顷,下降21.3%,产量为0.57万吨,下降19.8%;油料播种面积为22.6千公顷,增长7.4%,产量为4.34万吨,增长6.5%;蔬菜播种面积为49.87千公顷,增长2.7%,产量为114.49万吨,增长3.3%;药材播种面积10.16千公顷,增长9.4%,产量为3.34万吨,增长8.1%;果用瓜种植面积10.72千公顷,下降1.6%,产量为24.23万吨,下降3.9%;花卉苗木种植面积17.6千公顷,增长7.4%。

全市共完成造林更新面积2.97万亩,其中人工造林面积0.81万亩;迹地更新面积2.15万亩,完成平原绿化2.11万亩;完成森林通道建设488.2千米,折合绿化面积0.32万亩,完成通道沿线林相改造面积2.07万亩。

全市肉类总产量为18.27万吨,比上年下降4.6%,其中猪肉15.38万吨,下降5.9%;全年生猪出栏207.72万头,下降7.4%;家禽出栏1666.76万只,增长0.5%;全年牛奶产量5.83万吨,下降6.9%。水产品产量7.95万吨,增长2.3%。

全年化肥施用量(折纯)10.05万吨,下降8.0%;农村用电量54.52亿千瓦时,增长6.7%。

(三)工业和建筑业

1. 工业增加值

2016年全市完成工业增加值1366.11亿元,比上年增长5.1%,工业增加值占GDP的比重为37.6%。全市实现规模以上工业总产值5054.57亿元,销售产值4766.37亿元,分别增长3.4%和3.6%。规模以上工业企业完成出口交货值1061.30亿元,下降0.5%,占销售产值的比重为22.3%。

全市规模以上工业企业科技活动经费支出55.38亿元,增长22.9%。新产品生产增长较快,规模以上工业企业完成新产品产值 1711.81 亿元，增长 9.8%，新产品产值率达到 33.9%，提高 1.2 个百分点。

全年规模以上工业企业实现利税 378.29 亿元，增长 7.0%；其中利润 225.67 亿元，增长 7.2%。金属制品，纺织，医药制造，电气机械和器材制造，纺织服装、服饰，汽车制造等六大行业实现利润占全市规模以上工业利润总额的 49.4%。

2. 建筑业

全市建筑业总产值达 3263.44 亿元，增长 3.2%；建筑施工面积 39918.88 万平方米，完成房屋竣工面积 11623.80 万平方米。省外市场发展良好，2016 年建筑业企业在省外完成产值 2074.02 亿元，占全省省外完成产值的 16.1%，占全市建筑业总产值的 63.6%。

（四）服务业

1. 国内贸易

2016 年，全市社会消费品零售总额 1977.87 亿元，比上年增长 11.2%。按经营地分，城镇消费品零售额 1715.42 亿元，增长 11.0%；乡村消费品零售额 262.45 亿元，增长 12.5%。按消费类型分，商品零售额 1813.48 亿元，增长 11.3%；餐饮收入额 164.39 亿元，增长 10.1%。

在限额以上批发零售业零售额中，汽车、石油及制品、服装鞋帽、中西药品和食品饮料烟酒是五大主要消费品，占限额以上批发零售业零售额的 84.0%，其中汽车类零售额比上年增长 12.8%，石油及制品类下降 3.0%，服装、鞋帽、针纺织品类增长 27.0%，中西药品类下降 1.5%，食品饮料烟酒类增长 3.9%。

全年实现网络零售额 1833.90 亿元，同比增长 36.5%，占全省网络零售额的 17.8%，网络零售额居全省第二。其中居民网络消费额 527.60 亿元，同比增长 33.6%，实现顺差 1306.30 亿元。跨境网络零售出口 187.20 亿元，占全省跨境网络零售出口的 58.6%，位列全省第一。金华“跨境通”单日通关量最高突破 10 万票。义乌市、永康市和浦江县被确定为省产业集群跨境电子商务发展试点县（市）。金华市被评为浙江省跨境电子商务公共海外仓优秀试点地区。

全市共有各类市场 361 个，市场总成交额为 2897.20 亿元，增长 6.3%。其中年成交额超亿元的市场有 90 个，总成交额为 2825.64 亿元，增长 10.2%；实体市场 354 个，年成交额为 2657.80 亿元，增长了 8.5%；7 家网上市场成交 239.40 亿，下降 12.3%。

2. 交通运输、邮电

2016 年全市交通建设有效投资完成 220 亿元，占年度计划 200 亿元的 110%。其中：铁路投资10.33 亿元；公路完成投资 137.28 亿元，水运完成投资 11.62 亿元，客货运物流场站完成投资 60.77 亿元，均创历史新高。全市境内公路总里程达到 12574.44 千米。年内公路旅客周转量 45.2 亿人千米，货物周转量 67.2 亿吨千米。

邮电业务收入 93.28 亿元，比上年增长 7.9%。其中，邮政业务收入 16.14 亿元，比上年增长 27.5%；电信业务收入 77.14 亿元，增长 4.6%。年末城乡固定电话用户 98.57 万户，比上年末下降 11.3%。其中住宅电话 47.47 万户，下降 20.3%；公用电话 12.68 万户，下降 11.8%。年末移动电话用户达 946.13 万户，增长 2.7%；其中 4G 移动电话用户 514.92 万户，增长 44.4%。电话普及率 217.68 部/百人，其中：移动电话普及率 197.14 部/百人，固定电话普及率 20.54 部/百人。互联网宽带接入用户达 206.61 万户，比上年末增长 5.5%。全市快递服务企业快递累计完成业务量 16.90 亿件，同比增长 74.0%，居全省首位；全市快递服务企业完成快递投递量 5.74 亿件，同比增长 68.1%。

3. 旅游业

全市共接待游客 8745.11 万人次，同比增长 23.4%，实现旅游收入 957.52 亿元，同比增长 26.6%，其中接待国内旅游者 8632.37 万人次，同比增长 23.5%，实现国内旅游收入 914.48 亿元，同比增长 26.9%；接待入境旅游者 112.74 万人次，同比增长 15.2%，实现旅游外汇收入 64802.07 万美元，同比增长 11.7%。

4. 金融和保险

2016年末，全市金融机构本外币各项存款余额7618.92亿元，增长10.6%。其中住户存款余额3981.01亿元，增长12.6%；非金融机构企业存款1847.54亿元，下降4.4%；广义政府存款1275.53亿元，增长21.2%。金融机构本外币各项贷款余额6183.88亿元，增长0.9%。其中住户贷款2312.12亿元，增长8.0%；非金融企业及机关团体贷款3871亿元，下降2.9%。

全市保险机构全年保费收入192.96亿元，比上年增长21.1%。其中财产险保费收入73.91亿元，人身险保费收入119.04亿元，分别比上年增长5.7%和38.3%。全年支付各类赔偿及给付60.2亿元，比上年增长16.3%。其中财产险赔款39.63亿元，比上年增长10.5%；人身险赔款及给付20.39亿元，同比增长29.7%。

5. 房地产业

全市房地产开发房屋施工面积为2586.42万平方米，比上年下降0.4%。当年新开工面积456.47万平方米，增长28.4%；竣工面积271.38万平方米，下降4.4%。全市商品房销售面积为425.71万平方米，增长20.8%；其中住宅销售面积377.38万平方米，增长16.0%。

（五）对外经济

1. 对外贸易

2016年全市完成进出口总额3246.7亿元（含一达通，下同），同比增长5.6%，其中，出口总额3171.3亿元，同比增长6.1%；进口总额75.4亿元，同比下降12.3%。出口有效主体增加，全年新增备案企业2660家。全年有进出口实绩企业6873家，比上年净增292家。全市与221个国家和地区建立了贸易关系，其中出口超10亿元的国家和地区69个。

2. 外资状况

全市新批外商投资企业400家；合同利用外资6.3亿美元，同比增长80.4%；实际利用外资3.5亿美元，同比增长28.2%。二产实际利用外资金额6777万美元，占全市实际利用外资总额的19.3%；三产实际利用外资金额28397万美元，同比增长94.2%，占全市实际利用外资总额的80.7%。全市省级及以上开发区实际利用外资20954万美元，占全市总数的59.6%，同比增长19.6%。

3. 对外合作

全市新批核准境外投资项目42个，境外投资总额8.6亿美元，其中中方投资8.3亿美元。全市完成对外承包工程劳务合作营业额4亿美元。全年设立境外营销网络（贸易公司、办事处等）22家，涉及汽摩配件、五金产品、车业、纺织、五金机械、箱包等行业企业。以并购形式实现的境外投资项目共有6个，比上年同期增加3个，并购交易额2.7亿美元，同比增长8.2倍。

二、金华市2016年社会发展概况

（一）人口、人民生活

2016年全市出生人口57687人，出生率12.87‰；死亡人口30701人，死亡率8.43‰；人口自然增长率4.44‰。年末总人口481.15万人，其中市区96.85万人；城镇人口196.07万人，其中市区37.08万人。平均每户家庭人口2.58人。

2016年，金华市全体居民人均可支配收入37159元，同比增长8.1%。分城乡看，城镇常住居民人均可支配收入为46554元，增长7.8%；农村常住居民人均可支配收入为21896元，增长7.9%。全体居民从收入来源看，人均工资性收入20906元，增长8.8%；人均经营净收入6656元，增长3.3%；人均财产净收入4924元，增长9.1%；人均转移净收入4674元，增长11.1%。全体居民人均生活消费24961元，增长10.1%，其中城镇常住居民人均生活消费支出30311元，增长9.4%；农村常住居民人均生活消费支

出 16269 元，增长 11.2%。

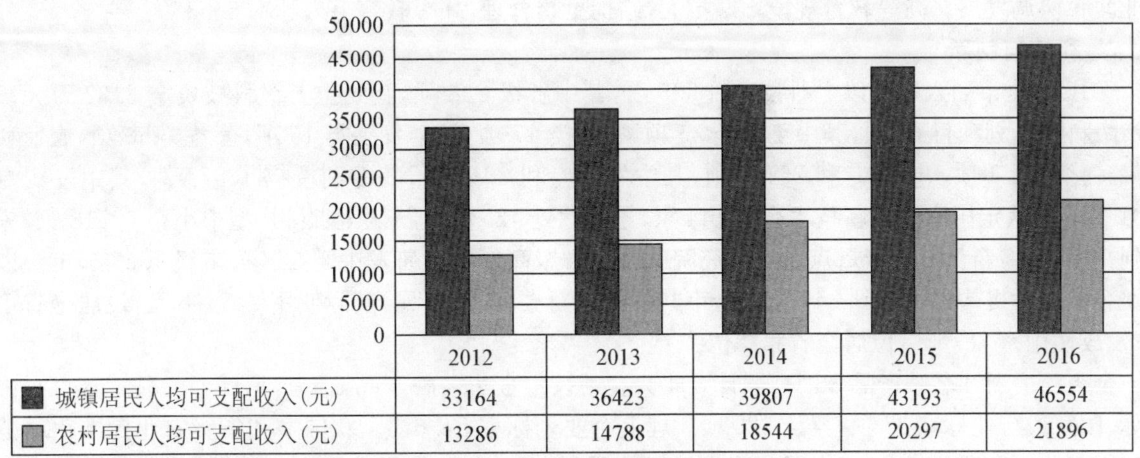

	2012	2013	2014	2015	2016
城镇居民人均可支配收入(元)	33164	36423	39807	43193	46554
农村居民人均可支配收入(元)	13286	14788	18544	20297	21896

图 3　2012—2016 年金华市城乡居民收入对比一览

(二) 就业与社会保障

1. 就业

2016 年，全市城镇新增就业 77909 人，失业人员实现再就业 28717 人，年末城镇登记失业率 2.77%，低于 4.00%的控制目标。

2. 社会保障

2016 年全市拥有各类社会福利单位 185 个，社会福利床位数 36911 张，收养各类人员 15755 人。农村五保对象集中供养率为 100%。全市共有低保对象 7.19 万人，发放最低生活保障金 2.1 亿元；筹集医疗救助资金 8983 万元，救助医疗困难群众 8.5 万人次；发放救灾款 1156 万元，救济灾民 4.2 万人次，改扩新建避灾场所 266 个。社区服务功能日趋完善，建立乡镇(街道)社区服务中心 152 个、城市社区服务中心(站)303 个、村级社区服务中心(站)3954 个、捐赠接收站(慈善超市)95 个。全市共有社会组织 4680 家，其中社会团体 2040 家，民办非企业单位 2640 家。全市共有抚恤优待对象 37674 人，发放抚恤金 18662 万元、义务优待金 8319 万元、困难补助经费 719 万元，退役义务士兵自主就业率达到 100%，发放自主就业一次性经济补助金 3889 万元。

年末全市城镇职工养老保险参保人数 184.69 万人，职工基本医疗保险参保人数 143.81 万人，失业保险参保人数 80.52 万人，工伤保险参保人数 135.79 万人，生育保险参保人数 78.23 万人；城乡居民养老保险参保人数 137.49 万人，城乡居民医疗保险参保人数 341.28 万人，被征地农民基本生活保障参保人数 26.51 万人。

(三) 教育和科学技术

1. 教育事业

2016 年，金华市共有各级各类全日制学校 666 所(不含技工学校，下同)，在校生 79.58 万人，教职工 8.21 万人。其中小学 393 所，在校学生 41.24 万人；初中 173 所，在校学生 16.27 万人；普通高中 68 所，在校学生 8.48 万人；中等职业学校 24 所，在校生 5.04 万人；特殊教育学校 8 所，在校学生 922 人；全日制高校 7 所，在校生 8.06 万人；成人高校 2 所，在校生 4077 人；全日制在校研究生 4120 人；博士生 38 人。全市幼儿园 1478 所，在园幼儿 25.18 万人，学前三年幼儿入园率 99.3%；省等级幼儿园 1301 所，省等级幼儿园招生覆盖面 93.9%；全市 112 个乡镇都建有中心幼儿园，乡镇中心幼儿园建园率 100%。十五年教育普及率 99.6%。小学入学率、巩固率 100%；初中入学率、巩固率 100%；初中毕业生升入高中段学校比例98.6%，初中毕业生升入普通高中与中等职业学校的比例为1∶0.85，普通高中教育与中等职业教育协调发展。高等教育规模不断扩大，结构更趋合理，高等教育毛入学率56.3%。

2. 科技与创新

2016年全市列入市级以上科技项目305项，其中省级238项，新到位上级科技资金3132万元。新立市级科技计划项目67项，其中工业类35项，农业类17项，社会发展类15项，公益类50项，农业科技成果转化项目3项。申请专利26488项，其中发明专利3919件；获专利授权16873件，其中发明专利1101件。新认定国家级高新技术企业144家，累计达到425家。新认定省科技型中小企业518家，累计达到1534家。新认定省级重点企业研究院11家，省级高新技术研发中心32家、市级152家，市级以上各类企业研发机构累计达到847家。全市共发放创新券3126万元，实际使用2455万元，位居全省第三位；发放使用率78.5%，位居全省第二位。

全市新增浙江名牌产品38只，累计304只。新认定金华名牌产品68只，累计444只。参与制修订国际、国家或行业标准36项，累计328项。规上企业采标率54.6%。获国家和省级农业标准化示范项目和服务业试点项目4个。5家企业获得市政府质量奖，1家企业获质量奖贡献奖(团队)，15家企业获县市区政府质量奖。累计2家企业获得省政府质量奖，1家企业获得提名奖；38家企业获得市政府质量奖，141家企业获得县(市、区)政府质量奖。累计导入卓越绩效管理体系企业405家。产品质量监督抽查合格率95.7%，特种设备定检率、登记率和操作人员持证上岗率达95%以上，万台特种设备事故率0.326，计量器具强制检定14.14万台件。查处质量违法案件499起。

(四)文化、卫生和体育

1. 文化事业

2016年全市拥有文化馆10个，公共图书馆10个。配合市委宣传部建成农村文化礼堂146家，制定全市文化系统农村文化礼堂建设服务菜单，提供点单式服务近1200场次。创建并命名市级文化示范村(社区)24个。积极实施文化惠民工程，完成送戏下乡2084场，送电影下乡43100场，“非遗文化礼堂百村行”活动110场，送书448497册、送展览讲座1278场、文化走亲(县级以上)105场。全市文化市场健康平稳有序，出动检查3709次，出动检查9310人次，检查文化经营单位19551家次，全市广播综合覆盖人口475.73万人，覆盖率99.5%。电视综合覆盖人口477.31万人，覆盖率99.8%，全市农村应急广播体系实现全覆盖。

2. 卫生事业

全市共有医疗卫生机构4034家，其中医院126家；卫生院(含社区服务中心)156家；门诊部77家；专业公共卫生机构54家，其中妇保院(所、站)10家、疾病预防控制机构10家，卫生监督检验机构10家，专科疾病防治院(所、站)4家；其他卫生机构18家；诊所、医务室、社区卫生服务站、村卫生室3603个。全市共有实际开放床位数28275张，其中：医院和卫生院床位(含社区服务中心，不含妇保院)26948张。全市共有卫生技术人员40410人，其中执业医师和执业助理医师15642人，注册护士15694人。全市共有艾滋病实验室61个、其中初筛实验室57个，中心实验室2个、确诊实验室2个。

3. 体育事业

全市共有婺城、金东、兰溪、东阳、磐安创建成省级体育强县(市、区)，实现市域内省级体育强县(市、区)全覆盖。永康、武义通过省级体育强县(市、区)复评验收。全市共创建省级体育强镇(乡)5个、复评12个，创建省级城市体育先进街道1个，创建省级体育特色乡镇4个，村级体育俱乐部24个，老年体育活动中心俱乐部5个。新建省级小康体育村提升工程100个，建成省级人民健身活动中心1个，社区多功能运动场3个，中心村全民健身广场1个，中心村体育休闲公园3个。全市新创国家级体育产业示范基地1个、示范单位1个；省级运动休闲示范基地2个示范服务企业1个；创建省级运动休闲旅游示范基地、精品线路、优秀项目5个；列入省体育产业发展资金项目库8个。创建市级体育产业示范基地12个，

"体育+"特色村10个。

全市共举办44场(次)省级以上重大赛事,吸引了11万多人次市民观赛健身。兰溪、东阳、金东区、磐安、武义、义乌相继举办全程或半程马拉松赛,来自28个国家和地区净5万名运动员参赛,观众参与达10万多人。市体育中心在全年开放、室外场地设施全免费的基础上,实现所有场馆在全民健身日和其他国家法定节假日全部免费开放,接待健身休闲市民230多万人次,同比增长15%。市体育馆和市体育俱乐部也实现免费低收费开放。全年全市销售体育彩票7.7亿元,销量位列全省第四,创收体彩公益约6160万元。

(五) 城乡建设

编制完成都市区规划纲要和综合交通规划、轨道交通线网规划、金义都市新区规划、基础设施空间一体化规划等8个专项规划,村庄规划覆盖率达95%。实施都市区建设三年行动,基本形成"一小时通勤圈",城市化率达到65.7%,被列为长三角26个中心城市、沪杭金发展带重要节点城市。金华跨入高铁时代,杭长客专、金温铁路新线开通,金义东市域轨道交通、金甬铁路开工建设,金华铁路南站和新货场投入运营,铁路客站交通枢纽区改造加快推进。东永高速、杭金衢高速改扩建一期和一批城际快速路建成通车,义乌疏港高速、杭绍金台高速、临金高速加快建设。布局推动金义都市新区、金华山旅游经济区、多湖中央商务区开发建设,湖海塘等重点区块建设步伐加快。开通BRT线路6条,金华市区公交分担率提高到20.2%。衢江金华段航运开发和义乌机场改扩建、横店通用机场建设加快推进。治堵工作考核三年全省第一。九峰水库验收运行,第二水厂建成使用。全市成为特高压交流直流混联城市,全社会用电量突破300亿千瓦时。

(六) 环境保护和生态建设

2016年,全市以绿色发展理念为指引,以改善环境质量为核心,扎实推进"五水共治"、"气尘合治"、治污减排、执法监管、改革创新等各项工作。全市11个国家考核断面、16个省控断面、10个市界出境断面、20个县市交接断面、8个饮用水源地水质,实现了5个100%达标。42个地表水市控以上断面,41个达到Ⅲ类以上,占比97.6%,较2015年同期增加13个;Ⅳ类水质断面1个,占2.4%,较2015年同期减少了12个;Ⅴ类断面0个,较2015年同期减少了1个;劣Ⅴ类断面0个,与2015年同期持平。金华市区PM2.5浓度为46 $\mu g/m^3$,同比下降14.8%,空气AQI优良率为80.6%,同比上升7.3%。据省考核,上一年度全市化学需氧量、氨氮、二氧化硫、氮氧化物等四项指标排放量同比分别下降5.4%、3.9%、3.2%、11.6%,超额完成年度减排任务;十二五期间,全市化学需氧量、氨氮、二氧化硫、氮氧化物等四项指标排放量累计下降18.2%、15.4%、19.4%和26.3%,分别完成省定目标任务的149%、111%、148%和163%。2016年,全市实施完成减排项目134个,其中涉水项目39个、涉气项目63个、农业项目32个。

全市生态公益林建设面积为487.8万亩,生态公益林达到优质林分面积372万亩。全市森林覆盖率61.1%,金华市被国家林业局授予"国家森林城市"称号;浦江县、兰溪市被授予"浙江省森林城市"称号;浦江县中余乡冷坞村被授予"全国生态文化村"称号;婺城区安地镇等10个乡镇(街道)被授予"浙江省森林城镇"称号;婺城区白龙桥镇双牌村等21个村被授予"浙江省森林村庄";兰溪市灵洞乡洞源村等6个村被授予"浙江省生态文化示范基地"称号;婺城区安地镇南郭村等190个村被授予"金华市级森林村庄"称号。现有国家级自然保护区1个,省级以上森林公园14个(其中国家级森林公园2个)。新创建省级生态乡镇12个、生态街道6个、生态文明教育基地2个、绿色学校17所、绿色家庭20户,市级生态村777个、绿色家庭50户,并新开展了连片整治建设303个村,培育安地镇为国家级生态文明建设示范乡镇。全市市级以上绿色学校增至536所,绿色社区152个,绿色家庭1229户,绿色医院18家,绿色企业89家,绿色饭店24家。

(七) 安全生产

2016 年,全市共发生各类生产安全事故(不含火灾事故)536 起、死亡 369 人。

三、金华市在泛长三角地区经济发展中的地位

2016 年,面对复杂多变的宏观经济形势,金华市坚决贯彻五大发展理念,积极推进供给侧改革,努力抓好"三去一降一补"等重点任务,坚定不移打好转型升级系列组合拳。全市经济运行稳中有进、进中提质,"十三五"实现良好开局。

(一) 地区生产总值

2012—2016 年金华市地区生产总值在泛长三角所占比重分别为 2.11%、2.12%、2.11%、2.09%和 2.07%,总体上呈下跌趋势,2016 年比上年减少了 0.02 个百分点,较 2012 年减少了 0.04 个百分点。2016 年金华市地区生产总值在泛长三角地区 41 个市排名第 19 位。

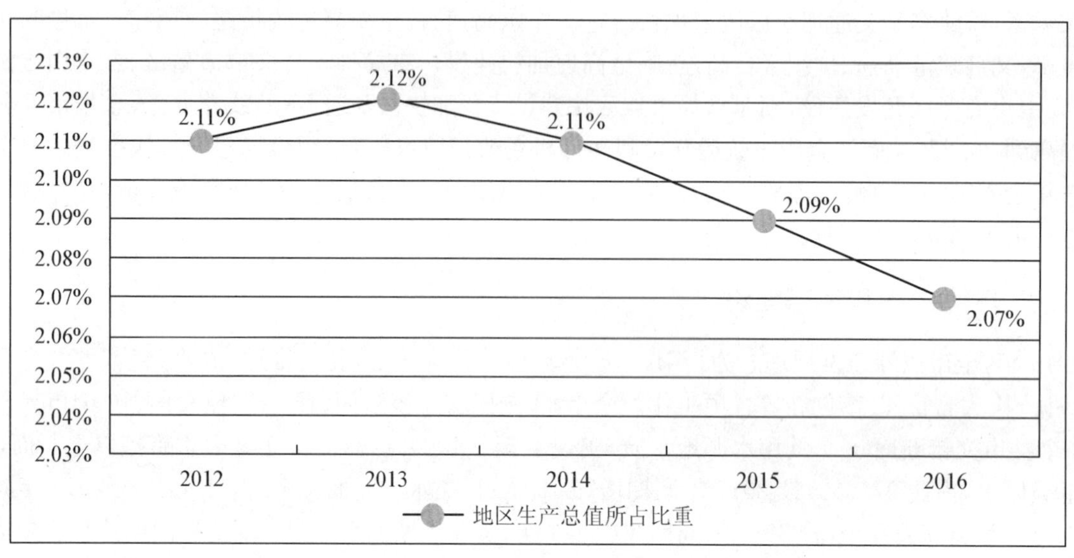

**图 4　2012—2016 年金华市地区生产总值在泛长三角地区
(苏浙两省 24 个地级市、安徽省 16 个地级市和上海市,下同)所占比重的变化趋势**

2016 年金华市生产总值(GDP)为 3635.01 亿元,增长 7.5%,增速较前三季度提高 0.4 个百分点。其中第一产业增加值 148.06 亿元,增长 1.9%;第二产业增加值 1585.61 亿元,增长 4.9%;第三产业增加值 1901.34 亿元,增长 10.3%,一、二、三产对 GDP 增长的贡献分别为 1.0%、29.7%和69.3%。三次产业结构实现"二三一"向"三二一"转变,三产增加值占生产总值比重达 52.3%。

(二) 地方财政一般预算收入

2012—2016 年金华市地方财政一般预算收入在泛长三角所占比重分别为 1.55%、1.99%、1.58%、1.59%和 1.59%,2016 年较上年基本持平,较 2012 年增加了 0.04 个百分点。2016 年金华市地方财政一般预算收入在泛长三角地区 41 个市排名第 17 位。

2016 年全市一般公共预算收入 338.14 亿元,完成预算的 100.9%,同口径增长 9.0%;加上转移性收入 329.71 亿元,收入合计 667.85 亿元。全市一般公共预算支出 542.36 亿元,完成调整预算的 99.5%,增长 16.7%;加上转移性支出 125.49 亿元,支出合计 667.85 亿元。预计当年收支平衡。2016 年市区一般公共预算收入 82.05 亿元,完成预算的 102.3%,同口径增长 13.2%;加上转移性收入 94.83

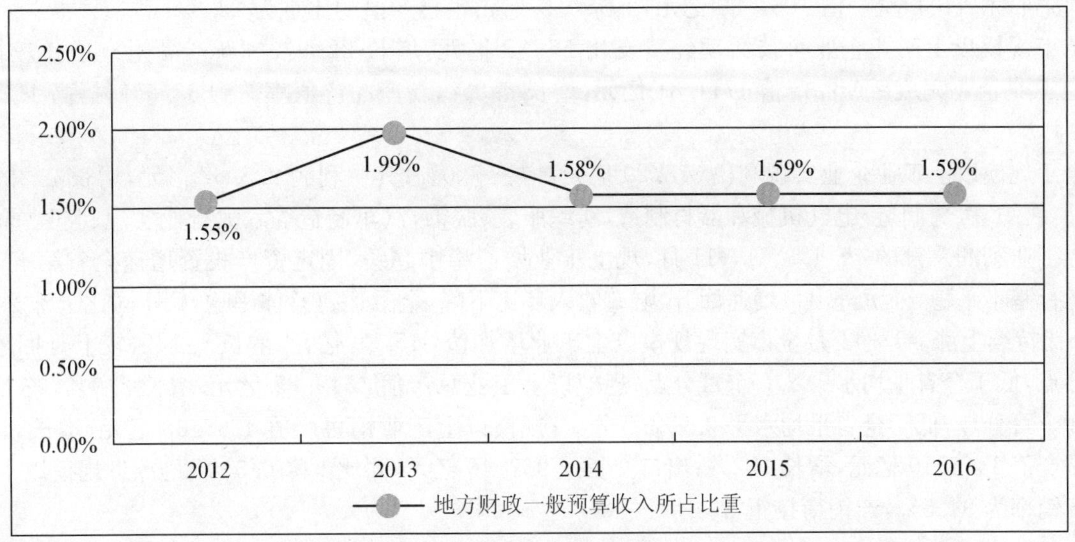

图5 2012—2016年金华市地方财政一般预算收入在泛长三角所占比重的变化趋势

亿元,收入合计176.88亿元。市区一般公共预算支出136.87亿元,完成调整预算的96.7%,同口径增长12.2%;加上转移性支出40.01亿元,支出合计176.88亿元。预计当年收支平衡。2016年市本级一般公共预算收入完成43.40亿元,加上转移性收入43.97亿元,收入合计87.37亿元。2016年市本级一般公共预算支出完成70.25亿元,完成调整预算的98.8%,同口径增长11.5%;加上转移性支出17.12亿元,支出合计87.37亿元。预计当年收支平衡。

(三)规模以上工业总产值

2012—2016年金华市规模以上工业总产值在长三角所占比重分别为1.59%、1.62%、1.65%、1.66%和1.55%,2013—2015年止跌上扬,2016年大幅下挫,2016年较上年减少了0.11个百分点,较2012年减少了0.04个百分点。2016年金华市规模以上工业总产值在泛长三角地区41个市排名第21位。

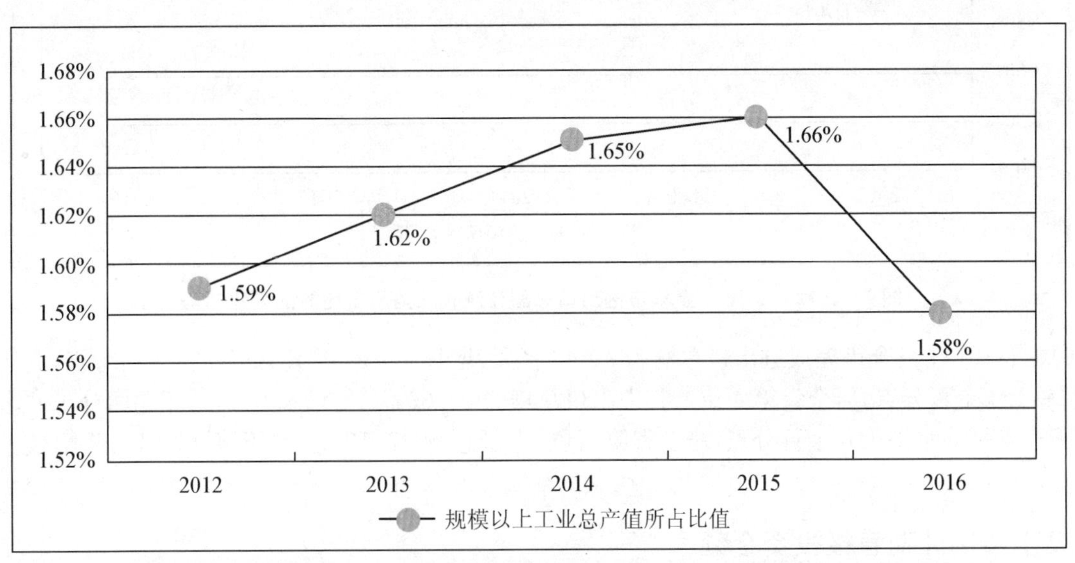

图6 2012—2016年金华市规模以上工业总产值在泛长三角所占比重的变化趋势

2016年全市完成工业增加值1366.11亿元,比上年增长5.1%,工业增加值占GDP的比重为37.6%。全市实现规模以上工业总产值5054.57亿元,销售产值4766.37亿元,分别增长3.4%和3.6%。规模以上工业企业完成出口交货值 1061.30 亿元，下降 0.5%，占销售产值的比重为 22.3%。

全市规模以上工业企业科技活动经费支出 55.38 亿元，增长 22.9%。新产品生产增长较快，规模以上工业企业完成新产品产值 1711.81 亿元，增长 9.8%，新产品产值率达到 33.9%，提高 1.2 个百分点。

全年规模以上工业企业实现利税 378.29 亿元，增长 7.0%；其中利润 225.67 亿元，增长 7.2%。金属制品，纺织，医药制造，电气机械和器材制造，纺织服装、服饰，汽车制造等六大行业实现利润占全市规模以上工业利润总额的 49.4%。1—11 月，规上工业增速稳中趋缓，固定资产投资增速全省第五，消费市场运行基本平稳，外贸进出口增速回升，财政收入环比下降，金融运行整体平稳，CPI 同比上涨 2.0%，PPI 环比持续上涨。1—11 月全市实现规模以上工业增加值 915.59 亿元，增长 4.1%，较上月回落 0.3 个百分点，低于全省平均水平 2.0 个百分点；规模以上工业总产值 4519.85 亿元，增长 2.9%，较上月回落 0.3 个百分点，低于全省平均水平 0.9 个百分点；规模以上工业销售产值 4268.88 亿元，增长 3.1%；新产品产值 1466.10 亿元，增长 7.2%；出口交货值 962.46 亿元，同比下降 0.5 个百分点；规模以上工业产品产销率为 94.5%，产销衔接正常。

（四）进出口总额

2012—2016 年金华市进出口总额在泛长三角所占比重分别为 1.70%、2.50%、2.89%、3.52%和 3.65%，呈现逐年增加的趋势，2016 年较 2015 年增加了 0.13 个百分点，5 年累计增幅为 1.95 个百分点。2016 年金华市进出口总额在泛长三角地区 41 个市排名第 7 位，保持着相对领先的位置。

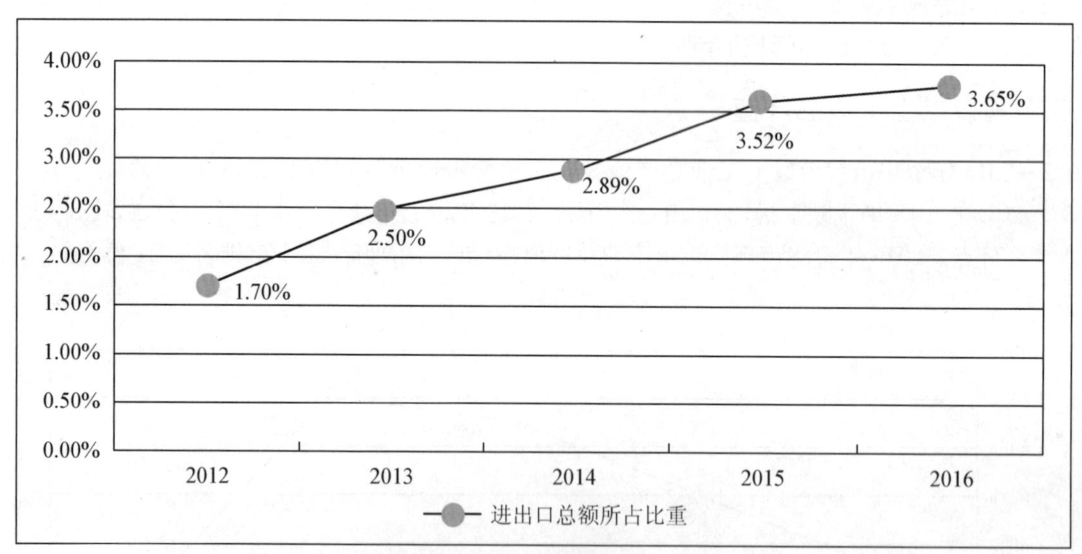

图 7　2012—2016 年金华市进出口总额在泛长三角所占比重的变化趋势

2016 年 1—11 月全市完成进出口总额 2874.43 亿元，增长 4.4%，环比回升 1.7 个百分点，高于全省平均水平 1.4 个百分点，居全省第六位。其中出口总额 2807.30 亿元，增长 5.1%，环比回升 1.8 个百分点，高于全省平均水平 1.8 个百分点，居全省第六位；进口总额 67.13 亿元，下降 15.9%，降幅较上月收窄 2 个百分点。

（五）实际外商直接投资金额

2012—2016 年金华市实际外商直接投资金额在泛长三角所占比重分别为 0.39%、0.33%、0.37%、0.37%和 0.45%，2016 年较上年增加了 0.8 个百分点，较 2012 年增加了 0.06 个百分点。2016 年金华市实际外商直接投资金额在泛长三角地区 41 个市排名第 31 位，较 2015 年上升了一位。

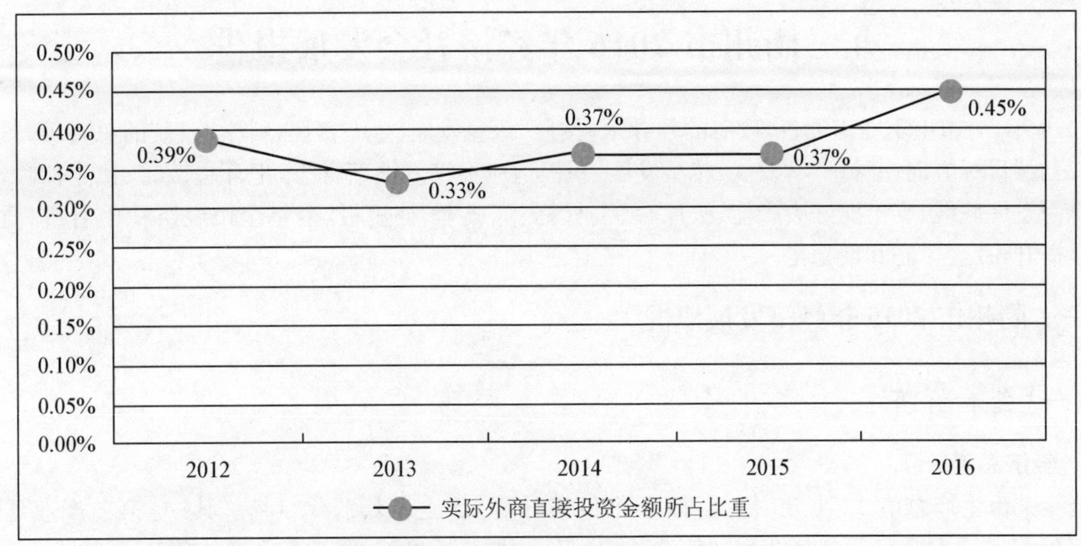

图 8　2012—2016 年金华市实际外商直接投资金额在泛长三角所占比重的变化趋势

2016 年，全市新批外商投资企业 400 家，合同利用外资 6.3 亿美元，实际利用外资 3.52 亿美元，同比增长 28.2%，增幅列全省第三位。

九　衢州市 2016 年经济社会发展报告

2016 年，全市上下在市委、市政府的领导下，按照“绿色发展、生态富民、科学跨越”的总要求，紧紧围绕“十三五”目标方向，坚持科学发展、转型发展，积极适应经济发展新常态，把环境改善、民生保障、社会平安作为发展底线，突出抓好去产能、去库存、去杠杆、降成本、补短板，全年全市经济稳中有进，质量效益明显提升，社会生态和谐稳定。

一、衢州市 2016 年经济发展概况

（一）综合经济

1. 经济总量

全年全市生产总值 1251.59 亿元，按可比价格计算，比上年增长 7.1%。其中：第一产业增加值 88.23亿元，增长 1.8%；第二产业增加值 564.58 亿元，增长 5.2%；第三产业增加值 598.78 亿元，增长 9.8%。在第三产业中：交通运输、仓储及邮政业增加值增长 4.0%，批发和零售业增加值增长 5.9%，住宿和餐饮业增加值增长 6.0%，金融业增加值增长 3.4%，房地产业增加值增长 10.2%。三次产业增加值结构为 7.1∶45.2∶47.7。全市人均生产总值按户籍人口计算为 48475 元，合 7298 美元，比上年增长 6.7%；全市人均生产总值按常住人口计算为 57997 元，合 8732 美元，比上年增长 6.1%。

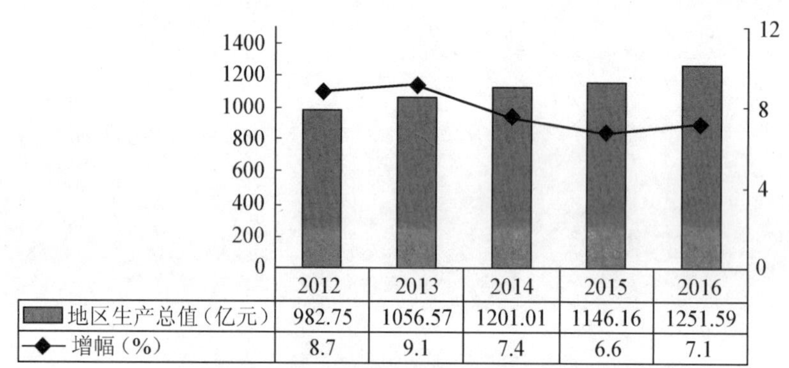

	2012	2013	2014	2015	2016
地区生产总值（亿元）	982.75	1056.57	1201.01	1146.16	1251.59
增幅（%）	8.7	9.1	7.4	6.6	7.1

图 1　2012—2016 年衢州市地区生产总值及增长速度

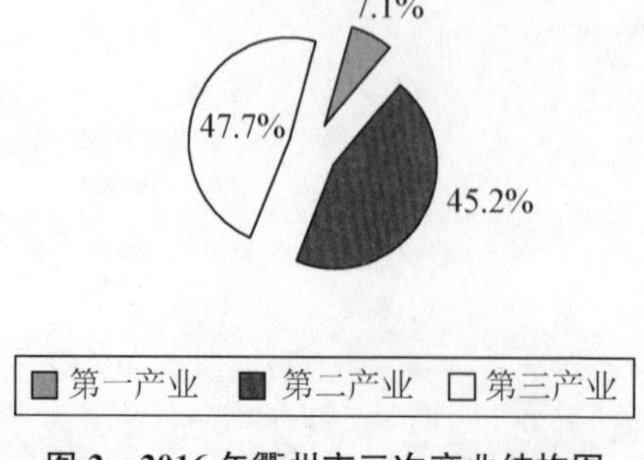

图 2　2016 年衢州市三次产业结构图

2. 财政收入

全年实现财政总收入 155.03 亿元，比上年增长 7.1%，其中一般公共预算收入 102.56 亿元，增长 9.4%。在一般公共预算收入中实现税收收入 82.78 亿元，增长 5.0%，其中：增值税 16.61 亿元，增长4.7%；营业税 11.37 亿元，下降 28.2%；企业所得税 8.82 亿元，下降 0.6%，个人所得税 3.23 亿元，下降 15.9%。

3. 物价水平

市区居民消费价格一季度比上年同期上涨 2.4%，上半年上涨 2.1%，前三季度上涨 1.9%，全年平均比上年上涨 1.9%，其中：食品烟酒类上涨 4.1%。

工业生产者出厂价格比上年上涨 2.0%，其中：重工业产品出厂价格上涨 1.7%，轻工业产品出厂价格上涨 2.6%。工业生产者购进价格下降 0.8%，其中：黑色金属材料类上涨 2.8%，有色金属类下降 1.3%，燃料、动力类下降 3.3%，化工原料类与 2015 年同期持平。

4. 固定资产投资

全年完成固定资产投资 981.74 亿元，比上年增长 11.3%。其中：第一产业投资 39.10 亿元，下降 5.7%；第二产业投资 365.96 亿元，下降 1.1%；第三产业投资 576.67 亿元，增长 22.5%。

全年完成工业投资 365.96 亿元，比上年下降 0.9%，其中制造业投资 300.05 亿元，增长 3.1%。纺织服装和服饰业、食品制造业等 11 个行业的投资增长 20%以上，饮料制造业、纺织业等 12 个行业比上年下降。有 11 个行业年投资额超 10 亿元，其中 6 个行业年投资额超 20 亿元：化学原料及化学制品制造业 42.64 亿元，增长 9.8%；通用设备制造业 29.01 亿元，增长 21.7%；造纸及纸制品业 24.22 亿元，增长 38.0%；电气机械及器材制造业 24.05 亿元，增长 5.9%；非金属矿物制品业 22.13 亿元，与上年同期持平；金属制品业 20.01 亿元，下降 29.0%。

全年完成基础设施投资 424.81 亿元，比上年增长 18.4%。其中：水利、环境和公共设施管理投资 230.37 亿元，增长 35.5%；交通运输、仓储和邮政业投资 102.63 亿元，增长 11.5%；电力、燃气及水的生产供应业投资 59.66 亿元，下降 18.1%；教育设施投资 9.69 亿元，增长 1.2%；文化艺术业投资 5.02 亿元，增长 34.8%；卫生设施投资 10.63 亿元，增长 44.7%；体育设施 1.99 亿元，下降 21.0%。

全市组织实施省市重点项目 312 个，完成投资 443.03 亿元，其中：本年新开工项目 127 个。

至年末，衢州集聚区循环经济小镇、江山光谷小镇获批第二批省级特色小镇；江山市耕读小镇、江山市木艺小镇等 10 个小镇获批第一批市级特色小镇。

年内全市棚户区改造开工 4681 套，完成年度目标任务的 120%。基本建成保障性安居工程 6690 套，完成任务的 133.4%；竣工 7955 套，完成任务的 190.7%；交付入住 5083 套，完成任务的 182.1%；新增低收入家庭租赁补贴 347 户，完成任务的 418.1%。

（二）农业和农村建设

全年实现农林牧渔业增加值 89.63 亿元，按可比价比上年增长 2.0%。

全年农作物播种面积 211038 公顷，其中：粮食播种面积 106460 公顷，油料播种面积 40070 公顷，蔬菜种植面积 39953 公顷，果用瓜种植面积 6272 公顷。

全年粮食总产量 71.03 万吨，增长 1.0%。油料产量 6.97 万吨，下降 1.7%，其中油菜籽产量 6.39 万吨，下降 2.6%。蔬菜产量 108.28 万吨，增长 8.3%。食用菌产量 13.45 万吨，下降 10.4%。果用瓜产量 17.47 万吨，增长 8.9%。茶叶产量 7509 吨，增长 0.9%。水果产量 83.54 万吨，下降 8.4%，其中柑桔产量 592356 吨，下降 14.0%。

全年肉类总产量 23.41 万吨，比上年下降 19.8%，其中猪肉 18.50 万吨，下降 25.6%。全年生猪出栏 243.07 万头，下降 16.2%。家禽出栏 3588.14 万只，增长 10.3%；禽蛋产量 3.43 万吨，增长 21.5%。蜂蜜产量 2.36 万吨，下降 6.5%；蜂皇浆产量 746.16 吨，下降 2.7%。牛奶产量 218 吨，下降 26.4%。水产品产量 6.61 万吨，增长 6.1%。

至年末，全市累计完成农村生活污水治理村 1358 个，年内新增治理村 375 个，受益农户 9.12 万户，农村生活垃圾源头分类村累计达到 898 个。新增省美丽乡村示范县 1 个，省美丽乡村示范乡镇 9 个，省美丽乡村特色精品村 28 个。各县（市、区）打造提升 6 条以上美丽乡村精品线路（区块）。全市共有星级农家乐经营户（点）2405 户，从业人数达 2.55 万人。全年农家乐接待游客 2930.66 万人次，直接营业收入15.41亿元，分别比上年同期增长32.6%和41.4%.至年末共有来料加工示范基地307个，专业村121个，从业人员26万人，全年发放加工费26.2亿元。

（三）工业和建筑业

1. 工业增加值

全市年末共有规模以上工业企业单位990家，其中：主营业务收入亿元以上的企业284家；大中型企业86家。

全年全部工业增加值471.82亿元，按可比价格计算比上年增长5.8%。规模以上工业企业全年完成产值1629.55亿元，增长4.2%，其中：重工业1116.25亿元，增长5.1%；轻工业513.31亿元，增长2.3%。实现工业销售产值1571.32亿元，增长4.3%，产销率96.43%，比上年提高0.11个百分点。全年完成工业出口交货值124.26亿元，下降0.7%。

在规模以上工业中：机械行业实现产值347.13亿元，比上年增长11.5%；化工行业307.56亿元，增长4.3%；黑色金属冶压业144.97亿元，增长1.3%；造纸行业168.90亿元，增长3.8%；电力行业105.17亿元，增长6.8%；建材行业70.14亿元，下降0.5%；有色金属冶压业52.59亿元，下降15.2%；农副食品加工业52.38亿元，增长5.1%；纺织业60.67亿元，下降1.8%；通信设备业56.50亿元，增长9.3%；木材加工业60.29亿元，增长5.0%；饮料业29.75亿元，下降1.7%。

全年规模以上工业企业实现利税117.93亿元，增长25.3%，其中利润74.15亿元，增长34.7%。分行业看，机械行业实现利润13.75亿元，增长15.0%；饮料行业10.44亿元，增长76.3%；化工行业9.74亿元，增长20.1%；造纸行业9.50亿元，增长39.3%；建材行业4.30亿元，增长105.8%；竹木加工业3.48亿元，下降6.3%；计算机、通信和其他电子设备制造业3.18亿元，下降20.4%；农副食品加工业2.81亿元，下降17.3%；黑色金属冶压业2.11亿元，增长789.6%。

2. 建筑业

全年建筑业实现增加值90.91亿元，按可比价格计算比上年增长2.2%。全市建筑业企业386家，其中：具有一级资质企业26家，二级资质企业86家。全年建筑业实现总产值426.83亿元，与上年持平，超亿元产值的企业95家。

（四）服务业

1. 国内贸易

全年实现社会消费品零售总额609.31亿元，比上年增长11.7%。

全市限额以上批发零售业实现零售额177.98亿元，增长14.6%。按消费形态分：餐饮收入6.18亿元，增长10.0%；商品零售171.80亿元，增长14.8%。按类值分：粮油、食品类增长19.4%，服装鞋帽、针、纺织品类增长31.6%，家用电器和音像制品类下降2.0%，汽车类增长18.0%，石油及制品类增长3.9%。

全市共有成交额超亿元的各类市场22个，摊位数7153个，实现成交额266.48亿元，下降0.8%。成交额超十亿元市场有9家，与上年持平。

全市共培育电子商务产业基地30个，入驻电商企业656家，其中限额以上企业56家。全年共实现网络零售额119.62亿元，增长78.9%；居民网络消费100.57亿元，增长31.6%。

2. 交通运输与邮电

全年完成交通运输、仓储和邮政业增加值41.69亿元，按可比价格计算，比上年增长4.0%。

全年各种运输方式完成货物运输量10204.79万吨，比上年增长11.2%，其中：铁路225.33万吨，下降6.2%；公路9975万吨，增长11.6%；水运4.40万吨，增长120.1%；民航639.4吨，下降20.1%。全年各种运输方式完成旅客运输量5396.82万人，比上年增长7.4%，其中：铁路458.70万人，增长17.5%；公

路 4913 万人，增长 6.6%；水运 4.30 万人，增长 1.1%；民航 20.82 万人，下降 2.1%。

年末民用汽车拥有量 33.11 万辆，比上年增长 17.5%，其中：载客汽车 28.93 万辆，增长 19.0%；载货汽车 3.62 万辆，增长 12.1%。私人汽车 29.91 万辆，增长 18.5%。全市摩托车拥有量 12.55 万辆，下降 13.9%。年末共有城乡公共汽车营运车辆 1351 辆，运送乘客 10515.35 万人次，其中城市公共汽车 593 辆，运送乘客 6621.0 万人次。行政村客运班车通达率 97.1%。年末共有出租汽车 848 辆。

年末各类公路里程 8374.37 千米，其中高速公路 422.37 千米，一级公路 362.47 千米，二级公路 738.81 千米，村道 3885.45 千米。

全年邮电业务收入（含快递）22.72 亿元，比上年增长 3.9%，其中邮政业务收入（含快递）5.95 亿元，下降 1.6%；通信业务收入 16.77 亿元，增长 6.0%。全年邮政传送函件 597.5 万件，包件 2.5 万件，累计订销报刊 4063 万份，订销杂志 194 万份。年末全市共有快递企业 65 家，全年实现业务收入 4.14 亿元，下降 8.2%；快递收件 5586.50 万件，增长 17.8%，其中国际收件 10.40 万件，增长 54.0%；快递派件 4219.60 万件，增长 8.7%。年末城乡固定电话用户 37.03 万户，比上年减少 6.02 万户。年末移动电话用户 294.13 万户，增加 6.87 万户。电话普及率（含移动电话）121 部/百人。互联网用户 69.55 万户（不含手机），互联网普及率达到 75.4%。

3. 旅游业

全年旅游总收入 361.46 亿元，比上年增长 25.6%，其中：接待国内旅游 5336.23 万人次，增长 22.1%，国内旅游收入 357.51 亿元，增长 25.7%；入境的旅游者 13.20 万人次，增长 10.1%，国际旅游外汇收入 5957.88 万美元，增长 8.1%。在入境的旅游者中：外国人 4.67 万人次，增长 4.7%；香港、澳门和台湾同胞 8.52 万人次，增长 13.2%。全市拥有星级宾馆饭店 38 家，客房总数 4025 间。至年末，全市共有国家 5A 级景区 1 个，4A 级景区 14 个，3A 级景区 24 个。

4. 金融、证券和保险

全年完成金融业增加值 82.52 亿元，按可比价格计算，比上年增长 3.4%。

年末金融机构本外币存款余额 1938.83 亿元，比上年末增长 11.5%，其中人民币存款余额 1896.63 亿元，增长 10.1%。年末金融机构本外币贷款余额 1656.04 亿元，增长 3.9%，其中人民币贷款余额 1652.45 亿元，增长 4.3%。年末住户存款余额 992.75 亿元，增长 11.2%。

年末共有证券营业部 22 家，比上年末增加 2 家，全年证券交易量 5310 亿元，比上年下降 46.5%；实现佣金收入 2.18 亿元，下降 63.2%；期末保证金余额 17.05 亿元，下降 29.7%；托管市值 282.88 亿元，下降 25.2%；实现利润 1.32 亿元，下降 82.6%；新开证券账户 64982 个，下降 10.5%。至年末全市与券商签约企业 91 家，其中 30 家已在新三板挂牌成功。

年末共有保险机构 35 家，全年保费收入 48.73 亿元，比上年增长 18.7%，其中：寿险保费收入 29.59 亿元，增长 26.7%；财产险保费收入 19.14 亿元，增长 6.6%。支付各类赔付额 17.05 亿元，增长33.2%，其中：寿险业务赔付额 6.13 亿元，增长 107.1%；财产险赔付额 10.92 亿元，增长 11.0%。

5. 房地产

全年完成房地产开发投资 124.25 亿元，比上年增长 24.9%，其中住宅投资 84.07 亿元，增长 30.5%。房地产开发施工面积 822.61 万平方米，增长 7.8%；竣工面积 251.56 万平方米，增长 45.9%；销售面积 244.10 万平方米，增长 41.4%，其中：住宅销售 196.19 万平方米，增长 49.3%，商业营业用房销售 15.82 万平方米，下降 28.2%。商品房销售额 184.78 亿元，增长 66.1%，其中住宅销售额 152.16 亿元，增长 69.9%，商业营业用房销售额 20.28 亿元，增长 40.1%。

（五）对外经济

1. 对外贸易

全年实现进出口总额 281.89 亿元，比上年增长 3.2%。其中：出口 201.95 亿元，下降 0.9%；进口

79.94亿元，增长15.3%。

全市有出口实绩的企业771家，比上年减少18家，其中当年新启动出口业务企业141家，减少9家。全年出口额在100万元以上企业539家，其中1000万元以上的企业251家，减少16家。

全市出口排前三位的市场依次是：东盟、欧盟、美国。对东盟出口28.33亿元，下降2.6%；对欧盟出口28.15亿元，增长5.3%；对美国出口27.15亿元，增长27.4%。对这三大主要市场出口额合计占全市出口总额的41.8%。

在主要商品出口中：机电产品出口59.18亿元，下降5.5%；高新技术产品出口11.41亿元，下降10.3%；化工医药产品出口51.84亿元，增长1.5%；服装、纺织品出口19.69亿元，下降4.8%。

2. 外资状况

全年新批外商投资企业11家，合同利用外资1.42亿美元，比上年增长40.5%；实际利用外资0.61亿美元，增长1.7%。

二、衢州市2016年社会发展概况

(一) 人口、人民生活

年末户籍总人口257.49万人，其中男性人口131.61万人、女性人口125.88万人，分别占总人口的51.1%和48.9%。全年出生人口2.89万人，出生率为11.24‰；死亡人口1.48万人，死亡率为5.74‰；全年净增人口1.41万人，自然增长率为5.50‰。根据全市5‰人口抽样调查结果推算，全市常住人口为216.2万人，城市人口占总人口比重为53.7%。

全体居民人均可支配收入26745元，增长9.3%，其中：城镇居民人均可支配收入36188元，增长9.0%；农村居民人均可支配收入18421元，增长9.1%。

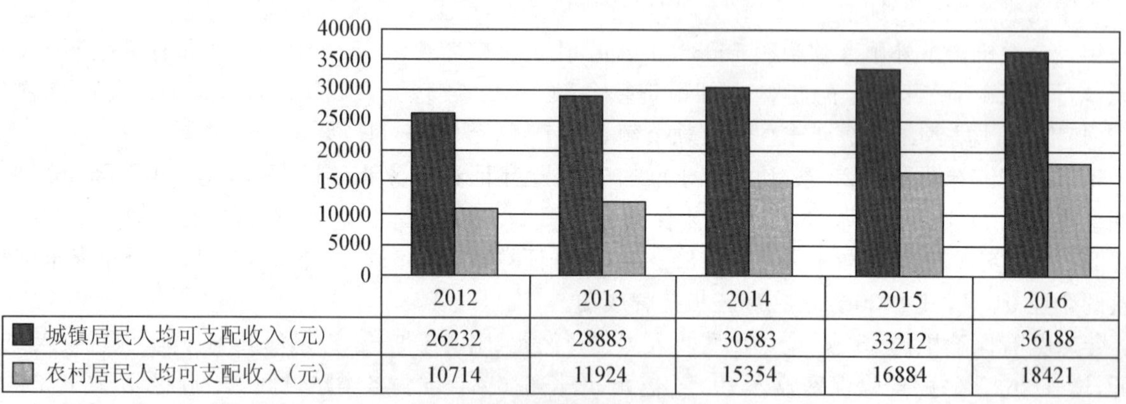

	2012	2013	2014	2015	2016
城镇居民人均可支配收入(元)	26232	28883	30583	33212	36188
农村居民人均可支配收入(元)	10714	11924	15354	16884	18421

图3 2012—2016年衢州市城乡居民收入对比一览

全市城镇居民人均住房建筑面积46.5平方米，农村居民人均住房建筑面积77.4平方米。

(二) 就业与社会保障

1. 就业

全市新增就业人数3.34万人，有1.58万城镇下岗失业人员实现再就业，年末城镇登记失业率为2.79%，比上年末下降0.14个百分点。

2. 社会保障

年末全市参加基本养老保险的人数177.01万人，比上年末增长3.5%，其中：企业职工参保人数64.55万人，增长5.5%；机关事业参保人数8.41万人，增长47.2%；城乡居民社会养老保险参保人数104.05

万人，下降0.5%。参加基本医疗保险的人数239.83万人，下降2.0%，其中：城镇职工基本医疗保险参保人数63.13万人，下降1.8%；城乡居民基本医疗保险参保人数176.70万人，下降2.1%。参加失业保险的人数26.60万人，增长4.2%；全年享受失业保险待遇人数1.00万人，下降1.7%。参加工伤、生育保险的职工分别37.33万人和29.42万人，分别下降0.3%和增长6.0%。

年末拥有各类收养性社会福利单位121个，床位19912张，在院人数6822人。农村五保人员集中供养率96.31%，城镇"三无"对象集中供养率100%。全市城镇居民和农村居民最低生活保障对象月低保标准分别为612和459元，已保人数分别为5455人和8.05万人。

（三）教育和科学技术

1. 教育事业

全市拥有普通高校2所，其中本科1所、专科1所，在校生13552人。中等职业教育学校14所，在校生2.81万人。普通高中29所，在校生3.83万人。普通初中67所，在校生7.22万人。小学199所，在校生13.82万人。特殊教育7所，在校生539人。全市拥有幼儿园534所，在园幼儿7.04万人。

全市学前教育入园率97.08%，小学入学率100%，初中入学率100%，初中毕业升高中段的比例97.49%，高中段毛入学率96.68%，高等教育毛入学率51.91%。15年教育普及率98.49%，"三残"儿童入学率98.4%。

全市有普通高校专任教师706人；普通高中专任教师3359人，学历合格率99.32%；初中专任教师5449人，学历合格率100%；小学专任教师8709人，学历合格率100%；幼儿园专任教师4200人，学历合格率99.29%；中等职业教育专任教师1525人，学历合格率93.31%；特殊教育专任教师159人，学历合格率97.48%。

2. 科技与创新

全市拥有国家级高新技术企业187家，市级高新技术企业257家。国有独立研究开发机构11个，企业技术开发机构326个。全年获得省级科技进步奖1项、市级科技进步奖40项。当年专利申请受理7908项，专利申请授权3943项，其中发明384项。

年末拥有产品质量检验机构75家，法定计量技术机构5个。全年强制检定计量器具60020(件)，其中：贸易结算用计量器具42950件，安全防护用计量器具10377件。全年检验特种设备15311台(件)，其中：电梯5385台，压力容器5146台。

（四）文化、卫生和体育

1. 文化事业

年末共有各类艺术表演团体35个，艺术表演场所建筑面积11500平方米。公共图书馆7个，面积24698平方米，藏书量1766.0千册。博物馆7个，面积33364平方米。文化馆7个，面积16816平方米。文化站102个，面积94011平方米。有广播电台6座，广播综合人口覆盖率98.68%。电视台6座，电视综合人口覆盖率98.95%。全年城市影院观看电影观众220.99万人次，票房收入6116万元。全市日均发行《衢州日报》5.50万份，《衢州晚报》6.08万份。年末共有综合档案馆7个和国家专门档案馆1个，面积21377.75平方米，馆藏档案全宗1134个，共计73.15万卷、103.70万件。全年查阅档案、资料1.93万人次，38352卷(件)次。

2. 卫生事业

年末共有卫生机构(含村卫生室)1838家，共有病床床位13019张，卫生技术人员16973人，其中医生6780人。年末共有疾病控制中心7个，公共卫生人员241人。孕产妇和5岁以下儿童死亡率分别为4.61/10万和3.65‰。农村自来水受益率92.98%，农村卫生厕所普及率97.48%。

3. 体育事业

全年举办市、县运动会 274 次，参加人次 10.37 万人。在全国及全省各类体育比赛中，全市共获金牌 154 枚、银牌 165 枚、铜牌 172 枚。年内成功承办第六届“衢州·烂柯杯”中国围棋冠军赛、全国羽毛球超级联赛等重大赛事。成功申办 2017 年世界青年男女小金属球锦标赛。

（五）城市建设

全市城区面积 773.25 平方千米，其中建成区面积 134.28 平方千米，城区人口 83.32 万人（含暂住人口）。全市日供水能力 119.28 万立方米/日（含自建设施供水），全年供水总量 12401.05 万立方米（其中公共供水 10879.72 万立方米）。全市用气人口 79.64 万人，燃气普及率 95.58%（按城区人口计算），其中：液化气供气量 24898.49 吨，人工煤气供气量 421 万立方米，天然气供气量 11617 万立方米。全市共有污水处理厂 9 座（含企业），日处理能力 29.6 万立方米，城市污水处理率 93.74%。城市生活垃圾处理率 100%。市区人均城市道路面积 33.70 平方米。全市建成区绿化覆盖率 40.14%，建成区绿地率 35.98%，全市人均公园绿地面积 13.50 平方米（城区范围）。

（六）资源、环境保护和生态建设

全市地表水环境功能区达标率为 100%，县级以上集中式饮用水水源地水质达标率为 100%，跨行政区区域河流交接断面水质达标率为 100%。日空气质量（AQI）优良天数比例 87.9%，比上年提升 3 个百分点；PM2.5 浓度平均值为每立方米 43 微克，比上年下降 4.44%。区域环境噪声各县域均低于 55 分贝，符合功能区要求。

初步预计，全年全市万元 GDP 综合能耗比上年同期下降 6.5%，四项减排指标年度计划目标（化学需氧量削减 4.8%，氨氮削减 4%，二氧化硫削减 4%，氮氧化物削减 4%）可全面完成。

全年全市共新增省级绿色学校 15 所、省级绿色家庭 20 户、省级生态文明教育示范基地 3 个。建成公益林优质林分面积 352.5 万亩，完成平原绿化扩面 25152 亩。

全年自然灾害受灾人口 21.42 万人，倒塌房屋 39 间，无因灾死亡人口。农作物受灾面积 92.92 千公顷，其中绝收面积 2.27 千公顷。因灾害造成的直接经济损失 5.22 亿元，其中农业经济直接损失 4.17 亿元。

（七）社会安全

全年共发生各类事故（包括工矿商贸企业、道路运输、水上运输、渔业船舶、铁路运输事故）332 起，死亡 206 人，受伤 265 人。其中，较大事故 2 起（工矿商贸领域）、死亡 7 人，分别与上年持平、增加 1 人。从行业领域来看，工矿商贸领域共发生事故 42 起、死亡 44 人；道路交通领域共发生事故 290 起、死亡 162 人。未发生造成人员伤亡或经济损失大于 100 万的生产经营性火灾事故。水上运输、渔业船舶、铁路运输等行业领域未发生事故。据调查，全市群众安全感满意率 97.16%，列全省第 4 位。

三、衢州市在泛长三角地区经济发展中的地位

2016 年，在省委、省政府和市委的正确领导下，在市人大、市政协的监督支持下，坚持以“八八战略”为总纲，按照“绿色发展、生态富民、科学跨越”总要求，围绕建设“两地三城”、加快“两个崛起”、实现富民强市总目标，坚定不移走“绿水青山就是金山银山”绿色发展道路，持续推进“一个中心、两大战役”，狠抓各项工作落实，全面建成小康社会取得阶段性成果。市大多指标增幅在全省位次逐步回升，特别是三季度和四季度回升明显，GDP（9→10→10→7）、规上工业增加值（10→10→6→7）、固定资产投资（11→9→8→8）、社会消费品零售总额（4→4→4→3）、一般公共预算收入（11→11→9→5，自然口径）、城镇居民人均可支配收入（5→5→2→2）、农村居民人均可支配收入（6→6→4→3），出口（6→6→5→10）。

（一）地区生产总值

2012—2016 年衢州市地区生产总值在泛长三角所占比重分别为 0.76%、0.76%、0.73%、0.70%和 0.70%，整体呈下降趋势，2016 年较上年基本持平，较 2012 年减少了 0.06 个百分点。2016 年衢州市地区生产总值在泛长三角地区 41 个市中排名第 31 位。

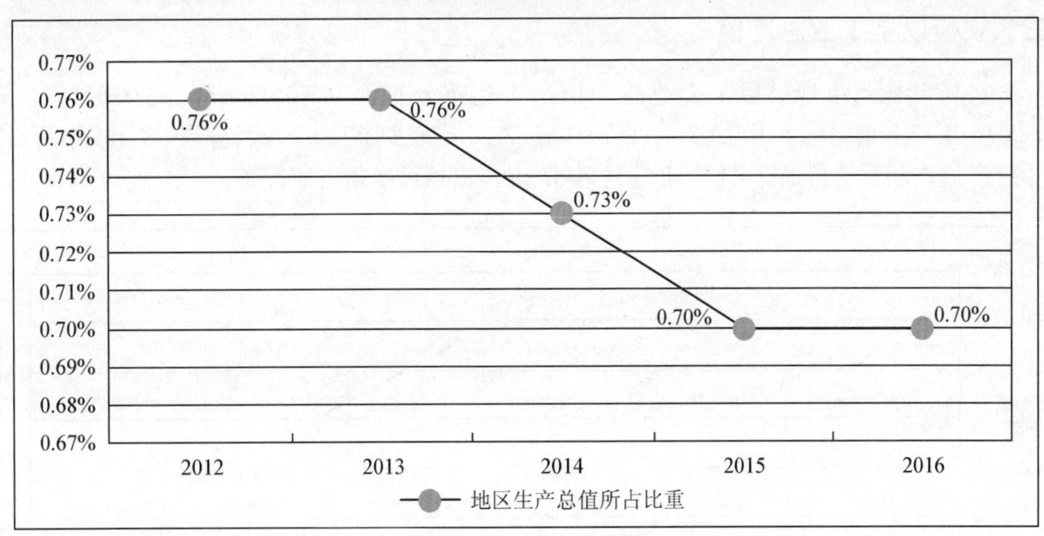

图 4　2012—2016 年衢州市地区生产总值在泛长三角（苏浙两省 24 个地级市、安徽省 16 个地级市和上海市，下同）所占比重的变化趋势

2016 年，地区生产总值从 927 亿元增加到 1245 亿元，三次产业结构实现“二三一”向“三二一”跨越，传统产业加快转型，新兴产业茁壮成长。高新园区和经济开发区成功晋升“国家级”，高新技术产业增加值占工业增加值比重提高 10.4 个百分点，万元地区生产总值能耗下降 25.4%。衢州成为首个“国家休闲区”创建试点，新增 2 个 5A 级景区、9 个 4A 级景区。

（二）地方财政一般预算收入

2012—2016 年衢州市地方财政一般预算收入在泛长三角所占比重 0.46%、1.02%、0.47%、0.48%

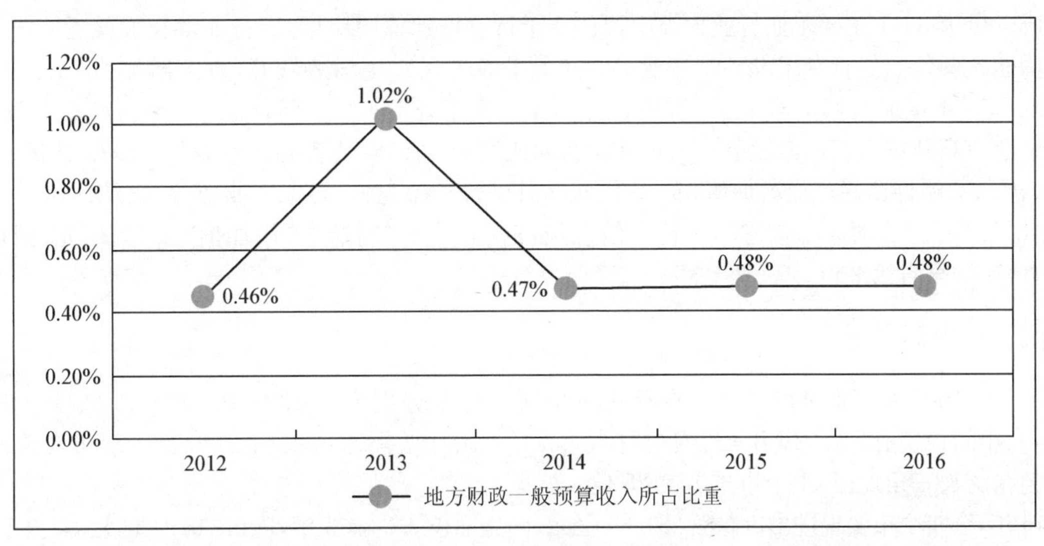

图 5　2012—2016 年衢州市地方财政一般预算收入在泛长三角所占比重的变化趋势

和 0.48%，2015 年较 2014 年基本持平，较 2012 年减少 0.02 个百分点。2016 年衢州市地方财政一般预算收入在泛长三角地区 41 个市中排名第 33 位，位置靠后，亟需有所突破。

2016 年全年实现财政总收入 155.03 亿元，同比增长 7.1%，其中一般公共预算收入 102.56 亿元，增长 9.4%。在一般公共预算收入中实现税收收入 82.78 亿元，增长 5%，其中：增值税 16.61 亿元，增长 4.7%；营业税 11.37 亿元，下降 28.2%；企业所得税 8.82 亿元，下降 0.6%，个人所得税 3.23 亿元，下降 15.9%。

（三）规模以上工业总产值

2012—2016 年衢州市规模以上工业总产值所占比重分别为 0.56%、0.57%、0.57%、0.55% 和 0.53%，2016 年与上年比减少了 0.02 个百分点，较 2012 年减少了 0.03 个百分点。2016 年衢州市规模以上工业总产值在泛长三角地区 41 个市排名第 37 位，较靠后，亟需有所改善。

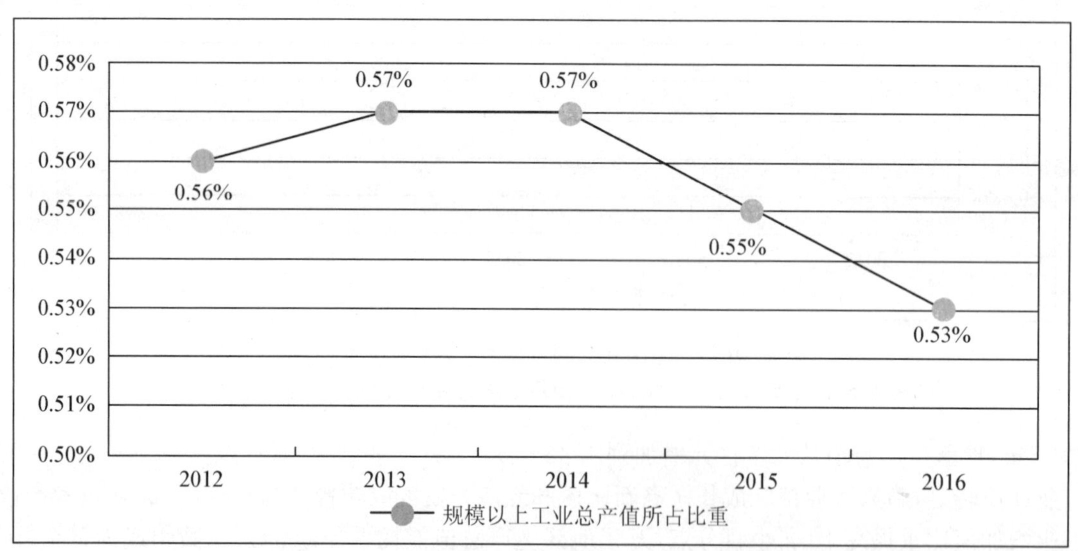

图 6　2012—2016 年衢州市规模以上工业总产值在泛长三角（江浙 24 个地级市、安徽 16 个地级市和上海市，下同）所占比重的变化趋势

2016 年，全市全年实现规模以上工业总产值 1629.55 亿元，同比增长 4.2%，比上年提高 5.9 个百分点；实现规模以上工业增加值 364.25 亿元，增长 6.1%，提高 3.3 个百分点。主要特点有：一是行业增长面超 8 成。全市 33 个主要工业行业大类中，有 26 个行业增加值同比增长，行业增长面接近八成。其中增加值增速超两位数的有专用设备制造业等 5 个行业。二是重工增势较好，重工增加值 247.94 亿元，增长 7.6%；轻工增加值 116.31 亿元，增长 2.8%，重工高于轻工 4.8 个百分点。三是新产业新动能发展步伐快。全市高新技术产业增加值 151.82 亿元，同比增长 9.5%；装备制造业增加值 93.29 亿元，同比增长 13.9%；战略性新兴产业增加值 58.45 亿元，同比增长 12.7%。环保产业（制造业）增加值 50.60 亿元，同比增长 24.9%，增速排全省第 1 位。信息经济核心产业（制造业）增加值 34.33 亿元，同比增长 28.1%，增速排全省第 2 位。

（四）进出口总额

2012—2016 年衢州市进出口总额在泛长三角所占比重分别为 0.23%、0.27%、0.31%、0.32% 和 0.32%，五年间稳中有升，2016 年较上年基本持平，五年累计增幅达 0.09 个百分点。2016 年衢州市进出口总额在泛长三角地区 41 个市排名第 25 位。

2016 年，全年全市实现进出口总额 281.89 亿元，同比增长 3.2%，其中，进口 79.94 亿元，增长 15.3%；出口 201.95 亿元，下降 0.9%。出口产品中，机电产品出口 54.55 亿元，增长 7.4%；高新技术产品出口

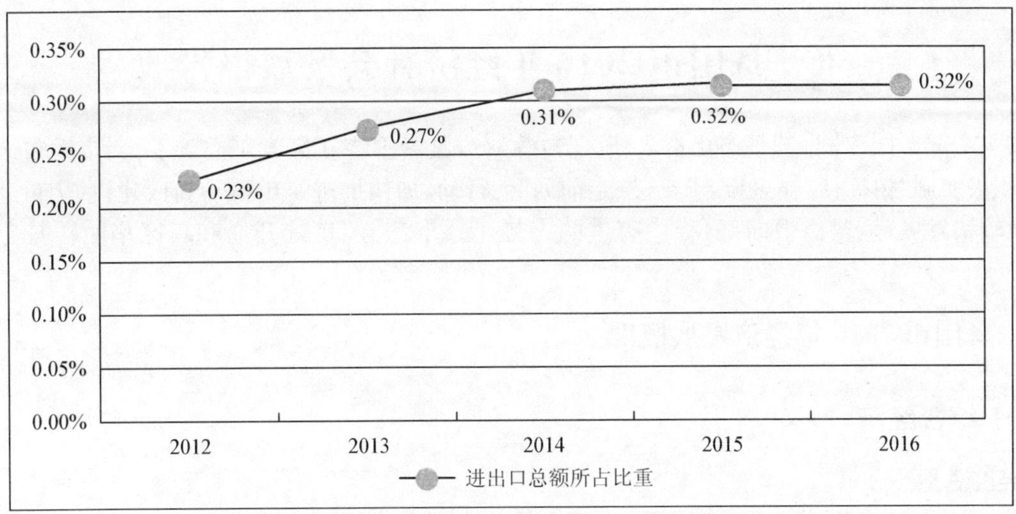

图 7　2012—2016 年衢州市进出口总额在泛长三角所占比重的变化趋势

114.09 亿元，增长 5.7%；化工医药产品出口 51.84 亿元，增长 1.5%；农产品及其加工产品 13.84 亿元，增长 3%；服装、纺织品出口 19.69 亿元，下降 4.8%。全年有出口实绩的企业 771 家，其中本年启动出口业务企业 141 家。

（五）实际外商直接投资金额

2012—2016 年衢州市实际外商直接投资金额在泛长三角所占比重分别为 0.07%、0.09%、0.09%、0.08%和 0.08%，呈现些许摆动，2016 年较 2015 年基本持平，较 2012 年增加了 0.01 个百分点。2016 年衢州市实际外商直接投资金额在泛长三角地区 41 个市中排名第 41 位，位置靠后，需解放思想，积极开拓“走出去，引进来”的对外贸易路线，以期较大地提升外商直接投资额。

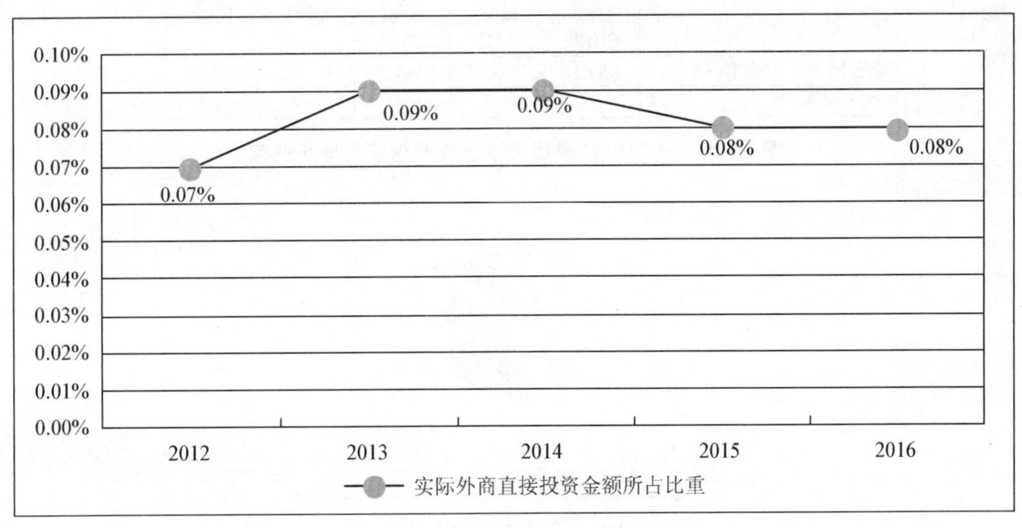

图 8　2012—2016 年衢州市实际外商直接投资金额在泛长三角所占比重的变化趋势

2016 年，到位市外资金 295 亿元，杉杉动力电池材料、锦禾农机等重大产业项目先后落地。着力强化创新驱动。出台“人才新政 28 条”，新引进“国千”和“省千”人才 4 名，新建院士工作站 4 个。支持创新载体建设，新增国家级众创空间 3 家，花园 258 被认定为省级科技企业孵化器。加强创新主体培育，设立科技创新引导基金，新增高新技术企业 41 家。国家知识产权试点城市建设通过考核。继衢海大厦之后，柯城未来村、集聚区 IT 公园先后落户杭州未来科技城。

十　舟山市 2016 年经济社会发展报告

2016 年，全市上下牢记建设舟山群岛新区势在必行，紧紧围绕新区党工委管委会、市委市政府的工作部署，积极实施“树标杆、补短板、求突破、走前列”大行动，加快推进舟山群岛新区建设，全市经济社会保持平稳较快发展，呈现稳中向好、稳中有进的态势，为“十三五”良好开局和新区华丽转身开了一个好头。

一、舟山市 2016 年经济发展概况

（一）综合经济

1. 经济总量

全年全市地区生产总值 1241.2 亿元，按可比价计算，比上年增长 11.3%。其中，第一产业增加值 126.71 亿元，增长 7.9%；第二产业增加值 510.04 亿元，增长 11.2%；第三产业增加值 604.45 亿元，增长 12.1%。第一产业增加值占地区生产总值的比重为 10.6%，第二产业增加值比重为 39.8%，第三产业增加值比重为 49.6%。按常住人口计算，人均地区生产总值 106364 元，约 16013 美元，增长 10.7%。全员劳动生产率 16.5 万元/人。

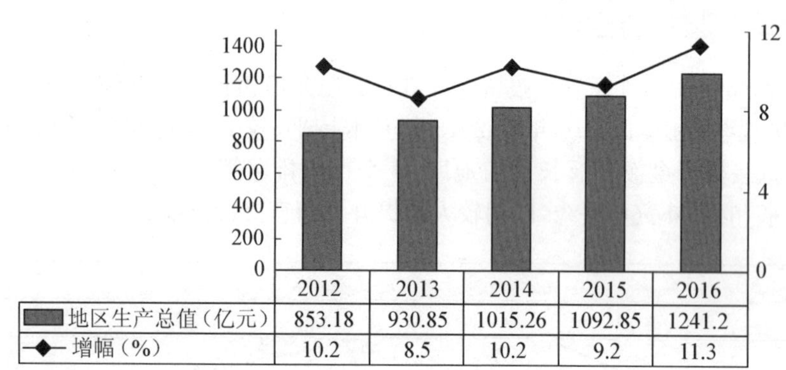

图 1　2012—2016 年舟山市地区生产总值及增长速度

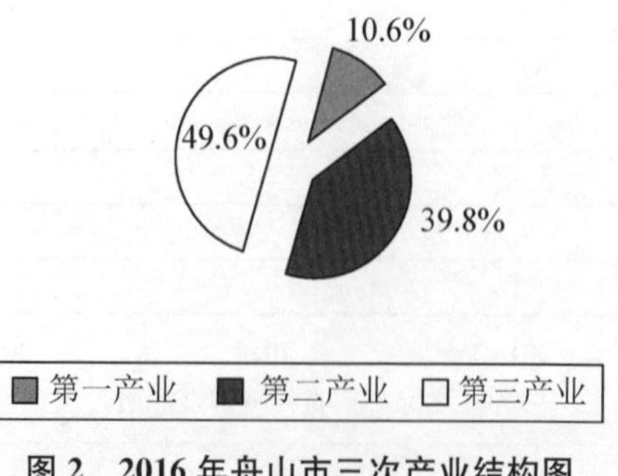

图 2　2016 年舟山市三次产业结构图

全年海洋经济总产出 2959 亿元，按可比价计算，比上年增长 12.3%；海洋经济增加值 862 亿元，增长 11.9%。海洋经济增加值占全市 GDP 的比重为 70.2%，比上年提高 0.2 个百分点。

2. 财政收支

全年财政总收入 173.29 亿元，比上年增长 8.3%，其中，一般公共预算收入 120.32 亿元，增长 10.1%。在一般公共预算收入中，国内增值税 16.11 亿元，增长 7.5%；改征增值税 9.93 亿元，增长 164.6%；企业

所得税 9.52 亿元,增长 8.6%;个人所得税 4.15 亿元,增长 18.3%;营业税 17.12 亿元,增长 0.2%。一般公共预算支出 250.54 亿元,增长 4.4%。其中,社会保障与就业支出增长 40.3%,城乡社区事务支出增长 16.3%,公共安全支出增长 15.8%,科学技术支出增长 15.2%,文化体育与传媒支出增长 11.5%。

3. 物价水平

全年居民消费价格比上年上涨 1.8%,其中,服务项目价格上涨 1.8%,消费品价格上涨 1.8%。商品零售价格上涨 1.0%。工业生产者出厂价格下降 2.5%;其中,化学原料制造业价格下降 20.0%,石油产品制造业价格下降 13.5%,塑料加工专用设备制造业价格下降 2.1%,水产品加工业价格下降 0.9%,船舶制造业价格下降 0.4%,海洋工程专用设备制造业价格下降 0.2%,船舶修理业价格上涨 1.9%,七大行业影响全市工业生产者出厂价格总水平下降约 2.0 个百分点。12 月份新建住宅销售价格同比上涨 2.5%,全年新建住宅销售价格比上年上涨 1.3%。

4. 固定资产投资

全年全市固定资产投资 1311.14 亿元,比上年增长 15.5%。其中,建筑安装工程投资 988.37 亿元,增长 19.4%;基础设施投资 627.72 亿元,增长 26.1%;民间投资 553.87 亿元,增长 4.0%。

从三次产业看,第一产业投资 8.59 亿元,比上年增长 0.5%。第二产业投资 362.23 亿元,比上年增长 13.8%。第三产业投资 940.32 亿元,比上年增长 16.4%。其中,水利环境公共设施管理业投资 303.56 亿元,增长 52.5%;文教卫体娱乐业 46.70 亿元,增长 10.0%;高技术服务业投资 25.48 亿元,增长 22.7%;生态保护和环境治理业投资 9.28 亿元,增长 53.9%。

(二) 农林牧渔业

全年农林牧渔业增加值 130.49 亿元,比上年增长 8.0%。其中,渔业增加值 120.19 亿元,增长 8.8%;农业增加值 7.80 亿元,增长 4.9%;牧业增加值 1.88 亿元,下降 16.9%;林业增加值 0.13 亿元,下降 0.2%。

全年农作物播种面积 18.10 千公顷,比上年增长 2.6%。其中,粮食作物播种面积 6.64 千公顷,增长 8.6%。粮食产量 3.60 万吨,增长 12.5%;蔬菜产量 13.10 万吨,增长 1.4%;水果产量 7.22 万吨,下降 1.6%。

年末生猪存栏 4.89 万头,比上年末下降 42.1%;家禽存栏 49.28 万只,下降 25.6%。全年肉类总产量 1.36 万吨,下降 32.1%;其中,猪肉产量 1.10 万吨,下降 35.3%。鸡鸭鹅蛋产量 4025 吨,下降 13.3%。

全年水产品总产量 190.25 万吨,比上年增长 7.8%。其中,远洋渔业产量 53.88 万吨,增长 15.8%。全市年末海水养殖面积 5623 公顷,下降 2.7%;海水养殖产量 18.13 万吨,增长 27.9%。

年末全市有无公害农产品 91 个(国家级)、无公害养殖水产品 30 个(国家级)、绿色食品 27 个。全市有省级无公害农产品产地 82 个,面积 12.59 万亩;省级无公害水产品产地 27 个,面积 1.14 万亩。

年末有机动渔船 7629 艘,比上年末减少 129 艘。其中,生产渔船 6554 艘,减少 144 艘;辅助渔船 1075 艘,增加 15 艘。渔船总吨位 118.50 万吨,比上年增长 3.2%。其中,生产渔船总吨位 93.57 万吨,增长 1.5%;辅助渔船总吨位 24.94 万吨,增长 10.4%。渔船总功率 166.73 万千瓦,增长 2.4%。其中,生产渔船 129.77 万千瓦,增长 0.4%;辅助渔船 36.96 万千瓦,增长 9.8%。

(三) 工业、盐业和建筑业

1. 工业增加值

全年全市工业总产值 2465.44 亿元,比上年增长 14.5%。规模以上工业总产值 1920.21 亿元,增长 15.4%;其中,临港工业总产值 1655.75 亿元,增长 16.9%,占规上工业总产值的比重为 86.2%。规上工业销售产值 1881.45 亿元,增长 15.7%;工业产销率 98.0%。规模以上工业增加值 403.34 亿元,按可比价计算，比上年增长14.2%。规上船舶修造业总产值997.76亿元，增长19.0%；规上石油化工业总产值337.51亿元，增长24.8%；规上水产品加工业总产值200.52亿元，增长9.2%。规模以上工业中，重工业总产值1586.00亿元，增长17.8%；轻工业总产值334.21亿元，增长5.4%；重轻工业比为82.6：17.4。全市规上工业大中型企业实现工业总产值1270.58亿元，增长15.9%，占规上工业的比重达66.2%；年产值超亿元企业184家，比上年末增加6家，全年实现工业总产值达1829.78亿元，增长17.4%，占规上工业总产值的95.3%。

全市规模以上工业企业资产总计1717.87亿元，比上年增长3.8%。实现利税总额51.43亿元，增长64.8%；其中利润总额27.28亿元，增长110.7%。

2. 盐业

全年盐田生产面积1417.81公顷，比上年下降5.9%。全年生产原盐3.47万吨，下降15.3%；销售原盐3.93万吨，下降31.7%。

3. 建筑业

全年全社会建筑业增加值116.80亿元，按可比价计算，比上年增长5.6%。年末全市具有资质等级的总承包和专业承包建筑业企业153家，比上年增加5家，实现总产值267.64亿元，增长18.1%；建筑(房屋)施工面积1392.35万平方米，下降5.5%，其中新开工面积400.08万平方米，增长17.4%。

(四) 服务业

1. 国内贸易

全年全市社会消费品零售总额457.40亿元，比上年增长11.2%。从限额以上批发零售业商品零售类别看，粮油、食品类实现零售额23.97亿元，增长32.6%；汽车类实现零售额27.69亿元，增长8.6%；中西药品类零售额10.02亿元，增长17.4%，其中中草药及中成药类零售额增长12.6%。全年批发零售业商品销售总额2462.10亿元，增长24.7%。其中，批发业销售额2014.90亿元，增长27.1%；零售业销售额447.20亿元，增长15.0%。住宿餐饮业营业额101.54亿元，增长17.8%。其中，住宿业营业额28.99亿元，增长16.0%；餐饮业营业额72.56亿元，增长18.5%。

全年全市实现网络零售额20.94亿元，比上年增长74.3%。居民网络消费总额103.37亿元，增长28.7%。

大宗商品交易所全年完成网上电子交易额2.52万亿元，比上年增长81.1%；入驻企业完成现货贸易额436亿元，增长27.9%。全市保税燃料油直供量106.4万吨，结算量331.2万吨。

年末全市有商品交易市场128个；其中，消费品市场121个，生产资料市场7个。全年商品交易市场成交额256.11亿元，比上年增长9.5%。其中，船舶交易市场成交额37.00亿元，增长5.4%；船用商品交易市场成交额4.10亿元，增长14.8%。

2. 交通运输、邮电

全年全市交通运输、仓储和邮政业实现增加值126.55亿元，按可比价计算，比上年增长8.5%。全年水路货运量20932万吨，增长12.9%，水路货运周转量2677.74亿吨千米，增长13.0%；水路客运量2589万人，增长2.9%，水路客运周转量4.49亿人千米，增长2.2%。公路货运量7244万吨，增长11.2%，公路货运周转量130.54亿吨千米，增长9.4%；公路客运量2644万人，下降7.5%，公路客运周转量10.84亿人千米，下降2.5%。普陀山机场全年完成客运量80.09万人，增长24.2%；货邮运量(不包括行李)319.1吨，下降0.2%。年末全社会民用车辆拥有量17.31万辆，比上年末下降1.8%，其中，小型客车拥有量12.21万辆，增长16.6%；摩托车拥有量3.01万辆，下降41.3%。

年末全市有海上运输船舶1472艘，运力554.77万载重吨，比上年末增长2.4%。其中，万吨级以上船舶137艘，比上年末增加10艘，运力298.46万载重吨，占全市总运力的比重为53.8%。年末全市有舟山户籍运输船海员3.89万人，比上年末增长0.9%。

全年舟山港域港口货物吞吐量42590万吨，比上年增长12.3%；其中，外贸货物吞吐量13168万吨，增长10.6%。从主要品种看，石油及天然气吞吐量6396万吨，增长29.2%；粮油类吞吐量868万吨，增长2.2%；金属矿石吞吐量14362万吨，增长3.7%；煤炭及制品吞吐量2601万吨，下降3.6%。全年集装箱吞吐量86.87万标箱，增长8.3%；其中出口44.30万标箱，增长10.8%。年末全市有生产性泊位287个，其中万吨以上深水泊位57个。

全年邮电业务收入15.77亿元，比上年增长6.2%。年末全市固定电话用户32.82万户，比上年末下降9.6%；移动电话用户162.10万户，下降3.3%；年末邮路长度1146千米，增长0.2%；宽带网用户45.85万户，增长14.7%。

3. 旅游业

年末全市有旅行社148家，比上年末增加3家。全市有星级宾馆34家，客房3525间，床位6047张，星级宾馆客房入住率为48.5%。全市有A级景区15个；其中，5A级景区1个，4A级景区3个。全年接待国内外游客共4610.61万人次，比上年增长18.9%；其中，接待国际游客33.92万人次，增长5.2%。从主要景区看，普陀山景区接待游客749.69万人次，增长12.9%；朱家尖景区接待游客647.96万人次，增长16.1%；桃花岛景区接待游客253.93万人次，增长10.7%。全年实现旅游总收入661.62亿元，增长19.8%。

4. 金融和保险

年末全市有各类金融机构64家。其中，银行业机构26家，保险业机构19家，证券业营业部9家，小额贷款公司10家。年末金融机构本外币存款余额1915.84亿元，比上年末增长7.0%，其中住户存款725.97亿元；金融机构本外币贷款余额1521.82亿元，比上年末增长1.5%。金融机构融资总量余额2692.90亿元，比年初新增8.62亿元。其中，市内银行融资总量余额1751.82亿元，比年初减少7.27亿元；市外金融机构融资余额941.08亿元，比年初新增15.89亿元。

全年保险公司保费收入29.27亿元，比上年增长19.4%。其中，财产险保费收入12.22亿元，增长5.7%；人身险保费收入17.05亿元，增长31.7%。保险公司赔款支出9.40亿元，增长8.7%；保险公司给付支出2.91亿元，增长23.4%。

5. 房地产业

全年房地产开发投资171.89亿元，比上年下降11.2%。其中，住宅投资122.21亿元，下降2.9%；办公楼投资4.93亿元，下降19.1%；商业营业用房投资13.20亿元，下降30.6%。全年房屋竣工面积200.51万平方米，增长104.6%。商品房销售面积152.54万平方米，增长46.9%。其中，住宅销售136.47万平方米，增长50.9%；商业营业用房11.76万平方米，增长58.2%；办公楼3.15万平方米，下降29.8%。年末商品房待售面积119.30万平方米，增长11.2%。

（五）对外经济

1. 对外贸易

全年全市外贸进出口总额（含保税仓库货物）696.11亿元，比上年下降4.2%。其中，进口总额282.33亿元，下降17.5%；出口总额413.78亿元，增长7.6%。全年水产品出口额58.56亿元，增长20.7%；造船出口额138.94亿元，下降3.2%；修船出口额30.89亿元，下降26.5%；油品出口额85.83亿元，下降11.4%。

2. 外资状况

全年新批设立外商投资企业25家，投资总额14.67亿美元，比上年增长190.3%；合同外资金额8.77亿美元，增长129.9%；实际使用外资金额2.10亿美元，增长169.7%。新设境外投资项目10个，其中增资项目6个，中方投资额2.43亿美元，增长505.2%；境外承包工程劳务合作营业额4.27亿美元，下降23.1%。新引进市外企业2645家，比上年增加2159家。

3. 口岸经济

全年舟山口岸进出口货运量 11853 万吨，比上年增长 11.7%。其中，进口货运量 11235 万吨，增长 12.3%；出口货运量 618 万吨，增长 1.0%。年末舟山口岸对外开放陆海域面积 1344.8 平方千米，比上年增加 42.8 平方千米。

二、舟山市 2016 年社会发展概况

（一）人口、人民生活

年末全市家庭总户数 36.71 万户，户籍人口 97.33 万人。按性别分，男性 48.05 万人，女性 49.28 万人。全年户籍出生人数 6515 人，死亡人数 6631 人，人口自然增长率－0.12‰。年末全市常住人口 115.8 万人，城镇化率 67.5%，比上年末提高 0.6 个百分点。

全年全体常住居民人均可支配收入 41564 元，比上年增长 8.7%。城镇常住居民人均可支配收入 48423 元，增长 8.0%；城镇常住居民人均生活消费支出 30762 元，增长 2.1%。全年渔农村常住居民人均可支配收入 28308 元，增长 9.3%；渔农村常住居民人均生活消费支出 19468 元，增长 10.5%。城镇、渔农村居民收入比为 1.71∶1。城镇居民恩格尔系数为 31.1%，比上年上升 0.6 个百分点；渔农村居民恩格尔系数为 34.0%，比上年下降 0.7 个百分点。年末城镇居民人均现住房建筑面积 34.74 平方米，渔农村居民人均现住房建筑面积 51.63 平方米。

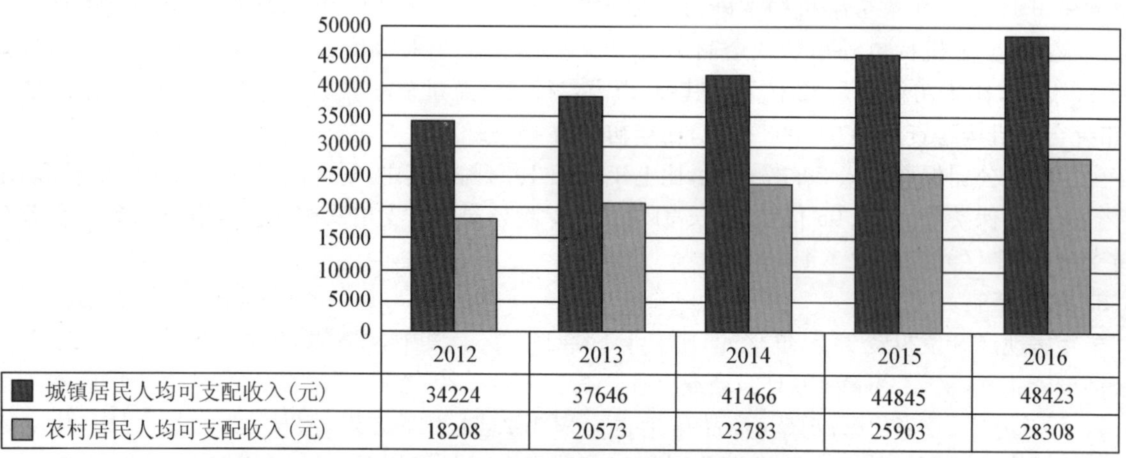

	2012	2013	2014	2015	2016
城镇居民人均可支配收入(元)	34224	37646	41466	44845	48423
农村居民人均可支配收入(元)	18208	20573	23783	25903	28308

图 3　2012—2016 年舟山市城乡居民收入对比一览

（二）就业与社会保障

1. 就业

全年新增城镇就业人员 16783 人，城镇登记失业率为 2.98%。

2. 社会保障

年末全市参加基本养老保险人数（包括职工和城乡居民）81.14 万人，基本医疗保险参保人数（包括职工和城乡居民）95.55 万人，失业保险参保人数 21.41 万人，工伤保险参保人数 33.99 万人，生育保险参保人数 21.13 万人。

年末全市有养老机构 93 家，共有床位数 10245 张。城镇“三无”对象集中供养率 100%，渔农村“五保”老人集中供养率 98.09%。城乡居民得到政府最低生活保障人数 12959 人；其中，城镇低保对象 1982 人，渔农村低保对象 10975 人。城乡低保对像最低生活补助标准每人每月 664 元（其中，普陀山镇低保对象最低生活补贴标准为每人每月 700 元）。

（三）教育和科学技术

1. 教育事业

年末有普通高等院校4所，全年招生7819人，毕业学生6524人，在校学生24521人；成人高校1所，全年招生1404人，毕业学生2057人，在校学生4524人；中等职业学校4所，全年招生2635人，毕业学生2384人，在校学生7897人；普通高中14所，全年招生3842人，在校学生11121人；普通初中28所，全年招生6811人，在校学生20297人；普通小学56所，全年招生8171人，在校学生48122人；幼儿园129所，全年招生8904人，在园幼儿26935人。全市3—5周岁幼儿入园率99.75%，小学毕业生升学率100%，初中升高中段比例99.58%，高中段教育毛入学率96.4%，高等教育毛入学率70.86%。在各类学校就读的外来人口子女17921人，其中，公办学校13180人，民办学校4741人。

2. 科技与品牌

全年组织实施各级各类科技项目523项；其中，国家级20项，省级248项。申请专利3544件，授权专利1836件；其中，申请发明专利1529件，授权发明专利497件。年末全市有高新技术企业66家，省级创新型试点、示范企业13家，省级科技型企业464家，省级农业科技企业86家，省级高新技术研发中心44家，省级农业科技企业研发中心32家。

年末全市有浙江名牌33个；其中，工业名牌16个，农业名牌9个，服务名牌7个。截止年末，全市拥有各类注册商标5501件；其中，中国驰名商标11件，省著名商标93件，市著名商标138件，地理标志（包括证明、集体）商标19件。

（四）文化、卫生和体育

1. 文化事业

年末全市有文化艺术表演团体62个，艺术表演场所6处，文化馆5个，文化站35个，公共图书馆5个，藏书184.44万册。年末全市有线电视用户数30.87万户，其中数字电视用户数30.75万户。广播人口综合覆盖率100%，电视人口综合覆盖率100%。

2. 卫生事业

年末全市有医疗卫生机构（含村卫生室）697家；其中，医院29家，社区卫生服务中心（卫生院）39家，社区卫生服务站136家。医疗机构开放床位5510张。卫生技术人员（含村卫生室）8872人；其中，执业（助理）医师3422人，注册护士3348人。全年累计报告传染病（甲乙丙类）4907例，报告发病率425.95/10万。全市5岁以下儿童死亡率2.87‰，婴儿死亡率1.75‰，均低于全省平均水平。免费婚检率89.58%，计划生育率99.19%，综合节育率83.39%。

3. 体育事业

全年全市共送戏下乡356场，送书10万余册，放映公益电影5114场次，全年全市共有39件群众文艺作品获省级以上奖项。新建全民健身路径73条、各类体育健身场所39个，培训社会体育指导员、教练员900余名；利用学校体育场地吸纳健身群众68.99万余人次。全年全市体育彩票销量6.92亿元，较2015年同期增长9.72%。

（五）城市建设和新渔农村建设

年末全市城市建成区面积72.81平方千米，实有城市道路面积1384.25万平方米，建成区绿地率35.1%，人均公园绿地面积14.11平方米。全市城区生活垃圾分类覆盖面达到68%。舟山生活垃圾焚烧发电厂二期工程建设完成并投入运营，城市生活垃圾无害化处理率100%。全年新建污水管网49.32千米，河湖库塘清污（淤）量174.0万方，清淤排水管网300千米，修复改造管网174.8千米，中心城区污水处理率92.86%。全年城区排水管道长度1162千米，供水总量5732万立方米，液化石油气供气总量

3.2万吨,天然气供气总量3380万立方米。

年末全市渔农村集体资产股份合作制改革完成率99.02%,股权证发放率98.02%,定海区、岱山县全域完成股改。全年新启动股权质押贷款试点村21个,全市发放股权质押贷款59笔,总额431万元,增长1723%;渔农村产权交易平台交易130宗,成交额4317万元,增长537%。全市创建美丽渔(农)村精品(特色)社区(村)11个,共完成社区建设项目104个,投入资金3700余万元,完成20个美丽村口建设。普陀区展茅街道被省农业厅列入2016年特色农业强镇创建名单,创建普陀东港茶叶精品园、岱山岱西葡萄精品园等2个景观化现代农业园区;全市新建成蔬菜基地2056亩,改造提升1070亩。

全市新开工棚户区改造安置住房(含货币化安置)14875套,基本建成保障性安居工程住房(含货币化安置)共15446套,竣工保障性安居工程住房14310套;交付保障性安居工程住房13439套,新增低收入住房保障租赁补贴家庭199户。累计完成危房治理改造共810幢、120.6万平方米。

"三改"、"一拆"分别完成423.67万平方米、124.85万平方米,拆后土地利用率80%,完成"蓝色屋面"整治工作。新建改造城市道路7千米、新建联网路1条、完成3个旧小区停车位改造270个、新增专用停车位3332个和新增公共自行车710辆。

(六) 能源和环境

全年规模以上工业单位工业增加值能耗比上年下降8.2%。全社会用电量48.91亿千瓦时,比上年增长6.3%。其中,工业用电23.47亿千瓦时,增长0.1%;城乡居民生活用电9.17亿千瓦时,增长15.2%。

全年PM2.5年平均浓度为25 μg/m³,日空气质量(AQI)优良天数比例94.2%,列全国各大城市第二位。全市县级以上集中式饮用水源水质达标率100.0%,水环境功能区水质达标率90%。区域环境噪声平均等效声级51.3分贝,烟尘控制区总面积55.65平方千米。年末优质林建成面积57.5万亩,全年有效灌溉面积15.22千公顷,节水灌溉面积8.13千公顷。

全市达到一、二类海水水质标准的海域面积占38.4%,比上年提高8.8个百分点;四类和劣四类海水海域面积占57.2%,比上年下降4.4个百分点;近岸海域环境功能区达标率10.0%。全年舟山海域共发生赤潮10次,累计赤潮面积1650平方千米。

(七) 社会安全

全年全市共发生各类生产安全事故107起,亿元GDP生产安全事故死亡率0.074,比上年降低0.016。全年共发生道路交通事故569起,死亡人数114人,交通事故损失额177.91万元。全年共发生火灾事故38起,损失额177.55万元。

根据2016年度"平安浙江"建设人民群众安全感调查结果显示,舟山市人民群众安全感满意率为97.75%,知晓率为85.7%,参与率为47.9%。

三、舟山市在泛长三角地区经济发展中的地位

2016年以来,全市上下认真贯彻落实五大发展理念,坚定不移推进供给侧结构性改革,紧紧围绕新区党工委管委会、市委市政府的工作部署,积极实施"树标杆、补短板、求突破、走前列"大行动,全市经济保持平稳较快增长,发展质量稳步提高,呈现稳中向好、稳中有进的态势,为"十三五"良好开局和新区华丽转身开了一个好头。

(一) 地区生产总值

2012—2016年舟山市地区生产总值在泛长三角地区占比分别为0.666%、0.666%、0.667%、0.672%和0.696%,2016年出现大幅增加,较2015年增加了0.024个百分点。2016年舟山市地区生产总值在泛长三角地区41个市排名第32位,较2015年上升了一位。

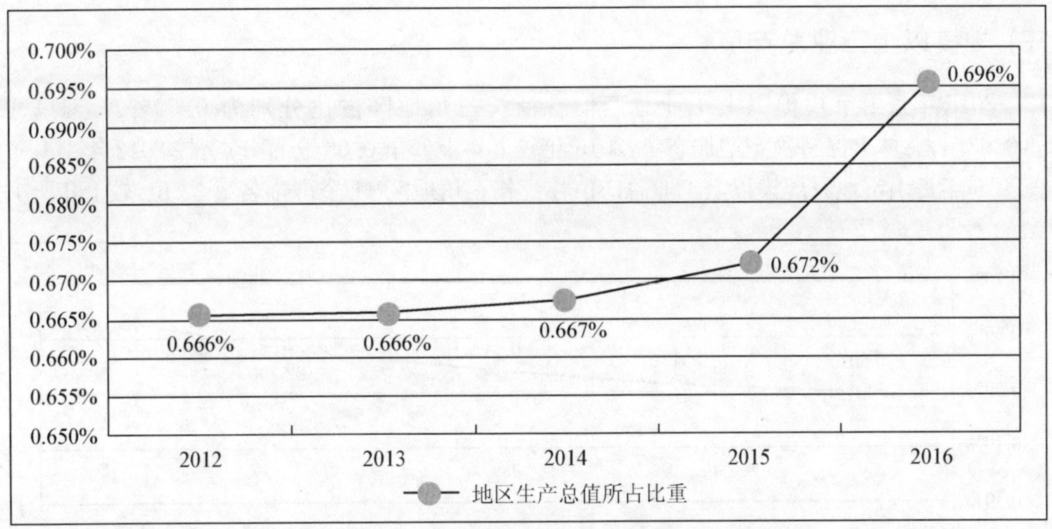

图4　2012—2016年舟山市地区生产总值在泛长三角
(苏浙两省24个地级市、安徽省16个地级市和上海市,下同)所占比重的变化趋势

2016年实现地区生产总值1228.51亿元,按可比价格计算,比上年增长11.3%,增速位列全省各市首位,且是唯一一个保持两位数增长的市。三次产业结构比例为10.6∶39.8∶49.6,与上年相比,第三产业占比提高0.9个百分点,第二产业下降0.3个百分点。第一产业增加值130.00亿元,增长7.9%。第二产业增加值489.34亿元,增长11.2%。第三产业增加值609.17亿元,增长12.1%。

(二)地方财政一般预算收入

2012—2016年舟山市地方财政一般预算收入在泛长三角地区占比分别为0.62%、1.17%、0.59%、0.58%和0.57%,2016年较上年减少了0.01个百分点,较2012年减少了0.05个百分点。2016年舟山市地方财政一般预算收入在泛长三角地区41个市排名第31位,较上年下降一位。

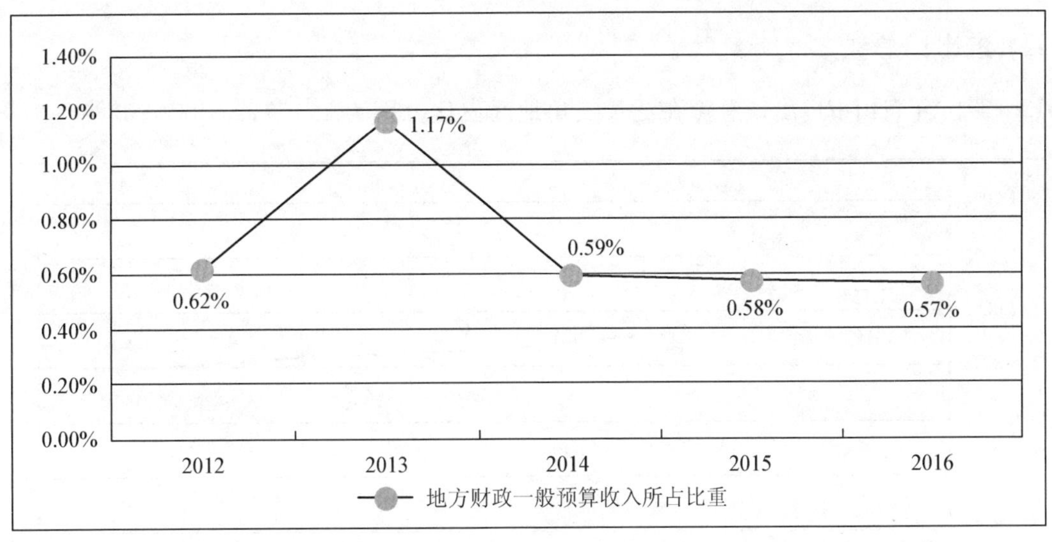

图5　2012—2016年舟山市地方财政一般预算收入在泛长三角所占比重的变化趋势

2016年,全市实现财政总收入173.29亿元,同比增长8.3%,其中一般公共预算收入120.32亿元,增长10.1%。一般公共服务、公共安全、教育、科技、社保就业、卫生计生、节能环保、城乡社区等八项财政民生支出占一般公共预算支出的52.0%,同比提高3.6个百分点。

(三) 规模以上工业总产值

2012—2016 年舟山市规模以上工业总产值在泛长三角地区占比分别为 0.50%、0.51%、0.54%、0.57%和 0.63%，总体上保持稳定增加态势，2016 年较上年上升了 0.06 个百分点，较 2012 年上升了 0.13 个百分点。2016 年舟山市地方规模以上工业总产值在泛长三角地区 41 个市排名第 32 位，较上年上升两位。

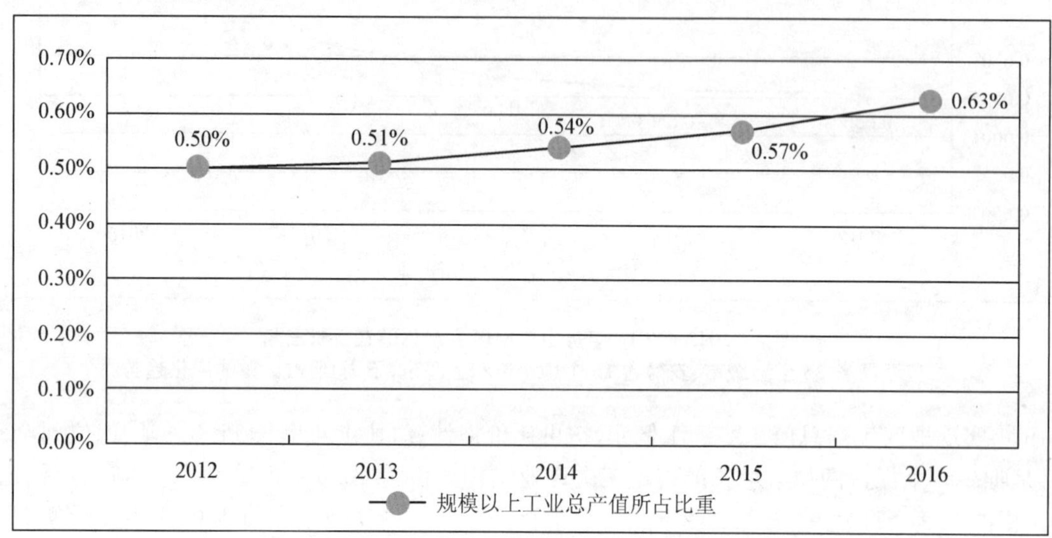

图 6　2012—2016 年舟山市规模以上工业总产值在泛长三角所占比重的变化趋势

2016 年，全市第二产业增加值 489.34 亿元，同比增长 11.2%，其中工业增加值增长 13.1%。全市规上工业总产值 1920.21 亿元，增长 15.4%，实现增加值 403.34 亿元，增长 14.2%，增加值增幅位列全省首位，高于全省 8.0 个百分点。分行业看，规上工业总产值占比排名前二的船舶修造业、石油化工业分别增长 19.0%和 24.8%，高出规上工业总产值增速 3.6 个和 9.4 个百分点，拉动规上工业总产值增长 9.6 个和 4.0 个百分点，合计贡献率达到 88.4%。

(四) 进出口总额

2012—2016 年舟山市进出口总额在泛长三角地区占比分别为 1.15%、0.92%、0.86%、0.84%和

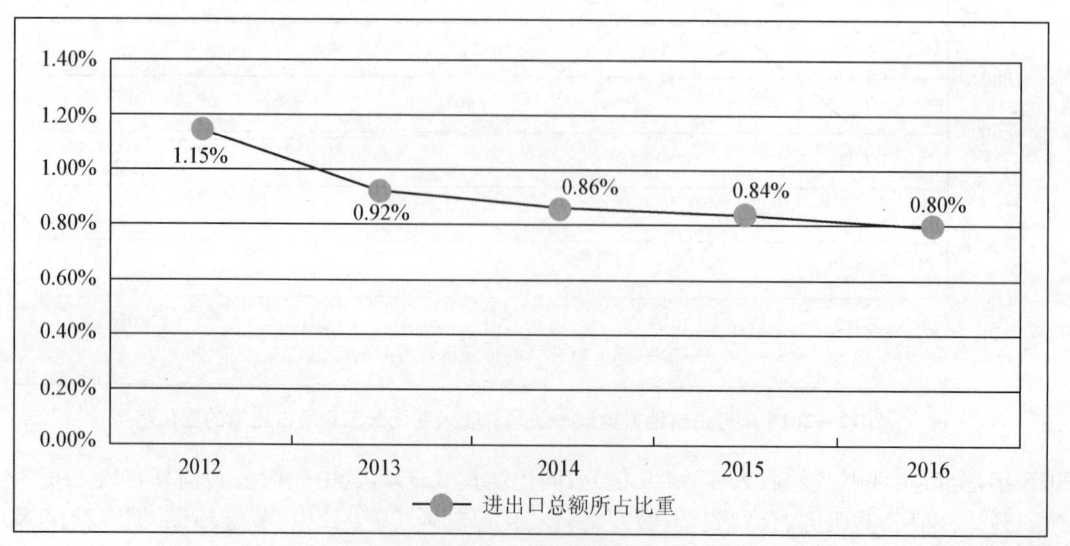

图 7　2012—2016 年舟山市进出口总额在泛长三角所占比重的变化趋势

0.80%,2016 年较上年减少了 0.04 个百分点,较 2012 年减少了 0.12 个百分点。2016 年舟山市进出口总额在泛长三角地区 41 个市排名第 15 位。

2016 年,全市外贸进出口总额约 695.27 亿元,同比下降 4.4%,比上年回落 0.3 个百分点。其中外贸出口额约 412.94 亿元,增长 7.4%,比上年回落 0.8 个百分点;进口总额约 282.33 亿元,下降 17.5%,比上年下滑 2.6 个百分点。

2016 年,全市外贸出口额 413.78 亿元,占全国出口份额为 3.0‰,圆满完成省和市对外贸出口高于 2.7‰和 400 亿元的考核目标;同比增长 7.6%,增速位列全省第四,仅次于杭州、嘉兴、湖州。

(五) 实际外商直接投资金额

2012—2016 年舟山市实际外商直接投资金额在泛长三角地区占比分别为 0.25%、0.28%、0.27%、0.11%和 0.27%, 2016 年逆势上扬,2016 年较上年增加了 0.16 个百分点,较 2012 年增加了 0.02 个百分数。2016 年舟山市实际外商直接投资金额在泛长三角地区 41 个市排名第 37 位,较上年上升了三位。

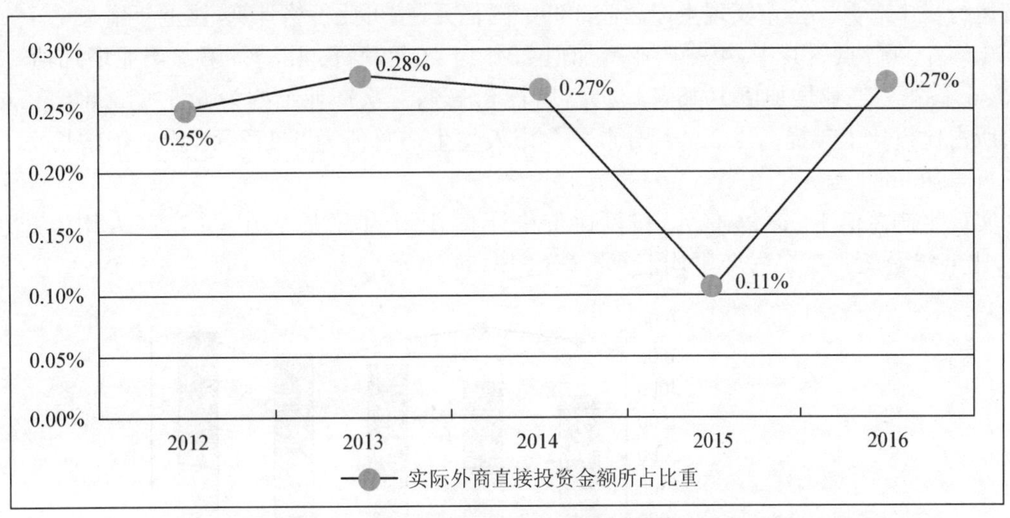

图 8　2012—2016 年舟山市实际外商直接投资金额在泛长三角所占比重的变化趋势

2016 年,全市引进外资项目 25 个,比上年同期增长 31.6%;实际利用外资 21017 万美元,增长 169.7%。

2016 年 1—12 月,全市新设立外商投资企业 25 家,同比增长 31.6%,其中中外合资 14 家,外商独资 11 家;实际使用外资金额 2.1 亿美元,同比增长 169.7%。呈现如下新特点:

一是外商投资审批改革制度红利初显。从 10 月份外商投资企业审批改为备案制后,外商投资企业设立与变更事项通过备案率 93.9%,外商投资便利度大幅提升。2016 年度,通过备案设立的外商投资企业 7 家,其中融资租赁企业 3 家、居家养老和老龄养老项目 2 家。

二是舟山港综合保税区外资集聚地和外贸改革试点成效进一步凸显。注册在综保区的外商投资企业 16 家,投资总额 9.3 亿美元,合同外资金额 7.4 亿美元,分别占全市比重的 64%、59%和 77.5%。区内注册的从事葡萄酒、冻牛肉、船舶配件、燃料油等批发零售业务的国际贸易类外商投资企业实际使用外资占全市比重为 70.3%。

三是外资来源地进一步拓展丰富。通过主动走出去搭建境外引资平台,举办希腊、德国海事展系列活动,成功引进 2 家来自希腊的船配投资项目,希腊和摩纳哥成为全市新增外资来源地。另外,投资来源地仍以香港为主,港资项目、合同港资、实际到位港资分别占全市的 72%、44%和 93.8%。

四是外资设立方式进一步多样化。以外引外项目 2 个,投资总额 3.97 亿美元,合同外资 1.3 亿美元,分别占全市的 25.2%和 13.9%;并购方式设立 4 个,投资总额 5.8 亿美元,合同外资 4.7 亿美元,分别占全市的 37%和 53%;浙商回归方式设立项目 9 个;外方股东贷款项目 1 个。

十一　台州市 2016 年经济社会发展报告

2016 年，全市人民在市委、市政府的正确领导下，深入贯彻落实党的十八大和十八届三中、四中、五中、六中全会精神，紧紧围绕“跻身全省经济总量第二方阵”总目标，积极主动适应经济新常态，坚定不移推进供给侧结构性改革，统筹抓好稳增长、促改革、调结构、惠民生、防风险各项政策措施，全市经济平稳健康发展，转型升级取得新进展，民生质量不断提高，社会发展和谐稳定，实现了“十三五”发展的良好开局。

一、台州市 2016 年经济发展概况

（一）综合经济

1. 经济总量

经济运行稳中有升。全市实现生产总值 3898.66 亿元，按可比价格计算，比上年增长 7.7%，增幅比上年提高 1.3 个百分点。其中，第一产业增加值 254.14 亿元，增长 4.3%；第二产业增加值 1695.8 亿元，增长 7.6%；第三产业增加值 1948.73 亿元，增长 8.1%；三次产业结构为 6.6∶42.8∶50.6，第三产业增加值所占比重比上年提高 1.2 个百分点。全市人均生产总值为 64172 元，比上年增长 7.4%，按年平均汇率折算达 9661 美元。

市区实现生产总值 1395.24 亿元，按可比价格计算，比上年增长 7.0%。市区人均生产总值达到 87370 元，比上年增长 6.5%，按年平均汇率折算达 13154 美元。

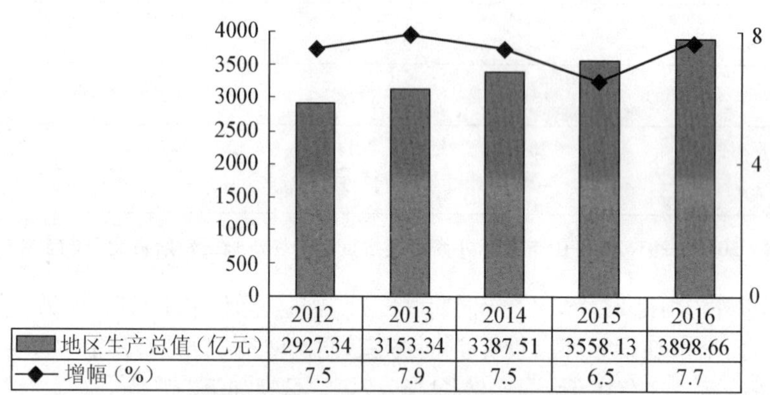

	2012	2013	2014	2015	2016
地区生产总值（亿元）	2927.34	3153.34	3387.51	3558.13	3898.66
增幅（%）	7.5	7.9	7.5	6.5	7.7

图 1　2012—2016 年台州市地区生产总值及增长速度

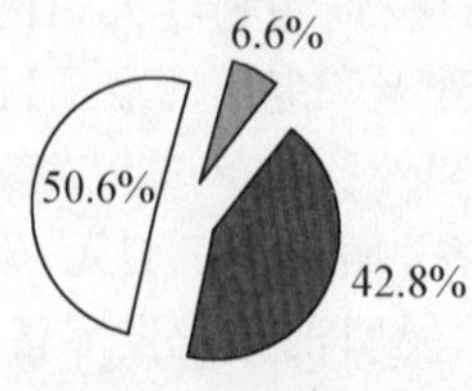

图 2　2016 年台州市三次产业结构图

2. 财政收入

2016 年，全市公共财政一般预算总收入 583.83 亿元，比上年增长 8.0%；其中地方财政一般预算收入 343.28 亿元，增长 10.7%。

3. 物价水平

市场物价保持稳定。2016年台州市居民消费价格总水平比上年上升1.7%,其中消费品价格上升1.7%,服务价格上升1.8%。工业生产者出厂价格比上年下降2.1%,工业生产者购进价格比上年下降1.6%。

4. 固定资产投资

固定资产投资增长较快。全市固定资产投资施工项目5015个,其中新开工项目3423个。全年固定资产投资总额2272.63亿元,比上年增长13.9%。其中第一产业完成投资19.96亿元,增长70.6%;第二产业完成投资877.93亿元,增长6.8%;第三产业完成投资1374.75亿元,增长18.2%。固定资产投资中,工业性投资876.02亿元,比上年增长7.3%;基础设施投资756.86亿元,增长24.8%;民间投资1415.36亿元,增长4.7%。

重点工程建设取得新突破。仙居抽水蓄能电站、巨科铝轮毂一期正式投产,三门核电站1号机组进入性能测试最后阶段;杭绍台铁路、杭绍台高速、台州市域铁路S1线一期工程、路泽太高架、朱溪水库、台州市引水工程等一大批项目开工建设;沿海高速、金台铁路、吉利豪情迁建项目、航天科技彩虹无人机、中车产业园等项目顺利推进。

(二) 农业建设

农业生产保持稳定。全市实现农林牧渔业总产值451.03亿元,按可比价格计算,比上年增长4.4%。其中,农业产值147.48亿元,增长3.5%;林业产值6.45亿元,增长3.6%;牧业产值34.79亿元,增长4.5%;渔业产值258.10亿元,增长5.0%;农林牧渔服务业产值4.21亿元,增长7.4%。

全年农作物总播种面积211.04千公顷,比上年增长2.1%。全市粮食作物播种面积97.28千公顷,比上年增长1.0%;全年粮食总产量63.07万吨,比上年增长3.8%,每公顷单产为6484公斤,比上年增长2.8%。全市非粮作物播种面积113.76千公顷,比上年增长3.0%。粮食作物与非粮食作物播种面积的比例为46.1∶53.9。全年蔬菜产量204.58万吨,比上年增长4.3%;油料产量1.44万吨,下降8.1%;水果产量136.05万吨,增长3.6%。

全市完成造林更新面积1587公顷,其中人工造林面积901公顷。年末实有封山育林面积11.8千公顷。全市有林地面积623.04千公顷,森林覆盖率为60.3%。全市有自然保护区(含小区)35个,面积10.18千公顷。

全年生猪出栏93.03万头,比上年增长6.2%,家禽出栏1634.93万只,增长11.2%。全年肉类总产量12.09万吨,比上年增长9.5%,其中猪肉产量9.27万吨,增长7.9%。禽蛋产量3.46万吨,下降10.3%。

全年水产品产量165.39万吨,比上年增长5.4%。其中海洋捕捞产量114.09万吨,增长3.5%;海水养殖产量44.13万吨,增长8.1%。

全市注册登记的农民专业合作社1.25万家,其中省级示范性专业合作社131家。全市共认证有机食品42个,绿色食品193个,国家无公害农产品255个,浙江省无公害农产品产(基)地255个。市级农业龙头企业共有241家,省级农业龙头企业41家。

农业生产条件进一步改善。全市完成河道疏浚清淤1314万立方米,其中市区571万立方米,治理水土流失面积39.36平方千米,新增防渗渠道191千米,新增节水灌溉面积3653公顷。年末全市拥有农业机械总动力293.05万千瓦,全年农村用电量109.09亿千瓦时。

(三) 工业和建筑业

1. 工业经济

工业生产稳中有进。全市实现工业增加值1414.03亿元,按可比价格计算,比上年增长8.6%。全市年主营业务收入2000万元及以上工业企业(以下简称规模以上工业企业)家数为3597家,实现工业增加值894.64亿元，比上年增长8.3%。

全市规模以上轻工业实现工业增加值325.53亿元，比上年增长2.4%，占规模以上工业增加值的36.4%；重工业实现工业增加值569.10亿元，增长11.7%，所占比重为63.6%。

全市规模以上工业增加值总量排在前五位的行业中，通用设备制造业、电力热力生产供应业、汽车制造业、医药制造业、橡胶和塑料制品业分别完成工业增加值111.83亿元、111.55亿元、93.0亿元、92.86亿元和84.86亿元，分别比上年增长13.5%、18.2%、28.2%、0.8%和4.8%。

全市规模以上工业企业产品产销率为94.2%，新产品产值1409.03亿元，比上年增长17.2%，新产品产值率为33.5%，比上年提高3.0个百分点。

全市规模以上工业企业实现利税总额（不含台州电业局）395.08亿元，比上年增长14.5%，其中利润总额244.71亿元，增长17.9%。

2. 建筑业

建筑业稳步增长。全市实现建筑业增加值233.59亿元，按可比价格计算，比上年增长2.1%。资质以上建筑企业完成房屋建筑施工面积17586.97万平方米，比上年下降0.8%；房屋竣工面积6399.18万平方米，下降9.0%。

（四）服务业

1. 国内贸易

市场消费保持一定增长。全市实现社会消费品零售总额2013.14亿元，比上年增长11.4%，扣除价格因素，实际增长10.5%。其中餐饮收入218.27亿元，比上年增长12.1%，商品零售额1794.87亿元，比上年增长11.3%；城镇零售额1633.47亿元，增长11.0%，乡村零售额379.67亿元，增长12.9%。限额以上批发零售企业中，服装、鞋帽、针纺织品类、粮油食品类、石油及制品类、汽车类、家用电器和音像器材类零售额分别比上年增长53.1%、14.9%、10.6%、10.4%和10.3%。

商贸设施日臻完善。台州万达广场、银泰城综合体开业。年末全市拥有各类商品交易市场526家，成交额1308亿元，年成交额超亿元的市场有138家。电商产业扩张迅速，全年网络零售额711.02亿元，比上年增长43.8%。全市已创设淘宝镇11个，淘宝村107个，电商产业园32个，全市活跃网络零售网店超过7.44万家。

2. 交通运输、邮电

全年交通运输、仓储和邮政业增加值为155.28亿元，比上年增长6.4%。

全年完成货物周转量1623.15亿吨千米，比上年增长7.9%；旅客周转量为72.84亿人千米，比上年下降6.8%。全年台州港完成货物吞吐量6771万吨，比上年增长8.6%。其中外贸吞吐量803万吨，增长13.3%；完成集装箱吞吐量16.02万标箱，增长3.0%。民航完成旅客吞吐量69.14万人次，货邮吞吐量6720吨，分别比上年增长18.2%和12.3%。全年铁路发送旅客948万人次，比上年增长13.4%。

年末全市公路总里程（含村道）12578千米，其中等级公路12517千米，占公路总里程的99.5%，高速公路298千米。年末全市汽车保有量达132.78万辆，比上年增加16.71万辆，其中私人汽车120.89万辆，比上年增加15.93万辆。

全市邮电业务收入76.45亿元，比上年增长5.2%。年末国际互联网宽带接入用户208.46万户，移动互联网用户606.36万户，分别比上年末增加29.95万户和0.69万户。年末移动电话用户为770.84万户，比上年末增加31.07万户，城乡固定电话用户为106.81万户，比上年末减少13.63万户。

全市快递服务企业累计完成业务量4.93亿件，比上年增长67.1%，累计完成业务收入34.20亿元，增长40.8%。

3. 旅游业

旅游市场健康发展。成功举办2016中国（台州）东海文化旅游节，一批精品民宿落户台州。全年共

接待旅游总人数 8930.73 万人次，比上年增长 20.1%，其中接待国内游客 8911.49 万人次，增长 20.1%；实现旅游总收入 942.65 亿元，比上年增长 25.8%，其中国内旅游收入 938.35 亿元，增长 25.9%。全市共有 5A 级旅游区 2 个，4A 级旅游区 9 个，3A 级旅游区 34 个，2A 级旅游区 14 个。共有星级饭店 47 家，客房 7369 间，床位 12064 张。旅行社 145 家，其中星级旅行社 53 家。

4. 金融和保险

金融业运行稳健。2016 年末，全市金融机构本外币存款余额 7068.62 亿元，比上年末增长 12.1%，当年新增存款 762.69 亿元。年末本外币住户存款余额 3728.59 亿元，比上年末增长 14.7%，当年新增 476.65 亿元。年末金融机构本外币贷款余额 5826.03 亿元，比上年末增长 5.6%，当年新增贷款 307.59 亿元。年末金融机构本外币存贷比为 82.4%，不良贷款率为 1.32%。

资本市场作用凸显。全年新增上市公司 5 家，年末全市累计已有上市公司 41 家，其中中小板上市公司 24 家，累计融资总额达到 842.19 亿元。当年新三板挂牌企业数 20 家。年末有小额贷款公司 32 家，注册资本金总额 45.71 亿元，全年累计发放贷款 63.85 亿元。

年末台州辖内证券营业部有 79 家，全年股票交易额 2.61 万亿元，比上年下降 45.1%。

保险市场发展较快。全年保费总收入 146.15 亿元，比上年增长 14.7%。其中财产险保费收入 61.73 亿元，人寿险保费收入 84.41 亿元，分别比上年增长 6.6% 和 21.4%。全年各类赔款、给付支出 53.38 亿元，比上年增长 16.1%。

5. 房地产业

房地产市场销售高位运行。全年房地产开发完成投资 424.21 亿元，比上年下降 3.3%。房屋施工面积 3345.56 万平方米，比上年增长 1.4%，房屋竣工面积 561.36 万平方米，增长 56.3%。全年商品房销售面积 662.06 万平方米，比上年增长 49.8%，其中住宅销售面积 531.31 万平方米，增长 50.9%。

（五）对外经济

1. 对外贸易

对外贸易保持基本稳定。全年外贸进出口总额 1310.81 亿元，比上年下降 0.2%。其中出口总额 1169.38 亿元，增长 0.1%，进口总额 141.44 亿元，下降 2.6%。全年外贸企业出口 163.12 亿元，下降 7.7%；三资企业出口 111.33 亿元，下降 13.5%；生产企业出口 894.92 亿元，增长 3.7%。在出口总额中，一般贸易出口 1081.11 亿元，增长 0.2%；加工贸易出口 88.01 亿元，下降 0.3%。全年高新技术产品出口增长 4.0%，机电产品出口增长 1.0%。2016 年全市有进出口实绩企业 5234 家，比上年增加 124 家，其中进出口 5000 万元以上企业有 553 家。出口国家和地区为 213 个。

2. 对外经济

全年新批外商投资项目 36 个，总投资 15.92 亿美元，合同利用外资 10.39 亿美元，比上年增长 468.1%，实际利用外资 3.37 亿美元，增长 189.5%。

全年新批境外投资企业 47 家，中方投资额 17150 万美元。全市累计境外投资项目 594 个，中方累计投资额 9.7 亿美元。

3. 服务外包

服务外包发展良好。全市累计已注册服务外包企业 71 家。服务外包离岸合同额 4856 万美元，比上年增长 16.2%；离岸合同执行额 4856 万美元，增长 16.2%。

二、台州市 2016 年社会发展概况

（一）人口、人民生活

人口平稳增长。截止 2016 年 11 月 30 日，全市户籍总人口 600.17 万人，其中男性人口 306.79 万

人，女性人口 293.38 万人，男女性别比为 104.6∶100。全年共出生 6.21 万人，死亡 3.41 万人，人口出生率为 10.37‰，死亡率为 5.70‰，人口自然增长率 4.67‰。户籍总人口中市区人口 160.10 万人。据 2016 年全省 5‰人口变动抽样调查，年末全市常住人口 608 万人，城镇人口比重为 61.3%。

城乡居民生活水平进一步提高。全年全体居民人均可支配收入 36915 元，比上年增长 9.3%，扣除价格因素实际增长 7.5%。全年城镇常住居民人均可支配收入 47162 元，比上年增长 9.0%，扣除价格因素实际增长 7.2%。农村常住居民人均可支配收入 23164 元，比上年增长 9.1%，扣除价格因素实际增长 7.3%。城乡居民收入差距倍数为 2.04。年末城镇常住居民和农村常住居民人均现住房建筑面积分别为 48.82 平方米和 57.37 平方米。城乡居民每百户家庭家用汽车、空调、家用电脑等高档耐用消费品拥有量继续增加。

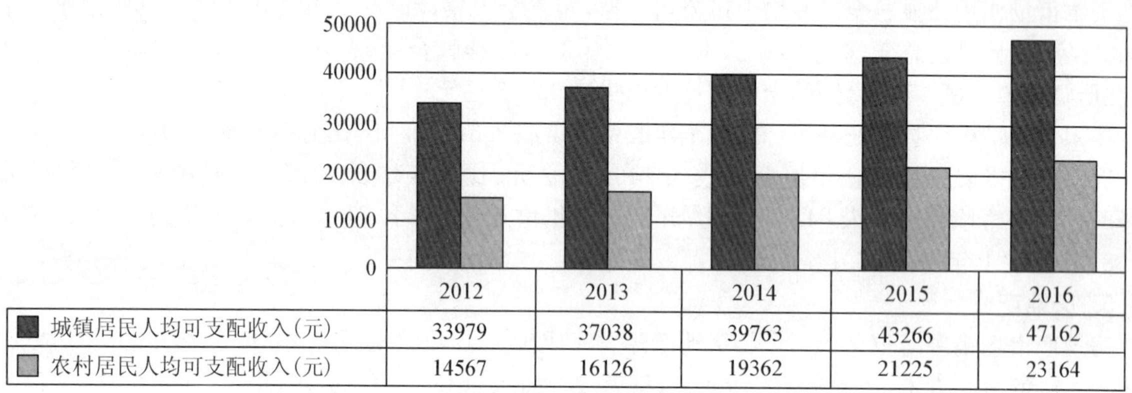

	2012	2013	2014	2015	2016
城镇居民人均可支配收入(元)	33979	37038	39763	43266	47162
农村居民人均可支配收入(元)	14567	16126	19362	21225	23164

图 3　2012—2016 年台州市城乡居民收入对比一览

（二）就业与社会保障

1. 就业

就业形势基本稳定。全市城镇新增就业人数 12.44 万人，全年帮助 3.82 万名城镇失业人员实现再就业。全年创业培训 5915 人。年末城镇登记失业率为 2.09%。

2. 社会保障

社会保障机制进一步健全。在全省率先启动“医药机构同城互认”工作，全市机关事业单位养老保险改革全面实施。年末全市城镇职工基本养老保险（含被征地农民）、基本医疗保险、工伤保险、生育保险和失业保险参保人数分别达到 209.82 万人、129.05 万人、182.50 万人、82.44 万人和 103.59 万人。年末全市有 219.71 万人参加城乡居民社会养老保险，有 474.44 万人参加城乡居民医疗保险。全年收缴各类保险基金 232.17 亿元，支出 243.10 亿元。

综合福利体系不断完善。市儿童福利院开院运行。全市城乡居民最低生活保障人数为 10.16 万人，全年共投入低保资金 3.52 亿元。城镇和农村低保对象月人均补助分别为 446 元和 325 元。全市农村五保对象集中供养率 96.75%，城镇“三无”人员供养率 96.64%。全市共有各类养老机构 354 个，床位 46386 张，年末在院老人 21905 人。全市有城乡社区居家养老服务照料中心 3544 家。全年共支出医疗救助资金 1.23 亿元，医疗救助 9.29 万人次。全年发行各类福利彩票 13.17 亿元。

（三）教育和科学技术

1. 教育事业

教育现代化全面推进。市区普通高中一体化改革顺利实施，北师大附属台州高级中学建成开学。全市有幼儿园 1285 所，在园幼儿 22.04 万人；普通小学 346 所，在校生 46.92 万人；初中 200 所，在校生

20.41万人；高中69所，中等职业学校24所，高中段在校生15.84万人，初升高比例98.67%。全市特殊教育学校招生（不含随班就读）171人，在校生1133人。全市全日制普通高校招生10636人，在校生34205人，成人高校在校学生32146人。全市高考录取率达89.89%。

2. 科技与创新

科技创新综合实力明显提升。全市实现规模以上高新技术产业增加值383.47亿元，比上年增长11.9%。全市共有省级企业研究院65家，省级高新技术研发中心304家，国家重点扶持的高新技术企业499家。众创平台建设成效明显，共建成众创空间21个。全年申请专利27921件，比上年增长20.6%；专利授权20075件，比上年增长1.8%，其中发明1534件，增长10.7%。全年共签订各类技术合同1580项，技术交易额36.03亿元。

质量强市和品牌战略继续推进。全市有中国名牌产品19个，浙江名牌产品259个，地理标志保护产品3个。全市有506家单位取得食品生产许可证。年末全市有各类检验机构119家，其中国家级检测中心2家，省级质检中心12家。全市被国家工商总局认定的驰名商标达到56件。

（四）文化、卫生和体育

1. 文化事业

文化事业取得新发展。台州市博物馆投入使用，台州老粮坊文创园正式开园。"三门祭冬"列入联合国非遗名录，台州乱弹新编历史剧《戚继光》在国家大剧院上演。至2016年末，全市有文化馆10个，公共图书馆10个，自办广播节目10套，自办电视节目10套。年末全市有线广播电视覆盖用户189.86万户，其中数字电视实际用户141.13万户。全年广播节目播出时间73635小时，电视节目播出时间58207小时。广播人口综合覆盖率和电视人口综合覆盖率分别为99.94%和99.76%。至2016年末全市拥有国家级非物质文化遗产项目15项，省级106项，市级299项。

2. 卫生事业

医疗卫生服务能力持续增强。市妇女儿童医院顺利结顶。年末全市有各类医疗卫生机构3540家，其中社区卫生服务机构406家。大力发展混合所有制医疗机构，全市共有民营医院59家。全市医疗卫生机构床位26845张，各类卫生技术人员40588人，其中执业医生和执业助理医生16637人，注册护士16180人。年末每千人拥有卫生技术人员6.76人，其中医生2.77人。全市甲乙类传染病发病率为200.40/10万。全市五岁以下儿童死亡率4.22‰，其中婴儿死亡率2.95‰，户籍孕产妇死亡率1.84/10万。全年有4.82万人参加无偿献血。农村自来水普及率99.79%，卫生户厕普及率96.66%。

3. 体育事业

体育事业取得新成绩。成功举办第二届台州国际马拉松比赛、台州市第二届体育大会、台州市第二届国际传统武术暨绝技大赛等一系列赛事。市全民健身活动中心投入使用并对外开放。全市运动员参加国际国内各项赛事取得了较好成绩，共夺得国际比赛金牌2枚、铜牌2枚，全国、全省比赛金牌224.3枚、银牌175枚、铜牌215枚。全市共建有市、县级体育社团246个。全年销售各类体育彩票9.67亿元。

（五）环境保护

2016年，全市万元生产总值综合能耗预计比上年下降1.8%。主要污染物化学需氧量、氨氮、二氧化硫、氮氧化物排放量预计分别比上年下降4.1%、3.7%、6.0%和4.08%。全市县控以上断面地表水满足水域功能达标率为69.1%，城市空气综合污染指数3.65。城镇生活污水集中处理率为92.51%，城镇生活垃圾无害化处理率为100.0%。2016年市区PM2.5年均浓度为36微克/立方米，比上年下降5微克/立方米；市区环境空气质量达到二级标准以上的天数有328天，占全年总天数的89.9%。

（六）社会安全

全市共发生各类生产经营性安全事故 524 起，死亡 364 人，受伤 246 人。

三、台州市在泛长三角地区经济发展中的地位

2016 年，是“十三五”开局之年，是奋斗和收获的一年。市政府认真贯彻落实省委、省政府和市委的决策部署，以“民营经济创新发展、综合交通等基础设施建设、补齐关键领域短板”三大历史任务为总抓手，拉高标杆、争先进位，统筹推进各项工作，主要经济指标好于预期、高于上年、快于省均，收获了一份成色高、分量重的成绩单。

（一）地区生产总值

2012—2016 年，台州市地区生产总值在泛长三角所占比重分别为 2.27%、2.26%、2.23%、2.19% 和 2.18%，总体呈下降趋势，2016 年较上年下降了 0.01 个百分点，五年累计下降了 0.09 个百分点。2016 年台州市地区生产总值在泛长三角地区 41 个市排名第 16 位。

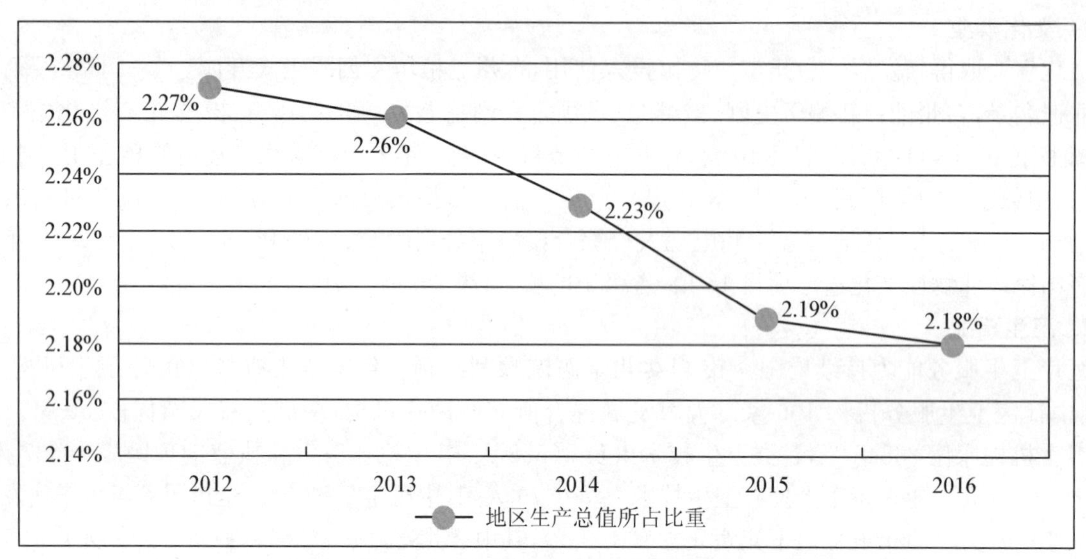

图 4 2012—2016 年台州市地区生产总值在泛长三角（苏浙两省 24 个地级市、安徽省 16 个地级市和上海市，下同）所占比重的变化趋势

2016 年，围绕跻身全省经济总量第二方阵总目标，齐心协力抓发展，速度和质量明显提升。生产总值达到 3843 亿元，增长 7.7%，扭转了增速落后全省平均的局面。农业保持全省领先，增加值增长4.4%。工业回暖明显，增加值增长 8.6%，增速居全省第二。固定资产投资增长 13.9%，增速居全省第二。

2016 年，台州生产总值达 3842.81 亿元，比上年增长 7.7%，增速为 2014 年以来最高。从全省增速排名看，2016 年，全市居全省第四位，为 2011 年以来最好名次。

2016 年的好成绩依赖于三大产业协调发展。具体来看，2016 年，全市第一产业增加值 254.93 亿元，比上年增长 4.3%；第二产业增加值 1645.14 亿元，增长 7.6%；第三产业增加值 1942.74 亿元，增长 8.1%。

三大产业对经济增长的贡献率分别为 3.7%、43.9%和 52.4%，分别拉动经济增长 0.3 个百分点、3.4个百分点和 4.0 个百分点。

另外，产业结构进一步优化也是一个重要原因。2016 年，国民经济三次产业结构由 2015 年的 6.4∶44.1∶49.4 调整为 6.6∶42.8∶50.6，第三产业占国民经济的比重提高了 1.2 个百分点。

（二）地方财政一般预算收入

2012—2016 年台州市地方财政一般预算收入在泛长三角所占比重分别为 1.59%、2.03%、1.56%、1.53%和 1.62%，2014 年大幅下滑，2016 年较 2012 年增加了 0.03 个百分点，较上年增加了 0.09 个百分点。2016 年台州市地方财政一般预算收入在泛长三角地区 41 个市排名第 16 位，较上年上升了四位。

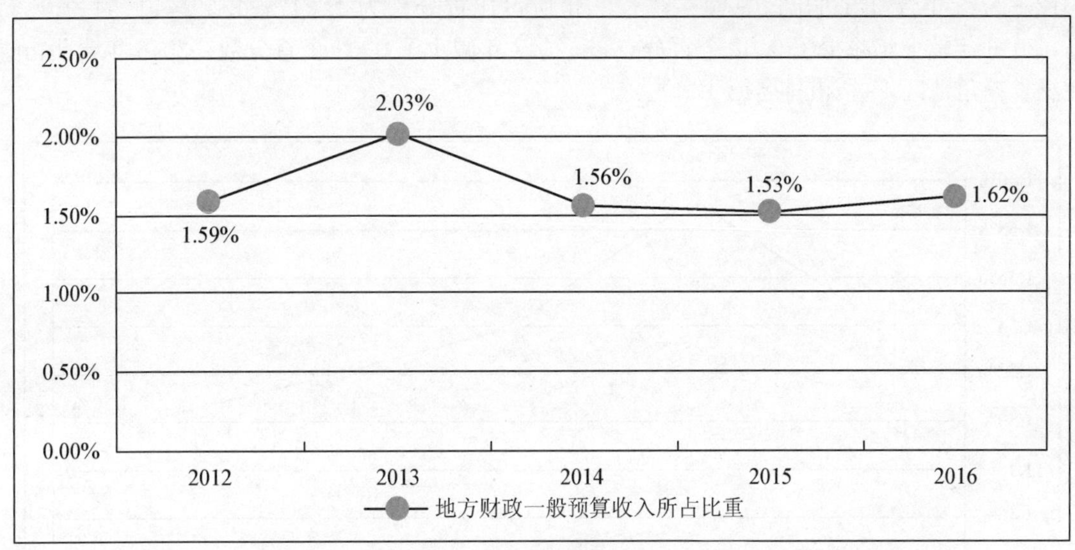

图 5　2012—2016 年台州市地方财政一般预算收入在泛长三角所占比重的变化趋势

2016 年，财政总收入达到 584 亿元，增长 8%，一般公共预算收入达到 343 亿元，增长 10.7%，城镇和农村常住居民人均可支配收入分别达到 47162 元和 23164 元，增长 9%和 9.1%，增速均居全省前列。金融机构不良贷款率仅 1.32%，为全省最低之一。

（三）规模以上工业总产值

2012—2016 年台州市规模以上工业总产值在泛长三角所占比重分别为 1.48%、1.46%、1.46%、1.35%和 1.37%。2016 年较 2012 年减少了 0.11 个百分比。2016 年台州市地方规模以上工业总产值

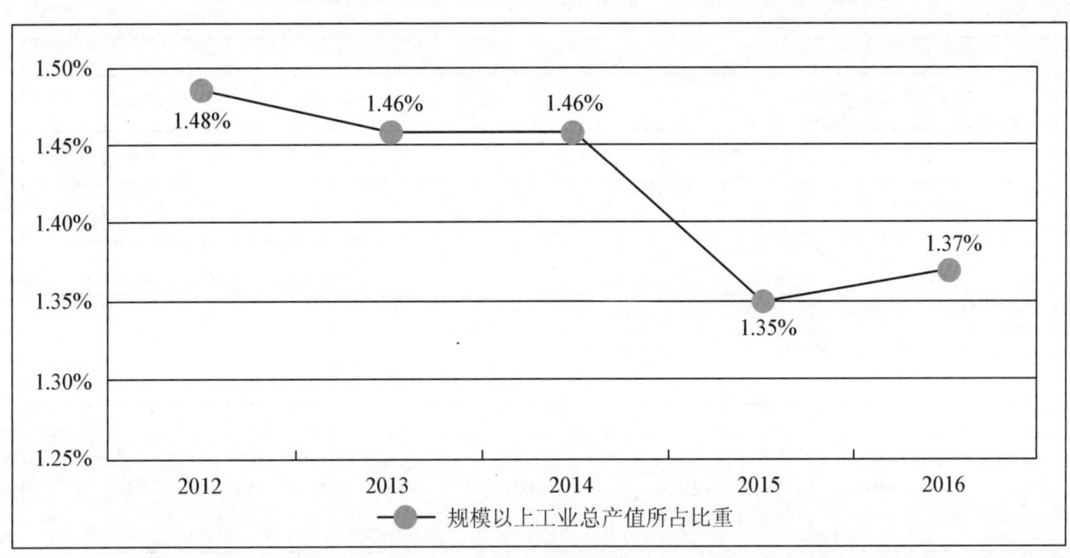

图 6　2012—2016 年台州市规模以上工业总产值在泛长三角所占比重的变化趋势

在泛长三角地区 41 个市排名第 24 位，此排名处于下游。

全市年主营业务收入 2000 万元及以上工业企业（以下简称规模以上工业企业）家数为 3597 家，实现工业增加值 894.64 亿元，比上年增长 8.3%。规上工业企业资产负债率降至 55%。

（四）进出口总额

2012—2016 年台州市进出口总额在泛长三角所占比重分别为 1.54%、1.59%、1.54%、1.52%和 1.50%，2016 年较上年减少了 0.02 个百分点，较 2012 年减少了 0.04 个百分数。2016 年台州市进出口总额在泛长三角地区 41 个市排名第 12 位。

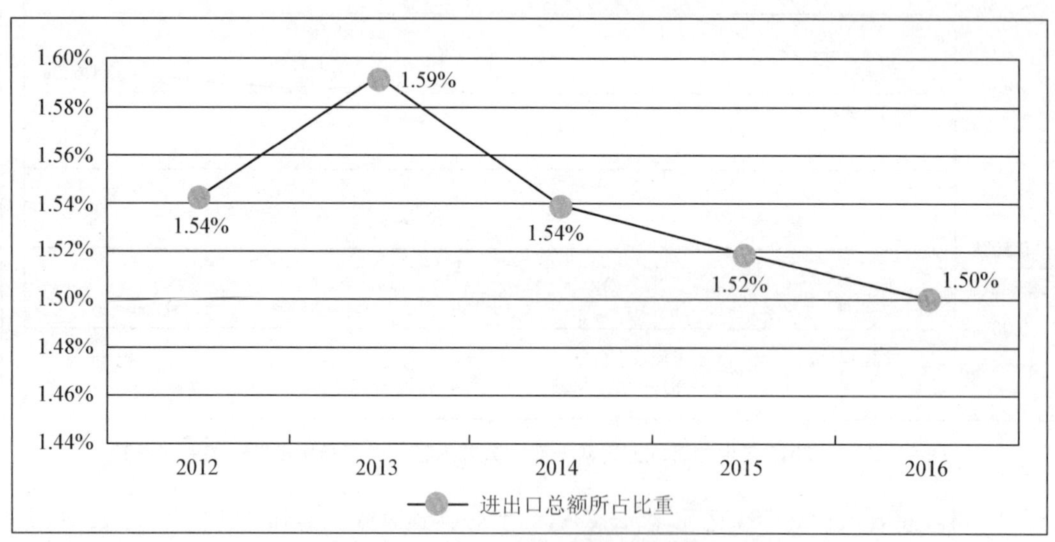

图 7　2012—2016 年台州市进出口总额在泛长三角所占比重的变化趋势

2016 年，对外贸易保持基本稳定。全年外贸进出口总额 1310.81 亿元，比上年下降 0.2%。其中出口总额 1169.38 亿元，增长 0.1%，进口总额 141.44 亿元，下降 2.6%。全年外贸企业出口 163.12 亿元，下降 7.7%。

（五）实际外商直接投资金额

2012—2016 年台州市实际外商直接投资金额在泛长三角所占比重分别为 0.65%、0.53%、0.37%、

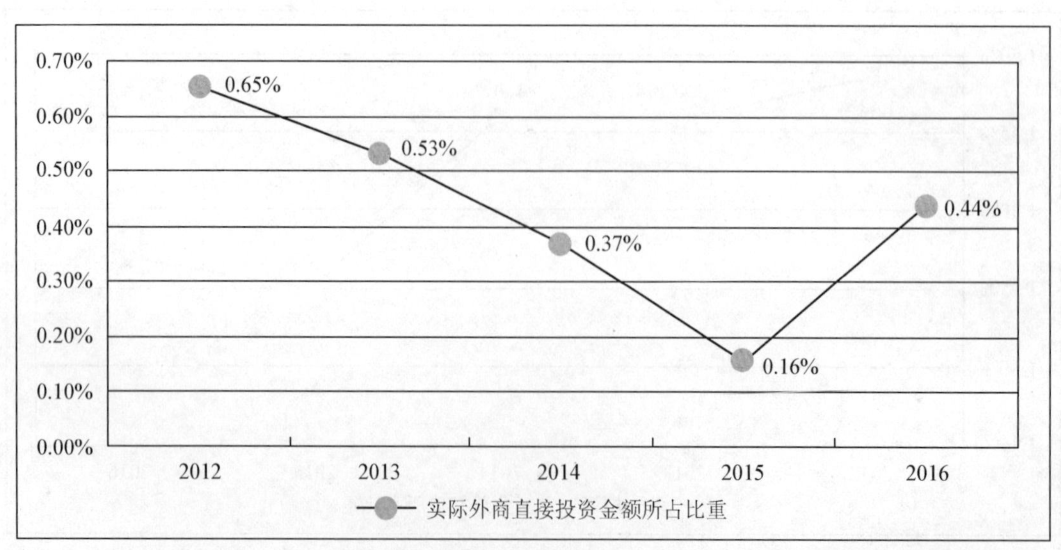

图 8　2012—2016 年台州市实际外商直接投资金额在泛长三角所占比重的变化趋势

0.16%和0.44%，2016年逆势上扬，比上年增加了0.28个百分点，较2012年减少了0.21个百分点。2016年台州市实际外商直接投资金额在泛长三角地区41个市排名第32位，较上年上升了七位。

2016年，全年新批外商投资项目36个，总投资15.92亿美元，合同利用外资10.39亿美元，比上年增长468.1%，实际利用外资3.37亿美元，增长189.5%。全年新批境外投资企业47家，中方投资额17150万美元。全市累计境外投资项目594个，中方累计投资额9.7亿美元。

十二　丽水市 2016 年经济社会发展报告

2016 年，全市深入贯彻中央、省、市各项决策部署，坚定不移走“绿水青山就是金山银山”绿色生态发展之路，着力培育经济发展新动能，积极推进经济结构调整和转型升级，加快推动“绿色发展、科学赶超、生态惠民”，全市经济实现平稳增长，社会保持和谐稳定，民生事业持续改善，实现“十三五”良好开局。

一、丽水市 2016 年经济发展概况

（一）综合经济

1. 经济总量

全年地区生产总值(GDP)1210.24 亿元，按可比价计算，比上年增长 7.1%。其中，第一产业增加值 95.63 亿元，第二产业增加值 543.42 亿元，第三产业增加值 571.19 亿元，分别比上年增长 2.9%、6.2% 和 8.7%。人均生产总值 55772 元(8397 美元)，比上年增长 6.2%。三次产业增加值结构由上年的 8.3∶45.7∶46.0 调整为 8.0∶44.7∶47.3，第三产业比重提高 1.3 个百分点。

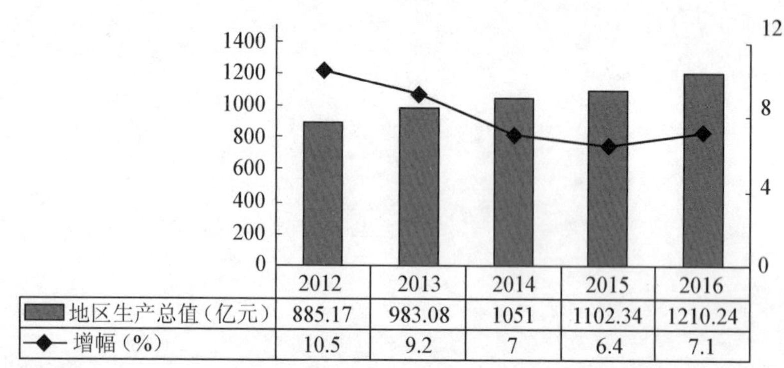

	2012	2013	2014	2015	2016
地区生产总值(亿元)	885.17	983.08	1051	1102.34	1210.24
增幅(%)	10.5	9.2	7	6.4	7.1

图 1　2012—2016 年丽水市地区生产总值及增长速度

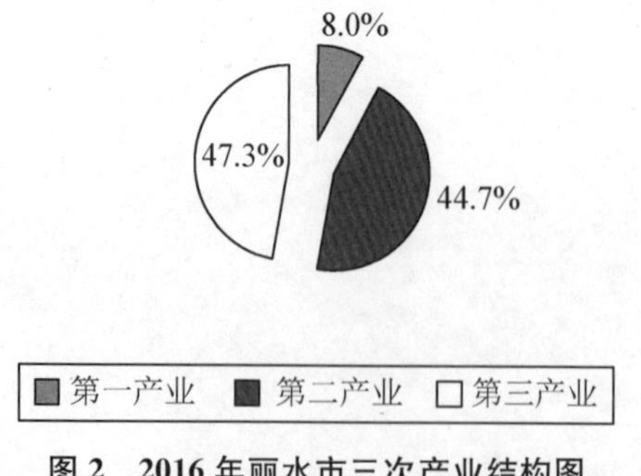

图 2　2016 年丽水市三次产业结构图

2. 财政收支

全年财政总收入 164.87 亿元，比上年增长 8.3%；财政一般公共预算收入 103.57 亿元，同口径增长 9.7%。一般公共预算支出 341.67 亿元，增长 22.2%。

3. 物价水平

市区全年居民消费价格总水平比上年上涨 1.7%，其中服务价格上涨 1.5%，工业品价格下降 0.1%，消费品价格上涨 1.9%。

4. 固定资产投资

全年固定资产投资841.65亿元，比上年增长12.0%。国有投资395.94亿元，增长15.6%，占固定资产投资的47.0%，非国有投资445.70亿元，增长9.0%，占固定资产投资的53.0%，其中民间投资441.31亿元，增长9.2%，占固定资产投资的52.4%。

固定资产投资中，第一产业投资28.99亿元，比上年增长55.3%；第二产业投资210.35亿元，增长1.9%，其中工业投资208.02亿元，增长4.4%；第三产业投资602.31亿元，增长14.4%。全年投资项目2535个，比上年增加148个，其中，新开工项目1672个。

（二）农业和农村建设

全年农作物总播种面积159.15千公顷，比上年下降2.4%，其中粮食播种面积为84.53千公顷，下降4.8%；果用瓜种植面积3.05千公顷，下降4.6%；药材种植面积4.61千公顷，增长8.6%；油料种植面积9.73千公顷，下降1.2%；蔬菜种植面积47.23千公顷，下降0.1%；花卉苗木面积1.20千公顷，增长9.1%。

全年粮食总产量为45.86万吨，下降4.1%。全年肉类总产量8.93万吨，比上年增长2.0%，其中猪牛羊肉产量7.22万吨，下降1.2%；禽蛋产量1.31万吨，增长5.9%。牛奶产量1569吨，增长17.9%。生猪出栏为75.84万头，下降0.3%；家禽出栏1086.34万羽，增长18.1%。水产品总产量2.11万吨，增长4.7%。

年末全市农田有效灌溉面积97.83千公顷，比上年下降1.9%。农业机械总动力109.27万千瓦，下降2.8%。

全市新建粮食生产功能区面积5.67万亩、现代农业综合区13个，生态精品林业基地97个，其中油茶类基地28个，笋竹类基地31个，干果类基地19个，其他类19个。新增农产品加工园区实际供地1585.27亩。新创建生态精品农业示范县3个、示范乡镇20个，示范企业26家、示范合作社21家、示范家庭农场245家、大学生创业典型30个，生态精品农产品256个。新培育农产品旅游地商品生产经营主体218家、农产品旅游地商品486个，实现营销额达19.20亿元。新增绿色、有机和无公害认证农产品104个，新增中国生态原产地保护产品1个。“丽水山耕”区域公用品牌背书农产品累计达540个。

全年开展农村生活污水治理413个村，新增受益农户7.60万户；开展农村垃圾减量化资源化处理试点村30个。截至年底，96.0%的建制村实现生活垃圾集中收集有效处理；累计开展垃圾减量化资源化无害化处理村45个，开展垃圾分类处理村406个。创建市级美丽乡村风景线10条、特色精品村20个、美丽经济示范村10个、花样村庄20个。农家乐休闲旅游业发展较快，累计发展农家乐休闲旅游特色村(点)451个，从业人员3.99万人。全年农家乐(民宿)共接待游客2219.73万人次，增长30.5%；实现营业总收入23.31亿元，增长40.6%。全年异地搬迁农民1.43万人。全市完成农村困难家庭危房改造3000户，启动23个省级美丽宜居示范村试点建设。全市培训农民7.21万人，其中，农村实用人才1.88万人，转移就业能力培训1.15万人，普及性培训4.18万人。年末金融系统涉农贷款余额818.56亿元，增长0.1%。林权抵押贷款余额达54.73亿元，增长12.9%。

至年末，莲都古堰画乡小镇、龙泉青瓷小镇、青田石雕小镇、景宁畲乡小镇列入第一批省级特色小镇创建名单；龙泉宝剑小镇、庆元香菇小镇、缙云机床小镇、松阳茶香小镇列入第二批省级特色小镇创建名单；青田欧洲小镇、庆元百山祖避暑乐氧小镇、遂昌农村电商创业小镇、丽水绿谷智慧小镇列入省级特色小镇培育名单。

（三）工业和建筑业

1. 工业及工业建设

全年规模以上工业增加值380.60亿元，比上年增长7.0%。规模以上工业销售产值1726.18亿元，增长6.7%，其中出口交货值137.26亿元，增长4.3%，出口交货值占销售产值的比重为8.0%，比上年回落 0.2 个百分点。规模以上工业企业产销率 95.6%，比上年提高 1.1 个百分点。实现利润总额 129.62 亿元，增长 3.3%。

规模以上工业中，高新技术产业增加值 105.33 亿元，增长 10.5%，占规模以上工业的 27.7%。装备制造业增加值 110.84 亿元，增长 8.1%，占规模以上工业的 29.1%。战略性新兴产业增加值 28.55 亿元，增长 8.2%，占规模以上工业的 7.5%。新产品产值 642.62 亿元，增长 13.8%，占规模以上工业产值比重为 35.6%，比上年提高 2.6 个百分点。成品钢材产量 346.8 万吨，增长 4.1%。

2. 建筑业

全年建筑业增加值 80.42 亿元，比上年增长 5.4%。资质以上建筑企业完成总产值 317.36 亿元，增长 14.6%，实现利润总额 12.53 亿元，增长 13.8%。

（四）服务业

1. 国内贸易

全年社会消费品零售总额 571.64 亿元，比上年增长 11.0%。其中，城镇消费品零售额 449.23 亿元，乡村消费品零售额 122.40 亿元，分别增长 12.1%和 7.3%。分行业看，批发零售业零售额 499.41 亿元，增长 10.4%；住宿餐饮业零售额 72.23 亿元，增长 15.9%。全市实现网络零售 186.33 亿元，增长 53.5%；居民网络消费 123.16 亿元，增长 22.0%；网络零售顺差达到 63.18 亿元。

全市限额以上社会消费品零售总额 176.58 亿元，增长 9.2%。在限额以上批发零售业零售额中，服装、鞋帽、针纺织品类增长 10.7%，中西药品类增长 22.6%，家用电器和音像器材类增长 0.5%，石油及制品类下降 3.8%，汽车类下降 4.3%，金银珠宝类下降 28.8%。

年末全市共有商品交易市场 108 个，比上年增加 3 个，全年商品交易市场成交额 365.38 亿元，增长 0.2%。成交额超亿元的市场 28 个，全年成交额 242.89 亿元，其中，超十亿元的市场 7 个，全年成交额 170.95 亿元。

2. 交通运输、邮电

全年交通运输、仓储和邮政业增加值 41.03 亿元，比上年增长 4.0%。全市公路货物周转量 73.13 亿吨千米，增长 2.5%；公路旅客周转量 14.93 亿人千米，下降 28.9%。铁路客运量 477.41 万人，增长 377.3%；货运量 148.46 万吨，增长 24.0%。

全年邮政行业业务收入完成 8.81 亿元，比上年增长 18.4%，其中规模以上快递服务企业快递业务收入 6.08 亿元，增长 21.2%。邮政行业业务总量 18.31 亿件，增长 35.2%，其中规模以上快递服务企业快递业务量 7487.03 万件，增长 30.6%。电信业务收入 18.43 亿元，增长 6.5%。年末固定电话用户达 36.49 万户，移动电话用户 305.31 万户；固定电话、移动电话普及率分别为 16.9 部/百人和 141.0 部/百人。全年新增互联网用户（含宽带用户）9.40 万户，年末总量达 66.26 万户，比上年末增长 16.5%。

3. 旅游业

全年实现旅游总收入 535.83 亿元，增长 25.8%，其中国内旅游收入 474.65 亿元，增长 26.4%；旅游外汇收入 9.21 亿美元，增长 12.4%；至年末，累计创建 19 家 4A 级景区。

4. 金融和保险

年末，金融机构本外币各项存款余额 2151.05 亿元，比上年末增长 9.6%，其中人民币存款余额 2037.87 亿元，增长 10.9%。金融机构本外币各项贷款余额 1555.26 亿元，比上年末增长 3.4%，其中人民币贷款余额 1543.45 亿元，增长 3.5%。年末本外币住户存款余额 1268.22 亿元，比上年末增长 14.4%。

年末金融机构不良贷款 36.13 亿元，不良贷款率为 2.32%，比年初降低 0.14 个百分点。

年末境内上市公司 2 家，累计融资 26.79 亿元。其中，中小板上市公司 2 家，占全省中小板上市公司的 11.3%。

全年保险业实现保费收入 49.68 亿元，比上年增长 29.1%。其中，财产险业务保费收入 17.25 亿

元,增长6.9%;人身险业务保费收入32.43亿元,增长45.1%。支付各类赔款及给付16.04亿元,增长30.0%。其中,财产险业务赔款9.67亿元,增长18.5%;人身险业务赔款6.38亿元,增长52.4%。

5. 房地产业

全年房地产开发投资167.61亿元,比上年增长5.9%。商品房销售面积240.64万平方米,增长31.9%。商品房销售额207.71亿元,增长27.3%。

(五)对外经济

1. 对外贸易

全年进出口总额225.46亿元,比上年增长7.1%。其中,出口208.73亿元,增长6.0%;进口16.73亿元,增长22.9%。

欧洲和亚洲仍是全市产品出口的主要市场,出口额比重达到63.3%,对欧洲和北美洲市场出口较快增长。

2. 外资状况

全市新批准设立外商直接投资企业36家,比上年增加18家;外商直接总投资5.75亿美元,增长48.3%;合同利用外资金额3.29亿美元,增长14.5%;实际利用外资金额2.21亿美元,增长2.3%。

二、丽水市2016年社会发展概况

(一)人口、人民生活

2016年末,全市户籍人口268.03万人,比上年增长0.6%。其中,城镇人口85.20万人,乡村人口182.83万人,分别占总人口的31.8%和68.2%;男性137.97万人,女性130.06万人,分别占总人口的51.5%和48.5%。全年出生人口30617人,出生率11.46‰;死亡人口14528人,死亡率为5.44‰;全年净增人口16089人,自然增长率为6.02‰。

2016年全体居民人均可支配收入26757元,比上年名义增长9.7%,扣除价格因素实际增长7.9%。其中,全市城镇常住居民和农村常住居民人均可支配收入分别为35968元和16459元,分别名义增长9.4%和9.7%,扣除价格因素分别实际增长7.6%和7.9%。全体居民人均消费支出19933元,比上年名义增长8.3%,扣除价格因素实际增长6.5%。其中,城镇常住居民和农村常住居民人均生活消费支出分别为25296元和13936元,分别名义增长7.4%和9.9%,扣除价格因素分别实际增长5.6%和8.1%。年末城镇常住居民人均住房建筑面积44.2平方米,比上年末增加1.7平方米;农村居民人均住

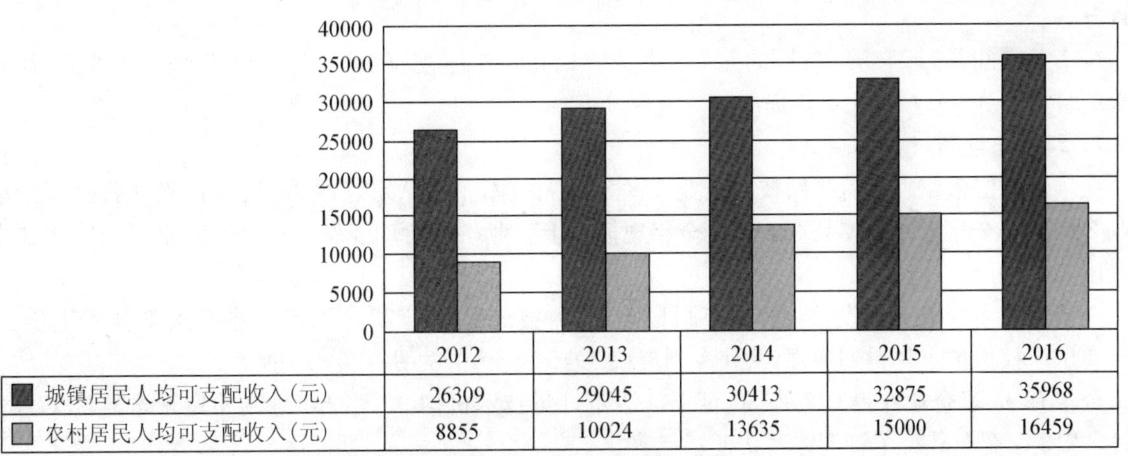

	2012	2013	2014	2015	2016
城镇居民人均可支配收入(元)	26309	29045	30413	32875	35968
农村居民人均可支配收入(元)	8855	10024	13635	15000	16459

图3　2012—2016年丽水市城乡居民收入对比一览

房建筑面积 58.2 平方米，增加 3.2 平方米。年末每百户城镇居民家用汽车拥有量 34.0 辆，比上年末增加 1.4 辆。

（二）就业与社会保障

1. 就业

全年新增城镇就业 1.85 万人，帮助 7755 名下岗失业人员实现再就业。年末城镇登记失业率为 2.87%，比上年降低 0.06 个百分点。

2. 社会保障

年末全市参加城镇基本养老保险人数为 73.73 万人，比上年末增加 6.68 万人；参加失业保险的人数为 22.83 万人，增加 0.79 万人；参加城镇职工基本医疗保险的人数为 40.09 万人，增加 1.82 万人。工伤保险参保人数 66.66 万人，增加 9.87 万人，生育保险参保职工 25.41 万人，增加 1.51 万人。城乡居民社会养老保险 88.24 万人，减少 2.94 万人。城乡居民医疗保险参保人数 195.57 万人。被征地农民基本生活保障累计参保人数 3.91 万人，基金累计结余 27.88 亿元。

年末在册低保对象 86750 人，其中城镇 7508 人，农村 79242 人。平均保障标准城镇低保对象月人均补助 367.66 元/人、农村低保对象月人均补助 264.85 元/人，全年共支出低保金 2.55 亿元，比上年增长 36.4%。农村五保对象集中供养率 86.9%，城镇“三无”人员集中供养率 94.9%。

全年新开工保障性安居工程住房 4133 套，竣工保障性安居工程住房 5402 套。

（三）教育和科学技术

1. 教育事业

全市拥有普通高校 3 所，普通高等教育本专科招生 11459 人，在校生 36724 人，毕业生 12065 人。各类中等职业教育学校 17 所，招生 10279 人，在校生 29964 人，毕业生 9499 人。普通高中学校 22 所，普通高中招生 11478 人，在校生 33181 人，毕业生 11029 人。初中学校 75 所，招生 26624 人，在校生 74876 人，毕业生 24878 人，初中毕业升高中段的比例为 97.58%，比上年提高 0.48 个百分点。普通小学 215 所，招生 25549 人，在校生 166534 人，毕业生 26928 人；小学毕业生升学比例达 100%，初中入学率、巩固率分别为 100%和 100%。特殊教育在校生 635 人。

义务教育专任教师 15566 人，比上年增长 1.3%。中等职业教育专任教师 1995 人，生师比 15∶1；专任教师学历合格率为 97.1%，比上年提高 0.5 个百分点。双师型教师占专任教师和专业课教师的比例分别为 44.2%、77.1%。普通高等学校专任教师具有硕士以上学位教师比例为 32.6%，比上年提高 3.7 个百分点。

全市共有幼儿园 519 所，在园幼儿 77850 人。幼儿园专任教师 4969 人，比上年增加 126 人；幼儿教师学历合格率为 99.7%，比上年提高 0.3 个百分点。

2. 科技与创新

全年新增国家重点支持高新技术企业 35 家，高新技术企业认定新政策出台后，累计获批高新技术企业 245 家。全年省级新产品 385 个。全年规模以上工业科技活动经费支出 18.44 亿元。购置技术成果费用 2092 万元。

全年通过市级以上验收、结题科技项目 71 项，科技成果登记 221 项，获得省级科学技术进步奖 11 项。知识产权保护工作得到加强，共获专利授权 4945 项，其中发明专利 326 项。

全年有 95 家企业获得 617 张 3C 证书。法定计量技术机构 9 个，全年强制检定计量器具 17.53 万台件。713 家企业获得了管理体系认证。

有效期内年末累计省名牌产品 95 个，比上年增加 3 个。3 家企业、4 名个人获得市政府质量奖。

（四）文化、卫生和体育

1. 文化事业

年末共有艺术表演团体121个，文化馆10个、文化站173个，公共图书馆10个，博物馆18个。广播、电视综合覆盖率均达100%。有线广播电视用户数50.55万户，其中数字电视用户数50.55万户。全市公开发行的报纸6种，年发行量达4500万份，平均每千人每天拥有56.79份报纸。全市共有综合档案馆10个。馆藏各类档案1681个全宗，共计148.26万卷88.41万件，其中已开放全宗1114个，共计32万卷。

2. 卫生事业

年末共有医疗卫生机构333个（不含诊所、村卫生室），其中医院、卫生院243个，妇幼保健院（所、站）9个，疾病预防控制中心（防疫站）9个，卫生监督所（中心）10个。卫生技术人员18401人，其中执业医师和执业助理医师7271人，注册护士7379人，床位数12754张。全市共完成80.12万人的免费健康体检，其中60岁以上老年人235980人，体检率达到69.0%。

全年支出医疗救助资金1.23亿元，比上年增长29.5%，中央和省财政投入补助资金4060万元。新增各类机构养老床位数2416张，新建成社区居家养老服务照料中心357个。

3. 体育事业

全市运动健儿共取得国际比赛冠军6个、全国冠军36个、全省冠军65个。全市共创建4个省级体育强县（区），创建11个省级体育强镇（乡），创建省级全民健身中心2个，完成省级小康体育村提升工程指标100个。全年销售体育彩票突破4亿元，比上年增长54.7%。

全年销售福利彩票5.24亿元，比上年增长7.7%。

（五）资源、环境保护和生态建设

全年全市平均降水量1959.1毫米，减少0.3%。年末全市34座大中型水库蓄水总量63.47亿立方米。全市水资源总量250.66亿立方米，比上年减少2.6%；人均水资源11578立方米，比上年减少3.7%。

全市共建国家级自动气象站9个，区域自动气象站333个，土壤水分观测站3个，灰霾观测站9个，负氧离子站5个，农田小气候站10个，大气电场仪38个，雪深自动观测站42个，新一代天气雷达1部。全市霾平均日数20.7天。全年平均温度18.9度，日照时数1500.2小时。

全年完成造林更新6378公顷，比上年减少36.2%，其中荒山荒（沙）地造林2305.8公顷，有林地造林935.1公顷，迹地更新造林3458.2公顷。森林抚育改造4.5万公顷，减少29.7%。义务植树420万株。育苗面积174.8公顷，增长85.5%。森林覆盖率为80.79%。

全市县级以上集中式饮用水源地水质达标率为100%。跨行政区域河流交接断面水质达标率均为100%。全市地表水96个断面的水质监测，有95个断面年均值满足相应水功能要求。地表水断面Ⅰ—Ⅲ类水比例为98.96%。市区PM2.5浓度平均为33微克/立方米，空气优良率（AQI）为95.4%，空气质量优良的天数达到349天。城市声环境质量符合国家标准，各标准适用区平均值均低于相应标准。全市累计创建国家级生态县6个，省级生态县（市、区）9个，国家级生态乡镇92个，省级绿色学校118所，建成省级生态文明教育基地12个。

全市建有各级自然保护区（含自然保护小区）56个，其中国家级自然保护区2个；自然保护区面积44.05千公顷，占土地总面积2.53%。建有市级以上森林公园13个，湿地公园2个。全市园林绿地面积4712公顷，其中公园绿地面积1199.72公顷，建成区绿化覆盖率39.5%，人均公园绿地面积12.42平方米。

全年规模以上工业企业能源消费比上年增长4.0%，单位工业增加值能耗下降2.8%。

（六）社会安全

全年因山洪爆发等自然灾害死亡29人，失踪2人，受伤10人，倒塌房屋776间，损坏房屋6859间，造成直接经济损失25.39亿元，其中农业直接经济损失9.01亿元。全市共发生各类安全生产事故245起、死亡198人、受伤182人。未发生各类较大及以上安全生产事故。其中，工矿商贸领域共发生事故48起、死亡51人、受伤5人。道路运输领域共发生事故196起、死亡146人、受伤177人。水上运输领域共发生事故1起、死亡1人。

三、丽水市在泛长三角地区经济发展中的地位

2016年，全市坚持"绿水青山就是金山银山"战略指导思想，以"归零翻篇开新局"主题大讨论活动为动力，以决胜意识和责任意识稳增长、促增长，努力补齐制约经济社会发展的关键短板，加快推动"绿色发展、科学赶超、生态惠民"，全市经济运行呈现积极变化，主要经济指标明显好于上年，年初确定的主要预期目标基本实现，百姓获得感提升明显，"十三五"开局良好。但当前经济运行中仍存在较多困难和不确定因素，发展短板依然突出，需积极妥善应对，保持经济持续平稳健康发展。

（一）地区生产总值

2012—2016年丽水市地区生产总值在长三角所占比重分别为0.698%、0.703%、0.691%、0.678%和0.678%，2016年较上年保持一致，较2012年减少了0.02个百分点。2016年丽水市地区生产总值在泛长三角地区41个市排名第33位，位置属于下游，希望能有所突破，以期结束落后的局面。

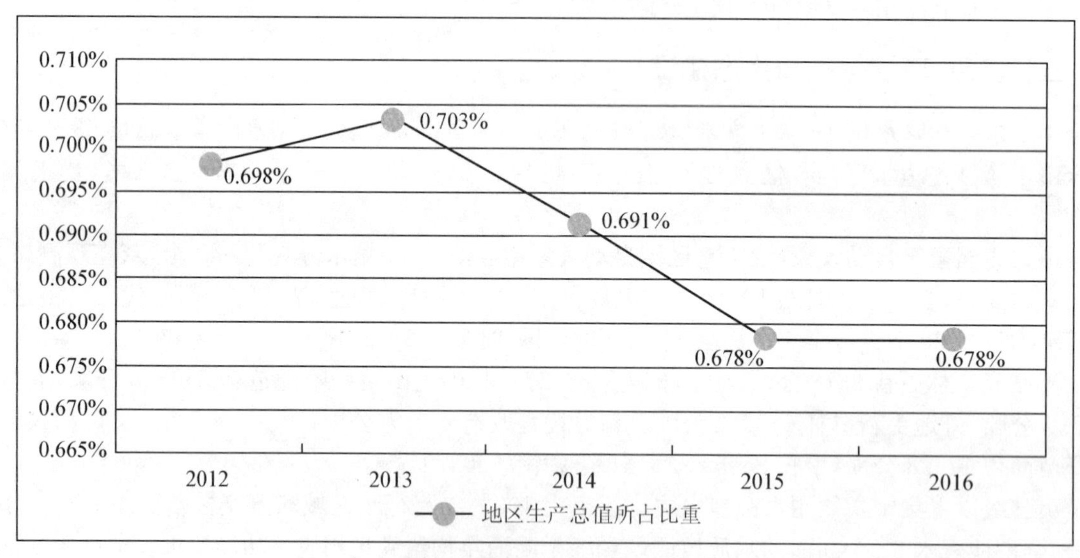

图4　2012—2016年丽水市地区生产总值在泛长三角（苏浙两省24个地级市、安徽省16个地级市和上海市，下同）所占比重的变化趋势

2016年，全市实现地区生产总值1200.2亿元，按可比价计算，增长7.1%，增幅比上年提高0.7个百分点。全年四个季度GDP累计增速分别为7.0%、7.1%、7.0%和7.1%，保持平稳运行。

分产业看，一、二、三产业分别增长2.9%、6.2%和8.7%。对GDP增长的贡献率分别为3.4%、40.2%和56.4%。与上年相比，三次产业结构调整为8.0∶44.7∶47.3，一产比重下降0.3个百分点，二产比重下降1.0个百分点，三产比重上升1.3个百分点，"三、二、一"产业格局进一步夯实。

2016年人均GDP达到55772元（按常住人口计算），比上年增长6.2%，按年平均汇率计算，折合8397美元。分县（市、区）看，人均GDP地区差距继续缩小。9个县（市、区）人均GDP水平位次与上年

相比没有变化，居前3位的分别是莲都、青田和缙云，其中莲都(9721美元)和青田(9101美元)超过9000美元，最高莲都是最低庆元(6804美元)的1.43倍，比2015年的1.47倍缩小0.04倍。从各县(市、区)人均GDP增速看，庆元、景宁和云和增长较快，增幅均超过7.0%，居前3位。

(二) 地方财政一般预算收入

2012—2016年丽水市地方财政一般预算收入在泛长三角所占比重分别为0.47%、1.20%、0.48%、0.48%和0.49%，2014年大幅减少，2016年较上年基本持平，较2012年增加了0.02个百分点。2016年丽水市地方财政一般预算收入在泛长三角地区41个市排名第32位。

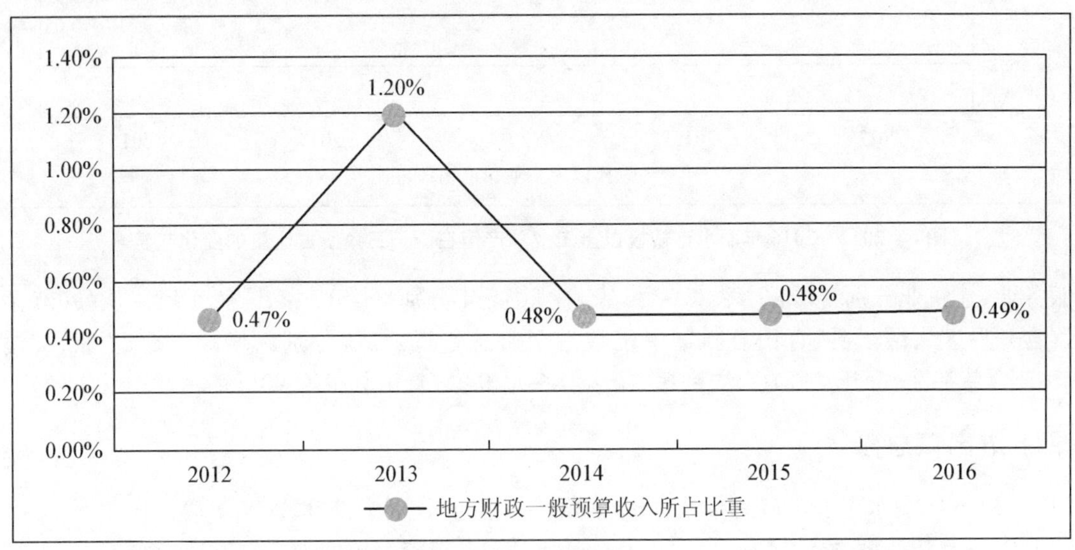

图5　2012—2016年丽水市地方财政一般预算收入在泛长三角所占比重的变化趋势

2016年，市财政收入持续稳定增长，财政实力显著增强。全市财政总收入从2011年的100.09亿元增加到2016年的164.87亿元，年均增长10.5%。其中一般公共预算收入从2011年的57.36亿元增加到2016年的103.57亿元，年均增长12.5%。财政总收入占GDP比重由2011年的12.5%提高到2016年的13.7%。财政收入的持续稳定增长，为促进经济发展，改善民生提供了有力的资金支持，财政民生支出比重由2011年的70.0%提高到2016年的77.6%，年均提高1.5个百分点。

(三) 规模以上工业总产值

2012—2016年丽水市规模以上工业总产值在泛长三角地区所占比重分别为0.66%、0.69%、0.66%、0.60%和0.60%，2016年较上年基本持平，较2012年减少了0.06个百分点。2016年丽水市规模以上工业总产值在泛长三角地区41个市排名第35位。

2016年，实现全部工业增加值456.0亿元，增长6.4%，高于全省水平0.2个百分点。其中规上工业增加值380.6亿元，增长7.0%，增幅比2014年和2015年分别提高1.7个和6.5个百分点。分行业看，35个行业中，23个行业增加值实现增长，增加值总量排名前10位的行业中，9个行业实现增长，1个行业略有下降。排名前两位的化学原料和化学制品制造业、电力热力生产和供应业分别拉动规上工业增加值增长1.3个和1.8个百分点。

经国家统计局审批新增达到统计规模标准企业(单位)数共210家(指新增规模以上工业企业、限额以上批发零售住宿餐饮企业、资质建筑企业和房地产开发经营企业、规模以上服务业单位)，与2015年持平。分专业看，全市新增达到统计规模标准企业(单位)数与2015年相比呈现两增三减趋势。其中贸易业(限额以上批发零售住宿餐饮企业)、房地产业分别新增67家、19家，比2015年多增22家和5家；

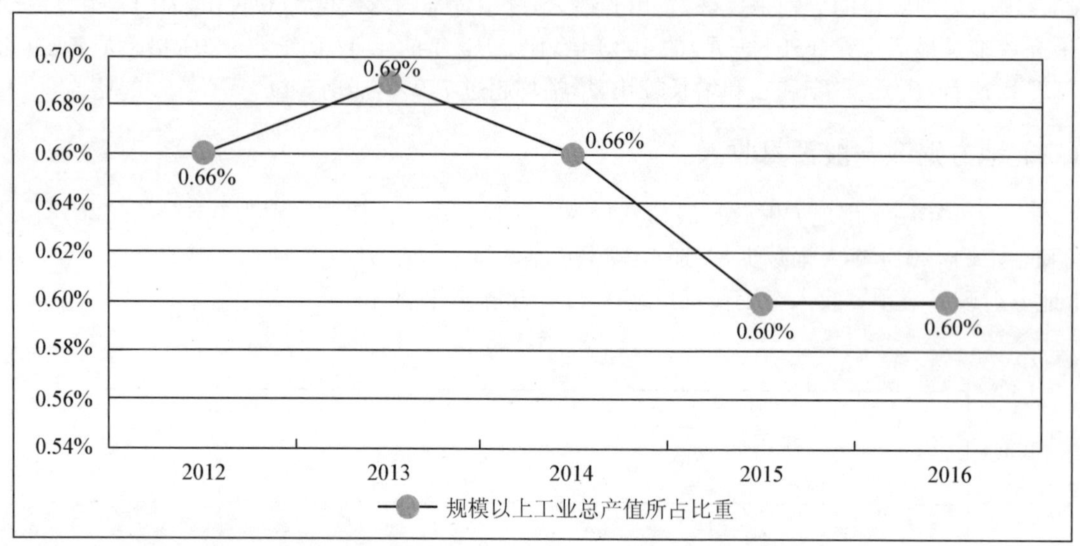

图 6　2012—2016 年丽水市规模以上工业总产值在泛长三角所占比重的变化趋势

工业、服务业、建筑业分别新增 86 家、32 家、6 家，比 2015 年分别少增 12 家、9 家、1 家。从县(市、区)看，莲都区(含开发区)、缙云县、青田县新增单位数占全市总量近六成，分别新增 55 家、37 家、33 家。与 2015 年相比，莲都区(含开发区)多增 24 家、缙云县多增 9 家、青田县少增 20 家。

(四) 进出口总额

2012—2016 年丽水市进出口总额在泛长三角所占比重分别为 0.17%、0.19%、0.20%、0.24%和 0.26%，总体呈上升趋势，累计增幅达 0.09 个百分比，2016 年较上年增加了 0.02 个百分比。2016 年丽水市进出口总额在泛长三角地区 41 个市排名第 27 位。

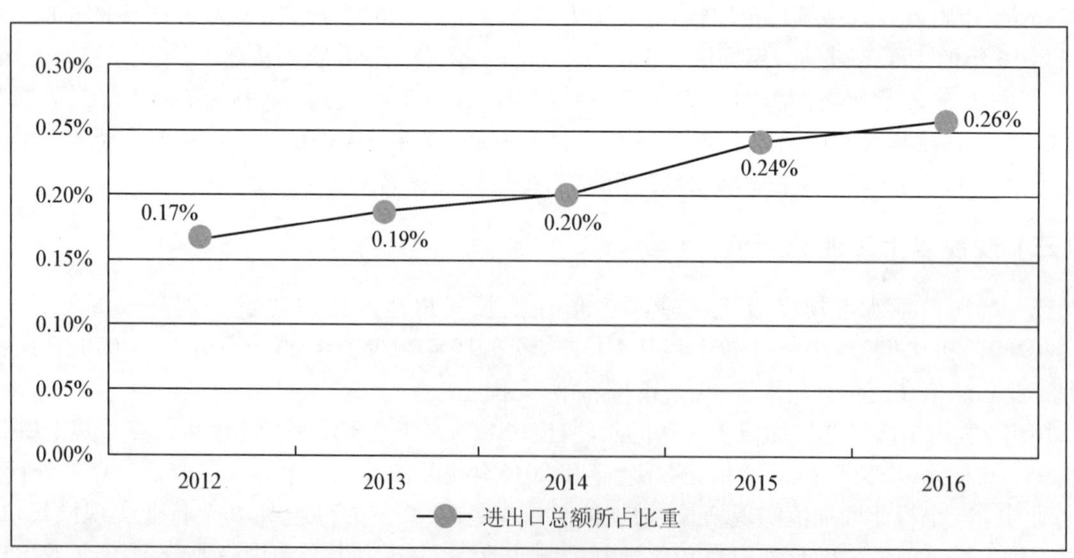

图 7　2012—2016 年丽水市进出口总额在泛长三角所占比重的变化趋势

2016 年，全市进出口总额 225.5 亿元，增长 7.1%，其中，进口 16.7 亿元，增长 22.9%，增幅高于全省水平 19.2 个百分点，居全省首位；出口 208.7 亿元，增长 6.0%，增幅高于全省水平 3.0 个百分点，居全省第 5 位。

（五）实际外商直接投资金额

2012—2016年丽水市实际外商直接投资金额在泛长三角所占比重分别为0.14%、0.17%、0.24%、0.30%和0.29%，整体呈上升趋势，2016年较上年减少了0.01个百分点，较2012年增加了0.15个百分比。2016年丽水市实际外商直接投资金额在泛长三角地区41个市排名第36位。

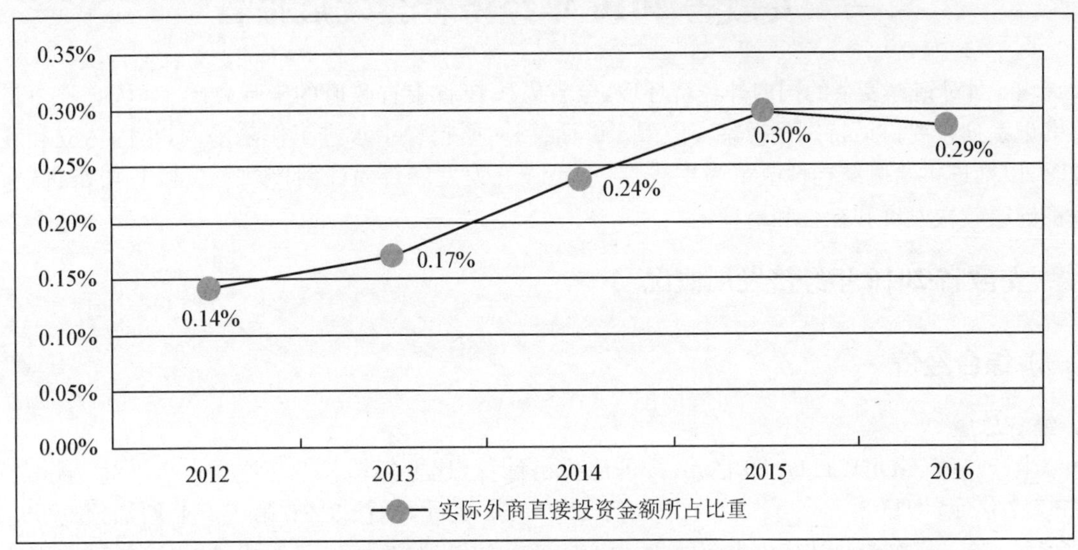

图8 2012—2016年丽水市实际外商直接投资金额在泛长三角所占比重的变化趋势

2016年，坚持“北接沪杭、南承海西、紧盯港台、拓展欧美”的工作思路，创新引资方式，强化服务意识，夯实工作基础，保持了合同和实际利用外资连续七年创出新高。全市新批外商投资项目36个，投资总额5.75亿美元，合同利用外资3.29亿美元，同比增长14.5%；实际利用外资2.21亿美元，同比增长2.3%，总量列全省第8，增速列全省第6，完成省商务厅考核目标任务（1.6亿美元）的138.3%，完成市政府考核目标任务（2亿美元）的110.7%。

第四章 安徽省及各市 2016 年经济社会发展报告

一 安徽省 2016 年经济社会发展报告

2016 年，面对错综复杂的国内外经济环境，全省人民在省委省政府的坚强领导下，认真学习贯彻习近平总书记系列重要讲话特别是视察安徽重要讲话精神，坚持稳中求进工作总基调，牢固树立和践行新发展理念，以推进供给侧结构性改革为主线，启动实施五大发展行动计划，攻坚克难，开拓奋进，保持了经济平稳健康较快发展和社会和谐稳定。

一、安徽省 2016 年经济发展概况

（一）综合经济

1. 经济总量

全年生产总值（GDP）24117.89 亿元，按可比价格计算，比上年增长 8.7%。分产业看，第一产业增加值 2567.7 亿元，增长 2.7%；第二产业增加值 11590.25 亿元，增长 8%；第三产业增加值 9959.92 亿元，增长 11.3%。三次产业结构由上年的 11.2∶49.7∶39.1 调整为 10.6∶48.1∶41.3，其中工业增加值占 GDP 比重为 41.1%。全员劳动生产率 55420 元/人，比上年增加 4558 元/人。人均 GDP 39092 元（折合 5885 美元），比上年增加 3095 元。

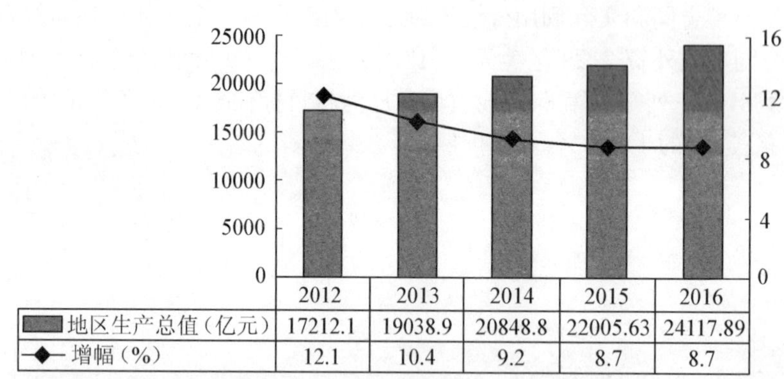

	2012	2013	2014	2015	2016
地区生产总值（亿元）	17212.1	19038.9	20848.8	22005.63	24117.89
增幅（%）	12.1	10.4	9.2	8.7	8.7

图 1 2012—2016 年安徽省地区生产总值及增长速度

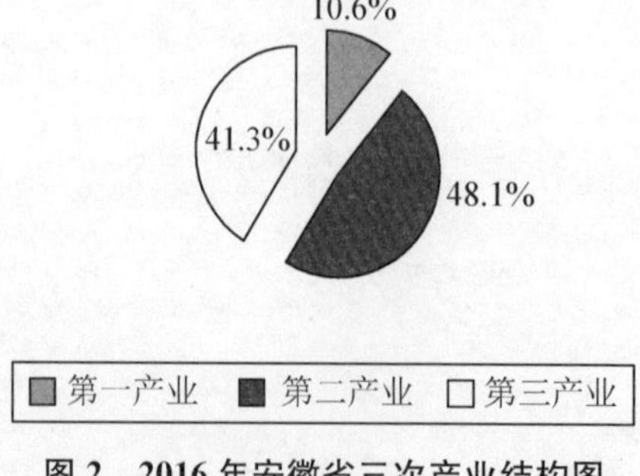

图 2 2016 年安徽省三次产业结构图

2. 财政收支

2016年,全省财政收入4373亿元,比上年增长9%,其中地方财政收入2673亿元,增长8.9%。全部财政收入中,税收收入3498亿元,增长5.6%,其中增值税和营业税增长6.6%、企业所得税下降1.1%。财政支出5530亿元,增长5.6%,其中民生支出4626亿元、占财政支出的83.7%。从重点支出项目看,社会保障与就业支出增长9.1%,城乡社区事务支出增长11%,科学技术支出增长73%,教育支出增长6%。全年33项民生工程累计投入825.5亿元,惠及6000多万城乡居民。

3. 物价水平

全年居民消费价格比上年上涨1.8%,其中食品烟酒价格上涨3.7%。商品零售价格上涨0.8%。工业生产者出厂价格下降1.5%,工业生产者购进价格下降1.6%。固定资产投资价格下降0.8%,农业生产资料价格下降0.6%。

4. 固定资产投资

全年固定资产投资26758.1亿元,比上年增长11.7%。其中,工业及信息化产业技术改造投资6363.2亿元,增长10.5%;基础设施投资5285.9亿元,增长26%;民间投资18375.4亿元,增长6.5%。分区域看,皖江示范区投资18438.4亿元,增长11.7%;皖北六市投资7017.8亿元,增长13%。分产业看,第一产业投资增长6.6%,第二产业增长9.7%,第三产业增长13.6%。分行业看,工业投资增长9.6%,其中制造业增长9.4%,制造业中装备制造业增长16.8%。六大高耗能行业投资增长8.1%。

全年共安排亿元以上重点项目4796个,当年完成投资13025.3亿元。开工建设引江济淮工程、江巷水库、合安高铁、郑阜高铁、合肥康宁10.5代玻璃基板等2205个项目,建成投产投运郑徐客专、望东长江公路大桥、青弋江分洪道、合肥轨道1号线、马鞍山圆融LED芯片、池州普洛康裕制药、芜湖奇瑞1.0 L发动机、六安大别山旅游扶贫快速通道等1529个项目。

年末煤炭产能15061万吨;发电装机容量5732.7万千瓦,其中燃煤火电4668.5万千瓦,新能源和可再生能源912万千瓦。

(二) 农业

全年粮食作物种植面积6644.6千公顷,比上年扩大11.7千公顷。油料种植面积731.1千公顷,减少41千公顷。棉花种植面积183.4千公顷,减少49.1千公顷。蔬菜种植面积920.2千公顷,扩大20.4千公顷。

全年粮食产量3417.5万吨,比上年减产120.6万吨,下降3.4%。其中,夏粮1387.7万吨,减产27万吨,下降1.9%;秋粮1932.1万吨,减产82.1万吨,下降4.1%。油料产量214.8万吨,下降5.7%。棉花产量18.5万吨,下降20.9%。

年末全省生猪存栏1468.6万头,比上年下降4.6%;全年生猪出栏2874.9万头,下降3.5%。肉类总产量411.4万吨,下降1.9%,其中猪牛羊肉产量278.7万吨,下降4.5%。禽蛋产量139.5万吨,增长3.6%。牛奶产量32.7万吨,增长6.7%。水产品产量235.8万吨,增长2.3%。

年末全省农业机械总动力6867.5万千瓦,比上年增长4.4%。农用拖拉机234.1万台,减少1.1%;农用运输车66.1万辆,减少0.4%。全年化肥施用量(折纯)327万吨,下降3.4%。农村用电量161.6亿千瓦时,增长3.1%。有效灌溉面积4463.7千公顷,新增63.3千公顷;新增节水灌溉面积48.9千公顷。

(三) 工业和建筑业

1. 工业经济

年末全省规模以上工业企业19382户,比上年净增1413户。全年规模以上工业增加值比上年增长8.8%,其中国有及国有控股企业增长4.3%,股份制企业增长8.8%,外商及港澳台商投资企业增长

6.4%。分门类看，采矿业增长4.2%，制造业增长9%，电力、热力、燃气及水生产和供应业增长10.2%。

规模以上工业中，40个工业大类行业有36个增加值保持增长。其中，计算机、通信和其他电子设备制造业增长21.6%，有色金属冶炼和压延加工业增长20.8%，汽车制造业增长18%，医药制造业增长13.6%，化学原料和化学制品制造业增长12%，橡胶和塑料制品业增长11.2%，电力、热力生产和供应业增长10.3%，金属制品业增长10%，电气机械和器材制造业增长9.1%，通用设备制造业增长8.2%，食品制造业增长8.1%，纺织服装、服饰业增长7.2%，农副食品加工业增长5.8%，非金属矿物制品业增长5.8%，煤炭开采和洗选业增长0.9%，黑色金属冶炼和压延加工业下降4.1%。六大工业主导产业增加值增长9.6%，装备制造业增加值增长12.9%，高技术产业增加值增长19.7%。战略性新兴产业产值增长16.4%，首批14个战略性新兴产业集聚发展基地工业总产值增长18%。

规模以上工业统计的主要产品产量中，原煤下降8.7%，发电量增长7.7%，粗钢增长1.4%，钢材下降3.8%，水泥增长2%，彩色电视机、家用洗衣机、家用电冰箱分别增长9.1%、16.3%和5.8%，房间空调器下降0.3%，汽车增长25.9%。随着"调转促"步伐加快，新产品加速涌现。新能源汽车增长38.6%，运动型多用途乘用车（SUV）增长19%，锂电池增长3.5倍，工业机器人增长56.5%，智能手机增长9.1倍，光纤增长66%。

全年规模以上工业企业实现利润2078.9亿元，增长12.3%，39个工业大类行业中有21个利润增长。电气机械和器材制造业、非金属矿物制品业、化学原料和化学制品制造业、计算机通信和其他电子设备制造业、汽车制造业、农副食品加工业、电力热力生产和供应业、通用设备制造业、橡胶和塑料制品业、专用设备制造业、酒饮料和精制茶制造业、金属制品业、黑色金属冶炼和压延加工业、医药制造业等14个利润超50亿元的行业，合计实现利润1636.8亿元，占全部工业的78.7%。企业亏损面由上年的8.5%下降到7.3%，亏损企业亏损额由上年增长28.7%转为下降62.5%。

2. 建筑业

全年具有资质等级的总承包和专业承包建筑业企业实现利润197.7亿元，增长5.5%。房屋建筑施工面积40126.4万平方米，比上年减少1353.4万平方米；房屋竣工面积14590.7万平方米，减少963万平方米。

（四）服务业

1. 国内贸易

全年社会消费品零售总额10000.2亿元，比上年增长12.3%，扣除价格因素，实际增长11.4%。按经营地统计，城镇消费品零售额8064.7亿元，增长12.2%；乡村消费品零售额1935.5亿元，增长12.6%。按消费类型统计，商品零售额8914.2亿元，增长12.2%；餐饮收入1086.1亿元，增长12.4%。全省纳入统计的352家开展网络零售业务的限额以上批发零售企业实现网上商品零售额220.2亿元，增长68.4%。

限额以上企业商品零售额中，吃、穿、用类商品零售额分别比上年增长17.6%、4.8%和10.9%，粮油类增长9.6%，肉禽蛋类增长18%，服装类增长7.6%，日用品类增长18.8%，中西药品类增长8.3%，家用电器和音像器材类增长11.9%，家具类增长20.3%，通讯器材类增长1.8%，建筑及装潢材料类增长13.4%，汽车类增长15.2%，石油及制品类增长6.6%。

2. 交通运输、邮电

全年旅客运输量8.1亿人，比上年下降6.5%；货物运输量36.5亿吨，增长5.5%。旅客运输周转量1231.4亿人千米，下降2%；货物运输周转量10883.2亿吨千米，增长4.8%。全年港口货物吞吐量5.1亿吨，增长8.1%，其中外贸货物吞吐量1616.7万吨，下降2%。全省民航机场旅客吞吐量912.9万人次，增长12%，其中合肥新桥机场旅客吞吐量739.2万人次，增长11.8%。

年末全省民用汽车拥有量598.1万辆，比上年增长16.7%，其中私人汽车507.6万辆、增长20%。

民用轿车拥有量 341 万辆，增长 23%，其中私人轿车 318.3 万辆、增长 25%。

全年新增高速公路 294 千米、一级公路 667 千米、铁路营业里程 62.3 千米。到 2016 年末，全省高速公路达 4543 千米、一级公路达 3833 千米、铁路营业里程达 4124.4 千米，其中高速铁路营业里程 1354 千米。

全年邮电业务总量 1274.1 亿元，比上年增长 56.3%。其中，电信业务总量 1099.2 亿元，增长 55.7%；邮政业务总量 174.9 亿元，增长 50.5%。快递业务量 6.9 亿件，快递业务收入 70.6 亿元，比上年分别增长 72.3%和 53%。

年末本地固定电话用户 613.9 万户，减少 125.5 万户；移动电话用户 4426.5 万户，增加 154.4 万户。每百人拥有电话(含移动)82 部，增加 0.3 部。年末基础电信运营企业计算机互联网宽带接入用户 1075 万户，增加 187.1 万户。

3. 旅游业

全年入境旅游人数 485.4 万人次，比上年增长 9.2%，其中外国人 282.9 万人次、增长 9.2%，港澳台同胞 202.5 万人次、增长 9.2%。国内游客 5.22 亿人次，增长 17.7%。旅游总收入 4932.4 亿元，增长 19.7%。其中，旅游外汇收入 25.4 亿美元，增长 12.4%；国内旅游收入 4763.6 亿元，增长 19.7%。年末全省有 A 级及以上旅游景点(区)556 处。皖南国际旅游文化示范区旅游收入 2594 亿元，增长 18.8%。

4. 金融、证券和保险

全年社会融资规模 6283.5 亿元，比上年增加 2708.9 亿元，增长 75.8%。年末全省金融机构人民币各项存款余额 40856.2 亿元，比上年增加 6373.3 亿元，增长 18.5%。其中，非金融企业存款余额 12923.5 亿元，增长 25.9%；住户存款余额 18857.6 亿元，增长 10.8%。金融机构人民币各项贷款余额 30180.7 亿元，比上年增加 4691.7 亿元，增长 18.4%。其中，境内短期贷款 9160 亿元，增长 9.7%；境内中长期贷款 18469.9 亿元，增长 21.9%，中长期贷款中住户贷款 8334.6 亿元，增长 32.8%。

全年上市公司通过境内市场累计筹资 1035.7 亿元，比上年增加 759.6 亿元。其中，首次公开发行 A 股 5 只，筹资 62.2 亿元；A 股再筹资(包括配股、公开增发、非公开增发、认股权证)934.8 亿元；上市公司通过发行可转债、可分离债、公司债筹资 38.7 亿元。到 2016 年底，全省有上市公司 93 家，上市公司市价总值 10896.7 亿元，比上年减少 3%。

全年企业发行短期融资券 580.1 亿元。

全年全省境内证券经营机构代理成交额 50474.6 亿元，期货经营机构代理成交额 160627.1 亿元。

全年保险业原保险保费收入 876.1 亿元，比上年增长 25.4%，其中，财产险业务原保险保费收入 312.8 亿元，增长 14.4%；人身险业务原保险保费收入 563.3 亿元，增长 32.4%。赔款和给付 357.5 亿元，增长 29.1%。其中，财产险业务赔款支出 175.1 亿元，增长 24.9%；人身险业务赔款和给付支出 182.4 亿元，增长 33.4%。

5. 房地产业

全年房地产开发投资 4603.6 亿元，比上年增长 4%。商品房销售面积 8499.7 万平方米，增长 37.7%；商品房销售额 5035.5 亿元，增长 49.4%。年末商品房待售面积 2401.4 万平方米，下降 4.3%。建成各类保障性安居工程住房 30.2 万套。

(五) 对外经济

1. 对外贸易

全年进出口总额 443.8 亿美元，比上年下降 7.2%。其中，出口 284.8 亿美元，下降 11.7%；进口 159 亿美元，增长 2.1%。从出口经营主体看，生产型企业出口下降 11.3%，贸易型企业出口下降 15.4%。从出口商品看，机电产品、高新技术产品出口分别下降 9.6%和 10.4%。

2016年全省出口主要分类及地区分布

指　　标	绝对数(亿美元)	比上年增长(%)
出口额	284.8	−11.7
其中:机电产品	154.2	−9.6
其中:高新技术产品	59.7	−10.4
其中:一般贸易	204.0	−11.8
加工贸易	71.9	−10.2
其中:对亚洲	122.5	−12.0
对欧洲	57.7	−6.9
对北美洲	58.5	−3.5
对非洲	17.2	−20.3
对拉丁美洲	23.3	−27.7
对大洋洲	5.6	−21.3

2. 外资状况

全省亿元以上在建省外投资项目5454个,当年实际到位资金9903.3亿元,比上年增长10.4%。全年新批外商投资项目267个,下降7.6%;合同利用外资41.1亿美元,增长4.5%;实际利用外商直接投资147.7亿美元,增长8.4%。到2016年底,来皖投资的境外世界500强企业增加到73家,其中当年新引进1家。

3. 对外合作

全年对外承包工程新签合同金额30.8亿美元,比上年增长0.2%;完成营业额30.9亿美元,增长14.9%。当年外派劳务人员10044人,下降4.3%。全年新批境外企业(机构)121个,实际对外投资12.4亿美元,增长28%,其中对"一带一路"沿线国家和地区投资0.7亿美元。

二、安徽省2016年社会发展概况

(一) 人口、人民生活

年末全省户籍人口7027万人,比上年增加77.9万人;常住人口6195.5万人,增加51.9万人。城镇化率52%,比上年提高1.5个百分点。全年人口出生率13.02‰,比上年上升0.1个千分点;死亡率5.96‰,上升0.02个千分点;自然增长率7.06‰,上升0.08个千分点。

全年全省常住居民人均可支配收入19998元,比上年增长8.9%,扣除价格因素,实际增长7%。城镇常住居民人均可支配收入29156元,增长8.2%,扣除价格因素,实际增长6.3%;人均消费性支出19606元,增长13.8%,其中食品烟酒支出增长10%、衣着增长6.2%、居住增长13.6%、生活用品及服务增长20.7%、交通和通信增长21.3%、教育文化娱乐服务增长16.7%、医疗保健增长18.3%。城镇常住居民恩格尔系数为32.5%,比上年下降1.2个百分点。年末城镇常住居民人均住房建筑面积36.9平方米,比上年增加2.2平方米。

全年农村常住居民人均可支配收入11720元,比上年增长8.3%,扣除价格因素,实际增长6.6%。人均生活消费支出10287元,增长14.6%。其中,食品烟酒支出增长9.7%,衣着增长7%,居住增长18.3%,生活用品及服务增长29%,交通和通信增长20.8%,教育文化娱乐增长13.7%,医疗保健增长15.3%。农村常住居民恩格尔系数为34.2%,比上年下降1.6个百分点。年末农村常住居民人均住房建筑面积49.4平方米,比上年增加2.6平方米。

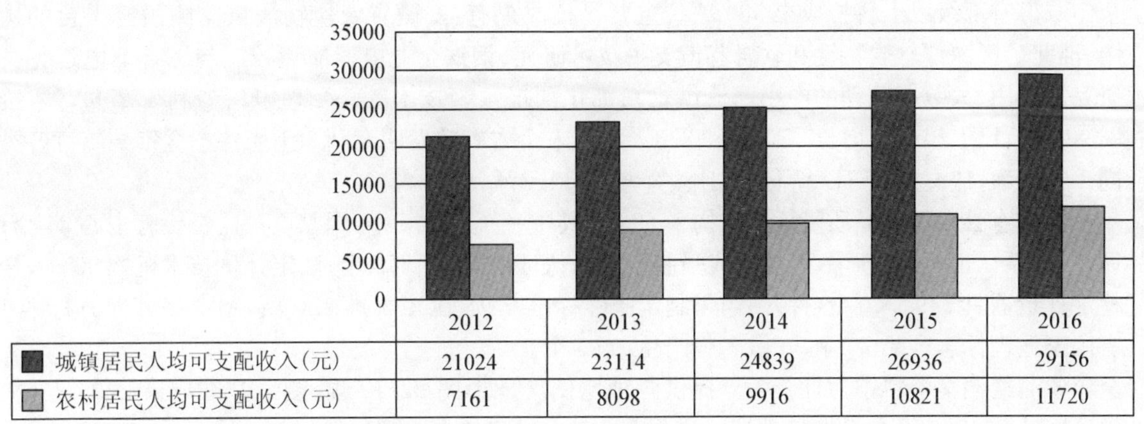

	2012	2013	2014	2015	2016
城镇居民人均可支配收入(元)	21024	23114	24839	26936	29156
农村居民人均可支配收入(元)	7161	8098	9916	10821	11720

图3　2012—2016年安徽省城乡居民收入对比一览

(二)就业和社会保障

1. 就业

年末全省就业人员4361.6万人,比上年增加19.5万人。其中,第一产业1383.5万人,减少12.7万人;第二产业1245.5万人,增加13.4万人;第三产业1732.6万人,增加18.8万人。城乡私营企业就业人员和个体劳动者1056.2万人,增加136.8万人。全年城镇实名制新增就业66.9万人,下岗失业人员再就业21.1万人。年末城镇登记失业率3.2%,比上年上升0.06个百分点。全省农民工总量1878.4万人,其中外出农民工1380.1万人。

2. 社会保障及福利

年末全省参加城镇基本养老、基本医疗保险人数分别为892.2万人和1621.4万人。参加失业保险人数为448.5万人,全年累计为16.9万名失业人员发放了不同期限的失业保险金。全省参加工伤、生育保险人数分别为546.3万人和517.6万人。城乡居民养老保险参保人数3431.9万人。参加新型农村合作医疗的农业人口5121.2万人,参合率为102.5%。

年末54.4万人享受城市居民最低生活保障,149.8万人享受农村居民最低生活保障,农村五保供养41.3万人。全年民政部门直接救助87.6万人次,资助参加基本医疗保险395.7万人。

(三)教育和科学技术

1. 教育事业

年末全省有研究生培养单位21个,在学研究生51738人。普通高校109所,普通本专科在校生114.5万人。高等教育毛入学率46.9%,比上年上升6.3个百分点。各类中等职业教育(不含技工学校)374所,在校生78.2万人。普通高中672所,在校生110.7万人。高中阶段毛入学率90%,比上年降低2个百分点。初中2800所,在校生194.2万人,初中阶段适龄人口入学率99.68%。小学8284所,在校生430.4万人,小学学龄儿童入学率99.97%。各级各类成人学校毕业生44.9万人。

2. 科技与创新

年末全省有各类专业技术人员224.6万人,比上年增长1.9%。科研机构4817个,其中大中型工业企业办机构1224个。从事研发活动人员21.3万人。全年用于研究与试验发展(R&D)经费支出475亿元,增长9.9%;相当于全省生产总值的1.97%,比上年提高0.01个百分点。

全省有国家大科学工程5个;有国家重点(工程)实验室23个,省级(含重点)实验室106个,部属(含院属)实验室51个;有省级以上工程(技术)研究中心690家,其中国家级34家。有高新技术产业开发区18个,其中国家级4个。有高新技术企业3863家,其中当年新认定964家。

全年取得省部级以上科技成果560项。主要科技成果有：安徽省农作物病虫监测预警平台的构建和应用、淮北矿区深部软岩特性和软岩巷道支护技术研究、钢铁企业电能质量控制与综合节电运行关键技术研究与应用、大数据驱动的中小河流洪水精细化预报预警技术等。受理申请专利172552件，授权专利60982件，比上年分别增长35.1%和3.3%。年末全省有效发明专利39104件。全年共签订各类技术合同12969项；成交金额217.7亿元，比上年增长14.3%。

年末全省有县以上产品质量检验机构1569个，其中系统内205个，国家质量监督检验中心24个；有产品质量、体系认证机构18个，当年完成强制性产品认证的企业1572个；法定计量技术机构90个，全年强制检定计量器具549.7万台(件)。当年制定国际标准5项、国家标准120项，制定修订地方标准170项。有国家地理标志产品70个、安徽名牌产品1445个。

全年省测绘档案资料馆为社会各界提供各种比例尺地形图22612幅、测绘基准成果2299点(次)，航空航天遥感891760平方千米、数据量6060 GB；完成国家基本比例尺地形图生产与更新31614幅、地理国情动态监测140000平方千米、“天地图·安徽”地图网站数据更新43.8 GB。

(四) 文化、卫生和体育

1. 文化事业

年末全省拥有文化馆122个，公共图书馆122个，博物馆171个(含民营博物馆)，乡镇街道综合文化站1437个。全国重点文物保护单位130处、合并国保项目2处，省级重点文物保护单位708处。国家级非物质文化遗产名录72项，省级名录343项。年末市级以上广播电视台4座、广播电台14座、电视台14座。中波发射台和转播台23座。广播节目综合人口覆盖率98.89%，电视节目综合人口覆盖率99.03%，有线电视用户878.1万户。全年出版报纸98种，总印数9.57亿份；期刊(杂志)180种，总印数0.52亿册；图书9829种，总印数2.51亿册。有各级国家档案馆139个，馆藏档案资料2663.2万卷(件、册)，库馆总建筑面积35.3万平方米。

2. 卫生事业

年末全省有医疗卫生机构24386个，其中医院1039个、基层医疗卫生机构22271个、专业公共卫生机构984个，其他卫生机构92个。基层医疗卫生机构中，卫生院1372个，社区卫生服务中心(站)1908个，村卫生室15276个；专业公共卫生机构中，疾病预防控制中心121个，专科疾病防治院(所、站)47个，妇幼保健院(所、站)120个，卫生监督所(中心)113个。全省卫生技术人员29.1万人，其中执业(助理)医师11.2万人，注册护士12.6万人。乡村医生和卫生员4.3万人。医疗卫生机构床位28.2万张，其中医院、卫生院床位26.7万张。全年医疗卫生机构共诊疗2.72亿人次。

3. 体育事业

全年在国际国内重大比赛中，安徽省运动健儿共获得32枚金牌、34枚银牌、42枚铜牌。其中，在里约奥运会获1金2铜，创造了安徽省历史上境外奥运会的最佳战绩。“全民健身、健康安徽”系列主题活动蓬勃开展，全年共举办百人以上的群众体育健身活动2246次，参加活动总人数299.9万人次。全年销售体育彩票52.1亿元。

(五) 资源和环境保护

全省已发现的矿种为128种(计算到亚矿种为160种)。查明资源储量的矿种124种(含亚矿种)，其中能源矿种6种，金属矿种22种，非金属矿种94种，水气矿种2种。全年地质勘查部门开展各类地质(科研)项目(省级)158项。新增查明资源储量的大中型矿产地10处，新增探明储量矿种1种(镍矿)。

年末全省有省、市、县级环境监测站87个。全年16个省辖市空气质量平均优良天数比例为74.3%，比上年下降3.6个百分点；有1个市空气质量达到二级标准。全省PM10年均浓度为77微克/立方米，比上年下降3.8%。已建成县级以上自然保护区104个，其中国家级8个、省级30个、市级2个、县级64

个。当年人工造林面积94.5千公顷。年末森林面积3958.5千公顷,活立木总蓄积量26145.1万立方米,森林蓄积量22186.6万立方米。

全年能源消费量12695万吨标准煤,比上年增长2.9%。电力消费量增长9.5%。单位GDP能耗下降5.3%。

淮河干流安徽段水质以Ⅲ类为主,总体水质优,主要支流总体水质轻度污染。长江干流安徽段以Ⅱ类水质为主,总体水质优,主要支流总体水质良好。巢湖湖区整体水质轻度污染,9条主要环湖支流整体水质中度污染。新安江干、支流水质优。全省城市集中式饮用水水源地水质达标率为97%。

(六)安全生产

全年亿元GDP生产安全事故死亡人数为0.077人,比上年下降12.5%;工矿商贸企业就业人员十万人生产安全事故死亡人数为0.987人,下降3.4%;煤矿百万吨死亡人数为0.073人,下降45.5%。全年发生道路交通事故12795起,发生火灾事故10181起。

三、安徽省在泛长三角地区经济发展中的地位

2016年,全省人民在省委省政府的坚强领导下,认真学习贯彻习近平总书记系列重要讲话特别是视察安徽重要讲话精神,坚持稳中求进工作总基调,牢固树立和践行新发展理念,以推进供给侧结构性改革为主线,启动实施五大发展行动计划,积极扩大有效需求,坚定不移深化改革,妥善应对风险挑战,经济运行总体平稳、稳中有进、结构向好、活力增强,实现了“十三五”良好开局。

(一)地区生产总值

按总量来讲,多年来安徽省地区生产总值在泛长三角(江苏、上海、浙江和安徽三省一市)地区一直位居第四位。2012—2016年安徽省地区生产总值在长三角所占比重分别为13.65%、13.98%、13.93%、13.74%和13.73%。安徽省地区生产总值在泛长三角(江苏、上海、浙江和安徽三省一市)占比整体呈现倒“U”形,2016年与2012年比增加了0.08个百分点,较上年小幅减少,减少了0.01个百分点。

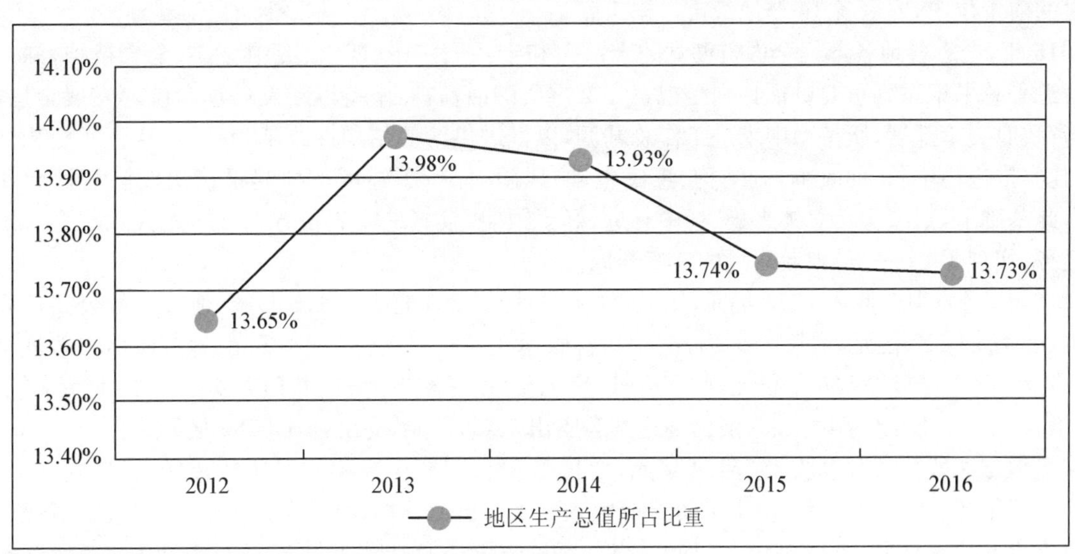

图4 2012—2016年安徽省地区生产总值在泛长三角(江苏、上海、浙江和安徽三省一市)所占比重的变化趋势

2016年,在泛长三角地区41市(苏浙两省24个地级市、上海市和安徽省的16个市,下同)地区生产总值所占比重排名的前十位中,安徽省16个地级市占据1席。

2016年,全年全省生产总值24117.9亿元,按可比价格计算,比上年增长8.7%。其中,第一产业增

加值 2567.7 亿元，增长 2.7%；第二产业增加值 11666.6 亿元，增长 8.3%；第三产业增加值 9883.6 亿元，增长 10.9%。一二三次产业比例为 10.6∶48.4∶41，人均 GDP 39092 元(折合 5885 美元)。

(二) 地方财政一般预算收入

2012—2016 年安徽省地方财政一般预算收入在泛长三角(江苏、上海、浙江和安徽三省一市)所占比重分别为 12.08%、12.54%、12.22%、11.79%和 11.88%，2016 年较 2012 年增加了 0.2 个百分点。

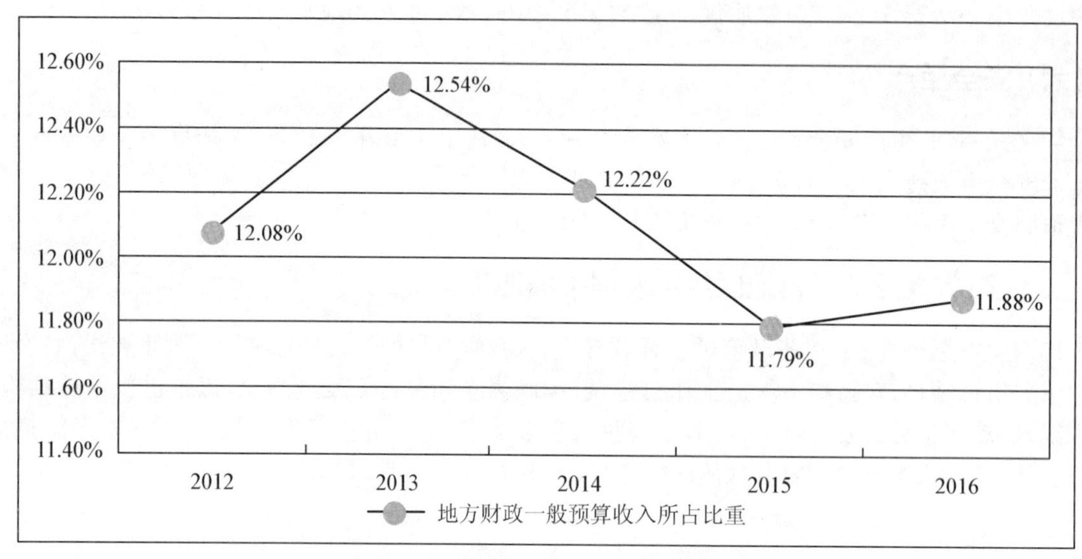

图 5 2012—2016 年安徽省地方财政一般预算收入在泛长三角(江苏、上海、浙江和安徽三省一市)所占比重的变化趋势

2016 年，安徽省地方财政一般预算收入在泛长三角(江苏、上海、浙江和安徽三省一市)地区的排名中，与上年保持一致，仍为第四位，未能有所改善；在泛长三角地区 41 市地方财政一般预算收入所占比重排名的前十位中，安徽省 16 个地级市占据 1 席。

2016 年，全省各地各部门全面贯彻党的十八大和十八届三中、四中、五中、六中全会精神，深入学习贯彻习近平总书记系列重要讲话特别是视察安徽重要讲话精神，坚持以新发展理念统筹发展全局，按照省委、省政府决策部署，坚持稳中求进工作总基调，以推进供给侧结构性改革为主线，认真实施积极财政政策，扎实推进稳增长、促改革、调结构、惠民生、防风险，保持了经济平稳健康较快发展和社会和谐稳定。在此基础上，财政运行总体平稳、稳中有进、好于预期，较好地完成了省十二届人大六次会议确定的目标任务，实现了“十三五”财政发展的良好开局。

2016 年，全省财政收入 4373 亿元，比上年(下同)增加 361 亿元，增长 9%。地方一般公共预算收入 2673 亿元，增加 219 亿元，增长 8.9%，加：中央税收返还及转移支付 2610 亿元、地方政府一般债券收入 956.9 亿元、调入资金等 526.1 亿元，收入合计 6766 亿元。全省一般公共预算支出 5530 亿元，增加 291 亿元，增长 5.6%，加：上解中央、一般债务还本等支出 1236 亿元，支出合计 6766 亿元。

省级地方一般公共预算收入 251.4 亿元，增长 1.1%。加：中央税收返还及转移支付 2610 亿元、地方政府一般债务收入 956.9 亿元、调入资金等收入 261.1 亿元，收入科目合计 4079.4 亿元。省级一般公共预算支出 645.9 亿元，下降 3.9%。加：对市县区税收返还及转移支付 2232.1 亿元、一般债务转贷市县支出 850.2 亿元、调出资金等支出 351.2 亿元，支出科目合计 4079.4 亿元。

(三) 规模以上工业总产值

2012—2016 年安徽省规模以上工业总产值在泛长三角(江苏、上海、浙江和安徽三省一市)所占比重

分别为12.17%、12.81%、13.36%、13.85%和14.42%，呈现持续上升趋势，累计增幅达2.25个百分点。

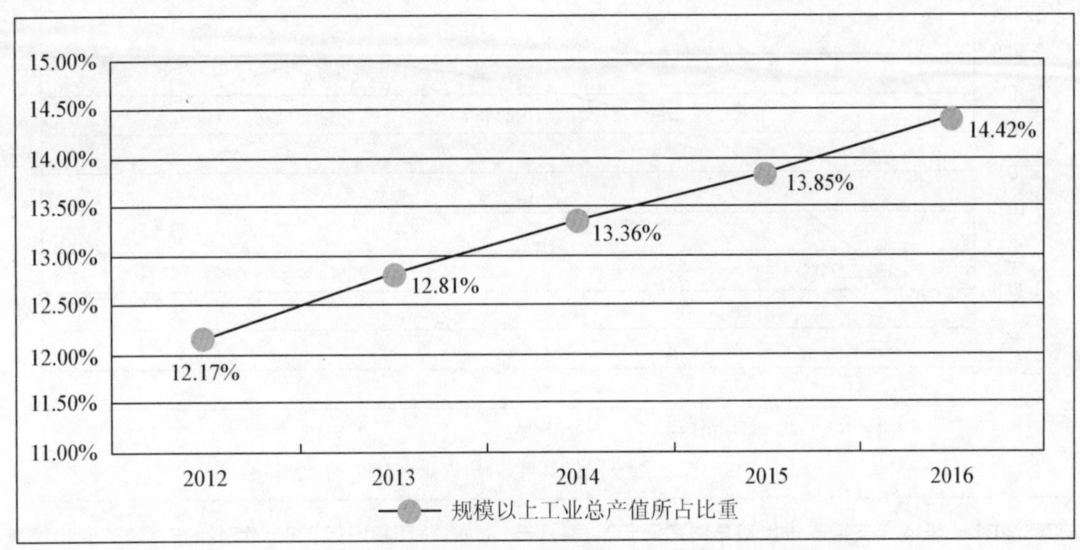

图6　2012—2016年安徽省规模以上工业总产值在泛长三角（江苏、上海、浙江和安徽三省一市）所占比重的变化趋势

2016年，安徽省规模以上工业总产值在泛长三角（江苏、上海、浙江和安徽三省一市）的排名中，与上年保持一致，为第三位；在泛长三角地区41市规模以上工业总产值所占比重排名的前十位中，安徽省16个地级市数量为零，需继续努力。

2016年，工业生产稳中加快，效益明显改善。全年规模以上工业增加值突破万亿，达10081.2亿元，增长8.8%，增幅比上年高0.2个百分点，比全国高2.8个百分点，居全国第5、中部第2位。40个工业大类行业中有36个增加值增长，其中14个增速超过10%。主要产品产量中，水泥、发电量分别增长2%和7.8%，汽车增长25.9%，智能手机增长9.1倍，工业机器人增长56.5%，家用洗衣机、家用电冰箱、彩色电视机分别增长16.3%、5.8%和9.1%，房间空调器下降0.3%。

1—11月，全省规模以上工业企业实现利润1748亿元，增长15.3%，增幅比上年同期高8.3个百分点，比全国高5.9个百分点，居全国第7、中部第1位。

（四）进出口总额

2012—2016年安徽省进出口总额在泛长三角（江苏、上海、浙江和安徽三省一市）所占比重分别为2.94%、3.32%、3.43%、3.50%和3.35%，总体上呈现增长态势，五年间增加了0.41个百分点，其中2016年较上年减少了0.15个百分点。

2016年，安徽省进出口总额在泛长三角（江苏、上海、浙江和安徽三省一市）的排名中，与上年保持一致，仍为第四位，稳定不变；在进出口总额所占比重排名的前十位中，安徽省所占席位数量为零。

2016年，安徽省进出口总值2933.8亿元人民币，比2015年（下同）下降1.4%。其中，出口1882.5亿元，下降6.3%；进口1051.3亿元，增长8.7%。

以美元计价，全年安徽进出口443.8亿美元，下降7.2%。其中，出口284.8亿美元，下降11.7%；进口159亿美元，增长2.1%。

1. 总体情况

（1）降幅与全国基本持平，进口快速增长。2016年，安徽省外贸进出口降幅与全国基本持平，仅深于全国0.5个百分点。其中，出口降幅深于全国4.3个百分点；进口增速比全国快8.1个百分点。

（2）保持全国、中部位次，进口提高2位。2016年，安徽省进出口值排名全国第15位，中部六省第2

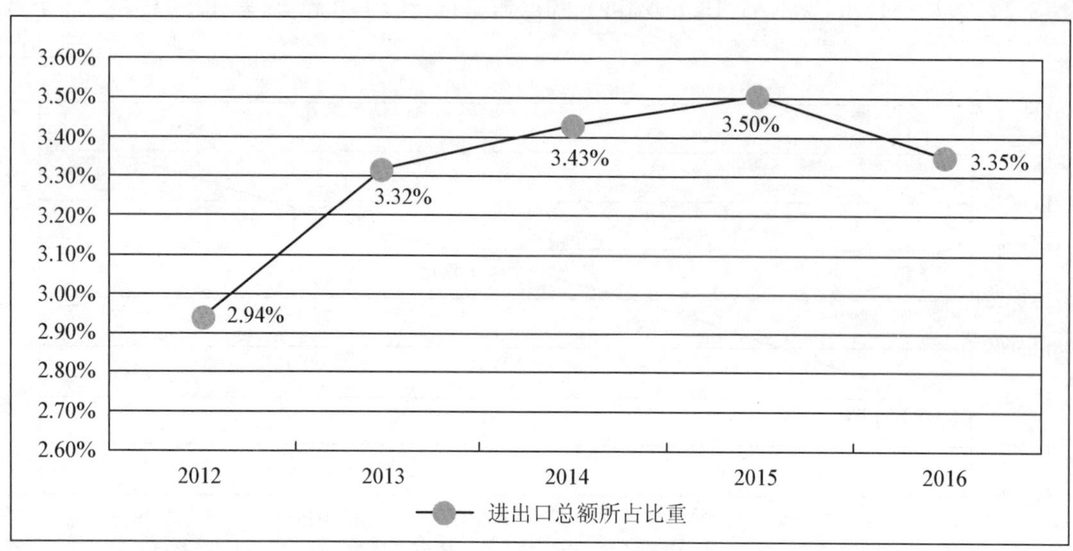

图7　2012—2016年安徽省进出口总额在泛长三角(江苏、上海、浙江和安徽三省一市)所占比重的变化趋势

位，均保持2015年排名。其中，进口排名第15位，比上年提高2位，超越吉林、陕西；出口排名第14位，比上年下降1位，被江西超越。在中部地区，安徽省进出口值排名位于河南省(全国第10位)和江西省(全国第16位)之间，体量为河南的62.3%，江西的1.11倍。在中西部地区，安徽省继续排名第5位。

(3)时序增幅逐步回稳，四季度明显向好。2016年，安徽省外贸时序增幅总体呈上行态势，上半年进出口1268.3亿元，下降2.4%，下半年进出口1665.5亿元，下降0.7%，降幅明显收窄。从季度看，一季度降幅深至7.5%、到三季度降幅仍为5%，通过强化政策落实和调度、督导力度，在四季度现实了2.8%的正增长，呈现逐步上行趋好态势，四季度连续三个月实现环比增长。

2. 主要亮点

(1)外贸主体壮大。2016年，全省有进出口实绩企业6501家，比上年增加669家。其中，进出口值1亿元以上企业435家，比上年增加8家。

(2)外商投资企业比重提升。2016年，安徽省外商投资企业进出口868亿元，增长9.5%，占比29.6%，比上年提升3.4个百分点；此外，民营企业进出口1292.5亿元，下降7.5%，占全省44.1%，在各类企业中保持最大比重，但比上年下降3.7个百分点；国有企业进出口773.2亿元，下降1.5%，占比26.4%。

(3)加工贸易比重小幅上升。2016年，安徽省以加工贸易方式进出口636.6亿元，增长0.9%，占比21.7%，比重较2015年提升0.9个百分点。同期，一般贸易方式进出口2097亿元，下降0.8%，占全省71.5%，比重与2015年基本持平。此外，以海关特殊监管区域物流货物方式进出口129.2亿元，下降25.9%，占比4.4%。

(4)对发达地区市场保持增长。2016年，安徽省对北美、欧盟市场分别进出口524.9亿元和450.8亿元，分别增长6.6%、3.8%。对前三大贸易伙伴国美国、智利、日本分别进出口462.2亿元、164.6亿元、157.7亿元，分别增长6.4%、6.1%和15%，均保持增长。同期，对亚洲进出口1201.9亿元，下降6.0%，占全省41%；对拉丁美洲进出口424.1亿元，基本持平；对非洲进出口148.1亿元，下降9%。

(5)资源性产品进口增幅较大。2016年，安徽省“两矿”进口均呈现较大幅度增长。其中，铜矿砂进口320.6万吨，增加19.4%；价值256亿元，增长8.2%。铁矿砂进口1811.7万吨，增加5.3%；价值71.7亿元，增长10.4%。同期，农产品进口131.6亿元，增长32.4%。其中：肉及杂碎进口36.8亿元，增长7倍；食用植物油进口10.1亿元，增长75.1%。

(6)出口商品结构进一步优化。一是机电、高新产品出口比重得到提升。2016年，安徽省机电产

品、高新技术产品分别出口 1015.3 亿元、396.7 亿元，占全省出口比重分别为 53.9%和 21.1%，分别比上年提高 1.3 个和 0.6 个百分点。其中，机械设备出口 447 亿元，增长 13.7%；计算机及通信技术产品出口 229.1 亿元，增长 16.1%；家电出口 118.6 亿元，增长 14%。二是部分弱势产品地位得到提升。2016 年，安徽省农产品出口 76.6 亿元，增长 2.8%，占外贸出口比重达 4.1%，比上年提高 0.4 个百分点；文化产品出口 60.4 亿元，比重为 3.2%，比上年提高 0.1 个百分点。三是传统劳动密集型和两高一资产品比重下降。2016 年，安徽省传统劳动密集型产品、两高一资（高污染、高耗能、资源性）产品分别出口 331.7 亿元、80.1 亿元，分别下降 8.4%和 26.9%，占全省出口比重分别为 17.6%和 4.3%，分别比上年下降 0.4 个和 1.2 个百分点。

(7) 贸易条件得到小幅改善。2016 年，安徽省出口商品价格指数为 97，进口商品价格指数为 94.8，出口商品价格下跌幅度比进口商品小 2.2 个百分点，贸易条件指数为 1.02(>1)，显示出口同一计量单位的出口商品可以换回更多的进口商品，贸易条件得到改善。同期，安徽省出口商品数量指数为 91，进口商品数量指数为 107.7，显示出口数量减少，进口数量增长。

（五）实际外商直接投资金额

2012—2016 年安徽省实际外商直接投资金额在泛长三角（江苏、上海、浙江和安徽三省一市）所占比重分别为 11.89%、14.27%、16.57%、18.58%和 19.58%，呈现连续上扬姿态，2016 年较 2012 年增加了 7.69 个百分点。

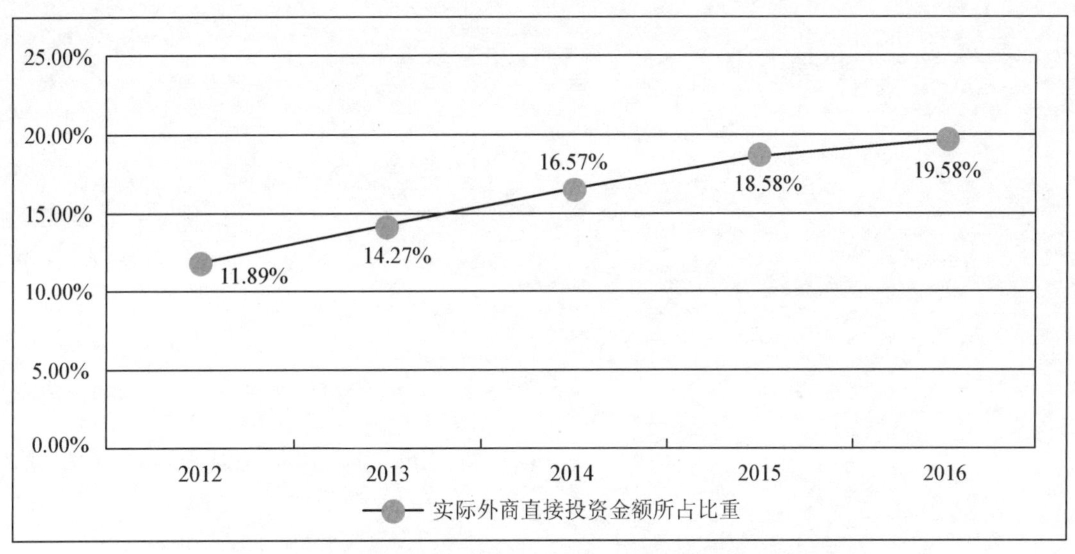

图 8　2012—2016 年安徽省实际外商直接投资金额在泛长三角（江苏、上海、浙江和安徽三省一市）所占比重的变化趋势

2016 年，安徽省实际外商直接投资金额在泛长三角（江苏、上海、浙江和安徽三省一市）的排名中，与上年保持一致，为第 4 位；在实际外商直接投资金额所占比重排名的前十位中，安徽省 16 个地级市占据 2 席。

2016 年，全省亿元以上在建省外投资项目 5454 个，当年实际到位资金 9903.3 亿元，比上年增长 10.4%。全年新批外商投资项目 267 个，下降 7.6%；合同利用外资 41.1 亿美元，增长 4.5%；实际利用外商直接投资 147.7 亿美元，增长 8.4%。到 2016 年底，来皖投资的境外世界 500 强企业增加到 73 家，其中当年新引进 1 家。1—10 月份，安徽省利用省外资金继续保持平稳增长。全省亿元以上在建省外投资项目 5047 个，实际到位资金 8259.6 亿元，同比增长 10%。

分产业来看，1—10 月份，全省亿元以上利用省外资金项目三次产业实际到位资金分别为 395.5 亿元、5100.5 亿元、2763.7 亿元，占比分别为 4.8%、61.8%、33.4%。其中，一产利用省外资金继续保持强劲增长势头，同比增速达到 40.9%。

分区域来看，1—10 月份，皖江示范区在建亿元以上项目 3365 个，实际到位资金 5452.9 亿元，同比增长 9.7%。皖北六市在建亿元以上项目 1400 个，实际到位资金 2404.8 亿元，同比增长 14.0%；皖西大别山革命老区在建亿元以上项目 250 个，实际到位资金 389.6 亿元，同比增长 25.1%，增速继续保持迅猛势头。皖南国际文化旅游示范区保持平稳增长，在建亿元以上项目 2273 个，实际到位资金 3343.1 亿元，同比增长 11.5%。

从资金来源地来看，1—10 月份，在皖投资资金排名前十的省份位次与三季度相比，广东 2016 年来首次超过北京跃居第三位。沪苏浙在皖投资亿元以上项目 2855 个，实际到位资金 4026.2 亿元，同比增长 9.6%。此外，江苏省除了继续保持来源地第一的位次，亿元以上项目实际到位资金同比增幅也继续领跑沪苏浙，达到 17.1%，分别高于上海 7.3 个百分点、浙江 14.7 个百分点。

二　合肥市 2016 年经济社会发展报告

2016 年，面对错综复杂的国内外经济环境，全市人民在市委、市政府坚强领导下，全面落实党的十八大和十八届三中、四中、五中、六中全会精神，深入贯彻习近平总书记系列重要讲话特别是视察安徽重要讲话精神，牢固树立五大发展理念，坚持稳中求进工作总基调，深入推进供给侧结构性改革，加快创新转型升级，积极扩大有效需求，锐意进取，扎实工作，国民经济保持平稳健康较快发展，实现了“十三五”良好开局。

一、合肥市 2016 年经济发展概况

（一）综合经济

1. 经济总量

全年生产总值（GDP）6274.38 亿元，按可比价格计算，比上年增长 9.8%。其中，第一产业增加值 270.17 亿元，增长 2.2%；第二产业增加值 3181.24 亿元，增长 8.9%；第三产业增加值 2822.97 亿元，增长 11.6%，增速加快 0.4 个百分点。三次产业结构为 4.3∶50.7∶45，其中三产占 GDP 比重比上年上升 2.2 个百分点。按常住人口计算，人均 GDP 为 80136 元（折合 12064 美元），比上年增加 7034 元。

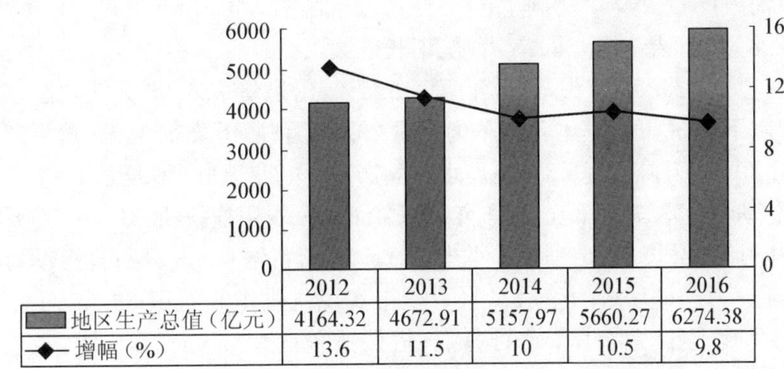

图 1　2012—2016 年合肥市地区生产总值及增长速度

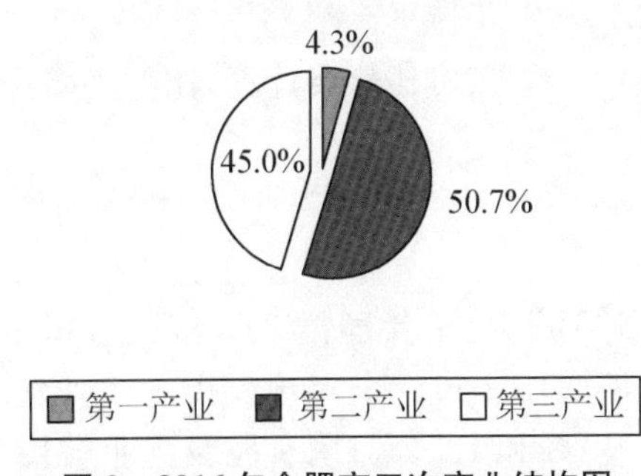

图 2　2016 年合肥市三次产业结构图

2. 财政收支

全年财政收入 1114.11 亿元，比上年增长 11.4%，其中地方财政收入 614.85 亿元，增长 7.6%。财政支出 859.85 亿元，比上年增长 11.3%。其中，科技支出增长 1.73 倍，社会保障与就业支出增长 22.0%，节能环保支出增长 12.9%，医疗卫生与计划生育支出增长 0.6%。

3. 物价水平

全年居民消费价格比上年上涨 2.6%，其中食品价格上涨 3.5%。工业生产者出厂价格下降 1.2%，

工业生产者购进价格下降2.4%。

4. 固定资产投资

全年固定资产投资6501.17亿元，比上年增长11.1%。其中，民间投资4439.08亿元，增长7.9%；城市基础设施投资1124.76亿元，增长21.1%。分产业看，第一产业投资108.41亿元，下降21.2%；第二产业投资2240.65亿元，增长13.4%；第三产业投资4152.11亿元，增长11.1%。分行业看，工业投资2195.01亿元，增长13.7%；现代服务业投资3208.98亿元，增长9.3%。

全年固定资产投资施工项目9029个，比上年增加1583个。其中，本年新开工项目8005个，比上年增加1287个；竣工项目5983个，减少636个。万达文旅城、松芝车用制冷设备生产基地等项目建成投产，京东方10.5代线、康宁玻璃等主体工程封顶，轨道交通1号线建成通车，2、3号线加速推进，12吋晶圆、商合杭合肥段全面施工建设。

（二）农业

全年农作物总播种面积为75.56万公顷，比上年增长0.2%。其中，粮食作物50.18万公顷，增长1.0%；棉花2.78万公顷，下降7.0%；蔬菜9.19万公顷，增长1.8%；瓜果2.65万公顷，增长2.5%；油料10.17万公顷，下降3.8%。

全年粮食总产量310.38万吨，比上年下降4.0%。其中，稻谷242.90万吨，下降5.4%；小麦48.63万吨，与上年持平。油料产量29.62万吨，下降4.7%。棉花产量2.65万吨，下降9.6%。蔬菜产量218.54万吨，增长2.8%。瓜果产量68.25万吨，增长3.3%。

年末全市生猪存栏量135.55万头，比上年下降5.5%，出栏量276.28万头，比上年下降5.3%。肉类总产量47.62万吨，下降3.0%，其中猪牛羊肉产量23.66万吨，下降5.3%。禽蛋产量20.39万吨，增长0.7%。牛奶产量10.64万吨，下降7.8%。水产品产量24.04万吨，增长0.1%。

年末农业机械总动力453.7万千瓦，比上年增长4.6%。农用拖拉机21.56万台，下降0.2%，其中大、中型拖拉机1.34万台，增长16.6%；联合收割机1.25万台，增长15.8%；排灌动力机械14.16万台，增长0.6%；农用运输车1.66万辆，下降0.7%。全市实现机耕作业面积69.29万公顷，占农作物播种面积的比重为91.7%，比上年提高1.1个百分点；机械播种面积26.42万公顷，占农作物播种面积的35.0%，提高6.4个百分点；机械收割面积49.93万公顷，增长2.8%，水稻、油菜、小麦等八大主要农作物耕种收综合机械化水平达到76.01%，比上年提高3个百分点。化肥施用量（折纯）27.86万吨，下降6.2%。农村用电量15.93亿千瓦时，与上年持平。

全年农林牧渔业总产值480.11亿元，按可比价格计算，比上年增长2.1%。

（三）工业和建筑业

1. 工业经济

年末全市规模以上工业企业2466户，比上年净增74户，产值超亿元企业1189户，比上年增加66户，其中超百亿元企业14户，比上年增加2户。全年规模以上工业增加值2269.13亿元，比上年增长9.9%。其中，轻、重工业分别增长5.4%和12.6%；国有控股企业增长11.8%，集体企业增长3.5%，股份制企业增长9.8%，外商及港澳台商投资企业增长7.1%。

规模以上工业中，37个工业大类行业有26个增加值保持增长。六大主导产业实现增加值1471.80亿元，比上年增长10.8%，占规模以上工业的64.9%，比上年提高0.8个百分点；其中光伏及新能源产业增长31.7%，汽车及零部件产业增长22.0%。战略性新兴产业实现增加值690.37亿元，比上年增长14.0%。规模以上工业出口交货值1046.86亿元，比上年下降0.8%。

规模以上工业统计的主要产品产量中，橡胶轮胎外胎增长74.0%，汽车增长30.8%，太阳能电池增长27.9%，家用洗衣机和彩色电视机分别增长15.5%和15.2%，家用电冰箱增长6.4%，叉车和挖掘机

分别增长 5.3%和 2.0%，液晶显示屏下降 1.3%，微型计算机设备下降 7.9%。

全年规模以上工业企业实现利润 517.03 亿元，增长 8.6%，37 个工业大类行业中有 22 个利润增长。电气机械和器材制造业、计算机通信和其他电子设备制造业、通用设备制造业、专用设备制造业、汽车制造业、金属制品业、化学原料和化学制品制造业、农副食品加工业、橡胶和塑料制品业、非金属矿物制品业、黑色金属冶炼和压延加工业、电力热力生产和供应业、医药制造业等 13 个利润超 10 亿元的行业，合计实现利润 444.65 亿元，增长 11.6%，占全部工业的 86.0%。企业亏损面由上年的 9.4%下降到 8.3%，亏损企业亏损额由上年增长 63.5%转为下降 37.6%。

2. 建筑业

全年建筑业增加值 629.13 亿元，比上年增长 4.7%。纳入统计范围的具有建筑业资质等级的总承包和专业承包建筑施工企业 901 户，比上年增加 34 户。房屋建筑施工面积 19892.25 万平方米，比上年下降 11.3%。房屋竣工面积 5446.75 万平方米，下降 15.1%。年末建筑业从业人员 72.15 万人，比上年下降 3.6%。企业劳动生产率 43.20 万元/人，增长 3.9%。

(四) 服务业

1. 国内贸易

全年社会消费品零售总额 2445.70 亿元，比上年增长 12.0%。按经营地统计，城镇消费品零售额 2363.06 亿元，增长 11.9%；乡村消费品零售额 82.64 亿元，增长 13.7%。按消费形态统计，商品零售额 2194.48 亿元，增长 11.6%；餐饮收入 251.22 亿元，增长 15.6%。

年末全市限额以上批发零售和住宿餐饮企业(单位)1904 户，比上年增加 365 户。限额以上企业商品零售额中，粮油、食品类增长 13.1%，烟酒类增长 12.0%，肉禽蛋类增长 6.7%，家具类增长 21.8%，建筑及装潢材料类增长 16.7%，汽车类增长 12.0%，体育、娱乐用品类增长 10.5%，石油及制品类增长 5.5%。全市纳入统计的 67 家开展网络零售业务的限额以上批发零售企业实现网上商品零售额 76.16 亿元，增长 40.9%。

全年共举办各类展览活动 187 场，比上年增长 3.3%，展览面积 193.6 万平方米，比上年增长 4.4%。

2. 交通运输、邮电

全年交通运输、仓储和邮政业增加值 218.0 亿元，比上年增长 5.5%。旅客运输量 1.42 亿人，下降 3.6%；货物运输量 3.43 亿吨，增长 5.2%。全年港口货物吞吐量 2811.36 万吨，下降 6.5%，其中外贸货物吞吐量 19.67 万吨，增长 19.1%。合肥新桥机场旅客吞吐量 739.2 万人次，增长 11.8%。

年末民用汽车拥有量 142.99 万辆，比上年增长 22.3%，其中私人汽车 121.18 万辆，增长 25.7%。民用轿车拥有量 93.54 万辆，增长 23.7%，其中私人轿车 86.9 万辆，增长 25.4%。

全年邮电业务总量 239.76 亿元，比上年增长 46.6%。其中，电信业务总量 178.41 亿元，增长 46.0%；邮政业务总量 61.35 亿元，增长 48.3%。快递业务量 3.03 亿件，快递业务收入 31.96 亿元，比上年分别增长 64.1%和 45.7%。年末本地固定电话用户 139.83 万户，比上年减少 15.66 万户。其中，城市 108.25 万户，减少 11.87 万户；农村 31.58 万户，减少 3.79 万户。移动电话用户 836.15 万户，增加 30.89 万户。基础电信运营企业计算机互联网接入用户 211.9 万户，增加 26.88 万户。

3. 旅游业

全年入境旅游人数 41.7 万人次，比上年增长 0.9%；旅游外汇收入 3.48 亿美元，增长 5.3%。国内游客 9236.6 万人次，增长 18.7%；国内旅游收入 1156.3 亿元，增长 21.3%。年末全市有星级饭店 57 家，其中五星级 11 家、四星级 19 家；A 级及以上旅游景点(区)55 处。

4. 金融、证券和保险

全年社会融资规模 2956.52 亿元，比上年增加 1788.51 亿元，增长 153.1%。年末金融机构本外币各项存款余额 13479.68 亿元，比上年末增加 2285.98 亿元，增长 20.4%。其中，住户存款 3332.02 亿元，增长9.4%；非金融企业存款5929.48亿元，增长22.6%；广义政府存款3601.2亿元，增长33.9%；非银行业金融机构存款605.49亿元，减少0.6%。年末金融机构本外币各项贷款余额12064.18亿元，比上年末增加1893.08亿元，增长18.6%。其中，住户贷款4014.45亿元，增长39.0%；非金融企业及机关团体贷款7864.20亿元，增长10.7%。

全年新增上市公司3家，融资62.54亿元，至年末全市共有境内外上市公司39家（其中境外上市2家）。全年债券融资2105.83亿元。年末证券营业部77个，比上年增加9个，全年证券交易量19411.95亿元。年末期货营业部19个，全年期货交易量83739.15亿元，从业人员570人。

全年保险公司保费收入213.25亿元，比上年增长38.2%。其中，财产险保费收入79.62亿元，增长14.7%；人身险保费收入133.63亿元，增长57.5%。赔款和给付72.61亿元，比上年增长28.2%。其中，财产险赔款与给付44.75亿元，增长19.1%；人身险赔款与给付27.86亿元，增长46.2%。

5. 房地产业

全年房地产开发投资1352.59亿元，比上年增长7.4%，其中住宅投资861.02亿元，增长10.6%。商品房施工面积7818.54万平方米，比上年增长8.6%；竣工面积1180.33万平方米，增长14.2%。商品房销售面积2098.34万平方米，增长32.0%；商品房销售额1966.04亿元，增长60.8%。

（五）对外经济

1. 对外贸易

全年进出口总额186.87亿美元，比上年下降8.1%。其中，出口126.35亿美元，下降7.8%；进口60.52亿美元，下降8.6%。机电产品出口额63.86亿美元，下降6.0%。高新技术产品出口额34.74亿美元，下降12.8%。

2. 利用外资

全年新批外商投资企业95户，比上年下降18.1%。实际利用外商直接投资28.08亿美元，增长12.0%。新增总投资（含增减资）43.38亿美元，同比增长113.1%。

3. 对外合作

对外经济合作新签合同额17亿美元，比上年下降20.0%；完成营业额22.6亿美元，增长17.0%。开辟首条国际货运航线，"合新欧"班列实现常态化运行并开通首趟回程班列。劳务合作年末在外人员0.83万人。年末境外世界500强企业共40家，在合肥投资设立55家外资企业，新增3家。

二、合肥市2016年社会发展概况

（一）人口、人民生活

年末全市常住人口786.90万人，比上年增加7.95万人。常住人口城镇化率72.05%，比上年末提高1.65个百分点。年末户籍人口729.83万人，比上年增加12.11万人，其中市区户籍人口259.16万人，增加8.12万人。全年人口出生率16.27‰，比上年上升2.89个千分点；死亡率4.73‰，下降0.59个千分点；自然增长率11.54‰，上升3.47个千分点。

全年常住居民人均可支配收入29113元，比上年增长9.4%；人均消费性支出18238元，比上年增长9.3%。

城镇常住居民人均可支配收入34852元，比上年增长9.0%；人均消费性支出21805元，增长9.8%，其中食品烟酒支出增长8.2%、衣着下降4.4%、居住增长7.2%、生活用品及服务增长12.7%、医疗保健增长9.0%、交通通信增长15.2%、教育文化娱乐增长15.6%。城镇居民恩格尔系数为33.0%，比上年下降0.2个百分点。年末城镇居民人均住房建筑面积35.8平方米，比上年增加0.5平方米。

农村常住居民人均可支配收入17059元，比上年增长8.4%；人均生活消费支出10746元，增长8.8%，其中食品烟酒支出增长7.6%、衣着下降0.4%、居住增长12.4%、生活用品及服务增长5.6%、医

疗保健增长4.1%、交通通讯增长12.8%、教育文化娱乐增长12.2%。农村居民恩格尔系数为36.3%，比上年下降0.4个百分点。年末农村居民人均住房建筑面积39.9平方米，比上年增加1.1平方米。

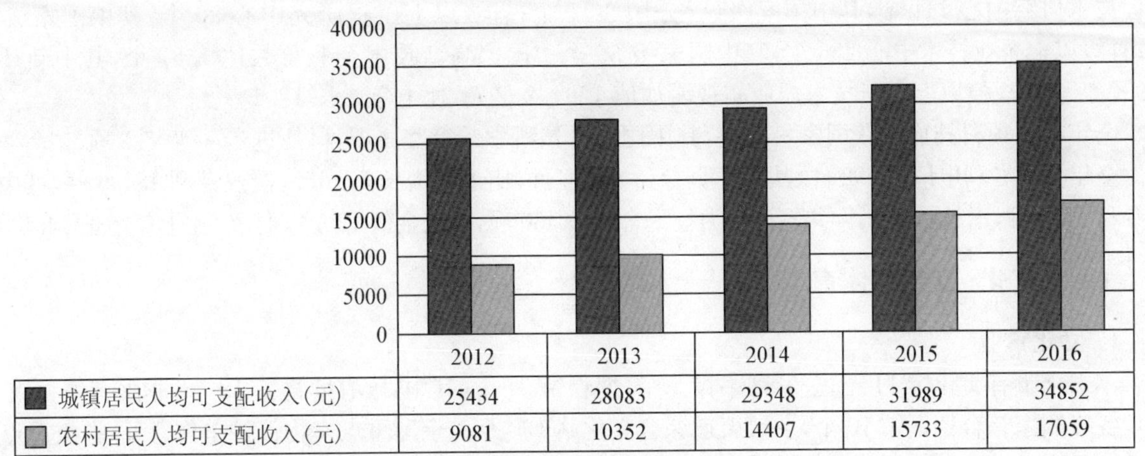

	2012	2013	2014	2015	2016
城镇居民人均可支配收入(元)	25434	28083	29348	31989	34852
农村居民人均可支配收入(元)	9081	10352	14407	15733	17059

图3　2012—2016年合肥市城乡居民收入对比一览

(二)就业与社会保障

1. 就业

年末全市就业人员530.3万人，比上年增加6.5万人。其中，第一产业81.9万人，减少3.7万人；第二产业185.1万人，增加1.3万人；第三产业263.3万人，增加8.9万人。城乡私营企业就业人员和个体劳动者168.9万人，增加24万人。全年城镇实名制新增就业23.20万人，下岗失业人员再就业2.85万人，转移农村劳动力8.03万人。年末城镇登记失业率为3.03%。

2. 社会保障和福利

市区最低月工资标准为1520元。年末参加城镇职工养老、医疗、失业、工伤、生育保险人数分别为200.11万人、168.06万人、128.78万人、137.39万人和123.73万人。城镇居民基本医疗保险参保人数167.08万人，城乡居民养老保险参(续)保人数280.64万人。城乡居民新农合参合率达108.98%。

年末233.92万人次城乡居民享受政府最低生活保障，其中城市44.46万人次，农村189.46万人次；累计发放低保金7.29亿元，其中城市2.23亿元，农村5.06亿元。农村五保户集中供养能力为58%，城市"三无"人员全部纳入社会救助。全年实施城乡医疗救助42.17万人次，支出医疗救助金2.09亿元。

年末拥有各类收养性社会福利机构193个，床位3.51万张，收养各类人员1.57万人。城镇建立各种社区服务中心(站)1892个，其中乡镇、街道及县(市、区)级社区服务中心160个。全年销售社会福利彩票17.95亿元，筹集公益金5.02亿元。

(三)教育和科学技术

1. 教育事业

全市各类高等院校60所，在校学生62.86万人；其中普通高校50所，在校学生54.55万人。中等职业教育学校(不含技工学校)55所，在校生10.23万人；特殊教育学校6所，在校生1172人。普通高中107所，在校生15.21万人，高中阶段毛入学率123.17%。普通初中251所，在校生21.70万人，初中阶段毛入学率108.35%。小学551所，在校生48.29万人，小学学龄儿童入学率103.23%。幼儿园930所，在园幼儿24.81万人。各类专任教师9.67万人，其中普通高校2.70万人、中等职业学校0.36万人、普通中学2.94万人、小学2.54万人。全市义务教育经费保障机制改革惠及学生69.98万人，其中城市34.32万人，农村35.66万人。

2. 科技与创新

全市有省部级以上重点实验室和工程实验室151个，其中国家重点（工程）实验室13个；省级以上工程技术研究中心141个，其中国家级（含分中心）7个；省级以上工程研究中心36个，其中国家级12个；省级以上企业技术中心256个，其中国家级39个。国家高新技术企业总数达1357个，其中新认定489个。全市规模以上高新技术产业实现增加值1294.2亿元，比上年增长12.1%。

全年有8项科技成果获国家科技奖，其中国家自然科学二等奖3项，科技进步一等奖1项、二等奖4项。全年受理专利申请50792件，其中发明专利25895件，比上年增长57.6%；授权专利18496件，其中发明专利4799件，增长40.6%。共签订各类技术合同10460项，成交金额120.45亿元，比上年增长14.8%。

（四）文化、卫生和体育

1. 文化事业

年末全市有文化馆11个，公共图书馆9个，博物馆31个（其中：国有博物馆18个，非国有博物馆13个），各级国家综合档案馆10个，乡镇街道综合文化站130个。全国重点文物保护单位6处，省级重点文物保护单位36处，市级重点文物保护单位54处。国家级非物质文化遗产项目4项，省级非物质文化遗产项目15项，市级非物质文化遗产项目87项。图书馆总藏量525.57万册（件）（不含电子图书），其中图书425.54万册，比上年增长8.2%。各级国家档案馆馆藏档案资料370.14万卷，增长8.7%。电影院61家，全年票房收入4.97亿元。各类动漫企业125家，具有原创能力和代表作品的企业36家。年末广播综合人口覆盖率100%，电视综合人口覆盖率达99%。

2. 卫生事业

年末拥有医疗卫生机构（含村卫生室）2197个，其中医院、卫生院250个，妇幼保健院（所、站）12个，疾控中心和专科疾病防治机构18个，社区卫生服务机构209个。卫生机构床位数4.49万张，其中医院、卫生院床位4.26万张。专业卫生技术人员5.13万人，其中执业（助理）医师1.90万人，注册护士2.43万人。每千人常住人口拥有卫生技术人员6.52人、拥有医生2.42人、拥有注册护士3.09人，拥有医院、卫生院床位5.41张。婴儿死亡率4.36‰，孕产妇死亡率9.39/10万。

3. 体育事业

全年成功组织9项大型赛事和69项市级体育赛事。在各种省级以上体育赛事中，合肥市运动健儿共获得34枚金牌、24枚银牌和18枚铜牌。成功举办第三届2016合肥国际马拉松赛，吸引来自13个国家和港澳台地区以及31个省市自治区的2.6万名选手参赛。成功举办第一届2016合肥世界铁人三项赛，吸引来自58个国家和地区的1676名选手参赛。全市完成100个全民健身苑工程和7个笼式多功能健身场建设。全年共举办全民健身活动291次，参加活动总人数75.02万人次。全年销售体育彩票14.2亿元，比上年增长25.6%。

（五）环境保护和生态建设

2016年末，全市共有市县（区）级环境监测站8个。区域噪声等效声级54.3分贝，道路交通噪声等效声级67.6分贝，保持稳定。可吸入颗粒物（PM10）、细颗粒物（PM2.5）年均浓度分别为83微克/立方米和57微克/立方米，分别比上年下降9.8%和13.6%，均优于年度目标。二氧化硫、二氧化氮、一氧化碳、臭氧年均浓度分别为15微克/立方米、45微克/立方米、1.0毫克/立方米和91微克/立方米，均达到空气环境质量日均值二级标准要求。全年空气质量优良天数253天，优良率69.1%，其中空气优的天数比上年增加23天。巢湖湖区整体水质保持稳定。饮用水源地水质达标率100%。辐射环境质量良好。

全市森林资源面积251万亩，森林覆盖率26.8%。新增城区绿化面积921.20万平方米，绿化覆盖率46%。建成区绿地率达40.4%。生活垃圾无害化处理率100%。

全年能源消费量2155.82万吨标准煤，比上年增长2.5%。电力消费量增长9.8%。单位GDP能耗

下降6.62%。

(六) 安全生产

全年亿元GDP生产安全事故死亡人数为0.063人,工矿商贸企业就业人员十万人生产安全事故死亡人数为1.673人,道路交通万车死亡人数为2.362人。全年发生一般程序道路交通事故2066起,造成437人死亡,2293人受伤。

三、合肥市在泛长三角地区经济发展中的地位

2016年,在省委省政府和市委的坚强领导下,全面贯彻党的十八大和十八届三中、四中、五中、六中全会精神,认真学习习近平总书记系列重要讲话特别是视察安徽重要讲话精神,牢固树立五大发展理念,坚持稳中求进工作总基调,深入推进供给侧结构性改革,加快创新转型升级发展,锐意进取,扎实工作,较好完成了市十五届人大四次会议确定的各项目标任务,实现了"十三五"良好开局。

(一) 地区生产总值

2012—2016年合肥市地区生产总值在泛长三角地区41市所占比重分别为3.25%、3.34%、3.41%、3.48%和3.52%。合肥市地区生产总值在泛长三角41市占比整体呈现上扬态势,与2012年比增加了0.27个百分点,较上年增加了0.04个百分点。2016年,合肥市在泛长三角地区41市排名第8位。

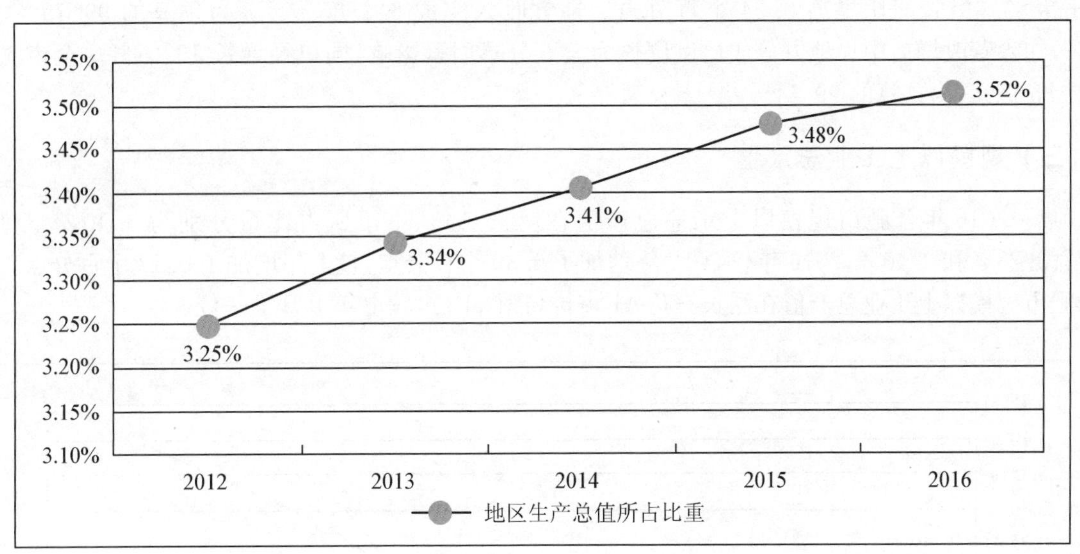

图4　2012—2016年合肥市地区生产总值在泛长三角地区41市(苏浙两省24个地级市、上海市和安徽省16个地级市,下同)所占比重的变化趋势

2016年,全年生产总值(GDP)6274.3亿元,按可比价格计算,比上年增长9.8%。城镇、农村居民人均可支配收入分别达到34800元、17200元,分别增长9%和9.5%;全市民生支出705.6亿元,占财政支出82.1%,"32+9"项民生工程全面完成;城镇新增就业23.2万人,超额完成全年任务;9.47万贫困人口实现脱贫、112个贫困村全部出列,脱贫攻坚首战告捷;防洪抗灾夺取全面胜利,水毁住房群众全部乔迁新居。

(二) 地方财政一般预算收入

2012—2016年合肥市地方财政一般预算收入在泛长三角41市所占比重分别为2.81%、2.70%、

2.94%、2.93%和 2.89%，2016 年较 2012 年增加了 0.08 个百分点，较上年减少了 0.04 个百分点。2016 年，合肥市地方财政一般预算收入在泛长三角 41 市排名第 7 位。

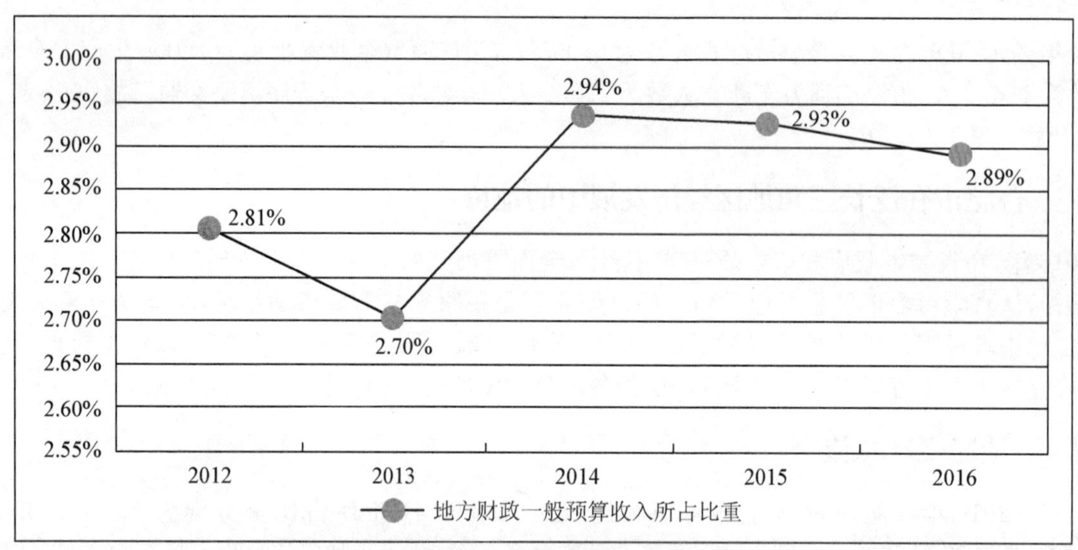

图 5　2012—2016 年合肥市地方财政一般预算收入在泛长三角 41 市所占比重的变化趋势

2016 年，全市财政收入完成 1114.11 亿元，为预算的 101.76%，比上年增长 11.4%。财政收入中税收占比达 89.33%，同比提高 0.64 个百分点。地方收入完成 614.85 亿元，为预算的 99.79%，增长 7.58%，扣除营改增后中央地方分成比例调整为五五分享因素影响，同口径增长 13.97%。全市支出完成 859.85 亿元，为预算的 99.44%，增长 11.28%。

（三）规模以上工业总产值

2012—2016 年合肥市规模以上工业总产值在泛长三角 41 市所占比重分别为 3.10%、3.17%、3.10%、3.28%和 3.40%，2016 年较 2012 年增加了 0.30 个百分点，较上年增加了 0.12 个百分点。2016 年，合肥市规模以上工业总产值在泛长三角 41 市排名第 11 位，较上年上升了一位。

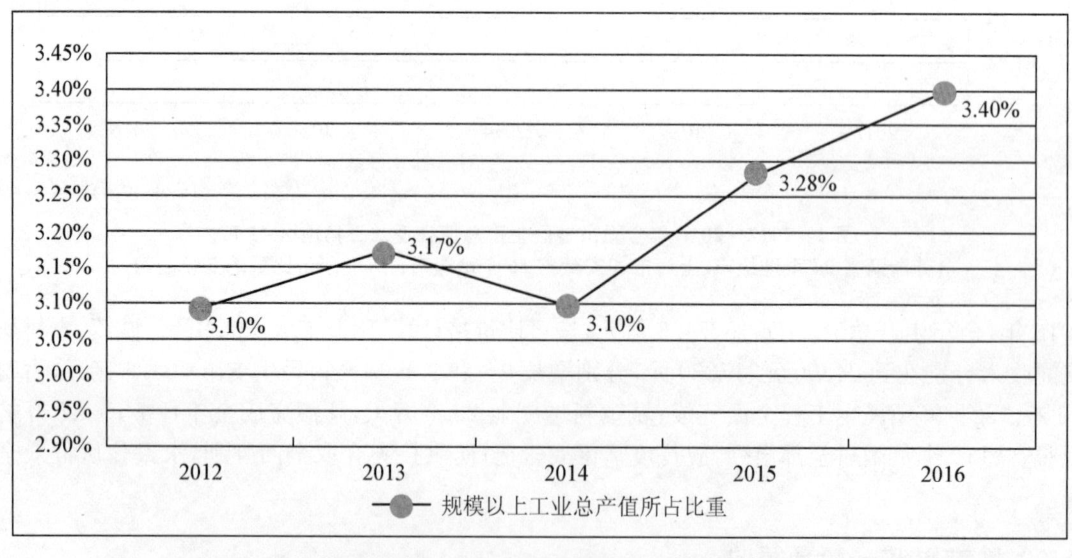

图 6　2012—2016 年合肥市规模以上工业总产值在泛长三角 41 市所占比重的变化趋势

2016年，合肥市工业主要经济指标稳中有升，合肥全市2466户规模以上工业企业实现工业增加值2269.1亿元，同比增长9.9%。累计完成工业投资2195亿元，同比增长13.7%，其中，累计完成技术改造投资1351.2亿元，同比增长12.1%，占工业投资的比重为61.2%。产业升级取得新成效，战略性新兴产业增长14%，高于全市工业增速4.1个百分点，占全市工业的比重为30.4%；高新技术产业增速12.1%，高于全市工业增速2.2个百分点，占全市工业的比重为54.8%。

电子信息和家用电器、汽车和装备制造、材料和新材料、能源和新能源、食品医药、轻工纺织等六大主导产业2016年实现增加值1471.8亿元，占全市工业的比重为64.9%，同比提升0.8个百分点，对全市工业增长贡献率达69.8%；增速达10.8%，高于全市工业平均增幅0.9个百分点。在江汽集团、合肥长安两家整车企业带动下，汽车产业产值突破千亿元大关，成为继家电、装备、平板显示及电子信息之后第四大千亿元产业，实现增加值191亿元，同比增长22%，高于全市工业平均增幅12.1个百分点。2016年，合肥家电产业稳中有升，实现增加值352.9亿元，同比增长7.1%；四大件产量达6500万台(套)，创历史新高，其中黑色家电794.8万台(套)。

(四) 进出口总额

2012—2016年合肥市进出口总额在泛长三角41市所占比重分别为1.32%、1.32%、1.45%、1.46%和1.41%，总体上呈现增长态势，五年间增加了0.09个百分点，其中2016年较上年下降了0.05个百分点。2016年，合肥市进出口总额在泛长三角41市排名第13位，较上年保持一致。

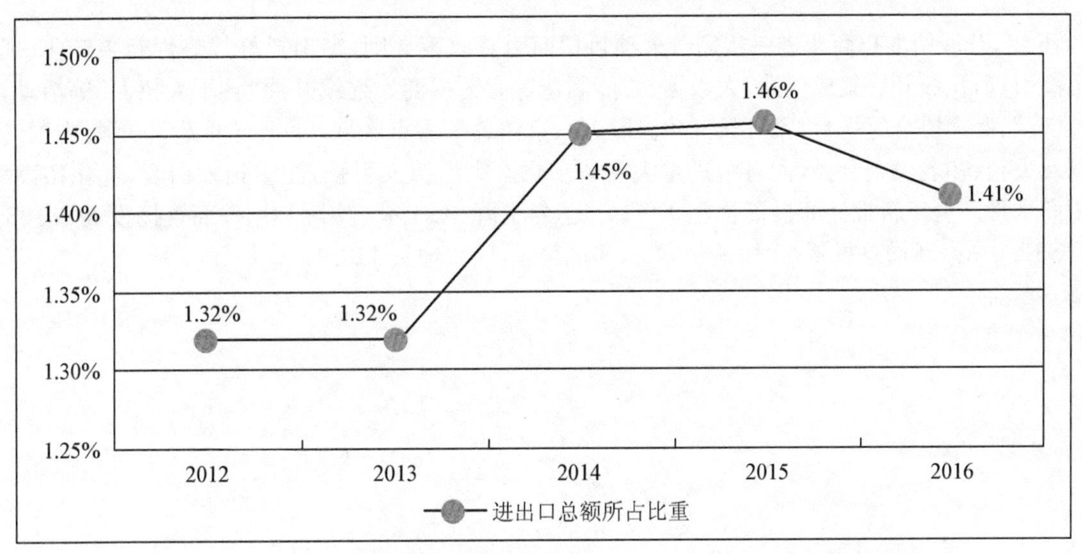

图7　2012—2016年合肥市进出口总额在泛长三角41市所占比重的变化趋势

2016年全年，全市一般贸易进出口754亿元，增长10.8%，占全市进出口总值61.1%，仍占外贸的主导地位，并保持自5月份以来，连续8个月稳定增长的良好态势。

加工贸易进出口374.8亿元，占全市进出口值30.4%，比重比全省高出8.7个百分点。值得一提的是，从2015年10月份以来，加工贸易进出口连续三个月保持稳定增长，扭转了全年加工贸易下滑的颓势。

从出口主体来看，全市国有企业、外商投资企业和民营企业进出口值分别占全市37.8%、31.7%和29.9%，基本呈现三足鼎立态势。

(五) 实际外商直接投资金额

2012—2016年合肥市实际外商直接投资金额在泛长三角41市所占比重分别为2.20%、2.52%、

3.02%、3.42%和 3.65%，整体呈现上扬姿态，2016 年较 2012 年增加了 1.45 个百分点，较上年增加了 0.23 个百分点。2016 年，合肥市实际外商直接投资金额在泛长三角 41 市排名第 7 位，较上年上升了一位。

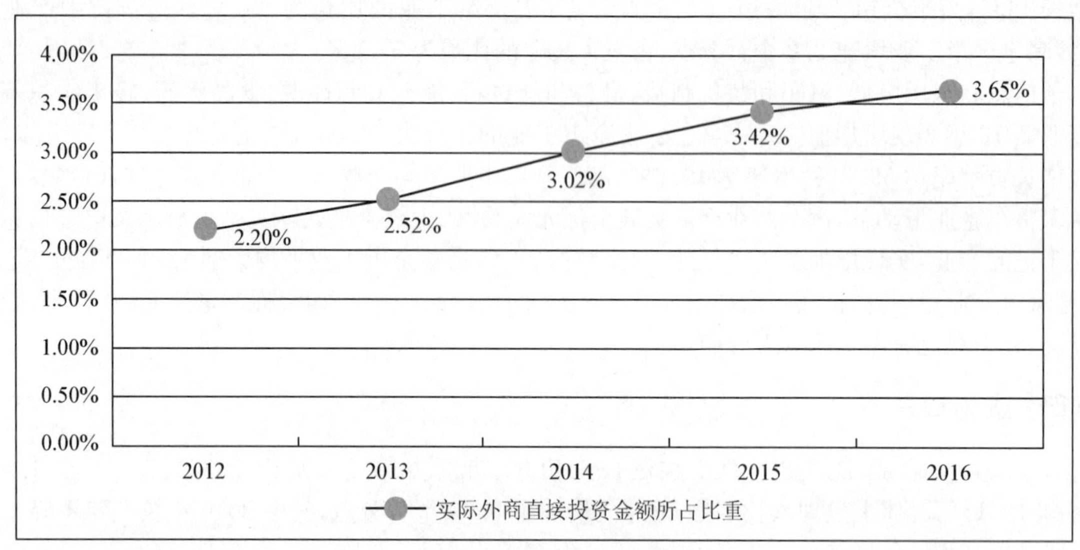

图 8　2012—2016 年合肥市实际外商直接投资金额在泛长三角 41 市所占比重的变化趋势

2016 年，开展精准招商。进一步完善大项目招商引资政策导则，突出抓好战略性新兴产业、现代服务业招商引资，积极开展集成电路、大数据、智能制造等专题招商。继续开展“县干大招商”等活动，依托“合肥之友”、商会协会等平台，紧盯长三角、珠三角、京津冀等重点区域，深化与世界 500 强、中国 500 强企业以及央企、知名民企合作，大力引进重大台资项目。突出招大引强，注重招才引智，优化招商结构，提升招商水平。全年新批外商投资企业 95 户，比上年下降 18.1%。实际利用外商直接投资 28.08 亿美元，增长 12.0%。新增总投资(含增减资)43.38 亿美元，同比增长 113.1%。

三　芜湖市 2016 年经济社会发展报告

2016 年，全市人民在市委、市政府的坚强领导下，聚焦深化供给侧结构性改革，着力打造经济、城市两个升级版，坚持“向东看、往东比”，勇当皖江崛起排头兵、五大发展先行者，全市经济继续保持平稳、健康、较快发展，实现了“十三五”良好开局。

一、芜湖市 2016 年经济发展概况

（一）综合经济

1. 经济总量

全年实现地区生产总值 2699.44 亿元，比上年增长 9.7%。其中，第一产业增加值 126.90 亿元，增长 2.5%；第二产业增加值 1511.72 亿元，增长 9.4%；第三产业增加值 1060.82 亿元，增长 11.0%。按常住人口计算，人均生产总值 73715 元，按年末汇率折算为 11097 美元。三次产业增加值比例由上年的 4.9∶57.2∶37.9 调整为 4.7∶56.0∶39.3。

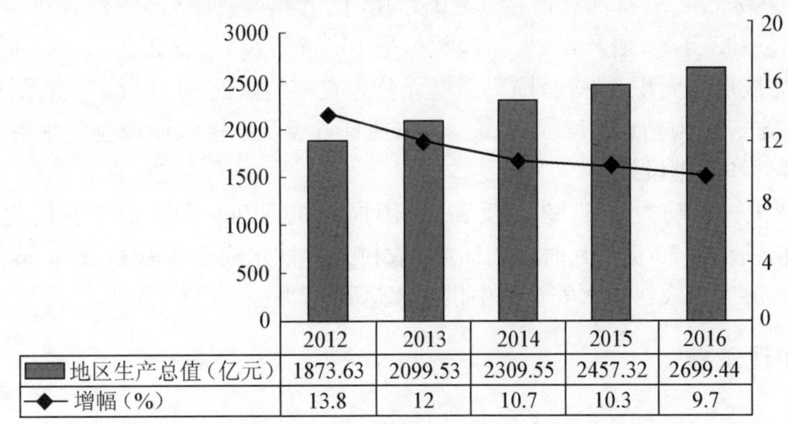

图 1　2012—2016 年芜湖市地区生产总值及增长速度

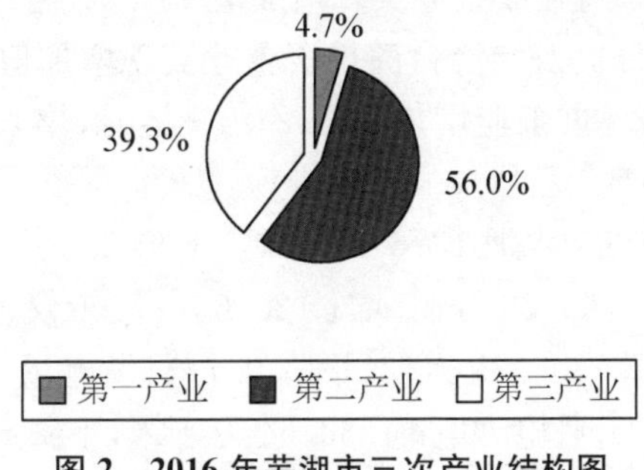

第一产业　第二产业　第三产业

图 2　2016 年芜湖市三次产业结构图

2. 财政收支

全年实现财政收入 512.30 亿元，比上年增长 9.0%，其中，地方财政收入 298.72 亿元，增长 13.4%。在地方财政收入中，增值税 74.03 亿元，增长 62.4%；营业税 24.60 亿元，下降 57.2%；企业所得税17.24 亿元，下降 13.7%；城市建设维护税 15.32 亿元，下降 0.8%；契税 14.41 亿元，下降 9.7%。全年完成财政支出 409.44 亿元，比上年增长 4.0%，其中，农林水事务支出 27.62 亿元，下降 2.8%；教育支出 58.51 亿元，增长 1.3%；社会保障和就业支出 42.71 亿元，增长 13.0%；医疗卫生支出 32.48 亿元，增长4.7%；

城乡社区事务支出 74.70 亿元，下降 0.5%；科学技术支出 51.78 亿元，增长 44.9%；交通运输支出17.65 亿元，下降 41.0%。

3. 物价水平

2016 年，城市居民消费价格(CPI)比上年上涨 2.0%，其中食品烟酒类价格上涨 4.7%。城市商品零售价格比上年上涨 0.9%。工业生产者出厂价格比上年下降 1.4%，工业生产者购进价格比上年下降 1.3%。

4. 固定资产投资

全年完成固定资产投资 3006.90 亿元，比上年增长 11.0%；新增固定资产 1864.27 亿元。本年项目建成投产率 63.0%，固定资产交付使用率 62.0%。固定资产投资中，第一产业投资 125.12 亿元，增长 24.3%；第二产业投资 1588.07 亿元，增长 16.8%，其中工业投资 1568.06 亿元，增长 16.9%；第三产业投资 1293.71 亿元，增长 3.6%，其中房地产开发投资 408.10 亿元，下降 9.9%。

（二）农业

1. 农业生产

全年粮食种植面积 209098 公顷，油料种植面积 42534 公顷，棉花种植面积 27826 公顷。粮食产量 137.26 万吨，比上年减产 4.3%；油料产量 12.0 万吨，比上年减产 8.7%；棉花产量 3.44 万吨，减产 21.6%；蔬菜产量 159.98 万吨，增产 4.2%。肉类产量 16.65 万吨，增长 2.9%；水产品产量 17.32 万吨，增长 1.5%。当年完成造林面积 5163 公顷。新增无公害农产品认证 61 个，绿色食品认证 60 个，有机食品认证 6 个。超级杂交稻推广面积 78.7 万亩。年末拥有省级及以上农业产业化龙头企业 56 家。

2. 农业生产条件和基础设施

年末，拥有农业机械总动力 216.59 万千瓦，农用拖拉机 54964 台。全年农用化肥施用量(折纯)17.97万吨，农村用电量 13.76 亿千瓦时。2016 年，农村人口饮水安全工程惠及 0.58 万农村居民，农村自来水普及率达到 95.3%，农村饮水安全集中供水率达到 97%。

（三）工业和建筑业

1. 工业生产

全年年主营业务收入 2000 万元以上工业企业(以下简称规模以上工业)实现增加值 1478.59 亿元，比上年增长 9.7%。其中，国有及国有控股企业实现增加值 301.52 亿元，增长 2.4%；股份制企业实现增加值 1114.61 亿元，增长 12.1%；外商及港澳台商投资企业实现增加值 264.55 亿元，增长 7.4%。轻工业增加值 353.80 亿元，增长 1.5%；重工业增加值 1124.79 亿元，增长 12.6%。工业产品销售率达到 98.0%。

规模以上工业主要工业产品产量：水泥 1376.19 万吨，下降 2.5%；钢材 519.01 万吨，下降 14.3%；铜材 44.39 万吨，下降 37.2%；汽车 65.89 万辆，增长 20.0%；汽车仪表 712.95 万台，增长 3.9%；船舶 52.53 万载重吨，下降 23.3%；空调 1809.39 万台，下降 0.7%；发电量 331.59 亿千瓦时，增长 6.9%；平板玻璃 1834.06 万重量箱，增长 7.5%；电力电缆 233.64 万千米，下降 5.5%。

2. 工业效益

全年规模以上工业实现主营业务收入 5773.98 亿元，比上年增长 7.8%；利润总额 298.40 亿元，利税总额 502.34 亿元，分别比上年下降 11.1%和 19.5%。工业经济效益综合指数达到 339.3%。

3. 建筑业

年末具有资质等级的总承包和专业承包建筑业企业 272 家。全年完成总产值 454.62 亿元，比上年增长 8.2%。全年房屋建筑施工面积 2328.02 万平方米，比上年增加 86.76 万平方米；房屋建筑竣工面积 1194.31 万平方米，比上年增加 52.65 万平方米。

(四) 服务业

1. 国内贸易

全年实现社会消费品零售总额828.17亿元,比上年增长13.0%。分区域看,城镇零售额749.02亿元,增长13.0%;乡村零售额79.15亿元,增长13.1%。分行业看,批发和零售业零售额734.13亿元,增长13.1%;住宿和餐饮业零售额94.04亿元,增长12.3%。

2. 交通运输、邮电

全年交通运输、仓储和邮政业实现增加值101.50亿元,比上年增长6.0%。

全年公路客运量3808万人;公路货运量6762万吨。铁路旅客发送量867.26万人,增长60.2%;铁路货运发送量97.53万吨,下降29.5%。水路货运量1.81亿吨,增长3.6%。港口货物吞吐量1.31亿吨,增长9.1%,其中外贸货物吞吐量293.87万吨,增长23.7%;港口集装箱吞吐量60.21万标准箱,增长20.0%。年末,民用汽车拥有量44.63万辆,比上年增长18.4%,其中私人汽车拥有量37.49万辆,增长21.3%。民用船舶拥有量4317艘。公路里程11132千米,其中等级公路10751千米。在等级公路中,高速公路206千米,一级公路282千米,二级公路563千米。

全年邮电业务总量64.46亿元,比上年增长47.9%,其中,邮政业务总量19.32亿元,比上年增长71.1%;电信业务总量45.14亿元,比上年增长29.3%。全年全市规模以上快递服务业完成业务量8541.06万件,增长83.4%。年末本地固定电话用户44.67万户,比上年减少10.72万户;移动电话310.30万户,减少13.87万户。年末计算机互联网用户达到86.13万户,新增13.80万户。

3. 旅游业

全年接待国内外各类游客4006.9万人次,其中接待国内游客3974.6万人次。实现旅游业总收入471.67亿元,其中旅游外汇收入19623万美元。年末共有旅行社73家;星级饭店29家,其中三星级及以上26家;A级及以上旅游景点(区)29处,其中4A级及以上9处,5A级景区1处。成功举办各类会展68个。

4. 金融和保险

年末金融机构本外币存款余额2915.78亿元,比年初增加367.10亿元,其中,非金融企业存款1135.09亿元,比年初增加131.91亿元;住户存款1463.46亿元,比年初增加150.70亿元。金融机构本外币贷款余额2852.59亿元,比年初增加361.03亿元,其中,短期贷款699.34亿元,比年初减少59.22亿元;中长期贷款1544.05亿元,比年初增加231.65亿元。年末外汇存款余额32782万美元,比年初增加3851万美元;外汇贷款余额12434万美元,比年初减少1016万美元。全市完成直接融资444.69亿元。

全年,实现保费收入55.29亿元,比上年增长27.2%。其中,人身险34.22亿元,增长36.7%;财产险21.07亿元,增长8.7%。赔款及给付支出22.78亿元。其中,人身险9.04亿元,财产险13.74亿元。

(五) 对外经济

1. 对外贸易

全年实现进出口总额57.09亿美元,比上年下降13.5%。其中,进口总额16.42亿美元,增长29.2%;出口总额40.67亿美元,下降23.7%。从出口产品类别看,机电产品出口额30.53亿美元,占出口总额的75.1%。从产品出口地区看,对欧洲出口6.09亿美元,占出口总额的15.0%;对亚洲出口18.62亿美元,占出口总额的45.8%;对北美洲出口11.01亿美元,占出口总额的27.1%。

2. 招商引资

当年新批外商投资企业36家,合同利用外资4.31亿美元。全年实际利用外资25.11亿美元,比上年增长9.2%,其中外商直接投资25.11亿美元,增长9.2%。截至2016年底,全市共有41家境外世界500强企业在芜投资项目47个;其中来自美国的世界500强企业12家,投资项目14个。

3. 园区建设

全年省级及以上开发区完成固定资产投资 1799.07 亿元，其中基础设施投资 71.22 亿元。

4. 利用外资

实际利用省外资金 1487.69 亿元，实际利用外商直接投资 20.84 亿美元；区内规模以上工业实现总产值 5257.62 亿元，比上年增长 12.2%。

二、芜湖市 2016 年社会发展概况

（一）人口、人民生活

年末，全市常住人口 367.0 万人，比上年增加 1.6 万人。城镇化 63.46%，比上年提高 1.5 个百分点。公安户籍人口 387.6 万人，比上年增加 2.79 万人。人口中，男性人口 200.16 万人，女性人口 187.42 万人。全年人口出生率 12.1‰，死亡率 4.8‰，自然增长率 7.3‰。

据抽样调查，全年居民人均可支配收入 26160 元，比上年增长 9.0%；人均消费支出 15919 元，比上年增长 9.7%；人均住房建筑面积 38.5 平方米。其中，城镇常住居民人均可支配收入 32315 元，增长 8.6%；人均消费支出 19541 元，增长 11.6%；人均住房建筑面积 35.2 平方米。农村常住居民人均可支配收入 17308 元，增长 8.4%；人均消费支出 10710 元，增长 3.5%；人均住房建筑面积 42.2 平方米。城镇居民的恩格尔系数为 35.2%，较上年下降 0.7 个百分点；农村居民的恩格尔系数为 38.6%，较上年增长 1 个百分点。

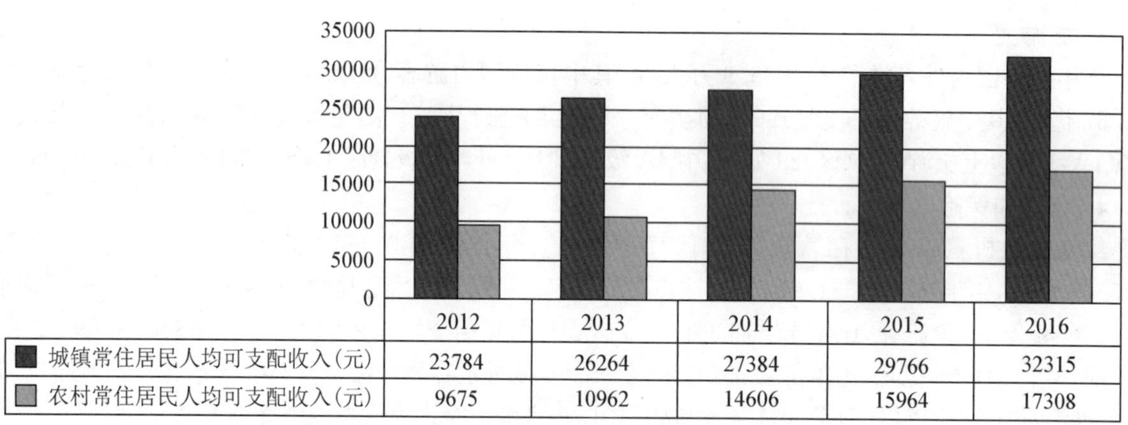

图 3　2012—2016 年芜湖市城乡居民收入对比一览

（二）就业与社会保障

1. 就业工作

2016 年末，共有人力资源服务机构 47 个。全年新增城镇就业人员 7.23 万人，其中安置下岗失业人员 1.23 万人。就业技能培训 1.85 万人次。城镇登记失业率 3.39%。

2. 社会保障和福利

年末，企业职工基本养老保险（含离退休）参保人数 80.63 万人，比上年减少 0.99 万人；城镇职工基本医疗保险参保人数 71.88 万人，增加 1.96 万人；失业保险参保人数 41.15 万人，增加 0.98 万人；工伤保险参保人数 41.17 万人，减少 0.01 万人；生育保险参保人数 41.88 万人，增加 0.91 万人。城镇居民参加基本医疗保险参保人数 104.70 万人。城乡居民养老保险参保人数 159.07 万人；农民参加新型农村合作医疗 208.08 万人，参合率达 116.14%。有 5.5 万城镇居民、6.8 万农村居民享受最低生活保障。市区最低工资标准达到 1350 元/月，失业保险金标准达到 1013 元/月，企业离退休人员人均养老金水平 1895 元/月。

全市拥有各类福利机构 107 个，床位 1.5 万张，收养各类人员 0.8 万人。全年销售社会福利彩票 5.0亿元，筹集市级公益金 5325.4 万元。直接接收慈善捐款 1482.2 万元。

(三) 教育和科学技术

1. 教育事业

年末，拥有普通高等院校 10 所，专任教师 0.68 万人，在校学生 16.51 万人，招生 5.11 万人，毕业生 4.71 万人；普通中学 210 所，专任教师 1.29 万人，在校学生 15.47 万人；中等职业学校 25 所，在校学生 5.23 万人；小学 309 所，专任教师 1.19 万人，在校学生 18.48 万人；幼儿园 487 所，在园儿童 9.11 万人。小学学龄儿童入学率 100%，初中阶段适龄人口入学率 100%。

2. 科学技术

年末全市拥有省级及以上工程(技术)研究中心 96 个，其中国家级 6 个，新增省级 8 个；省级及以上企业技术中心 155 个，其中国家级 11 个，新增省级 16 个。省级及以上重点(工程)实验室 15 个；省级及以上质检中心 2 个，其中国家级 2 个。院士工作站 27 个，新增 6 个。拥有高新技术企业 532 家，其中当年新认定 114 家；拥有省级高新技术产品 1088 个，其中当年新认定 400 个。省级以上创新型(试点)企业 119 家，国家创新型(试点)企业 4 家。国家知识产权示范企业 3 家、优势企业 18 家，省级知识产权示范培育企业 8 家、优势企业 24 家。各类科技企业孵化器 24 家，面积达 52.4 万平方米，其中国家级孵化器 2 家。芜湖高新技术创业服务中心蝉联全国百强科技企业孵化器，持股孵化试点工作顺利开展；芜湖高新技术开发区获批国家科技服务业区域试点。全年组织实施各类科技计划项目 177 项，其中国家项目 5 个；全年获各类科技奖 51 项，其中省级以上 21 项。专利申请量 26680 件，其中发明专利 16789 件；专利授权量 10052 件，其中发明专利 2971 件。万人有效发明专利拥有量 21.09 件。拥有中国驰名商标 34 件，当年新认定 4 件；省著名商标 286 件，当年新认定 52 件。拥有安徽省政府质量奖 1 家(2016 年新获)；省级名牌产品(含服务名牌)243 个，当年新增 55 个。

(四) 文化、卫生和体育

1. 文化事业

年末，全市拥有艺术表演团体 1 个，文化馆 8 个；公共图书馆 10 个，馆藏图书 213.89 万册，其中市区藏书 97.81 万册；档案馆 12 个，向社会开放档案数 15.01 万卷(件)。广播电台 5 座，电视台 5 座，广播综合人口覆盖率和电视综合人口覆盖率均达到 99.87%，数字电视用户 45.27 万户。全国重点文物保护单位 9 处，省级重点文物保护单位 29 处。列入国家级非物质文化遗产名录 2 项，省级名录 17 项。全年举办大型文化活动 10 场次；大型群众性文化活动 63 场次；文艺团体演出 216 场次，其中送文化下乡 127 场次。《芜湖日报》《大江晚报》《金周刊》全年总印数 2887.35 万份，其中《芜湖日报》761.10 万份、《大江晚报》1858.50 万份、《金周刊》267.75 万份。

2. 卫生事业

2016 年末，全市拥有各类卫生机构 706 个(不含村卫生室)，其中，医院 81 所，基层医疗卫生机构 568 所，专业公共卫生机构 49 所。基层医疗卫生机构中，社区卫生服务中心(站)125 所，乡镇卫生院 59 所，门诊部 37 所，诊所、卫生所和医务室 347 所。专业公共卫生机构中，疾病预防控制中心 9 所，卫生监督机构 9 所，妇幼保健机构 8 所，专科防治机构 7 所，急救中心 1 所，采供血机构 1 所。卫生机构拥有床位 19112 张，其中医院 16799 张。卫生技术人员 20757 人，其中执业(助理)医生 7936 人，注册护士 9365 人。

3. 体育事业

全年，芜湖市运动员在省级以上国内外重要赛事中共获得奖牌 298 枚，其中金牌 96 枚。向省级及以上专业队和体育院校输送运动员 67 人，审批二级运动员 66 名、二级社会体育指导员 79 名。全市举办全民健身活动 138 次，参加活动人员 10 万人次。销售体育彩票 3.33 亿元。成功创编了具有安徽特色的全新套路健身秧歌，并被国家体育总局作为国家第七套健身秧歌在全国推广。成功承办了全国青少年车辆、建筑模型教育竞赛（安徽赛区）暨2016年安徽省青少年车辆、建筑模型锦标赛等赛事。出台了《芜湖市全民健身实施计划（2016—2020年）》和《芜湖市人民政府关于加快发展体育产业促进体育消费的实施意见》。

（五）城市建设

年末，市区建成区面积扩大到172平方千米。全市公交运营线路网长度3016千米，拥有公交车2135辆，新增66辆；拥有出租车5149辆，其中市区3700辆。公共自行车投放1.2万辆。城市日供水综合能力90万吨。全年天燃气供气总量34131万立方米，用气人口127.21万人；液化气家庭用量1万吨，用气人口8.6万人，城市气化率100%。全年居民用电量21.00亿千瓦时。年末，城市绿化覆盖面积达到73平方千米，建成区绿化覆盖率40.58%，人均公园绿地面积13.42平方米。拆迁改造市区棚户区305.48万平方米，改造老旧小区43个。

（六）环境保护

年末，拥有国家三级及以上环境监测站5个，其中二级站1个。市区环境空气质量达优良的天数为294天，空气质量优良率为80.3%。饮用水源水质符合国家Ⅲ类标准。长江和青弋江干流芜湖段水质分别以Ⅱ类和Ⅲ类水质为主。森林覆盖率达到22.19%。

三、芜湖市在泛长三角地区经济发展中的地位

2016年，芜湖市聚焦深化供给侧结构性改革，着力打造经济、城市两个升级版，全市经济保持了持续、平稳、较快发展，实现了“十三五”良好开局。

（一）地区生产总值

2012—2016年芜湖市地区生产总值在泛长三角地区41市中所占比重分别为1.46%、1.50%、1.52%、1.51%和1.51%。地区生产总值在泛长三角地区41市中占比整体呈现上扬态势，2016年与2012年相比增加了0.05个百分点，较上年基本持平。

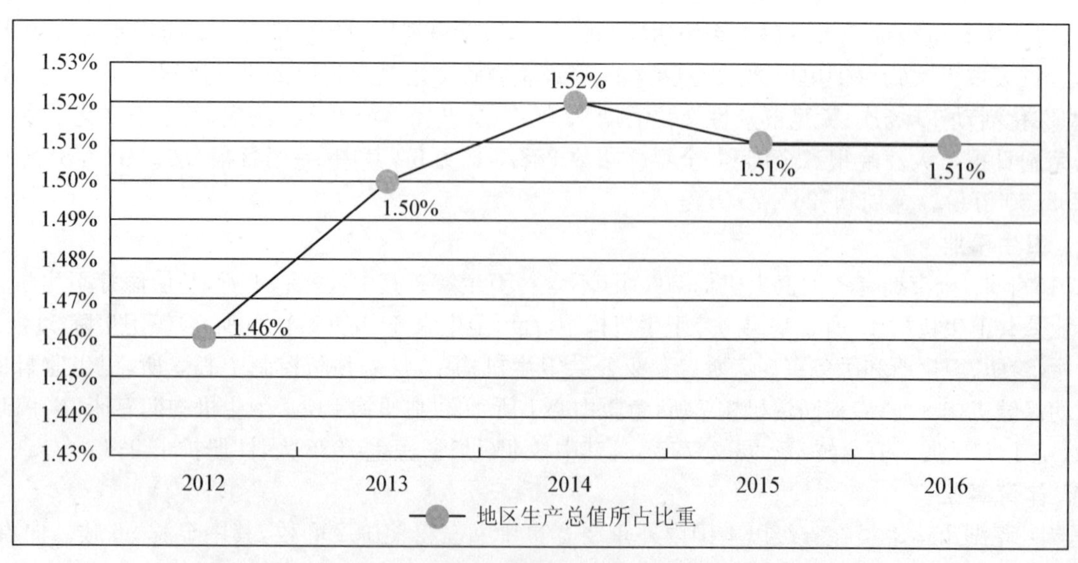

图4　2012—2016年芜湖市地区生产总值在泛长三角地区41市（苏浙两省24个地级市、上海市和安徽省16市，下同）中所占比重的变化趋势

2016 年,芜湖市在泛长三角地区 41 市(苏浙两省 24 个地级市、上海市和安徽省 16 市,下同)地区生产总值所占比重排名第 21 位。

经济运行稳中有进,产业结构持续优化,经济增长势头良好。初步核算,2016 年全市地区生产总值 2699.44 亿元,按可比价格计算,比上年同期增长 9.7%。其中,第一产业增加值 126.90 亿元,增长 2.5%;第二产业增加值 1511.72 亿元,增长 9.4%;第三产业增加值 1060.82 亿元,增长 11.0%。三次产业比重为 4.7∶56.0∶39.3,其中第三产业比重提高了 1.4 个百分点。

2016 年,长三角城市实现地区生产总值 14.72 万亿元,占全国 GDP 19.8%,较 2015 年同比提高 0.2 个百分点。从增幅上看,26 个城市平均增幅为 8.4%(各城市增幅算术平均数,下同),高于全国 GDP 增幅 1.7 个百分点,整体保持平稳较快发展。舟山市、合肥市增幅分别为 11.3%和 9.8%,位居前两位;芜湖市增幅为 9.7%,紧随其后。第二产业实现增加值 6.32 万亿元,占全国总量的 21.3%;平均增幅 7.4%,高于全国平均水平 1.3 个百分点。增幅排名前三的城市分别是舟山市、滁州市和芜湖市,分别增长11.2%、9.7%和 9.4%。第三产业实现增加值 7.89 万亿元,占全国总量的 20.5%;平均增幅 10.2%,高于全国平均水平 2.4 个百分点。增幅排名前三的城市分别是舟山市、滁州市和芜湖市,分别增长 11.2%、9.7%和 9.4%。第三产业占比超过 50%的城市有 8 个,全部在江浙地区。其中,上海、杭州更是突破 60%,第三产业占比分别达到 70.5%和 61.2%。

(二) 地方财政一般预算收入

2012—2016 年芜湖市地方财政一般预算收入在泛长三角 41 市所占比重分别为 1.29%、1.32%、1.37%、1.35%和 1.41%,2016 年较 2012 年增加了 0.12 个百分点,较上年增加了 0.06 个百分点。2016 年,芜湖市地方财政一般预算收入在泛长三角地区 41 市中排第 20 位,较上年上升了两位。

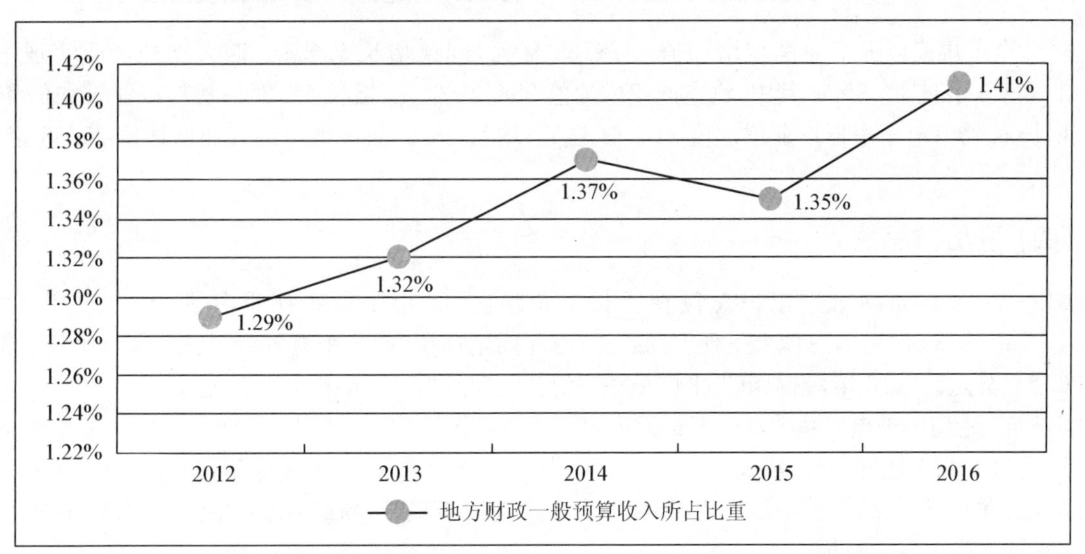

图 5　2012—2016 年芜湖市地方财政一般预算收入在泛长三角地区 41 市中所占比重的变化趋势

2016 年,全市财政总收入完成 512.3 亿元,增长 9%。其中:地方一般公共财政预算收入 298.7 亿元,增长 13.4%,完成汇编预算的 105.4%,加上级税收返还及补助收入 125.4 亿元、调入预算稳定调节基金和其他资金 10 亿元、上年结余收入 1.2 亿元、一般债券转贷收入 70.6 亿元,收入合计 505.9 亿元。

全市一般公共预算支出 409.8 亿元,增长 4.1%,为汇编调整预算的 99.7%,加上解上级支出 15.3 亿元、一般债券还本支出 57.8 亿元、安排预算稳定调节基金 21.9 亿元,支出合计 504.8 亿元。收支相抵,滚存结余 1.1 亿元,全部结转下年。

（三）规模以上工业总产值

2012—2016年芜湖市规模以上工业总产值在泛长三角地区41市中所占比重分别为1.79%、1.84%、1.97%、2.05%和2.12%，呈连续增加态势，2016年较2012年增加了0.33个百分点，较上年增加了0.07个百分点。2016年，芜湖市规模以上工业总产值在泛长三角地区41市中所占比重排第18位。

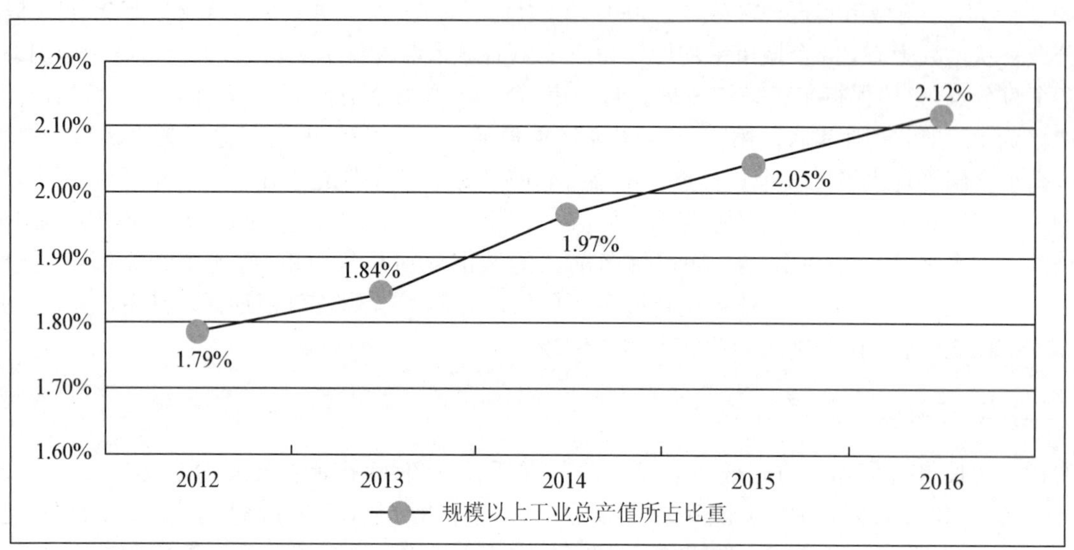

图6 2012—2016年芜湖市规模以上工业总产值在泛长三角地区41市中所占比重的变化趋势

全年，全市规模以上工业实现增加值1478.59亿元，同比增长9.7%。四大支柱产业实现增加值1005.87亿元，增长11.8%。其中，汽车产业增加值288.29亿元，增长14.8%；材料产业增加值407.17亿元，增长8.2%；电子电器产业增加值214.84亿元，增长18.3%；电线电缆产业增加值95.58亿元，增长6.0%。

（四）进出口总额

2012—2016年芜湖市进出口总额在泛长三角地区41市中所占比重分别为0.35%、0.40%、0.45%、0.49%和0.43%，总体上呈现上扬态势，五年间增加了0.08个百分点，其中2016年较上年减少了0.06个百分点。2016年，芜湖市进出口总额在泛长三角地区41市中排第23位。

2016年，芜湖市进出口总值375.9亿元人民币，排名全省第二。其中，在肉类进口大幅增长的强劲带动下，进口108.5亿元，同比增长了37.3%。芜湖海关分析说，面对严峻复杂的外贸形势，芜湖市积极适应经济新常态，外贸结构进一步优化，外贸发展质量进一步提升，新的发展动能不断积聚并加速转换，初步实现了回稳向好的目标。

2016年，芜湖市以加工贸易方式进出口94.8亿元，增长35.6%，占同期芜湖市进出口总值(下同)25.2%，比重较上年提升8.7个百分点。以海关特殊监管区域物流货物进出口44亿元，增长40%。

作为全省第二个进口肉类指定口岸，2016年芜湖市肉类进口不仅快速填补空白，而且迅速成长为新的进口增长点，全年进口达25亿元。此外，机电产品进口38.8亿元，增长14.8%。

出口方面，商品结构进一步优化。2016年，高新技术产品出口稳步增长，累计出口26.5亿元，增长32.3%。其中，家电出口51.2亿元，增长53.9%，传统劳动密集型产品出口25.3亿元，大幅下降44.7%。

特殊监管区政策红利进一步释放，综合保税区进出口提速增长。2016年，综合保税区进出口74.8

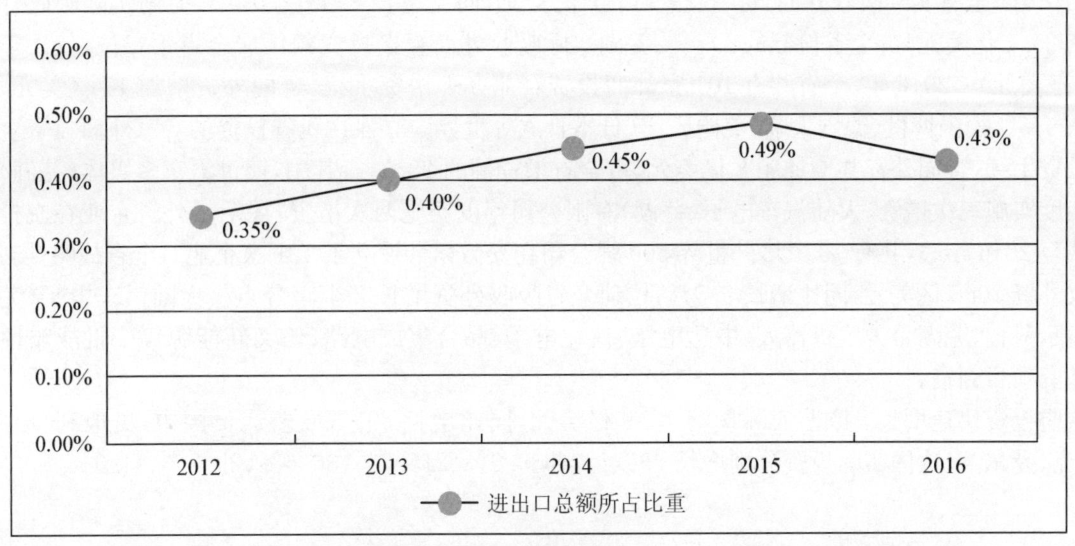

图7　2012—2016年芜湖市进出口总额在泛长三角地区41市中所占比重的变化趋势

亿元,增长38.2%,其中,出口45.3亿元,增长29.2%;进口29.5亿元,增长54.8%。

外商投资企业进出口逆势增长。2016年,芜湖市外商投资企业进出口128.9亿元,增长19.7%,占进出口总值的34.3%。民营企业和国有企业进出口196.4亿元和50.6亿元,分别下降16.2%和26.5%,占进出口总值的52.2%和13.5%。

美国、伊朗和日本是主要的进出口市场。2016年,美国继续居进出口主要贸易伙伴首位,双边贸易额103.1亿元,增长47%;对伊朗和日本进出口30.1亿元和24.5亿元,分别增长32.8%和17.8%。

(五) 实际外商直接投资金额

2012—2016年芜湖市实际外商直接投资金额在泛长三角地区41市中所占比重分别为1.81%、2.14%、2.68%、3.14%和3.26%,整体上呈现上扬姿态,2016年较2012年增加了1.45个百分点,较上年增加了0.12个百分点。2016年,芜湖市实际外商直接投资金额在泛长三角地区41市中排第9位,排名相对靠前。

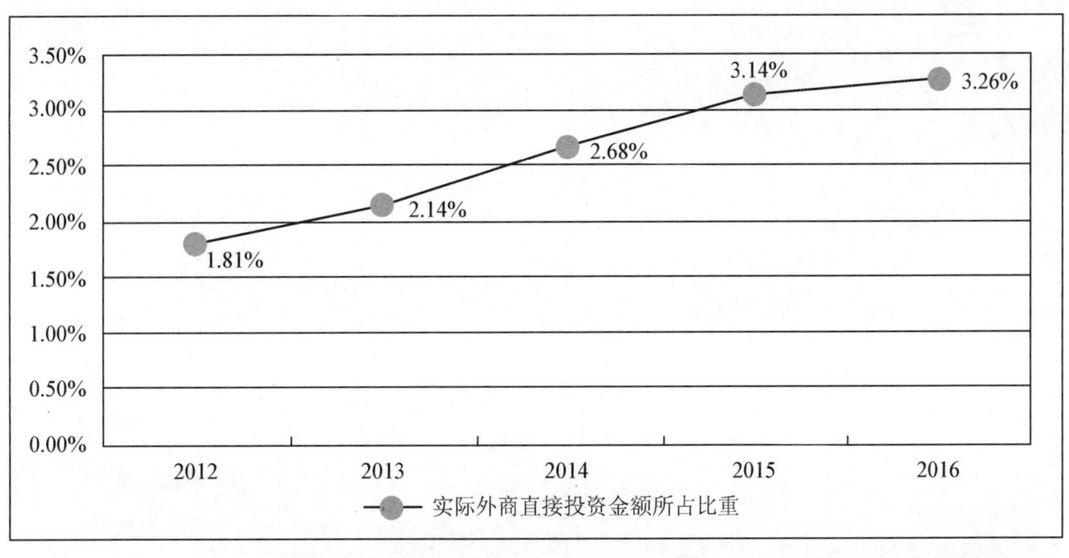

图8　2012—2016年芜湖市实际外商直接投资金额在泛长三角地区41市中所占比重的变化趋势

2016 年，全省实际吸收外商直接投资 147.7 亿美元，同比增长 8.4%。其中，芜湖实际吸收外商直接投资 25.1 亿美元，占全省份额的 17%。芜湖实际吸收外商直接投资额位居全省第二位，仅次于合肥市(28 亿美元)。2016 年，全省共有 101 家外商投资企业办理增资手续，合同外资增加 17 亿美元，同比增长 9.6%。德国博世、德国大陆、美国康宁、日本日立等世界 500 强在我省投资的 6 家外商投资企业办理了增资手续，合同外资共增加 4.8 亿美元，占全省增资额的 28.2%，其中，博世汽车多媒体(芜湖)有限公司年度实施三次增资，大陆汽车电子(芜湖)有限公司年度实施两次增资，展示了外资企业在皖投资信心。截至 2016 年底，共有 73 家境外世界 500 强公司在安徽累计设立了 121 家企业。全省战略性新兴产业吸收外资 30.8 亿美元，同比增长 9.5%，拉动全省吸收外资增长 2 个百分点。大陆汽车电子(芜湖)、康宁显示科技、芜湖希美埃机器人、中达电子、住化电子、晶合集成电路、信义新能源等一批战略性新兴产业外资项目到资。

欧盟投资快速增长。欧盟实际投资 15.9 亿美元，同比增长 30%，欧盟成员国中，奥地利、瑞典、德国、捷克、爱尔兰、法国实际投资分别增长 895.1%、839.9%、215.7%、36.6%、29.3%、11.9%。

四　蚌埠市 2016 年经济社会发展报告

2016 年，面对复杂多变的宏观形势和经济下行的较大压力，全市上下在市委、市政府的坚强领导下，全面贯彻落实党的十八大和十八届三中、四中、五中、六中全会及习近平总书记系列讲话特别是视察安徽重要讲话精神，全力以赴稳增长、调结构、促改革、惠民生、防风险，实现了“十三五”良好开局。

一、蚌埠市 2016 年经济发展概况

（一）综合经济

1. 经济总量

全年生产总值(GDP)1385.82 亿元，按可比价格计算，比上年增长 9.4%。分产业看，第一产业增加值 200.01 亿元，增长 3.7%；第二产业增加值 609.12 亿元，增长 9.3%；第三产业增加值 576.69 亿元，增长 11.5%。三次产业结构由上年的 15∶45.2∶39.8 调整为 14.4∶44∶41.6。人均 GDP 41855 元(折合 6301 美元)，比上年增加 3588 元。

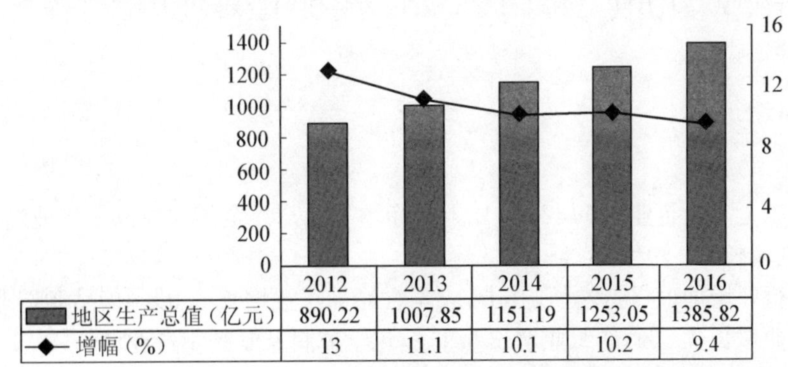

图 1　2012—2016 年蚌埠市地区生产总值及增长速度

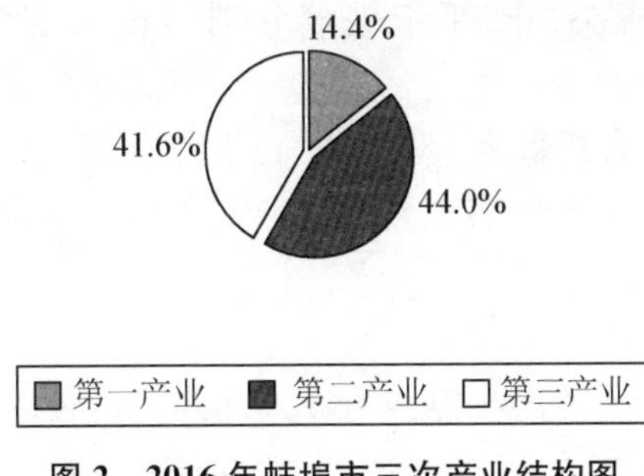

图 2　2016 年蚌埠市三次产业结构图

2. 财政收支

2016 年财政收入 251.25 亿元，比上年增长 10%，其中地方财政收入 133.88 亿元，增长 11.9%。在地方财政收入中，增值税增长 59.3%，营业税下降 35.6%，企业所得税增长 2.5%。财政支出 268.18 亿元，增长 9.6%。全年 33 项民生工程累计投入 55.2 亿元，惠及 100%城乡居民。

3. 物价水平

居民消费价格上涨 1.6%，涨幅较上年提高 0.2 个百分点；商品零售价格上涨 1%。

4. 固定资产投资

全年完成固定资产投资1666.43亿元，比上年增长14.3%。分产业看，第一产业投资增长7.2%，第二产业投资增长15.7%，第三产业投资增长13.5%。分行业看，工业投资增长18%。第三产业中的教育业增长103.8%，金融业增长77.6%，批发和零售业增长6.3%。

全年共完成“3461”重点项目投资1010亿元。北方通用MEMS产业化基地一期、新知科技产业园一期等125个重点项目建成，中光电8.5代TFT-LCD玻璃基板、泰富重装华东智能制造产业园等217个重点项目开工建设。

（二）农业

全年粮食作物种植面积48.3万公顷，其中，小麦面积24.29万公顷，稻谷面积11.17万公顷。油料作物种植面积5.94万公顷，棉花种植面积0.36万公顷，蔬菜种植面积7.04万公顷。

全年粮食产量280.5万吨，下降2.1%。油料作物产量38.19万吨，下降4.6%。棉花产量0.65万吨，下降32.7%。蔬菜产量289.02万吨，增长4%。水果产量108.76万吨，增长1%。

年末全市生猪存栏100.55万头，比上年增长2.5%；全年生猪出栏205.69万头，增长0.5%。肉类总产量36.57万吨，增长5.8%。禽蛋产量8.78万吨，增长6.1%。水产品产量12.79万吨，增长3.1%。全年化肥施用量(折纯)30.71万吨，下降0.9%。农用薄膜使用量0.92万吨，下降5.2%。农药使用量0.61万吨，下降3.8%。

（三）工业和建筑业

1. 工业经济

年末全市规模以上工业企业达1162户，比上年净增104户。全年规模以上工业增加值增长9.9%，其中轻、重工业分别增长3.1%和15.4%。

全市多数工业行业增加值保持增长，其中：农副食品加工业增长6.9%，食品制造业增长4.5%，酒、饮料和精制茶制造业增长7.8%，纺织业增长5.1%，化学原料及制品制造业增长18.1%，医药制造业增长15%，非金属矿物制品业增长10.5%，汽车制造业增长13.9%。高新技术产业增加值增长24.1%，战略性新兴产业产值增长27.9%。

主要工业产品产量中，水泥、罐头、布、平板玻璃分别增长4.3%、25.7%、8%、1.4%，卷烟下降20.9%，钢材下降1.7%。

全市规模以上工业经济效益综合指数为382.2%，比上年下降14.7个百分点。规模以上工业实现主营业务收入2553.95亿元，增长15.3%；实现利税总额170.67亿元，增长11.3%，其中利润总额84.42亿元，增长38.2%。

2. 建筑业

全年全社会建筑业增加值86.06亿元，比上年增长6.6%。具有资质等级建筑企业完成产值436.68亿元，增长5.3%。房屋建筑施工面积3246.53万平方米，增长10.4%；房屋竣工面积424.28万平方米，下降11.4%。

（四）服务业

1. 国内贸易

全年社会消费品零售总额643.99亿元，比上年增长12.9%。按经营单位所在地分，城镇消费品零售额562.73亿元，增长12.8%；乡村消费品零售额81.26亿元，增长13.1%。按消费形态分，商品零售额569.78亿元，增长12.9%；餐饮收入74.21亿元，增长12.4%。按单位规模分，限额以上企业(单位)零售额285.18亿元，增长16%；限额以下企业(单位)零售额358.81亿元，增长9%。

在限额以上企业(单位)零售额中,批发、零售、住宿、餐饮四大行业零售额比上年分别增长13%、17%、4.7%、8.5%。家具类销售增长45.3%,计算机及其配套产品类销售增长62.2%,建筑材料及装璜类销售增长31.9%,通讯器材类销售增长20.3%,石油及制品类销售增长13.1%,书报杂志类销售增长18.1%,汽车类销售增长20.4%。

2. 交通运输、邮电

全年交通运输、仓储和邮政业增加值49.93亿元,比上年增长6%。

全年公路客运量2978万人,比上年下降10.8%;公路货运量20802万吨,增长7%。

年末全市汽车拥有量27.63万辆,比上年增长22.8%,其中个人汽车21.43万辆,增长29.8%。小型、微型载客汽车拥有量20.8万辆,增长28.9%,其中个人小型、微型载客汽车19.25万辆,增长32.3%。

全年邮政营业收入2.56亿元,增长16%。电信业务总量(收入)21.13亿元,比上年下降13.6%。年末全市固定电话用户34.1万户,比上年下降14.7%;移动电话用户246.06万户,比上年增长3.9%。

3. 旅游业

全年实现旅游总收入197.35亿元,比上年增长21.4%,接待国内游客3139.03万人次,接待入境游客7.54万人次。全市星级饭店(宾馆)13个,旅行社46家。A级旅游景区28个,其中,4A级旅游景区4个,3A级旅游景区11个,2A级旅游景区13个。

4. 金融和保险

年末全市金融机构各项存款余额(人民币口径,下同)1855.14亿元,比年初增加238.6亿元,增长14.8%,其中住户存款余额为867.32亿元,增长8%。金融机构各项贷款余额1400.14亿元,比年初增加208.64亿元,增长17.5%。其中,短期贷款余额522.18亿元,增长12.2%;中长期贷款余额818.44亿元,增长39%。

全年实现保费收入48.03亿元,比上年增长17.1%。其中,财险保费收入18.16亿元,增长16.3%;寿险保费收入29.87亿元,增长17.6%。年末,全市保险公司已达38家。

5. 房地产业

全年房地产开发投资388.58亿元,比上年下降9.3%;房屋销售面积676.24万平方米,增长39.8%;房屋销售额320.42亿元,增长40.1%。

(五) 对外经济

1. 对外贸易

全年进出口总额17.6亿美元,比上年下降23.6%。其中,出口11.9亿美元,下降26.3%;进口5.7亿美元,下降17.3%。

2. 利用外资

全年外商直接投资15.04亿美元,增长8%。

二、蚌埠市2016年社会发展概况

(一) 人口、人民生活

全年人口出生率为15.35‰,死亡率5.91‰,自然增长率为9.44‰。年末户籍人口379.52万人,比上年增加3.17万人;其中男性196.8万人,占总人口的51.9%,女性182.72万人,占总人口的48.1%。性别比(以女性人口为100)为100∶107.7。常住人口333.1万人,比上年增加3.96万人。城镇化率53.74%,比上年提高1.52个百分点。

全年城镇居民人均可支配收入28653元,比上年增长8.7%。人均消费支出15593元,增长6.4%。

其中，食品支出增长 6.4%，医疗保健支出增长 3.7%，交通和通信支出增长 179.3%，教育文化娱乐服务支出下降 1.9%。城镇居民家庭恩格尔系数为 36.8%，比上年提高 0.1 个百分点。城镇居民人均拥有住房面积 35.4 平方米，比上年增加 2.3 平方米。

全年农村居民人均可支配收入 12591 元，比上年增长 9%。农村居民人均消费支出 6381 元，增长 7.2%。其中，食品支出下降 5.7%，居住支出增长 32%，医疗保健支出下降 28.5%。农村居民家庭恩格尔系数为 36.4%，比上年下降 4.3 个百分点。农村居民人均拥有住房 46.1 平方米，比上年增加 1.5 平方米。

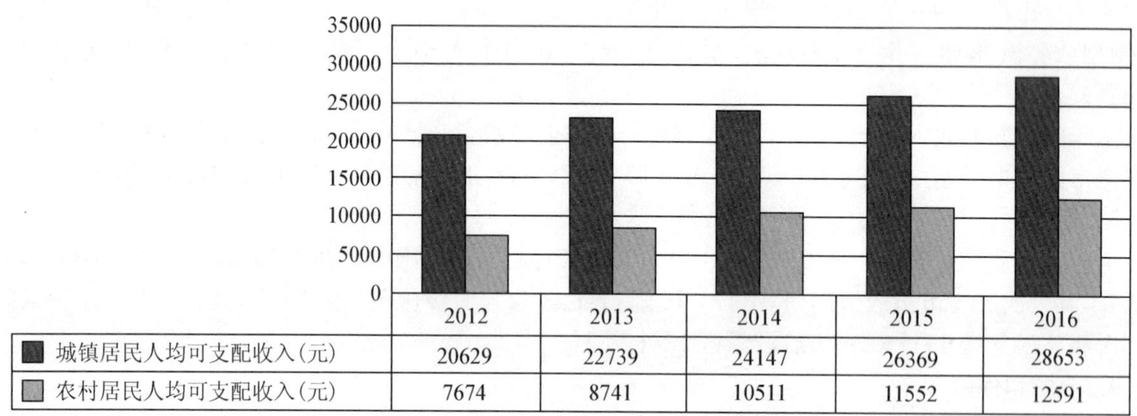

	2012	2013	2014	2015	2016
城镇居民人均可支配收入(元)	20629	22739	24147	26369	28653
农村居民人均可支配收入(元)	7674	8741	10511	11552	12591

图 3　2012—2016 年蚌埠市城乡居民收入对比一览

（二）就业与社会保障

1. 就业工作

全年城镇新增就业 8.32 万人，年末城镇登记失业率 2.86%。

2. 社会保障

年末全市职工基本养老、失业、医疗、工伤、生育五项社会保险参保人数分别为 38.86 万人、21.95 万人、47.3 万人、25.1 万人、25.4 万人，城镇居民医疗保险参保 42.85 万人，城乡居民养老保险参保 175 万人。

（三）教育和科学技术

1. 教育事业

全市共有普通高等教育学校 5 所；全市共有中等职业教育学校 25 所，其中普通中专 10 所，职业高中 12 所，成人中等专业学校 3 所；普通教育学校 1236 所，其中，普通中学 172 所（高中 38 所，初中 134 所），小学 660 所，幼儿园 398 所，特殊教育学校 5 所，工读学校 1 所。

全市普通高等学校专任教师 2745 人，在校学生 6.38 万人，招生学生数 1.78 万人，毕业生数 1.69 万人。

全市中等职业学校专任教师 1830 人，普通中学专任教师 11935 人，其中，高中 3856 人，初中 8079 人。

全市中等职业教育学校在校学生 5.6 万人；普通教育学校在校学生 55.23 万人，其中，普通中学在校学生 15.83 万人（高中在校学生 5.9 万人，初中在校学生 9.93 万人），小学在校学生 27.11 万人，幼儿园在园幼儿 12.23 万人，特殊教育学生 1048 人（特殊教育学校在校生 476 人）。

全市小学适龄儿童入学率 100%，初中学龄人口入学率 100%，高中阶段毛入学率 100.76%。

2. 科技与创新

全年新认定高新技术企业 37 家，高新技术企业总数达 217 家。新认定高新技术产品和重点新产品

136项。高新技术产业产值同比增长27.8%，达1251.4亿元。全市有国家重点(工程)实验室4个，省级(重点)实验室、省级工程实验室15个。有省级以上工程(技术)研究中心60家，其中国家级2家。有国家级高新技术产业开发区1个。

全年发明专利申请量6430件，同比增长15%；发明专利授权量1034件，同比增长16%。共签订各类技术合同925项，技术市场合同交易额19.4亿元，比上年增长12.8%。万人发明专利拥有量达8.6件/万人，增长36%。全年共新建省级以上研发平台15家。

(四) 文化、卫生和体育

1. 文化事业

全年建成5个乡镇、社区综合文化服务中心。完成市文化馆新馆搬迁、一期提升改造工程。完成县级公共图书一体化流转服务，县域公共图书统借统还实现全覆盖。“千场文艺千村行”送戏下乡1523场，举办“温馨蚌埠欢乐珠城”系列群众文化活动80余场次，全市75个公共文化场所全部免费开放，农场公益电影放映11263场，惠及群众近300万人次。补充更新农家书屋出版物92400册。申报4名国家级非遗传承人、成功申报6个省级非遗教育传习基地。开展博物馆、非遗进校园、进社区、进乡村系列活动100余场。全市在建文化旅游项目完成投资91.2亿元。蚌埠光彩书刊市场获评安徽省出版物发行基地。万绿生态园获批中医药健康基地；禾泉农庄获批安徽省研学旅行基地；五河县沱湖旅游小镇获批省级旅游小镇创建示范单位。禾泉农庄进入2016年中国旅游投资优选项目。

2. 卫生事业

年末全市有医疗卫生机构1413个，其中医院82个、基层医疗卫生机构1241个、专业公共卫生机构85个，其他卫生机构5个。全市卫生技术人员23487人，其中执业(助理)医师9519人，注册护士12651人。医疗卫生机构床位1.78万张，其中医院床位1.77万张。全市农民参合率102.9%(含失地农民)，城市社区卫生服务人口覆盖率达100%。每万人拥有床位49.46张，每万人拥有卫生技术人员65.24人。

3. 体育事业

省运会筹备工作有序推进，市体育中心、游泳跳水馆等重点工程全面开工。创新办赛模式，市运会和全民健身运动会首次合体。承办中美篮球争霸赛、全国U19男子足球联赛、全国乒乓球甲A联赛等大型赛事，门票公益发放，让更多的市民近距离欣赏高水平比赛。以“全民健身、拥抱省运”为主题，以“迎接省运会、动感龙子湖”活动为抓手，举办环龙子湖骑游大会、龙子湖龙舟赛、花鼓灯健身操比赛等活动200余项次，以村为单位开展体育活动4300多场次。建成农民体育健身工程160个，全民健身苑21个，建成沿淮河、涡河、浍河等滨河体育公园。培训社会体育指导员340名，新增注册运动员581人。全项参加省常规赛，获得金牌132块。

(五) 城乡建设

全年全市实施大建设项目147个，完成投资256亿元。长淮卫淮河大桥和G104五河段、S306沫河口段、S307怀远段等连接通道改造竣工通车。二钢新村、大禹家园等“海绵城市”和凤阳东路、治淮东路等地下综合管廊试点项目开工建设。市体育中心、游泳跳水馆等场馆建设加快，市一院综合病房大楼辅楼和市三院、蚌医一附院全科医生临床培训基地基本建成。新启动棚改项目40个，回迁安置2.28万户。

(六) 环境保护

全年环境空气质量达二级标准以上天数67.8%，区域噪声平均值小于60分贝。重点污染源达标率100%，大中型建设项目环评和“三同时”执行率100%。

（七）社会安全

全市共发生各类生产安全事故 115 起，死亡 101 人。其中道路运输事故 105 起，死亡 91 人；工矿商贸事故 10 起，死亡 10 人。发生较大道路交通事故 2 起。农机、铁路、水上运输等领域没有发生生产安全死亡事故。

三、蚌埠市在泛长三角地区经济发展中的地位

2016 年，面对错综复杂的国内外形势，认真学习贯彻习近平总书记系列重要讲话特别是视察安徽重要讲话精神，在中共蚌埠市委的坚强领导下，开拓创新，锐意进取，较好地完成了市十五届人大四次会议确定的目标任务。

（一）地区生产总值

2012—2016 年蚌埠市地区生产总值在泛长三角地区 41 市中所占比重分别为 0.69%、0.72%、0.76%、0.77%和 0.78%。地区生产总值在泛长三角地区 41 市中占比整体呈现上扬态势，2016 年与 2012 年相比增加了 0.09 个百分点，较上年增加了 0.01 个百分点。2016 年，蚌埠市在泛长三角地区 41 市（苏浙两省 24 个地级市、上海市和安徽省 16 市，下同）地区生产总值所占比重排名第 29 位。

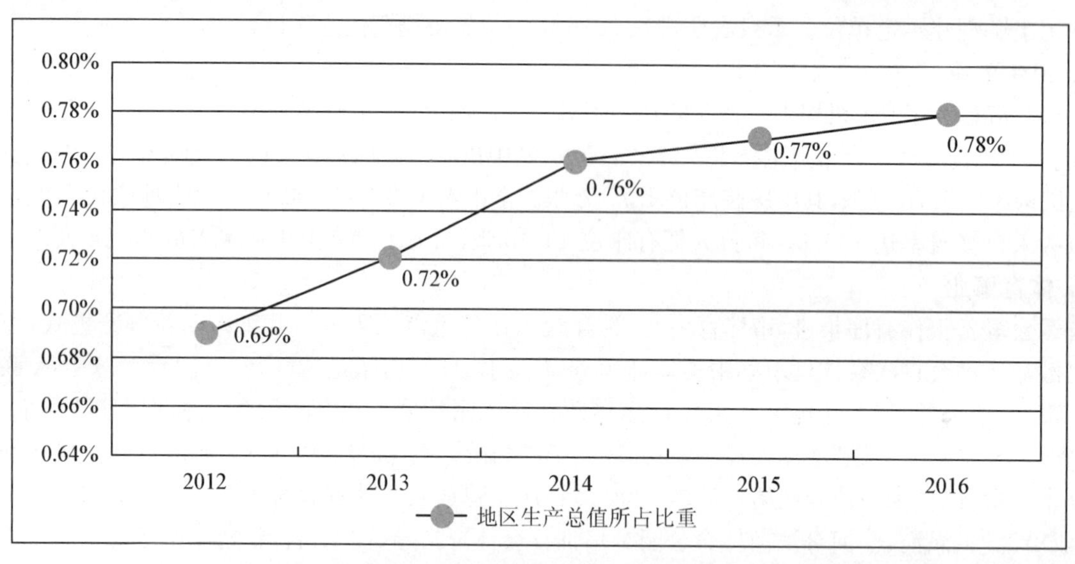

图 4　2012—2016 年蚌埠市地区生产总值在泛长三角地区 41 市（苏浙两省 24 个地级市、上海市和安徽省 16 市，下同）中所占比重的变化趋势

2016 年，全市地区生产总值 1385.8 亿元，同比增长 9.4%，增速居全省第 3 位，连续 22 个季度高于全省平均水平。上半年，全市 GDP 增长 10%，位列全省第一，是全省唯一两位数增长的地市，比第二位的芜湖高出 0.4 个百分点，GDP 已连续 20 个季度高于全省平均水平，其中 18 个季度居全省前五，2016 年以来连续 2 个季度保持全省第一。分产业看，第一、第二和第三产业增幅分别高于全省 0.5 个、1.6 个和1.7个百分点，分居全省第 2 位、第 1 位和第 1 位。

（二）地方财政一般预算收入

2012—2016 年蚌埠市地方财政一般预算收入在泛长三角地区 41 市中所占比重分别为 0.57%、0.57%、0.62%、0.61%和 0.63%，2016 年较 2012 年增加了 0.06 个百分点，较上年增加了 0.02 个百分点。2016 年，蚌埠市地方财政一般预算收入在泛长三角地区 41 市中排第 28 位。

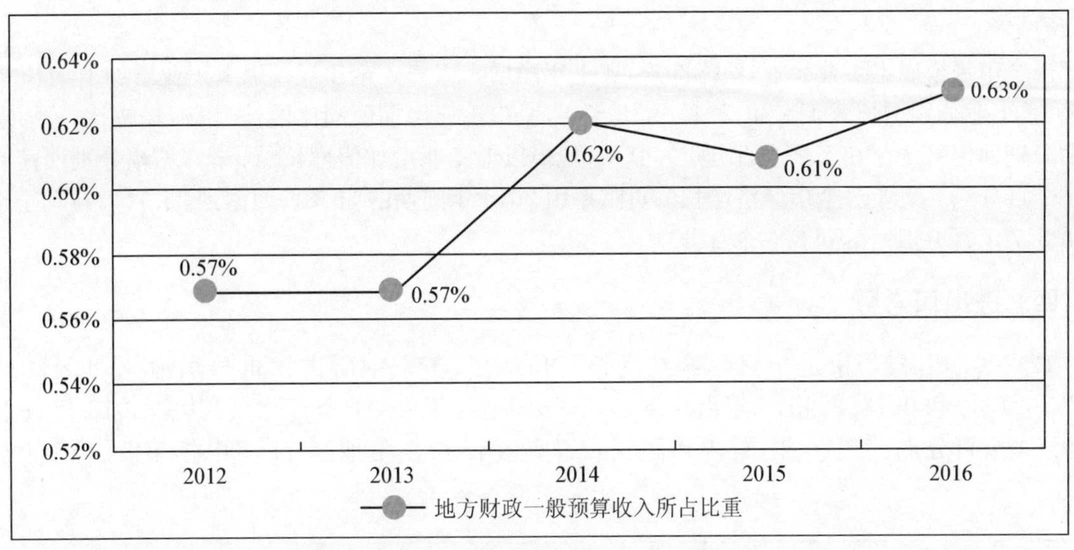

图 5　2012—2016 年蚌埠市地方财政一般预算收入在泛长三角地区 41 市中所占比重的变化趋势

2016 年，全市财政收入 251.2 亿元，完成年初预算的 100.9%，比上年(下同)增长 10%，其中地方收入 133.9 亿元，剔除全面推开营改增试点后增值税收入划分政策影响，完成年初预算的 103.1%，增长 11.9%。地方收入加上级补助收入 122.8 亿元、债务转贷收入 29.9 亿元、上年结余 8.1 亿元、调入资金 16.7 亿元、调入预算稳定调节基金 18.1 亿元，预算总收入 329.5 亿元。

2016 年，全市财政支出 268.1 亿元，剔除省转贷地方政府债券和上级转移支付安排支出，完成年初预算的 102%，增长 9.5%。财政支出加上解省和债务还本支出 34.3 亿元、安排预算稳定调节基金 19.7 亿元，支出合计 322.1 亿元。收支相抵，全市结转下年支出 7.4 亿元。

(三) 规模以上工业总产值

2012—2016 年蚌埠市规模以上工业总产值在泛长三角地区 41 市中所占比重分别为 0.62%、0.70%、0.80%、0.91%和 1.00%，呈连续增加态势，2016 年较 2012 年增加了 0.38 个百分点，较上

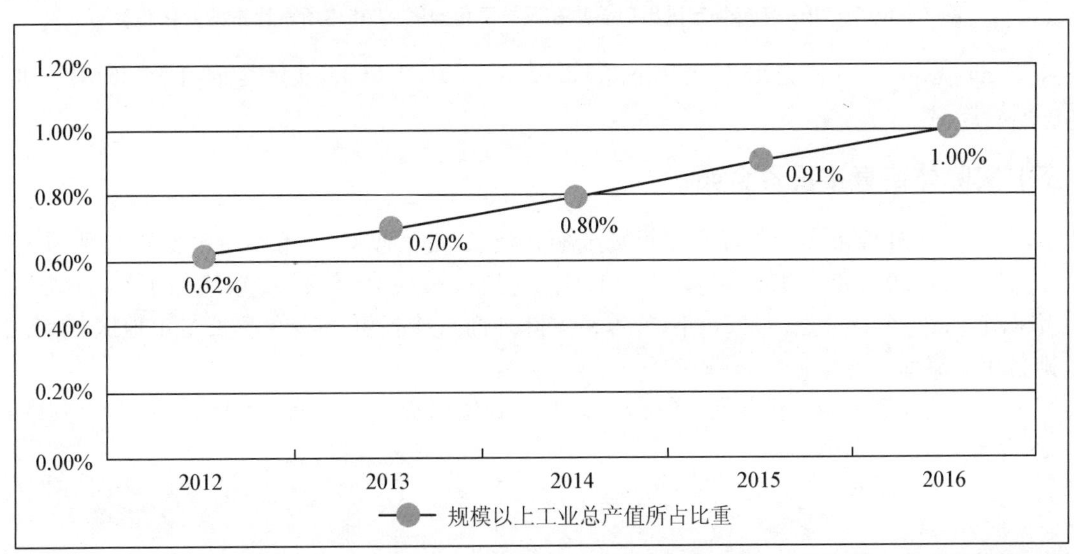

图 6　2012—2016 年蚌埠市规模以上工业总产值在泛长三角地区 41 市中所占比重的变化趋势

年增加了0.09个百分点。2016年，蚌埠市规模以上工业总产值在泛长三角地区41市中所占比重排第25位。

年末全市规模以上工业企业达1162户，比上年净增104户。全年规模以上工业增加值增长9.9%，其中轻、重工业分别增长3.1%和15.4%。上半年，全市工业增加值同比增长10%，增幅比一季度、2015年同期分别回落0.5个和1.2个百分点。其中，规模以上工业增加值增长10.1%，增幅分别回落0.6个和1.4个百分点。工业对全市经济增长的贡献率由2015年同期的36.8%回落到35.7%，拉动全市经济增幅由3.7个百分点回落到3.6个百分点。

（四）进出口总额

2012—2016年蚌埠市进出口总额在泛长三角地区41市中所占比重分别为0.09%、0.12%、0.14%、0.17%和0.13%，2016年出现下跌，五年间增加了0.04个百分点，其中2016年较上年减少了0.04个百分点。2016年，蚌埠市进出口总额在泛长三角地区41市中排第31位，位置相对靠后。

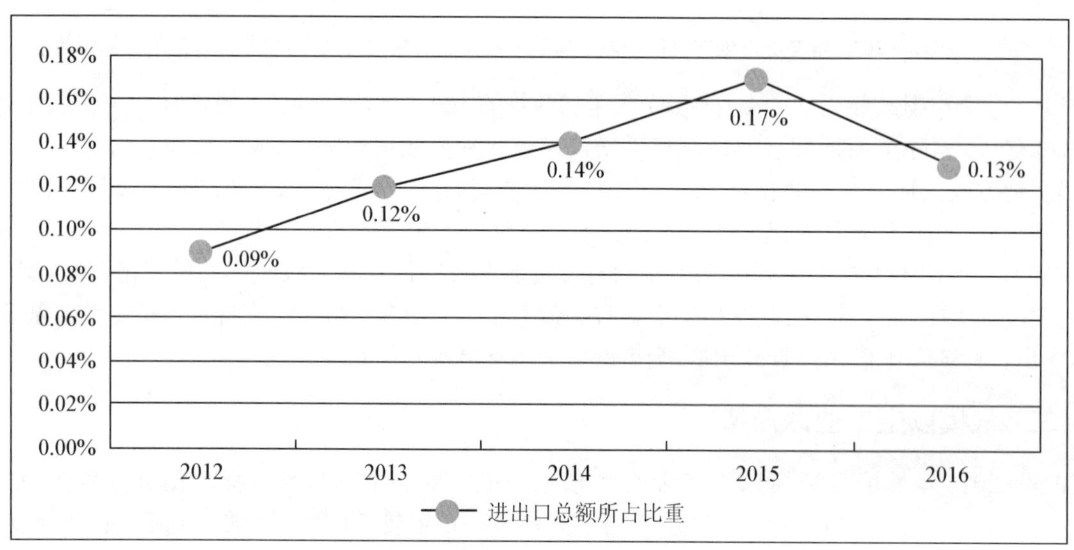

图7　2012—2016年蚌埠市进出口总额在泛长三角地区41市中所占比重的变化趋势

全年进出口总额17.6亿美元，比上年下降23.6%。其中，出口11.9亿美元，下降26.3%；进口5.7亿美元，下降17.3%。

（五）实际外商直接投资金额

2012—2016年蚌埠市实际外商直接投资金额在泛长三角地区41市中所占比重分别为1.01%、1.29%、1.62%、1.90%和1.95%，整体上呈现上扬姿态，2016年较2012年增加了0.94个百分点，较上年增加了0.05个百分点。2016年，蚌埠市实际外商直接投资金额在泛长三角地区41市中排第14位，排名相对靠前。

全年外商直接投资15.04亿美元，增长8%。实际到位内资820.45亿元，增长10.1%，其中省外资金756.29亿元，增长10.9%。

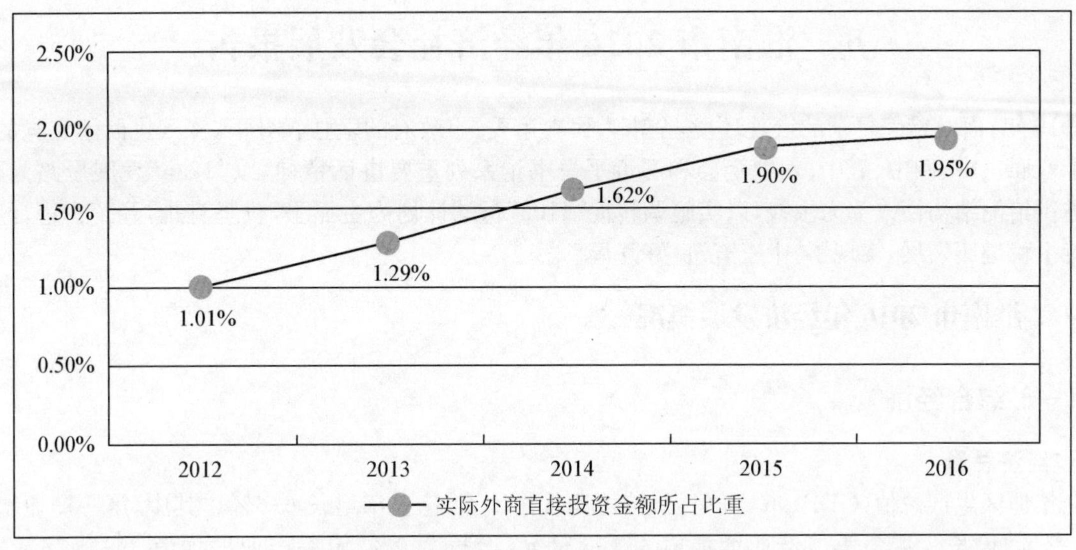

图 8　2012—2016 年蚌埠市实际外商直接投资金额在泛长三角地区 41 市中所占比重的变化趋势

五　淮南市 2016 年经济社会发展报告

2016 年，面对错综复杂的宏观环境，全市人民在市委、市政府的坚强领导下，深入贯彻落实党的十八大和十八届三中、四中、五中、六中全会和习近平总书记系列重要讲话精神，以“1235”发展思路为引领，以推进供给侧结构性改革为主线，以实施调转促“4106”行动计划为主抓手，攻坚克难，开拓奋进，经济社会保持平稳健康发展，实现了“十三五”良好开局。

一、淮南市 2016 年经济发展概况

（一）综合经济

1. 经济总量

全年地区生产总值(GDP)963.8 亿元，按可比价格计算，比上年增长 6.6%。其中，第一产业增加值 118.4 亿元，增长 2.4%；第二产业增加值 454.6 亿元，增长 7.0%；第三产业增加值 390.8 亿元，增长 7.4%。按常住人口计算，人均 GDP 达 27990 元(折合 4214 美元)。三次产业结构由上年的 12.4：48.1：39.5 调整为 12.3：47.2：40.5，其中工业增加值占 GDP 的比重为 39.8%。全社会劳动生产率 43143 元/人。

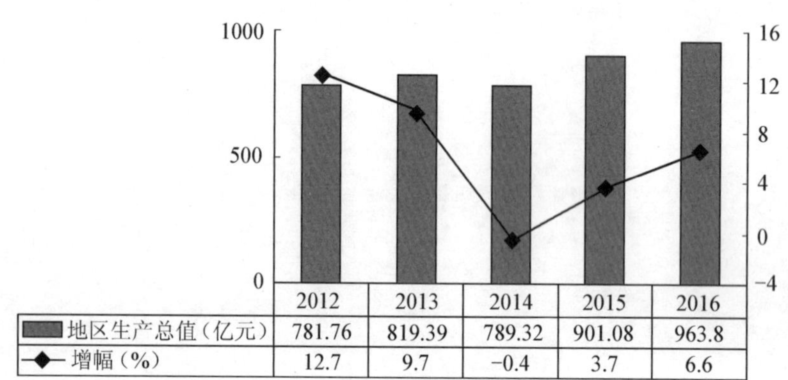

	2012	2013	2014	2015	2016
地区生产总值（亿元）	781.76	819.39	789.32	901.08	963.8
增幅（%）	12.7	9.7	-0.4	3.7	6.6

图 1　2012—2016 年淮南市地区生产总值及增长速度

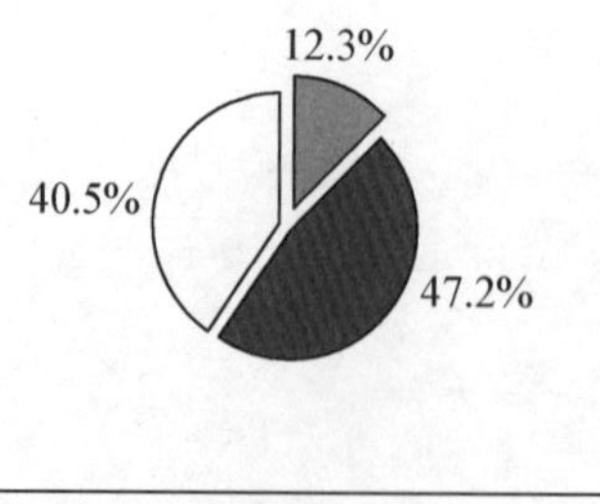

图 2　2016 年淮南市三次产业结构图

2. 财政收支

全年财政收入 150.9 亿元，比上年增长 6.5%，其中地方财政收入 97.4 亿元，增长 13.5%。全部财政收入中，税收收入 114.2 亿元，下降 2.1%，其中，增值税增长 15.3%，营业税下降 42.7%，企业所得税下降 18.5%。财政支出 218.5 亿元，增长 9.6%，其中 13 大类民生支出 181.8 亿元，占全市财政支出 83.4%，同比增长 8.6%。从财政支出的项目看，教育支出 37.3 亿元，增长 14.0%；城乡社区事务支出

17.5 亿元，下降 0.02%；医疗卫生支出 22.6 亿元，增长 0.01%；科学技术支出增长 0.23%；文化体育与传媒支出下降 0.21%；交通运输支出增长 33.5%。全市 33 项民生工程实际拨付资金 43.3 亿元，同比增长 35%。

3. 物价水平

全市居民消费价格指数同比上涨 1.2%，其中，食品烟酒价格上涨 2.5%，工业品价格上涨 0.4%，服务项目价格上涨 0.9%。商品零售价格上涨 0.8%。工业生产者出厂价格下降 3.0%。工业生产者购进价格下降 0.5%。

4. 固定资产投资

全年固定资产投资 955.0 亿元，比上年增长 3.8%。其中：民间投资 486.1 亿元，增长 5.3%。分产业看，第一产业投资 72.0 亿元，增长 12.1%；第二产业投资 301.1 亿元，下降 19.1%；第三产业投资 581.9 亿元，增长 20.4%。分行业看，工业完成投资 299.0 亿元，下降 19.4%。其中煤炭开采和洗选业完成投资 25.0 亿元，下降 46.2%；电力、热力生产和供应业完成投资 69.0 亿元，增长 19.6%；制造业完成投资 200.6 亿元，下降 19.4%。

全市亿元以上重点项目 256 个，当年完成投资 409.9 亿元。安理大新校区、凤凰湖水系治理及景观工程、济祁高速寿县段、淮南孔李淮河大桥工程、凤台淮河公路二桥等项目建成。商合杭铁路淮南段、城市水系综合治理工程、互联网＋新能源汽车分时租赁智慧交通项目、中节能寿县正阳关二期 100MWP 光伏发电等项目开工建设。

（二）农业

全年粮食种植面积 44.0 万公顷，比上年增长 1.7%；棉花种植面积 1975 公顷，下降 21.6%；油料作物种植面积 9693 公顷，下降 15.2%；蔬菜种植面积 4.0 万公顷，增长 4.3%。

全年粮食总产量 284.8 万吨，比上年下降 3.2%，其中夏粮产量 124.9 万吨，增长 4.8%；秋粮产量 159.9 万吨，下降 8.7%。油料作物产量 3.2 万吨，下降 17.6%；棉花产量 3247 吨，下降 23.7%；蔬菜产量 123.9 万吨，增长 4.9%。

年末全市生猪存栏 77.2 万头，比上年增长 1.0%；全年生猪出栏 158.1 万头，较上年持平。肉类总产量 24.4 万吨，增长 1.7%，其中猪牛羊肉产量 15.8 万吨，增长 0.8%。禽蛋产量 10.8 万吨，增长 2.7%。牛奶产量 4.5 万吨，下降 5.4%。水产品产量 18.5 万吨，增长 2.4%。

年末全市农业机械总动力 444 万千瓦，比上年增长 4.1%。各式拖拉机 22.8 万台，下降 4.7%；联合收割机 16756 台，增长 14.6%。全年化肥施用量(折纯)29.1 万吨，下降 2.2%；农村用电量 12.9 亿千瓦时，下降 0.7%。有效灌溉面积 283.3 千公顷，新增 0.2 公顷；节水灌溉面积 149.6 千公顷，新增 1.1 公顷。

年末市级以上农业产业化龙头企业 246 家，新增 39 家。其中省级农业产业化龙头企业 28 家；国家级农业产业化龙头企业 1 家。

全年共安排各级各类扶贫资金 4.3 亿元，其中，省级以上资金 2.0 亿元，市级扶贫专项资金 0.6 亿元，县级扶贫资金 1.7 亿元。当年贫困人口脱贫 3.5 万人，贫困村出列 50 个；年末，全市贫困人口 9.0 万人，贫困村 112 个。

（三）工业和建筑业

1. 工业经济

年末全市规模以上工业企业 621 户。全年实现规模以上工业增加值 347.8 亿元，比上年增长 7.2%，轻、重工业增加值比例由上年 14.1∶85.9 变化为 13.9∶86.1。全市重点监测的 32 个工业行业中，煤炭行业实现增加值 161.2 亿元，增长 10.6%；电力行业 88.2 亿元，增长 6.0%；化学原料和化学制品制造业7.9亿元,下降3.7%;装备制造业18.1亿元,增长1.2%。高新技术工业增加值22.3亿元,增长3.4%。战略性新兴产业产值50.8亿元,增长0.3%。

主要工业产品产量中,原煤下降5.6%,洗煤下降7.5%,发电量增长3.8%,合成氨下降3.8%,化肥下降1.1%,水泥增长3.0%,矿山专用设备下降1.7%。

本年度关闭退出3对煤矿,去煤炭产能495万吨。年末,原煤库存53.7万吨,比2015年同期减少39.3万吨。全市规模以上工业企业资产负债率69.87%,比2015年同期下降了1.4个百分点,流动资产周转率2.08次/年,比2015年同期提升0.1次/年。全市规模以上工业企业主营业务成本占收入的比重由2015年的89.8%下降到84.0%。

年末全市发电装机容量1462.3万千瓦,其中燃煤火电1428.6万千瓦,新能源和可再生能源32.4万千瓦。当年新增发电装机容量31.4万千瓦,其中,新增光伏发电装机容量16.4万千瓦。

全年规模以上工业企业实现主营业务收入924.9亿元,增长0.9%;利润总额33.5亿元,增长70.6%;实现税收59.0亿元,增长10.5%。工业综合经济效益指数达到205.3%,较上年提高21.9个百分点。

2. 建筑业

年末资质内建筑企业119户,其中大型企业1户,中型企业17户,小型企业66户。房屋建筑施工面积404.7万平方米,比上年增加50.2万平方米;房屋竣工面积221.9万平方米,增加70.1万平方米。全年实现税收3.3亿元,增长1.1%;利润3.3亿元,下降0.9%。全年全社会建筑业增加值73.2亿元,比上年增长5.5%。

(四)服务业

1. 国内贸易

全年实现社会消费品零售总额512.5亿元,比上年增长11.6%。按经营地统计,城镇实现零售额424.2亿元,增长9.9%;乡村实现零售额88.3亿元,增长20.9%。按消费类型统计,商品零售额429.3亿元,增长11.3%;餐饮收入83.2亿元,增长13.0%。

限额以上单位实现消费品零售额155.8亿元,增长8.5%。全市纳入统计的9家开展网络零售业务的限额以上企业,实现网上零售额5110.3万元,增长26.5%。

从限额以上单位商品零售类值看,粮油食品类增长26.6%,服装、鞋帽、针纺织品类增长2.1%,家用电器和音像器材类增长8.2%,中西药类增长8.2%,石油及制品类增长14.5%,汽车类增长9.9%。

2. 交通运输、邮电

全年旅客运输量4472万人,比上年下降7.3%;货物运输量19025万吨,增长2.0%。公路客运周转量28.6亿人千米,下降10%;公路货运周转量50.4亿吨千米,增长4.8%;水路货运周转量226.3亿吨千米,增长22.9%;港口吞吐量2357.8万吨,增长1.6%。

年末全市拥有民用汽车26.0万辆,增长15.0%;其中:载客车22.0万辆,增长18.5%;载货车3.8万辆,下降1.3%;私人汽车21.8万辆,增长18.1%。截至2016年末,全市公共汽车1053辆,增长21.5%;出租汽车3633辆,增长0.1%。

全年新增高速公路135.6千米、一级公路15.5千米、二级公路32.5千米。截至2016年末,全市公路里程达8059.7千米,其中,高速公路达210.6千米、一级公路达138.5千米、二级公路434.9千米。

全年完成邮电业务总量36亿元,比上年增长48.1%。其中,邮政业务总量4.7亿元,增长53.0%;电信业务总量31.3亿元,增长47.6%。当年获得《快递业务经营许可证》的企业1家。全年全市完成快递业务量1053.5万件,同比增长85%;快递业务收入1.4亿元,同比增长71.8%。年末电话交换机容量338.6万门;固定电话用户29.1万户;移动电话用户216.1万户,其中3G移动电话用户47.0万户,4G移动电话用户126.1万户。城市家庭每百户拥有固定电话38部,同比下降11.3%;拥有移动电话232

部，同比增长 2.9％；农村家庭每百户拥有固定电话 33 部，同比增长 21.0％；拥有移动电话 230 部，同比增长 36.7％。年末计算机互联网用户 58.9 万户，增长 32.4％。

3. 旅游业

全年接待国内游客 2114 万人次，增长 17.0％。接待入境旅游人数 4.1 万人次，增长 10.8％。旅游总收入 136.5 亿元，增长 18.4％。其中，国际旅游收入 3660 万美元，增长 34.5％。全市星级饭店 32 家，客房 2810 间，分别比上年增长 3.2％、2.1％。年末全市共有 8 个 4A 级旅游景区。

4. 金融、保险和证券

年末全市金融机构人民币各项存款余额 1171.8 亿元，比年初增加 148.6 亿元，增长 9.2％。其中，非金融企业存款 425.3 亿元，比年初增加 44.9 亿元，增长 11.8％；住户存款余额 993.4 亿元，比年初增加 64.7 亿元，增长 7.0％。金融机构人民币各项贷款余额为 1172.9 亿元，比年初增加 110.7 亿元，增长 10.4％。其中，境内短期贷款 402 亿元，比年初增加 86.2 亿元，增长 27.3％；境内中长期贷款 692.2 亿元，比年初增加 20.5 亿元，增长 3.1％，中长期贷款中住户贷款 201.4 亿元，增长 19.3％。

全年直接融资总额达 208.5 亿元，同比下降 31.6％。安徽陆行物流股份有限公司在新三板成功挂牌；安徽三祥羽毛股份有限公司、安徽昌源食品股份有限公司、安徽宏宇新型节能建材科技有限公司等 38 家企业在省股权托管交易中心成功挂牌。年末，全市有 1 家公司在主板上市，1 家公司在创业板上市，4 家公司在新三板挂牌，59 家公司在省股权托管交易中心挂牌。

全年保险业原保费收入 39.1 亿元，比上年增长 14.7％，其中财产险业务原保险保费收入 12.7 亿元，增长 30.2％；人身险业务原保险保费收入 26.4 亿元，增长 8.5％。赔款和给付支出 18.7 亿元，增长 60.1％，其中财产险业务赔款支出 6.7 亿元，增长 34.5％；人身险业务赔款和给付支出 12.0 亿元，增长 79.5％。

年末债券市场融资余额 383 亿元，同比下降 27.1％，其中中期票据余额 47 亿元，短期融资券余额 31 亿元，企业债余额 47 亿元，中小企业私募债余额 2 亿元。

全年证券交易额 2751.0 亿元，同比下降 21.6％。

5. 房地产业

全年房地产开发投资 121.9 亿元，比上年增长 5.2％。全年商品房销售面积 238.3 万平方米，增长 21.9％。商品房销售额 104.6 亿元，增长 17.6％。全年新开工建设城镇保障性安居工程住房 5092 套，基本建成城镇保障性安居工程住房 6508 套。

（五）对外经济

1. 对外贸易

全年外贸进出口总额 27538 万美元，比上年下降 20.8％。其中出口 23916 万美元，下降 20.5％；进口 3621 万美元，下降 22.8％。

2. 利用外资

全年新批外商投资企业 6 家，比上年增长 50.0％；合同利用外资 8876 万美元，下降 10.4％；实际吸收外商直接投资 22298 万美元，增长 3.0％。全年对外工程承包新签合同额 22218 万美元，增长 6.1％；完成营业额 19343 万美元，增长 1.1 倍。当年外派劳务人员 1168 人，增长 40.7 倍。

二、淮南市 2016 年社会发展概况

（一）人口、人民生活

年末全市常住人口 345.6 万人，比上年增加 2.5 万人；常住人口城镇化率 62.05％，比上年末提高 1.38个百分点。全市人口出生率 12.72‰，比上年末提高 0.15 个千分点；死亡率 5.9‰，提高 0.37 个千

分点；自然增长率6.82‰，下降0.22个千分点。年末户籍人口389.1万人，比上年增加5.7万人，其中：男性204.3万人；女性184.8万人。

全年城镇常住居民人均可支配收入28098元，比上年增长6.8%，扣除价格因素，实际增长5.5%。人均消费性支出16872元，增长6.8%。其中，食品烟酒支出增长4.0%，居住支出增长2.1%。城镇居民家庭恩格尔系数为35.6%，比上年下降0.9个百分点。城镇居民人均住房面积31.3平方米。

全年农村常住居民人均可支配收入10848元，比上年增长7.0%，扣除价格因素，实际增长5.7%。农村居民人均消费性支出8559元，增长5.3%。农村居民家庭恩格尔系数为38.4%，比上年下降3.5个百分点。农村居民人均住房面积40.7平方米。

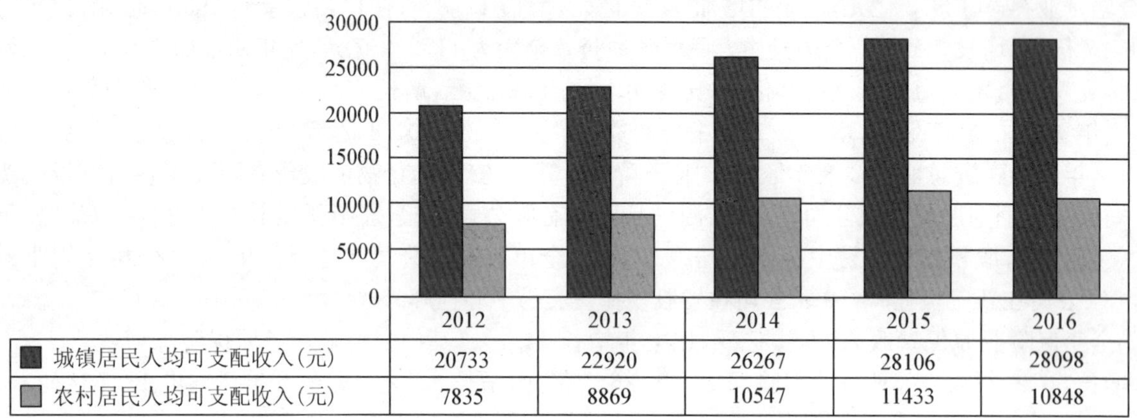

	2012	2013	2014	2015	2016
城镇居民人均可支配收入(元)	20733	22920	26267	28106	28098
农村居民人均可支配收入(元)	7835	8869	10547	11433	10848

图3　2012—2016年淮南市城乡居民收入对比一览

(二)就业与社会保障

1. 就业工作

全年城镇实名制新增就业5.5万人，下岗失业人员再就业1.0万人，农村转移劳动力4.1万人。年末城镇登记失业率为4%。

年末全市从业人员226.1万人，比上年增加5.4万人。其中，第一产业64.5万人；第二产业73.8万人；第三产业87.8万人。

2. 社会保障和福利

年末全市参加城镇基本养老保险人数53.1万人，同比增长7.7%；城乡居民养老保险人数150万人，与上年持平。参加城镇职工基本医疗保险人数57.5万人，同比增长8.6%；城镇居民基本医疗保险人数70.0万人，增长15.3%。参加失业保险人数为30.8万人，增长5.4%。全市参加工伤保险人数34.6万人，增长5.7%；生育保险人数27.5万人，增长10.9%。参加新型农村合作医疗的农业人口234.4万人，同比减少1.3%，参合率为100.6%。

年末城市居民最低生活保障3.3万人，农村最低生活保障7.8万人，农村五保供养2.9万人。全年医疗救助4.2万人次，抚恤补助各类优抚对象1.9万人。

(三)教育和科学技术

1. 教育事业

年末共有普通高校6所，在校学生79932人，招收学生23290人，毕业生22751人。各类中等职业教育(不含技工学校)在校学生38802人；普通高中在校学生54589人；义务教育在校学生342257人，其中初中103193人，小学239064人；幼儿园在校学生102470人。高考录取19077人，成人高校在校学生11621人。

2. 科技与创新

年末共有高新技术企业97家，全年高新技术企业实现总收入109.9亿元。科研机构78个。科技人员17900人。全年专利申请量5540件，比上年增长51.1%；专利授权量2268件，增长13.1%。全年共取得省部级以上鉴定的科技成果12项；其中：获得国家科技进步奖二等奖2项；获得省科技进步奖一等奖1项，二等奖2项，三等奖7项。

年末拥有国家级研究院1家，国家级工程技术中心1家，国家级重点实验室1个，国家级工程实验室1家，国家级企业技术中心2家；省级工程技术研究中心30个，省级实验室2家；市级工程技术研究中心81个，市级重点实验室2个；国家级、省、市创新型(试点)企业101家。年末拥有科技孵化器10家，众创空间7家，创新团队29家。

高新技术产业开发区大数据产业聚集发展基地获批为第二批省战略性新兴产业聚集发展基地。

年末全市有县以上产品质量检验机构47个，其中质监系统内3个，国家质量监督检验中心1个；法定计量技术机构5个，全年强制检定计量器具10.9万台(件)。全年制定、修订地方标准10项。有国家地理标志产品2个、安徽名牌产品47个。

(四) 文化、卫生和体育

1. 文化事业

年末全市有文化馆9个，博物馆2个，公共图书馆10个，图书馆藏书58.9万册。各级综合档案馆8个，档案馆藏档案、资料133万卷(册)，增长5.6%。广播、电视覆盖率均为100%。《淮南日报》《淮河早报》全年共发行1500万份，增长1.4%。

2. 卫生事业

年末全市有医疗卫生机构1568个，其中医院75个、基层医疗卫生机构1396个、专业公共卫生机构94个，其他卫生机构3个。基层医疗卫生机构中，卫生院80个，社区卫生服务中心(站)210个，村卫生室812个；专业公共卫生机构中，疾病预防控制中心9个，专科疾病防治院(所、站)2个，妇幼保健院(所、站)10个，卫生监督所(中心)8个。全市卫生技术人员16890人，其中执业(助理)医师6247人，注册护士7787人。乡村医生和卫生员1883人。医疗卫生机构床位1.7万张，其中医院、卫生院床位1.5万张。中心血站1个，全年共有2.2万人次参加了无偿献血。全年医疗卫生机构共诊疗1401.1万人次。

3. 体育事业

全年在省级各项比赛中，淮南市运动健儿获金牌34枚，银牌48枚，铜牌57枚。举办了“2016年淮南市半程国际马拉松赛”“2016年淮南市广场操舞电视大赛”等二十余项次重大活动。

(五) 资源、环境保护

全年全市国有建设用地供应总量1016.5公顷，比上年下降21.4%。其中，工矿仓储用地196.7公顷，下降59.4%；房地产用地294.5公顷，增长25.4%；基础设施等其他用地525.3公顷，下降8.4%。

全年全市供水总量21.21亿立方米，其中地表水供水量0.9亿立方米，地下水供水量20.31亿立方米。全年总用水量21.21亿立方米，其中，农田灌溉用水量11.59亿立方米，工业用水量6.60亿立方米，生活用水量2.19亿立方米。

年末全市城市污水处理厂日处理能力达31.0万立方米，比上年提高8.8%；城市污水处理率达到96.93%；建成区绿地率达到35.92%。

当年全市人工造林面积2762公顷。年末全市森林面积82.6千公顷，森林覆盖率14.9%，活立木总蓄积量527万立方米，森林蓄积量428万立方米。

年末全市有市、县级环境监测站3个。全市空气质量平均优良天数为221天，占全年比例为73.6%；全市PM10年均浓度为85微克/立方米。

全市化学需氧量(COD)、氨氮、二氧化硫、氮氧化物四项主要污染物排放总量分别较上年减少 2%、1.5%、5.4%和 4.8%。初步核算,全市单位 GDP 能耗下降 3.67%。

(六) 社会安全

全年亿元 GDP 生产安全事故死亡人数为 0.109 人,比上年下降 1.8%;工矿商贸企业就业人员十万人事故死亡人数为 1.13 人,下降 0.88%;煤矿百万吨死亡人数为 0.026 人,下降 47.0%;道路交通万车事故死亡人数为 2.51 人,下降 0.4%。全年发生火灾事故 922 起。全年发生交通事故 964 起。

三、淮南市在泛长三角地区经济发展中的地位

2016 年,全市上下认真贯彻落实中央和省委、省政府的决策部署,坚定不移推进供给侧结构性改革,加快实施"4106"行动计划,围绕年初确定的经济社会发展目标任务,强化工作责任,狠抓任务落实,经济运行基本面进一步稳固,呈现稳中有进、进中向好的态势。

(一) 地区生产总值

2012—2016 年淮南市地区生产总值在泛长三角地区 41 市中所占比重分别为 0.61%、0.59%、0.52%、0.55%和 0.54%。2016 年比 2012 年减少了 0.07 个百分点,较上年减少了 0.01 个百分点。2016 年,淮南市在泛长三角地区 41 市地区生产总值所占比重排名第 37 位。

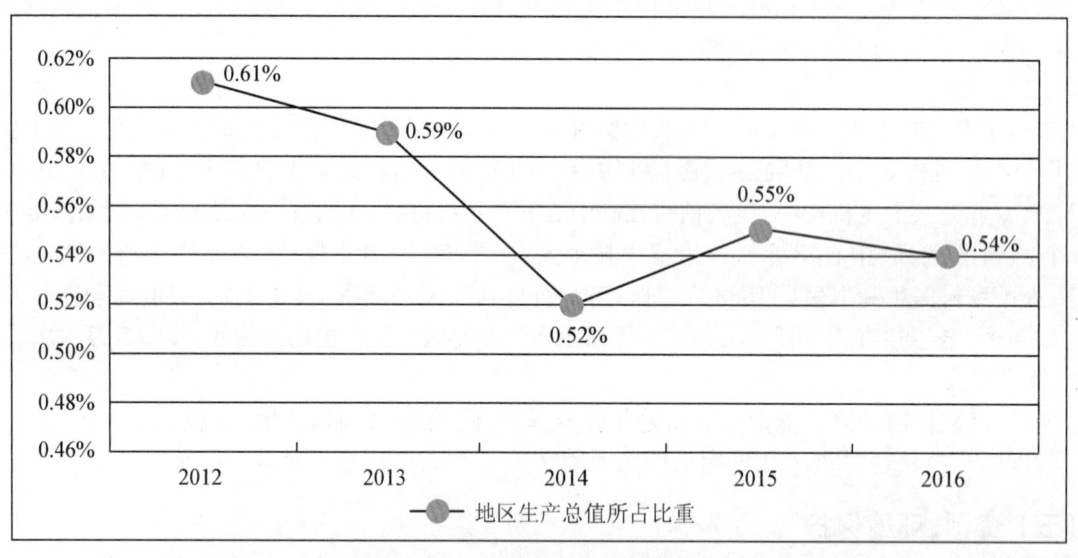

图 4　2012—2016 年淮南市地区生产总值在泛长三角地区 41 市(苏浙两省 24 个地级市、上海市和安徽省 16 市,下同)中所占比重的变化趋势

2016 年,全年地区生产总值(GDP) 963.8 亿元,按可比价格计算,比上年增长 6.6%。前三季度全市实现地区生产总值 668.3 亿元,同比增长 6.6%;其中,第一产业实现增加值 63.9 亿元,增长 2.8%;第二产业实现增加值 317.8 亿元,增长 6.9%;第三产业实现增加值 286.6 亿元,增长 7.1%。

(二) 地方财政一般预算收入

2012—2016 年淮南市地方财政一般预算收入在泛长三角地区 41 市中所占比重分别为 0.71%、0.68%、0.44%、0.40%和 0.46%,2016 年较 2012 年减少了 0.25 个百分点,较上年增加了 0.06 个百分点。2016 年,淮南市地方财政一般预算收入在泛长三角地区 41 市中排第 35 位。

2016 年全市财政收入汇编预算为 148.6 亿元。全市财政支出汇编预算为 165.1 亿元,加上上年结

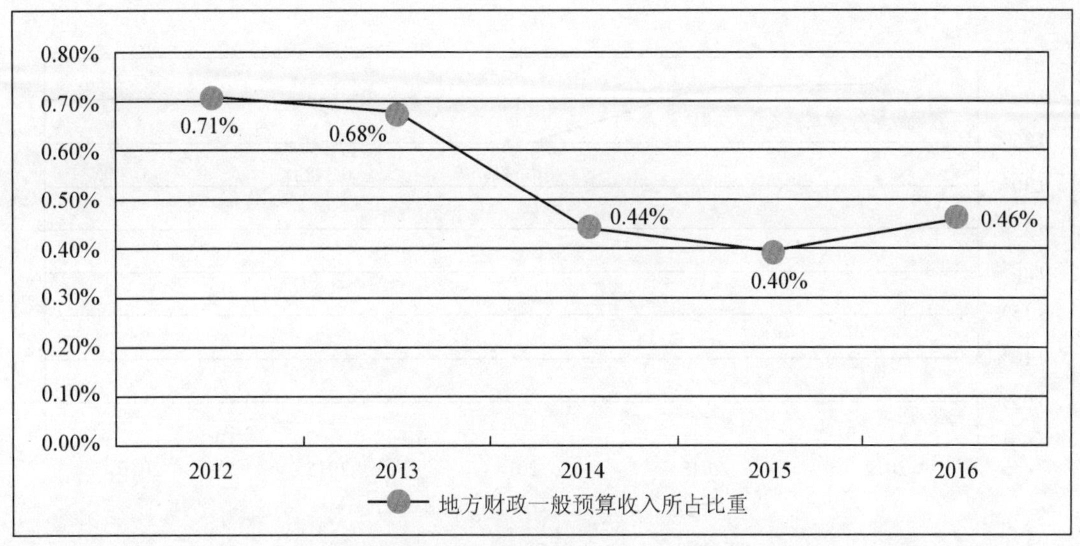

图5　2012—2016年淮南市地方财政一般预算收入在泛长三角地区41市中所占比重的变化趋势

转及上级转移支付收入等因素，财政支出预算变动为218.5亿元。2016年财政预算执行情况是：全市财政收入完成150.9亿元，完成预算的101.5%，比2015年（下同）增长6.5%。其中：地方财政收入完成96.4亿元，完成预算的110.9%，增长12.3%；上划中央收入及出口货物退增值税等完成54.5亿元，完成预算的88.4%，下降2.4%。全市财政支出完成210亿元，完成调整预算的96.1%，增长5.6%。按现行财政体制测算，全市可实现财政收支平衡。

全市主要地方财政收入项目执行情况是：税收收入完成63.6亿元，完成预算的97.8%，增长1.7%，其中：增值税（地方部分）24.2亿元，完成预算的176.7%，增长81.9%；地方工商税收32.5亿元，完成预算的71.9%，下降24.3%。非税收入完成32.8亿元，完成预算的149.5%，增长40.8%。

全市主要财政预算支出项目执行情况是：一般公共服务支出20.7亿元，公共安全支出11.6亿元，教育支出42.7亿元，科学技术支出2.1亿元，文化体育与传媒支出2亿元，社会保障和就业支出27.9亿元，医疗卫生与计划生育支出21.9亿元，节能环保支出3.9亿元，城乡社区支出13.8亿元，农林水支出28.9亿元，交通运输支出4.8亿元，资源勘探信息等支出10.3亿元，国土海洋气象等支出1.5亿元，住房保障支出11亿元。

（三）规模以上工业总产值

2012—2016年淮南市规模以上工业总产值在泛长三角地区41市中所占比重分别为0.42%、0.41%、0.34%、0.34%和0.34%，2016年较2012年减少了0.08个百分点，与上年基本持平。2016年，淮南市规模以上工业总产值在泛长三角地区41市中所占比重排第39位。

2016年全市规模以上工业企业621户。全年实现规模以上工业增加值347.8亿元，比上年增长7.2%，轻、重工业增加值比例由上年14.1∶85.9变化为13.9∶86.1。前三季度，全市606家规模以上工业企业实现增加值237.8亿元，同比增长7.0%，增速比上年同期提高11.1个百分点。全市重点监测的32个行业大类中，有20个行业增加值保持增长，占比为62.5%。分三大门类看，煤炭行业实现增加值103.3亿元，同比增长10.2%；电力热力生产和供应业实现增加值65.4亿元，同比增长5.8%；制造业实现增加值64.3亿元，同比增长3.0%。从园区看，发展速度加快。前三季度，全市园区规模工业实现增加值21.0亿元，同比增长6.0%，占全市规模以上工业增加值的8.8%，较上年同期提高1.9个百分点。从县区看，均实现了正增长。其中，寿县增长14.1%，潘集增长15.0%，谢家集增长15.4%。

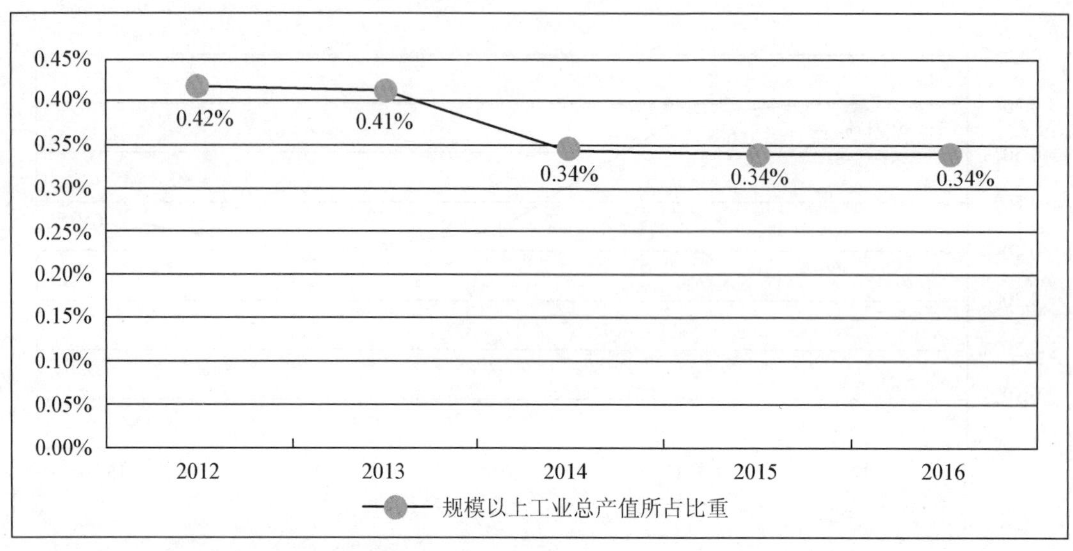

图 6　2012—2016 年淮南市规模以上工业总产值在泛长三角地区 41 市中所占比重的变化趋势

1—9 月份，全市规模以上工业企业实现利润总额 41 亿元，同比增长 1.3 倍，比上半年净增 17 亿元。主营业务收入利润率为 6.4%，比 2015 年同期提高 3.7 个百分点。

（四）进出口总额

2012—2016 年淮南市进出口总额在泛长三角地区 41 市中所占比重分别为 0.026%、0.037%、0.031%、0.024%和 0.021%，五年间减少了 0.005 个百分点，其中 2016 年较上年减少了 0.003 个百分点。2016 年，淮南市进出口总额在泛长三角地区 41 市中排第 41 位，位置靠后。

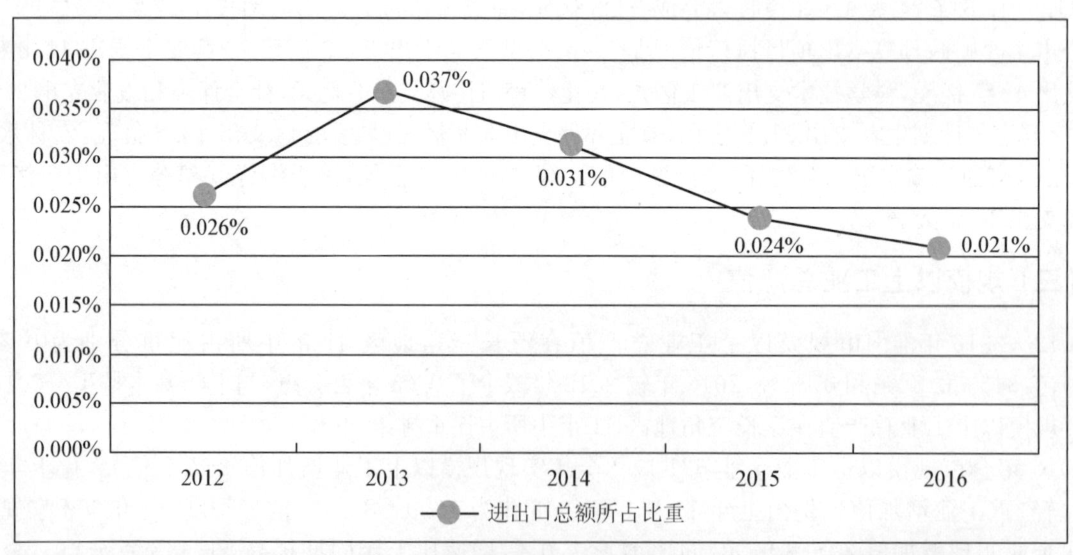

图 7　2012—2016 年淮南市进出口总额在泛长三角地区 41 市中所占比重的变化趋势

2016 年 1—12 月，全市进出口 2.75 亿美元，总量居全省第 16 位；下降 20.8%，增幅居全省第 13 位，实现逆势中争先进位。其中，出口 2.39 亿美元，下降 20.5%；进口 0.36 亿美元，下降 22.8%。

主要运行特点：从贸易结构来看，以出口为主。出口占进出口总额的 86.9%，进口占进出口总额 13.1%。从出口商品结构来看，高新技术产品出口 489.6 万美元，增长 88.7%；机电产品出口 7482.7 万美元，下降 7.47%；纺织服装出口 1899.5 万美元，下降 9.87%；农产品出口 332.1 万美元，增长65.54%。

从贸易方式来看，以一般贸易为主。一般贸易进出口 2.73 亿美元，占进出口贸易总额的 99.3%，同比下降 20.4%；其他贸易进出口只完成 227.5 万美元，同比下降 21.9%；加工贸易进出口仅有 41.8 万美元。从贸易主体来看，以民营企业进出口为主。民营企业进出口 2.36 亿美元，下降9.8%，占进出口总额的 85.8%；国有企业进出口 0.35 亿美元，下降 53.6%，占进出口总额的 12.7%；外资企业进出口 0.04 亿美元，下降 61.4%，占进出口总额的 1.5%。从市场结构来看，以亚洲市场为主。亚洲市场进出口、出口分别完成 10505.3 万美元、8447.5 万美元，增幅分别为－19.84%、－25.91%；北美洲市场进出口、出口分别完成 7676.7 万美元、7225.9 万美元，增幅分别为－13.2%、－4.53%；欧洲市场进出口、出口分别完成 6608.2 万美元、5498.8 万美元，增幅分别为－20.7%、－17%；拉丁美洲进出口、出口分别完成 1351.5 万美元、1351.5 万美元，增幅分别为－35.3%、－35.2%；大洋洲市场进出口、出口分别完成 893.3 万美元、890.8 万美元，增幅分别为－33.4%、－33.4%；非洲市场进出口、出口分别完成 502.8 万美元、501.9 万美元，增幅分别为－49.1%、－49.2%。

（五）实际外商直接投资金额

2012—2016 年淮南市实际外商直接投资金额在泛长三角地区 41 市中所占比重分别为 0.26%、0.32%、0.27%、0.28%和 0.29%，2016 年较 2012 年增加了 0.03 个百分点，较上年增加了 0.01 个百分点。2016 年，淮南市实际外商直接投资金额在泛长三角地区 41 市中排第 35 位，排名相对靠后。

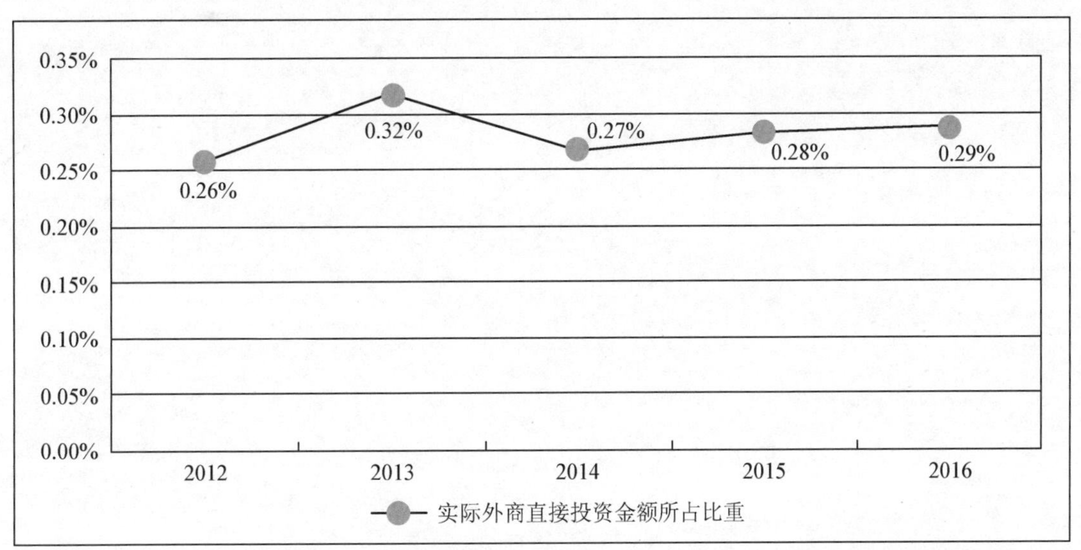

图 8　2012—2016 年淮南市实际外商直接投资金额在泛长三角地区 41 市中所占比重的变化趋势

2016 年 1—12 月，全市实际到位外商直接投资 2.23 亿美元(2015 年同期 2.08 亿美元)，总量居全省第 13 位；增长 3.0%，增幅居全省第 14 位，总量和增幅排名均与 2015 年同期持平。全市新设立外商投资企业 6 家，合同外资 4471 万美元，投资来源于英国、日本和中国香港地区。全市增资项目 1 个，合同外资增加 1017 万美元。外资并购项目 1 个，合同外资增加 1380 万美元。

主要运行特点：战略性新兴产业吸收外资增长明显。全市战略性新兴产业吸收外资 13825 万美元，占全市外资总量的 62%，较 2015 年同期增长 45.4%。其中，新能源光伏发电产业吸收外资 5325 万美元，占全市外资总量的 23.9%，增长 100%；信息技术产业吸收外资 3600 万美元，增长 7.8%。主要来源国家和地区投资占比提升。外资主要来源地前三位国家和地区实际投入外资 16478 万美元，占全市外资总量的 73.9%，较上年同期提高 1.5 个百分点。其中中国香港地区、德国、阿联酋实际投入外资 11621 万美元、2477 万美元和 2380 万美元，分别占全市外资总量的 52.15%、11.1%和 10.7%。利用外资行业分布集中于第二产业。从外资行业投向分布情况看，全市外资结构需进一步优化。第二产业实际利用外资16808万美元，占全市外资总量的75.4%；第三产业利用外资实现零的突破，主要集中在技术服务业，实际到位外资3600万美元。引资主体力度有所提升。全市利用外资任务载体单位中，谢家集区到位1058万美元，完成年度目标任务的176.3%；潘集区到位1570万美元，完成年度目标任务的104.7%；寿县到位5162万美元，完成年度目标任务的105.3%；市高新区（山南新区）到位1800万美元，完成年度目标任务的104.7%；毛集实验区到位720万美元，完成年度目标任务的101.4%。以上5家单位较2015年同期分别增长100%、100%、21%、20%和17.1%。

六　马鞍山市 2016 年经济社会发展报告

2016 年，面对复杂严峻的宏观形势和资源型城市转型等多重压力，在市委、市政府的坚强领导下，全市上下坚持以五大理念为引领，坚持稳中求进工作总基调，以提高经济增长质量和效益为中心，扎实推进供给侧结构性改革，全力推进转型升级、加快发展。经济运行呈现总体平稳、稳中有进、进中向好的发展态势，实现了“十三五”良好开局。

一、马鞍山市 2016 年经济发展概况

（一）综合经济

1. 经济总量

全年实现地区生产总值（GDP）1493.76 亿元，按可比价格计算，比上年增长 9%；其中，第一产业增加值 83.79 亿元，增长 3.2%；第二产业增加值 827.49 亿元，增长 8.5%；第三产业增加值 582.48 亿元，增长 10.7%。第一、二、三产业比重由上年的 5.8∶56.7∶37.5 调整为 5.6∶55.4∶39。

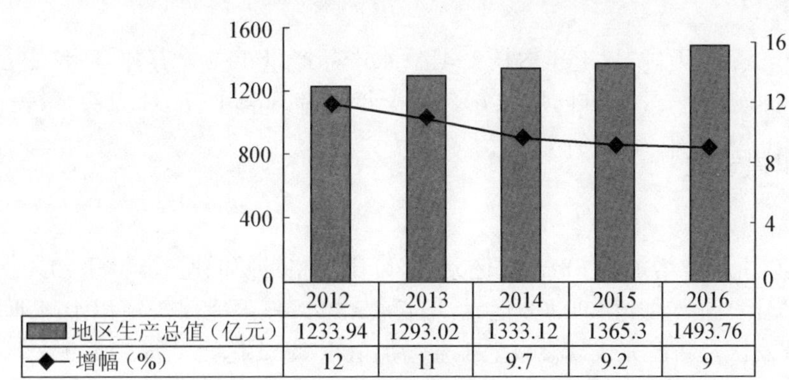

图 1　2012—2016 年马鞍山市地区生产总值及增长速度

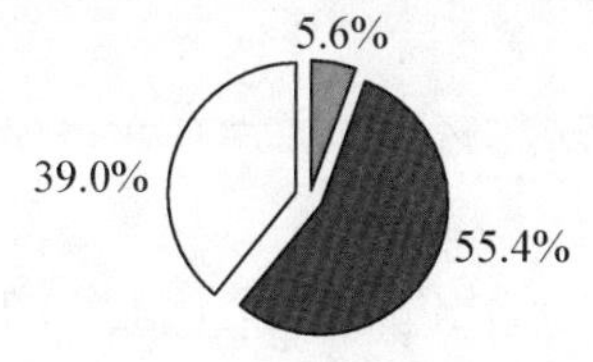

第一产业　第二产业　第三产业

图 2　2016 年马鞍山市三次产业结构图

2. 财政收支

全年实现财政收入 222.75 亿元，比上年增长 6.1%。税收收入 173.16 亿元，占全市财政收入比重为 77.7%。地方财政收入 140.32 亿元，增长 7.3%。财政支出 213.7 亿元，增长 5.2%；其中，民生支出 178.25 亿元，增长 5.5%；社会保障和就业支出 20.56 亿元，增长 2.3%。

3. 物价指数

全市居民消费价格（CPI）比上年上涨 1.9%。八大类消费品及服务价格呈“六涨二跌”态势；其中，涨幅靠前的是医疗保健类、教育文化娱乐类和食品烟酒类，分别上涨 5.6%、5.2% 和 3.2%；衣着类、居住类、其他用品和服务类价格分别上涨 1%、0.9% 和 0.4%；交通和通信类（−2.2%）、生活用品及服务类

(—0.4%)价格下跌。工业生产者出厂价格(PPI)比上年上涨 0.2%。

4. 固定资产投资

全年完成固定资产投资 2064.62 亿元,比上年增长 11%;其中,房地产开发投资 218.93 亿元,增长 8.8%。

全年第一产业完成投资 45.81 亿元,比上年下降 0.2%。第二产业完成投资 1087.55 亿元,增长 14%;其中,工业投资 1084.19 亿元,增长 14.3%;工业投资占全市投资的比重达 52.5%,比上年提升1.5 个百分点。第三产业完成投资 931.26 亿元,增长 8.3%。

全年实施重点项目 773 个,完成投资 806.26 亿元,占投资总额的 39%。省亿元以上重点项目完成投资 780.37 亿元。马钢埃斯科特钢、茂迪太阳能电池及组件制造、世界村橡塑新材料、东海裕祥高端数控机床等一批项目加快建设。合马、宁马、马芜重大交通基础设施项目对接进程加快,商合杭铁路含山段、淮南线电气化改造含山段项目扎实推进。

(二) 农业

全年完成农业增加值 90.88 亿元,按可比价格计算,比上年增长 3.4%。粮食作物种植面积 15.84 万公顷,增长 1%;粮食产量 105.47 万吨,下降 4.2%;蔬菜产量 71.74 万吨,增长 2.6%;水果产量 3.48 万吨,增长 1.6%。

全市肉类总产量 8.24 万吨,比上年增长 1.4%;水产品产量 11.43 万吨,增长 1.2%;蛋类产量 2.3 万吨,增长 3.7%;牛奶产量 4.72 万吨,增长 6.3%;全年生猪饲养量 57.54 万头,增长 1.6%。

(三) 工业和建筑业

1. 工业经济

全年完成规模以上工业增加值 627.68 亿元,按可比价格计算,比上年增长 9%。区域工业齐头并进,三县完成规模以上工业增加值 290.02 亿元,增长 15.9%;三区完成规模以上工业增加值 112.52 亿元,增长 14.5%;开发区及新区完成规模以上工业增加值 150.55 亿元,增长 16.9%。

全年战略性新兴产业产值 510.81 亿元,比上年增长 20.3%;其中,节能环保产业增长 19.5%,新一代信息技术产业增长 10%,高端装备制造产业增长 17.6%,新能源产业增长 90.4%,新材料产业增长 20.9%,新能源汽车产业增长 47%。

全市规模以上工业企业产品销售率为 98%。主要产品产量保持增长。

2. 建筑业

全年实现建筑业增加值 91.29 亿元,按可比价格计算,比上年增长 5.4%。房屋建筑施工面积 1537.63 万平方米,房屋竣工面积 371.25 万平方米。

(四) 服务业

1. 国内贸易

全年实现社会消费品零售总额 470.63 亿元,比上年增长 12.4%。分区域看,城镇实现社会消费品零售总额 430.52 亿元,增长 12.4%;农村实现社会消费品零售总额 40.11 亿元,增长 12.7%。分行业看,批发零售业实现零售额 409.07 亿元,增长 12.4%;住宿餐饮业实现零售额 61.56 亿元,增长 12.9%。

2. 交通运输、邮电

全年铁路客运量 259.16 万人,铁路货运量 210.06 万吨;公路客运量 2729 万人,公路货运量 6180 万吨;港口货物吞吐量 10562 万吨,比上年增长 14.8%;集装箱吞吐量 22.3 万标箱,增长 20.5%。马鞍山综合保税区获得国务院批复。马鞍山口岸郑蒲港区正式对国际船舶开放,成为全省唯一的一江两岸同时对外开放的国家一类水运口岸。206 省道改建工程、226 省道改建工程(二期)、367 省道改建工程顺利

推进，247 省道改建工程项目批复。

全年邮电业务收入 19.74 亿元，比上年增长 6.4%。年末固定电话用户 29.06 万户；其中，城市电话用户 12.38 万户，乡村电话用户 16.68 万户。年末移动电话用户 187.85 万户；其中，3G、4G 用户 121.35 万户。年末宽带用户 50.49 万户。

3. 旅游业

先后参与华东旅游直通车推介会、“七彩乡云”推介会、宁马镇扬西南地区旅游推介会。开通上海、苏州、无锡旅游专列（直通车）。全年旅游业总收入 209.57 亿元，比上年增长 19.5%；其中，国际旅游外汇收入 1.2 亿美元，增长 40.2%。全年共接待海外旅游者 13.85 万人次，增长 9.6%。年末星级饭店 18 家；其中，五星级 2 家，四星级 6 家，三星级 8 家。现有 A 级景区 35 处；其中，4A 级景区 5 处。

4. 金融和保险

年末全市金融机构本外币存款余额 1871.97 亿元，比年初增加 262.25 亿元；其中，单位存款 861.18 亿元，比年初增加 163.99 亿元。年末金融机构本外币贷款余额 1350.5 亿元，比年初增加 166.3 亿元；其中，短期贷款 345.65 亿元，比年初减少 28.55 亿元；中长期贷款 804.43 亿元，比年初增加 160.41 亿元。

全市各类保险机构 26 家。全年保费总收入 31.7 亿元，比上年增长 9.9%；其中，财产险保费收入 12.6 亿元，增长 0.7%；人身险保费收入 19.1 亿元，增长 16%。

（五）开放型经济

1. 对外贸易

全年实现进出口总额 31.8 亿美元，比上年增长 13.9%；其中，进口总额 16.7 亿美元，增长 27.3%；出口总额 15.1 亿美元，增长 2%。中小企业完成进出口总额 16.7 亿美元，增长 14.4%。

2. 利用外资

全年实际利用外商直接投资 21 亿美元，比上年增长 8%。

二、马鞍山市 2016 年社会发展概况

（一）人口、人民生活

年末全市户籍人口 229.35 万人；其中，城镇人口 106.87 万人，乡村人口 122.48 万人。据抽样调查，

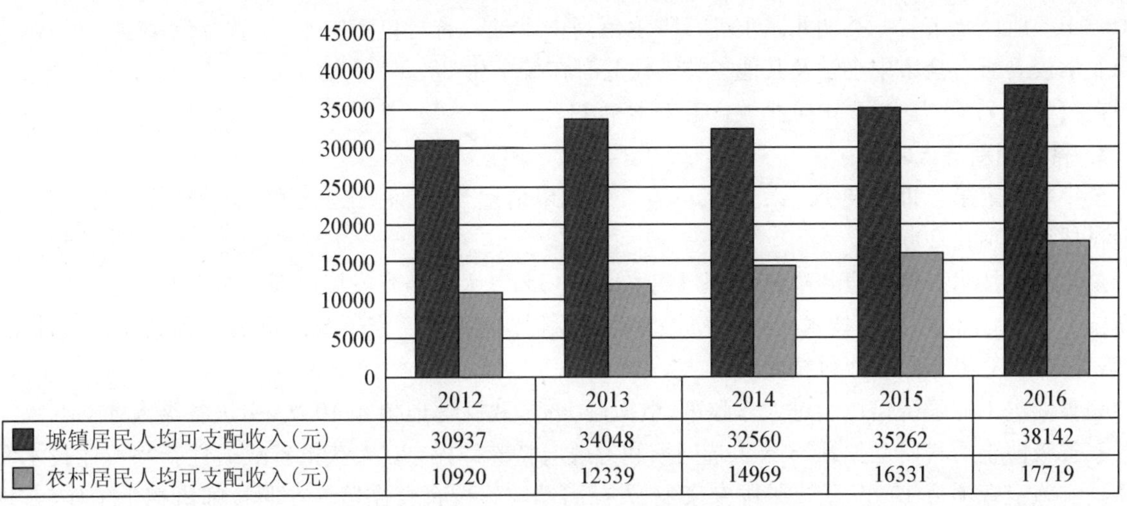

	2012	2013	2014	2015	2016
城镇居民人均可支配收入(元)	30937	34048	32560	35262	38142
农村居民人均可支配收入(元)	10920	12339	14969	16331	17719

图 3 2012—2016 年马鞍山市城乡居民收入对比一览

全市常住人口 227.6 万人，人口出生率 10.9‰，死亡率 6‰，自然增长率 4.9‰。

全年城乡居民人均可支配收入 30437 元，比上年增长 8.8%；其中，城镇居民人均可支配收入 38142 元，增长 8.2%；农村居民人均可支配收入 17719 元，增长 8.5%。

年末全市金融机构个人存款余额 972.22 亿元，比年初增加 85.18 亿元；其中，定期存款 569.14 亿元，比年初增加 18.02 亿元；活期存款 260.63 亿元，比年初增加 29.69 亿元。

（二）就业与社会保障

1. 就业

全年新增就业 5.79 万人，下岗失业人员再就业 1.72 万人，"4050"人员等困难群体再就业 4364 人，城镇登记失业率 2.93%。完成就业再就业技能培训 1.98 万人，创业培训 5730 人，推荐高校毕业生就业 2112 人。

2. 社会保障和福利

城镇职工养老保险参保人数 61.96 万人，失业保险参保人数 25.62 万人，医疗保险参保人数 96.9 万人，工伤保险参保人数 31.2 万人，生育保险参保人数 58.16 万人。城镇居民医疗保险参保人数 47.27 万人。新型农村社会养老保险参保人数 96.07 万人，参保率 94.16%。被征地农民养老保障实现即征即保，参保人数 15.41 万人。

全年城乡最低生活保障救助 97 万人次，全年支付低保金 3.1 亿元。城市、农村社区养老服务设施覆盖率均为 100%，城市社区助老服务站覆盖率 100%，农村社区居家养老服务站联网率 100%。新增社会办养老机构 8 家，养老床位 568 张。全市社会收养性福利床位数 1.45 万张；抚恤、补助各类优抚对象 1.53 万人；接受社会捐赠 1030 万元；城镇拥有各种社区服务设施 359 处；便民利民服务网点 752 个。全年福利彩票销售 2.29 亿元。筹集福利彩票公益金 6802 万元；其中，市本级 2551 万元。

（三）教育和科学技术

1. 教育事业

全年财政用于教育的支出 32.34 亿元。全面完成灾后学校重建项目 43 个、维修改造项目 28 个，率先将学校绿色发展指标纳入省示范高中指标生分配，实施省示范高中招生计划 100%分配至各初中、不设最低控制线的招生改革；按照"名校＋新校""名校＋弱校"模式，组建中小学、幼儿园集团 20 个。全市高等院校 6 所；中小学及其他各类学校 646 所；其中，幼儿园 279 所，小学 242 所，特殊教育学校 3 所，普通中学 105 所。全市省一类幼儿园 10 所，省示范高中 11 所，省特色初中 1 所，省特色小学 2 所，国家重点职业学校 5 所。全市中小学及其他各类学校共有在校学生 30.35 万人、教职工 2.39 万人。全市高中阶段在校学生 7.35 万人，高中阶段教育毛入学率 117.8%。

2. 科技创新与人才

全年新认定第二批科技小巨人企业 50 家。专利申请量 8702 件，比上年增长 9.3%。承担实施省级以上科技计划项目 206 项。

全年高新技术产业产值 850 亿元，比上年增长 9.5%。大力培育发展高新技术企业、高新技术产品，高新技术企业 308 家，高新技术产品 1606 个。民营科技企业 403 家。新建市级工程技术研究中心 36 家，培育认定 12 家市级农业科技园区。

完善促进工业经济倍增引进人才政策，组织赴上海、武汉等地招才 10 次，引进各类人才 619 人。新增 3 家省级博士后科研工作站，5 人入选国家和省政府特殊津贴，20 人获批省战略性新兴产业技术领军人才。实施引智项目 13 个，引进外国专家 16 人。启动实施校企合作培养在职技师班招生工作，实现技工院校招生 275 人，223 人通过技能竞赛晋升技师职业资格。

（四）文化、卫生和体育

1. 文化事业

开展“文明新高地、书香马鞍山”全民阅读活动；圆满举办第28届马鞍山中国李白诗歌节、第31届“江南之花”群众文化活动、第七届“周末大舞台”、第二届舌尖上马鞍山美食文化节和全市万人广场舞大赛活动。年末拥有公共图书馆7个，藏书126万册；专业艺术表演团体22个，文化馆7个；10个乡镇（街道）、100个村（社区）综合文化服务中心基本建成；全国率先建成数字文化体验馆；构建了“文化有约”服务平台；开通“移动图书馆”和“微信图书馆”。广播人口覆盖率、电视人口覆盖率均为100%。全国首创“文旅生活”电视栏目，拓展了数字文化传播新渠道。综合档案馆7个，档案资料168.6万卷（件），总建筑面积1.52万平方米。

2. 卫生事业

全市共有卫生机构1010个；其中，医院、卫生院98个；社区卫生服务机构106家；标准化村卫生室438所。共有病床8750张，卫生技术人员1.19万人。全市以乡镇为单位四苗、五苗接种率99.61%，乙肝疫苗首针接种率99.97%。

3. 体育事业

全年参加省常规项目比赛获得奖牌323枚；其中，金牌95枚、银牌116枚、铜牌112枚。里约奥运会女子举重75公斤以上级比赛中，马鞍山市培养的运动员孟苏平勇夺金牌。成功举办全国拔河锦标赛、安徽省青少年篮球（乙组）锦标赛、安徽省青少年国际式摔跤锦标赛等各类体育赛事23场。先后成立了市柔力球运动协会、市户外徒步运动协会、市摔跤柔道运动协会和市名将游泳健身俱乐部，发展会员近3000人，市级协会达31家。省一级社会体育指导员培训基地在安徽工业大学正式揭牌。

（五）城乡建设

城乡综合承载能力增强。城市建成区面积95.2平方千米，城镇化率达66.49%。新建、续建城乡基础设施项目381个，完成投资176.7亿元。205国道北段改造工程建成通车，慈湖河路改造一期主体完工，江东大道四期、347国道改建工程稳步推进。开工建设公租房（含廉租住房）3.55万套，棚户区改造1.14万套。实施王家山小区、东城花园等25个老旧小区的提升整治和江南御花园等16个小区的高层住宅二次供水改造。

城市绿化水平提升。启动第十一届中国（郑州）园博会马鞍山园建设，完成街头绿地（游园）建设21个，芳草园、雨山湖公园百草园等景观工程建设完成。新增绿地面积110.8公顷，城区人均公园绿地面积14.98平方米，建成区绿化覆盖率44.1%。

（六）资源和环境

矿产资源丰富。全市已发现36种矿种；其中，金属矿产10种，非金属矿产25种，水汽矿产1种。查明资源储量的矿种共计24种；其中，金属矿产5种，非金属矿产19种。

生态文明持续推进。全市创建国家级生态乡镇2个，国家级生态村3个，省级生态乡镇26个，省级生态村58个。当涂县、含山县、博望区获得省级生态县（区）命名。全市空气质量优良率74.3%，城市饮用水水质达标率100%。

（七）安全生产

安全生产形势稳定。全年亿元GDP生产安全事故死亡人数0.053人，没有较大及以上生产安全事故发生。

三、马鞍山市在泛长三角地区经济发展中的地位

2016年，面对宏微观经济下行、资源型城市转型等多重压力和挑战，全市上下在市委、市政府的坚强领导下，坚持以推进供给侧结构性改革为主线，以转型升级、加快发展为主题，苦干实干、创新创优，全市工业经济变“下行压力”为“逆势而上”，划出了一道“稳中有进、进中向好”的上扬曲线，取得了“增速逐季攀升、快于全国全省”这一来之不易、令人振奋的佳绩。

（一）地区生产总值

2012—2016年马鞍山市地区生产总值在泛长三角地区41市中所占比重分别为0.96%、0.93%、0.88%、0.84%和0.84%。马鞍山市地区生产总值在泛长三角地区41市中占比整体呈现下跌态势，与2012年比减少了0.12个百分点，较上年基本保持一致。2016年，马鞍山市在泛长三角地区41市中地区生产总值所占比重排名第26位。

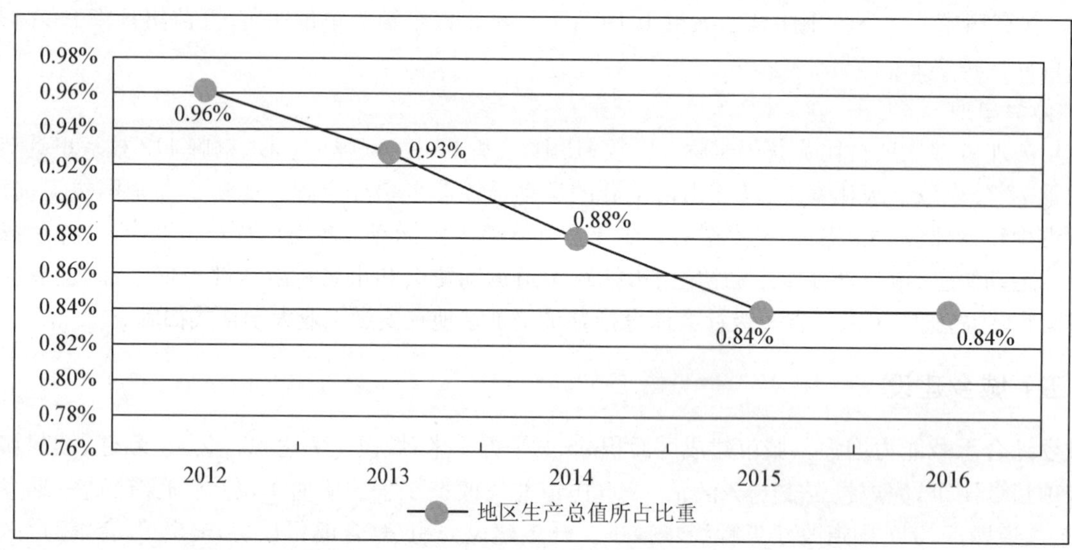

图4 2012—2016年马鞍山市地区生产总值在泛长三角地区41市（苏浙两省24个地级市、上海市和安徽省16个地级市，下同）中所占比重的变化趋势

总量位居全省前列，增速快于全国全省。2016年，全市累计完成规模以上工业总产值2846.61亿元，同比增长11.2%；累计完成规模以上工业增加值627.68亿元，同比增长9%，增速分别比2016年前三季度、上半年加快了0.2和0.4个百分点，分别比全省(8.8%)、全国(6.0%)工业增速高出0.2和3个百分点，呈现持续加快、逐季攀升的良好发展态势。从总量上看，全市居全省第6位；从增速上看，全市居全省第12位。

（二）地方财政一般预算收入

2012—2016年马鞍山市地方财政一般预算收入在泛长三角地区41市中所占比重分别为0.92%、0.90%、0.71%、0.67%和0.66%，2016年较2012年减少了0.26个百分点，较上年减少了0.01个百分点。2016年，马鞍山市地方财政一般预算收入在泛长三角地区41市中排第26位。

2016年，面对经济下行和资源型城市转型的双重压力，全市各级财税部门认真贯彻省市各项决策部署，坚持稳中求进的工作总基调，紧扣转型升级、加快发展主题，坚持改革创新，努力克服政策性减收因素影响，强化收入预期管理，积极推进综合治税，着力挖潜增收，圆满完成全年财政收入任务。2016年，全市财政收入222.75亿元，比上年增长6.07%，完成预期目标的100.07%。全市地方一般公共预算收

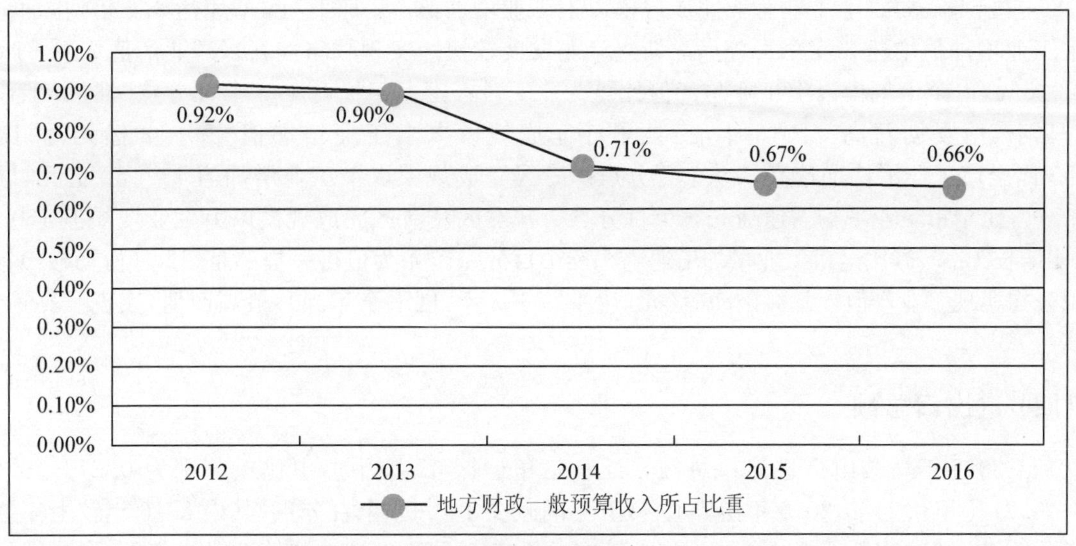

图 5　2012—2016 年马鞍山市地方财政一般预算收入在泛长三角地区 41 市中所占比重的变化趋势

入 140.32 亿元，同比增长 7.27%。加上上级税收返还及转移支付收入 77.38 亿元、一般债券转贷收入 34.88 亿元、调入预算稳定调节基金和其他资金等 12.64 亿元，收入合计 265.22 亿元。全市一般公共预算支出完成 214.31 亿元，增长 5.48%。加上上解上级支出 13.71 亿元、一般债券还本支出 27.77 亿元、安排预算稳定调节基金 9.02 亿元，支出合计 264.81 亿元。收支相抵，滚存结余 0.41 亿元，结转下年支出。

（三）规模以上工业总产值

2012—2016 年马鞍山市规模以上工业总产值在泛长三角地区 41 市中所占比重分别为 0.85%、0.91%、0.92%、0.89%和 0.94%，2016 年较 2012 年增加了 0.09 个百分点，较上年增加了 0.05 个百分点。2016 年，马鞍山市规模以上工业总产值在泛长三角地区 41 市中所占比重排第 28 位。

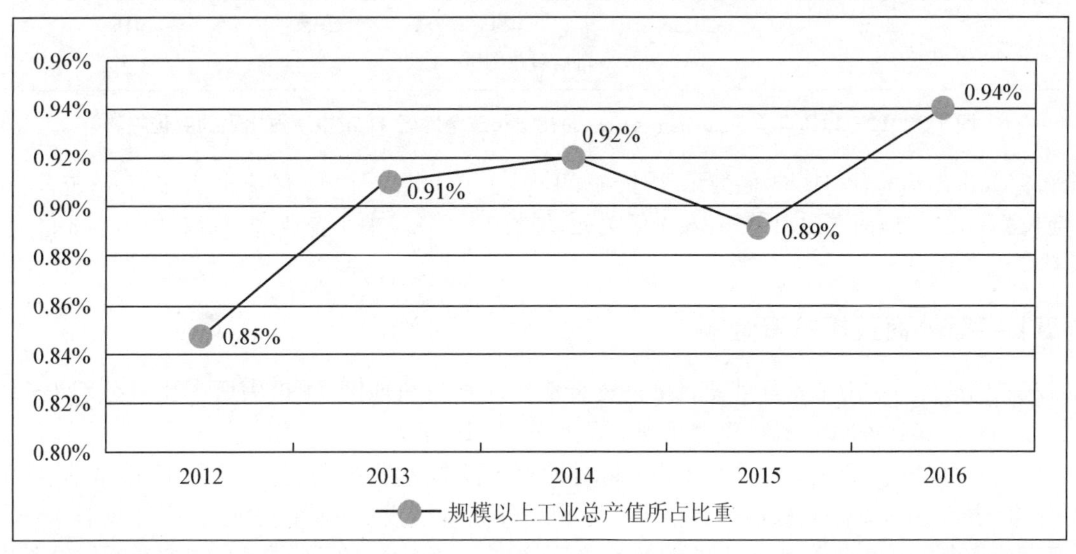

图 6　2012—2016 年马鞍山市规模以上工业总产值在泛长三角地区 41 市中所占比重的变化趋势

全年完成规模以上工业增加值 627.68 亿元，增长 9%。超八成行业保持增长。全市 36 个工业行业大类中，有 29 个行业的规模以上工业增加值增长，行业增长面高达 80.6%。新增企业拉动明显。

全市 189 户新增规模以上工业企业完成规模以上工业增加值 28.16 亿元，增速达 3.2 倍，拉动全市规模以上工业增加值增速 3.5 个百分点。新兴产业发展较快。实现战略性新兴产业产值 510.81 亿元，增长 20.3%，占全市规模以上工业总产值比重为 17.9%，比上年提升 1.3 个百分点。区域工业齐头并进，马钢产值屡创新高。2016 年，三县累计完成规模以上工业增加值 290.02 亿元，同比增长 15.9%，比全市工业平均增速高 6.9 个百分点。三区完成规模以上工业增加值 112.52 亿元，同比增长 14.5%，比全市工业平均增速高 5.5 个百分点。开发区及新区完成规模以上工业增加值 150.55 亿元，同比增长 16.9%，比全市工业平均增速高 7.9 个百分点。尤为值得一提的是，12 月份马鞍山钢铁股份有限公司实现工业产值一举突破 40 亿元，达 41.66 亿元，创下全年当月最高产值，实现了高速增长，增速高达 83%。

（四）进出口总额

2012—2016 年马鞍山市进出口总额在泛长三角地区 41 市中所占比重分别为 0.27%、0.26%、0.21%、0.21% 和 0.24%，2016 年逆势上扬，五年间减少了 0.03 个百分点，其中 2016 年较上年增加了 0.03 个百分点。2016 年，马鞍山市进出口总额在泛长三角地区 41 市中排第 28 位。

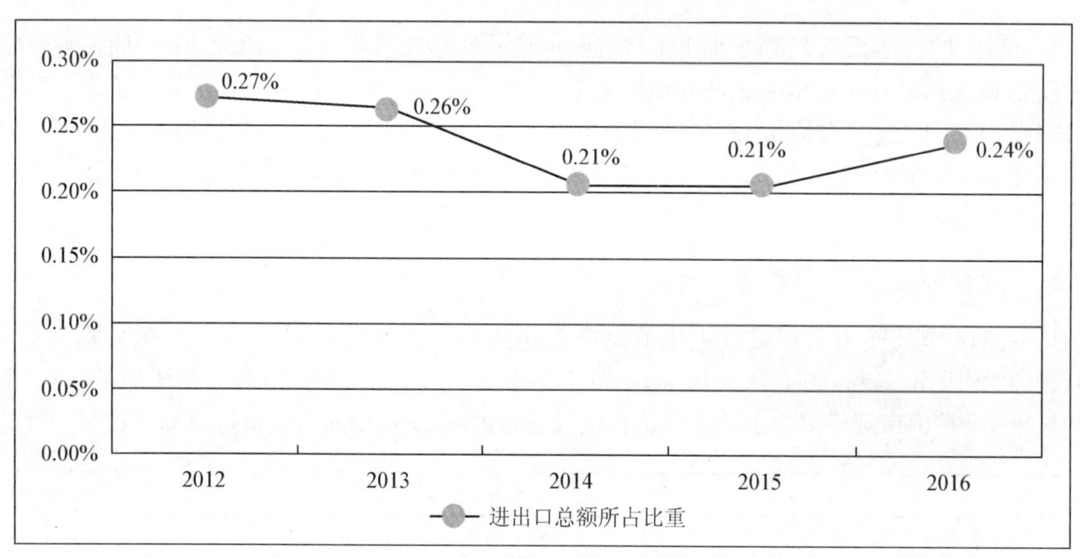

图 7 2012—2016 年马鞍山市进出口总额在泛长三角地区 41 市中所占比重的变化趋势

全市完成进出口总额 31.83 亿美元，增长 13.9%。其中，出口 15.13 亿美元，增长 2%；进口 16.7 亿美元，增长 27.3%。马钢进出口总额 15.1 亿美元，增长 13.2%。中小企业进出口总额 16.73 亿美元，增长 14.4%。

（五）实际外商直接投资金额

2012—2016 年马鞍山市实际外商直接投资金额在泛长三角地区 41 市中所占比重分别为 1.76%、1.97%、2.36%、2.64% 和 2.72%，整体呈现上扬姿态，2016 年较 2012 年增加了 0.96 个百分点，较上年增加了 0.08 个百分点。2016 年，马鞍山市实际外商直接投资金额在泛长三角地区 41 市中排第 12 位。

2016 年，招商引资取得较好成绩。全年实际利用外商直接投资 21 亿美元，比上年增长 8%。上半年，外商直接投资 11.79 亿美元，超目标进度 6.3%；新批外资企业 12 家，同比增长 33.3%，投资总额达 2.06 亿美元，同比增长 6.3%，利用外资发展态势良好。1—6 月，马鞍山市接连引进总投资 9000 万欧元的埃斯科特钢项目、总投资 1.5 亿美元的瑞声科技等 12 家优质外资企业，为全市开放型经济注入强劲活力。

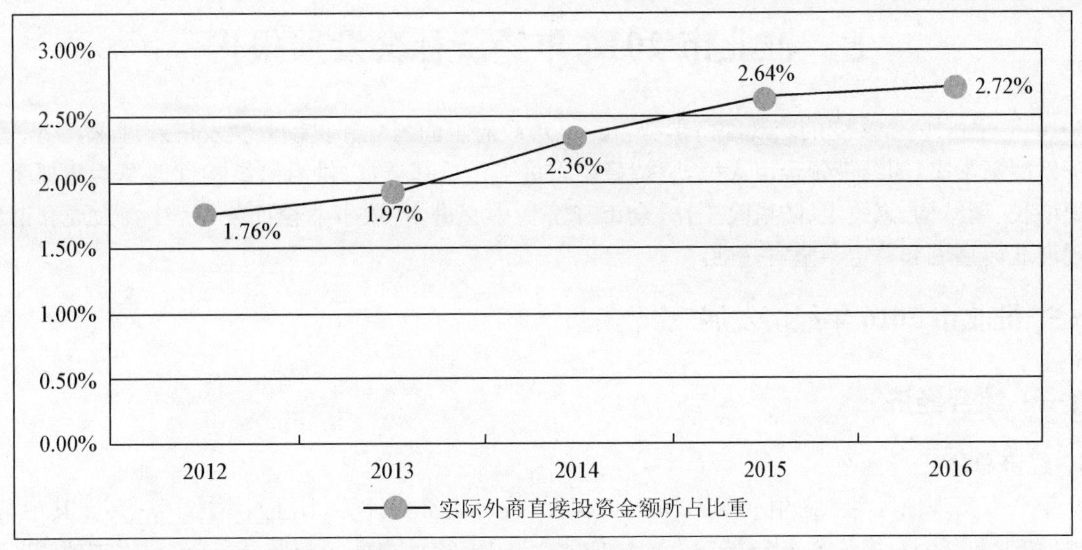

图 8　2012—2016 年马鞍山市实际外商直接投资金额在泛长三角地区 41 市中所占比重的变化趋势

七　淮北市 2016 年经济社会发展报告

2016 年，面对复杂多变的宏观经济形势，市委、市政府牢固树立和贯彻落实发展新理念，认识适应引领经济发展新常态，团结带领全市人民，坚持稳中求进工作总基调，以供给侧结构性改革为主抓手，统筹推进稳增长、调结构、惠民生、防风险工作，全市经济稳中有进，各项事业全面发展，社会大局和谐稳定，为实现淮北转型崛起奠定了坚实基础。

一、淮北市 2016 年经济发展概况

（一）综合经济

1. 经济总量

全年全市实现地区生产总值(GDP)799.03 亿元，按可比价格计算，比上年增长 5.0%。其中第一产业增加值 61.56 亿元，增长 3.2%；第二产业增加值 450.21 亿元，增长 3.3%；第三产业增加值 287.26 亿元，增长 8.1%。三次产业结构比例为 7.7∶56.3∶36.0，与上年相比，第一产业比重下降 0.1 个百分点，第二产业比重下降 1.8 个百分点，第三产业比重提高 1.9 个百分点。人均生产总值 36427 元，比上年增加 1370 元，按可比价格计算，增长 3.8%；按年均汇率折算为 5484 美元。

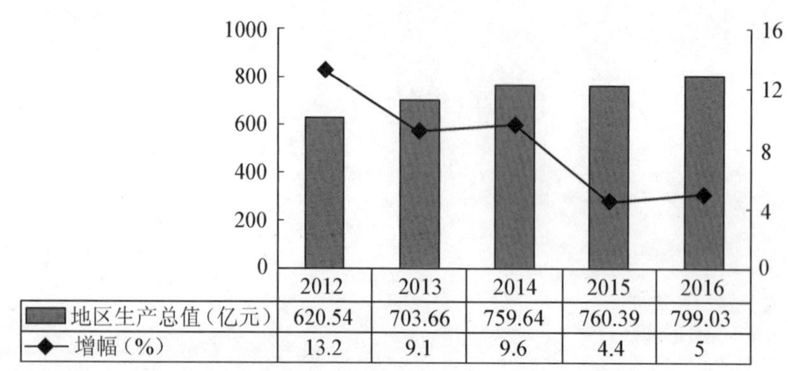

	2012	2013	2014	2015	2016
地区生产总值(亿元)	620.54	703.66	759.64	760.39	799.03
增幅(%)	13.2	9.1	9.6	4.4	5

图 1　2012—2016 年淮北市地区生产总值及增长速度

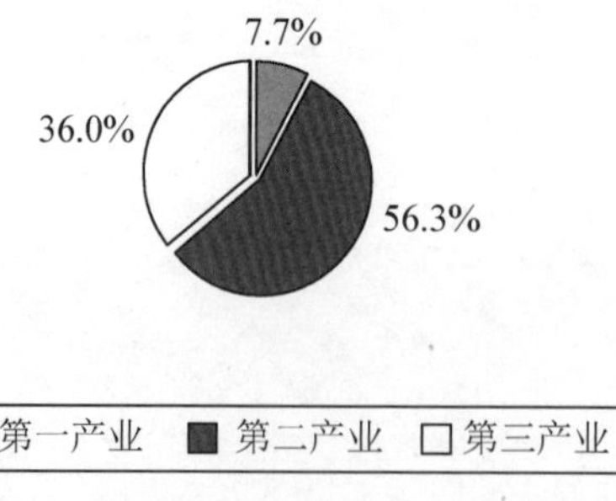

图 2　2016 年淮北市三次产业结构图

2. 财政收支

全年完成财政总收入 93.3 亿元，比上年增长 0.1%。其中地方一般预算收入 59.2 亿元，比上年减收 1.1 亿元，下降 1.8%；上划中央收入 32.5 亿元，比上年增收 1.3 亿元，增长 4.2%；出口货物退增值税 1.5 亿元，下降 17.0%。分级次看，市级财政收入 63.0 亿元，下降 2.7%；濉溪县财政收入 30.3 亿元，增长 6.4%。全市完成财政支出 142.7 亿元，增长 8.5%。其中一般公共服务支出 12.7 亿元，增长16.9%；教育支出 25.7 亿元，增长 15.4%；文化体育与传媒支出 2.3 亿元，增长 4.3%；节能环保支出 6.7 亿元，

增长183.2%；农林水事务支出12.6亿元，增长8.7%；社会保障和就业支出15.4亿元，下降4.1%；医疗卫生与计划生育支出12.6亿元，下降7.0%；交通运输支出11.6亿元，下降3.0%。

3. 物价水平

全年居民消费价格上涨1.3%，构成居民消费的八大类商品价格"六涨二降"。其中食品烟酒类价格上涨3.2%，衣着类上涨0.9%，生活用品及服务类上涨1.3%，教育文化和娱乐类上涨2.5%，医疗保健类上涨4.8%，其他用品和服务类上涨2.9%；居住类下降0.6%，交通和通信类下降3.5%。工业生产者出厂价格下降2.0%；工业生产者购进价格下降0.5%，其中燃料动力类价格上涨3.6%。

4. 固定资产投资

全年累计完成固定资产投资958.9亿元，增长3.6%。其中，项目投资866.8亿元，增长11.5%；房地产投资92.1亿元，下降37.7%。从三次产业看，第一产业投资21.8亿元，下降29.1%；第二产业投资540.1亿元，下降6.1%；第三产业投资397.0亿元，增长24.3%。从工业投资看，全市工业完成投资486.9亿元，下降13.7%。其中，采矿业投资9.9亿元，下降73.1%；制造业投资447.6亿元，下降5.3%；电力、燃气和水的生产供应业投资29.5亿元，下降46.2%。

全年安排重点项目498个，完成投资443.0亿元。申能安徽平山电厂一期超临界燃煤机组并网发电，煤化工基地焦化二期、卓泰一期项目建成投产，传化物流项目公路港主体功能区投入运营。S101合相路一期建成通车，S203煤化工快速通道全线贯通，梧桐中路、符夹线扩能改造配套道口、中湖治理、烈山卧牛山山体修复及景观建设、金龙机电二期触摸模组及安徽理士电子等项目已开工正在加快建设。

（二）农业

全年实现农林牧渔业总产值(现价)108.3亿元，按可比价格计算，比上年增长3.6%。其中农业总产值56.2亿元，增长2.7%；林业总产值4.3亿元，增长13.5%；牧业总产值38.8亿元，增长3.7%；渔业总产值4.8亿元，增长4.0%；农林牧渔服务业总产值4.2亿元，增长7.1%。全年粮食播种面积364.8万亩；粮食生产实现"十三连丰"，全年粮食总产量达到126.9万吨，其中夏粮94.8万吨，下降0.1%，秋粮32.1万吨，下降8.0%；小麦单产稳定在千斤以上，每亩产量达到500.2公斤。油料产量4366吨，下降8.6%；棉花产量681吨，下降19.3%；水果产量15.0万吨，增长6.4%，蔬菜产量48.8万吨，下降5.2%。全年人工造林面积1939公顷，森林抚育面积11791公顷，四旁(零星)植树399.3万株；年末林木蓄积量350万立方米，森林覆盖率19.7%。全年猪、牛、羊、家禽分别出栏69.0万头、1.2万头、43.0万只和2100.5万只，分别增长0.2%、8.6%、3.0%和9.3%；肉类总产量9.8万吨，增长3.0%；禽蛋产量6.1万吨，增长2.0%；奶类产量3.0万吨，增长28.8%。水产品产量3.0万吨，增长2.6%。年末全市生猪存栏46.9万头、牛存栏1.7万头、羊存栏21.2万只、家禽存栏919.6万只。

年末全市农业机械总动力296.1万千瓦，比上年增长3.0%；农用排灌动力机械1.3万台，与上年基本持平；农用拖拉机11.9万台，下降0.6%；农用运输车1.8万辆，增长3.3%。全年完成机耕作业面积190.4千公顷，机播面积232.7千公顷，机收面积221.7千公顷。全年农药使用量3257吨，化肥使用量(折纯量)10.6万吨，农村用电量32309万千瓦时。

（三）工业和建筑业

1. 工业经济

全年完成全部工业增加值411.2亿元，比上年增长3.3%，工业占GDP的比重为51.5%，对全市经济增长的贡献为35%，拉动全市GDP增长1.7个百分点。全年新增规模以上工业企业109家，总数达到838家；规模以上工业增加值增长3.2%。36个行业中21个行业增加值实现增长，其中电力行业增长36.2%，机械制造、食品、纺织服装和建材业分别增长6.2%、5.4%、0.4%和6.4%；煤炭和炼焦行业分别下降3.9%和1.5%，非煤工业占全市工业增加值比重为71.7%，比上年降低0.5个百分点。全年战略性新兴产业实现产值282.5亿元，增长6%，占规模以上工业比重达到15.4%；高新技术产业实现增加值114.0亿元，增长5.3%，占规模以上工业比重达到24.6%。

在重点统计的13种工业产品中，有7种产量实现增长。其中，发电量197.1亿千瓦时，增长28.4%；白酒40145千升，增长12.7%；服装6218.7万件，增长1.7%；焦炭253.8万吨，增长11.0%；水泥985.1万吨，增长4.0%。全年原煤产量4500.3万吨，下降13.6%；洗精煤1434.7万吨，下降7.4%；纱5.9万吨，布10335.1万米，分别下降1.5%和3.2%。

全年规模以上工业企业实现主营业务收入2376.5亿元，比上年增长2.3%；实现利税150.6亿元，增长45.8%，其中利润73.8亿元，增长122.6%。工业经济效益综合指数221.9%，比上年提高14.2个百分点；产品产销率98.03%，比上年下降0.55个百分点。

2. 建筑业

年末全市资质内总承包和专业承包建筑业企业47家，从业人员21743人；全年完成建筑业总产值34.0亿元，下降23%；竣工产值24.9亿元，增长3.0%；建筑业劳动生产率15.6万元/人。全年房屋建筑施工面积214.9万平方米，竣工房屋面积55.1万平方米。

（四）服务业

1. 国内贸易

全年社会消费品零售总额315.9亿元，比上年增长11.5%。按经营地统计，城镇消费品零售额253.1亿元，增长11.3%；乡村消费品零售额62.7亿元，增长12.2%。按消费类型统计，商品零售额301.7亿元，增长11.3%；餐饮收入14.1亿元，增长15.9%。从限额以上单位商品零售类值看，全市粮油、食品类商品零售额25.5亿元，增长10.2%；饮料类商品零售额4.4亿元，增长8.4%；烟酒类商品零售额8.8亿元，增长6.1%；服装鞋帽、针纺织品类商品零售额8.2亿元，下降3.1%；日用品类商品零售额7.0亿元，增长8.4%；家用电器和音像器材类商品零售额7.8亿元，增长4.8%；中西药品类商品零售额2.1亿元，增长7.3%；石油及制品类商品零售额14.0亿元，下降2.0%；汽车类商品零售额27.7亿元，增长20.3%。全市纳入统计的10家开展网络零售业务的限额以上批发零售企业，实现网上零售额1.7亿元，增长146.5%。

2. 交通运输、邮电

全年公路客运量1736万人，旅客周转量149220万人千米，公路货运量12469万吨，货运周转量1980834万吨千米。年末全市公路里程4182.1千米(包括村道)。其中高速公路95.0千米，国道155.0千米，省道123.5千米，县道532.7千米，乡道622.0千米，村道2653.1千米。年末全市民用汽车拥有量20.6万辆，比上年增长14.9%，其中私人汽车拥有量18.1万辆，增长16.1%。

全年邮政行业完成业务总量3.0亿元，较上年增长30.6%；实现业务收入2.0亿元，比上年增长27.1%。其中快递业务量达到788.0万件，比上年增长49.4%；快递业务收入0.8亿元，比上年增长50.2%。年末全市邮政营业网点56个，机要通信网点2个，村邮站16个，信箱(筒)58处。全市共有快递企业25家，其中邮政速递物流公司(EMS)1家，民营快递企业24家，快递网点145个，各类车辆479辆，从业人员668人。

全年电信业务收入12.6亿元，比上年增长3.8%。年末固定电话用户22.2万户，比上年减少2.7万户，其中城市电话用户13.0万户，农村电话用户9.2万户。年末移动电话用户161.9万户，比上年增加5.2万户。全市电话普及率达到85.1部/百人。年末国际互联网宽带接入用户42.4万户，比上年增加4.9万户。

3. 旅游业

全市有相山风景区、隋唐大运河博物馆、龙脊山风景区、南湖风景区、双堆集烈士陵园、临涣文昌宫淮海战役总前委旧址及东湖风景区等9处A级景区，其中4A级景区2处，3A级景区3处，2A级景区4处；拥有口子国际大酒店及相王府宾馆等星级宾馆4家，其中五星级1家，3星级2家，2星级1家；旅行社36家，省级旅游农家乐21家，旅游商品定点企业11家，旅游从业人员3261人。全年共接待海外游客

21340 人次，比上年增长 15.1%；接待国内游客 824.1 万人次，增长 15.2%。旅游外汇收入 926.5 万美元，增长 15%；国内旅游收入 44.3 亿元，增长 15.2%。成功举办 2016 淮北食品工业博览会、淮北煤基新材料及化学品发展论坛、石榴文化旅游节、段园大庄葡萄节等活动。

4. 金融、保险和证券

年末全市金融机构人民币各项存款余额 1321.8 亿元，比年初增加 286.0 亿元，比上年增长 27.6%；其中住户存款余额 654.9 亿元，比年初增加 71.4 亿元，增长 12.2%；金融机构人民币各项贷款余额 795.5 亿元，比年初增加 93.8 亿元，增长 13.4%。金融存贷比 60.2%，比上年下降 7.6 个百分点。

全年保险公司保费收入 27.6 亿元，比上年增长 24.5%。其中，人寿保险保费收入 16.9 亿元，财产保险保费收入 10.7 亿元。支付各类赔款及给付 13.7 亿元。其中人寿保险业务给付 8.4 亿元，综合赔付率 49.8%；财产险业务赔款 5.3 亿元，赔付率 49.2%。

全市 4 家证券机构证券账户（沪深合计）数量 12.9 万户，比上年增长 11.2%；证券代理交易额 1462.9 亿元，比上年下降 46.8%。中投证券、阳光人寿落户淮北，省股权托管交易中心皖北融资中心开业运营，成为全省唯一的区域股权市场融资中心。3 家企业在“新三板”挂牌，38 家企业在省区域四板挂牌。

5. 房地产业

全年房地产开发完成投资 92.1 亿元，比上年下降 37.7%，其中住宅投资 60.8 亿元，下降 33.9%。房屋施工面积 1427.2 万平方米，下降 1.4%；房屋竣工面积 176.4 万平方米，增长 9.1%；商品房销售建筑面积 119.1 万平方米，下降 5.9%，其中住宅销售建筑面积 112.1 万平方米，下降 2.6%。

（五）对外经济

1. 对外贸易

全年进出口总额 61320 万美元，比上年增长 6.3%，其中出口 57038 万美元，增长 4.5%。从贸易结构看，一般贸易出口 54385 万美元，增长 7.4%，加工贸易出口 2646 万美元，下降 33.0%；从产品结构看，机电产品出口 15601 万美元，下降 4.6%，高新技术产品出口 13152 万美元，增长 15.3%，纺织服装出口 9826 万美元，下降 19.3%。全市完成进口 4283 万美元，增长 32.2%。

2. 利用外资

全年新批外商投资企业 2 家，实际利用外商直接投资 64780 万美元，比上年增长 8.0%。全年招商引资规模项目实际完成固定资产投资 158.7 亿元，引进并开工协议投资 5 亿元以上项目 15 个。

二、淮北市 2016 年社会发展概况

（一）人口、人民生活

年末全市户籍人口 216.5 万人，比上年增加 411 人；常住人口 220.8 万人，比上年增加 2.9 万人，增长 1.3%。户籍人口城镇化率 50.1%，比上年提高 2.0 个百分点；常住人口城镇化率 62.1%，比上年提高 1.4 个百分点。全年人口出生率 12.83‰，比上年上升 0.57 个千分点；人口死亡率 4.44‰，比上年下降 0.24 个千分点；人口自然增长率 8.39‰，比上年上升 0.81 个千分点。

全年居民人均可支配收入 20238 元，比上年增加 1301 元，增长 6.9%。全年城镇居民人均可支配收入 27248 元，比上年增加 1558 元，增长 6.1%。城镇居民人均消费支出 16739 元，增长 5.2%。其中食品烟酒支出 5263 元，增长 0.2%；衣着支出 1182 元，下降 17.7%；居住支出 2968 元，增长 0.5%；生活用品及服务支出 902 元，增长 1.1%；交通通讯支出 2237 元，增长 27.2%；教育文化娱乐支出 2058 元，增长 39.8%；医疗保健支出 1838 元，增长 10.2%。

年末城镇居民人均住房建筑面积 41.4 平方米，比上年减少 0.6 平方米。每百户城镇家庭拥有家用汽车 17.9 部，电冰箱 100.3 台，洗衣机 99.9 台，热水器 99.3 台，空调 137.8 台，彩色电视机 116.7 台，计

算机 60.2 台，移动电话 222.1 部。农村居民人均可支配收入 10653 元，比上年增加 771 元，增长 7.8%。全年农村居民人均消费支出 7709 元，增长 6.7%。其中食品烟酒支出 2444 元，下降 8%；衣着支出 518 元，增长 13.7%；居住支出 1626 元，下降 2.1%；生活用品及服务支出 493 元，增长 2.8%；交通通讯支出 856 元，增长 28.4%；教育文化娱乐支出 949 元，增长 49.6%；医疗保健支出 727 元，增长 35.4%。年末农村居民人均住房建筑面积 51.0 平方米，比上年减少 1.4 平方米。每百户农村家庭拥有家用汽车 7.4 部，电冰箱 95.0 台，洗衣机 95.0 台，热水器 88.4 台，空调 67.1 台，彩色电视机 120.9 台，计算机 17.3 台，移动电话 244.9 部。

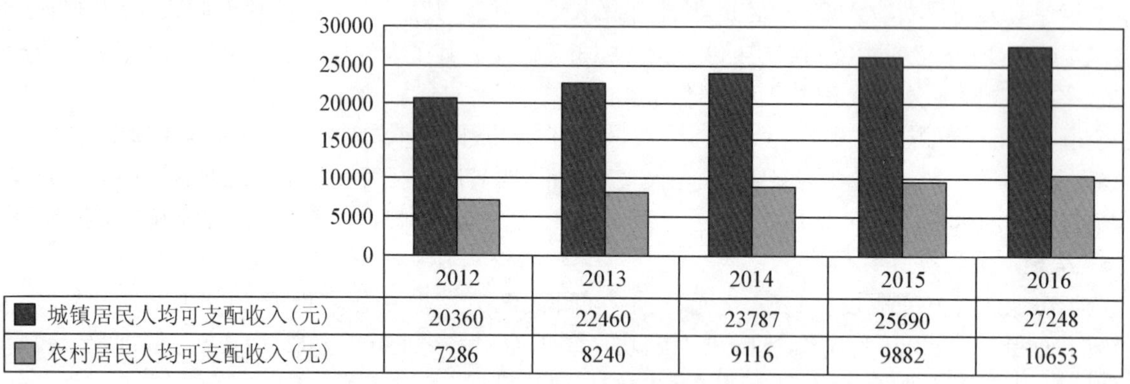

	2012	2013	2014	2015	2016
城镇居民人均可支配收入(元)	20360	22460	23787	25690	27248
农村居民人均可支配收入(元)	7286	8240	9116	9882	10653

图 3　2012—2016 年淮北市城乡居民收入对比一览

（二）就业与社会保障

1. 就业工作

全年新增城镇就业岗位 42707 个，7424 名下岗失业人员实现再就业，年度城镇登记失业率 4.16%。年末全市从业人员 118.5 万人，比上年增加 2.2 万人。其中，第一产业从业人员 38.1 万人，比上年减少 0.1 万人；第二产业从业人员 37.0 万人，比上年减少 0.5 万人；第三产业从业人员 43.4 万人，比上年增加 2.8 万人。推进商事制度改革，在全省较早实行“五证合一、一照一码”登记制度；全年新增私营企业 4141 户，新增注册资金 275.7 亿元；新增个体工商户 12713 户，新增个体从业人员 28346 人。年末全市实有个体工商户 99248 户，个体从业人员 30.7 万人；实有私营企业 18475 家，注册资金 966.4 亿元。

2. 社会保障和福利

年末全市参加城镇职工基本养老保险人数 42.5 万人，比上年增加 1.0 万人；参加基本医疗保险人数 93.1 万人，比上年减少 3.3 万人；参加失业、工伤和生育保险人数分别为 25.4 万人、32.7 万人和 22.9 万人，分别比上年末增加 1484 人、9242 人和 3138 人。年末参加城乡居民养老保险人数 75.7 万人，其中农村居民参保人数 63.6 万人，参加城乡居民养老保险人数比上年末减少 1029 人。全市新农合参合人数 125.9 万人，参合率为 100.8%。

全市享受城市居民最低生活保障人数 28779 人，享受农村居民最低生活保障人数 26043 人。年末各类收养性单位 2 家，床位 260 张，收养各类人员 104 人。建立社区服务中心 174 个，网点 1510 个。全年销售社会福利彩票 18025 万元，筹集社会福利资金 5100 万元。

推动棚户区改造与老旧小区整治、公共设施完善相结合，实施棚改项目 84 个、开工棚户区改造 48501 套，棚户区改造和保障房基本建成 27566 套。加大货币化安置力度，货币化安置 42386 套，货币化安置率 87.4%。开工建设率、基本建成率均居全省第一，货币化安置率居全省第五。

全年培训残疾人 1100 人次，689 名残疾人实现就业再就业。投入 85.5 万元，帮扶救助 10711 名贫困重度残疾人和 359 名贫困残疾学生、贫困残疾人家庭子女。为残疾人免费配发辅助器具 3002 件；1122 人次残疾人得到康复服务。

（三）教育和科学技术

1. 教育事业

年末全市共有普通高等院校3所，当年招生10668人，在校学生38168人，当年毕业学生8932人。各类中等职业学校12所，其中普通中专学校4所，成人中专学校2所，职业高中6所；在校学生18058人，当年招生5374人，当年毕业学生10858人。普通中学122所，在校学生103549人。其中高中22所，在校学生40444人，当年招生13460人；初中100所，在校学生63105人，当年招生21799人。小学311所，在校学生144577人，当年招生25756人；幼儿园276所，入园儿童73016人。小学适龄儿童入学率100%，初中学龄人口入学率99.47%；小学毕业生升学率达到99.34%，初中毕业生升学率达到89.35%。年末全市中小学共有教职工18062人，其中专任教师16683人。全市各级各类学校（不包括高校）校舍建筑总面积362.3万平方米；普通高中生均占有校舍建筑面积17.9平方米，普通初中生均占有校舍建筑面积16.9平方米，小学生均占有校舍建筑面积5.9平方米，中职生均占有校舍建筑面积35.2平方米。

2. 科技与创新

积极培育和发展高新技术企业，新认定高新技术企业21家，全市规模以上高新技术企业达到76家，占规模以上工业企业的比重为9.4%；全年高新技术产业实现总产值477.9亿元，增长1.8%，增加值114.0亿元，增长5.3%。获批省级科技项目13项；获省科技进步二等奖2项、三等奖6项。全年共签订各类技术合同253项，增长175.0%，完成技术交易额1.7亿元。全年专利申请量与授权量分别为2604件和909件，其中发明专利申请量与授权量分别为1572件和365件，分别比上年增长2.4%和22.1%，拥有有效发明专利890件，每万人有效发明专利拥有量4.08件。

全年全市产品质量监督抽查190家企业7类17种576个批次产品和商品，完成强制检定计量器具29890台（件、组），强检计量器具受检率达到96.0%。年末全市共有省名牌产品54个，国家地理标志保护产品3个。

全市有气象台站2个，开展121电话天气自动答询的台站1个；开展人工影响天气业务的单位2个；防雹、增雨累计收益面积595平方千米，增雨量297.5万立方米。全市有天气预报服务网站3个。全年降水量980.5毫米，年平均气温15.7摄氏度，无霜期251天。

（四）文化、卫生和体育

1. 文化事业

年末全市有广播电视台2座，广播电台3座，中波发射台1座，电视转播台2座，有线电视和有线数字电视用户分别为31.0万户和18.6万户，全市广播综合人口覆盖率100%，电视综合人口覆盖率96%。全市共有7家数字影院，52块影幕。全市有文艺表演团体28家，其中国有艺术院团2家。国有博物馆5家，公共图书馆5家。全年共举办大型文化活动40场，群众性文化活动116次，专业文艺团体演出303场，各类表演团体送文化下乡213场，创作剧（节）目32个。全年全市报纸出版发行269万份，销售收入920万元；出版物发行单位135家，销售总额16358万元。

2. 卫生事业

年末全市共有卫生机构712个（含村卫生室），床位12204张，卫生技术人员10845人。其中医院70个，床位9303张，卫生技术人员7012人，执业医师及助理医师2511人；乡镇及街道卫生院28个，床位1320张，卫生技术人员1313人，执业医师及助理医师630人；妇幼保健院（所、站）6所，床位220张，卫生技术人员313人，执业医师及助理医师155人；疾病预防控制中心5所，卫生技术人员152人，执业医师及助理医师99人；诊所、卫生所、医务室119个，执业医师及助理医师121人；村卫生室306所，执业医师及助理医师87人。

3. 体育事业

全年举办全民健身活动 50 次，其中 1000 人以上活动 5 次，参加活动总人数 10 万人次。组织开展全市元旦长跑、全民健身日等大型群体活动。淮北市运动员在省级以上比赛中获金牌 41 枚、银牌 36 枚、铜牌 22 枚；王键获得里约残奥会举重银牌。

（五）城乡建设

加大城乡建设投入，城市形象大幅提升。“十大城建工程”全面推进，其中，棚户区改造、东湖景区、京台高速出入口景观提升工程全面完成，市规划展示馆和档案馆开工建设，骨干路网、中湖景区、黑臭水体治理加快推进。完善城乡规划体系，编制完成《淮北市空间规划》《东部新城城市设计》，稳步推进《淮北市城市总体规划（2016—2035 年）》修编工作。淮北市被列为国家第三批城市“双修”试点市、省级生态网络规划试点市。

全年完成城乡基础设施投资 161 亿元，同比增长 53.5%。新建交通干线、城市道路 111.7 千米，煤化工快速通道、梧桐中路、创新大道、龙山南路等一批主干道路建成通车，S101 合相路二期、S254 古毛路二期、S235 濉唐路二期开工建设，东部新城、高铁新区路网加快推进，符夹铁路立交桥基本建成。梅苑中路、桂苑中路等断头路顺利打通，迎宾路、梧桐路等交通路口渠化改造完成，道路拥堵逐步缓解。推进老城区雨污分流，完善污水主干管网 12 千米。新增供水管网 37 千米、燃气管网 51 千米，建成烈山、杜集片区污水转输管网 42 千米。建设公共自行车三期工程，改造提升老旧公厕 59 座，首批新能源公交车投入使用、首条旅游公交专线开通运行。新型智慧城市在政务服务、城市管理等方面实现深度融合，无线城市建设初见成效。建成凤凰公园等 18 个公园和重要绿化节点，烈山、卧牛山山体治理加快推进，市一中东校区、市人民医院新院区开工建设，东部新城开发进一步提速。

美丽乡村建设由点到面全面铺开，农村环境“三大革命”一体化推进，5 个镇政府驻地建成区、28 个中心村和 230 个自然村环境整治成效明显。完成农村公路畅通工程 415 千米、改造农村危房 1000 户，农村电网改造升级工程全部竣工。石榴小镇、芳香小镇（试验）入选第一批省级特色小镇。全年完成棚改 41300 套，基本建成保障性安居工程 27407 套，货币化安置率达 94.5%。该市棚改工作入选全省年度最具影响力十件大事，棚改模式成为全国社会治理典型案例。

（六）环境保护

全市 PM10 平均浓度降至 87 微克/立方米，同比下降 3 微克/立方米，完成省控目标。全年空气质量优良天数 239 天，优良率 65.5%；集中式饮用水源地水质达标率 100%；声环境质量符合功能区划标准，昼间年平均值 51.7 分贝；危险废弃物安全处置率 100%。化学需氧量排放比上年实际削减 1.92%，氨氮排放比上年实际削减 5.60%，二氧化硫排放比上年实际削减 4.89%，氮氧化物排放比上年实际削减 5.05%。

（七）社会安全

全年全市共发生各类安全生产事故 69 起，死亡 80 人。与上年相比，事故起数减少 1 起，下降1.4%；死亡人数增加 3 人，上升 4.0%；发生 1 起死亡 3 人以上交通事故。其中，工矿商贸行业发生安全生产死亡事故 11 起，死亡 12 人；道路交通发生死亡事故 58 起，死亡 68 人，与上年相比，事故起数减少 7 起，下降 11%，死亡人数与上年持平。亿元 GDP 生产安全事故死亡人数 0.1 人，下降 0.01%。

三、淮北市在泛长三角地区经济发展中的地位

2016 年，在市委的坚强领导下，在市人大、市政协的监督支持下，市政府团结带领全市人民，坚持稳中求进工作总基调，以供给侧结构性改革为主抓手，统筹推进稳增长、调结构、惠民生、防风险各项工作，经济发展稳中有升，社会大局和谐稳定。

(一)地区生产总值

2012—2016 年淮北市地区生产总值在泛长三角地区 41 市中所占比重分别为 0.48%、0.50%、0.50%、0.47%和 0.45%。地区生产总值在泛长三角地区 41 市中占比整体呈现下降态势,2016 年与 2012 年比减少了 0.03 个百分点,与上年比减少了 0.02 个百分点。2016 年,淮北市在泛长三角地区 41 市中地区生产总值所占比重排名第 39 位,位置靠后。

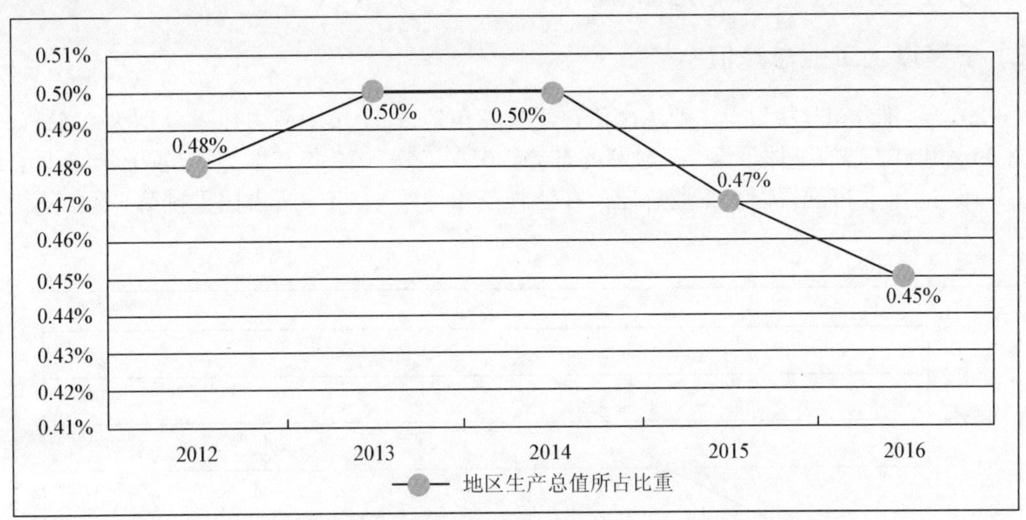

图 4 2012—2016 年淮北市地区生产总值在泛长三角地区 41 市(苏浙两省 24 个地级市、上海市和安徽省 16 市,下同)中所占比重的变化趋势

全年全市实现地区生产总值(GDP)799.03 亿元,按可比价格计算,比上年增长 5.0%。2016 年,全市实现地区生产总值 799.03 亿元,按常住人口计算,人均生产总值达到 36427 元,在全省各市中居第 9 位,皖北六市中居第 2 位;比上年增加 1370 元,按可比价格计算,增长 3.8%。按平均汇率计算,全市人均生产总值 5484 美元。

(二)地方财政一般预算收入

2012—2016 年淮北市地方财政一般预算收入在泛长三角地区 41 市中所占比重分别为 0.37%、

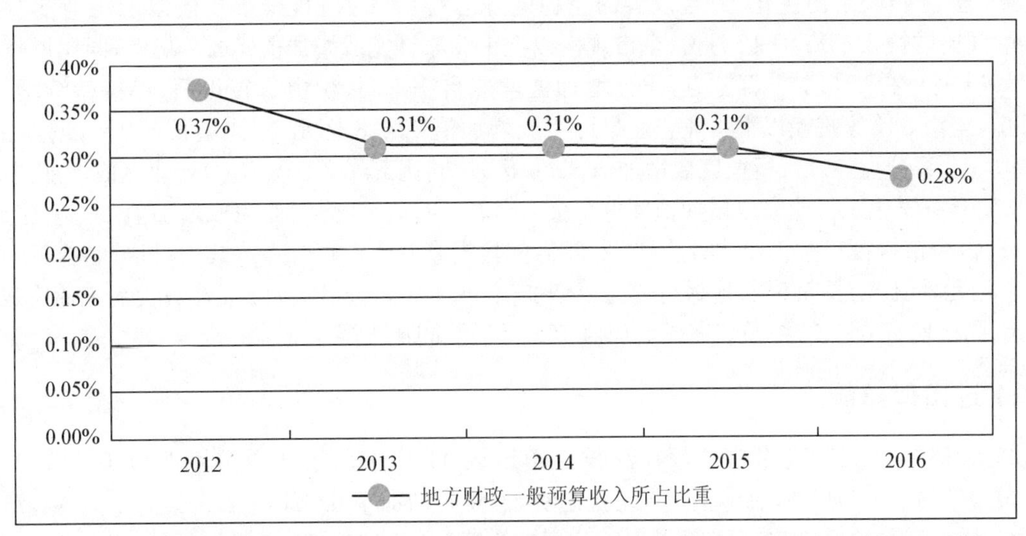

图 5 2012—2016 年淮北市地方财政一般预算收入在泛长三角地区 41 市中所占比重的变化趋势

0.31%、0.31%、0.31%和0.28%，2016年较2012年下降0.09个百分点。2016年，淮北市地方财政一般预算收入在泛长三角地区41市中排最后一位。

全市财政总收入完成93.3亿元，一般公共预算支出完成142.5亿元。其中，市本级一般公共预算收入完成31.2亿元，市本级一般公共预算支出完成58.5亿元。市本级政府性基金收入完成12亿元，政府性基金支出完成12亿元。全市社会保险基金收入预算完成42.84亿元，社会保险基金支出预算完成43.35亿元。市本级国有资本经营收入完成1.7亿元，支出完成1.7亿元。市本级政府性债务余额126.67亿元，占市人大常委会批准的180亿元举债规模的70.37%。

(三) 规模以上工业总产值

2012—2016年淮北市规模以上工业总产值在泛长三角地区41市中所占比重分别为0.61%、0.63%、0.66%、0.64%和0.61%，整体呈倒"V"形发展态势，2016年较2012年基本持平，较上年减少了0.03个百分点。2016年，淮北市规模以上工业总产值在泛长三角地区41市中所占比重排第34位，较上年下降了三位。

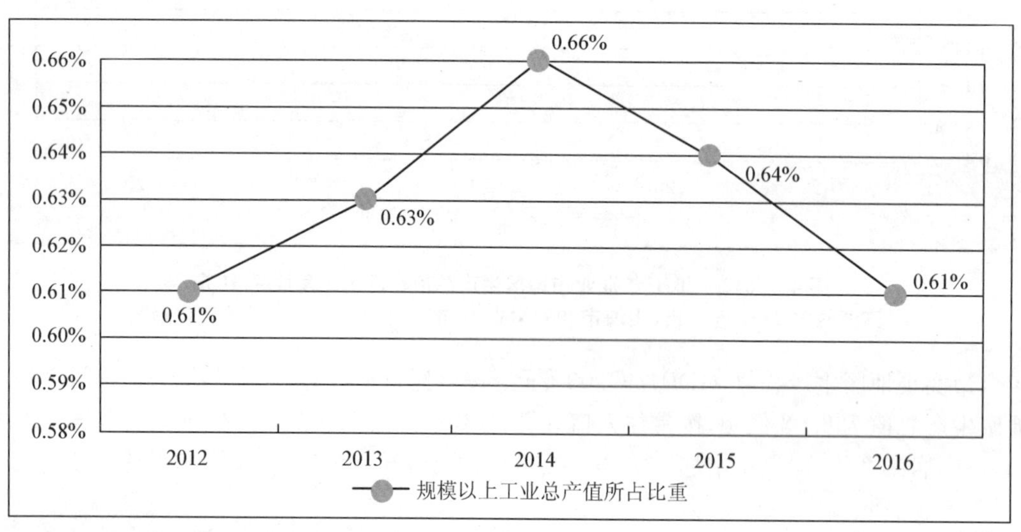

图6 2012—2016年淮北市规模以上工业总产值在泛长三角地区41市中所占比重的变化趋势

2016年，面对复杂严峻的国际国内经济环境，市委、市政府科学决策、精准调控、综合施策，全市工业经济呈现出增速回升、结构优化、效益改善的企稳向好态势。12月份，全市规模以上工业实现增加值48.5亿元，同比增长2.6%；1—12月份，全市规模以上工业累计完成增加值463.7亿元，同比增长3.2%，增速比1—11月份提高0.1个百分点，累计增加值增速自1—5月份由负转正后，保持持续增长势头。1—11月份，全市831家规模以上工业企业累计实现增加值414.8亿元，同比增长3.1%，增速比1—10月份提高0.1个百分点。煤炭行业完成增加值85.6亿元，同比下降2.5%；电力行业完成增加值24.8亿元，增长35.6%；煤化工行业完成增加值4.9亿元，下降5.4%。非煤工业完成增加值299.5亿元，同比增长2.6%，占全市规模以上工业比重达到72.2%，同比提高0.1个百分点。其中，机械制造行业完成增加值96.9亿元，同比增长5.5%；建材行业完成增加值36.1亿元，同比增长5.7%；食品工业完成增加值66.8亿元，同比增长6%；纺织服装完成增加值19.2亿元，同比下降1.5%。

(四) 进出口总额

2012—2016年淮北市进出口总额在泛长三角地区41市中所占比重分别为0.026%、0.034%、0.038%、0.041%和0.046%，总体上呈现上扬态势，五年间增加了0.020个百分点。2016年，淮北市进出口总额在泛长三角地区41市中排第37位，位置较为靠后。

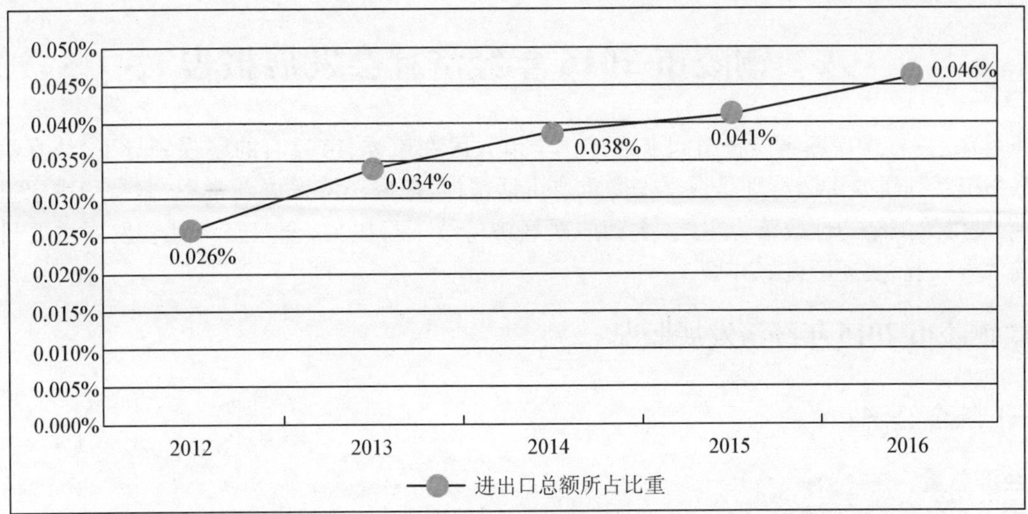

图 7　2012—2016 年淮北市进出口总额在泛长三角地区 41 市中所占比重的变化趋势

2016 年，全市累计实现进出口总值 6.13 亿美元，同比增长 6.3%。其中，出口 5.7 亿美元，同比增长 4.5%；进口 0.43 亿美元，同比增长 38.2%。

一县三区、开发区进出口实现全面增长。濉溪县累计实现进出口 24374 万美元，增幅 5.01%；淮北经济开发区累计实现进出口 12656 万美元，增幅 30.0%；相山区累计实现进出口 8449 万美元，增幅5.38%；烈山区累计实现进出口 6101 万美元，增幅 3.6%；杜集区累计实现进出口 5902 万美元，增长 5.66%。

（五）实际外商直接投资金额

2012—2016 年淮北市实际外商直接投资金额在泛长三角地区 41 市中所占比重分别为 0.52%、0.61%、0.73%、0.82%和 0.84%，整体呈现上扬姿态，2016 年较 2012 年增加了 0.32 个百分点，较上年增加了 0.02 个百分点。2016 年，淮北市实际外商直接投资金额在泛长三角地区 41 市中排第 26 位，较上年上升一位。

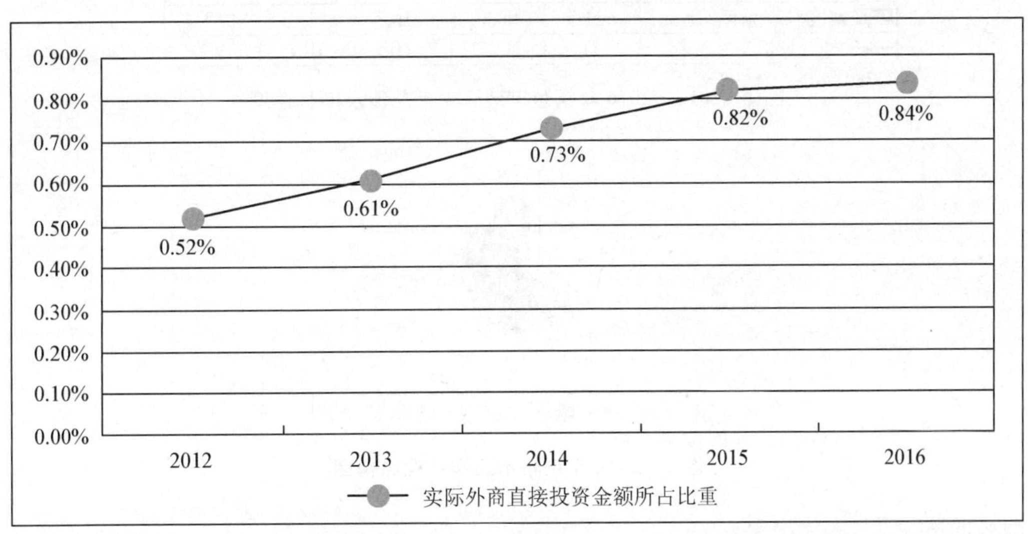

图 8　2012—2016 年淮北市实际外商直接投资金额在泛长三角地区 41 市中所占比重的变化趋势

2016 年全市实际利用外资 64780 万美元，同比增长 8%，完成市下达的外商直接投资年度目标任务的 100%；利用外商直接投资总量居全省第 9 位，增幅居全省第 6 位(并列)。新批项目 2 个，合同外资额 714.48 万美元。

八 铜陵市2016年经济社会发展报告

2016年，是一江两岸新铜陵扬帆起航之年。全市人民在市委、市政府的坚强领导下，认真学习贯彻习近平总书记系列重要讲话特别是视察安徽重要讲话精神，把握经济发展新常态，坚持稳中求进工作总基调，以推进供给侧结构性改革为主线，主动应对经济持续下行压力，全年经济社会发展主要目标任务圆满完成，"十三五"实现了良好开局。

一、铜陵市2016年经济发展概况

（一）综合经济

1. 经济总量

全年地区生产总值(GDP)957.3亿元，按可比价格计算，比上年增长9.1%。分产业看，第一产业增加值48.9亿元，增长3.1%；第二产业增加值569.6亿元，增长9.3%；第三产业增加值338.7亿元，增长9.5%。三次产业结构由上年的5.2∶61.8∶33调整为5.1∶59.5∶35.4，其中工业增加值占GDP比重为54%。按常住人口计算，全年人均生产总值59960元(折合9027美元)，比上年增加2573元。全员劳动生产率80748元/人，比上年增加4167元。

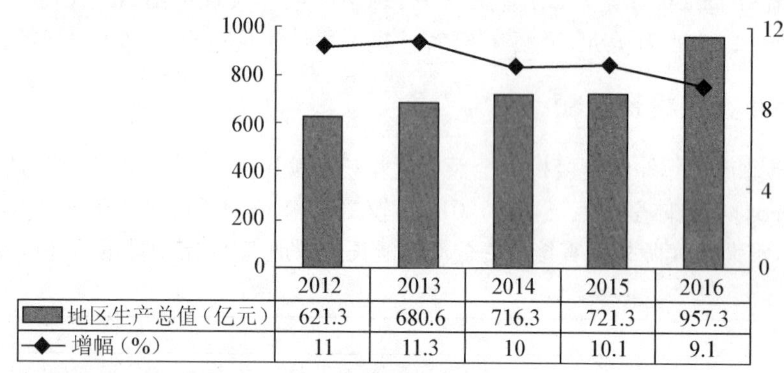

图1 2012—2016年铜陵市地区生产总值及增长速度

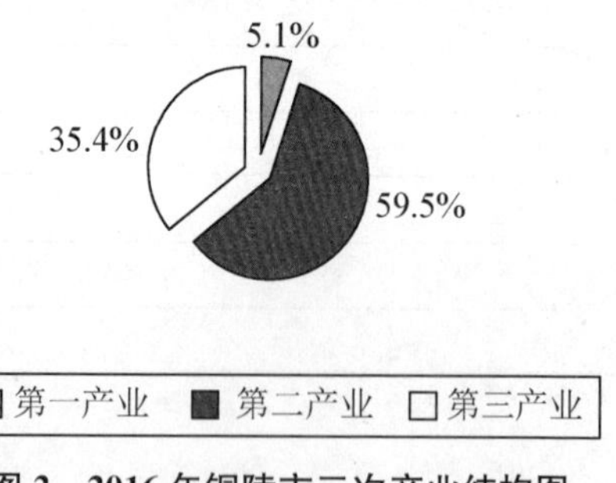

图2 2016年铜陵市三次产业结构图

2. 财政收支

全年财政收入153.8亿元，比上年增长5%。其中，上划中央财政收入71.1亿元，增长1.5%；地方财政收入80.7亿元，增长8.4%。在地方财政收入中，契税下降44.0%，国内增值税增长62.1%，营业税下降54.9%，企业所得税下降30.1%。全年财政支出151.1亿元，增长6.0%，其中节能环保支出下降23.5%，社会保障与就业支出增长1.1%，医疗卫生支出增长14.7%，公共安全支出增长17.1%，文化

体育与传媒支出增长 7.9%，科学技术支出下降 24.8%，教育支出增长 6.5%。民生类支出 127.7 亿元，占财政总支出比重达 84.5%。

3. 物价水平

全年居民消费价格指数比上年上涨 1.1%。从八大类消费品价格情况看，食品烟酒类价格上涨 3.4%；衣着类下降 1.2%；居住类下降 0.5%；生活用品及服务类上涨 0.8%；交通和通信类下降 3.1%；教育文化和娱乐类上涨 1.5%；医疗保健类上涨 6%；其他用品和服务类上涨 2.4%。

4. 固定资产投资

全年固定资产投资 1196.9 亿元，比上年增长 12.6%。其中，工业及信息化产业技术改造投资 418.1 亿元，增长 8.7%；民间投资 885.7 亿元，增长 8.9%。分产业看，第一产业投资 31.2 亿元，增长 49.8%；第二产业投资 612.6 亿元，增长 17.3%，其中，工业投资 603.6 亿元，增长 18%；第三产业投资 553.1 亿元，增长 6.4%。

全年亿元以上投资项目 209 个，当年完成投资 329.6 亿元，比上年增长 109.2%。其中，新开工建设铜陵有色公司奥炉改造工程项目、普济圩至枞阳段建设工程、安徽泰新汽车工业有限公司年产 10 万辆份乘用车漆后车身总成、枞阳海螺独立工矿区搬迁改造工程项目、G236 白杨坡至火车站段改建工程、中熹通讯级塑料光纤项目、国家 4A 级旅游区凤凰山景区旅游基础设施提升工程等 102 个项目；建成投产旋力产业基地项目、皖能铜陵发电有限公司六期扩建第二台百万机组工程、朱家咀至永丰公路建设项目、铜南宣高速公路(铜陵段)、新兴际华铜陵东港现代物流园、铜陵安博电路板有限公司新建高端多层印刷电路板生产项目等 67 个项目。

(二) 农业

全年农、林、牧、渔业现价总产值 82.55 亿元，比上年增长 3.1%。其中农业产值 32.67 亿元，增长 2.0%；林业产值 6.7 亿元，增长 10.8%；牧业产值 18.66 亿元，增长 1.9%；渔业产值 21.21 亿元，增长 2.7%；农林牧渔服务业产值 3.30 亿元，增长 7.2%。

全年农作物总播种面积 179841 公顷，比上年增长 0.2%。其中，粮食作物播种面积 127778 公顷，增长 1.3%；棉花播种面积 8982 公顷，下降 0.8%；油料作物播种面积 27724 公顷，下降 5.1%；蔬菜播种面积 11472 公顷，增长 1.0%。

全年粮食产量 64.11 万吨，比上年下降 4.3%。油料产量 55.89 万吨，下降 4.5%。棉花产量 1.36 万吨，下降 2.4%。蔬菜产量 26.30 万吨，增长 1.7%。

全年肉类总产量 6.36 万吨，比上年增长 1.8%。禽蛋总产量 4.26 万吨，增长 1.9%。水产品产量 11.25 万吨，增长 1.5%。

年末农业机械总动力 88.37 万千瓦，比上年增长 2.1%。全年化肥施用量(折纯)5.59 万吨，下降 10.7%。农村用电量 6.25 亿千瓦时，增长 14.4%。有效灌溉面积 81.97 千公顷。

(三) 工业和建筑业

1. 工业经济

全年规模以上工业增加值 516.2 亿元，比上年增长 9.6%。其中，国有企业增长 24.3%；股份制企业增长 8.6%；外商及港澳台商投资企业增长 14.3%。全市 35 个行业中，有 25 个行业保持增长。其中主导行业中，有色金属冶炼和压延加工业增长 12.5%；电气机械和器材制造业增长 23.1%；非金属矿物制品业增长 1.3%；化学原料和化学制品制造业下降 2.4%；电力生产和供应业下降 0.2%；黑色金属冶炼和压延加工业增长 7.6%。

全年战略性新兴产业完成总产值 729.2 亿元，比上年增长 11.8%。

主要工业产品产量中，精炼铜(电解铜)129.4 万吨，比上年下降 1.3%；铜材 176.9 万吨，增长 11.9%；

硫酸(折100%)512.1万吨,增长9.3%;化学肥料总计(折纯)102.6万吨,下降1.4%;水泥熟料3023.3万吨,增长0.1%;火力发电量156.8亿千瓦时,下降0.1%。

全年规模以上工业企业实现主营业务收入2986.5亿元,比上年增长4.4%。实现利税总额78.6亿元,增长17.9%。其中盈亏相抵后实现利润总额42.2亿元,增长16.9%。工业经济效益综合指数为400.81%,提高7.7个百分点。产品销售率98.3%,提高1.2个百分点。企业亏损面15.6%,下降3.7个百分点。全员劳动生产率51.4万元/人,增长8.3%。

2. 建筑业

全年建筑业增加值55.3亿元,比上年增长6.1%。全年房屋施工面积893.3万平方米,增长3.0%;房屋竣工面积362.4万平方米,下降1.7%。

(四)服务业

1. 国内贸易

全年社会消费品零售总额305.7亿元,比上年增长12.3%。按经营地统计,城市零售额263.2亿元,增长12.2%;乡村零售额42.4亿元,增长12.7%。按消费类型统计,商品零售类零售额236.9亿元,增长12.4%;餐费收入68.8亿元,增长11.9%。

限额以上企业(单位)商品零售额中,粮油、食品类增长26.6%,饮料类增长12.9%,烟酒类增长13.9%,服装、鞋帽、针纺织品类下降1.7%,日用品类增长1.1%,家用电器和音像器材类增长4.0%,金银珠宝类下降11.8%,中西药品类增长18.5%,石油及制品类下降13.0%,汽车类增长25.2%。

2. 交通运输、邮电

全年铁路运输旅客发送量253.6万人次,比上年增长167%,货物发送量57.5万吨,下降16.3%。公路货物周转量31.4亿吨千米,增长4.9%;公路旅客周转量14.8亿人千米,下降14.1%。港口货物吞吐量11003.57万吨,增长9.4%。

年末机动车拥有量20.98万辆,比上年增长83%,其中汽车拥有量13.98万辆,增长13.2%。

全年邮电业务收入10.95亿元,比上年下降1.7%。其中,邮政业务收入1.95亿元,增长8.0%;电信(含电信公司、移动公司、联通公司、铁通公司)业务收入9.0亿元,下降5.9%。年末城乡固定电话用户达19.52万户;移动电话用户108.26万户;国际互联网用户89.87万户。

3. 旅游业

全年旅游总收入127.2亿元,比上年增长19.3%。接待海外游客3.1万人次,增长10.1%;接待国内游客1680.5万人次,增长17.2%。成功创建国家4A级景区2家、安徽省五星级农家乐1个、安徽省研学旅行基地1个、中医药健康旅游基地1个、安徽省旅游小镇创建示范单位1个、安徽旅游商品特色街区1个。年末星级饭店(宾馆)11个,房间数823间;旅行社32家,其中国际旅行社2家;旅游商品定点生产单位41个,旅游线路6条,旅游景区(点)20个。全年旅游饭店客房住宿出租率为53.6%。

4. 金融、证券和保险

年末金融机构各项存款余额(人民币,下同)1219.3亿元,比年初增加123.3亿元,比上年增长11.2%。其中,住户存款671.7亿元,比年初增加56.9亿元;非金融企业存款366.1亿元,比年初增加111.8亿元。年末金融机构人民币各项贷款余额944.7亿元,比年初增加96.9亿元,比上年增长11.4%。其中,住户贷款162.8亿元,比年初增加14.7亿元;非金融企业及机关团体贷款781.9亿元,比年初增加82.2亿元。

年末全市有上市公司6家,上市公司流通股市价总值554.6亿元。

全年保险业保费收入18.1亿元,比上年增长27.5%。全年保险赔款与给付6.98亿元。

5. 房地产业

全年房地产开发投资117.4亿元，比上年下降3.9%。商品房销售面积172.3万平方米，增长19.9%；商品房销售额81.8亿元，增长8.1%。

（五）对外经济

1. 对外贸易

全年进出口总额46.4亿美元，比上年增长2.9%。其中，出口6.7亿美元，增长1.0%；进口39.8亿美元，增长3.2%。

2. 利用外资

全年外商直接投资2.4亿美元，比上年增长8.0%。

二、铜陵市2016年社会发展概况

（一）人口、人民生活

年末全市户籍人口170.85万人，比上年末增加4245人。全市人口出生率为10.88‰，提高0.5个千分点；人口死亡率为5.37‰，下降0.6个千分点；人口自然增长率为5.51‰，提高1.09个千分点。

全年常住居民人均可支配收入21273元，比上年增长9.3%，常住居民人均消费支出14621元，增长2.1%。其中，城镇常住居民人均可支配收入30633元，增长8.9%。城镇常住居民人均消费性支出21226元，增长1.8%。城镇居民恩格尔系数为32.8%，上升1.2个百分点。

全年农村常住居民人均可支配收入12054元，比上年增长8.9%。农村常住居民人均消费支出8115元，增长1.4%。农村居民恩格尔系数为35.5%，上升0.4个百分点。

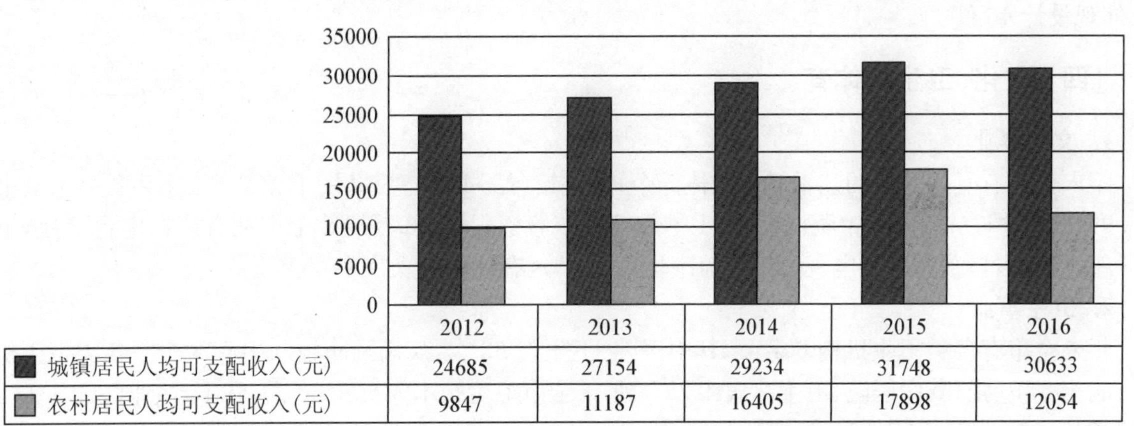

	2012	2013	2014	2015	2016
城镇居民人均可支配收入(元)	24685	27154	29234	31748	30633
农村居民人均可支配收入(元)	9847	11187	16405	17898	12054

图3　2012—2016年铜陵市城乡居民收入对比一览

（二）就业与社会保障

1. 就业工作

全年城镇新增就业人数2.61万人，全市共开展各类城乡劳动者就业技能培训人数9475人，新转移农村劳动力人数8530人，当年为各类创业人员发放小额担保贷款金额17420万元，为劳动密集型小企业发放小额贷款金额19787万元。

2. 社会保障和福利

年末企业职工基本养老保险29.02万人，城乡居民养老保险76.27万人，失业保险参保人数18.39万人；工伤保险参保人数23.54万人；城镇职工基本医疗保险参保人数32.94万人，城乡居民医疗保险参保人数 54.1 万人，生育保险参保人数 20.77 万人；被征地农民养老保障参保人数达 11.78 万人。年末，城镇居民最低生活保障人数 1.8 万人，农村居民最低生活保障人数 3.15 万人。

年末各种社会福利收养单位 54 个，拥有床位总数达 5923 张，在院人数 1652 人。全年销售福利彩票 15473.6 万元。

（三）教育和科学技术

1. 教育事业

年末全市普通高校在校学生 36251 人，比上年增加 593 人；中等职业教育学校在校学生 13826 人，减少 650 人；普通中学在校学生 74903 人，减少 595 人，其中高中在校学生 31082 人，减少 81 人；小学在校学生 73346 人，减少 4382 人。全年普通高校毕业生 10211 人，比上年增加 1248 人；中等职业教育学校毕业生 8019 人，减少 603 人；普通中学毕业生 26084 人，减少 2980 人；小学毕业生 14555 人，增加 10 人。成人高等学校在校生和毕业生分别为 7151 人和 2881 人。全年社会考生报名参加高等教育自学考试 2890 人次，其中本科 2681 人次；全年自学考试毕业生数为 57 人，其中本科 50 人。

2. 科技与创新

年末全市拥有国家高新技术企业 149 家，其中，当年新认定国家高新技术企业 41 家。高新技术产业总产值 956.1 亿元，高新技术产业增加值 188.6 亿元。全市拥有省级工程技术研究中心 31 个，省重点实验室 2 个，省级院士工作站 4 个，其中，当年新认定 4 个省级工程技术研究中心，1 个省级院士工作站，全年获批国家级众创空间 3 个，国家级星创天地 3 个，省级众创 4 个，省级科技孵化器 2 个。全年获批省级以上科技计划项目 115 项，获得上级资助资金 4705 万元。全年有 1 项科技成果获国家科学技术进步奖二等奖，4 项科技成果获安徽省科学技术进步奖三等奖。全年申请专利 3480 件，其中申请发明专利 2273 件、实用新型 1094 件、外观设计 113 件；授权专利 1331 件，其中授权发明专利 537 件、实用新型 748 件、外观设计 46 件。

（四）文化、卫生和体育

1. 文化事业

年末全市有登记注册的艺术表演团体 5 个；文化馆（站）44 个；公共图书馆 6 个，公共图书馆藏书量 108.99 万册；档案馆 6 个，馆藏档案 39.16 万卷册，馆藏资料 4.38 万册。全市拥有广播电台 2 座，电视台 3 座，广播人口覆盖率和电视人口覆盖率均达 100%，有线电视入户率 65%。

2. 卫生事业

年末全市有各类卫生机构 607 个，其中医院、卫生院 62 个，疾病预防控制中心 3 个。各类卫生机构拥有病床 8710 张，其中医院、卫生院病床 7874 张。全市卫生技术人员 8660 人，其中，执业医师 3314 人，注册护师、护士 3700 人。

3. 体育事业

全年新建成 3 个省级乡镇全民健身广场、建设 20 条全民健身路径，创建命名 2 个省级社区体育俱乐部、30 个示范晨晚练点。命名 1 所省级青少年体育俱乐部，2 所省级传统体育项目学校。培训各级社会体育指导员 367 人。组队参加省年度 13 项青少年锦标赛，夺得金牌 45 枚、银牌 34 枚、铜牌 32 枚。全年销售体育彩票 1.62 亿元。

（五）城乡建设

统筹协调推进城乡建设。交通建设加快推进，庐铜铁路基本建成，池州长江公路大桥及连接线建设进展顺利，G3 长江公铁大桥项目前期提速推进，国道 347 进入路面施工，国道 236 与省道 221、335 路基成形，农村道路畅通工程三年计划提前完成。新建改造市政道路 10 条，新投放清洁能源公交车 119 辆，

建成一批电动汽车充电桩，完成新一轮出租车更新；市档案馆、党史馆、非遗展示馆、数字文化体验馆等全面竣工，市一中西湖校区二期工程、儿童医院主体建成，大铜官山公园建设持续推进。滨江生态岸线北延工程全面完工，大通、横港段岸线整治快速推进。镇村建设成果丰硕，农村环境“三大革命”取得阶段性成效，钟鸣镇成为第二批全国特色小镇，胥坝乡群心村、东联镇合兴村人居环境建设获得全国表彰。水利完成投资14亿元，水利水毁工程全面修复，6个中小河流治理项目完工，21座病险水库除险加固，新建和改造提升排涝泵站7座，城乡防洪排涝能力不断增强。

（六）环境保护

全年城区空气质量指数（AQI）平均70，优于和达到二级的天数273天，全年一级天数61天，空气质量优良率76.7%。空气主要污染物二氧化硫、二氧化氮、可吸入颗粒物（PM10）、细颗粒物（PM2.5）、臭氧8小时平均浓度分别为43、43、77.8、50.9、81微克/立方米，一氧化碳为1.31毫克/立方米。全市城市集中式饮用水水源地水质达标率100%。天井湖、枞阳县境内的菜子湖、白荡湖水质良好。全市160个网格区域环境噪声监测平均值53.3dB(A)。全年单位GDP能耗下降6.33%。

（七）社会安全

全年生产安全事故死亡42人，亿元GDP生产安全事故死亡人数为0.044人，全年发生道路交通事故12678起，发生火灾事故113起。

三、铜陵市在泛长三角地区经济发展中的地位

2016年，面对依然复杂的国际形势和国内宏观经济持续下行的压力，全市人民在市委、市政府的坚强领导下，立足新起点，抢抓新机遇，承担新使命，在攻坚克难中砥砺奋进，在应对挑战中主动作为，全市经济保持了稳中有进、稳中向好、好于预期的发展态势，顺利实现了“十三五”良好开局。

（一）地区生产总值

2012—2016年铜陵市地区生产总值在泛长三角地区41市中所占比重分别为0.48%、0.49%、0.47%、0.56%和0.54%。2016年较2012年增加了0.06个百分点，较上年减少了0.02个百分点。

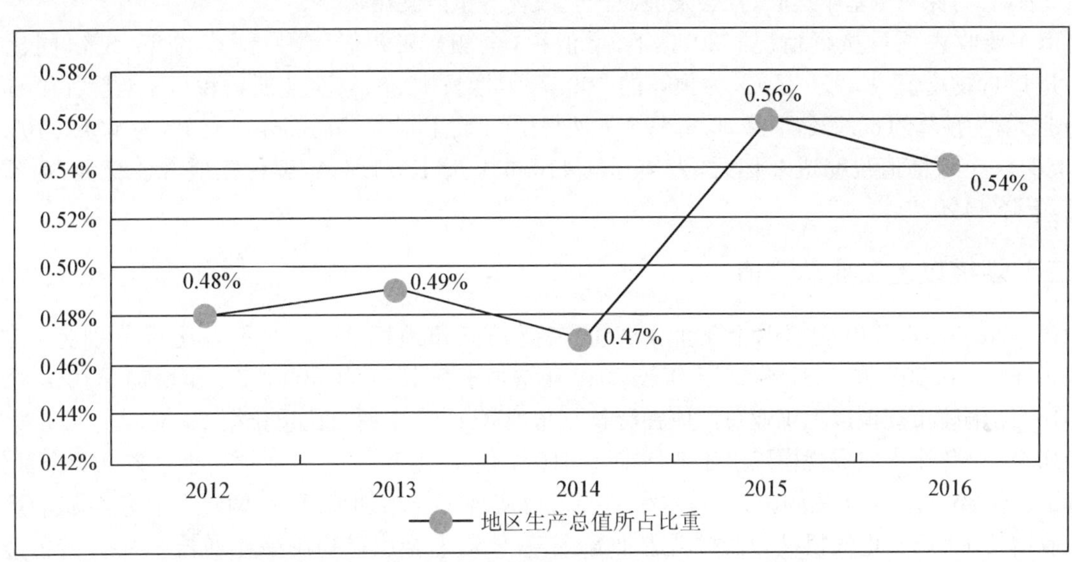

图4　2012—2016年铜陵市地区生产总值在泛长三角地区41市（苏浙两省24个地级市、上海市和安徽省16市，下同）中所占比重的变化趋势

2016年，铜陵市在泛长三角地区41市中地区生产总值所占比重排第38位。

全年全市实现地区生产总值(GDP)957.3亿元，增长9.1%，增幅高于年度预期目标0.6个百分点，高于全省0.4个百分点，居全省第5位，位次比上年前进1位。其中，第一产业增长3.1%；第二产业增长9.3%；第三产业增长9.5%，三次产业对GDP贡献率分别为1.8%、63.5%和34.7%。

（二）地方财政一般预算收入

2012—2016年铜陵市地方财政一般预算收入在泛长三角地区41市中所占比重分别为0.46%、0.40%、0.39%、0.34%和0.38%，2016年较2012年减少了0.08个百分点，较上年增加了0.04个百分点。2016年，铜陵市地方财政一般预算收入在泛长三角地区41市中排第38位，较上年上升了两位。

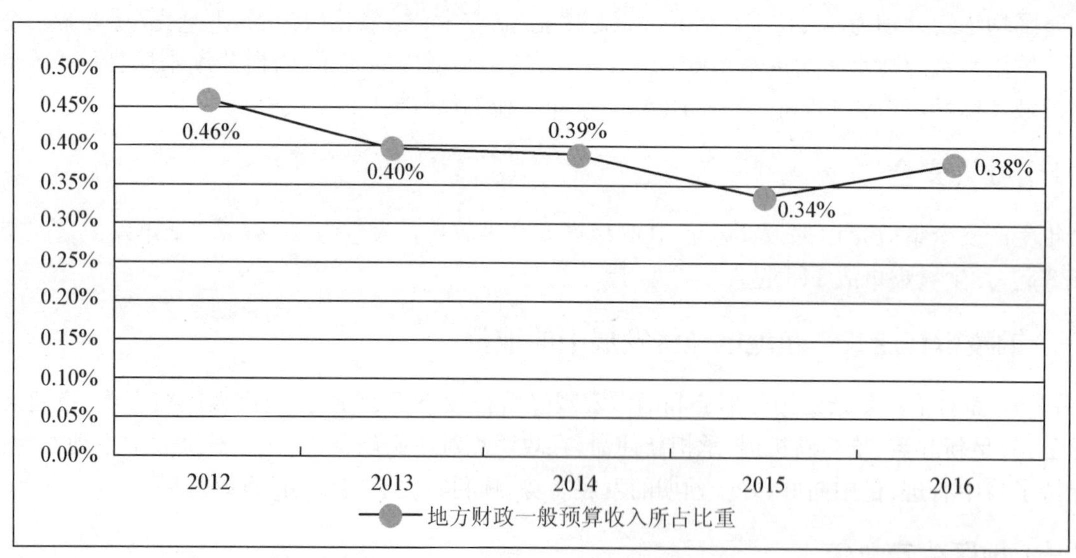

图5　2012—2016年铜陵市地方财政一般预算收入在泛长三角地区41市中所占比重的变化趋势

2016年，全市财政收入完成153.8亿元，为预算的102%，增长5%；全市财政支出完成150.6亿元，增长5.6%，有力保障了基本运转、社会发展及民生改善等重点支出需要。

全市主要收入项目执行情况。2016年，增值税（全额）37.8亿元，为预算的86.8%，同比下降9.1%；进口货物增值税39.5亿元，为预算的109.7%，增长12.8%；企业所得税（不含上划省15%部分）9.9亿元，为预算的66.7%，下降30.3%；个人所得税（不含上划省15%部分）3亿元，为预算的105.9%，增长13.8%；土地增值税完成2亿元，为预算的110.6%，增长21.4%；契税完成3.4亿元，为预算的55.5%，下降44%。

（三）规模以上工业总产值

2012—2016年铜陵市规模以上工业总产值在泛长三角地区41市中所占比重分别为0.68%、0.68%、0.69%、0.80%和0.81%，2016年较2012年增加了0.13个百分点，较上年增加了0.01个百分点。2016年，铜陵市规模以上工业总产值在泛长三角地区41市中所占比重排第29位。

2016年，全年全市完成规模以上工业增加值516.2亿元，增长9.6%，增幅高于全省0.8个百分点，居全省第9位，位次与上年相同。其中，六大主导行业实现工业增加值“四增两降”：有色金属冶炼和压延加工业增长12.5%；电气机械和器材制造业增长37.5%；非金属矿物制品业增长2.2%；有色金属矿采选业增长9.5%；电力、热力生产和供应业下降0.5%，化学原料和化学制品制造业下降4.7%。

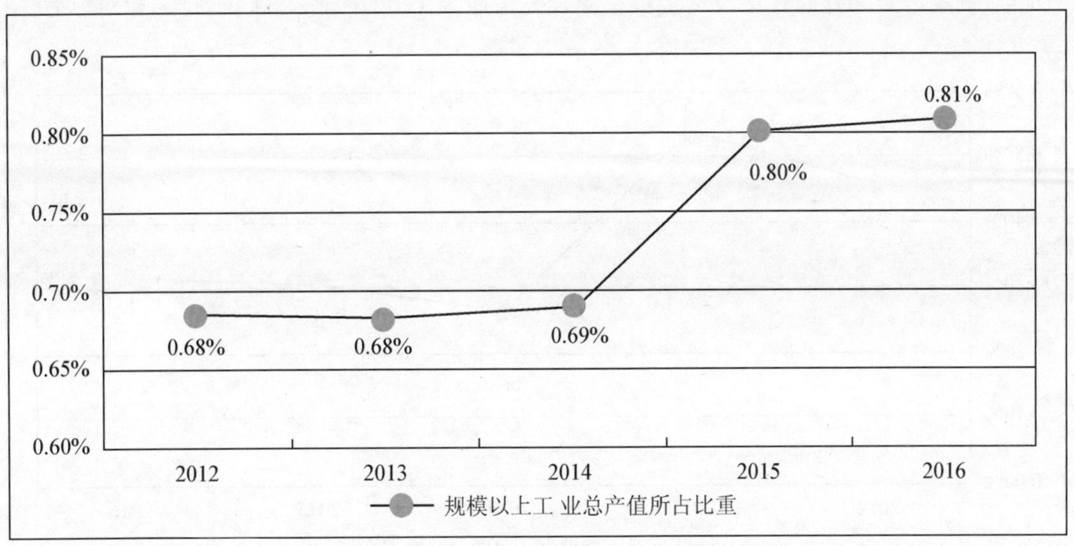

图 6　2012—2016 年铜陵市规模以上工业总产值在泛长三角地区 41 市中所占比重的变化趋势

（四）进出口总额

2012—2016 年铜陵市进出口总额在泛长三角地区 41 市中所占比重分别为 0.27％、0.42％、0.37％、0.33％和 0.35％，五年间增加了 0.08 个百分点，其中 2016 年较上年增加了 0.02 个百分点。2016 年，铜陵市进出口总额在泛长三角地区 41 市中排第 24 位，位置居中。

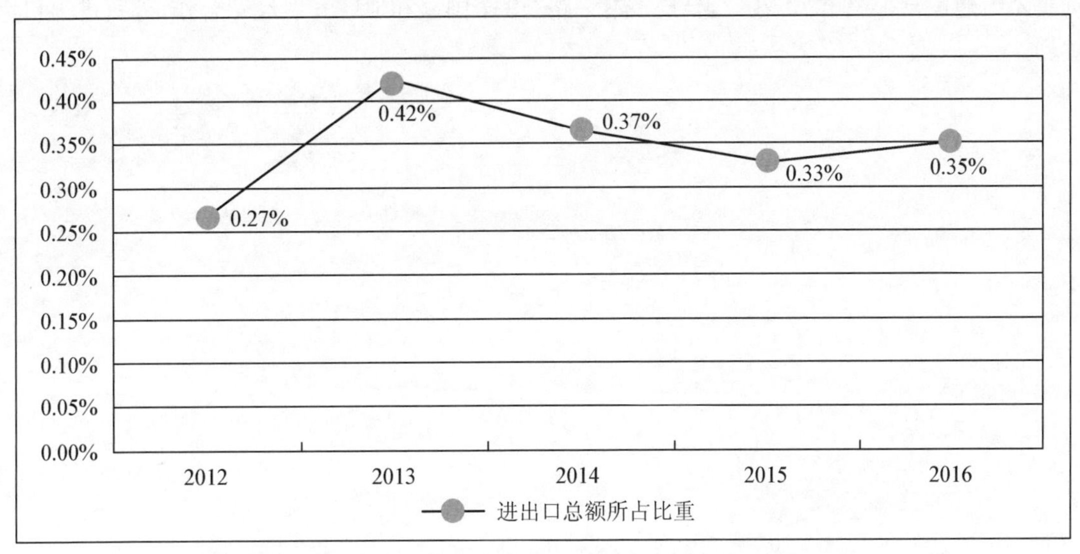

图 7　2012—2016 年铜陵市进出口总额在泛长三角地区 41 市中所占比重的变化趋势

2016 年，全年全市完成进出口总额 46.4 亿美元，增长 2.9％，扭转了上年下降局面，增幅高于全省 10.1 个百分点（同期全省下降 7.2），居全省第 7 位。其中，出口 6.7 亿美元，增长 0.98％，增幅高于全省 12.7 个百分点（全省下降 11.72％）；进口 39.8 亿美元，增长 3.2％，增幅高于全省 1.1 个百分点。

（五）实际外商直接投资金额

2012—2016 年铜陵市实际外商直接投资金额在泛长三角地区 41 市中所占比重分别为 0.46％、0.54％、0.26％、0.30％和 0.32％，2016 年较 2012 年减少了 0.14 个百分点，较上年增加了 0.02 个百分点。2016 年，铜陵市实际外商直接投资金额在泛长三角地区 41 市中排第 34 位，排名相对靠后。

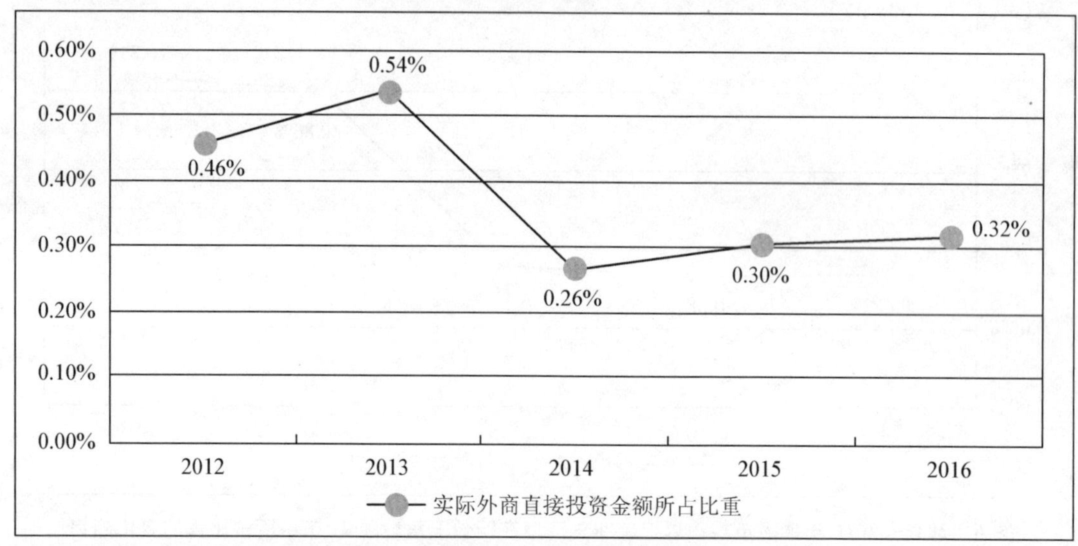

图 8　2012—2016 年铜陵市实际外商直接投资金额在泛长三角地区 41 市中所占比重的变化趋势

2016 年，全方位扩大开放合作。招商引资势头良好，新引进亿元以上项目 155 个、10 亿元以上项目 12 个，其中新兴产业项目占 79.4%。在建省外投资亿元以上项目到位资金 480 亿元，增长 9.6%，增幅居全省第 6 位；新批外资企业 9 家，实际利用外商直接投资 2.52 亿美元，增长 8.7%。港口经济发展迅速，铜陵港跻身亿吨大港，与宁波、舟山港建立了战略合作关系。进境水果指定口岸主体工程完工。港航投资集团组建运营。全市 73 家企业与“一带一路”49 个国家和地区开展经贸合作，外贸进出口完成省调度计划。

九 安庆市 2016 年经济社会发展报告

2016 年，面对复杂严峻的国内外经济形势，全市上下深入学习贯彻党的十八大、十八大历届全会精神，全面贯彻习近平总书记系列重要讲话精神，认真落实中央、省及市委、市政府各项决策部署，全面深化改革、扩大开放，打响产业转型升级、棚户区改造、精准脱贫、重大基础设施建设、增强县域经济实力五大攻坚战，着力推进稳增长、促改革、调结构、惠民生、防风险，较好完成全年目标任务，实现“十三五”良好开局。

一、安庆市 2016 年经济发展概况

（一）综合经济

1. 经济总量

全年地区生产总值(GDP)1531.2 亿元，按可比价格计算，比上年增长 8.0%。其中，第一产业增加值 192.0 亿元，增长 2.8%；第二产业增加值 727.2 亿元，增长 8.4%；第三产业增加值 612.0 亿元，增长 9.3%。第二、第三产业对地区生产总值增长的贡献率为 50.9%和 44.5%，分别比上年提高 2.5 个百分点和 6.0 个百分点。地区生产总值中三次产业比例为 12.5∶47.5∶40，人均生产总值 33294 元。

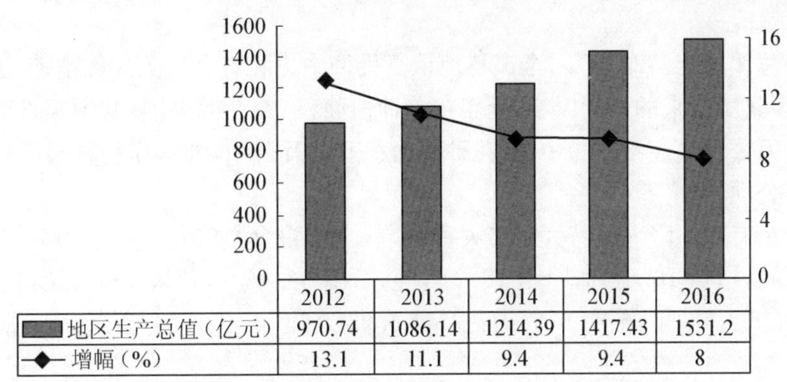

图 1 2012—2016 年安庆市地区生产总值及增长速度

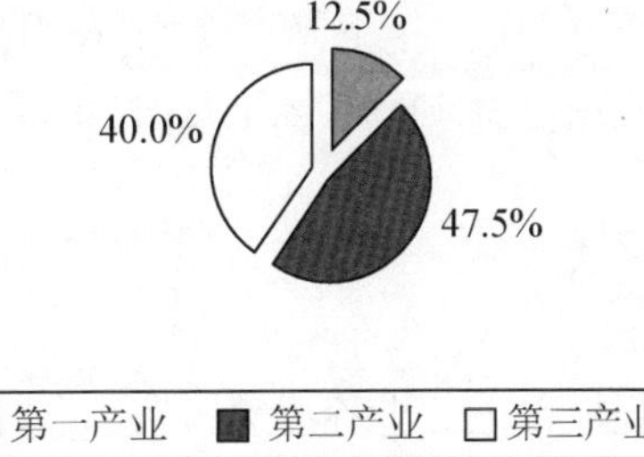

第一产业 第二产业 第三产业

图 2 2016 年安庆市三次产业结构图

2. 财政收支

财政结构优化，质量提高。全年全市财政一般预算收入为 267.6 亿元，比上年增收 20.2 亿元，增长 8.2%。地方财政一般预算收入 128.0 亿元，增长 29.4%。全年地方财政一般预算支出 337.1 亿元，增长 10.3%。其中，一般公共服务支出下降 5.9%，文教科卫事业费支出增长 6.0%，交通运输支出增长 7.5%，城乡社区事务支出增长 24.7%，社会保障补助和就业支出增长 17.1%。

3. 物价水平

消费品市场价格涨幅平稳。全年居民消费价格比上年上涨 1.8%，比上年涨幅上升 0.3 个百分点。其中，食品烟酒类价格上涨 4.0%；衣着类上涨 3.0%；居住类价格下降 0.5%；生活用品及服务类微涨 0.1%；交通和通信类价格下降 2.2%；教育文化和娱乐类上涨 1.8%；医疗保健类价格上涨 6.2%；其他用品及服务类价格上涨 3.0%；全年商品零售价格上涨 1.2%。

生产领域价格出现下跌。工业生产者出厂价格比上年下跌 1.8%。其中，生产资料价格下跌3.5%；生活资料价格上涨 2.3%。

4. 固定资产投资

投资快速增长。全年全社会固定资产投资 1521.9 亿元，比上年增长 9.8%。

投资结构进一步优化。全年第一产业投资 82.8 亿元，比上年增长 32.2%；第二产业投资 830.5 亿元，增长 1.0%；第三产业投资 608.6 亿元，增长 21.7%。在投资中，工业完成投资 828.0 亿元，增长 1.6%；制造业投资 754.3 亿元，增长 5.9%。

2016 年全市 5000 万以上重点项目建设扎实推进。全年 5000 万以上续建和新开工项目 772 个，当年完成投资 676.4 亿元。一批重大项目加速推进，江淮、安达尔新能源汽车整车下线，晨兴智能机器人、曙光丁辛醇等项目竣工投产，赛富环新电池包等重大项目开工建设，康熙河环境综合整治景观工程完工，北部新城污水处理厂完成主体工程，外环北路建成通车，完成合安高速安庆出口北移迁建工程。

（二）农业

农业生产形势总体稳定。2016 年，全市各地认真贯彻中央和省委有关文件精神，进一步加大支农力度，努力克服多种因素所带来的不利影响，全年粮食种植面积 36.8 万公顷，其中稻谷面积 28.1 万公顷，小麦种植面积 4.3 万公顷。经济作物中，棉花种植面积 5.2 万公顷，油料作物种植面积 11.3 万公顷，蔬菜种植面积 7.1 万公顷。

主要农产品产量有所下降。受特大洪涝灾害影响，全年粮食总产量 208.5 万吨，产量下降 4.36%。其中，夏粮 14.7 万吨，增长 16.67%，早稻 18.2 万吨，下降 33.46%，秋粮 175.6 万吨，下降 0.02%。全年油料作物产量 24.6 万吨，下降 4.76%；棉花产量 6.95 万吨，下降 12.4%；蔬菜产量 156.2 万吨，增长 5.1%。

畜牧业、渔业稳步发展。全年肉类总产量 30.7 万吨，比上年增长 2.22%，其中猪牛羊肉产量 22.1 万吨，下降 0.16%。禽蛋产量 16.7 万吨，增长 12.9%。水产品产量 31.1 万吨，增长 2.57%。

全市农业机械总动力 314.6 万千瓦，比上年下降 9.7%，农用拖拉机 9.49 万辆。全年化肥施用量(折纯)20.4 万吨，下降 0.09%。农村用电量 14.45 亿千瓦时，下降 0.05%。

（三）工业和建筑业

1. 工业经济

工业生产平稳增长。年末全市规模以上工业企业数 1768 户，比上年净增 92 户。全年规模以上工业实现增加值 670.79 亿元，增长 8.7%。在规模以上工业中，国有及国有控股企业增加值 68.26 亿元，下降 19.7%；集体企业 2.51 亿元，下降 18.0%；股份制企业 547.26 亿元，增长 12.4%；外商及港澳台投资企业 37.21 亿元，增长 9.6%。重工业增加值 372.69 亿元，增长 6.3%；轻工业增加值 298.10 亿元，增长 9.2%。

全市规模以上工业经济效益综合指数达到 308.48%，比上年下降 10.03 个百分点。实现主营业务收入 2818.12 亿元，增长 5.5%；实现利税 335.92 亿元，下降 0.8%，其中利润 188.65 亿元，增长 13.3%。

2. 建筑业

全年全社会建筑业完成增加值 87.5 亿元，比上年增长 7.0%。房屋建筑施工面积 1828 万平方米，比上年增加 124 万平方米；房屋竣工面积 1024.5 万平方米，比上年减少 31 万平方米。

（四）服务业

1. 国内贸易

消费结构优化，全年社会消费品零售总额 681.7 亿元，增长 12.0%。分城乡看，全年城镇消费品零售额 455.4 亿元，增长 11.5%；乡村消费品零售额 226.3 亿元，增长 13.1%。分行业看，批发零售业零售额 621.7 亿元，增长 12.0%；餐饮业零售额 51.0 亿元，增长 12.5%；住宿业零售额 9.0 亿元，增长 11.8%。

全年全市限额以上大类商品普遍旺销，居民消费结构的升级速度明显加快。从限额以上单位商品零售类值看，粮油、食品、饮料、烟酒类增长 14.9%；服装、鞋帽、针纺织品类增长 8.9%；日用品类增长 14.7%；家用电器和音像器材类增长 10.6%；家具类增长 14.5%。反映居民消费结构升级的建筑及装潢材料类、化妆品、金银珠宝、汽车等商品继续热销，分别增长 6.9%、16.0%、6.1%和 16.2%。

2. 交通运输、邮电

年末民用汽车 37.9 万辆，增长 24.7%，其中，民用轿车 36.9 万辆，增长 41.9%。

全年邮电业务总量 34.5 亿元，增长 14.0%。其中，邮政业务总量 10.5 亿元，增长 46.6%；电信业务总量 24.0 亿元，增长 3.9%。年末本地固定电话用户 51.4 万户；移动电话用户 358.6 万户；年末计算机互联网用户 69.4 万户。

3. 旅游业

旅游业快速发展。全年接待海内外游客 5145.72 万人次，增长 14.56%；接待国内游客 5122.33 万人次，增长 17.35%。旅游总收入 492.23 亿元，增长 20.46%。其中，旅游外汇收入 19654.04 万美元，增长 37.57%；国内旅游收入 479.18 亿元，增长 19.85%。

4. 金融和保险

金融机构存贷款稳定增加。全市金融机构存款年末余额为 2650.4 亿元，比上年末增加 395.9 亿元，增长 17.6%。其中，住户存款余额 1598.8 亿元，增长 11.6%。全市金融机构贷款年末余额为 1484.2 亿元，比上年末增加 167.7 亿元，增长 12.7%。

全年全市保险系统保费收入 67.99 亿元，同比增长 26.71%。其中，财产险业务保费收入 17.38 亿元，同比增长 22.33%；人身险业务保费收入 50.61 亿元，同比增长 29.3%。行业累计赔款和给付 21.4 亿元，同比增长 23.41%。其中，财产险业务赔款支出 9.54 亿元，同比增长 33.24%；人身意外险累计赔款 11.86 亿元，同比增长 16.5%。

5. 房地产业

全年房地产开发投资 140.5 亿元，增长 15.5%；商品房销售额 202.3 亿元，增长 29.1%。

（五）对外经济

1. 对外贸易

外贸进出口有所下降。全年进出口总额 17.56 亿美元，比上年下降 16.34%。其中，出口 14.46 亿美元，下降 21.36%；进口 3.1 亿美元，增长 18.98%。在出口中，机电产品、高新技术产品占全部出口的比重由上年的 23.72%下降到 21.36%。

2. 利用外资

外商直接投资下滑明显。全年新批外商投资企业 10 家；合同利用外商直接投资 7126 万美元，下降 50.2%；实际利用外商直接投资 18074 万美元，与上年持平。

3. 对外劳务

对外劳务合作稳步扩大。全年外派劳务人员 81 人，同比增长 56.2%。

二、安庆市 2016 年社会发展概况

（一）人口、人民生活

人口自然增长率保持较低水平。据计生部门统计，2016 年，全市人口出生率为 11.28‰；死亡率为 5.08‰；自然增长率 6.20‰。2016 年末全市户籍人口 529.1 万人。

城乡居民生活水平继续提高。全年城镇常住居民人均可支配收入 26502 元，比上年增长 8.0%，扣除价格因素，实际增长 6.1%；城镇常住居民人均消费支出 15030 元，增长 6.7%，其中，食品支出增长 9.7%，交通与通讯支出增长 6.1%，衣着支出增长 4.7%，娱乐教育文化支出增长 7.0%；城镇居民恩格尔系数为 35.6%，比上年下降 0.3 个百分点。

全年农村常住居民人均可支配收入 10814 元，比上年增长 8.3%。农村常住居民人均消费支出 9013 元，增长 11.9%，其中，食品支出增长 11.0%，交通和通讯支出增长 1.9%。

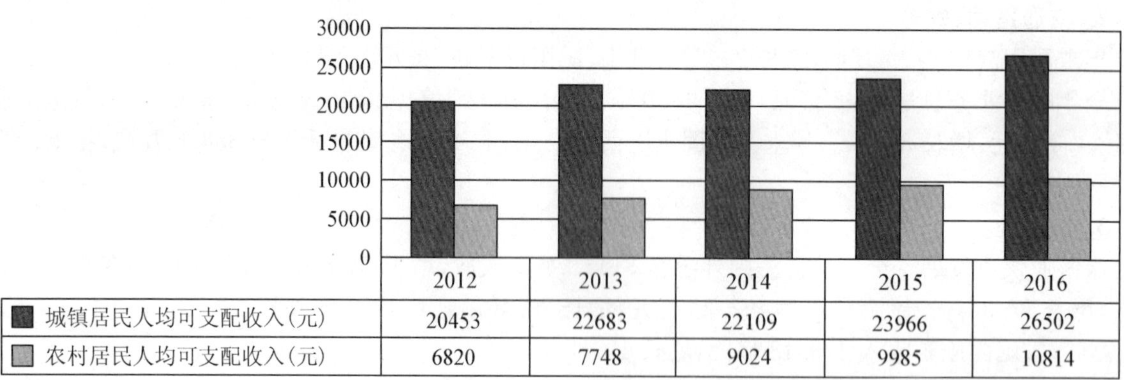

	2012	2013	2014	2015	2016
城镇居民人均可支配收入(元)	20453	22683	22109	23966	26502
农村居民人均可支配收入(元)	6820	7748	9024	9985	10814

图 3　2012—2016 年安庆市城乡居民收入对比一览

（二）就业与社会保障

1. 就业工作

全年城镇新增就业 6.55 万人，比预期目标多 2.35 万人。全年有 1.27 万人实现了再就业。年末城镇人口登记失业率为 3.22%。

2. 社会保障和福利

社会保障工作进一步加强。年末全市参加城镇职工基本养老保险人数为 55.56 万人，比上年增加 2.02 万人，其中，参保职工 38.93 万人；参保的离退休人员 16.63 万人；参加城乡居民社会养老保险人数为 268.28 万人，其中，领取养老金人数 73.36 万人；参加失业保险的人数为 24.83 万人，领取失业保险金人数为 0.49 万人；参加城镇职工基本医疗保险人数为 43.62 万人，比上年增加 0.18 万人，其中，参保职工 28.77 万人，参保的离退休人员 14.85 万人；参加城镇居民基本医疗保险人数 68.6 万人，领取待遇 8.58万人次；参加工伤保险人数 36.43 万人，领取待遇 0.33 万人次；参加生育保险人数 28.30 万人，领取待遇 0.61 万人次。全市年末享受城市居民最低生活保障的人数为 4.14 万人，享受农村最低生活保障的人数为 15.87 万人。

社会福利事业稳步发展。年末全市有各类收养性单位 196 个，拥有床位数 36280 张，收养各类人员 13019 人。其中农村五保供养服务机构 148 个，拥有床位数 28043 张，收养 10430 人。全市建立各类社区服务设施 293 个，其中社区服务中心 43 个，社区服务站 250 个。全年销售社会福利彩票 5.2 亿元，筹

集社会福利资金 1.39 亿元。

（三）教育和科学技术

1. 教育事业

教育事业持续健康发展。2016 年末，全市有普通高校 5 所，当年招生 11516 人，在校学生 40600 人，毕业生 12748 人。其中，硕士研究生当年招生 156 人，在校生 366 人，毕业生 99 人。各类中等职业教育学校（含技工学校）当年招生 1.57 万人，在校生 5.36 万人，毕业生 2.03 万人。普通高中招生 2.81 万人，在校生 9.50 万人，毕业生 4.68 万人。初中招生 4.56 万人，在校生 13.36 万人，毕业生 3.67 万人。普通小学招生 4.13 万人，在校生 25.91 万人，毕业生 4.51 万人。初中阶段适龄人口入学率为 100%，小学学龄儿童入学率为 100%。

2. 科技与创新

科技事业取得新进展。获国家级科技项目 12 项，省级科技项目 33 项，市级科技项目 50 项。全年认定高新技术企业 62 家，认定高新技术产品 135 项。全年受理专利申请量 17022 件，获得专利授权量 3712 件，已实施的专利授权量 2668 件。全年签订各类技术合同 77 项，技术合同成交金额 8688 万元。

质量检验工作得到加强。全市共有县以上产品质量检验机构 78 个，其中系统内 11 个。国家检测中心 2 个。法定计量技术机构 8 个，全年强制检定计量器具 20.7 万台件，报省级修订地方标准数 11 项。

（四）文化、卫生和体育

1. 文化事业

文化事业继续发展。2016 年末，全市共有艺术表演团体 116 个，文化馆 11 个，乡镇文化站 147 个，公共图书馆 12 个，博物馆 14 个。全市广播电台 8 座，中短波转播发射台 1 座，调频转播发射台 14 座。全市有线电视用户 84.52 万户，其中：数字电视用户 48.51 万户，全市广播电视农村直播卫星用户 9.33 万户。年末广播综合人口覆盖率为 98.31%，电视综合人口覆盖率为 98.56%。全年出版报纸 4 种，总印数 2107.97 万份；期刊（杂志）4 种，总印数 3.52 万册；年末全市共有各级档案馆 11 个，馆藏档案资料 14.6 万册，库馆总建筑面积 31682 平方米。

2. 卫生事业

卫生事业不断进步。年末全市共有卫生机构（含诊所、卫生室）2074 个。其中医院、卫生院 196 个，卫生防疫机构 9 个，妇幼保健院（所、站）9 个。医院、卫生院床位 18220 张。全市卫生人员总数 27244 人，其中卫生技术人员 20550 人，执业医师和执业助理医师 8094 人，注册护士 8326 人。乡村卫生院 131 个，乡村医生和卫生员 3416 人，全市农村有医疗点的村占总村数的比重达 100%。

3. 体育事业

体育事业取得新成绩。全年安庆市运动健儿在国际和国内的重大比赛中，共获得金牌 1 枚，银牌 1 枚，铜牌 2 枚。全年发展社会体育指导员 1179 人，一级运动员 7 人，二级运动员 43 人。全民健身运动蓬勃发展，全年共举办百人以上的体育健身活动 161 次，参加体育健身活动人数 17.09 万人。

（五）环境保护

环境保护工作继续加强。2016 年末，全市有省、市、县环境监测站 8 个。全市当年审批的建设项目环保投资总额 596.3 亿元，累计建成和在建环保项目 374 个，自年初累计建成和在建环保项目完成投资 22.6 亿元。全年环境检测站检测到的县（市）、区中，空气质量达二级以上的天数为 249 天。

生态建设积极推进。全市已建成自然保护区 5 个，其中国家级 1 个、省级 3 个。

（六）社会安全

全市发生火灾事故 185 起，造成直接经济损失 829.9 万元；交通事故 1429 起，死亡 230 人，造成直接经济损失 575.6 万元。

三、安庆市在泛长三角地区经济发展中的地位

2016 年，面对复杂严峻的宏观经济环境，在市委、市政府的坚强领导下，在市人大的监督指导下，全市上下深入学习贯彻习近平总书记视察安徽重要讲话精神，坚持稳中求进工作总基调，着力推进供给侧结构性改革，加快调结构、转方式、促升级，全面实施五大攻坚战，统筹推动“四个强市”建设，远谋近施，奋发进取，经济发展平稳健康，社会保持和谐稳定，较好地完成了市十六届人大五次会议确定的目标任务，实现了“十三五”发展良好开局。

（一）地区生产总值

2012—2016 年安庆市地区生产总值在泛长三角地区 41 市中所占比重分别为 1.06%、1.01%、1.02%、0.87%和 0.86%。2016 年与 2012 年比减少了 0.20 个百分点，较上年减少了 0.01 个百分点。2016 年，安庆市在泛长三角地区 41 市中地区生产总值所占比重排名第 25 位。

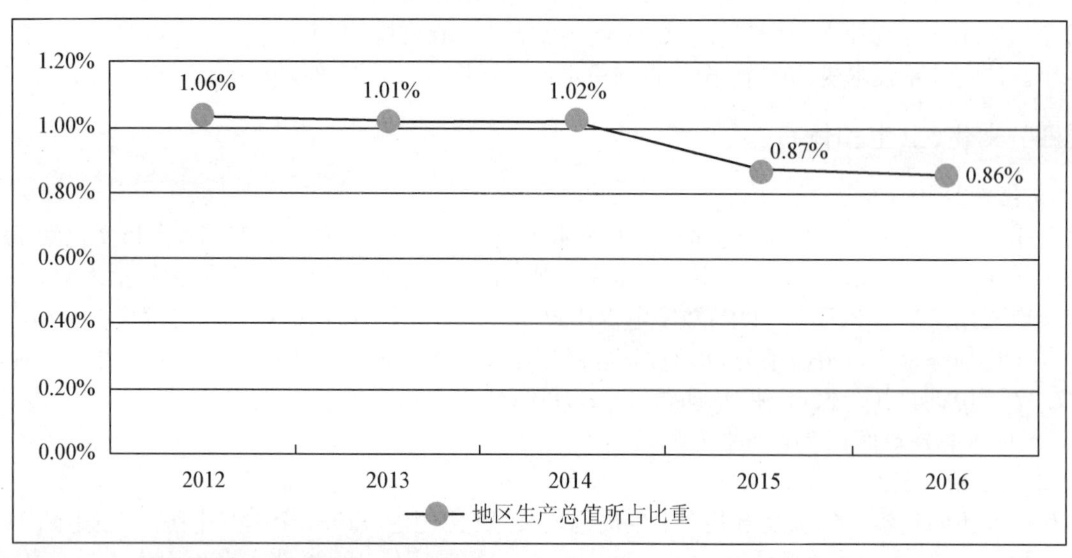

图 4　2012—2016 年安庆市地区生产总值在泛长三角地区 41 市
（苏浙两省 24 个地级市、上海市和安徽省 16 市，下同）中所占比重的变化趋势

2016 年，全年地区生产总值（GDP）1531.2 亿元，按可比价格计算，比上年增长 8.0%。其中，第一产业增加值 192.0 亿元，增长 2.8%；第二产业增加值 727.2 亿元，增长 8.4%；第三产业增加值 612.0 亿元，增长 9.3%。第二、第三产业对地区生产总值增长的贡献率为 50.9%和 44.5%，分别比上年提高 2.5 个百分点和 6.0 个百分点。地区生产总值中三次产业比例为 12.5∶47.5∶40，人均生产总值 33294 元。

（二）地方财政一般预算收入

2012—2016 年安庆市地方财政一般预算收入在泛长三角地区 41 市中所占比重分别为 0.62%、0.61%、0.62%、0.55%和 0.60%，2016 年较 2012 年减少了 0.02 个百分点，较上年增加了 0.05 个百分点。2016 年，安庆市地方财政一般预算收入在泛长三角地区 41 市中排第 30 位，较上年上升了一位。

2016 年，全市各级财政部门紧紧围绕建设“四个强市”的目标，全面贯彻落实市十六届人大五次会议有关决议精神，认真实施积极的财政政策，全力支持稳增长、促改革、调结构、惠民生、防风险，有力地促进了全市经济社会平稳健康较快发展。

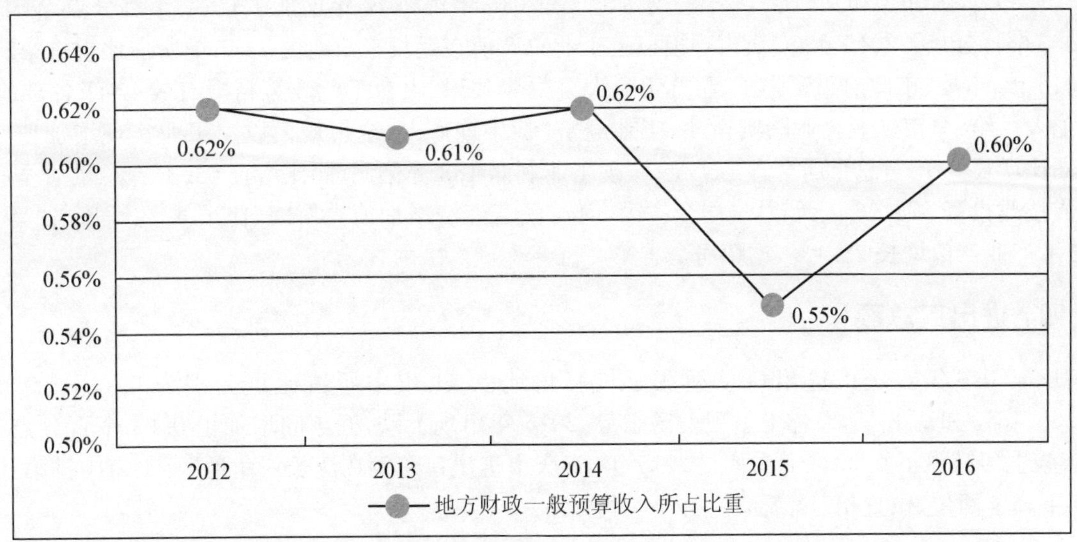

图 5　2012—2016 年安庆市地方财政一般预算收入在泛长三角地区 41 市中所占比重的变化趋势

全市财政收入完成 267.6 亿元，为预算的 100%，增长 8.2%。其中，地方财政收入 128 亿元，为预算的 114.7%，增长 29.4%。加上省补助、上年结转等收入 306.1 亿元，预算总收入 434.1 亿元。全市公共财政支出完成 337.1 亿元，加上体制上解、年终结转等支出 97 亿元，预算总支出 434.1 亿元。

市本级财政收入完成 141.7 亿元，为预算的 100%，增长 8%。其中，地方财政收入 46.8 亿元，为预算的 156.1%，增长 103.4%。加上省补助、上年结转等收入 82.5 亿元，预算总收入 129.3 亿元。市本级公共财政支出完成 79.6 亿元，加上体制上解、年终结转等支出 49.7 亿元，预算总支出 129.3 亿元。

市经济开发区财政收入完成 11.6 亿元，为调整预算的 100%，增长 1%。其中，地方财政收入 5.4 亿元，为预算的 112.2%，增长 8.8%。加上省市补助等收入 9.9 亿元，预算总收入 15.3 亿元。经济开发区公共财政支出完成 4.6 亿元，加上体制上解等支出 10.7 亿元，预算总支出 15.3 亿元。

（三）规模以上工业总产值

2012—2016 年安庆市规模以上工业总产值在泛长三角地区 41 市中所占比重分别为 0.89%、

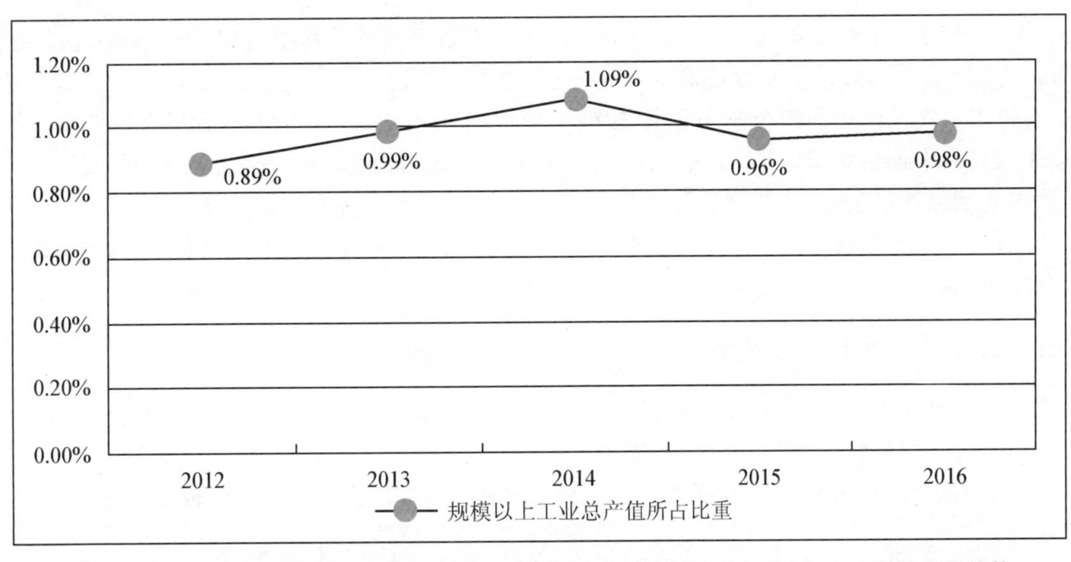

图 6　2012—2016 年安庆市规模以上工业总产值在泛长三角地区 41 市中所占比重的变化趋势

0.99%、1.09%、0.96%和 0.98%，整体呈增加态势，2016 年较 2012 年增加了 0.09 个百分点，较上年增加了0.02个百分点。2016 年，安庆市规模以上工业总产值在泛长三角地区 41 市中所占比重排第26位。

2016 年，市委、市政府重工强工，召开工业大会凝聚共识、出台工业政策精准有效；各级各部门聚焦工业，加大供给；全市工业企业踏实奋斗，工业经济“稳中向好”。全市规模以上工业实现增加值 670.8 亿元，同比增长 8.7%，总量居全省第 4 位；实现工业利润 188.6 亿元，同比增长 13.3%，总量居全省第 4 位；完成技改投资 578.96 亿元，总量居全省第 3 位；民营经济增加值占 GDP 比重 67%，居全省第 4 位；高新技术产业产值增长 28.1%，增幅居全省第 2 位。

（四）进出口总额

2012—2016 年安庆市进出口总额在泛长三角地区 41 市中所占比重分别为 0.09%、0.13%、0.16%、0.18%和 0.13%，总体上呈现上扬态势，2016 年出现下跌，五年间增加了 0.04 个百分点，其中 2016 年较上年减少了 0.05 个百分点。2016 年，安庆市进出口总额在泛长三角地区 41 市中排第 32 位，较上年下降了两位，位置相对靠后。

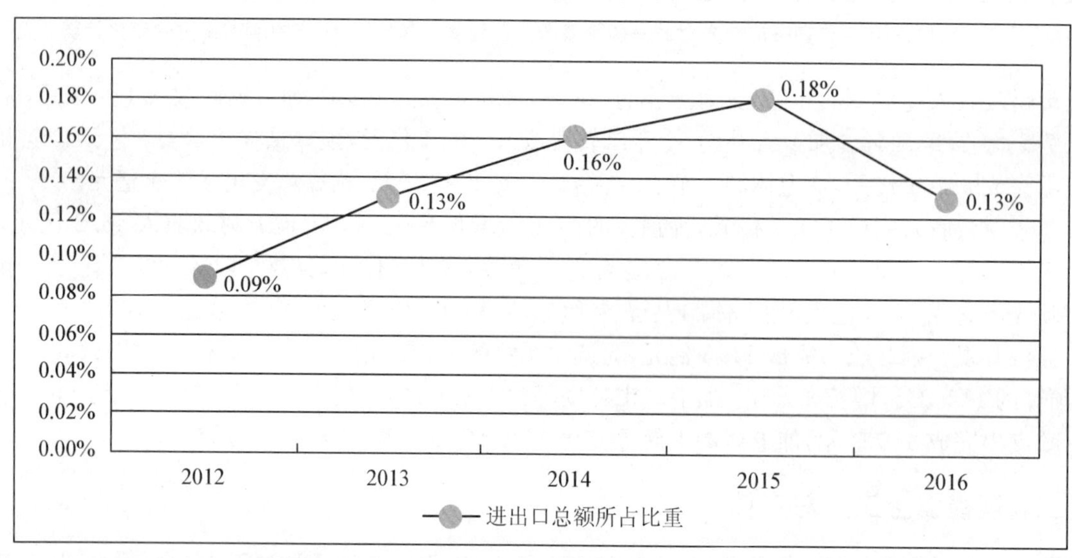

图 7 2012—2016 年安庆市进出口总额在泛长三角地区 41 市中所占比重的变化趋势

2016 年安庆市实体外贸进出口达 78.6 亿元，同比增长 8.4%。其中，进口 20.6 亿元，同比增长 24%；进口占比 26.4%，较前一年度提高 3 个百分点，外贸结构进一步优化。2016 年安庆市外贸主体不断壮大，有进出口实绩的生产型企业 398 家，较前一年度增加 88 家。进出口亿元级别生产型企业达 18 家，增加 4 家。其中德生纺织印染（安庆）有限公司进出口大幅增长 29.2%，达 3.11 亿元，安庆申洲进出口有限公司业绩保持稳定，达 3.07 亿元。同时，安庆市的主要进口商品也呈现大幅增长态势。机电产品进口 6.9 亿元，同比增长 20.3%；农产品进口 5.6 亿元，同比增长 19.5%，两类商品合计进口 12.5 亿元，占比超过六成。

（五）实际外商直接投资金额

2012—2016 年安庆市实际外商直接投资金额在泛长三角地区 41 市中所占比重分别为 0.45%、0.60%、0.36%、0.25%和 0.23%，2016 年较 2012 年减少了 0.22 个百分点，较上年减少了 0.02 个百分点。2016 年，安庆市实际外商直接投资金额在泛长三角地区 41 市中排第 39 位，较上年下滑了两位，排名相对靠后。

2016 年，实际利用市外资金超过 700 亿元。继续深化央企合作，取得积极成果。环新集团并购海外

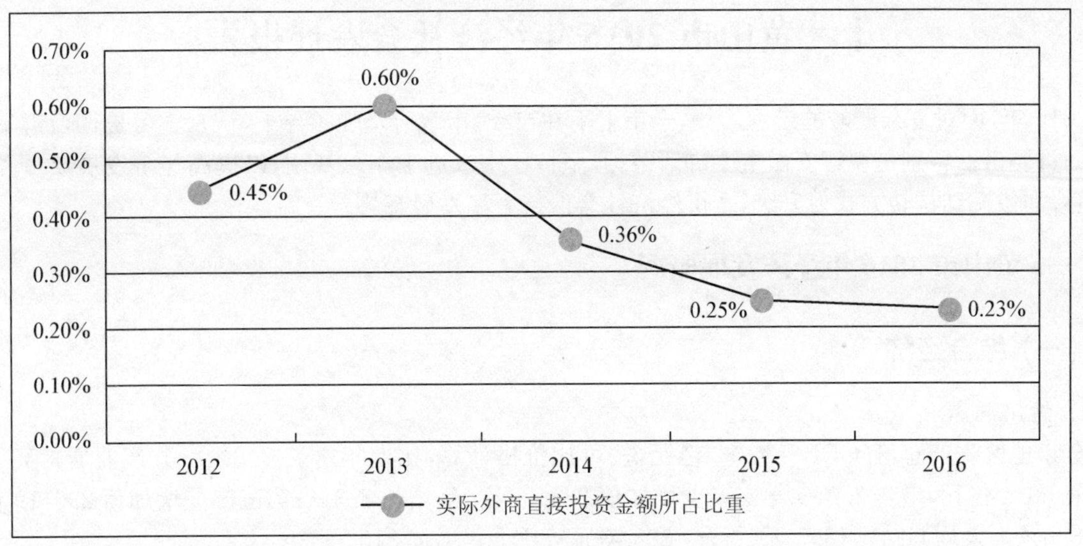

图 8　2012—2016 年安庆市实际外商直接投资金额在泛长三角地区 41 市中所占比重的变化趋势

优质企业取得突破性进展，13 家企业国际产能合作扎实推进。成功举办闽浙赣皖福州经济协作区第十八次市长联席会议、亚布力青年论坛年会，与 3 个城市建立国际友好合作关系，区域合作全面加强。

十 黄山市 2016 年经济社会发展报告

2016 年，面对复杂严峻的宏观形势，全市上下在市委、市政府坚强领导下，认真学习贯彻习近平总书记系列重要讲话特别是视察安徽重要讲话精神，坚持稳中求进工作总基调，以提高经济发展质量和效益为中心，加快调结构转方式促升级，全市经济社会保持平稳发展态势。

一、黄山市 2016 年经济发展概况

（一）综合经济

1. 经济总量

全年地区生产总值(GDP)576.82 亿元，按可比价格计算，比上年增长 7.8%。分产业看，第一产业增加值 56.4 亿元，增长 2.0%；第二产业增加值 224.23 亿元，增长 8.3%；第三产业增加值 296.19 亿元，增长 8.5%。人均 GDP 41897 元(折合 6308 美元)，比上年增加 3103 元。

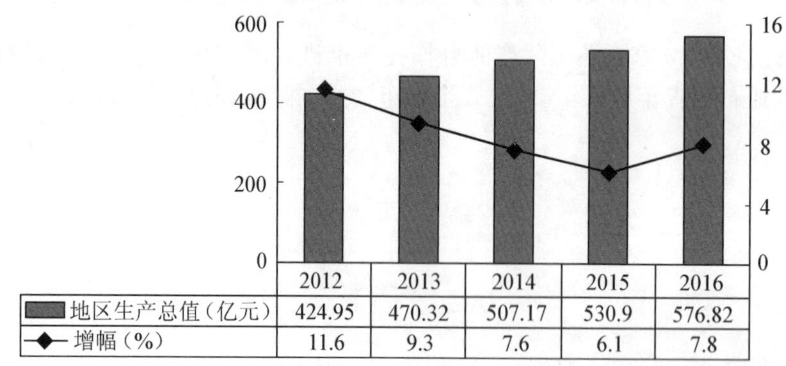

图 1 2012—2016 年黄山市地区生产总值及增长速度

三次产业结构由上年的 10.4∶39.9∶49.7 调整为 9.8∶39.0∶51.2，其中工业增加值占 GDP 比重为 30.7%，比上年降低 0.4 个百分点。三次产业对经济增长的贡献率分别为 2.7%、42.6%和 54.7%，其中：工业对经济增长的贡献率为 38.9%。

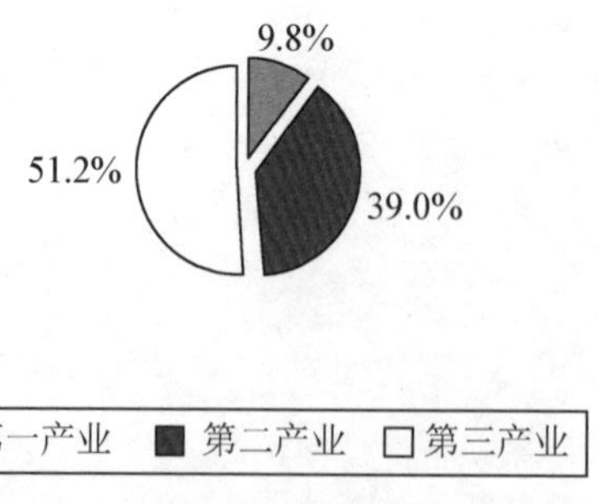

图 2 2016 年黄山市三次产业结构图

2. 财政收支

全年财政收入 99.0 亿元，比上年增长 7.0%，其中地方财政收入 75.8 亿元，增长 5.9%。从地方财政收入来源看，税收收入 40.0 亿元，下降 8.4%，其中增值税和营业税下降 21.7%、企业所得税下降 4.2%；非税收入 35.8 亿元，增长 28.0%，其中国有资源(资产)有偿使用收入增长 40.9%，占非税收入比重为 74.6%，提高 6.8 个百分点。

全年财政支出 171.6 亿元，增长 7.3%。其中：民生支出 139.5 亿元，增长 8.1%，占财政支出的比重为 81.3%，同比提高 0.6 个百分点。从重点支出项目看，社会保障与就业支出增长 9.8%，城乡社区事务支出增长 10%，文化体育与传媒支出增长 12.3%，教育支出增长 10.9%。全市 34 项民生工程累计投入 43.9 亿元，完成年度计划的 119%。

3. 物价水平

全年居民消费价格（CPI）比上年上涨 2.0%，其中服务项目价格上涨 2.4%，消费品价格上涨 1.8%；八大类消费品及服务价格呈“四升四降”态势，其中，涨幅靠前的是教育文化和娱乐类、食品烟酒类和医疗保健类，分别上涨 5.4%、5.2%和 4.2%；其他用品和服务类价格上涨 0.6%；衣着类（−0.8%）、居住类（−0.2%）、生活用品及服务类（−0.1%）、交通和通信类（−2.7%）价格下跌。商品零售价格比上年上涨 0.5%。工业生产者出厂价格下降 2.8%，工业生产者购进价格下降 1.5%。

4. 固定资产投资

全年固定资产投资 597.7 亿元，比上年增长 8.2%。其中：国有及国有控股投资 306.1 亿元，增长 7.8%；外商投资 8.5 亿元，下降 20.4%；民间投资 286 亿元，增长 8.9%。分产业看：第一产业投资 30.1 亿元，增长 22.3%；第二产业 105.6 亿元，增长 25.0%；第三产业 462 亿元，增长 4.2%。分行业看：工业投资 105.6 亿元，增长 25%，其中：制造业 88.7 亿元，增长 36.3%。

（二）农业

全年农林牧渔业总产值 97.12 亿元，比上年增长 2.0%，其中，农业产值 48.43 亿元，下降 2.4%；林业产值 16.95 亿元，增长 15.1%；牧业产值 26.68 亿元，增长 2.6%；渔业产值 2.44 亿元，下降 0.8%；农林牧渔服务业产值 2.62 亿元，增长 5.4%。

全年农作物总播种面积 126.2 千公顷，比上年下降 0.9%，其中：经济作物播种面积 64.5 千公顷，下降 0.6%。在总播种面积中：粮食作物种植面积 61.7 千公顷，下降 1.3%；油料种植面积 26.0 千公顷，下降 1.2%；中草药材种植面积 6.3 千公顷，下降 1.9%；蔬菜种植面积 23.5 千公顷，增长 1.2%。

全年粮食产量 33.5 万吨，比上年下降 4.2%；油料 3.7 万吨，下降 11%；茶叶产量 3.3 万吨，下降 2.1%（农委提供）；中草药材 8817 吨，下降 3.1%；棉花 482 吨，下降 7.8%；园林水果 5 万吨，下降 18.2%；蔬菜 40.8 万吨，增长 0.8%。

年末全市生猪存栏 72.5 万头，比上年下降 5.7%；全年生猪出栏 94.6 万头，下降 2.9%；家禽出栏 462.06 万只，增长 1.1%；肉类总产量 9 万吨，下降 2.2%；禽蛋 2.2 万吨，下降 2.7%；牛奶产量 5806 吨，下降 8.3%；蚕茧 2797 吨，下降 26.9%；水产品 1.7 万吨，微降 0.2%。

年末全市农业机械总动力 83.39 万千瓦，比上年增长 2.6%。农用拖拉机 16752 台，增长 0.2%；农用运输车 2369 辆，下降 24%。机耕作业面积 100 千公顷，增长 3.5%；机播作业面积 5.2 千公顷，减少 22.4%；机收作业面积 40.3 千公顷，增长 3.3%。全年农用化肥施用量（折纯）3.7 万吨，下降 4.6%。农村用电量 2.6 亿千瓦时，增长 3.6%。耕地有效灌溉面积 45.94 千公顷，节水灌溉面积 11.26 千公顷。

年末全市规模以上农产品加工企业 223 家，其中：省级以上龙头企业 41 家。全年农产品加工产值 208.6 亿元，增长 8.1%，占工业总产值比重为 33.0%。年末全市特色产业基地 244 万亩，其中茶园面积 76.1 万亩；建成国家级、省级农业标准基地 25 个。年末拥有 9 个中国驰名商标、84 个安徽省著名商标、26 个安徽名牌产品。新注册农民合作社 167 家，累计达 1821 家。

（三）工业和建筑业

1. 工业经济

年末全市规模以上工业企业 553 户，比上年末净增 33 户。全年规模以上工业增加值 132.7 亿元，比上年增长 10.2%，其中，重工业 78.1 亿元，增长 12.8%，轻工业 54.6 亿元，增长 6.7%。分企业规模看，大中型企业26.6亿元,增长8.8%,小型企业106.1亿元,增长10.6%。

全市33个工业行业大类中,有27个行业实现增长,其中12个行业增幅超全市水平。增加值总量前5位行业中,有4个行业保持增长,其中:对工业经济增长贡献前5大行业分别是化学原料和化学制品制造业、汽车制造业、橡胶和塑料制品业、纺织业和通用设备制造业,累计实现工业增加值60.1亿元,占规模以上工业比重为45.3%,对工业经济增长贡献率为63.0%。装备制造业增加值增长12.0%,高新技术产业产值增长16.0%,战略性新兴产业产值增长18.3%。

主要工业产品产量中,罐头增长14.3%、精制茶增长2.2%,初级形态塑料增长20.6%,水泥增长8.8%,铜材、钢丝分别增长5.7%、10.1%,阀门、通信电缆分别增长5.2%、7.9%,服装下降14.5%,金属切削机床下降12.4%。

全市规模以上工业企业累计完成主营业务收入585.8亿元,比上年增长10.4%;利税35.39亿元,增长9.1%,其中利润23.92亿元,增长11.0%。33个工业大类行业全面实现盈利,其中19个行业利润增长。化学原料和化学制品制造业、印刷和记录媒介复制业、酒饮料和精制茶制造业、汽车制造业、电气机械和器材制造业、纺织业、金属制品业7个利润超亿元的行业,合计实现利润16亿元,占全部工业的66.9%。企业亏损面由上年10.6%下降到7.9%,亏损企业亏损额由上年增长53.8%转为下降7.6%。

2. 建筑业

全年全社会建筑业增加值48.3亿元,比上年增长2.6%;资质内建筑企业完成总产值50亿元,下降1.5%。建筑业劳动生产率为16万元/人,增长9.6%。房屋建筑施工面积487.3万平方米,下降14%;房屋建筑竣工面积235.1万平方米,下降12.1%。

(四)服务业

1. 国内贸易

全年社会消费品零售总额313.1亿元,比上年增长11.4%。按经营地统计,城镇消费品零售额262.2亿元,增长11.2%;乡村消费品零售额51亿元,增长12.3%。按消费形态统计,商品零售251.1亿元,增长11.3%;餐饮收入62亿元,增长11.7%。按单位规模统计,限额以上单位零售额104.1亿元,增长6.4%;限额以下单位零售额209亿元,增长13.9%。网上销售发展迅速,全年限上单位实现网上零售额3.7亿元,增长27.5%。

据限额以上商贸调查统计,6类商品中,基本生活类增长6.2%,其中:吃、穿、用类商品零售额分别比上年增长5.8%、8.6%和6.9%;居住类增长17.1%;文化娱乐体育健康类增长2.2%;交通电器设备类增长12.7%;燃料类增长0.8%;其他类下降1.6%。

2. 交通运输、邮电

全年各类运输方式完成货运总量4808.7万吨,比上年增长6.5%。其中,公路4775万吨,增长6.3%;水运16.0万吨,下降3.1%;铁路17.5万吨,增长111.8%;民航货邮吞吐量2067吨,下降1.7%。完成旅客运输总量4016.8万人,比上年下降7.1%。其中,公路3584万人,下降9.5%;水运109万人,增长18.5%;民航旅客吞吐量60.5万人,增长2.4%;铁路(含高铁)263.3万人,增长25.2%。年末,全市公路线路里程6937千米,其中:高速公路353千米。

年末全市民用汽车拥有量16.66万辆,比上年增长13.3%,其中私人汽车13.73万辆,增长22.6%。民用轿车拥有量13.42万辆,增长23.9%,其中私人轿车12.42万辆,增长27.1%。

全年邮电业务总量22.19亿元,比上年增长42.5%。其中,邮政业务总量4.49亿元,增长56.3%;电信业务总量17.69亿元,增长39.3%。年末,全市本地固定电话用户26.21万户,比上年末增加1.42万户;移动电话108.15万户,比上年末增加1.37万户,其中:4G移动电话用户62.42万户,新增28.14万户,3G移动电话用户25.64万户,减少11.31万户。年末计算机互联网用户达到27.69万户,新增

3.34万户。

3. 旅游业

全年入境旅游人数215.2万人次，比上年增长10.3%，其中外国人134.8万人次，增长9.7%，港澳台80.4万人次，增长11.4%。国内游客4971.9万人次，增长11.2%。旅游总收入450.1亿元，增长12.3%，其中，旅游外汇收入6.7亿美元，增长11.3%；国内旅游收入405.5亿元，增长11.6%。年末全市有A级及以上旅游景点(区)46家51处，其中5A级景区3家8处；星级饭店48家，其中四星级及以上饭店27家；旅行社167家，比上年增加3家。

4. 金融和保险

年末全市金融机构人民币各项存款余额1025.8亿元，比上年增长12.0%，余额比年初增加109.6亿元，同比多增14.8亿元；其中：住户存款余额629.5亿元，增长9.6%，余额比年初增加55.2亿元，同比少增11.4亿元。金融机构人民币各项贷款余额609.1亿元，增长7.6%，余额比年初增加42.8亿元，同比多增2.7亿元。其中：短期贷款余额246.5亿元，增长9.9%；中长期贷款余额331.2亿元，增长8.2%，中长期贷款中个人贷款余额138.4亿元，增长14.2%。

年末银行业金融机构不良贷款余额16.26亿元，比年初增加5.50亿元；不良贷款率2.68%，比年初上升0.78个百分点。

全年保险业保费收入22.30亿元，比上年增长20.1%。其中，财产险业务保费收入8.27亿元，增长17.1%；人身险业务保费收入14.03亿元，增长21.9%。赔款和给付12.54亿元，增长64.4%。其中，财产险业务赔款支出3.88亿元，增长13.5%；人身险业务赔款和给付支出8.67亿元，增长105.5%。

5. 房地产业

全年房地产开发投资111.2亿元，比上年增长9.9%，其中：住宅66.1亿元，增长7.6%。商品房销售面积133.37万平方米，增长23.3%，其中住宅112.66万平方米，增长18.1%；商品房销售额63.6亿元，增长30.8%，其中住宅51.7亿元，增长27%。

(五) 对外经济

1. 对外贸易

全年进出口总额65333万美元，比上年增长3.1%。其中，出口54921万美元，增长4.2%；进口10411万美元，下降2.1%。从贸易方式看，一般贸易进出口62284万美元，增长3.2%，加工贸易3021万美元，增长1.7%。从出口商品类别看，纺织服装出口5955万美元，下降5.0%；化工产品11759万美元，下降4.7%；农业品22565万美元，增长13.4%；机电产品6394万美元，下降3.7%。从重点商品出口看，茶叶17984万美元，增长14.1%；服装4398万美元，下降5.4%；新型塑料包装2584万美元，下降25.5%。

2. 利用外资

全年新签内资项目545个，新签项目协议投资额538.4亿元，实际到位资金170.3亿元，增长20.0%。新签亿元以上项目140个，其中500强企业4家，上司公司4家，知名企业2家。全年新批外资项目4个，实际到位外资额16052万美元，减少15.3%；其中：外商直接投资16052万美元，增长0.4%。

二、黄山市2016年社会发展概况

(一) 人口、人民生活

全年出生人口15265人，出生率10.31‰，比上年上升0.35个千分点；死亡人口6977人，死亡率为4.71‰，比上年下降1.07个千分点；全年自然增长率为5.60‰，比上年上升1.42个千分点。年末全市户籍人口148.41万人，其中城镇人口47.18万人。根据人口变动情况抽样调查统计，年末全市常住人口为137.9万人,其中:城镇人口68.34万人。

全年常住居民人均可支配收入19884元,比上年增长8.9%。

城镇常住居民人均可支配收入28393元,增长8.3%,从城镇居民收入结构来看,人均工资性收入16358元,增长7.6%;经营净收入4411元,增长14.5%;财产净收入1880元,增长17.4%;转移净收入5743元,增长3.0%。城镇常住居民人均消费支出16754元,增长6.3%,其中食品烟酒支出增长12.3%,衣着下降4.8%,居住持平,生活用品及服务下降1.2%,交通和通信增长6.0%,教育文化娱乐服务下降0.8%,医疗保健增长51.8%。城镇常住居民恩格尔系数为34.0%。人均住房建筑面积48.4平方米。

全年农村常住居民人均可支配收入12869元,比上年增长8.4%,从农村常住居民收入结构来看,人均工资性收入5159元,增长7.8%,经营净收入5010元,增长8.3%;财产净收入194元,增长13.4%;转移净收入2507元,增长9.6%。农村居民人均消费支出10591元,增长8.9%,其中食品烟酒支出增长8.4%,衣着增长0.6%,居住增长21.8%,生活用品及服务下降4.2%,交通和通信增长0.1%,教育文化娱乐服务下降4.1%,医疗保健增长9.9%。农村常住居民恩格尔系数为34.2%。期末人均住房建筑面积61.5平方米。

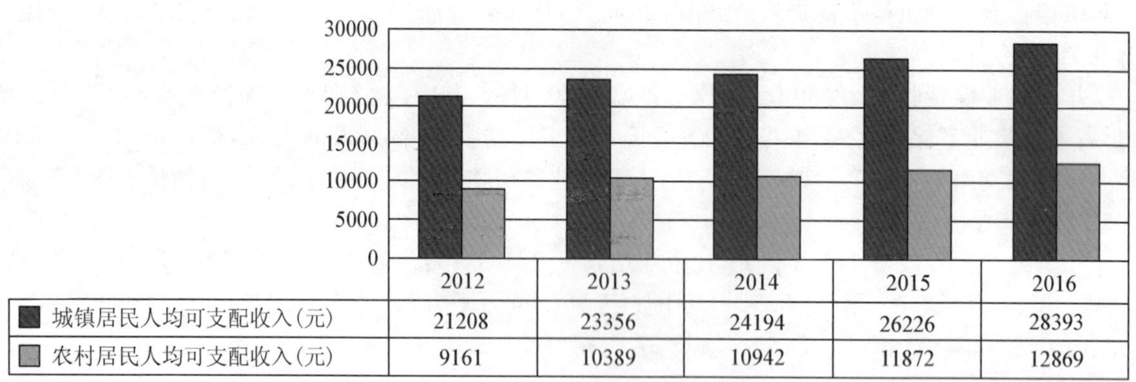

图3　2012—2016年黄山市城乡居民收入对比一览

(二)就业与社会保障

1. 就业工作

全市城镇新增就业2.1万人,其中下岗职工再就业0.77万人,年末城镇登记失业率3.68%。

2. 社会保障和福利

年末全市参加城镇基本养老保险人数20.55万人,与上年持平,其中:参保职工14.75万人,下降1.7%,参保离退休人员5.80万人,增长4.5%。参加城镇医疗保险人数39.48万人,比上年下降0.9%,其中:职工参保19.51万人,增长3.0%。参加失业保险人数9.85万人,比上年增长5.9%。参加工伤保险人数12.12万人,比上年增长0.9%,其中农民工3.04万人;参加生育保险人数11.63万人,增长2.6%。五项社会保险参保93.62万人次,征缴五项社会保险金额16.66亿元,增长8.2%。新农合参合率100%。

年末全市拥有各类收养性社会福利单位24个,增加1个,床位数2312张,增长6.7%,收养人员634人,下降8.1%。年末1.57万城镇居民得到政府最低生活保障,发放最低生活保障金7283万元;3.67万农村居民得到政府最低生活保障,发放最低生活保障金11119万元;农村居民得到政府五保救济7184人,农村低保覆盖率3.4%。全年销售社会福利彩票1.64亿元,筹集社会福利资金1704万元。

(三)教育和科学技术

1. 教育事业

年末全市普通高校2所,普通本专科(不含成人)在校生22555人。高考文理本科达线率为50.14%。

各类中等职业教育(不含技工学校)16 所,在校生 16079 人。普通高中 19 所,在校生 20387 人,高中阶段毛入学率 108.51%。普通初中 101 所,在校生 33552 人,初中阶段适龄人口入学率 100%。小学 129 所,在校生 68523 人,小学学龄儿童入学率 100%。幼儿园 176 所,在校生 36719 人,学前三年毛入园率 102.01%。特殊教育学校 2 所,在校生 112 人。

2. 科技与创新

全市共拥有国家、省和市创新型(试点)企业 75 户,新认定 8 户;拥有省、市工程技术研究中心 83 家,新组建 11 家,其中省工程技术研究中心 3 家、市工程技术研究中心 8 家;有省级院士工作站 5 家,新组建 1 家;拥有省民营科技企业 253 家,其中新认定 15 户。全年有 1 个项目获得省科学技术进步奖。签订技术合同 85 项,技术合同成交额 5037.9 万元。取得各类科技成果 85 项,比上年增长 24.4%。

全市规模以上高新技术产业累计产值 198 亿元,比上年增长 16%;实现增加值 46.3 亿元,增长 14.4%。年末拥有高新技术企业 91 家,高新技术产业基地 5 家,各类科技企业孵化器 3 家,其中国家级、省级各 1 家。全年专利申请 1516 件,增长 34.8%,其中发明专利 452 件,增长 44.0%;授权专利 890 件,下降 10.6%,其中发明专利 144 件,下降 7.7%。企业专利申请 982 件,授权 596 件。

年末拥有国家地理标志产品 13 个,比上年增加 1 个;拥有县以上产品质量检验机构 25 个,其中系统内 2 个;完成强制性产品认证的企业 27 个;法定计量技术机构 6 个(不含授权检定机构),强制检定计量器具 1.01 万台(件),新制定、修订地方标准 3 项。

(四) 文化、卫生和体育

1. 文化事业

年末全市拥有文化馆 8 个,纪念馆 6 个,公共图书馆 11 个,博物馆 52 个(含民办博物馆 33 个),乡镇综合文化站 101 个。全国重点文物保护单位 31 处,省级重点文物保护单位 93 处。国家级非物质文化遗产名录 20 项,省级名录 71 项。广播电台 5 座,中、短波发射台和转播台 5 座,广播节目综合人口覆盖率 96.87%。电视台 5 座,有线电视用户 33.5 万户,电视节目综合人口覆盖率 98.68%。屯溪老街、黎阳 in 巷获批省首家非遗展示展销基地。黄山职业技术学院等 5 家学校被评为省首批非遗教育传习基地。

参与央视《东西南北贺新春晚会》节目录制,组织参加中国农民歌会、皖浙赣闽四省市民间艺术节、皖江八市群艺大赛。《十绣鞋》、《挑山》两个节目进入第十七届全国群星奖初赛,大型黄梅戏音乐剧《曙光曲》参加省第十一届艺术节,获得了较大社会反响,填补了黄山市近二十年无戏曲大戏的空白。《雕刻徽州》、"徽州漆器髹饰技艺高研班人才培养项目"入选国家艺术基金 2016 年度资助项目。

2. 卫生事业

年末全市共有各类卫生机构 1092 个(含村卫生室),其中:医院、卫生院 132 个,妇幼保健院(所、站)7 个,专科疾病防治院 2 个。全市卫生技术人员 8722 人,比上年增加 217 人,其中执业(助理)医师 3273 人,增加 71 人,注册护士 3883 人,增加 142 人。医院和卫生院拥有病床 7364 张,比上年增加 935 张。全年医疗卫生机构共诊疗 550.75 万人次,比上年增长 3.2%。村卫生室 631 个,乡村医生和卫生员 617 人。新型农村合作医疗覆盖农村人口 110.72 万人,实际参加农村合作医疗农民 110.94 万人,平均参合率达 100.25%。

3. 体育事业

年末全市拥有体育场地 25 个,其中:体育场 9 个、体育馆 6 座、运动场(田径场)10 个。广泛组织开展全民健身活动,全年举办各级各类全民健身项目 150 项次,参与健身群众人数达 30 万人次。在市级以上竞赛中,黄山市运动健儿共夺得金牌 8 枚、银牌 7 枚、铜牌 12 枚。成功举办首届全民健身运动会、"黄山 168"商界精英徒步越野赛,中国黄山国际登山大会升级为 UTMB 认证积分赛事,该市优秀运动员吕秀芝获第 31 届里约奥运会女子 20 千米竞走项目铜牌,实现黄山市奥运奖牌零的突破。全年电脑体育彩票销售额达 1.25 亿元,比上年增长 4.0%。

（五）环境保护

全年空气质量平均优良天数比例为 97.3%，比上年提高 2.6 个百分点，达到国家二级标准。全市 PM10 年均浓度为 45 微克/立方米，比上年下降 1 微克/立方米。已建成自然保护区 69 个，其中国家级 2 个，省级 7 个。年末森林覆盖率 82.9%，当年造林面积 7272，其中：人工造林面积 2671 公顷，封山育林面积 4601 公顷。

全市地表水总体水质状况优。其中新安江流域总体水质状况为优，8 个监测断面水质均为Ⅱ—Ⅲ类，长江流域总体水质为优，3 个监测断面水质为Ⅱ类。太平湖水质为Ⅰ类，丰乐湖水质为Ⅲ类，奇墅湖水质为Ⅲ类，太平湖、丰乐湖、奇墅湖均呈中营养状态。全市城镇集中式饮用水源地全年水质达标率为 100%。城区环境噪声昼间平均等效声级 52.9 分贝，城区道路交通噪声昼间平均等效声级为 65.9 分贝。

（六）社会安全

全年各类安全生产事故死亡人数 43 人，比上年同期下降 6.5%，亿元 GDP 生产安全事故死亡人数为 0.0745 人，比上年下降 13.9%；工矿商贸从业人员十万人，生产安全事故死亡人数为 2.362 人，下降 0.2%；道路交通万车事故死亡人数为 1.02 人，下降 32.5%。

三、黄山市在泛长三角地区经济发展中的地位

2016 年，是全面建成小康社会决胜阶段的开局之年。面对复杂多变的宏观环境和经济下行压力，全市上下在省委省政府和市委的坚强领导下，全面贯彻党的十八大和十八届三中、四中、五中、六中全会精神，深入学习贯彻习近平总书记系列重要讲话特别是视察安徽重要讲话精神，坚持稳中求进的工作总基调，牢固树立和践行新发展理念，扎实推进供给侧结构性改革，全力以赴稳增长、促改革、调结构、惠民生、防风险，整体经济保持了稳中有进、稳中向好的态势，完成了市六届人大六次会议确定的目标任务，实现了“十三五”良好开局。

（一）地区生产总值

2012—2016 年黄山市地区生产总值在泛长三角地区 41 市所占比重分别为 0.332%、0.337%、

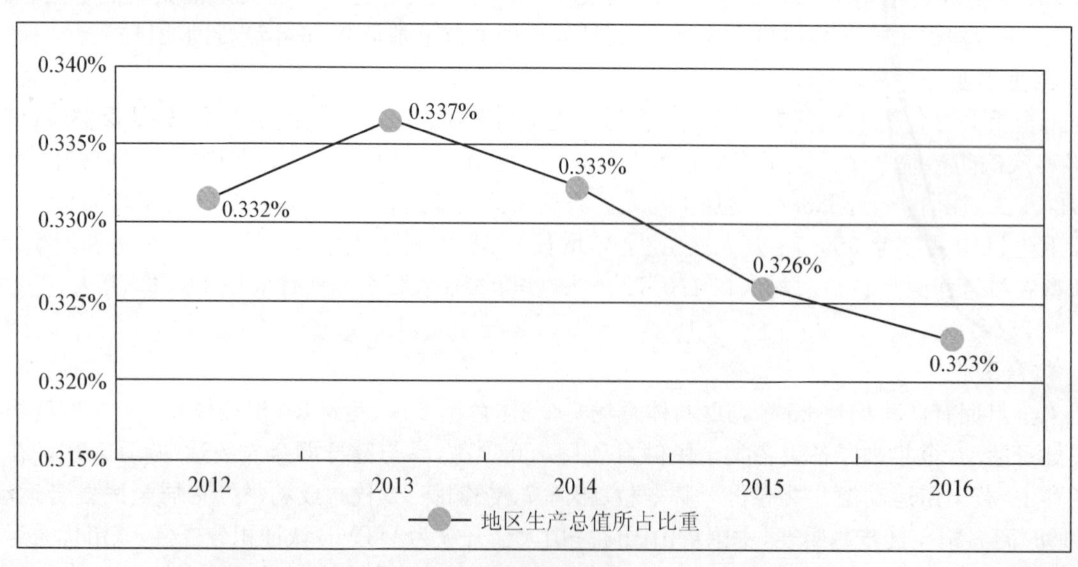

图 4　2012—2016 年黄山市地区生产总值在泛长三角地区 41 市（苏浙两省 24 个地级市、上海市和安徽省 16 市，下同）所占比重的变化趋势

0.333%、0.326%和0.323%。2016年与2012年比减少了0.009个百分点，较上年减少了0.003个百分点。2016年，黄山市在泛长三角地区41市地区生产总值所占比重排名最后一位。

2016年，全年地区生产总值(GDP)576.8亿元，按可比价格计算，比上年增长7.8%。坚持优化结构、着力转型，三次产业协调发展。着力“做精一产、做强二产、做优三产”，加快产业转型升级。大力发展精致农业，全年实现农业增加值56.4亿元、同比增长2%，规上农产品加工企业产值208.6亿元、增长8.1%；新增特色产业基地3.6万亩，新建改造泉水鱼养殖池3260口；新发展生态高效茶园3.2万亩，茶叶一产产值突破30亿元。成功举办中国茶叶经济年会和中国休闲农业黄山峰会，全市被授予“中国名茶之都”称号，“太平猴魁茶”国家地理标志产品保护示范区获批。加快推进新型工业化进程，净增规上工业企业33家，实现规上工业增加值132.7亿元、增长10.2%。全市各类开发园区实现规上工业总产值574.6亿元、增长15.2%，实现税收19.5亿元、增长12%。全面实施“旅游+”战略，深入推进皖南国际文化旅游示范区和国家级旅游业改革创新先行区、全域旅游示范区建设，全年旅游接待量5187.1万人次、旅游总收入450.1亿元，分别增长11.2%和12.3%，其中，入境游客215.2万人次、增长10.3%，过夜登记游客855.8万人、增长6.9%。

(二) 地方财政一般预算收入

2012—2016年黄山市地方财政一般预算收入在泛长三角41市所占比重分别为0.41%、0.37%、0.40%、0.37%和0.36%，2016年较2012年减少了0.05个百分点，较上年减少了0.01个百分点。2016年，黄山市地方财政一般预算收入在泛长三角41市地区排第39位，较上年下降了一位。

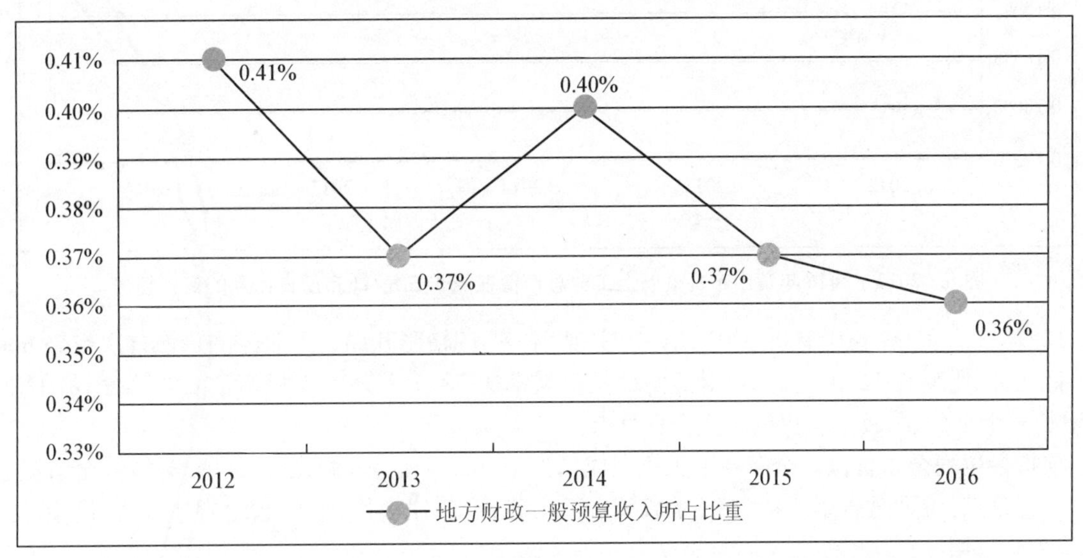

图5　2012—2016年黄山市地方财政一般预算收入在泛长三角41市所占比重的变化趋势

2016年，黄山市财政收入完成98.9亿元，财政支出完成171.5亿元，较上年分别增长7%和7.3%。

2016年是“十三五”开局之年，也是全面建成小康社会决胜阶段的开局之年。黄山市坚持稳中求进工作总基调，践行五大发展理念，打好供给侧结构性改革攻坚战，统筹做好稳增长、促改革、调结构、惠民生、防风险各项工作，进一步健全部门横向联动机制，加强财政资金管理制度建设，发挥治税信息共享优势，着力培育税源，强化收入征管，切实提高收入质量。同时，按照“保改革、保稳定、保基本民生”的支出原则，严格控制一般性支出，不断加大对政府重点项目的保障力度。当年全市对上争取财政资金累计77.2亿元，全部投向基本民生保障及市重点项目建设领域；全市盘活财政存量资金1.64亿元，收回的存量资金可统筹使用部分的50%以上用于脱贫攻坚。全市财政收支运行总体平稳，为把黄山建设得更美丽更富裕更文明作出了应有贡献。

财政进一步发挥了保障和改善民生的作用，年财政民生支出139.5亿元，占全市财政总支出的80%以上。34项民生工程完成投资43.9亿元，完成年度计划的119%，较上年增长32.7%；积极创新美丽乡村建设资金管理，累计投入近8.45亿元；加快推进脱贫攻坚，全市投入扶贫资金8700万元，安排项目409个；全面完成农业三项补贴改革工作，“一卡通”发放补贴6099万元；全面完成一事一议财政奖补工作，拨付财政资金4901万元，项目受益农业人口87万。

（三）规模以上工业总产值

2012—2016年黄山市规模以上工业总产值在泛长三角41市所占比重分别为0.188%、0.196%、0.204%、0.199%和0.213%，2016年较2012年增加了0.025个百分点，较上年增加了0.004个百分点。2016年，黄山市规模以上工业总产值在泛长三角41市地方财政一般预算收入所占比重排最后一位。

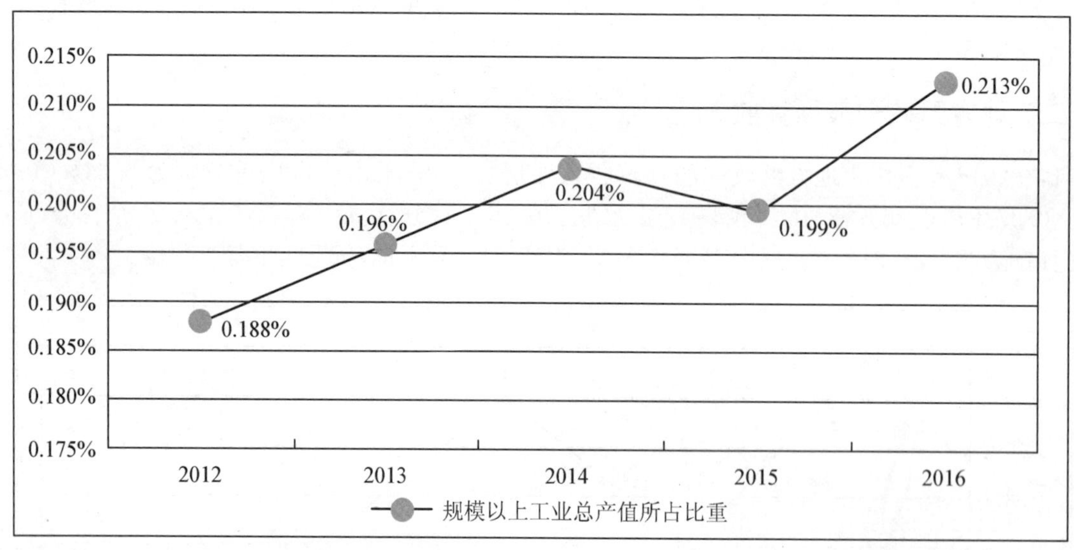

图6 2012—2016年黄山市规模以上工业总产值在泛长三角41市所占比重的变化趋势

2016年，工业经济“稳中有进、稳中向好”，实现“十三五”精彩开局。工业经济总量首次突破600亿，达633亿元，同比增长11.9%。工业对经济增长贡献率达38.9%，较上年提高7.8个百分点；工业拉动GDP增长3个百分点，较上年提高1.2个百分点。

多项指标位列全省首位。全年规上工业完成增加值132.7亿元，同比增长10.2%，较全省(8.8%)高1.4个百分点，位列全省第一；完成工业投资105.6亿元，同比增长25%，较全省(9.7%)高15.3个百分点，位列全省第一。

重点企业税收增势强劲。工业入库税收14.4亿元，较上年增加5568万元，占全市税收21.7%，较上年提高1.2个百分点。入库税收500万元以上重点工业企业41户，实现税收6.2亿元，同比增长13.4%；其中，1000万元以上21户，较上年增加5户，入库税收4.79亿元，同比增长30%；2000万元以上8户，较上年增加2户，入库税收3.14亿元，同比增长35.3%。

骨干企业发展较快。亿元工业企业168户，较上年增加18户，实现产值439.3亿元，占全市规上工业69.4%，同比增长13.0%，较全市规上工业增速高1.1个百分点。其中，5亿元企业16户，较上年增加6户，实现产值176.1亿元，同比增长17.8%；超10亿元企业5户，较上年增加1户，实现产值105.4亿元，同比增长15.9%。

企业效益明显提升。规上工业实现主营业务收入585.8亿元，同比增长10.4%；实现利润23.9亿元，同比增长11%，较上年提高23.4个百分点；亏损企业44户，同比下降15.4%。

(四) 进出口总额

2012—2016 年黄山市进出口总额在泛长三角 41 市所占比重分别为 0.05%、0.06%、0.06%、0.05%和 0.05%，五年间基本持平，其中 2015 年较上年基本持平。2016 年，黄山市进出口总额在泛长三角 41 市排第 35 位。

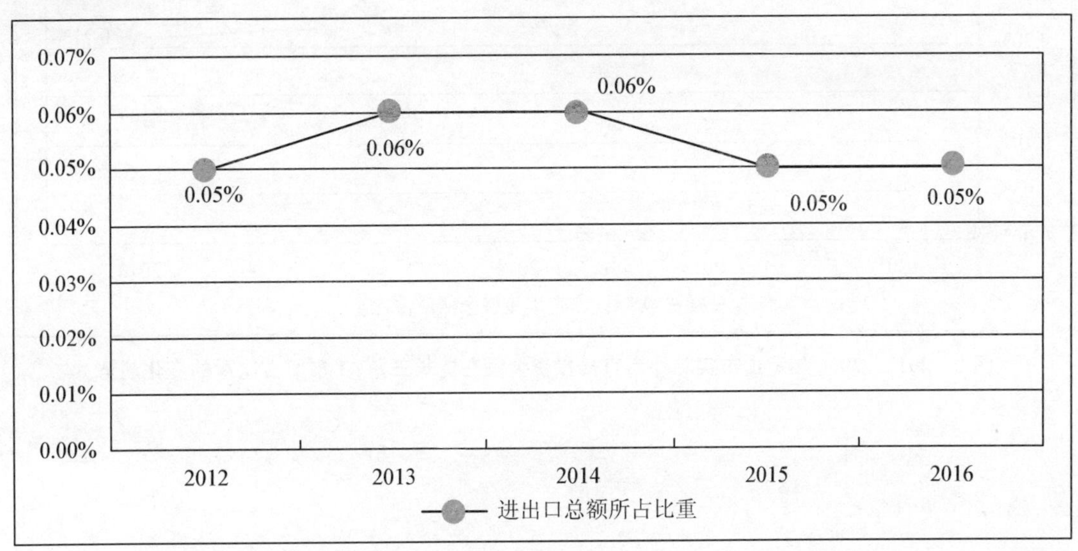

图 7　2012—2016 年黄山市进出口总额在泛长三角 41 市所占比重的变化趋势

2016 年，积极克服外需市场不稳、国内经济压力下行等不利因素影响，全市外贸进出口呈现逆势上扬、稳中有进的态势。全年累计实现进出口总额 6.53 亿美元，同比增长 3.1%，较全省平均水平高出 10.3个百分点，总量居全省第 10 位，增幅居全省第 6 位，分别较上年提升 1 位和 8 位。其中：出口 5.49 亿美元，进口 1.04 亿美元，同比分别增长 4.2%和下降 2.1%。

出台外贸促进政策，加大对外贸企业的支持服务力度，通过做好外贸促进政策资金项目的摸排、上报和兑现工作，促进外贸平稳增长。2015 年共争取省级外贸资金 236.19 万元、兑现市级外贸资金 200 万元。

市商务局强化精准服务，针对企业提出的汇率问题，会同金融部门先后 2 次举办外贸政策培训，指导企业规避汇率风险。针对订单不足问题，组织 26 家企业参加第 26 届华交会、119 届、120 届广交会等重点展会，实现了亚、非、欧、北美和大洋洲出口市场的全线飘红。针对贸易壁垒增多，全市通过服务平台加强预警指导，尤其是对茶叶出口企业给予重点关注，茶叶出口顺利实现"十连增"。2016 年，全市出口茶叶 1.45 亿美元，同比增长 12.6%，占全市出口比重的 27.4%，连续 10 年实现 10%以上的幅度增长。

(五) 实际外商直接投资金额

2012—2016 年黄山市实际外商直接投资金额在泛长三角 41 市所占比重分别为 0.30%、0.34%、0.37%、0.22%和 0.21%，整体呈现下跌姿态，2016 年较 2012 年减少了 0.09 个百分点，较上年减少了 0.01 个百分点。2016 年，黄山市实际外商直接投资金额在泛长三角 41 市排第 40 位，较上年下滑了两位。

2016 年，全年新签内资项目 545 个，新签项目协议投资额 538.4 亿元，实际到位资金 170.3 亿元，增长 20.0%。新签亿元以上项目 140 个，其中 500 强企业 4 家，上市公司 4 家，知名企业 2 家。全年新批外资项目 4 个，实际到位外资额 16052 万美元，减少 15.3%；其中：外商直接投资 16052 万美元，增长 0.4%。

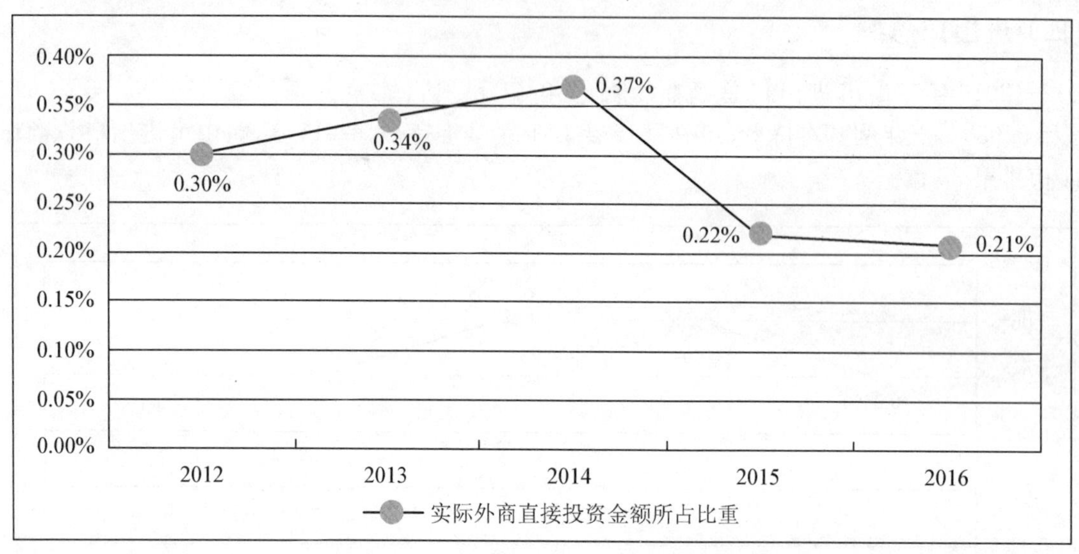

图 8　2012—2016 年黄山市实际外商直接投资金额在泛长三角 41 市所占比重的变化趋势

十一　阜阳市 2016 年经济社会发展报告

2016 年，全市上下在市委、市政府的正确领导下，认真学习贯彻习近平总书记系列重要讲话和视察安徽重要讲话精神，坚持稳中求进工作总基调，自觉践行新发展理念，以供给侧结构性改革为主线，积极实施创新驱动发展战略，扎实做好稳增长、促改革、调结构、惠民生、防风险各项工作，经济运行稳走向好，社会发展和谐稳定，实现了“十三五”良好开局。

一、阜阳市 2016 年经济发展概况

（一）综合经济

1. 经济总量

全年实现地区生产总值(GDP)1401.86 亿元，比上年增长 9.0%。其中，第一产业增加值 302.33 亿元，增长 3.1%；第二产业增加值 557.78 亿元，增长 9.4%；第三产业增加值 541.75 亿元，增长 12.0%。三次产业结构由上年的 22.6 : 40.7 : 36.7 调整为 21.6 : 39.8 : 38.6，其中工业增加值占 GDP 的比重为 34.1%。全年人均生产总值 17642 元，比上年增加 1521 元。

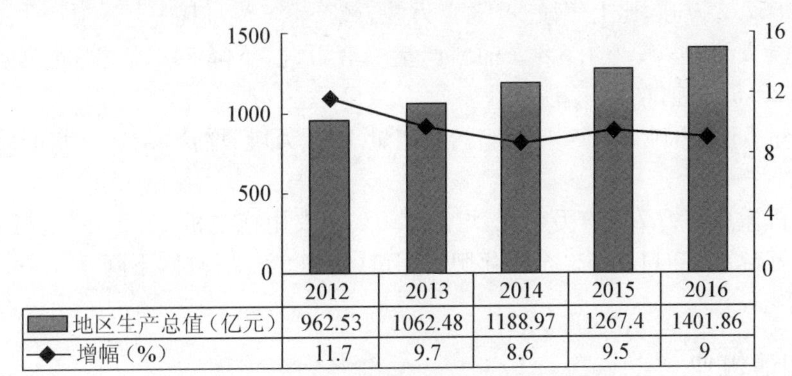

	2012	2013	2014	2015	2016
地区生产总值（亿元）	962.53	1062.48	1188.97	1267.4	1401.86
增幅（%）	11.7	9.7	8.6	9.5	9

图 1　2012—2016 年阜阳市地区生产总值及增长速度

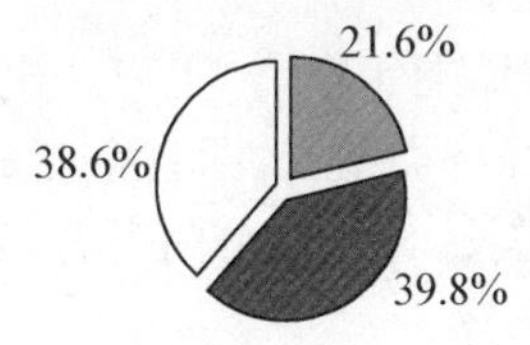

第一产业　第二产业　第三产业

图 2　2016 年阜阳市三次产业结构图

2. 财政收支

全年财政收入 226.0 亿元，比上年增长 13.0%。其中，地方财政收入 133.4 亿元，增长 11.2%。全部财政收入中，税收收入 189.6 亿元，增长 14.2%；非税收入 36.4 亿元，增长 7.3%。全年财政支出 440.1 亿元，增长 2.0%。其中，民生类支出 373.8 亿元，增长 0.1%。重点支出项目中，城乡社区事务支出 30.6 亿元，增长 45.2%；教育支出 91.8 亿元，增长 11.1%；科学技术支出 5.0 亿元，增长 27.9%；社会保障和就业支出 67.4 亿元，下降 1.3%；节能环保支出 9.1 亿元，增长 41.0%。全年 33 项民生工程累计投入 130.2 亿元。“三公”经费支出 1.8 亿元，下降 21.6%。

3. 物价水平

全年居民消费价格比上年上涨1.5%。其中,食品烟酒价格上涨2.6%。商品零售价格上涨0.6%。

4. 固定资产投资

全年固定资产投资1292.6亿元,比上年增长28.6%。其中,第一产业投资42.7亿元,增长1.4%;第二产业投资391.0亿元,增长14.5%;第三产业投资859.0亿元,增长38.2%。基础设施建设投资331.7亿元,增长88.3%,占全部投资的比重为25.7%。民间投资686.8亿元,增长2.4%,占全部投资的比重为53.1%。工业投资391.0亿元,增长14.8%,其中高新技术产业投资49.9亿元,增长55.8%,占工业投资的12.8%。

全年409个亿元以上重点项目累计完成投资940.7亿元,增长52.0%,其中新开工项目153个、竣工项目81个。城区水系综合整治(含黑臭水体治理)等28个项目进入国家发展改革委PPP项目库,5个项目入选财政部第三批PPP示范项目。

(二) 农业

全年粮食作物种植面积1004.0千公顷,比上年扩大3.7千公顷。油料种植面积36.7千公顷,减少2.4千公顷。棉花种植面积6.8千公顷,减少1.7千公顷。蔬菜种植面积165.4千公顷,扩大7.3千公顷。粮经面积比由上年的80.6∶19.4调整为80.3∶19.7。

全年粮食产量557.2万吨,比上年减少13.1万吨,减产2.3%。其中,夏粮产量340.8万吨,减产0.8%;秋粮产量216.5万吨,减产4.5%。油料产量7.3万吨,下降5.6%。棉花产量0.9万吨,下降5.1%。蔬菜产量628.5万吨,增长5.8%。

全年肉类总产量66.6万吨,增长2.2%。禽蛋产量16.1万吨,增长6.1%。水产品产量10.8万吨,增长2.9%。

年末全市农业机械总动力763.0万千瓦,增长3.0%。农用拖拉机15.0万台,与上年持平。其中,大中型拖拉机3.8万台,增长11.0%。全年化肥施用量(折纯)36.9万吨,下降3.8%。农村用电量16.7亿千瓦时,增长8.1%。

(三) 工业和建筑业

1. 工业经济

年末全市规模以上工业企业1623户,比上年净增74户。规模以上工业增加值增长10.0%,其中轻工业增长5.4%,重工业增长15.7%。分经济类型看,国有企业下降9.5%,集体企业下降8.7%,股份制企业增长11.7%,外商及港澳台投资企业增长5.5%。分门类看,采矿业增长4.2%,制造业增长10.4%,电力、热力、燃气及水生产和供应业增长10.5%。

规模以上工业中,36个工业行业大类有31个行业增加值保持增长。其中,煤炭开采和洗选业增长3.3%,农副食品加工业增长8.0%,酒、饮料和精制茶制造业增长4.0%,烟草制品业下降18.5%,纺织业增长5.7%,家具制造业增长7.8%,化学原料和化学制品制造业增长12.1%,医药制造业增长29.0%,非金属矿物制品业增长8.0%,电气机械和器材制造业增长4.2%,废弃资源综合利用业增长0.3%,电力、热力生产和供应业增长9.7%。高新技术产业增加值109.3亿元,增长64.7%,占规模以上工业增加值的比重为19.9%。战略性新兴产业集聚发展基地产值146.8亿元,增长36.2%。

规模以上工业统计的主要产品产量中,服装、水泥、复合木地板、电力电缆、发电量、精甲醇、配合饲料分别比上年增长9.9%、23.6%、11.3%、8.6%、2.7%、3.7%、10.8%,啤酒、白酒、卷烟、家具、滚动轴承分别下降13.8%、3.5%、20.9%、13.8%、22.0%。

全年规模以上工业企业实现利润104.4亿元,增长28.5%。其中,国有企业下降38.0%,集体企业下降22.7%,股份制企业增长37.6%,外商及港澳台商投资企业下降18.2%。规模以上工业经济效益

综合指数 321.1%，比上年提高 17.6 个百分点。主营业务收入 2055.8 亿元，增长 13.6%。实现利税 199.9 亿元，增长 14.7%。

2. 建筑业

全年全社会建筑业增加值 79.2 亿元，比上年增长 7.4%。房屋建筑施工面积 2153.1 万平方米，增长 10.8%；房屋竣工面积 717.7 万平方米，增长 43.3%。

（四）服务业

1. 国内贸易

全年社会消费品零售总额 759.4 亿元，比上年增长 12.5%。按经营地统计，城镇消费品零售额 553.5 亿元，增长 12.3%；乡村消费品零售额 205.9 亿元，增长 13.2%。按消费类型统计，商品零售额 626.8 亿元，增长 12.9%；餐饮收入 132.6 亿元，增长 11.1%。

限额以上企业商品零售额中，粮油、食品类 69.1 亿元，增长 16.2%；烟酒类 16.0 亿元，增长 7.6%；服装、鞋帽、针纺织品类 38.6 亿元，增长 9.3%；化妆品类 4.7 亿元，增长 6.1%；日用品类 17.3 亿元，增长 13.5%；金银珠宝类 8.7 亿元，增长 26.4%；五金电料类 4.4 亿元，增长 17.9%；家用电器和音像器材类 22.7 亿元，增长 25.1%；书报杂志类 7.3 亿元，下降 0.9%；中西药品类 97.0 亿元，增长 16.6%；石油及制品类 43.6 亿元，增长 11.8%；汽车类 78.5 亿元，增长 24.7%；机电产品及设备类 4.9 亿元，增长 17.8%。

2. 交通运输、邮电

全年公路货物运输总量 4.3 亿吨，比上年增长 7.0%；旅客运输总量 0.8 亿人次，下降 9.8%。公路货物运输周转量 1135.5 亿吨千米，增长 3.9%；旅客运输周转量 54.4 亿人千米，下降 15.1%。港口货物吞吐量 1195.3 万吨，下降 14.1%。阜阳机场航线 10 条，民航旅客吞吐量 45.8 万人次，增长 2.6%。

年末民用汽车拥有量 62.4 万辆，比上年增长 13.6%。其中，私人汽车 51.2 万辆，增长 17.1%。

全年邮电业务总量 65.8 亿元，比上年增长 28.9%。其中，电信业务总量 54.1 亿元，增长 27.7%；邮政业务总量 11.6 亿元，增长 35.0%。快递服务企业业务量 3046.4 万件，增长 62.0%；快递业务收入 3.0 亿元，增长 47.4%。年末全市固定电话用户 41.0 万户，比上年减少 5.8 万户；移动电话用户 491.7 万户，增加 50.4 万户。年末全市计算机互联网宽带接入用户 98.8 万户，比上年增加 30.9 万户。

3. 旅游业

全年旅游总收入 97.3 亿元，比上年增长 10.3%。其中，旅游外汇收入 1053.7 万美元，增长 5.6%；国内旅游收入 96.6 亿元，增长 10.3%。全年接待游客 2008.2 万人，增长 9.2%。其中，入境游客 1.4 万人，增长 3.7%。

4. 金融和保险

年末全市金融机构人民币各项存款余额 2999.0 亿元，比年初增加 546.3 亿元，增长 22.3%。其中，住户存款余额 1902.3 亿元，增长 14.9%；非金融企业存款余额 533.0 亿元，增长 37.2%。金融机构人民币各项贷款余额 1569.8 亿元，比年初增加 382.9 亿元，增长 32.3%。其中，住户贷款余额 767.0 亿元，增长 38.2%；非金融企业及机关团体贷款余额 802.8 亿元，增长 27.1%。

全年保险业保费收入 88.4 亿元，比上年增长 17.2%。其中，财产险 32.1 亿元，增长 13.6%；寿险 45.7 亿元，增长 13.4%；意外伤害险 1.5 亿元，增长 36.4%；健康险 9.0 亿元，增长 57.9%。

5. 房地产业

全年房地产开发投资 350.5 亿元，比上年增长 32.4%。商品房销售面积 662.6 万平方米，增长 87.9%；商品房销售额 371.8 亿元，增长 104.2%。商品房施工面积 2974.1 万平方米，增长 35.9%；竣工面积 313.9 万平方米，增长 23.9%。

（五）对外经济

1. 对外贸易

全年货物进出口总额11.2亿美元，比上年下降24.9%。其中，出口10.1亿美元，下降25.7%；进口1.2亿美元，下降17.6%。从出口贸易方式看，一般贸易出口8.9亿美元，下降25.8%；加工贸易出口1.2亿美元，下降24.6%。

2. 利用外资

全年新批外商投资企业4家，比上年下降33.3%。合同外资10580万美元，增长165.8%。实际利用外商直接投资20309万美元，比上年增长10.0%。

二、阜阳市2016年社会发展概况

（一）人口、人民生活

年末全市户籍人口1061.5万人，比上年末增加18.9万人。据抽样调查，年末全市常住人口799.1万人，比上年末增加9.0万人；城镇化率40.24%，比上年末提高1.43个百分点；常住人口出生率18.10‰，死亡率7.08‰，自然增长率11.02‰。

全年全市常住居民人均可支配收入15415元，比上年增长9.4%，扣除价格因素，实际增长7.8%。城镇常住居民人均可支配收入25483元，增长8.5%，扣除价格因素，实际增长6.9%；农村常住居民人均可支配收入9776元，增长8.6%，扣除价格因素，实际增长7.0%。全市居民人均消费支出10760元，同比增长8.3%，扣除价格因素，实际增长6.7%。城镇居民人均消费支出16191元，同比增长7.0%，扣除价格因素，实际增长5.4%。农村居民人均消费支出7718元，同比增长8.4%，扣除价格因素，实际增长6.8%。

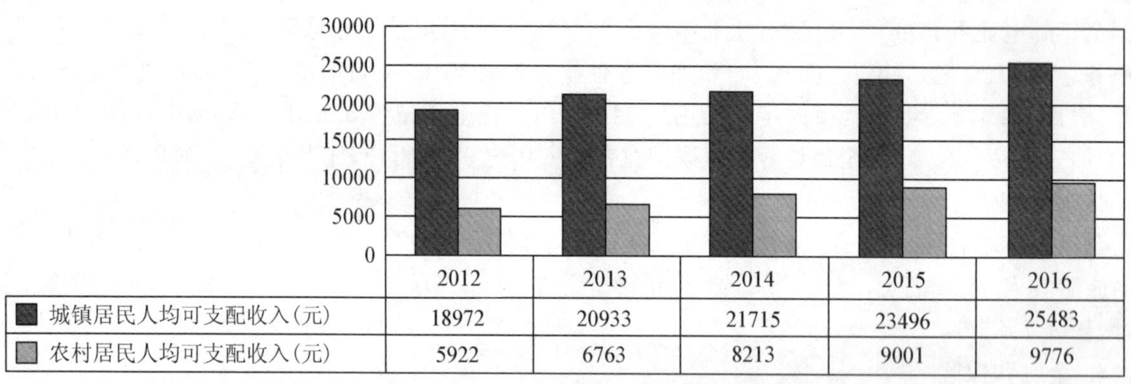

	2012	2013	2014	2015	2016
城镇居民人均可支配收入（元）	18972	20933	21715	23496	25483
农村居民人均可支配收入（元）	5922	6763	8213	9001	9776

图3 2012—2016年阜阳市城乡居民收入对比一览

（二）就业与社会保障

1. 就业工作

年末全市就业人员655.3万人，比上年增加22.4万人。其中，第一产业216.7万人，增加0.8万人；第二产业183.3万人，增加5.8万人；第三产业255.3万人，增加15.8万人。全年城镇新增就业5.6万人，下岗失业人员再就业1.8万人。年末城镇登记失业率2.7%。

2. 社会保障和福利

年末全市城乡居民养老保险参保人数475.7万人。城镇基本医疗保险参保人数90.1万人。城镇职工养老保险参保人数34.9万人，实征基金19.2亿元，发放养老金27.7亿元；医疗保险参保人数39.9

万人，实征基金11.4亿元，发放基金8.7亿元，领取基金人数26.1万人。全市失业保险参保人数25.5万人，实征基金1.4亿元，发放基金0.7亿元，领取基金人数0.3万人；工伤保险参保人数30.4万人，实征基金1.1亿元，发放基金0.5亿元，领取基金人数0.2万人；生育保险参保人数28.0万人，实征基金0.5亿元，发放基金0.5亿元，领取基金人数1.1万人。新型农村合作医疗保险参保人数892.1万人，比上年增加12.8万人。

年末6.1万人享受城市居民最低生活保障，19.1万人享受农村居民最低生活保障，农村五保供养6.4万人。全年民政部门直接救助14.2万人次，资助参加基本医疗保险78.5万人。

（三）教育和科学技术

1. 教育事业

年末有普通高校5所，当年招生0.9万人，在校生3.7万人，毕业生0.9万人。各类中等职业教育学校41所，在校生10.6万人。普通中学420所，在校生49.2万人。其中，高中49所，在校生14.7万人；初中371所，在校生34.5万人。小学1350所，在校生75.1万人。幼儿园1088所，在园儿童29.7万人。初中学龄人口入学率99.5%，初中毕业生升学率91.9%；小学适龄儿童入学率99.9%；小学毕业生升学率102.3%。

2. 科技与创新

年末县以上政府部门研究与开发机构科技人员428人。国有独立科研机构10家。全年财政科技投入5.0亿元，比上年增长27.9%。

年末有高新技术企业119家，增长45.1%。全年高新技术产业产值461.3亿元，增长69.6%；战略性新兴产业产值309.8亿元，增长33.8%。全年专利申请量8510件，增长15.1%。其中，发明专利4838件，实用新型专利2867件，外观设计805件。全年专利授权量2801件，增长7.2%。其中，发明专利517件，实用新型专利1685件，外观设计专利599件。年末有省级创新型试点企业72家。

（四）文化、卫生和体育

1. 文化事业

年末全市有艺术表演团体744(含个体)个，文化馆9个，公共图书馆7个，博物馆7个。公共图书馆藏书量58.3万册，广播人口覆盖率100%，电视人口覆盖率100%。全年报纸出版量1904万份；期刊出版量0.8万册。

2. 卫生事业

年末全市有各类卫生机构2633个，其中医院106个、社区卫生服务中心(站)167个、基层卫生院164个、村卫生室1757个、疾病预防控制中心9个、妇幼保健院(所、站)9个、专科疾病防治院(所、站)2个。年末全市有医疗机构床位35582张，卫生技术人员35010人，其中执业(助理)医师13181人、注册护士14975人。

3. 体育事业

全市有体育场馆11处，县级全民健身广场6个，乡镇级全民健身广场79个，农民体育健身工程1746个，全民健身苑366个，社区体育俱乐部62个，全民健身晨晚练点692个。全年举办大型全民健身活动191次，参与活动人数13.0万人。全年获得国际赛事金牌2枚；国家级体育赛事金牌6枚、铜牌2枚；省级体育赛事金牌64枚、银牌66枚、铜牌84枚。全市批准通过二级运动员43人，二级裁判员294人；发展二级社会体育指导员869名，三级社会体育指导员903名。

（五）环境保护

年末全市查明资源储量矿种6种。其中，查明煤矿储量43.9亿吨，铁矿0.2亿吨，地热允许开采量

2.3万立方米/天。

年末全市有环境监测站6个。其中，市级站1个，县级站5个。阜阳城区空气质量达到国家Ⅱ级标准238天，空气质量优良率66.1%。自然保护区3个，面积4.4万公顷。当年造林面积7921公顷，比上年减少0.3%。其中，用材林2528公顷，经济林2084公顷，防护林3309公顷。

（六）社会安全

全年发生火灾事故306起，直接经济损失1759.9万元。发生交通事故795起，造成154人死亡，受伤861人，经济损失661.6万元。

三、阜阳市在泛长三角地区经济发展中的地位

2016年，面对复杂严峻的宏观经济形势，全市上下深入贯彻落实中央和省市决策部署，尤其是习近平总书记视察安徽重要讲话精神，主动适应经济发展新常态，扎实做好稳增长、促改革、调结构、惠民生、防风险各项工作，全市经济运行总体向好、稳中有进、活力增强，主要经济指标继续保持在全省总量位次前移、增速持续领先的良好态势，进入阜阳历史最好时期。

（一）地区生产总值

2012—2016年阜阳市地区生产总值在泛长三角地区41市所占比重分别为0.75%、0.76%、0.78%、0.78%和0.79%。地区生产总值在泛长三角41市占比整体呈现上扬态势，2016年与2012年比增加了0.04个百分点，较上年增加了0.01个百分点。2016年，阜阳市在泛长三角地区41市地区生产总值所占比重排名第28位。

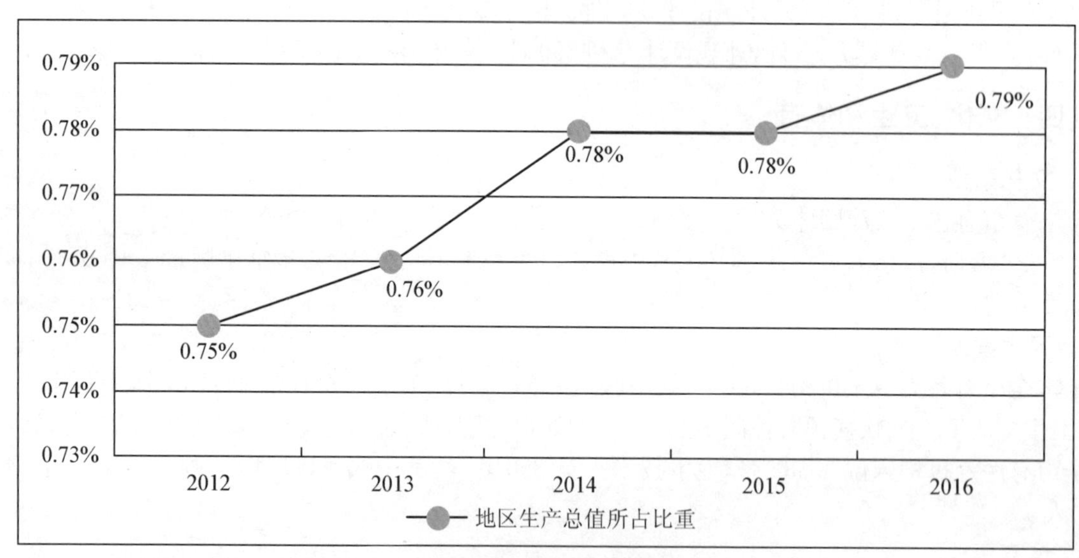

图4　2012—2016年阜阳市地区生产总值在泛长三角地区41市（苏浙两省24个地级市、上海市和安徽省16市，下同）所占比重的变化趋势

2016年，全市生产总值不断提升的同时，经济结构也明显优化。2016年，全市第一产业实现增加值302.3亿元，同比增长3.1%；第二产业实现增加值557.7亿元，同比增长9.4%；第三产业实现增加值541.8亿元，同比增长12%。其中，第三产业增加值增幅比上年高0.7个百分点，比全省高1.1个百分点，居全省第二；增加值占GDP比重由上半年的36.7%提高到38.6%；对经济增长的贡献率由上年的40.1%提高到49.3%。

发展活力进一步释放。截至2016年底，全市实有各类市场主体32.6万户，从业人员111.7万人，注

册资金 3839.2 亿元。全年新登记各类市场主体 6.5 万户，从业人员 21.9 万人，户数同比增长 25.16%，从业人员增长 20.27%，注册资本增长 74.87%。据省工商局统计，2016 年度全省 16 个地市新增各类市场主体户数阜阳市仅次于合肥市，位居全省第二。

（二）地方财政一般预算收入

2012—2016 年阜阳市地方财政一般预算收入在泛长三角 41 市所占比重分别为 0.50%、0.53%、0.61%、0.61%和 0.63%，2016 年较 2012 年增加了 0.13 个百分点，较上年增加了 0.02 个百分点。2016 年，阜阳市地方财政一般预算收入在泛长三角 41 市地区排第 28 位。

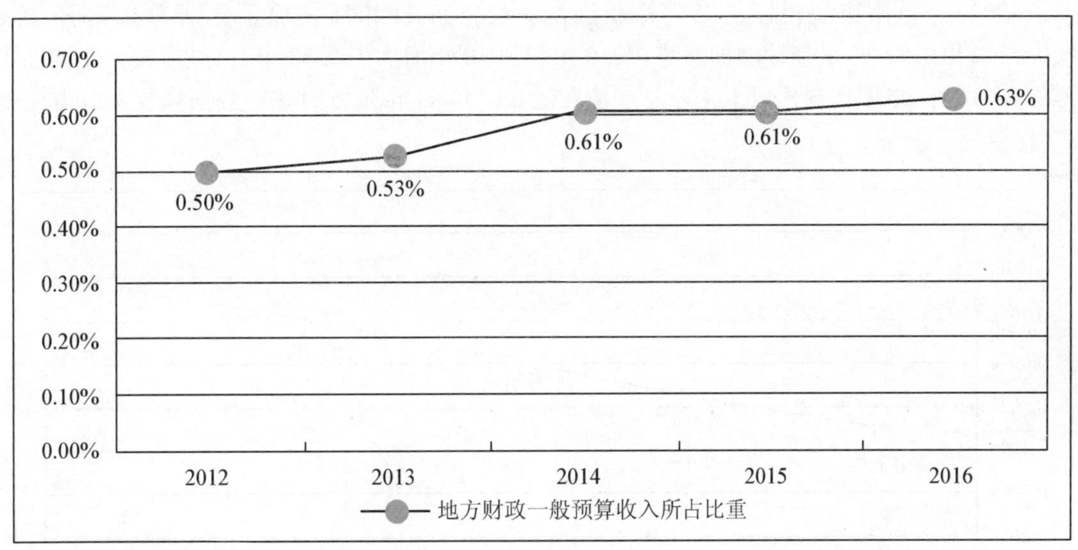

图 5　2012—2016 年阜阳市地方财政一般预算收入在泛长三角 41 市所占比重的变化趋势

全市上下坚持稳中求进、进中求快工作总基调，全力支持实体经济发展，圆满完成了全年各项财政收支任务，有力地支持了全市经济健康较快发展，实现了“十三五”良好开局。当年全市财政收入总量达 226 亿元、居全省第六，同比增长 13%、居全省第二。

全市财政收入总量再创新高，争先进位态势显著。2016 年，全市财政运行呈现出总体向好、稳中有进、韧性增强的特点，继续保持了在全省总量位次前移、增速持续领先、结构更趋优化的良好态势。其中，县域经济实力增强，有 4 个县市区财政收入超过 20 亿元，太和县超过 30 亿元，其他县区及市开发区均超过 10 亿元。

在财政收入总量再创新高，争先进位态势显著的同时，全市税收占比稳步攀升，收入结构日趋优化。2016 年，全市税收收入累计完成 189.6 亿元，占财政总收入比重的 83.9%，较上年提高 0.9 个百分点。据介绍，一方面，在增值税、消费税等部分税种强劲带动下，税收收入平稳较快增长，全年增幅 14.2%，高于财政收入增幅 1.2 个百分点，为全市财政收入稳定增收提供了保障；另一方面，全市各级财政部门进一步规范非税收入管理，认真落实各项非税减免政策，为收入结构进一步优化创造了条件。2016 年全市非税收入累计完成 36.4 亿元，同比增长 7.3%，低于税收增幅 6.9 个百分点，较好地激发了实体经济活力。

二产税收稳步增长，再生资源业与建筑业表现强劲。2016 年，全市第二产业累计实现税收 85.8 亿元，同比增长 6.6%。主要是再生资源行业与建筑业表现较好——截至 2016 年 12 月底，全市再生资源行业与建筑业累计实现税收 32 亿元，同比增长 23%，占三次产业 16.3%，较 2015 年同期提高 1 个百分点，推动二产税收增长 7.4 个百分点。

消费市场继续活跃，推动三产税收较快增长。2016 年，全市第三产业累计实现税收 110.6 亿元，同比增长 45.9。全市房地产业、批发和零售业累计实现税收收入 70.5 亿元，同比增收 19.3 亿元，增长 37.8%，高于三产平均增幅 13.2 个百分点，拉动三产税收增长 21.7 个百分点。

在财政收入稳步增长的同时，进一步优化了财政支出结构，按照"保重点、控一般、促统筹、提绩效"要求，压缩一般性支出，全年一般性支出下降 10%；从严控制"三公"经费，全年"三公经费"下降 21.6%。与此同时，集中更多资金保障经济发展、民生改善、脱贫攻坚等重点领域，2016 年，全市财政民生类支出完成 373.8 亿元，占财政总支出的 84.9%。

（三）规模以上工业总产值

2012—2016 年阜阳市规模以上工业总产值在泛长三角 41 市所占比重分别为 0.45%、0.52%、0.61%、0.70%和 0.77%，呈连续增加态势，2016 年较 2012 年增加了 0.32 个百分点，较上年增加了0.07 个百分点。2016 年，阜阳市规模以上工业总产值在泛长三角 41 市地方财政一般预算收入所占比重排第 30 位。

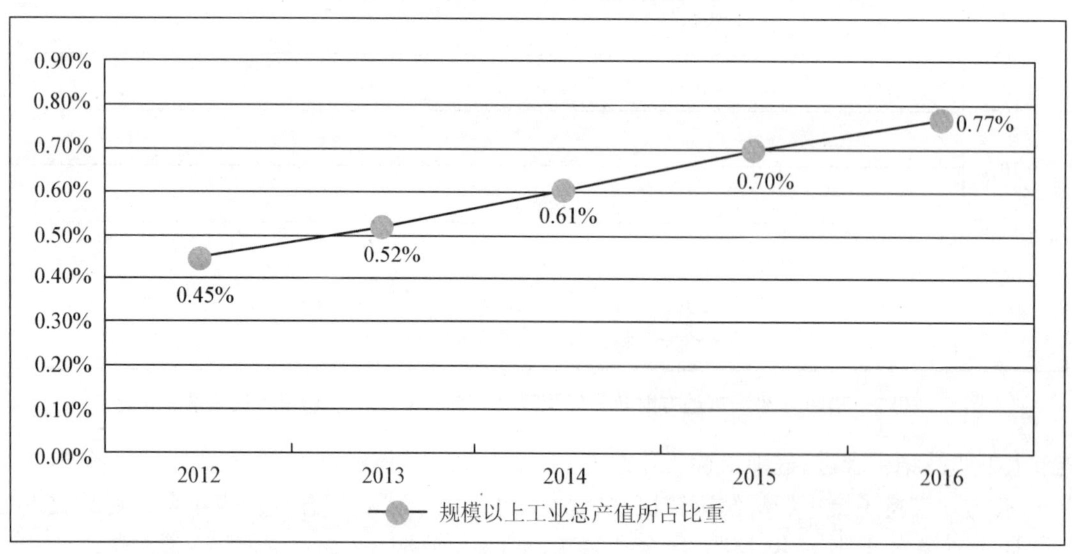

图 6 2012—2016 年阜阳市规模以上工业总产值在泛长三角 41 市所占比重的变化趋势

全市工业生产良好。2016 年，全市完成规模以上工业增加值 550.4 亿元，同比增长 10%，增幅比全省高 1.2 个百分点，居全省第二。其中，新建规模以上工业企业完成增加值 17.8 亿元，增长 177.8%，拉动规模以上工业增幅 1.8 个百分点，成为拉动全市工业增长的重要增长极。

质量效益稳步提升。2016 年，全市大中型工业企业同比增长 12.2%，对全部规模以上工业增长的贡献率达 49.7%。全市规模以上工业企业实现利润总额 104.4 亿元，增长 28.5%，增幅同比提高 24.2 个百分点。2016 年 1—11 月，全市规模工业增加值同比增长 10%，增速首次跃居全省首位，成为全省唯一保持两位数增长的市；新批新建规模工业企业超过 100 家，为历年来最多，另有 100 多家达规企业已申报待批。预计全年净增规模工业企业 200 家以上，总数将超过 1750 家，净增企业数居全省前列。

（四）进出口总额

2012—2016 年阜阳市进出口总额在泛长三角 41 市所占比重分别为 0.08%、0.10%、0.11%、0.11%和 0.08%，总体上呈现倒"U"态势，2016 年与 2012 年基本保持一致。2015 年，阜阳市进出口总额在泛长三角 41 市排第 34 位。

2016 年全年货物进出口总额 11.2 亿美元，比上年下降 24.9%。其中，出口 10.1 亿美元，下降 25.7%；进口 1.2 亿美元，下降 17.6%。从出口贸易方式看，一般贸易出口 8.9 亿美元，下降 25.8%；加

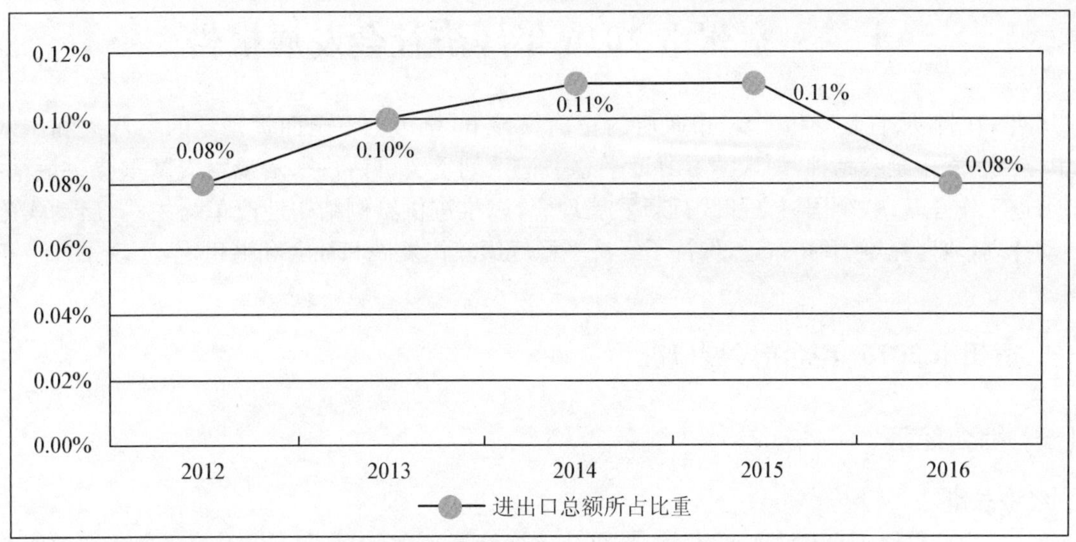

图7　2012—2016年阜阳市进出口总额在泛长三角41市所占比重的变化趋势

工贸易出口1.2亿美元，下降24.6%。

（五）实际外商直接投资金额

2012—2016年阜阳市实际外商直接投资金额在泛长三角41市所占比重分别为0.14%、0.18%、0.22%、0.25%和0.26%，2016年较2012年增加了0.12个百分点，较上年增加了0.01个百分点。2016年，阜阳市实际外商直接投资金额在泛长三角41市排第38位，排名相对靠后。

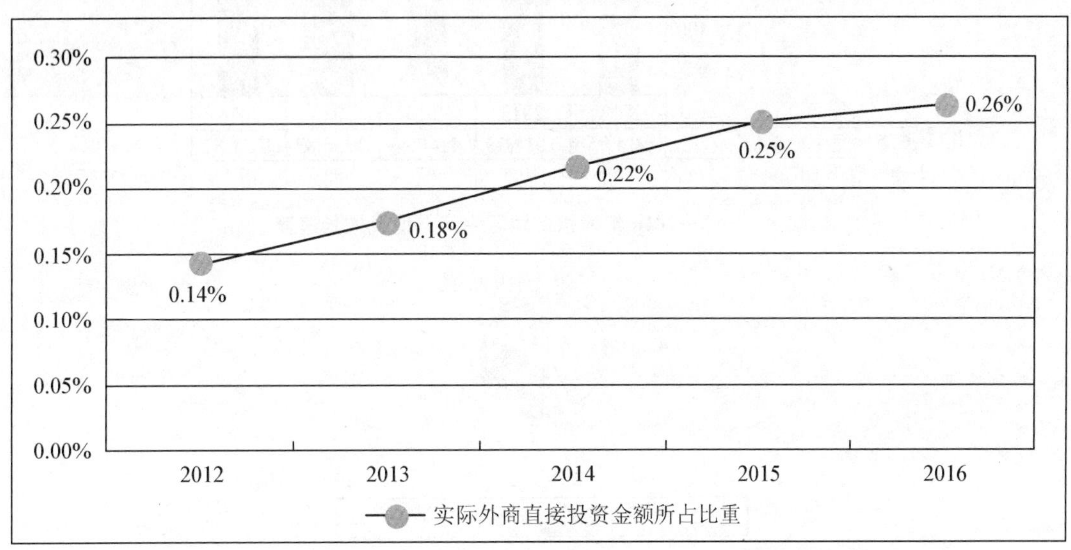

图8　2012—2016年阜阳市实际外商直接投资金额在泛长三角41市所占比重的变化趋势

全年新批外商投资企业4家，比上年下降33.3%。合同外资10580万美元，增长165.8%。实际利用外商直接投资20309万美元，比上年增长10.0%。

十二 宿州市 2016 年经济社会发展报告

2016 年，在省委、省政府和市委、市政府的正确领导下，全市上下全面贯彻党的十八大和十八届三中、四中、五中、六中全会精神，深入学习习近平总书记系列重要讲话特别是视察安徽重要讲话精神，坚持稳中求进工作总基调，牢固树立和践行新发展理念，以推进供给侧结构性改革为主线，启动实施五大发展行动计划，攻坚克难、开拓奋进，保持了经济平稳健康较快发展和社会和谐稳定，实现了“十三五”良好开局。

一、宿州市 2016 年经济发展概况

（一）综合经济

1. 经济总量

全年地区生产总值(GDP)1351.82 亿元，按可比价格计算，增长 9.1%。其中：第一产业增加值 260.18 亿元，增长 2.6%；第二产业增加值 512.83 亿元，增长 9.2%；第三产业增加值 578.8 亿元，增长 12.3%。三次产业结构比为 19.2∶38.0∶42.8。人均生产总值 24270 元(折合 3654 美元)，比上年增加 1855 元。全员劳动生产率 35871 元/人，比上年增加 2730 元/人。

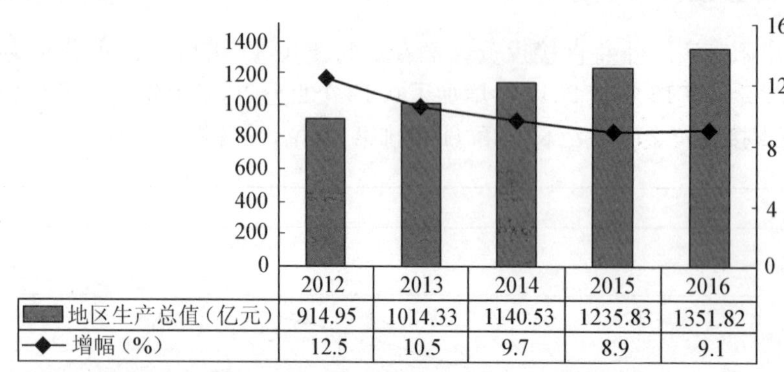

	2012	2013	2014	2015	2016
地区生产总值（亿元）	914.95	1014.33	1140.53	1235.83	1351.82
增幅（%）	12.5	10.5	9.7	8.9	9.1

图 1 2012—2016 年宿州市地区生产总值及增长速度

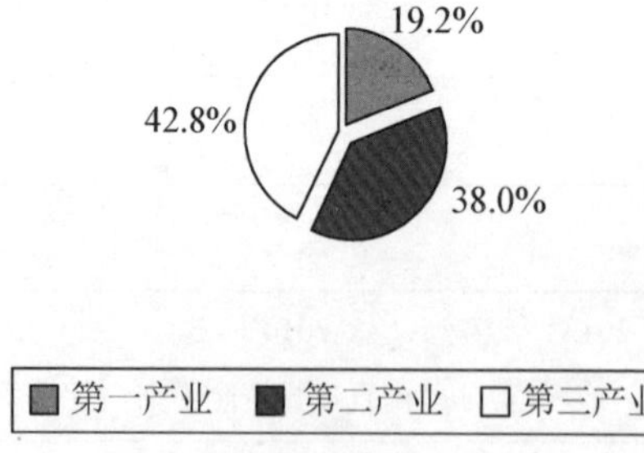

图 2 2016 年宿州市三次产业结构图

2. 财政收支

全年财政收入 139.80 亿元，增长 11.3%，其中，地方财政收入 95.62 亿元，增长 11.2%。全部财政收入中，税收收入 100.76 亿元，增长 2.1%；非税收入 39.04 亿元，增长 45.1%。财政支出 311.35 亿元，增长 5.7%，其中，民生支出 265.04 亿元，增长 5.8%，占财政支出的 85.1%。从重点支出项目看，教育支出增长 10.3%，农林水支出增长 8.8%，城乡社区事务支出增长 4.1%，社会保障和就业支出增长 2.6%。

3. 物价水平

全年居民消费价格(CPI)比上年上涨1.4%。其中,食品烟酒价格上涨2.0%,衣着价格上涨0.5%,居住价格上涨1.2%,教育文化和娱乐价格上涨1.5%,医疗保健价格上涨6.2%。

4. 固定资产投资

全年固定资产投资1269.98亿元,比上年增长12.1%。其中一、二、三产投资分别增长13.8%、6.8%和19.8%。全年工业投资700.75亿元,增长7.4%。民间投资983.95亿元,占全市固定资产投资的比重为77.5%,比上年下降4.6个百分点。全年固定资产投资到位资金1340.47亿元,增长14.0%,其中国内贷款增长61.6%。

全市亿元以上重点项目393个,完成投资629.2亿元。列入省亿元以上重点项目、市"5161"工程项目、市重点项目和园区建设调度项目均超额完成年度目标任务。钱营孜低热值煤发电、和泰陶瓷等190个项目开工建设,新亚电子生产基地、恒邦新材料、正新食品等192个项目进度加快,雪龙化纤、新宇药业二期、立诚包装等85个项目建成投产。宿灵泗快速通道建成通车。

(二) 农业

全年粮食作物种植面积83.39万公顷,比上年增长0.7%。其中,小麦种植面积35.81万公顷,增长0.8%;油料种植面积5.34万公顷,下降6.9%;棉花种植面积1.45万公顷,下降25.9%;蔬菜及食用菌种植面积8.36万公顷,增长1.5%。

全年粮食产量403.19万吨,比上年下降2.2%。其中,夏粮产量239.59万吨,下降0.8%;秋粮产量163.6万吨,下降4.1%;棉花产量2.11万吨,下降18.4%。油料产量23.72万吨,下降5.9%。

全年肉类总产量50.33万吨,下降4.8%;牛奶产量1.64万吨,下降4.9%;水产品产量4.58万吨,增长2.0%;禽蛋产量28.74万吨,增长4.5%。

年末全市农业机械总动力874.6万千瓦,增长2.6%,大中型拖拉机保有量5.18万台,增长5.7%,联合收割机保有量2.54万台,增长11.0%,大中型拖拉机配套比1∶5.2,耕种收综合机械化水平达到87.1%。全年农用化肥施用量(折纯)33.30万吨,下降0.2%。其中复合肥18.35万吨,下降0.1%。有效灌溉面积428.43千公顷,增长1.6%,新增耕地灌溉面积8.28千公顷,增长22.5%;节水灌溉面积103.86千公顷,增长7.7%,新增节水灌溉面积7.58千公顷,增长48.9%。

(三) 工业和建筑业

1. 工业经济

全年全部工业增加值438.78亿元,比上年增长9.5%。其中,规模以上工业增加值405.60亿元,增长9.3%。全年战略性新兴产业产值135.22亿元,增长29.6%。农产品加工产值1027.83亿元,增长9.2%。

年末全市规模以上工业企业1294家,比上年净增125家。34个工业大类行业中有28个增加值保持增长。其中,农副食品加工业增长3.9%,食品制造业增长4.1%,纺织业增长9.4%,木材加工和木竹藤棕草制品业增长6.9%,电力、热力生产和供应业增长8.7%;煤炭开采和洗选业下降54.1%,皮革羽毛制品和制鞋业下降16.9%。

规模以上工业统计的主要产品产量中,原煤下降13.7%,小麦粉下降5.1%,饲料增长28.0%,饮料酒增长7.8%,机制纸及纸板增长31.0%,塑料制品增长14.1%,水泥增长0.4%。

全年规模以上工业企业实现主营业务收入1772.05亿元,增长11.9%;实现利润69.46亿元,下降1.6%,实现利税99.31亿元,下降1.1%。

2. 建筑业

全年建筑业总产值257.40亿元,增长17.9%。房屋建筑施工面积1112.13万平方米,增长41.8%。

（四）服务业

1. 国内贸易

全年社会消费品零售总额 476.92 亿元，比上年增长 12.3%，其中，限额以上消费品零售额 272.14 亿元，增长 13.9%。分城乡看，城镇零售额 395.92 亿元，增长 12.8%；乡村零售额 81.00 亿元，增长 10.2%。

限额以上企业商品零售额中，书报杂志、日用品、文化办公用品、家具、煤炭及制品、汽车等零售额分别增长 21.8%、15.1%、20.1%、14.9%、21.1%和 12.5%。

2. 交通运输、邮电

全年公路客运量 4683 万人，下降 9.4%，旅客周转量 271852 万人千米，下降 15.1%。公路货物运输量 22115 万吨，增长 6.4%，货物周转量 4684501 万吨千米，增长 4.1%。

年末汽车保有量 36.47 万辆，比上年增长 27.4%，其中个人汽车保有量 31.78 万辆，增长 25.4%。

全年邮电业务总量 29.25 亿元；年末移动电话用户 416.38 万户，移动电话普及率 64.11 部/百人；互联网用户达到 346.82 万户。

3. 旅游业

全年入境旅游人数 3.99 万人次，比上年增长 11.0%；国际旅游外汇收入 1993.8 万美元，增长 7.3%；国内旅游收入 119.14 亿元，增长 21.2%；旅游总收入 120.47 亿元，增长 21.2%；国内旅游人数 1877.54 万人次，增长 18.3%。

4. 金融和保险

年末，全市金融机构人民币存款 1747.19 亿元，增长 17.4%。其中，居民住户存款 1143.96 亿元，增长 12.3%。金融机构贷款余额 979.35 亿元，增长 21.1%。金融机构存贷比 56.1%，比上年提高 1.8 个百分点。

全年保险业保费收入 69.96 亿元，增长 12.5%。其中，财产险保费收入 19.54 亿元，增长 25.0%；人寿险保费收入 50.42 亿元，增长 8.3%。赔款和给付支出 22.03 亿元，增长 36.4%。其中，财产险赔款 9.89 亿元，增长 31.5%，人寿险赔款和给付 12.14 亿元，增长 40.0%。

5. 房地产业

全年房地产开发投资 235.78 亿元，增长 7.3%。年末商品房销售面积 564.24 万平方米，增长 44.8%；商品房销售额 232.66 亿元，增长 57.9%。全年开工建设城镇保障性安居工程住房 2.17 万套，基本建成 1.47 万套。

（五）对外经济

1. 对外贸易

全年进出口总额 4.70 亿美元，比上年下降 36.7%。其中，进口总额 0.82 亿美元，下降 14.7%；出口总额 3.87 亿美元，下降 40.0%。

2. 利用外资

全年引进外资项目 11 个，比上年增加 1 个；全市合同利用外资 7451 万美元，下降 41.0%；外商直接投资 7.30 亿美元，增长 8.0%。全年实际利用内资 1040 亿元，增长 15.6%。

二、宿州市 2016 年社会发展概况

（一）人口、人民生活

年末全市户籍人口 654.05 万人，其中：出生人口 10.09 万人，出生率为 15.48‰；死亡人口 3.61 万

人，死亡率为 5.54‰；人口自然增长率为 9.94‰。年末全市常住人口 559.93 万人，城镇化率 40.03%，比上年提高 1.3 个百分点。

全年城镇常住居民人均可支配收入 25533 元，增长 8.1%。城镇常住居民恩格尔系数 22.63%，城镇居民人均住房建筑面积 34.55 平方米，比上年增加 1.78 平方米。

农村常住居民人均可支配收入 9917 元，增长 8.5%。农村常住居民恩格尔系数为 26.48%。农村居民人均拥有住房面积 40.89 平方米，比上年增加 0.72 平方米。

年末人均住户存款 20537 元，比上年增加 4773 元，增长 30.3%。

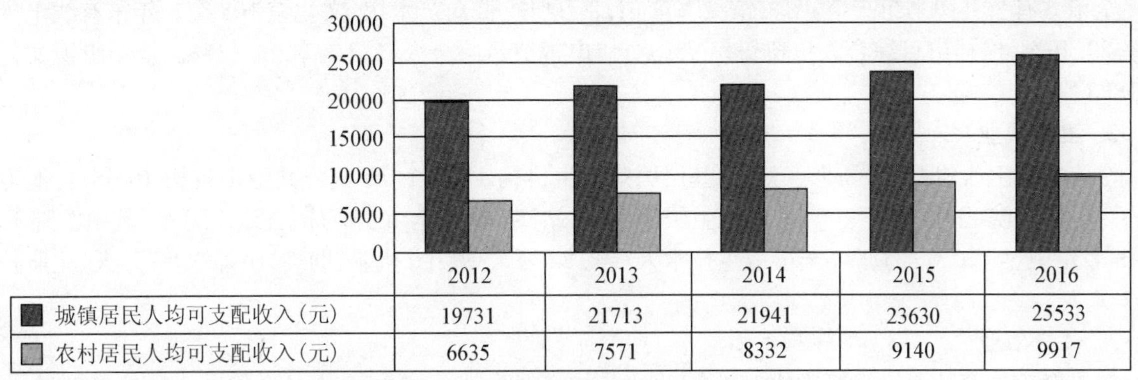

	2012	2013	2014	2015	2016
城镇居民人均可支配收入(元)	19731	21713	21941	23630	25533
农村居民人均可支配收入(元)	6635	7571	8332	9140	9917

图 3　2012—2016 年宿州市城乡居民收入对比一览

（二）就业与社会保障

1. 就业工作

年末全市从业人员 377.8 万人。分产业看，第一产业 148.2 万人，第二产业 108.0 万人，第三产业 121.6 万人。全年城镇新增就业 5.4 万人，安置下岗失业人员再就业 1.7 万人，就业困难人员再就业 1.4 万人，转移农业劳动力 6.14 万人。年末城镇登记失业率 2.42%，比上年下降 0.57 个百分点。

2. 社会保障和福利

全年参加城乡居民养老保险人数 355.12 万人。其中，城镇居民参保 7.11 万人，农村居民参保 348.00 万人。城乡居民社会养老保险金领取人数 92.14 万人，增长 6.7%。年末城镇基本医疗保险参保人数 95.89 万人，增长 2.1%。其中，城镇职工参保 31.24 万人，下降 0.1%；城镇居民参保 64.65 万人，增长 3.2%。年末参加农村新型合作医疗人数达 522.77 万人，参合率达 104%。

全市各类社会福利收养性单位 168 个，床位 1.76 万张。社区服务中心 24 个，城市社区综合服务设施覆盖率达 100%。全市共救助困难群众病患者 23.7 万人次，支出医疗救助金 10611.9 万元。农村五保供养对象 3.37 万人。

全年销售社会福利彩票 3.9 亿元，筹集福利彩票公益金 1.08 亿元。

（三）教育和科学技术

1. 教育事业

教育科技文化事业持续发展。全年普通高等学校招生 0.67 万人，在校学生 2.38 万人，毕业生 0.55 万人。高中阶段招生 2.84 万人，在校生 9.74 万人，毕业生 3.60 万人。高中阶段毛入学率 93.55%。中等职业学校招生 2.57 万人，在校生 5.27 万人，毕业生 3.49 万人。初中阶段招生 5.65 万人，在校生 16.37万人，毕业生 5.34 万人。初中学龄人口入学率 100%。小学招生 8.50 万人，在校生 44.51 万人，毕业生 5.76 万人。小学学龄儿童入学率 100%。幼儿园在园幼儿 21.79 万人。特殊教育在校学生 0.18 万人。各类民办学校在校学生 23.56 万人。

2. 科技与创新

全年高新技术企业77家，其中当年新增企业15家。全年专利申请量3324件，其中发明专利申请量1694件。市级以上科技计划项目35个。省科技成果登记12项。全市省级以上研发平台54个，其中省级工程技术研究中心13个，省级院士工作站6个，国家级创新平台1个。

（四）文化、卫生和体育

1. 文化事业

全市共有公共图书馆6个，图书馆藏书量61.9万册。群众艺术馆、文化馆108个。年末有线电视入户率29.49%，广播节目综合人口覆盖率95.44%；电视节目综合人口覆盖率96.73%。全年组织文艺活动1833次。

2. 卫生事业

全市拥有卫生机构1833个。其中，基层医疗卫生机构1707个，专业公共卫生机构46个，其他卫生机构3个。医院、卫生院185个，社区卫生服务中心(站)97个。全市实有床位2.07万张，其中医院1.43万张，乡镇卫生院0.59万张。全市卫生技术人员2.22万人，其中，执业(助理)医师0.87万人，注册护士0.91万人。

3. 体育事业

年末全市体育社团组织机构数159个，青少年体育俱乐部24个。全市社会体育指导员3275人。全年共开展各项全民健身活动80次。省及省以上比赛共获得金牌39枚，银牌30枚，铜牌56枚。

（五）资源和环境保护

全年降水量1058.6毫米。全年平均气温16.0℃。极端气温最高37.7℃，极端气温最低−12.1℃。全年日照时数1909.3小时。

全市当年造林面积9818公顷，四旁(零星)植树33075公顷。森林覆盖率达30.1%，林业绿化率达34.0%，活立木总蓄积量达1784万立方米。

全市共组织申报省级生态乡镇36个，生态村126个。

城市集中式饮用水源地水质、水量达标率均为100%。

环境空气质量二级。城区空气质量优良率为61.9%，空气污染指数AQI年均值为99。

城市区域声环境等效声级均值和城市道路交通噪声等效声级均值分别为52.1 dB(A)和68.3 dB(A)。

全年废水中化学需氧量排放总量3.95万吨，较上年削减62.2%；废水中氨氮排放总量0.39万吨，较上年削减59.8%；废气中二氧化硫排放总量3.38万吨，较上年增加3.7%；废气中氮氧化物排放总量4.35万吨，较上年削减15.9%。

全市污水处理厂集中处理率达到86.89%，建成区绿地率达到31.22%。

全年全社会综合能源消费量(等价值)678.90万吨标准煤，增长2.95%，单位GDP能耗0.5038吨标准煤/万元，下降5.58%。

（六）社会安全

全年工矿商贸企业生产安全事故12起，死亡12人；生产经营性火灾事故66起，损失额为318万元。道路交通事故657起，死亡193人。

三、宿州市在泛长三角地区经济发展中的地位

2016年以来，面对错综复杂的宏观经济环境和经济下行压力，全市认真贯彻落实省委省政府、市委市政府重大决策部署，坚持稳增长、调结构、促转型不动摇，经济运行呈现总体平稳，稳中有进的良好态

势，完成了预期增长目标，实现"十三五"发展的良好开局。2016 年是"十三五"开局之年，是全面建成小康社会决胜阶段的开局之年，也是推进供给侧改革的攻坚之年，全市 GDP 运行情况好于预期。

（一）地区生产总值

2012—2016 年宿州市地区生产总值在泛长三角地区 41 市所占比重分别为 0.71%、0.73%、0.75%、0.76%和 0.76%。地区生产总值在泛长三角 41 市占比整体呈现上扬态势，2016 年与 2012 年比增加了 0.05 个百分点，较上年基本持平。2016 年，宿州市在泛长三角地区 41 市地区生产总值所占比重排名第 30 位。

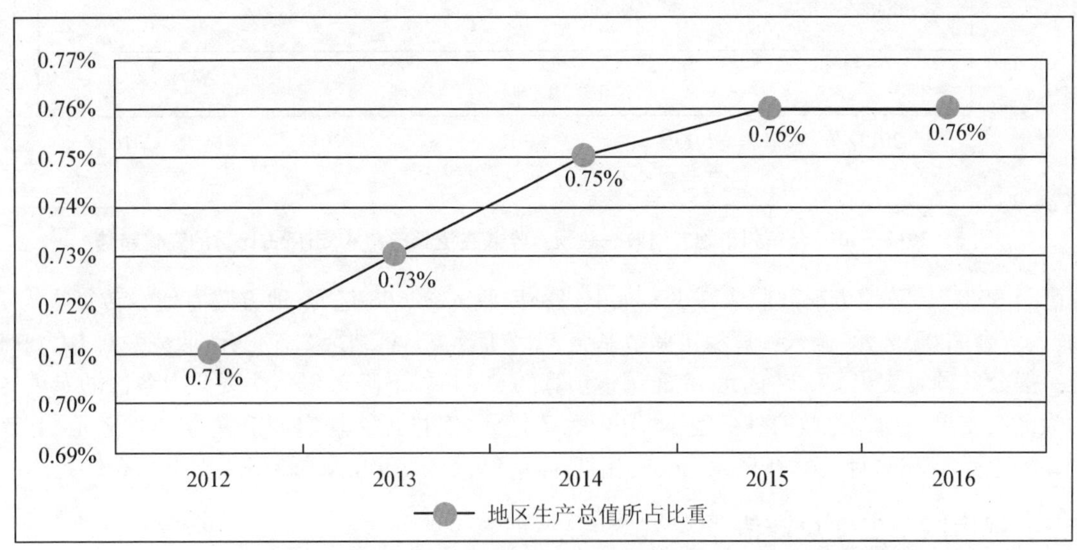

图 4 2012—2016 年宿州市地区生产总值在泛长三角地区 41 市（苏浙两省 24 个地级市、上海市和安徽省 16 市，下同）所占比重的变化趋势

2016 年全市 GDP 实现 1351.8 亿元，按可比价格计算，增长 9.1%，增速比上年提高 0.2 个百分点，比全省高 0.4 个百分点，居全省第 5 位，比上年提高 4 个位次。三次产业增加值分别实现 268.3、512.8 和 578.8 亿元，增长 2.6%、9.2%和 12.3%，拉动 GDP 增长 0.6、3.5 和 5 个百分点。分季度看，全年 4 个季度 GDP 分别增长 8.5%、8.8%、9.0%和 9.1%，除第一季度比全省低 0.1 个百分点外，第 2、3、4 季度分别比全省高 0.2、0.3 和 0.4 个百分点，增速居全省位次分别为第 10、第 6、第 5 和第 5 位，呈逐季回升的良好态势。2016 年全市产业结构由 2015 年同期的 21.7∶37.9∶40.4 调整为 19.2∶38.0∶42.8。第一产业比重首次降至 20%以下，同比回落 2.5 个百分点。第二产业在规模工业企稳回升的有效带动下，增加值增长 9.2%，比上年提高 1.3 个百分点；增速居全省第 6 位，比上年提高 4 个位次；对经济增长贡献率 38.7%，比上年提高 0.8 个百分点。第三产业主导地位继续增强，实现增加值 578.8 亿元，增长 12.3%；增速居全省第一位，比上年提高 1 个位次；对经济增长贡献率达到 55%，比上年提高 14.7 个百分点，是当前经济增长的主动力。

（二）地方财政一般预算收入

2012—2016 年宿州市地方财政一般预算收入在泛长三角 41 市所占比重分别为 0.38%、0.41%、0.45%、0.44%和 0.45%，2016 年较 2012 年增加了 0.07 个百分点，较上年增加了 0.01 个百分点。2016 年，宿州市地方财政一般预算收入在泛长三角 41 市地区排第 36 位。

2016 年，市本级一般公共预算收入 30.1 亿元，为预算的 98.7%，与上年持平。其中，地方一般公共预算收入 18.96 亿元，为预算的 94.2%，比上年减收 2.88 亿元，下降 13.2%，主要是营改增后中央分成

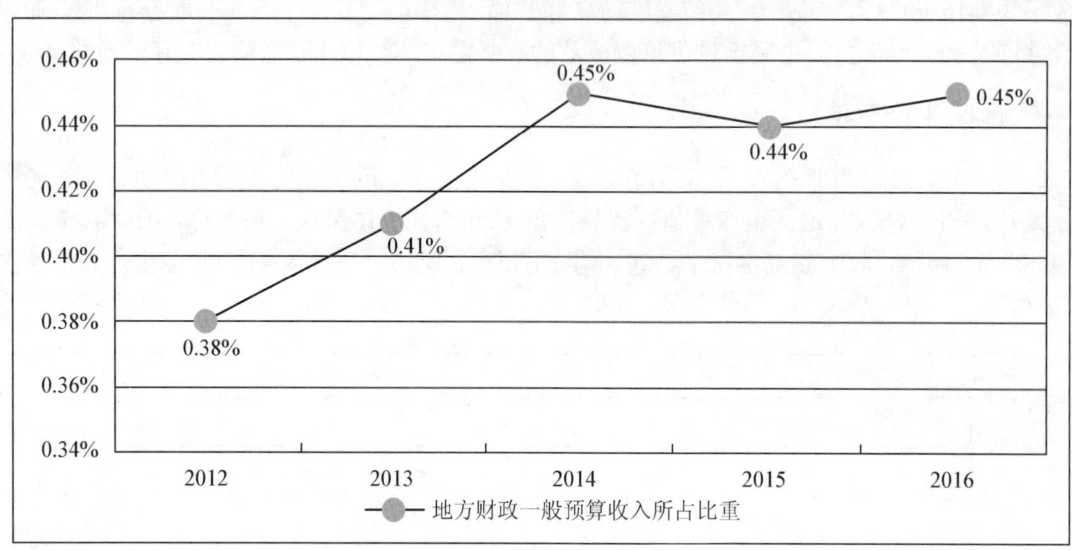

图5　2012—2016年宿州市地方财政一般预算收入在泛长三角41市所占比重的变化趋势

比例提高至50%，导致地方财政收入减少。加上级补助收入32.63亿元，地方政府债券转贷收入16.75亿元，调入资金2.05亿元，调入预算稳定调节基金11.2亿元，上年结余2.5亿元，收入总计84.09亿元。市本级一般公共预算支出67.22亿元，完成调整预算的96.4%，下降5.9%，主要是对各区的专项转移支付改列为区级支出。加地方政府债务还本支出9.97亿元，安排预算稳定调节基金6.9亿元，上解上级支出一2.5亿元，支出总计81.59亿元。收支相抵，年终结余2.5亿元，结转下年支出2.5亿元。

（三）规模以上工业总产值

2012—2016年宿州市规模以上工业总产值在泛长三角41市所占比重分别为0.40%、0.46%、0.51%、0.57%和0.62%，2016年较2012年增加了0.22个百分点，较上年增加了0.05个百分点。2016年，宿州市规模以上工业总产值在泛长三角41市地方财政一般预算收入所占比重排第36位。

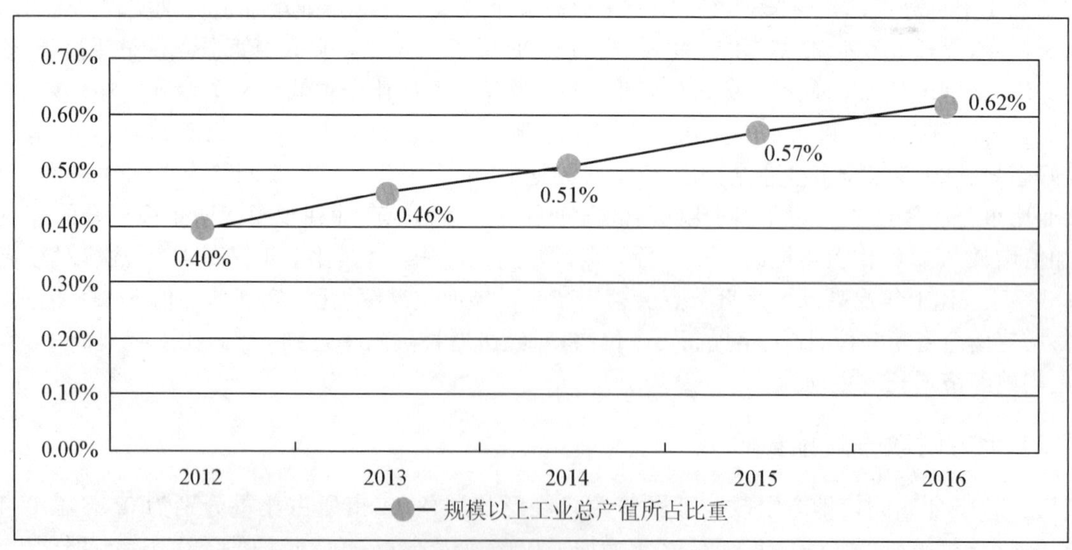

图6　2012—2016年宿州市规模以上工业总产值在泛长三角41市所占比重的变化趋势

2016年，面对宏观经济下行、国家产能政策调整等多重因素影响，全市上下坚决执行市委、市政府的决策部署，全力稳增长、调结构、促转型，积极推进供给侧结构性改革，着力解决工业经济运行中的困难

和问题，全年工业生产总体呈现回稳向好的发展态势。

(一) 工业生产稳中有升。2016 年，全市工业经济运行呈现出"稳中有进、进中有升"的可喜局面，规上工业实现增加值 405.6 亿元，同比增长 9.3%，高于全省 0.5 个百分点。工业生产增速逐季上升，由第一季度的 8.8%上升到上半年的 9.1%、前三季度的 9.2%、全年的 9.3%。

(二) 多数行业保持增长。全市 34 个大类行业中，有 28 个行业保持增长，其中，增速高于全市平均水平的行业有 22 个，增加值占比为 53.4%。增加值占比较高的行业中，农副食品加工、非金属矿物制品、木材加工、纺织服装、化学原料制造、电力热力和酒饮料制造业七个行业分别增长 3.9%、14.9%、6.9%、21.5%、17.0%、8.7%和 8.6%，七个行业累计占全市增加值比重为 59.5%，对全市工业增长的贡献率为 66.2%，拉动全市工业增长 6.2 个百分点。

(三) 工业结构持续优化。2016 年，全市战略性新兴产业产值完成 135.2 亿元，比上年增长 29.6%，快于全市规上工业 17.5 个百分点，增速连续两年居全省第二位；高新技术产业产值完成 233.5 亿元，比上年增长 27.4%，高新技术增加值 55.4 亿元，增长 25.9%，快于全市规上工业 16.6 个百分点，增速比全省高 9.2 个百分点，居全省第 2 位，占规上工业增加值比重为 13.7%，比 2015 年提高 2.1 个百分点。

(四) 降本减负政策成效显现。2016 年，全市规模以上工业经济效益综合指数为 319.4%，比 2015 年提高 5.7 个百分点，比全省高 16.8 个百分点，居全省第 6 位，资产负债率下降到 47.9%，低于全省平均水平 8.9 个百分点，反映出企业生产经营普遍进入良性循环的轨道；企业财务费用比上年下降 2.5%，每百元主营业务收入的三项费用比上年减少 0.26 元。

(五) 新增企业拉动增强。2016 年，全市新增企业 196 户(含 2015 年成长型和 2016 年新建投产企业)，累计实现产值 127.8 亿元，对全市规上工业总产值增长贡献率为 46.8%，拉动全市工业产值增长 5.6 个百分点。

(四) 进出口总额

2012—2016 年宿州市进出口总额在泛长三角 41 市所占比重分别为 0.03%、0.04%、0.05%、0.05%和 0.04%，五年间增加了 0.01 个百分点，其中 2016 年较上年减少了 0.01 个百分比。2016 年，宿州市进出口总额在泛长三角 41 市排第 40 位，较上年下降了五位。

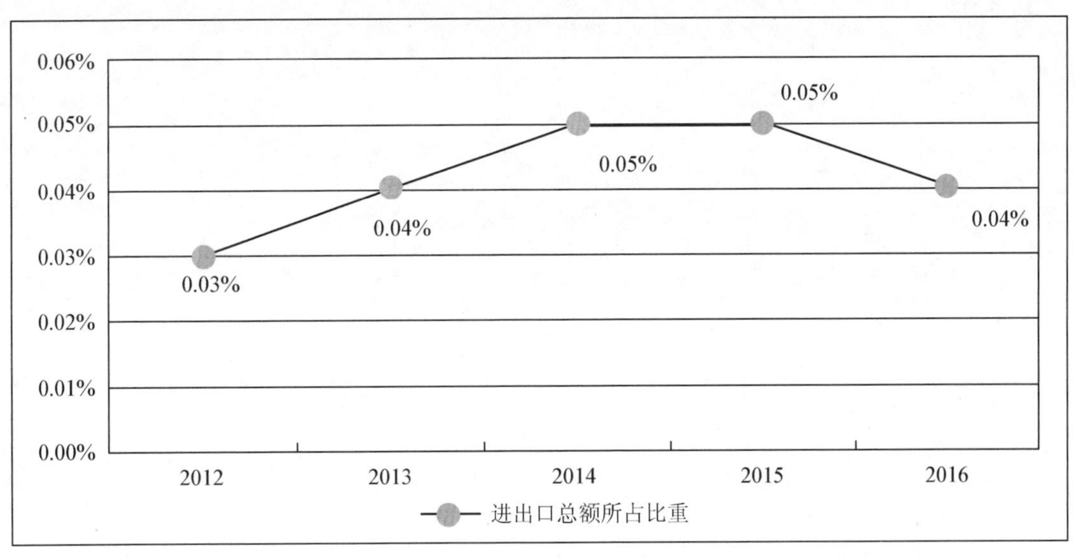

图 7　2012—2016 年宿州市进出口总额在泛长三角 41 市所占比重的变化趋势

2016 年，全市进出口总额 4.70 亿美元，下降 36.7%，居全省末位。其中，进口总额 0.82 亿美元，下降 14.7%，居全省第 13 位；出口总额 3.87 亿美元，下降 40.0%，居全省末位。

（五）实际外商直接投资金额

2012—2016 年宿州市实际外商直接投资金额在泛长三角 41 市所占比重分别为 0.51%、0.62%、0.79%、0.92%和 0.95%，整体呈现上扬姿态，2016 年较 2012 年增加了 0.44 个百分点，较上年增加了 0.03 个百分点。2016 年，宿州市实际外商直接投资金额在泛长三角 41 市排第 23 位，较上年上升了两位。

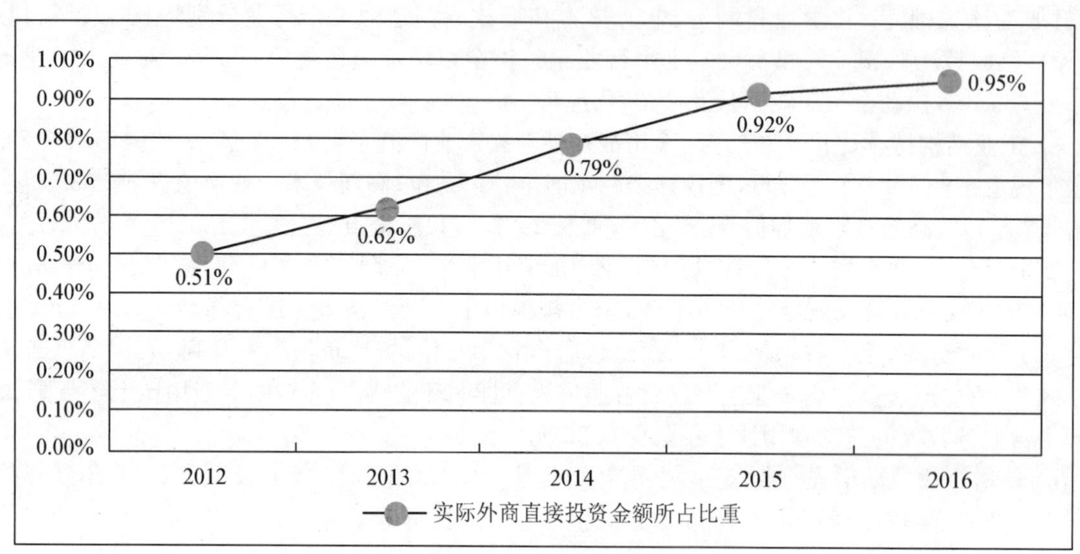

图 8　2012—2016 年宿州市实际外商直接投资金额在泛长三角 41 市所占比重的变化趋势

全年引进外资项目 11 个，比上年增加 1 个；全市合同利用外资 7451 万美元，下降 41.0%；外商直接投资 7.30 亿美元，增长 8.0%。全年实际利用内资 1040 亿元，增长 15.6%。

十三　滁州市2016年经济社会发展报告

2016年，面对复杂多变的外部宏观环境，和艰巨繁重的改革发展稳定任务，全市人民在市委、市政府的坚强领导下，深入贯彻落实党的十八大、十八届三中、四中、五中、六中全会和习近平总书记系列重要讲话精神特别是视察安徽重要讲话精神、亲临小岗重要讲话精神，坚定信心，沉着应对，主动作为，实现了经济社会“稳中奋进、好中加快”的发展预期，主要指标站稳全省第一方阵，实现了“十三五”的良好开局。

一、滁州市2016年经济发展概况

（一）综合经济

1. 经济总量

全年实现生产总值(GDP)1422.83亿元，比上年增长9.2%，高于全省0.5个百分点，总量居全省第5位，增速居全省第4位。其中，第一产业增加值225.52亿元，增长3.1%；第二产业增加值707.23亿元，增长9.7%；第三产业增加值490.08亿元，增长11.5%。三次产业比为15.9∶49.7∶34.4。工业化率为43.4%。人均GDP达35301元(折合5315美元)，比上年增加2667元。

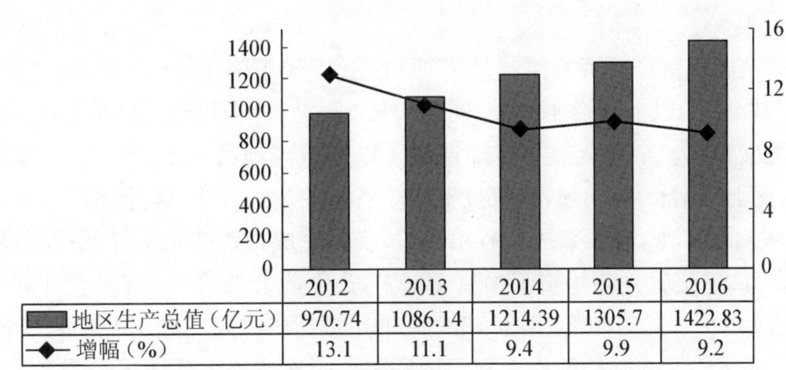

	2012	2013	2014	2015	2016
地区生产总值（亿元）	970.74	1086.14	1214.39	1305.7	1422.83
增幅（%）	13.1	11.1	9.4	9.9	9.2

图1　2012—2016年滁州市地区生产总值及增长速度

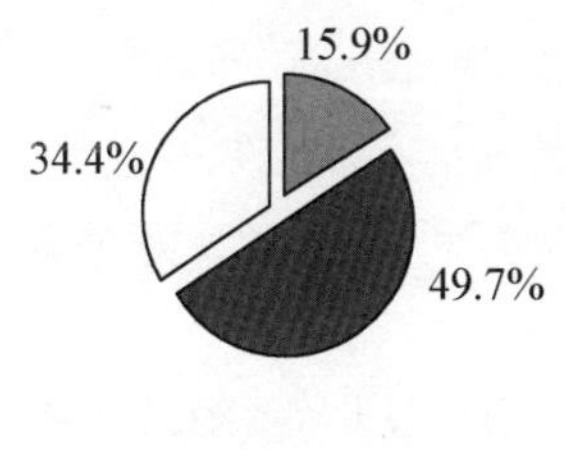

图2　2016年滁州市三次产业结构图

2. 财政收支

全年实现财政总收入256.4亿元，比上年增长11.3%。其中，地方财政收入167.3亿元，增长16.4%。从收入来源结构看，各项税收完成199.2亿元，比上年增长8.7%，占财政总收入的77.7%，占比下降1.8个百分点。从实现主体看，市本级财政收入84.6亿元，增长11.0%；县级财政收入205.9亿元，增长33.6%。全年财政支出334.9亿元，比上年增长10.7%。其中，教育支出55.6亿元，增长

15.3%;城乡社区事务支出43.3亿元,增长29.6%;农林水事务支出59.1亿元,增长9.8%;社会保障和就业支出38.7亿元,增长3.1%;医疗卫生和计划生育支出36.6亿元,增长1.1%;交通运输支出19.4亿元,增长16.2%;住房保障支出11.4亿元,下降9.0%。用于民生方面支出290.5亿元,比上年增长10.7%,占总支出的86.8%,与上年持平。其中33项省级民生工程投入87.4亿元,比上年增长26.1%。

3. 物价水平

2016年全年居民消费价格上涨1.7%,涨幅比上年回升0.9个百分点。八大类商品和服务价格"五涨三降",其中食品烟酒价格上涨3.8%,生活用品及服务价格上涨0.4%,教育文化和娱乐价格上涨4.0%,医疗保健价格上涨8.0%,其他用品和服务价格上涨6.0%,衣着价格下降0.6%,居住价格下降1.6%,交通和通信价格下降2.8%。全年工业生产者出厂价格同比下降0.4%,其中轻工业价格下降0.1%,重工业价格下降0.6%;生产资料价格下降0.6%,生活资料价格下降0.1%。工业生产者购进价格下降1.2%。

4. 固定资产投资

全年完成固定资产投资1699.2亿元,比上年增长16.6%。其中,项目投资1363.1亿元,比上年增长21.4%;按产业分,第一产业投资57.8亿元,增长4.8%;第二产业投资848.9亿元,增长19.0%;第三产业投资792.5亿元,增长15.0%。分行业看,制造业投资768.0亿元,增长15.5%;批发零售业投资14.0亿元,下降9.4%;房地产业投资394.8亿元,下降1.3%;水利、环境和公共设施管理业投资213.4亿元,增长53.8%;居民服务、修理和其他服务业投资4.6亿元,增长252.9%;教育投资20.6亿元,增长54.0%。

全年500万元以上固定资产投资施工项目2741个,比上年下降1.4%。其中,当年新开工项目2127个,增长10.6%。其中,亿元以上项目453个,同比增长35.2%。当年已投产项目1851个。

重大项目建设进展顺利。全年全市共安排省亿元以上重点项目497个,比上年增加32个,当年完成投资858.6亿元,比上年增长37.8%,完成投资居全省第5位。其中:续建项目181个,实际完成投资524.2亿元;新开工项目171个,开工数居全省第4位,实际完成投资271.7亿元;储备项目150个,提前开工31个,完成投资62.7亿元。当年竣工项目129个,占年度计划的189.7%。计划总投资80亿元的西门子工业园、80亿元的天长远东电缆制造、30亿元的定远德轮橡胶轮胎、20亿元的滁州长城文化创业产业园、20亿元的德威高分子材料和工程塑料、15.5亿元的哼哈物流基地等一批项目加快推进。计划总投资32亿元的定远江巷水库项目如期开工建设。

(二) 农业

全年农作物播种面积89.8万公顷,比上年增加7869公顷,增长0.9%。其中,粮食作物播种面积73.9万公顷,比上年增长1.1%;油料作物播种面积6.9万公顷,比上年减少1.4%;蔬菜播种面积4.8万公顷,比上年增长1.9%。

全年粮食总产量427.0万吨,比上年减产4.1%。经济作物有增有减,其中,全年棉花产量9120吨,比上年减产4.7%;蔬菜产量148.8万吨,比上年增产2.4%;水果产量61.5万吨,比上年减产1.8%;油料产量19.4万吨,比上年减产1.4%。

全年肉类总产量40.2万吨,比上年增长1.4%;禽蛋产量11.9万吨,比上年增长2.1%;牛奶产量10712吨,比上年下降4.4%;水产品产量36.2万吨,比上年增长4.0%。

年末,全市农业机械总动力705.7万千瓦,比上年增长0.8%;农用拖拉机43.0万台,比上年减少1.0%;排灌动力机械9.0万台,比上年下降0.5%;全年化肥施用量(折纯)35.6万吨,比上年下降0.4%。农村用电量10.5亿千瓦时,比上年增长3.8%。年末农田有效灌溉面积达491.2千公顷,比上年净增1.1千公顷。全年完成重点水利工程13项,完成投资10.1亿元。

(三)工业和建筑业

1. 工业经济

全年全部工业实现增加值617.6亿元,比上年增长10.0%。其中,规模以上工业比上年增长9.8%。在规模以上工业中,重工业、股份制企业、外商及港澳台商投资企业增长较快。

规模以上工业中,35个工业行业大类中的27个行业增加值实现增长。其中:有色金属冶炼和压延加工业增长41.4%,汽车制造业增长32.6%,电力、热力生产和供应业增长32.2%,石油加工业增长21.7%,仪器仪表制造业增长18.8%,造纸和纸制品业增长18.8%,印刷和记录媒介复制业增长18.0%,皮革、毛皮、羽毛及其制品和制鞋业增长17.4%,燃气生产和供应业增长17.1%,电气机械和器材制造业增长15.8%。

年末,全市共有568家企业列入高新技术产业行业目录,占全市规模以上工业企业单位数的37.5%,实现增加值316.9亿元;年末,战略性新兴产业的企业数为210家,全年完成产值638.5亿元。

年末,亿元以上工业企业达到503家,比2015年同期增加21家,全年完成产值2376.2亿元,完成增加值537.9亿元,亿元企业对全市规模以上工业增长贡献率达到101.7%。

年末,全市六大支柱产业规模以上工业企业1372家,实现增加值593.0亿元,占全市规模以上工业的92.3%,增加值同比增长9.6%,对规模以上工业增长的贡献率达到90.6%,拉动规模工业增长8.9个百分点。

主要工业产品产量和上年相比,近一半保持增长,其中,光缆304971芯千米,增长49.0%;房间空调器140.9万台,增长14.0%;家用电冰箱315.3万台,增长6.7%;大米296.7万吨,增长6.5%;原盐153.6万吨,增长2.6%。全年规模以上工业企业经济效益综合指数为309.0%,规模以上工业实现主营业务收入2775.3亿元,比上年增长11.8%;实现利税总额388.9亿元,比上年增长2.3%,其中利润276亿元,比上年增长7.3%。

2. 建筑业

全年建筑业完成增加值89.7亿元,比上年增长7.0%。年末,资质以上建筑企业195户,全年共完成建筑业总产值284.7亿元,比上年增长15.3%;实现利润总额10.0亿元,比上年增长10.7%;完成房屋建筑施工面积1953.7万平方米,比上年增长15.7%,其中当年新开工面积1250.6万平方米,比上年增长13.8%;房屋竣工面积1059.3万平方米,比上年下降2.3%。

(四)服务业

1. 国内贸易

全年实现社会消费品零售总额515.2亿元,比上年增长12.7%,扣除价格因素实际增长10.8%。分实现区域看,城镇实现消费品零售额434.7亿元,乡村实现消费品零售额80.5亿元,分别比上年增长12.7%、12.8%。分行业看,批发零售贸易业实现零售额447.5亿元,增长12.5%;住宿和餐饮业实现零售额67.7亿元,增长14.5%。分构成看,商品零售额447.8亿元,增长12.5%;餐饮收入67.4亿元,增长14.6%。分经营规模看,限上单位零售额270.9亿元,增长14.0%;限下单位零售额244.3亿元,增长13.6%。

从限额以上单位商品零售分类完成情况看,吃类商品零售额54.6亿元,增长11.9%;穿类商品零售额19.7亿元,增长5.8%;用类商品零售额174.6亿元,增长15.6%,其中,金银珠宝类增长20.3%,五金电料类增长17.0%,家用电器和音像器材类增长15.8%,家具类增长25.4%,建筑及装潢材料类增长20.8%,汽车类增长14.1%。

2. 交通运输、邮电

全年交通运输、仓储和邮政业增加值 51.6 亿元，比上年增长 5.9%。全年货物运输周转量 554.0 亿吨千米。其中，公路货物运输周转量 489.1 亿吨千米；水运货物运输周转量 64.9 亿吨千米。全年旅客周转量 64.8 亿人千米。

年末全市民用汽车拥有量 29.7 万辆，比上年增长 22.7%，其中私人汽车拥有量 24.6 万辆，增长 27.5%。民用轿车拥有量 23.6 万辆，增长 29.7%，其中，私人轿车拥有量 21.7 万辆，增长 31.5%。

全年邮电业务总量 58.7 亿元，比上年增长 35.4%，其中，电信业务总量 50.6 亿元，增长 33.2%；邮政业务总量 8.1 亿元，增长 45.6%，其中，快递业务量 3047.3 万件，快递业务收入 2.7 亿元，分别比上年增长 54.2%和 41.1%。年末，全市拥有电话 362.6 万户，比上年末增加 2.4%，其中固定电话用户数 41.0万户，减少 14.8%；移动电话用户数 318.6 万户，增长 5.3%。年末国际互联网用户 72 万户，比上年增长 21.4%。

3. 旅游业

全年接待旅游人数 2009.1 万人次，比上年增长 18.4%，其中接待外国和港澳台游客 11.0 万人次。全年旅游总收入 166.0 亿元，比上年增长 20.7%。其中，旅游外汇收入 4145.2 万美元。年末，全市共有星级旅游饭店 15 个，星级饭店客房数 1632 间(套)；A 级以上旅游景区(点)27 个；国家级重点风景名胜区 1 个，省级重点风景名胜区 1 个；国家全域旅游示范区 2 个；省级旅游度假区 1 个；省级研学旅行基地 4 个；省级中医药健康旅游基地 1 个。

4. 金融、证券和保险

金融保险业务快速发展。年末，全市金融机构人民币各项存款余额 1975.2 亿元，比年初增加 309.0 亿元，增长 18.5%。其中，境内单位存款余额 811.6 亿元，比年初增加 178.0 亿元；境内个人存款余额 1099.5 亿元，比年初增加 127.9 亿元。年末，金融机构各项贷款余额 1428.0 亿元，比年初增加 225.7 亿元，增长 18.8%。从贷款期限看，短期贷款余额 656.3 亿元，比年初增加 43.8 亿元；中长期贷款余额 703.9 亿元，比年初增加 157.0 亿元。

全年新三板挂牌企业数 9 家，省区域股权交易中心挂牌企业数 2 家。至 2016 年末，全市有上市公司 4 家，新三板挂牌企业数 17 家，省区域股权交易中心挂牌企业数 25 家。

年末，全市共有保险公司 33 家，其中寿险 16 家，财产险 17 家。共有从业人员 12292 人，其中财产险 953 人，人身险 11339 人。全年保费收入 46.50 亿元，比上年增长 24.3%。其中，财产保险保费收入 19.56亿元，增长 23.3%；人身保险保费收入 26.94 亿元，增长 25.0%。财产险中，机动车辆保费收入 12.60 亿元，增长 6.6%；农业险保费收入 2.27 亿元，增长 26.1%；健康险收入及意外伤害险保费收入 1.59亿元，比上年下降 29.3%。全年支付保险赔款(满期给付)14.26 亿元，比上年增长 5.2%。其中，财产险赔款 10.56 亿元，比上年增长 24.5%；人身险赔款和满期给付 3.70 亿元，下降 27.2%。支付赔案共 136210 件，其中财产险赔案 122487 件(包括农险赔案 28000 件)，寿险 13723 件；2016 年缴纳营业税、个人所得税等 1.14 亿元，增长 6.54%，代扣代缴各项税款 1.02 亿元，增长 20%。

5. 房地产业

全年完成房地产开发投资 336.2 亿元，增长 0.5%；房屋施工面积 2530.6 万平方米，增长 0.2%，其中新开工面积 598.8 万平方米，增长 30.4%；房屋竣工面积 384.7 万平方米，下降 18.4%。商品房销售面积 662.1 万平方米，比上年增长 17.3%；商品房销售额 303.6 亿元，比上年增长 26.0%。

(五) 对外经济

1. 对外贸易

全年进出口总额 233376 万美元，比上年增长 14.2%，其中出口总额 168804 万美元，增长 17.1%，进口总额 64572 万美元，增长 7.4%。从进出口经营主体看，内资生产企业完成 173437 万美元，增长

23.6%,外商投资企业完成59939万美元,增长0.2%。出口国别及地区达179个。

2. 利用外资

全年招商引资市外亿元以上项目到位资金880亿元,增长10%。其中境内省外743.4亿元,增长11.6%。来自长三角区域资金465.1亿元,占引资总量的52.9%,同比增长9.6%。

二、滁州市2016年社会发展概况

(一)人口、人民生活

年末全市户籍人口454.1万人,比上年增加5万人;常住人口404.4万人,比上年增加2.7万人。城镇化率50.4%,比上年提高1.4个百分点。按常住人口计算,全年人口出生率11.32‰,比上年上升0.3个千分点;死亡率5.06‰,下降0.85个千分点;自然增长率6.26‰,上升1.15个千分点。

全年城镇常住居民人均可支配收入26286元,比上年增长8.8%;人均消费性支出17472元,比上年增长11.9%。其中:食品支出5563元,增长8.5%;衣着支出1195元,增长4.1%;居住支出4235元,增长12.1%;生活用品及服务支出1311元,增长1.7%;交通通信支出1780元,增长38.8%;教育文化娱乐支出2010元,增长12.6%;医疗保健支出1010元,增长17.4%;其他用品和服务支出368元,增长4.6%。城镇居民恩格尔系数为31.8%。

年末,每百户城市居民家庭拥有家用汽车16.5辆,摩托车36.2辆,电冰箱106.2台,洗衣机94.8台,热水器92.2台;空调127.8台,彩电142.7台,摄像机2台,照相机13.3台,计算机62.9台,中高档乐器1.4架,固定电话41.3部,移动电话236.7部。人均住房建筑面积36.4平方米。

全年农村常住居民人均可支配收入10956元,比上年增长8.8%;人均生活消费支出7817元,比上年增长12.6%。其中:食品烟酒支出3052元,增长5.3%;衣着支出386元,增长9.5%;居住支出1632元,增长40.6%;生活用品及服务支出522元,增长56.8%;交通通信支出768元,下降2.2%;教育文化娱乐支出794元,增长8.2%;医疗保健支出554元,下降7.9%;其他用品和服务支出108元,增长38.8%。农村居民恩格尔系数为39.0%。

年末,每百户农村居民家庭拥有家用汽车5.7辆,摩托车42.3辆,电冰箱94.1台,洗衣机86.2台,热水器72.7台,空调63.9台,彩电114.4台,摄像机0.1台,照相机1.1台,计算机11.5台,固定电话23.1部,移动电话191.6部。农村居民人均住房面积为34.9平方米。

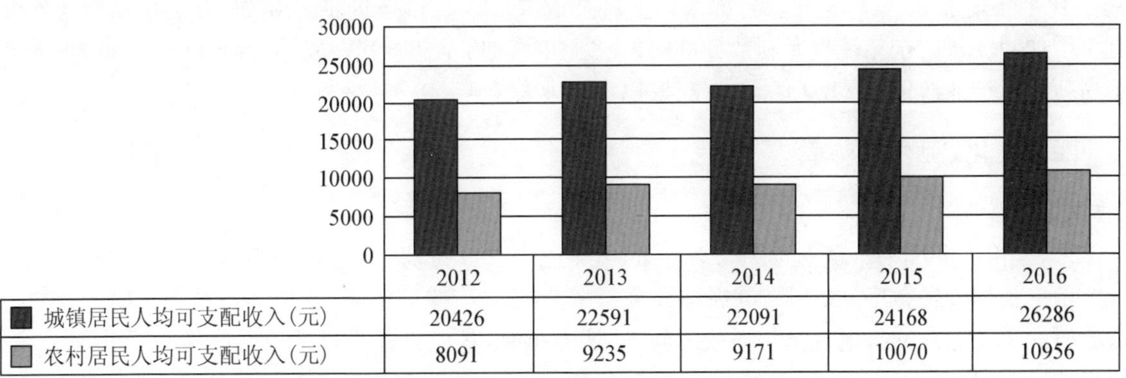

	2012	2013	2014	2015	2016
城镇居民人均可支配收入(元)	20426	22591	22091	24168	26286
农村居民人均可支配收入(元)	8091	9235	9171	10070	10956

图3　2012—2016年滁州市城乡居民收入对比一览

(二)就业与社会保障

城镇登记失业率为3.2%,比上年下降0.1个百分点。

全市保障房建设完成投资26.7亿元,比上年增长20.8%,其中,公租房(含廉租房)完成投资0.12

亿元;全年保障房施工面积133.5万平方米,比上年下降29.9%,其中,公租房(含廉租房)施工面积为85.2万平方米;全年保障房竣工面积94.7万平方米,比上年下降35.2%,其中公租房(含廉租房)竣工5.2万平方米。

养老、失业、医疗、工伤、生育保险以及城乡居民最低生活保障得到加强。2016年末,全市城乡基本养老保险(含城镇职工养老保险、城乡居民养老保险)参保人数278.93万人。其中,城乡居民养老保险参保人数232.25万人,城镇基本医疗保险参保人数100.51万人,失业保险参保人数为22.41万人,工伤保险参保人数为30.64万人,生育保险参保人数为26.16万人。城市最低生活参保人数4.26万人,比上年末减少11.9%。农村最低生活参保人数11.42万人,比上年末减少17.9%。城乡低保人均月补差分别为397元、215元,退休人员养老金标准进一步提高。

年末,全市工会组织数9767个,比上年增长8.6%。工会系统筹集送温暖资金968.9万元,发放送温暖资金897.8万元;医疗救助1646人,帮扶金额437.2万元;金秋助学资助困难职工和农民工子女868人,发放助学帮扶资金276.9万元,其中资助困难农民工子女392人,发放助学款132.1万元。年末,县级及以上妇联组织9个,县级以上春蕾工程全年筹资120.05万元,资助大学、大专和中小学生500余人。

年末,全市共有养老服务机构155个,床位23131张,比上年末增长5.0%。农村五保供养人数2.69万人,比上年末下降1%。年末,城镇社区各种服务设施1063个,比上年增长1.2%。全年社会福利彩票累计销量4.52亿元,比上年增长5.9%,全年募集福彩公益金6167万元,增长6.43%。

(三)教育和科学技术

1. 教育事业

年末,全市共有幼儿园588所,比上年增加40所,在园儿童10.7万人,比上年增加4.9%;小学238所,比上年减少24所,专任教师1.41万人,比上年减少1.4%,在校生23.6万人,减少1.7%;普通中学264所,减少2所,专任教师1.59万人,减少1.2%,在校生19.30万人,减少4.8%;中等职业教育学校17所,专任教师2000人,在校生5.5万人。

2. 科技与创新

年末,全市共有民营科技企业547家,比上年末增加79家;省级工程技术研究中心26家;规上企业建立企业技术中心246家,其中,国家级2家,省级83家,技术中心比上年增加25家;国家高新技术企业230家,比上年增加55家。全年获省部级以上科技成果24项、科技进步奖3项;专利申请数12628件,比上年增加4057件,全年授权专利数3600件,比上年增加251件,其中发明专利1190件,增加418件;全年高新技术产业产值1424.9亿元,占规模以上工业总产值50.3%。

(四)文化、卫生和体育

1. 文化事业

年末,全市公共图书馆藏书量115.5万册,电子图书299万册,全市广播电视台8个,网络分公司7家。全市广播综合覆盖率98.7%,电视综合覆盖率99%。广播全年播放时间4.02万小时,其中自办栏目播放时间1.11万小时;电视全年播放时间5.48万小时,其中自办栏目播放时间1.2万小时。有线电视用户62.8万户。

2. 卫生事业

年末,全市共有卫生机构1629个。其中,医院、卫生院162个,疾病控制中心8个,妇幼保健机构7个。全市卫生机构拥有床位17314张,比上年增长8%,其中医院、卫生院拥有床位16598张,比上年增加1372张。卫生机构从业人员2.23万人。其中,医院、卫生院技术人员1.6万人,执业医生6314人,注册护士6829人,卫生防疫人员259人。全市参加新型农村合作医疗人数达到349.3万人,参合率101.19%。

3. 体育事业

年末，全市共有体育场馆17个。年底，全市共有体育场地设施4581个，人均体育场地面积达到1.34平方米。2016年新增体育社会组织22个，建立省示范健身站点48个，发展二级社会体育指导员129名，完成省局下达任务的108%。拥有省级品牌活动6个，市级健身品牌9项。开展百人以上群众性体育活动440场、综合性的全民健身运动会15次，承办国家级赛事1个、省级赛事3个，参与全民健身活动人数达187万余人次。

年末全市共有国家级体育传统学校2所，省级体育传统项目学校10所；国家级特色学校25所，省级体育特色学校5所，市级特色学校78所；国家级青少年体育俱乐部12所，省级青少年体育俱乐部12所。全国比赛金牌1枚，省级比赛金牌79枚、银牌23枚、铜牌42枚。2016年全市输送后备人才114人。全年体育彩票销售2.28亿元。

（五）城市建设

重点工程建设方面，全年开工建设重点项目62个，完成投资18.5亿元。其中，续建项目22个，包括道桥项目6个、景观、环境项目9个、房建项目7个，总投资10.3亿元；新建项目40个，总投资8.2亿元，其中道桥和闸站项目30个、景观项目5个、房建项目5个。

市政建设方面，2016年，完成了内城河改造一期工程，二期工程进入扫尾阶段；完成了清流河二期东岸污水、水利、景观工程；完成了北湖周边城市规划设计等前期工作，大力推进了明湖工程建设；新建了以运动、健身为主题的乐亭巷游园等游园工程，完善了扬子路与上海路交口等处游园的配套设施。第三污水处理厂及配套管网项目作为第一个ppp项目正式开工建设；四水厂二期工程顺利完成，新增供水能力5万立方米/天；新建公共自行车站点31个，扩容公共自行车站点16个，投放1000辆公共自行车；南谯路畅通工程顺利实施，完成了城南人行道改造工程；开始实施月亮湾和高铁站两个片区约13.7千米的地下综合管廊建设项目；完成老城区27条小巷道改造工程。

年末，全市建成区面积242.44平方千米，比上年末增加6.57平方千米，其中市辖区85.34平方千米，增加1.50平方千米；建成区绿化覆盖面积94.31平方千米，比上年末增加7.13平方千米，其中市辖区35.40平方千米，增加0.38平方千米；当年新建、改造、扩建道路133千米，其中市辖区95.1千米；年末城区绿地总面积100.64平方千米，比上年末增加8.47平方千米，其中市辖区42.92平方千米，增加1.18平方千米；年末全市排水管总长度4864.53千米，比上年末增加464.27千米，其中市辖区1814.44千米，增加277.51千米。年末自来水日生产能力（不含乡镇）达67.12万立方米，比上年增加6.50万立方米/日，用水人口146.52万人，比上年增加6.70万人；全年天然气供气总量28141.32万立方米，比上年增加2765.05万立方米，用气人口117.91万人，比上年增加8.00万人，其中市辖区用气人口40.94万人，增加4.45万人。

年末，全市公路通车里程16801千米；货物运输周转量553.95亿吨千米，其中公路货物运输周转量489.05亿吨千米，水运货物运输周转量64.9亿吨千米。全年旅客周转量64.8亿人千米。

年末全市公交营运线路101条，比上年增加10条。实有公交车辆1182辆，比上年增加37辆。全年公共汽车客运总量13481万人次，比上年下降1.1%。全市出租汽车3242辆，比上年增加50辆。

（六）环境保护

年末，全市共有自然保护区2个，自然保护区面积43510公顷。当年人工造林面积12206公顷。年末森林面积23.87万公顷，活立木总蓄积量1759.5万立方米，森林覆盖率17.5%。全市共有环境监测和监察大（支）队17个。全市环境污染治理投资23.3亿元。年末，共有污水处理厂16座。城市污水处理率96.7%。全市年单位生产总值耗能比上年下降5.9%。

全年，全市环境空气质量符合《环境空气质量标准》（GB3095—2012）一级标准的天数57天，占

15.6%;符合二级标准的天数为184天,占50.3%;一、二级标准的天数总计为241天,占65.8%。PM10全年平均值77 μg/m³,全年轻度污染92天,中度污染24天,重度污染9天。

(七)社会安全

全年发生火灾事故1183起,直接经济损失575.5万元;发生交通事故417起,交通事故死亡人数173人。

三、滁州市在泛长三角地区经济发展中的地位

2016年,面对错综复杂的宏观环境和经济下行压力,全市上下深入贯彻落实习近平总书记视察安徽重要讲话精神,以五大发展理念为引领,积极推进供给侧结构性改革,大力实施"调转促"行动计划,全市上下坚持"稳中奋进、好中加快"工作总基调,积极应对困难和挑战,各方面工作扎实推进,主要指标表现较好,经济发展稳中有进,稳中向好。

(一)地区生产总值

2012—2016年滁州市地区生产总值在泛长三角地区41市所占比重分别为0.76%、0.78%、0.80%、0.80%和0.80%。滁州市地区生产总值在泛长三角41市占比整体呈现上扬态势,2016年与2012年比增加了0.04个百分点,较上年基本持平。2016年,在泛长三角地区41市地区生产总值所占比重排名27位。

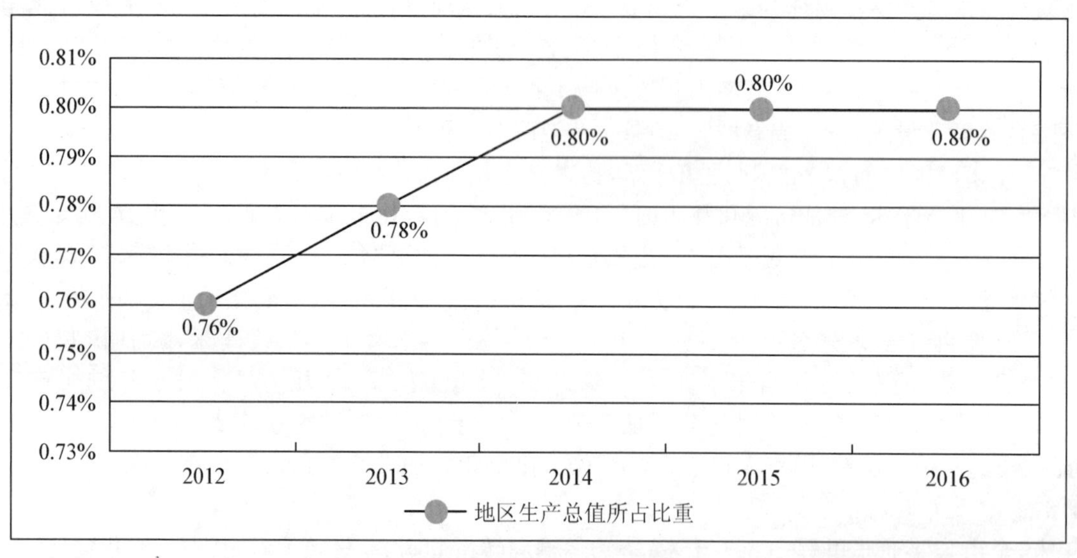

图4 2012—2016年滁州市地区生产总值在泛长三角地区41市(苏浙两省24个地级市、上海市和安徽省16个地级市,下同)所占比重的变化趋势

2016年,全年全市完成生产总值(GDP)1422.8亿元,按可比价格计算,同比增长9.2%,高于全省0.5个百分点,总量居全省第5位,与2015年同期持平,增速居全省第4位,同比上升1位。从产业看,第一产业225.5亿元,同比增长3.1%,高于全省0.4个百分点;第二产业707.2亿元,同比增长9.7%,高于全省1.4个百分点;第三产业490.1亿元,同比增长11.5%,高于全省0.6个百分点。GDP总量保持全省第5位,增速上升到第4位。

从产业看,一产完成投资57.8亿元,同比增长4.8%;二产完成投资848.9亿元,同比增长19.0%;三产完成投资792.5亿元,同比增长15.0%。从投资项目规模看,2016年,新开工5000万元以上项目393个,同比增长107.9%;新开工亿元以上项目246个,同比增长2倍,亿元以上项目增速较快,累计完

成投资额 680.7 亿元，同比增长 33.9%，高于全部投资增速 17.3 个百分点。

（二）地方财政一般预算收入

2012—2016 年滁州市地方财政一般预算收入在泛长三角 41 市所占比重分别为 0.70%、0.70%、0.73%、0.74%和 0.79%，整体处于上升态势，2016 年较 2012 年增加了 0.09 个百分点。2016 年，滁州市地方财政一般预算收入在泛长三角 41 市地区排第 25 位。

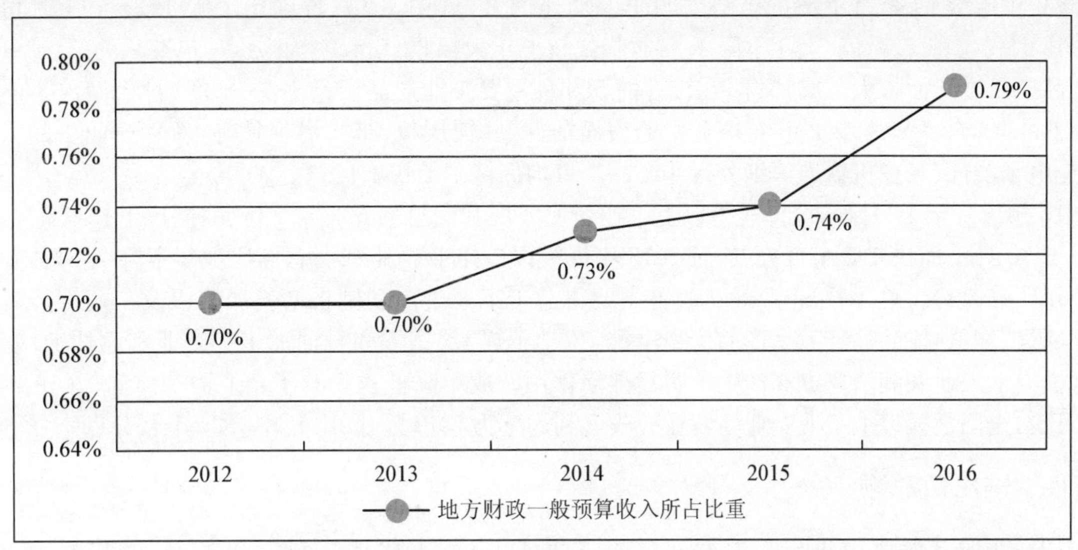

图 5　2012—2016 年滁州市地方财政一般预算收入在泛长三角 41 市所占比重的变化趋势

2016 年，全市财政总收入完成 256.4 亿元，占年初目标的 100.4%，增长 11.3%，增幅高于全省平均 2.3 个百分点。其中：地方收入完成 167.3 亿元，占预算的 108.2%，增长 16.4%。全市一般公共预算支出完成 334.8 亿元（含省追加支出），占预算的 106.8%，增长 10.7%。

（三）规模以上工业总产值

2012—2016 年滁州市规模以上工业总产值在泛长三角 41 市所占比重分别为 0.71%、0.77%、

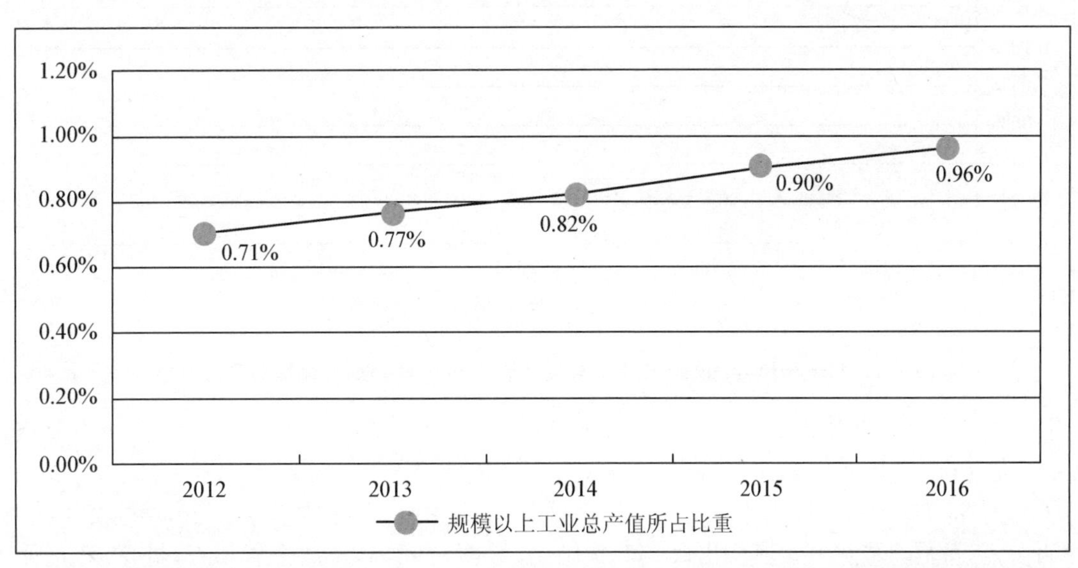

图 6　2012—2016 年滁州市规模以上工业总产值在泛长三角 41 市所占比重的变化趋势

0.82%、0.90%和 0.96%，总体上呈现上升趋势，累计增幅达 0.25 个百分点。2016 年，滁州市规模以上工业总产值在泛长三角 41 市地方财政一般预算收入所占比重排第 27 位。

2016 年，全国规模以上工业增加值比上年实际增长 6%，增速较上年回落 0.1 个百分点。分季度看，一季度同比增长 5.8%，二、三、四季度均增长 6.1%，工业生产增速基本维持在 6%左右小幅波动，企稳态势明显。

工业品价格明显回升。2016 年 1 月至 8 月份，工业生产者出厂价格同比降幅逐月收窄，9 月份由负转正，终止了连续 54 个月下滑的走势。四季度加速回升，其中，10 月份同比上涨 1.2%、11 月份上涨 3.3%、12 月份上涨 5.5%。全年下降 1.4%，降幅较上年大幅收窄 3.8 个百分点。

产品产量增长面扩大。2016 年，在统计的 589 种主要工业产品产量中，一季度增长面为 61.3%、上半年为 64%、全年为 66.9%。传统产业中的表面活性剂、镀层板(带)、海绵钛等，新兴产业中的太阳能电池、光电子器件、工业机器人等细分行业产品产量均保持了较快增长。

2016 年 1 月至 11 月份，全国规模以上工业企业实现利润总额 60334.1 亿元，同比增长 9.4%，增速较 1 月至 10 月份加快 0.8 个百分点，而 2015 年规模以上工业企业利润总额比上年下降 2.3%，企业效益较上年明显改善。总体看，企业效益改善主要得益于工业生产和销售增长加快以及工业生产者价格上涨。原煤、钢材、成品油等大宗商品价格上涨，拉动了煤炭、钢铁和石油加工等企业利润快速增长，对全部规模以上工业利润增速提高产生了明显推动作用。成本降低也提升了企业盈利空间，2016 年 1 月至 11 月份，全国规模以上工业企业主营业务收入利润率为 5.85%，同比上升 0.26 个百分点。

（四）进出口总额

2012—2016 年滁州市进出口总额在泛长三角 41 市所占比重分别为 0.11%、0.14%、0.15%、0.15%和 0.18%，总体上呈现增长态势，五年间增加了 0.07 个百分点，其中 2016 年较上年增加了 0.03 个百分点。2016 年，滁州市进出口总额在泛长三角 41 市排第 30 位，较上年上升了两位。

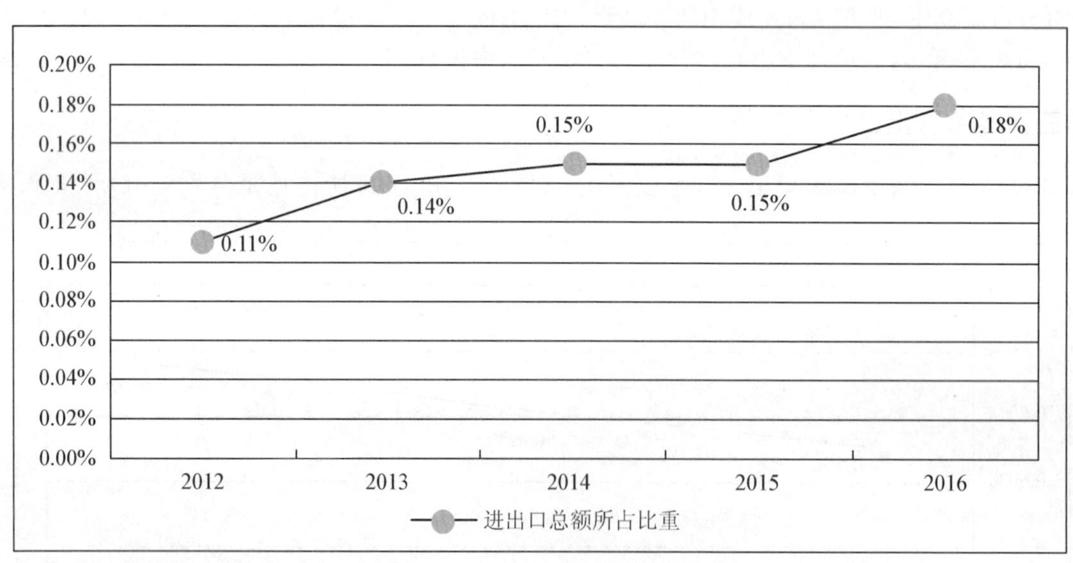

图 7　2012—2016 年滁州市进出口总额在泛长三角 41 市所占比重的变化趋势

全年完成进出口总额 23.34 亿美元，同比增长 14.2%，增速比前三季度回升了 14.6 个百分点，其中出口 16.88 亿美元，同比增长 17.1%；进口 6.46 亿美元，同比增长 7.4%。

2016 年滁州市进出口总值 154.9 亿元人民币，同比增长 21.8%，位居全省第五，增速高于全省平均 23.2 个百分点，位居全省第三。其中出口 111.9 亿元，增长 24.7%，位居全省第三；进口 43 亿元，增长 14.9%，位居全省第五。

分析指出，从省内排名看，2016 年滁州市进出口总值落后于合肥、芜湖、铜陵和马鞍山四地市，超出排名第六的安庆 37.7 亿元。从进口商品看，2016 年滁州市进口阴极铜 13.3 亿元，占同期进口总值的 30.9%，是滁州市进口值最大商品。从贸易方式看，2016 年滁州市一般贸易进出口总值 122.5 亿元，占全市进出口总值的 79.1%。加工贸易进出口总值 31.5 亿元，占全市进出口总值的 20.3%。从企业性质看，2016 年滁州市民营企业进出口总值达 113 亿元，占全市进出口总值的 73%。外资企业进出口总值 39.9 亿元，占全市进出口总值的 25.8%。

此外，从贸易伙伴看，2016 年滁州市对亚洲贸易额达 71.9 亿元，增长 38.1%，对欧盟(28 国)贸易额 22.5 亿元，增长 29.8%，对北美自由贸易区贸易额为 34.4 亿元，增长 31%，对美国贸易额为 29.8 亿元，增长 25.2%，美国仍是滁州最大贸易国。

(五) 实际外商直接投资金额

2012—2016 年滁州市实际外商直接投资金额在泛长三角 41 市所占比重分别为 0.71%、0.97%、1.24%、1.44%和 1.49%，呈现连续上扬姿态，2016 年较 2012 年增加了 0.78 个百分点。2016 年，滁州市实际外商直接投资金额在泛长三角 41 市排第 19 位。

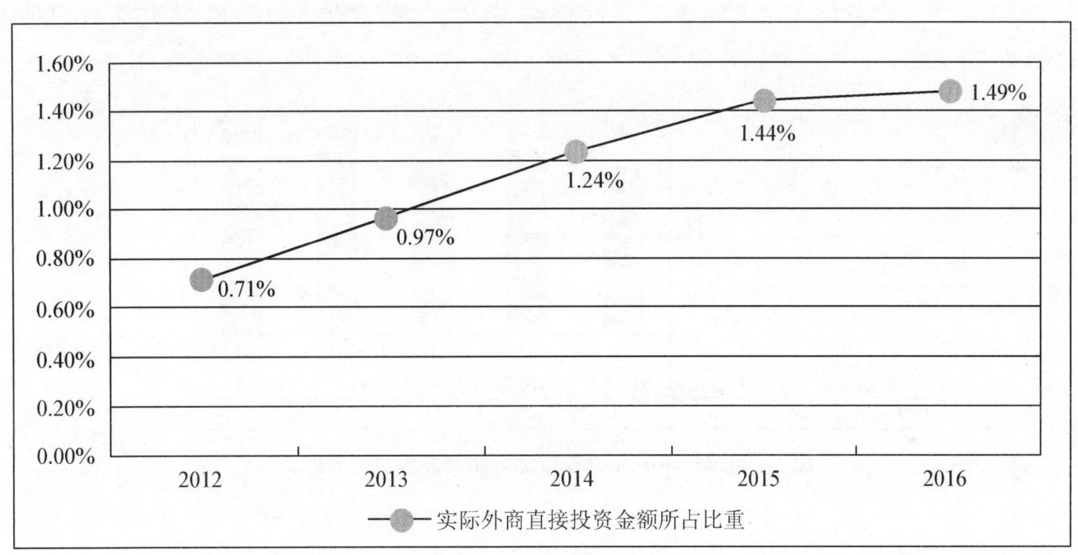

图 8　2012—2016 年滁州市实际外商直接投资金额在泛长三角 41 市所占比重的变化趋势

2016 年 1—12 月份，滁州市共实现外商直接投资 11.4 亿美元，同比增长 8%。具体指标上，总量与增幅均位居全省第 5，高于全省平均总量 2.2 亿美元；合同外资为 2.12 亿美元，位居全省第 4。滁州市的外商直接投资为“十三五”整体规划的实现开了个好头，实现了“开门红”。

近年来，滁州市逐渐成为吸引外资的热土和外资项目的集聚地，除引进一些过亿美元较大的外资项目之外，还承接了部分由江浙沪内迁转移的再投资项目，使得涌入滁州的外资内容更丰富，形式更多样。滁州市外商直接投资额连续 6 年均位居全省第一方阵，尤其是 2016 年滁州市来安县在全省县域经济利用外商直接投资工作中位列第一，实现了历史性的突破。

十四　六安市 2016 年经济社会发展报告

2016 年，面对复杂严峻的经济环境，全市上下在市委、市政府坚强领导下，深入贯彻落实党的十八大、十八届三中、四中、五中、六中全会和习近平总书记系列重要讲话特别是视察安徽、视察六安重要讲话精神，积极践行五大发展理念，坚持稳中求进工作总基调，着力推进供给侧结构性改革，经济社会发展取得长足进步。

一、六安市 2016 年经济发展概况

（一）综合经济

1. 经济总量

2016 年实现地区生产总值（GDP）1108.15 亿元，按可比价格计算，同比增长 7.2％。分产业看，第一产业增加值 189.37 亿元，增长 3.0％；第二产业增加值 490.63 亿元，增长 6.7％；第三产业增加值 428.15 亿元，增长 9.8％。第三产业比重由上年 36.2％提高到 37.4％。按常住人口计算，人均生产总值 23298 元，同比增加 1774 元。三次产业结构为 17.1∶44.3∶38.6。

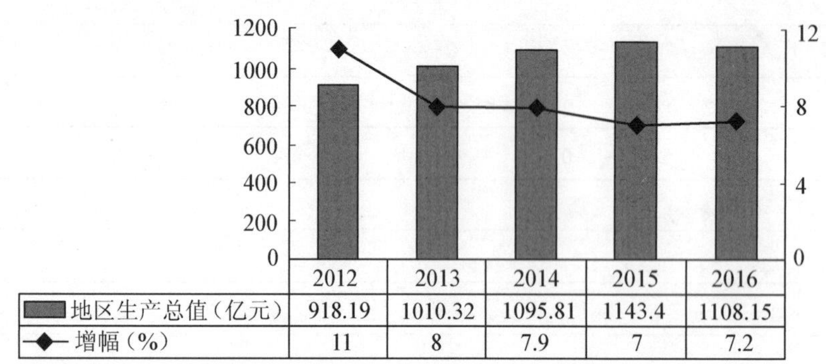

图 1　2012—2016 年六安市地区生产总值及增长速度

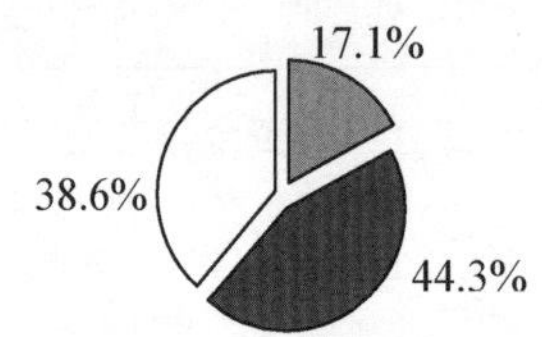

图 2　2016 年六安市三次产业结构图

2. 财政收支

2016 年，全市实现财政收入 153.3 亿元，增长 10.0％。其中：地方财政收入 98.3 亿元，增长 3.6％；中央级收入 50.9 亿元，增长 27.0％。在地方税收收入中，国内增值税 17.7 亿元，增长 160.0％；营业税 15.9 亿元，下降 46.2％；企业所得税 4.3 亿元，下降 3.2％；个人所得税 1.4 亿元，增长 18.0％。全年财政支出 342.1 亿元，增长 8.3％。其中，教育支出增长 8.0％，科学技术支出增长 41.3％，交通运输支出下降 26.8％，农林水事务支出增长 14.5％，社会保障和就业支出增长 2.1％。全年民生工程累计投入财政资金 275.5 亿元，同比增长 1.9％。民生支出占财政支出比重为 80.5％。

3. 物价水平

2016年，居民消费价格指数为102.1%，居民消费价格同比上涨2.1%。其中，食品烟酒类价格上涨4.0%，居住类价格上涨0.9%，交通和通信类价格下降2.7%。原材料、燃料、动力购进价格指数97.8%；工业品出厂价格指数100.1%。

4. 固定资产投资

2016年，完成固定资产投资1075.0亿元，同比增长8.2%。分产业看，第一产业投资39.6亿元，下降35.3%；第二产业投资387.4亿元，下降4.7%；第三产业投资647.9亿元，增长23.3%。

全年工业项目投资额385.0亿元，同比下降4.8%。其中，制造业投资增长5.2%；水利、环境和公共设施管理业投资增长20.6%；交通运输、仓储和邮政业持平；居民服务业投资下降68.9%。

全年新开工项目1477个，同比净增56个。亿元以上重点项目完成投资416.9亿元，同比增长77.7%。

（二）农业

2016年，全市粮食种植面积515693公顷，同比增加7331公顷；油料种植面积69900公顷，同比减少1643公顷；棉花种植面积8647公顷，同比增加164公顷；蔬菜种植面积56387公顷，同比增加608公顷。全年粮食产量314.2万吨，下降4.2%；油料产量15.4万吨，增长0.2%；棉花产量14283吨，增长2.3%。

全年肉类总产量41万吨，同比增长1%，其中猪牛羊肉产量27.3万吨，下降0.1%。禽蛋产量9.8万吨，增长6.1%。牛奶产量22147吨，下降9.8%。水产品产量22.2万吨，增长4.9%。

全年人工造林面积9355公顷。年末有林地面积71.9万公顷，活立木总蓄积量3311万立方米，森林覆盖率44.7%，林木绿化率48.8%。

全市农业机械总动力558.9万千瓦，同比增长3.6%。农用拖拉机17.5万台，增长3.3%；农用运输车2.4万辆，下降0.9%。全年化肥施用量(折纯) 19.1万吨，下降8.6%。农村用电量10.8亿千瓦小时，增长1.0%。

（三）工业和建筑业

1. 工业经济

2016年，全市规模以上工业企业数958户。全年规模以上工业实现增加值381.2亿元，同比增长6.8%。其中：轻工业增加值176.9亿元，同比增长6.2%；重工业增加值204.3亿元，增长7.3%。分经济类型看：国有企业、股份制企业和其他经济类型企业增长较快，分别增长55.9%、9.4%和10.9%。分行业看：统计的34个行业大类中有31个行业增加值实现增长；在增加值达到20亿元的行业中，电气机械和器材制造业，纺织服装、服饰业以及农副食品加工业增长较快，增幅分别达到13.8%、12.9%和11.5%。规模以上工业全年实现主营业务收入1422.9亿元，增长4.5%，实现利税95.1亿元，增长10.0%。经济效益综合指数为270.6%，同比下降4.6个百分点。规模以上工业统计的产品产量中，铁矿石原矿量增长38.0%，精制茶增长13.8%，服装增长13.8%，水泥增长1.1%，钢材下降93.3%，家用电冰箱下降30.7%，白酒下降9.8%，发电量增长6.1%。

2. 建筑业

2016年，实现建筑业增加值82.4亿元，同比增长5.0%。建筑业企业实现总产值154.4亿元，同比增长6.1%；利润总额13.3亿元，同比增长29.6%。建筑企业当年房屋建筑施工面积1229.3万平方米，同比增长3.8%。房屋竣工面积69.1万平方米，同比下降9.6%。

（四）服务业

1. 国内贸易

2016年，实现社会消费品零售总额541.5亿元，同比增长11.7%。按经营地统计，城镇消费品零售额293.7亿元,增长11.4%;乡村消费品零售额247.8亿元,增长12.1%。按消费类型分,批发零售业零售额475.8亿元,增长11.7%;住宿餐饮业零售额65.7亿元,增长11.7%。按规模分,限额以上商业实现零售额192.5亿元,增长11.1%;限额以下商业实现零售额349亿元,增长12.0%。

年末全市限额以上商业单位数417家,同比增加35家。限额以上企业商品零售额中,粮油、食品、饮料、烟酒类实现零售额14.9亿元,增长11.2%;服装、鞋帽、针纺织品类实现零售额13.6亿元,增长3.1%;化妆品类、书报杂志类分别实现零售额2.2亿元、3.3亿元,分别增长0.1%和21.6%;日用品类、金银珠宝类分别实现零售额3.1亿元、2.3亿元,分别下降4.3%、22.5%。

2. 交通运输、邮电

2016年,交通运输、仓储及邮政业平稳增长,实现增加值40.3亿元,同比增长4.4%。完成公路货运量20752万吨,增长7.1%,货运周转量390.1亿吨千米,下降4.1%;客运量6207万人次,下降8.3%,客运周转量49.2亿人千米,下降13.7%。水上货运量12190万吨,同比增长2.5%,水上货运周转量750.2亿吨千米,增长2.1%;水上客运量26万人次,增长18.2%,水上客运周转量305万人千米,增长37.4%。

2016年末,全市各种机动车辆(不含拖拉机)70万辆,同比下降0.5%。汽车拥有量41.1万辆,增长2.9%。其中:载客汽车32.6万辆,增长7.1%,其中小微型载客汽车32.1万辆,增长7.3%;载货汽车8.2万辆,下降9.8%。

全年邮政电信部门完成邮电业务总量27.4亿元;其中:邮政部门完成邮政业务量3.6亿元,电信部门完成业务量23.8亿元。快递服务企业业务量完成2476.6万件,同比增长83.7%;业务收入完成2.3亿元,同比增长58.4%。

年末电信部门拥有本地固定电话用户36.2万户,同比减少13.0万户;移动电话用户298.2万户,同比增加9.4万户。互联网用户55.4万户,同比增加7.9万户。

3. 旅游业

2016年,接待海外游客11.6万人次,同比增长9.3%;接待国内游客3579.5万人次,增长22.3%。旅游总收入255.5亿元,同比增长26.0%。其中,旅游外汇收入7921.5万美元,增长5.1%;国内旅游收入249.9亿元,增长26.4%。年末全市共有5A级旅游景区2家,4A级旅游景区21家。

4. 金融、证券和保险

年末全市金融机构人民币各项存款余额2074.0亿元,同比增长19.6%;余额比年初增加336.3亿元,增加额同比增长51.2%。其中,住户存款余额1170.7亿元,增长12.3%。金融机构人民币各项贷款余额1192.8亿元,同比增长20.5%;余额比年初增加202.5亿元,增加额同比增长85.8%。其中,短期贷款433.8亿元,增长4.1%;中长期贷款695.8亿元,增长35.4%。

年末全市共有证券公司分支机构6家,营业部9个。累计开户数103045户,当年新增9716户。

年末共有保险公司分支机构38家,其中产险公司17家,寿险公司20家,中介1家。全年保险业保费总收入63.6亿元,同比增长17%。其中,财产险保费收入21.6亿元,增长14.7%;人身险保费收入42.1亿元,增长9.3%。

5. 房地产业

全年房地产企业开发投资额236.6亿元,增长29.8%;当年商品房屋新开工面积561.1万平方米,增长29.3%;施工面积2023.7万平方米,增长9.4%;竣工面积320.5万平方米,增长14.8%;商品房屋销售面积663.7万平方米,增长126.1%;销售额308.8亿元,增长132.8%。

(五)对外经济

1. 对外贸易

2016年,全市实现进出口总额52716万美元,同比下降12.2%。其中,出口49966万美元,下降

2.8%;进口 2750 万美元,下降 68.2%。

2. 利用外资

全市利用外商直接投资 38009 万美元,同比增长 10.3%;新批外资项目 10 个,同比减少 3 个;合同外资 16064 万美元,同比下降 39.5%。

二、六安市 2016 年社会发展概况

(一) 人口、人民生活

2016 年末,全市户籍人口 587.4 万人,同比增加 6.86 万人。按照户籍人口计算,全年人口出生率为 16.94‰,死亡率为 3.4‰,人口自然增长率为 13.54‰。据全省人口变动抽样调查统计,2016 年全市常住人口 477.2 万人,城镇化率 43.99%,城镇化率同比提高 1.19 个百分点。

2016 年,全市城镇常住居民人均可支配收入 24728 元,同比增长 8.3%。城镇居民人均消费性支出 16204 元,增长 9.4%。其中,食品支出 5856 元,增长 6.2%,衣着支出增长 7.9%,交通与通讯支出增长 15.0%,教育文化娱乐服务支出增长 8.0%。城镇居民家庭恩格尔系数为 36.1%,同比下降 1.2 个百分点。城镇居民人均居住面积 37.9 平方米,同比增加 3.85 平方米。农村常住居民人均可支配收入 9960 元,同比增长 8.3%。农村居民人均生活消费支出 8430 元,增长 7.9%。其中,食品支出增长 7.1%,交通和通讯支出增长 12.8%,居住支出增长 6.9%。农村居民人均住房面积 40.9 平方米,同比增加 1.22 平方米。

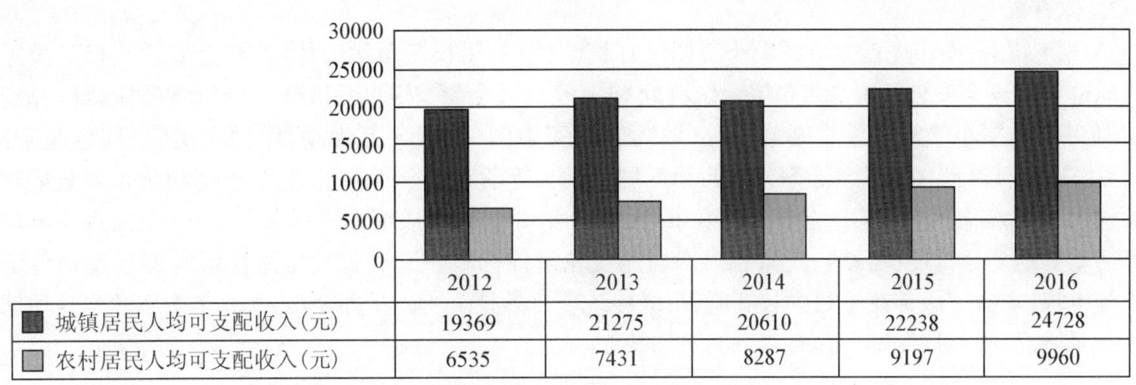

	2012	2013	2014	2015	2016
城镇居民人均可支配收入(元)	19369	21275	20610	22238	24728
农村居民人均可支配收入(元)	6535	7431	8287	9197	9960

图 3　2012—2016 年六安市城乡居民收入对比一览

(二) 社会保障

2016 年末全市参加城镇基本养老保险 31.24 万人、失业保险 17.02 万人、基本医疗保险 86.66 万人、工伤保险 27.28 万人、生育保险 19.89 万人,合计征缴五项保险基金 27.67 亿元,同比减少 3.76%。截至 2016 年末,城乡居民养老保险养老金领取人数为 858244 人。其中,当年新领取人数为 43270 人。失业保险金领取人数为 1867 人。享受城镇居民医疗保险待遇 166447 人次。全年开展创业培训 3121 人次,就业技能培训 27879 人。

(三) 教育和科学技术

1. 教育事业

2016 年,全市共有普通高校 4 所,当年招生 11627 人,在校生 41277 人,毕业生 12602 人。各类中等职业教育学校 35 所,当年招生 28634 人。普通高中 52 所,招生 28931 人。普通初中 289 所,招生 52425 人,初中学龄人口入学率为 99.93%。小学 701 所,招生 49596 人,小学入学率为 100%。

2. 科技与创新

2016 年,全市共有省级工程技术研究中心 21 家。获省级科技奖 3 项。全年申请专利 8779 件,同比增长 82.1%,授权专利 3210 件,增长 13.5%。全年选派科技特派员 821 名,创建专家大院 108 家。

2016 年,全市产品质量市级及以上监督抽查合格率 96.9%(较 2015 年提高 4.5 个百分点)。2016 年,全市法定计量技术机构(含授权)19 家,强制检定计量器具 10.2 万台件。全年新获得强制认证证书 176 张,涉及 17 户企业。2016 年,全市新制修订地方标准 9 项,推进在建的 2 家国家和 3 家省级农业标准化示范区建设。新认定六安名牌产品 35 个。

(四) 文化、卫生和体育

1. 文化事业

2016 年,全市共有文化馆 7 个,乡镇(街道)综合文化站 142 个,公共图书馆 6 个,年末馆藏书籍总藏量 69.14 万册(件),电子图书 208.32 万册,文物保护管理机构 6 个,博物馆(纪念馆)9 个(含民办 1 家),年末馆藏文物 14129 件。广播电视台 5 家,中波发射台 2 座,调频、电视转播发射台 13 座,有线广播电视用户 44.96 万户,广播综合人口覆盖率 96.5%;电视综合人口覆盖率 95.75%。

2. 卫生事业

2016 年末,全市共有卫生机构(含诊所、卫生所室)2310 个,其中医院 30 个,乡镇卫生院 133 个,疾控中心(防疫站)8 个,妇幼保健院(所、站)8 个,社区卫生服务中心(站)127 个。卫生机构年末床位数 17460 张,各类专业卫生技术人员 18372 人,其中执业医师和执业助理医师 8260 人,注册护士 7058 人。

3. 体育事业

2016 年,在六安市先后举办了第十三届迎春长跑、第三届长三角运动休闲季(金安站)、ITF 国际男子网球巡回赛暨金安公开赛、2016 年全国群众登山健身大会暨“安徽正和”杯金寨县首届越野挑战赛、2016 姚基金希望小学篮球季金寨站、第三届“鑫泰杯”中国(舒城·万佛湖)库钓大奖赛、红色越野跑、2016 中国山地自行车公开赛(金寨站)、市第四届运动会等活动。全年共组织 13 支运动队 426 名运动员参加省锦标赛,获得 29 个第 1 名、45 个第 2 名、56 个第 3 名的好成绩。先后承办 2016 全国青少年户外体育活动营地夏令营(安徽站)、安徽省第四届速度轮滑锦标赛。开展青少年体育俱乐部建设和传统项目学校申报,现有省级传统项目学校 8 所、市级传统项目学校 7 所。举办全市 2016 年中小学生乒乓球比赛、中小学校校园足球联赛。体育彩票销量增长 24.8%。

(五) 城乡建设

大力实施新型城镇化带动战略,城乡规划体系不断完善,在全省率先完成各县总规修编。常住人口城镇化率由 40.4%提高到 45%。中心城市建设步伐加快,累计实施重点工程 130 个、完成政府性投资 180 亿元,建成区面积扩展到 76 平方千米,荣获国家园林城市、国家森林城市、国家节水型城市、中国人居环境奖、“魅力中国城”十佳城市。各县县城建设框架全面拉开,基础设施进一步改善;特色小镇建设亮点纷呈,裕安区独山镇、金安区毛坦厂镇荣膺全国特色小镇,10 个镇入选全国重点镇;349 个省级美丽乡村中心村建成,“三线三边”城乡环境整治成效显著。交通实现跨越式发展,阜六铁路、宁西铁路复线等建成通车,成为横贯东西、纵达南北的节点城市;大别山旅游扶贫快速通道全线贯通,312 国道六安段、六舒三路升级改造完成,新改建国省干线 1000 千米,建设里程是前 12 年的总和;农村公路加快建设,市县快速通达工程全面建成,全市公路总里程居全省首位,被确定为国家公路运输枢纽城市。淠河、史河治理等重大水利工程基本建成。高压输变电工程和农村电网改造快速推进,完成投资 26 亿元。

(六) 环境保护

2016 年末,全市共有市、县级环境监测站 7 个。监测的城区空气质量优良率为 81.3%。全市集中

式饮用水源地水质达标率100%。全市有3个县(金寨县、霍山县、舒城县)被命名为国家级生态示范区。成功创建国家级生态县1个(霍山县),国家级生态乡镇19个,国家级生态村3个。

已建成自然保护区4个,其中国家级自然保护区1个(安徽金寨天马国家级自然保护区),省级自然保护区3个(安徽舒城万佛山省级自然保护区、安徽霍山佛子岭省级自然保护区、安徽霍邱东西湖省级自然保护区)。

(七) 社会安全

全年共发生各类生产安全事故235起,死亡97人,受伤285人,同比分别下降6.7%、10.2%和10.4%。发生较大事故2起、死亡6人,同比减少3起、减少17人。

生产经营性道路交通事故221起,死亡81人,同比分别下降6%和9%。工矿商贸生产安全事故14起,死亡16人,同比减少2起、2人。其中,建筑施工事故8起,死亡8人,同比增加1起、1人;电力施工事故1起,死亡3人,同比持平;非煤矿山事故1起,死亡1人,同比减少1起、1人;工贸其他事故4起,死亡4人,同比减少2起、2人。

危险化学品、烟花爆竹、水上交通、渔业船舶、农业机械以及水利建设工程等行业领域均未发生生产安全亡人事故;未发生火灾亡人事故。

三、六安市在泛长三角地区经济发展中的地位

2016年,面对复杂的宏观环境和经济下行压力,全市工业战线认真贯彻落实市委、市政府的决策部署,坚持稳中求进工作总基调,坚持以绿色发展为总取向,以推进供给侧结构性改革为主线,有序"去降补",推进"调转促",全市工业经济呈现"缓中趋稳、稳中有进、结构向好"的发展态势。

(一) 地区生产总值

2012—2016年六安市地区生产总值在泛长三角地区41市所占比重分别为0.72%、0.72%、0.72%、0.62%和0.62%。2016年与2012年比减少了0.10个百分点,与上年基本持平。2016年,六安市在泛长三角地区41市地区生产总值所占比重排名第34位。

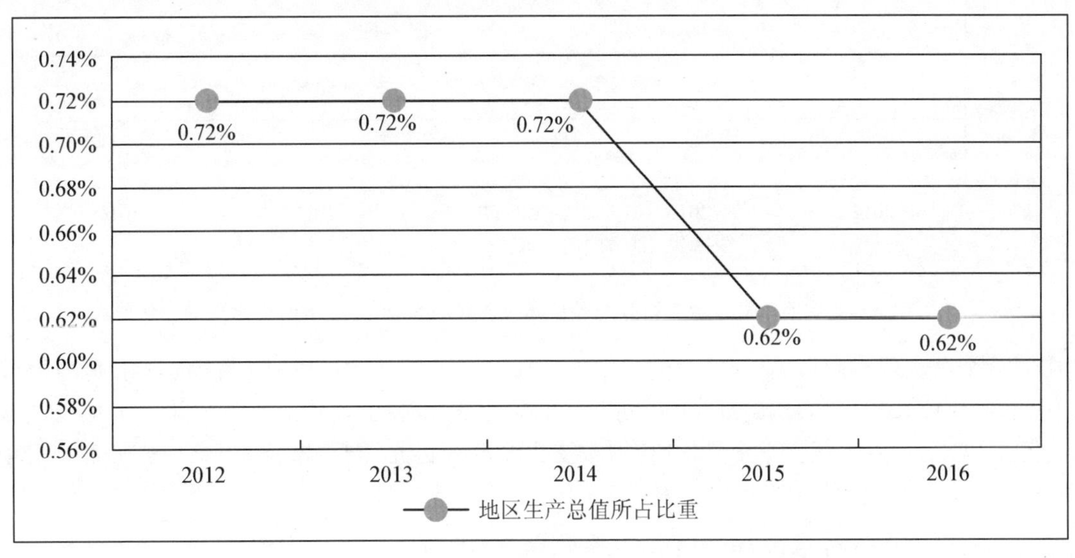

图4　2012—2016年六安市地区生产总值在泛长三角地区41市(苏浙两省24个地级市、上海市和安徽省16市,下同)所占比重的变化趋势

2016 年，全市生产总值 1108.1 亿元，按可比价格计算，比上年增长 7.2%。农业生产保持稳定。全市粮食播种面积为 773.5 万亩，增长 1.4%，总产达 314.2 万吨。全年实现农业总产值 354.9 亿元，按可比价格计算，增长 3.3%。工业生产平稳增长，固定资产投资稳中有升。全年完成固定资产投资 1075.0 亿元，同比增长 8.2%。实现社会消费品零售总额 541.5 亿元，同比增长 11.7%。财政收入增长较快。全市全年财政收入累计完成 153.3 亿元，同比增长 10.0%。金融经济健康发展，市场物价保持稳定，居民收入继续增加。2015 年，城镇常住居民人均可支配收入 24728 元，同比增长 8.3%；农村常住居民人均可支配收入 9960 元，同比增长 8.3%。

随着供给侧结构性改革有序推进，“三去一降一补”取得实效。从去产能看，全年钢材产量同比下降 93.3%。从去库存看，截至 11 月底，规模以上工业企业产成品库存同比下降 12.7%，自 7 月份以来连续 5 个月同比下降。12 月末全市商品房待售面积比 2015 年底减少 34.1 万平方米。从去杠杆看，11 月末，全市规模以上工业企业资产负债率为 55.1%，较上年同期回落 1.3 个百分点。从降成本看，1—11 月，全市规模以上工业企业每百元主营业务收入中的三项费用为 6.2 元，较上年同期减少 0.3 元。从补短板看，全市完成基础设施投资 296.9 亿元，同比增长 70.7%，高于全部投资 62.5 个百分点。

（二）地方财政一般预算收入

2012—2016 年六安市地方财政一般预算收入在泛长三角 41 市所占比重分别为 0.50%、0.50%、0.56%、0.53%和 0.46%，2016 年较 2012 年减少了 0.04 个百分点，较上年减少了 0.07 个百分点。2016 年，六安市地方财政一般预算收入在泛长三角 41 市地区排第 34 位，较上年下降了两位。

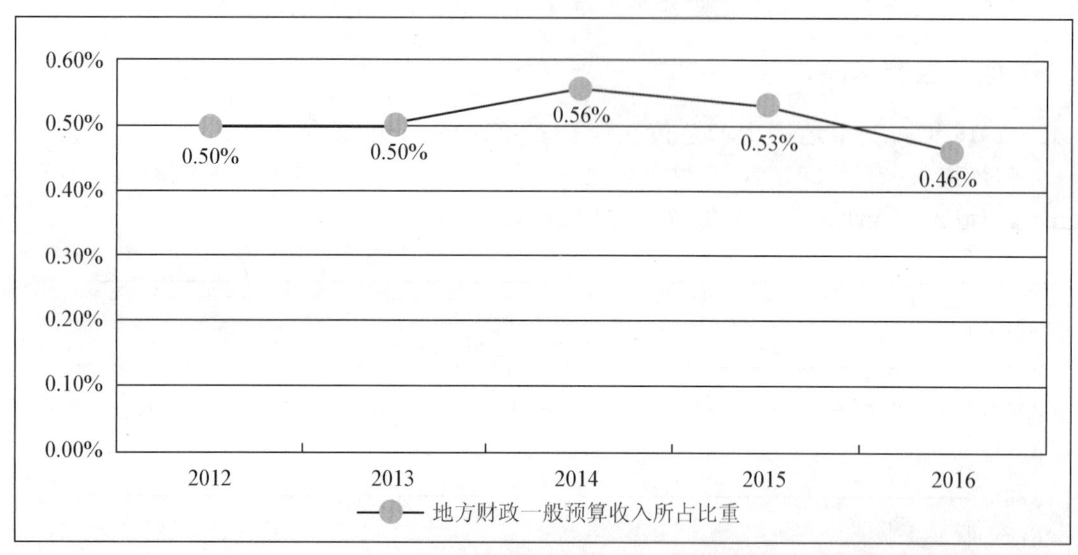

图 5　2012—2016 年六安市地方财政一般预算收入在泛长三角 41 市所占比重的变化趋势

2016 年，全市实现财政收入 153.3 亿元，增长 10.0%。2016 年，1—10 月份，全市实现财政收入 130.1 亿元，同比增长 9.9%，增幅高于上年同期 3.1 个百分点，高于全省 1 个百分点。其中，地方财政收入 83.3 亿元，增长 1.8%。前 10 个月，全市财政支出 285.8 亿元，同比增长 9.5%。财政收入和财政支出分别完成年初预算目标任务的 87.3%和 85.9%。

（三）规模以上工业总产值

2012—2016 年六安市规模以上工业总产值在泛长三角 41 市所占比重分别为 0.59%、0.58%、0.63%、0.54%和 0.55%，2016 年较 2012 年减少了 0.04 个百分点，较上年增加了 0.01 个百分点。2016

年，六安市规模以上工业总产值在泛长三角 41 市地方财政一般预算收入所占比重排第 36 位，下降了一位。

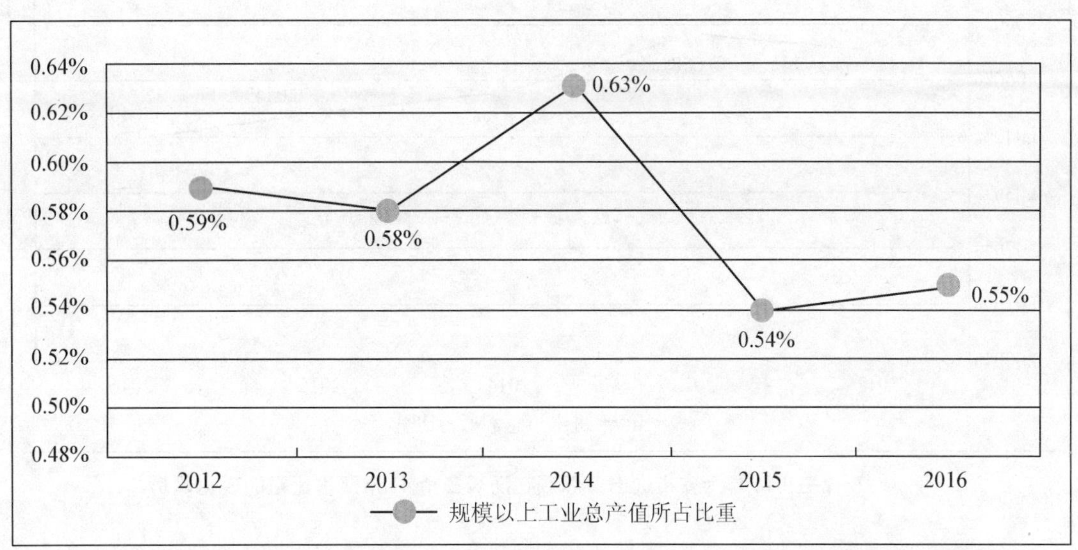

图 6　2012—2016 年六安市规模以上工业总产值在泛长三角 41 市所占比重的变化趋势

2016 年，全市规模工业实现增加值 381.2 亿元，同比增长 6.8%，增速较上年提高 2 个百分点。其中，重工业实现增加值 204.2 亿元，同比增长 7.3%；轻工业实现增加值 176.9 亿元，同比增长 6.2%。统计的 34 个工业行业中，31 个行业实现增长，18 个增速在 10%以上；重点调度的 27 种产品中，19 种产品产量同比有所增长。全市规模以上工业企业达 958 家，其中产值超亿元企业 434 家，较上年增加 12 家；超 3 亿元企业 126 家，较上年增加 8 家；超 5 亿元企业 52 家，较上年增加 4 家；超 10 亿元企业家 17 家。

发展质量在提升，各项工业指标契合程度高。2016 年，全市工业用电量 32.4 亿千瓦时，同比增长 6.9%，增速居全省第 5 位，较上年提高 11 个位次，规模工业增速与工业用电增速匹配程度在全省最高。工业化率达 36.8%，工业对全市经济增长贡献率达到 36.5%。工业品累计产销率 97.1%，较上年提高 0.1 个百分点。截止到 11 月底，全市规模以上工业企业实现主营业务收入 1261.2 亿元，同比增长 3%，环比上月提高 0.8 个百分点；实现利润 57.8 亿元，增长 8.7%；利税合计 84.7 亿元，增长 7.1%。在各项效益指标稳步回升的同时，亏损情况逐步改善，11 月底，全市 958 家规上企业中，亏损企业有 67 家，亏损面达 7%，较年初一季度下降 2.7 个百分点，这 67 家亏损企业亏损额为 3.8 亿元，同比下降 53.9%，降幅位居全省第 8 位。大力实施民营经济提升工程，开展“个转企、小升规”和“专精特新”中小企业培育行动，全年私营企业达到 3.94 万户、增长 24%，净增 1.05 万户，新培育省级“专精特新”中小企业 29 户，达 66 户。

（四）进出口总额

2012—2016 年六安市进出口总额在泛长三角 41 市所占比重分别为 0.055%、0.058%、0.048%、0.044%和 0.040%，五年间减少了 0.015 个百分点，其中 2016 年较上年减少了 0.004 个百分点。2016 年，六安市进出口总额在泛长三角 41 市排第 38 位，较上年下降了一位。

2016 年，全市实现财政收入 153.3 亿元，增长 10.0%。1—10 月份，全市实现进出口总额 43535 万美元，同比下降 16.1%。其中，出口 41512 万美元，同比下降 5%，降幅较上年同期缩小 8.2 个百分点，是继 7 月份后再次出现负增长。

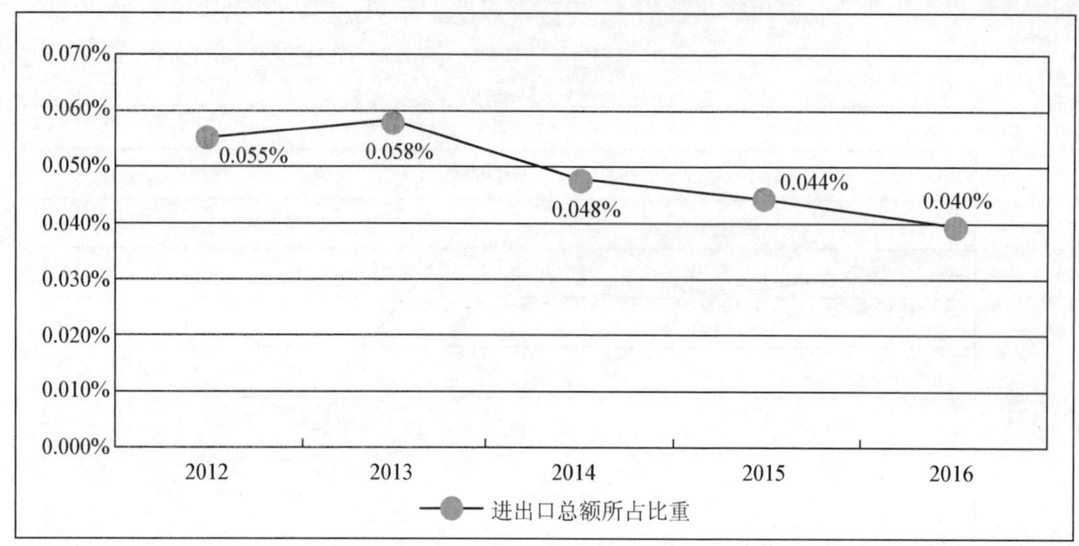

图7　2012—2016年六安市进出口总额在泛长三角41市所占比重的变化趋势

（五）实际外商直接投资金额

2012—2016年六安市实际外商直接投资金额在泛长三角41市所占比重分别为0.36%、0.41%、0.47%、0.53%和0.48%，整体呈现上扬姿态，2016年较2012年增加了0.12个百分点，较上年减少了0.05个百分点。2016年，六安市实际外商直接投资金额在泛长三角41市排第29位，排名相对靠前。

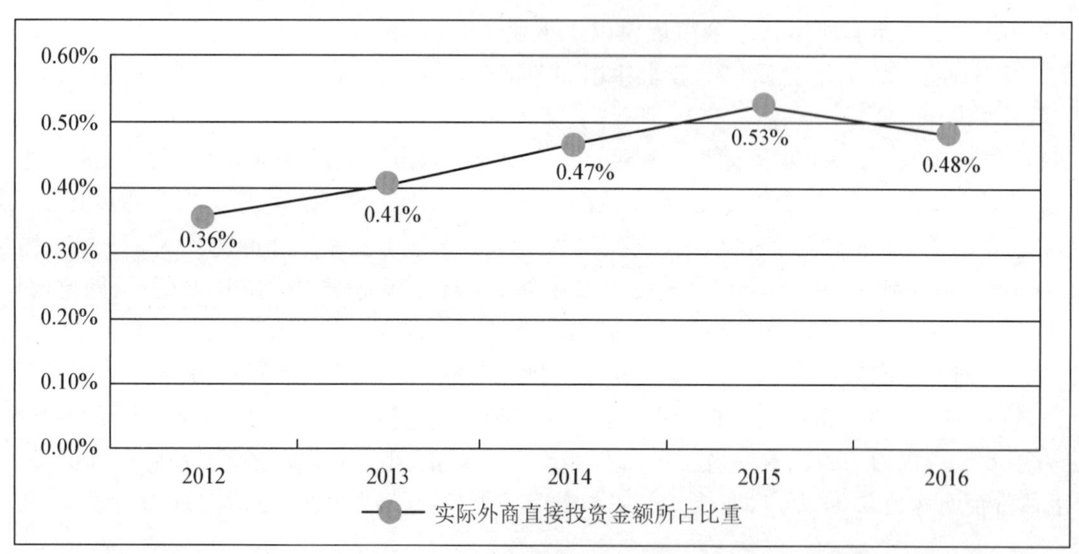

图8　2012—2016年六安市实际外商直接投资金额在泛长三角41市所占比重的变化趋势

1—10月份，全市新引进合同项目数202个，到位境内资金385.6亿元，同比增长8.0%，增幅较前3季度提高1个百分点。实际利用省外亿元以上项目资金293.8亿元，同比增长1.8%。

2016年，全市利用外商直接投资38009万美元，同比增长10.3%；新批外资项目10个，同比减少3个；合同外资16064万美元，同比下降39.5%。1—10月份，全市利用外商直接投资31229万美元，同比增长6.7%，增幅较上年同期（－1.8%）提高8.4个百分点；新批项目9个，较同期减少2个；新批合同外资14879万美元，同比下降53.5%。

十五　宣城市2016年经济社会发展报告

2016年,面对错综复杂的国内外经济环境,全市上下在市委市政府的坚强领导下,深入贯彻落实党的十八大和十八届三中、四中、五中、六中全会精神,坚持"好为标准、快字当先"工作导向,持续开展"六年并进、六城同创",牢固树立和贯彻落实五大发展理念,主动适应经济发展新常态,在统筹推进供给侧结构性改革的同时,全面做好稳增长、促改革、调结构、惠民生、防风险等各项工作,经济社会保持平稳健康发展,实现了"十三五"良好开局。

一、宣城市2016年经济发展概况

(一)综合经济

1. 经济总量

全年生产总值(GDP)1057.82亿元,按可比价格计算(下同),比上年增长8.7%。分产业看,第一产业实现增加值127.57亿元,增长2.6%;第二产业增加值502.17亿元,增长8.4%;第三产业增加值428.08亿元,增长11.1%。按照年均常住人口计算,人均生产总值40739元(折合6133美元),比上年增加3129元。三次产业结构由上年的12.5∶48.7∶38.8变化为12.1∶47.5∶40.4,第三产业比重比上年提高1.6个百分点。

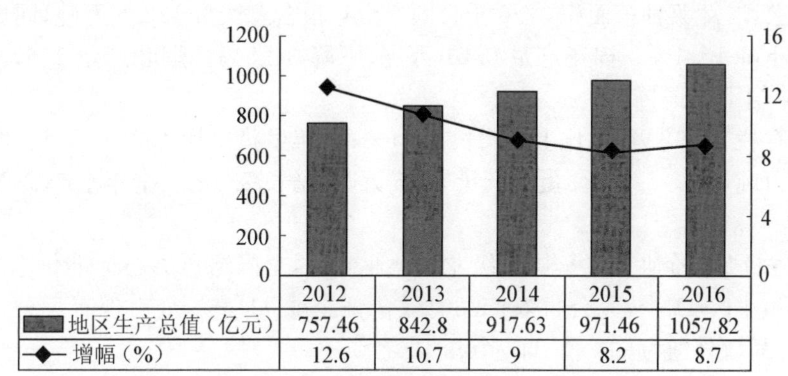

图1　2012—2016年宣城市地区生产总值及增长速度

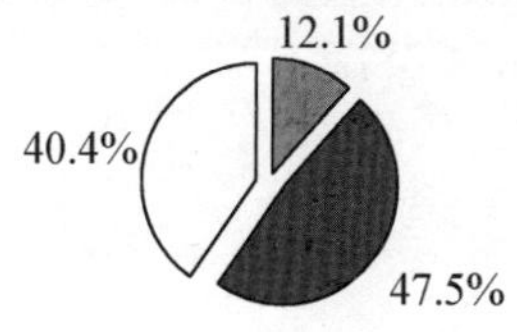

图2　2016年宣城市三次产业结构图

2. 财政收支

2016年,全市财政总收入202.4亿元,比上年增收13.5亿元,增长7.2%,其中地方财政收入139.3亿元,比上年增收7.8亿元,增长5.9%,其中税收收入中增值税和营业税完成42.3亿元,下降2.4%;企业所得税完成5.1亿元,下降8.6%;个人所得税完成1.5亿元,增长5.4%。全市财政支出254.8亿元,比上年增加11.6亿元,增长4.8%,其中,农林水利事务支出增长11.7%,科学技术支出增长17.4%,文化体育与传媒支出增长15%，城乡社区事务支出增长14.6%，交通运输支出增长12.9%。全市民生工程投入资金56.7亿元，其中财政资金38.5亿元，33项民生工程全部完成年度目标任务，群众获得感持续增强。

3. 物价水平

全年居民消费价格比上年上涨1.5%，其中食品烟酒价格上涨4.1%。商品零售价格上涨0.8%。工业生产者出厂价格下降2.9%，工业生产者购进价格上涨0.1%。

4. 固定资产投资

全年固定资产投资完成1414.3亿元，同比增长10.2%。工业及信息化产业技术改造投资367.9亿元，比上年增长49.8%。民间投资996.4亿元，增长10.5%。从三次产业看，全市第一产业投资增长16.2%，第二产业投资增长10.7%，第三产业投资增长9.3%。分行业看，工业投资增长10.8%，其中制造业增长11.7%，制造业中装备制造业增长8.4%。六大高耗能行业投资增长13.6%。三产中的水利、环境和公共设施管理业投资下降0.2%，交通运输业、仓储和邮政业投资增长35.1%。

从重点项目看，2016年全市计划总投资亿元及以上在建项目276个，亿元及以上项目完成投资598.3亿元，同比增长12.3%。其中商合杭高铁宣城段和广德亚太铸造有限公司年产12万吨汽车关键零部件铸件项目等计划总投资5亿元以上的项目开工建设。

（二）农业

2016年，全市粮食种植面积234.5千公顷，小麦种植面积50.2千公顷，油料种植面积44千公顷，棉花种植面积4.5千公顷，蔬菜种植面积37.5千公顷。全年粮食总产量122.6万吨，同比下降3.2%。油料产量10.3万吨，下降10.4%。棉花产量0.51万吨，下降34.5%。烟叶产量1.47万吨，下降10%。茶叶产量3.38万吨，下降0.3%。

年末全市生猪存栏54.92万头，比上年增长0.01%；全年生猪出栏103.94万头，增长0.2%。全年肉类总产量23.95万吨，增长5.9%。蛋禽产量5.25万吨，增长2.9%。全年水产品产量12.3万吨，增长3.6%。

2016年，全市省级龙头企业98家，国家级龙头企业6家，全国绿色原料标准化生产基地6个，省级以上标准化畜禽养殖小区41个，无公害农产品有效论证企业71家。全市现有无公害农产品、绿色食品、有机食品认证产品数分别为112个、117个和126个。

年末全市农业机械总动力251.5万千瓦，比上年增长2.3%，农用拖拉机达到5.8万台，增长1.3%，联合收割机4563台，增长4.2%。全年化肥施用量(折纯)12.9万吨，下降2.5%。农村用电量12.9亿千瓦时，增长4.8%。有效灌溉面积200.66千公顷。

（三）工业和建筑业

1. 工业经济

2016年末全市规模以上工业企业达1471户。全年规模以上工业实现增加值430.7亿元，比上年增长9.4%。其中轻、重工业分别增长1.3%和12.1%，轻重工业增加值比例由上年的24.8∶75.2变化为22.9∶77.1。全市共有12个行业的增加值超过10亿元，共达348亿元，占规模以上工业增加值总量的80.8%，其中橡胶和塑料制品业最大，达67亿元。规模以上工业中，分所有制类型看，股份制企业完成工业增加值382.6亿元，比上年增长9.2%；外商及港澳台投资企业完成工业增加值24亿元，增长8.6%；集体企业完成工业增加值1.2亿元，增长13.6%；国有企业完成工业增加值18亿元，增长17.9%。分轻重工业看，重工业实现增加值332亿元，同比增长12.1%，轻工业实现增加值98.8亿元，增长1.3%。34个大类行业中29个同比实现增长，其中12个行业增加值增速超过全市平均水平，装备制造业增长11%，高新技术产业增长22.5%；战略性新兴产业产值增长11.5%。全市13家开发区已建成面积 104.3 平方千米，增长 1.1%；企业个数 5653 个，增长 10.6%。

2016 年，全市规模以上工业主营业务收入 1790.5 亿元，比上年增长 7.2%；实现利润总额 110.3 亿元，比上年增长 7.3%。其中，化学原料和化学制品制造业增长 14.3%，橡胶和塑料制品业增长 22.8%，非金属矿物制品业增长 22.7%，汽车制造业增长 37.2%。全市规模以上工业经济综合效益指数达到 268，比上年下降了 5.1 个点。

2. 建筑业

2016 年末全市资质内建筑企业 138 家，全年建筑企业利税总额 7.2 亿元，房屋建筑施工面积 1030.2 万平方米，比上年增长 4.9%；竣工面积 415.3 万平方米，比上年下降 1.2%。

（四）服务业

1. 国内贸易

2016 年末全市限额以上单位共 457 家。全年实现社会消费品零售总额为 475.8 亿元，比上年增长 12.6%。分销售地区看，城镇消费品市场实现消费品零售额 293.3 亿元，比上年增长 12.5%，乡村消费品市场实现消费品零售额 135 亿元，增长 11.6%。销售额按行业分，实现批发业销售额 376.6 亿元，增长 13%；实现零售业销售额 587.8 亿元，增长 15.2%；实现住宿业营业额 14.9 亿元，增长 12.9%；实现餐饮业营业额 93.9 亿元，增长 17%。限额以上企业(单位)经营状况良好，全年实现商品零售额 218.4 亿元，增长 12.1%，其中，汽车类增长 16.4%，石油及制品类增长 9.8%，家用电器和音像器材类增长 6.7%，中西药品类增长 22.1%，日用品类增长 3.4%，服装、鞋帽类增长 3.9%，粮油、食品类增长 15.9%。

2. 交通运输、邮电

全年完成公路货物周转量 120.4 亿吨千米，公路客运周转量 15.7 亿人千米。全年内河港口货物吞吐量 219.7 万吨，增长 3.8%。

年末全市民用汽车保有量 29.8 万辆，增长 24.5%，其中 2016 年新注册 5.6 万辆。年末私人汽车保有量 26.4 万辆，增长 26.3%，其中私人轿车 23.6 万辆。

全年完成邮电业务总量 46.6 亿元。年末固定电话 30.1 万户，移动电话用户 203.2 万户，其中 3G、4G 移动电话用户分别为 29.9 万户和 116 万户，年末基础电信运营企业计算机互联网宽带接入用户 51.2万户，增加 8.6 万户。

3. 旅游业

全年接待旅游入境者 15.5 万人次，增长 18.3%，其中接待外国人 9.6 万人次，增长 17.9%；接待国内旅游者 2558.2 万人次，增长 19.3%，实现旅游业总收入 205.4 亿元，增长 21.7%，其中国际旅游外汇收入 6287.1 万美元，增长 24.6%。全市拥有国家 5A 级景区 1 家、4A 级景区 21 家，全年新增 A 级景区 3 家，全市 A 级景区数达到 63 家。

4. 金融和保险

2016 年年末全市金融机构人民币各项存款余额为 1468.2 亿元，增长 21.9%，余额比年初增加 263.5 亿元。其中，住户存款余额为 815.6 亿元，比年初增加 99.7 亿元。人民币各项贷款余额为 1041.3 亿元，同比增长 15.7%，余额比年初增加 141 亿元。短期贷款余额为 348.2 亿元，中长期贷款余额为 647.7 亿元。

全年保险业保费收入 39.4 亿元。其中，财产险业务保费收入 15.9 亿元；人身险业务保费收入 23.5 亿元，人身险中意外伤害险收入 0.7 亿元，健康险收入 2.7 亿元。赔款和给付支出 13.5 亿元，其中财产险支出 8.1 亿元，人身险 5.4 亿元。

5. 房地产业

全年房地产开发完成投资 179.2 亿元，同比下降 3.1%。全年商品房屋销售面积 386.4 万平方米，同比增长 31.1%；商品房屋销售额 168.8 亿元，同比增长 27.8%。全年新开工建设各类保障性安居工程

5512 套,基本建成 9116 套。

(五) 对外经济

1. 对外贸易

全年实现进出口总额 15.1 亿美元,比上年下降 18.6%,其中,出口 13.8 亿美元,下降 21.3%;进口 1.3 亿美元,增长 29.8%。从出口经营主体看,生产型、贸易型企业出口分别增长 3.2%和下降 57.3%。从出口商品看,机电产品出口下降 25%,汽车零部件出口下降 3.2%,塑料及橡胶件出口下降 4.7%,纺织品出口下降 34.3%,广义农产品出口下降 24.4%。卫浴产品出口增长 3.3%。

2. 利用外资

全年新批外商投资企业 13 家,合同利用外资 2 亿美元,增长 88.9%;实际使用外资金额 8.6 亿美元,增长 8%。全市新增境外投资企业 6 家,实际对外投资 8906 万美元。

二、宣城市 2016 年社会发展概况

(一) 人口、人民生活

年末全市户籍人口 280.4 万人,常住人口 260.1 万人,比上年增加 0.9 万人。全年人口出生率 9.78‰,死亡率 6.94‰,自然增长率 2.84‰,城镇化率 52.14%,比上年提高 1.5 个百分点。

全年城镇常住居民人均可支配收入 30877 元,比上年增长 8%,扣除价格因素,实际增长 6.4%。人均消费性支出 18875.7 元,增长 6.8%,其中食品支出增长 12.5%,衣着支出下降 4.1%,居住支出下降 2.5%,交通通讯支出增长 12.8%。城镇居民恩格尔系数为 32.6%,城镇居民人均住房建筑面积 39.01 平方米。

全年农村常住居民人均可支配收入 13379 元,增长 8.7%,扣除价格因素,实际增长 7.1%。人均生活消费支出 10485.3 元,增长 11.2%。其中,食品支出增长 15.5%,衣着支出增长 2.8%,居住支出增长 10.3%,交通通讯支出增长 11.7%。农村居民恩格尔系数为 35%,农村居民人均住房建筑面积 45.5 平方米。

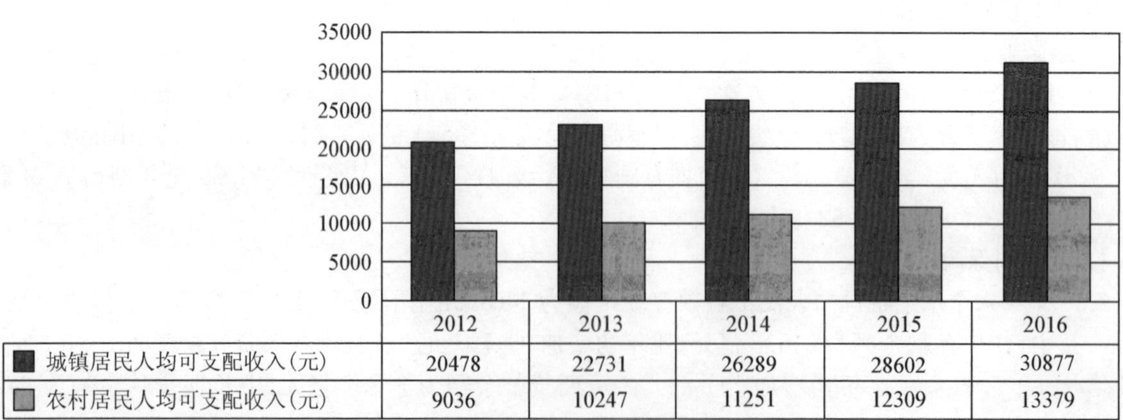

	2012	2013	2014	2015	2016
城镇居民人均可支配收入(元)	20478	22731	26289	28602	30877
农村居民人均可支配收入(元)	9036	10247	11251	12309	13379

图 3 2012—2016 年宣城市城乡居民收入对比一览

(二) 就业与社会保障

1. 就业工作

全年城镇新增就业岗位 5.58 万人,失业人员再就业 1.15 万人,困难人员再就业 0.26 万人。年末城镇登记失业率 3.06%。

2. 社会保障和福利

年末全市参加城镇职工基本养老、基本医疗、失业、工伤和生育保险的参保人数分别为45.7万、32.4万、14万、25.8万和20.2万，分别比上年增长7.4%、1.4%、1.2%、2.6%和3.5%。年末城镇登记失业9275人。

年末全市社会福利收养单位床位1.76万张，收养各类人员8046人，全市敬老院96所。年末有2.1万城镇居民享受最低生活保障，8.1万农村居民享受最低生活保障。全年销售社会福利彩票5亿元。

（三）教育和科学技术

1. 教育事业

年末全市共有各类学校768所，在校学生33.3万人，专任教师2.3万人。中职学校13所，在校学生3.2万人；普通中学152所，在校学生10.1万人；小学174所，在校学生13.3万人；幼儿园424所，在校儿童6.7万人。2016年，全市小学学龄儿童入学率达100%，初中适龄少年入学率达99.8%，初中毕业生升学率95.5%，高中毛入学率达96%。2016年，高等教育稳步发展，合肥工业大学宣城校区招生人数2000人，在校学生数10844人，毕业生数2488人，专任教师550人。宣城市职业技术学院招生人数2104人，在校学生数6802人，毕业生数1955人，专任教师340人。

2. 科技与创新

全年共实现高新技术产业总产值756.3亿元，增长26.8%，完成专利申请受理量5261件、专利授权量2293件，年末全市有效发明专利1334件。通过高新技术企业认证78家，获省科学技术奖1项，125项国家和省科技计划项目获批。荣获全国科技进步先进市称号，2家企业获得国家科技进步二等奖。

年末全市共有县以上产品质量检验机构52个，其中系统内5个，累计完成强制性产品认证的企业84个；法定计量技术机构8个，全年强制检定计量器具6.2万台(件)；制定、修订地方标准138项。截止到2016年底，全市共有中国驰名商标17件、国家地理标志产品5个、安徽省著名商标236件。

（四）文化、卫生和体育

1. 文化事业

2016年全市共有全国重点文物保护单位17个，省级重点文物保护单位57个。国家非物质文化遗产6项、省级非物质文化遗产名录45项。广播电台7座，广播综合人口覆盖率97.8%，电视台7座，有线电视用户25.7万户，数字电视用户39.8万户，电视人口覆盖率98.4%。全市共有8个文化馆，8所公共图书馆，11个博物馆和87个乡镇综合文化站实现免费开放。年末全市共有国家综合档案馆8个，向社会开放档案20.9万卷。

2. 卫生事业

年末全市共有卫生机构447个(不含村卫生室)，其中医院40个，卫生院83个，社区卫生服务中心(站)68个，妇幼保健院(所、站)8个，疾病预防控制中心8个。专业卫生技术人员12614人，其中执业医生4175人、执业助理医生976人，注册护士5047人。卫生机构共有床位11786张。新型农村合作医疗参合人数229.9万人，参合率为103%。

3. 体育事业

全年在省内的重大比赛中，宣城市运动健儿共获金牌17枚、银牌28枚和铜牌34枚。输送50名运动员进入省体校，9名运动员入选省优秀运动队，1名运动员转为省优秀运动队试训。新增运动健将2名，一级运动员7名，二级运动员3名。新增省级青少年体育俱乐部2所，省级体育专项特色学校2所。

（五）城乡建设

坚持统筹协调，城乡发展步伐加快。城市品牌更加彰显。首创首成第五届全国文明城市，荣获全省唯一的首批国家生态文明建设示范市和全省第三个国家卫生城市。市本级产业基础不断夯实。宣城经开区主要经济指标增幅保持全市前列，以锂电池为主导的新能源新材料产业加快集聚，产业链逐步完善。农批市场交易额突破百亿。中心城市建设开启新篇。《宣城市城市总体规划(2016—2030 年)》获省政府批复，中心城区“双百”规模和芜马宣城市组群发展正式确立。续建和新建城建项目 213 个，完成投资 195.6 亿元。县域经济发展得到提升。宁国、宣州、广德分别跻身 2017 年全国中小城市综合实力、投资潜力百强县(市、区)。4 个乡镇跻身 2017 年全国综合实力千强镇。综合交通枢纽已现雏形。县县通高铁、县县通高速迈出实质性步伐。交通建设完成投资 63 亿元，国省干线好路率连续三年居全省首位。水利、电力等基础设施建设加快。城区防洪标准由 10 年一遇提高到 50 年一遇。重点水利工程投资完成率全省第二。完成农网改造升级“两年攻坚战”任务。

（六）环境保护

2016 年，全市共组织 76 个污染减排项目。经省厅减排核查组初步核定，主要污染物化学需氧量、氨氮、二氧化硫、氮氧化物排放量分别为 39230 吨、3902 吨、21821 吨、38963 吨，分别较上年削减 2.5%、3.14%、2.39%、5.40%，完成省政府下达的年度主要污染物总量减排目标任务。2016 年，全市地表水水质总体良好，Ⅰ—Ⅲ类水质占 86.7%。11 个县级以上城市饮用水水源地水质达标率 100%。市区环境空气质量达标天数比例为 81.7%(其中空气质量为优的天数为 86 天)。全年空气质量达标(API≤100)天数为 299 天。

全市共创成国家级生态乡镇 55 个、省级生态乡镇 47 个，国家级生态村 6 个、省级生态村 149 个和市级生态村 561 个。

（七）社会安全

2016 年，全市发生各类安全生产事故 378 起，死亡 175 人，各类安全事故损失额为 1546.6 万元。全年生产安全事故死亡人数为 0.165 人。全年共发生道路交通事故 338 起，同比下降 36.5%，火灾事故 855 起，火灾事故损失额 520.2 万元，分别下降 3.7%和 11%。

三、宣州市在泛长三角地区经济发展中的地位

2016 年，全市上下牢固树立和贯彻落实新发展理念，主动适应经济发展新常态，在统筹推进供给侧结构性改革的同时，全面做好稳增长、促改革、调结构、惠民生、防风险等各项工作，经济运行呈现总体平稳、稳中向好、动力增强的良好态势，实现了“十三五”良好开局。

（一）地区生产总值

2012—2016 年宣城市地区生产总值在泛长三角地区 41 市所占比重分别为 0.591%、0.603%、0.603%、0.597%和 0.593%。地区生产总值在泛长三角 41 市占比整体呈倒“U”态势，2016 年与 2012 年比基本持平。2016 年，宣城市在泛长三角地区 41 市地区生产总值所占比重排名第 35 位。

2016 年，全年全市 GDP 1057.8 亿元，总量突破千亿关口，比上年增长 8.7%，增幅比上年高 0.5 个百分点，与全省持平，比年初预期目标高 0.7 个百分点，居全省第 10 位。经济增长水平逐季提升，一季度增长 8.1%，上半年增长 8.6%，前三季度增长 8.6%，全年增长 8.7%。分产业看，第一产业增加值 127.7 亿元，增长 2.6%；第二产业增加值 502.2 亿元，增长 8.4%；第三产业增加值 427.9 亿元，增长 11.1%。一二三次产业比例为 12.1∶47.5∶40.4，人均 GDP 40739.5 元(折合 6133 美元)。

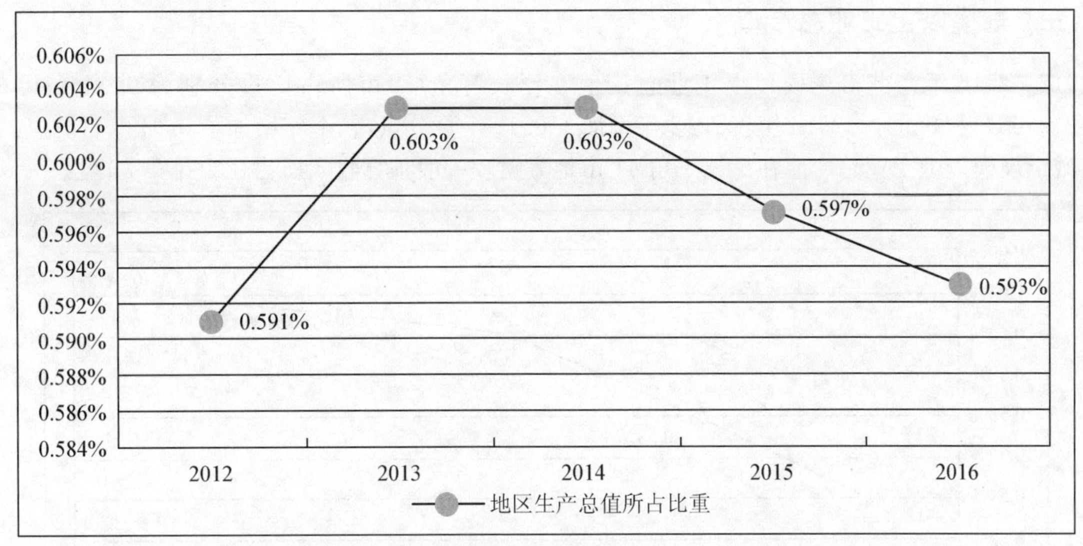

图4　2012—2016年宣城市地区生产总值在泛长三角地区41市（苏浙两省24个地级市、上海市和安徽省16市，下同）所占比重的变化趋势

（二）地方财政一般预算收入

2012—2016年宣城市地方财政一般预算收入在泛长三角41市所占比重分别为0.63%、0.66%、0.71%、0.67%和0.66%，2016年较2012年增加了0.03个百分点，较上年减少了0.01个百分点。2016年，宣城市地方财政一般预算收入在泛长三角41市地区排第27位。

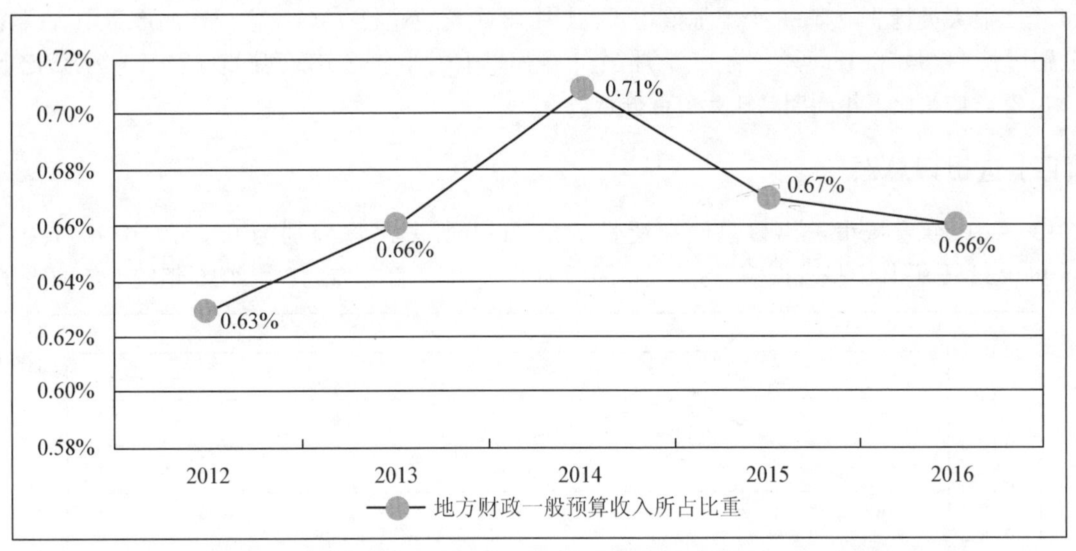

图5　2012—2016年宣城市地方财政一般预算收入在泛长三角41市所占比重的变化趋势

2016年，全年财政总收入突破两百亿元，达202.4亿元，同比增长7.1%，增幅比上年低0.9个百分点，比全省低1.9个百分点。其中地方财政收入139.3亿元，增长5.9%。全市财政支出254.6亿元，增长4.7%，其中民生支出56.7亿元，33项民生工程项目全部完成年度目标任务。12月末，全市金融机构人民币各项存款余额1468.2亿元，同比增长21.9%，比上年同期高5.4个百分点。本年新增人民币存款263.5亿元，同比多增92.8亿元。人民币各项贷款余额1041.4亿元，同比增长15.7%，比上年同期高6.5个百分点。本年新增人民币贷款141亿元，同比多增65.5亿元。

(三) 规模以上工业总产值

2012—2016 年宣城市规模以上工业总产值在泛长三角 41 市所占比重分别为 0.54%、0.58%、0.62%、0.63%和 0.64%,2016 年较 2012 年增加了 0.10 个百分点,较上年增加了 0.01 个百分点。2016 年,宣城市规模以上工业总产值在泛长三角 41 市地方财政一般预算收入所占比重排第 33 位。

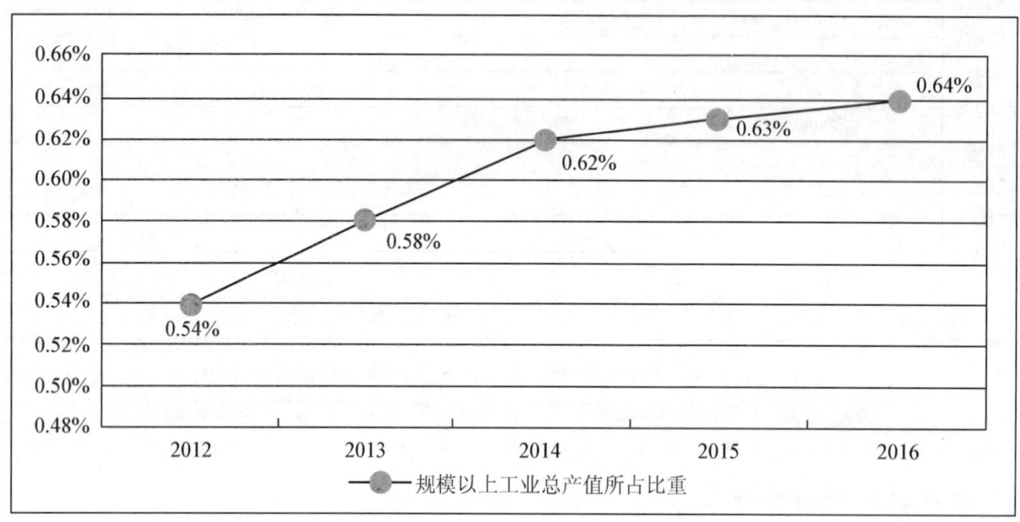

图 6 2012—2016 年宣城市规模以上工业总产值在泛长三角 41 市所占比重的变化趋势

2016 年,全市规模以上工业增加值呈逐月回升态势,全年规模以上工业增加值 430.7 亿元,同比增长 9.4%,增幅比全省高 0.6 个百分点,居全省第 10 位,比上年同期、前三季度高 1.7 个和 0.3 个百分点。34 个工业大类行业中有 29 个增加值增长,其中 13 个增速超过 10%。主要产品产量中,饮料酒、发电量分别增长 14.6%和 18.3%。前 11 个月,全市规模以上工业企业实现利润总额 91.4 亿元,比上年同期增长 8.2%,增幅比上年同期高 3.2 个百分点。

(四) 进出口总额

2012—2016 年宣城市进出口总额在泛长三角 41 市所占比重分别为 0.10%、0.14%、0.12%、0.13%和 0.11%,总体上呈现振荡态势,五年间增加了 0.01 个百分点,其中 2016 年较上年减少了 0.02

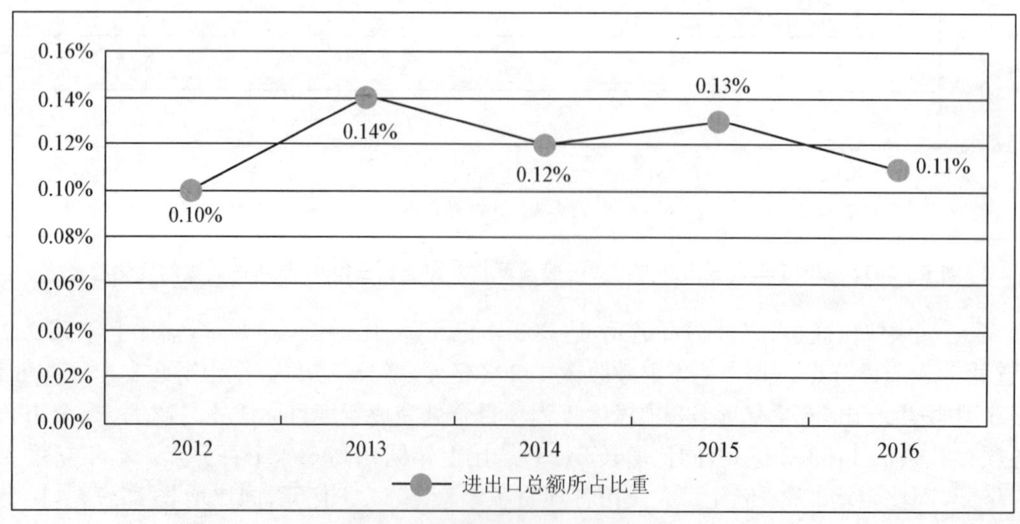

图 7 2012—2016 年宣城市进出口总额在泛长三角 41 市所占比重的变化趋势

个百分点。2016 年,宣城市进出口总额在泛长三角 41 市排 33 位。

2016 年,全年进出口总额 15.1 亿美元,同比下降 18.6%。其中出口 13.8 亿美元,下降 21.3%。

(五)实际外商直接投资金额

2012—2016 年宣城市实际外商直接投资金额在泛长三角 41 市所占比重分别为 0.60%、0.76%、0.92%、1.08%和 1.12%,整体呈现上扬姿态,2016 年较 2012 年增加了 0.52 个百分点,较上年增加了 0.04 个百分点。2016 年,宣城市实际外商直接投资金额在泛长三角 41 市排第 21 位,排名相对靠前。

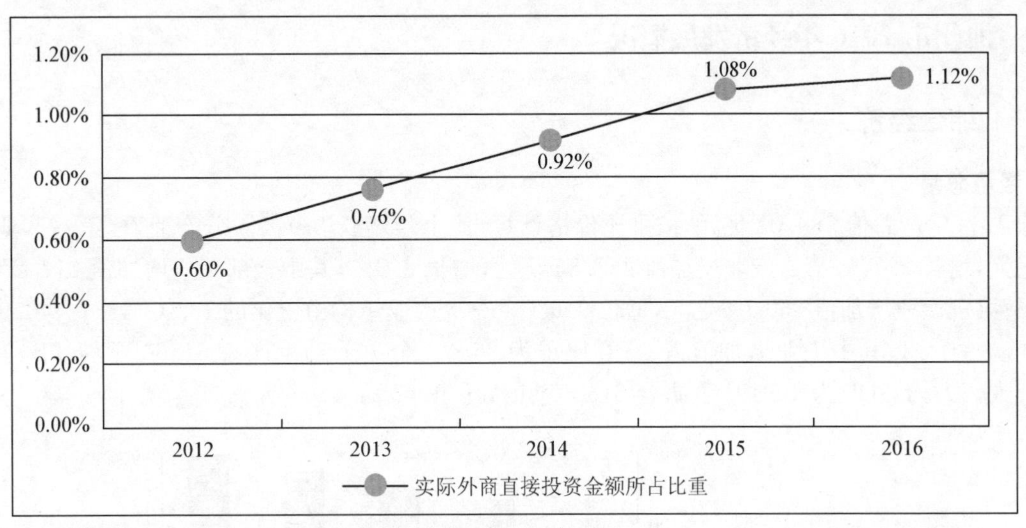

图 8　2012—2016 年宣城市实际外商直接投资金额在泛长三角 41 市所占比重的变化趋势

2016 年 1—12 月份,全市利用外资平稳增长,外商直接投资达到 8.6 亿美元,同比增长 8%,总量和增幅分别位居全省第 6 位和第 5 位。1—12 月份全市共新批外资企业 13 家,新批外资企业合同外资 19789 万美元。从统计数据看,全市利用外资呈现以下特点:

一、从投资来源地来看,亚洲地区是我市外资主要来源地,美洲地区和非洲地区增长较快。1—12 月份,我市共吸引亚洲地区外商投资 53495 万美元,比去年同期降低 3.8%,占全市外商投资总额的 62.2%,超过了全市外商投资的一半,是我市近几年最主要的外资来源地;全年吸引美洲地区投资 21324 万美元,占 24.8%,比去年同期增长 5.3 倍;非洲地区 10145 万美元,占 11.8%,比去年同期增长 4.8 倍;欧洲地区投资 766 万美元,占 0.9%;大洋洲地区 246 万美元,占 0.3%。

二、从外资投向的行业分布情况看,第二产业是我市吸引外资主导产业。1—12 月二产共吸引外资 51818 万美元,占全市外资总量的 60.3%,比去年同期增长 18%。三产吸收外资 34108,占总量的 39.7%,比去年同期下降 4.4%。

三、从新批企业情况看,新批企业数不多,但合同外资总额创近年来新高。1—12 月份全市新增外资企业 13 家,比去年同期减少 3 家。新批企业合同外资 19789 万美元,创近年来新高。合同外资超过 9000 万美元的 1 家企业,在 3000—5000 万美元之间的 1 家。

四、从到资项目情况看,到资 5000 万美元以上的大项目增多。全市 1—12 月份到资 5000 万美元以上的大项目 6 家,其中有 1 个项目到资金额超过 1 亿美元。

五、从外资投向看,省级以上开发区是我市外商投资的主战场。1—12 月份,广德县和宁国市分别吸引外商投资 24367 万美元和 23798 万美元,分列全省县级单位利用外资第 2 位和第 3 位,宁国市开发区和广德县开发区外商投资分别列全省纳入统计的 90 个省级以上开发区的第 9 位和第 10 位,双双进入前 10;市开发区和宣州开发区也分别列第 26 位和第 29 位,全市开发区共吸引外商投资 69012 万美元,占总量的 80.3%,是全市外商投资的主战场。

十六 池州市2016年经济社会发展报告

2016年，面对复杂的宏观环境和经济下行压力，全市人民在市委市政府的坚强领导下，坚持稳中求进工作总基调，以五大发展理念为引领，大力实施“调转促”行动计划，着力培育战略性新兴产业、全域旅游和大健康产业，全力推进重点项目建设，经济社会保持平稳健康发展，实现了“十三五”良好开局。

一、池州市2016年经济发展概况

（一）综合经济

1. 经济总量

全年地区生产总值589.02亿元，按可比价格计算，比上年增长8.1%。分产业看，第一产业增加值71.15亿元，增长2.7%；第二产业增加值257.84亿元，增长8.2%，其中全部工业增加值212.2亿元，增长9.7%；第三产业增加值260.04亿元，增长9.6%。三次产业结构由上年的13.0∶46.1∶40.9调整为12.1∶43.8∶44.1，其中工业增加值占GDP比重为36%。全员劳动生产率51360元/人，比上年增加3775元/人。人均GDP为40919元（折合6160美元），比上年增加2905元。

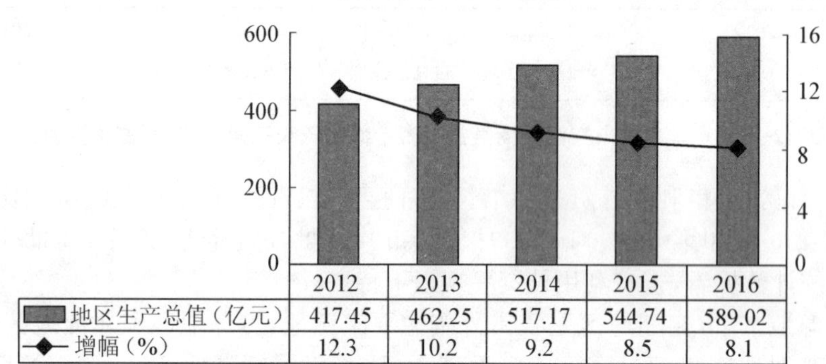

图1 2012—2016年池州市地区生产总值及增长速度

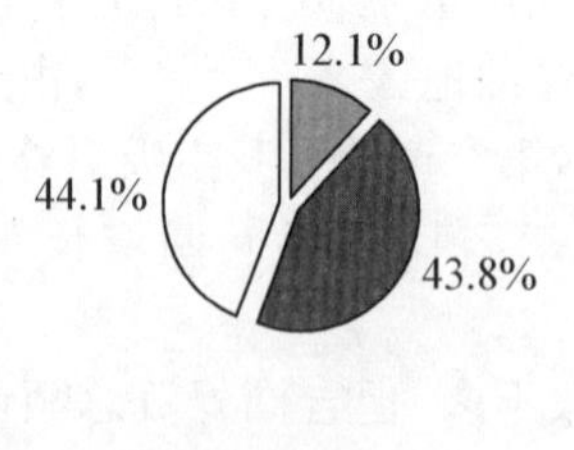

图2 2016年池州市三次产业结构图

2. 财政收支

全年财政收入100.1亿元，比上年增长4.5%，其中地方财政收入71.5亿元，增长0.2%。全部财政收入中，税收收入66.9亿元，下降3.9%。其中，增值税和营业税34.5亿元，增长3.0%；企业所得税6.0亿元，下降23.9%；个人所得税1.8亿元，增长11.8%；消费税2.1亿元，增长52.4%。财政支出149.3亿元，增长1.2%，其中民生类支出129亿元，占财政总支出的86.4%。从重点支出项目看，社会保障与就业支出增长2%，医疗卫生与计划生育支出下降13.8%，城乡社区事务支出增长32.1%，科学技术支

出下降7.9%，教育支出下降3.5%。全年33项民生工程和10件惠民实事共投入资金31.2亿元，惠及全市居民。

3. 物价水平

全年居民消费价格比上年上涨1.7%。其中，食品烟酒、衣着、教育文化和娱乐、医疗保健、其他用品和服务等价格分别上涨4.3%、2.1%、2.9%、3.2%、0.7%；居住、生活用品及服务、交通和通信等价格分别下降0.1%、1.2%、1.8%。工业生产者出厂价格比上年上涨0.3%，工业生产者购进价格下降0.2%。

4. 固定资产投资

全年固定资产投资652.6亿元，比上年增长8.7%。其中，工业及信息化产业技术改造投资228.2亿元，增长0.7%；基础设施投资136亿元，增长20.0%；民间投资451.2亿元，增长7.1%。分产业看，第一产业投资增长22.1%，第二产业增长2%，第三产业增长17.4%。分行业看，工业投资增长2%，其中制造业增长0.7%；交通运输、仓储和邮政业增长19.7%；水利、环境和公共设施管理业增长16.1%。

全年320个省亿元以上重点项目完成投资286亿元。望东长江公路大桥建成通车，池州长江公路大桥完成水下基础工程，神山骨料、双威电子、卡尔菲特产业园等工业项目开工建设，世界村生命源水、普洛康裕制药、超威新能源、科成电子等工业项目竣工投产，九华山直升机低空游览、醉山野原生态文化休闲度假区、富贵陵阳九华大峡谷等3个亿元以上文化旅游项目建成开放。

（二）农业

全年粮食作物种植面积119.4千公顷，比上年扩大0.8千公顷。油料种植面积33.8千公顷，减少4.5千公顷。棉花种植面积19.9千公顷，减少3.7千公顷。蔬菜种植面积15.4千公顷，扩大0.04千公顷。

全年粮食产量67.6万吨，比上年减产2.9万吨，下降4.2%，其中，夏收谷物1.9万吨，减产0.01万吨，下降0.6%；秋粮52.1万吨，减产0.1万吨，下降0.2%。油料产量7.6万吨，下降23.2%。棉花产量2.7万吨，下降7.6%。茶叶产量0.8万吨，下降0.2%。

年末全市生猪存栏39.5万头，比上年下降7.8%；全年生猪出栏74.2万头，比上年增长0.4%。肉类总产量8.9万吨，下降1.2%，其中猪牛羊肉产量6.3万吨，增长0.7%。禽蛋产量4.1万吨，增长5.7%。水产品产量14.2万吨，增长2.0%。

年末全市农业机械总动力129万千瓦，比上年增长3.4%。农用拖拉机4.25万台，比上年增加0.16万台。全年化肥施用量(折纯)6.0万吨，下降0.2%。农村用电量3.8亿千瓦时，下降10.5%。有效灌溉面积102.5千公顷，节水灌溉面积3.91千公顷。

（三）工业和建筑业

1. 工业经济

年末全市规模以上工业企业604户，比上年净增64户。全年规模以上工业增加值183.4亿元，比上年增长9.8%，其中国有企业增长27.9%，股份制企业增长9.7%，外商及港澳台商投资企业增长5.0%。分门类看，采矿业下降5.5%，制造业增长11.2%，电力、热力、燃气及水生产和供应业增长10.2%。

规模以上工业中，33个工业大类行业中有25个行业增加值保持增长。其中，非金属矿物制品业增长5.1%，有色金属冶炼和压延加工业增长21.8%，电力热力生产和供应业增长8.3%，化学原料和化学制品制造业增长20.2%，电气机械和器材制造业增长5.3%，通用设备制造业增长20.7%，计算机通信和其他电子设备制造业增长19.0%，专用设备制造业增长18.7%，纺织服装服饰业增长16.1%，农副食品加工业增长5.7%，装备制造业增加值增长11.5%。高新技术产业增加值增长15.3%，战略性新兴产业产值增长17.0%，电子信息产业产值增长11.6%。

规模以上工业统计的主要产品产量中，粗钢、钢材、铜合金分别增长23.6%、53.1%、36.5%，水泥熟料、水泥分别增长5.1%、3.0%，硫酸、合成氨分别增长43.7%、10.0%，光电子器件、通信用电缆分别增长124.6%、6.7%，火力发电量下降3.2%、精制茶下降0.5%。

全年规模以上工业企业实现利润46.8亿元，下降6.4%。其中，国有企业增长80.1%，股份制企业下降12.4%，民营企业下降6.1%。

非金属矿物制品业、黑色金属冶炼和压延加工业、有色金属冶炼和压延加工业、电力热力生产和供应业、化学原料和化学制品制造业、电气机械和器材制造业、通用设备制造业、计算机通信和其他电子设备制业、农副食品加工业、纺织服装服饰业等13个利润超亿元的行业，合计实现利润38.9亿元，下降6.1%，占全部工业的83.1%。

2. 建筑业

全年全社会建筑业增加值54亿元，按可比价格计算，比上年增长3.7%。年末资质内建筑企业126个，比上年末增加7个。全年资质内建筑企业主营业务收入84.7亿元，比上年下降5.7%；主营业务成本66.7亿元，下降13.7%；实现利润4.5亿元，增长7.1%。

（四）服务业

1. 国内贸易

全年社会消费品零售总额222.1亿元，比上年增长12.2%。按经营地统计，城镇消费品零售额173.2亿元，增长12.3%；乡村消费品零售额48.9亿元，增长11.8%。按消费类型统计，商品零售额191.1亿元，增长12.2%；餐饮收入31.0亿元，增长11.7%。全市限额以上批发零售业实现网上商品零售额1.4亿元，增长98.5%。

全年限额以上消费品零售额90.4亿元，比上年增长11.2%。其中，吃、穿、用类商品零售额分别增长12.6%、12.4%、11.1%，粮油类增长11.4%，肉禽蛋类增长24.9%，服装类增长17.6%，日用品类增长9.2%，中西药品类增长11.4%，家用电器和音像器材类增长14.4%，家具类增长17.8%，通讯器材类增长14.2%，建筑及装潢材料类增长12%，汽车类增长16.1%，石油及制品类增长7.8%。

2. 交通运输、邮电

全年旅客运输量1897万人，比上年下降6.5%；货物运输量9988万吨，增长18.1%。旅客运输周转量(不包括铁路)156391万人千米，下降17%；货物运输周转量(不包括铁路)2616863万吨千米，增长15.5%。全年港口货物吞吐量4363万吨，增长5.5%，其中外贸货物吞吐量27.9万吨，增长11.2%。港口集装箱吞吐量9690标准箱(TEU)，下降31.8%。全年九华山机场旅客吞吐量35.6万人次，增长30.9%；货邮吞吐量367吨。

年末全市机动车辆拥有量22.6万辆，比上年下降3.6%。其中，汽车12.7万辆，增长20.1%；摩托车9.8万辆，下降23.3%。轿车拥有量7.5万辆，增长23.5%，其中私人轿车7.1万辆，增长25.5%。

年末全市公路里程8721.6千米，其中高速公路248.7千米，比上年分别增加202.4、22.7千米。铁路营业里程196.1千米，其中高铁营业里程57.1千米。

全年邮电业务收入9.9亿元，比上年增长3.1%。其中，电信业务收入9.1亿元，增长3.0%；邮政业务收入0.8亿元，增长4.5%。全年快递业务总量2126万件，比上年增长42.0%；快递业务收入0.7亿元，增长58.0%。

年末本地固定电话用户18.8万户，比上年减少2.8万户；移动电话用户105.1万户，增加1.6万户；基础电信运营企业计算机互联网宽带接入用户27.7万户，增加4.3万户。

3. 旅游业

全年共接待国内外游客5171万人次，比上年增长11.5%，其中入境游客95万人次，增长8.9%。旅游总收入545.3亿元，增长13.9%，其中外汇收入4.91亿美元，增长9.2%。年末全市共有A级及以上旅游景点(区)36个，其中5A景区1个，4A景区16个，3A景区12个。九华山风景区共接待国内外游客990万人次，增长1.9%；旅游总收入114亿元，增长5.5%。

4. 金融、证券和保险

年末全市金融机构人民币各项存款余额875.5亿元，比上年增长17%，比年初增加127.2亿元。其中，非金融企业存款余额183亿元，增长14.1%；住户存款余额545.2亿元，增长10.9%。金融机构人民币各项贷款余额505.4亿元，增长5.6%，比年初增加26.9亿元。其中，短期贷款166.2亿元；中长期贷款313.1亿元，中长期贷款中住户贷款148.8亿元。

年末全市金融机构外汇存款余额2241万美元，比上年增长4.4%，比年初增加95万美元；外汇贷款余额3554万美元，比上年增长15.9%，比年初增加489万美元。

全年直接融资额33.5亿元，比上年增长168%。新增上市辅导备案企业2家(艾可蓝、安芯电子)，新增“新三板”挂牌企业3家(均益金属、天平机械、金鼎医药)。

全年全市证券经营机构营业部代理成交额523.1亿元。

全年保险业保费收入26.1亿元，比上年增长7.6%。其中，财产险业务保费收入10.4亿元，增长62.8%；人身险业务保费收入15.7亿元，下降12.2%。赔款和给付支出7亿元，比上年增长31.1%。其中，财产险业务赔款和给付支出5亿元，增长54.6%；人身险业务赔款和给付支出2亿元，下降5.3%。

5. 房地产业

全年房地产开发投资82.6亿元，比上年下降0.3%。商品房销售面积155.4万平方米，增长26.4%；商品房销售额69亿元，增长21.2%。年末商品房待售面积119.9万平方米，比上年下降6.7%。全年保障性安居工程开工2454套、基本建成6421套。

(五) 对外经济

1. 对外贸易

全年进出口总额6.19亿美元，比上年增长20.1%。其中，出口1.84亿美元，下降11.4%；进口4.35亿美元，增长41.4%。从主要商品看，铜精矿进口2.78亿美元，增长154.5%；铅精矿进口0.77亿美元，下降30.0%；化工产品进出口0.36亿美元，增长30.3%；农副产品进出口1.13亿美元，下降19.3%；机电产品进出口0.43亿美元，下降2.6%。

2. 利用外资

全市亿元以上在建省外投资项目403个，比上年增加13个；当年实际到位资金377.2亿元，增长13.6%。全年新批外商直接投资企业11个，比上年增加3个；利用外商直接投资3.61亿美元，增长4.1%。

二、池州市2016年社会发展概况

(一) 人口、人民生活

年末全市户籍人口162.4万人，比上年增加0.8万人。其中，男性83万人，占51.1%；女性79.4万人，占48.9%。常住人口144.3万人，比上年增加0.7万人。全年人口出生率9.51‰，比上年上升0.89个千分点；死亡率5.66‰，下降0.4个千分点；自然增长率3.85‰，上升1.29个千分点。全市常住人口城镇化率52.3%，比上年提高1.2个百分点。

全年常住居民人均可支配收入19058元，比上年增长8.4%。其中，城镇居民人均可支配收入26261元，增长8.2%；农村居民人均可支配收入12409元，增长7.8%。

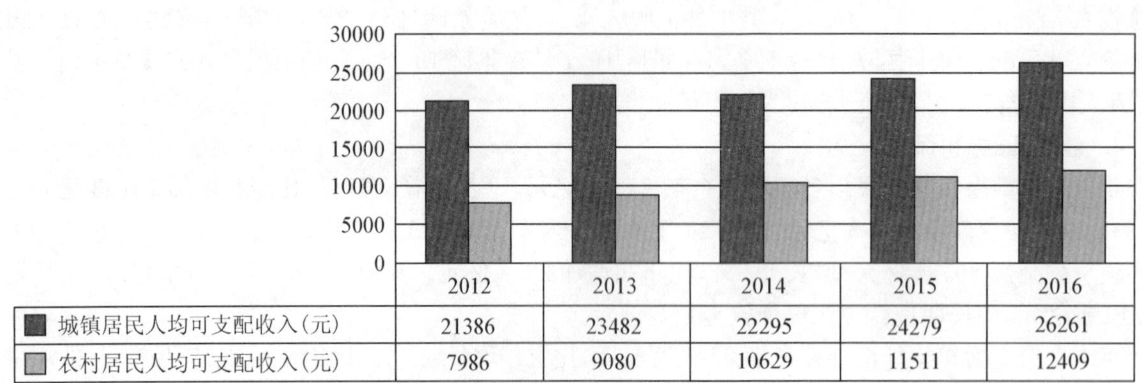

	2012	2013	2014	2015	2016
城镇居民人均可支配收入(元)	21386	23482	22295	24279	26261
农村居民人均可支配收入(元)	7986	9080	10629	11511	12409

图3 2012—2016年池州市城乡居民收入对比一览

(二)就业与社会保障

1. 就业工作

年末全市就业人员114.53万人,比上年减少0.32万人。其中,第一产业44.81万人,减少0.56万人;第二产业28.81万人,增加0.07万人;第三产业40.91万人,增加0.18万人。城乡私营企业就业人员和个体劳动者27.2万人,比上年增加2.82万人。全年城镇实名制新增就业1.96万人,下岗失业人员再就业0.28万人。年末城镇登记失业率3.29%,比上年上升0.45个百分点。

2. 社会保障和福利

年末全市参加城镇职工基本养老、基本医疗保险人数分别为11.46、13.90万人,比上年增加0.43、0.18万人;参加失业保险、工伤保险、生育保险人数分别为7.22、10.46、8.59万人;城乡居民养老保险参保86.47万人,比上年增加0.08万人;新型农村合作医疗参保134.22万人,实现农村人口全覆盖。

年末全市共有1.51万人享受城市居民最低生活保障;5.09万人享受农村最低生活保障。全年民政部门直接医疗救助1.63万人次,抚恤补助各类优抚对象1.0万人次。

年末全市共有各类养老服务机构60个,床位数0.81万张,在院0.60万人。各类社区服务机构100个,其中服务中心10个、服务站72个、其他服务机构14个。社会福利院2个,光荣院1个,儿童福利机构2个。全年销售社会福利彩票1.8亿元。

(三)教育和科学技术

1. 教育事业

全市共有普通高等教育学校3所,普通本专科在校学生24178人,成人在校学生3020人。中等职业教育学校8所,在校学生14475人。普通中学98所,在校学生76386人。其中,高中在校学生32860人,高中阶段毛入学率100%;初中在校学生数43526人,初中学龄人口入学率99.9%。小学213所,在校学生85833人,小学入学率100%。

2. 科技与创新

全年高新技术产业产值334.4亿元,比上年增长15.3%;高新技术产业增加值76.9亿元,增长15.7%。年末全市高新技术企业达60家,其中当年认定26家。新组建、认定和备案省级工程技术研究中心、企业技术中心15家。安徽力成机械装备有限公司"冷成型系列数控搓齿机关键技术研究及产业化"和池州市秋浦特种水产开发有限公司"秋浦杂交斑鳜育种与应用"2个项目获2016年度安徽省科技进步二等奖;池州市天方富硒生物科技有限公司的袁林喜科技团队列入全省高层次科技人才创新创业团队。全年申请专利4099件,比上年增长30.4%,其中发明专利1887件;授权专利1306件,其中发明专利授权205件。技术市场成交项目39个,成交额0.57亿元,比上年增长53.5%。

（四）文化、卫生和体育

1. 文化事业

年末全市共有文化馆 6 个，公共图书馆 5 个，公共博物馆 4 个，乡镇街道综合文化站 53 个。全国重点文物保护单位 9 处，省级重点文物保护单位 45 处。国家级非物质文化遗产名录 4 项，省级非物质文化遗产名录 18 项。广播综合人口覆盖率 98.62%，电视综合人口覆盖率 98.74%。

2. 卫生事业

年末全市有医疗卫生机构 1006 个，其中医院 29 个、基层医疗卫生机构 917 个、专业公共卫生机构 57 个，其他卫生机构 3 个。基层医疗卫生机构中，卫生院 59 个，社区卫生服务中心(站)30 个，村卫生室 605 个；专业公共卫生机构中，疾病预防控制中心 6 个，专科疾病防治院(所、站)3 个，妇幼保健院(所、站)3 个，卫生监督所(中心)6 个。全市卫生技术人员 7213 人，其中执业(助理)医师 2878 人，注册护士 2926 人。医疗卫生机构实有床位 6164 张，其中医院、卫生院床位 5940 张。

3. 体育事业

成功举办第六届全国绿色运动健身大会，广泛开展全民健身活动。

（五）城乡建设

加大美丽池州建设力度，生态宜居特色进一步彰显。编制实施海绵城市建设规划，竣工项目 41 个，完成投资 18.1 亿元，建成区域面积 9.75 平方千米，经受了汛期历史罕见的连续强降雨考验，发挥了明显的示范效应。49 项市政重点工程完成投资 6.5 亿元，城市湿地森林公园养殖户搬迁、绿化、黑臭水体治理和主干道路改造进展加快，建成主城区备用水源工程，改造提升秋浦路、九华山大道等 18 条城市道路，安装道路隔离栏 1.55 万米，新建主城区停车场 2 个，增划停车泊位 9500 个，新建、改建城镇园林绿地 171 万平方米、污水管网 70 千米、燃气管线 55 千米、道路路灯 1260 杆，启动实施 6 个老旧小区整治和 100 个小区文明创建专项工程，文明城市创建常态化机制基本建立。县城总体规划修编全面完成，“三治三增三提升”行动扎实推进。

美丽乡村建设投入资金 1.26 亿元，改造农村危房 4130 户，第二批 34 个省级中心村通过验收，第三批 38 个、第四批 25 个省级中心村建设基本完成，创建国家传统村落 2 个、省级特色小镇 1 个。望东长江公路大桥建成通车，池州长江公路大桥完成水下基础工程、接线工程全面施工，3 条国省干线一级公路和齐石线大中修工程进入路面施工阶段，农村道路畅通工程建成 1384 千米，青通河航道整治工程全面启动。秋浦河防洪治理工程开工建设，九华河等 6 处中小河流治理工程、覆盖 18 万人的农村饮水安全提质增效工程、35 座小型水库除险加固主体工程全部完工，长江崩岸治理 8.5 千米，灾后修复水毁水利工程 3647 处，全年完成水利投资 5.7 亿元。首座 500 千伏涓桥变电站建成投运。

全面开展“9＋1”城乡环境综合整治和铁腕治矿、重拳治砂、从严治岸、科技治超、精准治污“五治”行动，整顿关闭非煤矿山 11 家，编制长江岸线保护和利用规划，整合小散码头 7 座，国省干道超限超载率控制在 1%以下，完成总量减排项目 41 个，淘汰黄标车 1973 辆，大气环境质量稳居全省前列。三县创建国家生态县通过验收，青阳县列入国家重点生态功能区、获批全国森林旅游示范县，石台县秋浦河源列入国家湿地公园名录。完成全市土地节约集约利用评价，东至县荣获全国国土资源节约集约模范县。

（六）资源和环境保护

年末全市实有自然保护区 6 个。其中，国家级 2 个，省级 4 个。自然保护区面积 54.9 千公顷，占国土面积的 6.6%，其中国家级 36.7 千公顷。野生动植物就地保护点 2 个，保护点面积 6.7 千公顷。当年人工造林面积 3.6 千公顷，年末实有封山育林面积 84.2 千公顷。活立木蓄积量 2881 万立方米，比上年增加 48.7 万立方米；森林覆盖率 59.5%，比上年提高 0.2 个百分点。

全年平均降水量2280.8毫米,平均气温为17.2℃。

全年能源消费总量480.4万吨标准煤,比上年增长4.3%,全社会电力消费量57.7亿千瓦时,增长14.3%,其中工业用电量44.4亿千瓦时,增长13.4%。万元GDP能耗下降3.51%。

年末全市共有环境监测站6个,其中市级1个。全年城区环境空气质量优良天数286天,占79.7%。全市PM10年均浓度为66微克/立方米,比上年增长20.0%。尧渡河、黄盆河、秋浦河、白洋河、九华河、青通河、长江池州段水质均达到Ⅱ—Ⅲ类,总体水质优。

年末城市污水处理厂处理能力达15万立方米/日,污水处理总量达4050万立方米,集中处理率93.8%。生活垃圾无害化处理率93.7%。建成区绿化覆盖率42.1%。

(七)社会安全

全年各类安全事故241起,死亡80人。在各类安全事故中,工矿商贸事故12起,死亡12人;道路运输事故138起,死亡人数64人;铁路交通事故1起,死亡1人;水上交通事故1起,死亡2人;生产性火灾事故89起,死亡1人。

三、池州市在泛长三角地区经济发展中的地位

2016年,全市各级积极应对经济下行压力,扎实推进供给侧结构性改革,加快培育新动能,持续扩大有效需求,经济运行总体平稳、稳中向好,实现了“十三五”良好开局。

(一)地区生产总值

2012—2016年池州市地区生产总值在泛长三角地区41市所占比重分别为0.326%、0.331%、0.340%、0.335%和0.330%。地区生产总值在泛长三角41市占比整体呈现平稳态势,2016年与2012年比轻微上升。2016年,在泛长三角地区41市地区生产总值所占比重排名第40位,位置靠后。

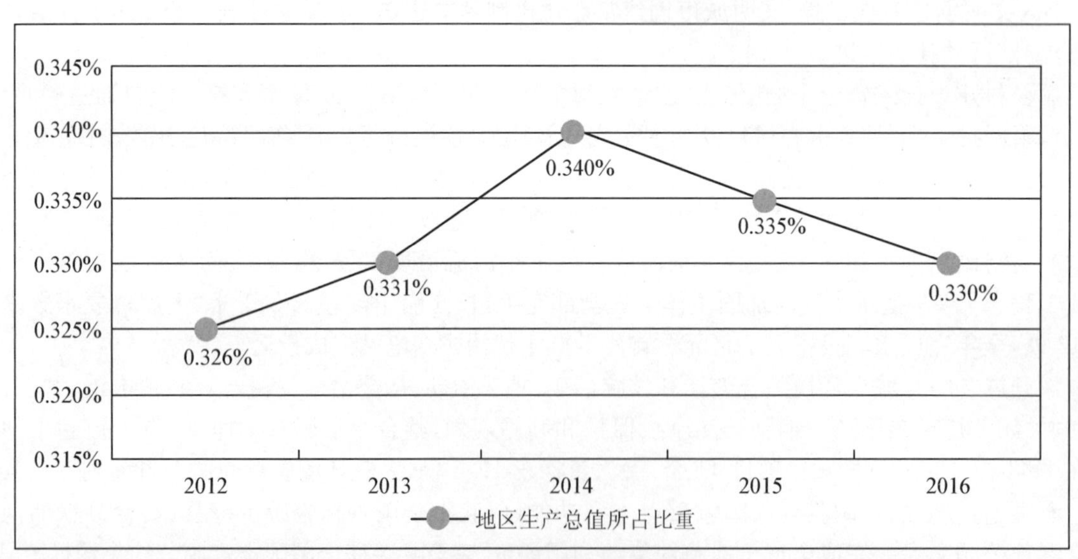

图4 2012—2016年池州市地区生产总值在泛长三角地区41市（苏浙两省24个地级市、上海市和安徽省16市,下同)所占比重的变化趋势

2016年,全年全市生产总值589亿元,按可比价格计算,比上年增长8.1%。其中,第一产业增加值71.2亿元,增长2.7%;第二产业增加值265.8亿元,增长8.4%;第三产业增加值252亿元,增长9.6%。按两年平均常住人口计算,全市人均GDP突破4万元,达40919元,比上年增加2905元,高于全省平均水平1827元,居全省第7位。根据人民币兑换美元年平均汇率计算,折合为6160美元,高于全省平均水

平 275 美元。

人均 GDP 全省最高的合肥市 80136 元，最低的阜阳市 17642 元。居全省前八位的市分别是：合肥市(80136 元)、芜湖市(73715 元)、马鞍山市(65833 元)、铜陵市(59960 元)、黄山市(41901 元)、蚌埠市(41855 元)、池州市(40919 元)、宣城市(40739 元)。

(二) 地方财政一般预算收入

2012—2016 年池州市地方财政一般预算收入在泛长三角 41 市所占比重分别为 0.38%、0.40%、0.40%、0.37%和 0.34%，2016 年较 2012 年减少了 0.04 个百分点。2016 年，池州市地方财政一般预算收入在泛长三角 41 市地区排第 40 位，较上年下降一位，位置靠后。

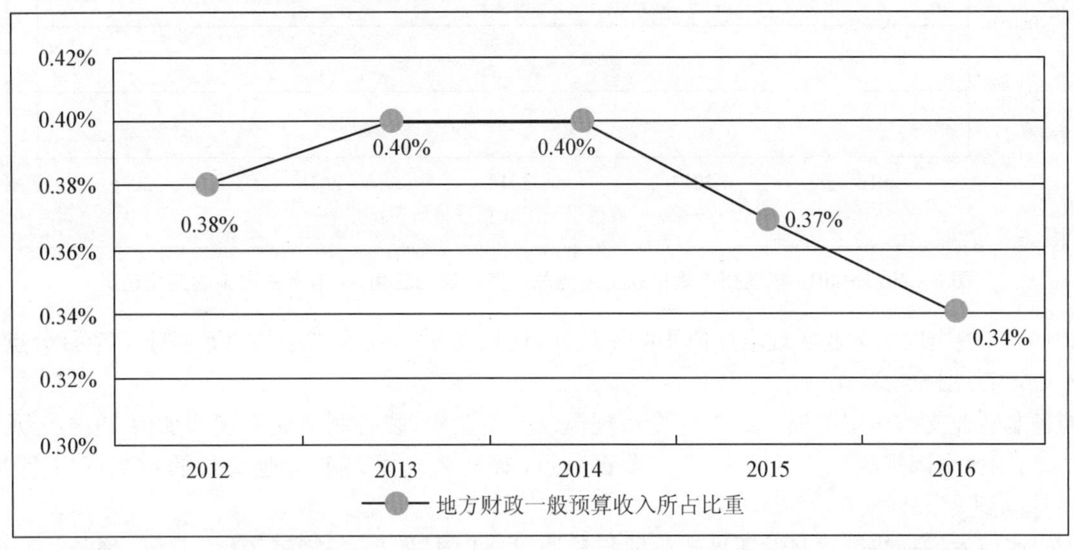

图 5 2012—2016 年池州市地方财政一般预算收入在泛长三角 41 市所占比重的变化趋势

2016 年，面对经济下行压力加大、“营改增”结构性减税等因素影响，全市各级财税部门在市委坚强领导、市人大依法监督下，牢固树立和贯彻落实“五大发展”理念，紧紧围绕“争当绿水青山和金山银山有机统一的排头兵”的目标定位，主动适应经济发展新常态，落实积极的财政政策，扎实推进供给侧结构性改革，强化财政收支预期管理，财政收支运行平稳。

2016 年，全市财政总收入完成 100.08 亿元，为调整预算的 100%，增长 4.5%。其中：地方一般公共预算收入完成 71.45 亿元，加上结算净收入、新增一般债券及上年结余等 79.34 亿元，收入总计 150.79 亿元。全市一般公共预算支出完成 149.25 亿元，为调整预算 103.7%，增长 1.1%，计提预算稳定调节基金 0.72 亿元，结转下年支出 0.83 亿元。市本级财政总收入完成 42.11 亿元，为调整预算的 100.2%，增长 19.2%。地方一般公共预算收入完成 30.09 亿元，加上结算净收入、新增一般债券及上年结余，收入总计 53.94 亿元。市本级一般公共预算支出完成 52.92 亿元，为调整预算 106.3%，增长 0.2%，计提预算稳定调节基金 0.42 亿元，结转下年支出 0.61 亿元。市直财政总收入完成 22.18 亿元，完成调整预算的 100.1%，增长 6.4%。地方一般公共预算收入完成 14.83 亿元，下降 9.2%，加上结算净收入、新增一般债券及上年结余，收入总计 33.54 亿元。市直一般公共预算支出完成 32.63 亿元，为调整预算 100.9%，下降 3.6%(主要是保障性住房等上级专项减少)。

(三) 规模以上工业总产值

2012—2016 年池州市规模以上工业总产值在泛长三角 41 市所占比重分别为 0.21%、0.21%、0.24%、0.26%和 0.27%，呈连续增加态势，2016 年较 2012 年增加了 0.06 个百分点，较上年增加了 0.01

个百分点。2016 年，池州市规模以上工业总产值在泛长三角 41 市地方财政一般预算收入所占比重排第 40 位，位置靠后。

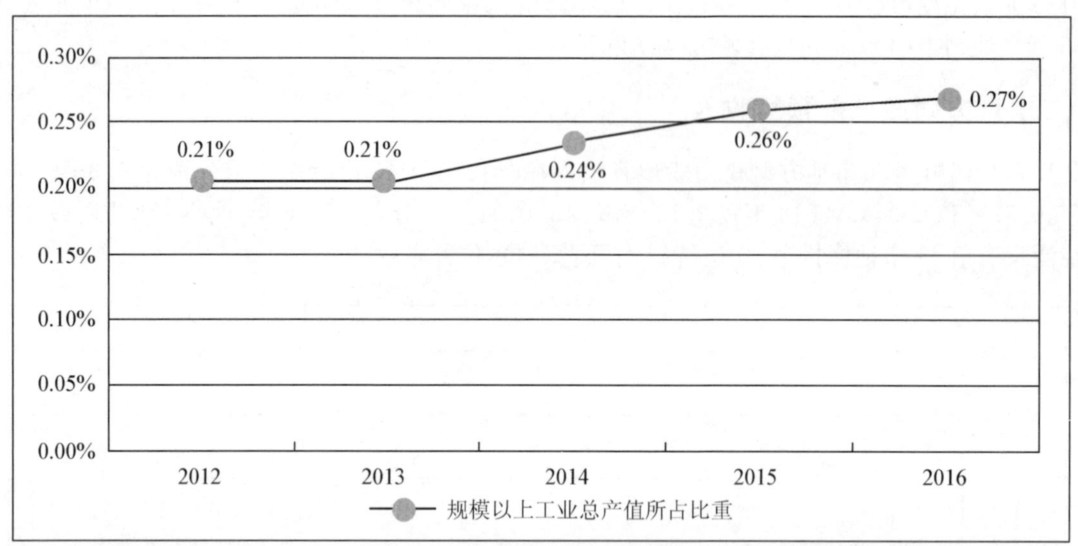

图 6　2012—2016 年池州市规模以上工业总产值在泛长三角 41 市所占比重的变化趋势

2016 年，规模以上工业实现增加值 183.4 亿元，增长 9.8%，比全省平均水平高 1.0 个百分点，居全省第 6 位，当月居全省第 15 位。

装备制造业支撑作用增强。2016 年全市规模以上工业中，装备制造业实现增加值 39.4 亿元，增长 11.5%，增幅比全部规模以上工业高 1.7 个百分点，对全部规模以上工业增长的贡献率由上半年的 21.1%提高到 24.8%。

新兴产业发展加快。战略性新兴产业增长较快，1—12 月实现总产值 101.5 亿元，增长 17.0%，比规上工业高 8.1 个百分点，产值占规上工业比重由上年的 11.9%提升至 12.7%。全市高新技术产业 1—12 月实现产值 334.4 亿元，增长 15.3%，比全市规模以上工业高 6.4 个百分点，产值占规上工业比重由上年的 39.0%提升至 42.0%。

县区间发展差距缩小。1—12 月，东至县规模以上工业实现增加值 48.5 亿元，增长 10.0%；青阳县规模以上工业实现增加值 39.6 亿元，增长 9.8%；贵池区规模以上工业实现增加值 60.4 亿元，增长 9.6%；开发区规模以上工业实现增加值 28.4 亿元，增长 9.6%；石台县规模以上工业实现增加值 3.6 亿元，同比增长 5.0%。

（四）进出口总额

2012—2016 年池州市进出口总额在泛长三角 41 市所占比重分别为 0.026%、0.030%、0.029%、0.037%和 0.047%，五年间增加了 0.021 个百分点，其中 2016 年与上年比增加了 0.010 个百分点。2016 年，池州市进出口总额在泛长三角 41 市排第 36 位，较上年上升了三位。

2016 年，池州市外贸总值 40.8 亿元人民币，与上年同期相比增长 27.2%，增速居全省第 2 位，比全省增速高出 28.6 个百分点。其中，进口 28.7 亿元，增长 49.5%；出口 12.1 亿元，下降 6%。

数据显示，2016 年，池州市以一般贸易方式进出口 21.7 亿元，下降 10.2%，占同期外贸总值的 53.2%。同期，以海关特殊监管方式进出口 18.4 亿元，增长 1.6 倍，占同期外贸总值 45.1%。此外，以加工贸易方式进出口 0.7 亿元，下降 21.9%。

从商品种类来看，主要商品进出口不平衡，高新技术产品出口成亮点。2016 年，池州市企业进口铜精矿 18.4 亿元，增长 96.9%；进口铅矿砂 5.1 亿元，激增 607.9 倍。同期，池州市纺织品、服装、箱包、鞋

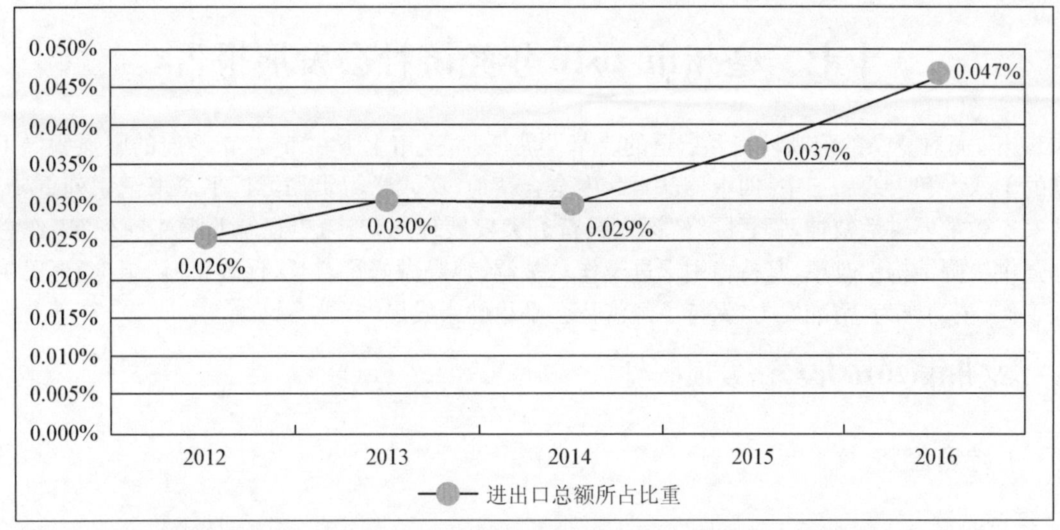

图 7　2012—2016 年池州市进出口总额在泛长三角 41 市所占比重的变化趋势

类、玩具、家具、塑料制品 7 大类劳动密集型产品合计出口 2.2 亿元，增长 11.1%。机电产品出口总值 2.2亿元，下降 22.6%；农产品出口总值 1.1 亿元，下降 36.9%。值得关注的是，池州市企业出口高新技术产品 1.2 亿元，增长 40.2%。

（五）实际外商直接投资金额

2012—2016 年池州市实际外商直接投资金额在泛长三角 41 市所占比重分别为 0.29%、0.35%、0.40%、0.47%和 0.47%，整体呈现上扬姿态，2016 年较 2012 年增加了 0.18 个百分点，较上年基本持平。2016 年，池州市实际外商直接投资金额在泛长三角 41 市地区排第 30 位。

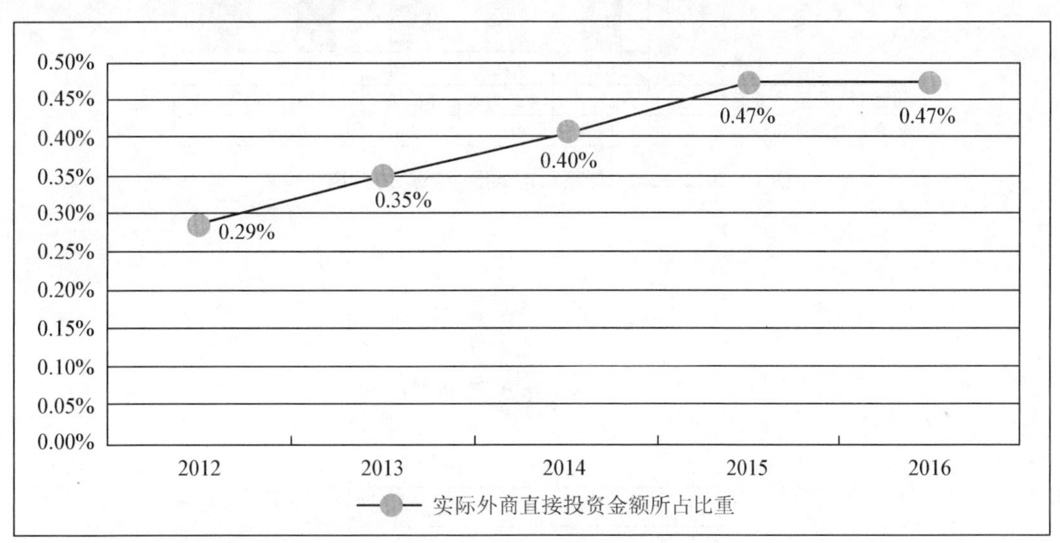

图 8　2012—2016 年池州市实际外商直接投资金额在泛长三角 41 市所占比重的变化趋势

2016 年，全市亿元以上在建省外投资项目 403 个，比上年增加 13 个；当年实际到位资金 377.2 亿元，增长 13.6%。全年新批外商直接投资企业 11 个，比上年增加 3 个；利用外商直接投资 3.61 亿美元，增长 4.1%。招商引进规模项目 510 个、建成投产 132 个，其中省外亿元以上项目 140 个、到位资金 354 亿元，实际利用外资 3.65 亿美元。江南产业集中区总体规划获批，省级以上园区引进 5 亿元以上项目 8 个。民间投资增长 6%，民营经济增加值占全市经济比重达 64%。全年进出口总值 6 亿美元、增长 15.6%。

十七　亳州市 2016 年经济社会发展报告

2016 年，面对复杂的宏观环境和繁重的改革发展任务，全市上下在市委、市政府的坚强领导下，全面贯彻党的十八大和十八届三中、四中、五中、六中全会精神，深入学习贯彻习近平总书记系列重要讲话特别是视察安徽重要讲话精神，紧紧围绕“深入践行五大发展理念，奋力走在皖北振兴前列”工作总要求，着力加强供给侧结构性改革，坚持稳中求进工作总基调，统筹做好稳增长、促改革、调结构、惠民生、防风险各项工作，主动作为，精准发力，保持了经济社会平稳健康发展。

一、亳州市 2016 年经济发展概况

（一）综合经济

1. 经济总量

全年生产总值(GDP)1046.1 亿元，按可比价格计算，比上年增长 8.9%。分产业看，第一产业增加值 206.3 亿元，增长 3.1%；第二产业增加值 404.9 亿元，增长 9.2%；第三产业增加值 434.9 亿元，增长 11.5%。三次产业结构由上年的 20.7∶39.3∶40.0 调整为 19.7∶38.7∶41.6，其中工业增加值占 GDP 比重为 32.1%。人均 GDP 20611 元，比上年增加 1840 元。

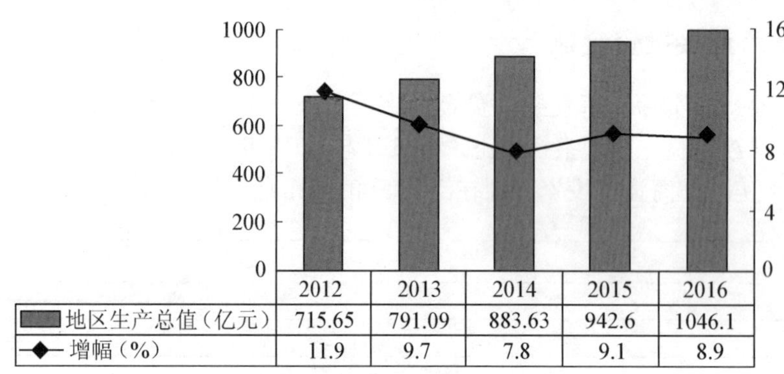

	2012	2013	2014	2015	2016
地区生产总值（亿元）	715.65	791.09	883.63	942.6	1046.1
增幅（%）	11.9	9.7	7.8	9.1	8.9

图 1　2012—2016 年亳州市地区生产总值及增长速度

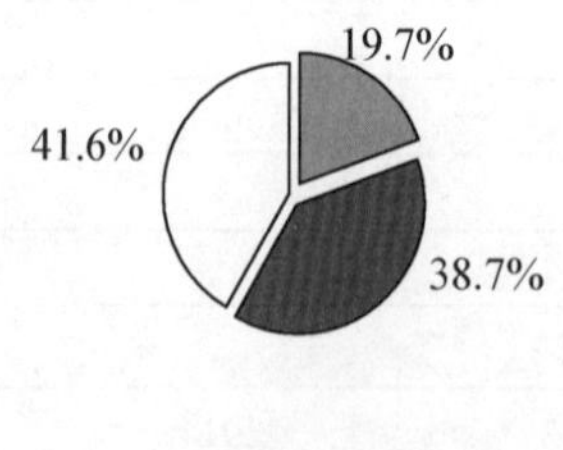

第一产业　第二产业　第三产业

图 2　2016 年亳州市三次产业结构图

2. 财政收支

全年财政收入 147.3 亿元，比上年增长 13.2%，其中地方财政收入 87 亿元，增长 6.9%。全部财政收入中，增值税增长 70.9%，营业税下降 45.8%，企业所得税下降 4.5%。财政支出 278.6 亿元，增长 0.3%，民生支出完成 242.5 亿元，同比增长 2%，占财政支出的 87%，同比提高 2.4 个百分点。其中，科学技术支出下降 7%，教育支出增长 13.8%，医疗卫生支出下降 9.5%，农林水支出增长 5.8%，社会保障

与就业支出增长7%,住房保障支出下降30.6%。全年民生工程累计投入122.7亿元。

3. 物价水平

全年居民消费价格比上年上涨1.6%,其中食品烟酒价格上涨3.7%。商品零售价格上涨1.2%。工业生产者出厂价格上涨0.6%,工业生产者购进价格下降1.1%。

4. 固定资产投资

全年固定资产投资874.9亿元,比上年增长14%。其中,工业及信息化产业技术改造投资114.9亿元,增长10.6%;民间投资563.5亿元,增长15.0%。分产业看,第一产业投资增长130.9%,第二产业投资增长4.6%,第三产业投资增长17.8%。分行业看,工业投资增长4.6%,其中制造业投资增长0.5%。

全年共实施重点项目399个、完成投资604亿元,其中亿元以上项目295个,比上年增加43个。新开工亿元以上项目127个,增加35个;亿元以上在建工业项目129个,增加6个,其中新开工亿元以上工业项目55个,增加5个。利辛板集电厂、万达全业态城市综合体、济祁高速公路利辛段、司尔特肥业一期、亿丰亳达环保包装材料、涡阳创酷智能手机终端设备及零部件生产等一批亿元项目建成投产、投用;神农谷中药电商物流城、九洲方圆制药、外经钻石广场、信利新能源100兆瓦光伏电站、蒙城县红星美凯龙商业综合体等一批亿元项目加快建设;建安路涡河隧道、市文化公园、亳州新发地农产品批发市场及冷链物流、谯郡堂中药饮片、涡阳光机电聚集区、上海电气蒙城秸秆发电等一批亿元项目开工建设。

(二)农业

全年粮食作物种植面积890.3千公顷,比上年扩大4.7千公顷,其中优质专用小麦面积412千公顷,扩大3.8千公顷。油料种植面积9.8千公顷,减少0.6千公顷。棉花种植面积6千公顷,减少7.5千公顷。蔬菜种植面积102.9千公顷,扩大0.8千公顷。中药材种植面积56.5千公顷,扩大0.4千公顷。

全年粮食产量473.9万吨,比上年减产11万吨,下降2.3%。其中,夏粮327.9万吨,减产2.7万吨,下降0.8%;秋粮146.0万吨,减产8.6万吨,下降5.6%。油料产量5.1万吨,下降2.8%。棉花产量0.9万吨,下降53.3%。蔬菜产量311.1万吨,增长1.9%。

全年共完成育苗面积2.6万亩,四旁植树805.7万株,人工造林面积9.8万亩,林木绿化率达22.6%。

年末全市生猪存栏157.9万头,比上年增长1.3%;全年生猪出栏305.5万头,下降0.5%。肉类总产量32.7万吨,增长0.6%,其中猪牛羊肉产量28.7万吨,下降0.1%。禽蛋产量7.1万吨,下降2.3%。牛奶产量2万吨,增长7%。水产品产量5.8万吨,增长2%。

年末全市农业机械总动力985.5万千瓦,比上年增长13.7%。加强农产品质量安全监管体系建设,新建87个乡镇农产品速测室。新认定无公害农产品产地、绿色食品原料基地33个,新增"三品一标"农产品62个,"三品一标"认证产品达到388个。农田有效灌溉面积480.7千公顷,新增21.2千公顷;新增节水灌溉面积4.2千公顷。

年末市级以上农业龙头企业达513家,较上年新增17家,其中国家级4家,省级50家。全市新建农民专业合作社省级示范点58个,年末拥有农民专业合作组织12337个,合作组织成员52.5万人。建设市级现代农业科技示范园100个,培训新型职业农民4950人。

全市改造县乡公路758.4千米,建成农村安全饮水工程404处,解决了435.5万农村居民和18.8万农村学校师生饮水安全问题。

(三)工业和建筑业

1. 工业经济

年末全市规模以上工业企业达931户,比上年净增138户。全年规模以上工业企业实现增加值272亿元,比上年增长10%,其中轻、重工业分别增长8.6%和12.9%。股份制企业和外商及港澳台商投资企业生产增长较快，增幅分别比规模工业高了 0.1 和 0.3 个百分点。

全市 31 个工业行业中，28 个保持增长，其中增速超过 20%的行业达到 5 个。煤炭开采和洗选业增长 6.9%，农副食品加工业增长 4.5%，酒、饮料和精制茶制造业增长 8.7%，医药制造业增长 10.8%，汽车制造业增长 20.5%，五大主导行业对全市规模以上工业增长贡献率达 59.2%。高新技术产业增长 15.8%，高耗能行业增长 16.1%。战略性新兴产业产值 296.6 亿元，增长 17.3%；农产品加工产值 707.5 亿元，增长 13.9%；高新技术产业产值 363.9 亿元，增长 21.9%。

规模以上工业统计的主要产品产量中，小麦粉增长 11.7%、白酒增长 3.1%、水泥增长 1.1%、服装增长 1%、改装汽车增长 12.1%。

全市规模以上工业企业经济效益综合指数 270.9%，比上年提高 2 个百分点。企业主营业务收入 972 亿元，增长 12.2%；利税 95.7 亿元，增长 17.8%，其中利润 61.1 亿元，增长 22.9%。农副食品加工业，食品制造业，酒、饮料和精茶制造业，化学原料及化学制品制造业，医药制造业，金属制品业，非金属矿物制品业，木材加工和木、竹、藤、棕、草制品业，计算机、通信和其他电子设备制造，电力、热力生产和供应业，煤炭开采和洗选业，汽车制造业，纺织服装、服饰业等 13 个行业利润均超亿元。

2. 建筑业

全年全社会建筑业增加值 69 亿元，比上年增长 6.5%。资质内建筑企业利税总额 3.4 亿元，增长 16.7%。房屋建筑施工面积 386.9 万平方米，比上年增加 88.8 万平方米；房屋竣工面积 238.2 万平方米，比上年增加 24.3 万平方米。

（四）服务业

1. 国内贸易

全年社会消费品零售总额 492.1 亿元，比上年增长 12.8%。按经营地统计，城镇消费品零售额 368.8 亿元，增长 12.7%；乡村消费品零售额 123.3 亿元，增长 13.0%。按消费形态统计，商品零售额 436.8 亿元，增长 12.6%；餐饮收入 55.3 亿元，增长 14.1%。按企业规模分，限额以上企业零售额 184.5 亿元，增长 17%；限额以下企业零售额 307.6 亿元，增长 10.8%。

限额以上企业商品零售额中，吃、穿、用类商品零售额分别比上年增长 24.7%、24.3%和 15.2%。其中，粮油类增长 24.6%，肉禽蛋类增长 32.7%，服装类增长 21%，化妆品类增长 26.6%，日用品类增长 22.8%，中西药品类增长 14.5%，家用电器和音像器材类增长 17.7%，石油及制品类下降 10.6%，汽车类增长 26.8%。

2. 交通运输、邮电

全年交通运输、仓储和邮政业增加值 46.6 亿元，比上年增长 5.8%。

全年公路旅客运输量 5257 万人，下降 6.8%，公路和水运货物运输量 30565 万吨，增长 9.7%；公路旅客运输周转量 41.8 亿人千米，下降 13.6%，公路和水运货物运输周转量 872.4 亿吨千米，增长 6.5%。全年港口货物吞吐量 1327.3 万吨，下降 5%。

年末全市民用汽车拥有量 42.7 万辆，比上年增长 19.4%，其中私人汽车 36.4 万辆，增长 20.7%。轿车拥有量 17.3 万辆，增长 27.6%，其中私人轿车 16.6 万辆，增长 28.4%。

全年邮电业务总量 52.3 亿元，比上年增长 53.4%。其中，电信业务总量 45.9 亿元，增长 59.9%；邮政业务总量 6.4 亿元，增长 37.4%。年末本地固定电话交换机总容量 19.2 万门，比上年减少 7.8 万门。本地固定电话用户 24.7 万户；移动电话用户 276.1 万户。年末基础电信运营企业计算机互联网宽带接入用户 53.6 万户，增加 12.5 万户。

3. 旅游业

全年入境旅游人数 4.2 万人次，比上年增长 12.3%；国内游客 1775.8 万人次，增长 18.0%。旅游总收入 131.9 亿元，增长 20.2%。其中，旅游外汇收入 2284.8 万美元，增长 13.3%；国内旅游收入 130.4

亿元,增长 20.2%。年末全市共有 4A 级旅游景点(区)6 处,星级酒店 18 家,旅行社 35 家。

4. 金融和保险

年末全市金融机构各项存款余额(人民币口径,下同)1589.9 亿元,比上年末增加 329.8 亿元,增长 26.2%。其中,单位存款余额 572.9 亿元,增长 50.1%;住户存款余额 1006.4 亿元,增长 16.2%。金融机构各项贷款余额 1036.5 亿元,比上年末增加 253.5 亿元,增长 32.4%。其中,短期贷款 550.7 亿元,增长 33.2%;中长期贷款 479.6 亿元,增长 34.3%,中长期贷款中个人消费贷款 210.1 亿元,增长 28.9%。

年末全市共有 7 家证券公司营业部,开户股民(含基金)总数 5.3 万个,比上年增长 13.8%。全市共有保险公司 33 家,其中,财产保险公司 17 家,人寿保险公司 16 家。全年保险业保费总收入 55.1 亿元,增长 3.5%。其中,财产险业务保费收入 22.9 亿元,增长 20.7%;人身险业务保费收入 32.2 亿元,下降 6.3%。赔款和给付 22.8 亿元,增长 22.4%。其中,财产险业务赔款和给付支出 11.2 亿元,增长 49.7%;人身险业务赔款和给付支出 11.5 亿元,增长 4%。

5. 房地产业

全年房地产开发投资 231.4 亿元,比上年增长 12.8%。商品房销售面积 412.4 万平方米,增长 40.2%;商品房销售额 192.9 亿元,增长 37.3%。全年开工建设城镇保障性安居工程住房 24536 套(户),基本建成 27006 套(户)。

(五)对外经济

1. 对外贸易

全年进出口总额 5.2 亿美元,比上年增长 3.7%。其中,出口 4.6 亿美元,增长 2.6%;进口 0.6 亿美元,增长 13.6%。从出口经营主体看,生产型企业出口增长 1.8%,贸易型企业出口增长 7.3%。从出口商品看,中药材、机电产品出口分别增长 9.8%和 53.6%。

2. 利用外资

全年新批外商投资企业 4 家,比上年下降 50%;合同利用外商直接投资 0.9 亿美元,下降 41.7%;实际利用外商直接投资 7.2 亿美元,增长 10.1%。

二、亳州市 2016 年社会发展概况

(一)人口、人民生活

年末全市户籍人口 646.8 万人,比上年增加 11.9 万人;常住人口为 510.4 万人,城镇化率 38.3%,较上年提高了 1.3 个百分点;全年出生人口 11.3 万人,人口出生率为 17.4‰;死亡人口 2.7 万人,死亡率为 4.2‰;人口自然增长率 13.2‰。

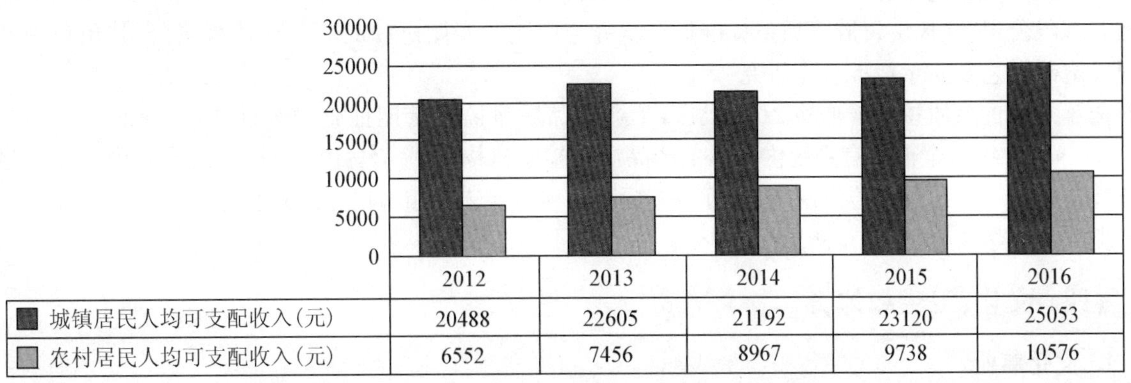

	2012	2013	2014	2015	2016
城镇居民人均可支配收入(元)	20488	22605	21192	23120	25053
农村居民人均可支配收入(元)	6552	7456	8967	9738	10576

图 3 2012—2016 年亳州市城乡居民收入对比一览

全年城镇常住居民人均可支配收入25053元，比上年增长8.4%。人均消费性支出16639元，增长6.6%。其中，食品支出增长4.5%，衣着增长31.4%，居住增长15.6%，教育文化娱乐服务增长27%。城镇常住居民恩格尔系数为30.3%，比上年下降0.6个百分点。年末城镇常住居民人均住房建筑面积50平方米，比上年增加8平方米。

全年农村常住居民人均可支配收入10576元，比上年增长8.6%。人均生活消费支出9014元，增长9.9%。其中，食品支出增长9.8%，衣着增长23.6%，居住增长55.8%，交通下降11.2%。农村常住居民恩格尔系数为34.8%，比上年下降0.1个百分点。

（二）就业与社会保障

1. 就业工作

全年城镇新增就业5.1万人，比上年增长2.4%，下岗失业人员再就业0.8万人。年末城镇登记失业率2.8%，比上年下降1个百分点。

2. 社会保障和福利

年末全市参加城镇职工基本养老保险21.1万人、城镇职工基本医疗保险22.7万人，参加失业保险人数为15.4万人，全年为1449名失业人员发放了不同期限的失业保险金。全市参加工伤、生育保险人数分别为21.5万人和16.8万人。被征地农民养老保险制度全面推进，年末被征地农民参保人数13.2万人。全市城乡低保水平进一步提升，全年发放低保金3.9亿元，城镇低保年末保障2.1万人，农村低保年末保障12万人。

年末全市有各类收养性社会福利单位床位2.8万张，收养各类人员1.5万人。城镇建立各种社区服务设施575个，其中综合性社区服务站78个。全年销售社会福利彩票3亿元，筹集公益金3124.6万元。

（三）教育和科学技术

1. 教育事业

年末全市普通高校2所，在校学生1.1万人。各类中等职业学校(不含技工学校)29所，在校生7.3万人。普通高中26所，在校生8.0万人，高中阶段毛入学率93%，比上年上升0.9个百分点。普通初中265所，在校生20.4万人，初中阶段适龄人口入学率99.97%。小学1122所，在校生49.7万人，小学学龄儿童入学率99.99%。各级各类成人学校毕业生1.4万人。全面实施免费义务教育，受益学生70.2万人。

2. 科技与创新

年末全市有各类专业技术人员5.1万人，比上年增长3%。有省级以上工程(技术)研究中心20家，全市高新技术产业增加值89.4亿元，比上年增长15.8%。全年受理专利申请3438件，授权专利1447件。全年主要科技成果有：安徽瑞思威尔科技有限公司“酒曲害虫非化学防治技术开发及应用”、安徽济人药业有限公司“疏风解毒胶囊质量标准提升研究与应用”、安徽协和成药业饮片有限公司“出口中药饮片现代炮制工艺及质量标准合作研究”等。

全年开展食品质量监督抽检2158批次，工业产品质量监督定期抽查508批次，工业品定期抽查合格率91.9%。年末全市共有系统内县以上产品质量检验机构42个，法定计量技术机构4个。全年强制检定计量器具72513台(件)。制定、修订地方标准5项。年末全市有国家地理标志产品4个。年末全市有各类气象台站4个，自动观测点189个。

（四）文化、卫生和体育

1. 文化事业

年末全市共有专业艺术表演团体216个，文化馆4个，公共图书馆5个，博物馆4个，乡镇综合文化

站89个。全国重点文物保护单位7处，省级重点文物保护单位38处，市级重点文物保护单位45处。国家级非物质文化遗产名录3项，省级名录20项，市级名录77项。广播电台4座，中波发射台和转播台1座，广播人口覆盖率100%。电视台4座，有线电视用户30.7万户，电视人口覆盖率100%。全年出版报纸2种，总印数1272万份。各级档案馆5个，馆藏档案资料57.4万卷(件、册)，库馆总建筑面积3.4万平方米。

2. 卫生事业

年末全市共有卫生机构1625个，其中医院60个、卫生院92个，社区卫生服务中心(站)101个，妇幼保健院(所、站)5个，疾病预防控制中心5个。卫生技术人员15690人，其中执业(助理)医师5555人，注册护士6394人。医院、卫生院实有床位数1.7万张，编制床位数1.2万张。全年诊疗2030.1万人次。村卫生室1268个，乡村医生和卫生员5596人，农村有医疗点的村占总村数的100%。参加新型农村合作医疗的农业人口540.5万人，参合率106.4%。

3. 体育事业

年末全市共有体育场地1228个，其中体育场14个，体育馆4座。全年在国际和国内的重大比赛中，亳州市运动健儿获62枚奖牌。"全民健身"系列主题活动蓬勃开展，共开展全民健身项目128项次，全民健身运动参加人数114万人，全年共举办百人以上群众体育活动129次。

(五) 城乡建设

市区新修主干路网17.7千米，配套设施正在完善。全年共投入城市建设维护资金14亿元。城市日供水综合能力15万吨，自来水普及率达98.8%。液化气年家庭用量0.2万吨，用气人口41万人，城市气化率达95.0%。年末园林绿地面积2290公顷，建成区绿化覆盖率为41.3%，人均公共绿地面积12.5平方米。

全年全市调整完成小城镇规划2个，小城镇规划区内新铺装道路70.8千米，新修排水管道47.6千米，新增供水管道51.8千米，新增住宅面积75万平方米。规划区绿化覆盖率为35.3%，供水普及率为50%。

全年中心镇完成建设总投入7.5亿元。新增道路面积和住宅面积分别为17.7和25万平方米，新增排水管道15.9千米，新铺供水管道17.3万米，供水普及率为65%。新增公共绿地面积54.5万平方米。

全年市级美丽乡村财政专项投入6615万元，各县区均在6000万元以上。省级中心村编制建设项目710个，乡镇政府驻地建成区编制建设项目440个。

(六) 资源、环境保护

全年批准建设用地876.4公顷，建设占用耕地525.1公顷，出让国有土地使用权770.6公顷。补充耕地2199.6公顷，基本农田保护面积51.3万公顷。

全市已发现各类矿产9种，已探明储量的矿产6种，煤炭储量达50.2亿吨。

全市人均水资源547立方米。总用水量10.2亿立方米，人均用水量199.5立方米。年平均气温15.9℃；年日照总时数1855.9小时。年平均降水量924.7毫米。

年末全市共有市、县级环境监测站5个。监测的5个城区中，城市空气质量全部达到二级标准。全市有1个国家级生态示范区、4个国家级生态乡镇、13个省级生态镇、30个省级生态村、12个市级生态镇、94个市级生态村。

在涡河共设置的4个监测断面，涡河亳州、义门大桥、岳坊大桥、龙亢水质类别分别为Ⅴ类、Ⅴ类、Ⅴ类、Ⅲ类，四个断面水质较2015年明显改善。境内西淝河断面水质为Ⅳ类，与2015年持平。

全年市区环境空气质量优良天数为259天。市区空气质量达标率70.8%，集中式饮用水水源地水质达标率100%。区域环境噪声平均值为54.3分贝，交通噪声平均值为69分贝。建成烟尘控制区4

个，面积为 269 平方千米。建成环境噪声污染达标区面积 40.1 平方千米。

（七）社会安全

全年共发生各类生产安全伤亡事故 303 起，死亡 133 人，按可比口径，分别同比下降 0.7%和 33.3%。其中，道路交通安全事故死亡 102 人，建筑事故死亡 7 人，工商贸其它事故死亡 20 人，铁路路外事故死亡 3 人，危化品事故死亡 1 人。全市亿元 GDP 生产安全事故死亡人数为 0.1 人。

三、亳州市在泛长三角地区经济发展中的地位

2016 年，在市委市政府的坚强领导下，全市上下紧紧围绕“深入践行五大发展理念，奋力走在皖北振兴前列”的工作总要求，大力推进供给侧结构性改革，全市经济呈现出平稳较快、结构优化、质量提升的运行态势，主要经济指标增速继续位居全省前列，实现了“十三五”良好开局。

（一）地区生产总值

2012—2016 年亳州市地区生产总值在泛长三角地区 41 市所占比重分别为 0.558%、0.566%、0.581%、0.580%和 0.586%。地区生产总值在泛长三角 41 市占比整体呈现上扬态势，2016 年比 2012 年增加了 0.028 个百分点。2016 年，亳州市在泛长三角地区 41 市地区生产总值所占比重排名第 36 位。

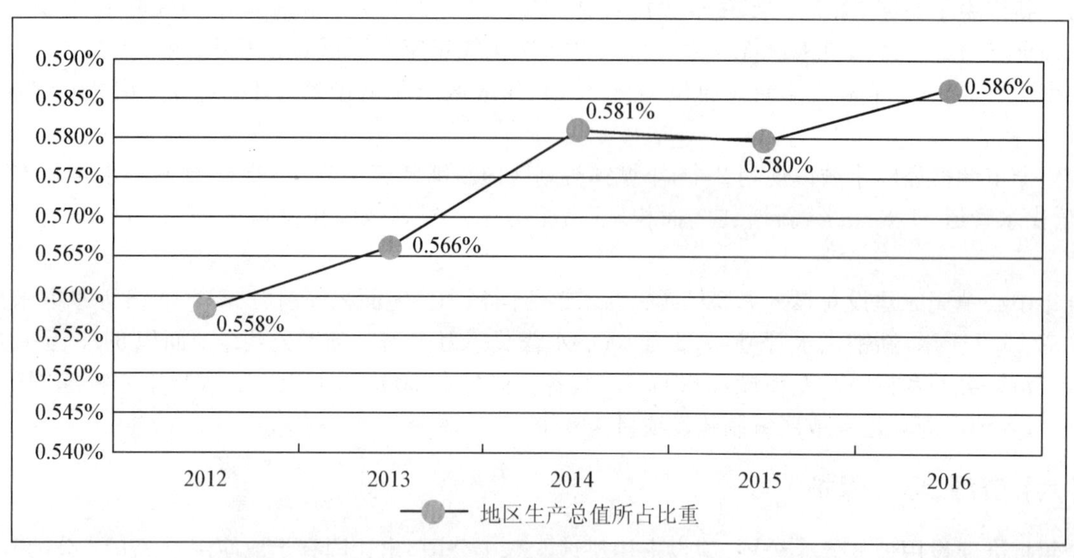

图 4　2012—2016 年亳州市地区生产总值在泛长三角地区 41 市（苏浙两省 24 个地级市、上海市和安徽省 16 市，下同）所占比重的变化趋势

2016 年，全年全市生产总值 1046.1 亿元，可比价增长 8.9%，其中，一产增加值 206.3 亿元、增长 3.1%，高于全省 0.4 个百分点；二产增加值 404.9 亿元、增长 9.2%，高于全省 0.9 个百分点；三产增加值 434.9 亿元、增长 11.5%，高于全省 0.6 个百分点。特别是三产继续保持较快发展，全年三产占 GDP 的比重达到 41.6%，比 2015 年同期提高了 1.6 个百分点。

（二）地方财政一般预算收入

2012—2016 年亳州市地方财政一般预算收入在泛长三角 41 市所占比重分别为 0.34%、0.40%、0.43%、0.42%和 0.41%，2016 年较 2012 年增加了 0.07 个百分点，较上年减少了 0.01 个百分点。2016 年，亳州市地方财政一般预算收入在泛长三角 41 市地区排第 37 位。

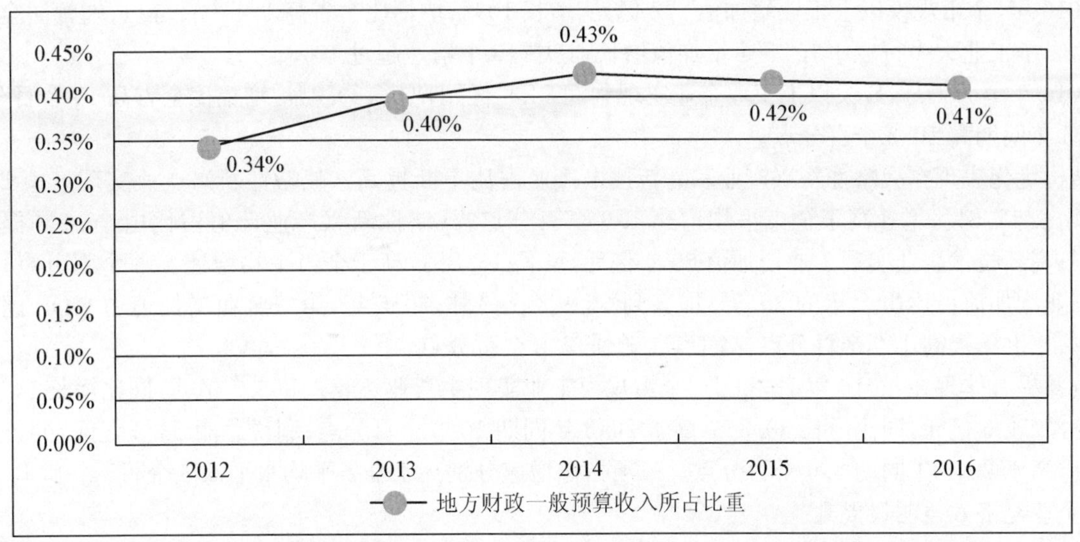

图 5　2012—2016 年亳州市地方财政一般预算收入在泛长三角 41 市所占比重的变化趋势

2016 年，全市公共预算总收入 147.3 亿元，为预算的 102.6%，增长 13.2%。其中，一般公共预算收入 86.8 亿元，为预算的 98.4%，增长 6.6%。加上级补助收入 165.4 亿元、新增债券收入 16.6 亿元、调入资金和上年结转 32.3 亿元，预算总收入 301.1 亿元。

全市一般公共预算支出预计 280 亿元，为预算的 95.6%。加上解支出 0.6 亿元，地方政府债券还本支出 6.2 亿元，安排预算稳定调节基金 10.5 亿元，支出合计 297.3 亿元。收支相抵，年终结余 3.8 亿元，其中结转下年 3.8 亿元。

（三）规模以上工业总产值

2012—2016 年亳州市规模以上工业总产值在泛长三角 41 市所占比重分别为 0.26%、0.29%、0.30%、0.34%和 0.35%，呈连续增加态势，2016 年较 2012 年增加了 0.09 个百分点，较上年增加了 0.01 个百分点。2016 年，亳州市规模以上工业总产值在泛长三角 41 市地方财政一般预算收入所占比重排第 38 位。

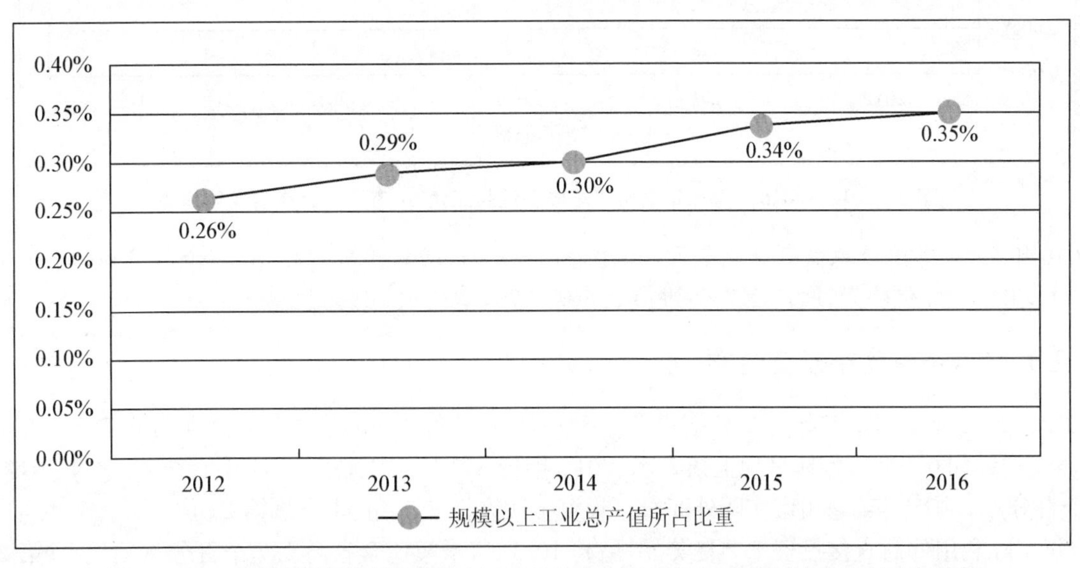

图 6　2012—2016 年亳州市规模以上工业总产值在泛长三角 41 市所占比重的变化趋势

2016 年，全市规模以上工业增加值 272 亿元，增长 10%，增幅比全省高 1.2 个百分点，增幅居全省第 2 位。31 个工业大类行业中有 28 个增加值增长，其中 16 个增速超过 10%。

2016 年 1—11 月，规模以上工业企业实现利润 54.6 亿元，增长 30.3%，增幅比全省高 15 个百分点，比 2015 年同期高 10.3 个百分点。

结构优化表现在战略性新兴产业和高新技术产业占比不断提高。战略性新兴产业实现产值 296.6 亿元，增长 17.3%，增速高于全市平均增速 1.9 个百分点，战略性新兴产业产值占比由 26.9%提高到 27.3%；高新技术企业实现工业增加值 89.4 亿元，增长 15.8%，高于全市平均增速 5.8 个百分点；高新技术产业增加值占比由上年的 30.5%提高到 32.9%。另外，2016 年，第三产业增加值占 GDP 比重为 41.6%，比上年提高 1.6 个百分点，高于第二产业 2.9 个百分点。

效益提升体现在：2016 年 1—11 月，全市规模工业实现主营业务收入 868.4 亿元，同比增长 14.1%；利润总额 54.6 亿元，同比增长 30.3%，高于 2015 年同期 10.3 个百分点；利税总额 83.5 亿元，同比增长 20.6%，高于 2015 年同期 4.6 个百分点。三项指标增速分别高于全省平均水平 6.3 个、15 个和 13 个百分点，企业经济效益明显提升。

（四）进出口总额

2012—2016 年亳州市进出口总额在泛长三角 41 市所占比重分别为 0.037%、0.031%、0.026%、0.036%和 0.039%，2016 年与 2012 年比增加了 0.002 个百分点。2015 年，亳州市进出口总额在泛长三角 41 市的排第 39 位，较上年上升了一位。

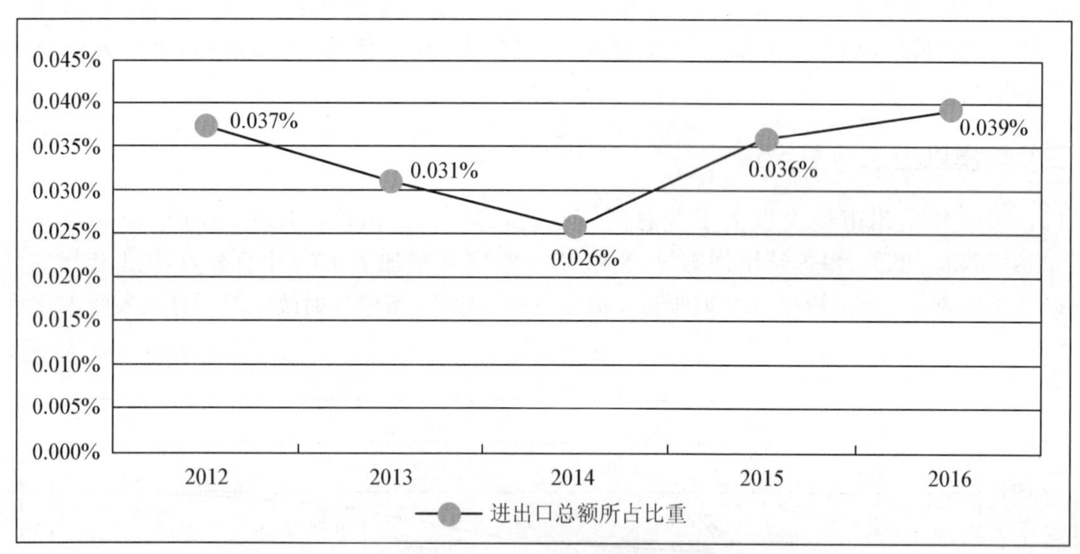

图 7　2012—2016 年亳州市进出口总额在泛长三角 41 市所占比重的变化趋势

2016 年，全年进出口总额 5.2 亿美元，同比增长 3.7%，增幅比全省高 10.9 个百分点，居全省第 5 位。其中，出口 4.6 亿美元，增长 2.6%；进口 0.6 亿美元，增长 13.6%。

（五）实际外商直接投资金额

2012—2016 年亳州市实际外商直接投资金额在泛长三角 41 市所占比重分别为 0.50%、0.63%、0.80%、0.89%和 0.94%，整体呈现上扬姿态，2016 年较 2012 年增加了 0.44 个百分点，较上年增加了 0.05 个百分点。2016 年，亳州市实际外商直接投资金额在泛长三角 41 市排第 24 位。

全年实际利用外商直接投资 7.2 亿美元，增长 10.1%，增幅比全省高 1.7 个百分点，居全省第 2 位。

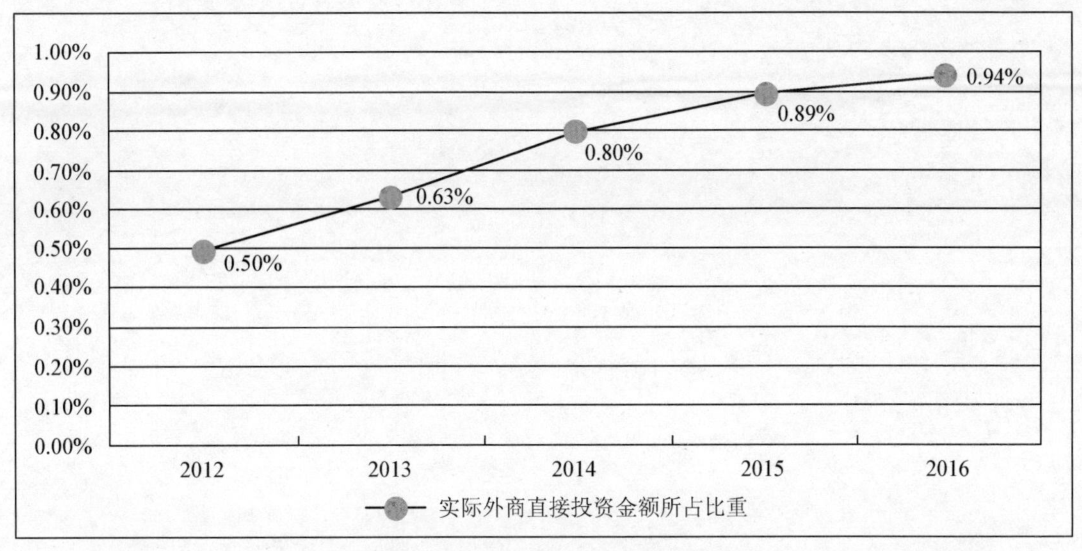

图 8　2012—2016 年亳州市实际外商直接投资金额在泛长三角 41 市所占比重的变化趋势

第四篇

长三角地区经济社会发展专题报告

第一章　长三角地区经济发展专题报告

一　长三角产业结构

一、长三角产业结构总体情况

2016年，长三角实现地区生产总值175634.07亿元，按当年价计算，比上年增长9.7%；占国内生产总值的比重为23.6%，比上年上升0.4个百分点。从三次产业情况看，第一产业实现增加值8719.55亿元，比上年增长4.0%；第二产业实现增加值74741.68亿元，增长5.7%；第三产业实现增加值92172.84亿元，增长13.7%。

2016年，长三角产业结构得到了进一步调整优化，三次产业结构调整为5.0∶42.6∶52.5。第一产业所占的比重比上年下降0.2个百分点，第二产业下降1.6个百分点，第三产业上升1.9个百分点。近几年，长三角地区第二产业比重在稳步下降，第三产业比重稳步上升。2016年，全国三次产业结构调整为8.6∶39.8∶51.6，长三角第一产业比重比全国平均水平低3.6个百分点，而长三角第二、三产业比重比全国平均水平分别高2.8个百分点和0.9个百分点。

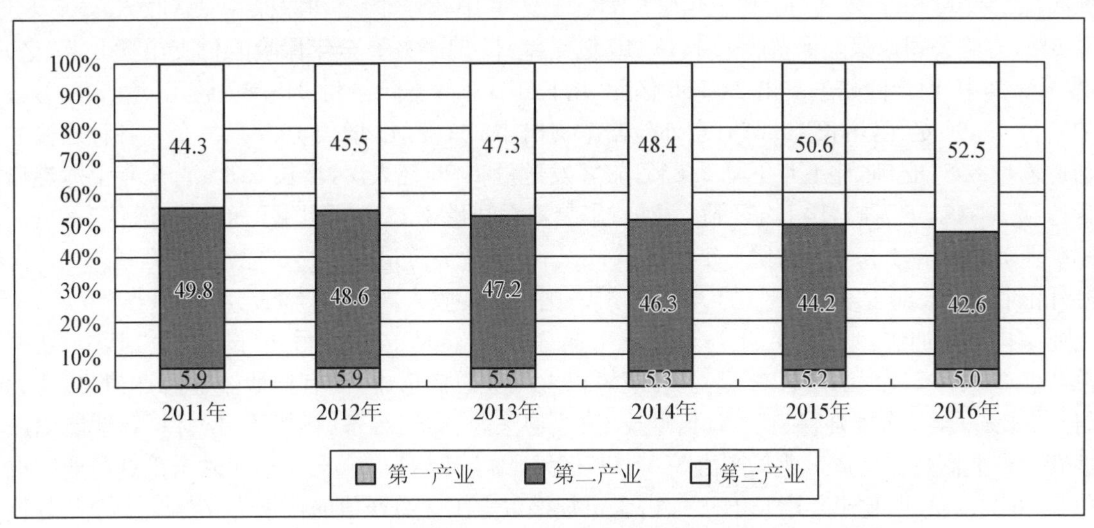

2011—2016年长三角地区产业结构情况

从与上海市比较来看，2016年上海市三次产业结构从上年的0.4∶31.8∶67.8调整为0.4∶29.8∶69.8。第一产业所占的比重低于长三角4.6个百分点，第二产业低于长三角12.7个百分点，第三产业高于长三角17.3个百分点。

从与江苏省比较来看，2016年江苏省三次产业结构从上年的5.7∶45.7∶48.6调整为5.4∶44.1∶50.5。第一产业所占的比重高于长三角0.4个百分点，第二产业高于长三角1.5个百分点，第三产业低于长三角1.9个百分点。

从与浙江省比较来看，2016年浙江省三次产业结构从上年的4.3∶45.9∶49.8调整为4.2∶44.9∶51.0。第一产业所占的比重低于长三角0.8个百分点，第二产业高于长三角2.3个百分点，第三产业低于长三角1.5个百分点。

从与安徽省比较来看，2016 年安徽省三次产业结构从上年的 11.2∶49.7∶39.1 调整为 10.6∶48.1∶41.3。第一产业所占的比重高于长三角 5.7 个百分点，第二产业高于长三角 5.5 个百分点，第三产业低于长三角 11.2 个百分点。

二、上海市产业结构发展现状分析

2016 年，上海市实现生产总值 28178.65 亿元，按可比价格计算，比上年增长 6.9%。其中，第一产业增加值 109.47 亿元，同比下降 6.6%；第二产业增加值 8406.28 亿元，增长 1.2%；第三产业增加值 19662.90 亿元，增长 9.6%。

第三产业引领发展。至 2016 年末，上海市各类金融单位达到 1473 家。其中，货币金融服务单位 622 家；资本市场服务单位 382 家；保险业单位 386 家。至年末，全市各类金融单位中，在沪经营性外资金融单位达到 242 家。全市中外资金融机构本外币各项存款余额 110510.96 亿元，比年初增加 6750.32 亿元；贷款余额 59982.25 亿元，比年初增加 6595.04 亿元。金融市场交易总额达到 1364.66 万亿元，比上年减少 6.7%。上海证券交易所总成交金额 283.87 万亿元，增长 6.6%，其中债券成交额 224.72 万亿元，增长 82.9%；股票成交金额 49.79 万亿元，减少 62.4%。全年通过上海证券市场股票筹资 8056.45 亿元，比上年减少 7.5%；发行公司债 25547.20 亿元，增长 46.7%。至年末，上海证券市场上市证券 9647 只，比上年末增加 3733 只，其中股票 1226 只，增加 101 只。上海期货交易所总成交金额 84.98 万亿元，增长 33.7%。中国金融期货交易所总成交金额 18.22 万亿元，减少 95.6%。银行间市场总成交金额 960.15 万亿元，增长 36.3%。上海黄金交易所总成交金额 17.44 万亿元，增长 61.7%。全年保险公司原保险保费收入 1529.26 亿元，比上年增长 35.9%。其中，财产险公司原保险保费收入 410.78 亿元，增长 6.5%；寿险公司原保险保费收入 1118.48 亿元，增长 51.3%。全年保险赔付支出 528.77 亿元，增长 11.7%。其中，财产险赔款支出 222.55 亿元，增长 16.3%；寿险给付 245.86 亿元，增长 7.2%；健康险赔款给付 49.96 亿元，增长 12.8%；意外险赔款支出 10.41 亿元，增长 19.8%。全年各种运输方式完成货物运输量 8.87 亿吨，比上年下降 2.8%；旅客发送量 1.96 亿人次，增长 5.3%。全年上海港口货物吞吐量达到 70176.56 万吨，比上年下降 2.2%；集装箱吞吐量 3713.31 万国际标准箱，增长 1.6%。全年完成邮政业务总量 564.25 亿元，比上年增长 46.3%；电信业务总量 1101.73 亿元，增长 41.2%。全年入境旅游外汇收入 65.30 亿美元，比上年增长 9.6%；国内旅游收入 3443.93 亿元，增长 14.6%。

工业结构调整加快。2016 年，上海市完成工业总产值 33079.72 亿元，增长 0.7%，其中，规模以上工业总产值 31082.72 亿元，增长 0.8%。在规模以上工业总产值中，国有控股企业总产值 11498.09 亿元，增长 1.3%。全年节能环保、新一代信息技术、生物医药、高端装备、新能源、新材料和新能源汽车等战略性新兴产业制造业完成工业总产值 8307.99 亿元，比上年增长 1.5%。全年六个重点行业完成工业总产值 21001.28 亿元，比上年增长 1.9%，占全市规模以上工业总产值的比重为 67.6%。全年规模以上工业产品销售率为 99.9%。全年原油加工量 2470.77 万吨，比上年下降 2.0%；工业机器人产量 2.91 万套，增长 24.4%；手机产量 4801.43 万台，下降 28.8%；汽车产量 260.77 万辆，增长 7.3%。全年规模以上工业企业实现利润总额 2898.52 亿元，比上年增长 8.1%，实现税金总额 1954.19 亿元，下降 1.9%。规模以上工业企业亏损面为 21.9%。

农业生产基本稳定。2016 年，上海市实现农业总产值 286.27 亿元，比上年下降 6.9%。其中，种植业 149.14 亿元，下降 4.2%；林业 13.27 亿元，增长 23.6%；牧业 60.71 亿元，下降 12.9%；渔业 52.57 亿元，下降 8.5%；农林牧渔服务业 10.59 亿元，下降 8.1%。上海域外市属农场实现农业总产值 32.16 亿元，增长 47.7%。全市农作物播种面积 29.63 万公顷，比上年减少 13.3%，其中，粮食播种面积 14.01 万公顷，减少 13.5%。粮食产量 99.55 万吨，比上年下降 11.2%；生牛奶产量 26.04 万吨，下降 6.0%；水产品产量 26.05 万吨，下降 10.7%。至年末，全市有 1670 家企业、7289 个产品获得“三品一标”农产品认证。其中，绿色食品证书使用企业 209 家，绿色食品 305 个；无公害农产品证书使用企业 1450 家，无公害农产品 6957 个。至年末，全市累计建成设施粮田面积 86.53 千公顷，市级蔬菜标准园 150 家，标准化畜禽养殖场 304 家，标准化水产养殖场 270 家。至年末，全市有农业产业化龙头企业 383 家，农民专业合作社 3202 家，经农业主管部门认定的粮食家庭农场 3990 个。

三、江苏省产业结构发展现状分析

2016 年，江苏省实现生产总值 76086.17 亿元，按可比价格计算，比上年增长 7.8%。其中，第一产业增加值 4077.18 亿元，比上年增长 0.7%；第二产业增加值 33550.54 亿元，增长 6.6%；第三产业增加值 38458.45 亿元，增长 9.7%。三次产业增加值比例调整为 5.4∶44.1∶50.5，实现第三产业首超半数比重。

工业运行保持稳定。规模以上工业增加值比上年增长 7.7%，其中轻工业增长 7.6%、重工业增长 7.6%。分经济类型看，国有工业增长 4.2%，集体工业增长 5.5%，股份制工业增长 9.3%，外商港澳台投资工业增长 5.3%。在规模以上工业中，国有控股工业增长 4.0%，私营工业增长 10.6%。规模以上工业企业实现主营业务收入 157640.23 亿元，比上年增长 7.5%；利润 10574.40 亿元，增长 10.0%。规模以上企业亏损面 11.3%，比上年末下降 1.9 个百分点。规模以上工业企业总资产贡献率、主营业务收入利润率和成本费用利润率分别为 15.4%、6.8% 和 7.1%。规模以上工业中，汽车制造业实现产值 7910.63 亿元，比上年增长 13.8%；医药制造业产值 3933.97 亿元，增长 11.3%；专用设备制造业产值 6470.63 亿元，增长 9.3%；电气机械及器材制造业产值 17420.15 亿元，增长 7.1%；通用设备制造业产值 9203.60 亿元，增长 4.3%；计算机、通信和其他电子设备制造业产值 19199.77 亿元，增长 1.6%。代表智能制造、新型材料、新型交通运输设备和高端电子信息产品的新产品产量实现较快增长。全年工业机器人产量增长 90.6%，服务器增长 50.2%，碳纤维增强复合材料增长 36.6%。

服务业发展水平稳步提升。完成旅客运输量、货物运输量分别为 13.46 亿人和 21.57 亿吨，分别比上年下降 12.6% 和增长 1.9%；旅客周转量、货物周转量分别为 1591.93 亿人千米和 8290.69 亿吨千米，分别增长 1.6% 和下降 6.7%；完成港口货物吞吐量 24.15 亿吨，增长 3.5%。邮政电信业务总量 3431.23 亿元，比上年增长 50.5%。其中，邮政业务总量 663.69 亿元，电信业务总量 2767.54 亿元，同比分别增长 28.6% 和 56.8%。金融机构本外币存款余额 125576.94 亿元，比年初增加 14247.08 亿元；金融机构本外币贷款余额 92957.02 亿元，比年初增加 11787.30 亿元。证券市场完成交易额 34.57 万亿元。分类型看，证券经营机构股票交易额 19.68 万亿元，下降 44.0%；期货经营机构代理交易额 14.89 万亿元，下降 51.3%。完成保费收入 2690.25 亿元，比上年增长 35.2%。其中，财产险收入 733.43 亿元，比上年增长 9.1%；寿险收入 1506.96 亿元，增长 39.0%。接待国内游客 6.78 亿人次，比上年增长 9.4%；国内旅游收入 9952.47 亿元，比上年增长 13.5%；海外旅游者人数 329.77 万人次，增长 8.1%；国际旅游外汇收入 38.04 亿美元，增长 7.8%。

农业产品产量下降，林牧渔业稳定发展，现代农业加快推进。受灾害天气影响，全年粮食总产量 3466.01 万吨，减产 95.33 万吨，减少 2.7%；夏粮 1216.53 万吨，减少 4.3%；秋粮 2249.48 万吨，减少 1.8%。全年粮食播种面积 543.27 万公顷，比上年增加 0.81 万公顷；棉花面积 6.34 万公顷，减少 3.09 万公顷；油料面积 43.86 万公顷，减少 3.68 万公顷；蔬菜面积 143.04 万公顷，减少 0.10 万公顷。全年造林面积 2.72 万公顷，比上年下降 36.1%。全年猪牛羊禽肉产量 355.63 万吨，比上年下降 3.7%；禽蛋总产量 201.15 万吨，增长 1.2%；牛奶总产量 59.01 万吨，下降 1.0%；水产品总产量 523.15 万吨，增长 0.2%，其中淡水产品 373.43 万吨，海水产品 149.72 万吨，分别增长 0.2% 和 0.3%。高标准农田比重达到 56%，农业科技进步贡献率提高到 67%，家庭农场、农民合作社分别达到 3.4 万家和 7.4 万个，农村产权交易市场建设进展顺利。全省有效灌溉面积达 405.41 万公顷，新增有效灌溉面积 10.16 万公顷，新增节水灌溉面积 8.65 万公顷；新增设施农业面积 3.40 万公顷；年末农业机械总动力 4906.55 万千瓦，比上年增长 1.7%。

四、浙江省产业结构发展现状分析

2016 年，浙江省实现生产总值为 47251.36 亿元，按可比价格计算，比上年增长 7.6%。其中，第一产业增加值 1965.18 亿元，比上年增长 2.7%；第二产业增加值 21194.61 亿元，增长 5.7%；第三产业增加值 24091.57 亿元，增长 9.7%。

工业生产和利润保持平稳增长。规模以上工业总产值 68953.40 亿元，比上年增长 3.2%；完成出口交货值 11540.13 亿元，增长 0.9%；实现利润 4469.42 亿元，增长 16.4%。其中，国有规模以上工业实现利润 101.62 亿元，比上年增长 29.9%；私营规模以上工业实现利润 1458.24 亿元，增长 6.7%。规模以上工业中，汽车制造业实现产值 4588.32 亿元，比上年增长 24.6%；医药制造业产值 1395.07 亿元，增长 9.0%；专用设备制造业产值 1701.80 亿元，增长 3.1%；通用设备制造业产值 4379.90 亿元，增长 2.1%；计算机、通信和其他电子设备制造业产值 3291.87 亿元，增长 13.7%。规模以上工业中，高新技术产业增加值增长 10.1%，占规模以上工业的 40.1%，对规模以上工业增长贡献率为 68.5%；装备制造业增加值增长 10.9%，占规模以上工业的 38.8%；战略性新兴产业增加值增长 8.6%，占规模以上工业的 22.9%。在规模以上工业中，健康产品制造、节能环保产业增加值分别增长 8.9%、7.4%；新一代信息技术和物联网、海洋新兴产业、生物产业、核电关联产业增加值分别增长 21.2%、16.0%、8.3%和 7.9%。规模以上工业新产品产值率 34.3%，比上年提高 2.3 个百分点。

服务业增长较快。完成旅客运输量、货物运输量分别为 10.74 亿人和 21.50 亿吨，分别比上年下降 5.2%和增长 7.1%；旅客周转量、货物周转量分别为 1074.99 亿人千米和 9788.76 亿吨千米，分别下降 1.6%和 0.8%。完成港口货物吞吐量 14.09 亿吨，增长 2.0%。实现邮电业务总量 3715.39 亿元，比上年增长 55.3%。金融机构本外币各项存款余额 99530.29 亿元，比上年末增长 10.2%，其中人民币存款余额增长 10.3%；金融机构本外币各项贷款余额 81804.50 亿元，比上年末增长 7.0%，其中人民币贷款余额增长 7.9%。保险业实现保费收入 1527.32 亿元，比上年增长 6.4%。其中，财产险保费收入 569.35 亿元，比上年下降 12.0%；寿险保费收入 713.95 亿元，比上年增长 12.9%。接待国内旅游者 5.73 亿人次，比上年增长 9.1%；实现国内旅游总收入 7600.00 亿元，比上年增长 13.1%。接待入境旅游者 1120.30 万人次，比上年增长 10.7%；实现旅游外汇收入 74.31 亿美元，比上年增长 9.5%。

农业平稳发展。粮食播种面积为 1255.46 千公顷，比上年下降 1.8%；粮食单产和总产量分别为 5991 千克/公顷和 752.17 万吨，基本与去年持平。油料播种面积 141.11 千公顷，比上年下降 3.4%；蔬菜 633.21 千公顷，增长 2.4%；棉花 11.24 千公顷，减少 18.4%。生猪年末存栏 573.83 万头，年内出栏 1169.24 万头，分别比上年减少 21.4%和 11.1%；猪、牛、羊肉产量 93.92 万吨，比上年减少 11.7%。水产品总产量 630.95 万吨，比上年增长 4.8%。其中，海水产品产量 448.83 万吨，比上年下降 8.6%；淡水产品产量 114.28 万吨，增长 3.1%；远洋渔业产量 67.83 万吨，增长 10.9%。新建粮食生产功能区 1245 个，面积 5.60 万公顷，累计建成粮食生产功能区 9131 个，总面积 50.67 万公顷。全省累计建成现代农业园区 818 个，总面积 34.40 万公顷；其中，现代农业综合区 107 个，主导产业示范区 200 个，特色农业精品园 511 个。全省已有农业龙头企业 7600 家，销售收入 3500 多亿元。全年新增土地流转面积 3.34 万公顷，土地流转总量 67 万公顷，占承包耕地面积比重 53.0%。

五、安徽省产业结构发展现状分析

2016 年，安徽省实现生产总值 24117.89 亿元，按可比价格计算，比上年增长 8.7%。其中，第一产业增加值 2567.72 亿元，比上年增长 2.7%；第二产业增加值 11590.25 亿元，增长 8.0%；第三产业增加值 9959.92 亿元，增长 11.3%。

工业生产和利润保持平稳增长。2016 年，安徽省规模以上工业实现增加值 9724.93 亿元，增长 8.8%，增幅比上年分别提高 0.2 个百分点，比全国高 2.8 个百分点。制造业增加值 8974.40 亿元，增长

9.0%，比全部工业高0.2个百分点，比上半年高0.3个百分点。其中，计算机通信和其他电子设备制造业、电气机械和器材制造业、汽车制造业、有色金属冶炼和压延加工业、化学原料和化学制品制造业增加值分别增长21.6%、9.1%、18.0%、20.8%和12.0%，五个行业对全部规模以上工业增长的贡献率由上半年的46.1%提高到52.4%。高技术产业增加值960.80亿元，增长19.7%，增幅比全部规模以上工业高10.9个百分点，比上半年高3.4个百分点；高新技术产业增加值4011.70亿元，增长16.7%，比全部规模以上工业高7.9个百分点；战略性新兴产业产值10161.30亿元，增长16.4%，产值占比为23.3%，比上年提高1.4个百分点。规模以上工业企业实现利润2242.26亿元，增长12.3%，增幅比上年上升8.1个百分点，比全国高3.8个百分点，居全国第8、中部第1位。39个大类工业行业中，有2个行业扭亏为盈、21个行业利润实现增长，其中增幅在20%以上的有5个行业，50%以上的有3个行业。电气机械和器材制造业、非金属矿物制品业、化学原料和化学制品制造业、计算机通信和其他电子设备制造业、汽车制造业、农副食品加工业、电力热力生产和供应业、通用设备制造业、橡胶和塑料制品业、专用设备制造业、酒饮料和精制茶制造业、金属制品业、黑色金属冶炼和压延加工业、医药制造业等14个利润超50亿元的行业，合计实现利润1750.41亿元，占全部工业的78.1%。安徽省19382户规模以上工业企业中，亏损企业1420户，由上年增加13.5%转为减少2.7%，亏损面为由8.5%下降到7.3%。亏损企业亏损额由上年增长28.7%转为下降62.5%。

服务业发展势头日趋增强。2016年，安徽省完成旅客运输量、货物运输量分别为8.14亿人和36.45亿吨，比上年分别下降6.5%和增长5.4%；旅客周转量、货物周转量分别为1231.40亿人千米和10883.24亿吨千米，比上年分别下降2.1%和增长4.6%。完成港口货物吞吐量5.19亿吨，比上年增长8.1%；集装箱吞吐量114.75万标准箱，增长20.0%。实现邮电业务总量1152.78亿元，比上年增长55.8%。其中，邮政业务总量53.54亿元，比上年增长29.9%；电信业务总量1099.24亿元，增长57.3%。金融机构本外币各项存款余额41324.33亿元，比上年末增长18.7%，其中住户存款余额18957.09亿元，比上年增长11.0%；金融机构本外币各项贷款余额30774.51亿元，比上年末增长17.7%，其中住户贷款余额10483.24亿元，增长29.2%。保险业实现保费收入876.10亿元，比上年增长25.4%。其中，财产险保费收入312.79亿元，比上年增长7.8%；寿险保费收入440.36亿元，比上年增长24.5%。实现国内旅游总收入4763.60亿元，比上年增长19.7%；接待国内旅游者5.22亿人次，增长17.6%。接待入境旅游者485.35万人次，增长9.2%，其中外国人282.91万人次，增长9.2%；实现旅游外汇收入25.42亿美元，比上年增长12.4%。

农业平稳发展。2016年，安徽省农作物播种面积8893.61千公顷，比上年减少56.85千公顷；粮食作物种植面积6644.50千公顷，比上年扩大11.60千公顷。油料种植面积731.13千公顷，减少40.97千公顷；棉花种植面积183.44千公顷，减少49.06千公顷；蔬菜种植面积920.25千公顷，扩大20.44千公顷。全年粮食产量3417.40万吨，比上年减产120.72万吨，减少3.4%；油料产量214.83万吨，下降5.7%；棉花产量18.46万吨，下降21.0%。年末生猪存栏1468.59万头，比上年下降4.6%；全年生猪出栏2874.93万头，下降3.5%。肉类总产量411.39万吨，下降1.9%，其中猪牛羊肉产量278.69万吨，下降4.5%。禽蛋产量139.55万吨，增长3.6%；牛奶产量32.68万吨，增长6.7%；淡水产品产量235.80万吨，增长2.3%。全年植树造林123.13千公顷，比上年减少4.1%。年末全省农业机械总动力6867.50万千瓦，比上年增长4.4%。有效灌溉面积4437.46千公顷，新增37.12千公顷；新增节水灌溉面积48.90千公顷。

二 长三角财政

一、长三角财政总体情况

近几年,长三角一般预算收入稳步提升。2016 年,长三角地区一般预算收入为 24202.49 亿元,比上年增长 8.2%,增幅比上年回落 4.3 个百分点。江苏省一般预算收入在长三角中占比最高,为 33.6%,比上年下降 2.3 个百分点;上海市所占比重为 26.5%,上升 1.8 个百分点;浙江省所占比重为 21.9%,上升 0.4 个百分点;安徽省所占比重为 18.1%,上升 0.2 个百分点。

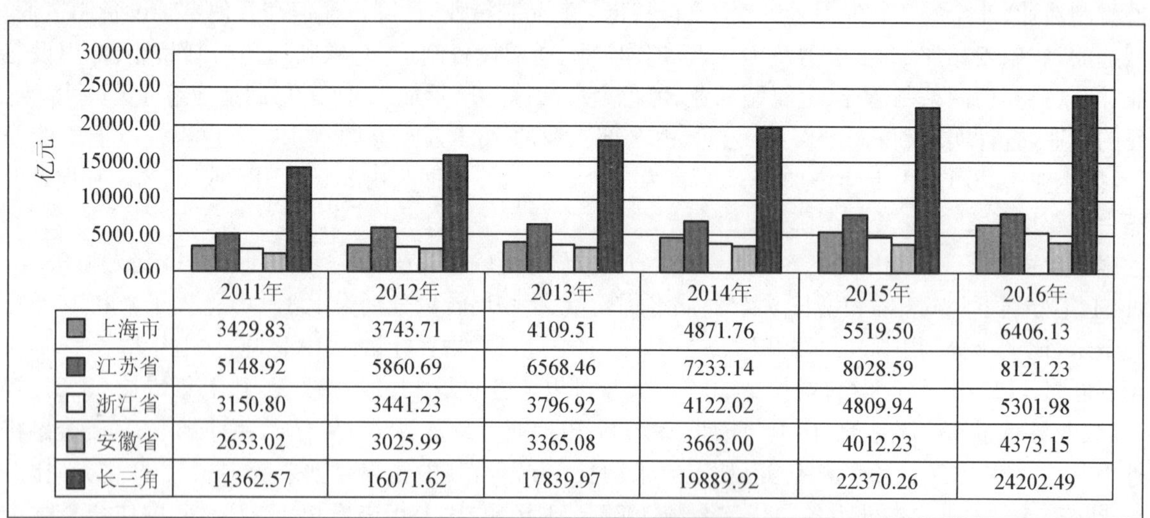

	2011年	2012年	2013年	2014年	2015年	2016年
上海市	3429.83	3743.71	4109.51	4871.76	5519.50	6406.13
江苏省	5148.92	5860.69	6568.46	7233.14	8028.59	8121.23
浙江省	3150.80	3441.23	3796.92	4122.02	4809.94	5301.98
安徽省	2633.02	3025.99	3365.08	3663.00	4012.23	4373.15
长三角	14362.57	16071.62	17839.97	19889.92	22370.26	24202.49

2011—2016 年长三角地方一般预算收入图及附表(单位:亿元)

近几年,长三角一般预算支出稳步增长。2016 年,长三角地区一般预算支出为 29398.10 亿元,比上年增长 5.9%,增幅比上年回落 12.4 个百分点。江苏省一般预算支出在长三角中占比最高,为 34.0%,比上年下降 0.9 个百分点;浙江省所占比重为 23.7%,下降 0.2 个百分点;上海市所占比重为 23.5%,上升 1.2 个百分点;安徽省所占比重为 18.8%,下降 0.1 个百分点。

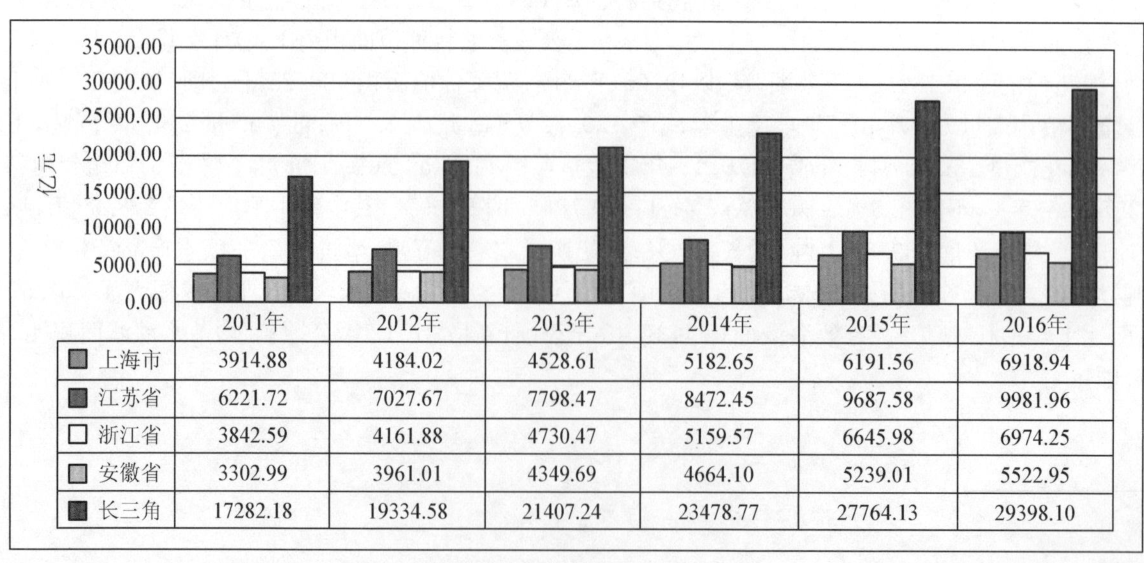

	2011年	2012年	2013年	2014年	2015年	2016年
上海市	3914.88	4184.02	4528.61	5182.65	6191.56	6918.94
江苏省	6221.72	7027.67	7798.47	8472.45	9687.58	9981.96
浙江省	3842.59	4161.88	4730.47	5159.57	6645.98	6974.25
安徽省	3302.99	3961.01	4349.69	4664.10	5239.01	5522.95
长三角	17282.18	19334.58	21407.24	23478.77	27764.13	29398.10

2011—2016 年长三角地方一般预算支出图及附表(单位:亿元)

二、上海市财政

（一）上海市地方财政一般预算收支执行情况

2016 年，上海全市一般公共预算收入 6406.13 亿元，为预算的 108.5%，比 2015 年（下同）增长 16.1%。加上中央财政税收返还和补助收入 689.9 亿元，上年结转收入、调入资金、动用预算稳定调节基金等 762.1 亿元，以及本市地方政府一般债务收入 1033.0 亿元，收入总量为 8891.13 亿元。全市一般公共预算支出 6918.94 亿元，完成调整预算的 99.8%，增长 11.7%。加上上解中央财政支出 186.8 亿元、地方政府一般债务还本支出 862.3 亿元、补充预算稳定调节基金 731.4 亿元、结转下年支出 191.7 亿元，支出总量为 8891.14 亿元。全市一般公共预算收支决算平衡。

2016 年，上海市本级一般公共预算收入 3125.4 亿元，为预算的 104.1%，增长 11.4%。加上中央财政税收返还和补助收入 689.9 亿元、上年结转收入 45.0 亿元、区级上解收入 129.7 亿元、调入资金 81.8 亿元、动用预算稳定调节基金 135.0 亿元、地方政府一般债务收入 1033.0 亿元，收入总量为 5239.8 亿元。与向市十四届人大五次会议报告的执行数相比，市本级一般公共预算收入增加 2.4 亿元，主要是中央与本市两级财政最终结算后中央财政补助收入增加。市本级一般公共预算支出 2380.2 亿元，完成调整预算的 99.0%，增长 2.0%。加上上解中央财政支出 186.8 亿元、市对区税收返还和转移支付支出 1351.0 亿元、地方政府一般债务还本支出 205.0 亿元、地方政府一般债务转贷支出 863.0 亿元、补充预算稳定调节基金 206.5 亿元、结转下年支出 47.3 亿元，支出总量为 5239.8 亿元。与向市十四届人大五次会议报告的执行数相比，市本级一般公共预算支出增加 2.4 亿元，主要是最终结算后增加的中央财政补助收入全部结转下年支出。市本级一般公共预算收支决算平衡。

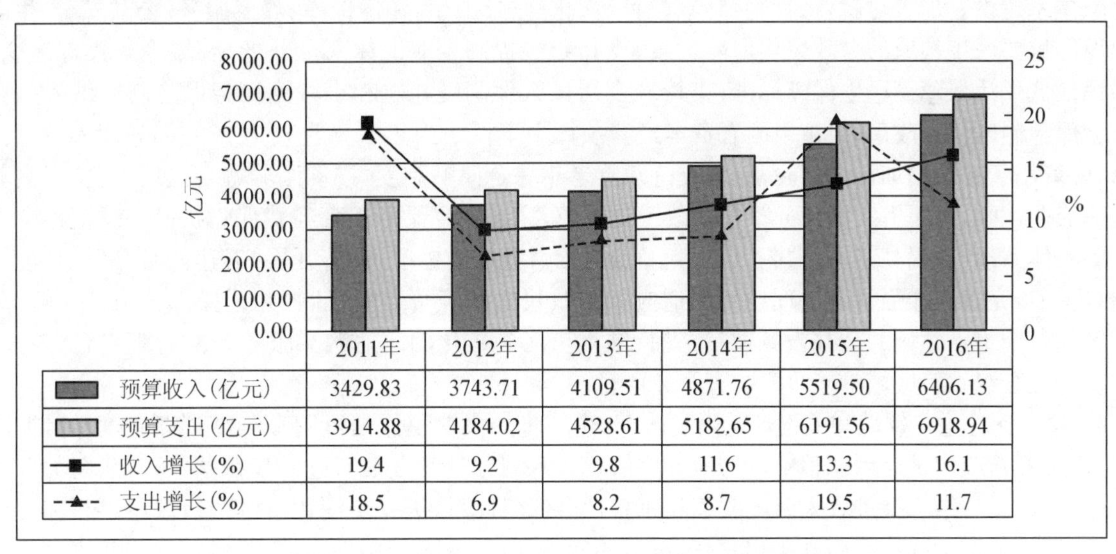

	2011年	2012年	2013年	2014年	2015年	2016年
预算收入(亿元)	3429.83	3743.71	4109.51	4871.76	5519.50	6406.13
预算支出(亿元)	3914.88	4184.02	4528.61	5182.65	6191.56	6918.94
收入增长(%)	19.4	9.2	9.8	11.6	13.3	16.1
支出增长(%)	18.5	6.9	8.2	8.7	19.5	11.7

2011—2016 年上海市地方财政一般预算收支趋势图

（二）上海财政预算执行与工作特点

1. 着力加大“减税降费”政策实施力度，进一步降低实体经济企业成本。全面推开“营改增”试点，实现增值税对货物和服务全覆盖，并及时解决改革中遇到的各种行业性、整体性政策问题，结构性减税效应进一步扩大；取消、调整 5 项行政事业性收费，并将教育费附加、地方教育附加等两项政府性基金的免征范围从月销售额或营业额不超过 3 万元的缴纳义务人扩大到不超过 10 万元的缴纳义务人；将原由行政审批部门组织实施但实际由行政审批申请人付费的 50 项评估评审费用，以及原由“上海国际贸易单一窗口"协作运维商在进出口企业申报环节收取的相关费用,统一调整为由公共财政承担;继续对在上海港港区内海关查验没有问题的进出口集装箱(重箱)货物(固体废物除外),免除企业缴纳的查验作业服务费;将养老、医疗和失业保险三个险种的总体费率降低 2.5 个百分点,有效减轻社会保险费的单位缴费负担;设立总量规模为 50 亿元的中小微企业政策性融资担保基金,完善科技型中小企业和小微企业信贷风险补偿办法、小微企业信贷奖励考核办法,着力优化中小微企业的融资环境;支持推进以"证照分离"改革试点、扩大高校和科研院所自主权、社会信用体系建设、创新公共服务提供方式为重点的"放管服"改革,着力降低制度性交易成本。

2. 着力深化财政投入方式改革创新,进一步加大对上海"科创中心"和现代新型产业体系建设的聚焦支持力度。认真落实国家"张江综合性国家科学中心建设方案""上海系统推进全面创新改革实验方案"和本市促进科创中心建设"22 条"中明确的各项财税政策措施,出台《本市加强财政科技投入联动与统筹管理实施方案》,将市级财政的各类科技投入专项优化整合为基础前沿、科技创新支撑、技术创新引导、科技人才与环境和市级科技重大专项等五大类,着力深化财政科技投入机制改革;扩大创业投资引导基金总量规模,设立总量为 300 亿元的集成电路产业投资基金,并制定《关于进一步加强本市政府投资基金运作与管理的指导意见》,实施新修订的《上海市科研计划专项经费管理办法》,完善天使投资风险补偿机制,建立知识产权运营基金,推进实施股权激励递延纳税政策;出台新一轮"张江""紫竹""杨浦""临港" 等财政专项资金使用和管理办法,着力发挥财政专项资金的示范、引导作用;修订完善《上海市产业结构调整专项补助办法》,鼓励、引导和支持加快落后低效工业集聚区域成片调整;着力从财政政策上优化新能源汽车使用环境,鼓励购买新能源汽车;推动全球首个国际金融组织人民币主权贷款项目落户上海,促进现代绿色产业园建设。

3. 着力优化财政支出结构,进一步支持以完善基本公共服务、收入分配和创新社会治理为重点的民生保障体系建设。加大对就业、社会保障、教育、文化、医疗卫生、住房保障、养老服务、公共安全、生态文明建设等重要民生领域的财政聚焦保障力度,支持稳步提高企业退休人员养老金、城乡居民养老金、城乡居民最低生活保障等民生保障标准;支持城乡居民医保制度并轨和小城镇社会保险制度纳入国家基本社会保险制度体系改革;将市级国有资本经营预算中不低于当年预算收入 19%的部分调入一般公共预算,统筹用于补充增加社会保险基金;支持建立老年综合津贴制度,推动医养融合发展;支持提高养护行业一线职工收入水平;实施义务教育绩效工资改革,完善城乡义务教育经费保障机制;支持公共文化、体育服务体系建设,提高基本公共卫生服务经费人均财政补助标准;支持开展"五违四必"区域环境综合整治;进一步完善与加强社会治理创新相适应的财政投入和经费保障机制,并选择部分预算主管部门、部分区和若干重点领域的公共服务项目,先行纳入市区一体化的政府购买服务公共管理平台,鼓励、引导和支持社会组织跨区域承接政府购买服务项目。

4. 着力深化重点领域和关键环节财税改革,进一步加大财税体制机制和制度创新力度。贯彻国务院《全面推开营改增试点后调整中央与地方增值税收入划分过渡方案》,进一步在基数核定、财力分享等方面向区级倾斜;结合推进收入分配改革和完善社会保障体系,进一步深化市区两级政府事权和支出责任划分改革,适度加强市级财政支出责任;编制本市 2016—2018 年中期财政规划,加强与年度预算的有机衔接;将政府住房基金、无线电频率占用费等两项政府性基金转列一般公共预算,将原作为经营性收费的排水费统一调整为污水处理费并纳入本市政府性基金预算管理;制定和实施《关于进一步完善本市公务卡制度切实减少现金使用的实施意见》《上海市公务卡制度执行和现金使用情况考核问责暂行办法》,将本市所有行政事业单位的各类资金全部纳入规范管理范围;将权责发生制政府综合财务报告的试编范围扩大到全市所有乡镇,实现市、区、乡镇三级政府全覆盖;依托上海自贸试验区金融创新平台,面向开立自由贸易等账户的区内及境外机构投资者发行全国首单地方政府债券,并首次通过财政部上交所政府债券发行系统发行本市地方政府债券,为下一步全面深化我国地方政府债券发行机制改革提供了可复制、可推广的经验;进一步扩大地方政府债务置换规模,加大存量债务置换力度,加快构建"借、

用、还”相统一的地方政府债务管理体系，政府债务率保持在合理范围内，风险总体可控(截至2016年底，本市地方政府债务余额4485.5亿元，其中：市本级1056.3亿元、区级3429.2亿元。按审计口径计算的2016年年末债务率为38.8%)；着力深化推进境外旅客购物离境退税改革试点，取得了比较明显的成效。

5. 着力加强财政科学化、规范化管理，进一步推进财政监管体系建设。健全完善预算支出执行管理的通报和考核机制，加大财政存量资金盘活力度；制定和实施《关于加快推进市本级项目支出定额标准体系建设的实施意见》，进一步扩大预算评审范围，加大对文化、环保等重点领域和市级重点园区财政投入使用情况的监督检查力度；实现重点支出项目绩效目标管理全覆盖，加大对预算主管部门的整体支出、专项资金和重要民生领域支出项目的绩效评价力度，建立以社会满意度为导向的政府购买社会组织服务项目绩效评价指标体系；全面启动对市级行政事业单位所办企业的清理规范工作；将政府预决算和部门预决算中的一般公共预算基本支出按经济分类全面细化公开到“款”级科目；市对区税收返还和一般性转移支付分区公开，专项转移支付分区、分项目公开，并全面公开政府举借债务情况；部门预算按基本支出和项目支出分类公开，并将部门决算公开范围从预算主管部门延伸到其所属预算单位；增加公开2015年度支持中小企业等政府采购政策的落实情况。

2016年，上海市财政运行总体平稳，财政改革发展取得了新进展，预算完成情况总体较好。但在财政运行和财政改革发展方面仍面临一些突出问题与困难。主要表现在：一是财政收入、支出结构有待进一步优化完善，财政可持续发展能力有待进一步增强；二是政府间事权和支出责任划分还不同程度存在不清晰、不合理等方面的问题，与实现国家治理体系和治理能力现代化的目标要求不相适应；三是与加快推进上海“科创中心”“四个中心”建设和提升全球城市功能相适应的财税政策体系有待进一步完善，财政支持方式改革有待进一步深化；四是中期财政规划的内容还有待进一步细化充实，与五年规划、三年行动计划和宏观经济政策的衔接还不够紧密；五是部分行政事业单位资产管理意识有待进一步增强，资产管理与预算管理有机结合的机制有待进一步健全。对此，应采取更加有效的措施，努力加以解决。

三、江苏省财政

(一) 江苏省地方财政一般预算收支执行情况

2016年，江苏省一般公共预算收入8121.23亿元，比上年增加92.64亿元，同口径增长5.0%；一般公共预算支出9981.96亿元，增加294.38亿元，增长3.0%。按照当年财政体制计算，一般公共预算收

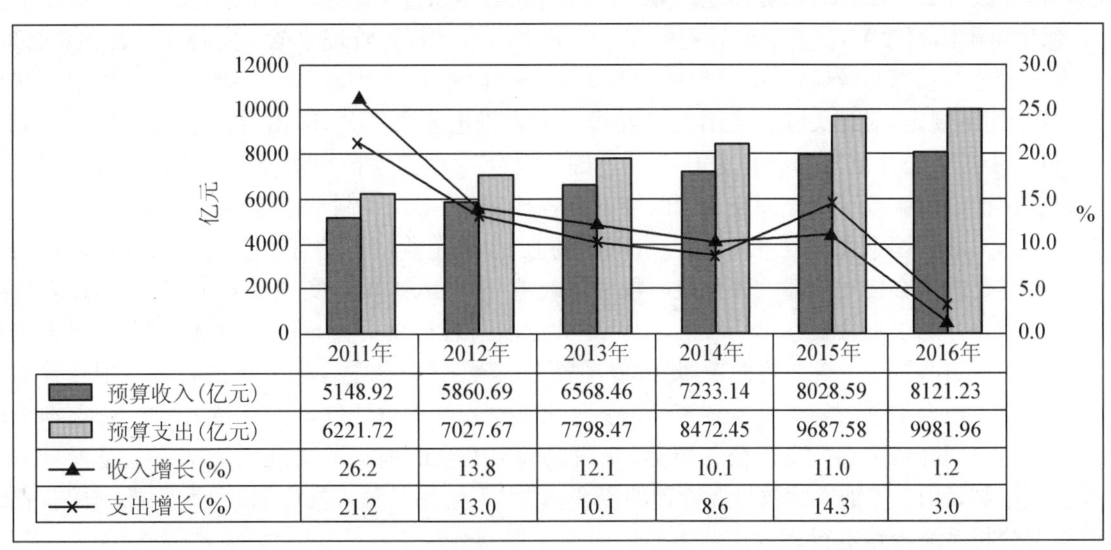

	2011年	2012年	2013年	2014年	2015年	2016年
预算收入(亿元)	5148.92	5860.69	6568.46	7233.14	8028.59	8121.23
预算支出(亿元)	6221.72	7027.67	7798.47	8472.45	9687.58	9981.96
收入增长(%)	26.2	13.8	12.1	10.1	11.0	1.2
支出增长(%)	21.2	13.0	10.1	8.6	14.3	3.0

2011—2016年江苏省地方财政一般预算收支趋势图

入总来源 13735.84 亿元，减去一般公共预算支出、上解中央支出、地方政府一般债务还本支出、安排预算稳定调节基金等，结转下年支出 769.01 亿元。

2016 年，江苏省级一般公共预算收入 647.33 亿元，同口径增长 11.1%。省级一般公共预算收入总来源 6114.15 亿元，其中：本级一般公共预算收入 647.33 亿元、中央税收返还及补助收入 1614.90 亿元、市县上解收入 1300.34 亿元、地方政府一般债务收入 2330.24 亿元、上年结转 65.58 亿元、调入资金 155.66 亿元、接受其他地区援助收入 0.10 亿元。省级一般公共预算支出 1824.85 亿元(其中：本级支出 966.00 亿元、对市县专项补助支出 858.85 亿元)，同口径增长 3.2%。省级一般公共预算总支出 6038.95 亿元，其中：本级一般公共预算支出 966.00 亿元、上解中央支出 210.34 亿元、对市县税收返还及补助支出 2328.45 亿元、地方政府一般债务转贷支出 2031.75 亿元、地方政府债务还本支出 222.79 亿元、安排预算稳定调节基金 279.62 亿元。收支相抵，结转下年 75.20 亿元。

(二) 江苏省财政预算执行与工作特点

1. 支持供给侧改革和创新驱动发展，努力推动经济平稳增长。一是推动“去产能”。支持煤炭、钢铁、水泥等行业化解过剩产能，妥善安置分流职工。二是着力“降成本”。通过落实国家和省减税降费政策、降低企业社保费率等措施，全年减轻企业负担 1070 亿元。三是促进“去杠杆”。发行政府债券 4512 亿元，2016 年到期政府债务全部置换为政府债券，年均节省利息支出 150 多亿元。四是致力“补短板”。认真落实积极的财政政策，加大对基本公共服务、关键共性技术研究、基础设施薄弱环节、生态环境、扶贫等方面的财政投入力度。五是聚力“促创新”。对苏南国家自主创新示范区及省产业技术研究院、无锡超级计算机中心等引领性重大科技项目给予重点支持，出台落实产业科技创新中心和创新型省份建设财政政策。

2. 着力保障和改善民生，推动区域协调发展。改善民生十件实事全面完成，全省一般公共预算支出 75%以上用于民生，省级财政民生支出比重达 80%。全省各级各类教育全覆盖的经费保障机制和家庭经济困难学生资助体系已基本建立。保障支持教育综合改革和深化医疗卫生体制改革。实施促进就业和支持创业并举的财政政策，有效促进就业增长。促进社会保障体系建设，医保、养老等各项提标、提档、提补政策全面落实到位。出台与污染物排放总量挂钩的财政政策，支持大气、水、土壤污染治理和城乡环境综合整治，改善人民生活环境。加大转移支付力度，促进苏北振兴、苏中崛起和苏南提升的财政政策进一步完善。发起设立多支综合区域性基金和产业基金，重点支持中哈(连云港)物流合作基地、中韩(盐城)产业园、南京江北新区、徐州老工业基地等重大载体建设。

3. 深化财税体制改革，提升财政管理效能。一是加快推进预算管理改革。完善全口径预算管理，进一步加大一般公共预算与政府性基金预算、国有资本经营预算统筹力度，取消一般公共预算中一些以收定支、专款专用的规定，对相关领域支出统筹安排。大力推进预决算公开，出台地方预决算信息公开管理办法，进一步扩大公开范围和细化公开内容。健全跨年度预算平衡机制，继续探索中期财政规划管理。二是有序推进税制改革。全面完成营改增试点各项工作，实现税制平稳转换，减税面 98%以上。资源税改革全面实施。国家促进经济转型升级、创新创业、小微企业发展的各项税收优惠政策得到切实落实。三是提高财政资金使用效益。深化政府投融资改革，PPP 入库项目实现市县全覆盖，通过发挥财政资金撬动作用累计吸引社会资本 1896 亿元。全年共盘活财政存量资金超过 1500 亿元安排重大项目和民生支出。加大财政资金分配制度改革，扩大专项资金因素法分配试点，约 50%的省级专项转移支付实行因素法分配。出台加强省级涉企专项资金管理意见，改革对竞争性领域的支持方式。对省本级国库现金和财政专户间隙资金存放实行公开招标，在确保资金安全的前提下实现保值增值。完善全过程预算绩效管理机制，2016 年纳入绩效目标管理的资金达 3127 亿元。深入推广财政“大监督”机制，省级财政监督综合分析系统上线运行。

2016 年，江苏省各项财政改革稳步推进，财政运行规范有序，预算完成情况总体较好。但财政运行和预算执行中还存在一些亟待进一步研究解决的问题，主要是：受营改增和增值税收入划分改革等因素影响，财政收入增速回落与财政支出刚性增长矛盾突出，财政收支平衡压力加大；财政事权与支出责任划分等改革推进难度加大；个别地方政府债务风险不容忽视；财政资金全过程监督还存在薄弱环节等。对此，应通过深化改革与加强管理，努力加以解决。

四、浙江省财政

（一）浙江省地方财政一般预算收支执行情况

2016 年，浙江省一般公共预算收入 5301.98 亿元，比向省十二届人大五次会议报告的执行数（以下简称"执行数"）增加 0.17 亿元，主要是清理期财政部增加分配的跨地区企业所得税，为调整后预算的 102.6%，可比增长 9.8%；加上转移性收入 4105.17 亿元，收入合计 9407.15 亿元。全省一般公共预算支出 6974.25 亿元，比执行数减少 2.08 亿元，主要是清理期金华市等地支出调减，完成调整后预算的 105.3%，可比增长 10.0%；加上转移性支出 2432.90 亿元，支出合计 9407.15 亿元。收支相抵，全省一般公共预算收支平衡。

2016 年，浙江省级一般公共预算收入 347.90 亿元，比执行数增加 0.13 亿元，主要是清理期财政部增加分配的跨地区企业所得税，为调整后预算的 93.0%，增长 5.6%。收入未完成年初预算，主要是金融业受"营改增"政策性减税和体制减收效应影响，营业税及改征增值税收入减少。加上转移性收入 3889.51 亿元，收入合计 4237.41 亿元。省级一般公共预算支出 509.53 亿元，同口径完成预算 100.1%，可比增长 5.8%。加上转移性支出 3727.88 亿元，支出合计 4237.41 亿元。收支相抵，省级一般公共预算收支平衡。

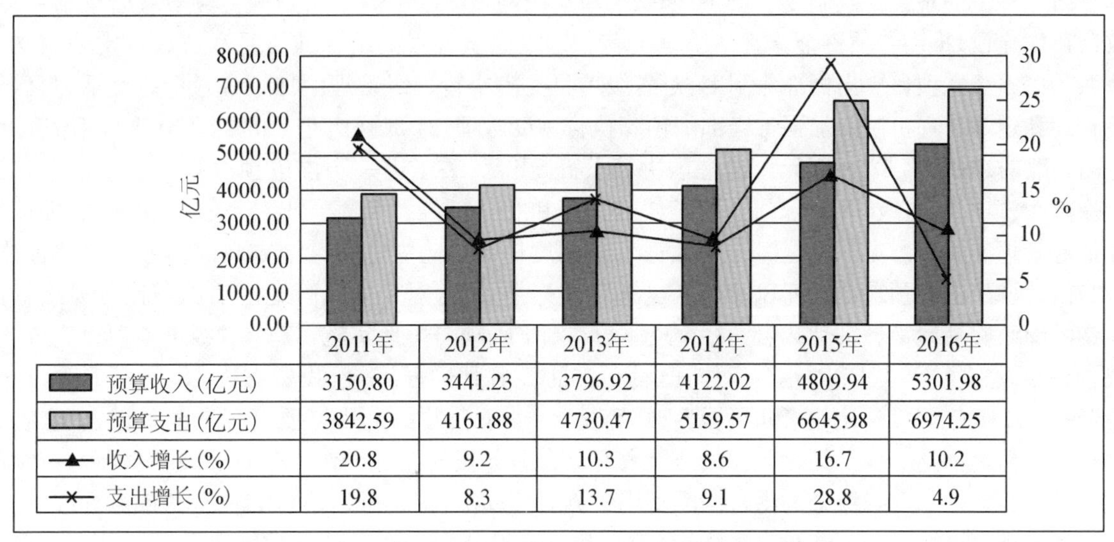

	2011年	2012年	2013年	2014年	2015年	2016年
预算收入（亿元）	3150.80	3441.23	3796.92	4122.02	4809.94	5301.98
预算支出（亿元）	3842.59	4161.88	4730.47	5159.57	6645.98	6974.25
收入增长（%）	20.8	9.2	10.3	8.6	16.7	10.2
支出增长（%）	19.8	8.3	13.7	9.1	28.8	4.9

2011—2016 年浙江省地方财政一般预算收支趋势图

（二）浙江省财政预算执行与工作特点

1. 稳增长，促转型。紧扣供给侧结构性改革主线，继续实施积极的财政政策，不断推动政策加力增效，着力提升经济发展的质量和效益，促进全省经济稳中有进、稳中向好。积极争取中央基建投资资金 51.2 亿元，发行地方政府新增债券 492.7 亿元、置换债券 3572.3 亿元，筹措落实省级财政性资金 178.6 亿元，吸引带动民间投资，支持基础设施等重大项目建设。支持实施"拆治归"转型升级组合拳，省财政安排治水资金 112.9 亿元，重点用于水利及城乡污水处理基础设施建设等。出台支持特色小镇发展的财政政策，助力打造创业发展平台和新型城镇化有效载体。大力推进政府产业基金实质性运作，出台基金投资退出管理办法，支持八大万亿产业发展。支持开展海绵城市和地下综合管廊试点。安排省级海洋经济发展专项资金12亿元，支持海洋经济发展。筹措外经贸发展资金29亿元，优化外贸结构，促进外贸稳定增长。积极参与“一带一路”和义甬舟开放大通道建设，继续支持义乌国际贸易综合改革试点和杭州市跨境电子商务试验区建设。全省财政安排工业与信息化发展资金152亿元，深入实施“四换三名”工程，推进“机器人＋”“互联网＋”“标准化＋”，促进传统产业改造提升。支持实施“小微企业三年成长计划”。

2. 补短板，增优势。认真贯彻省委十三届九次全会精神，深入查找短板、扎实补齐短板，增创发展新优势。2016—2020年，安排创新强省资金100亿元，其中，2016年安排19亿元，重点支持杭州城西科创大走廊等重大平台建设和教育、人才、农业等各类创新计划实施。完善投融资机制，加大对交通、水利基础设施建设的投入，2016—2020年计划安排1636.5亿元，其中，2016年安排353亿元，支持实施“万亿综合交通工程”。落实新一轮省对市县财政体制，进一步加大对市县特别是财政困难地区的转移支付力度，优化转移支付地区分类分档体系，建立换档激励奖补机制。继续实施区域统筹发展收入激励政策，通过财政体制的引导和撬动，鼓励设区市加大对所辖县(市)的投入，促进区域统筹协调发展。大力支持光伏小康工程，安排2.1亿元在磐安等5县市开展试点，促进低收入农户和扶贫镇村集体经济增收。深化财政支农体制机制改革，落实各项惠农富农强农政策。加快推进省农业发展投资基金有效运作。支持开展农村垃圾减量化、资源化处理试点。扎实推进农业综合开发，全省财政投入20.7亿元，支持农业绿色、生态、可持续发展。安排省级生态环保财力转移支付资金20亿元，实施省级重点生态功能区示范区建设试点财政政策。完善森林生态效益补偿机制，将主要干流和重要支流源头县及国家级和省级自然保护区等重要区域省级以上公益林的最低补偿标准提高到525元/公顷。

3. 抓改革，强管理。落实《关于加快建立现代财政制度的意见》，进一步深化财税体制改革，加快建立具有浙江特色的现代财政制度。按照“四张清单一张网”建设要求，完善财政专项资金管理清单，加快财政项目库建设，推动专项资金监管系统全覆盖。建立健全省级支出标准体系和省级日常公用支出标准体系。探索建立项目支出标准化制度，对省级项目支出实行分级管理。加大存量资金盘活力度，健全动态管理和定期清理机制。加强省级部门预算执行进度管理，对2016年省级部门预算执行率偏低的19个部门，相应核减预算3398万元。推进预决算公开，出台《关于进一步推进预决算公开工作的实施意见》，除涉密事项外，省级96个部门公开了部门预算和“三公”经费预算。出台《关于进一步加强地方政府性债务管理的实施意见》，构建“1＋8”债务管理制度体系。建立和完善地方政府债务风险预警体系，实行“红、黄、绿”三级预警。对高风险地区进行化债计划管理，对中低风险地区实施与债务风险管控质量挂钩的财政奖惩政策。推动政府和社会资本合作(PPP)项目落地实施，47个省级推荐项目完成签约。加快省基础设施投资(含PPP)基金运作，已设立首批7个PPP子基金，投资省内18个PPP项目，带动社会资本651.8亿元。深化政府购买服务改革，选择16项公共民生热点项目开展改革试点，全省政府购买服务预算金额达159.5亿元。积极开展政府综合财务报告试点工作，实施国库现金管理，持续深化公款竞争性存放。出台省级公务出行保障费用预算管理办法，细化分地市差旅住宿费限额标准，完善立体式公务支出标准体系。创新政府采购模式，与阿里巴巴公司合作，开发建设“政采云”平台，实现政府采购网上交易、监管和服务一体化运作，并率先在省级有关单位试点。

4. 减负担，惠民生。落实各项减税降费政策，切实减轻企业负担。全面推开营改增试点，进一步完善增值税抵扣链条，减少重复征税，全年为企业减负320亿元。落实小微企业税收优惠等政策，小微企业税收优惠享受面达到100%。暂停向企事业单位和个人经营者征收地方水利建设基金，取消、停征、整合或降低标准34项行政事业性收费和政府性基金，每年减轻企业负担141亿元。实施临时性下调失业保险费单位缴费费率至1%、对部分企业职工基本医疗保险单位缴费部分临时性减征1个月、缓缴社会保险费等阶段性降低社会保险费政策，为企业减轻负担54亿元。认真贯彻落实中央和省委关于厉行节约的各项规定，据初步汇总，2016年省级一般公共预算安排的“三公”经费支出预计执行数2.79亿元，比

2015年决算数下降15.8%。其中:因公出国(境)费用0.84亿元,下降30.0%;公务接待费0.41亿元,下降12.6%;公务用车购置及运行费1.53亿元,下降22.3%。坚持公共财政导向,统筹安排财力,支持政府十方面实事实施和民生事业发展,2016年全省财政民生支出增长11.3%。完善城乡一体化义务教育经费保障机制,支持民办学前教育发展,建立中等职业学校生均公用经费标准,启动高校新型运行保障机制改革。支持浙江音乐学院、浙江工程师学院建成使用。健全基本公共文化服务体系经费保障和运行管理机制,支持农村文化礼堂建设,保障浙江自然博物园等重大文化项目建设。调整提高企业和机关事业单位退休人员待遇标准。推进机关事业单位养老保险制度改革。开展基层医疗卫生机构补偿机制改革试点,深化"双下沉、两提升"实施。将城乡居民基本医保财政补助标准、基本公共卫生服务经费筹资标准分别提高至年人均430元、45元。积极开展农村综合改革示范试点,深化村级公益事业一事一议财政奖补政策运用,全省财政投入33.4亿元,带动社会力量共同建成村级公益事业项目5071个。

2016年,浙江省财政运行不断规范,预算完成情况总体较好。但财政运行和预算执行中还存在一些亟待解决的问题:预算编制不够细化,部分项目预算执行率偏低,少数部门财政专项资金实质性整合不到位,预算公开透明度有待进一步提高,地方政府性债务风险需加强防范等问题。对此,我们高度重视,将通过深化改革、完善制度、严格管理等一系列扎实有效的举措切实加以解决。

五、安徽省财政

(一)安徽省地方财政一般预算收支执行情况

2016年,安徽省财政收入完成4373.15亿元,为年初汇编预算数的101.4%,比上年增长9.0%。其中:地方一般公共预算收入完成2672.79亿元,为预算的102.4%,增长8.9%。加中央补助收入2611.00亿元,债务等收入1514.00亿元,预算总收入6798.00亿元。安徽省一般公共预算支出完成5522.95亿元,增长5.4%。加债务还本等支出1187.00亿元,支出合计6710.00亿元。收支相抵,结转下年88.00亿元,净结余为0。

2016年,安徽省级地方一般公共预算收入完成251亿元,增长1.0%。加中央补助收入2611亿元,债务等收入1220亿元,省级预算总收入4082亿元。省级一般公共预算支出完成645亿元,下降4.0%。加补助市县支出2232亿元,债务还本等支出1164亿元,支出合计4041亿元。收支相抵,结转下年41亿元,净结余为0。

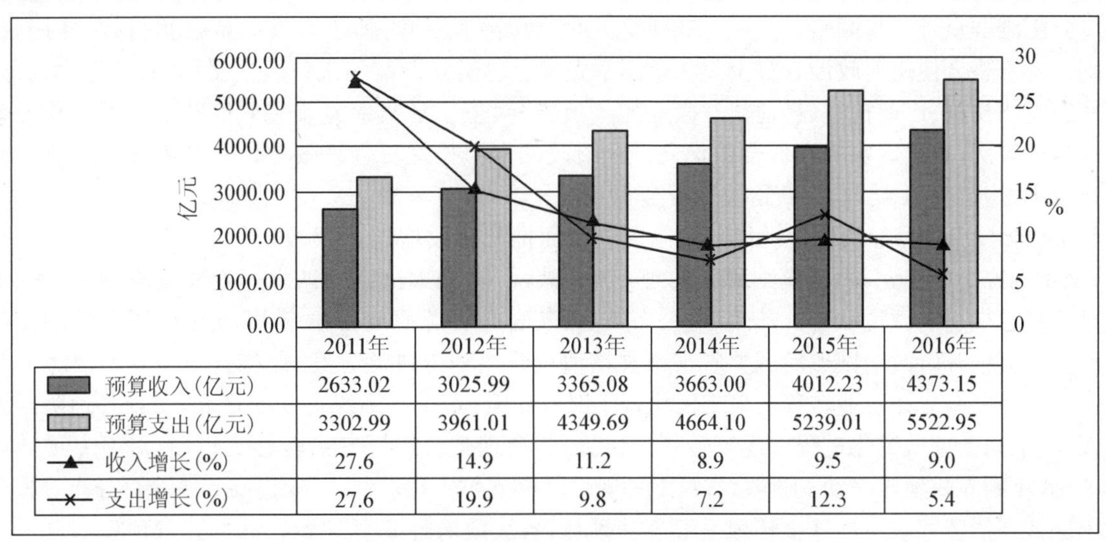

	2011年	2012年	2013年	2014年	2015年	2016年
预算收入(亿元)	2633.02	3025.99	3365.08	3663.00	4012.23	4373.15
预算支出(亿元)	3302.99	3961.01	4349.69	4664.10	5239.01	5522.95
收入增长(%)	27.6	14.9	11.2	8.9	9.5	9.0
支出增长(%)	27.6	19.9	9.8	7.2	12.3	5.4

2011—2016年安徽省地方财政一般预算收支趋势图

(二) 安徽省财政预算执行与工作特点

1. 推进供给侧结构性改革,促进经济转型升级。明确中央和省50%、市(县)和企业50%的比例,创新共管账户管理,支持完成国家下达的煤炭、生铁和粗钢去产能任务,妥善安置职工3.8万人。安排住房保障类专项资金,撬动政策性金融机构资金,棚户区改造货币化安置率56.5%,推动房地产去库存。采取"借转补"、股权投资等方式,支持"三重一创"和创新型省份建设,培育壮大经济发展新动能。支持合芜蚌获批国家级自主创新示范区,争取财政部授权9项先行先试改革举措,改革完善省级财政科研项目资金管理,支持建设量子信息国家实验室、中科大一流大学和科大先研院,塑造更多依靠创新驱动的引领性发展。投入97.5亿元,带动社会投资37.3亿元,支持农田水利建设,安排5亿元启动资金支持灾后水利水毁修复与薄弱环节建设性治理三年行动计划,安排25.5亿元实施"一事一议"项目1.4万个,投入187.9亿元建设美丽乡村,支持建设高标准农田,着力推进农业供给侧结构性改革。

2. 落实积极财政政策,支持实体经济发展。全面落实结构性减税和普遍性降费政策,全年减免税费702.4亿元,增长29.7%,支持各类市场主体轻装上阵。推进政策性融资担保体系建设,创新"劝耕贷"和"政采贷"担保品种,国有融资担保机构的贷款担保费率降至不超过1.2%,继续调拨续贷过桥资金,进一步缓解中小微企业融资难题。以注入资本金形式拨付南北合作共建园区资金9.3亿元,带动市县投入10.2亿元,撬动金融贷款104.7亿元,支持园区经济发展。省级安排专项资金推进皖江示范区、皖北地区和大别山革命老区发展,支持城市五统筹和新型城镇化试点省建设,促进区域协调发展。争取中央基建资金117.6亿元、国际金融组织和外国政府协议贷款2.4亿美元,筹集更多资金扩大有效投入。继续安排文化强省、服务业发展、军民融合、养老产业化等资金,促进消费和产业转型升级。统筹支持电子商务进农村综合示范县、商务诚信体系、物流标准化等试点,促进对外贸易,进一步推动实体经济持续健康发展。

3. 加大民生投入,增强群众获得感。全省民生支出4626亿元,占全省财政支出的83.8%。精心组织实施33项民生工程,投入资金825.5亿元,增长13.6%,集中力量做好普惠性、基础性、兜底性民生建设。成功延续新安江流域生态补偿试点政策,健全大别山水环境生态补偿机制,有力保障重点生态功能区、千万亩森林增长工程、大气污染防治和秸秆综合利用等生态文明建设,打造宜居生活环境。多渠道筹措资金提高养老金、新农合及城镇居民医保财政补助、基本公共卫生服务财政补助等标准,推进农村低保标准和扶贫标准"两线合一",促进基本公共服务均等化。拨付社会救助资金65.6亿元,发放家庭经济困难学生资助资金27.4亿元,拨付重度残疾人护理补贴4.2亿元,投入防汛救灾资金28.3亿元,财政资金向困难群众进一步倾斜。投入173.4亿元全力保障脱贫攻坚,下放涉农资金审批权、使用权,支持贫困县统筹整合使用财政涉农资金。在全国率先设定建档立卡贫困人口医疗费用"351"兜底保障线,继续实施光伏扶贫、产业扶贫、易地扶贫搬迁等。2016年,安徽省省级党委和政府扶贫开发工作成效考核获得"好"等次,获得国家奖励资金4亿元。在财政部专项扶贫资金绩效评价和贫困县涉农资金整合绩效评价中,均位列A类等次,获得奖励资金1.6亿元。

4. 深化财税改革,加快构建现代财政制度。全面推开营改增试点,2016年5月1日成功实现税制转换,全年减税105亿元,小规模纳税人实现100%减税,新纳入试点的四大行业实现全面减税。2016年7月1日起推进资源税从价计征改革,公布铁、石灰石等资源税税目税率表,促进资源节约和高效利用。印发全面推开营改增试点后调整省与市县增值税收入划分过渡方案,保持省与市县财政体制基本稳定。制定并实施支持农业转移人口市民化若干财政政策,安排奖励资金9.9亿元,引导各地吸纳农业转移人口,推动新型城镇化进程。规范转移支付管理,清理整合规范专项转移支付,省对下专项转移支付由2013年的502项压缩到115项,省对下一般性转移支付占比较2013年提高5.1个百分点。按规定将水土保持补偿费等政府性基金转列一般公共预算,省级政府性基金和国有资本经营预算共调入一般公共预算12.8亿元。持续推进预算信息公开,依规公开政府预决算和"三公"经费预决算,部门决算公开中首次公开机关运行经费、政府采购、国有资产占用、预算绩效管理等情况，并增加相关解释说明，增强预决算信息透明度。根据2016年财政部通报，安徽省预决算公开度居全国第5位、中部第1位。

5. 强化财政管理，提升财政服务和保障水平。强化预期管理，坚持依法征收，全省财政收入增幅9%，增速与经济发展保持同步，好于年初预期。全省地方财政收入中税收占比连续五年居中部第1，收入质量稳居中部前列。区域财政整体向好，14个市财政收入超100亿元，68个县(市、区)财政收入超10亿元。优化财政支出结构，严控一般性支出，全省"三公"经费下降23.8%，交通运输、农林水、城乡社区和金融等经济发展类支出增长9.7%，教育、科技、医疗卫生、社保和就业等社会事业类支出增长10.5%。强化财政内部控制，优化预算编制、资金分配等业务流程，推动预算单位和市县财政内控建设，基本构建了权力运行的制约和监督机制。建立分项牵头、主体负责、协作配合的审计整改责任机制，对审计反映的部门专项资金执行期限不明确、政府性基金编制不细等问题，出台加强财政资金管理制度建设、省级项目库管理办法、规范市县预算编报等文件，并会同省级有关预算部门全部整改到位，及时将整改情况向省人大常委会报告并向社会公开，促进审计整改有效落实。全面落实从严治党要求，深入开展"两学一做"学习教育和"讲看齐、见行动"学习讨论，扎实开展预算部门会商、财政系统帮联、机关和基层支部结对共建、扶贫双包定点帮扶、在职党员进社区等工作，财政干部和队伍作风建设取得新成效，为加强财政管理提供了坚强组织保障。

2016年，安徽省财政运行不断规范，预算完成情况总体较好。但财政运行和预算执行中还存在一些亟待解决的问题：财政收入增速趋缓与支出刚性矛盾加大；部分财政支出项目存在只增不减的格局，部分预算部门的政府采购项目支出进度不快，财政支出绩效有待进一步提高；部分省级专项资金执行期限不明确，财政资金管理制度需进一步健全；个别部门的决算意识有待进一步增强，决算编制质量有待进一步提升；一些地方存在违规担保和变相举债问题，局部地区债务风险不容忽视；等等。对此，应坚持问题导向，切实采取有效措施，努力加以改进。

三　长三角金融业

一、长三角金融运行总体情况

2016年末，长三角金融机构本外币存款总额为376942.52亿元，同比增长10.8%，比年初增加36724.22亿元，比上年少增23341.92亿元。

分地区看，各地区本外币存款稳定上升。2016年，上海市金融机构本外币存款为110510.96亿元，比上年增长6.5%；占长三角金融机构本外币存款总额的比重为29.3%，比上年下降1.2个百分点。江苏省金融机构本外币存款为125576.94亿元，增长12.8%；所占比重为33.3%，上升0.6个百分点。浙江省金融机构本外币存款为99530.29亿元，增长10.2%；所占比重为26.4%，下降0.1个百分点。安徽省金融机构本外币存款为41324.33亿元，增长18.7%；所占比重为11.0%，上升0.8个百分点。

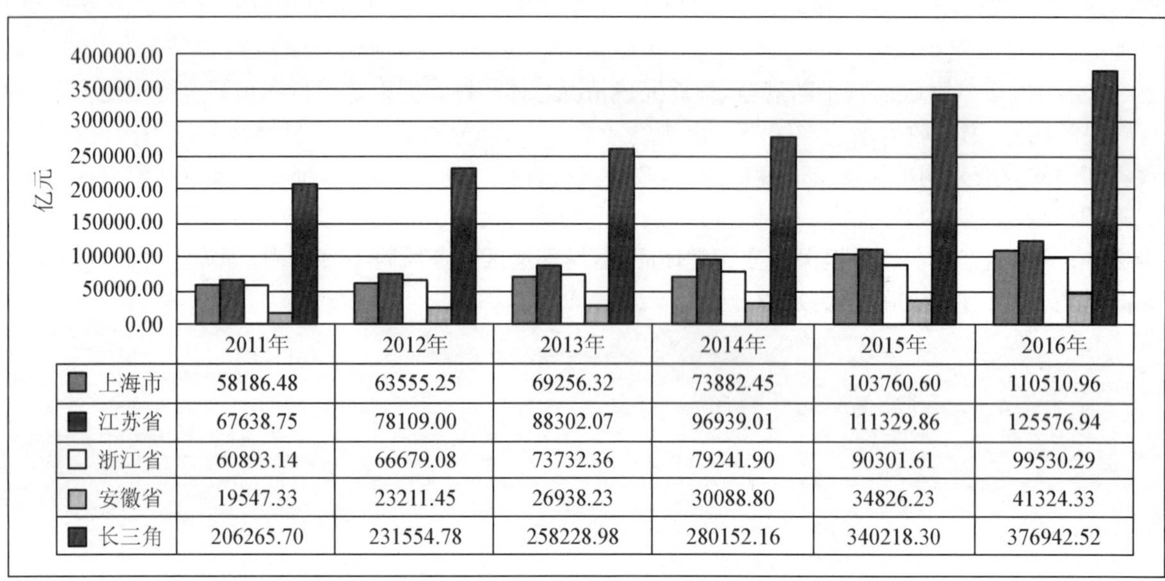

	2011年	2012年	2013年	2014年	2015年	2016年
上海市	58186.48	63555.25	69256.32	73882.45	103760.60	110510.96
江苏省	67638.75	78109.00	88302.07	96939.01	111329.86	125576.94
浙江省	60893.14	66679.08	73732.36	79241.90	90301.61	99530.29
安徽省	19547.33	23211.45	26938.23	30088.80	34826.23	41324.33
长三角	206265.70	231554.78	258228.98	280152.16	340218.30	376942.52

2011—2016年长三角金融机构本外币存款余额(亿元)

2016年末，长三角金融机构本外币贷款总额为265518.28亿元，比上年增长12.0%，比年初增加28350.99亿元，比上年多增5705.19亿元。

分地区看，各地区本外币贷款稳定增长。2016年，上海市金融机构本外币贷款为59982.25亿元，比上年增长12.4%；占长三角金融机构本外币贷款总额的比重为22.6%，比上年上升0.1个百分点。江苏省金融机构本外币贷款为92957.02亿元，增长14.5%；所占比重为35.0%，上升0.8个百分点。浙江省金融机构本外币贷款为81804.50亿元，增长7.0%；所占比重为30.8%，下降1.4个百分点。安徽省金融机构本外币贷款为30774.51亿元，增长17.7%；所占比重为11.6%，上升0.6个百分点。

2016年，长三角地区保险业平稳发展。保费收入总额6622.93亿元，比上年增长26.2%。

分地区看，2016年，上海市保费收入为1529.26亿元，比上年增长35.9%；占长三角保费收入总额的比重为23.1%，比上年上升1.7个百分点。江苏省保费收入为2690.25亿元，增长35.2%；所占比重为40.6%，上升2.7个百分点。浙江省保费收入为1527.32亿元，增长6.4%；所占比重为23.1%，下降4.2个百分点。安徽省保费收入为876.10亿元，增长25.4%；所占比重为13.2%，下降0.1个百分点。

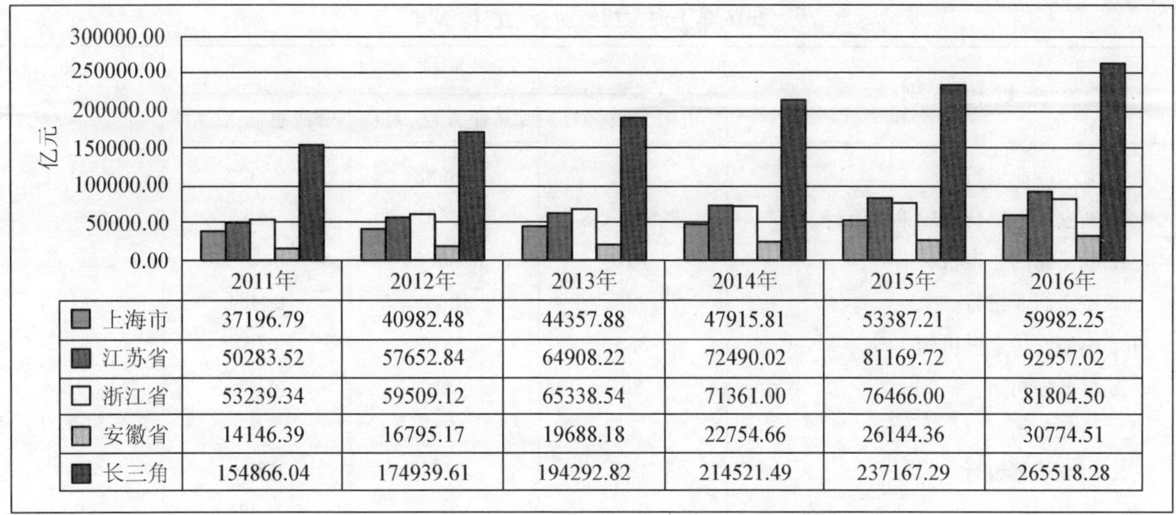

	2011年	2012年	2013年	2014年	2015年	2016年
上海市	37196.79	40982.48	44357.88	47915.81	53387.21	59982.25
江苏省	50283.52	57652.84	64908.22	72490.02	81169.72	92957.02
浙江省	53239.34	59509.12	65338.54	71361.00	76466.00	81804.50
安徽省	14146.39	16795.17	19688.18	22754.66	26144.36	30774.51
长三角	154866.04	174939.61	194292.82	214521.49	237167.29	265518.28

2011—2016 年长三角金融机构本外币贷款余额(亿元)

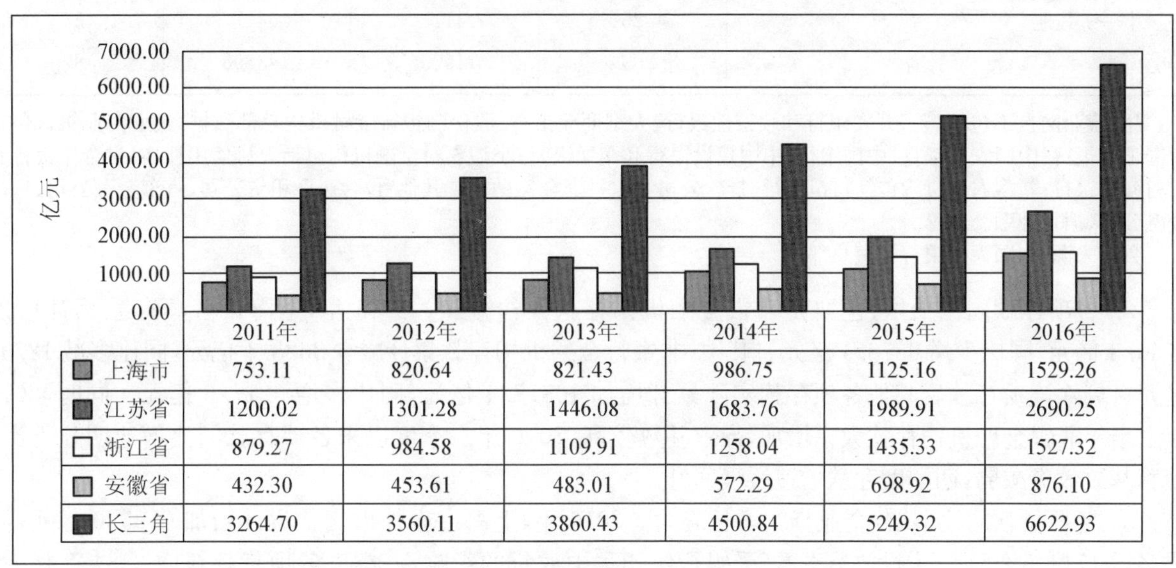

	2011年	2012年	2013年	2014年	2015年	2016年
上海市	753.11	820.64	821.43	986.75	1125.16	1529.26
江苏省	1200.02	1301.28	1446.08	1683.76	1989.91	2690.25
浙江省	879.27	984.58	1109.91	1258.04	1435.33	1527.32
安徽省	432.30	453.61	483.01	572.29	698.92	876.10
长三角	3264.70	3560.11	3860.43	4500.84	5249.32	6622.93

2011—2016 年长三角保险机构保费收入(亿元)

二、上海市金融运行情况

2016 年，上海市金融机构认真抓好各项重点难点金融改革任务，继续完善宏观审慎管理手段，引导货币信贷平稳适度增长。全年各项存款同比少增，信贷增速有所提高，证券期货业平稳发展，保险业继续发挥保障民生功能，金融市场交易活跃度有所分化，上海国际金融中心建设和自贸区金融改革取得新进展。

(一) 存贷款增长分化，金融支持经济结构调整优化

1. 银行业金融机构平稳发展。2016 年末，上海市共有中资银行法人 4 家，外资银行法人 20 家，村镇银行法人 13 家，从业人员 11.6 万人。2016 年末，上海市中外资金融机构本外币资产总额 14.4 万亿元，同比增长 11.3%；各项存、贷款余额分别为 11.1 万亿元和 6.0 万亿元，同比分别增长 6.5%和 12.4%，增速比上年末分别下降 7.9 个和提高 2.3 个百分点。2016 年，上海市金融机构实现净利润 1506.2 亿元，同比增长 9.0%。

2016年上海市银行业金融机构情况

机构类别	营业网点			法人机构（个）
	机构个数（个）	从业人数（人）	资产总额（亿元）	
一、大型商业银行	1702	48688	50522	1
二、国家开发银行和政策性银行	14	555	4192	0
三、股份制商业银行	731	23088	34742	1
四、城市商业银行	383	13639	20484	1
五、小型农村金融机构	388	6216	6791	1
六、财务公司	20	1410	4126	18
七、信托公司	7	1751	622	7
八、邮政储蓄银行	484	3124	1893	0
九、外资银行	213	12805	13824	20
十、新型农村机构	27	607	253	13
十一、其他	25	4112	6447	25
合计	3994	115995	143896	87

注：营业网点不包括国家开发银行和政策性银行、大型商业银行、股份制银行金融机构总部数据；大型商业银行包括中国工商银行、中国农业银行、中国银行、中国建设银行和交通银行；小型农村金融机构包括农村信用社、农村合作银行和农村商业银行；新型农村机构包括村镇银行、贷款公司和农村资金互助社；“其他”包含金融租赁公司、汽车金融公司、货币金融公司、消费金融公司等。

数据来源：中国人民银行上海总部。

2. 各项存款同比少增，主要是非银金融机构存款大幅减少。2016年，上海市各项存款累计增加6750.3亿元，同比少增6578.4亿元。其中，非银行金融机构存款累计减少3628.1亿元，同比多减12796亿元。剔除该项存款后其他各项存款实际累计增加10378.4亿元，同比多增6217.6亿元。同时，2015年上半年非银金融机构存款大幅增加，导致基数较高，2016年二季度以来各项存款同比增速明显下滑。随着基数效应减弱，四季度存款增速缓慢回升。

3. 各项贷款同比多增，企业贷款增长乏力。2016年，上海市本外币贷款累计增加6595.0亿元，同比多增1714.5亿元。从投放节奏看，受银行年初集中放贷的影响，一季度各项贷款新增2484.2亿元，同比多增849.2亿元。随后三个季度企业贷款明显萎缩，住户贷款增长稳定。四季度因境外贷款大幅增长，上海市各项贷款同比多增1915.5亿元。

从贷款投向看，信贷结构继续向第三产业倾斜，小微企业信贷投放好于平均水平。2016年，上海市新增的本外币企业贷款（不含票据融资）中，投向第三产业的贷款累计增加1494.6亿元，占全部境内企业贷款（不含票据融资）增量的154.5%；投向第二产业的贷款累计减少535.1亿元，同比多减94亿元。其中，制造业贷款累计减少203.4亿元，同比少减260.7亿元；建筑业贷款累计减少203.4亿元，同比减少180.7亿元。2016年末，小微企业贷款余额同比增长10.3%，高于企业贷款平均增速7.1个百分点；占全部企业贷款的29.2%，同比上升1.9个百分点。

（二）证券期货业平稳发展，机构数量保持增长

1. 证券公司平稳运行，机构数量保持增长。2016年末，上海辖区证券公司合计总资产13118.9亿元、净资产3858.7亿元、净资本3607.4亿元。全年累计实现营业收入717.2亿元、净利润301.6亿元。从机构数量看，2016年末，上海市资本市场各类市场主体共计2391家。其中，上市公司240家，占全国的8.0%；新三板挂牌公司890家，占全国的9.0%；证券期货法人经营机构239家，约占全国的

32.0%;证券期货各类分支机构1010家;从事证券业务的会计、资产评估事务所等其他证券类持牌机构12家。

2016年上海市证券业基本情况

项　目	数　量
总部设在辖内的证券公司数(家)	20
总部设在辖内的基金公司数(家)	44
总部设在辖内的期货公司数(家)	28
年末国内上市公司数(家)	240
当年国内股票(A股)筹资(亿元)	861
当年发行H股筹资(亿元)	13
当年国内债券筹资(亿元)	1920
其中:短期融资券筹资额(亿元)	133
中期票据筹资额(亿元)	55

数据来源:上海市证监局。

2. 基金公司资产管理规模平稳增长。2016年末,上海辖区基金公司管理资产总规模合计45409.4亿元,较上年同期增长13.0%,其中有四家基金公司规模突破两千亿。46家基金公司管理公募基金产品1405只,较上年同期增长34.7%;总净值27929.1元,较上年同期增长7.0%。45家基金公司开展专户业务,4家开展社保基金管理业务,3家开展企业年金管理业务。辖区基金公司共设立专业子公司37家,海外子公司8家。

3. 期货公司盈利水平上升。2016年末,上海辖区期货公司客户权益达1329.3亿元,占全国的30.6%;全年实现代理交易额145.9万亿元,占全国的37.4%,市场份额较上年有所增长。2016年,累计实现营业收入102.5亿元,较上年同期增长57.0%;实现净利润18.3亿元,较上年同期增加26.2%。

4. 证券市场融资较快增长。2016年,上海辖区公司累计直接融资2781亿元(不含H股融资,下同),同比增长41.4%。其中:企业债券融资1920亿元,同比增长30.1%;非金融企业境内股票融资861亿元,同比增长75.4%。

(三)保险业增长良好,继续发挥保障民生功能

1. 保险市场主体稳中有升。截至2016年末,上海市共有55家法人保险机构。其中,保险集团公司1家,财产险公司19家,人身险公司25家,再保险公司3家,保险资产管理公司7家。全市共有99家省级保险分支机构,较上年末新增1家,为东海航运保险股份有限公司上海分公司。其中,财产险公司49家,人身险公司48家,再保险公司2家。上海市共有216家保险专业中介机构法人。其中保险代理机构106家,保险经纪机构69家,保险公估机构41家。上海市保险专业中介分支机构共151家,其中保险代理机构65家,保险经纪机构65家,保险公估机构21家。

2. 保险业务稳步增长,其中人身险公司保费收入继续显著增长。2016年,上海市原保险保费收入累计1529.3亿元,同比增长35.9%。其中,财产险公司原保险保费收入410.8亿元,同比增长6.5%;人身险公司原保险保费收入1118.5亿元,同比增长51.3%。财产、寿险原保险保费收入比例为27∶73,中、外资保险公司原保险保费收入比例为86∶14。

3. 保险赔付支出增长总体平稳,充分发挥保障民生的功能。2016年,上海市保险业赔付支出累计528.8亿元,同比增长11.7%。其中,财产险赔款支出222.6亿元,同比增长16.3%;寿险给付245.9亿元,同比增长7.2%;健康险赔款给付50亿元,同比增长12.8%;意外险赔款支出10.4亿元,同比增长19.8%。

4. 保险业改革顺利推进。第一，结合自贸区和“金改40条”地方特色，明确建设上海国际保险中心服务保险强国的战略规划。第二，制度创新对接供给侧改革。推广复制保险机构高管备案改革举措，编制发布全球首个专业航运保险指数，在商车险改革中创新引入交通违规系数。第三，深度服务民生保障体系建设。推出工程质量潜在缺陷保险、医保账户购买商业健康保险试点和车险“快处易赔”线上快处APP，探索老年长期护理保险试点和城市型巨灾保险制度。第四，积极助推实体经济发展。推动保险资金与上海“双创”母基金合作，升级保险“科技贷”和“微贷通”，创立专利保险联盟。

2016年上海市保险业基本情况

项　　目	数　　量
总部设在辖内的保险公司数(家)	55
其中:财产险经营主体(家)	19
人身险经营主体(家)	25
保险公司分支机构(家)	99
其中:财产险公司分支机构(家)	49
人身险公司分支机构(家)	48
保费收入(中外资,亿元)	1529
其中:财产险保费收入(中外资,亿元)	371
人身险保费收入(中外资,亿元)	1158
各类赔款给付(中外资,亿元)	529
保险密度(元/人)	6320
保险深度(%)	6

数据来源:上海市保监局。

三、江苏省金融运行情况

2016年，江苏省金融业保持平稳运行，社会融资规模增长适度，金融市场交易活跃。金融基础设施建设不断完善，金融生态环境持续优化。证券业稳步发展，多层次资本市场建设持续推进。保险业保持较快发展，保险服务能力再上新台阶。

（一）银行业平稳运行，贷款增长有所加快

1. 机构规模稳步增长，组织体系更趋完备。2016年末，江苏省银行业金融机构资产总额15.6万亿元，同比增长15.7%。机构数量稳步增加，年末地方法人金融机构数量达169家，比年初新增5家。盈利水平有所上升，全年银行业金融机构实现税后净利润1561.4亿元，同比增加110.3亿元。金融对实体经济支撑作用进一步增强，全年实现金融业增加值6060.0亿元，同比增长13.8%。

2016年江苏省银行业金融机构基本情况

机构类别	营业网点			法人机构(个)
	机构个数(个)	从业人员(人)	资产总额(亿元)	
一、大型商业银行	5139	111555	54798	0
二、国家开发银行和政策性银行	93	2393	7633	0
三、股份制商业银行	960	32742	29754	0

续表

机构类别	营业网点			法人机构（个）
	机构个数(个)	从业人员(人)	资产总额(亿元)	
四、城市商业银行	897	28399	31204	4
五、小型农村金融机构	3288	49316	22787	63
六、财务公司	14	381	790	12
七、信托公司	4	461	242	4
八、邮政储蓄	2528	9518	6130	0
九、外资银行	77	2254	1300	6
十、新型农村机构	222	4361	724	74
十一、其他	6	682	826	6
合　计	13228	242062	156188	169

注:营业网点不包括国家开发银行和政策性银行、大型商业银行、股份制银行金融机构总部数据;大型商业银行包括中国工商银行、中国农业银行、中国银行、中国建设银行和交通银行;小型农村金融机构包括农村信用社和农村商业银行、农村合作银行;新型农村机构包括村镇银行、贷款公司和农村资金互助社;“其他”包含金融租赁公司、汽车金融公司、货币经纪公司、消费金融公司等。

数据来源:中国人民银行南京分行,江苏省银监局、江苏省金融办。

2. 各项存款增长平稳,活期存款占比上升。2016年末,江苏省金融机构本外币存款余额为12.6万亿元,同比增长12.8%,增速比上年末提高1.2个百分点,比年初增加1.4万亿元,同比多增2234.6亿元。分币种看,全年新增人民币存款13233.6亿元,同比多增1466.8亿元;受人民币对美元有所贬值影响,企业和居民持有美元意愿增强,全年新增外汇存款112.1亿美元,同比多增104.5亿美元。从部门分布看,非金融企业存款成为增长主力,非银行业金融机构存款显著减少。2016年,新增非金融企业存款7058.9亿元,占各项存款增量的49.6%,同比多增2934.6亿元。从期限结构看,新增存款活期化特征明显。2016年,住户存款和非金融企业存款增量中活期存款占比分别为61.0%和68.1%,分别比上年提升16.7个和19.2个百分点。

3. 贷款增长有所加快,新增贷款再创新高。2016年末,江苏省本外币贷款余额为9.3万亿元,同比增长14.5%,增速比上年末提高2.6个百分点。全年新增本外币贷款1.2万亿元,同比多增3115.0亿元。从贷款投向看,基础设施建设行业贷款和房地产贷款增长加快,制造业贷款增长乏力。2016年,江苏省金融机构本外币基础设施行业贷款余额为1.4万亿元,同比增长20.6%,增速比上年末提高7个百分点,全年新增2477.3亿元,同比多增1056.4亿元。受房地产销售量价齐升影响,房地产贷款高速增长。2016年末,江苏省金融机构本外币房地产贷款余额为2.7万亿元,同比增长32.4%,增速比上年末提高13.0个百分点。全年新增本外币房地产贷款6664.9亿元,同比多增3342.5亿元。其中,个人购房贷款新增6567.8亿元,同比多增3847.9亿元;房地产开发贷款减少55.6亿元。

(二)证券业稳步发展,多层次资本市场建设持续推进

1. 证券行业平稳发展,收入和利润水平有所回落。2016年末,江苏省共有法人证券公司6家,总资产4131.4亿元,证券分公司78家,证券营业部805家,同比增长17.9%。受股市行情影响,证券行业全年共实现营业收入194.4亿元,净利润77.7亿元,均较上年有所下滑。私募基金蓬勃发展,江苏省共有781家私募基金管理人登记备案,管理基金规模突破4000亿元,为中小微企业早期健康发展、治理结构加速完善提供重要支持。

2. 资本市场规模继续位居全国前列。截至2016年末,江苏省境内上市公司总数为317家,较上年

新增41家，上市公司总数位居全国第三。拟上市公司197家，后备上市企业资源充足。IPO融资在全国位居前列，2016年江苏省上市公司首发融资250.4亿元，同比增长132.6%，配股、增发融资1452.7亿元，同比增长35.6%。

2016年江苏省证券业基本情况

项　目	数　量
总部设在辖内的证券公司数（家）	6
总部设在辖内的基金公司数（家）	0
总部设在辖内的期货公司数（家）	10
年末国内上市公司数（家）	317
当年国内股票（A股）筹资（亿元）	1703
当年发行H股筹资（亿元）	420
当年国内债券筹资（亿元）	8157
其中：短期融资券筹资额（亿元）	621
中期票据筹资额（亿元）	926

注：当年国内股票（A股）筹资额指非金融企业境内股票融资。
数据来源：江苏省证监局、江苏省金融办、中国人民银行南京分行。

3. 多层次资本市场建设持续推进。截至2016年末，江苏省新三板挂牌公司1245家，总量位列全国第三，总股本636.7亿股，总市值2363.1亿元。目前，江苏省13个地级市均有公司在新三板挂牌。全年实现定向增发302次，融资额达89.4亿元。截至2016年末，江苏区域股权交易中心已有1139家挂牌企业，累计通过各种方式为企业融资222.9亿元。

4. 期货业稳步发展。截至2016年末，全省共有法人期货公司10家，期货营业部140家，资产总额183.4亿元，同比增长3.7%。期货行业全年实现营业收入13.1亿元，同比增长6.8%；保证金余额130.7亿元，同比增长3.1%。

（三）保险业发展较快，服务能力再上新台阶

1. 市场体系不断完善，各项业务较快增长。截至2016年末，江苏省共有法人保险机构5家，全年实现保费收入2690.2亿元，同比增长35.2%，各类赔款给付916.4亿元，同比增长25.1%。分险种看，财产险保费收入733.4亿元，同比增长9.1%，人身险保费收入1956.8亿元，同比增长48.5%。

2. 保险资金投资力度进一步加大，资金投向更加丰富多元。2016年，江苏省保险资金投资保持30%以上的增速，投资总额突破2100亿元，并以多种形式参与先进制造业基地、战略性新兴产业、新型城镇化和城乡发展一体化、“一带一路”和长江经济带建设。

3. 服务“三农”取得新成效。2016年，全省农险保费及农险基金总计为32.9亿元，支付各类农险赔款23.5亿元。全省统颁的政策性农业保险险种达55种，保险产品不断丰富。涉农贷款保证保险覆盖全省13个市，保费收入突破1亿元，为破解农业企业融资难融资贵问题提供了新动力。

2016年江苏省保险业基本情况

项　目	数　量
总部设在辖内的保险公司数（家）	5
其中：财产险经营主体（家）	2
人身险经营主体（家）	3

续表

项 目	数 量
保险公司分支机构(家)	99
其中:财产险公司分支机构(家)	41
人身险公司分支机构(家)	58
保费收入(中外资,亿元)	2690.2
其中:财产险保费收入(中外资,亿元)	733.4
人身险保费收入(中外资,亿元)	1956.8
各类赔款给付(中外资,亿元)	916.4
保险密度(元/人)	3363.4
保险深度(%)	3.5

数据来源:江苏省保监局。

四、浙江省金融运行情况

2016年,浙江省金融业全力服务供给侧结构性改革和经济转型升级,货币信贷和社会融资规模平稳增长,证券和保险业稳健发展,金融生态环境建设扎实推进,金融改革持续深化。

(一)银行业稳健运行,货币信贷平稳增长

1. 银行业资产和负债平稳增长。2016年,浙江省银行业金融机构资产和负债总额分别同比增长11.7%和11.7%,增幅同比分别回落1.1个和1.3个百分点。

2. 存款同比多增,非银行业金融机构存款下降。2016年末,浙江省金融机构本外币各项存款余额99530.3亿元,同比增长10.2%,增速与上年持平。全年新增存款9228.7亿元,同比多增524.0亿元,其中:住户、企业和政府存款均保持增长,非银行业金融机构存款下降。住户存款较年初新增3967.7亿元,同比多增1510.3亿元;企业存款新增3239.2亿元,同比多增1212.9亿元;政府存款新增2173.2亿元,同比多增968.8亿元;非银行业金融机构存款较年初减少206.4亿元,而上年为增加2995.7亿元。

3. 贷款增势平稳,投向相对集中。2016年末,浙江省本外币贷款余额81804.5亿元,同比增长7.0%;新增贷款5338.2亿元,同比多增380.7亿元。信贷投向主要集中于房地产和基础设施领域,其中:个人住房贷款新增3632.2亿元;基础设施相关行业贷款新增809.2亿元;制造业贷款受不良贷款处置影响较大,比年初下降1519.1亿元。2016年末,全省小微企业贷款余额20362.9亿元,占全部企业贷款余额的42.1%,同比提高1.5个百分点。农村"两权"抵押贷款试点地区的农房抵押贷款余额达92.2亿元,同比增长22.5%,占到全国的四成左右;农地经营权抵押贷款余额8.0亿元,是上年同期的2.4倍。

2016年浙江省银行业金融机构基本情况

机构类别	营业网点			法人机构(个)
	机构个数(个)	从业人员(人)	资产总额(亿元)	
一、大型商业银行	3897	95514	44763.4	0
二、国家开发银行和政策性银行	61	1953	7230.9	0
三、股份制商业银行	1131	34377	24683.4	0
四、城市商业银行	1511	43723	27127.3	13
五、城市信用社				

续表

机构类别	营业网点			法人机构（个）
	机构个数(个)	从业人员(人)	资产总额(亿元)	
六、小型农村金融机构	4236	51338	21175.6	82
七、财务公司	1	277	955.8	7
八、信托公司	0	965	223.4	5
九、邮政储蓄	1741	9215	3446.5	0
十、外资银行	28	761	484.3	0
十一、新型农村机构	228	5699	867.6	81
十二、其他	6	758	1445.2	5
合　　计	12840	244580	132403.5	193

注:营业网点不包括国家开发银行和政策性银行、大型商业银行、股份制银行金融机构总部数据;大型商业银行包括中国工商银行、中国农业银行、中国银行、中国建设银行和交通银行;小型农村金融机构包括农村商业银行、农村合作银行、农村信用社;新型农村机构包括村镇银行、贷款公司和农村资金互助社;“其他”包括金融租赁公司、汽车金融公司、货币经纪公司、消费金融公司等。

数据来源:浙江省银监局。

(二)证券业平稳发展,企业上市稳步推进

1. 多层次资本市场建设持续推进。2016年末,浙江省股权交易中心挂牌企业3859家,比上年增加697家;新三板挂牌企业903家,比上年增加492家。公司并购重组活跃,2010至2016年,并购数量从139次增加到375次,并购金额从100.5亿元增加到1615.9亿元,年均分别增长22.0%和74.3%。

2. 企业上市稳步推进。2016年末,浙江省共有境内上市公司329家,比上年新增30家,其中:中小板上市公司、创业板上市公司分别为131家、60家,分别占全国同类上市公司数量的15.9%、10.5%。2016年,浙江省境内上市公司在资本市场合计融资2302.6亿元,同比增长1.2倍。

3. 证券经营机构业务规模有所下降。2016年末,浙江省共有法人证券公司5家,证券公司分公司61家,证券营业部842家;期货公司12家,期货营业部181家。2016年,全省法人证券公司营业收入57.2亿元,同比下降44.0%。证券经营机构代理交易额38.1万亿元,同比下降39.4%。期货经营机构代理交易额42.1万亿元,同比下降67.9%。

2016年浙江省证券业基本情况

项　目	数　量
总部设在辖内的证券公司数(家)	5
总部设在辖内的基金公司数(家)	2
总部设在辖内的期货公司数(家)	12
年末境内上市公司数(家)	329
当年国内股票(A股)筹资(亿元)	2303
当年发行H股筹资(亿元)	
当年国内债券筹资(亿元)	4049
其中:短期融资券筹资额(亿元)	409
中期票据筹资额(亿元)	319

注:当年国内股票(A股)筹资额指非金融企业境内股票融资。

数据来源:中国人民银行杭州中心支行、浙江省证监局。

(三) 保险业稳步增长，服务民生功能增强

1. 市场体系不断完善。2016 年浙江省各类保险机构 3805 家，专业中介机构 228 家，兼业代理机构 4226 家，保险销售从业人员 30 万人。全年新增各类保险机构 102 家。保险公司资产总额 4548.6 亿元，较年初增加 1477.6 亿元。

2. 各项保险业务平稳增长。2016 年，浙江省保险业共实现原保险保费收入 1784.9 亿元，同比增长 24.4%，其中：财产险保费收入和人身险保费收入同比分别增长 7.7% 和 38.0%。保险业赔付支出 633.2 亿元，同比增长 13.3%，其中：财产险和人身险赔付支出分别同比增长 9.1% 和 22.3%。

3. 保险服务领域稳步拓宽。2016 年，浙江省保险业积极支持实体经济发展，全年责任险保费收入 20.9 亿元，同比增长 58.2%，提供了 6.6 万亿元保障。在"增品、降费、提标、扩面"各个环节均加大了农业保险惠农力度。大力发展大病保险，目前全省商业保险机构承办的大病保险项目已覆盖近八成县(市、区)2700 余万群众。探索"三权"抵押贷款、建筑履约保证保险等新模式，小额贷款保证保险已累计帮助辖区近 3.5 万家小微企业获得贷款 155.9 亿元。

2016 年浙江省保险业基本情况

项　目	数　量
总部设在辖内的保险公司数(家)	7
其中：财产险经营主体(家)	5
人身险经营主体(家)	2
保险公司分支机构(家)	3798
其中：财产险公司分支机构(家)	2210
人身险公司分支机构(家)	1588
保费收入(中外资，亿元)	1784.9
其中：财产险保费收入(中外资，亿元)	696.6
人身险保费收入(中外资，亿元)	1088.3
各类赔款给付(中外资，亿元)	633.2
保险密度(元/人)	3207.6
保险深度(%)	3.8

数据来源：浙江省保监局。

五、安徽省金融运行情况

2016 年，安徽省金融业保持良好运行态势，各项存、贷款较快增长，改革创新纵深推进，证券市场稳步发展，保险服务保障功能日益增强，金融支持实体经济能力进一步提升。

(一) 银行业运行稳健，货币信贷平稳运行

1. 资产负债规模快速增长，政策性银行和股份制银行增速较快。2016 年末，安徽省银行业资产和负债规模分别为 54252.5 亿元、52326.3 亿元，较年初分别增长 19.9%和 20.0%，增速分别列全国第四，中部第一。分机构类型看，政策性银行、股份制银行资产增速较快，较年初增速分别达 25.3%和 41.3%。

2016年安徽省银行业金融机构基本情况

机构类别	营业网点			法人机构（个）
	机构个数（个）	从业人员（人）	资产总额（亿元）	
一、大型商业银行	2384	49836	17863	0
二、国家开发银行和政策性银行	90	2297	7041	0
三、股份制商业银行	365	6957	5677	0
四、城市商业银行	435	9492	7371	1
五、小型农村金融机构	3110	32867	10552	83
六、财务公司	6	203	355	6
七、信托公司	1	154	62	1
八、邮政储蓄	1781	14946	3711	0
九、外资银行	5	168	122	0
十、新型农村机构	248	3557	552	67
十一、其他	9	1249	945	5
合　　计	8434	121726	54253	163

注：营业网点不包括国家开发银行和政策性银行、大型商业银行、股份制银行等金融机构总部数据；大型商业银行包括中国工商银行、中国农业银行、中国银行、中国建设银行和交通银行；小型农村金融机构包括农村商业银行、农村合作银行、农村信用社；新型农村机构包括村镇银行、农村资金互助社、贷款公司和小额贷款公司；"其他"包括金融租赁公司、汽车金融公司、货币经纪公司、消费金融公司等。

数据来源：安徽省银监局。

2. 存款较快增长，非金融企业和机关团体存款多增较多。2016年末，安徽省本外币各项存款余额41324.3亿元，同比增长18.7%，增幅较上年提高4.4个百分点；比年初新增6498.1亿元，同比多增2036.4亿元。其中，人民币各项存款余额40856.2亿元，同比增长18.5%；外币各项存款余额67.5亿美元，同比增长27.6%。分部门看，非金融企业和机关团体存款多增明显，两者合计多增2102.1亿元。

3. 贷款增长较快，投放结构进一步优化。2016年末，安徽省本外币贷款余额30774.5亿元，同比增长17.7%，增速较上年末提高2.8个百分点；比年初增加4630.1亿元，同比多增1240.4亿元。其中，人民币贷款余额同比增长18.4%，全年增加4691.7亿元。2016年末，安徽省第三产业贷款余额占比63.8%，较上年末提高3.0个百分点；新增贷款中，第三产业贷款占比89.8%，较上年提高6.6个百分点。交通、水利等基础设施行业贷款增速高于各项贷款2.8个百分点，全年贷款同比多增287.3亿元；支农支小力度增强，全年涉农贷款同比多增196.8亿元，小微企业贷款同比多增735.8亿元。

（二）证券业总体平稳，创新业务不断发展

1. 证券经营机构和投资开户数量增加，资产规模和盈利水平有所下降。2016年末，安徽省共有2家法人证券公司、24家证券分公司、284家证券营业部；当年新增4家证券分公司、53家营业部；证券从业人数3552人，同比增长2.5%；投资者账户数449.1万户，同比增长15.2%。至2016年末，安徽省证券经营机构总资产4252.0亿元，较年初下降12.4%；全年实现营业收入和利润总额分别为29.8亿元和14.6亿元，同比分别下降56.3%和64.0%。

2. 证券市场交易额由升转降，创新业务收入占比持续上升。2016年，安徽省证券累计交易量同比下降38.8%，上年同期为增长211.0%。分业务类型来看，法人证券机构创新业务收入占比持续上升，2016年末，辖内两家法人证券公司共管理集合资产管理计划57只，期末净值196.8亿元；定向资产管理计划100只，期末金额1401.0亿元；融资融券余额合计179.2亿元，业务收入14.3亿元。创新业务已成

为仅次于经纪、自营、投行的重要业务，对传统业务的依赖度下降。

3. 期货市场成交量有所上升，累计代理交易额同比下降。2016 年末，安徽省共有 35 家期货公司营业部，与上年持平；从业人员 689 人，同比下降 8.0%；客户保证金余额 46.2 亿元，同比增长 40.8%。全年安徽省期货经营机构累计代理成交量为 4.1 亿元，同比增长 39.0%，在全国期货市场占比 4.9%；累计交易额 16.1 万亿元，同比下降 38.0%，而上年同期增幅为 72.0%。

2016 年安徽省证券业基本情况

项　目	数　量
总部设在辖内的证券公司数(家)	2
总部设在辖内的基金公司数(家)	0
总部设在辖内的期货公司数(家)	3
年末境内上市公司数(家)	93
当年国内股票(A 股)筹资(亿元)	372
当年发行 H 股筹资(亿元)	0
当年国内债券筹资(亿元)	5417
其中:短期融资券筹资额(亿元)	424
中期票据筹资额(亿元)	976

注:当年国内股票(A 股)筹资额指非金融企业境内股票融资。
数据来源:安徽省证监局。

(三) 保险业平稳运行,风险保障功能进一步发挥

1. 保险市场体系日益完善，服务实体经济能力不断提高。2016 年末，安徽省共有保险法人机构 1 家、省级保险机构 62 家，其中，信用险、农险、健康险、养老险、责任险等专业保险机构 10 家，外资公司 7 家；保险专业中介法人机构 56 家，兼业代理机构 6781 家；保险从业人员近 28 万人。保险深度和保险密度分别为 3.6%和 1426 元/人，同比分别提高 0.5 个百分点和增加 280.3 元/人，保险业服务实体经济能力进一步增强。

2. 业务规模快速增长，风险保障能力持续增强。2016 年，安徽省实现原保费收入 876.1 亿元，同比增长 25.4%，增速较上年提高 3.2 个百分点，保费增速是同期地区生产总值增速的 3 倍，为近八年最高水平。其中，财产险业务保费收入同比增长 14.4%，较上年同期提高 1.2 个百分点，高于全国平均 4.4 个百分点；人身险业务保费收入同比增长 32.4%，增速较上年同期提高 3.7 个百分点。全年累计赔款与给付 357.5 亿元，同比增长 29.1%，增速较上年提高 11.0 个百分点，累计提供风险保障超过 30.8 万亿元，对地方经济发展保障作用进一步加强。

2016 年安徽省保险业基本情况

项　目	数　量
总部设在辖内的保险公司数(家)	1
其中:财产险经营主体(家)	1
人身险经营主体(家)	0
保险公司分支机构(家)	63
其中:财产险公司分支机构(家)	27

续表

项　目	数　量
人身险公司分支机构(家)	36
保费收入(中外资,亿元)	876
其中:财产险保费收入(中外资,亿元)	313
人身险保费收入(中外资,亿元)	563
各类赔款给付(中外资,亿元)	357
保险密度(元/人)	1252
保险深度(%)	4.0

数据来源:安徽省保监局。

四　长三角外资

一、长三角利用外资总体情况

2016 年，长三角实际利用外资总额达 754.01 亿美元，比上年增长 2.8%；占全国实际利用外资总额的比重为 59.8%，比上年上升 1.7 个百分点。其中，江苏省仍然是长三角的引资主力，实际利用外资 245.43 亿美元，比上年增长 1.1%；占长三角实际利用外资总额的 32.5%，所占比重比上年下降 0.6 个百分点。浙江省实际利用外资 175.77 亿美元，比上年增长 3.6%；占长三角实际利用外资总额的 23.3%，所占比重上升 0.2 个百分点。上海市实际利用外资 185.14 亿美元，比上年增长 0.3%；占长三角实际利用外资总额的 24.6%，所占比重下降 0.6 个百分点。安徽省实际利用外资 147.67 亿美元，比上年增长 8.4%；占长三角实际利用外资总额的 19.6%，所占比重上升 1.0 个百分点。

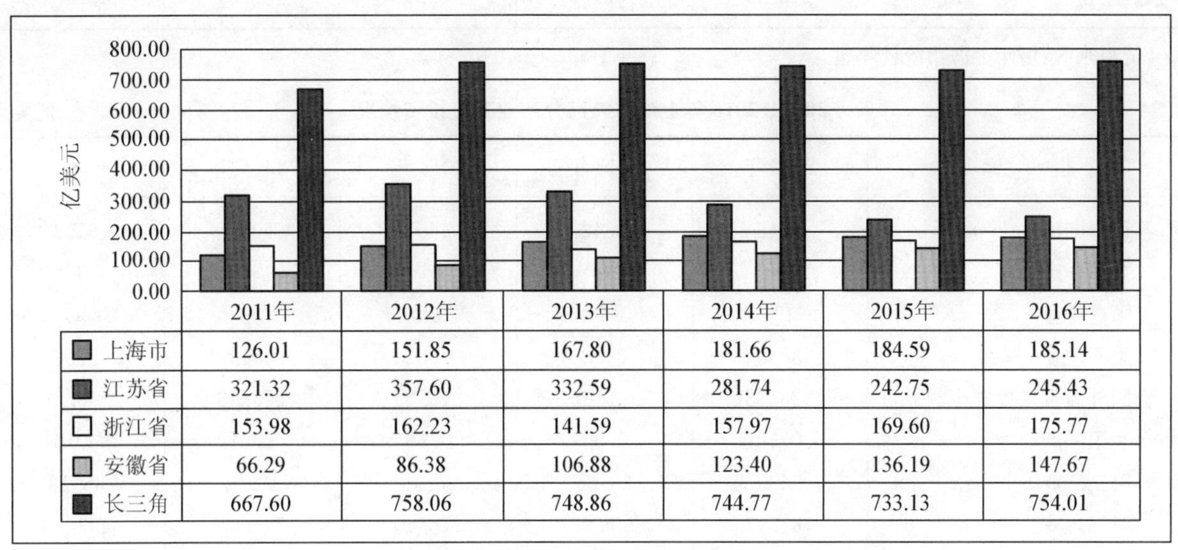

	2011年	2012年	2013年	2014年	2015年	2016年
上海市	126.01	151.85	167.80	181.66	184.59	185.14
江苏省	321.32	357.60	332.59	281.74	242.75	245.43
浙江省	153.98	162.23	141.59	157.97	169.60	175.77
安徽省	66.29	86.38	106.88	123.40	136.19	147.67
长三角	667.60	758.06	748.86	744.77	733.13	754.01

2011—2016 年长三角实际利用外资情况

数据来源：历年上海市、江苏省、浙江省、安徽省统计年鉴。

二、上海市利用外资情况

2016 年，上海市新设外商直接投资合同项目 5153 项，比上年减少 854 个；合同金额 509.78 亿美元，下降 13.5%；直接投资实际到位金额 185.14 亿美元，增长 0.3%。全年第三产业实际到位金额 163.35 亿美元，比上年增长 2.5%；占全市实际利用外资的比重达到 88.2%，所占比重上升 1.9 个百分点。至 2016 年末，在上海投资的国家和地区达 168 个。在上海落户的跨国公司地区总部达到 580 家，投资性公司 330 家，外资研发中心 411 家。年内新增跨国公司地区总部 45 家，其中亚太区总部 15 家；投资性公司 18 家；外资研发中心 15 家。

2012—2016 年上海市直接吸收外资情况　　亿美元

指　　标	2012 年	2013 年	2014 年	2015 年	2016 年
签订合同项目(个)	4043	3842	4697	6007	5153
＃合资经营	592	656	887	1391	989

续表

指　　标	2012年	2013年	2014年	2015年	2016年
合作经营	8	5	7	6	6
独资经营	3437	3075	3796	4600	4 148
签订合同金额(亿美元)	223.38	246.30	316.09	589.43	509.78
＃合资经营	39.76	36.09	70.13	101.76	68.73
合作经营	7.29	5.31	1.91	2.71	3.41
独资经营	172.16	203.95	230.19	457.41	425.27
实际吸收外资金额(亿美元)	151.85	167.80	181.66	184.59	185.14
＃合资经营	27.18	26.64	21.92	39.27	29.48
合作经营	5.76	5.96	8.29	5.37	0.28
独资经营	118.29	133.08	151.15	138.34	152.32

资料来源:历年上海市统计年鉴。

2012—2016年上海市外商分产业直接投资情况　　亿美元

指　　标	2012年	2013年	2014年	2015年	2016年
签订合同项目(个)	4043	3842	4697	6007	5153
＃第一产业	4	5	5	4	0
第二产业	221	144	110	89	95
第三产业	3818	3693	4582	5914	5058
合同外商直接投资金额	223.38	249.36	316.09	589.43	509.78
＃第一产业	0.39	0.33	0.66	0.61	−0.07
第二产业	35.86	23.95	25.19	19.59	36.13
第三产业	187.13	225.08	278.50	545.00	473.72
实际外商直接投资金额	151.85	167.80	181.66	184.59	185.14
＃第一产业	0.17	0.03	0.03	0.21	0.25
第二产业	24.89	32.10	17.78	25.00	21.54
第三产业	126.79	135.67	163.85	159.38	163.35

资料来源:历年上海市统计年鉴。

三、江苏省利用外资情况

2016年,江苏省吸引外资规模继续保持全国领先。新批外商投资企业2859家,比上年增加279家;新批协议外资431.39亿美元,比上年增长9.6%;实际到账外资245.43亿美元,比上年增长1.1%。新批及净增资9000万美元以上的外商投资大项目290个。

2012—2016年江苏省外商投资状况　　万美元

指　　标	2012年	2013年	2014年	2015年	2016年
签订合同项目(个)	4156	3453	3031	2580	2859
＃合资经营	721	632	709	606	776

续表

指　　标	2012年	2013年	2014年	2015年	2016年
合作经营	15	14	2	3	15
独资经营	3414	2806	2316	1963	2062
外商投资股份制企业	6	1	4	8	6
合同外商直接投资金额	5714109	4726816	4318685	3936089	4313941
＃合资经营	743004	561458	661894	610010	851874
合作经营	32100	26282	9808	19050	95114
独资经营	4869617	4128148	3512530	3222822	3315933
外商投资股份制企业	69388	10928	134453	84207	51020
实际外商直接投资金额	3575956	3325922	2817416	2427469	2454296
＃合资经营	577193	590073	429339	460420	545032
合作经营	19118	20102	9508	14383	22837
独资经营	2887099	2692125	2322693	1856173	1825448
外商投资股份制企业	92546	23622	55876	96493	60979

资料来源：历年江苏省统计年鉴。

2016年江苏省各市利用外资情况：

南京市新批外商投资企业346家，较上年增长38.4%。新批外商投资功能性机构15家，其中投资性公司3家、研发机构8家、销售结算和物流配售中心等其他功能性机构4家。注册合同外资56.55亿美元，下降8.4%。实际使用外资34.79亿美元，增长4.3%。分产业看，第一产业使用外资0.31亿美元，增长7.1倍；第二产业使用外资11.66亿美元，增长50.1%；第三产业使用外资22.82亿美元，下降10.6%。分行业看，制造业利用外资占比25.7%，房地产业占比21.6%，租赁和商务服务业占比16.0%，金融租赁服务业占比9.4%，科研技术服务业占比5.7%，软件信息服务业占比4.1%，批发零售和住宿餐饮业占比3.7%。

无锡市批准外资项目354个，协议注册外资44.83亿美元，下降19.0%。到位注册外资34.13亿美元，增长6.3%。制造业利用外资占到位注册外资比重达到66.3%，全年完成协议注册外资超3000万美元的重大外资项目45个。至2016年底，全球财富500强企业中有96家在我市投资兴办了182家外资企业。

徐州市实际使用外资15.06亿美元，比上年增长5.5%。新批外商投资企业166个，增加57个；新批协议外资35.12亿美元，增长121.0%；新批及净增资3000万美元以上的项目55个，增加29个，其中1亿美元以上的项目11个，增加8个。

常州市利用外资难中求进。全年新增协议注册外资41.1亿美元，比上年增长48.3%，其中总投资超亿美元项目24个，比上年增加10个。全市实际到账注册外资25亿美元，增长0.5%。新增省级跨国公司地区总部和功能性机构6家，住友电气、富士通等5家世界500强企业投资项目实现增资扩股。

苏州市使用外资层次提升。全年新设外商投资项目784个，实际使用外资60亿美元，其中服务业实际使用外资占比42.8%，比上年提高4.7个百分点；战略性新兴产业和高技术项目实际使用外资占比50.0%。区域性外资总部集聚区建设取得新成效，全市新设具有地区总部特征或共享功能的外资企业30家，年末累计超过250家。

南通市新批外商投资项目329个，比上年增长4.4%，其中，千万美元以上项目194个，比上年增长

15.5%；新批协议外资60.5亿美元，增长20.8%；实际到账注册外资23.9亿美元，增长3.1%。

镇江市利用外资保持稳定。全年新批外商投资企业106家，新批协议外资24.05亿美元，比上年增长64.9%；实际利用外资13.51亿美元，比上年增长3.5%。新批及净增资1000万美元以上项目89个，其中新批及净增资3000万美元以上项目37个。

淮安市新批外资项目240个，协议外资28.58亿美元，到账外资11.6亿美元。新设立总投资1亿美元以上项目10个、3000万美元以上项目59个。新批伊弗特精密零部件、金俊装备工业和澳洋顺昌集成电路等一批重大外资项目，其中伊弗特精密零部件项目计划总投资1.55亿美元。

宿迁市新批外商投资企业46个，比上年增长70.0%；完成协议注册外资8.07亿美元，比上年增长0.7%。全市实际使用外资4.50亿美元，比上年增长51.0%。

泰州市利用外资形势良好。全年新批协议注册外资25.16亿美元，增长100.6%；实际到账注册外资13.44亿美元，增长26.2%。

盐城市新批利用外资项目150个，比上年增长2.7%，其中3000万美元以上项目48个，比上年增长26.3%。注册外资实际到账7.1亿美元，比上年下降11.1%。外资结构逐步优化。全市新批高新技术产业协议外资1.6亿美元、到账1.1亿美元，分别比上年增长26.5%和91.0%。

2012—2016年江苏省各市实际利用外资情况　　亿美元

指　　标	2012年	2013年	2014年	2015年	2016年
南京市	41.30	40.33	32.91	33.35	34.79
无锡市	40.10	33.39	29.04	32.02	34.13
徐州市	17.00	15.00	16.58	14.28	15.06
常州市	33.61	31.11	24.09	17.21	25.00
苏州市	91.65	86.98	81.20	60.00	60.03
南通市	22.05	22.87	23.05	23.16	23.87
连云港市	7.34	8.70	9.54	8.01	5.50
淮安市	21.21	11.51	11.99	12.14	11.61
盐城市	21.11	15.50	10.47	7.95	7.07
扬州市	21.38	18.28	13.88	8.48	12.04
镇江市	22.14	30.97	12.95	13.05	13.51
泰州市	14.50	13.23	9.39	10.66	13.44
宿迁市	4.52	5.09	6.65	2.98	4.50

数据来源：历年江苏省统计年鉴。

四、浙江省利用外资情况

2016年，浙江省新批外商直接投资项目2145个，比上年增加367个；合同外资280.81亿美元，比上年增长0.9%；实际到位外资175.77亿美元，比上年增长3.6%。第三产业合同利用外资180.30亿美元，比上年增长3.3%，占合同外资总额的64.2%，比上年上升1.4个百分点；实际利用外资102.93亿美元，比上年增长6.4%，占实际利用外资总额的58.6%，比上年上升1.5个百分点。第二产合同利用外资96.34亿美元，实际利用外资71.56亿美元，分别比上年下降6.0%和0.5%。其中制造业实际利用外资67.89亿美元，比上年下降2.2%，占实际利用外资总额的38.6%，比重比上年下降2.3个百分点。

2012—2016 年浙江省外商投资状况　　万美元

指　　标	2012 年	2013 年	2014 年	2015 年	2016 年
签订合同项目(个)	1597	1572	1550	1778	2145
＃第一产业	29	21	36	13	26
第二产业	658	550	461	399	401
第三产业	910	1001	1053	1366	1718
合同外商直接投资金额	2107213	2438359	2441203	2782198	2808140
＃第一产业	11125	13685	34570	10657	41703
第二产业	1025012	914802	953204	1025283	963426
第三产业	1071076	1509872	1453429	1745932	1803011
实际外商直接投资金额	1306926	1415898	1579725	1696024	1757748
＃第一产业	8303	8094	8146	9002	12886
第二产业	652212	620096	592423	719328	715602
第三产业	646411	787708	979156	967694	1029260

资料来源:历年浙江省统计年鉴。

2016 年浙江省各市利用外资情况:

杭州市批准外商直接投资 462 项,实际利用外资 72.09 亿美元,比上年增长 1.4%。新批总投资 3000 万美元以上项目 145 个,总投资 141.27 亿美元,占新批外商项目总投资的 94.0%。引进世界 500 强投资项目 10 个,至 2016 年末,有 117 家世界 500 强企业来杭投资 198 个项目。

宁波市新批外商投资项目 458 个,合同利用外资 79.9 亿美元,比上年增长 4.4%;实际利用外资 45.1亿美元,增长 6.6%。第三产业新批项目 328 个,合同外资 48.0 亿美元,实际外资 20.8 亿美元,分别增长 9.7%、25.2%和 7.5%。

嘉兴市新批外商投资项目 275 个;合同利用外资 45.67 亿美元,比上年下降 6.3%;实际利用外资 26.92 亿美元,增长 0.3%。

湖州市新批准及增减资利用外资项目 180 个。其中,外商投资企业 110 家,增资项目 53 个;总投资千万美元以上项目 76 个。全年合同外资 21.3 亿美元,比上年增长 28.2%。全年实到外资 10.0 亿美元,比上年增长 6.3%。其中,第一产业 0.5 亿美元,增长 255.4%;第二产业 3.6 亿美元,增长 58.6%;第三产业 3.5 亿美元,下降 31.5%。

绍兴市新批外资项目 277 只,比上年增加 81 只。合同利用外资 12.85 亿美元,比上年下降 18.4%;实际利用外资 8.00 亿美元,下降 15.0%。新批(含增资)总投资 1000 万美元以上大项目 73 个,比上年减少 1 个,主要分布在第三产业的科学研究与技术服务,以及工业的机械、化工、医药等领域。共有 30 多个国家和地区到绍兴投资,亚洲成为主要的外资来源地。

舟山市新批设立外商投资企业 25 家,投资总额 14.67 亿美元,比上年增长 190.3%;合同外资金额 8.77 亿美元,增长 129.9%;实际使用外资金额 2.10 亿美元,增长 169.7%。

温州市新批外商直接投资项目 61 个,比上年增加 17 个;合同外资 5.5 亿美元,增长 83.8%;实际利用外资 2.4 亿美元,下降 19.2%。

金华市新批外商投资企业 400 家;合同利用外资 6.3 亿美元,同比增长 80.4%;实际利用外资 3.5 亿美元,同比增长 28.2%。二产实际利用外资金额 6777 万美元,占全市实际利用外资总额的 19.3%。三产实际利用外资金额 28397 万美元,同比增长 94.2%,占全市实际利用外资总额的 80.7%。全市省级及以上开发区实际利用外资 20954 万美元,占全市总数的 59.6%,同比增长 19.6%。

衢州市新批外商投资企业 11 家，合同利用外资 1.42 亿美元，比上年增长 40.5%；实际利用外资 0.61亿美元，增长 1.7%。

台州市新批外商投资项目 36 个，总投资 15.92 亿美元，合同利用外资 10.39 亿美元，比上年增长 468.1%，实际利用外资 3.37 亿美元，增长 189.5%。

丽水市新批准设立外商直接投资企业 36 家，比上年增加 18 家；外商直接总投资 5.75 亿美元，增长 48.3%；合同利用外资金额 3.29 亿美元，增长 14.5%；实际利用外资金额 2.21 亿美元，增长 2.3%。

2012—2016 年浙江省各市实际利用外资情况

万美元

指　标	2012 年	2013 年	2014 年	2015 年	2016 年
浙东北	1175810	1283364	1471062	1599187	1642667
杭州市	496061	527633	633460	711253	720915
宁波市	285252	327483	402514	423375	451333
嘉兴市	178159	220676	249577	268427	269240
湖州市	102599	105860	98419	94188	100131
绍兴市	95400	80782	67130	94152	80031
舟山市	18339	20930	19962	7792	21017
浙西南	131123	134456	133659	97081	120581
温州市	39836	50150	53267	30123	24330
金华市	28314	24905	27840	27431	34329
衢州市	5067	6616	7009	6006	6109
台州市	47520	40001	27705	11635	33683
丽水市	10386	12784	17838	21886	22130

数据来源：历年浙江省统计年鉴。

五、安徽省利用外资情况

2016 年，安徽省新批外商投资项目 267 个，比上年减少 22 个；合同利用外资 41.14 亿美元，增长 4.5%；实际利用外商直接投资 147.67 亿美元，增长 8.4%。到 2016 年底，来安徽省投资的境外世界 500 强企业增加到 73 家，其中当年新设立企业 1 家。

2012—2016 年安徽省外商投资状况

万美元

指　标	2012 年	2013 年	2014 年	2015 年	2016 年
新批项目(个)	194	246	256	289	267
＃合资经营	78	108	103	131	129
合作经营	2	5	3	5	2
独资经营	112	131	147	151	134
外商投资股份制	2	1	3	2	2
合同外资额	253481	268851	310969	393800	411413
＃合资经营	70431	110209	107022	165755	122632
合作经营	4472	18279	8020	10827	5986
独资经营	170532	136011	188572	215805	285241

续表

指　　标	2012年	2013年	2014年	2015年	2016年
外商投资股份制	8046	3351	7355	1414	—2446
实际利用外商直接投资额	863811	1068772	1233978	1361945	1476712
#合资经营	269883	327720	428324	433218	492113
合作经营	1971	4414	4407	7181	5169
独资经营	569825	708629	771762	864674	970700
外商投资股份制	22132	28009	29485	56871	8730

资料来源:历年安徽省统计年鉴。

2016年安徽省各市利用外资情况:

合肥市新批外商投资企业95户,比上年下降18.1%。实际利用外商直接投资28.08亿美元,增长12.0%。新增总投资(含增减资)43.38亿美元,同比增长113.1%。年末境外世界500强企业共40家,在合肥投资设立55家外资企业,新增3家。

芜湖市新批外商投资企业36家,合同利用外资4.31亿美元。全年实际利用外资25.11亿美元,比上年增长9.2%,其中外商直接投资25.11亿美元,增长9.2%。实际利用内资2944.1亿元,增长4.6%,其中省外资金2023.34亿元,下降1.2%。截至2016年底,全市共有41家境外世界500强企业在芜投资项目47个;其中来自美国的世界500强企业12家,投资项目14个。

淮北市新批外商投资企业2家,实际利用外商直接投资64780万美元,比上年增长8.0%。

亳州市新批外商投资企业4家,比上年下降50%;合同利用外商直接投资0.9亿美元,下降41.7%;实际利用外商直接投资7.2亿美元,增长10.1%。

宿州市引进外资项目11个,比上年增加1个;全市合同利用外资7451万美元,下降41.0%;外商直接投资7.30亿美元,增长8.0%。全年实际利用内资1040亿元,增长15.6%。

阜阳市新批外商投资企业4家,比上年下降33.3%。合同外资10580万美元,增长165.8%。实际利用外商直接投资20309万美元,比上年增长10.0%。

淮南市新批外商投资企业6家,比上年增长50.0%;合同利用外资8876万美元,下降10.4%;实际吸收外商直接投资22298万美元,增长3.0%。

六安市利用外商直接投资38009万美元,同比增长10.3%;新批外资项目10个,同比减少3个;合同外资16064万美元,同比下降39.5%。

马鞍山市实际利用外商直接投资21.0亿美元,比上年增长8.0%。

宣城市新批外商投资企业13家,合同利用外资2.0亿美元,比上年增长88.9%;实际使用外资资金8.6亿美元,增长8.0%。

2012—2016年安徽省各市利用外资情况　　万美元

指　　标	2012年	2013年	2014年	2015年	2016年
合肥市	160110	189021	225877	250678	280843
淮北市	37786	45934	54431	59979	64780
亳州市	36063	47383	59687	65656	72279
宿州市	37049	46813	58966	67623	73033
蚌埠市	73250	96830	121357	139197	150383
阜阳市	10512	13134	16207	18463	20309

续表

指　标	2012年	2013年	2014年	2015年	2016年
淮南市	18924	23914	20095	20797	22298
滁州市	51910	72596	92353	105886	114366
六安市	26030	30403	35191	38720	37209
马鞍山市	127912	147895	176131	194002	209531
芜湖市	131655	160548	200340	230062	251145
宣城市	43625	57303	69002	79606	85975
铜陵市	33368	40310	19577	22324	24303
池州市	21017	26208	30260	34703	36132
安庆市	32667	45178	26666	18253	18074
黄山市	21933	25302	27838	15996	16052

数据来源：历年安徽省统计年鉴。

五　长三角对外经济

一、长三角对外经济总体情况

随着全国经济国际化的深化，长三角对外经济迅猛发展，规模继续居于全国前列，2016 年，长三角对外承包工程及对外劳务合作完成营业额 256.94 亿美元，比上年下降 0.6%；占到全国总量的 16.1%，比上年下降 0.7 个百分点。

2016 年，上海市对外承包工程及对外劳务合作完成营业额 66.56 亿美元，比上年下降 10.7%；占长三角总量的 25.9%，所占比重下降 2.9 个百分点。江苏省对外承包工程及对外劳务合作完成营业额91.11 亿美元，比上年下降 4.2%；占长三角对外承包工程及对外劳务合作完成营业额总量的 35.5%，所占比重下降 1.3 个百分点。浙江省对外承包工程及对外劳务合作完成营业额 68.33 亿美元，比上年增长 10.4%；占长三角总量的 26.6%，所占比重上升 2.7 个百分点。安徽省对外承包工程及对外劳务合作完成营业额 30.94 亿美元，比上年增长 14.9%；占长三角总量的 12.0%，所占比重上升1.6 个百分点。

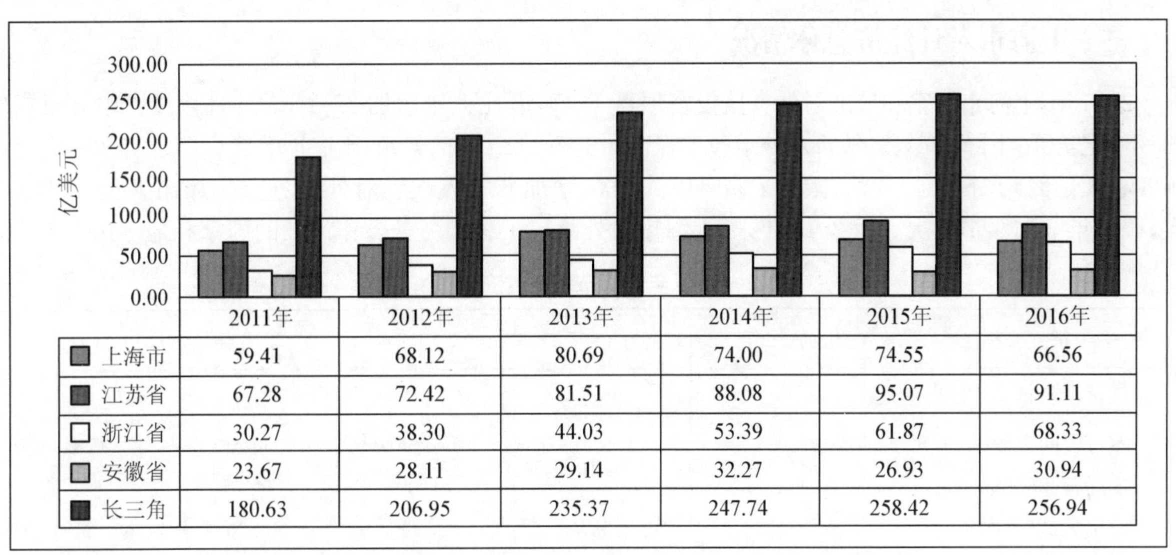

	2011年	2012年	2013年	2014年	2015年	2016年
上海市	59.41	68.12	80.69	74.00	74.55	66.56
江苏省	67.28	72.42	81.51	88.08	95.07	91.11
浙江省	30.27	38.30	44.03	53.39	61.87	68.33
安徽省	23.67	28.11	29.14	32.27	26.93	30.94
长三角	180.63	206.95	235.37	247.74	258.42	256.94

2011—2016 年长三角地区对外承包工程与劳务合作完成营业额

2016 年，长三角对外投资额为 858.12 亿美元，比上年增长 16.0%；占全国对外直接投资额的 43.7%，所占比重比上年下降 7.1 个百分点。上海市中方对外投资额为 535.50 亿美元，比上年下降 6.6%；占长三角投资总量的 62.4%，所占比重下降 15.1 个百分点。江苏省中方对外投资额为 142.24 亿美元，比上年增长 38.0%；占长三角投资总量的 16.6%，所占比重上升 2.7 个百分点。浙江省中方对外投资额为 168.94 亿美元，是去年的 3.13 倍；占长三角投资总量的 19.7%，所占比重上升 12.4 个百分点。安徽省中方对外投资额为 11.44 亿美元，比上年增长 18.2%；占长三角投资总量的 1.3%，所占比重与去年持平。

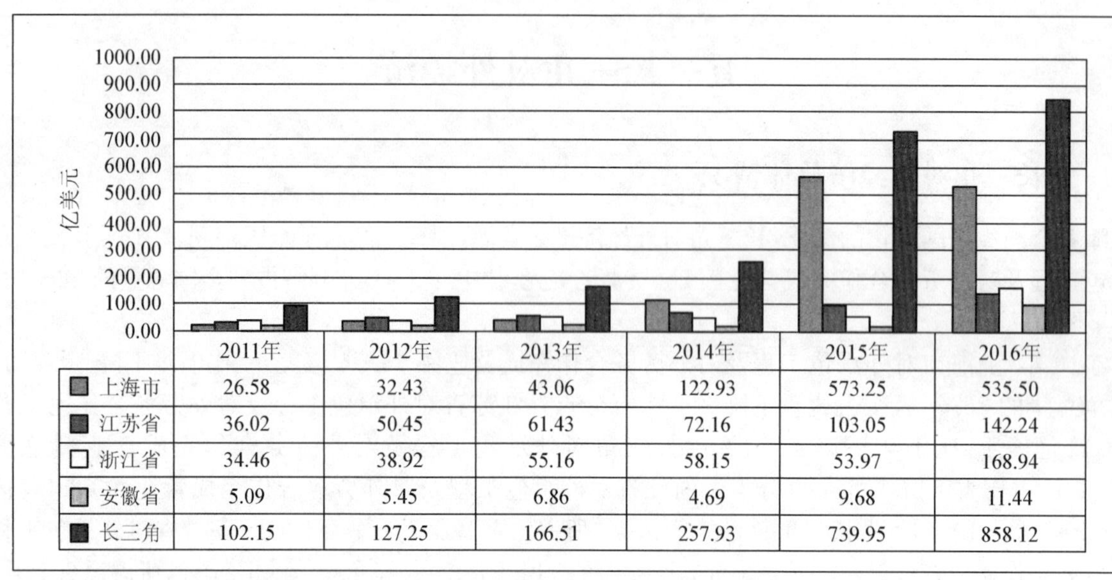

	2011年	2012年	2013年	2014年	2015年	2016年
上海市	26.58	32.43	43.06	122.93	573.25	535.50
江苏省	36.02	50.45	61.43	72.16	103.05	142.24
浙江省	34.46	38.92	55.16	58.15	53.97	168.94
安徽省	5.09	5.45	6.86	4.69	9.68	11.44
长三角	102.15	127.25	166.51	257.93	739.95	858.12

2011—2016 年长三角地区中方对外投资额

二、上海市对外经济总体情况

2016 年，上海市备案和核准对外直接投资项目 1425 项，比上年增加 87 个；对外直接投资中方投资额 535.50 亿美元，下降 6.6%。签订对外承包工程合同金额 118.45 亿美元，比上年增长 6.7%；实际完成营业额 66.56 亿美元，下降 10.7%；派出人员 6497 人次，增加 631 人次。对外劳务合作派出人员 15290 人次，比上年增加 921 人次。至 2016 年末，上海市对外承包工程和劳务合作涉及的国家和地区达 178 个。

2012—2016 年上海市对外经济合作情况

指　　标	2012 年	2013 年	2014 年	2015 年	2016 年
对外承包工程					
签订合同金额(亿美元)	103.11	108.16	108.90	111.00	118.45
实际营业额(亿美元)	68.12	80.69	74.00	74.55	66.56
派出人员(人次)	3477	4337	8532	5866	6497
对外劳务合作					
派出人员(人次)	17767	13695	18163	14369	15290

资料来源：历年上海市统计年鉴。

2013—2016 年上海市对外直接投资情况

指　标	2013 年新增	至 2013 年底累计	2014 年新增	至 2014 年底累计	2015 年新增	至 2015 年底累计	2016 年新增	至 2016 年底累计
企业数(个)	347	2276	594	2870	1338	4208	1425	5633
投资额(亿美元)	43.061	178.90	122.93	301.83	573.25	875.05	535.50	1410.55

资料来源：历年上海市统计年鉴。

三、江苏省对外经济总体情况

2016 年，江苏省对外投资增势迅猛。新批境外投资项目 1067 个，比上年增加 187 个；中方协议投资

142.24亿美元，增长38.0%。新签对外承包工程合同额72.87亿美元，比上年下降6.5%；实际完成营业额91.11亿美元，增长4.0%；年末在外人数32403人，减少5504人。新签劳务人员合同工资总额4.53亿美元，比上年下降12.7%；劳务人员实际收入总额6.96亿美元，下降6.6%；年末在外人数55371人，减少8540人。协议投资第三产业仍占主导地位，2016年江苏省对外第三产业协议投资84.44亿美元，比上年增长34.2%，占协议投资的比重为59.4%，比上年下降2.2个百分点。

2012—2016年江苏省对外经济合作情况

指　标		合同数(份)	合同金额(万美元)	实际额(万美元)	年末在外人数(人)
对外承包工程	2012年	1009	719844	646755	35615
	2013年	1021	865653	726299	36266
	2014年	1067	966108	795426	36552
	2015年	875	779596	876128	37907
	2016年	1543	728708	911122	32403
对外劳务合作(工资额)	2012年	—	62021	77438	51234
	2013年	—	75680	88826	51748
	2014年	—	120789	85351	59850
	2015年		51941	74550	63911
	2016年		45319	69634	55371

资料来源：历年江苏省统计年鉴。

2012—2016年江苏省境外投资情况

指　标	2012年	2013年	2014年	2015年	2016年
新批项目数(个)	572	605	736	880	1067
#企业	528	550	698	851	1049
#子公司	501	522	685	806	990
独资子公司	390	414	517	621	759
合资子公司	111	108	168	184	231
联营公司	27	28	13	45	59
机构	44	55	38	29	18
#国有及国有控股企业	60	58	58	52	95
集体企业	4	3	1	3	6
民营企业	383	426	554	693	814
外资企业	125	118	123	132	152
#参股并购类项目	83	80	110	170	220
风险投资类项目	13	10	7	7	2
#贸易型项目	243	210	277	315	286
非贸易型项目	329	395	459	565	781
#境外加工贸易项目	33	38	61	65	76
境外资源开发项目	33	9	10	18	7
中方协议金额(万美元)	504547	614272	721571	1030460	1422365
#企业	504089	611917	721154	1030123	1422194

续表

指 标	2012 年	2013 年	2014 年	2015 年	2016 年
#子公司	491387	579871	712482	996893	1373375
独资子公司	393106	488365	543147	798599	1137147
合资子公司	98281	91506	169335	198294	236228
联营公司	12702	32046	8672	33230	48820
机构	458	2356	417	337	171
#国有及国有控股企业	84488	46418	65224	59895	180317
集体企业	2185	974	9998	38164	4641
民营企业	320725	434218	547679	795137	999928
外资企业	97149	132663	98669	137264	237479
#参股并购类项目	99294	126803	110347	199902	306426
风险投资类项目	13522	28342	17973	7753	897
#贸易型项目	154336	128831	167014	225716	242426
非贸易型项目	350210	485441	554557	804744	1179940
#境外加工贸易项目	34988	34307	57923	112433	150458
境外资源开发项目	61756	24100	22658	73734	30808

资料来源：历年江苏省统计年鉴。

2016 年江苏省各市对外经济情况：

南京市新增境外投资项目 175 个（含新增），比上年增长 2.9%；中方协议投资额 30.07 亿美元，增长 45.9%。全年对外承包劳务合作合同金额为 30.72 亿美元，下降 19.4%；实际完成对外承包劳务营业额 37.25 亿美元，增长 11.7%。

无锡市备案投资项目 142 个，中方协议投资额达到 20.97 亿美元，比上年增长 20%，其中 1000 万美元以上项目 42 个。

徐州市对外投资增势良好，新签对外承包工程合同额、新签对外承包工程完成营业额分别为 0.98 亿美元和 1.0 亿美元；新批境外投资项目 24 个，境外投资中方协议外资 7.65 亿美元，增长 4.0%。

常州市外经合作稳步推进。全年新备案境外投资项目 91 个，中方协议投资额 9.7 亿美元，增长 27.9%，其中涉及“一带一路”国家和地区项目 14 个，中方协议投资额 2.9 亿美元，占比达 30%。全年完成服务外包合同额 4.9 亿美元，服务外包执行额 4.1 亿美元，分别增长 27.9%和 29.0%，其中离岸服务外包合同额 1.6 亿美元，离岸服务外包执行额 1.4 亿美元，分别增长 7.2%和 24.6%。

苏州市“走出去”步伐加快。全年新批境外投资项目中方协议投资额 32 亿美元，比上年增长 56.7%，其中第三产业项目中方协议投资额占比 56.6%；民营企业境外中方协议投资额占比 74.9%。全年新签对外工程承包合同额 15.1 亿美元，比上年下降 19.4%；完成营业额 11.6 亿美元，比上年增长 11.2%。“一带一路”倡议效应进一步显现，对“一带一路”沿线国家协议投资额 5.99 亿美元，占比达 18.8%。

南通市新批境外投资项目 112 个，中方协议投资额 12.1 亿美元，比上年增长 6.1%。新签对外承包劳务合同额 10.5 亿美元，下降 10.0%；完成对外承包劳务营业额 20.1 亿美元，下降 17.6%；新派劳务人员 9149 人次，下降 35.8%；年末在外劳务人员 23948 人，减少 5.2%。

镇江市对外经济稳定增长。全年新批境外投资项目 34 个，比上年下降 22.7%；中方协议投资 1.95 亿美元，比上年下降 10.8%；新签订对外承包工程合同额 4018 万美元，比上年下降 17.5%；完成营业额 3.28 亿美元，比上年增长 88.2%；新派劳务 1442 人，比上年增长 14.6%。截至年末，全市累计批准 196 家企业在 65 个国家和地区，投资 270 个境外项目，中方协议投资 11.09 亿美元。

淮安市完成外经营业额 1.30 亿美元，比上年增长 24.4%。对外承包工程新签合同额 1.25 亿美元，增长近3倍。

四、浙江省对外经济总体情况

2016年,浙江省经审批和核准的境外投资企业和机构共计803家,比上年增加43家;其中中方投资168.94亿美元,比上年增长213.0%。对外承包工程和劳务合作完成营业额68.33亿美元,比上年增长10.4%;新签对外承包工程和劳务合作合同额55.37亿美元,下降5.7%;对外承包工程和劳务合作年底在外人数为33921人,增加1687人。

2012—2016年浙江省对外经济合作情况

项　　目	2012年	2013年	2014年	2015年	2016年
新签对外承包工程和劳务合作合同额(万美元)	361220	464707	423539	587412	553693
对外承包工程和劳务合作营业额(万美元)	382974	440266	533922	618719	683295
对外承包工程和劳务合作在年底在外人数(人)	27149	27923	31279	32234	33921
新批境外投资企业数(个)	634	568	577	760	803
境外企业中方投资额(万美元)	389236	551648	581489	539701	1689363

资料来源:历年浙江省统计年鉴。

2016年浙江省各市对外经济情况:

杭州市设立各类境外投资企业(机构)1586个,其中非贸易企业624个。境外合同投资52.18亿美元,其中非贸易性投资41.92亿美元,增长185.0%。对外承包工程和劳务合作营业额19.26亿美元,增长8.9%。离岸服务外包合同执行额58.72亿美元,增长13.1%。

宁波市新批境外投资企业和机构220家;核准中方投资额35.1亿美元,比上年增长39.9%。完成境外承包工程劳务合作营业额20.4亿美元,增长6.9%。全年承接服务外包执行额231.3亿元,增长25.2%,其中离岸服务外包执行额16.5亿美元,增长28.6%。年末全市服务外包企业1299家,从业人员5.0万人。

嘉兴市新批境外投资项目80个,对外直接投资额6.92亿美元,比上年增长11.2%。

绍兴市新批境外投资企业56家,企业增资14家。境外投资企业总投资额151530万美元,其中,中方投资额99564万美元,下降39.6%。境外工程新签合同额14709万美元,完成营业额24272万美元,比上年增长29.4%。

舟山市新设境外投资项目10个,其中增资项目6个,中方投资额2.43亿美元,增长505.2%;境外承包工程劳务合作营业额4.27亿美元,下降23.1%。

温州市国外经济合作完成营业额8408万美元,增长35.6%。全年我市境外中方投资总额7.3亿美元(含对外承包工程营业额),新批境外投资项目42个,增资项目6个,其中22个项目位于"一带一路"沿线国家(地区)。

金华市新批核准境外投资项目42个,境外投资总额8.6亿美元,其中中方投资8.3亿美元。全市完成对外承包工程劳务合作营业额4亿美元。全年设立境外营销网络(贸易公司、办事处等)22家,涉及汽摩配件、五金产品、车业、纺织、五金机械、箱包等行业企业。以并购形式实现的境外投资项目共有6个,比上年同期增加3个,并购交易额2.7亿美元,同比增长8.2倍。

台州市新批境外投资企业47家,中方投资额17150万美元。全市累计境外投资项目594个,中方累计投资额9.7亿美元。

五、安徽省对外经济总体情况

2016年,安徽省新批境外企业(机构)121个,比上年减少12个;协议对外投资38.23亿美元,比上年增长 20.1%;实际对外投资 11.44 亿美元,增长 18.1%,其中对“一带一路”沿线国家和地区投资 0.70 亿美元。对外承包工程和劳务新签合同金额 30.76 亿美元,比上年增长 0.2%;完成营业额 30.94 亿美元,增长 14.9%;当年外派劳务人员 10044 人,减少 456 人;年末在外人数为 19197 人,减少 4494 人。

2012—2016 年安徽省对外经济合作情况

项　目	2012 年	2013 年	2014 年	2015 年	2016 年
新签对外承包工程和劳务合作合同额(亿美元)	23.38	27.50	26.68	30.70	30.76
对外承包工程和劳务合作营业额(亿美元)	28.11	29.14	32.27	26.93	30.94
对外承包工程和劳务合作在年底在外人数(人)	23748	21655	24709	23691	19197
新批境外投资企业数(个)	56	59	100	133	121
境外企业中方实际投资额(亿美元)	5.45	6.86	4.69	9.68	11.44

资料来源:历年安徽省统计年鉴。

2016 年安徽省主要城市对外经济情况:

合肥市对外经济合作新签合同额 17 亿美元,比上年下降 20.0%;完成营业额 22.6 亿美元,增长 17.0%。开辟首条国际货运航线,“合新欧”班列实现常态化运行并开通首趟回程班列。劳务合作年末在外人员 0.83 万人。

淮南市对外工程承包新签合同额 22218 万美元,增长 6.1%;完成营业额 19343 万美元,增长 1.1 倍。当年外派劳务人员 1168 人,增长 40.7 倍。

宣城市新增境外投资企业 6 家,实际对外投资 8906 万美元。

六　长三角外贸

一、长三角对外贸易总体情况

2016 年，长三角对外贸易进出口总值达 87435.05 亿元，占全国外贸比重 35.9%，比上年上升 0.7 个百分点。其中，出口额 52717.63 亿元，占全国出口比重为 38.1%，上升 0.9 个百分点；进口额 34717.42 亿元，占全国进口比重为 33.1%，上升 0.5 个百分点。

2016 年，上海市进出口总额占长三角进出口总额的比重为 32.8%，比上年上升 0.4 个百分点；出口额占长三角出口总额的比重为 23.0%，下降 0.3 个百分点。江苏省进出口总额占长三角进出口总额的比重为 38.5%，比上年下降 0.7 个百分点；出口额占长三角出口总额的比重为 40.0%，下降 0.1 个百分点。浙江省进出口总额占长三角进出口总额的比重为 25.4%，比上年上升 0.5 个百分点；出口额占长三角出口总额的比重为 33.5%，上升 0.8 个百分点。安徽省进出口总额占长三角进出口总额的比重为 3.4%，比上年下降 0.1 个百分点；出口额占长三角出口总额的比重为 3.6%，下降 0.3 个百分点。

2012—2016 年长三角地区对外贸易情况　　亿美元、亿元

指　标	2012 年		2013 年		2014 年		2015 年		2016 年	
	进出口额	出口额	进出口额	出口额	进出口额	出口额	进出口额	出口额	进出口额	出口额
上海市	4367.58	2068.07	4413.98	2042.44	4666.22	2102.77	4517.33	1969.69	28664.37	12105.45
江苏省	5480.93	3285.38	5508.44	3288.57	5637.62	3418.69	5456.14	3386.68	33634.80	21063.20
浙江省	3124.03	2245.19	3357.89	2487.46	3550.49	2733.29	3467.84	2763.32	22202.08	17666.48
安徽省	393.25	267.52	456.34	282.56	492.73	314.93	488.08	331.14	2933.80	1882.50
长三角	13365.79	7866.16	13736.65	8101.03	14347.06	8569.68	13929.39	8450.83	87435.05	52717.63

注：2016 年货币统计单位为人民币。
资料来源：历年上海市、江苏省、浙江省、安徽省统计年鉴。

二、上海市对外贸易情况

2016 年，上海市关区货物进出口总额 7925.99 亿美元，比上年下降 3.2%。其中，进口 3127.25 亿美元，下降 1.7%；出口 4798.74 亿美元，下降 4.1%。

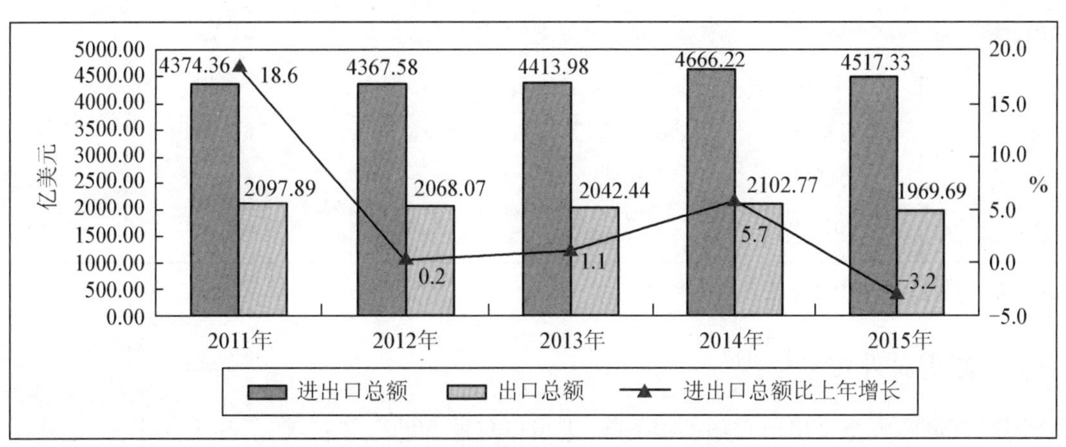

2011—2016 年上海市进出口总额与增长速度

2016 年，上海市完成进出口总额 4338.05 亿美元，比上年下降 4.0%。其中，进口总额 2503.38 亿美元，下降 1.7%；出口总额 1834.67 亿美元，下降 6.9%。上海市进出口总额相当于生产总值的比例为 102.3%，比上年下降 7.4 个百分点；出口总额相当于生产总值的比例为 43.2%，比去年下降 4.6 个百分点。

按企业性质分，上海市国有企业出口 224.49 亿美元，比上年下降 11.7%；外商投资企业出口 1236.16 亿美元，下降 6.4%。按产品分类，高新技术产品出口 790.60 亿美元，比上年下降 8.2%；机电产品出口 1289.16 亿美元，下降 6.6%。按贸易方式分，一般贸易出口 797.25 亿美元，下降 5.0%；加工贸易出口 734.31 亿美元，下降 12.9%。

2012—2016 年上海市出口情况

亿美元

指　　标	2012 年	2013 年	2014 年	2015 年	2016 年
出口总额	2068.07	2042.44	2102.77	1969.69	1834.67
按企业性质分					
#国有企业	324.81	296.98	279.17	254.26	224.49
外商投资企业	1387.67	1367.75	1415.62	1320.55	1236.16
按贸易方式分					
#一般贸易	789.29	817.25	879.73	838.98	797.25
加工贸易	1015.29	943.80	919.88	842.59	734.31
按产品类别分					
#机电产品	1454.37	1433.95	1456.08	1380.30	1289.16
#高新技术产品	906.64	887.13	890.63	861.55	790.60

数据来源：历年上海市统计年鉴。

2016 年，上海市对香港特别行政区、台湾省出口分别为 181.40 亿美元、64.41 亿美元，比上年分别下降6.2% 和增长 5.2%。对美国、俄罗斯出口分别为 449.16 亿美元、16.47 亿美元，分别下降 1.5%和 3.6%。对日本、韩国出口分别为 192.07 亿美元、73.45 亿美元，分别下降 9.9%和 13.4%。

2012—2016 年上海市对主要国家和地区出口情况

亿美元

指　　标	2012 年	2013 年	2014 年	2015 年	2016 年
中国香港	159.69	167.70	184.65	193.43	181.40
中国台湾	57.01	57.91	66.82	61.23	64.41
日本	249.62	249.09	233.13	213.22	192.07
韩国	69.45	62.12	71.62	84.80	73.45
俄罗斯	32.63	29.90	30.17	17.08	16.47
美国	501.59	506.50	498.45	455.79	449.16

数据来源：历年上海市统计年鉴。

三、江苏省对外贸易情况

2016 年，江苏省外贸进出口总额小幅下降，进出口总额 5096.12 亿美元，比上年下降 6.6%。其中，出口额 3193.44 亿美元，比上年下降 5.7%；进口额 1902.68 亿美元，下降 8.1%。

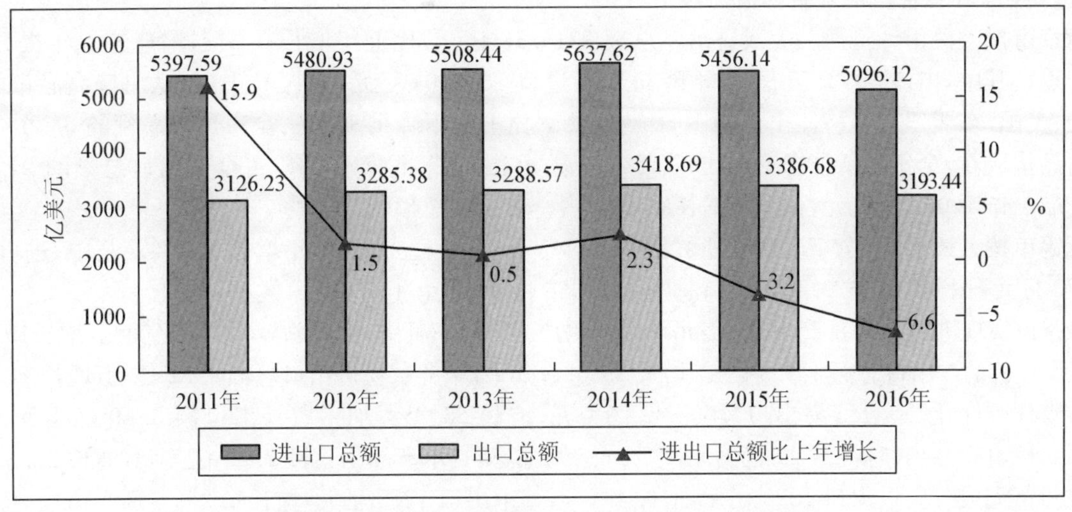

2011—2016 年江苏省进出口总额、出口额与增长速度

按贸易方式分。一般贸易出口额 1554.37 亿美元，比上年增长 0.1%；加工贸易出口额 1389.30 亿美元，下降 6.1%。机电产品出口额为 2080.04 亿美元，比上年下降 7.5%，占出口总额比重为 65.1%；高新技术产品出口额为 1169.78 亿美元，比上年下降 10.8%，占出口总额比重为 36.6%。

按经济类型分。外商投资企业出口额 1865.44 亿美元，比上年下降 3.8%，占出口总额比重为 58.4%，占比较上年上升 1.2 个百分点；私营企业出口额 981.49 亿美元，下降 8.1%，占出口总额比重为 30.7%，占比较上年下降 0.8 个百分点；国有企业出口额 287.06 亿美元，下降 6.6%，占出口总额比重为 9.0%，占比较上年下降 0.1 个百分点。

2016 年，江苏省对俄罗斯出口额为 38.62 亿美元，比上年增长 11.2%；对东盟、韩国出口额分别为 351.06 亿美元、166.86 亿美元，基本与去年持平；对美国、日本出口额分别为 717.29 亿美元和 259.80 亿美元，分别下降 1.5%和 7.5%；对香港特别行政区、台湾省出口额分别为 272.69 亿美元、99.84 亿美元，分别下降21.6%和 27.6%；对欧盟、非洲、拉丁美洲出口额分别为 594.80 亿美元、77.06 亿美元、169.04 亿美元，分别下降 2.1%、11.4%和 10.7%。

2012—2016 年江苏省进出口商品主要国家和地区　　亿美元

指　　标	2013 年		2014 年		2015 年		2016 年	
	进出口额	出口额	进出口额	出口额	进出口额	出口额	进出口额	出口额
中国香港	374.48	368.34	353.92	348.46	352.45	347.90	278.99	272.69
中国台湾	431.24	119.65	462.43	142.06	434.41	137.83	375.68	99.84
韩国	582.57	167.47	593.27	166.37	585.00	166.78	542.12	166.86
日本	610.07	312.37	593.96	308.63	528.19	280.82	500.67	259.80
俄罗斯	57.77	49.32	56.27	48.94	41.08	34.74	46.71	38.62
美国	819.85	654.30	860.52	701.72	867.63	727.97	840.07	717.29
东盟	564.37	334.44	593.16	342.22	596.54	351.07	586.74	351.06
欧盟	812.73	571.21	893.61	635.05	847.35	607.86	821.08	594.80
非洲	118.93	92.99	110.73	92.97	102.55	87.01	92.65	77.06
拉丁美洲	287.16	198.22	272.21	191.93	280.03	189.33	263.86	169.04

数据来源：历年江苏省统计年鉴。

2016年江苏省各市对外贸易情况：

南京市按人民币计价海关完成进出口总额3315.19亿元，比上年增长0.3%，增速较上年提升6.3个百分点。其中，出口1952.15亿元，下降0.2%；进口1363.04亿元，增长1.0%。从出口商品市场看，对欧盟、美国、东盟三大经济体出口额1038.32亿元，比上年下降1.1%，占全市出口总额的53.2%。从出口商品构成看，全年高新技术产品出口483.05亿元，比上年下降1.8%，占全市出口总额的24.7%。机电产品出口1006.16亿元，比上年增长0.4%，占全市出口总额的51.5%。

无锡市按人民币计，全年实现对外贸易进出口总额4610亿元，比上年增长8.5%。其中，进口总额1777.73亿元，比上年增长9.1%；出口总额2832.26亿元，比上年增长8.1%。

徐州市实现进出口总额62.48亿美元，比上年增长15.4%；其中，出口总额52.54亿美元，增长19.7%。按人民币计价的进出口总额413.8亿元，增长23.0%；其中，服务贸易进出口总额4.82亿元，增长16.7%。出口结构有所优化，一般贸易出口额45.80亿美元，增长26.3%；加工贸易出口额6.69亿美元，下降11.6%。机电产品出口额20.47亿美元，增长6.9%，高新技术产品出口额2.29亿美元，增长22.3%。

常州市完成外贸进出口1820亿元，增长4.6%，其中出口1375亿元，增长4.2%。新兴市场，特别是“一带一路”市场有效拓展，全年对“一带一路”出口增长9.8%，增幅高于全市平均5.6个百分点。全年完成高新技术产品出口240亿元，增长5.1%。

苏州市对外贸易基本稳定。全市实现进出口总额18081亿元，其中出口10817亿元，进口7264亿元。全市一般贸易进出口比上年增长8.8%，占进出口总额的比重达33.6%，比上年提高4.2个百分点。从出口市场看，全年对美国出口比上年增长4.8%，对东盟出口增长4.0%，对欧盟出口增长3.2%，对日本出口下降8.2%；对“一带一路”沿线国家出口占全市出口总额的比重达20.3%，比上年提高1.5个百分点。

南通市按人民币计价实现进出口总值2035.3亿元，增长3.8%，其中，出口总值1516.7亿元，增长7.0%；进口总值518.6亿元，下降4.5%。至2016年末，建立进出口贸易关系的国家和地区201个，比上年减少8个。全市有进出口业绩的企业5798家，增长7.2%。

镇江市对外贸易形势稳定。全年实现进出口总额103.16亿美元，比上年增长2.5%，其中出口总额69.51亿美元，增长1.1%；进口总额33.65亿美元，增长5.5%。从出口方式上看，一般贸易出口51.32亿美元，比上年增长1.7%；加工贸易出口17.55亿美元，比上年增长3.5%。从企业类型看，国有企业出口1.80亿美元，比上年增长1.3%；外商投资企业出口30.82亿美元，比上年下降2.6%；民营企业出口36.12亿美元，比上年增长4.8%。从主要出口产品看，机电产品出口31.11亿美元，比上年增长6.0%；纸及纸制品出口7.65亿美元，比上年增长3.2%。高新技术产品出口12.69亿美元，比上年增长61.2%。

淮安市完成进出口总额35.04亿美元，比上年下降15.1%。其中，出口总额26.98亿美元，下降10.3%；进口总额8.06亿美元，下降28.1%。全市有进出口实绩企业809家，培育新增长点企业152家。组织企业参加广交会、日本大阪展、德国科隆五金展等境内外重点展会330家次，设立展位570多个。

宿迁市实现进出口总额24.22亿美元，比上年下降6.8%。其中出口18.71亿美元，增长1.2%；进口5.51亿美元，下降26.5%。全年出入境检验检疫22232批次，比上年增长11.7%；出入境检验检疫金额达9.53亿美元，比上年下降31.3%。

泰州市完成进出口总额103.81亿美元，增长1.5%，其中出口66.74亿美元，增长4.7%；进口37.07亿美元，下降3.8%。按贸易方式分，出口中，一般贸易出口40.07亿美元，与上年持平；加工贸易出口26.33亿美元，增长14.6%。按企业性质分，出口中，外商投资企业出口36.35亿美元，增长2.2%；民营企业出口28.62亿美元，增长10.0%。按商品类别分，出口中，机电产品出口35.32亿美元，增长10.6%；农产品出口3.28亿美元，增长32.4%。

盐城市实现进出口总额79.5亿美元，比上年下降2.1%，其中出口47.38亿美元，比上年下降7.5%，进口32.1亿美元，比上年增长7.2%。

2013—2016年江苏省各市进、出口情况　　亿美元

指　标	2013年		2014年		2015年		2016年	
	出口额	进口额	出口额	进口额	出口额	进口额	出口额	进口额
南京市	322.66	234.91	326.28	245.93	315.03	217.38	295.94	206.20
无锡市	411.48	292.23	442.31	299.39	422.32	262.35	429.10	268.95
徐州市	48.97	13.92	46.77	13.12	43.89	10.23	52.48	9.94
常州市	203.74	88.41	213.64	74.46	212.56	67.85	208.60	67.25
苏州市	1757.06	1336.41	1811.78	1301.28	1814.59	1238.90	1639.41	1098.18
南通市	212.78	85.37	224.8	91.67	228.26	87.53	230.11	78.48
连云港市	37.84	28.58	43.55	36.75	40.60	39.85	36.84	33.56
淮安市	27.81	8.80	31.61	9.45	30.09	11.21	26.98	8.06
盐城市	37.79	27.50	43.94	31.23	51.24	29.95	47.38	32.12
扬州市	75.50	19.57	76.82	23.30	77.11	26.27	72.59	23.66
镇江市	62.23	37.27	66.02	37.05	68.73	31.90	69.52	33.65
泰州市	62.91	41.50	61.78	47.15	63.77	38.52	66.74	37.07
宿迁市	27.80	5.42	29.40	8.15	18.50	7.49	18.71	5.51

数据来源：历年江苏省统计年鉴。

四、浙江省对外贸易情况

2016年，浙江省完成进出口总额22202.08亿元，比上年增长3.0%。其中，进口额4535.60亿元，增长3.3%；出口额17666.48亿元，增长2.9%。

按贸易方式分。一般贸易出口额13936.42亿元，比上年增长4.3%；加工贸易出口额1694.04亿元，下降7.3%。机电产品出口额为7490.48亿元，比上年增长3.6%，占出口总额比重为42.4%；高新技术产品出口额为1111.71亿元，比上年增长6.5%，占出口总额比重为6.3%。

按经济类型分。三资企业出口额3321.97亿元，比上年下降5.4%，占出口总额比重为18.8%，占比较上年下降1.7个百分点；私营企业出口额12846.90亿元，增长6.9%，占出口总额比重为72.7%，占比较上年提升2.7个百分点；国有企业出口额964.18亿元，下降10.8%，占出口总额比重为5.5%，占比较上年下降0.8个百分点。

对美国、东盟和韩国出口额分别为3249.63亿元、1614.45亿元和445.44亿元，分别比上年增长6.8%、7.5%和11.3%；对香港特别行政区、台湾省出口额分别为265.36亿元、177.00亿元，分别比上年下降23.9%和9.2%；对日本、俄罗斯和欧盟出口额分别为747.40亿元、445.00亿元和3947.31亿元，分别比上年增长1.4%、6.3%和4.9%。

2014—2016年浙江省对主要市场进出口情况　　万美元、万元

国别(地区)	2014年		2015年		2016年	
	进出口总额	出口额	进出口总额	出口额	进出口总额	出口额
总值	35504894	27332897	215621649	171701752	222020808	176664804
亚太经济合作组织	17987187	12400727	107671513	78388958	112250288	81498822
中国香港	603906	582427	3614998	3488489	2751601	2653602
日本	2200307	1270734	12304996	7373559	12442110	7473988

续表

国别(地区)	2014 年		2015 年		2016 年	
	进出口总额	出口额	进出口总额	出口额	进出口总额	出口额
中国台湾	1267074	282431	6892649	1949866	6218619	1770005
韩国	1360522	626939	7544586	4002403	8503766	4454419
东南亚联盟	3319568	2269887	20572293	15018877	22007830	16144464
欧洲联盟	7232818	6267058	43005483	37614491	45316755	39473095
俄罗斯	1049804	932948	4785578	4184868	5427461	4450017
美国	5235657	4615276	34206979	30415245	36309550	32496267

注:2015 年起以人民币为计价单位。
资料来源:《浙江省统计年鉴》(2016)。

2016 年浙江省各市对外贸易情况:

杭州市完成货物进出口总额 4485.97 亿元,增长 8.7%。其中,进口总额 1172.17 亿元,增长 14.6%;出口总额 3313.80 亿元,增长 6.7%。(不含省属企业,出口 3019.05 亿元,增长 9.5%。)出口总额中,机电产品出口 1357.20 亿元,高新技术产品出口 424.23 亿元,分别增长 8.3%和 7.6%。按贸易方式分,一般贸易出口 2922.94 亿元,增长 8.7%;进料加工贸易出口 347.38 亿元,下降 8.1%。出口市场中,亚洲、欧洲市场分别增长 8.0%和 8.3%。全市服务贸易进出口总额 1399.64 亿元,增长 18.0%。其中,出口总额 945.67 亿元,增长 19.0%。

宁波市实现口岸进出口总额 11666.4 亿元,比上年下降 2.6%,其中出口 8793.2 亿元,增长 0.4%,进口 2873.3 亿元,下降 10.7%。外贸自营进出口总额 6262.1 亿元,增长 0.9%,其中出口 4359.4 亿元,下降 1.4%;进口 1902.7 亿元,增长 6.5%。全年新增对外贸易经营备案登记企业 3763 家,累计达 33391 家;全年有进出口实绩企业 17035 家。民营企业(包括私营企业和集体企业)出口额占全市出口总额的 67.7%,出口额增长 1.4%。从产品结构看,机电产品出口额占全市出口总额的 54.5%;高新技术产品出口额占全市出口总额的 6.6%。从贸易伙伴看,直接与宁波市开展贸易往来的国家和地区达 223 个,其中欧盟、美国、东盟、拉丁美洲的贸易额占比分别为 21.6%、18.2%、8.6%和 7.4%。对"一带一路"沿线国家进出口 1638.4 亿元,增长 5.9%,其中对中东欧 16 国进出口 156 亿元,增长 12.6%。

嘉兴市完成进出口总额 2067.97 亿元,比上年增长 7.2%,其中出口总额 1549.88 亿元,增长 9.0%,进口总额 518.09 亿元,增长 2.4%。机电、服装及纺织类产品等居出口主导地位,机电产品出口 539.64 亿元,增长 12.2%,占全市出口比重 34.8%;服装产品出口 241.97 亿元,增长 0.8%;纺织品出口 282.48 亿元,增长 6.5%,占比 18.2%。高新技术产品出口 96.92 亿元,增长 35.3%。全市具有出口实绩的民营企业 5507 家,比上年同期增加 260 家,累计出口 840.8 亿元,增长 10.9%。

湖州市实现外贸进出口总额 679.9 亿元,比上年增长 6.9%。其中,出口 600.2 亿元,增长 8.7%;进口 79.7 亿元,下降 5.0%。按贸易方式分,一般贸易出口 554.2 亿元,增长 10.6%;加工贸易出口 40.1 亿元,下降 16.4%。按企业性质分,生产企业出口 372.0 亿元,增长 19.6%;流通企业出口 74.3 亿元,下降 3.1%;外资企业出口 148.1 亿元,下降 8.3%。按主要产品分,机电产品出口 220.8 亿元,增长8.7%,纺织原料及纺织制品出口 179.7 亿元,增长 2.7%。

绍兴市完成货物进出口总额 1820.90 亿元,比上年下降 1.8%,其中出口总额 1686.23 亿元,增长 0.2%,进口总额 134.67 亿元,下降 21.4%。从出口国家地区看,全市有进出口国家和地区 214 个,比上年增加 4 个。其中出口超 6500 万元的国家和地区 111 个,比上年增加 4 个。"一带一路"沿线国家进出口 732.84 亿元,比上年下降 0.9%,其中出口 697.05 亿元,增长 0.8%。从出口商品看,纺织品及服装出口仍为我市主要出口产品,全年出口 1067.17 亿元,虽同比下降 3.7%,但仍占全市出口总额的 63.3%。

机电产品出口 324.81 亿元，占出口总额 19.3%，比上年增长 6.3%；化工及相关产品出口 125.92 亿元，占出口总额 7.5%，比上年增长 6.9%；高新技术产品出口 41.54 亿元，占出口总额 2.5%，比上年下降 15.0%；从企业类型看，有出口实绩企业 8789 家(包括三资企业)，比上年增加 79 家。出口超 6500 万元企业 544 家。

舟山市完成外贸进出口总额(含保税仓库货物)696.11 亿元，比上年下降 4.2%。其中，进口总额 282.33 亿元，下降 17.5%；出口总额 413.78 亿元，增长 7.6%。全年水产品出口额 58.56 亿元，增长 20.7%；造船出口额 138.94 亿元，下降 3.2%；修船出口额 30.89 亿元，下降 26.5%；油品出口额 85.83 亿元，下降 11.4%。

温州市完成进出口总额 1192.8 亿元，比上年下降 1.3%。其中进口 132.4 亿元，下降 9.5%；出口 1060.4 亿元，下降 0.1%。民营企业出口 948.2 亿元，增长 2.6%，占全市货物出口总额的 89.4%，比上年提高 2.4 个百分点。对"一带一路"沿线国家合计出口 371.1 亿元，增长 1.1%。至年末，建立出口和进口贸易关系的国家和地区共计 211 个，有进出口实绩的企业 6431 家。

金华市完成进出口总额 3246.7 亿元(含一达通，下同)，比上年增长 5.6%，其中，出口总额 3171.3 亿元，比上年增长 6.1%；进口总额 75.4 亿元，比上年下降 12.3%。出口有效主体增加，全年新增备案企业 2660 家。全年有进出口实绩企业 6873 家，比上年净增 292 家。全市与 221 个国家和地区建立了贸易关系，其中出口超 10 亿元的国家和地区 69 个。

衢州市实现进出口总额 281.89 亿元，比上年增长 3.2%。其中：出口 201.95 亿元，下降 0.9%；进口 79.94 亿元，增长 15.3%。全市有出口实绩的企业 771 家，比上年减少 18 家，其中当年新启动出口业务企业 141 家，减少 9 家。全年出口额在 100 万元以上企业 539 家，其中 1000 万元以上的企业 251 家，减少 16 家。在主要商品出口中：机电产品出口 59.18 亿元，下降 5.5%；高新技术产品出口 11.41 亿元，下降 10.3%；化工医药产品出口 51.84 亿元，增长 1.5%；服装、纺织品出口 19.69 亿元，下降 4.8%。

台州市实现外贸进出口总额 1310.81 亿元，比上年下降 0.2%。其中出口总额 1169.38 亿元，增长 0.1%，进口总额 141.44 亿元，下降 2.6%。全年外贸企业出口 163.12 亿元，下降 7.7%；三资企业出口 111.33 亿元，下降 13.5%；生产企业出口 894.92 亿元，增长 3.7%。在出口总额中，一般贸易出口 1081.11 亿元，增长 0.2%；加工贸易出口 88.01 亿元，下降 0.3%。全年高新技术产品出口增长 4.0%，机电产品出口增长 1.0%。2016 年我市有进出口实绩企业 5234 家，比上年增加 124 家，其中进出口 5000 万元以上企业有 553 家。出口国家和地区为 213 个。

丽水市实现进出口总额 225.46 亿元，比上年增长 7.1%。其中，出口 208.73 亿元，增长 6.0%；进口 16.73 亿元，增长 22.9%。欧洲和亚洲仍是全市产品出口的主要市场，出口额比重达到 63.3%，对欧洲和北美洲市场出口较快增长，分别增长 15.1%和 17.9%。

2013—2016 年浙江省各市进、出口情况　　亿美元

指　标	2013 年		2014 年		2015 年		2016 年	
	进口额	出口额	进口额	出口额	进口额	出口额	进口额	出口额
浙东北	780.97	1746.41	731.85	1902.59	632.85	1865.5	619.38	1807.05
杭州市	203.05	447.66	188.32	491.66	165.00	500.67	177.34	502.59
宁波市	346.19	657.10	315.95	731.09	290.00	713.73	288.27	660.97
嘉兴市	102.51	215.12	100.83	236.51	81.58	229.27	78.41	235.07
湖州市	14.45	80.88	11.83	88.06	13.52	88.55	12.07	90.16
绍兴市	54.53	279.16	49.32	297.51	27.60	271.42	20.41	255.64
舟山市	60.23	66.49	65.59	57.76	55.16	61.85	42.89	62.63

续表

指标	2013年		2014年		2015年		2016年	
	进口额	出口额	进口额	出口额	进口额	出口额	进口额	出口额
浙西南	89.57	741.63	86.09	830.95	74.26	900.54	67.43	871.69
温州市	24.56	181.46	22.31	185.51	23.63	171.15	20.05	160.77
金华市	17.42	325.32	18.16	396.71	13.85	476.73	11.39	471.75
衢州市	13.86	23.90	15.63	28.85	11.21	32.92	12.09	30.26
台州市	31.57	187.21	27.28	193.51	23.37	188.29	21.36	177.33
丽水市	2.16	23.73	2.71	26.37	2.20	31.44	2.53	31.58

数据来源：历年浙江省统计年鉴。

五、安徽省对外贸易情况

2016年，安徽省完成进出口总额443.80亿美元，比上年下降9.1%。其中，出口284.84亿美元，下降14.0%；进口158.96亿美元，增长1.3%。

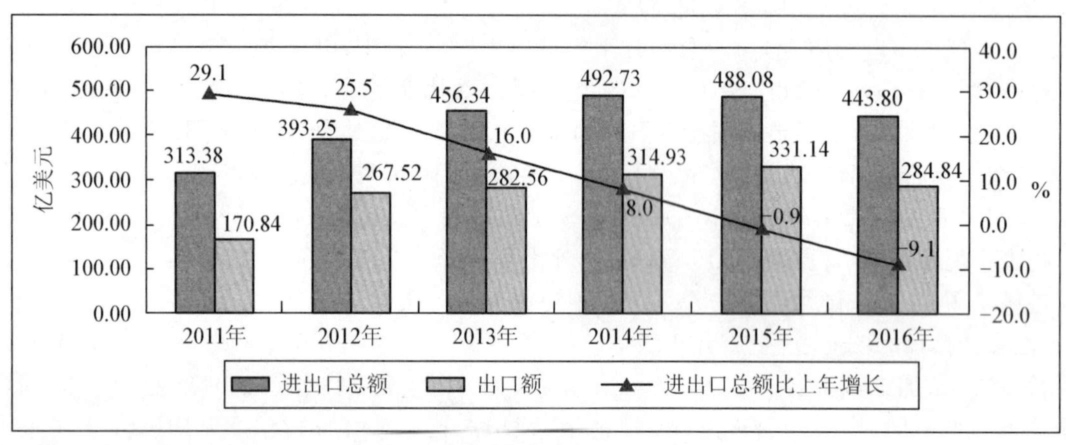

2011—2016年安徽省进出口总额、出口额与增长速度

从出口经营主体看，生产型企业出口下降11.3%，贸易型企业出口下降15.4%。从出口商品看，机电产品、高新技术产品出口分别下降9.6%和10.4%。按贸易方式分，一般贸易出口额203.95亿美元，比上年下降14.9%；加工贸易出口额71.93亿美元，下降10.2%。

对香港特别行政区、台湾省出口17.54亿美元、3.83亿美元，分别比上年下降11.5%和11.9%。对美国、日本、韩国分别出口53.68亿美元、13.54亿美元、8.05亿美元，分别下降5.8%、4.5%和19.9%。对德国、俄罗斯出口8.89亿美元、3.58亿美元，分别下降16.7%和18.7%。

2012—2016年安徽省进出口商品主要国家和地区　　万美元

指标	2013年		2014年		2015年		2016年	
	进出口额	出口额	进出口额	出口额	进出口额	出口额	进出口额	出口额
美国	555744	422477	651757	514345	710737	570066	699442	536757
香港	134344	132334	150425	148053	201320	198195	179423	175418
日本	266259	125889	295476	153541	221474	141709	238587	135355
德国	174301	92137	180940	106751	163148	106672	151487	88859

续表

指　标	2013年		2014年		2015年		2016年	
	进出口额	出口额	进出口额	出口额	进出口额	出口额	进出口额	出口额
韩　国	209458	81129	244989	101917	207652	100588	167961	80532
台　湾	146774	47021	209029	60275	173549	43441	162028	38285
俄罗斯	72271	61550	80937	72524	52480	43999	46327	35779

数据来源：历年安徽省统计年鉴。

2016年安徽省各市对外贸易情况：

合肥市实现进出口总额186.87亿美元，比上年下降8.1%。其中，出口总额126.35亿美元，下降7.8%；进口总额60.52亿美元，下降8.6%。机电产品出口额63.86亿美元，下降6.0%。高新技术产品出口额34.74亿美元，下降12.8%。

芜湖市实现进出口总额57.09亿美元，比上年下降13.5%。其中，进口总额16.42亿美元，增长29.2%；出口总额40.67亿美元，下降23.7%。从出口产品类别看，机电产品出口额30.53亿美元，占出口总额的75.1%。从产品出口地区看，对欧洲出口6.09亿美元，占出口总额的15.0 %；对亚洲出口18.62亿美元，占出口总额的45.8%；对北美洲出口11.01亿美元，占出口总额的27.1%。

淮北市实现进出口总额61320万美元，比上年增长6.3%，其中出口总额57038万美元，增长4.5%。从贸易结构看，一般贸易出口额54385万美元，增长7.4%，加工贸易出口额2646万美元，下降33.0%；从产品结构看，机电产品出口额15601万美元，下降4.6%，高新技术产品出口额13152万美元，增长15.3%，纺织服装出口额9826万美元，下降19.3%。全市完成进口额4283万美元，增长32.2%。

亳州市完成进出口总额5.2亿美元，比上年增长3.7%。其中，出口总额4.6亿美元，增长2.6%；进口总额0.6亿美元，增长13.6%。从出口经营主体看，生产型企业出口增长1.8%，贸易型企业出口增长7.3%。从出口商品看，中药材、机电产品出口分别增长9.8%和53.6%。

宿州市完成进出口总额4.70亿美元，比上年下降36.7%。其中，进口总额0.82亿美元，下降14.7%；出口总额3.87亿美元，下降40.0%。

蚌埠市完成进出口总额17.6亿美元，比上年下降23.6%。其中，出口总额11.9亿美元，下降26.3%；进口总额5.7亿美元，下降17.3%。

阜阳市完成货物进出口总额11.2亿美元，比上年下降24.9%。其中，出口总额10.1亿美元，下降25.7%；进口总额1.2亿美元，下降17.6%。从出口贸易方式看，一般贸易出口额8.9亿美元，下降25.8%；加工贸易出口额1.2亿美元，下降24.6%。

淮南市完成外贸进出口总额27538万美元，比上年下降20.8%。其中出口总额23916万美元，下降20.5%；进口总额3621万美元，下降22.8%。

滁州市完成进出口总额233376万美元，比上年增长14.2%，其中出口总额168804万美元，增长17.1%，进口总额64572万美元，增长7.4%。从进出口经营主体看，内资生产企业完成173437万美元，增长23.6%，外商投资企业完成59939万美元，增长0.2%。出口国别及地区达179个。

六安市完成进出口总额52716万美元，同比下降12.2%。其中，出口总额49966万美元，下降2.8%；进口总额2750万美元，下降68.2%。

马鞍山市实现进出口总额31.8亿美元，比上年增长13.9%；其中，进口总额16.7亿美元，增长27.3%；出口总额15.1亿美元，增长2.0%。中小企业完成进出口总额16.7亿美元，增长14.4%。

宣城市实现进出口总额15.1亿美元，比上年下降18.6%，其中，出口总额13.8亿美元，下降21.3%；进口总额1.3亿美元，增长29.8%。从出口经营主体看，生产型、贸易型企业出口分别增长3.2%和下降

57.3%。从出口商品看,机电产品出口下降25.0%,汽车零部件出口下降3.2%,塑料及橡胶件出口下降4.7%,纺织品出口下降34.3%,广义农产品出口下降24.4%,卫浴产品出口增长3.3%。

2013—2016年安徽省各市进、出口情况

万美元

指　标	2013年		2014年		2015年		2016年	
	进出口额	出口额	进出口额	出口额	进出口额	出口额	进出口额	出口额
合肥市	1819000	1189889	2074136	1277371	2033125	1371202	1868699	1263549
淮北市	46841	43828	54808	51958	57687	54587	61321	57038
亳州市	42630	37773	36920	32313	50164	45022	51990	46149
宿州市	53463	47192	65123	57419	75945	66303	46971	38744
蚌埠市	170950	124423	208032	162280	234111	165171	176006	118961
阜阳市	136558	111401	161012	145277	149578	135248	112334	100508
淮南市	50487	40634	44695	35663	33219	28573	27537	23916
滁州市	185545	138270	220430	151523	204621	144243	233376	168804
六安市	80064	77720	68682	66311	61718	53033	52716	49966
马鞍山市	362511	138631	297185	124558	295522	162653	318297	151267
芜湖市	543322	393136	644665	497428	681891	554223	570917	406746
宣城市	187883	175152	169018	158754	185163	175423	150710	138063
铜陵市	582335	62213	523873	85658	458106	64353	464299	66774
池州市	41018	25751	41193	25982	51979	20777	61879	18400
安庆市	180426	149469	225699	194864	244463	217731	175604	144566
黄山市	80340	70154	91808	81950	63516	52881	65332	54921

数据来源:历年安徽省统计年鉴。

七　长三角固定资产投资

一、长三角地区固定资产投资基本情况

2016 年，长三角固定资产投资总额为 112455.84 亿元，比上年增长 9.3%，高于全国增速 1.4 个百分点；占全国固定资产投资总额的比重为 18.5%，所占比重比上年上升 0.2 个百分点。

2016 年，上海市固定资产投资总额 6755.880 亿元，比上年增长 6.3%；占长三角固定资产投资总额的 6.0%，所占比重下降 0.2 个百分点。江苏省固定资产投资总额 49370.85 亿元，比上年增长 7.5%；占长三角固定资产投资总额的 43.9%，所占比重下降 0.7 个百分点。浙江省固定资产投资总额 29571.00 亿元，比上年增长 10.9%；占长三角固定资产投资总额的 26.3%，所占比重上升 0.4 个百分点。安徽省固定资产投资总额 26758.11 亿元，比上年增长 11.7%；占长三角固定资产投资总额的 23.8%，所占比重上升 0.5 个百分点。

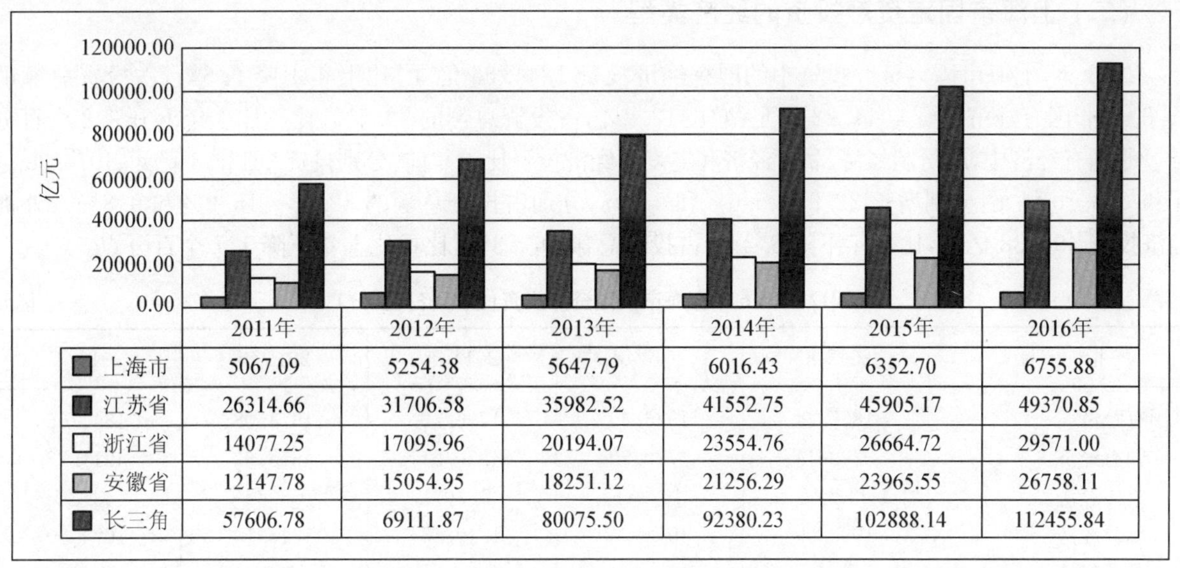

	2011年	2012年	2013年	2014年	2015年	2016年
上海市	5067.09	5254.38	5647.79	6016.43	6352.70	6755.88
江苏省	26314.66	31706.58	35982.52	41552.75	45905.17	49370.85
浙江省	14077.25	17095.96	20194.07	23554.76	26664.72	29571.00
安徽省	12147.78	15054.95	18251.12	21256.29	23965.55	26758.11
长三角	57606.78	69111.87	80075.50	92380.23	102888.14	112455.84

2011—2016 年长三角及两省一市固定资产投资(亿元)

注：上海市从 2011 年始固定资产投资统计起点为 500 万元及以上项目(下同)，江苏省从 2010 年开始，投资总额中不含农户投资(下同)，浙江省固定资产投资口径范围为计划总投资 500 万元及以上的投资项目和全部房地产开发投资(下同)，安徽省从 2012 年以后为投资 500 万元及以上的投资项目及房地产开发投资。

数据来源：历年上海市、江苏省、浙江省、安徽省统计年鉴。

二、上海市固定资产投资基本情况

(一) 上海市固定资产投资总体情况

2016 年，上海市固定资产投资总额 6755.88 亿元，比上年增长 6.3%，固定资产投资仍保持“三、二、一”的产业结构特征。第三产业投资 5769.11 亿元，比上年增长 7.0%，占投资总额的 85.4%；第二产业投资 982.69 亿元，增长 2.5%，占投资总额的 14.5%；第一产业投资 4.09 亿元，增长 3.5%，占投资总额的 0.1%。

2012—2016 年上海市固定资产投资总体情况

亿元

指　标	2012 年	2013 年	2014 年	2015 年	2016 年
投资总额	5254.38	5647.79	6016.43	6352.70	6755.88
第一产业	11.20	18.45	11.86	3.95	4.09
第二产业	1294.14	1242.02	1157.27	958.84	982.69
第三产业	3949.04	4387.32	4847.30	5389.91	5769.11
三次产业构成(100%)					
第一产业	0.21	0.33	0.20	0.06	0.06
第二产业	24.63	21.99	19.23	15.09	14.55
第三产业	75.16	77.68	80.57	84.84	85.39

数据来源:历年上海市统计年鉴。

(二) 上海市固定资产投资的经济类型

2016 年,上海市固定资产投资中的国有经济投资 1844.66 亿元,比上年下降 6.6%,占投资总额的 27.3%;非国有经济投资 4911.22 亿元,增长 12.2%,占投资总额的 72.7%,比重比上年上升 3.8 个百分点。非国有经济中,股份制经济、私营经济和港澳台经济投资比重靠前,分别投资 2611.71 亿元、1074.30 亿元和 663.10 亿元,分别增长 22.9%、5.6%和 5.2%,分别占投资总额的 38.7%、15.9%和 9.8%。外商经济投资 490.38 亿元,比上年下降 8.2%,占投资总额的 7.3%,比重比上年下降 1.1 个百分点。

2012—2016 年上海市固定资产投资(按经济类型分)

亿元

指　标	2012 年	2013 年	2014 年	2015 年	2016 年
国有经济	1855.24	1926.89	1796.22	1974.08	1844.66
非国有经济	3399.14	3720.90	4220.21	4378.62	4911.22
集体经济	112.41	102.81	55.07	53.62	33.85
私营经济	1090.09	1070.65	1219.43	1017.10	1074.30
联营经济	8.99	13.99	6.11	5.55	1.03
股份制经济	1417.80	1601.33	1812.77	2124.52	2611.71
港澳台经济	230.02	291.96	465.14	630.61	663.10
外商经济	528.06	602.50	637.90	534.11	490.38
其他经济	11.77	37.66	23.79	13.11	36.85
构成(100%)					
国有经济	35.31	34.12	29.86	31.07	27.30
非国有经济	64.69	65.88	70.14	68.93	72.70
集体经济	2.14	1.82	0.92	0.84	0.50
私营经济	20.75	18.96	20.27	16.01	15.90
联营经济	0.17	0.25	0.10	0.09	0.02
股份制经济	26.98	28.35	30.13	33.44	38.66
港澳台经济	4. 38	5.17	7.73	9.93	9.82
外商经济	10.05	10.67	10.60	8.41	7.26
其他经济	0.22	0.67	0.40	0.21	0.55

数据来源:历年上海市统计年鉴。

(三) 上海市固定资产投资的资金来源

2016 年,上海市固定资产投资资金来源合计 9198.91 亿元,比上年增长 12.5%。资金来源主要依靠其他资金,其他资金总额为 3518.11 亿元,比上年增长 41.5%;占资金来源的比重为 38.2%,所占比重比去年上升 7.8 个百分点。利用外资投资金额为 18.67 亿元,比上年下降 85.7%,所占比重比去年下降 1.4 个百分点。

2012—2016 年上海市固定资产投资(按资金来源分) 亿元

指　标	2012 年	2013 年	2014 年	2015 年	2016 年
资金来源合计	7113.77	7828.22	7961.62	8179.97	9198.91
国家预算内资金	406.08	368.25	417.89	501.61	564.74
国内贷款	1554.53	1782.39	2068.08	2050.79	2104.13
债券				0.50	
利用外资	165.89	172.52	205.05	130.13	18.67
自筹资金	3348.77	3284.39	3243.55	3010.99	2993.26
其他资金	1638.50	2220.67	2027.05	2485.96	3518.11
构成(100%)					
国家预算内资金	5.71	4.70	5.25	6.13	6.14
国内贷款	21.85	22.77	25.98	25.07	22.87
债券				0.01	0
利用外资	2.33	2.20	2.58	1.59	0.20
自筹资金	47.07	41.96	40.74	36.81	32.54
其他资金	23.03	28.37	25.46	30.39	38.24

数据来源:历年上海市统计年鉴。

(四) 上海市六大重点发展工业行业固定资产投资分布

2016 年,上海市六大重点发展工业行业固定资产投资总额 552.60 亿元,比上年下降 0.7%;占投资总额的 8.2%,所占比重比上年下降 0.6 个百分点。电子信息产品制造业、汽车制造业和石油化工及精细化工制造业投资比重靠前,分别投资 193.10 亿元、130.44 亿元和 70.90 亿元,比上年分别增长 11.4%、10.4%和 5.7%,分别占投资总额的 2.9%、1.9%和 1.0%。

2012—2016 年上海市六大重点发展工业行业固定资产投资分布 亿元

行　业	2012 年	2013 年	2014 年	2015 年	2016 年
工业六大重点行业	740.35	741.73	690.16	556.33	552.60
电子信息产品制造业	207.29	208.88	163.08	173.28	193.10
汽车制造业	134.02	143.85	142.67	118.10	130.44
石油化工及精细化工制造业	95.46	94.56	120.58	67.09	70.90
精品钢材制造业	62.16	53.97	55.94	40.35	38.40
成套设备制造业	176.86	168.39	132.31	98.30	69.43
生物医药制造业	65.33	74.82	75.59	59.21	50.33

数据来源:历年上海市统计年鉴。

（五）上海市固定资产投资的主要特点

（1）从产业投向看，第三产业仍是重中之重。

2016年，上海市第三产业投资5769.11亿元，比上年增长7.0%，增幅较去年回落4.2个百分点；所占比重为85.4%，比上年上升0.6个百分点。第一产业投资4.09亿元，比上年上升3.5%，占全社会固定资产投资总额的比重为0.1%；第二产业投资982.69亿元，比上年增长2.5%，所占比重为14.5%，所占比重比上年下降0.6个百分点。

（2）从三大投资领域来看，所占比重呈现"二升一降"的趋势。

"二升"是城市基础设施投资、房地产开发投资所占比重有所上升。2016年，上海市城市基础设施投资1551.87亿元，比上年增长8.9%，增幅较上年回落25.9个百分点；占全社会固定资产投资总额的比重为23.0%，所占比重比上年上升0.6个百分点。其中，电力建设投资145.04亿元，比上年增长12.1%；运输邮电投资990.18亿元，增长15.8%；公用设施投资416.66亿元，下降5.5%。2016年，上海市房地产开发投资3709.03亿元，比上年增长6.9%；占投资总额的54.9%，所占比重比上年上升0.3个百分点。其中，住宅开发投资占据半壁江山，住宅投资1965.43亿元，比上年增长8.4%，占全部房地产开发投资的53.0%，比重提高0.7个百分点；办公楼和商业营业用房完成投资1215.36亿元，增长8.3%，占32.8%。

"一降"是工业投资所占比重下降。2016年，上海市工业固定资产投资979.56亿元，比上年增长2.3%；占全社会固定资产投资总额的比重为14.5%，所占比重比上年下降0.6个百分点。六大重点发展工业行业固定资产投资总额552.60亿元，比上年下降0.7%；占投资总额的8.2%，所占比重比上年下降0.6个百分点。具体来看，六大行业呈"三升三降"的格局。电子信息产品制造业、汽车制造业和石油化工及精细化工制造业分别投资193.10亿元、130.44亿美元和70.90亿美元，比上年分别增长11.4%、10.4%和5.7%；精品钢材制造业、成套设备制造业和生物医药制造业分别投资38.40亿美元、69.43亿美元和50.33亿美元，比上年分别下降4.8%、29.4%和15.0%。

三、江苏省固定资产投资基本情况

（一）江苏省固定资产投资总体情况

2016年，江苏省固定资产投资总额49370.85亿元，比上年增长7.5%，增幅低于去年3.0个百分点。第二产业投资总额24673.81亿元，比上年增长7.8%，占江苏省固定资产投资总额的比重为50.0%；第三产业投资总额24403.93亿元，比上年增长7.1%，占江苏省固定资产投资总额的比重为49.4%；第一产业投资总额293.11亿元，比上年增长26.2%，占江苏省固定资产投资总额的比重为0.6%。

2012—2016年江苏省固定资产投资（按产业分）

亿元

指　　标	2012年	2013年	2014年	2015年	2016年
投资总额	31706.58	35982.52	41552.75	45905.17	49370.85
第一产业	205.23	195.71	206.97	232.24	293.11
第二产业	16631.07	18412.48	20298.45	22890.96	24673.81
第三产业	14870.28	17374.32	21047.33	22781.97	24403.93
构成（100%）					
第一产业	0.65	0.54	0.50	0.51	0.59
第二产业	52.45	51.17	48.85	49.87	49.98
第三产业	46.90	48.29	50.65	49.63	49.43

数据来源：历年江苏省统计年鉴。

(二) 江苏省固定资产投资的经济类型

2016年，江苏省固定资产投资中的国有经济投资总额为8236.65亿元，比上年下降7.5%；占固定资产投资总额的16.7%，所占比重下降2.7个百分点。非国有经济投资总额为41134.20亿元，比上年增长11.2%。其中，私营个体经济投资比重最大，投资总额为23417.12亿元，比上年增长10.2%，占固定资产投资总额的47.4%；其次是有限责任公司，投资总额为10481.14亿元，比上年增长4.3%，占固定资产投资总额的21.2%；再次是外商投资经济，投资总额为2386.47亿元，比上年下降0.1%，占固定资产投资总额的4.8%。

2012—2016年江苏省固定资产投资(按经济类型分)　亿元

指　标	2012年	2013年	2014年	2015年	2016年
投资总额	31706.58	35982.52	41552.75	45905.17	49370.85
国有经济	6022.51	6865.27	8308.13	8901.58	8236.65
集体经济	1393.13	1639.37	1835.30	1872.50	806.51
私营个体经济	12074.90	14955.56	18185.36	21252.12	23417.12
联营经济	74.66	82.69	66.04	52.32	42.52
股份制经济	1645.86	1567.00	1376.93	1210.16	1176.19
有限责任公司	5738.63	5924.45	6792.92	7752.74	10481.14
港澳台投资经济	1599.75	1597.74	1679.36	1648.71	2306.36
外商投资经济	2218.49	2315.26	2476.57	2253.73	2386.47
其他经济	938.66	1035.18	832.16	961.31	517.88
构成(100%)					
国有经济	18.99	19.08	19.99	19.39	16.68
集体经济	4.39	4.56	4.42	4.08	1.63
私营个体经济	38.08	41.56	43.76	46.30	47.43
联营经济	0.24	0.23	0.16	0.11	0.09
股份制经济	5.19	4.35	3.31	2.64	2.38
有限责任公司	18.10	16.46	16.35	16.89	21.23
港澳台投资经济	5.05	4.44	4.04	3.59	4.67
外商投资经济	7.00	6.43	5.96	4.91	4.83
其他经济	2.96	2.88	2.00	2.09	1.05

数据来源：历年江苏省统计年鉴。

(三) 江苏省固定资产投资的资金来源

2016年，江苏省固定资产投资资金来源合计54457.02亿元，比上年增长8.8%。资金来源主要依靠自筹，自筹资金总额为36257.99亿元，比上年下降0.1%，占资金来源的比重为66.6%，占比比去年下降了5.9个百分点。

2012—2016 年江苏省固定资产投资(按资金来源分)

亿元

指　　标	2012 年	2013 年	2014 年	2015 年	2016 年
资金来源	37409.97	43014.99	46697.64	50055.53	54457.02
国家预算内资金	448.05	529.19	627.26	806.89	990.43
国内贷款	4658.42	5091.04	5360.60	4810.95	5778.54
利用外资	1216.78	1127.55	1152.05	926.17	599.88
自筹资金	25824.05	29444.25	33325.52	36305.15	36257.99
其他资金来源	5262.67	6822.96	6232.21	7206.37	10830.18
资金来源构成(100%)					
国家预算内资金	1.1	1.2	1.3	1.6	1.8
国内贷款	12.3	11.8	11.4	9.6	10.6
利用外资	4.1	2.6	2.5	1.9	1.1
自筹资金	68.0	68.5	70.9	72.5	66.6
其他资金来源	14.5	15.9	13.3	14.4	19.9

数据来源：历年江苏省统计年鉴。

(四) 江苏省固定资产投资的行业分布

从江苏省固定资产投资的行业分布来看，制造业和房地产业仍是投资的重中之重。2016 年，制造业固定资产投资 22869.69 亿元，比上年增长 7.7%；占江苏省固定资产投资的 46.3%，比上年上升 0.1 个百分点。房地产业投资 10277.09 亿元，比上年上升 6.1%；占江苏省固定资产投资的 20.8%，比上年下降 0.3 个百分点。

2013—2016 年江苏省固定资产投资(按行业分)

亿元

指　　标	2013 年		2014 年		2015 年		2016 年	
	投资额	构成(%)	投资额	构成(%)	投资额	构成(%)	投资额	构成(%)
总　　计	35982.52	100.00	41552.75	100.00	45905.17	100	49370.85	100
农、林、牧、渔业	195.71	0.54	253.44	0.61	296.1	0.65	410.46	0.83
采矿业	91.02	0.25	106.47	0.26	103.18	0.22	72.94	0.15
制造业	17318.24	48.13	19134.50	46.05	21228.03	46.24	22869.69	46.32
电力、热力、燃气及水的生产和供应业	960.28	2.67	1018.08	2.45	1444.68	3.15	1619.65	3.28
建筑业	42.95	0.12	58.11	0.14	133.51	0.29	129.41	0.26
批发和零售业	816.24	2.27	985.52	2.37	1447.45	3.15	1640.53	3.32
交通运输、仓储和邮政业	1685.86	4.69	2168.98	5.22	2428.95	5.29	2542.29	5.15
住宿和餐饮业	502.09	1.40	424.41	1.02	541.48	1.18	455.91	0.92
信息传输、软件和信息技术服务业	381.62	1.06	504.89	1.22	662.86	1.44	635.48	1.29
金融业	116.60	0.32	173.25	0.42	150.83	0.33	141.65	0.29
房地产业	8864.63	24.64	9853.12	23.71	9687.54	21.10	10277.09	20.81
租赁和商务服务业	691.85	1.92	879.34	2.12	1131.53	2.46	1545.71	3.13
科学研究和技术服务业	369.22	1.03	606.63	1.46	592.31	1.29	639.21	1.29

续表

指　标	2013年		2014年		2015年		2016年	
	投资额	构成(%)	投资额	构成(%)	投资额	构成(%)	投资额	构成(%)
水利、环境和公共设施管理业	2571.41	7.15	3541.34	8.52	3868.82	8.43	3965.38	8.03
居民服务、修理和其他服务业	138.61	0.39	152.61	0.37	263.49	0.57	260.86	0.53
教育	330.12	0.92	479.78	1.15	543.29	1.18	590.09	1.19
卫生和社会工作	207.34	0.58	271.44	0.65	450.55	0.98	446.43	0.90
文化、体育和娱乐业	424.35	1.18	578.86	1.39	560.11	1.22	642.24	1.30
公共管理、社会保障和社会组织	274.38	0.76	361.99	0.87	370.47	0.81	485.82	0.98

资料来源:历年江苏省统计年鉴。

(五)江苏省各市固定资产投资情况

2016年,江苏省固定资产投资区域不平衡现象依然很显著。投资额最多的前三个城市分别是:苏州市(5648.49亿元)、南京市(5533.56亿元)和南通市(4811.95亿元),分别比上年下降5.3%、增长2.0%和增长10.0%。苏中苏北投资增速较快,增速排在前列的是:泰州市(17.2%)、盐城市(15.1%)、扬州市(15.1%)和淮安市(15.1%)。

2012—2016年江苏省各市固定资产投资

亿元

地　区	2012年	2013年	2014年	2015年	2016年
南京市	4558.49	5093.78	5430.77	5425.98	5533.56
无锡市	3618.07	3973.52	4610.77	4888.55	4793.69
徐州市	2685.89	3090.13	3671.56	4266.12	4797.33
常州市	2621.56	2850.12	3310.05	3398.97	3605.08
苏州市	5142.51	5822.14	6054.00	5965.44	5648.49
南通市	2886.47	3298.73	3896.39	4376.03	4811.95
连云港市	1280.88	1350.12	1716.57	2077.35	2385.16
淮安市	1247.99	1453.05	1795.73	2203.24	2535.19
盐城市	1940.89	2217.69	2751.35	3372.89	3882.83
扬州市	1783.65	2025.18	2416.66	2856.82	3288.68
镇江市	1500.67	1753.15	2142.34	2541.07	2873.43
泰州市	1454.59	1764.17	2197.34	2693.75	3155.87
宿迁市	1025.56	1290.75	1559.22	1838.97	2059.58

数据来源:历年江苏省统计年鉴。

四、浙江省固定资产投资基本情况

(一)浙江省固定资产投资总体情况

2016年,浙江省固定资产投资总额29571.00亿元,比上年增长10.9%。从投资的产业结构来看,依然保持"三、二、一"的特征。其中,第三产业投资20075.62亿元,比上年增长14.6%,占固定资产投资总额的比重为67.9%;第二产业投资9109.14亿元,比上年增长3.5%,占固定资产投资总额的比重为

30.8%；第一产业投资386.25亿元，比上年增长13.9%，占固定资产投资总额的比重为1.3%。第三产业的投资比重稳步上升，所占比重比上年上升2.2个百分点；第二产业的投资比重持续下降，所占比重比上年下降2.2个百分点，第一产业的投资比重基本不变。

2012—2016年浙江省固定资产投资(按产业分)

亿元

指　　标	2012年	2013年	2014年	2015年	2016年
投资总额	17095.96	20194.07	23554.76	26664.72	29571.00
第一产业	158.41	200.98	263.51	339.18	386.25
第二产业	6093.53	7061.54	7929.04	8802.62	9109.14
第三产业	10844.02	12931.56	15362.21	17522.92	20075.62
三次产业构成(%)					
第一产业	0.93	1.00	1.12	1.27	1.31
第二产业	35.63	34.97	33.66	33.01	30.80
第三产业	63.43	64.04	65.22	65.72	67.89

注：固定资产投资口径范围为计划总投资500万元及以上的投资项目和全部房地产开发投资。
数据来源：历年浙江省统计年鉴。

(二)浙江省固定资产投资的经济类型

从内外资来看，内资投资27358.92亿元，比上年增长11.1%；占固定资产投资总额的92.5%，比上年上升0.2个百分点。港澳台商投资1350.56亿元，增长13.9%；占固定资产投资总额的4.6%，上升0.2个百分点。外商投资783.09亿元，下降2.2%；占固定资产投资总额的2.6%，下降0.4个百分点。个体经营投资78.44亿元，增长34.7%；占固定资产投资总额的0.3%，上升0.1个百分点。

从国有及非国有情况来看，国有及国有控股企业投资11425.04亿元，比上年增长26.9%；占固定资产投资总额的38.6%，所占比重比上年上升4.8个百分点。非国有投资18145.96亿元，同比增长2.7%，其中民间投资16441.16亿元，同比增长2.1%，占固定资产投资总额的55.6%，所占比重比上年下降4.8个百分点。

2012—2016年浙江省固定资产投资(按经济类型分)

亿元

指　　标	2012年	2013年	2014年	2015年	2016年
投资额	17095.96	20194.07	23554.76	26664.72	29571.00
内资	15618.02	18258.69	21557.78	24619.71	27358.92
国有	4032.47	4628.76	5225.64	6289.19	5358.82
集体	556.62	695.39	945.49	886.87	601.84
股份合作	48.25	48.77	71.03	72.33	41.57
国有联营	12.31	10.39	22.08	26.05	18.04
集体联营	1.18	1.13	4.75	4.25	7.43
国有与集体联营	8.03	8.72	6.82	21.37	4.83
其他联营	0.51	0.65	1.89	2.07	5.35
国有独资公司	505.78	782.25	973.00	1271.25	2999.18
其他有限责任公司	5017.24	5628.67	6456.80	6873.01	7620.07

续表

指标	2012年	2013年	2014年	2015年	2016年
股份有限公司	598.59	673.73	684.13	669.49	679.86
私营	4601.30	5513.15	6841.46	7714.47	9201.28
其他	235.73	267.07	324.68	789.36	820.65
港澳台商投资	817.74	1126.59	1200.62	1186.05	1350.56
外商投资	605.28	757.64	741.43	800.72	783.09
个体经营	54.92	51.15	54.80	58.24	78.44
按国有及非国有情况分					
国有及国有控股企业投资	5367.92	6365.90	7250.86	9002.37	11425.04
非国有投资	11728.04	13828.17	16303.90	17662.35	18145.96
民间投资	10564.74	12307.72	14757.84	16109.06	16441.16

注：固定资产投资口径范围为计划总投资500万元及以上的投资项目和全部房地产开发投资。
数据来源：历年浙江省统计年鉴。

（三）浙江省固定资产投资的资金来源

2016年，浙江省固定资产投资本年资金来源31406.97亿元，比上年增长11.8%。资金来源主要依靠自筹，自筹资金总额为18406.25亿元，比上年增长3.0%；占当年资金来源总额的58.6%，比重比上年下降5.0个百分点。其次为其他资金，其他资金总额为7539.98亿元，比上年增长40.9%；占当年资金来源总额的24.0%，比重比上年上升4.9个百分点。

2012—2016年浙江省固定资产投资（按资金来源分） 亿元

指标	2012年	2013年	2014年	2015年	2016年
资金来源	18695.17	23393.15	25975.49	28099.19	31406.97
国家预算内资金	929.30	1188.62	1407.59	1660.40	1702.34
国内贷款	2769.03	3190.02	3615.22	3038.89	3527.22
债券	22.15	10.65	9.05	9.84	59.13
利用外资	211.66	244.21	214.59	160.39	172.05
自筹资金	10996.38	13728.10	16231.41	17877.62	18406.25
其他资金	3766.66	5031.54	4497.64	5352.04	7539.98
资金来源构成(100%)					
国家预算内资金	4.97	5.08	5.42	5.91	5.42
国内贷款	14.81	13.64	13.92	10.81	11.23
债券	0.12	0.05	0.03	0.04	0.19
利用外资	1.13	1.04	0.83	0.57	0.55
自筹资金	58.82	58.68	62.49	63.62	58.61
其他资金	20.15	21.51	17.31	19.05	24.01

数据来源：历年浙江省统计年鉴。

（四）浙江省固定资产投资的产业分布

从浙江省固定资产投资的行业分布来看，房地产业和制造业仍是投资重点，但房地产业、制造业投资所占比重逐年下降。2016 年,浙江省固定资产投资中,房地产业投资 9683.81 亿元,比上年增长 6.3%;占投资总额的 32.8%,下降 1.4 个百分点。制造业投资 7822.10 亿元,比上年增长 3.2%;占投资总额的 26.5%,下降 1.9 个百分点。

制造业固定资产投资额中,汽车制造业、电器机械及器材制造业和通用设备制造业投资比重居前。2016 年,汽车制造业固定资产投资 816.74 亿元,比上年增长 8.7%;占制造业投资比重的 10.4%,比上年上升 0.5 个百分点。电器机械及器材制造业固定资产投资 803.69 亿元,比上年增长 18.9%;占制造业投资比重的 10.3%,比上年上升 1.4 个百分点。通用设备制造业固定资产投资 755.43 亿元,比上年增长 1.7%;占制造业投资比重的 9.7%,比上年下降 0.1 个百分点。

2013—2016 年浙江省固定资产投资(按行业分)

亿元、%

指　标	2013 年		2014 年		2015 年		2016 年	
	投资额	构成	投资额	构成	投资额	构成	投资额	构成
总　计	20194.07	100.00	23554.76	100.00	26664.72	100.00	29571.00	100.00
农林牧渔业	200.98	1.00	263.51	1.12	339.18	1.27	386.25	1.31
采矿业	45.11	0.22	45.10	0.19	59.31	0.22	58.62	0.20
制造业	6133.89	30.37	6821.48	28.96	7579.14	28.42	7822.10	26.45
电力、热力、燃气及水生产和供应业	845.89	4.19	1012.27	4.30	1108.87	4.16	1216.37	4.11
建筑业	36.65	0.18	50.20	0.21	55.29	0.21	12.04	0.04
批发和零售业	405.17	2.01	427.53	1.82	410.71	1.54	370.27	1.25
交通运输、仓储和邮政业	1450.34	7.18	1729.24	7.34	2311.40	8.67	2577.43	8.72
住宿和餐饮业	228.16	1.13	253.98	1.08	232.27	0.87	295.11	1.00
信息传输、软件和信息技术服务业	136.00	0.67	210.35	0.89	275.18	1.03	318.79	1.08
金融业	94.84	0.47	92.51	0.39	102.16	0.38	88.94	0.30
房地产业	7518.35	37.23	8802.71	37.37	9107.54	34.16	9683.81	32.75
租赁和商务服务业	340.15	1.68	446.85	1.90	571.70	2.14	645.94	2.18
科学研究和技术服务	86.71	0.43	91.49	0.39	99.90	0.37	141.29	0.48
水利、环境和公共设施管理业	1759.15	8.71	2229.35	9.46	3092.03	11.60	4361.45	14.75
居民服务、修理和其他服务业	29.73	0.15	49.54	0.21	67.61	0.25	119.80	0.41
教育	253.33	1.25	340.63	1.45	400.91	1.50	506.79	1.71
卫生和社会工作	148.18	0.73	175.39	0.74	219.45	0.82	273.08	0.92
文化、体育和娱乐业	268.96	1.33	284.62	1.21	311.45	1.17	390.02	1.32
公共管理、社会保障和社会组织	212.49	1.05	228.02	0.97	320.61	1.20	302.89	1.02

注:固定资产投资口径范围为计划总投资 500 万元及以上的投资项目和全部房地产开发投资。
数据来源:历年浙江省统计年鉴。

(五) 浙江省各市固定资产投资情况

2016 年,浙江省 11 个省辖市中固定资产投资数额前三位的是杭州市(5842.42 亿元)、宁波市(4961.39 亿元)和嘉兴市(3905.74 亿元),分别比去年增长 5.1%、10.1%和 55.4%。固定资产投资增幅靠前的是舟山市(154.0%)和湖州市(98.9%)。

2012—2016 年浙江省各市固定资产投资 亿元

地 区	2012 年	2013 年	2014 年	2015 年	2016 年
杭州市	3722.75	4263.87	4952.70	5556.32	5842.42
宁波市	2901.43	3422.95	3989.46	4506.58	4961.39
嘉兴市	1642.31	1910.15	2221.21	2513.82	3905.74
湖州市	970.73	1070.05	1242.92	1402.64	2790.16
绍兴市	1722.56	2001.99	2304.68	2582.84	1592.18
舟山市	570.60	750.02	960.88	1134.76	2882.48
温州市	2110.34	2618.16	3052.81	3456.39	2084.01
金华市	1126.80	1364.36	1594.79	1836.16	981.74
衢州市	566.13	670.72	782.10	882.04	1311.14
台州市	1242.56	1507.87	1765.93	1996.03	2272.63
丽水市	471.98	570.42	665.08	751.52	841.65

注:固定资产投资口径范围为计划总投资 500 万元及以上的投资项目和全部房地产开发投资。
数据来源:历年浙江省统计年鉴。

(六) 浙江省固定资产投资的主要特点

投资结构优化改善。一是信息技术和物联网产业、新能源汽车等战略性新兴产业投资增长较快,高污染、高耗能行业投资下降。2016 年,浙江省战略性新兴产业投资 2745 亿元,增长 7.9%。其中,新一代信息技术和物联网产业、新能源汽车、海洋新兴产业、核电关联产业等投资分别增长 32.0%、29.9%、16.4%和 12.1%。高污染、高耗能行业投资明显下降,化纤、造纸、有色金属等行业投资分别下降 21.6%、11.2%、8.0%。二是民间资本进入基础设施投资项目比重提高。近年来,积极鼓励推动民间资本进入基础设施和公共服务领域,取得一定成效,民间资本进入水利环境和公共设施管理业等基础设施和公共服务领域投资的比重有所提高。2016 年,基础设施民间投资 1644 亿元,占民间投资的比重为 10%,分别比前三季度、上年提高 0.4、0.3 个百分点。

水利、体育设施等公共服务领域补短板投资快速增长。2016 年,浙江省基础设施投资 9365 亿元,增长 26.3%,占固定资产投资的比重为 31.7%。基础设施项目对全部投资增长贡献率达到 67.0%,拉动投资增长 7.3 个百分点。基础设施投资中,体育设施、水利环境和公共设施管理、教育设施、卫生设施等公共服务领域补短板投资快速增长,增速分别达到 79.7% 、41.1%、26.4%和 24.1%,交通运输仓储和邮政业投资增长 11.5%。

重点领域投资增长较快。2016 年,投资聚焦重点领域,四大重点领域投资较快增长。重大产业项目、重大基础设施、高新技术产业、生态保护和环境治理业分别增长 17.6%、35.3%、14.3%和 51.9%,分别比全部投资增幅高出 6.7、24.4、3.4 和 41.0 个百分点。

民间资本积极投入重点领域投资。2016 年,浙江省重大基础设施、高新技术产业、生态保护和环境治理民间投资分别增长 20.9%、19.1%、59.3%,重大产业项目民间投资从上半年的负增长转为前三季度的正增长且增幅逐步回升,全年增长 1.8%,比前三季度增长加快 1.5 个百分点,体现了民间资本投资意愿的增强和对产业发展的信心。

新开工项目投资增势良好。2016 年,浙江省积极推进新投资项目的落地开工,先后于 1 月 4 日、7 月 22 日分别对 614 和 668 个重大建设项目举行了集中开工仪式,两次集中开工项目分别完成投资 1689 和 1349 亿元,分别占计划总投资的 26.4%和 18.5%。全年新开工项目投资 12615 亿元,比上年增长

22.1%，增幅分别比全部投资、项目投资高出11.2和9.1个百分点。新开工项目36732个，比上年增长22.0%。其中，10亿元及以上项目311个，投资1474亿元，分别增长86.2%和69.7%；1—10亿元项目2915个，投资3833亿元，分别增长35.5%和32.1%；亿元以下项目33506个，投资7308亿元，分别增长20.6%和11.4%。

五、安徽省固定资产投资基本情况

（一）安徽省固定资产投资总体情况

2016年，安徽省固定资产投资总额26758.11亿元，比上年增长11.7%。从投资的产业结构来看，依然保持“三、二、一”的特征。其中，第三产业投资14202.40亿元，比上年增长13.6%；占固定资产投资总额的比重为53.1%，比上年上升0.9个百分点。第二产业投资11742.08亿元，比上年增长9.7%；占固定资产投资总额的比重为43.9%，比上年下降0.7个百分点。第一产业投资813.63亿元，比上年增长6.6%；占固定资产投资总额的比重为3.0%，比上年下降0.2个百分点。

2012—2016年安徽省固定资产投资(按产业分)

亿元

指　标	2012年	2013年	2014年	2015年	2016年
投资总额	15054.95	18251.12	21256.29	23965.55	26758.11
第一产业	258.21	389.34	541.99	763.32	813.63
第二产业	6939.69	8265.60	9417.78	10699.37	11742.08
第三产业	7857.05	9596.19	11296.53	12502.86	14202.40
三次产业构成(100%)					
第一产业	1.72	2.13	2.55	3.19	3.04
第二产业	46.10	45.29	44.31	44.64	43.88
第三产业	52.19	52.58	53.14	52.17	53.08

注：2012年以后为投资500万元及以上的投资项目及房地产开发投资。
数据来源：历年安徽省统计年鉴。

（二）安徽省固定资产投资的经济类型

按注册类型来看，2016年，安徽省内资投资26145.91亿元，比上年增长12.8%；占固定资产投资总额的97.7%，比上年上升1.0个百分点。港澳台商投资343.75亿元，比上年下降26.0%；占固定资产投资总额的1.3%，下降0.6个百分点。外商投资225.04亿元，比上年下降15.3%；占固定资产投资总额的0.8%，下降0.3个百分点。个体经营投资43.41亿元，比上年下降16.1%；占固定资产投资总额的0.2 %，基本保持不变。

2012—2016年安徽省固定资产投资(按经济类型分)

亿元

指　标	2012年	2013年	2014年	2015年	2016年
投资额	15054.95	18251.12	21256.29	23965.55	26758.11
内资	14447.94	17602.68	20522.98	23183.48	26145.91
国有	3677.49	4280.27	4661.01	4994.31	5452.81
集体	261.73	241.55	287.54	294.81	185.14

续表

指　　标	2012 年	2013 年	2014 年	2015 年	2016 年
股份合作	107.46	55.85	57.42	52.39	19.95
联营	70.42	87.13	59.87	37.40	24.95
有限责任公司	4446.41	5377.44	5796.42	6010.28	7978.92
股份有限公司	787.24	1062.95	1011.54	1133.30	808.50
私营	4543.64	5755.43	7815.28	9591.50	10772.34
其他	517.91	742.06	833.89	1069.49	903.30
港澳台商投资	257.23	283.58	378.98	464.51	343.75
外商投资	349.79	301.48	303.07	265.80	225.04
个体	35.63	63.38	51.26	51.76	43.41

注:2012 年以后为投资 500 万元及以上的投资项目及房地产开发投资。
数据来源:历年安徽省统计年鉴。

(三) 安徽省固定资产投资的资金来源

2016 年,安徽省固定资产投资本年资金来源 26823.85 亿元,比上年增长 11.7%。固定资产投资资金来源主要是自筹,2016 年安徽省固定资产投资自筹资金 18951.62 亿元,比上年增长 3.6%;占当年资金来源总额的比重为 70.7%,比上年下降 5.5 个百分点。国家预算内资金为 1497.09 亿元,比上年增长 22.8%;占当年资金来源总额的比重为 5.6%,比上年上升 0.5 个百分点。国内贷款为 1723.01 亿元,比上年增长 39.3%;所占比重为 6.4%,比上年上升 1.2 个百分点。

2012—2016 年安徽省固定资产投资(按资金来源分)　　亿元

指　　标	2012 年	2013 年	2014 年	2015 年	2016 年
资金来源	16243.90	20092.14	22557.21	24012.65	26823.85
国家预算内资金	971.61	974.37	1167.55	1219.01	1497.09
国内贷款	1541.91	1512.70	1386.10	1237.13	1723.01
债券	16.80	8.99	10.37	7.82	7.42
利用外资	111.44	108.27	82.82	62.55	82.37
自筹资金	11280.14	14450.92	16778.16	18293.33	18951.62
其他资金	2322.00	3036.90	3132.21	3192.82	4562.35
资金来源构成(%)					
国家预算内资金	5.98	4.85	5.18	5.08	5.58
国内贷款	9.49	7.53	6.14	5.15	6.42
债券	0.10	0.04	0.05	0.03	0.03
利用外资	0.69	0.54	0.37	0.26	0.31
自筹资金	69.44	71.92	74.38	76.18	70.65
其他资金	14.29	15.11	13.89	13.30	17.01

注:2012 年以后为投资 500 万元及以上的投资项目及房地产开发投资。
数据来源:历年安徽省统计年鉴。

（四）安徽省固定资产投资的产业分布

从安徽省固定资产投资的行业分布来看，房地产业和制造业仍是投资重点。2016 年，安徽省固定资产投资中，房地产业投资 5763.79 亿元，比上年增长 2.3%；占投资总额的 21.5%，所占比重下降 2.0 个百分点。制造业投资 10361.93 亿元，比上年增长 9.4%；占投资总额的 38.7%，所占比重下降 0.8 个百分点。

2013—2016 年安徽省固定资产投资（按行业分）

亿元、%

指　标	2013 年		2014 年		2015 年		2016 年	
	投资额	构成	投资额	构成	投资额	构成	投资额	构成
总计	18251.12	100.00	21256.29	100.00	23965.55	100.00	26758.11	100.00
农、林、牧、渔业	389.34	2.13	541.99	2.55	763.32	3.19	813.63	3.04
采矿业	341.19	1.87	319.20	1.50	324.00	1.35	232.95	0.87
制造业	7309.39	40.05	8372.92	39.39	9471.44	39.52	10361.93	38.72
电力、热力、燃气及水生产和供应业	531.81	2.91	573.04	2.70	773.32	3.23	993.24	3.71
建筑业	83.21	0.46	152.62	0.72	130.61	0.55	153.96	0.58
批发和零售业	474.19	2.60	793.56	3.73	955.12	3.99	926.92	3.46
交通运输、仓储和邮政业	812.53	4.45	1098.69	5.17	1469.77	6.13	1841.42	6.88
住宿和餐饮业	276.57	1.52	233.70	1.10	255.65	1.07	275.11	1.03
信息传输、软件和信息技术服务业	115.80	0.63	150.48	0.71	258.62	1.08	299.25	1.12
金融业	90.86	0.50	102.39	0.48	72.00	0.30	92.05	0.34
房地产业	5013.28	27.47	5405.70	25.43	5635.10	23.51	5763.79	21.54
租赁和商务服务业	203.08	1.11	335.80	1.58	432.05	1.80	653.59	2.44
科学研究和技术服务业	151.09	0.83	219.48	1.03	260.20	1.09	344.96	1.29
水利、环境和公共设施管理业	1575.09	8.63	1905.60	8.96	2028.01	8.46	2589.21	9.68
居民服务、修理和其他服务业	63.65	0.35	93.12	0.44	95.57	0.40	105.05	0.39
教育	240.48	1.32	235.82	1.11	272.52	1.14	375.05	1.40
卫生和社会工作	135.11	0.74	171.22	0.81	224.31	0.94	231.33	0.86
文化、体育和娱乐业	187.81	1.03	195.06	0.92	201.57	0.84	241.39	0.90
公共管理、社会保障和社会组织	256.65	1.41	355.92	1.67	23965.55	1.43	463.28	1.73

注：2012 年以后为投资 500 万元及以上的投资项目及房地产开发投资。
数据来源：历年安徽省统计年鉴。

（五）安徽省各市固定资产投资情况

2016 年，安徽省 16 个省辖市中固定资产投资数额前三位的是合肥市（6501.17 亿元）、马鞍山市（2064.62 亿元）和滁州市（1699.21 亿元），分别比去年增长 11.1%、11.0%和 16.6%。固定资产投资增幅前三位是阜阳市（1292.62 亿元）、滁州市（1699.21 亿元）和蚌埠市（1666.43 亿元），分别比去年增长 28.6%、16.6%和 14.3%。

2012—2016 年安徽省各市固定资产投资　　亿元

指　　标	2012 年	2013 年	2014 年	2015 年	2016 年
合肥市	3803.04	4535.37	5302.64	5851.90	6501.17
淮北市	577.21	700.53	840.84	925.30	958.88
亳州市	430.29	541.49	650.90	767.30	874.89
宿州市	613.69	773.30	945.80	1133.39	1269.98
蚌埠市	872.79	1060.89	1244.18	1457.97	1666.43
阜阳市	514.89	645.26	805.13	1004.98	1292.62
淮南市	639.70	800.53	755.27	919.73	954.95
滁州市	882.59	1075.78	1248.16	1457.60	1699.21
六安市	687.24	845.04	1003.82	993.47	1075.00
马鞍山市	1201.15	1431.60	1674.74	1859.84	2064.62
芜湖市	1700.79	2040.65	2392.64	2709.19	3006.90
宣城市	805.34	978.19	1140.12	1283.36	1414.27
铜陵市	534.30	650.24	767.60	1062.93	1196.88
池州市	374.74	461.48	538.04	600.54	652.59
安庆市	972.01	1185.72	1394.75	1385.58	1521.92
黄山市	445.17	525.07	551.67	552.48	597.71

注：2012 年以后为投资 500 万元及以上的投资项目及房地产开发投资。
数据来源：历年安徽省统计年鉴。

(六) 安徽省固定资产投资的主要特点

1. 固定资产投资增长支撑有力

投资增长主要支撑来自制造业和水利、环境和公共设施管理业。2016 年，安徽省制造业投资 10361.9 亿元，增长 9.4%，拉动投资增长 3.7 个百分点；全省水利、环境和公共设施管理业投资 2589.2 亿元，增长 27.7%，拉动投资增长 2.3 个百分点。制造业中，计算机通信其他电子设备制造业、电气机械器材制造业、化学原料化学制品制造业、汽车制造业投资分别增长 44.8%、26.1%、21.2%和 15.9%，对投资的拉动分别为 1.0 个、0.9 个、0.4 个和 0.4 个百分点。

基础设施投资贡献率提高。2016 年，安徽省基础设施建设投资 5285.9 亿元，增长 26.0%，高于全部投资增幅 6.9 个百分点，比上年提高 6.4 个百分点。基础设施建设投资对全部投资的贡献率为 39.1%，比上年提高 13.8 个百分点。其中铁路运输投资 326.5 亿元，增长 1.5 倍，占全部基础设施比重由上年的 3.1%提高到 6.2%；电力、热力生产和供应业投资 776.4 亿元，增长 35.2%，占全部基础设施比重由上年的 13.7%提高到 14.7%；公共设施管理业投资 2219.6 亿元，增长 28.3%，占全部基础设施比重由上年的 41.2%提高到 42.0%。

资金保障情况明显好转。本年安徽省固定资产投资资金来源共计 26823.8 亿元，增长 11.7%，增速比上年提高 5.2 个百分点。其中，国家预算内到位资金增长 22.8%，国内贷款资金增长 39.3%，利用外资增长 31.7%，其他资金来源增长 42.9%，占整个资金来源 70.6%的自筹资金增长 3.6%。

2. 行业结构出现积极变化

基础产业和基础设施建设力度较大。从统计的 19 个国民经济行业门类看，2016 年投资占比前 4 位的是制造业、房地产业、水利环境公共设施管理业、交通运输仓储邮政业，分别为 38.7%、21.5%、9.7%

和6.9%,2016年投资占比提高前4位的行业是水利环境公共设施管理业、交通运输仓储邮政业、租赁商务服务业、电力热力燃气及水生产供应业,分别提高1.2个、0.7个、0.6个和0.5个百分点。基础设施建设投资占比19.8%,比上年提高2.3个百分点。

高能耗行业投资有所下降。2016年,安徽省高能耗行业投资2619.4亿元,增长8.1%,占比较上年下降0.3个百分点。制造业中,非金属矿物制品业、金属制品业、有色金属冶炼压延加工业、黑色金属冶炼压延加工业分别下降0.5个、0.3个、0.3个和0.2个百分点。

3. 投资主体结构有所调整

民间投资增幅回落。2016年,安徽省民间投资18375.4亿元,增长6.5%,增幅比上年回落11.1个百分点,比全部投资低5.2个百分点,占全部投资的比重为68.7%,比上年回落3.3个百分点。增幅回落较多的行业有:教育、信息传输软件信息技术服务业、农林牧渔业、卫生社会工作,分别回落65.9个、53.9个、42.6个和37.9个百分点。从投向看,制造业和房地产业投资占大头,两者分别占民间投资的51.0%、21.7%。

亿元以上项目增长快。2016年,安徽省亿元以上重大项目5726个,增长17.2%;计划总投资29634.9亿元,占全部计划总投资的67.7%,比上年提高2.5个百分点;亿元以上项目完成投资额10347.6亿元,增长27.0%。

4. 房地产去库存见成效

2016年,安徽省房地产开发投资4603.6亿元,增长4.0%,增幅比上年高2个百分点。其中,住宅投资3069.4亿元,增长7.7%,比上年提高7.6个百分点。全年共销售商品房8499.7万平方米,同比增长37.7%,比上年提高38.2个百分点。商品房销售额5035.6亿元,增长49.4%,增幅比上年高48.7个百分点。

全年房地产开发施工面积35645.4万平方米,增长4.1%,增幅比上年高1.8个百分点。其中,新开工面积8586.4万平方米,增长10.7%,增幅提高21.9个百分点。

八　长三角交通运输业

一、长三角交通运输基本情况

（一）交通运输基础设施不断完善

在构建现代化综合交通运输体系思想指导下，长三角各种交通运输方式加快发展。2016年，长三角铁路营业里程9970千米，比上年增长1.4%；占全国铁路营运里程的比重为8.0%，比上年下降0.1个百分点。公路通车总里程达487237千米，比上年增长2.2%；占全国公路通车里程的10.4%，与去年持平。其中，高速公路总里程达14087千米，比上年增长4.1%；占全国的10.8%，下降0.2个百分点。长三角水运航道总里程41922千米，比上年增长2.0%；占全国的33.0%，上升0.6个百分点。

2011—2016年长三角运输线路情况

指　　标	2012年	2013年	2014年	2015年	2016年
铁路营业里程(千米)	7830	8554	8947	9831	9970
公路通车里程(千米)	445366	457916	461206	476955	487237
#高速公路	12005	12566	12949	13530	14087
水运通航里程(千米)	41716	41778	41913	41115	41922

数据来源：历年上海市、江苏省、浙江省、安徽省统计年鉴。

（二）交通运输服务能力平稳发展

2016年，长三角共完成客运量34.30亿人次，比上年减少8.0%；占全国客运量的18.1%，比上年下降1.1个百分点。公路完成客运量27.05亿人次，比上年下降12.4%；占长三角客运量的比重为78.9%，所占比重下降3.9个百分点。铁路完成客运量5.65亿人次，比上年增长14.8%；占长三角客运量的比重为16.5%，所占比重上升3.3个百分点。民用航空完成客运量0.94亿人次，比上年增长10.6%；占长三角客运量的比重为2.7%，所占比重上升0.4个百分点。

2016年，长三角共完成货运量88.39亿吨，比上年增长4.1%；占全国货运量的20.1%，比上年下降0.2个百分点。公路完成货运量53.47亿吨，比上年增长5.4%；占长三角货运量的比重为60.5%，所占比重比上年上升0.8个百分点。水运完成货运量31.65亿吨，比上年增长2.1%；占长三角货运量的比重为35.8%，所占比重比上年下降0.7个百分点。铁路完成货运量1.84亿吨，比上年下降3.2%；占长三角货运量的比重为2.1%，所占比重比上年下降0.1个百分点。

2012—2016年长三角客运量、货运量及构成

指　　标	2012年	2013年	2014年	2015年	2016年
客运量(亿人次)	73.10	43.19	44.49	37.29	34.30
#铁路	3.36	3.92	4.54	4.92	5.65
公路	68.65	37.99	38.53	30.87	27.05
水运	0.43	0.57	0.64	0.65	0.66
民用航空	0.65	0.71	0.78	0.85	0.94

续表

指　　标	2012 年	2013 年	2014 年	2015 年	2016 年
货运量(亿吨)	82.92	86.99	92.82	84.94	88.39
#铁路	2.42	2.31	2.07	1.90	1.84
公路	56.95	53.92	58.96	50.72	53.47
水运	22.35	29.46	30.48	30.99	31.65
客运量(构成%)	100.0	100.0	100.0	100.0	100.0
#铁路	4.6	9.1	10.2	13.2	16.5
公路	93.9	88.0	86.6	82.8	78.9
水运	0.6	1.3	1.4	1.7	1.9
民用航空	0.9	1.6	1.8	2.3	2.7
货运量(构成%)	100.0	100.0	100.0	100.0	100.0
#铁路	2.9	2.7	2.2	2.2	2.1
公路	68.7	62.0	63.5	59.7	60.5
水运	27.0	33.9	32.8	36.5	35.8
港口吞吐量(亿吨)	43.70	46.92	48.45	49.12	50.44

注:2015 年,各省市统计口径有所调整,数据与以前不具可比性。

数据来源:历年上海市、江苏省、浙江省、安徽省统计年鉴。

2016 年长三角港口吞吐量为 50.44 亿吨,比上年增长 2.7%;占全国港口吞吐量的 42.6%,比上年下降 0.4 个百分点。

(三)综合交通运输结构趋于优化

从各种运输方式的特性来看,现代公路由于突出的优越性——机动、灵活、迅速、方便、直达,将是近距离出行首选的交通方式。同时,高速铁路的大力发展,也为人们远距离出行提供了良好的条件。而在货运方面,由于水路交通运载能力大、投资少、能耗低、单位运输成本低等优越性,将成为长距离货物运输的主要方式。长三角在综合交通运输网络逐步完善的同时,交通运输结构也趋于优化。

2016 年,长三角完成旅客周转量 5801.71 亿人千米,比上年增长 4.0%;占全国旅客周转量的 18.6%,与去年持平。公路完成 1851.38 亿人千米,比上年下降 11.0%;占长三角客运周转量的 31.9%,所占比重比上年下降 5.4 个百分点。铁路完成 2068.71 亿人千米,比上年增长 9.6%;占长三角客运周转量的 35.7%,所占比重比上年上升 1.9 个百分点。

2016 年,长三角完成货物周转量 48338.69 亿吨千米,比上年下降 0.8%;占全国货物周转量的 25.9%,比上年下降 1.4 个百分点。公路完成 8964.80 亿吨千米,比上年增长 4.3%;占长三角货物周转量的 18.5%,所占比重比上年上升 0.8 个百分点。铁路完成 1210.11 亿吨千米,比上年下降 4.5%;占长三角货物周转量的 2.5%,所占比重比上年下降 0.1 个百分点。水路完成 37461.73 亿吨千米,比上年下降 1.8%;占长三角货物周转量的 77.5%,所占比重比上年下降 0.9 个百分点。

2012—2016 年长三角旅客、货物周转量及构成

指　　标	2012 年	2013 年	2014 年	2015 年	2016 年
旅客周转量(亿人千米)	6345.52	5138.34	5505.62	5578.17	5801.71
#铁路	1401.62	1570.24	1785.07	1887.33	2068.71
公路	3779.98	2272.97	2333.77	2080.09	1851.38
水运	8.84	10.07	9.96	9.73	9.35

续表

指　　标	2012年	2013年	2014年	2015年	2016年
货物周转量(亿吨千米)	47916.54	49689.80	52759.97	48712.26	48338.69
#铁路	1651.74	1535.75	1391.11	1266.51	1210.11
公路	10532.81	9955.80	11091.30	8598.75	8964.80
水运	35100.00	37520.94	39610.95	38166.38	37461.73
旅客周转量(构成%)	100.0	100.0	100.0	100.0	100.0
#铁路	22.1	30.6	32.4	33.8	35.7
公路	59.6	44.2	42.4	37.3	31.9
水运	0.1	0.2	0.2	0.2	0.2
货物周转量(构成%)	100.0	100.0	100.0	100.0	100.0
#铁路	3.4	3.1	2.6	2.6	2.5
公路	22.0	20.0	21.0	17.7	18.5
水运	73.3	75.5	75.1	78.4	77.5

注:2015年,各省市统计口径有所调整,数据与以前不具可比性。
数据来源:历年上海市、江苏省、浙江省、安徽省统计年鉴。

二、上海市交通运输基本情况

(一)上海市交通运输总体情况

2016年,上海市完成旅客运输量、货物运输量分别为1.96亿人次和8.87亿吨,分别比上年增长5.3%和下降2.8%。旅客周转量为1903.39亿人千米,比上年增长14.6%;货物周转量为19376.00亿吨千米,下降0.9%。全年港口货物吞吐量达到7.02亿吨,比上年下降2.2%。集装箱吞吐量3713.31万国际标准箱,增长1.6%。集装箱水水中转比例为46.5%;国际中转比例为7.2%。上海浦东、虹桥两大国际机场全年共起降航班74.19万架次,比上年增长5.1%;进出港旅客达到10646.25万人次,增长7.3%。其中,国内航线进出港旅客6996.85万人次,增长5.3%;国际及地区航线进出港旅客3649.40万人次,增长11.4%。

全年上海市港接待邮轮靠泊509艘次,其中,以上海为母港的邮轮482艘次。邮轮旅客吞吐量289.38万人次,比上年增长76.2%。至年末,全市轨道交通运营线路达到15条。全年优化调整公交线路214条,其中新辟42条。至年末,公交运营车辆达1.67万辆,其中国Ⅴ及以上标准及零排放车辆7019辆,占全部公交运营车辆的42.0%;运营出租车4.73万辆。全年市内公共交通客运量67.05亿人次,比上年增长1.0%。其中,轨道交通客运量34.01亿人次,增长10.9%;公共汽电车客运量23.91亿人次,下降6.2%。至年末,全市拥有各类民用汽车322.94万辆,比上年增长14.%4,其中私人汽车242.71万辆,增长16.3%。

2012—2016年上海市交通运输业基本情况

指　　标	2012年	2013年	2014年	2015年	2016年
铁路运营里程(千米)	457	456	456	456	465
公路通车里程(千米)	12541	12633	12945	13195	13292
#高速公路	806	815	825	825	825

续表

指　标	2012年	2013年	2014年	2015年	2016年
内河航道里程(千米)	2074	2074	2073	2058	2058
客运量总计(万人)	14547	15933	17560	18571	19564
#铁路	6758	7972	9194	9692	10609
公路	3748	3720	3754	3766	3402
水运	66	68	90	113	172
民用航空	3974	4173	4522	5000	5381
旅客周转量(亿人千米)	1223.05	1343.73	1427.10	1661.03	1903.39
货运量总计(万吨)	94376	91535	90341	91239	88689
#铁路	825	694	549	471	461
公路	42911	43809	42848	40627	39055
水运	50302	46697	46583	49700	48787
民用航空	338	335	361	371	387
货物周转量(亿吨千米)	20427	17868	18691	19553	19376
港口货物吞吐量(万吨)	73559	77575	75529	71740	70177

数据来源:历年江苏省统计年鉴。

(二)上海市交通运输结构分析

从客运量来分析,2016年,上海市铁路客运量占主导地位。铁路客运量占客运总量的54.2%,比上年上升2.0个百分点;民用航空客运量占客运总量的27.5%,上升0.6个百分点;公路客运量占客运总量的17.4%,下降2.9个百分点。从旅客周转量来分析,2016年,上海市民用航空旅客周转量占绝对优势。民用航空旅客周转量占旅客周转总量的88.7%,所占比重比上年上升1.7个百分点。

从货运量来分析,2016年,上海市公路和水运货运量占主导地位。公路货运量占货运总量的44.0%,比上年下降0.5个百分点;水运货运量占货运总量的55.0%,上升0.5个百分点。从货物周转量来分析,2016年,上海市水运货物周转量占绝对优势。水运货物周转量占货物周转总量的98.2%,所占比重与上年持平。

2012—2016年上海市交通运输业各项指标构成

指　标	2012年	2013年	2014年	2015年	2016年
客运量(100%)					
#铁路	46.5	50.0	52.4	52.2	54.2
公路	25.8	23.3	21.4	20.3	17.4
水运	0.5	0.4	0.5	0.6	0.9
民用航空	27.3	26.2	25.8	26.9	27.5
旅客周转量(100%)					
#铁路	5.6	5.6	5.9	5.4	5.2
公路	9.2	8.1	8.7	7.6	6.0
水运	0.1	0.1	0.1	0.1	0.1
民用航空	85.1	86.2	85.3	87.0	88.7

续表

指标	2012年	2013年	2014年	2015年	2016年
货运量(100%)					
#铁路	0.9	0.8	0.6	0.5	0.5
公路	45.5	47.9	47.4	44.5	44.0
水运	53.3	51.0	51.6	54.5	55.0
民用航空	0.4	0.4	0.4	0.4	0.4
货物周转量(100%)					
#铁路	0.1	0.1	0.1	0.1	0.1
公路	1.4	1.7	1.6	1.5	1.5
水运	98.2	97.9	98.0	98.2	98.2
民用航空	0.3	0.3	0.3	0.3	0.3

数据来源:历年上海市统计年鉴。

三、江苏省交通运输基本情况

(一)江苏省交通运输总体情况

2016年,江苏省完成旅客运输量、货物运输量分别为13.46亿人次和21.57亿吨,分别比上年下降12.6%和增长1.9%。旅客周转量为1591.93亿人千米,比上年增长1.6%;货物周转量为8290.69亿吨千米,下降6.7%。完成港口货物吞吐量24.15亿吨,比上年增长3.5%,其中外贸吞吐量4.48亿吨,增长12.6%。集里程15.73万千米,其中高速公路里程4657千米,新增118千米。铁路营业里程2722千米,铁路正线延展长度4677千米。年末民用汽车保有量1434.52万辆,净增186.66万辆,比上年末增长15.0%。年末个人汽车保有量1252.20万辆,净增175.3万辆,比上年末增长16.3%。

2012—2016年江苏省交通运输业基本情况

指标	2012年	2013年	2014年	2015年	2016年
铁路营业里程(千米)	2348	2554	2632	2679	2722
公路通车里程(千米)	154118	156094	157521	158805	157304
#高速公路	4371	4443	4488	4539	4657
内河航道里程(千米)	24280	24315	24342	23559	24366
客运量总计(万人)	268371	152172	156016	153943	134605
#铁路	11757	13435	15374	16116	17814
公路	255358	135555	137270	134553	113493
水运	594	2454	2563	2392	2272
民用航空	662	728	809	882	1025
旅客周转量(亿人千米)	1949.80	1451.14	1550.60	1566.40	1591.93
货运量总计(万吨)	231295	194048	208623	211648	215651
#铁路	7223	6806	6090	5066	5335
公路	153696	103709	114449	113351	117166
水运	58639	70909	75328	80343	79314
民用航空	6.69	6.67	7.10	7.00	7.61

续表

指　　标	2012年	2013年	2014年	2015年	2016年
货物周转量(亿吨千米)	8474.64	10536.84	11028.47	8887.71	8290.69
港口货物吞吐量(万吨)	195417	213987	226049	233289	241487
#外贸	31390	35160	37991	39766	44780

注:1. 公路客运量2013年(含)后不包括公交车和出租车的运输量。

2. 公路货运量2013年(含)后不包含农用车和拖拉机的运输量。

3. 根据2015年度全国公路水路运输量小样本抽样调查结果,对2015年公路、内河客货运输量、周转量统计值有所修正,与2014年值不具可比性。

资料来源:历年江苏省统计年鉴。

(二)江苏省交通运输结构分析

从客运量来分析,2016年,江苏省公路客运量占绝对优势。公路客运量占客运总量的84.3%,比上年下降3.1个百分点;铁路客运量占客运总量的13.2%,上升2.7个百分点。从旅客周转量来分析,2016年,江苏省公路和铁路旅客周转量占主导地位。公路旅客周转量占旅客周转总量的49.0%,所占比重比上年下降4.3个百分点;铁路旅客周转量占旅客周转总量的42.3%,上升3.1个百分点。

从货运量来分析,2016年,江苏省公路和水运货运量占主导地位。公路货运量占货运总量的54.3%,比上年上升0.7个百分点;水运货运量占货运总量的36.8%,下降1.2个百分点。从货物周转量来分析,2016年,江苏省水运货物周转量占绝对优势。水运货物周转量占货物周转总量的63.0%,比上年下降3.2个百分点;公路货物周转量占货物周转总量的25.8%,比上年增长2.5个百分点。

2012—2016年江苏省交通运输业各项指标构成

指　　标	2012年	2013年	2014年	2015年	2016年
客运量(100%)					
#铁路	4.4	8.8	9.8	10.5	13.2
公路	95.2	89.1	88.0	87.4	84.3
水运	0.2	1.6	1.6	1.6	1.7
民用航空	0.2	0.5	0.5	0.6	0.8
旅客周转量(100%)					
#铁路	22.9	34.9	38.0	39.2	42.3
公路	72.7	58.4	54.9	53.3	49.0
水运	0.1	0.3	0.2	0.2	0.2
民用航空	4.3	6.5	6.8	7.4	8.6
货运量(100%)					
#铁路	3.1	3.5	2.9	2.4	2.5
公路	66.5	53.4	54.9	53.6	54.3
水运	25.4	36.5	36.1	38.0	36.8
输油管道	5.1	6.5	6.1	6.1	6.4
货物周转量(100%)					
#铁路	4.6	3.5	3.1	3.4	3.4
公路	17.1	17.0	17.9	23.3	25.8
水运	71.4	73.6	73.3	66.2	63.0
输油管道	6.8	5.9	5.6	7.0	7.7

数据来源:历年江苏省统计年鉴。

四、浙江省交通运输基本情况

（一）浙江省交通运输总体情况

2016年，浙江省完成旅客运输量、货物运输量分别为10.74亿人次和21.50亿吨，分别比上年下降5.2%和增长7.1%；旅客周转量、货物周转量分别为1074.99亿人千米和9788.76亿吨千米，分别下降1.6%和0.8%。完成港口货物吞吐量14.09亿吨，比上年增长2.0%。其中，沿海港口货物吞吐量11.42亿吨，增长3.9%；内河港口完成2.67亿吨，下降5.5%。至2016年末，浙江省公路通车里程11.91万千米，新增1038千米，其中高速公路里程4062千米，新增145千米。铁路营业里程2540千米，铁路复线里程1983千米。年末民用汽车保有量1258.35万辆，净增136.72万辆，增长12.2%。私人汽车保有量1105.17万辆，净增127.16万辆，增长13.0%。其中，私人轿车保有量750.04万辆，净增80.64万辆，增长12.1%。

2012—2016年浙江省交通运输业基本情况

指　标	2012年	2013年	2014年	2015年	2016年
运输线路长度（千米）					
铁路营业里程	1765	2031	2310	2527	2540
公路通车里程	113550	115426	116367	118015	119053
＃高速公路	3618	3787	3884	3917	4062
内河航道里程	9739	9747	9769	9769	9769
客运量总计（万人）	234366	136790	131486	113315	107377
＃铁路	8725	10579	12821	14806	17766
公路	220517	121185	112915	92304	83033
水运	3454	3111	3581	3841	3950
民用航空	1670	1915	2169	2364	2628
旅客周转量（亿人千米）	1317.58	1025.10	1076.76	1092.53	1074.99
货运量总计（万吨）	191057	187885	194918	200710	215018
＃铁路	3847	4037	3548	3332	3332
公路	113393	107186	117070	122547	133999
水运	73817	76662	74267	74797	77646
货物周转量（亿吨千米）	9183.30	8949.57	9548.09	9868.98	9788.76
港口货物吞吐量（万吨）	131931	138050	139071	138136	140866

注：民用航空客运量指发送量，2013年起公路、水路按新的口径统计。
数据来源：历年浙江省统计年鉴。

（二）浙江省交通运输结构分析

从客运量来分析，2016年，浙江省公路客运量占绝对优势。公路客运量占客运总量的77.3%，比上年下降6.1个百分点；铁路客运量占客运总量的16.5%，上升4.8个百分点。从旅客周转量来分析，2016年，浙江省公路和铁路旅客周转量占主导地位。公路旅客周转量占旅客周转总量的43.3%，所占比重比上年下降6.6个百分点；铁路旅客周转量占旅客周转总量的56.2%，上升6.6个百分点。

从货运量来分析，2016年，浙江省公路和水运货运量占主导地位。公路货运量占货运总量的62.3%，比上年上升1.2个百分点；水运货运量占货运总量的36.1%，下降1.2个百分点。从货物周转量来分析,2016 年,浙江省水运货物周转量占绝对优势。水运货物周转量占货物周转总量的 81.2%,比上年下降 1.3 个百分点;公路货物周转量占货物周转总量的 16.6%,上升 1.3 个百分点。

2012—2016 年浙江省交通运输业各项指标构成

指 标	2012 年	2013 年	2014 年	2015 年	2016 年
客运量(100%)					
#铁路	3.7	7.7	10.0	11.7	16.5
公路	94.1	88.6	85.6	83.4	77.3
水运	1.5	2.3	2.7	3.0	3.7
民用航空	0.7	1.4	1.6	1.9	2.4
旅客周转量(100%)					
#铁路	29.6	42.6	47.7	49.6	56.2
公路	69.9	56.9	51.8	49.9	43.3
水运	0.5	0.5	0.5	0.5	0.5
货运量(100%)					
#铁路	2.0	2.1	1.8	1.7	1.5
公路	59.3	57.0	60.5	61.1	62.3
水运	38.6	40.8	37.6	37.3	36.1
货物周转量(100%)					
#铁路	3.2	3.0	2.3	2.2	2.2
公路	16.6	14.8	14.9	15.3	16.6
水运	80.2	82.2	82.8	82.5	81.2

数据来源:历年浙江省统计年鉴。

五、安徽省交通运输基本情况

(一)安徽省交通运输总体情况

2016 年,安徽省完成旅客运输量、货物运输量分别为 8.14 亿人次和 36.45 亿吨,分别比上年下降 6.5%和增长 5.4%。旅客周转量、货物周转量分别为 1231.40 亿人千米和 10883.24 亿吨千米,分别比上年下降 2.1%和增长 4.6%。完成港口货物吞吐量 5.19 亿吨,比上年增长 8.1%;集装箱吞吐量 114.75 万标准箱,增长 20.0%。至 2016 年末,安徽省公路通车里程 19.76 万千米,新增 10648 千米。高速公路里程 4543 千米,新增 294 千米。铁路营业里程 4243 千米,新增 74 千米。全省民航机场旅客吞吐量 912.89 万人次,比上年增长 12.0%,其中合肥机场旅客吞吐量 739.20 万人次,增长 11.8%。

2012—2016 年安徽省交通运输业基本情况

指 标	2012 年	2013 年	2014 年	2015 年	2016 年
运输线路长度(千米)					
铁路营业里程	3260	3513	3549	4169	4243
公路通车里程	165157	173763	174373	186940	197588
#高速公路	3210	3521	3752	4249	4543
内河航道里程	5623	5642	5729	5729	5729

续表

指　　标	2012 年	2013 年	2014 年	2015 年	2016 年
客运量总计(万人)	213671	126975	139823	87107	81426
＃铁路	6385	7210	7972	8553	10349
公路	206888	119433	131403	78072	70523
水运	159	68	178	185	213
民用航空	239	264	270	297	341
旅客周转量(亿人千米)	1855.09	1318.37	1451.16	1258.21	1231.40
货运量总计(万吨)	312442	396392	434300	345756	364549
＃铁路	12263	11566	10488	10158	9244
公路	259461	284534	315223	230649	244526
水运	40716	100290	108587	104947	110776
货物周转量(亿吨千米)	9831.60	12335.63	13500.89	10402.57	10883.24
港口货物吞吐量(万吨)	36097.20	39617.52	43837.92	48044.32	51917.40

注:2013 年交通运输行业专项调查重新确定基数,调整了公路水路客货运输量;2015 年交通运输部组织开展了公路、水路运输量小样本调查工作,重新调整基数,客、货运量及周转量与 2014 年数据不具可比性。

数据来源:历年安徽省统计年鉴。

(二) 安徽省交通运输结构分析

从客运量来分析,2016 年,安徽省公路客运量占绝对优势。公路客运量占客运总量的 86.6%,比上年下降 3.0 个百分点;铁路客运量占客运总量的 12.7%,上升 2.9 个百分点。从旅客周转量来分析,2016 年,安徽省铁路和公路旅客周转量占主导地位。铁路旅客周转量占旅客周转总量的 56.3%,比上年上升 5.2 个百分点;公路旅客周转量占旅客周转总量的 39.9%,下降 5.8 个百分点。

从货运量来分析,2016 年,安徽省公路货运量占绝对优势。公路货运量占货运总量的 67.1%,所占比重比上年上升 0.4 个百分点;水运货运量占货运总量的 30.4%,与上年持平。从货物周转量来分析,2016 年,安徽省水运和公路货物周转量占主导地位。水运货物周转量占货物周转总量的 48.3%,比上年上升 0.8 个百分点;公路货物周转量占货物周转总量的 45.2%,下降 0.2 个百分点。

2012—2016 年安徽省交通运输业各项指标构成

指　　标	2012 年	2013 年	2014 年	2015 年	2016 年
客运量(100%)					
＃铁路	3.0	5.7	5.7	9.8	12.7
公路	96.8	94.1	94.0	89.6	86.6
水运	0.1	0.1	0.1	0.2	0.3
民用航空	0.1	0.2	0.2	0.3	0.4
旅客周转量(100%)					
＃铁路	26.8	26.1	42.6	51.1	56.3
公路	71.6	72.4	55.1	45.7	39.9
水运	0.0	0.0	0.0	0.0	0.0
民用航空	1.6	1.5	2.3	3.2	3.8

续表

指　　标	2012年	2013年	2014年	2015年	2016年
货运量(100%)					
#铁路	3.9	2.9	2.4	2.9	2.5
公路	83.0	71.8	72.6	66.7	67.1
水运	13.0	25.3	25.0	30.4	30.4
货物周转量(100%)					
#铁路	9.7	7.9	6.0	7.1	6.5
公路	73.9	75.6	54.8	45.4	45.2
水运	16.4	16.6	39.2	47.5	48.3

数据来源:历年安徽省统计年鉴。

九　长三角纺织服装、服饰业

一、长三角纺织服装、服饰业发展总体情况

2016 年，长三角规模以上纺织服装、服饰企业完成工业总产值 8595.57 亿元，比上年增长 3.2%。实现主营业务收入 8470.90 亿元，比上年增长 3.7%；占全国规模以上纺织服装、服饰业主营业务收入的比重为 35.7%，回落 1.1 个百分点。年末资产总额为 5698.15 亿元，基本与上年持平；占全国规模以上纺织服装、服饰业资产总额的比重为 41.4%，回落 2.3 个百分点。负债合计为 2915.48 亿元，比上年下降 2.9%；占全国规模以上纺织服装、服饰业负债总额的比重为 46.0%，回落 2.9 个百分点。创造利润总额 498.93 亿元，比上年下降 1.6%；占全国规模以上纺织服装、服饰业利润总额的比重为 34.9%，回落 2.3 个百分点。

2012—2016 长三角地区规模以上纺织服装、服饰业主要经济指标　　亿元

指　标	单位数(个)	工业总产值	资产总计	负债合计	主营业务收入	利润总额
2012 年	6284	6707.24	4769.70	2680.62	6637.45	419.34
2013 年	6668	7367.19	5238.52	2904.05	7355.55	447.70
2014 年	6746	7890.06	5491.07	2936.60	7799.75	489.89
2015 年	6724	8329.56	5696.57	3001.56	8171.18	507.22
2016 年		8595.57	5698.15	2915.48	8470.90	498.93

注：2012 年(含)以后数据按新行业标准统计，统计口径为主营业务在 2000 万元以上的企业。
数据来源：历年上海市、江苏省、浙江省、安徽省统计年鉴。

从资产运营情况来看，2016 年长三角规模以上纺织服装、服饰业资产总额为 5698.15 亿元，基本与上年持平；负债总额为 2915.48 亿元，比上年下降 2.9%。负债总额下降速度快于资产总额，使得长三角规模以上纺织服装、服饰业资产负债率有所降低。2016 年，长三角规模以上纺织服装、服饰业资产负债率为 51.17%，比上年下降 1.52 个百分点；高于全国规模以上纺织服装、服饰业资产负债率 11.09 个百分点。

分地区来看，安徽省规模以上纺织服装、服饰业资产运营情况最好，2016 年，安徽省规模以上纺织服装、服饰业资产负债率为 48.37%，比上年下降 1.80 个百分点；江苏省规模以上纺织服装、服饰业资产负债率为 50.48%，下降 0.07 个百分点；浙江省规模以上纺织服装、服饰业资产负债率为 52.08%，下降 2.91 个百分点；上海市规模以上纺织服装、服饰业资产负债率最高，为 53.92%，下降 2.36 个百分点。

二、上海市纺织服装、服饰业基本情况

(一) 上海市纺织服装、服饰行业经济总量

2016 年，上海市纺织服装、服饰企业工业总产值 322.50 亿元，比上年下降 7.3%；年末资产总计 316.31 亿元，下降 8.9%；负债合计 170.54 亿元，下降 12.7%；实现主营业务收入 353.89 亿元，下降 5.4%。

2012—2016 年上海市规模以上纺织服装、服饰业主要经济指标 亿元

指 标	单位数(个)	工业总产值	资产总计	负债合计	主营业务收入	利润总额	税金总额
2012 年	537	542.80	502.78	266.19	558.44	33.86	21.82
2013 年	537	507.97	502.72	260.48	522.06	23.27	19.01
2014 年	428	388.52	388.16	223.87	405.37	3.94	8.79
2015 年	357	347.87	347.13	195.38	373.90	6.76	6.23
2016 年		322.50	316.31	170.54	353.89	4.79	5.87

注:2012 年(含)以后数据按新行业标准统计,统计口径为主营业务在 2000 万元以上的企业。
数据来源:历年上海市统计年鉴。

(二) 上海市纺织服装、服饰行业经济效益

2016 年,上海市规模以上纺织服装、服饰企业创造利润总额 4.79 亿元,比上年下降 29.1%;实现税金总额 5.87 亿元,下降 5.8%。

2016 年,上海市规模以上纺织服装、服饰企业产值利税率为 3.31%,比上年下降 0.42 个百分点;成本费用利润率为 1.33%,下降 0.45 个百分点;资产负债率为 53.92%,下降 2.37 个百分点。

三、江苏省纺织服装、服饰业基本情况

(一) 江苏省纺织服装、服饰行业经济总量

2016 年,江苏省拥有规模以上纺织服装、服饰企业 2393 家,比上年减少 102 家;工业总产值 4619.83 亿元,增长 4.9%;年末资产总额 2716.30 亿元,增长 2.4%;负债合计 1371.32 亿元,增长 2.3%;主营业务收入 4641.92 亿元,增长 5.8%;实现利润总额 312.58 亿元,增长 0.6%。

2012—2016 年江苏省规模以上纺织服装、服饰业主要经济指标 亿元

指 标	单位数(个)	工业总产值	资产总计	负债合计	主营业务收入	利润总额
2012 年	2579	3396.48	1983.00	1106.92	3399.14	231.37
2013 年	2651	3780.82	2229.63	1229.41	3839.06	257.94
2014 年	2572	4099.73	2514.22	1283.57	4127.25	300.65
2015 年	2495	4404.38	2651.39	1340.33	4386.08	310.85
2016 年	2393	4619.83	2716.30	1371.32	4641.92	312.58

注:2011 年(含)以后数据按新行业标准统计,统计口径为主营业务在 2000 万以上的企业。
数据来源:历年江苏省统计年鉴。

(二) 江苏省纺织服装、服饰行业经济效益

2016 年,江苏省规模以上纺织服装、服饰行业企业亏损面为 9.90%,比上年下降 0.84 个百分点;资产负债率为 50.48%,下降 0.07 个百分点;产品销售率为 98.99%,上升 0.30 个百分点;成本费用利润率为 7.01%,下降 0.41 个百分点;流动资产周转次数为 3.29 次/年,上升 0.15 次/年;总资产贡献率为 19.20%,下降 0.17 个百分点。

2012—2016 年江苏省规模以上纺织服装、服饰业主要经济效益指标

指　标	2012 年	2013 年	2014 年	2015 年	2016 年
企业亏损面(%)	11.71	11.96	11.51	10.74	9.90
资产负债率(%)	55.82	55.14	51.05	50.55	50.48
流动资产周转次数(次/年)	3.03	3.07	3.11	3.14	3.29
成本费用利润率(%)	7.34	7.17	7.78	7.42	7.01
产品销售率(%)	98.86	98.98	98.78	98.69	98.99
总资产贡献率(%)	19.65	19.90	19.86	19.37	19.2

注:2011 年(含)以后数据按新行业标准统计。

数据来源:历年江苏省统计年鉴。

(三)江苏省纺织服装、服饰行业不同所有制企业经营情况

1. 私营企业

从企业所有制来看,江苏省私营纺织服装、服饰企业占据支柱地位。2016 年,江苏省规模以上私营纺织服装、服饰企业数为 1457 家,比上年减少 32 家。资产总计 1282.51 亿元,比上年增长 3.1%;占全省规模以上纺织服装、服饰企业总资产的比重为 47.2%,上升 0.3 个百分点。主营业务收入为 2316.60 亿元,比上年增长 7.4%;占全省规模以上纺织服装、服饰企业主营业务收入的比重为 49.9%,上升 0.7 个百分点。创造利润总额为 163.08 亿元,比上年增长 1.0%;占全省规模以上纺织服装、服饰企业利润总额的比重为 52.2%,上升 0.2 个百分点。

2. 外商投资、港澳台投资企业

2016 年,江苏省拥有规模以上外商投资和港澳台投资纺织服装、服饰企业 614 家,比上年减少 74 家。资产总计 551.76 亿元,比上年下降 9.5%;占全省规模以上纺织服装、服饰企业总资产的比重为 20.3%,回落 2.7 个百分点。实现主营业务收入 1267.58 亿元,比上年增长 2.9%;占全省规模以上纺织服装、服饰企业主营业务收入的比重为 27.3%,下降 0.8 个百分点。实现利润总额 72.56 亿元,比上年下降 4.2%;占全省规模以上纺织服装、服饰企业利润总额的比重为 23.2%,下降 1.2 个百分点。

3. 行业经济效益

2016 年,江苏省规模以上私营纺织服装、服饰企业亏损面仅为 6.86%,分别低于同期国有及国有控股企业、外商投资和港澳台投资企业 11.32 个和 8.45 个百分点;成本费用利润率为 7.13%,分别高于同期国有及国有控股企业、外商投资和港澳台投资企业 1.81 个和 1.03 个百分点。

2016 年,江苏省规模以上外商投资和港澳台投资纺织服装、服饰企业流动资产周转次数为 4.42 次/年,分别高于同期国有及国有控股企业、私营企业 3.36 次/年和 0.96 次/年;产品销售率为 99.39%,分别高于同期国有及国有控股企业、私营企业 0.15 个和 0.70 个百分点;总资产贡献率为 23.01%,分别高于同期国有及国有控股企业、私营企业 15.64 个和 1.98 个百分点。

与其他企业相比,国有及国有控股纺织服装、服饰企业资产负债率相对较低。2016 年,江苏省规模以上国有及国有控股纺织服装、服饰企业资产负债率为 37.31%,分别低于同期私营企业、外商投资和港澳台投资企业 14.54 个和 6.41 个百分点。

2015—2016 年江苏省规模以上纺织服装、服饰企业不同所有制企业经济指标

指　标	国有及国有控股企业		私营企业		外商投资和港澳台投资企业	
	2015 年	2016 年	2015 年	2016 年	2015 年	2016 年
企业单位数(个)	29	33	1489	1457	688	614
资产总计(亿元)	49.77	55.95	1244.43	1282.51	609.54	551.76
主营业务收入(亿元)	32.41	36.67	2156.19	2316.60	1231.89	1267.58
利润总额(亿元)	2.86	1.89	161.51	163.08	75.74	72.56
企业亏损面(%)	13.79	18.18	7.52	6.86	17.73	15.31
资产负债率(%)	35.43	37.31	54.35	51.85	46.26	43.72
流动资产周转次数(次/年)	0.99	1.06	3.18	3.46	3.85	4.42
成本费用利润率(%)	9.5	5.32	7.62	7.13	6.58	6.10
产品销售率(%)	98.2	99.24	98.59	98.69	98.74	99.39
总资产贡献率(%)	9.65	7.37	21.06	21.03	21.9	23.01

数据来源:历年江苏省统计年鉴。

四、浙江省纺织服装、服饰业基本情况

(一)浙江省纺织服装、服饰行业经济总量

2016 年,浙江省拥有规模以上纺织服装、服饰企业 2568 家,比上年减少 180 家;完成工业总产值 2495.64 亿元,下降 1.5%;年末资产总额达到 2273.81 亿元,下降 2.3%;负债合计 1184.15 亿元,下降 7.5%;主营业务收入 2372.74 亿元,下降 1.6%;创造利润总额为 135.12 亿元,下降 5.1%;实现利税总额为 229.58 亿元,下降 4.4%。

2012—2016 年浙江省规模以上纺织服装、服饰业主要经济指标

亿元

指　标	单位数(个)	工业总产值	资产总计	负债合计	主营业务收入	利润总额	利税总额
2012 年	2354	2189.94	2056.50	1193.33	2115.43	122.45	200.67
2013 年	2555	2348.78	2218.60	1267.20	2276.39	124.80	215.84
2014 年	2706	2499.31	2252.89	1258.12	2392.72	139.97	236.96
2015 年	2748	2532.90	2327.94	1280.17	2410.90	142.35	240.19
2016 年	2568	2495.64	2273.81	1184.15	2372.74	135.12	229.58

注:2012 年(含)以后年数据按新行业标准统计,统计口径为主营业务在 2000 万元以上的企业。
数据来源:历年浙江省统计年鉴。

(二)浙江省纺织服装、服饰行业经济效益

2016 年,浙江省规模以上纺织服装、服饰企业每百元固定资产原值实现利税 32.58 元,比上年下降 1.53 元/百元;每百元主营业务收入实现利税 9.68 元,下降 0.28 元/百元;产品销售率为 96.14%;下降 0.25 个百分点;出口交货值占工业销售 38.93%,下降 1.11 个百分点;新产品产值率为 33.70%,上升 1.35 个百分点。

2012—2016 年浙江省规模以上纺织服装、服饰业主要经济效益指标

指 标	2012 年	2013 年	2014 年	2015 年	2016 年
每百元固定资产原值实现利税(元)	32.32	32.82	34.92	34.11	32.58
每百元主营业务收入实现利税(元)	9.49	9.48	9.90	9.96	9.68
产品销售率(%)	97.48	97.70	96.67	96.39	96.14
出口交货值占工业销售产值比重(%)	46.06	43.44	42.82	40.04	38.93
新产品产值率(%)	20.92	20.61	28.62	32.35	33.70

数据来源:历年浙江省统计年鉴。

(三) 浙江省纺织服装、服饰行业不同所有制企业经营情况

1. 私营企业

从企业所有制来看,浙江省私营纺织服装、服饰企业占据支柱地位。2016 年,浙江省规模以上私营纺织服装、服饰企业数为 1795 家,比上年减少 96 家。完成工业总产值 1212.94 亿元,比上年下降8.0%;占全省规模以上纺织服装、服饰企业总产值的比重为 48.6%,回落 3.4 个百分点。主营业务收入为 1149.04 亿元,比上年下降 8.0%;占全省规模以上纺织服装、服饰企业主营业务收入的比重为 48.4%,回落 3.4 个百分点。创造利润总额为 47.69 亿元,比上年下降 38.4%;占全省规模以上纺织服装、服饰企业利润总额的比重为 35.3%,回落 9.1 个百分点。

2. 外商投资、港澳台投资企业

2016 年,浙江省拥有规模以上外商投资和港澳台投资纺织服装、服饰企业 583 家,比上年减少 81 家。完成工业总产值 827.18 亿元,比上年下降 2.3%;占全省规模以上纺织服装、服饰企业总产值的比重为 33.1%,回落 0.3 个百分点。实现主营业务收入 812.32 亿元,比上年下降 1.1%;占全省规模以上纺织服装、服饰企业主营业务收入的比重为 34.2%,上升 0.1 个百分点。实现利润总额 43.86 亿元,比上年增长 22.3%;占全省规模以上纺织服装、服饰企业利润总额的比重为 32.5%,上升 7.3 个百分点。

3. 行业经济效益

从行业经济效益指标来看,规模以上私营纺织服装、服饰企业“每百元固定资产原值实现利税”高于同期国有及国有控股企业、外商投资和港澳台投资企业。2016 年,浙江省规模以上私营纺织服装、服饰企业每百元固定资产原值实现利税 29.67 元,高出同期国有及国有控股企业 11.47 元/百元;高出同期外商投资和港澳台投资企业 2.97 元/百元。国有及国有控股纺织服装、服饰企业每百元主营业务收入实现利税 25.45 元,高出同期私营企业 17.64 元/百元;高出同期外商投资和港澳台投资企业 15.92 元/百元。

与其他企业相比,外商投资和港澳台投资纺织服装、服饰企业的出口比重相对较高。2016 年,浙江省规模以上外商投资和港澳台投资纺织服装、服饰企业出口交货值占销售产值的比重为 50.73%,分别高出同期私营企业和国有及国有控股企业 14.79 个和 30.70 个百分点。外商投资和港澳台投资纺织服装、服饰企业的新产品产值率也处于较高值。2016 年,浙江省规模以上外商投资和港澳台投资纺织服装、服饰企业新产品产值率为 35.80%,分别高出国有及国有控股企业及私营企业 34.26 个和 6.36 个百分点。

2015—2016 年浙江省规模以上纺织服装、服饰企业不同所有制企业经济指标

指 标	国有及国有控股企业		私营企业		外商投资和港澳台投资企业	
	2015 年	2016 年	2015 年	2016 年	2015 年	2016 年
企业单位数(个)	16	14	1891	1795	664	583
工业总产值(亿元)	15.85	14.31	1317.88	1212.94	846.72	827.18

续表

指　标	国有及国有控股企业		私营企业		外商投资和港澳台投资企业	
	2015 年	2016 年	2015 年	2016 年	2015 年	2016 年
主营业务收入(亿元)	15.83	14.44	1249.26	1149.04	821.57	812.32
利润总额(亿元)	1.71	1.63	77.37	47.69	35.86	43.86
每百元固定资产原值实现利税(元)	24.09	18.20	40.34	29.67	24.31	26.70
每百元主营业务收入实现利税(元)	24.39	25.45	10.06	7.81	8.47	9.53
出口交货值占工业销售(%)	24.16	20.03	33.58	35.94	51.97	50.73
新产品产值率(%)	0.54	1.54	28.30	29.44	35.77	35.80

数据来源:历年浙江省统计年鉴。

五、安徽省纺织服装、服饰业基本情况

(一)安徽省纺织服装、服饰行业经济总量

2016 年,安徽省拥有规模以上纺织服装、服饰企业 1139 家,比上年增加 15 家;完成工业总产值 1157.60 亿元,增长 10.8%;主营业务收入 1102.35 亿元,增长 10.2%;年末资产总额达到 391.73 亿元,增长 5.8%;负债合计 189.47 亿元,增长 2.0%;创造利润总额为 46.44 亿元,下降 1.7%。

2012—2016 年安徽省规模以上纺织服装、服饰业主要经济指标

亿元

指　标	单位数(个)	工业总产值	资产总计	负债合计	主营业务收入	利润总额
2012 年	814	578.02	227.42	114.18	564.44	31.66
2013 年	925	729.62	287.57	146.96	718.04	41.69
2014 年	1040	902.50	335.80	171.04	874.41	45.33
2015 年	1124	1044.41	370.11	185.68	1000.30	47.26
2016 年	1139	1157.60	391.73	189.47	1102.35	46.44

注:2012 年(含)以后年数据按新行业标准统计,统计口径为主营业务在 2000 万元以上的企业。
数据来源:历年安徽省统计年鉴。

(二)安徽省纺织服装、服饰行业经济效益

2016 年,安徽省规模以上纺织服装、服饰企业总资产贡献率为 19.17%,比上年下降 1.75 个百分点;资产负债率为 48.37%,下降 1.80 个百分点;流动资产周转次数为 5.23 次/年,上升 0.21 次/年;工业成本费用利润率为 4.42%,下降 0.57 个百分点;产品销售率为 98.19%,下降 0.26 个百分点。

2012—2016 年安徽省规模以上纺织服装、服饰业主要经济效益指标

指　标	2012 年	2013 年	2014 年	2015 年	2016 年
总资产贡献率(%)	22.52	23.14	21.98	20.92	19.17
资产负债率(%)	50.21	51.10	50.94	50.17	48.37
流动资产周转次数(次/年)	4.67	4.74	4.92	5.02	5.23
工业成本费用利润率(%)	6.08	6.27	5.51	4.99	4.42
产品销售率(%)	98.51	98.55	98.33	98.45	98.19

注:2012 年(含)以后年数据按新行业标准统计。
数据来源:历年安徽省统计年鉴。

（三）安徽省纺织服装、服饰行业不同所有制企业经营情况

1. 私营企业

从企业所有制来看，安徽省私营纺织服装、服饰企业占据支柱地位。2016 年，安徽省规模以上私营纺织服装、服饰企业数为 843 家，比上年增加 6 家。完成工业总产值 779.10 亿元，比上年增长 8.63%；占全省规模以上纺织服装、服饰企业总产值的比重为 67.3%，下降 1.4 个百分点。主营业务收入为 745.87 亿元，比上年增长 21.8%；占全省规模以上纺织服装、服饰企业主营业务收入的比重为 67.7%，上升 6.5 个百分点。创造利润总额为 33.89 亿元，比上年下降 1.4%；占全省规模以上纺织服装、服饰企业利润总额的比重为 73.0%，上升 0.3 个百分点。

2. 外商投资、港澳台投资企业

2016 年，安徽省拥有规模以上外商投资和港澳台投资纺织服装、服饰企业 57 家，比上年减少 7 家。完成工业总产值 167.70 亿元，比上年增长 3.5%；占全省规模以上纺织服装、服饰企业总产值的比重为 14.5%，下降 1.0 个百分点。实现主营业务收入 159.75 亿元，比上年增长 1.9%；占全省规模以上纺织服装、服饰企业主营业务收入的比重为 14.5%，下降 1.2 个百分点。实现利润总额 3.15 亿元，比上年下降 15.8%；占全省规模以上纺织服装、服饰企业利润总额的比重为 6.8%，下降 1.1 个百分点。

3. 行业经济效益

从行业经济效益指标来看，2016 年，安徽省规模以上私营纺织服装、服饰企业总资产贡献率为 21.82%，分别高于同期国有及国有控股企业、外商投资和港澳台投资企业 6.87 个和 9.89 个百分点。外商投资和港澳台投资纺织服装、服饰企业流动资产周转次数为 5.97 次/年，分别高于同期国有及国有控股企业、私营企业 5.16 次/年和 0.33 次/年。国有及国有控股纺织服装、服饰企业资产负债率为 33.21%，分别低于同期私营企业、外商投资和港澳台投资企业 14.72 个和 22.80 个百分点；工业成本费用利润率为 19.66%，分别高于私营企业、外商投资和港澳台投资企业 14.88 个和 17.64 个百分点；产品销售率为 101.81%，分别高于私营企业、外商投资和港澳台投资企业 3.72 个和 3.75 个百分点。

2014—2016 年安徽省规模以上农副食品加工业不同所有制企业主要经济指标

指　　标	国有及国有控股企业			私营企业			外商和港澳台投资企业		
	2014 年	2015 年	2016 年	2014 年	2015 年	2016 年	2014 年	2015 年	2016 年
企业单位数（个）	10	9	9	794	837	843	70	64	57
工业总产值（亿元）	6.99	7.91	6.64	627.94	717.69	779.10	144.84	162.10	167.70
主营业务收入（亿元）	7.05	7.75	6.61	611.77	612.23	745.87	139.69	156.75	159.75
利润总额（亿元）	1.02	1.05	1.10	34.85	34.36	33.89	3.24	3.74	3.15
总资产贡献率（%）	15.66	13.57	14.95	24.97	22.81	21.82	14.97	17.43	11.93
资产负债率（%）	34.53	39.06	33.21	50.45	49.86	47.93	56.39	55.53	56.01
流动资产周转次数（次/年）	0.99	0.91	0.81	5.42	5.35	5.64	5.16	6.18	5.97
工业成本费用利润率（%）	16.42	15.58	19.66	6.09	5.29	4.78	2.39	2.47	2.02
产品销售率（%）	100.23	98.87	101.81	98.28	98.48	98.09	98.28	98.35	98.06

数据来源：历年安徽省统计年鉴。

十　长三角钢铁产业

一、长三角钢铁产业总体情况

2016年，长三角规模以上钢铁企业工业总产值34643.70亿元，基本与上年持平。长三角规模以上钢铁企业资产总计为25726.48亿元，比上年增长3.6%；占全国规模以上钢铁企业资产总计的比重为19.7%，上升0.4个百分点。负债合计14460.77亿元，比上年增长1.0%；占全国的比重为17.5　17.9%，上升0.4个百分点。主营业务收入为35595.79亿元，比上年增长1.0%；占全国的比重为22.9%，回落个0.3百分点。利润总额为1613.37亿元，比上年增长23.7%；占全国的比重为26.2%，回落4.2个百分点。

2012—2016年长三角规模以钢铁企业主要经济指标　　亿元

指　标	企业单位数(个)	工业总产值	资产总计	负债合计	主营业务收入	利润总额
2012年	11910	32068.47	22624.87	13889.82	33833.96	1338.54
2013年	12607	34978.09	24533.39	15053.08	36075.77	1504.33
2014年	12671	36077.48	25434.50	15065.97	37022.59	1512.45
2015年	12299	34626.45	24843.10	14315.76	35245.29	1303.86
2016年		34643.70	25726.48	14460.77	35595.79	1613.37

数据来源：历年上海市、江苏省、浙江省、安徽省统计年鉴。

(一) 长三角钢铁产业主要产品产量

2016年，长三角规模以上钢铁行业生产生铁11851.97万吨，比上年减少0.4%；占全国规模以上钢铁行业生铁产量的比重为16.9%，比上年回落0.3个百分点。生产粗钢16820.52万吨，比上年下降0.4%；占全国的比重为20.8%，回落0.2个百分点。生产钢材22536.56万吨，比上年下降2.6%；占全国的比重为19.9%，回落0.7个百分点。

2012—2016年长三角钢铁企业主要产品产量

产　品	2012年	2013年	2014年	2015年	2016年
生铁(万吨)	10605.12	11405.29	11862.29	11896.47	11851.97
粗钢(万吨)	12842.84	15617.89	15440.70	16879.86	16820.52
钢材(万吨)	19456.67	21682.80	23001.04	23145.95	22536.56

数据来源：历年上海市、江苏省、浙江省、安徽省统计年鉴。

(二) 长三角钢铁产业资产运营情况

从资产运营情况来看，2016年，长三角地区规模以上钢铁企业年末资产总额为25726.48亿元，比上年增长3.6%；负债合计为14460.77亿元，比上年增长1.0%。长三角地区规模以上钢铁企业资产的增长速度快于负债的增长速度，使得2016年长三角地区规模以上钢铁企业资产负债率有所下降，达到56.21%，较上年下降1.41个百分点；低于同期全国规模以上钢铁企业资产负债率5.86个百分点。

分地区来看，上海市规模以上钢铁企业资产运营情况最好，2016年，上海市资产负债率为47.07%，比上年上升1.18个百分点；江苏省规模以上钢铁企业资产负债率为56.58%，下降1.45个百分点；浙江省规模以上钢铁企业资产负债率为58.72%，下降3.43个百分点；安徽省规模以上钢铁企业资产负债率为61.12%，上升0.03个百分点。

二、上海市钢铁产业基本情况

（一）上海市钢铁行业经济总量

2016年，上海市规模以上钢铁企业工业总产值2341.35亿元，比上年下降5.2%；年末资产总计3892.13亿元，增长10.5%；负债合计1832.10亿元，增长13.3%；主营业务收入2720.82亿元，下降1.0%；利润总额145.31亿元，增长84.8%；税金总额61.53亿元，增长7.3%。

2012—2016年上海市规模以钢铁企业主要经济指标　　亿元

指　标	单位数(个)	工业总产值	资产总计	负债合计	主营业务收入	利润总额	税金总额
2012年	1086	3011.40	3290.58	1483.40	3517.67	201.83	52.34
2013年	1087	2968.81	3496.18	1684.65	3399.61	136.32	60.13
2014年	1050	2886.61	3624.62	1721.90	3260.91	133.54	60.40
2015年	970	2470.52	3523.81	1616.98	2748.41	78.63	57.35
2016年		2341.35	3892.13	1832.10	2720.82	145.31	61.53

注：2012年(含)后的数据按新行业标准统计。
数据来源：历年上海市统计年鉴。

（二）上海市精品钢材制造业基本情况

2016年，上海市精品钢材制造企业工业总产值1061.92亿元，比上年下降7.9%；资产总计2469.38亿元，增长12.8%；主营业务收入1351.27亿元，下降2.9%；利润总额83.34亿元，增长4.6倍；税金总额33.86亿元，增长29.5%。

2016年，上海市精品钢材制造业工业总产值占规模以上钢铁行业工业总产值的比重为45.4%，所占比重比上年下降1.3个百分点；年末资产总计占比为63.4%，上升1.3个百分点；主营业务收入占比为49.7%，下降1.0个百分点；利润总额占比为57.4%，上升38.4个百分点；税金总额占比为55.0%，上升9.4个百分点。

2012—2016年上海市精品钢材制造业主要经济指标　　亿元

指　标	单位数(个)	工业总产值	资产总计	主营业务收入	利润总额	税金总额
2012年	101	1548.32	2037.13	2000.99	126.58	18.94
2013年	98	1517.07	2196.75	1938.62	68.42	27.53
2014年	97	1441.44	2270.62	1773.78	63.61	25.00
2015年	82	1152.91	2189.90	1391.77	14.87	26.15
2016年		1061.92	2469.38	1351.27	83.34	33.86

注：2012年(含)后的数据按新行业标准统计。
数据来源：历年上海市统计年鉴。

（三）上海市钢铁行业主要产品产量

2016年，上海市钢铁行业生产生铁1587.21万吨，比上年下降5.9%；生产粗钢1709.14万吨，下降4.2%；生产钢材2080.14万吨，下降5.6%。

2012—2016 年上海市钢铁企业主要产品产量

万吨

指　标	2012 年	2013 年	2014 年	2015 年	2016 年
生　铁	1800.44	1637.58	1643.29	1686.66	1587.21
粗　钢	1970.91	1811.08	1774.55	1783.77	1709.14
钢　材	2340.76	2322.76	2309.14	2202.72	2080.14

注:2012 年(含)后的数据按新行业标准统计。
数据来源:历年上海市统计年鉴。

三、江苏省钢铁产业基本情况

(一) 江苏省钢铁行业经济总量

2016 年,江苏省规模以上钢铁企业 5373 家,比上年减少 206 家;工业总产值 19581.76 亿元,基本与上年持平;资产总计 12991.78 亿元,增长 4.2%;负债合计 7350.54 亿元,增长 1.6%;主营业务收入 19951.97 亿元,增长 1.3%;利润总额 972.83 亿元,增长 8.7%。

2012—2016 年江苏省规模以钢铁企业主要经济指标

亿元

指　标	单位数(个)	工业总产值	资产总计	负债合计	主营业务收入	利润总额
2012 年	5614	17650.50	11066.02	6993.51	17775.64	729.19
2013 年	5919	19594.05	12045.33	7509.68	19840.86	861.68
2014 年	5822	19853.84	12389.44	7455.14	20126.01	915.11
2015 年	5579	19573.32	12467.28	7234.86	19689.16	894.66
2016 年	5373	19581.76	12991.78	7350.54	19951.97	972.83

注:2011 年(含)后的数据按新行业标准统计。
数据来源:历年江苏省统计年鉴。

(二) 江苏省钢铁行业经济效益

1. 黑色金属冶炼和压延加工业

2016 年,江苏省黑色金属冶炼和压延加工业企业亏损面为 13.37%,比上年下降 7.11 个百分点;资产负债率为 60.48%,下降 0.84 个百分点;流动资产周转次数为 3.43 次/年,下降 0.14 次/年;成本费用利润率为 4.16%,上升 0.75 个百分点;产品销售率为 98.89%,上升 0.07 个百分点;总资产贡献率为 11.16%,上升 0.83 个百分点。

2. 有色金属冶炼和压延加工业

2016 年,江苏省有色金属冶炼和压延加工业企业亏损面为 14.01%,比上年下降 4.39 个百分点;资产负债率为 56.68%,下降 2.86 个百分点;流动资产周转次数为 3.57 次/年,上升 0.11 次/年;成本费用利润率为 4.42%,上升 0.08 个百分点;产品销售率为 99.25%,上升 1.13 个百分点;总资产贡献率为 14.56%,下降 0.72 个百分点。

3. 金属制品业

2016 年,江苏省金属制品业企业亏损面为 11.01%,比上年下降 1.58 个百分点;资产负债率为 50.53%,下降 1.57 个百分点;流动资产周转次数为 2.74 次/年,上升 0.01 次/年;成本费用利润率为

6.40%，下降0.32个百分点；产品销售率为98.55%，上升0.19个百分点；总资产贡献率为15.63%，下降0.80个百分点。

2013—2016年江苏省规模以钢铁企业主要经济效益指标

指　标		2013年	2014年	2015年	2016年
黑色金属	企业亏损面(%)	15.95	16.91	20.48	13.37
	资产负债率(%)	65.71	63.20	61.32	60.48
	流动资产周转次数(次/年)	3.42	3.62	3.57	3.43
	成本费用利润率(%)	3.46	3.79	3.41	4.16
	产品销售率(%)	98.79	98.64	98.82	98.89
	总资产贡献率	11.45	12.29	10.33	11.16
有色金属	企业亏损面(%)	18.60	17.14	18.40	14.01
	资产负债率(%)	63.37	61.73	59.54	56.68
	流动资产周转次数(次/年)	3.28	3.39	3.46	3.57
	成本费用利润率(%)	3.83	3.84	4.34	4.42
	产品销售率(%)	99.18	98.82	98.12	99.25
	总资产贡献率	14.47	14.44	15.28	14.56
金属制品业	企业亏损面(%)	10.30	11.08	12.59	11.01
	资产负债率(%)	55.14	54.20	52.10	50.53
	流动资产周转次数(次/年)	2.59	2.62	2.73	2.74
	成本费用利润率(%)	6.65	6.52	6.72	6.4
	产品销售率(%)	98.34	98.87	98.36	98.55
	总资产贡献率	17.38	16.71	16.43	15.63

注：2011年(含)后的数据按新行业标准统计。
数据来源：历年江苏省统计年鉴。

(三)江苏省钢铁行业主要产品产量

江苏省是全国钢铁大省，钢铁行业总量规模和发展水平均居于全国前列，具有较强的影响力。2016年，江苏省生产生铁7174.08万吨，比上年增长1.8%；生产粗钢11080.49万吨，增长0.8%；生产钢材13469.72万吨，增长0.7%。

2012—2016年江苏省规模以钢铁企业主要产品产量

万吨

指　标	2012年	2013年	2014年	2015年	2016年
生　铁	5871.95	6690.62	7080.12	7044.82	7174.08
粗　钢	7419.70	9286.16	10195.51	10995.17	11080.49
钢　材	10989.18	12398.00	13255.21	13560.81	13469.72

注：2011年(含)后的数据按新行业标准统计。
数据来源：历年江苏省统计年鉴。

四、浙江省钢铁产业基本情况

（一）浙江省钢铁行业经济总量

2016 年，浙江省规模以上钢铁企业 3979 家，比上年减少 198 家；工业总产值 7092.15 亿元，下降 1.7%；资产总计 5270.53 亿元，下降 0.5%；负债合计 3094.91 亿元，下降 6.0%；主营业务收入 6713.09 亿元，下降 1.6%；利润总额 298.81 亿元，增长 30.6%；利税总额 464.46 亿元，增长 17.8%。

2012—2016 年浙江省规模以钢铁企业主要经济指标　　亿元

指　标	单位数(个)	工业总产值	资产总计	负债合计	主营业务收入	利润总额	利税总额
2012 年	3917	6960.42	5276.24	3525.69	6722.19	243.34	385.79
2013 年	4179	7453.94	5691.44	3756.98	7223.97	274.13	429.18
2014 年	4269	7795.62	5790.05	3690.02	7493.50	280.69	447.30
2015 年	4177	7218.31	5297.82	3292.73	6820.41	228.87	394.12
2016 年	3979	7092.15	5270.53	3094.91	6713.09	298.81	464.46

注：2012 年(含)后的数据按新行业标准统计。
数据来源：历年浙江省统计年鉴。

（二）浙江省钢铁行业经济效益

1. 黑色金属冶炼和压延加工业

2016 年，浙江省黑色金属冶炼和压延加工业每百元固定资产原值实现利税 18.13 元，比上年提高 5.75 元/百元；每百元主营业务收入实现利税 6.65 元，提高 1.87 元/百元；产品销售率 96.34%，上升 1.42个百分点；出口交货值占工业销售值的 3.88%，下降 0.62 个百分点；新产品产值率为 27.64%，下降 0.85 个百分点。

2. 有色金属冶炼和压延加工业

2016 年，浙江省有色金属冶炼和压延加工业每百元固定资产原值实现利税 30.48 元，比上年提高 4.26 元/百元；每百元主营业务收入实现利税 5.16 元，提高 1.03 元/百元；产品销售率 97.58%，下降 0.30个百分点；出口交货值占工业销售值的 5.24%，上升 0.20 个百分点；新产品产值率为 28.62%，上升 2.13 个百分点。

3. 金属制品业

2016 年，浙江省金属制品业每百元固定资产原值实现利税 26.74 元，比上年提高 1.10 元/百元；每百元主营业务收入实现利税 8.91 元，提高 0.53 元/百元；产品销售率 95.62%，下降 0.14 个百分点；出口交货值占工业销售值的 26.49%，下降 0.56 个百分点；新产品产值率为 30.59%，上升 0.76 个百分点。

2012—2016 年浙江省规模以钢铁企业主要经济效益指标

指　标		2012 年	2013 年	2014 年	2015 年	2016 年
黑色金属冶炼和压延加工业	每百元固定资产原值实现利税(元)	12.81	15.11	16.48	12.38	18.13
	每百元主营业务收入实现利税(元)	4.19	4.87	5.65	4.78	6.65
	产品销售率(%)	97.32	97.26	95.47	94.92	96.34
	出口交货值占工业销售(%)	4.56	3.56	4.50	4.50	3.88
	新产品产值率(%)	20.63	23.64	24.50	28.49	27.64

续表

指　标		2012年	2013年	2014年	2015年	2016年
有色金属冶炼和压延加工业	每百元固定资产原值实现利税(元)	38.74	33.23	29.56	26.22	30.48
	每百元主营业务收入实现利税(元)	4.96	4.68	4.30	4.13	5.16
	产品销售率(%)	97.63	96.13	97.49	97.88	97.58
	出口交货值占工业销售(%)	5.46	6.00	4.59	5.04	5.24
	新产品产值率(%)	18.40	21.41	26.65	26.49	28.62
金属制品业	每百元固定资产原值实现利税(元)	28.75	28.19	26.48	25.64	26.74
	每百元主营业务收入实现利税(元)	8.16	8.43	7.99	8.38	8.91
	产品销售率(%)	96.52	96.62	96.16	95.76	95.62
	出口交货值占工业销售(%)	26.20	26.86	26.44	27.05	26.49
	新产品产值率(%)	21.86	20.04	25.74	29.83	30.59

注:2012年(含)后的数据按新行业标准统计。
数据来源:历年浙江省统计年鉴。

(三)浙江省钢铁行业主要产品产量

2016年,浙江省钢铁行业生产生铁847.98万吨,比上年下降20.9%;生产粗钢1299.59万吨,下降18.5%;生产钢材3760.90万吨,下降7.1%。

2012—2016年浙江省钢铁企业主要产品产量　　万吨

指　标	2012年	2013年	2014年	2015年	2016年
生　铁	1006.13	1059.79	1140.28	1072.49	847.98
粗　钢	1305.23	1733.15	1748.30	1594.92	1299.59
钢　材	3361.33	3823.44	4170.99	4047.72	3760.90

注:2012年(含)后的数据按新行业标准统计。
数据来源:历年浙江省统计年鉴。

五、安徽省钢铁产业基本情况

(一)安徽省钢铁行业经济总量

2016年,安徽省规模以上钢铁企业1551家,比上年减少22家;工业总产值5628.44亿元,增长4.9%;资产总计3572.04亿元,增长0.5%;负债总额2183.22亿元,增长0.6%;主营业务收入6209.91亿元,增长3.7%;利润总额196.42亿元,增长93.1%。

2012—2016年安徽省规模以钢铁企业主要经济指标　　亿元

指　标	单位数(个)	工业总产值	资产总计	负债合计	主营业务收入	利润总额
2012年	1293	4446.15	2992.03	1887.22	5818.46	164.18
2013年	1422	4961.29	3300.44	2101.77	5611.33	232.20

指　标	单位数(个)	工业总产值	资产总计	负债合计	主营业务收入	利润总额
2014年	1530	5541.41	3630.39	2198.91	6142.17	183.11
2015年	1573	5364.30	3554.19	2171.19	5987.31	101.70
2016年	1551	5628.44	3572.04	2183.22	6209.91	196.42

数据来源：历年安徽省统计年鉴。

（二）安徽省钢铁行业经济效益

1. 黑色金属冶炼和压延加工业

2016年，安徽省黑色金属冶炼和压延加工业总资产贡献率为10.08%，比上年上升4.58个百分点；资产负债率为59.67%，上升1.88个百分点；流动资产周转次数为3.44次/年，上升0.06次/年；工业成本费用利润率为4.22%，上升3.53个百分点；产品销售率为98.73%，与上年持平。

2. 有色金属冶炼和压延加工业

2016年，安徽省有色金属冶炼和压延加工业总资产贡献率为6.50%，比上年上升1.87个百分点；资产负债率为70.18%，下降1.12个百分点；流动资产周转次数为4.20次/年，下降0.50次/年；工业成本费用利润率为1.31%，上升0.65个百分点；产品销售率为98.44%，上升0.78个百分点。

3. 金属制品业

2016年，安徽省金属制品业总资产贡献率为15.41%，比上年下降0.07个百分点；资产负债率为48.76%，下降1.78个百分点；流动资产周转次数为2.85次/年，上升0.04次/年；工业成本费用利润率为6.46%，上升0.31个百分点；产品销售率为97.53%，上升0.65个百分点。

2012—2016年安徽省规模以钢铁企业主要经济效益指标

指　标		2012年	2013年	2014年	2015年	2016年
黑色金属冶炼和压延加工业	总资产贡献率(%)	10.83	14.24	11.59	5.50	10.08
	资产负债率(%)	63.93	62.23	58.91	57.79	59.67
	流动资产周转次数(次/年)	3.07	3.43	3.30	3.38	3.44
	工业成本费用利润率(%)	3.14	5.24	3.84	0.69	4.22
	产品销售率(%)	97.73	98.43	98.43	98.73	98.73
有色金属冶炼和压延加工业	总资产贡献率(%)	8.34	8.91	6.36	4.63	6.50
	资产负债率(%)	71.39	71.61	67.88	71.30	70.18
	流动资产周转次数(次/年)	3.75	3.94	3.85	4.70	4.20
	工业成本费用利润率(%)	1.88	2.21	0.95	0.66	1.31
	产品销售率(%)	98.83	99.08	98.68	97.66	98.44
金属制品业	总资产贡献率(%)	18.17	16.74	16.88	15.48	15.41
	资产负债率(%)	54.68	54.38	51.75	50.54	48.76
	流动资产周转次数(次/年)	2.74	2.68	2.79	2.81	2.85
	工业成本费用利润率(%)	7.28	6.71	6.66	6.15	6.46
	产品销售率(%)	96.19	96.07	96.48	96.88	97.53

数据来源：历年安徽省统计年鉴。

（三）安徽省钢铁行业主要产品产量

2016 年，安徽省钢铁行业生产生铁 2242.70 万吨，比上年增长 7.2%；生产粗钢 2731.30 万吨，增长 9.0%；生产钢材 3225.80 万吨，下降 3.3%。

2012—2016 年安徽省钢铁企业主要产品产量　　万吨

产　品	2012 年	2013 年	2014 年	2015 年	2016 年
生　铁	1926.60	2017.30	1998.60	2092.50	2242.70
粗　钢	2147.00	2787.50	2451.40	2506.00	2731.30
钢　材	2765.40	3138.60	3265.70	3334.70	3225.80

数据来源：历年安徽省统计年鉴。

十一　长三角房地产业

一、长三角房地产业发展情况

2016 年,长三角完成房地产开发投资额 24738.33 亿元,比上年增长 6.8%;占全国房地产开发投资的 24.1%,所占比重与去年持平。房屋施工面积 151128.21 万平方米,比上年增长 1.3%;占全国房屋施工面积的 19.9%,下降 0.4 个百分点。房屋竣工面积 25932.95 万平方米,比上年增长 6.4%;占全国房屋竣工面积的 24.4%,所占比重与去年持平。商品房销售面积 33804.23 万平方米,比上年增长 30.0%;占全国商品房销售面积的 21.5%,上升 1.3 个百分点。

2011—2016 长三角房地产业发展情况

亿元,万平方米,%

指　标	房地产开发投资		房屋施工面积		房屋竣工面积		商品房销售面积	
	绝对额	增速	绝对额	增速	绝对额	增速	绝对额	增速
2011 年	14824.14	28.3	104196.80	18.8	18846.18	6.0	17878.73	－12.7
2012 年	16965.34	14.4	116606.50	11.9	20411.79	8.3	19751.74	10.5
2013 年	20223.52	19.2	133973.20	14.9	21838.73	7.0	24989.31	26.5
2014 年	23048.04	14.0	147951.40	10.4	23520.30	7.7	22810.51	－8.7
2015 年	23159.41	0.5	149145.80	0.8	24374.74	3.6	26004.80	14.0
2016 年	24738.33	6.8	151128.21	1.3	25932.95	6.4	33804.23	30.0

数据来源:历年上海市、江苏省、浙江省、安徽省统计年鉴。

2016 年,长三角房地产开发实际到位资金为 38978.70 亿元,比上年增长 24.8%;占全国房地产开发实际到位资金的比重为 27.0%,所占比重比上年上升 2.0 个百分点。

从房地产开发企业融资渠道来看,2016 年,长三角其他资金为 23736.46 亿元,比上年增长 44.3%;占房地产开发资金的比重为 60.9%,所占比重比上年上升 8.2 个百分点。自筹资金为 9241.27 亿元,比上年下降 2.3%;占房地产开发资金的比重为 23.7%,所占比重比上年下降 6.6 个百分点。国内贷款 5944.35 亿元,比上年增长 13.6%;占房地产开发资金的比重为 15.3%,所占比重比上年下降 1.5 个百分点。

2011—2016 年长三角房地产开发企业资金来源

亿元,%

指　标	实际到位资金	国内贷款		利用外资		自筹资金		其他资金	
		数额	比重	数额	比重	数额	比重	数额	比重
2011 年	21080.71	3845.16	18.2	171.24	0.8	7370.33	35.0	9693.97	46.0
2012 年	24191.59	4398.20	18.2	105.08	0.4	8338.85	34.5	11349.47	46.9
2013 年	31710.12	5723.85	18.1	195.58	0.6	10411.61	32.8	15379.06	48.5
2014 年	31557.54	6274.22	19.9	224.86	0.7	11121.85	35.2	13936.60	44.2
2015 年	31238.21	5233.54	16.8	95.50	0.3	9456.36	30.3	16452.82	52.7
2016 年	38978.70	5944.35	15.3	56.62	0.1	9241.27	23.7	23736.46	60.9

数据来源:历年上海市、江苏省、浙江省、安徽省统计年鉴。

二、上海市房地产业发展情况

(一) 房地产开发投资增速回落,占固定资产投资比重继续上升

2016 年,上海市房地产开发投资 3709.03 亿元,比上年增长 6.9%,增幅较上年回落 1.3 个百分点。但从

房地产开发投资占全社会固定资产投资比重来看，继续呈上升趋势，达54.9%，比上年提高0.3个百分点。

从房屋类型看，住宅投资占比提高。2016年，上海市住宅投资1965.43亿元，比上年增长8.4%，占全部房地产开发投资的53.0%，比重提高0.7个百分点；办公楼和商业营业用房完成投资1215.36亿元，增长8.3%，占32.8%。

从投资结构看，土地购置费较快增长。2016年，上海市房地产开发投资中建安工程投资2220.89亿元，比上年增长0.4%，占全部房地产开发投资的59.9%；土地购置费1208.28亿元，增长20.3%，占32.6%，比上年提高3.6个百分点。

从项目规模看，大项目的投资数量和规模明显增加。2016年，上海市完成投资额5亿元以上的项目209个，比上年增加22个，投资额共计2182.69亿元，比上年增长15.9%，占全市房地产开发投资的58.9%。投资增速高出全市开发投资9.0个百分点。

2011—2016年上海市房地产业发展情况　　亿元，万平方米，%

指　标	房地产开发投资		商品房施工面积		新开工面积		商品房竣工面积		商品房销售面积	
	绝对额	增速	绝对额	增速	绝对额	增速	绝对额	增速	绝对额	增速
2012年	2381.36	9.7	13249.97	2.1	2724.05		2305.06	2.9	1898.46	7.2
2013年	2819.59	18.4	13516.58	2.0	2705.95	−0.7	2254.44	−2.2	2382.20	25.5
2014年	3206.48	13.7	14690.18	8.7	2782.02	2.8	2313.29	2.6	2084.66	−12.5
2015年	3468.94	8.2	15095.33	2.8	2605.08	−6.4	2647.18	14.4	2431.36	16.6
2016年	3709.03	6.9	15111.24	0.1	2840.95	9.1	2550.64	−3.6	2705.69	11.3

数据来源：历年上海市统计年鉴。

（二）房地产在建规模略有扩大

2016年，上海市房屋施工面积15111.24万平方米，比上年增长0.1%。其中，住宅8073.94万平方米，下降3.6%。

2016年，上海市房屋新开工面积2840.95万平方米，增长9.1%。分类型看，住宅新开工面积有所下降，商办新开工面积较快增长。2016年，上海市住宅新开工面积1436.13万平方米，比上年下降8.0%；办公楼和商业营业用房新开工面积384.49万平方米和401.78万平方米，分别增长26.1%和30.6%。

受前几年新开工面积下降影响，上海市商品房竣工面积同比下降。2016年，上海市商品房竣工面积2550.64万平方米，比上年下降3.6%。其中，住宅竣工面积1532.88万平方米，下降3.5%。

（三）房地产企业到位资金情况良好

2016年，上海市房地产开发企业本年到位资金6408.78亿元，比上年增长15.9%，项目资金到位情况良好。据人民银行上海总部统计，截至2016年底，上海市中资银行本外币商业性房地产贷款余额16737.86亿元，比上年增长20.5%。其中，房地产开发贷款余额4655.06亿元，下降13.9%；个人购房贷款余额11412.19亿元，增长43.5%。截至2016年底，上海市公积金贷款余额3257.77亿元，比上年增长17.6%。

2012—2016年上海市房地产资金到位情况　　亿元

指　　标	2012年	2013年	2014年	2015年	2016年
本年实际到位资金小计	3968.51	5092.67	5269.90	5531.86	6408.78
国内贷款	975.78	1292.36	1638.84	1516.59	1446.18

续表

指　标	2012 年	2013 年	2014 年	2015 年	2016 年
利用外资	26.12	38.14	69.61	33.92	2.31
＃外商直接投资	26.12	37.32	67.73	32.36	2.31
自筹资金	1385.96	1569.91	1560.83	1519.99	1490.78
其他资金	1580.66	2192.26	2000.62	2461.36	3469.51

数据来源:历年上海市统计年鉴。

(四) 楼市交易波动较大

2016 年,上海市楼市交易波动频繁。一季度,在全国房地产去库存的背景下,房地产市场量价齐升。上海贯彻落实"因城施策",率先在 3 月份出台"沪九条"调控政策,此后市场有所降温。但随着土地市场的火爆和楼市谣言的传播,市场出现过热态势,调控政策加码,10 月和 11 月相继出台了"沪六条"和信贷监管措施。进入四季度,政策效应积极释放,预期趋于平稳,成交量有所回落。

(1) 新建住宅销售面积微增,增速逐步回落

2016 年,上海市房地产市场成交总体较为活跃,全年新建商品房销售面积 2705.69 万平方米,比上年同期增长 11.3%,增速比年内高点(1—5 月)回落 18.0 个百分点。

从销售结构看,住宅销售面积微增、增速回落明显,办公楼和商业营业用房成交量则保持较快增长。2016 年,上海市商品住宅销售面积 2019.8 万平方米,增长 0.5%。受限购政策升级影响,商办销售增长明显。其中,办公楼销售面积 306.4 万平方米,增长 55.2%;商业营业用房销售面积 205.87 万平方米,增长 81.1%。

(2) 存量住宅成交个位数增长,月度波动较大

据市房地产交易中心统计,2016 年,上海市存量房成交量达到历史最高点。全年存量房网签面积 3559.17 万平方米,比上年增长 6.5%。其中,存量住宅网签面积 3160.66 万平方米,增长 4.2%。从月度成交情况看,存量住宅成交波动较大:3 月份、8 月份成交量突破 450 万平方米,12 月份成交量回落为 109 万平方米。

(五) 新建住宅销售均价为每平方米 25910 元

2016 年,上海市新建住宅平均销售价格 25910 元/平方米。从区域分布看,内环线以内 87426 元/平方米,内外环线之间 44984 元/平方米,外环线以外 18127 元/平方米。

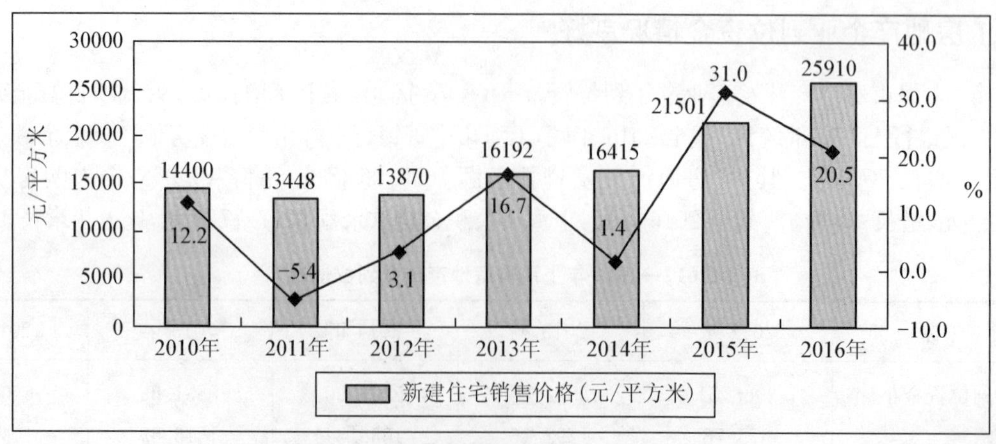

2010—2016 年上海市新建商品住宅销售价格及增长情况

剔除共有产权住房和动迁安置住房等保障性住房后的市场化新建商品住宅平均销售价格分别为：内环线以内87547元/平方米，内外环线之间62265元/平方米，外环线以外26778元/平方米。

三、江苏省房地产业发展情况

(一) 房地产开发投资平稳增长，占固定资产投资比重回升

2016年，江苏省房地产开发投资额为8956.37亿元，比上年增长9.8%。房地产开发投资占固定资产投资总额的18.1%，所占比重比上年上升0.3个百分点。

从商品房类型看，商品住宅投资6628.87亿元，比上年增长9.0%；占房地产开发投资总额的74.0%，所占比重比上年回落0.6个百分点。办公楼投资363.17亿元，比上年增长5.6%；占开发投资总额的4.1%，下降0.1个百分点。商业营业用房投资1246.13亿元，比上年增长10.2%；占开发投资总额的13.9%，与去年持平。

2012—2016年江苏省房地产业发展情况　　亿元，万平方米，%

指　标	房地产开发投资		商品房施工面积		新开工面积		商品房竣工面积		商品房销售面积	
	绝对额	增速	绝对额	增速	绝对额	增速	绝对额	增速	绝对额	增速
2012年	6206.10	11.5	45097.54	11.4	13908.44	−5.5	9848.40	16.6	9019.18	13.2
2013年	7241.45	16.7	52574.17	16.6	16358.18	17.6	9711.60	−1.4	11454.77	27.0
2014年	8240.22	13.8	57637.72	9.6	14220.35	−13.1	9620.47	−0.9	9846.84	−14.0
2015年	8153.68	−1.1	58118.44	0.8	11542.56	−18.8	10296.96	7.0	11414.05	15.9
2016年	8956.37	9.8	58761.73	1.1	13670.83	18.4	10073.96	2.2	13962.09	22.3

数据来源：历年江苏省统计年鉴。

(二) 房地产在建规模略有扩大，商品房新开工面积及销售面积大幅上升

2016年，江苏省房屋施工面积58761.73万平方米，比上年增长1.1%；住宅施工面积43002.93万平方米，增长1.6%。房屋新开工面积13670.83万平方米，比上年增长18.4%；住宅新开工面积10534.34万平方米，增长19.4%。商品房竣工面积10073.96万平方米，比上年下降2.2%；住宅竣工面积7602.69万平方米，下降4.1%。商品房销售面积13962.09万平方米，比上年增长22.3%；住宅销售面积12657.66万平方米，比上年增长23.2%。居民对改善性住房需求增多，使得2016年上海市144平方米以上住宅销售快速上涨。144平方米以上住宅销售面积2144.43万平方米，比上年增长39.8%，增幅较去年上升5.5个百分点；占住宅销售面积的16.9%，比上年上升2.0个百分点。

(三) 房地产项目到位资金较为宽松

2016年，江苏省房地产项目到位资金15501.08亿元，比上年增长28.8%。从资金来源渠道看，四大类资金呈现“两升两降”。2016年，江苏省房地产投资到位资金中其他投资为10021.40亿元，比上年增长49.6%；占到位资金的比重为64.6%，比上年上升8.9个百分点。国内贷款投资为2299.18亿元，比上年增长22.4%；占到位资金的比重为14.8%，比上年下降0.8个百分点。利用外资和自筹资金来源分别为8.29亿元和3172.21亿元，分别比上年下降81.5%和7.2%；所占比重分别为0.1%和20.5%，分别比上年下降0.3个和7.9个百分点。

2012—2016年江苏省房地产资金到位情况

亿元

指　　标	2012年	2013年	2014年	2015年	2016年
本年实际到位资金小计	9856.88	12682.04	12100.16	12039.99	15501.08
国内贷款	1890.71	2373.97	2249.68	1877.93	2299.18
利用外资	61.57	109.41	80.79	44.91	8.29
自筹资金	3087.53	3932.97	4154.86	3416.80	3172.21
其他资金	4817.07	6265.69	5614.83	6700.36	10021.40

数据来源:历年上海市统计年鉴。

四、浙江省房地产业发展情况

(一)房地产开发投资继续回升

2016年,浙江省完成房地产投资额7469.37亿元,比上年增长5.0%,增幅比前三季度提高4.2个百分点;占固定资产投资总额的25.3%,比上年下降1.4个百分点。

从房屋类型看,住宅投资占比提高。2016年,浙江省住宅投资4806.64亿元,比上年增长8.0%;占全部房地产开发投资的比重为64.4%,所占比重比上年上升1.8个百分点。办公楼、商业营业用房分别完成投资480.98亿元和984.91亿元,分别比上年下降6.3%和3.5%;占全部房地产开发投资的比重分别为6.4%和13.2%,所占比重分别比上年下降0.8个和1.2个百分点。

从投资结构看,建安工程、土地购置费平稳增长。2016年,浙江省房地产开发投资中建安工程投资4165.81亿元,比上年增长6.2%,占全部房地产开发投资的55.8%;土地购置费2634.37亿元,增长4.9%,占35.3%,与去年持平。

2012—2016年浙江省房地产业发展情况

亿元,万平方米,%

指　标	房地产开发投资		商品房施工面积		商品房竣工面积		商品房销售面积	
	绝对额	增速	绝对额	增速	绝对额	增速	绝对额	增速
2012年	5226.27	16.8	33422.97	11.7	4292.94	−5.2	4005.29	13.4
2013年	6216.25	18.9	37647.24	12.6	4692.34	9.3	4886.99	22.0
2014年	7262.38	16.8	42144.35	11.9	6390.17	36.2	4676.83	−4.3
2015年	7111.93	−2.1	41687.33	−1.1	5892.86	−7.8	5985.30	28.0
2016年	7469.37	5.0	41609.80	−0.2	7925.40	34.5	8636.80	44.3

资料来源:历年浙江省统计年鉴。

(二)商品房销售面积、销售额大幅上升,但小户型商品房供应不足

2016年,浙江省商品房销售面积为8636.80万平方米,比上年增长44.3%,增幅比上年扩大了16.3个百分点,但比前三季度回落6.7个百分点。其中,商品住宅销售面积增长41.0%,办公楼增长1.0倍,商业营业用房增长37.7%;商品房销售额9605.10亿元,在上年28.0%的高增长基础上又增长52.5%,但增幅比前三季度回落7.0个百分点。其中,商品住宅销售额增长50.0%,办公楼增长1.1倍,商业营业用房增长46.1%。

2016年,浙江省90平方米以下住宅销售面积1643万平方米,增长40%,增幅明显高于144平方米

以上(28.8%)及别墅高档公寓(14.8%)等户型销售增速。90平方米以下户型也仅占全部住宅销售面积的22.7%,此外,从90平方米以下投资、施工面积、新开工面积等几个指标来看,增速均呈下降状态,分别下降19.6%、8.7%和6.1%,占住宅的比重分别仅有22.8%、23.8%和19.8%。90平方米以下中小户型供应还不够充足,供给的结构性矛盾依然存在。

(三)房地产开发项目到位资金较为宽松,民间房地产开发投资持续低迷

2016年,浙江省房地产开发投资本年实际到位资金10859.57亿元,比上年增长25.2%,增幅比前三季度提高1.8个百分点。其中,国内贷款增长20.9%,增幅比前三季度提高19.1个百分点;自筹资金增幅由前三季度的下降1.6%转而增长0.5%;其他资金来源中的定金及预收款、个人按揭贷款等分别增长达34.9%和53.2%。

2016年,浙江省民间房地产开发投资5952亿元,比去年同期增长1.9%,与2015年下降0.3%相比,仍没有得到明显的改善。民间房地产开发投资占整个房地产开发投资比重为79.7%,比2015年下降了2.4个百分点。民间房地产投资是房地产开发的主要力量,最近两年的持续低迷也对全省民间投资实现平稳增长产生了很大的压力。

2012—2016年浙江省房地产开发资金到位情况　　亿元

指　标	2012年	2013年	2014年	2015年	2016年
本年资金来源小计	6530.86	8858.25	8956.31	8675.58	10859.57
国内贷款	1125.48	1590.65	1817.77	1274.79	1541.37
利用外资	16.00	47.03	71.68	15.65	32.33
自筹资金	2178.56	2765.07	3202.31	2659.44	2672.05
其他资金	3210.82	4455.49	3864.55	4725.70	6613.82

资料来源:历年浙江省统计年鉴。

五、安徽省房地产业发展情况

(一)房地产开发投资平稳增长

2016年,安徽省房地产开发投资有所波动,但总体平稳。前两个月开发投资增长4.6%,随后逐步走高,1—4月增幅达最高点10.4%,前三季度回落到全年最低点3.3%。2016年,安徽省房地产开发投资4603.56亿元,比上年增长4.0%,比1—11月提升0.4个百分点,比上年提高2.0个百分点,比全国平均增速低2.9个百分点。

2012—2016年安徽省房地产业发展情况　　亿元,万平方米,%

指　标	房地产开发投资		商品房施工面积		新开工面积		商品房竣工面积		商品房销售面积	
	绝对额	增速	绝对额	增速	绝对额	增速	绝对额	增速	绝对额	增速
2012年	3151.61	20.7	24836.06	19.5	7874.22	−9.1	3965.39	9.3	4828.81	4.8
2013年	3946.23	25.2	30235.20	21.7	10077.71	28.0	5180.35	30.6	6265.35	29.7
2014年	4338.96	10.0	33479.11	10.7	8736.77	−13.3	5196.37	0.3	6202.18	−1.0
2015年	4424.86	2.0	34244.67	2.3	7759.35	−11.2	5537.74	6.6	6174.09	−0.5
2016年	4603.56	4.0	35645.44	4.1	8586.37	10.7	5382.95	−2.8	8499.65	37.7

资料来源:历年安徽省统计年鉴。

从类型看，安徽省住宅投资3069.36亿元，比上年增长7.7%，比上年提高7.6个百分点；办公楼投资202.91亿元，下降0.7%；商业营业用房投资970.61亿元，下降5.4%，其他用房投资360.68亿元，增长4.4%。

从构成看，安徽省建筑工程投资3156.01亿元，比上年增长3.2%；安装工程投资590.98亿元，增长13.2%；设备器具购置投资89.31亿元，增长52.8%；其他费用767.26亿元，下降2.6%。

从区域看，皖江城市带房地产投资2949.5亿元，比上年增长3.7%；皖北六市房地产投资1420.3亿元，增长2.8%；合芜蚌创新示范区房地产投资2149.3亿元，增长0.4%。

(二) 商品房销售增长较快，去库存成效不断显现

2016年，安徽省商品房销售面积8499.65万平方米，比上年增长37.7%，增幅比上年提高38.2个百分点。其中，商品住宅销售面积7506.87万平方米，比上年增长40.1%；办公楼销售面积185.35万平方米，增长69.4%；商业营业用房销售面积670.96万平方米，增长6.9%。六安市和阜阳市销售面积增幅居前两位，增幅分别为126.1%和87.9%。

2016年，安徽省商品房销售额5035.55亿元，比上年增长49.4%，增幅比去年同期提高48.7个百分点。其中，商品住宅销售额4231.59亿元，增长55.9%；办公楼销售额145.70亿元，增长81.4%；商业营业用房销售额606.60亿元，增长12.5%。六安市和阜阳市的销售额增幅居前两位，增幅分别为132.8%和104.2%。

2016年底，安徽省商品房待售面积2401.44万平方米，与上年同期相比下降4.3%。从待售房屋的构成看，住宅待售面积1202.47万平方米，占商品房待售面积的50.1%；办公楼待售面积99.32万平方米，占4.1%；商业营业用房待售面积883.22万平方米，占36.8%。滁州市、安庆市的待售面积总量居前两位，分别为260.08万平方米和227.09万平方米。

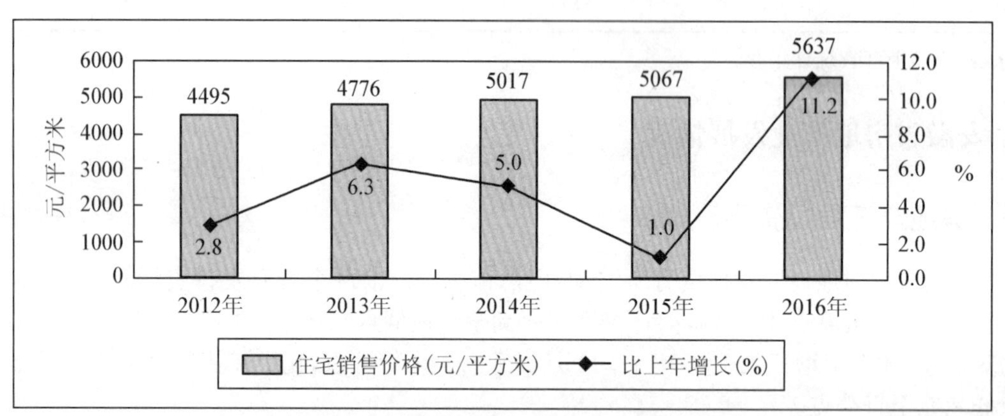

2012—2016年安徽省商品住宅销售价格及增长情况

(三) 商品房新开工面积扩大

在中央及各级政府去库存等利好政策推动下，房地产企业投资信心恢复，施工及新开工面积扩大。2016年，安徽省房地产开发施工面积35645.44万平方米，比上年增长4.1%，增幅比上年高1.8个百分点。新开工面积8586.37万平方米，增长10.7%，增幅比上年高21.9个百分点；住宅新开工面积为6007.40万平方米，比上年增长14.3%。

(四) 房地产开发资金较为宽松

2016年，安徽省房地产开发企业到位资金6209.27亿元，比上年增长24.4%，比上年提高29.0百分

点。其中,自筹资金1906.23亿元,比上年增长2.5%;国内贷款657.62亿元,增长16.6%;其他资金3631.73亿元,增长41.6%。其他资金中个人按揭贷款增长58.6%,定金及预收款增长37.7%,分别比上年同期提高55.8个和35.2个百分点。

2012—2016年安徽省房地产开发资金到位情况

亿元

指　标	2012年	2013年	2014年	2015年	2016年
本年资金来源小计	3835.34	5077.16	5231.17	4990.78	6209.27
国内贷款	406.23	466.87	567.93	564.23	657.62
利用外资	1.39	1.00	2.78	1.02	13.69
自筹资金	1686.80	2143.66	2203.85	1860.13	1906.23
其他资金	1740.92	2465.62	2456.60	2565.40	3631.73

资料来源:历年安徽省统计年鉴。

十二 长三角汽车产业

一、长三角汽车产业的总体情况

2016年,长三角汽车制造业实现工业总产值21458.78亿元,比上年增长17.0%。从业人员132.18万人,比上年增长6.1%;占全国汽车制造业从业人员的比重为27.3%,上升0.9个百分点。主营业务收入21903.51亿元,比上年增长16.3%;占全国汽车制造行业主营业务收入的比重为26.9%,上升0.4个百分点。创造利润总额2219.47亿元,比上年增长7.7%;占全国汽车制造行业利润的比重为32.4%,回落0.6个百分点。年末资产总额19516.06亿元,比上年增长15.1%;占全国汽车制造行业资产总额的比重为28.5%,上升0.2个百分点。负债合计11124.81亿元,比上年增长20.2%;占全国汽车制造行业负债总额的比重为27.8%,上升1.1个百分点。

2012—2016年长三角汽车制造行业主要经济指标

亿元

指　　标	2012年	2013年	2014年	2015年	2016年
单位数(个)	3949	4335	4642	4900	
从业人员(万人)	109.83	113.23	117.94	124.60	132.18
工业总产值	13570.55	14837.17	16882.76	18338.06	21458.78
年末资产总计	11871.87	13511.83	14680.83	16950.40	19516.06
负债合计	7029.71	7355.43	7920.68	9255.06	11124.81
主营业务收入	14301.74	15551.70	17583.43	18840.71	21903.51
利润总额	1389.37	1671.67	1920.09	2060.85	2219.47

数据来源:历年上海市、江苏省、浙江省统计年鉴。

(一)长三角汽车生产情况

从总量上看,长三角汽车产业延续了前几年发展态势,汽车产量再创新高。2016年,长三角汽车产量达到623.98万辆,比上年增长17.0%,增速回升10.6个百分点。2016年,长三角汽车产量占全国的22.2%,所占比重比上年上升0.4个百分点。

2012—2016年长三角各省市及全国汽车产量情况

万辆

指　标	2012年	2013年	2014年	2015年	2016年
上海市	202.43	226.89	247.45	242.97	260.77
江苏省	88.7	107.2	125.72	121.75	144.89
浙江省	32.98	37.32	32.72	42.87	58.65
安徽省	108.52	103.05	95.5	125.77	159.67
长三角	432.63	474.46	501.39	533.36	623.98
全　国	1927.62	2212.09	2372.52	2450.35	2811.91

数据来源:历年上海市、江苏省、浙江省、安徽省及中国统计年鉴。

分地区看,2016年,上海市汽车产量占长三角汽车总产量的比重回落。江苏省、浙江省、安徽省汽车产量占比上升。上海市汽车产量占长三角汽车总产量的比重为41.8%,比上年回落3.8个百分点;江苏省汽车产量占的比重为23.2%,上升0.4个百分点;浙江省汽车产量占的比重为9.4%,上升1.4个百分点;安徽省汽车产量占的比重为25.6%,上升2.0个百分点。

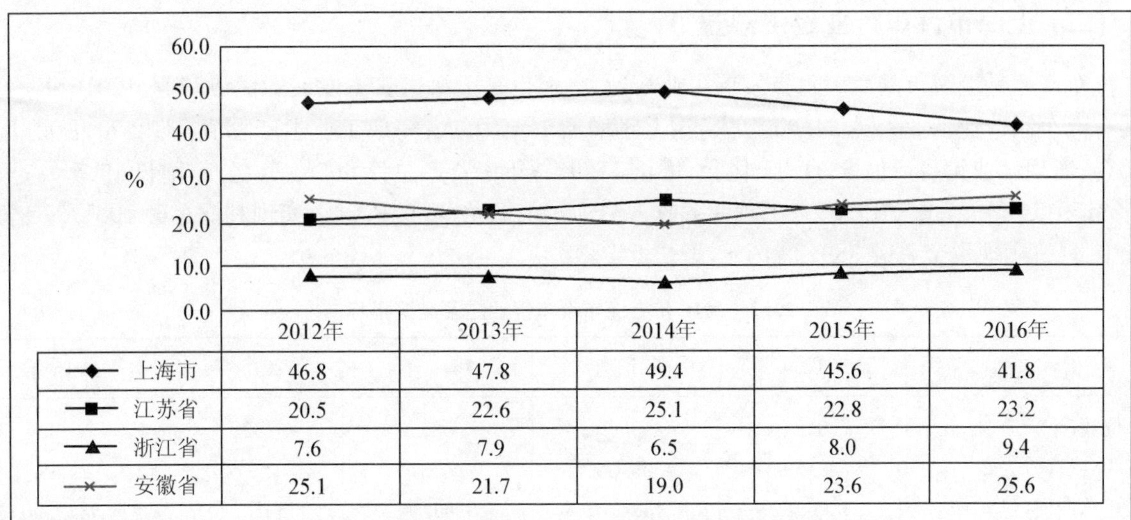

	2012年	2013年	2014年	2015年	2016年
上海市	46.8	47.8	49.4	45.6	41.8
江苏省	20.5	22.6	25.1	22.8	23.2
浙江省	7.6	7.9	6.5	8.0	9.4
安徽省	25.1	21.7	19.0	23.6	25.6

2012—2016 年三省一市汽车产量占长三角的比重

（二）长三角汽车行业资产运营情况

从资产运营情况来看，2016 年，长三角汽车制造行业年末资产总额为 19516.06 亿元，比上年增长 15.1%；负债合计为 11124.81 亿元，增长 20.2%。汽车制造行业负债的增长速度快于资产的增长速度，使得 2016 年长三角汽车制造行业资产负债率有所上升，达到 57.00%，较上年上升了 2.40 个百分点；低于同期全国汽车制造行业资产负债率 1.34 个百分点。

分地区来看，上海市汽车制造行业资产负债率最低，2016 年，上海市资产负债率为 47.39%，上升 3.55个百分点；江苏省规模以上汽车制造行业资产负债率为 59.97%，上升 0.83 个百分点；浙江省规模以上汽车制造行业资产负债率为 62.46%，上升 2.87 个百分点；安徽省规模以上汽车制造行业资产负债率最高，2016 年资产负债率为 65.47%，上升 0.10 个百分点。

二、上海市汽车产业基本情况

（一）上海市汽车生产与销售情况

2016 年，上海市汽车产、销量分别为 206.77 万辆和 261.17 万辆，比上年分别增长 7.3%和 7.5%。其中，轿车的产、销量分别为 207.39 万辆和 207.72 万辆，比上年分别增长 1.7%和 1.7%。按车型分析，乘用车产、销量分别为 257.45 万辆和 257.93 万辆，与去年同比分别上升 7.0%和 7.2%；商用车产、销量分别为 33162 辆和 32391 辆，分别比上年增长 36.6%和 38.5%。

2012—2016 年上海市汽车产、销量

万辆

指　标		2012 年	2013 年	2014 年	2015 年	2016 年
产量	汽车	202.43	226.89	247.45	242.97	260.77
	＃轿车	180.68	201.03	214.22	203.91	207.39
销量	汽车	206.12	226.74	247.05	242.87	261.17
	＃轿车	184.35	200.91	213.86	204.19	207.72

数据来源：历年上海市统计年鉴。

(二)上海市汽车行业经济总量

汽车产业是上海市的六大重点发展工业行业之一,也是上海市着力发展的优势产业。2016 年,上海市共有汽车制造业从业人员 24.04 万人,比上年增加 1.16 万人;完成工业生产总值 5849.90 亿元,增长 12.0%;实现工业销售产值 5821.11 亿元,增长 11.9%;年末资产总计 6666.50 亿元,增长 10.5 %;负债合计 3159.10 亿元,增长 19.5%;主营业务收入 7213.54 亿元,增长 9.7%;实现利润总额 1081.97 亿元,增长 0.4%;实现税金总额 389.22 亿元,增长 6.5%。

2012—2016 年上海市汽车行业主要经济指标

指　　标	2012 年	2013 年	2014 年	2015 年	2016 年
单位数(个)	552	550	527	522	
从业人员(万人)	22.69	23.36	23.31	22.88	24.04
工业总产值(亿元)	4296.82	4884.08	5364.95	5223.80	5849.90
工业销售产值(亿元)	4323.11	4852.23	5322.28	5203.41	5821.11
年末资产总计(亿元)	4419.99	5172.17	5511.02	6033.16	6666.50
负债合计(亿元)	2524.83	2250.67	2397.89	2644.70	3159.10
主营业务收入(亿元)	5360.56	6055.52	6645.70	6574.19	7213.54
利润总额(亿元)	769.13	913.38	1062.29	1078.11	1081.97
税金总额(亿元)	303.47	325.52	373.94	365.41	389.22

数据来源:历年上海市统计年鉴。

(三)上海市汽车生产企业(集团)情况

根据中国汽车工业协会公布的数据,2016 年上海三大乘用车企业整车销售分别为:上汽大众累计销售 200.02 万辆,同比上升 10.8%;上汽通用累计销售 188.00 万辆,同比增长 9.0%;上汽乘用车累计销售 32.17 万辆,同比增长 89.2%。

上海市销售的商用车均是客车,上汽大通表现继续强劲,共销售汽车 46123 辆,其中客车 27142 辆,同比分别上升 31.6%和 43.2%,其中销售的 MPV 亦有 17.9%的增幅;上海申沃客车销售 2007 辆,同比下降 4.6%,上海申龙客车销售 3242 辆,同比上升 39.7%。由于商用车在整个上海汽车销售中比重很小,对上海汽车销售增幅的贡献度不大。

上汽旗下乘用车合资品牌以其优良的性价比、便捷的服务,在全国乘用车市场继续处于领先的地位,在 2016 年销售量排列前十的轿车品牌中,朗逸、英朗、桑塔纳分列一、二和第六位,合计销售 116.76 万辆,占全国轿车销量的 9.6%,占前十轿车品牌销量的 35.1%;昂科威、途观位列 SUV 销售量第四、五位;五菱宏光、宝骏 730 分列 MPV 销售量第一、二位,合计销售 102.02 万辆,占全国 MPV 销量的 54.9%之多。上海乘用车良好的品牌优势,确保了上海汽车行业在全国汽车市场的领先地位。

(四)上海市汽车行业经济运行情况

1. 按照上海市统计局发布的数据,2016 年,上海市规模以上企业实现工业总产值 31082.72 亿元,比上年仅上升 0.8%,其中汽车制造业实现工业总产值 5781.58 亿元,同比上升 12.6%;主营业务收入 34292.43 亿元,同比上升 0.4%,而汽车制造业实现营收 7193.21 亿元,同比上升 9.1%。上海汽车行业协会纳入统计范围的 120 余家企业,实现工业总产值 4681.69 亿元,同比上升 11.2%;主营业务收入 6051.54 亿元,同比上升 9.5%,与上半年相比,均已从负增长转为稳定增长,利润总额 994.66 亿元,也

由上半年的同比负增长转变为上升0.9%；而从业人员11.95万人，同比下降8.0%。另外，中汽协公布了1—11月份全国重点企业(集团)经济效益情况分析，从数据看由于上海市汽车行业在高起点上提升，因此在一些主要经济指标上的增幅稍有差距。

2. 上汽集团外企业经济运行基本情况：据对上汽外近50家企业的统计，2016年工业总产值同比上升2.6%，主营业务收入同比上升12.2%，虽都已改变上半年的负增长状态，但相对行业整体仍稍差；盈利能力不佳，利润总额同比虽然上升17.0%，但由于个别大企业出现较大起落，故掩盖了整体的实际现状。在经济运行质量一些指标方面，显示成本、资金压力较大：近半企业工业总产值下降，其中个别企业降幅超过50%；近三分之一的企业利润总额下降。三项费用占主营收入比重14.3%，同比增加0.4个百分点，其中管理费用上升超过25%。应收账款53.09亿元，同比上升5.2%；存货30.21亿元，同比上升10.0%，但其中产成品上升5.1%；资产总计293.91亿元，同比上升17.4%，负债140.94亿元，同比则上升了18.1%，负债率上升。

三、江苏省汽车产业基本情况

(一) 江苏省汽车生产与销售情况

2016年，江苏省汽车产量为144.89万辆，比上年增长19.0%。轿车的产、销量分别为72.17万辆和72.75万辆，比上年分别增长6.8%和7.8%。载货汽车的产、销量分别为9.59万辆和9.75万辆，比上年分别下降31.0%和29.9%。运动型多用途车(SUV)的产、销量分别为36.35万辆和35.57万辆。新能源汽车的产、销量分别为9.59万辆和9.75万辆。

2012—2016年江苏省汽车产、销量　　万辆

指标		2012年	2013年	2014年	2015年	2016年
产量	汽车	88.70	107.20	125.72	121.75	144.89
	#轿车	45.54	63.15	74.51	67.56	72.17
	载货汽车	10.90	12.12	14.55	13.90	9.59
销量	汽车	87.96	107.94	125.69	121.68	
	#轿车	44.70	63.21	74.82	67.48	72.75
	载货汽车	10.60	12.47	14.50	13.91	9.75

数据来源：历年上海市统计年鉴。

(二) 江苏省汽车行业经济总量

2016年，江苏省共有汽车制造企业1742家，比上年增加80家；从业人员45.69万人，增加2.64万人；完成工业生产总值7910.63亿元，增长13.8%；实现销售产值7790.50亿元，增长14.4%；年末资产总计5574.78亿元，增长17.4 %；负债合计3343.00亿元，增长19.0%；主营业务收入7470.38亿元，增长15.2%；实现利润总额589.94亿元，下降0.9%。

2012—2016年江苏省汽车行业主要经济指标

指标	2012年	2013年	2014年	2015年	2016年
单位数(个)	1277	1425	1560	1662	1742
从业人员(万人)	36.56	38.66	40.19	43.05	45.69

续表

指　　标	2012年	2013年	2014年	2015年	2016年
工业总产值(亿元)	4570.51	5662.98	6440.15	6948.74	7910.63
工业销售产值(亿元)	4512.95	5661.42	6364.00	6811.93	7790.50
年末资产总计(亿元)	2929.15	3485.81	3982.57	4749.25	5574.78
负债合计(亿元)	1700.33	2074.26	2318.51	2808.88	3343.00
主营业务收入(亿元)	4504.27	5454.96	6104.48	6487.01	7470.38
利润总额(亿元)	372.85	486.51	554.15	595.43	589.94

数据来源:历年江苏省统计年鉴。

(三)江苏省汽车行业经济效益

2016年,江苏省汽车制造行业企业亏损面为12.06%,比上年下降2.86个百分点;资产负债率为59.97%,上升0.83个百分点;产品销售率为98.48%,上升0.45个百分点;成本费用利润率为8.55%,下降1.49个百分点;流动资产周转次数为2.30次/年,下降0.06次/年;总资产贡献率为18.24%,下降2.71个百分点。

2012—2016年江苏省汽车行业主要经济效益指标

指　　标	2012年	2013年	2014年	2015年	2016年
企业亏损面(%)	13.78	12.56	12.12	14.92	12.06
资产负债率(%)	58.05	59.51	58.22	59.14	59.97
流动资产周转次数(次/年)	2.56	2.61	2.65	2.36	2.30
成本费用利润率(%)	9.26	9.75	9.97	10.04	8.55
产品销售率(%)	98.74	99.97	98.82	98.03	98.48
总资产贡献率(%)	21.63	24.19	23.65	20.95	18.24

注:2011年(含)以后数据按新行业标准统计。
数据来源:历年江苏省统计年鉴。

(四)江苏省汽车制造业的基本情况

东风悦达起亚由东风集团、江苏悦达投资股份有限公司、韩国起亚自动车株式会社共同投资成立。工厂坐落江苏盐城,目前已有3个现代化工厂投入运营。经过多年的快速发展,汽车产业规模不断壮大,已经形成了乘用车、商用车、专用车、新能源汽车和汽车零部件等较为完整的产业体系。2016年12月份东风悦达起亚生产汽车8.0万辆,销售10.5万辆,创单月销售最高纪录。全年汽车产、销量突破65万辆,达到生产65.0万辆、销售65.7万辆。汽车产业全年开票销售超千亿元,为盐城市工业保持稳定增长奠定坚实基础。

长安马自达汽车有限公司前身为长安福特马自达汽车有限公司南京公司,由中国汽车的百年企业重庆长安汽车股份有限公司、马自达汽车株式会社共同出资组建,双方各占50%股份。2012年8月24日,经国家发展改革委核准,长安马自达汽车有限公司成为具有独立法人资格的现代化合资汽车企业,是马自达海外唯一一家集生产、采购、研发、销售于一体的整车制造型企业。旗下拥有马自达CX-5、马自达3、昂克赛拉3大系列18款车型。2016年,长安马自达销售新车193615辆,远超过2015年的151262辆,增比达到了28.0%。2016年12月,长安马自达销售新车23561辆,与2015年

同期的 16902 辆销量相比增长 39.4%。马自达在华搭载“创驰蓝天”技术的四款车型销售业绩持续良好态势，助力马自达在中国市场圆满完成了 2016 年全年销售目标，并且大幅刷新了在华全年销售记录。

四、浙江省汽车产业基本情况

（一）浙江省汽车生产情况

近几年浙江省汽车产业发展突飞猛进，汽车产量快速增长。2016 年，浙江省汽车产量为 58.65 万辆，比上年增长 36.8%；其中轿车产量为 52.77 万辆，比上年增长 61.4%。

2012—2016 年浙江省汽车产量　　万辆

指　标	2012 年	2013 年	2014 年	2015 年	2016 年
汽车	32.98	37.32	32.72	42.87	58.65
＃轿车	26.45	27.45	22.13	32.69	52.77

数据来源：历年浙江省统计年鉴。

（二）浙江省汽车行业经济总量

2016 年，浙江省共有汽车制造业单位 1902 个，比上年增加 51 家；从业人员 41.25 万人，增加 2.42 万人；完成工业生产总值 4588.32 亿元，增长 24.6%；年末资产总计 4654.81 亿元，增长 16.8%；负债合计 2907.42 亿元，增长 22.4%；主营业务收入 3495.68 亿元，增长 26.5%；实现利润总额 421.66 亿元，增长 49.3%；实现利税总额 618.36 亿元，增长 43.7%。

2012—2016 年浙江省汽车行业主要经济指标

指　　标	2012 年	2013 年	2014 年	2015 年	2016 年
单位数（个）	1435	1623	1753	1851	1902
从业人员（万人）	32.88	33.02	35.80	38.83	41.25
工业总产值（亿元）	2898.53	2323.39	2963.96	3681.84	4588.32
年末资产总计（亿元）	2775.24	2948.45	3160.59	3986.48	4654.81
负债合计（亿元）	1672.79	1793.57	1909.45	2375.41	2907.42
主营业务收入（亿元）	2846.85	2231.35	2833.98	3495.68	4420.38
利润总额（亿元）	168.12	165.57	210.22	282.51	421.66
利税总额（亿元）	250.98	250.84	325.49	430.46	618.36

数据来源：历年浙江省统计年鉴。

（三）浙江省汽车行业经济效益

2016 年，浙江省汽车制造行业每百元固定资产原值实现利税 42.56 元，比上年上升 12.19 元/百元；每百元主营业务收入实现利税 13.99 元，上升 1.68 元/百元；产品销售率为 96.94%；上升 0.71 个百分点；出口交货值占工业销售 9.90%，下降 1.80 个百分点；新产品产值率为 59.98%，上升 6.02 个百分点。

2012—2016 年浙江省汽车行业主要经济效益指标

指　　标	2012 年	2013 年	2014 年	2015 年	2016 年
每百元固定资产原值实现利税(元)	32.75	31.60	31.35	30.37	42.56
每百元主营业务收入实现利税(元)	8.82	11.24	11.49	12.31	13.99
产品销售率(%)	97.77	94.91	96.17	96.23	96.94
出口交货值占工业销售(%)	18.51	17.06	15.48	11.70	9.90
新产品产值率(%)	35.00	39.84	49.29	53.96	59.98

注:2011 年(含)以后数据按新行业标准统计。
数据来源:历年浙江省统计年鉴。

(四) 浙江省汽车制造业的基本情况

2016 年,浙江省已经初步建成杭州、台州、金华、宁波四大整车基地,形成一批以吉利、众泰为代表的知名汽车品牌。其中,新能源汽车发展尤为突出,2016 年浙江省新能源汽车产量为 5.7 万辆,约占全国十分之一,超过江苏省,仅低于广东省和北京市。

众泰汽车总部位于浙江永康,是一家以汽车整车及汽车关键零部件为核心业务的民营企业,旗下拥有众泰汽车、江南汽车两大自主品牌。2016 年,众泰汽车累计销量为 33.31 万辆,同比增长 49.6%。众泰汽车在 2016 年推出了 T600 运动版、SR9、新大迈 X5 等多款车型,其中 SR9 上市时便拥有近 4 万辆的订单。作为最早布局新能源汽车产业化的企业之一,众泰汽车不仅在中国新能源汽车领域创造了"六个"第一,还曾与国家电网等单位合作开启了分时租赁和众车纷享等运营模式,为中国纯电动汽车的发展提供了参考和借鉴。2016 年,众泰新能源汽车销量突破 3.73 万辆,同比增长 51.8%,连续多年位列中国新能源汽车销量前列。

浙江吉利控股集团总部设在杭州,旗下拥有沃尔沃汽车、吉利汽车、领克汽车、Polestar、宝腾汽车、路特斯汽车、伦敦电动汽车、远程新能源商用车等汽车品牌。2016 年,吉利汽车累计销售汽车 765970 辆,比上年增长 50.2%;其中,出口 21779 辆,下降 15.4%。实现净利润 51.7 亿元,比上年增长 125.9%。12 月份总销量再创新高,达到了 108230 辆,同比激增 101%。3.0 代产品在吉利汽车总体销量中的占比正越来越高,12 月,博瑞、博越、帝豪 GS 和帝豪 GL 四款 3.0 代精品车总销量已达 46311 辆,占当月总销量的 43.0%。吉利旗下 3.0 代精品车型销量均创历史新高,远景、帝豪、帝豪 GS、帝豪 GL、远景 SUV、博越 6 款车连续 2 个月销量均过万辆。2016 年,代表吉利目前最高标准的"S 级"4S 店在开始陆续投入运营,这些店在软硬件,以及服务水平方面都实现了与合资品牌看齐。根据规划,吉利将在 2020 年形成 1750 家经销商规模,截至 2016 年底,吉利在全国的经销商总数已经达到 750 家。

五、安徽省汽车产业基本情况

(一) 安徽省汽车生产情况

2016 年,安徽省汽车行业产量快速增长,全年汽车产量为 159.67 万辆,比上年增长 27.0%。其中,载货汽车产量为 26.79 万辆,比上年增长 27.1%;公路汽车产量为 2.55 万辆,下降 32.2%。

2012—2016 年安徽省汽车产量

万辆

指　标	2012 年	2013 年	2014 年	2015 年	2016 年
汽车	108.52	103.05	95.50	125.77	159.67
＃载货汽车	24.92	28.43	23.84	21.08	26.79
公路汽车	6.01	4.58	3.96	3.76	2.55

数据来源：历年安徽省统计年鉴。

（二）安徽省汽车行业经济总量

2016 年，安徽省共有汽车制造业单位 916 个，比上年增加 51 家；从业人员 21.20 万人，增加 1.36 万人；完成工业生产总值 3109.93 亿元，增长 25.2%；实现销售产值 3043.20 亿元，增长 25.3%；年末资产总计 2619.97 亿元，增长 20.1%；负债合计 1715.29 亿元，增长 20.3%；主营业务收入 2799.21 亿元，增长 22.6%；实现利润总额 125.90 亿元，增长 20.1%。

2012—2016 年安徽省汽车行业主要经济指标

指　标	2012 年	2013 年	2014 年	2015 年	2016 年
单位数（个）	685	737	802	865	916
从业人员（万人）	17.70	18.19	18.64	19.84	21.20
工业总产值（亿元）	1804.69	1966.72	2113.70	2483.68	3109.93
工业销售产值（亿元）	1777.31	1905.55	2085.36	2428.94	3043.20
年末资产总计（亿元）	1747.49	1905.40	2026.65	2181.51	2619.97
负债合计（亿元）	1131.76	1236.93	1294.83	1426.07	1715.29
主营业务收入（亿元）	1590.06	1809.87	1999.27	2283.83	2799.21
利润总额（亿元）	79.27	106.21	93.43	104.80	125.90

数据来源：历年安徽省统计年鉴。

（三）安徽省汽车行业经济效益

2016 年，安徽省汽车行业总资产贡献率为 8.91%，比上年下降 0.32 个百分点；资产负债率为 65.47%，上升 0.10 个百分点；流动资产周转次数为 2.00 次/年，下降 0.07 次/年；工业成本费用利润率为 4.49%，下降 0.10 个百分点；产品销售率为 97.85%，上升 0.05 个百分点。

2012—2016 年安徽省汽车行业主要经济效益指标

指　标	2012 年	2013 年	2014 年	2015 年	2016 年
总资产贡献率（%）	8.99	9.75	8.63	9.23	8.91
资产负债率（%）	64.77	64.92	63.89	65.37	65.47
流动资产周转次数（次/年）	1.85	1.86	1.96	2.07	2.00
工业成本费用利润率（%）	4.90	5.89	4.71	4.59	4.49
产品销售率（%）	98.48	96.89	98.66	97.80	97.85

注：2012 年（含）以后年数据按新行业标准统计。

数据来源：历年安徽省统计年鉴。

(四) 安徽省汽车制造业的基本情况

经过多年发展,汽车已成为安徽主导产业。不仅拥有奇瑞、江淮、华菱星马等整车生产研发企业,而且拥有环新、国轩高科等汽车核心零部件生产企业,具有乘用车、商用车、工程装备用车、高中档客车等全方位的产业体系。奇瑞汽车国际合作大幅提升,成立了捷豹路虎、观致两大合资企业,转型升级正在取得成效,全省汽车在销量和品牌溢价能力方面都实现了较大幅度提升。

2016 年,奇瑞集团在奇瑞品牌、观致、奇瑞捷豹路虎、奇瑞控股四大板块助力下完成汽车销量 70.47 万辆,比上年增长 28.0%。其中,出口 88081 辆,占同期中国乘用车出口量的 28.0%,连续 14 年位居中国乘用车出口第一。并且超额完成了 60 万销量目标的 17.5%。奇瑞品牌共销售整车 363314 台,同比增长 16.5%,占比整体的 51.0%。两大合资企业增速显著,观致汽车销售 24483 辆,同比增长超 71.8%;奇瑞捷豹路虎销量 62468 辆,同比增长近 140%。从车型来看,全新上市的 3 款 2.0 产品已经获得市场认可。奇瑞品牌艾瑞泽 5 自 3 月份上市以来,9 个月总销量超过 10 万辆,12 月份单月销量突破 2 万辆;9 月上市的瑞虎 7,上市后第 3 个月的终端月销量就突破 1 万台。而捷豹 XFL、路虎发现神行、路虎揽胜极光三款国产车型共计销售 62468 辆,占比捷豹路虎在华整体销量的 52.0%。

安徽江淮汽车集团股份有限公司(简称江淮汽车或 JAC),是一家集全系列商用车、乘用车及动力总成等研产销和服务于一体,“先进节能汽车、新能源汽车、智能网联汽车并举的综合型汽车企业集团”。2016 年,江淮汽车集团股份公司产销各类汽车及底盘 64.3 万辆,同比增长 9.4%,实现了“十三五”良好开局。2016 年,轻卡销量 19.2 万辆,同比增长 16.4%,销售收入同比增长 21.3%,产品附加值显著提升;重卡销售 4.3 万辆,同比增长 44.0%,市场占有率居全行业前列。2016 年,乘用车销量超过 37 万辆,超额完成 36 万辆年度目标。SUV 阵营贡献最大,累计销售 27.6 万辆,同比增长 8.9%,瑞风 S3 销售 19.2 万辆,连续两年居国内小型 SUV 细分市场销量第一名。在江淮具有传统优势的 MPV 领域,在第二代瑞风 M5、瑞风 M4、瑞风 M3 宜家版的加持下,江淮 MPV 版块累计销售 6.2 万辆,擦亮“MPV 制造专家”招牌。随着中高级技术座驾瑞风 A60 的上市,江淮轿车领域 12 月交出 3969 辆销量,同比增长 90.7%,进入高增长状态。新能源车版块,江淮纯电动乘用车全年累计销量超 1.8 万辆,同比猛涨 74.6%。海外市场是自主品牌汽车纷纷拓展的“蓝海”市场。2016 年,江淮汽车实现出口近 5.7 万辆,排名提升至全行业第五位。

十三　长三角大众传媒产业

一、长三角大众传媒产业基本情况

2016年,长三角报刊总印数67.51亿册,比上年下降11.2%;总印张数235.66亿印张,下降22.9%。期刊总印数3.59亿册,比上年下降3.5%;总印张数17.30亿印张,下降5.4%。图书总印数16.89亿册,比上年增长4.5%;总印张数128.67亿印张,增长3.9%。

2016年,长三角报刊总印数占全国报刊总印数的比重为17.3%,比上年下降0.4个百分点;期刊总印数占全国的比重为13.3%,上升0.4个百分点;图书总印数占全国的比重为18.7%,所占比重与去年持平。

2012—2016年长三角地区报刊、期刊、图书出版情况

指标		2012年	2013年	2014年	2015年	2016年
报刊	总印数(亿册)	90.77	88.91	86.09	76.04	67.51
	总印张数(亿印张)	424.02	406.11	374.61	305.47	235.66
期刊	总印数(亿册)	4.46	4.24	3.97	3.72	3.59
	总印张数(亿印张)	21.31	20.49	19.39	18.28	17.30
图书	总印数(亿册)	14.70	15.46	15.10	16.16	16.89
	总印张数(亿印张)	107.78	115.67	113.78	123.79	128.67

数据来源:历年上海市、江苏省、浙江省统计年鉴。

二、上海市大众传媒产业基本情况

(一)上海市的总体情况

1. 电视台情况

2016年,上海市电视台共有发射台22座,发射功率72千瓦,节目25套。公共节目播出时间179000小时,比上年增长0.3%。其中,市级电视台127004小时,减少186小时;区县级电视台51996小时,增加405小时。全年制作节目时间63521小时,比上年减少13.5%。

2012—2016年上海市电视台情况

指标	2012年	2013年	2014年	2015年	2016年
节目套数(套)	25	25	25	25	25
公共节目播出时间(小时)	180644	180115	179072	178409	179000
全年制作节目时间(小时)	53 274	53122	60664	73455	63521

数据来源:历年上海市统计年鉴。

2. 广播电台情况

2016年,上海市广播电台共有中、短波发射台3座,发射功率227千瓦,节目22套。公共节目播出时间145164小时,比上年增长6.7%。其中,市级广播电台88728小时,增加7122小时;区县级广播电台56436小时,增加1993小时。全年制作节目时间76685时,比上年减少10.8%。

2012—2016 年上海市广播电台情况

指　　标	2012 年	2013 年	2014 年	2015 年	2016 年
节目套数(套)	21	21	21	21	22
公共节目播出时间(小时)	138385	137771	137667	136049	145164
全年制作节目时间(小时)	83309	80707	84673	85966	76685

数据来源:历年上海市统计年鉴。

3. 有线电视情况

2016 年,上海有线电视总用户数为 772.00 万户,比上年增长 3.6%。其中,数字电视用户 722.00 万户,比上年增长 7.7%。有线电视入户率为 97.14%,比上年下降 42.84 个百分点。有线广播电视传输网络干线总长 47129 千米,比上年下降 14.4%。

2012—2016 年上海市有线电视基本情况

指　　标	2012 年	2013 年	2014 年	2015 年	2016 年
有线电视总用户数(万户)	648.00	681.80	687.80	745.50	772.00
有线电视入户率(%)	124.13	130.03	130.40	139.98	97.14
有线广播电视传输网络干线总长(千米)	39805	43369	44092	55035	47129

数据来源:历年上海市统计年鉴。

4. 报刊出版情况

2016 年,上海市共出版报刊 98 种,其中综合报 12 种,专业报 80 种;报刊期数为 9219 期,比上年减少 443 期;每期平均印数 478.24 万份,比上年下降 5.3%;总印数为 10.09 亿册,比上年下降 6.6%;总印张数为 37.97 亿印张,比上年下降 14.8%。

2012—2016 年上海市报刊出版情况

指　　标		2012 年	2013 年	2014 年	2015 年	2016 年
种类(种)	总计	100	101	100	98	98
	综合报	12	12	12	12	12
	专业报	88	89	88	86	80
期数(期)		11362	11212	10269	9662	9219
每期平均印数(万份)		685.51	604.73	537.43	505.10	478.24
总印数(亿份)		14.54	13.16	11.45	10.80	10.09
总印张数(亿印张)		68.03	58.86	48.96	44.59	37.97

数据来源:历年上海市统计年鉴。

5. 期刊出版情况

2016 年,上海市共出版期刊 628 种,与上年持平。出版期数 5882 期,比上年减少 205 期。每期平均印数 653 万份,比上年下降 8.7%。总印数为 1.12 亿册,比上年下降 12.5%;总印张数为 6.37 亿印张,比上年下降 11.9%。

2012—2016 年上海市期刊出版情况

指　　标	2012 年	2013 年	2014 年	2015 年	2016 年
种类(种)	626	625	627	628	628
出版期数(期)	6303	6287	6179	6087	5882
每期平均印数(万册、万份)	938	875	804	715	653
总印数(亿册)	1.76	1.62	1.45	1.28	1.12
总印张数(亿印张)	9.67	9.00	8.10	7.23	6.37

数据来源:历年上海市统计年鉴。

6. 图书出版情况

2016 年,上海市共出版图书 27462 种,比上年增加 1508 种。其中,新出版 13905 种,比上年增加 279 种。总印数为 4.17 亿册,比上年增长 18.1%。总印张数为 36.26 亿印张,比上年增长 7.2%。

2012—2016 年上海市图书出版情况

指　　标	2012 年	2013 年	2014 年	2015 年	2016 年
种类(种)	23792	24969	24676	25954	27462
总印数(亿册)	3.35	3.37	3.26	3.53	4.17
总印张数(亿印张)	31.35	32.09	30.47	33.83	36.26

数据来源:历年上海市统计年鉴。

(二) 上海市报刊、期刊、图书出版占比情况

上海市报刊总印量和总印张数占长三角报刊总印量和总印张数的比重有所上升。2016 年,上海市报刊总印数、总印张数分别占长三角的 14.9%和 16.1%,分别比上年上升 0.7 个和 1.5 个百分点。期刊发展繁荣,但在长三角所占比重有所下降。2016 年,上海市期刊总印数、总印张数分别占长三角的 31.2%和 36.8%,分别下降 3.2 个和 2.7 个百分点。图书出版量有所上升。2016 年,上海市图书总印数、总印张分别占长三角的 24.7%和 28.2%,分别上升 2.9 个和 0.9 个百分点。

2012—2016 年上海市报刊、期刊、图书出版占长三角比重　%

指　　标		2012 年	2013 年	2014 年	2015 年	2016 年
报刊	总印数	16.0	14.8	13.3	14.2	14.9
	总印张数	16.0	14.5	13.1	14.6	16.1
期刊	总印数	39.4	38.2	36.5	34.4	31.2
	总印张数	45.4	43.9	41.8	39.5	36.8
图书	总印数	22.8	21.8	21.6	21.8	24.7
	总印张数	29.1	27.7	26.8	27.3	28.2

三、江苏省大众传媒产业基本情况

（一）江苏省的总体情况

1. 电视台情况

2016年，江苏省共有电视台8座；电视发射及转播台104座；发射机功率为513千瓦；电视人口覆盖率为100.0%；有线电视用户2063万户，比上年减少163万户；数字电视用户1754万户，比上年减少7万户；有线电视入户率84.8%，比上年下降6.6个百分点；节目制作时间为195036小时，比上年增长3.0%。

2012—2016年江苏省电视台情况

指　　标	2012年	2013年	2014年	2015年	2016年
电视台(座)	14	14	14	8	8
电视发射及转播台(座)	83	83	83	98	104
发射机功率(千瓦)	520	520	521	510	513
电视人口覆盖率(%)	99.9	99.9	99.9	100.0	100.0
有线电视用户数(万户)	2178	2249	2291	2226	2063
数字电视用户数(万户)	1450	1662	1787	1761	1754
有线电视入户率(%)	89.8	93.1	94.6	91.4	84.8
节目制作时间(小时)	205738	217672	193135	189429	195036

数据来源：历年江苏省统计年鉴。

2. 广播电台情况

2016年，江苏省共有广播电台8座，中短波发射台及转播台21座；中短波发射机功率为735千瓦；广播人口覆盖率为100.0%；节目制作时间为608779小时，比上年增长3.3%。

2012—2016年江苏省广播电台情况

指　　标	2012年	2013年	2014年	2015年	2016年
广播电台(座)	14	14	14	14	8
中短波发射台及转播台(座)	21	21	21	21	21
中短波发射机功率(千瓦)	618	718	734	735	735
广播人口覆盖率(%)	100.0	100.0	100.0	100.0	100.0
节目制作时间(小时)	582066	600722	603551	589282	608779

数据来源：历年江苏省统计年鉴。

3. 报刊出版情况

2016年，江苏省共有报纸143种；总印数为233072万册(万份)，比上年下降11.7%；总印张数为813521万印张，比上年下降24.9%。

2012—2016年江苏省报纸出版情况

指　　标	2012年	2013年	2014年	2015年	2016年
种数(种)	143	143	143	143	143
总印数(万册、万份)	289408	286494	287810	263924	233072
总印张(万印张)	1405435	1340982	1312412	1083799	813521

数据来源：历年江苏省统计年鉴。

4. 期刊出版情况

2016 年，江苏省共出版期刊 444 种，比上年增加 2 种；总印数为 11954 万册（万份），比上年增长 4.6%；总印张数为 52332 万印张，比上年增长 4.4 %。

2012—2016 年江苏省期刊出版情况

指　　标	2012 年	2013 年	2014 年	2015 年	2016 年
种数（种）	441	442	442	442	444
总印数（万册、万份）	12559	11846	11807	11431	11954
总印张（万印张）	47836	47203	50730	50133	52332

数据来源：历年江苏省统计年鉴。

5. 图书出版情况

2016 年，江苏省共出版图书 27473 种，比上年增加 1114 种；总印数为 62415 万册（万份），比上年增长0.2%；总印张数为 450215 万印张，比上年增长 3.9%。

2012—2016 年江苏省图书出版情况

指　　标	2012 年	2013 年	2014 年	2015 年	2016 年
种数（种）	20254	23353	23819	26359	27473
总印数（万册、万份）	51851	56579	55855	62300	62415
总印张（万印张）	354397	397675	397145	433135	450215

数据来源：历年江苏省统计年鉴。

（二）江苏省报刊、期刊、图书出版占比情况

2016 年，江苏省报刊出版占长三角的比重有所下降。江苏省报刊总印数、总印张数所占比重分别为 34.5%和 34.5%，分别比上年下降 0.2 个和 1.0 个百分点。期刊发展繁荣，所占比重上升。2016 年，江苏省期刊总印数、总印张数所占比重分别为 33.3%和 30.3%，分别比上年上升 2.6 个和 2.9 个百分点。图书总印数所占比重为 37.0%，比上年下降 1.6 个百分点；总印张数所占比重为 35.0%，所占比重与去年持平。

2012—2016 年江苏省报刊、期刊、图书出版占长三角比重

%

指　　标		2012 年	2013 年	2014 年	2015 年	2016 年
报刊	总印数	31.9	32.2	33.4	34.7	34.5
	总印张数	33.1	33.0	35.0	35.5	34.5
期刊	总印数	28.1	27.9	29.7	30.7	33.3
	总印张数	22.4	23.0	26.2	27.4	30.3
图书	总印数	35.3	36.6	37.0	38.6	37.0
	总印张数	32.9	34.4	34.9	35.0	35.0

四、浙江省大众传媒产业基本情况

（一）浙江省的总体情况

1. 电视台情况

2016 年，浙江省共有省市级电视台 12 座；电视节目套数 118 套；电视发射台及转播台 164 座；播出时间为 755972 小时，比上年增加 2215 小时；电视人口覆盖率为 99.72%；有线电视入户率 92.92%，比上年下降 2.91 个百分点。

2012—2016 年浙江省电视节目制作情况

指　　标	2012 年	2013 年	2014 年	2015 年	2016 年
省市级电视台(座)	12	12	12	12	12
电视节目套数(套)	116	116	117	118	118
电视发射台及转播台(座)	97	100	100	176	164
播出时间(小时)	733784	738055	755633	753757	755972
电视人口覆盖率(%)	99.60	99.64	99.65	99.69	99.72
有线电视入户率(%)	83.89	98.65	92.43	95.83	92.92

数据来源：历年浙江省统计年鉴。

2. 广播电台情况

2016 年，浙江省共有省市级广播电台 12 座；广播节目套数 113 套；中短波广播发射台和转播台 36 座；县级广播电视台 66 个；广播人口综合覆盖率为 99.60%；全年公共广播节目播出时间 778581 小时，比上年增加 16746 小时。

2012—2016 年浙江省广播节目制作情况

指　　标	2012 年	2013 年	2014 年	2015 年	2016 年
省市级广播电台(座)	12	12	12	12	12
广播节目套数(套)	108	110	111	113	113
中短波广播发射台和转播台(座)	36	36	36	37	36
县级广播电视台(个)	66	66	66	66	66
广播人口综合覆盖率(%)	99.54	99.56	99.57	99.60	99.60
全年公共广播节目播出时间(小时)	714622	740977	749740	761835	778581

数据来源：历年浙江省统计年鉴。

3. 报纸出版情况

2016 年，浙江省共出版报纸 67 种，其中综合报 42 种，专业报 17 种；总印量为 261658 万册(万份)，比上年减少 21976 万册(万份)，同比下降 7.7%；总印张为 962108 万印张，比上年减少 187295 万印张，同比下降 16.3%。

2012—2016 年浙江省报纸出版情况

指　标		2012 年	2013 年	2014 年	2015 年	2016 年
种类（种）	总计	71	69	69	63	67
	综合报	44	40	40	46	42
	专业报	27	29	29	17	17
总印量（万册、万份）		347100	346280	337367	283634	261658
总印张（万印张）		1628360	1622465	1479502	1149403	962108

数据来源：历年浙江省统计年鉴。

4. 杂志出版情况

2016 年，浙江省共出版杂志 226 种；总印量为 7690 万册（万份），同比减少 29 万册（万份），下降 0.4%；总印张为 33618 万印张，同比减少 2182 万印张，下降 6.1%。

2012—2016 年浙江省杂志出版情况

指　标	2012 年	2013 年	2014 年	2015 年	2016 年
种数（种）	222	223	225	226	226
总印量（万册、万份）	8312	8149	7765	7719	7690
总印张（万印张）	42927	41674	37651	35800	33618

数据来源：历年浙江省统计年鉴。

5. 图书出版情况

2016 年，浙江省共出版本版图书 14165 种，比上年增加 454 种；总印量为 39894 万册（万份），比上年增加 3231 万册（万份），同比增长 8.8%；总印张为 291123 万印张，比上年增加 32313 万印张，同比增长 12.5%。

2012—2016 年浙江省图书出版情况

指　标	2012 年	2013 年	2014 年	2015 年	2016 年
本版图书种数（种）	11478	12706	12687	13711	14165
总印量（万册、万份）	37250	38491	36971	36663	39894
总印张（万印张）	236174	237698	243514	258810	291123

数据来源：历年浙江省统计年鉴。

（二）浙江省报刊、期刊、图书出版占比情况

2016 年，浙江省报刊总印数、总印张数占长三角的比重分别为 38.8% 和 40.8%，分别比上年上升 1.5 个和 3.2 个百分点；期刊总印数、总印张数所占比重分别为 21.4% 和 19.4%，分别上升 0.7 个和下降 0.2 个百分点；图书总印数、总印张数所占比重分别为 23.6% 和 22.6%，分别上升 0.9 个和 1.7 个百分点。

2012—2016 年浙江省报刊、期刊、图书出版占长三角比重

%

指标		2012 年	2013 年	2014 年	2015 年	2016 年
报刊	总印数	38.2	38.9	39.2	37.3	38.8
	总印张数	38.4	40.0	39.5	37.6	40.8
期刊	总印数	18.6	19.2	19.6	20.7	21.4
	总印张数	20.1	20.3	19.4	19.6	19.4
图书	总印数	25.3	24.9	24.5	22.7	23.6
	总印张数	21.9	20.6	21.4	20.9	22.6

五、安徽省大众传媒产业基本情况

(一) 安徽省的总体情况

1. 电视台情况

2016 年,安徽省电视节目套数 109 套,比上年减少 4 套;电视发射台及转播台 220 座,减少 65 座;电视人口覆盖率为 99.0%;节目制作时间 72526 小时,减少 4944 小时;播出时间为 595885 小时,减少 17982 小时。

2012—2016 年安徽省电视节目制作情况

指标	2012 年	2013 年	2014 年	2015 年	2016 年
电视台(座)	15	15	14	14	
电视节目套数(套)	117	112	112	113	109
电视发射台及转播台(座)	146	142	136	285	220
电视人口覆盖率(%)	98.10	98.57	98.72	98.93	99.03
节目制作时间(小时)	86881	76886	76278	77470	72526
节目播出时间(小时)	636369	602604	610264	613867	595885

数据来源:历年安徽省统计年鉴。

2. 广播电台情况

2016 年,安徽省共有广播节目套数 104 套,比上年减少 2 套;中短波广播发射台和转播台 24 座;广播人口综合覆盖率为 98.9%;全年公共广播节目制作时间 162808 小时,减少 6968 小时;全年公共广播节目播出时间 525688 小时,减少 14775 小时。

20112—2016 年安徽省广播节目制作情况

指标	2012 年	2013 年	2014 年	2015 年	2016 年
省市级广播电台(座)	15	15	14	15	
广播节目套数(套)	106	105	105	106	104
中波广播发射台和转播台(座)	23	23	23	23	24
广播人口综合覆盖率(%)	97.9	98.3	98.6	98.8	98.9
全年公共广播节目制作时间(小时)	183679	172742	179638	169776	162808
全年公共广播节目播出时间(小时)	523253	508540	521869	540463	525688

数据来源:历年安徽省统计年鉴。

3. 报纸出版情况

2016 年,安徽省共出版报纸 98 种;每期平均印数 363 万册(万份),比上年减少 117 万册(万份);总印量为 79488 万册(万份),比上年减少 25342 万册(万份),下降 24.2%;总印张为 201261 万印张,比上年减少 174361 万印张,下降 46.4%。

2012—2016 年安徽省报纸出版情况

指　标	2012 年	2013 年	2014 年	2015 年	2016 年
种类(种)	98	98	98	98	98
每期平均印数(万册、万份)	514	517	500	480	363
总印量(万册、万份)	125807	124700	121176	104830	79488
总印张(万印张)	526148	509100	464623	375622	201261

数据来源:历年安徽省统计年鉴。

4. 杂志出版情况

2016 年,安徽省共出版杂志 180 种;每期平均印数 291 万册(万份),比上年减少 22 万册(万份);总印量为 5017 万册(万份),比上年减少 234 万册(万份),下降 4.5%;总印张为 23305 万印张,比上年减少 1269 万印张,下降 5.2%。

2012—2016 年安徽省杂志出版情况

指　标	2012 年	2013 年	2014 年	2015 年	2016 年
种数(种)	180	180	180	180	180
每期平均印数(万册、万份)	405	397	355	313	291
总印量(万册、万份)	6172	6227	5627	5251	5017
总印张(万印张)	25657	26000	24474	24574	23305

数据来源:历年安徽省统计年鉴。

5. 图书出版情况

2016 年,安徽省共出版本版图书 9441 种,比上年增加 539 种,其中新出版 5212 种;总印量为 24892 万册(万份),比上年减少 2437 万册(万份),减少 8.9%;总印张为 182768 万印张,比上年减少 24882 万印张,减少 12.0%。

2012—2016 年安徽省图书出版情况

指　标	2012 年	2013 年	2014 年	2015 年	2016 年
图书种数(种)	9094	9440	9934	8902	9441
总印量(万册、万份)	24440	25800	25579	27329	24892
总印张(万印张)	173709	200400	192396	207650	182768

数据来源:历年安徽省统计年鉴。

(二) 安徽省报刊、期刊、图书出版占比情况

2016 年,安徽省报刊总印数、总印张数占长三角的比重分别为 11.8%和 8.5%,分别比上年下降 2.0 个和 3.8 个百分点;期刊总印数、总印张数占长三角的比重分别为 14.0%和 13.5%,分别比上年下降

0.1个和上升0.1个百分点；图书总印数、总印张数占长三角的比重分别为14.7%和14.2%，分别比上年下降2.2个和2.6个百分点。

2012—2016年安徽省报刊、期刊、图书出版占长三角比重

%

指标		2012年	2013年	2014年	2015年	2016年
报刊	总印数	13.9	14.0	14.1	13.8	11.8
	总印张数	12.4	12.5	12.4	12.3	8.5
期刊	总印数	13.8	14.7	14.2	14.1	14.0
	总印张数	12.0	12.7	12.6	13.4	13.5
图书	总印数	16.6	16.7	16.9	16.9	14.7
	总印张数	16.1	17.3	16.9	16.8	14.2

十四　长三角旅游业

一、长三角旅游业基本情况

国际旅游方面，2016 年，长三角地区共接待入境游客 2789.79 万人次，比上年增长 8.9%；占全国入境游客量的 20.2%，比上年上升 1.1 百分点。其中，外国游客 1892.36 万人次，比上年增长 8.3%；占全国外国游客量的 67.2%，所占比重与上年持平。长三角旅游创汇 203.07 亿美元，比上年增长 9.5%；占全国国际旅游外汇收入的比重为 16.9%，所占比重比上年上升 0.6 个百分点。

国内旅游方面，2016 年，长三角地区共接待国内游客 20.69 亿人次，比上年增长 11.0%；占全国国内游客量的 46.6%，所占比重与去年持平。长三角实现国内旅游收入 25760.00 亿元，比上年增长 14.6%；占全国国内旅游外汇收入的比重为 65.4%，比上年下降 0.3 个百分点。

2011—2016 年长三角地区旅游业基本情况

指　标	国际旅游业			国内旅游业	
	接待入境旅游人数（万人次）	其中：外国人	国际旅游外汇收入（亿美元）	接待国内旅游人数（亿人次）	国内旅游收入（亿元）
2011 年	2591.46	1853.01	172.09	12.10	13548.00
2012 年	2789.34	1969.16	185.97	13.98	16275.27
2013 年	2297.21	1568.12	148.41	15.45	18013.25
2014 年	2424.49	1655.53	164.51	16.97	20070.44
2015 年	2561.84	1746.92	185.38	18.64	22474.54
2016 年	2789.79	1892.36	203.07	20.69	25760.00

注：2013 年（含）以后数据统计口径发生变化，与以前数据不可比。

数据来源：历年上海市、浙江省、江苏省、安徽省统计年鉴。

分地区看，2016 年，上海市国际旅游外汇收入占长三角国际旅游外汇收入的比重为 32.2%，国内旅游收入占长三角国内旅游收入的比重为 13.4%，所占比重均与去年持平。江苏省国际旅游外汇收入占长三角国际旅游外汇收入的比重为 18.7%，比上年下降 0.3 个百分点；国内旅游收入占长三角国内旅游收入的比重为 38.6%，下降 0.4 个百分点。浙江省国际旅游外汇收入占长三角国际旅游外汇收入的比重为 36.6%，所占比重与去年持平；国内旅游收入占长三角国内旅游收入的比重为 29.5%，下降 0.4 个百分点。安徽省国际旅游外汇收入占长三角国际旅游外汇收入的比重为 12.5%，比上年上升 0.3 个百分点；国内旅游收入占长三角国内旅游收入的比重为 18.5%，上升 0.8 个百分点。

二、上海市旅游业的基本情况

（一）国际旅游情况

2016 年，上海市接待国际旅游入境者 854.37 万人次，比去年增长 6.8%。其中接待入境外国人 659.83 万人次，比上年增长 7.4%。接待港、澳、台同胞 194.54 万人次，比上年增长 4.9%。在国际旅游入境者中，过夜旅游者 690.43 万人次，增长 5.6%；入境游客平均逗留时间 3.21 天/人，比去年略降 0.09 天/人；平均每天来沪旅游人数 23343 人次/天，比上年增加 1421 人次/天；旅游创汇 65.30 亿美元，增长 9.6%。2016 年，上海市共有 A 级旅游景点 97 家，其中，5A 级景点 3 家，4A 级景点 50 家；共有红色旅游基地 34 个，其中，全国红色旅游基地 9 个。

从外国游客的国别来看，日本仍是上海市的第一大客源国，2016 年接待日本游客 107.49 万人次，比上年增长 15.7%，占外国人总数的 16.3%，比上年上升 1.2 个百分点。第二大客源国是美国，2016 年接待美国游客 94.36 万人次，比上年增长 22.4%，占外国人总数的 14.3%，所占比重上升 1.8 个百分点。

2012—2016 年上海市国际旅游入境人数

指　　标	2012 年	2013 年	2014 年	2015 年	2016 年
国际旅游入境人数(万人次)	800.40	757.40	791.30	800.16	854.37
＃外国人	633.03	597.59	611.14	614.64	659.83
＃日本	136.05	106.63	101.28	92.93	107.49
新加坡	21.19	20.26	21.72	19.85	22.59
德国	30.63	30.67	31.93	29.97	32.48
法国	21.46	22.17	21.81	20.42	22.45
英国	21.57	22.06	22.77	21.70	24.53
意大利	11.73	11.77	12.20	11.92	11.77
加拿大	19.52	17.43	17.19	18.90	22.55
美国	80.48	77.16	77.42	77.08	94.36
澳大利亚	21.47	20.86	20.59	19.05	23.06
港澳同胞	63.33	59.84	66.94	67.53	70.54
台湾同胞	104.04	99.97	113.22	117.99	124.00
平均每天来沪旅游人数(人次/天)	21929	20751	21679	21922	23343
来沪旅游者平均逗留天数(天/人)	3.34	3.29	3.24	3.30	3.21
国际旅游(外汇)收入(亿美元)	55.82	53.37	57.05	59.60	65.30

数据来源：历年上海市统计年鉴。

(二) 国内旅游情况

2016 年，上海市共接待国内游客 2.96 亿人次，比上年增长 7.4%。其中，接待外省市来沪旅游者 1.47亿人次，比上年增长 5.4%。全年实现国内旅游收入 3443.93 亿元，比上年增长 14.6%。国内旅游者的人均旅游消费总支出为 1163 元，比上年人均增加 76 元，增长 7.0%；其中购物费所占的比重为 32.8%，比上年下降 2.4 个百分点。

2012—2016 年上海市国内旅游人数、人均消费支出及国内旅游收入

指　　标	2012 年	2013 年	2014 年	2015 年	2016 年
国内旅游者来沪人数(万人次)	25094	25991	26818	27569	29621
外省市来沪旅游人数	11496	11369	13041	13924	14680
本市市民在本地旅游人数	13598	14622	13777	13645	14941
国内旅游者人均消费支出(元)	1285	1164	1099	1087	1163
＃长途交通费	133	122	132	143	154
住宿费	145	139	148	152	170
餐饮费	150	145	148	154	164

续表

指　标	2012年	2013年	2014年	2015年	2016年
购物费	572	508	406	383	382
门票费	144	129	131	125	144
娱乐费	38	39	39	34	35
市内交通费	48	45	47	48	52
邮电通信费	8	8	7	6	5
国内旅游收入(亿元)	3224.39	2968.00	2950.13	3004.73	3443.93

数据来源:历年上海市统计年鉴。

(三)旅行社接待经营情况

2016年,上海市旅行社共接待来沪旅游者807.62万人次,比上年下降1.0%。其中,接待境外旅游者57.51万人次,比上年下降10.4%;接待境内旅游者750.10万人次,下降0.2%。组织出境游565.62万人次,比上年增长43.8%。旅行社实现营业收入1165.81亿元,比上年增长41.0%;实现利润总额−4.93亿元。

2012—2016年上海市旅行社接待经营情况

指　标	2012年	2013年	2014年	2015年	2016年
接待境内外来沪旅游者(万人次)	1018.27	868.80	763.08	816.00	807.62
境外旅游者	92.85	83.98	78.51	64.16	57.51
#外国人	80.68	70.40	68.27	56.15	52.37
中国香港	4.44	4.61	3.62	3.23	1.62
中国澳门	2.26	2.90	2.68	1.79	0.33
中国台湾	5.47	6.07	3.95	2.98	3.19
境内旅游者	925.42	784.82	684.57	751.85	750.10
出境旅游者(万人次)	175.40	233.44	242.30	393.34	565.62
经营和财务状况					
营业收入(亿元)	574.28	612.43	723.73	826.72	1165.81
利润总额(亿元)	8.34	12.44	6.89	0.31	−4.93

数据来源:历年上海市统计年鉴。

(四)住宿业接待经营情况

2016年,上海市共有旅游星级饭店238家,比上年减少9家;客房6.03万间,减少0.09万间;床位9.02万张,减少0.21万张;客房平均出租率为68.1%,上升2.6个百分点;营业收入202.61亿元,增长2.3%;平均房价692元/间天,比上年增长0.9%。

2012—2016年上海市旅游星级饭店基本情况

指　标	2012年	2013年	2014年	2015年	2016年
饭店数(个)	278	271	255	247	238
客房数(万间)	6.49	6.47	6.17	6.12	6.03

续表

指　　标	2012 年	2013 年	2014 年	2015 年	2016 年
床位数（万张）	9.99	9.87	9.40	9.23	9.02
客房平均出租率（%）	56.9	59.2	63.5	65.5	68.1
营业收入（亿元）	180.89	183.94	193.92	198.15	202.61
平均房价（元/间天）	627	629	648	686	692

数据来源：历年上海市统计年鉴。

三、江苏省旅游业的基本情况

（一）国际旅游情况

2016 年，江苏省年接待海外旅游者 329.77 万人次，比上年增长 8.1%。其中接待外国人 218.00 万人次，比上年增长 8.5%。接待港澳台同胞 111.78 万人次，增长 47.3%。旅游创汇 38.04 亿美元，比上年增长 7.9%。

从外国游客的国别来看，日本、韩国、美国仍是江苏省的三大主要客源国。2016 年，江苏省接待日本旅游者 41.49 万人次，比上年增长 4.5%；接待韩国旅游者 40.77 万人次，增长 13.8%；接待美国旅游者 22.54 万人次，增长 7.4%。美、日、韩三国旅游者合计共占外国游客市场的 48.1%，所占比重与上年持平。

2012—2016 年江苏省接待海外旅游者人数和收入

指　　标	2012 年	2013 年	2014 年	2015 年	2016 年
接待人数(万人次)	791.54	288.03	297.10	305.01	329.77
#外国人	575.21	193.44	197.04	200.84	218.00
#日本	121.93	43.94	41.93	39.71	41.49
韩国	64.94	32.75	34.87	35.82	40.77
美国	65.15	18.47	19.69	20.99	22.54
马来西亚	26.79	9.42	9.87	9.36	9.11
德国	34.72	9.21	9.86	9.90	10.32
新加坡	27.02	6.74	6.86	6.65	6.85
加拿大	24.71	6.34	6.63	7.60	7.88
#香港同胞	71.51	12.91	14.42	14.04	15.38
澳门同胞	8.14	0.51	0.62	0.71	0.82
台湾同胞	136.67	81.18	85.02	89.42	95.58
旅游外汇收入(亿美元)	63.00	23.80	30.33	35.27	38.04

注：2013 年(含)后统计口径发生变化，与以前数据不可比。
数据来源：历年江苏省统计年鉴。

（二）国内旅游情况

2016 年，江苏省接待国内游客 6.78 亿人次，比上年增长 9.4%；实现国内旅游收入 9952.47 亿元，比上年增长 13.5%。

2016年,江苏省接待国内旅游者最多的三个市分别是:苏州市11300.37万人次,比上年增长6.6%;南京市10657.32万人次,增长6.7%;无锡市8586.03万人次,增长6.7%。三市合计接待国内旅游者占全省的比重为45.1%,比上年下降1.1个百分点。

2016年,江苏省国内旅游收入超千亿元的分别是苏州市1932.50亿元,比上年增长11.8%;南京市1803.45亿元,增长11.9%;无锡市1518.91亿元,增长12.0%。三市合计国内旅游收入占全省的比重为52.8%,比上年下降0.8个百分点。

2012—2016年江苏省及各市国内旅游业发展情况

指　标	2012年	2013年	2014年	2015年	2016年
国内旅游接待人数(万人次)	46437.41	51539.20	57113.32	61933.65	67779.99
南京市	7950.45	8674.01	9419.31	9992.66	10657.32
无锡市	6365.25	6993.57	7573.72	8043.33	8586.03
徐州市	2752.56	3087.15	3566.61	4005.31	4515.48
常州市	3958.27	4425.71	4989.34	5443.00	5989.56
苏州市	8624.43	9416.33	10028.84	10605.45	11300.37
南通市	2407.46	2716.00	3066.34	3387.24	3792.11
连云港市	1894.27	2136.03	2415.03	2682.74	3011.08
淮安市	1610.73	1833.20	2089.60	2323.79	2610.54
盐城市	1536.80	1754.36	2014.67	2266.34	2573.70
扬州市	3572.47	3965.36	4545.88	5027.21	5622.02
镇江市	3502.86	3895.00	4385.48	4802.68	5348.34
泰州市	1457.04	1640.46	1848.68	2037.34	2282.32
宿迁市	804.82	1002.02	1169.82	1316.56	1491.12
国内旅游收入(亿元)	6055.80	6940.05	7863.51	8769.31	9952.47
南京市	1169.01	1317.48	1470.00	1612.15	1803.45
无锡市	974.92	1100.40	1229.85	1356.25	1518.91
徐州市	311.82	360.47	423.46	485.99	565.90
常州市	481.96	557.39	639.98	718.35	820.04
苏州市	1254.38	1419.09	1574.81	1728.79	1932.50
南通市	299.29	348.16	400.60	453.04	521.98
连云港市	221.59	257.25	297.42	338.70	391.58
淮安市	172.65	200.12	231.63	264.02	305.64
盐城市	142.79	166.09	195.21	226.27	265.56
扬州市	392.50	454.42	525.21	592.00	681.91
镇江市	410.14	474.53	543.93	614.12	706.19
泰州市	160.88	186.19	213.63	241.54	278.22
宿迁市	63.85	98.47	117.79	138.08	160.60

数据来源:历年江苏省统计年鉴。

(三)各市国际旅游发展情况

2016年,江苏省接待海外旅游者最多的三个市分别是:苏州市161.28万人次,比上年增长6.7%;

南京市63.78万人次，增长8.5%；无锡市43.92万人次，增长12.2%。三市合计接待海外旅游者占全省的比重为81.6%，比上年上下降0.1个百分点。

2016年，江苏省有5个市旅游创汇超亿美元，其中旅游创汇最多的三个市是：苏州市21.67亿美元，比上年增长8.3%；南京市6.76亿美元，增长5.7%；无锡市3.90亿美元，增长8.9%。三市合计旅游创汇占全省的比重为85.0%，所占比重与去年持平。

2012—2016年江苏省及各市国际旅游业发展情况

项　目	2012年	2013年	2014年	2015年	2016年
海外旅游者人数(人次)	7915366	2880287	2970956	3050104	3297735
南京市	1627142	518568	566202	588100	637846
无锡市	981947	391185	403116	391343	439185
徐州市	199488	25849	29485	33776	34105
常州市	455706	109958	120423	126952	145896
苏州市	2492157	1442138	1453273	1512029	1612849
南通市	440788	216943	187185	172999	180156
连云港市	144684	24228	22972	20345	22624
淮安市	34699	10565	13607	14675	18223
盐城市	80077	26048	42164	49110	53059
扬州市	660160	47783	53539	51229	58561
镇江市	663075	36675	44986	52956	54934
泰州市	101323	26644	29979	31891	36068
宿迁市	34120	3703	4025	4699	4229
旅游外汇收入(万美元)	629972	237989	303271	352729	380362
南京市	136216	40063	55293	63999	67617
无锡市	68138	26985	32994	35783	38954
徐州市	21045	2193	2975	3861	3938
常州市	47439	7590	10160	12066	13147
苏州市	164723	135687	170463	200183	216708
南通市	42995	11196	10792	11668	12482
连云港市	14434	1668	1876	2064	2281
淮安市	3056	888	1313	1558	1705
盐城市	6477	2533	4511	5866	6419
扬州市	55921	3711	4919	5588	6280
镇江市	55819	3130	4640	5992	6479
泰州市	10855	1990	2791	3255	3631
宿迁市	2854	355	546	846	721

数据来源：历年江苏省统计年鉴。

四、浙江省旅游业的基本情况

(一)国际旅游情况

2016年，浙江省接待入境旅游者1120.30万人次，比上年增长10.7%。其中，接待外国人731.62万人次，比上年增长 8.8%；接待港澳台同胞 388.68 万人次，增长 14.4%。旅游创汇 74.31 亿美元，比上年增长 9.5%。

从外国旅游者的国别来看，排前三名的入境客源国分别为韩国、美国和日本。2016 年，浙江省接待韩国旅游者 116.82 万人次，比上年增长 5.9%；接待美国旅游者 55.57 万人次，增长 14.6%；接待日本旅游者 55.26 万人次，增长 4.0%。美、日、韩三国旅游者合计共占外国游客市场的 31.1%，比上年下降0.4 个百分点。

2012—2016 年浙江省国际旅游业发展情况

指　标	2012 年	2013 年	2014 年	2015 年	2016 年
入境旅游人数合计(万人次)	865.93	866.28	931.03	1012.04	1120.30
外国人	570.51	576.57	614.45	672.26	731.62
#韩国	83.85	85.71	95.60	110.33	116.82
美国	41.96	44.16	45.07	48.50	55.57
日本	71.71	56.71	51.51	53.13	55.26
意大利	19.40	22.74	25.00	28.15	30.02
马来西亚	26.39	26.75	25.70	25.52	26.90
德国	15.84	20.53	22.10	22.63	24.69
法国	12.37	17.10	18.45	20.36	23.28
港澳台同胞	295.42	289.71	316.58	339.78	388.68
中国香港	103.24	102.21	109.77	114.35	132.67
中国台湾	162.02	153.33	168.04	182.71	201.50
中国澳门	30.16	34.17	38.77	42.73	54.51
创汇收入(亿美元)	51.52	53.93	57.53	67.88	74.31

数据来源：历年浙江省统计年鉴。

（二）国内旅游情况

2016 年，浙江省接待国内旅游者 5.73 亿人次，比上年增长 9.1%；实现国内旅游收入 7600 亿元，增长 13.1%。

2012—2016 年浙江省国内旅游业发展情况

指　标	2012 年	2013 年	2014 年	2015 年	2016 年
国内旅游人数(亿人次)	3.91	4.34	4.79	5.25	5.73
国内旅游收入(亿元)	4476	5202	5947	6720	7600

数据来源：历年浙江省统计年鉴。

（三）各市国际旅游发展情况

2016 年，杭州市接待入境旅游者数仍遥遥领先其他各市，达到 363.23 万人次，比上年增长 6.3%；其次是宁波市，接待人数为 173.49 万人次，增长 10.1%；再次是温州市，接待人数为 121.03 万人次，增长 14.4%。三市合计接待入境旅游者占全省的比重为 58.7%，所占比重比上年下降 1.1

个百分点。

2016 年，国际旅游收入最高的是杭州市，为 29.31 亿美元，比上年增长 7.5%；其次是丽水市，国际旅游收入 9.21 亿美元，增长 12.4%；再次是宁波市，国际旅游收入 9.17 亿美元，增长 14.7%。三市合计创汇收入占全省的比重为 67.1%，比上年上升 0.1 个百分点。

2012—2016 年浙江省各市接待海外旅游者人数和外汇收入

年份	2012 年	2013 年	2014 年	2015 年	2016 年
接待人数(人次)					
杭州市	3311225	3160058	3261337	3415619	3632300
宁波市	1162088	1273439	1396802	1575224	1734926
嘉兴市	781860	657800	706642	726430	707318
湖州市	473020	532938	602847	702900	916233
绍兴市	686757	696310	702142	734785	824744
舟山市	310468	315375	315835	322371	339247
温州市	575397	742099	910803	1058136	1210288
金华市	776994	796998	841864	979042	1127404
衢州市	135657	121019	116046	119914	131968
台州市	240042	108927	155286	168560	192350
丽水市	205909	257902	298334	313381	345198
旅游外汇收入(万美元)					
杭州市	220165	216048	231811	293065	314944
宁波市	73428	79656	77832	80019	91745
嘉兴市	27658	24389	22728	25349	21657
湖州市	17323	20022	22511	29073	35758
绍兴市	24128	24386	24971	26327	29825
舟山市	15865	16084	16227	18759	17341
温州市	31887	42064	48132	54918	60378
金华市	42451	45417	47974	57991	64802
衢州市	6659	5724	5696	4929	5958
台州市	8726	4265	4909	5876	6478
丽水市	46884	61239	72576	81956	92097

数据来源：历年浙江省统计年鉴。

五、安徽省旅游业的基本情况

(一) 国际旅游情况

2016 年，安徽省接待入境旅游者 485.35 万人次，比上年增长 9.2%。其中，接待外国人 282.91 万人次，比上年增长 9.2%；接待港澳台同胞 202.48 万人次，增长 9.2%。

2016 年，安徽省旅游创汇 25.42 亿美元，比上年增长 12.3%，增速较上年下降 3.2 个百分点。在国际旅游外汇收入中，商品销售占的比重大幅上升，由去年的 19.4%上升到 37.5%，提高了 18.1 个百分

点；长途交通占的比重大幅下降，由去年的38.6%下降到16.5%，下降了22.1个百分点。

从外国旅游者的国别来看，排前三名的入境客源国分别为韩国、美国和日本。2016年，安徽省接待韩国旅游者93.06万人次，比上年增长10.6%；接待美国旅游者24.96万人次，增长16.2%；接待日本旅游者19.86万人次，增长14.4%。美、日、韩三国旅游者合计共占外国游客市场的48.7%，比上年上升1.3个百分点。

2012—2016年安徽省国际旅游业发展情况

指　标	2012年	2013年	2014年	2015年	2016年
入境旅游人数(万人次)	331.47	385.50	405.06	444.63	485.35
外国人	190.41	200.52	232.90	259.18	282.91
#日本	17.11	15.18	16.51	17.35	19.86
韩国	70.01	70.23	88.05	84.11	93.06
新加坡	8.96	9.33	10.44	14.38	14.09
美国	17.18	22.47	23.61	21.48	24.96
英国	6.45	7.54	8.11	8.56	9.82
法国	8.39	8.48	9.08	8.48	9.25
德国	6.31	7.18	7.69	9.55	9.85
俄罗斯	3.84	4.87	4.91	5.39	4.93
港澳台同胞	141.06	184.98	172.16	185.44	202.48
创汇收入(亿美元)	15.63	17.31	19.60	22.63	25.42

数据来源：历年安徽省统计年鉴。

(二) 国内旅游情况

2016年，安徽省接待国内旅游者5.22亿人次，比上年增长17.6%；实现国内旅游收入4763.60亿元，增长19.7%。国内旅游者人均花费911.80元，比上年增长1.7%；购物花费237.00元，占人均消费的比重为26.0%，比上年下降0.3个百分点。

2012—2016年安徽省国内旅游业发展情况

指　标	2012年	2013年	2014年	2015年	2016年
国内旅游人数(万人次)	29229	33601	37899	44404	52241
国内旅游收入(亿元)	2519.08	2903.20	3309.80	3980.50	4763.60

数据来源：历年安徽省统计年鉴。

(三) 各市国内旅游发展情况

2016年，合肥市接待国内旅游者数仍遥遥领先其他各市，达到9236.60万人次，比上年增长18.7%；其次是黄山市，接待人数为5403.80万人次，增长4.4%；再次是安庆市，接待人数为5122.30万人次，增长14.6%。三市合计接待国内旅游者占全省的比重为37.8%，比上年下降1.5个百分点。

2016年，安徽省国内旅游收入最高的市是合肥市，为1156.30亿元，比上年增长21.3%；其次是黄山市，旅游收入506.30亿元，增长2.9%；再次是池州市，旅游收入489.30亿元，增长19.8%。三市合计国内旅游收入占全省的比重为45.2%，比上年下降1.5个百分点。

2012—2016 年安徽省各市接待国内旅游者人数和收入

指　　标	2012 年	2013 年	2014 年	2015 年	2016 年
合计接待人数(万人次)	29219.1	33601.1	37898.8	44403.7	52241.2
合肥市	4933.1	5752.5	6534.8	7784.2	9236.6
淮北市	722.8	809.9	922.2	1078.1	1256.8
亳州市	934.8	1094.8	1257.8	1504.7	1775.7
宿州市	975.3	1149.4	1326.4	1587.8	1877.6
蚌埠市	1758.3	1975.3	2200.0	2628.9	3139.1
阜阳市	1070.9	1230.0	1414.5	1670.7	1975.3
淮南市	1038.4	1187.3	1297.4	1518.1	2109.5
滁州市	1094.2	1263.4	1437.8	1687.2	1998.1
六安市	1390.9	1658.0	1887.0	2241.7	2529.9
马鞍山市	1552.2	1810.8	2016.8	2389.6	2804.0
芜湖市	2014.7	2382.5	2785.3	3339.4	3974.6
宣城市	1328.4	1581.9	1800.1	2144.8	2558.1
铜陵市	716.8	813.7	921.1	1084.9	1680.5
池州市	2690.0	3066.4	3471.5	4096.4	4799.2
安庆市	2974.1	3403.1	3793.2	4470.4	5122.3
黄山市	4034.1	4422.0	4832.7	5176.7	5403.8
合计旅游收入(亿元)	2519.1	2903.2	3309.7	3980.5	4763.6
合肥市	577.5	676.4	774.3	953.2	1156.3
淮北市	43.2	48.5	56.1	67.3	79.9
亳州市	64.3	76.0	87.8	108.4	130.4
宿州市	57.6	68.3	79.0	98.3	119.1
蚌埠市	98.8	113.0	128.8	159.8	194.0
阜阳市	66.1	78.2	90.4	111.8	135.1
淮南市	57.2	65.7	74.1	89.4	134.0
滁州市	81.3	97.5	111.3	135.7	163.3
六安市	94.6	113.2	130.7	161.0	185.8
马鞍山市	102.3	120.0	138.5	170.2	204.1
芜湖市	218.0	259.8	303.9	377.7	458.6
宣城市	99.1	118.2	135.8	165.6	201.3
铜陵市	46.4	52.8	60.2	72.2	126.8
池州市	261.9	295.2	336.9	408.5	489.3
安庆市	256.0	296.0	337.8	409.4	479.2
黄山市	395.0	424.4	464.0	491.9	506.3

数据来源:历年安徽省统计年鉴。

十五　长三角海洋经济

一、长三角海洋经济的发展情况

据初步核算，2016年全国海洋生产总值70507亿元，比上年增长6.8%，海洋生产总值占国内生产总值的9.5%。其中，海洋产业增加值43283亿元，海洋相关产业增加值27224亿元。海洋第一产业增加值3566亿元，第二产业增加值28448亿元，第三产业增加值38453亿元，海洋第一、第二、第三产业增加值占海洋生产总值的比重分别为5.1%、40.4%和54.5%。据测算，2016年全国涉海就业人员3624万人。2016年，环渤海地区海洋生产总值24323亿元，占全国海洋生产总值的比重为34.5%，比上年回落0.8个百分点；长江三角洲地区海洋生产总值19912亿元，占全国海洋生产总值的比重为28.2%，比上年回落0.2个百分点；珠江三角洲地区海洋生产总值15895亿元，占全国海洋生产总值的比重为22.5%，比上年提高了0.3个百分点。

2016年全国区域海洋经济发展情况一览表

地　区	海洋生产总值(亿元)	占全国海洋生产总值的比重(%)
长江三角洲经济区	19912	28.2
环渤海经济区	24323	34.5
珠江三角洲经济区	15895	22.5

数据来源：2016年中国海洋经济统计公报。

2016年长三角海洋经济发展情况一览表

指　标	海域面积(万平方千米)	大陆海岸线和海岛岸线(千米)	海岛(个)	滩涂面积(万公顷)	海洋生产总值(亿元)
上海市	1.00	518	23	8.40	7311
江苏省	3.75	954	16	50	7000
浙江省	26.00	6700	4370	26.67	6700
安徽省	—	—	—	—	—

数据来源：上海市水务海洋局、江苏省海洋与渔业局、浙江省海洋与渔业局。

(一) 上海市海洋经济发展的情况

上海市位于我国大陆海岸线中部，长江入海口和东海交汇处，海域面积约10000平方千米，岸线总长约518千米(不含无居民岛)，其中大陆岸线总长211千米。共有崇明岛、长兴岛、横沙岛3个有居民岛屿，大金山岛、佘山岛、九段沙等23个无居民岛屿(沙洲)。拥有港口航道、滩涂湿地、渔业、滨海旅游、风能和潮汐能等多种海洋资源。

2016年，上海市海洋生产总值初核数7311亿元，约占全市GDP的26.6%，约占全国海洋生产总值的10.4%，连续几年位居全国前列；初步形成了以海洋交通运输业、海洋工程装备制造业、海洋旅游业为代表的现代海洋产业体系。

(二) 江苏省海洋经济的发展情况

面对复杂多变的宏观经济环境，江苏省围绕建设海洋强省的目标，坚持陆海统筹、江海联动，推进海洋经济的发展。2016年，预计江苏省海洋生产总值将突破7000亿元，比上年增长9.0%左右。全年水产品总产量522万吨，渔业产值1700亿元，渔业经济总产值3020亿元，渔民人均可支配收入达22664元，同比分别增长0.2%、9.98%、10.38%和9.3%。

（三）浙江省海洋经济的发展情况

浙江省积极推动海洋与渔业供给侧结构性改革，保障服务能力提升，有效促进了海洋经济的发展。2016年浙江省海洋生产总值6700亿元，比上年增长8.4%，海洋经济占全省地区生产总值14.4%，三次产业结构比例达到7.3∶37.8∶54.9，结构趋优。浙江省积极探索渔业转型升级举措，以新品种、新模式、新技术、新工艺、新装备、新机制、新业态、新主体推进渔业转型。预计2016年水产品总产量631万吨，渔业增加值518亿元，渔民人均纯收入23085元，比上年增长4.8%、3.0%和7.3%。舟山普陀、台州玉环开展海捕虾冷藏保鲜、烘干试点，近百艘拖虾渔船，在产量基本不变的同时产值增加了1～3倍，对国内捕捞"提质增效、减量增收"具有极大的推广意义。浙江省大力发展远洋渔业，积极开辟伊朗、非洲和印度洋新渔场，目前全省已与8个国家开展过洋性渔业合作，远洋渔船总数610艘。

二、长三角海洋经济的发展的对策

（一）上海市海洋经济的发展的对策

上海市启动了"参与海丝建设专项研究"，内容主要包括：海洋经济投融资、海洋产业"走出去"和"引进来"、海洋科技创新国际合作、海洋文化交流与教育、海洋公共服务产品提供等5个方面，引领海洋经济在更广范围、更深层次参与"一带一路"建设。上海市已从三方面明确了上海海洋经济发展思路：

1. 建立现代海洋产业体系。巩固提升船舶工业、海洋交通运输等传统优势产业。大力发展海洋工程装备、海洋生物医药、海洋新能源等先进制造业。积极培育现代航运服务、海洋金融服务、海洋科技服务等现代服务业。加快推进远洋渔业转型升级。做大做强邮轮等海洋旅游业。

2. 打造"两核三带多点"空间布局。"两核"为临港和长兴岛。临港聚焦海洋装备制造和海洋高新技术产业，重点发展海洋高新技术产业集群；长兴岛聚焦船舶制造和海洋工程装备等产业，打造世界一流的海洋装备岛。

3. 提升海洋经济开放水平。抓住自贸区扩大开放机遇，推动船舶和海工设计制造等领域扩大开放，积极争取海洋国际组织、跨国公司和企业总部落户上海，支持海洋产业投资和输出，打造蓝色总部高地。

（二）江苏省海洋经济的发展的对策

1. 优化海洋经济空间布局。坚持"陆海统筹、江海联动、集约开发、生态优先"的原则，综合发展基础、区位特征与资源禀赋，提升"一带"、培育"两轴"、做强"三核"，加快构建特色鲜明、优势互补、集聚度高的海洋经济空间布局，引导全省海洋经济转型升级和集聚发展。

2. 构建现代海洋产业体系。大力推动海洋新兴产业壮大与传统产业提升互动并进，服务业与制造业协同发展，加快海洋制造业高端化、服务业优质化和海洋渔业现代化，构建创新引领、富有竞争力的现代海洋产业体系。

聚力发展海洋战略性新兴产业。重点发展海洋工程装备制造业，鼓励发展海洋药物和生物制品业，积极发展海水淡化与综合利用业。

提升发展海洋现代服务业。大力发展海洋交通运输业，优先发展海洋旅游业，引导发展涉海金融服务业。

转型发展海洋传统产业。重点推进海洋渔业转型升级，继续改善海洋捕捞作业结构，大力发展海洋水产品精深加工。整合提升海洋船舶工业，适度发展滩涂农林业。

3. 强化海洋科技支撑引领作用。深入实施科技兴海战略，推动各类科技资源向海洋产业集聚，加快构建以企业为主体、市场为导向、产学研相结合的海洋科技创新体系。

建设海洋科技创新平台。发挥江苏省海洋装备产业技术合作联盟、江苏省海洋生物产业技术合作联盟等创新引领作用，加强国家海洋局（江苏省）海涂研究中心、江苏海洋产业研究院等海洋科技创新平台建设。

打造新型海洋研发载体。鼓励有条件的涉海企业建立海洋科技研发中心、技术中心和实验室。支持涉海企业与海洋科研院所、高等学校联合组建海洋科技研发平台和产业技术创新联盟。

推进海洋产业关键技术突破。紧紧围绕江苏海洋产业壮大规模和转型升级的重大需求，以突破重点领域关键核心技术和掌握自主知识产权为重点，以创新链带动产业链、提升价值链，为形成现代海洋产业体系提供强有力技术支撑。

构筑海洋科技人才高地。大力发展海洋高等教育和职业教育，提升海洋基础学科教研能力和水平，加强海洋专业技术人才培养。加大海洋高端人才引进力度，重点引进海洋渔业、海工高端装备、海水淡化与综合利用、海洋药物和生物制品等领域核心技术团队和高端人才，打造全国海洋高端人才聚集高地。

4. 推进海洋生态文明建设。贯彻落实《江苏省海洋生态文明建设行动方案（2015—2020）》，合理开发利用海洋资源，大力发展低碳绿色海洋产业体系，促进海洋环境保护和海洋经济协调发展。

5. 完善涉海基础设施和公共服务体系。围绕海洋产业发展需求，重点加强港口物流、海洋信息、防灾减灾等重大基础设施建设，加快构建适度超前、功能配套、安全高效的涉海基础设施支撑体系和公共服务体系。

完善沿海港口功能，加强港产城联动开发，提升综合通过能力，重点加快建设连云港徐圩港区 30 万吨级原油码头等深水大型码头。推进沿江港口资源和码头结构调整，加快已建码头挖潜改造和提升等级。

完善港口集疏运体系。加强港口与铁路、公路、内河水运等枢纽的有机连接，完善江海、河海、海公、海铁等多式联运体系。

建设"智慧海洋"。推进海洋产业与信息化融合发展，以大数据为支撑、应用为驱动、服务为导向，搭建"智慧海洋"架构，重点加强沿海地区沿岸海洋环境观（监）测体系建设，构建海洋环境实时在线监测体系。

推进堤防和渔港等改造升级。启动实施入海水道二期工程，扩大淮河下游入海安全泄量。实施海堤补充完善工程，巩固侵蚀段海堤。提高区域防洪除涝能力。

提升海洋灾害预警预报能力。聚焦长江口及周边海域等典型环境脆弱区和敏感区，增加气象潮位观测站等海洋观测网的密度，完善海洋数据传输网，参与长三角海洋生态环境立体监测网专项建设，构建风暴潮、赤潮、海岸侵蚀、海洋气象等海洋信息实时采集、传输、处理及可视化立体网络。

6. 增创海洋经济开放合作新优势。积极融入国家区域发展总体布局，加快探索以开放促改革、促发展的新路径，使对内对外开放相互促进，将"引进来"与"走出去"更好结合，率先形成海洋经济开放发展新优势，打造海洋产业开放合作新高地。

积极参与长三角海洋产业分工协作。密切与上海交流合作，强化与浙江两翼互动，深化与安徽经济协作，完善区域合作机制，构建功能清晰、分工明确的区域性海洋现代产业体系和协同创新体系。充分利用上海全球资源配置能力和国际影响力，重点加强海洋科技创新、海洋金融、涉海贸易、航运等领域合作，更多吸引在长三角集聚的国际涉海资源，提升吸纳运用涉海高级生产要素的能力。参与长三角城市群区域创新资源整合，加强与张江国家自主创新示范区、杭州国家自主创新示范区、合芜蚌国家自主创新示范区联动，深化涉海产业的区域创新研发、集成应用、成果转化协作，提升海洋产业整体竞争力。

主动融入"一带一路"海洋经济合作进程。鼓励江苏企业参与国际渔业资源共享和市场竞争，加强与海上丝路沿线国家水产养殖业合作，发展海外渔业产品精深加工，建成远洋捕捞、海外养殖、加工物流并举，布局合理、装备优良、配套完善、管理规范、支撑有力的海外渔业产业体系。加强与海上丝绸之路沿线国家港口和港区对接，推动电子口岸互通和信息共享。依托我省海洋船舶、海工装备产业综合优势，与海上丝绸之路沿线国家开展研发合作，积极引进海洋船舶、海工装备高端管理团队、专业营销团队和技术领军人才。发挥我省新能源海水淡化领域领先优势，支持企业走出国门推广新能源海水淡化成套设备，在沙特、阿曼、马尔代夫、斐济等水资源匮乏国家承揽海水淡化建设工程。推进与海上丝路沿线国家开展海洋可再生能源产业合作，重点加强海上风电项目合作。支持南通、连云港、盐城等市开展邮轮旅游开发，筹建一批跨境丝绸之路主题旅游项目。

巩固提升海洋贸易投资竞争优势。优化海洋贸易结构，扩大船舶、海工装备和高技术、高附加值海洋产品出口，推动国内市场需求量大的海洋产品进口，鼓励航运、养殖、修造船舶等劳务技术输出。支持有条件的涉海企业并购境内外相关企业、研发机构和营销网络，深度参与全球海洋产业价值链分工与合作。进一步健全企业境外投资促进体系，在投资审批、外汇管理、金融服务、货物进出口、人员出入境等方面打造绿色通道。提高利用涉海外资水平，加快投资便利化改革，创造有利于外资发展的营商环境，积极引导外资投向海洋战略性新兴产业和高技术产业、海洋服务业、涉海基础设施等领域。创新招商模式，坚持引资与引智、引技相结合，大力引进海外高层次人才、先进技术和先进管理经验，鼓励涉海跨国公司在我省设立区域性总部。

（三）浙江省海洋经济的发展的对策

1. 深化海洋综合管理改革，着力完善绿色发展新机制。

通过规划管控、负面清单和健全要素市场体系，进一步优化海洋空间开发格局，分区实施差别化政策，提高开发能力和效率，推动海洋开发方式向循环利用型转变。

强化海洋区（规）划统筹。编制全省海洋主体功能区规划，推进基于海湾生态单元的区域海洋功能区划修编，统筹安排海域功能区布局，加快完善海域（海岛）市场化配置体系，提高海洋资源开发利用科学化、精准化水平。

推进“三海”联动协调发展。围绕港口、依托城市，结合我省战略性产业发展和沿海城市建设，以港口发展带动湾区发展，推进杭州湾、象山港、三门湾、台州湾、乐清湾、瓯江口等重点湾区保护和开发，推进一批技术含量新、生态效益好、投资强度大、产出水平高的涉海产业项目布局落地。结合海洋主体功能区规划编制，优化离岸海岛发展模式。在舟山宁波区域，主导发展港口物流，兼顾临港工业、滨海旅游、海洋科教等产业；在三门湾、台州湾、乐清湾、瓯江湾及洞头列岛四个重要海岛片区，以滨海旅游为主导，兼顾临港工业、现代渔业、生态服务发展。探索开展离岸式滩涂围垦和人工岛建设，促进我省海洋资源开发多样化、远海化。

坚持生态集约用海。实施用海项目负面清单管理，严控落后、过剩产能和高耗能、高污染产业，完善生态补偿、损害赔偿等制度。实施自然岸线保有率、围填海计划指标管理、区域工程限批等管控措施，逐步实施海洋生态红线制度。统筹围填海计划指标，实行建设围填海计划指标差别化和功能化管理，优先保障两区建设、产业集聚区和优质项目用海，促进海洋产业集聚。

2. 实施渔业可持续发展行动，着力建设“海上粮仓”“生态水乡”。

按照“近海修复，内陆提升，远洋拓展，全产业链培育”的工作方针，全面实施四大工程，切实增强渔业可持续发展能力。

浙江渔场修复振兴暨“一打三整治”。依法严打严管严治，重建渔场良好作业秩序，切实压减国内海洋捕捞强度，全面开展海洋生态修复保护，积极推进渔民转产转业，着力提高渔民养老保障水平，努力实现生产规范有序、资源科学利用、生态保持稳定、民生不断改善的目标。

渔业转型促治水。以治水为突破口，严厉整治乱用药、开放性水域施肥养鱼、非达标尾水直排、投喂

冰鲜鱼等行为；提升养殖设施化和生态化水平，大力推广环境友好型养殖模式，建立基于物联网的水产品质量安全全程溯源机制；积极开展大水面增殖放流，降低水产养殖对水环境的负面影响，充分发挥水生生物在消除水体富营养化、减施化肥（农药）方面的作用。

远洋渔业拓展。深度参与国家"一带一路"战略，大力发展过洋性远洋渔业，重点支持舟山国家远洋基地和海外远洋渔业基地建设，培育规模化现代化的远洋龙头企业，加快远洋捕捞向养殖、加工、贮运、贸易等领域全面延伸。

全产业链培育。加大对水产精深加工、互联网＋渔业、冷链物流等新业态的扶持力度，推动建立从捕捞、养殖到加工、流通和配套服务的全产业链，培育一批知名品牌和地理标志。开展特色"渔乡小镇"创建行动，打造一批产业、文化、旅游"三位一体"和生产、生活、生态"三生"融合发展的特色"渔乡小镇"，促进一二三产融合发展。

3. 实施蓝色海湾整治行动，着力构筑东海蓝色生态屏障。

按照"陆海并举、区域联动、防治结合、突出重点"的原则，加强直排海污染源控制，开展海湾、海岛、海岸线整治与生态修复工作，建设蓝色生态屏障。

加强直排海污染源整治和应急处置。完善海陆统筹、区域联动的海洋污染治理机制，摸清入海排污口底数，建库立档，加强监测和巡查，全面清理非法设置、由于周边环境变化不宜再设置和经整治仍不能实现达标排放的排污口，严厉打击入海排污违法犯罪行为。强化全省海洋监测观测网建设，推动信息共享，提高突发性海洋溢油污染、危险化学品污染、海洋环境赤潮污染和核应急污染的监视监测和处置能力。

探索开展区域海洋污染责任考核。按照国家"水十条"考核问责要求，进一步厘清海陆交界、长江口、邻近省市海域交接断面等区域的水质状况及影响程度，为国家制定对我省的考核基数提供参考，同时对省内各地下达海洋生态环保考核指标，推进建立海洋生态文明建设考核体系。

规划建设"美丽黄金海岸带"。加强海岸线（带）统筹协调管理，以沿海城镇、港口、渔村等区域为重点，通过整治入海排污口、修复建设海湾海岛自然历史及景观文化、新建改建滨海公园、人工沙滩、特色渔村、海岸绿道等举措，整治修复海岸线 300 千米，逐步将我省海岸打造成景观秀美、文化丰富、生态和谐的滨海生态走廊，创造经济新增长点，建设"宜居、宜业、宜游"的美丽海岸带。同时，加强海洋保护区建设与管理，保护重要生态系统、物种资源和自然文化遗产。到 2020 年，海洋保护区数量达到 18 个左右，海洋保护区面积达到我省管辖海域面积的 11％以上。

4. 强化基础建设，着力推进治理能力现代化。

推进政策法规创新。建立海域（海岛）使用权评估、转让和开发利用后评价等制度，推进海域（海岛）使用权市场流转和抵押融资，开展海域储备政策研究和探索。制定各类项目用海标准，探索建立海域（海岛、岸线）资产负债表和离任审计制度。探索渔业资源市场化配置新机制。

推进"互联网＋"应用。组织开展海洋与渔业资源、环境、灾害的调查、监测和动态监管，充分利用视频、雷达、无人机、卫星遥感、卫星终端等现代技术，建设覆盖全省沿海"空天海港陆"的综合管控网，构建资源环境监测评价、要素交易流转、公共管理服务等平台，基本实现"本底清楚、图文表齐全、动态可监测、信息化管理"的目标，完善相关评估规程、规范及标准，进一步提升科学决策、动态监管、执法指挥和应急处置能力。

推进海洋综合执法改革。以执法权责清单为基础，理顺省市县三级事权，充实基层监管力量，全面推行海洋行政执法责任制。总结推广舟山海洋综合执法试点经验，以相对集中行政执法权、整合规范执法主体、统筹执法资源配置为主要内容，推进跨领域、跨部门的海洋综合行政执法改革；深化与公安（边防）、海警、环保和海事等部门的联合执法机制，加快建立权责统一、精简高效的海洋行政执法体制，切实提高海洋资源开发保护和综合管理能力。

十六　长三角服务业

一、长三角服务业发展情况

2016 年，长三角实现地区生产总值 175634.07 亿元，按当年价计算，比上年增长 9.7%。第三产业实现增加值 92172.84 亿元，增长 13.7%。长三角产业结构得到了进一步调整优化，三次产业结构调整为 5.0∶42.6∶52.5，第三产业比重比上年提高 1.9 个百分点。与全国相比较，第三产业构成高于全国 0.9 个百分点。

分地区看，2016 年上海市实现服务业增加值 19662.90 亿元，按可比价计算，比上年增长 9.6%；第三产业增加值占生产总值的比重达到 69.8%，比上年提高 2.0 个百分点。江苏省实现服务业增加值 38458.45 亿元，按可比价计算，比上年增长 9.7%；第三产业增加值占生产总值的比重达到 50.5%，比上年提高 1.9 个百分点。浙江省实现服务业增加值 24091.57 亿元，按可比价计算，比上年增长 9.7%；第三产业增加值占生产总值的比重达到 51.0%，比上年提高 1.2 个百分点。安徽省实现服务业增加值 9959.92 亿元，按可比价计算，比上年增长 11.3%；第三产业增加值占生产总值的比重达到 41.3%，比上年提高 2.2 个百分点。

2012—2016 年长三角服务业发展情况

指　标		2012 年	2013 年	2014 年	2015 年	2016 年
上海市	地区生产总值(亿元)	20181.72	21818.15	23567.70	25123.45	28178.65
	服务业增加值(亿元)	12199.15	13785.45	15275.73	17022.63	19662.90
	服务业比重(%)	60.4	63.2	64.8	67.8	69.8
	服务业增速(%)	10.6	9.0	8.8	10.6	9.6
江苏省	地区生产总值(亿元)	54058.22	59753.37	65088.32	70116.38	76086.17
	服务业增加值(亿元)	23517.98	27197.43	30599.49	34085.88	38458.45
	服务业比重(%)	43.5	45.5	47.0	48.6	50.5
	服务业增速(%)	9.7	9.8	10.0	9.4	9.7
浙江省	地区生产总值(亿元)	34739.13	37756.58	40173.03	42886.49	47251.36
	服务业增加值(亿元)	16071.16	17948.72	19220.79	21341.91	24091.57
	服务业比重(%)	46.3	47.5	47.9	49.8	51.0
	服务业增速(%)	9.9	8.9	8.6	11.3	9.7
安徽省	地区生产总值(亿元)	17212.05	19229.34	20848.75	22005.63	24117.89
	服务业增加值(亿元)	5628.48	6572.15	7378.69	8602.11	9959.92
	服务业比重(%)	32.7	34.2	35.4	39.1	41.3
	服务业增速(%)	11.0	11.2	9.5	10.8	11.3
长三角	地区生产总值(亿元)	126191.12	138557.44	149677.80	160131.95	175634.07
	服务业增加值(亿元)	57416.77	65503.75	72474.70	81052.53	92172.84
	服务业比重(%)	45.5	47.3	48.4	50.6	52.5
	服务业增速(%)	11.7	14.1	10.6	11.8	13.7

注：上海市、江苏省、浙江省和安徽省服务业增长率按可比价计算，长三角服务业增长率按当年价计算。2013 年及以后数据行业分类采用《国民经济行业分类》(GB/T 4754—2011)，产业分类按照国家统计局 2012 年制定的三次产业划分规定。

数据来源：历年上海市、江苏省、浙江省和安徽省统计年鉴。

二、上海市服务业发展特点

（一）金融、保险业快速发展

2016 年，上海市中外资金融机构本外币各项存款余额 110510.96 亿元，比年初增加 6750.32 亿元；贷款余额 59982.25 亿元，比年初增加 6595.04 亿元。各类金融单位达到 1473 家。其中，货币金融服务单位 622 家；资本市场服务单位 382 家；保险业单位 386 家。至年末，全市各类金融单位中，在沪经营性外资金融单位达到 242 家。金融市场交易总额达到 1364.66 万亿元，比上年减少 6.7%。上海证券交易所总成交金额 283.87 万亿元，增长 6.6%，其中债券成交额 224.72 万亿元，增长 82.9%；股票成交金额 49.79 万亿元，减少 62.4%。全年通过上海证券市场股票筹资 8056.45 亿元，比上年减少 7.5%；发行公司债 25547.20 亿元，增长 46.7%。至年末，上海证券市场上市证券 9647 只，比上年末增加 3733 只，其中股票 1226 只，增加 101 只。上海期货交易所总成交金额 84.98 万亿元，增长 33.7%。中国金融期货交易所总成交金额 18.22 万亿元，减少 95.6%。银行间市场总成交金额 960.15 万亿元，增长 36.3%。上海黄金交易所总成交金额 17.44 万亿元，增长 61.7%。

2016 年，上海市保险公司原保险保费收入 1529.26 亿元，比上年增长 35.9%。其中，财产险公司原保险保费收入 410.78 亿元，增长 6.5%；寿险公司原保险保费收入 1118.48 亿元，增长 51.3%。全年保险赔付支出 528.77 亿元，增长 11.7%。其中，财产险赔款支出 222.55 亿元，增长 16.3%；寿险给付 245.86 亿元，增长 7.2%；健康险赔款给付 49.96 亿元，增长 12.8%；意外险赔款支出 10.41 亿元，增长 19.8%。

（二）旅游业平稳发展

2016 年，上海市实现旅游产业增加值 1689.70 亿元，比上年增长 6.9%。入境旅游外汇收入 65.30 亿美元，增长 9.6%；国内旅游收入 3443.93 亿元，增长 14.6%。全市已有星级宾馆 238 家，旅行社 1518 家，A 级旅游景区(点)97 家，红色旅游基地 34 个。接待国际旅游入境者 854.37 万人次，比上年增长 6.8%。其中，入境外国人 659.83 万人次，增长 7.4%；港、澳、台同胞 194.54 万人次，增长 4.9%。在国际旅游入境者中，过夜旅游者 690.43 万人次，增长 5.6%。全年接待国内旅游者 29620.60 万人次，增长 7.4%，其中，外省市来沪旅游者 14679.73 万人次，增长 5.4%。

（三）商贸流通业平稳增长

2016 年，上海市实现批发和零售业增加值 4032.43 亿元，比上年增长 4.6%。全年实现商品销售总额 10.08 万亿元，比上年增长 7.9%，其中批发销售额 9.10 万亿元，增长 7.9%。全年实现社会消费品零售总额 10946.57 亿元，比上年增长 8.0%，其中无店铺零售额 1584.00 亿元，增长 13.8%。网上商店零售额 1249.77 亿元，增长 15.8%，占社会消费品零售总额的比重为 11.4%，比上年提高 0.5 个百分点。至年末，全市已开业城市商业综合体达 189 家，其中，商场建筑面积 10 万平方米以上的有 68 家。全年全市城市商业综合体实现营业额达 1287.20 亿元，比上年增长 12.2%。

（四）交通运输业和通讯服务业增长较快

2016 年，上海市各种运输方式完成货物运输量 88689.16 万吨，比上年下降 2.8%。旅客发送量 19564.44 万人次，增长 5.3%。全年上海港口货物吞吐量达到 70176.56 万吨，比上年下降 2.2%；集装箱吞吐量 3713.31 万国际标准箱，增长 1.6%。集装箱水水中转比例为 46.5%，国际中转比例为 7.2%。上海浦东、虹桥两大国际机场全年共起降航班 74.19 万架次，增长 5.1%；进出港旅客达到 10646.25 万人次，增长 7.3%。其中，国内航线进出港旅客 6996.85 万人次，增长 5.3%；国际及地区航线进出港旅客

3649.40万人次，增长11.4%。全年上海港接待邮轮靠泊509艘次，其中，以上海为母港的邮轮482艘次。邮轮旅客吞吐量289.38万人次，比上年增长76.2%。至年末，全市轨道交通运营线路达到15条。全年优化调整公交线路214条，其中新辟42条。至年末，公交运营车辆达1.67万辆，其中国Ⅴ及以上标准及零排放车辆7019辆，占全部公交运营车辆的42.0%；运营出租车4.73万辆。全年市内公共交通客运量67.05亿人次，比上年增长1.0%。其中，轨道交通客运量34.01亿人次，增长10.9%；公共汽电车客运量23.91亿人次，下降6.2%。

2016年，上海市完成邮政业务总量564.25亿元，比上年增长46.3%；电信业务总量1101.73亿元，增长41.2%。邮政业全年完成邮政函件业务8.26亿件、包裹业务272.86万件、快递业务26.03亿件；快递业务收入709.51亿元。年末固定电话用户731.62万户，其中住宅电话421.80万户。移动电话用户3156.14万户，比上年末减少103.79万户。移动电话用户普及率130.7部/百人。

三、江苏省服务业发展特点

（一）金融、保险业市场规模进一步扩大

2016年，江苏省实现金融业增加值6011.13亿元，比上年增长12.7%。至年末，金融机构人民币存款余额121106.58亿元，比年初增加13233.55亿元，比上年末增长12.3%。其中，住户存款比年初增加3337.53亿元，比上年多增476.10亿元。金融机构人民币贷款余额91107.60亿元，比年初增加12241.26亿元，比上年末增长15.5%。其中，住户贷款比年初增加6925.90亿元。

2016年，江苏省证券市场完成交易额345715.81亿元，比上年下降47.4%。其中，证券经营机构证券交易额196825.91亿元，比上年下降44.0%；期货经营机构代理交易额148889.90亿元，下降51.3%。至2016年末江苏省境内上市公司317家，比上年增加41家；募集资金2254.62亿元，比上年增长85.7%。江苏企业境内上市公司总股本2838.48亿股，比上年末增长31.8%；市价总值37171.14亿元，比上年末上升1.2%。2016年末，江苏省共有证券公司6家，证券营业部805家；期货公司10家，期货营业部140家，证券投资咨询机构3家。

2016年，江苏省保费收入2690.25亿元，比上年增长35.2%。其中，财产险收入733.43亿元，比上年增长9.1%；寿险收入1506.96亿元，增长39.0%；健康险和意外伤害险收入449.85亿元，比上年增长92.4%。赔付额915.13亿元，比上年增长24.9%。其中财产险赔付437.66亿元，比上年增长8.6%；寿险赔付403.95亿元，增长50.6%；健康险和意外伤害险赔付73.53亿元，增长19.9%。

（二）旅游业持续平稳发展

2016年，江苏省接待国内游客6.78亿人次，比上年增长9.4%；实现国内旅游收入9952.47亿元，增长13.5%。接待海外旅游者329.77万人次，比上年增长8.1%。其中接待外国人218.00万人次，比上年增长8.5%；港澳台同胞111.78万人次，增长7.3%。旅游创汇38.04亿美元，比上年增长7.8%。2016年，江苏省拥有旅行社2469个，比上年增加133个；拥有星级饭店696个，减少95个。

（三）消费品市场增长平稳

2016年，江苏省实现社会消费品零售总额28707.12亿元，比上年增长10.9%。按消费形态分，商品批发和零售业25899.14亿元，增长10.6%；餐饮收入额2591.25亿元，增长14.5%。在限额以上企业商品零售额中，粮油、食品、饮料、烟酒类增长12.5%，服装、鞋帽、针纺织品类增长9.1%，金银珠宝类增长1.8%，日用品类增长6.5%，五金、电料类增长20.1%，书报杂志类增长10.2%，家用电器和音像器材类增长9.2%，中西药品类增长11.5%，通讯器材类增长16.9%，文化办公用品类增长26.2%，家具类增长14.8%，石油及制品类增长2.4%，建筑及装潢材料类增长15.4%，汽车类增长10.5%。网上零售额

保持较快增长，全省限额以上批发和零售业网上零售额增长44.8%。

（四）交通运输业增速回落、通讯服务业增长较快

2016年，江苏省完成旅客运输量、货物运输量分别为13.46亿人和21.57亿吨，分别比上年下降12.6%和增长1.9%；旅客周转量、货物周转量分别为1591.93亿人千米和8290.69亿吨千米，分别增长1.6%和下降6.7%。完成港口货物吞吐量24.15亿吨，增长3.5%，其中沿海港口货物吞吐量3.16亿吨，增长4.8%。规模以上港口货物吞吐量中，集装箱吞吐量1621.60万标准集装箱，增长1.0%。至2016年末，江苏省公路通车里程15.73万千米，其中，高速公路里程4657千米，新增118千米。铁路营业里程2722千米，铁路正线延展长度4677千米。

2016年，江苏省邮政电信业务总量3431.23亿元，比上年增长50.5%。分业务类型看，邮政业务总量663.69亿元，电信业务总量2767.54亿元，同比分别增长28.6%和56.8%。邮政电信业务收入1345.35亿元，同比增长8.1%。分业务类型看，邮政业务收入463.33亿元，同比增长13.8%；电信业务收入882.02亿元，同比增长5.4%。固定电话用户1708.33万户，比上年末减少264.66万户。移动电话用户8198.75万户，比上年末净减28.58万户。电话普及率达124.21部/百人，其中移动电话普及率102.79部/百人。固定宽带接入用户2685.24万户，新增502.18万户。长途光缆线路总长度4万千米，新增1108千米。

四、浙江省服务业发展特点

（一）金融服务业发展势头良好

2016年末，浙江省金融机构本外币各项存款余额99530.29亿元，比年初增加9228.68亿元，比上年增长10.2%。其中，人民币存款余额96438.16亿元，增长10.3%。金融机构本外币各项贷款余额81804.50亿元，比年初增加5338.18亿元，比上年增长7.0%。其中，人民币贷款余额79926.05亿元，增长7.9%。年末住户本外币存款余额38755.05亿元，比上年增长11.4%；住户人民币存款余额38077.05亿元，增长11.3%。

至2016年末，浙江省境内共有上市公司329家，累计融资7484.00亿元；其中，中小板上市公司131家，占全国中小板上市公司总数的15.9%；创业板上市公司60家，占全国创业板上市公司总数的10.5%。

2016年，浙江省保险业实现保费收入1527.32亿元，比上年增长6.4%。其中，财产险保费收入569.35亿元，比上年下降12.0%；寿险保费收入713.95亿元，比上年增长12.9%。支付各类赔款及给付517.89亿元，比上年下降7.3%。其中，财产险赔付支出335.26亿元，比上年下降11.7%；寿险赔付支出142.56亿元，比上年下降0.2%。

（二）旅游业平稳增长

2016年，浙江省接待国内旅游者5.73亿人次，比上年增长9.1%；实现国内旅游收入7600.00亿元，增长13.1%。浙江省接待入境旅游者1120.30万人次，比上年增长10.7%。其中，接待外国人731.62万人次，比上年增长8.8%；接待港澳台同胞388.68万人次，增长14.4%。旅游创汇74.31亿美元，增长9.5%。

（三）商贸流通业较快增长，消费热点突出

2016年，浙江省社会消费品零售总额21970.79亿元，比上年增长11.0%。按经营地统计，城镇消费品零售额18280.62亿元，增长10.6%；乡村消费品零售额3690.17亿元，增长13.1%。按消费类型统

计，商品零售额19723亿元，增长10.8%；餐饮收入额2248亿元，增长13.1%。全省网络零售额10307亿元，比上年增长35.4%，其中，省内居民网络消费5252亿元，增长30.9%。

在限额以上批发零售贸易业零售额中，汽车类零售额比上年增长9.3%，石油及制品类增长0.1%，粮油、食品类增长14.4%，服装、鞋帽、针纺织品类增长16.7%，中西药品类增长5.1%，日用品类增长13.7%，金银珠宝类下降1.4%，通讯器材类增长14.5%，家具类增长13.0%，五金、电料类增长29.7%，建筑及装潢材料类增长24.3%。年末全省已登记的商品交易实体市场3926家，交易额为2.05万亿元，比上年下降0.1%。

(四) 交通运输业增速回落、通讯服务业增长较快

2016年，浙江省完成旅客运输量、货物运输量分别为10.74亿人和21.50亿吨，分别比上年下降5.2%和增长7.1%；旅客周转量、货物周转量分别为1074.99亿人千米和9788.76亿吨千米，分别下降1.6%和0.8%。完成港口货物吞吐量14.09亿吨，增长2.0%。至2016年末，浙江省公路通车里程11.91万千米，新增1038千米，其中高速公路里程4062千米，新增145千米。铁路营业里程2540千米，新增13千米；铁路复线里程1983千米，新增14千米。民用航空航线481条，新增89条；国内航线389条，新增67条。

2016年，浙江省实现邮电业务总量3715.39亿元，比上年增长55.3%。电话用户1287.23万户，比上年减少212.53万户。移动电话用户7225万户，新增比上年末减少241万户；移动互联网用户数为6366万户，新增936万户；固定互联网宽带接入用户数为2160万户，新增844万户。长途光缆线路24040千米，比上年减少2259千米。人均邮政、电信费用支出2519元，比上年增加351元；固定电话普及率为23.2部/百人，下降4.0部/百人；移动电话普及率130.4部/百人，下降5.2部/百人。

五、安徽省服务业发展特点

(一) 金融、保险业发展势头良好

2016年，安徽省金融机构本外币各项存款余额41324.33亿元，比年初增加6498.09亿元，增长18.7%。其中，住户存款18957.09亿元，比上年增长11.0%；非金融企业存款13264.13亿元，增长26.0%。金融机构本外币各项贷款余额30774.51亿元，比上年增加4630.15亿元，比上年增长17.7%。其中，住户贷款10483.24亿元，比上年增长29.2%；非金融企业贷款20104.98亿元，增长12.6%。

2016年，安徽省上市公司通过境内市场累计筹资1035.71亿元，其中，首次公开发行A股5只，筹资62.20亿元；A股再筹资(包括配股、公开增发、非公开增发、认股权证)934.80亿元；上市公司通过发行可转债、可分离债、公司债筹资38.70亿元。到2016年底，全省有上市公司93家，上市公司市价总值10896.70亿元，比上年减少3.0%。全年企业发行短期融资券580.10亿元。全年全省境内证券经营机构代理成交额50474.60亿元，期货经营机构代理成交额160627.10亿元。

2016年，安徽省保险业保费收入876.10亿元，比上年增长25.4%。其中，财产险业务保费收入312.79亿元，比上年增长7.8%；寿险保费收入440.36亿元，增长24.5%。赔款和给付357.48亿元，增长29.1%。其中，财产险业务赔付175.06亿元，比上年增长14.6%；寿险业务赔付145.96亿元，增长32.2%。

(二) 旅游业平稳增长

2016年，安徽省接待国内旅游者5.22亿人次，比上年增长17.6%；实现国内旅游总收入4763.60亿元，增长19.7%。接待入境旅游者485.35万人次，增长9.2%。其中，接待外国人282.91万人次，比上年增长9.2%；接待港澳台同胞202.48万人次，增长9.2%。旅游创汇25.42亿美元，比上年增长

12.4%。2016年，安徽省旅游星级宾馆314个，比上年减少127个。其中，五星宾馆23个。全省有A级及以上旅游景点(区)556处。

(三) 消费品市场增长平稳

2016年，安徽省全社会消费品零售总额10000.20亿元，比上年增长12.3%，扣除价格因素，实际增长11.4%。按经营地统计，城镇消费品零售额8064.70亿元，增长12.2%；乡村消费品零售额1935.50亿元，增长12.6%。按消费类型统计，商品零售额8914.20亿元，增长12.2%；餐饮收入1086.1亿元，增长12.4%。全省纳入统计的352家开展网络零售业务的限额以上批发零售企业实现网上商品零售额220.20亿元，增长68.4%。

限额以上企业商品零售额中，吃、穿、用类商品零售额分别比上年增长17.6%、4.8%和10.9%，粮油类增长9.6%，肉禽蛋类增长18.0%，服装类增长7.6%，日用品类增长18.8%，中西药品类增长8.3%，家用电器和音像器材类增长11.9%，家具类增长20.3%，通讯器材类增长1.8%，建筑及装潢材料类增长13.4%，汽车类增长15.2%，石油及制品类增长6.6%。

(四) 交通运输业和通讯服务业增长较快

2016年，安徽省完成旅客运输量、货物运输量分别为8.14亿人和36.45亿吨，比上年分别下降6.5%和增长5.4%；旅客周转量、货物周转量分别为1231.40亿人千米和10883.24亿吨千米，比上年分别下降2.1%和增长4.6%。完成港口货物吞吐量5.19亿吨，比上年增长8.1%；集装箱吞吐量114.75万标准箱，增长20.0%。至2016年末，安徽省公路通车里程19.76万千米，新增10648千米，其中高速公路里程4543千米，新增294千米。铁路营业里程4243千米，新增74千米。全省民航机场旅客吞吐量912.89万人次，比上年增长12.0%，其中合肥新桥机场旅客吞吐量739.20万人次，增长11.8%。

2016年，安徽省实现邮电业务总量1152.78亿元，比上年增长55.8%。其中，邮政业务总量53.54亿元，比上年增长29.9%；电信业务总量1099.24亿元，增长57.3%。固定电话用户613.80万户，比上年减少125.63万户。移动电话用户4342.98万户，新增110.37万户，4G移动电话用户2547.80万户，用户量翻一番。固定互联网宽带接入用户数为1075.04万户，新增187.10万户。邮路总长度6.14万千米，新增15983千米；农村投递路线14.18万千米，减少6989千米。

十七　长三角化学工业

一、长三角化学工业总体情况

2016 年，长三角规模以上化学行业工业总产值为 54158.28 亿元，比上年增长 4.2%。规模以上化学行业企业年末资产总计为 43174.55 亿元，比上年增长 7.8%；占全国的比重为 26.8%，所占比重比上年上升 0.2 个百分点。规模以上化学行业企业负债合计为 20759.65 亿元，比上年增长 2.7%；占全国的比重为 24.2%，所占比重比上年下降 0.3 个百分点。规模以上化学行业企业主营业务收入为 53413.50 亿元，比上年增长 5.5%；占全国的比重为 28.1%，所占比重比上年上升 0.3 个百分点。规模以上化学行业企业实现利润总额 4012.55 亿元，比上年增长 21.4%；占全国的比重为 31.7%，所占比重比上年下降 0.1 个百分点。

2012—2016 年长三角规模以上化学工业经济指标

亿元

指　标	企业数(个)	工业总产值	资产总计	负债合计	主营业务收入	利润总额
2012 年	15689	44009.61	31991.72	17572.10	43879.46	2376.28
2013 年	16593	48606.66	35403.06	19401.66	48488.36	2841.90
2014 年	16908	51739.53	38155.04	20286.16	50959.67	2878.28
2015 年	16980	51978.26	40042.03	20216.42	50628.73	3305.09
2016 年		54158.28	43174.55	20759.65	53413.50	4012.55

注：2011 年(含)以后统计数据为 2000 万元及以上企业。
数据来源：历年上海市、江苏省、浙江省、安徽省统计年鉴。

(一) 长三角化学工业主要产品产量

2016 年，长三角化学工业生产化学纤维 3643.25 万吨，比上年下降 1.3%；占全国生产总量的比重为 74.6%，比上年下降 1.8 个百分点。生产汽油 1718.86 万吨，比上年下降 1.5%；占全国生产总量的比重为 13.3%，比上年下降 1.1 个百分点。生产轮胎外胎 22704.82 万条，比上年增长 13.6%；占全国生产总量的比重为 23.9%，比上年上升 2.4 个百分点。

2014—2016 年长三角分地区化学产品产量对比

地　区	产　　品	产　　量		
		2014 年	2015 年	2016 年
上海市	化学纤维(万吨)	45.35	45.85	43.34
	汽油(万吨)	471.59	537.31	536.12
	轮胎外胎(万条)	1045.49	971.00	894.75
江苏省	化学纤维(万吨)	1312.17	1430.62	1458.19
	汽油(万吨)	564.26	657.52	698.65
	轮胎外胎(万条)	11078.47	9508.04	9440.30
浙江省	化学纤维(万吨)	1987.97	2186.42	2106.42
	汽油(万吨)	308.46	333.27	307.69
	轮胎外胎(万条)	8925.94	6684.14	7577.77

续表

地 区	产 品	产 量		
		2014年	2015年	2016年
安徽省	化学纤维(万吨)	23.10	27.00	35.30
	汽油(万吨)	230.90	216.60	176.40
	轮胎外胎(万条)	3308.90	2829.60	4792.00
长三角	化学纤维(万吨)	3368.59	3689.89	3643.25
	汽油(万吨)	1575.21	1744.70	1718.86
	轮胎外胎(万条)	24358.80	19992.78	22704.82

数据来源:历年上海市、江苏省、浙江省、安徽省统计年鉴。

(二)长三角化学工业资产运营情况

2016年,长三角规模以上化学工业年末资产总额为43174.55亿元,比上年增长7.8%;负债合计为20759.65亿元,增长2.7%。由于资产总额增速较快,使得长三角规模以上化学工业的资产负债率下降为48.08%,比上年下降2.41个百分点;低于同期全国规模以上化学工业资产负债率5.13个百分点。

分地区看,2016年,上海市化学工业资产负债率最低,为41.46%,比上年下降1.31个百分点;江苏省资产负债率为47.29%,同比下降2.53个百分点;浙江省化学工业资产负债率为50.85%,同比下降3.37个百分点;安徽省资产负债率最高,为52.36%,同比上升0.04个百分点。

二、上海市化学工业基本情况

2016年,上海市规模以上化学工业工业总产值为5096.52亿元,比上年下降1.5%;年末资产总计为5783.18亿元,增长8.2%;负债合计为2397.55亿元,增长4.8%;主营业务收入为5391.13亿元,与去年持平;实现利润总额514.24亿元,增长29.0%;税金总额为451.94亿元,下降2.8%。

2012—2016年上海市规模以上化学工业经济指标

亿元

指 标	企业数(个)	工业总产值	资产总计	负债合计	主营业务收入	利润总额	税金总额
2012年	1762	5572.93	4498.91	2270.81	5691.57	214.83	298.68
2013年	1763	5890.13	4758.54	2388.62	6043.98	294.15	368.10
2014年	1789	5673.94	5023.67	2421.81	5847.58	253.21	330.50
2015年	1714	5171.82	5345.95	2286.70	5390.77	398.62	464.82
2016年		5096.52	5783.18	2397.55	5391.13	514.24	451.94

注:2011年(含)以后统计数据为2000万元及以上企业。
数据来源:历年上海市统计年鉴。

(一)上海市化学工业经济总量

1. 工业总产值

2016年,上海市规模以上化学工业实现工业总产值5096.52亿元,比上年下降1.5%。其中,石油加工、炼焦和核燃料加工业总产值1036.17亿元,比上年下降10.4%;化学原料和化学制品制造业总产值2463.48亿元,同比下降0.1%;医药制造业总产值686.00亿元,同比增长4.6%;化学纤维制造业总产值 35.49 亿元,同比增长 11.2%;橡胶和塑料制品业总产值 875.38 亿元,同比增长 1.7%。

2. 主营业务收入

2016 年,上海市规模以上化学工业完成主营业务收入 5391.13 亿元,与去年持平。其中,石油加工、炼焦和核燃料加工业主营业务收入 1041.23 亿元,同比下降 10.7%;化学原料和化学制品制造业主营业务收入 2680.77 亿元,同比增长 1.1%;医药制造业主营业务收入 716.44 亿元,同比增长 8.7%;化学纤维制造业主营业务收入 37.59 亿元,同比增长 17.3%;橡胶和塑料制品业主营业务收入 915.10 亿元,同比增长 3.9%。

3. 资产总额

截至 2016 年底,上海市规模以上化学工业资产总额为 5783.18 亿元,比上年增长 8.2%。其中,石油加工、炼焦和核燃料加工业年末资产总额为 634.87 亿元,同比增长 50.9%;化学原料和化学制品制造业年末资产总额为 2782.59 亿元,同比增长 4.5%;医药制造业年末资产总额为 1216.88 亿元,同比增长 17.4%;化学纤维制造业年末资产总额为 59.00 亿元,同比增长 21.7%;橡胶和塑料制品业年末资产总额为 1089.84 亿元,同比下降 7.6%。

2016 上海市规模以上化学工业主要经济指标

亿元

行　业	工业总产值	资产总计	负债合计	主营业务收入	利润总额	税金总额
石油加工、炼焦和核燃料加工业	1036.17	634.87	238.40	1041.23	96.17	282.63
化学原料和化学制品制造业	2463.48	2782.59	1221.63	2680.77	223.90	94.59
医药制造业	686.00	1216.88	426.23	716.44	118.73	45.27
化学纤维制造业	35.49	59.00	26.19	37.59	4.17	0.35
橡胶和塑料制品业	875.38	1089.84	485.10	915.10	71.27	29.10
合　计	5096.52	5783.18	2397.55	5391.13	514.24	451.94

数据来源:《上海市统计年鉴》(2017)。

(二)上海市化学工业经济效益

1. 利润总额

2016 年,上海市规模以上化学工业完成利润总额 514.24 亿元,比上年增长 29.0%。其中,石油加工、炼焦和核燃料加工业利润总额 96.17 亿元,比上年增长 91.2%;化学原料和化学制品制造业利润总额 223.90 亿元,增长 25.8%;医药制造业利润总额 118.73 亿元,增长 9.5%;化学纤维制造业利润总额 4.17 亿元,增长 441.6%;橡胶和塑料制品业利润总额 71.27 亿元,增长 16.6%。

2. 税金总额

2016 年,上海市规模以上化学工业完成税金总额 451.94 亿元,比上年下降 2.8%。其中,石油加工、炼焦和核燃料加工业税金总额 282.63 亿元,比上年下降 8.2%;化学原料和化学制品制造业税金总额 94.59 亿元,增长 12.2%;医药制造业税金总额 45.27 亿元,增长 0.8%;化学纤维制造业税金总额 0.35 亿元,下降 20.5%;橡胶和塑料制品业税金总额 29.10 亿元,增长 6.7%。

三、江苏省化学工业基本情况

2016 年,江苏省规模以上化学工业企业 7342 家,比上年减少 142 家;工业总产值为 29905.60 亿元,比上年增长 6.1%;年末资产总计为 20034.44 亿元,增长 8.0%;负债合计为 9474.96 亿元,增长 2.5%;主营业务收入为 29889.35 亿元,增长 7.6%;实现利润总额 2174.84 亿元,增长 18.1%。

2012—2016 年江苏省规模以上化学工业经济指标　　亿元

指　标	企业数(个)	工业总产值	资产总计	负债合计	主营业务收入	利润总额	利税总额
2012 年	7270	22180.17	14537.74	7820.48	22125.49	1311.22	2318.18
2013 年	7590	24949.94	16278.05	8758.45	24965.34	1501.15	2697.33
2014 年	7542	26898.68	17761.36	9274.65	26770.33	1590.74	2892.48
2015 年	7484	28182.40	18553.46	9243.75	27767.01	1841.19	
2016 年	7342	29905.60	20034.44	9474.96	29889.35	2174.84	

注：2011 年(含)以后统计数据为 2000 万元及以上企业。
数据来源：历年江苏省统计年鉴。

(一) 江苏省化学工业经济总量

1. 工业总产值

2016 年，江苏省规模以上化学工业实现工业总产值 29905.60 亿元，比上年增长 6.1%。其中，石油加工、炼焦和核燃料加工业总产值 2074.02 亿元，比上年下降 5.0%；化学原料和化学制品制造业总产值 17850.13 亿元，增长 6.2%；医药制造业总产值 3933.97 亿元，增长 11.3%；化学纤维制造业总产值 2850.79 亿元，增长 7.7%；橡胶和塑料制品业总产值 3196.69 亿元，增长 6.3%。

2. 主营业务收入

2016 年，江苏省规模以上化学工业完成主营业务收入 29889.35 亿元，比上年增长 7.6%。其中，石油加工、炼焦和核燃料加工业主营业务收入 2113.41 亿元，比上年下降 2.6%；化学原料和化学制品制造业主营业务收入 17957.37 亿元，增长 8.2%；医药制造业主营业务收入 3870.28 亿元，增长 11.2%；化学纤维制造业主营业务收入 2778.87 亿元，增长 8.5%；橡胶和塑料制品业主营业务收入 3169.42 亿元，增长 6.9%。

3. 资产总额

截至 2016 年底，江苏省规模以上化学工业资产总额为 20034.44 亿元，比上年增长 8.0%。其中，石油加工、炼焦和核燃料加工业资产总额为 990.34 亿元，比上年增长 5.2%；化学原料和化学制品制造业资产总额为 11579.04 亿元，增长 7.2%；医药制造业资产总额为 2826.06 亿元，增长 15.0%；化学纤维制造业资产总额为 2313.85 亿元，增长 8.3%；橡胶和塑料制品业资产总额为 2325.15 亿元，增长 5.0%。

4. 利润总额

2016 年，江苏省规模以上化学工业实现利润总额 2174.84 亿元，比上年增长 18.1%。其中，石油加工、炼焦和核燃料加工业利润总额 111.32 亿元，增长 40.3%；化学原料和化学制品制造业利润总额 1303.15 亿元，增长 18.3%；医药制造业利润总额 419.34 亿元，增长 15.6%；化学纤维制造业利润总额 124.40 亿元，增长 21.3%；橡胶和塑料制品业利润总额 216.63 亿元，增长 11.0%。

2016 年江苏省规模以上化学工业主要经济指标　　亿元

行　业	单位数(个)	工业总产值	资产总计	负债合计	主营业务收入	利润总额
石油加工、炼焦和核燃料加工业	146	2074.02	990.34	570.53	2113.41	111.32
化学原料和化学制品制造业	3657	17850.13	11579.04	5586.44	17957.37	1303.15
医药制造业	703	3933.97	2826.06	1024.38	3870.28	419.34
化学纤维制造业	737	2850.79	2313.85	1304.03	2778.87	124.4
橡胶和塑料制品业	2099	3196.69	2325.15	989.58	3169.42	216.63
合　计	7342	29905.6	20034.44	9474.96	29889.35	2174.84

数据来源：《江苏省统计年鉴》(2017)。

（二）江苏省化学工业经济效益

1. 石油加工、炼焦和核燃料加工业

2016年，江苏省石油加工、炼焦和核燃料加工业主要经济效益指标呈现如下特点：(1) 企业亏损面和资产负债率下降。2016年企业亏损面为10.96%，比上年下降9.46个百分点；资产负债率为57.61%，下降0.76个百分点。(2) 产品销售率和成本费用利润率回升。分别比上年上升0.55个和1.94个百分点。(3) 总资产贡献率有所下降。2016年企业总资产贡献率为40.42%，比上年回落0.02个百分点。(4) 企业流动资产周转次数为4.88次/年，比上年下降0.17次/年。

2. 化学原料和化学制品制造业

2016年，江苏省化学原料和化学制品制造业主要经济效益指标呈现如下特点：(1) 企业亏损面和资产负债率有所下降。2016年，企业亏损面为10.50%，比上年下降1.64个百分点；资产负债率为48.25%，下降2.45个百分点。(2) 产品销售率和总资产贡献率回升。分别比上年上升0.61个和0.81个百分点。(3) 成本费用利润率有所上升。2016年企业成本费用利润率为7.78%，比上年上升0.70个百分点。(4) 企业流动资产周转次数为3.39次/年，比上年下降0.02次/年。

3. 医药制造业

2016年，江苏省医药制造业经济效益指标具有如下特点：(1) 企业亏损面和资产负债率下降。2016年，企业亏损面为8.96%，比上年下降1.32个百分点；资产负债率为36.25%，下降3.58个百分点。(2) 企业流动资产周转次数有所回落。2016年，企业流动资产周转次数为2.59次/年，比上年回落0.02次/年。(3) 产品销售率和总资产贡献率有所下降。2016年，企业产品销售率为97.58%，下降0.01个百分点；总资产贡献率为23.72%，下降0.61个百分点。(4) 成本费用利润率有所上升。2016年企业成本费用利润率为12.16%，比上年上升0.53个百分点。

4. 化学纤维制造业

2016年，江苏省化学纤维制造业经济效益指标具有如下特点：(1) 企业亏损面和资产负债率下降。2016年，企业亏损面为19.54%，比上年下降6.65个百分点；资产负债率为56.36%，下降3.00个百分点。(2) 成本费用利润率和总资产贡献率有所上升。2016年，成本费用利润率为4.56%，上升0.49个百分点；总资产贡献率为10.10%，上升0.84个百分点。(3) 产品销售率有所下降。2016年产品销售率为97.76%，比上年下降0.35个百分点。(4) 企业流动资产周转次数为2.56次/年，比上年回落0.05次/年。

5. 橡胶和塑料制品业

2016年，江苏省橡胶和塑料制品业经济效益指标具有如下特点：(1) 企业亏损面和资产负债率下降。2016年，企业亏损面为11.15%，比上年下降2.22个百分点；资产负债率为42.56%，下降1.24个百分点。(2) 成本费用利润率和总资产贡献率有所上升。2016年，成本费用利润率为7.33%，上升0.29个百分点；总资产贡献率为14.99%，上升0.28个百分点。(3) 产品销售率有所上升。2016年产品销售率为98.83%，比上年上升0.48个百分点。(4) 企业流动资产周转次数为2.50次/年，比上年上升0.01次/年。

2016年江苏省规模以上化学工业主要经济效益指标　%

指　标	企业亏损面	资产负债率	流动资产周转次数(次/年)	成本费用利润率	产品销售率	总资产贡献率
石油加工、炼焦和核燃料加工业	10.96	57.61	4.88	6.13	99.14	40.42
化学原料和化学制品制造业	10.50	48.25	3.39	7.78	99.20	18.38

续表

指　　标	企业亏损面	资产负债率	流动资产周转次数(次/年)	成本费用利润率	产品销售率	总资产贡献率
医药制造业	8.96	36.25	2.59	12.16	97.58	23.72
化学纤维制造业	19.54	56.36	2.56	4.56	97.76	10.10
橡胶和塑料制品业	11.15	42.56	2.50	7.33	98.83	14.99

数据来源:《江苏省统计年鉴》(2017)。

四、浙江省化学工业基本情况

(一) 浙江省化学工业经济总量

2016 年,浙江省规模以上化学工业企业 5081 家,比上年减少 115 家;工业总产值为 13591.44 亿元,增长 0.2%;年末资产总计为 13305.81 亿元,增长 5.5%;负债合计为 6765.82 亿元,下降 1.1%;主营业务收入为 12956.32 亿元,增长 2.0%;实现利润总额 985.88 亿元,增长 28.0%;利税总额为 1611.41 亿元,增长 15.4%。

2012—2016 年浙江省规模以上化学工业经济指标　　亿元

指　标	企业数(个)	工业总产值	资产总计	负债合计	主营业务收入	利润总额	利税总额
2012 年	4661	12734.41	10488.96	6119.25	12639.13	622.78	1153.44
2013 年	5026	13598.55	11446.22	6656.39	13456.63	784.78	1343.32
2014 年	5170	14380.16	12146.51	6857.52	13808.41	763.92	1320.41
2015 年	5196	13563.56	12617.73	6841.70	12706.57	770.30	1395.81
2016 年	5081	13591.44	13305.81	6765.82	12956.32	985.88	1611.41

注: 2011 年(含)以后统计数据为 2000 万元及以上企业。
数据来源:历年浙江省统计年鉴。

1. 工业总产值

2016 年,浙江省规模以上化学工业实现工业总产值 13591.44 亿元,比上年增长 0.2%。其中,石油加工、炼焦和核燃料加工业总产值 1553.25 亿元,比上年增长 2.9%;化学原料和化学制品制造业总产值 5381.74 亿元,下降 0.3%;医药制造业总产值 1395.07 亿元,增长 9.0%;化学纤维制造业总产值 2466.85 亿元,下降 3.0%;橡胶和塑料制品业总产值 2794.53 亿元,下降 1.3%。

2. 主营业务收入

2016 年,浙江省规模以上化学工业完成主营业务收入 12956.32 亿元,比上年增长 2.0%。其中,石油加工、炼焦和核燃料加工业主营业务收入 1212.18 亿元,比上年增长 1.8%;化学原料和化学制品制造业主营业务收入 5450.05 亿元,增长 3.5%;医药制造业主营业务收入 1248.64 亿元,增长 7.8%;化学纤维制造业主营业务收入 2376.88 亿元,下降 1.3%;橡胶和塑料制品业主营业务收入 2668.57 亿元,下降 0.6%。

3. 资产总额

截至 2016 年底,浙江省规模以上化学工业资产总额为 13305.81 亿元,比上年增长 5.5%。其中,石油加工、炼焦和核燃料加工业年末资产总额为 824.47 亿元,比上年增长 23.9%;化学原料和化学制品制造业年末资产总额为 5737.99 亿元,增长 6.4%;医药制造业年末资产总额为 1975.32 亿元,增长

10.9%；化学纤维制造业年末资产总额为2252.36亿元，下降3.9%；橡胶和塑料制品业年末资产总额为2515.67亿元，增长3.4%。

4. 利润总额

2016年，浙江省规模以上化学工业实现利润总额985.88亿元，比上年增长28.0%。其中，石油加工、炼焦和核燃料加工业利润总额166.66亿元，比上年增长57.3%；化学原料和化学制品制造业利润总额358.23亿元，增长26.6%；医药制造业利润总额190.44亿元，增长40.5%；化学纤维制造业利润总额118.65亿元，增长23.3%；橡胶和塑料制品业利润总额151.90亿元，增长1.4%。

2016年浙江省规模以上化学工业主要经济指标　　亿元

行　业	单位数（个）	工业总产值	资产总计	负债合计	主营业务收入	利润总额	利税总额
石油加工、炼焦和核燃料加工业	57	1553.25	824.47	441.37	1212.18	166.66	415.78
化学原料和化学制品制造业	1583	5381.74	5737.99	2925.56	5450.05	358.23	517.18
医药制造业	439	1395.07	1975.32	803.15	1248.64	190.44	278.74
化学纤维制造业	572	2466.85	2252.36	1244.8	2376.88	118.65	160.89
橡胶和塑料制品业	2430	2794.53	2515.67	1350.94	2668.57	151.9	238.82
合　计	5081	13591.44	13305.81	6765.82	12956.32	985.88	1611.41

数据来源：《浙江省统计年鉴》(2017)。

(二)浙江省化学工业经济效益

1. 石油加工、炼焦和核燃料加工业

2016年，浙江省石油加工、炼焦和核燃料加工业每百元固定资产原值实现利税68.36元，比上年下降20.07元/百元；每百元主营业务收入实现利税34.30元，上升2.37元/百元；产品销售率91.50%，上升2.13个百分点；出口交货值占工业销售值的0.15%，上升0.01个百分点；新产品产值率为7.37%，上升4.52个百分点。

2. 化学原料和化学制品制造业

2016年，浙江省化学原料和化学制品制造业每百元固定资产原值实现利税20.12元，比上年上升2.99元/百元；每百元主营业务收入实现利税9.49元，上升1.33元/百元；产品销售率96.74%，上升1.64个百分点；出口交货值占工业销售值的8.86%，上升0.19个百分点；新产品产值率为32.59%，下降0.74个百分点。

3. 医药制造业

2016年，浙江省医药制造业每百元固定资产原值实现利税40.49元，比上年上升6.70元/百元；每百元主营业务收入实现利税22.32元，上升3.98元/百元；产品销售率93.01%，上升2.10个百分点；出口交货值占工业销售值的19.35%，下降2.58个百分点；新产品产值率为40.80%，上升0.48个百分点。

4. 化学纤维制造业

2016年，浙江省化学纤维制造业每百元固定资产原值实现利税15.8元，比上年上升1.51元/百元；每百元主营业务收入实现利税6.77元，上升0.98元/百元；产品销售率98.02%，上升2.00个百分点；出口交货值占工业销售值的6.13%，上升0.15个百分点；新产品产值率为37.09%，下降1.30个百分点。

5. 橡胶和塑料制品业

2016年，浙江省橡胶和塑料制品业每百元固定资产原值实现利税21.56元，比上年下降0.53元/百

元；每百元主营业务收入实现利税 8.95 元，上升 0.24 元/百元；产品销售率 96.76%，上升 0.01 个百分点；出口交货值占工业销售值的 19.40%，上升 0.83 个百分点；新产品产值率为 33.27%，上升 3.55 个百分点。

2016 年浙江省规模以上化学工业主要经济效益指标

指　标	每百元固定资产原值实现利税(元)	每百元主营业务收入实现利税(元)	产品销售率(%)	出口交货值占工业销售(%)	新产品产值率(%)
石油加工、炼焦和核燃料加工业	68.36	34.3	91.5	0.15	7.37
化学原料和化学制品制造业	20.12	9.49	96.74	8.86	32.59
医药制造业	40.49	22.32	93.01	19.35	40.8
化学纤维制造业	15.8	6.77	98.02	6.13	37.09
橡胶和塑料制品业	21.56	8.95	96.76	19.4	33.27

数据来源：《浙江省统计年鉴》(2017)。

五、安徽省化学工业基本情况

(一) 安徽省化学工业经济总量

2016 年，安徽省规模以上化学工业企业 2738 家，比上年增加 152 家；工业总产值为 5564.72 亿元，增长 10.0%；年末资产总计为 4051.12 亿元，增长 14.9%；负债合计为 2121.32 亿元，增长 15.0%；主营业务收入为 5176.70 亿元，增长 8.7%；实现利润总额 337.59 亿元，增长 14.4%。

2012—2016 年安徽省规模以上化学工业经济指标　　亿元

指　标	企业数(个)	工业总产值	资产总计	负债合计	主营业务收入	利润总额
2012 年	1996	3522.10	2466.11	1361.56	3423.27	227.45
2013 年	2214	4168.04	2920.25	1598.20	4022.41	261.82
2014 年	2407	4786.75	3223.50	1732.18	4533.35	270.41
2015 年	2586	5060.48	3524.89	1844.27	4764.38	294.98
2016 年	2738	5564.72	4051.12	2121.32	5176.70	337.59

注：2011 年(含)以后统计数据为 2000 万元及以上企业。
数据来源：历年安徽省统计年鉴。

1. 工业总产值

2016 年，安徽省规模以上化学工业实现工业总产值 5564.72 亿元，比上年增长 10.0%。其中，石油加工、炼焦和核燃料加工业总产值 387.94 亿元，比上年下降 17.1%；化学原料和化学制品制造业总产值 2491.19 亿元，增长 9.0%；医药制造业总产值 872.81 亿元，增长 16.1%；化学纤维制造业总产值 97.97 亿元，增长 1.6%；橡胶和塑料制品业总产值 1714.81 亿元，增长 17.5%。

2. 主营业务收入

2016 年，安徽省规模以上化学工业完成主营业务收入 5176.70 亿元，比上年增长 8.7%。其中，石油加工、炼焦和核燃料加工业主营业务收入 371.21 亿元，比上年下降 18.4%；化学原料和化学制品制造业主营业务收入 2255.00 亿元，增长 7.8%；医药制造业主营业务收入 823.81 亿元，增长 15.1%；化学纤维制造业主营业务收入 96.49 亿元，下降 3.0%；橡胶和塑料制品业主营业务收入 1630.19 亿元，增长 16.3%。

3. 资产总额

截至2016年底，安徽省规模以上化学工业资产总额为4051.12亿元，比上年增长14.9%。其中，石油加工、炼焦和核燃料加工业年末资产总额为198.43亿元，比上年增长12.9%；化学原料和化学制品制造业年末资产总额为1907.35亿元，增长9.7%；医药制造业年末资产总额为719.97亿元，增长29.2%；化学纤维制造业年末资产总额为136.72亿元，下降5.3%；橡胶和塑料制品业年末资产总额为1088.65亿元，增长19.8%。

4. 利润总额

2016年，安徽省规模以上化学工业实现利润总额337.59亿元，比上年增长14.4%。其中，石油加工、炼焦和核燃料加工业利润总额10.85亿元，是去年的4.13倍；化学原料和化学制品制造业利润总额147.36亿元，增长14.0%；医药制造业利润总额66.63亿元，增长9.6%；化学纤维制造业利润总额5.89亿元，增长12.4%；橡胶和塑料制品业利润总额106.86亿元，增长10.1%。

2016年安徽省规模以上化学工业主要经济指标

亿元

行　业	单位数（个）	工业总产值	资产总计	负债合计	主营业务收入	利润总额
石油加工、炼焦和核燃料加工业	26	387.94	198.43	124.14	371.21	10.85
化学原料和化学制品制造业	1053	2491.19	1907.35	1069.74	2255	147.36
医药制造业	466	872.81	719.97	358.51	823.81	66.63
化学纤维制造业	39	97.97	136.72	85.18	96.49	5.89
橡胶和塑料制品业	1154	1714.81	1088.65	483.75	1630.19	106.86
合　计	2738	5564.72	4051.12	2121.32	5176.7	337.59

数据来源：《安徽省统计年鉴》(2017)。

（二）安徽省化学工业经济效益

1. 石油加工、炼焦和核燃料加工业

2016年，安徽省石油加工、炼焦和核燃料加工业经济效益指标呈以下特点：

(1) 流动资产周转次数下降。2016年，企业流动资产周转次数为5.47次/年，比上年下降4.43次/年。(2) 工业成本费用利润率回升。2016年，企业工业成本费用利润率为3.75%，比上年上升3.04个百分点。(3) 总资产贡献率、资产负债率和产品销售率下降。2016年，企业总资产贡献率为52.19%，下降17.62个百分点；资产负债率为62.56%，下降2.53个百分点；产品销售率为97.79%，下降0.28个百分点。

2. 化学原料和化学制品制造业

2016年，安徽省化学原料和化学制品制造业经济效益指标呈以下特点：(1) 流动资产周转次数下降。2016年，企业流动资产周转次数为2.65次/年，比上年下降0.16次/年。(2) 总资产贡献率、资产负债率和工业成本费用利润率回升。2016年，企业总资产贡献率为11.66%，比上年上升0.06个百分点；资产负债率为56.09%，上升0.01个百分点；工业成本费用利润率为6.91%，上升0.43个百分点。(3) 产品销售率下降。2016年，企业产品销售率为95.19%，比上年下降1.29个百分点。

3. 医药制造业

2016年，安徽省医药制造业经济效益指标呈以下特点：(1) 流动资产周转次数下降。2016年，企业流动资产周转次数为1.98次/年，比上年下降0.24次/年。(2) 资产负债率和产品销售率上升。2016年，企业资产负债率为49.79%，比上年上升2.02个百分点；产品销售率为95.78%，上升0.88个百分点。(3) 总资产贡献率和工业成本费用利润率下降。2016 年，企业总资产贡献率为 13.20%，比上年下降 2.03 个百分点；工业成本费用利润率为 8.78%，下降 0.49 个百分点。

4. 化学纤维制造业

2016 年，安徽省化学纤维制造业经济效益指标呈以下特点：(1) 流动资产周转次数上升。2016 年，企业流动资产周转次数为 2.64 次/年，比上年上升 0.72 次/年。(2) 资产负债率、工业成本费用利润率和产品销售率上升。2016 年，企业资产负债率为 62.30%，比上年上升 9.96 个百分点；工业成本费用利润率为 6.50%，上升 0.90 个百分点；产品销售率为 96.77%，上升 1.99 个百分点。(3) 总资产贡献率下降。2016 年，企业总资产贡献率为 6.81%，比上年下降 0.26 个百分点。

5. 橡胶和塑料制品业

2016 年，安徽省橡胶和塑料制品业经济效益指标呈以下特点：(1) 流动资产周转次数下降。2016 年，企业流动资产周转次数为 2.86 次/年，比上年下降 0.08 次/年。(2) 总资产贡献率、资产负债率和工业成本费用利润率下降。2016 年，企业总资产贡献率为 14.63%，比上年下降 1.21 个百分点；资产负债率为 44.44%，下降 1.02 个百分点；工业成本费用利润率为 6.96%，下降 0.41 个百分点。(3) 产品销售率上升。2016 年，企业产品销售率为 97.64%，比上年上升 0.08 个百分点。

2016 年安徽省规模以上化学工业主要经济效益指标

指　　标	总资产贡献率	资产负债率	流动资产周转次数(次/年)	工业成本费用利润率	产品销售率
石油加工、炼焦和核燃料加工业	52.19	62.56	5.47	3.75	97.79
化学原料和化学制品制造业	11.66	56.09	2.65	6.91	95.19
医药制造业	13.2	49.79	1.98	8.78	95.78
化学纤维制造业	6.81	62.3	2.64	6.5	96.77
橡胶和塑料制品业	14.63	44.44	2.86	6.96	97.64

数据来源：《安徽省统计年鉴》(2017)。

十八 长三角农副食品加工业

一、长三角农副食品加工业总体情况

2016 年,长三角地区规模以上农副食品加工企业工业总产值 9754.18 亿元,比上年增长 7.4%。资产总计为 4170.60 亿元,比上年增长 7.4%;占全国的比重为 12.3%,上升 0.5 个百分点。负债合计 2156.68 亿元,比上年增长 6.4%;占全国的比重为 12.9%,上升 0.7 个百分点。主营业务收入为 9712.58 亿元,比上年增长 9.2%;占全国的比重为 14.1%,上升 0.5 个百分点。利润总额为 512.08 亿元,比上年增长 9.0%;占全国的比重为 14.1%,上升 0.4 个百分点。

2012—2016 年长三角规模以上农副食品加工业主要经济指标 亿元

指　标	单位数(个)	工业总产值	主营业务收入	利润总额	资产总计	负债合计
2012 年	3800	6824.89	6783.48	382.21	3066.81	1764.71
2013 年	4037	7750.94	7745.62	442.35	3551.96	2042.62
2014 年	4132	8468.42	8414.22	433.17	3763.55	2055.40
2015 年	4286	9084.27	8898.06	469.64	3882.88	2027.01
2016 年		9754.18	9712.58	512.08	4170.60	2156.68

数据来源:历年上海市、江苏省、浙江省、安徽省统计年鉴。

(一) 长三角农副食品加工业主要产品产量

1. 食用植物油

2016 年,长三角地区食用植物油产量为 1043.40 万吨,比上年增长 15.8%;占全国食用植物油产量的比重为 15.1%,上升 1.7 个百分点。分地区来看,2016 年,上海市生产食用植物油 98.76 万吨,比上年下降 11.4%;占长三角地区食用植物油产量的比重为 9.5%,下降 2.9 个百分点。江苏省食用植物油产量为 749.06 万吨,比上年增长 24.2%;占长三角地区食用植物油产量的比重为 71.8%,上升 4.8 个百分点。浙江省食用植物油的产量为 52.18 万吨,比上年下降 11.2%;占长三角地区食用植物油产量的比重为 5.0%%,下降 1.5 个百分点。安徽省食用植物油产量为 143.40 万吨,比上年增长 12.3%,占长三角地区食用植物油产量的比重为 13.7%,下降 0.4 个百分点。

2012—2016 年长三角三省一市食用植物油产量 万吨

指　标	2012 年	2013 年	2014 年	2015 年	2016 年
上海市	101.70	104.24	109.85	111.45	98.76
江苏省	474.88	519.08	566.03	603.16	749.06
浙江省	37.33	37.44	46.48	58.73	52.18
安徽省	127.01	115.30	122.40	127.70	143.40
长三角	740.92	776.06	844.76	901.04	1043.40

数据来源:历年上海市、江苏省、浙江省、安徽省统计年鉴。

2. 配混合饲料

2016 年,由于上海市、江苏省未对配混合饲料产量进行统计,仅对浙江省和安徽省的配混合饲料进行分析。2016 年，浙江省配混合饲料产量为 399.23 万吨，比上年增长 3.2%；安徽省混合饲料产量为 118.50 万吨，增长 18.4%。

（二）长三角农副食品加工业资产运营情况

从资产运营情况来看，2016 年，长三角地区规模以上农副食品加工业年末资产总额为 4170.60 亿元，比上年增长 7.4%；占全国规模以上农副食品加工业的比重为 12.3%，比上年上升 0.5 个百分点。负债合计为 2156.68 亿元，比上年增长 6.4%；占全国规模以上农副食品加工业的比重为 12.9%，比上年上升 0.7 个百分点。由于资产总额增速较快，使得 2016 年长三角地区农副食品加工业资产负债率有所下降，达到 51.71%，较上年下降了 0.49 个百分点；高于同期全国规模以上农副食品加工业资产负债率 2.56 个百分点。

分地区来看，安徽省规模以上农副食品加工业资产运营情况最好，2016 年，安徽省规模以上农副食品加工业资产负债率为 45.36%，比上年下降 0.55 个百分点；上海市资产负债率为 49.73%，下降 1.56 个百分点；江苏省规模以上农副食品加工业资产负债率为 52.52%，上升 0.88 个百分点；浙江省规模以上农副食品加工业资产负债率最高，为 59.31%，回落 3.09 个百分点。

二、上海市农副食品加工业基本情况

（一）上海市农副食品行业经济总量

2016 年，上海市拥有规模以上农副食品加工企业实现工业总产值 324.29 亿元，比上年下降 2.9%；完成主营业务收入 405.44 元，增长 7.1%；年末资产总额 278.96 亿元，增长 5.9%；负债合计 138.72 亿元，增长 2.7%。

2012—2016 年上海市规模以上农副食品加工业主要经济指标　　亿元

指　标	单位数(个)	工业总产值	主营业务收入	利润总额	税金总额	资产总计	负债合计
2012 年	137	338.20	357.64	16.39	4.48	210.16	109.09
2013 年	137	341.32	407.78	12.41	4.48	261.68	145.72
2014 年	144	351.33	421.85	13.16	5.18	257.01	139.53
2015 年	142	333.82	378.42	12.41	6.87	263.44	135.12
2016 年		324.29	405.44	14.38	6.65	278.96	138.72

注：2011 年起统计口径为主营业务收入在 2000 万元以上的企业。
数据来源：历年上海市统计年鉴。

（二）上海市农副食品行业经济效益

2016 年，上海市规模以上农副食品加工业实现利润总额 14.38 亿元，比上年增长 15.9%；实现税金总额 6.65 亿元，同比下降 3.2%。

2016 年，上海市规模以上农副食品加工业产值利税率为 6.48%，比上年上升 0.70 个百分点；成本费用利润率为 3.65%，同比上升 0.34 个百分点。

三、江苏省农副食品加工业基本情况

（一）江苏省农副食品加工业经济总量

2016 年，江苏省拥有规模以上农副食品加工企业 1679 家，比上年增加 19 家；实现工业总产值 5076.24

亿元，同比增长8.5%；年末资产总额1908.19亿元，同比增长11.3%；负债合计1002.25亿元，同比增长13.26%；完成主营业务收入5100.74亿元，同比增长10.5%；实现利润总额325.18亿元，同比增长11.8%。

2012—2016年江苏省规模以上农副食品加工业主要经济指标

亿元

指 标	单位数(个)	工业总产值	主营业务收入	利润总额	资产总计	负债合计
2012年	1476	3313.04	3272.70	210.83	1344.52	813.51
2013年	1563	3808.39	3794.13	259.84	1582.21	956.90
2014年	1571	4202.20	4190.02	253.56	1673.68	938.07
2015年	1660	4680.26	4615.55	290.93	1713.83	885.13
2016年	1679	5076.24	5100.74	325.18	1908.19	1002.25

注：2011年起统计口径为主营业务收入在2000万元以上的企业。
数据来源：历年江苏省统计年鉴。

（二）江苏省农副食品加工业经济效益

2016年，江苏省规模以上农副食品加工业企业亏损面为5.78%，比上年下降0.85个百分点；资产负债率为52.52%，同比上升0.87个百分点；产品销售率为99.94%，同比上升1.35个百分点；成本费用利润率为6.83%，同比上升0.09个百分点；流动资产周转次数为5.73次/年，同比回落0.01次/年；总资产贡献率为26.59%，同比回落1.22个百分点。

2012—2016年江苏省规模以上农副食品加工业主要经济指效益标

指 标	2012年	2013年	2014年	2015年	2016年
企业亏损面(%)	6.44	5.95	7.07	6.63	5.78
资产负债率(%)	60.51	60.48	56.05	51.65	52.52
产品销售率(%)	99.05	99.46	99.26	98.59	99.94
成本费用利润率(%)	6.97	7.28	6.44	6.74	6.83
流动资产周转次数(次/年)	4.44	4.49	4.99	5.74	5.73
总资产贡献率(%)	24.68	26.04	25.14	27.81	26.59

数据来源：历年江苏省统计年鉴。

（三）江苏省农副食品加工业不同所有制企业经营情况

1. 私营企业

从企业所有制来看，江苏省私营农副食品加工企业占据支柱地位。2016年，江苏省规模以上私营农副食品加工企业数为1240家，比上年增加16家。资产总计889.84亿元，比上年上升12.3%；占全省规模以上农副食品加工业资产的比重为46.6%，上升0.4个百分点。主营业务收入为2804.12亿元，比上年增长14.1%；占全省规模以上农副食品加工业主营业务收入的比重为55.0%，上升1.7个百分点。创造利润总额为179.81亿元，比上年增长10.5%；占全省规模以上农副食品加工业利润总额的比重为55.3%，下降0.6个百分点。

2. 国有及国有控股企业

2016年，江苏省拥有规模以上国有及国有控股农副食品加工企业37家，比上年减少3家；资产总计

77.00 亿元，比上年下降 1.8%；实现主营业务收入 156.18 亿元，增长 9.8%；实现利润总额 4.63 亿元，增长 19.9%。

3. 外商投资、港澳台投资企业

2016 年，江苏省拥有规模以上外商投资和港澳台投资农副食品加工企业 161 家，比上年减少 2 家。资产总计 571.33 亿元，比上年增长 15.6%；占全省规模以上农副食品加工业资产的比重为 29.9%，上升 1.1 个百分点。现主营业务收入 1188.47 亿元，比上年增长 6.1%；占全省规模以上农副食品加工业主营业务收入的比重为 23.3%，下降 1.0 个百分点。实现利润总额 81.15 亿元，比上年增长 17.7%；占全省规模以上农副食品加工业利润总额的比重为 25.0%，上升 1.3 个百分点。

4. 行业经济效益

从行业经济效益指标来看，江苏省私营农副食品加工企业各项指标均处于前列。2016 年，江苏省规模以上农副食品加工私营企业亏损面为 3.95%，低于同期国有及国有控股企业 23.08 个百分点，低于同期外商投资和港澳台投资企业 7.85 个百分点。此外，江苏省私营农副食品加工企业资产负债率也处于低位。2016 年，江苏省规模以上私营农副食品加工企业资产负债率为 43.66%，低于同期国有及国有控股农副食品加工企业 28.64 个百分点，低于同期外商投资和港澳台投资农副食品加企业 16.19 个百分点。

与其他企业相比，江苏省私营农副食品加工企业的流动资产周转次数和总资产贡献率也处于较高位置。2016 年，江苏省私营农副食品加工企业的流动资产周转次数为 7.50 次/年，分别高于同期国有及国有控股企业、外商投资和港澳台投资企业 3.72 次/年、3.74 次/年；总资产贡献率为 32.40%，分别高于同期国有及国有控股企业、外商投资和港澳台投资企业 22.43 个、11.73 个百分点。

2015—2016 年江苏省规模以上农副食品加工业不同所有制企业主要经济指标

指　标	国有及国有控股企业		私营企业		外商投资和港澳台投资企业	
	2015 年	2016 年	2015 年	2016 年	2015 年	2016 年
企业单位数(个)	40	37	1224	1240	163	161
资产总计(亿元)	78.42	77.00	792.58	889.84	494.07	571.33
主营业务收入(亿元)	142.21	156.18	2458.14	2804.12	1120.13	1188.47
利润总额(亿元)	3.86	4.63	162.74	179.81	68.94	81.15
企业亏损面(%)	17.50	27.03	4.82	3.95	14.11	11.80
资产负债率(%)	79.76	72.30	43.49	43.66	56.00	59.85
产品销售率(%)	95.76	101.59	98.58	99.80	99.18	99.65
成本费用利润率(%)	2.70	3.13	7.14	6.90	6.52	7.28
流动资产周转次数(次/年)	3.47	3.78	7.29	7.50	4.17	3.76
总资产贡献率(%)	8.26	9.97	33.45	32.40	22.04	20.67

数据来源：历年江苏省统计年鉴。

四、浙江省农副食品加工业基本情况

(一) 浙江省农副食品加工业经济总量

2016 年，浙江省拥有规模以上农副食品加工企业 762 家，比上年减少 6 家；实现工业总产值 1105.47 亿元，比上年增长 4.1%；年末资产总额 831.75 亿元，增长 4.0%；负债合计 493.29 亿元，下降 1.2%；完成主营业务收入 1063.10 亿元，增长 5.8%；实现利润总额 43.90 亿元，增长 18.6%；实现利税总额61.69 亿元，增长 14.3%。

2012—2016 年浙江省规模以上农副食品加工业主要经济指标

亿元

指　标	单位数(个)	工业总产值	主营业务收入	利润总额	利税总额	资产总计	负债合计
2012 年	747	948.23	946.81	34.60	49.08	677.89	432.92
2013 年	784	1045.48	1041.74	38.77	55.61	737.77	459.95
2014 年	776	1070.19	1049.01	34.97	53.17	772.28	473.64
2015 年	768	1061.65	1004.88	37.03	53.96	799.91	499.09
2016 年	762	1105.47	1063.10	43.90	61.69	831.75	493.29

注:2011 年起统计口径为主营业务收入在 2000 万元以上的企业。

数据来源:历年浙江省统计年鉴。

(二) 浙江省农副食品加工业经济效益

2016 年,浙江省规模以上农副食品加工业企业亏损面为 11.81%,比上年下降 2.64 个百分点;每百元固定资产原值实现利税 23.04 元,上升 3.10 元/百元;每百元主营业务收入实现利税 5.80 元,上升 0.43元/百元;产品销售率为 96.15%;上升 0.16 个百分点;出口交货值占工业销售 15.48%,上升 0.20 个百分点;新产品产值率为 14.03%,上升 0.54 个百分点。

2012—2016 年浙江省规模以上农副食品加工业主要经济效益指标

指　标	2012 年	2013 年	2014 年	2015 年	2016 年
企业亏损面(%)	9.10	12.37	12.24	14.45	11.81
每百元固定资产原值实现利税(元)	24.46	23.38	20.79	19.94	23.04
每百元主营业务收入实现利税(元)	5.18	5.34	5.07	5.37	5.80
产品销售率(%)	98.18	97.37	96.93	95.99	96.15
出口交货值占工业销售(%)	15.58	15.89	15.82	15.28	15.48
新产品产值率(%)	10.53	11.85	11.96	13.49	14.03

数据来源:历年浙江省统计年鉴。

(三) 浙江省农副食品加工业不同所有制企业经营情况

1. 私营企业

从企业所有制来看,浙江省私营农副食品加工企业占据支柱地位。2016 年,浙江省规模以上私营农副食品加工企业数为 549 家,比上年减少 2 家。完成工业总产值 624.53 亿元,比上年增长 7.8%;占全省规模以上农副食品加工业总产值的比重为 56.5%,上升 1.9 个百分点。主营业务收入为 586.36 亿元,比上年增长 7.0%;占全省规模以上农副食品加工业主营业务收入的比重为 55.2%,上升 0.7 个百分点。创造利润总额为 21.49 亿元,比上年增长 5.9%;占全省规模以上农副食品加工业利润总额的比重为 49.0%,下降 5.8 个百分点。

2. 国有及国有控股企业

2016 年,浙江省拥有规模以上国有及国有控股农副食品加工企业 21 家,比上年增加 5 家;完成工业总产值 45.90 亿元,增长 16.9%;实现主营业务收入 47.39 亿元,增长 30.0%;实现利润总额 1.91 亿元,增长 130.1%。

3. 外商投资、港澳台投资企业

2016 年,浙江省拥有规模以上外商投资和港澳台投资农副食品加工企业 53 家,比上年减少 2 家。

完成工业总产值165.60亿元，比上年下降3.0%；占全省规模以上农副食品加工业总产值的比重为15.0%，下降1.1个百分点。实现主营业务收入162.24亿元，比上年增长2.7%；占全省规模以上农副食品加工业主营业务收入的比重为15.3%，下降0.4个百分点。实现利润总额7.10亿元，比上年增长6.1%；占全省规模以上农副食品加工业利润总额的比重为16.2%，下降1.9个百分点。

4. 行业经济效益

从行业经济效益指标来看，私营农副食品加工企业"每百元固定资产原值实现利税"远高于同期国有及国有控股企业、外商投资和港澳台投资企业。2016年，浙江省规模以上农副食品加工私营企业每百元固定资产原值实现利税22.73元，高于同期国有及国有控股企业11.66元/百元，高于同期外商投资和港澳台投资企业0.58元/百元。此外，私营农副食品加工企业新产品产值率继续提高。2016年，浙江省规模以上私营农副食品加工企业新产品产值率达到13.99%，高于国有及国有控股农副食品加工企业6.64个百分点，高于外商投资和港澳台投资农副食品加企业2.14个百分点。

与其他企业相比，外商投资和港澳台投资农副食品加工企业的出口比重相对较高。2016年，浙江省外商投资和港澳台投资农副食品加工企业出口交货值占销售产值的比重为25.67%，而国有及国有控股企业出口交货值占销售产值的比重为17.29%，同期私营企业出口交货值占销售产值的比重仅为15.68%。

2015—2016年浙江省规模以上农副食品加工业不同所有制企业主要经济指标

指　　标	国有及国有控股企业		私营企业		外商投资和港澳台投资企业	
	2015年	2016年	2015年	2016年	2015年	2016年
企业单位数(个)	16	21	551	549	55	53
工业总产值(亿元)	39.27	45.90	579.45	624.53	170.77	165.60
主营业务收入(亿元)	36.44	47.39	547.85	586.36	157.94	162.24
利润总额(亿元)	0.83	1.91	20.29	21.49	6.69	7.10
每百元固定资产原值实现利税(元)	7.18	11.07	20.24	22.73	20.14	22.15
每百元主营业务收入实现利税(元)	3.02	4.77	5.49	5.33	6.48	6.84
出口交货值占工业销售(%)	13.15	17.29	15.32	15.68	27.04	25.67
新产品产值率(%)	10.80	7.35	13.58	13.99	10.82	11.85

数据来源：历年浙江省统计年鉴。

五、安徽省农副食品加工业基本情况

(一) 安徽省农副食品加工业经济总量

2016年，安徽省拥有规模以上农副食品加工企业1786家，比上年增加70家；实现工业总产值3248.18亿元，比上年增长8.0%；年末资产总额1151.70亿元，增长4.2%；负债合计522.42亿元，增长2.9%；完成主营业务收入3143.30亿元，增长8.4%；实现利润总额128.62亿元，下降0.5%。

2012—2016年安徽省规模以上农副食品加工业主要经济指标　　亿元

指　标	单位数(个)	工业总产值	主营业务收入	利润总额	资产总计	负债总计
2012年	1440	2225.42	2206.33	120.39	834.24	409.19
2013年	1553	2555.75	2501.97	131.33	970.30	480.05

续表

指 标	单位数(个)	工业总产值	主营业务收入	利润总额	资产总计	负债总计
2014年	1641	2844.70	2753.34	131.48	1060.58	504.16
2015年	1716	3008.54	2899.21	129.27	1105.70	507.67
2016年	1786	3248.18	3143.30	128.62	1151.70	522.42

数据来源:历年安徽省统计年鉴。

(二)安徽省农副食品加工业经济效益

2016年,安徽省规模以上农副食品加工业总资产贡献率为15.72%,比上年下降1.02个百分点;资产负债率为45.36%,下降0.55个百分点;流动资产周转次数为5.10次/年,上升0.15次/年;工业成本费用利润率为4.26%,下降0.38个百分点;产品销售率为98.42%,上升0.05个百分点。

2012—2016年安徽省规模以上农副食品加工业主要经济效益指标

指 标	2012年	2013年	2014年	2015年	2016年
总资产贡献率(%)	20.31	19.86	18.30	16.74	15.72
资产负债率(%)	49.05	49.47	47.54	45.91	45.36
流动资产周转次数(次/年)	4.90	4.81	4.82	4.95	5.10
工业成本费用利润率(%)	5.78	5.50	5.00	4.64	4.26
产品销售率(%)	98.84	98.37	98.48	98.37	98.42

数据来源:历年安徽省统计年鉴。

(三)安徽省农副食品加工业不同所有制企业经营情况

1. 私营企业

从企业所有制来看,安徽省私营农副食品加工企业占据支柱地位。2016年,安徽省规模以上农副食品加工私营工业企业数为1378家,比上年增加42家。完成工业总产值2265.20亿元,比上年增长5.8%;占全省规模以上农副食品加工业总产值的比重为69.7%,下降1.5个百分点。主营业务收入为2189.67亿元,比上年增长5.5%;占全省规模以上农副食品加工业主营业务收入的比重为69.7%,同比下降1.9个百分点。创造利润总额为92.25亿元,比上年下降2.9%;占全省规模以上农副食品加工业利润总额的比重为71.7%,下降1.8个百分点。

2. 国有及国有控股企业

2016年,安徽省拥有规模以上国有及国有控股农副食品加工企业26家;完成工业总产值83.87亿元,比上年增长6.0%;实现主营业务收入79.12亿元,增长2.3%;实现利润总额1.83亿元,增长15.8%。

3. 外商投资、港澳台投资企业

2016年,安徽省拥有规模以上外商投资和港澳台投资农副食品加工企业27家。完成工业总产值191.08亿元,比上年增长17.8%;占全省规模以上农副食品加工业总产值的比重为5.9%,比上年上升0.5个百分点。实现主营业务收入195.06亿元,比上年增长30.7%;占全省规模以上农副食品加工业主营业务收入的比重为6.2%,上升1.1个百分点。实现利润总额5.54亿元,比上年增长40.3%;占全省规模以上农副食品加工业利润总额的比重为4.3%,上升1.2个百分点。

4. 行业经济效益

从行业经济效益指标来看，私营农副食品加工企业各项指标均处于前列。2016年，安徽省规模以上农副食品加工私营企业总资产贡献率为17.99%，高于同期国有及国有控股企业7.20个百分点，高于同期外商投资和港澳台投资企业9.56个百分点；工业成本费用利润率为4.41%，分别高于国有及国有控股企业、外商投资和港澳台投资企业2.01个和1.48个百分点；流动资产周转次数为5.84次/年，分别高于国有及国有控股企业、外商投资和港澳台投资企业0.93次/年和2.30次/年；资产负债率为41.00%，分别低于国有及国有控股企业、外商投资和港澳台投资企业15.43个和25.57个百分点。

2015—2016年安徽省规模以上农副食品加工业不同所有制企业主要经济指标

指　标	国有及国有控股企业		私营企业		外商投资和港澳台投资企业	
	2015年	2016年	2015年	2016年	2015年	2016年
企业单位数(个)	28	26	1336	1378	26	27
工业总产值(亿元)	79.12	83.87	2141.22	2265.20	162.23	191.08
主营业务收入(亿元)	77.32	79.12	2074.79	2189.67	149.20	195.06
利润总额(亿元)	1.58	1.83	95.04	92.25	3.95	5.54
总资产贡献率(%)	9.72	10.79	19.27	17.99	7.86	8.43
资产负债率(%)	57.37	56.43	42.00	41.00	61.44	66.57
流动资产周转次数(次/年)	4.87	4.91	5.76	5.84	3.69	3.54
工业成本费用利润率(%)	1.93	2.40	4.80	4.41	2.67	2.93
产品销售率(%)	95.39	91.80	98.24	98.43	98.92	100.58

数据来源：历年安徽省统计年鉴。

十九　长三角通讯服务业

一、长三角通讯服务业总体情况

2016年,长三角邮电业务总量为9373.62亿元,比上年增长42.5%;占全国邮电业务总量的比重为40.7%,上升17.6个百分点。函件15.58亿件,比上年下降19.3%;占全国函件的比重为43.0%,上升0.9个百分点。快递121.18亿件,比上年增长54.2%;占全国快递总量的比重为38.7%,上升0.7个百分点。年末固定电话用户为4340.98万户,比上年下降13.3%;占全国固定电话用户的比重为21.0%,下降0.7个百分点。年末移动电话用户为22922.87万户,比上年下降1.1%;占全国移动电话用户的比重为17.3%,下降0.9个百分点。移动互联网用户20645.10万户,比上年增长12.2%;占全国移动互联网用户的比重为18.9%,下降0.2个百分点。固定宽带接入用户为6724.48万户,比上年增长32.3%;占全国固定宽带接入用户的比重为22.6%,上升3.0个百分点。

2012—2016年长三角邮电业基本情况

指　　标	2012年	2013年	2014年	2015年	2016年
邮电业务总量(亿元)	3187.75	3690.27	4858.79	6578.81	9373.62
函件(亿件)	31.83	26.89	24.39	19.31	15.58
快递(亿件)	20.76	33.74	52.48	78.59	121.18
年末固定电话用户(万户)	6254.53	5917.13	5455.53	5009.47	4340.98
年末移动电话用户(万户)	20532.54	22173.47	22950.06	23185.87	22922.87
固定宽带接入用户(万户)	3607.41	3828.09	4197.06	5082.30	6724.48
移动互联网用户(万户)	12188.80	12838.60	13973.06	18400.00	20645.10

注:移动互联网用户2014(含)年前不含安徽省数据。
数据来源:历年上海市、江苏省、浙江省、安徽省统计年鉴。

分地区看,2016年,浙江省邮电业务总量占长三角邮电业务总量的比重最高,为39.6%,所占比重比上年上升3.3个百分点;江苏省邮电业务总量占长三角邮电业务总量的比重为36.6%,上升1.9个百分点;安徽省邮电业务总量占长三角邮电业务总量的比重为12.3%,上升1.0个百分点;上海市邮电业务总量占长三角邮电业务总量的比重为11.5%,下降6.3个百分点。

二、上海市通讯服务业基本情况

2016年,上海市邮政电信业务总量1074.22亿元,比上年下降7.9%。其中,邮政业务总量564.25亿元,电信业务总量509.97亿元,比上年分别增长46.3%和下降34.6%。函件8.26亿件,比上年下降8.9%;快递26.03亿件,增长52.4%。邮路及农村投递路线总长度5.96万千米,比上年下降2.6%。年末固定电话用户731.62万户,比上年下降8.2%;移动电话用户3156.14万户,下降3.3%;3G及4G移动电话用户2390.09万户,增长8.1%。移动互联网用户2662.3万户,比上年增长3.6%;固定宽带接入用户804.2万户,增长15.7%;家庭宽带接入用户720万户,增长16.1%。互联网网民数1791万人,比上年增长1.0%。移动电话交换机容量4424万户;信息通信管线长度10459沟千米,比上年增长4.9%。固定电话普及率为30.2%,比上年下降2.8个百分点;移动电话普及率为130.4%,下降4.6个百分点;互联网普及率为74.1%,上升1.0个百分点。

2012—2016 年上海市邮、电业基本情况

指　　标	2012 年	2013 年	2014 年	2015 年	2016 年
邮电业务总量(亿元)	638.18	746.09	907.52	1166.07	1074.22
＃邮政业务总量	190.83	258.70	310.53	385.75	564.25
电信业务总量	447.35	487.39	596.99	780.32	509.97
函件(亿件)	13.47	11.38	11.03	9.07	8.26
快递(亿件)	5.99	9.50	12.84	17.08	26.03
邮路及农村投递路线总长度(万千米)	8.66	9.37	9.45	6.12	5.96
固定电话用户(万户)	902.90	869.24	840.18	797.29	731.62
固定电话普及率(%)	37.9	36.0	34.6	33.0	30.2
移动电话用户(万户)	3008.30	3200.65	3292.74	3259.93	3156.14
＃3G、4G 移动电话用户	748.15	1147.40	1664.15	2211.28	2390.09
移动电话普及率(%)	126.4	132.5	135.7	135.0	130.4
移动电话交换机容量(万户)	3973	3923	4228	4424	4424
互联网网民数(万人)			1716	1773	1791
互联网普及率(%)			71.1	73.1	74.1
固定宽带接入用户(万户)	541.0	511.1	672.3	695.3	804.2
＃家庭宽带接入用户(万户)	476.74	494.03	600	620	720
移动互联网用户(万户)	2161.7	2329.1	2562.7	2569.3	2662.3
信息通信管线长度(沟千米)	7003	7866	8860	9975	10459

数据来源:历年上海市统计年鉴。

三、江苏省通讯服务业基本情况

2016 年,江苏省邮政电信业务总量 3431.23 亿元,比上年增长 50.5%。其中,邮政业务总量 663.69 亿元,电信业务总量 2767.54 亿元,比上年分别增长 28.6%和 56.8%。邮政电信业务收入 1345.35 亿元,比上年增长 8.1%。其中,邮政业务收入 463.33 亿元,电信业务收入 882.02 亿元,比上年分别增长 13.8%和 5.4%。函件 3.33 亿件,比上年下降 31.8%;快递 28.38 亿件,增长 23.9%。邮路及农村投递路线总长度 37.17 万千米,比上年增长 5.7%。年末固定电话用户 1708.33 万户,比上年下降 13.4%;移动电话用户 8198.75 万户,下降 0.3%;固定宽带接入用户 2685.24 万户,增长 23.0%;移动互联网用户 7436.90 万户,增长 10.5%。移动电话交换机容量 10863 万户,比上年增长 2.2%。固定电话普及率为 21.42%,比上年下降 3.4 个百分点;移动电话普及率为 102.79%,下降 0.6 个百分点。

2012—2016 年江苏省邮电业基本情况

指　　标	2012 年	2013 年	2014 年	2015 年	2016 年
邮电业务总量(亿元)	1120.37	1252.18	1680.80	2280.60	3431.23
＃邮政行业业务总量	205.75	269.60	359.00	516.02	663.69
电信业务总量	914.62	982.58	1321.80	1764.60	2767.54
邮电业务收入(亿元)	1000.48	1107.62	1153.40	1244.30	1345.35
＃邮政行业业务收入	178.75	233.10	299.50	407.22	463.33
电信业务收入	821.73	874.52	853.90	837.08	882.02

续表

指　　标	2012 年	2013 年	2014 年	2015 年	2016 年
函件(亿件)	8.95	7.61	6.26	4.88	3.33
快递(亿件)	6.39	9.84	14.84	22.90	28.38
邮路及农村投递路线总长度(万千米)	33.32	32.98	34.90	35.15	37.17
年末固定电话用户(万户)	2387.20	2289.81	2133.61	1972.99	1708.33
年末移动电话用户(万户)	7471.40	7941.95	8070.35	8227.33	8198.75
固定宽带接入用户(万户)	1406.40	1431.35	1523.35	2183.06	2685.24
移动互联网用户(万户)	5329.10	5790.50	6345.36	6728.90	7436.90
移动电话交换机容量(万户)	9666	10357	10473	10633	10863
长途光缆线路长度(千米)	32820	35864	36249	38841	2939498
人均邮电业务量(元/人)	1414.61	1577.15	2111.56	2859.22	579.26
电话普及率(部/百人)	125.00	128.87	128.52	128.50	124.21
#固定电话普及率	30.00	28.84	26.87	24.80	21.42
移动电话普及率	95.00	100.03	101.65	103.40	102.79

数据来源:历年江苏省统计年鉴。

四、浙江省通讯服务业基本情况

2016 年,浙江省实现邮电业务总量 3715.39 亿元,比上年增长 55.3%。函件 3.38 亿件,比上年下降 25.2%;快递 59.88 亿件,增长 56.3%。邮路及农村投递路线总长度 271.99 万千米,比上年增长 11.5%。年末固定电话用户 1287.23 万户,比上年下降 14.2%;移动电话用户 7225 万户,下降 3.2%;固定宽带接入用户 2160 万户,增长 64.1%;移动互联网用户 6366 万户,增长 17.2%。移动电话交换机容量 11699 万户,比上年增长 2.4%;长途光缆线路长度 24040 千米,下降 8.6%。人均邮电业务量 2519 元,比上年增长 16.2%;固定电话普及率为 23.2 线/百人,下降 4.0 线/百人;移动电话普及率 130.4 部/百人,下降 5.2 部/百人;固定互联网宽带普及率为 39.0 户/百人,上升 15.1 户/百人。

2012—2016 年浙江省邮电业基本情况

指　　标	2012 年	2013 年	2014 年	2015 年	2016 年
邮电业务总量(亿元)	1024.02	1178.60	1684.46	2392.11	3715.39
函件(亿件)	7.77	6.57	5.92	4.52	3.38
快递(亿件)	8.20	14.20	24.57	38.31	59.88
邮路及农村投递路线总长度(万千米)	212.80	213.54	275.33	243.98	271.99
年末固定电话用户(万户)	1882.49	1781.35	1641.91	1499.76	1287.23
年末移动电话用户(万户)	6443	7072	7371	7466	7225
固定宽带接入用户(万户)	1153	1243	1276	1316	2160
移动互联网用户(万户)	4698	4719	5065	5430	6366
移动电话交换机容量(万户)	9685	10807	11141	11423	11699
长途光缆线路长度(千米)	25001	25801	25744	26299	24040
人均邮电业务量(元/人)	1637	1836	1987	2168	2519
固定电话普及率(线/百人)	34.2	32.4	30.0	27.2	23.2
移动电话普及率(部/百人)	117.2	128.7	134.6	135.6	130.4
固定互联网宽带普及率(户/百人))	21.0	22.6	23.3	23.9	39.0

注:2012 年起邮路总长度和邮政汽车含规模以上快递企业数据。
数据来源:历年浙江省统计年鉴。

五、安徽省通讯服务业基本情况

2016年,安徽省实现邮电业务总量1152.78亿元,比上年增长55.8%。函件0.61亿件,比上年下降27.4%;快递6.89亿件,是上年的23倍。邮路及农村投递路线总长度20.32万千米,比上年增长4.6%。年末固定电话用户613.80万户,比上年下降17.0%;移动电话用户4342.98万户,增长2.6%,其中3G、4G移动用户3093.46万人,增长25.5%;固定宽带接入用户1075.04万户,比上年增长21.1%;移动互联网用户4179.90万户,增长13.8%。长途光缆纤芯长度1018085千米,比上年增长11.9%;长途电话交换机容量53670路端,下降40.6%;本地固定电话局用交换机容量223.26万门,下降64.8%。

2012—2016年安徽省邮电业基本情况

指　　标	2012年	2013年	2014年	2015年	2016年
邮电业务总量(亿元)	405.18	513.40	586.01	740.03	1152.78
函件(亿件)	1.64	1.33	1.18	0.84	0.61
快递(亿件)	0.18	0.20	0.23	0.30	6.89
邮路及农村投递路线总长度(万千米)	32.23	19.34	19.78	19.42	20.32
年末固定电话用户(万户)	1081.94	976.73	839.83	739.43	613.80
年末移动电话用户(万户)	3609.84	3958.87	4215.97	4232.61	4342.98
#3G、4G移动电话用户	853.44	1394.14	1678.52	2465.25	3093.46
固定宽带接入用户(万户)	507.01	642.64	725.41	887.94	1075.04
移动互联网用户(万户)				3671.8	4179.9
长途光缆纤芯长度(芯千米)	751653	822862	882040	909738	1018085
长途电话交换机容量(路端)	563185	248116	204090	90420	53670
本地固定电话局用交换机容量(万门)	905.00	1041.00	917.05	633.98	223.26

数据来源:历年安徽省统计年鉴。

六、长三角地区通讯服务业发展措施

(一)上海市通讯服务业发展措施

1. 加快推进法治建设。加快信息通信业重点领域立法进程。推动《电信法》、《网络安全法》等法律法规立法工作。建立健全信息通信业相关法律制度,进一步规范关键基础设施保护、网络安全、数据跨境流动、个人信息保护、新技术新业务开展、电信业务经营许可和互联网基础资源管理。鼓励地方通信管理局结合各地实际加快推进地方性法规立法进程,并推动健全法制监管体系。提高依法行政意识,强化执法各环节的制度化、规范化、程序化,加强市场秩序监管执法与司法的衔接,提升信息通信业法制化水平。

2. 营造多方参与环境。加强政府引导,以企业为主体,调动全社会力量建设信息通信基础设施和发展信息通信技术应用。在政策、标准制定和规划编制中广泛吸取各方意见,提高透明度和社会参与度。鼓励各地加强互联网监测分析,加大对互联网发展的支持力度。鼓励组建产学研用联盟,加强战略、技术、标准、市场等沟通协作,协同创新攻关。引导行业协会等社会组织与企业共同制订互联网行规,鼓励企业积极履行社会责任,推动行业自律。充分发挥政府、企业、社会等各方力量,形成诚信、透明、开放、公正的行业发展环境。

3. 加大政策支持力度。加强财税、金融方面的行业支持力度,鼓励民间资本及创业与私募股权投资，培育中小型创新企业发展，鼓励具备实力的大企业实现全球范围内的资源优化配置，保障信息通信业转型升级发展。加大投入，完善面向宽带的普遍服务长效机制和普遍服务补偿机制。完善和落实支持创新的政府采购政策，推动行业创新产品和服务的研发应用。继续落实研发费用加计扣除和固定资产加速折旧政策，推动新技术应用，加快高耗能老旧设备有序退网。加强安全相关建设投资政策牵引，探索建立政府引导下的安全投入机制，引导社会加大在基础通信网络和重要信息系统方面的安全产品和服务投入。推动环评审批流程优化，多渠道宣传信息通信基础设施相关环保知识，形成社会各界广泛支持的良好发展局面。壮大信息通信行业管理队伍，争取管理机构向地市一级延伸，多途径扩充队伍力量。

4. 加强专业人才培养。鼓励引导政府部门、重点企业完善信息通信业人才培养机制，改革人才引进各项配套制度，优化人才使用和激励机制，提高专业技术人才自主创新和参与科研成果产业化的积极性和主动性，支持优秀人才创新创业。加强教育学科配置的优化，推动建立多方联合培养机制，鼓励企业、高校、科研院所、协会、学会等联合培养通信、互联网、物联网、网络与信息安全相关专业紧缺人才。充分利用学历教育、非学历教育、短期培训等多种途径和方式，加快培育跨领域、国际化、高层次、创新型、实用型信息技术人才和服务团队。利用各类引才引智计划，吸引海外留学人才和各国高精尖缺人才来中国发展，带动国内人才的培养，促进国内科研水平的提升和科研成果转化。

5. 做好规划落地实施。统筹实施网络强国战略、“宽带中国”专项行动和网络与信息安全、应急通信、无线电管理等专项规划。各地方通信管理局负责的规划及企业规划应与本规划充分衔接，细化落实本规划提出的主要目标和发展重点，组织编制实施信息基础设施专项规划，并与各地城市综合规划及各专项规划实现有效衔接。规划实施中出现的新情况和新问题要及时报送行业主管部门。行业主管部门加强对企业落实本规划中重点任务和重大工程的督导，负责组织对本规划实施情况进行中期评估，并根据评估结果调整目标和任务，优化政策保障措施。

（二）江苏省通讯服务业发展措施

1. 加强规划引领。江苏省通信管理局牵头编制并发布了《江苏省“十三五”信息通信业发展规划》、13 市的“十三五”信息通信业发展规划、13 市的城市通信基础设施规划，以及省“十三五”网络信息安全、专用通信、应急通信发展等专项规划。

2. 快速推进信息通信基础设施建设。一是全省信息通信业积极参与加快推进电信普遍服务试点项目，盐城、宿迁、徐州、连云港、泰州 5 市分两批入选电信普遍服务试点城市，争取到 8990 万元中央财政补助资金，拉动 5.97 亿元建设投资；二是省通信管理局联合省住建厅开展光纤到户检查专项行动，推动光纤到户两项国标落地，规范共建共享工作，2016 年全省共建共享基站铁塔 3.8 万座，节约建设资金超过 72 亿元；三是全省信息通信业持续开展提速降费工作，省通信管理局出台了《江苏省提速降费 2016 专项行动实施方案》，并组织开展了提速降费专项检查，各电信运营企业明确提出具体“提速降费”目标，并认真践行，相关工作获得了工信部、国资委联合检查组的充分肯定。四是无锡、泰州、南通成功申报 2016 年度“宽带中国”示范城市。至 2016 年底，江苏省共有南京、苏州、昆山、扬州、镇江、泰州、无锡和南通八市被国家发展改革委和工信部评为“宽带中国”示范城市。五是南京互联网骨干直联点带宽扩容至 270G；六是在省通信管理局的牵头组织下，全省信息通信业开展了 2015 年度江苏省宽带发展测评工作，形成《江苏省宽带发展水平报告》(2015 年)；七是各电信运营企业积极推进信息通信基础设施建设，积极落实集团公司与省政府签署的下一个五年战略合作协议，2016 年全省通信业完成建设总投资 464.6 亿元(含广电网络运营企业 75.6 亿元投资)。

3. 继续维持良好市场秩序。一是全省信息通信业积极落实电话用户实名制，全力推进电话用户实名登记，省通信管理局通过牵头组织电信企业召开新闻通气会发布实名登记公告，检查实体网点、网店，下发责令改正通知，约谈违规企业等举措，推动电话用户实名率达 100%。二是全省信息通信业落实企业校园电信市场主体责任，签订了落实主体责任承诺书，建立“市公司、市通管办、省公司”三级市场争议协调机制，省通信管理局开展现场检查，强化问责。三是全省信息通信业服务质量进一步提升。2016年初，省通信管理局组织召开了全省电信行业服务工作会议，向社会公布七项服务举措；对全省投申诉问题开展大数据分析，全面掌握用户关注焦点及企业存在难点。2016年，江苏通信行业服务质量用户满意度指数为80.11分，连续9年超过80分，在全国处于较高水平。四是全省通信建设市场更加规范，省通信管理局联合工信部通信定额质监中心对30个项目进行监督检查；加大对通信企业招投标项目的事中事后监管力度，对66个项目开展专项检查；组织开展通信施工企业现场管理人员安全生产知识和管理能力的考核，举办了2016年江苏省通信建设工程安全知识管理竞赛。

4. 加强网络信息安全工作。一是第四届江苏互联网大会成功举办，促进了互联网行业与其他行业、产业的交互融合，参会人员达4000余人，网络互动规模超过100万人次。二是2016年江苏技能状元大赛网络安全管理师竞赛成功举办，参赛规模超过500人，获得第一名的选手获“江苏技能状元”称号，享受省劳模待遇。三是省通信管理局落实地市巡检制度，对全省所有13市基础电信企业进行专项巡检，深入实施网络与信息安全责任考核，推动企业主体责任落实。四是省通信管理局加强基础资源管理，开发新的行业管理系统，加强技术手段建设，全省备案主体信息准确率为92.5%，超全国平均水平0.7个百分点。五是互联网环境进一步净化，在省通信管理局牵头组织下，全省信息通信业开展互联网治理专项20个，对认定的466个网站予以了关停处理，协调处置各类安全事件13.3万余起。六是在中央网信办、工信部指导下，全省信息通信业开展了关键信息基础设施普查，建立关键信息基础设施网络安全责任制和防范体系。七是江苏省《互联网发展状况报告》《青少年互联网使用情况调查报告》和《网络安全报告》通过省政府新闻发布平台连续第八年向社会发布；“阳光网络伴我成长”“网络文化季”等主题系列活动相继举办，弘扬网络正能量。

5. 不断加强通信监管。各市通信行业管理办公室牵头负责“宽带中国”专项行动在各市的推进，配合开展电话实名制落实、校园市场规范、电信普遍服务试点等工作，打通了监管工作落实到基层的“最后一千米”；市专用局以通管办成立为契机，主动争取地方支持，南京、南通等市获得地方编制，泰州等市落实办公用房，实现了行业管理和专用通信的相互促进；各市通管办均牵头在“5.17”举办电信日纪念活动，扩大行业社会影响；常州等6市通管办发布本地《互联网发展状况报告》和《网络安全报告》。

（三）浙江省通讯服务业发展措施

1. 建设优质的网络基础设施

建设高速带宽，强化战略保障

持续推进“网络强国”战略有效实施。全面实现全光网，打造“网络强省”；适度超前引入10G PON等高速大容量光通信有线接入技术，推进下一代宽带网络核心技术的应用，加快部署400Gbps超高速传输、超大容量OTN交换等，大幅提升网络设备吞吐能力；落实电信普遍服务补偿机制要求，进一步消除城乡信息差距。

强化对“互联网＋”战略支撑保障。全面支撑“互联网＋”战略和“智造强国”战略 。超前布局下一代互联网，提高网络智能化水平、能力开放水平以及协同程度，全面支撑新业务、新应用的灵活快速部署；全面支撑智慧城市、智慧园区、智慧小镇的建设；协助推动物联网感知设施建设、统筹规划和科学布局绿色互联网数据中心，充分满足工业互联网对基础设施的需求。

统筹网络优化，推动5G试点

持续加强移动宽带建设。优化网络布局和参数，统筹推动网络演进及LTE-A网络部署；持续推动低频段网络退网和频率重耕，提高移动宽带速率和网络质量，增强用户体验；积极推动融合通信业务发展，进一步推广VoLTE、RCS等业务，为实现网络全IP化奠定基础。

积极推进5G试点。积极争取和推动5G试验网建设；以业务应用为先导，用户感知和体验为抓手，充分考虑现有无线通信技术和5G网络的协同使用，定义5G网络的典型业务应用场景；积极配合推进在车联网、物联网等领域的5G试点应用，并有效支撑大型活动通信服务。

优化互联互通，助力信息交互

完成新型互联网交换中心建设，增强浙江省互联网交换能力、有效解决互联网疏导不畅；优化基础电信运营企业互联网骨干网络结构，大幅增加网间互联带宽；创新适合互联网新兴业务的互联互通结算模式，逐步降低互联网企业带宽成本，提升全省的互联互通质量；建设国际通信专用通道，提升国际业务质量，支撑跨境贸易发展，助力跨境电子商务综合试验区的先行先试和率先发展，打造引领全国的“网上丝绸之路”，推动形成“一带一路”线上线下协同共进新格局。

2. 全面提升行业服务的水平

加强网络安全，提升应急保障

深化网络和业务安全防护，优化网络空间治理。持续推进国家网络信息安全技术手段属地化能力建设，建立DDOS等网络攻击的预防、发现、溯源、通报、处置联动机制，全面提升网络基础设施安全防护和网络安全威胁监测处置水平；统筹指导基础电信运营企业和互联网企业加强技术手段建设，深入推进省级信息安全管理平台建设，强化部省平台对接联动和规范使用；加大网络安全监督检查和考核力度，深化互联网新技术新业务安全评估；加强数据安全和用户信息保护，坚决治理垃圾短信、通信信息诈骗、个人信息泄露等社会反映突出的热点问题；加大对党政专用通信基础设施、专用通信网建设的支持力度。

完善重大活动信息通信保障机制，提升应急响应能力。建立健全重大活动等级保障机制，加强部门、地区间协调联动，升级应急通信指挥平台，切实推动应急通信关键装备配备到位和队伍建设，着力提升重大活动、自然灾害、重大突发事件等的应急通信保障能力；继续探索政企联动的投资新机制，多渠道加大应急通信投入，加速宽带卫星、宽带集群应急通信船、无人机等新技术在我省的应用，逐步构建天空地一体的应急通信保障体系。

推动集约共享，践行绿色发展

持续推动资源集约共享。严格贯彻执行工业和信息化部关于通信基础设施共建共享的总体要求，加强对全省通信基础设施共建共享工作的监督管理；深化铁塔公司与基础电信运营企业合作，充分发挥体制机制创新优势，加快集中统一建设和专业化运营，加强基站安全保障，推动绿色节能环保；推进小区宽带网络建设和改造，严格执行光纤到户国家标准，满足多家电信业务经营者平等接入；深化传输资源共享共享，推动开展深度合作；大力推动信息通信基础设施与城镇化建设的协调同步发展。

践行绿色发展理念。积极推动供电系统的配置优化、减少冗余设备，积极跟踪研究新型节能技术并大力推广应用，加快推进老旧高耗能设备退网；优化完善行业节能减排管理体系，积极探索节能量交易、碳交易等新型节能减排市场机制；推进传统数据中心升级，持续优化IDC的PUE值。根据需要推动分布式小型IDC发展，节约骨干资源，优化网络架构，提升安全保障；积极通过信息技术手段改变传统生产生活习惯，降低各行各业能源消耗，助力全社会节能减排。

优化行业管理，提升服务水平

建立健全适应行业改革和面向互联网的监管机制。适应互联网业务跨界融合发展、管理边界模糊特点，全方位加强与相关部门、企业平台以及中介组织的协同管理，建立健全以互联网为核心的监管机制；在电信业务分类管理、互联网基础资源和移动通信转售、引入民营资本、Wi-Fi、云计算、大数据等新的管理领域，加大市场监管力度，加强对网络内容应用服务质量的监管，切实维护用户合法权益；积极探索、推动新型互联网交换中心服务互联网行业的新机制、新模式，促进网间互联互通，完善网间互联价格形成机制。

鼓励民间资本进入，激发行业活力。扩大试点范围，鼓励民间资本以多种模式进入宽带接入市场，参与宽带网络基础设施建设和业务运营；支持移动通信转售企业创新业务提供方式，继续保持移动通信转售业务在全国领先水平；进一步丰富业务内容，促进有序经营，形成优势互补、共同发展的市场格局。

促进市场有序竞争，有效提升行业服务水平。促进基础电信运营企业全业务竞争，鼓励基础电信运

营企业与民营企业加强合作，通过市场竞争，推动资费水平持续下降；鼓励基础电信运营企业制定推广普惠面大的资费套餐方案，增强用户获得感；加强市场行为监管，营造公平有序的市场环境，维护消费者合法权益；加强对“提速降费”各项举措落实情况的监督检查，提高用户服务体验；加快推动行业服务互联网化转型，完善业务与服务流程的事前预防、事中管控和事后溯源机制，全面提升行业服务水平。

3. 有力支撑业务的繁荣创新

加速行业融合创新。推动基础电信运营企业由提供基础电信服务为主向全面服务信息社会转型。扩展电信服务边界，丰富电信服务内容，加大向数字化、移动互联网化、融合创新等方面的转型力度；推动电信服务价值延伸，聚焦大数据、物联网等核心资源优势领域，创新业务模式、合作模式和商业模式，驱动行业持续发展；支持互联网企业的创新发展，提供高质量、低成本的基础资源保障，推动互联网技术应用，提升网站服务能力；全面推广三网融合，进一步扩大广电、电信业务双向进入范围。加快融合业务发展，提高产品、内容和服务供给能力。

全面深化业务应用。大力推进“互联网＋”信息应用服务，积极探索互联网与工业的深度创新融合，聚焦制造、商贸、金融、农业、物流、文化创意、城市运行等领域，积极推进移动互联网、物联网、云计算等新技术新业务新应用与传统产业的融合渗透，在浙江智造、两化融合、打造现代服务业新引擎过程中发挥更大作用；积极建立公共信息服务平台，推进教育、医疗资源共享，提升公共服务水平，大力推动电子商务、物联网、云计算、大数据、互联网金融、智慧物流、数字内容等领域的业务和应用，全面提升政务和民生服务水平。

（四）安徽省通讯服务业发展措施

加强战略规划指导

加强下一代国家信息基础设施发展的国家战略指导，明确国家信息基础设施顶层架构，制订发布“宽带中国”战略、下一代互联网战略行动计划和物联网发展指导意见。统筹实施宽带网络基础设施、互联网、物联网、网络与信息安全、应急通信和无线电管理等专项规划。建立跨行业的信息基础设施统筹规划机制，将信息基础设施规划纳入城乡规划，加强土地利用、水电配套等方面对基础网络设施和应用服务设施的支持。加强技术标准规范建设，将用户驻地网建设纳入住宅建筑规范，在市政、建筑物新建或改扩建时，预留光纤、无线宽带等配套设施建设条件。研究出台节能减排、低效无效资产有序退出等相关配套政策和支持互联网、增值电信业务发展的指导意见。

完善普遍服务机制

积极推动综合利用财政资金、国有资本收益金等多种资金来源，扩大普遍服务政策实施范围和服务内容，研究设立普遍服务基金。推动制订普遍服务成本补偿办法，探索建立与之相适应的部省联动补偿机制。争取基础网络和应用服务设施建设在产业布局、设施配套等方面予以优先保障。

加大对行业发展支持力度

进一步加强财税、金融支持力度，鼓励民间资本投资电信业。加快安徽省与各基础电信企业集团公司战略合作进程，积极争取工业和信息化部等国家部委、各基础电信企业集团公司的政策、项目、资金支持。各部门在支持通信业转型发展过程中，应注重与精准扶贫工作紧密衔接，加大政策扶持和资源倾斜力度。加强安全建设投资政策引导作用，探索建立政府指导下的安全投入机制，引导社会加大在基础通信网络和重要信息系统方面的安全产品和服务投入。

加强专业人才队伍建设

鼓励引导有关部门、企业完善通信业人才培养和引进机制，优化人才使用和激励机制，提高专业技术人才自主创新和参与科研成果产业化的积极性和主动性，支持优秀人才创新创业。推动教育学科配置优化，鼓励企业和高校、科研院所、职业教育等机构联合培养通信、互联网、物联网、网络与信息安全相关专业紧缺人才。加快培育跨领域、高层次、创新型、实用型信息技术人才和服务团队。

第二章　长三角地区社会发展专题报告

一　城镇化发展

（一）一市三省城市化发展基本情况

表1　2012—2016年长三角地区一市三省城镇人口比重　（%）

	2012年	2013年	2014年	2015年	2016年
上海市	89.8	90.0	90.3	90.4	87.9
江苏省	63.0	64.1	65.2	66.5	67.7
浙江省	63.2	64.0	64.9	65.8	67.0
安徽省	46.5	47.86	49.15	50.5	52.0

（二）省辖市城市化发展

表2　2012—2016年长三角地区各省辖市城镇人口比重　（%）

	2012年	2013年	2014年	2015年	2016年
南京市	80.2	80.5	80.9	81.4	82.0
无锡市	72.9	73.7	74.5	75.4	75.8
徐州市	56.7	58.1	59.5	61.1	62.4
常州市	66.2	67.5	68.7	70.0	71.0
苏州市	72.3	73.2	74.0	74.9	75.5
南通市	58.7	59.9	61.2	62.8	64.4
连云港市	54.4	55.7	57.1	58.7	60.2
淮安市	53.5	55.1	56.5	58.2	59.7
盐城市	55.8	57.2	58.5	60.1	61.6
扬州市	58.8	60.0	61.2	62.8	64.4
镇江市	64.2	65.4	66.6	67.9	69.2
泰州市	57.9	59.0	60.2	61.6	63.2
宿迁市	51.0	52.4	53.7	55.5	57.5
杭州市	74.3	74.9	75.1	75.3	76.2
宁波市	69.4	69.8	70.3	71.1	71.9
温州市	66.7	67.0	67.2	68.0	69.0
嘉兴市	55.3	57.1	59.2	60.9	62.9
湖州市	55.1	56.0	57.4	59.2	60.5
绍兴市	60.1	61.0	62.1	63.2	64.3
金华市	61.4	62.2	63.3	64.5	65.7

续表

	2012 年	2013 年	2014 年	2015 年	2016 年
衢州市	46.6	47.7	49.0	50.2	53.7
舟山市	65.3	65.8	66.3	66.9	67.5
台州市	56.9	58.1	59.5	60.3	61.3
丽水市	52.5	53.8	55.2	56.4	58.0
合肥市	66.4	67.8	69.1	70.40	72.05
淮北市	57.2	58.5	59.8	60.76	62.13
亳州市	33.0	34.4	35.7	36.96	38.28
宿州市	34.8	36.2	37.4	38.73	40.03
蚌埠市	48.3	49.7	50.9	52.22	53.74
阜阳市	34.9	36.2	37.5	38.81	40.24
淮南市	65.3	66.7	67.9	60.67	62.05
滁州市	45.1	46.5	47.8	49.02	50.40
六安市	38.9	40.2	41.4	42.81	43.99
马鞍山市	61.2	62.6	63.9	65.15	66.49
芜湖市	58.0	59.4	60.7	61.96	63.46
宣城市	46.7	48.1	49.3	50.64	52.14
铜陵市	76.3	77.6	78.7	52.73	54.14
池州市	47.5	48.8	50.1	51.11	52.30
安庆市	39.6	41.0	42.2	45.87	47.19
黄山市	44.4	45.7	47.0	48.28	49.56

（三）促进城镇化发展的措施与进展

1. 上海市城镇化和城镇现代化进程与措施

（1）建立新的指标体系，追求城市发展品质

2016 年，上海秉承“释放数据的力量，寻找城市发展道路”的理念，通过对自然生态、环境质量、空间结构、生活品质、社会治理等多个系统指标进行大数据分析，建立新的城市发展指标体系，以期提高对潮流的认识，对机制的认识、对自身的认识。

世界关于城市化有三大潮流：第一大潮流是世界变成城市化的世界；第二是城市化中，大城市、大城市群发展在加速；第三是推动这个城市化和大城市群化的引擎实际上是大交流、大交易。

上海作为经济发展质量和活力排名全国第一的城市，在“城市时代”突显其中心和发散作用。在新的发展理念引领下，上海着力形成新的基础设施，创造新的绿色低碳产品和服务供给，建立新的城市治理体系。居民居住空间更加紧凑优化，休闲空间更加充满绿色，从业者通勤时间更加缩短，城市生产及服务链条相对加长。

（2）上海引领世界级城市群建设

2016 年 6 月，我国发布了《长江三角洲城市群发展规划》，为推动长三角区域经济一体化、打造世界级城市群进一步指明了方向。在统一市场的前提下、在现代交通以及信息网络的支撑下，城市群的范围里面才能更容易形成中心城市、周边城市及小城镇的合理分工与结构关系。公共资源的配置如果更多兼顾到周边或者中小城市，使得中小城市在公共服务方面与大城市的差距有所缩小，帮助中小城市吸引

要素聚集,形成更好的规模和结构。

市长杨雄接受记者采访时表示,“按照中央要求,上海要当好全国改革开放排头兵、创新发展先行者。改革开放排头兵,主要体现在我们要建设好中国(上海)自由贸易试验区,形成更多可复制、可推广的制度创新成果,为国家进一步深化改革、扩大开放作贡献。创新发展先行者,主要体现在我们要按照习近平总书记要求,加快建设具有全球影响力的科技创新中心,落实好创新驱动发展战略。”

(3) “双自联动”成效明显

2016 年 4 月 27 日,是上海自贸区扩区一周年的日子,张江丹桂路 835 号,新建成的“跨境科创监管服务中心”就坐落在这里,900 多家创新企业无须再远赴浦东机场办理货物通关,在家门口的服务中心就能“一站式”搞定。

“双自联动”是指上海自贸区和上海张江国家自主创新示范区联动发展。“跨境科创监管服务中心”建立以来,张江成为上海自贸区的一部分,享受到贸易便利化改革的红利。生物制药和集成电路是张江拳头产业,“双自联动”使企业完成通关提货时间大大缩减。

“双自联动”只是上海自贸区四大制度创新之一,以负面清单为核心的更加开放透明的投资管理制度已经建立,以资本项目可兑换和金融服务业开放为目标的金融创新制度基本确立,以政府职能转变为导向的事中事后监管制度基本形成。

(4) 建设全球科技创新中心

建设具有全球影响力的科技创新中心,既是中央对上海的要求,也是上海自身发展的需要。2016 年 4 月,《上海系统推进全面创新改革试验方案》出台,这个先行先试方案,将针对科技创新中心建设中的重点领域和核心瓶颈制约,按照分工,由各部门围绕人才发展、国企科技创新、众创空间、科技成果转移转化、科技金融、财政支持、知识产权、外资研发中心发展、财政科技投入管理等出台 9 项配套政策和实施细则。

上海要建设有全球影响力的科创中心,张江是核心功能区。其一大使命就是建立世界一流重大科技基础设施集群,为长三角乃至全国的前沿科技和经济社会重大需求问题研究提供科技支撑。2016 年,张江确定的重点基础设施项目就有 37 项,为了让这些“科学重器”尽快落地,张江推出了“全生命周期”的审批服务新举措。

(5) 体制机制实现新突破

为吸引国际高端创新资源,促进区域创新协同联动等方面实现新突破,上海着力提升开放式创新发展水平。如上海的虹桥商务区,为服务“长三角”一体化发展和世界级城市群建设,正努力打造成长江三角洲城市群的中央商务区,成为长三角联动发展的新引擎。

商务区的规划理念先进。围绕建设世界一流水准商务区的目标,确立了“最低碳”“特智慧”“大交通”“优贸易”“全配套”“崇人文”的理念。“最低碳”方面,按照建设低碳商务区的要求,核心区建筑 100% 达到国家绿色建筑二星级以上。虹桥商务区将通过“大交通”“大会展”“大商务”的核心功能,整合周边产业、要素与经济资源,提高对生产服务、商务服务、知识服务、信息服务的综合供给能力,形成高层次的集信息发布、中间品贸易、现代支付、会展物流、订单管理、信用保障、定价机制、制度支持于一体的现代化贸易服务中心。

(6) 对外贸易保持领先

在全球贸易形势持续低迷的背景下,上海口岸贸易近年来占全球和全国的比重稳步上升,2016 年口岸货物进出口达 68820 亿元,占全国的 28.3%,占全球的 3%以上,规模已超越香港、新加坡等传统国际贸易中心城市。贸易主体加快集聚,截至 2016 年底,全市有进出口实绩的企业 4.4 万家,年进出口规模 10 亿美元以上的 51 家。批发和零售业企业超过 14 万家,年销售额超过百亿元的 124 家;国际零售商聚集度达 54.4%,全球排名第三位,仅次于伦敦和迪拜。运营中的城市商业综合体 189 家,连锁经营企业网点总数超过 1.7 万个,其中超市 3140 家、便利店 6125 家,结构合理、功能健全、配套完善的现代商业网

点体系基本形成。

聚焦现代市场体系建设，基本形成了既有商品市场又有要素市场，既有现货市场又有期货市场的配套齐全的市场体系，上海已成为全国乃至亚太区域的资源要素配置中心和集聚、处理并支配资金流、信息流、商品流、技术流、物流等关键流量的节点城市。上海金融市场日均交易额近4万亿元，货物运输量近250万吨，港口日均货物吞吐量近200万吨，集装箱吞吐量超过10万国际标准箱，浦东、虹桥两大机场日起降航班超过2000架次，进出港旅客逾30万人次。

2. 江苏省城镇和城镇现代化进程与措施

(1) 江苏省城镇化发展面临历史性机遇

2016年5月29日，江苏省获批成为国家新型城镇化综合试点省。按照国家要求，试点工作从2015年年底开始，充分发挥改革试点的先遣队作用，大胆探索、试点先行、寻找规律、凝聚共识，为全国提供可复制、可推广的经验和模式。

以全省为单位进行试点，江苏的任务是“3＋8＋1”，前三条是国家规定动作，“8”是“自选动作”，“1”则是国家追加而特别赋予江苏的。内容涉及经济社会方方面面，对未来发展的突破，具有重大意义。所有12项任务与15年出台的《江苏省新型城镇化与城乡发展一体化规划(2014—2020年)》提出的奋斗目标一致。

江苏成立由省委省政府主要领导挂帅的国家新型城镇化综合试点工作领导小组及办公机构，统筹推进各项试点工作。建立年度评估和动态淘汰机制等方法举措，切实加强任务的落实。

(2) 加快推进农业转移人口市民化进程

新型城镇化综合试点省12项任务中，首当其冲的就是建立农业转移人口市民化成本分担机制。建立健全以合法稳定就业和合法稳定住所为户口迁移基本条件，以经常居住地登记户口为基本形式、城乡统一的新型户籍制度。科学测算农业转移人口市民化平均成本，合理划分政府、企业以及转移人口家庭和个人的成本分担责任，明确省以下不同层级政府的分担比例，建立农业转移人口流入和流出政府成本共担机制。

成本项目和内涵必须进行甄别和规范，需在试点测算的基础上建立可标准化的指标体系。政府财政对常住转移人口将是“保基本公共服务”，让进城农业转移人口能公平、公正享受医疗、养老、最低生活保障、子女义务教育等市民待遇；企业按劳动法和合同法给进城务工人员上保险、做培训等；个人也要分摊，如分房、社会保险中个人交费的部分等。

(3) 江苏省新型城镇化试点的三条路径

江苏省新型城镇化试点的三条路径分别是：一、建立规范的政府举债融资体制，构建多元化城市基础设施和公益设施建设等投融资机制。二、初步建立以尊重农民意愿为前提，以保障农村宅基地用益物权为核心，地籍清楚、产权明晰、流转有序、收益分配合理的新型农村宅基地。三、探索形成以科学合理调整行政区划为基础的层级少、机构精、效率高、成本低的城市设置机制，调整扩容发展两至三个大中城市。可以考虑通过县市改区成为大中城市，如此可整合提升区域基础设施、公共资源的利用效率，增强对周边的辐射带动能力。

(4) 常州产城融合试点，助推新型城镇化

产业和城市“双转型、双升级”中，常州为全省全国探路——以地级市为单位，整体推进产城融合综合改革试点。在人口集聚、投融资、土地配置、空间管理、市场运作等方面加强探索。

产城融合，首先在空间融合上突破，常州明确了“一纵三横”“一中心四片区”的发展格局。重点推进城市中心区、常金统筹核心片区、西南门户片区、东部片区、沿江片区产城融合发展。15年行政区划调整后，突破了中心城区发展空间有限、县区规模差异过大、常金一体化发展受限等问题，优化了生产力布局，打开城市发展格局。

以产兴城、以城促产，常州市聚焦重大项目，支撑引领经济增长和转型升级，第三产业增加值占比达到50.9%，经济结构实现由“二三一”向“三二一”的新格局转变。城镇功能持续提升，就业创业、社会保

障、住房保障、教育医疗等公共服务体系不断健全，产业和人口的集聚能力得到增强。

(5) 徐州市加快推进城镇化的举措

2016年，徐州市完善城市布局和形态，推动铜山区和贾汪区加快融入主城区，加快城中村改造步伐，加快主城区西部和北部改造与提升发展。

把邳州和新沂建设成为东陇海沿线重要节点城市，丰县建设成为苏鲁豫皖省际中等城市，沛县建设成为新兴滨海城市，睢宁建设成为中等商贸城市。

推进重点中心镇和小城镇发展，大力支持30个重点中心镇建设，支持各县(市)和铜山区、贾汪区创建省级"综合规划建设示范镇"，形成功能完善、各具特色、宜居宜业的新型城镇群。

高度重视600个中心村(新型农村社区)的建设和发展，形成具有徐州特色的"1536"城乡一体化发展态势。(即一个现代化特大型区域性中心城市，五个中等城市，30个重点中心镇和小城镇，600个中心村。)

(6) 江苏宝应县城镇化建设加快推进

江苏宝应城市总体规划获批实施，编制各类规划42个，城区控规实现全覆盖。新城体育公园、县人民医院迁建等项目启动实施，白田南路、苏中路、泰山西路等主次干道改造出新，中大街、东门大街完成升级改造，白田农贸市场交付使用。完成二里排河风光带、花城广场改造工程，宝射河体育公园、宝楠园广场等12个生态体育休闲公园建成开放，新增城区绿地面积30万平方米。实施"三线"入地26千米，路灯管理实现智能化，增补维修路灯4330盏，提档升级公厕5座，新增环卫工人安康驿站4个。改造老旧小区7个15.4万平方米，拆除违建2.5万平方米。搭建棚改征收安置平台，争取政策性贷款近24亿元，推进货币化补偿安置，城区征收拆迁房屋23.5万平方米。创成省城市管理示范路、示范社区各1个。氾水镇获批国家卫生镇，曹甸镇通过国家园林小城镇省级考核。新创省级美丽乡村示范村2个。危房改造530户，渔民上岸安置834户。

3. 浙江省城镇和城镇现代化进程与措施

(1) 有序推进农业转移人口市民化

浙江省为有序推进农业人口市民化采取建立差别化转移和转化体系，主要措施有：一是建立人口转移集聚的空间布局指引，按照全省生产力布局和地区承载力，以沿海平原地区、舟山群岛新区和内陆丘陵盆地等重点开发区域为重点，引导农业转移人口迁移集聚。保持适度落户规模和节奏，以差别化的落户政策为手段，优化人口结构和空间布局。全面放开县(市)、小城市和建制镇的落户限制，重点引导农业转移人口向发展快，潜力大、转化成本较低的中小城市和小城镇集聚。二是建立各类人群市民化的条件指引，按照农业转移人口居住状况、居住年限、就业状况、素质技能、参加社会保险年限和实际贡献等为基础条件，制定具体的市民化引导政策，优先推进有需求、有能力在城镇稳定就业和生活的农业转移人口进城落户，进而示范引领，逐步扩围。三是建立不同领域市民化的梯度指引，基于可操作性和财政承受能力，分轻重缓急、先易后难，集中解决推进市民化的紧迫问题。

(2) 建立都市区一体化发展机制重点举措

浙江省建立都市区一体化发展机制的举措有：一是交通体系重构。加快建设覆盖省内主要城市的快速城际网络，四大都市区轨道交通网络，着力建设四大中心城市综合交通枢纽，努力打造省会杭州至各设区市1小时高铁交通圈和全省1小时空中交通圈，以及杭州、宁波、温州、金华—义乌四大省内枢纽城市的1小时通勤圈，切实提高都市区内通勤便利化水平。二是产业空间重组。着力强化产业分工协作，按照"研发孵化在中心城市，制造转化在周边区域"的思路，在中心城市加快构建以服务经济为主的产业结构，在周边区域加快建设一批工业强县(市、区)和强镇，明确主导产业和特色产业，强化产业协作，逐步形成横向错位发展、纵向分工协作的发展格局，减少周边区域之间重复建设和无序竞争。三是公共服务重置。强化中心城市高端公共服务资源配置，增强对高端产业、人才、要素的集聚能力，强化周边区域基本公共服务资源配置，满足居住人口教育、医疗、文化等基本公共服务需求。四是协调机制重建。建立健全都市区协调发展机制，打破行政区经济与地方保护意识，建立邻近城市共同市场和利益共

享机制，建立区域生态资源共同保护机制，探索推进电信同城化、金融同城化等实施机制。

(3) 以实施“小县大城”战略为重点培育新兴城镇节点

浙江省因地制宜地推进县级城市转型发展。依据不同的发展基础和竞争优势，实施“一城数镇”、“小城大县”等县域城市化战略，支持有条件的县(市)加快发展成为中等乃至大城市。引导各县(市)培育发展具有资源依托、竞争优势和发展潜力的现代产业体系，大力拓宽人口就业渠道，积极推进市政、环保、教育医疗、文化体育和商贸服务设施建设，全面提升城市综合承载能力，进一步发展壮大经济强县，鼓励都市区内部和周边联系紧密的县(市)主动转变发展方式，融入都市区经济体系实现一体化发展。全省边远山区和海岛县要把生态移民与县城建设有机结合起来，大力推动人口内聚外迁，引导人口和产业向县城集聚。全面推进扩权强县改革，完善省管县财政体系。深入推进现代化美丽县城建设，发挥山水资源优势，构筑显山露水的城市环境，营造慢生活氛围，促进多元包容共享发展。

(4) 2016 年底浙江省全面取消户口区分

2016 年 12 月 7 日上午，全省户籍制度改革推进会在杭州召开，会上，湖州市、宁波市、杭州市富阳区、玉环县等地分享了推进户籍制度改革经验。

2015 年底，浙江省政府出台《关于进一步推进户籍制度改革的实施意见》，提出全面放开县(市)落户限制，有序放开大中城市落户限制，取消农业户口与非农业户口性质区分，把计划生育等政策与户口登记脱钩等，标志着全省户籍制度改革进入全面实施阶段。

截至 2016 年 12 月，湖州、台州、宁波、金华、温州、绍兴、丽水等市已先后在市域范围内实施户籍制度改革，杭州、嘉兴、衢州、舟山计划于 12 月月底启动实施。浙江相对自由的户口迁移政策体系已基本形成，至 2016 年底，除杭州市区等少数地方略有限制外，全省已基本实行按居住地登记户口的迁移制度。城乡统一户口登记制度正在逐步健全，全省 11 个试点县(市、区)已完成此项制度改革，嘉兴、湖州、台州、宁波、金华、温州、绍兴、丽水 8 个市已经先后在全市范围内取消农业户口与非农业户口性质区分，至 2016 年底全省各设区市将全面取消户口性质区分。新型居住证制度在加快建立，全省已累计发放 IC 卡式居住证 32 万张。

在农村三项确权方面，潮州市全面完成农村集体资产股份制改革、深入实施农村土地(山林)承包经营确权登记、联动推进农村宅基地确权登记发证和农房登记发证。全市 1039 个村经济合作社共核实村集体资产 158.71 亿元，量化到个人的经营性净资产 26.82 亿元，折股量化资产较高的德清县武康镇宋石村，每股达到 16000 元。

2016 年 10 月起，宁波市也正式取消了“农业”、“非农业”户口性质区分。宁波市正积极推动城镇基本公共服务覆盖所有常住人口，对落户城镇的农民，逐步实现享有与当地城镇居民同等权益。比如，现在宁波户籍人口交通事故已实现“同命同价”赔偿，在最低生活保障社会、养老服务等方面也已经实现“城乡一体、标准一致”。

(5) 高质量建设特色小镇，推进供给侧改革

浙江建设特色小镇在“特”字上做足文章，既为现代创业群体提供个性化的创业需求供给，也为不同的客户提供有效的需求供给，成为推进供给侧结构性改革和产业转型升级的新载体。

玉皇山南基金小镇占地 3 平方千米，如今已有 1000 多家金融投资机构，资金管理规模超过 5800 亿元。小镇着眼于专业化、国际化、市场化目标，遵循市场规律，创新优化环境，落实人才政策，进一步集聚项目、资本和高端金融人才，不断提升小镇建设层次和管理水平。同时服务于浙江省实体经济发展，大力发展股权投资、风险投资，在推动全省产业转型升级中发挥重要作用。

云栖小镇充分利用云计算、大数据等现代化技术手段助推企业转型升级、创业创新，努力打造引领全省信息经济发展的高地。小镇继续花大力气研究智能交通和智慧城市建设，加快智慧交通从 1.0 版向 2.0 版、3.0 版直至 4.0 版的升级步伐，让数据帮助思考和决策，努力为缓解城市交通拥堵、方便群众出行、提高城市治理能力和治理水平提供浙江探索，浙江经验。

4. 安徽省城镇和城镇现代化进程与措施

(1) 安徽省城镇化率51.99%,初步进入城市型社会

新型城镇化进程步伐加快,是安徽省发展的重要阶段性特征。省第九次党代会特别是党的十八大以来,安徽省紧紧立足省情,主动把握发展规律,坚持推进新型工业化、新型城镇化双轮驱动,全省常住人口城镇化率由2011年的44.8%上升至2016年的51.99%,初步进入城市型社会。

新型城镇化进程的加快,扩大了有效需求,拉动了经济增长。从投资来看,房地产开发投资从2011年的2590.1亿元增长至2016年的4603.56亿元,占全部投资的17.2%以上。城镇基础设施投资不断扩大,合肥轨道交通工程、芜湖长江二桥等重点工程加速推进,基础设施投资占全部投资比重也超过20%。从消费来看,城镇居民人均消费支出由2011年的13181元增长至2016年的19606.25元。网上购物、共享经济等新兴消费业态的兴起,促进了现代服务业的发展,第三产业占GDP比重由2011年的32.2%提升至2016年的41.30%。新型城镇化的核心是人的城镇化。5年来,安徽省加快推进医疗、教育等基本公共服务均等化。全省初中阶段适龄人口入学率由2011年的99.1%上升至2016年的99.68%,小学学龄儿童入学率由2011年的99.8%上升至2016年的99.97%,各城市相继放开随迁农民工子女就近入学政策。养老、医疗各项保障制度日益健全,基本实现应保尽保。参加城镇职工基本养老、城镇居民基本医疗保险人数分别由2011年末的537.75万人和953.59万人增长至2016年末的634.31万人和839.57万人。目前全省正在加快推进就业创业、增强教育保障、完善住房供应体系、提供医疗卫生保障以及健全养老服务体系5个方面的"五有并轨"。

(2) 深入推进新型城镇化试点省建设

2016年,安徽省提出了推进新型城镇化试点省建设的四大任务,具体为增强农业转移人口进城落户意愿和能力、增强城镇综合吸引力和承载力、强化新型城镇化保障机制和健全新型城镇化工作推进机制。其中,在保障农业转移人口"劳有所得"方面提出了更为详细具体的思路和举措,包括"加强心理健康教育,帮助农业转移人口随迁子女融入城市"、"鼓励依托增减挂钩、土地整治等项目建立宅基地退出补偿激励机制"、"建立符合实际需求的农村产权流转交易市场"等不少创新性的做法。

充分发挥中心城市在吸纳、集聚农业转移人口上的作用,强化中心城区的辐射带动能力。不仅支持合肥打造长三角世界级城市群副中心和"一带一路"节点城市,同时推动芜(湖)马(鞍山)同城化,并将具备条件的蚌埠、阜阳、淮南、淮北和基本具备条件的安庆、六安、滁州、亳州和宿州有序打造成为Ⅱ型大城市。

在强化新型城镇化保障机制方面,将从促进土地要素优化配置、拓展城镇化融资渠道以及落实"两挂钩一倾斜"政策上着力。

(3) 淮北市大力实施"五个一"为城市转型崛起提供强大支撑

2016年,淮北市着眼培育新兴产业,积极搭建科技发展创新平台,大力实施"五个一",即围绕一个新兴产业、打造一个创新平台、制定一项扶持政策、引进一批创新团队、培育一批龙头企业,不断增强科技实力,为城市转型崛起提供强大科技支撑。

淮北市紧紧围绕食品产业这一新兴产业做足文章,聚焦凤凰山国家农业科技园,集聚资源,打通科技与产业结合的通道,促进新兴产业与传统产业融合发展,并加快中国农业大学淮北实验站、凤凰山食品产业技术研究院研发平台建设,推进绿色食品产品开发。

淮北市在鼓励企业、投资机构、行业组织等社会力量建设市场化的众创空间、推广新型创业孵化模式的同时,发挥好方正智谷、恒源泰、梧桐树众创空间集聚作用,发挥好"江淮双创汇·走进淮北"的带动作用,激发大众创新创业热情,力争在每个县区和开发区各建设1个市级及以上众创空间。探索建立科技贷款风险补偿机制,拓宽科技型企业融资渠道,建立从天使投资、风险投资到产业基金、上市融资的全金融产业链,大力支持银行机构创新科技信贷产品,积极推广专利、商标等知识产权质押融资模式,重点增容天使基金项目库,促进中小企业发展。

淮北市积极支持企业与高校、科研院所联合组建研发机构或技术转移机构,共同开展研究开发、成

果应用与推广，并通过组织“百企联百校”和“教授博士淮北行”等专题产学研活动，力促一批创新创业团队落户淮北。

(4) 滁州市多举措推进创新型试点城市建设

近年来，滁州市把推进科技创新驱动发展作为科技兴市“一号工程”，加快省级创新型试点城市建设，区域科技辐射能力不断提高，企业技术创新能力明显增强。第一批81家企业通过高新技术企业评审，总量发展到215家，居全省第5；获批省重大专项8个，争取资金970万元。2016年前三季度，全市高新技术产业实现产值、增加值978.2亿元和217.6亿元，分别居全省第3、第4。

全力打造“创业苗圃＋孵化器＋加速器＋产业基地”的创业孵化体系。清华大学启迪之星科技孵化基地正式落户滁州，天长“天地汇”获批国家级众创空间。市直、天长、南谯、明光4个科技孵化器建成面积10.4万平方米，正在孵化企业199家。引进了国家电子元器件质检中心、中国家电研究院安徽分院、中国质量认证中心检验检测基地等一批“国”字号公共研发和技术服务平台，苏滁智能装备研究院、先进机器人技术研究院、轨道交通检验检测中心等一批创新平台加快推进。

持续增强企业创新能力。新增长电科技、鑫鼎机械等24家市级工程技术研究中心，明光浩淼消防公司成功在境外设立研发机构。全市省级以上工程技术（研究）中心、重点实验室和企业技术中心等研发机构达146家，组建战新产业技术联盟2个，规模以上工业企业研发机构覆盖率达26%。全柴集团“农用小功率柴油机开发”成功列入国家重点研发计划项目。滁州市积极推进产学研合作，先后与中科大等30余家高校院所开展合作，成交技术转移项目17项，解决企业技术需求64项，完成技术合同登记125项，累计技术合同金额2.3亿元。

(5) 黄山建特色小镇促转型升级

黄山市2016年安排1000万元财政奖补资金，先行启动10个左右特色小镇建设，力争“十三五”末建成特色小镇30个左右。

黄山市特色小镇建设实行高点规划、多规合一，突出“产、城、人、文”一体化布局，将每个特色小镇建成3A级景区，旅游类特色小镇按5A级景区标准建设，探索生态美、生产美、生活美融合发展之路。同时，明确特色小镇建设以创建制替代审报制，不搞区域平衡和产业类别平衡；不搞终身制，对没有完成年度目标考核任务的特色小镇实行“一年示警、两年退出”，避免“一哄而上”。

在特色小镇建设中，黄山市坚持政府引导和市场主导，在产业发展、用地保障、财政支持、基础设施及公共服务体系建设等方面给予政策倾斜，鼓励在特色小镇建设、管理体制机制等方面先行先试、大胆创新。发挥市场在资源配置中的决定性作用，创新招商方式，推行一站式、一条龙服务，探索建立由多方参股的发展基金，采用股权、期权、众筹、PPP等方式推进特色小镇建设。

二　居民收入情况

(一) 一市三省居民收入情况

表1　2012—2016年长三角地区一市三省城镇居民人均可支配收入　（元）

	2012年	2013年	2014年	2015年	2016年
上海市	40188	43851	47710	52962	57692
江苏省	29677	31585	34346	37173	40152
浙江省	34550	37080	40393	43714	47237
安徽省	21024	23114	24839	26936	29156

表 2　2012—2016 年长三角地区一市三省农村居民人均可支配收入　（元）

	2012 年	2013 年	2014 年	2015 年	2016 年
上海市	17401	19208	21192	23205	25520
江苏省	12202	13521	14958	16257	17606
浙江省	14552	17494	19373	21125	22866
安徽省	7160	8098	9916	10821	11721

（二）省辖市居民收入情况

表 3　2012—2016 年长三角地区各省辖市城镇居民人均可支配收入　（元）

	2012 年	2013 年	2014 年	2015 年	2016 年
南京市	35092	39115	42568	46104	49997
无锡市	35663	38420	41731	45129	48628
徐州市	21716	22015	24080	26219	28421
常州市	33326	36288	39483	42710	46058
苏州市	39079	42964	46677	50390	54400
南通市	28292	30641	33374	36291	39247
连云港市	20816	21470	23595	25728	27853
淮安市	20950	23582	25798	28105	30335
盐城市	21941	23669	25854	28200	30496
扬州市	25712	27770	30322	32946	35659
镇江市	30045	32748	35752	38666	41794
泰州市	26574	28705	31346	34092	36828
宿迁市	16991	18480	20396	22233	24086
杭州市	35704	40925	44632	48316	52185
宁波市	38043	40426	44155	47852	51560
温州市	34820	37266	40510	44026	47785
嘉兴市	35696	38671	42143	45499	48926
湖州市	32987	35750	38959	42238	45794
绍兴市	36911	39567	43167	46747	50305
金华市	33164	36386	39807	43193	46554
衢州市	26232	27981	30583	33212	36188
舟山市	34224	37799	41466	44845	48423
台州市	33979	36480	39763	43266	47162
丽水市	26309	28005	30413	32875	35968
合肥市	25434	28083	29348	31989	34852
淮北市	20360	22460	23787	25690	27248
亳州市	20488	22605	21192	23120	25053
宿州市	19731	21713	21941	23630	25533
蚌埠市	20629	22739	24147	26369	28653

续表

	2012 年	2013 年	2014 年	2015 年	2016 年
阜阳市	18972	20933	21715	23496	25483
淮南市	20733	22920	26267	28106	28098
滁州市	20426	22591	22091	24168	26286
六安市	19369	21275	20610	22238	24728
马鞍山市	30397	34048	32560	35262	38142
芜湖市	23784	26264	27384	29766	32315
宣城市	20478	22731	26289	28602	30877
铜陵市	24685	27154	29234	31748	30633
池州市	21386	23482	22295	24278	26261
安庆市	20453	22683	22109	23966	26502
黄山市	21208	23356	24194	26226	28393

表 4　2012—2016 年长三角地区各省辖市农村居民人均可支配收入　(元)

	2012 年	2013 年	2014 年	2015 年	2016 年
南京市	14786	16011	17661	19483	21156
无锡市	18509	20223	22266	24155	26158
徐州市	10762	11513	12811	13982	15274
常州市	16737	18169	20133	21912	23780
苏州市	19396	21410	23560	25580	27750
南通市	13231	14268	15821	17267	18741
连云港市	9589	10463	11698	12778	13932
淮安市	9838	10762	12010	13128	14319
盐城市	11898	12913	14414	15748	17172
扬州市	12686	13775	15284	16619	18057
镇江市	14518	15876	17617	19214	20922
泰州市	12493	13609	15076	16410	17861
宿迁市	9495	10418	11677	12772	13929
杭州市	17017	21208	23555	25719	27908
宁波市	18475	21879	24283	26469	28572
温州市	14719	17549	19394	21235	22985
嘉兴市	18636	22396	24676	26838	28997
湖州市	17188	20257	22404	24410	26508
绍兴市	17706	21307	23539	25648	27744
金华市	13286	16661	18544	20297	21896
衢州市	10714	13811	15354	16884	18421
舟山市	18601	21401	23783	25903	28308
台州市	14567	17523	19362	21225	23164
丽水市	8855	12171	13635	15000	16459

续表

	2012 年	2013 年	2014 年	2015 年	2016 年
合肥市	9081	10352	14407	15733	17059
淮北市	7286	8240	9116	9882	10653
亳州市	6552	7456	8967	9738	10576
宿州市	6635	7571	8332	9140	9917
蚌埠市	7674	8741	10511	11552	12591
阜阳市	5922	6763	8213	9001	9776
淮南市	7835	8869	10547	10139	10848
滁州市	8091	9183	9171	10070	10956
六安市	6535	7431	8287	9197	9960
马鞍山市	10920	12340	14969	16331	17719
芜湖市	9675	10962	14606	15964	17307
宣城市	9036	10247	11251	12309	13379
铜陵市	9847	11187	16405	11169	12054
池州市	7986	9080	10629	11511	12409
安庆市	6820	7748	9024	9985	10814
黄山市	9161	10389	10942	11872	12869

(三) 促进居民收入的措施与进展

1. 上海市居民收入基本情况与措施

(1) 上海市居民收入平稳增长,农村居民收入增速高于城镇居民

2016 年,上海市居民人均可支配收入为 54305 元,比上年名义增长 8.9%,扣除价格因素实际增长 5.5%。其中,城镇常住居民人均可支配收入为 57692 元,增长 8.9%,扣除价格因素实际增长 5.5%;农村常住居民人均可支配收入为 25520 元,增长 10.0%,扣除价格因素实际增长 6.6%。

上海市积极促进农民非农就业,稳妥推进农村土地制度和集体经济组织产权制度改革,推进农村综合帮扶,进一步完善"造血"机制,多渠道实现农民增收,城乡居民收入差距继续缩小。农村居民收入增速连续八年快于城镇居民,2012—2016 年农村居民人均可支配收入名义增速分别高于城镇居民 0.3、1.3、1.5、1.1 和 1.1 个百分点。2016 年,上海市城乡居民收入比由上年的 2.28∶1 缩至 2.26∶1,城乡居民的收入差距继续缩小。

(2) 经济发展和政策支撑助推工资性收入增长

2016 年,上海市居民人均工资性收入为 32718 元,比上年增长 7.3%,拉动可支配收入增长 4.5 个百分点。其中,城镇常住居民人均工资性收入为 34339 元,增长 7.3%;农村常住居民人均工资性收入为 18948 元,增长 8.4%。

2016 年,上海市经济运行总体平稳、稳中有进、好于预期,创新转型效应进一步显现。2016 年,全市 GDP 同比增长 6.8%,自 2008 年以来,上海市年度 GDP 增速第一次超过全国增长速度。全年全市新增就业岗位 59.93 万个,比上年增加 0.27 万个。截至 12 月底,全市城镇登记失业人数 24.26 万人,比上年末减少 0.55 万人。经济基本面和就业面的稳定为居民工资收入增长提供强有力的支撑。

政策方面,上海市职工最低工资标准的提高和企业工资指导线带动居民工资性收入的增长;市府继续加大非农就业政策的扶持力度,加强职业技能培训,有利于农村居民工资性收入的增长。

(3) 其他方面对居民收入增长的贡献

第一,服务业从业人员收入较快增长拉高居民工资性收入。2016年,上海市第三产业增加值占全市生产总值的比重达到70.5%,比上年提高2.7个百分点。产业结构升级带动就业结构的变化,第三产业从业人员比重不断提高,居民来自服务业的工资收入保持较快增长。2016年,全市常住人口从业人员中从事第三产业的人员比重不断提高,多数服务行业工资性收入保持10.0%以上的较快增长,有效冲抵了制造业等行业工资性收入增长较慢带来的不利影响,使上海市居民工资性收入保持平稳增长。

第二,自主创业、自主经营拉动居民经营性收入增长。2016年,上海市居民人均经营净收入为1399元,比上年增长6.0%。其中,城镇常住居民人均经营净收入为1400元,增长7.5%;农村常住居民人均经营净收入为1388元,下降5.1%,主要原因在于农村地区纯农就业家庭有所减少。2016年的特点是居民从事交通运输业、房地产业及批发和零售业的经营净收入增长较快,带动居民从事第三产业经营净收入的增长。

第三,出租房屋收入提高带动居民财产净收入增长。2016年,上海市居民人均财产净收入为7684元,比上年增长7.1%,拉动可支配收入增长1.0个百分点。其中,城镇常住居民人均财产净收入为8487元,增长7.2%;农村常住居民人均财产净收入为859元,增长10.9%。

2016年,上海市房地产市场持续升温,房屋出租价格持续上涨,居民出租房屋收入有所增长。2016年,全市居民财产净收入中的出租房屋收入同比增长两成左右。

第四,养老金标准提高带动居民转移净收入增长。2016年,上海市居民人均转移净收入为12504元,比上年增长15.0%,拉动可支配收入增长3.3个百分点。其中,城镇常住居民人均转移净收入为13466元,增长14.8%;农村常住居民人均转移净收入为4325元,增长24.1%。

2016年,上海市居民人均养老金或离退休金为14455元,比上年增长12.7%。其中,城镇常住居民人均养老金或离退休金为15535元,增长12.6%;农村常住居民人均养老金或离退休金为5269元,增长18.5%。

(4) 进一步完善社会救助制度,提高低收入居民家庭收入水平

虽然近几年上海市低收入居民家庭收入增长快于平均水平,但收入绝对差距仍然较大,城乡居民收入差距有待进一步缩小。根据经济发展水平,针对中低、低收入群体的不同保障需求,提供更好、更合适的保障服务和产品:一是针对因病生活困难群体,进一步完善支出型贫困保障政策,提供低门槛的商业医疗保险;二是加大对远郊农村低收入户的扶持,尽快改变其农业零散经营状态,发展农业集约化规模经营,并加大对农村社区老人生活服务项目的支持力度;三是进一步完善社会救助和保障标准与物价上涨挂钩联动机制,切实保障低收入困难群体基本生活;四是继续提高职工最低工资标准、最低生活保障标准、失业保险金和退休人员基本养老金标准。

(5) 积极创造条件,拓宽城乡居民收入渠道

上海市采取措施积极创造条件,拓宽城乡居民收入渠道,一是提高居民家庭经营性收入。营造良好的创新创业环境,落实好国家金融支持和税收优惠相关政策,形成全社会大众创业、万众创新的热潮,不断增加居民经营性收入。二是提高居民家庭财产性收入。促进本市房地产市场平稳健康发展,引导城乡居民获得合法有序的租金收益,多渠道增加居民财产性收入。三是获取合理投资收益。加快形成融资功能完备、基础制度扎实、市场监管有效、投资者权益得到充分保护的金融投资市场和商品投资市场。帮助市民掌握理财知识,健全法律法规,远离金融诈骗和不当利益,规避投资风险,切实保护投资者的合法权益。

2. 江苏省居民收入基本情况与措施

(1) 年人均可支配收入首破3万

2016年,江苏居民人均可支配收入首破3万元大关,城镇居民人均可支配收入首破4万元大关,全省实现生产总值76086.2亿元。2016年全省居民人均可支配收入32070元,较上年增长8.6%,比同期

全省 GDP 增速高。按常住地分，城镇居民人均可支配收入 40152 元，增长 8%；农村居民人均可支配收入 17606 元，增长 8.3%。这也是江苏省年人均可支配收入、城镇居民可支配收入分别首次突破 3 万元和 4 万元大关。江苏城乡居民收入比缩小 0.1 个百分点。

全省居民人均可支配收入中位数 27436 元，增长 9.3%。全省居民人均可支配收入中，按五等份分组，低收入组人均可支配收入 9436 元，增长 11.2%；中低收入组人均可支配收入 18581 元，增长 11.8%；中等收入组人均可支配收入 27670 元，增长 10.1%；中高收入组人均可支配收入 40363 元，增长 11.0%；高收入组人均可支配收入 73201 元，增长 6.7%。全省居民人均消费支出 22130 元，比上年增长 7.7%。

(2) 提升工资性收入是增收主渠道

在 2016 年居民可支配收入中，工资性收入 18664 元，增长 8.6%，贡献度超过了一半以上；而经营净收入 4724 元，增长 5.8%；随着城乡居民房租收入的增加、理财渠道的增多，以及农村居民土地流转的经营性收益的增加，居民财产净收入为 2880 元，增长幅度最大，达到了 13.5%，这一收入来源增速要比 2014 年、2015 年的增速还要高。此外，居民收入构成之一的“转移净收入”达到了 5802 元，增长了 8.5%。

工资收入作为江苏居民的主要增收空间，得力于政府加大居民就业渠道，提高最低工资标准，而 2016 年江苏经济运行总体平稳，稳中有进、稳中有好。

(3) 新兴产业增长较快，机器人产量大增 9 成多

江苏工业转型升级明显，全年规模以上工业增加值比上年增长 7.7%。其中，新兴产业增长较快，医药制造业增长 12.3%，仪器仪表制造业增长 14.1%。代表智能制造、新型材料、新型交通运输设备和高端电子信息产品的新产品产量实现较快增长。全年工业机器人产量增长 90.6%，服务器增长 50.2%，碳纤维增强复合材料增长 36.6%，智能手机增长 30.2%，智能电视增长 21%，太阳能电池增长 23%。

新产业新动能培育取得积极成效，财政收支稳定增长，居民消费价格总体稳定，为全年城乡居民增收奠定了基础。

(4) 四措施确保苏州城镇居民能够持续增收

2016 年，苏州为确保城镇居民持续增收采取了四项措施，一是提升经济增长的质量效益，确保经济稳定增长。按照省、市决策部署，进一步提升发展目标，自加压力、主动作为，以深化改革为动力、创新驱动为引领，奋力推动转型升级迈上新台阶，确保经济社会平稳健康发展。二是建立正常合理的职工工资增长机制。加强政策调控和监督力度，加强企业最低工资标准执行情况的检查，保障劳动者合法权益，提高职工工资收入水平。继续发挥工资拉动作用，刺激消费增长，促进全市经济稳步、快速、向好发展。三是加大政策扶持，鼓励居民双创增收。积极落实、全面推进大众创业万众创新若干政策措施，加强政策宣传力度，加大扶持政策，引导居民创业活动，建立政策措施监督机制，积极为居民创业活动服务，鼓励大众创业，万众创新，促进经济的发展，增加居民经营收入。四是完善社保体系，提高转移净收入。不断提高企业退休人员养老金水平，提高城镇居民养老保险基础、养老金转移支付标准，提高城镇居民基本医疗保险赔付标准，完善失业、工伤、生育保险制度，加强住房、养老、救助等保证力度，切实提高城镇居民的转移性收入水平。

(5) 连云港富民政策见成效

近年来，连云港市深入贯彻落实国家和省富民增收相关决策部署，聚焦富民，创新举措，务实行动，全力以赴抓发展、促增收、惠民生，富民增收工作成效明显。数据显示，2016 年，连云港市居民人均可支配收入为 21230 元，其中城镇居民人均可支配收入为 27853 元，农村居民人均可支配收入为 13932 元。

连云港市开发区朝阳街道的桃花林不仅是旅游资源，而且桃花结果变为一瓶瓶可以换取外汇的黄桃罐头。过去几十年，朝阳街道借助区域荒山优势，让群众实现了家门口就业，让山民们不仅靠山吃山，还像城里人一样拿到了“工资”。随着全市经济发展水平不断提升，越来越多的老百姓受益于港城发展的机遇，工资性收入不断提升。数据显示，2016 年城镇居民工资性收入 15194 元，占可支配收入的

54.6%，为可支配收入增长的第一大动力；农村居民人均工资性收入为6462元，占农村居民可支配收入的46.4%。

连云港市还积极推进城市创业工作，通过大众创业推动城乡居民从自主创业经营中获得收益。数据显示，2016年连云港市城镇居民人均经营性收入5458元，占可支配收入的20%。农民人均经营性收入4854元，占可支配收入的34.8%。这些数字表明港城百姓正在通过创业，增加家庭收入，过上更加富足的生活。

通过引入蓝莓种植，赣榆黑林群众不仅获得了土地扭转的费用，而且还找到了家门口打工机会。一颗颗小小的蓝莓正在成为革命老区人民致富的"金果果"。黑林百姓的感受仅是连云港市不断提升城乡居民财产性收入的一个案例。数据显示，2016年，城镇居民财产性收入2316元，同比增长13.9%，农村居民财产性收入190元，同比增长15.8%。财产性收入成为城乡居民收入构成中增速最快的一项。

连云港市还通过惠民政策，不断促进居民转移性收入增加。2016年，全市城镇居民人均转移性收入为4884元；农村居民人均转移性收入2425元，同比增长11.4%。惠民政策成为促进转移性收入快速增长的主要因素。

3. 浙江省居民收入基本情况与措施

(1) 城乡居民收入增长双破"8%"

2016年浙江省城镇常住居民人均可支配收入47237元，比2015年增加3523元，同比增长8.1%。从收入来源看，人均工资性收入26656元，同比增长6.8%；人均经营净收入7126元，同比增长7.2%；人均财产净收入6381元，同比增长5.5%；人均转移净收入7074元，同比增长16.5%。

2016年浙江省农村常住居民人均可支配收入22866元，比上年增加1741元，同比增长8.2%。从收入来源看，人均工资性收入14204元，同比增长8.5%；人均经营净收入5622元，同比增长4.8%；人均财产净收入662元，同比增长8.9%；人均转移净收入2378元，同比增长15.1%。

2016年，全省居民人均可支配收入38529元，比上年增长8.4%，扣除价格因素增长6.4%；城镇、农村常住居民人均可支配收入分别为47237元和22866元，分别比上年增长8.1%和8.2%，扣除价格因素增长6%和6.3%。至此，浙江城乡居民收入已分别连续16年和32年位居全国各省区第一。

(2) 居民收入三来源增长情况

第一，工资性收入稳步增长。2016年浙江居民人均工资性收入增长7.5%，对可支配收入增长的贡献率为51.9%，居四大项收入首位。工资性收入具有刚性增长特征，2016年全省经济持续向好发展，务工形势良好。新农村建设、五水共治、迎接G20峰会等基础建设项目吸纳了大量劳动力就业。同时，随着机关事业单位工作人员工资标准的提高以及车改补贴的发放到位，进一步促进了居民工资性收入的增长。

第二，经营净收入较快增长。2016年浙江居民人均经营净收入增长6.6%，增幅较上年提高2.9个百分点，对可支配收入增长的贡献率为13.6%。全年浙江省城乡居民人均经营净收入分别增长7.2%和4.8%，增速均比上年有所加快。其中城镇常住居民人均第三产业经营净收入同比增长13.6%，农村常住居民人均第一产业经营净收入同比增长11.6%，均增长较快，前者主要是由于批发和零售业、租赁和商务服务业等行业经营收入增长较快，后者的促进因素为农业和渔业经营收入的较快增长。

第三，转移净收入持续快速增长。2016年浙江居民人均转移净收入增长16.7%，其增长速度仍领跑四大项收入，且增幅较上年提高2.4个百分点，对可支配收入增长的贡献率为25.9%，仅次于工资性收入。转移净收入的增长动力主要来自于占比最大的养老金和离退休金收入的快速增长，2016年浙江省居民人均养老金或离退休金收入增长18.4%。同时，各地提高最低生活保障标准、加大扶贫帮困力度等政策的实施，进一步促进了浙江省居民转移收入的提高。

(3) 城乡居民收入比连年下降

2016年，浙江城乡居民收入比为2.066，比2015年的2.069缩小0.003。近年来，浙江城乡居民收入差距持续在缩小。按照2013年新口径调查和计算的城镇、乡村常住居民收入，2013年浙江省城乡居民收入差距约为2.1∶1，2014年为2.09∶1，2015年进一步缩小为2.069∶1，2016年则再次下降为2.066∶1。

近年来，浙江省各地不断增加公共财政对“三农”的投入，城乡居民的“同等待遇”渐成现实。如在全国户籍制度改革试点县德清，附着在户口本上的32项居民实际待遇差异，被逐一消除。为增加农村居民的财产性收入，浙江农村产权制度改革持续并深化，2015年底，浙江在全国率先全面完成农村集体经济股份制改革，全省近3万个村的3500多万农民当上社员股东。

浙江在政府工作报告中，提出“完善农村土地所有权、承包权、经营权分置办法。深入推进‘三权到人(户)、权跟人(户)走’改革，加大宅基地空间置换力度，把愿意进城的农民转化为市民，把愿意留在农村的农民转化为新型职业农民，不断提高农民收入”。这项重要改革可以彻底消除农民的顾虑，让农村土地“动”起来，推进农业规模化发展。

(4) 努力提高居民收入在GDP中的比重

2016年浙江居民收入在GDP中占比达到4%，高于全国平均水平。浙江将居民收入占比指标列为经济发展与政绩考核的重要指标，以此弥补GDP指标的缺陷，使经济发展不忘“以民为本”“以人为本”的初心。

推进企业创新发展、加快转型升级是企业走出困境，避免企业收入下行的根本之路。政府要在促进企业、科研机构、中介的协同创新方面起到协调与引导作用，加快企业技术进步，促进劳动生产率提高，为劳动收入提高奠定坚实基础。

根据经济学诸多实证分析，居民收入占比指标与产业结构有密切关系。在工业化后期与后工业化时期，居民收入占比往往与第三产业比重有着高度关联。第三产业属于轻资产行业，有助于减少GDP中固定资产折旧的比重，有利于劳动与企业收入的占比扩大。大力发展技术密集型产业，也有助于员工收入的调高。此外，树立绿色发展理念，加大“三改一拆”与水、气、土的治理，倒逼企业转型升级。

城市化率越高，居民收入的提升越快。以人的城市化为目标，改革创新农村土地制度，以农村宅基地与承包地的交易流动为主要路径，带动全省城乡居民的双向流动，促进农村居民进城购房就业当市民，城市居民下乡承包土地当职业新农民，加速城乡融合发展，促进居民收入大幅提高。

(5) 边创业边学习，民营经济带动居民增收

杭州桐庐县钟山乡有中国快递之乡称号，这里不仅走出了“三通一达”等民营快递企业的掌门人，而且带动越来越多的同乡人跟随他们的脚步，离开大山从事快递行业。钟山乡歌舞村是中通快递董事长赖海松的老家，全村劳动力1175人，从事快递行业的有800多人，许多人刚从事快递行业时才20多岁，文化水平不高，但年轻人边干边学习，从普通快递员升任业务主管的不在少数。

浙江民营经济发达，很多乡镇都有自己的“招牌”产业，留下来的农村居民在家门口就能找到合适的打工去处，而走出去的农民则通过提高就业技能，适应新经济发展带来的就业机会。据统计，2016年浙江省实体经济发展平稳，占浙江农民收入半壁江山的工资性收入再次实现突破，同比增长8.5%。

4. 安徽省居民收入基本情况与措施

(1) 人均收入低于全国平均水平

2016年安徽省常住居民人均可支配收入19998元，比上年增长8.9%，扣除价格因素，实际增长7%；城镇常住居民人均可支配收入29156元，增长8.2%，扣除价格因素，实际增长6.3%。从增速上看，跑赢了全国，但由于基数低，人均收入仍与全国差距较大，低于全国平均水平4460元，差距比上年提高201元。从收入结构看，呈现“三低一高”的局面。其中工资收入比全国平均水平低2387元，财产净收入比全国平均水平低1191元，转移净收入比全国平均水平低1532元，经营净收入比全国平均水平高650元。

2016年，安徽城镇居民人均工资性收入18278元，同比增长8.0%。在城镇居民四项收入中，工资收入比重最大，占62.7%，成为推动安徽城镇居民可支配收入增长的主要动力，拉动城镇可支配增长5.0

个百分点，对城镇可支配收入增长的贡献率为60.8%。从增速上看，转移净收入增长最快。2016年，安徽城镇居民人均转移净收入4378元，同比增长10.7%，增速同比提高2.5个百分点，对城镇居民可支配收入增长的贡献率为19.1%，仅次于工资性收入。另一个增速较快的是财产净收入。2016年，安徽城镇居民人均财产净收入2080元，同比增长10.5%，增速仅次于转移净收入，增速同比提高5.2个百分点。但与其他三项收入相比，财产性收入绝对数最小，占可支配收入的比重排在末位。增速出现下降的是经营净收入。2016年，安徽城镇居民人均经营净收入4420元，同比增长5.9%，增速同比下降1.6个百分点。

(2) 农民增收速度快于全国平均水平

2016年安徽农村常住居民人均可支配收入11720元，同比增长8.3%，扣除价格因素，实际增长6.6%，增幅高于城镇居民，高于全国0.4个百分点。在增速提高的前提下，农民收入中的"四项收入"全面增长，家庭经营收入贡献率最高。2016年安徽省农民二三产业经营净收入同比增长19.8%，超出全国平均水平10.8个百分点。

2016年，安徽省农村常住居民人均可支配收入总体呈现增速放缓，结构优化等特征。一年来，全省以市场需求为导向，创新调整优化农业产品产业结构，推进粮经饲统筹、农牧渔结合、种养加一体、一二三产业融合发展，稳定了粮食和"菜篮子"生产，创建15个粮食绿色高产高效示范县，建立300个绿色增产示范区、示范村和示范家庭农场，推广稻渔综合种养面积70万亩。

(3) 对紧缺技术工人落户、购房、子女上学等进行支持

安徽支持各地和用人单位对优秀紧缺技能人才实行特殊津贴制度或奖补政策。对获得中华技能大奖、全国技术能手的在皖高技能人才，在国家奖励基础上分别给予10万元、2万元追加奖励。

鼓励企业建立"首席技师"制度，并落实首席技师津贴。支持企业设立技能大师工作室，建立资助与绩效挂钩机制，定期开展技能大师工作室成果评鉴，对择优认定的省级技能大师工作室给予10万元资助。鼓励企业采取协议薪酬、持股分红等方式，试行年薪制和股权制、期权制，提高技能人才收入水平。

营造崇尚技能的社会氛围，对入选世界技能大赛国家集训队、代表国家队参加世界技能大赛的选手给予奖励，对获得奖牌的选手给予重奖。建立健全重点领域紧缺技术工人城市落户、购租住房、子女上学、医疗救助等支持制度。

(4) 允许科研人员、教师适度兼职兼薪

安徽允许科研人员和教师依法依规适度兼职兼薪，支持事业单位科研人员离岗创业。允许高校、科研院所探索实行年薪制、协议工资或项目工资等灵活多样的分配形式和办法。扩大高校和科研院所自主权，赋予创新领军人才更大的人财物支配权、技术路线决策权，保障科研人员的合理工资待遇水平。

安徽省将实施国有科技型企业股权和分红激励。科技人员以技术成果投资入股获得的股权奖励可选择5年内分期缴纳或递延至分红、转让时一并缴纳个人所得税。

(5) 绩溪县统筹社会扶贫

2016年，安徽宣城市绩溪县紧紧围绕"人脱贫、村出列"目标，按照"六个精准"、"五个一批"、"不落一户一人"的总体要求，扎实抓好精准识别、精准施策、精准帮扶、精准脱贫，脱贫攻坚工作取得了阶段性成效。

扎实推进金融扶贫小额贷款，完成评级1425户、授信140户，发放贷款38户，为农村4938名贫困劳动力购买意外伤害保险，最高可赔付5万元。强化推进基础工程，农村畅通工程全面实施，101个村级畅通工程项目完成路基工程85个，完成路面工程32个；农村小型水利工程泵站、河道整治、塘坝清淤整治工程完工率90%以上，11个贫困村饮水改造工程扎实推进；完成60个农网改造升级工程项目，建改低压线路179.9千米，户表改造3.794万户，新增供电能力2030千伏安；187户农村贫困户危房改造开工167户，竣工117户。深入开展"百企帮百村"精准扶贫，确定51家企业定点帮扶26个贫困村。推动电商精准扶贫，依托上街去网络科技公司，建成11个贫困村电商服务点，贫困户农副产业累计网上销售额

近3000万元；支持牛栏坪、淘食壹号等电商企业通过网销角豆、黑猪养殖网销价回购、红薯种植市场价回购等扶助手段，为200余户贫困家庭实现年增收2000元以上。

严格落实财政扶贫专项资金计划，确定县财政增列预算、对上争取和整合部门扶贫资金5800余万元，重点支持贫困村产业扶持、基础设施建设和贫困户技能培训、就业扶持、改善居住条件等；落实县财政增量收入的10%以上增列扶贫资金政策规定，安排预算资金515万元；县财政先行垫付426万元，确保易地扶贫搬迁工作稳步推进；2016年新增债券资金340万元，重点用于贫困村基础设施建设；增列190万元到户项目补助资金，确保建档立卡贫困人口人均可支配收入稳定超过国家扶贫标准；设立1000万元扶持村级集体经济发展专项基金，发展壮大村集体经济。政府兜底保障、教育助学脱贫、生态补偿脱贫等各类补助资金全部发放到位。

三　劳动就业情况

（一）一市三省劳动就业情况

表1　2012—2016年长三角地区一市三省从业人员数　（万人）

	2012年	2013年	2014年	2015年	2016年
上海市	1115.50	1315.09	1365.63	1361.51	1365.24
江苏省	4759.53	4759.89	4760.83	4758.5	4756.22
浙江省	3691.24	3708.73	3714.15	3733.65	3760.00
安徽省	4206.80	4275.90	4311.00	4342.10	4361.60

（二）省辖市劳动就业情况

表2　2012—2016年长三角地区各省辖市就业人员数　（万人）

	2012年	2013年	2014年	2015年	2016年
南京市	451.8	452.4	453.0	455.0	456.0
无锡市	389.1	389.2	389.5	390.0	387.0
徐州市	478.7	478.7	480.9	482.1	483.4
常州市	280.9	280.9	281.0	281.0	281.4
苏州市	694.3	695.2	693.4	691.4	691.3
南通市	468.9	467.2	462.0	460.0	458.0
连云港市	249.2	250.2	251.1	250.3	250.5
淮安市	280.4	281.3	281.9	282.5	283.6
盐城市	447.7	446.4	445.5	445.7	446.0
扬州市	265.8	265.7	265.6	264.5	263.4
镇江市	192.0	192.1	192.7	193.1	194.3
泰州市	284.4	284.2	285.0	281.3	278.1
宿迁市	276.4	276.4	279.2	281.6	283.2
杭州市	644.43	650.51	654.92	663.03	676.95
宁波市	501.58	503.36	511.50	509.50	520.00

续表

	2012年	2013年	2014年	2015年	2016年
温州市	577.88	573.96	567.57	573.98	574.00
嘉兴市	327.13	327.70	332.29	328.91	329.73
湖州市	180.32	180.90	182.97	184.48	187.11
绍兴市	343.90	344.39	345.67	346.80	348.07
金华市	343.45	345.29	345.51	346.01	347.31
衢州市	133.35	133.60	134.16	130.58	132.02
舟山市	72.90	72.65	74.32	74.50	74.70
台州市	389.26	397.15	402.15	407.32	404.36
丽水市	139.20	140.07	140.63	141.15	142.69
合肥市	484.9	504.4	513.9	523.8	530.3
淮北市	113.5	114.1	114.8	116.3	118.5
亳州市	338.5	339.1	353.4	361.3	355.7
宿州市	359.1	362.1	369.9	375.9	377.6
蚌埠市	226.0	199.4	218.5	226.6	231.8
阜阳市	611.1	629.3	610.1	632.9	660.2
淮南市	138.1	140.2	138.0	220.7	226.4
滁州市	276.7	280.4	282.6	288.7	298.1
六安市	403.5	404.9	433.2	385.3	395.8
马鞍山市	127.2	131.7	136.9	140.0	140.4
芜湖市	195.9	197.8	200.8	207.1	219.1
宣城市	202.2	202.7	203.0	202.9	203.1
铜陵市	46.0	46.3	47.7	119.0	117.4
池州市	112.1	113.1	114.1	114.8	114.5
安庆市	431.9	434.6	436.7	346.0	339.8
黄山市	96.1	97.3	98.0	98.0	98.1

（三）促进劳动就业的措施与进展

1. 上海市劳动就业基本情况与措施

（1）上海市劳动就业基本情况

2016年上海市新增就业岗位59.93万个，较上年59.66万个增加0.27万个。全年新安置就业困难人员10786人，新消除零就业家庭108户。全年帮扶引领成功创业人数11795人，其中，青年大学生7538人；帮助8802名长期失业青年实现就业创业。全年共完成职业培训64.94万人，其中，农民工职业培训27.77万人。至年末，累计有894人入选国家“千人计划”，798人入选上海“千人计划”。高技能人才占技能劳动者比例达到31.1%。至年末，全市城镇登记失业人员24.26万人，城镇登记失业率为4.1%。

在促进就业方面，2016年上海市推进新一轮鼓励创业带动就业三年行动计划。进一步降低创业门槛和成本，落实初创期各项创业扶持政策。重点鼓励支持青年大学生创业，加大青年创业见习政策扶持力度。完善终身职业培训制度，创新职业培训机制，推进企业新型学徒制试点，建立重点建设项目与职业培训联动机制，扩大“双证融通”试点范围。进一步促进离校未就业高校毕业生就业，继续实施青年就业“启航”计划，深入推进离土农民就业促进专项计划，扩大“双特”政策就业帮扶效应。完善就业监测机制，健全调查失业率制度。

(2) 上海近九成市民对自己的工作感到满意

上海市就业调查数据显示，2016年度上海市民就业满意度指数为142.3，处于“比较满意”区间，总体就业满意度较高。对当前就业岗位“非常满意”的市民约占21.3%，表示“比较满意”的约占67.1%，两者合计接近九成；对当前就业岗位“不太满意”或“非常不满意”的市民约占3.8%。随着上海市人口结构的变化和促进就业工作力度的不断加强，就业环境持续改善，是调查就业满意度数据处于高位的主要原因。

数据显示，上海市民对单位人际关系、工作内容较为满意，对晋升空间、薪资收入则有更高的期待。调查结果表明，科学研究和技术服务业、教育业等行业从业人员的就业满意度最高，分别为151.5、149.6；就业满意度较低的行业是制造业、住宿和餐饮业等行业，就业满意度分别为135.4和138.8。随着我国经济发展水平的不断提高，消费结构加速升级，教育支出已经成为人们日常生活费用中仅次于食物支出的第二大项目。语言培训、计算机培训、学历教育、艺术教育、中小学课外辅导、幼儿教育等各类教育机构蓬勃发展，教育行业迎来前所未有的战略发展机遇期。

调查结果还表明，知识型、技能型劳动者就业满意度明显高于总体水平，高级技师就业满意度“高居榜首”。从上海人力资源市场供求状况来看，招聘单位对于劳动者学历，职业技能的要求逐年提高，要求大专以上学历的招聘岗位所占比重约为40%，高端技能人才“一匠难求”的现象在人力资源市场上司空见惯。

调查显示，青壮年劳动者就业满意度相对较高，人到中年需谨防“职业倦怠”。同时，从不同户籍劳动者的就业满意度来看，上海户籍劳动者的就业满意度为142.2，外省市来沪人员的就业满意度为142.8，两者之间的差距微乎其微。上海市高度重视推动实现基本公共服务均等化，在综合考量城市发展水平和承受能力的前提下，致力于让符合条件的来沪人员平等地享有基本公共服务。

(3) 完善终身职业培训制度

深入推进企业职工职业培训，鼓励企业自主开展培训，进一步发挥地方教育附加专项资金促进培训的作用，健全中小微企业培训服务平台。落实农民工职业技能培训“春潮行动”，启动养老护理人员职业技能提升专项行动计划，提高农民工技能等级比例。创新职业培训机制，开展企业新型学徒制试点，扩大“直通车式双证融通”试点范围，建立重点建设项目与职业培训联动机制。制定职业培训师资管理办法，提升教学能力。做好职业资格清理规范，探索行业协会学会有序承接职业资格认定，研究引进国外优质培训机构、培训课程和认证证书，指导浦东新区开展外商投资举办经营性职业培训机构试点工作。

(4) 做好重点群体就业工作

实施求职创业补贴，调整青年见习相关补贴标准，进一步促进离校未就业高校毕业生就业。开展高校毕业生就业状况基础研究，总结评估近年工作成效。做好实名制登记，为离校未就业毕业生提供更有针对性的招聘、指导、见习、培训等服务。加强市区联动，推进青年就业“启航”计划。继续做好机关事业单位残疾人专项招录，完善常态化工作机制。继续推进离土农民就业促进专项计划，加大政策宣传力度。提升“双特”政策吸引力，更好发挥其帮扶就业困难人员就业的作用。做好充分就业社区创建和评选，强化基层就业服务。

落实初创期创业社会保险费补贴、创业贷款担保贴息、房租补贴等各项扶持政策，引导和推动众创空间等创新创业服务载体发展，重点鼓励和支持青年大学生创业和初创期创业。创新创业培训模式，加大青年创业见习政策扶持力度，实施大学生创业能力培养计划。加强创业孵化示范基地培育，建设一批高校创业指导站，推动区县改造升级现有创业园区。以创业计划大赛为重点，组织开展丰富多样的创业主题活动。指导区县全面创建创业型城区，适时开展中期评估。

(5) 加强就业服务和管理

完善就业监测机制，健全调查失业率制度。继续加强来沪人员就业管理服务，开展来沪人员灵活就业登记政策评估，开展非单位就业农民工专项调查。推进合作交流，加大对新疆、西藏等对口援建地区的就业帮扶力度。实施公共招聘网改版，提升来沪人员就业服务网功能，全面实施单位招退工自助经办。研究就业服务补贴实施方案，建立购买社会成果提供职业介绍服务的机制。

2. 江苏省劳动就业基本情况与措施

(1) 江苏省劳动就业基本情况

2016 年年末江苏省城乡从业人员 4756.2 万人，比上年末减少 2.3 万人，其中，第一产业 841.9 万人，第二产业 2045.2 万人，第三产业 1869.2 万人，分别占全省总数的 17.7%、43%、39.3%。城镇新增就业 143.22 万人，年末城镇登记失业人数 35.21 万人，城镇登记失业率控制在 3.00%。

大力推进全民创业。支持 22.82 万人成功自主创业并带动就业 89.31 万人，其中，引领大学生创业 3.11 万人，扶持农村劳动力创业 7.99 万人。

切实保障重点人群就业。帮助城镇失业人员再就业 77.82 万人，其中就业困难人员就业 13.12 万人，城镇零就业家庭动态为零。新增转移农村劳动力 26.49 万人，累计转移 1901.59 万人，转移比重 72.5%。为 0.64 万名去产能企业职工提供免费培训，妥善安置 2.31 万名钢铁煤炭行业去产能职工。帮助 5.77 万名建档立卡低收入农户劳动力实现稳定转移就业。

实施高校毕业生就业促进计划。开发就业见习岗位 3.59 万个，安排 2.68 万名未就业高校毕业生参加见习，1.99 万人通过见习实现就业，1.5 万人见习期满留岗就业。扎实做好离校未就业高校毕业生实名制登记管理，离校未就业毕业生实名登记率和服务率均为 100%。招录“三支一扶”高校毕业生 400 名，其中支教 108 名、支农 64 名、支医 61 名，扶贫 145 名、水利 22 名。高校毕业生年末总体就业率 96.9%。

不断强化职业技能培训。组织 143.59 万人参加企业职工岗位技能提升培训、67 万人参加城乡劳动者就业技能培训、26.9 万人参加创业培训，为 14.91 万名新生代农民工提供具有针对性的岗前、提升和转岗培训。

(2) 出台多项帮扶措施，助 54.8 万毕业生就业

在鼓励企业吸纳高校毕业生就业方面推出举措包括：对科技型小微企业和劳动密集型小企业，当年吸纳毕业年度高校毕业生并与其签订 1 年以上劳动合同的，按每人不超过 10 万元、期限不超过 2 年、最高不超过 200 万元额度发放贷款，并由财政按基准利率给予 50%的贴息；对小微企业新招用毕业年度内的高校毕业生，签订 1 年以上劳动合同并依法缴纳社会保险费的，按企业为其实际缴纳部分给予 1 年社会保险补贴；对吸纳就业困难人员和高校毕业生并与其签订 1 年以上劳动合同、足额缴纳社会保险的初创企业，有条件的地方政府可给予一次性就业补贴；对见习人员见习期满留用率达 50%以上的见习单位，按每留用 1 人补贴 1000 元的标准，给予一次性见习补贴等。

在引导高校毕业生面向基层就业方面，政策举措包括：对到中西部地区和苏北指定的县以下(不含县政府驻地)基层单位就业，服务期达 3 年以上(含 3 年)的全日制普通高校毕业生，可享受相应的学费资助和国家助学贷款代偿政策，国家助学贷款代偿和学费资助的标准为本专科学生每人每年最高不超过 8000 元、研究生每人每年最高不超过 12000 元。

(3) 全年引领大学生创业 1.6 万人，完成大学生培训 4 万人

2016 年在支持高校毕业生自主创业方面，推出的帮扶举措包括：符合条件的高校毕业生自主创业的，可在创业地申请期限不超过 2 年、额度最低 10 万元的创业担保贷款，对申请创业担保贷款从事微利项目的，由财政据实全额贴息，对从事非微利项目的，给予 50%贴息，在电子商务网络平台开办网店的高校毕业生，可按高校毕业生自主创业政策规定享受创业担保贷款和贴息补助。鼓励对信用社区推荐的

自主创业高校毕业生降低或取消反担保要求。毕业两年以内的高校毕业生初次自主创业，经营 6 个月以上、能带动其他劳动者就业且正常申报纳税的，给予一次性创业补贴。

此外，持《就业创业证》的高校毕业生在毕业年度内从事个体经营的，3 年内按每户每年 9600 元为限额依次扣减其当年实际应缴纳的营业税、城市维护建设税、教育费附加和个人所得税（政策执行期限至 2016 年 12 月 31 日）。

(4) 加强高校毕业生就业援助

对毕业年度享受城乡居民最低生活保障家庭的高校毕业生、残疾高校毕业生、已获得国家助学贷款的高校毕业生，给予每人 1500 元一次性求职创业补贴；对毕业年度内离校未就业高校毕业生实现灵活就业，并按规定办理就业失业登记、缴纳社会保险费的，给予不低于其实际缴费的 1/2、不超过 2/3 的社会保险补贴，社保补贴期限最长不超过 2 年。

参加就业见习是提升高校毕业生就业能力的重要途径。高校毕业生见习期间，每月提供不低于上年见习基地所在地区最低工资标准 60%的生活补助；为毕业生办理人身意外伤害保险；由县以上人力资源和社会保障部门为见习人员办理城镇居民医疗保险；免费提供人事档案托管服务；见习期间或期满后被见习单位正式录用的，在该单位的见习时间可作为工龄计算。此外，高校毕业生毕业年度内参加就业技能培训或毕业学年内参加创业培训，培训合格并通过职业技能鉴定取得初级以上职业资格证书，可按规定向当地人力资源和社会保障部门申请职业培训补贴和一次性职业技能鉴定补贴。

(5) 举全省之力，为徐矿集团分流职工开展专项就业服务

9 月 24 日，“2016 年徐矿集团分流职工公益专场招聘洽谈会”在徐州市人力资源市场成功举办。

这次全省联动举办徐矿集团分流职工公益专场招聘洽谈会是专项就业服务活动的主要内容。全省 13 个市根据徐矿集团分流职工的主要特点，有针对性地组织 203 家用人单位进场招聘，提供了 18466 个适合分流职工从业的有效岗位信息，吸引了 5600 多人前来交流洽谈，其中徐矿集团分流职工 2300 多人，现场初步达成就业意向 1135 人次。在招聘服务活动现场，全省还动员了近 20 家培训学校和机构与分流职工开展培训对接活动，提供了一批培训信息供分流职工进行选择。省市人社部门在现场还为分流职工提供了就业创业政策宣传和咨询服务，并对分流职工进行实名制登记，为后续全流程跟进开展就业服务奠定基础。同时，全省 13 个省辖市人力资源服务网站与江苏省职业介绍服务网完成链接，开辟了“徐矿集团分流职工公益招聘服务专区”，线上线下同步开展招聘服务活动，网上登录招聘用人单位 230 家、提供岗位信息 25662 个，全方位推进供需有效对接。

3. 浙江省劳动就业基本情况与措施

(1) 浙江省劳动就业基本情况

2016 年，浙江全省城镇新增就业人数 116.23 万人，城镇登记失业率为 2.87%，就业局势继续保持总体稳定的良好态势。

切实保障重点人群就业。帮助城镇失业人员再就业 41.65 万人，其中就业困难人员就业 13 万人，城镇零就业家庭动态归零；扎实做好离校未就业高校毕业生实名制登记管理，全年登记 14926 名离校未就业高校毕业生，其中有就业意愿的 12086 人到年底全部实现就业。

深入推进创业带动就业工作。全年扶持农村电商创业 2.81 万人，带动就业 18.73 万人，开展农村电商培训 14.2 万人；强化高校毕业生创业服务，组织大学生参加创业培训 2.21 万人，成功扶持大学生创业 1.24 万人。

(2) 多措并举，促进就业

2016 年 9 月 8 日至 10 月 7 日浙江省组织开展了高校毕业生就业服务月系列活动。服务月活动通过举办招聘会，落实就业创业政策，完善毕业生见习制度，健全实名制台账，千方百计促进高校毕业生就业。一是拓宽就业渠道。深入挖掘企业岗位资源，向毕业生提供招聘信息源。如金华市与市残联、妇联、团委、人才办等部门合作，动员社会各界力量积极参与，深入开展“送政策、送岗位、送技能和

送服务”活动。二是推进创业工作。举办各类创业培训、创业师资培训，完成培训4263人。省级人力社保部门组织电商平台企业、创业培训机构、电商协会等专家，先后对定海、普陀、玉环等县市开展了农村电商精准服务，为浙江省农村电商精准把脉。宁波市举办2016年中国(宁波)大学生创业大赛决赛、资本相亲会及创业培训(加速营)，为大学生创业者提供对接创业相关资源的平台、前沿的创业相关理念以及实战技能经验，提升项目质量和创业成功率。三是做好就业见习和职业培训，提升毕业生就业竞争力。各市推出大量见习岗位，对于本次活动中尚未实现就业的毕业生，都给予见习对接服务或组织职业培训。如丽水莲都区结合自身特色，组织14名高校毕业生参加茶艺师职业技能培训。四是做好就业援助。如嘉兴市对困难家庭高校毕业生情况进行专项调查，全面掌握数量、家庭状况、就业意向等基本信息。积极动员和鼓励用人单位接收困难家庭高校毕业生就业。并根据他们的基本情况和就业需求，制定个性化求职就业方案，提供“一对一”的指导和服务，优先推荐岗位信息，优先参加培训见习。

(3) 推进低收入农户就业帮扶

2016年3月以来，浙江省人力社保厅主动与省扶贫办多次联系对接，与扶贫部门实现数据共享，并专门开发低收入农户就业帮扶信息系统。一是认真摸底调查。各地人力社保部门依托基层平台，上门走访，比对数据，全面摸清低收入农户基本情况，确定需要就业帮扶的对象。二是加强职业技能培训。各级人社部门根据低收入农户成员的身体状况、文化程度、个人意愿等特点，因地制宜组织开展各类免费职业技能培训；对培训机构培训质量进行绩效考核评估，确保培训质量和效果；同时对参加培训的低收入农户就业创业情况进行回访，掌握动态，开展后续服务。各地结合本地实际，开展有针对性的培训，如衢州的月嫂、保育员、家政服务员，缙云的烧饼、养虾，松阳的茶艺，青田的石雕等项目，培训后就业率高，效果明显。三是完善岗位对接平台。注重科学合理分类，因人而异，及时为低收入农户劳动力提供精准岗位信息。发挥就业服务专项活动作用，2016年“春风行动”期间(2—3月份)，全省企业吸纳农村劳动者就业38.28万人，跨地区有组织劳务输出成功3912人；“就业援助月”期间(1月份)，全省认定就业困难人员20513人，帮扶16634人实现就业。四是推进公益性岗位开发。各地针对农村就业困难人员，开发村级公益性岗位，包括保洁、保绿、清理河道、村邮员等，这些岗位劳动强度较小，比较适合年龄大、技能弱的人员。五是支持创业带动就业。省人力社保厅发挥浙江电子商务发展优势，大力推进农村电商创业就业，上半年全省扶持农村电商创业1.19万人，带动就业7.69万人，不少低收入农户投身电商大潮，实现脱贫致富。

(4) 五项措施促进就业结构升级优化

浙江省采取五项措施促进就业结构升级优化。一是加强产教融合，提升高校毕业生就业匹配度。紧密结合浙江经济和产业发展实际，促进产教深度融合，鼓励社会力量办学，加快发展现代职业教育。尤其是产业集聚区、开发区，积极采取合作共建等模式，开设一批地方特色产业、战略性新兴产业发展所需专业，提高地方经济产业发展所需技能人才和研发队伍的储备，有利于缓解高校培养人才与地方经济发展“错配”的问题。

二是加强资源整合，提升在职人员的技能培训绩效。加强包括农民工在内的在职人员职业技能培训，解决就业结构性矛盾。由于涉及农民工培训的有“农民工职业技能提升计划”、“农民工学历与能力提升行动计划”等多个项目，并且由人力社保、教育、农业、科技、扶贫、总工会、团委、妇联等多部门分别实施，存在着低水平重复培训的问题。因此，浙江省加强在职人员培训的统筹规划，以产业发展需求为导向，以地方职业院校为基础，切实提高在职人员技能培训的成效。

三是营造优质创业创新环境，吸引并留住外来年轻高素质劳动力。持续不断的高素质流入人口，是提高人口素质和缓解人口老龄化的有效途径。用改革的办法构建更加吸引并留住人才的创业创新环境，进一步完善人才培养、评价和激励等政策措施，缓解省内高素质人才短缺的状况。

四是强化要素配置市场化改革，切实帮助企业降低成本。浙江省进一步加大简政放权力度，深化要素市场化改革，切实给企业"松绑"。适当降低社会保险费率，减轻企业用工成本。

五是搭建公共服务平台，加快区域内"机器换人"推进步伐。立足行业协会，联合设备制造企业和科研单位，成立"机器换人"服务中心，集中力量技术攻关，实现大企业与小企业的协同发展，共同推进整体技术改造。创建机制，让自动化应用较为成熟的企业愿意将技术和经验与本地相似需求企业分享。

(5) 奉化市举办多元化创业活动

2016 年，浙江省奉化市以加强创业培训为抓手，通过举办电商大赛，营造"创业"氛围，最大限度地释放劳动者的创业动力和创新活力，大力推进大众创业、万众创新。至年底，奉化市共开展各类创业培训(包括电子商务培训)21 期，培训学员近 1260 人，创业培训驶入快车道，为提升全市就业创业工作发挥了重要的促进作用。

举办多元化创业活动，营造"创业"氛围。通过创业项目展示会，为创业者与风投机构及民间投资人搭建沟通和交流平台。此次展示会参展项目 43 项，其中创业项目 29 项，涵盖文化创意、农业、电子商务等领域；创业服务项目 14 项，包含融资贷款、创业培训、品牌管理等服务内容。达成前期项目—资本对接意向 20 余个。同时积极组织企业参与模拟路演，在互相学习和观摩中提升创业者路演水平。

发挥技能大赛对技能人才培养的引领作用，举办农村电商职业技能大赛。7 月份举办 2016 中国(宁波)大学生创业大赛奉化初赛暨奉化市大学生(农村电商)创业大赛，此次大赛共收到来自全国的创业项目 102 个，项目涵盖电子信息、传统文化、卫生清洁、文化创意等多个领域，各个项目通过项目路演、现场提问和评委点评的方式，全方位展现了选手的创业创新项目，最终李欧迪团队的"智能锁"项目拿下比赛金奖，同时直接晋级到宁波市级决赛；"海上鲜"和"手作良品"两个项目获得银奖；"点云文化""卫生间管家""汽车电动车窗防夹功能"等项目获得铜奖；"冷西文化"等 9 个项目获优秀奖。

4. 安徽省劳动就业基本情况与措施

(1) 安徽省劳动就业基本情况

2016 年年末安徽省就业人员 4361.6 万人，比上年增加 19.5 万人。其中，第一产业 1383.5 万人，减少 12.7 万人；第二产业 1245.5 万人，增加 13.4 万人；第三产业 1732.6 万人，增加 18.8 万人。城乡私营企业就业人员和个体劳动者 1056.2 万人，增加 136.8 万人。全年城镇实名制新增就业 66.9 万人，高校毕业生总体就业率 96.16%，下岗失业人员再就业 21.1 万人。年末城镇登记失业率 3.2%，比上年上升 0.06 个百分点。全省农民工总量 1878.4 万人，其中外出农民工 1380.1 万人。

(2) "四进四扶"集中推进就业创业

2016 年 9 月至年底，安徽组织开展就业创业"四进四扶"集中推进行动，深入高校、企业、园区、社区(村)，扶政策、扶资金、扶体制、扶可持续发展能力，推动就业创业政策措施精准落地，推动实现比较充分和更高质量的就业。

进高校，开展促进高校毕业生就业创业专项行动，如推进实名制就业服务、组织人社局长进校园、开展就业创业指导、搭建供需对接平台等，促进高校毕业生尽快实现就业或参加到就业准备活动中，确保高校毕业生就业水平不降低有提高。

进企业，开展化解钢铁煤炭行业过剩产能职工安置集中推进行动，包括健全实名制数据库、开展精准服务、实施"就业新起点"计划、强化资金保障、防范化解风险等举措，促进企业转型升级和脱困发展，确保不出现行业性、规模性失业。

进园区，开展服务企业用工专项行动，如强化企业用工指导服务、加强技能培训、落实补贴政策、实施困难企业就业帮扶等，促进和谐劳动关系的构建，在推动经济发展中稳定和扩大就业。

进社区(村)，开展就业脱贫集中推进行动，包括完善信息台账、开展技能扶贫专项行动、开展 2016 年安徽省贫困劳动者就业服务月活动、创建充分就业星级社区(村)、对就业困难人员实施重点援助等，促进贫困劳动者就业脱贫，促进就业困难人员就业创业，兜住民生底线。

(3) 就业脱贫强调“准”，去产能职工安置突出“稳”

安徽省坚持精准扶贫、精准脱贫，将就业脱贫纳入扶贫攻坚十大工程，提出产业带动、强化培训、劳务对接等6项措施。创新就业扶贫驿站、就业扶贫工厂和居家就业扶贫模式，层层签订就业脱贫责任书。组织“三送一交心”活动，建立170万名贫困劳动者精准台账，认定就业扶贫基地496家，帮扶32.4万名贫困劳动者实现就业。安徽省政府组织的第三方脱贫攻坚监测评估，对就业脱贫工程给予高度肯定，认为成效显著。

坚持化解产能无情、员工安置有爱，安徽省政府出台“六个一批”举措，整合培训补贴等12项普惠政策，创新内退人员稳岗补贴和社保补贴2项特惠政策。建成10万多名分流职工的实名数据库，做到底数清、情况明。针对去产能中的失业人员，实施“就业新起点计划”，确保转岗不下岗。建立跨部门协调机制，制定风险应急预案，3.8万名职工得到妥善安置，完成年度目标的109%。

(4) 高校毕业生就业追求“实”，大众创业勇于“创”

坚持服务前移、无缝衔接，率先实施校园招聘补贴政策，会同高校开展精细化就业服务。为1.36万名困难毕业生发放1091万元求职创业补贴，发放人数和金额是上年的4倍。“一对一”帮扶6.2万名未就业毕业生，帮扶就业率达99.53%。给予自主创业毕业生5000元补贴，帮助1.2万名大学生实现创业。

坚持计划引领、项目推动，实施“创业江淮”行动计划，统筹推进青年创业、返乡农民工创业等“八大工程”。推广“整贷直发”模式，新发创业担保贷款近82亿元，创历史新高。开展青年创业引导资金试点，为科技型小微企业发放信用贷款3.78亿元。与蚂蚁金服开展战略合作，开创“互联网+信贷”新路径。2家创业园获得全国创业示范基地称号，认定青年创业园5个，创建创业大学5所和创业学院25所。

(5) 就业信息化彰显“新”，精准施政贵在“灵”

坚持“互联网+政务”，运行“阳光就业”网上办事系统，在线办结47万笔业务，让数据多跑腿，让群众少跑路，群众非常满意率达99.86%。“阳光就业”入驻支付宝城市服务，日均点击量达1.2万人次，开启“移动互联+就业服务”新时代。按照“政府搭建平台、平台聚集资源、资源服务创业”的思路，通过PPP模式打造面向人人的创业服务云平台。

家住蚌埠曹老集镇的甘先生是一位蜜蜂养殖户，从事蜜蜂养殖十多年，积累了一定的资本和丰富的养殖经验。2016年，甘先生养殖园附近的果园需要大批量蜜蜂进行授粉，甘先生觉得这是扩大养殖规模的好商机。不过商机有了，手头上的资金却略显不足。听镇上的人说，创业人员可以申请政府贴息的创业担保贷款，甘先生抱着试试看的心态去人社部门提交了申请……

“所有的申报结束后，我就回家等消息，没多久10万元创业贷款就打到了我的银行卡上。这不，拿着这笔钱添置了蜜蜂和一些设备，我拿下了好几个果园的业务。”甘先生告诉记者。创业，扩大规模，对于很多人来说是一个美好的梦想，但经验、技术、资金、信息缺一不可，有了政府部门在不同环节“扶上一把”，才能更好地追梦、圆梦。

如果说资金是企业运行的血液，人才则是企业生存的根本。蚌埠市连续两年举办蚌埠(皖北)人才合作对接会，为全市诸多企业提供了人才智力支撑和项目储备。并以合芜蚌人才特区建设为契机，进一步建立完善蚌埠市1+X人才政策体系，引导人才向产业集聚，为企业发展提供优质资源。

作为安徽省首批通过认定的全省A类三级青年创业园，解放路立交桥下，蚌埠青年创业园的各项功能划分正在日益完善，把服务往前置环节延伸。一年前，“WM众创智慧谷”被批准纳入国家级科技企业孵化器管理支持体系，成为全省首批入围“国家队”的6家众创空间之一。与此同时，多部门也在倾力打造双创“智囊团”，2016年7月初，首批来自驻蚌高校、职业院校，各创业园及共青团、工会、妇联、中小企业商会等相关公益组织的80位导师已开始为“创客”提供多平台服务支持。

四 社会保障情况

(一) 一市三省社会保障情况

表 1 2012—2016 年长三角地区一市三省城镇职工基本医疗保险人数 (万人)

	2012 年	2013 年	2014 年	2015 年	2016 年
上海市	1376.00	1394.09	1420.85	1446.37	1468.64
江苏省	2155.47	2274.73	2361.81	2429.00	2490.52
浙江省	1670.97	1791.08	1900.0	1993.0	2017.5
安徽省	974.76	944.87	1016.53	974.29	839.57

(二) 促进社会保障的措施与进展

1. 上海市社会保障情况与措施

(1) 上海市社会保障基本情况

2016 年底,上海市共有 1446.85 万人(包括离退休人员)参加城镇职工基本养老保险,有 79.54 万人参加城乡居民基本养老保险。在 2015 年实现城乡低保标准一体化基础上,2016 年继续加大调标力度,最低生活保障标准从上年的每人每月 790 元提高到 880 元,增长 11.4%。月最低工资标准从 2020 元提高到 2190 元,小时最低工资标准从 18 元提高到 19 元。

2016 年末,全市共有 1404 万人(包括离退休人员)参加职工基本医疗保险,338.03 万人参加城乡居民基本医疗保险。

2016 年末,全市民政部门共有各类提供住宿的收养性社会服务机构 738 个,床位 13.75 万张,其中,养老机构 702 家,床位 13.28 万张。在全市养老机构中,由社会投资开办的有 347 家,床位 5.94 万张。全市建有社区老年人日间服务中心 488 家,社区老年人助餐服务点 633 个。

全年各级政府支出城镇居民最低生活保障金 15.34 亿元、农村居民最低生活保障金 2.40 亿元、农村五保供养资金 0.19 亿元、粮油帮困资金 0.69 亿元、医疗救助金 3.47 亿元。

年内新办福利企业 13 家,新安置 293 名残疾人就业。全市福利企业年销售收入 189.22 亿元,年利润总额 8.49 亿元。

(2) 社会保障制度体系进展情况

2016 年上海市调整了各类人员养老金、最低工资和失业、工伤保险等待遇标准,提高了医保最高支付限额和大学生院校门急诊补贴标准。在全国率先启动并平稳实施了机关事业单位养老保险制度改革,新型农业经营组织参加职保的渠道更加畅通,征地养老政策不断完善。统一了本市城乡居民基本医疗保险办法,居民医保大病保险启动实施。统一了本市城乡户籍职工失业保险办法,实施了建筑业工伤保险办法。依法征收力度进一步加大,对欠费单位实施了社会公示和诚信信息发布。

落实国家基础养老金全国统筹方案。调整被征地人员社会保险办法,提高保障水平。扩大城乡居民养老保险覆盖面,做到应保尽保。启动实施城乡居民基本医疗保险制度,全面实施高龄老人医疗护理计划,实现外来从业人员与职工医保全面接轨。不断完善医保预算管理,推进按病种付费试点。配合国家生育政策调整,修订本市城镇生育保险办法,研究建立与“全面二孩”相配套的生育保险政策。探索将外来从业人员全面纳入失业和生育保险。优化调整职保费率,进一步减轻企业负担。探索适应小微企业特点的社会保险经办服务方式,拓展网上办事业务,推进社保业务向社区基层下沉。

(3) 进一步完善社会保障体系

上海市进一步完善社保体系举措：一是加快完善养老保险政策。继续适当提高"城保""农保""镇保"等社会保险的待遇水平，推动城乡社会保障统筹。深化机关事业单位养老保险制度改革和配套政策，鼓励更多企事业单位参与年金。对接国家基础养老金全国统筹方案，研究细化本市实施办法。二是加强医疗保险制度建设。完善外来农村户籍从业人员参保政策，实现参保人员医保缴费和待遇接轨。扩大高龄老人医疗护理计划试点范围，增加受益人群。优化医保支付制度，加快推进按病种付费试点工作。三是完善社会救助政策体系。继续调整城乡低保及相关社会救助标准和范围，完善支出型贫困生活救助政策，加大医疗救助力度，完善临时救助制度体系。

(4) 上海为减轻企业负担，适当调整社会保险费率

为贯彻落实中央经济工作会议和全国"两会"明确地推进供给侧结构性改革和去产能、去库存、去杠杆、降成本、补短板五大重点任务，以及国家关于适当调整社会保险费率的要求，上海市人民政府决定，在保障参保人员社会保险待遇水平和社保基金正常运行的前提下，进一步降低本市部分职工社会保险的费率水平。该项政策从2016年1月1日起实施。

此次调整共涉及养老、医疗和失业保险三个险种，总体费率下降2.5个百分点。其中，职工基本养老保险费率企业的单位缴费部分下调1个百分点；职工基本医疗保险费率单位缴费部分下调1个百分点；失业保险费率单位缴费部分下调0.5个百分点。费率下降2.5个百分点后，上海市五项职工社会保险费率总水平为43%，其中职工基本养老保险28%，职工基本医疗保险12%，失业保险1.5%，工伤保险0.5%，生育保险1%。据测算，这次费率下调后，预计2016年全年可减轻企业负担约135亿元。

这次费率的调整，不会对参保人员的养老、医疗和失业保险等各项社会保险待遇产生影响。与此同时，为确保职工社会保险制度的长远可持续发展，上海市将进一步建立健全社会保障基金的预警、储备和保值增值机制，扩大职工社会保险的覆盖面，加强社会保险费的征缴和基金管理，加大财政、国资等对社会保险基金的支持力度，以增强本市社会保险基金的抗风险能力，确保参保人员的各项社会保险待遇将随着经济社会发展而逐步提高。

(5) 上海虹口社区养老服务覆盖面不断扩大

上海虹口社区以38个网格化综合管理服务片区建设为抓手，老年宜居社区建设试点工作实现全覆盖。一是重点建设枢纽式的社区综合为老服务体。将各街道1000平方米以上的最大片区打造为枢纽式的"社区综合为老服务体"，其他片区则作为养老服务的延伸点，形成"一站多点"的为老服务圈。截至2016年底，曲阳等4个街道已建成虹口区第一批社区综合为老服务中心。二是统筹推进社区养老服务设施建设。新增2家日间照护中心和2个助餐服务点，新(改)建12家标准化老年活动室。三是积极推进社区养老消防实事项目。为1.5万户独居、高龄纯老家庭安装独立式烟感探测报警器，切实提升老年人抗御火灾的综合能力。四是试点推行"养老服务包"。以政府托底和失智失能老年人为重点，以养老基本公共服务为主体，增加老年人自主选择服务的针对性和有效性。五是积极倡导尊老助老良好风尚。

2. 江苏省社会保障情况与措施

(1) 江苏省社会保障基本情况

2016年末江苏省企业职工基本养老保险参保人数2725.94万人，比上年末增加72.36万人，其中参保职工2046.42万人，参保离退休人员679.52万人，分别比上年末增加32.93万人和39.43万人。参保农民工471.2万人，比上年末增加5.51万人。年末纳入社区管理企业退休人员647.39万人，占企业退休人员总数的95.5%。纳入社区管理企业退休人员全部接受第四轮免费健康体检，周期体检率100%。企业退休人员人均基本养老金调整增幅7.1%。企业职工基本养老保险基金收入2259.27亿元，比上年增长6.9%，其中征缴收入1915.05亿元，比上年增长5.2%；基金支出2006.7亿元，比上年增长11.9%，其中基本养老金支出(含丧葬抚恤补助费)1802.22亿元，比上年增长11%。

2016年末全省机关事业单位基本养老保险参保人数135.82万人，比上年末增加9.5万人，其中参

保职工 91.04 万人，参保离退休人员 44.78 万人，分别比上年末增加 5.73 万人和 3.77 万人。机关事业单位退休人员人均基本养老金调整增幅 5.6%，机关事业单位退休人员养老金社会化发放率 99.37%。机关事业单位基本养老保险基金收入 254.24 亿元，比上年增长 29.3%，其中征缴收入 182.69 亿元，比上年增长 28.2%；基金支出 267.88 亿元，比上年增长 28.4%。

2016 年末全省城乡居民基本养老保险参保人数 1289.54 万人，领取基础养老金人数 1045.79 万人。城乡居民基本养老保险基金收入 288.09 亿元，比上年增长 4.8%，其中个人缴费 67.75 亿元，比上年增长 3.7%；基金支出 224.82 亿元，比上年增长 5.3%。2016 年末全省被征地农民参加企业职工基本养老保险 304.14 万人，参加城乡居民基本养老保险 28 万人，享受被征地农民基本生活保障 259.41 万人。

2016 年末全省城镇职工基本医疗保险参保人数 2490.53 万人，比上年末增加 61.53 万人，其中参保职工 1849.36 万人，参保退休人员 641.16 万人，分别比上年末增加 31.16 万人和 30.36 万人。参保农民工 452.27 万人，比上年末增加 1.87 万人。城镇职工基本医疗保险基金收入 869.39 亿元，比上年增长 11%，其中征缴收入 829.84 亿元，比上年增长 11.3%；基金支出 735.25 亿元，比上年增长 10.2%，其中基本医疗保险待遇支出 718.54 亿元，比上年增长 9.7%。

2016 年末人社部门经办的全省城乡居民基本医疗保险参保人数 2002.05 万人，比上年末增加 416.75 万人。城乡居民基本医疗保险财政补助标准调整为每人每年不低于 425 元，比上年增加 45 元。人社部门经办的城乡居民基本医疗保险基金收入 122.44 亿元，比上年增长 30.5%；基金支出 109.66 亿元，比上年增长 27.8%。

（2）做好整合城乡居民医保制度工作

江苏省采取四项措施整合城乡居民医保制度：一是按照“三个确保”要求，实现平稳移交。要将卫计部门新农合管理和经办的职能、编制、机构、人员、资产、档案、信息数据等整体划转到人社部门，建立统一的城乡居民医保管理和经办机构，并做到“三个确保”，即：确保基金安全，确保人员不散、工作不断、秩序不乱，确保参保人员就医、结算不受影响。要加紧制定职能调整配套文件，成立专门的接收工作领导小组，明确具体的接收事项和内容。二是加快合并成立城乡居民医保基金。做好审计发现问题的整改工作，主动与财政、卫计、民政等部门联系，尽快将未结清的往来资金处理完毕。继续实行“收支两条线”管理，执行国家统一的基金财务制度、会计制度和预决算管理制度，确保基金安全完整、平稳运行。稳步推进设区市统筹，落实基金分级管理责任，调动区县政府及经办管理机构积极性，逐步实行设区市基金统收统支。三是依托金保工程，着力推进信息系统整合。年底前，整合开发设区市集中的城乡居民医保信息系统实现城乡居民基本医保与大病保险、医疗救助等一体化实时结算，做好信息系统之间的对接工作，实现基层就医刷卡即时结算。加强跨地区信息共享和业务协同，以设区市为单位，按省统一的异地就医接口规范，做好平台改造工作。重点面向未领卡人员，加快社会保障卡发放步伐。利用公共服务渠道，实现参保人员缴费事前提醒，待遇享受透明，方便查询办理。四是坚持循序渐进，逐步统一政策待遇。合理确定筹资水平，城乡居民缴费差异不大的设区市可统一个人缴费档次，暂不能统一的可采取“一制两档”缴费方式，用 2 至 3 年时间过渡到“一制一档”。稳步提高待遇水平，按照保障适度、收支平衡，整合后个人医疗费用负担不增加的原则做好政策调整衔接。加强定点机构协议管理，按照“先纳入、后规范”的思路，将新农合定点医疗机构整体纳入城乡居民医保定点协议管理范围，并加强监督管理。

（3）加快推进养老保险制度改革

江苏省按照中央统一部署，研究制定提高企业和机关事业单位退休人员待遇方案，按要求调整落实退休人员待遇。按照省委省政府要求，稳步推进机关事业单位工作人员养老保险制度改革，会同省有关部门研究制定机关事业单位养老保险制度改革相关配套政策，跟踪了解市县机关事业单位养老保险制度改革中存在的问题，加强调研和指导。完善城乡居民基本养老保险制度，城乡居民养老保险基础养老金最低标准提高到每人每月 115 元。按照《江苏省企业职工基本养老保险省级统筹基金使用管理办法（暂行）》要求，加强各地企业职工养老保险征收管理工作的监督检查。

(4) 着力完善社会救助和社会福利制度体系

2016年江苏坚持托底线、救急难、可持续的基本原则，继续加强与经济社会发展水平相适应、与其他社会保障制度相衔接的社会救助体系建设。落实好医疗救助、临时生活困难救助等专项救助制度，切实加强社会救助规范化建设。落实低保标准自然调整机制，推进农村低保与扶贫开发两项制度衔接，发挥社会救助政策兜底脱贫作用。健全救灾预警、应急响应、灾害评估机制，加强救灾物资储备和装备建设，保障受灾群众基本生活。提高孤儿养育标准，保障困境儿童生活和发展权益。落实好尊老金制度等老年人优待政策。支持加强县级救助管理机构（未成年人救助保护中心）规范化建设，提升专项事务服务管理水平。

(5) 稳步推进残疾人事业持续健康发展

2016年，江苏民政厅积极推动残疾人保障政策与其他困难群体保障政策的有序衔接。会同有关部门研究完善残疾人证管理办法，推动部分地区开展残疾人证年审试点工作，规范残疾人证管理，保障残疾人合法权益。规范残疾人就业保障金使用管理。全面实施困难残疾人生活补贴和重度残疾人护理补贴制度。支持残疾人就业工作，完善残疾人就业、康复、救助一体的社会保障体系。

3. 浙江省社会保障情况与措施

(1) 浙江省社会保障基本情况

浙江省社会保障制度运行平稳。全年各项社会保险基金（含企业职工基本养老保险基金、机关事业单位基本养老保险基金、城乡居民基本养老保险基金、城镇职工基本医疗保险基金、城乡居民基本医疗保险基金、工伤保险基金、失业保险基金、生育保险基金）收入合计3799.74亿元，比上年底增长17.6%。基金支出合计3362.07亿元，比上年增长29.8%。年末滚存结余5297.10亿元，比上年增加518.93亿元，增长10.9%。

参加基本养老保险人数为3740.06万人。全年基本养老保险基金总收入2556.88亿元，比上年增长24%。全年基本养老保险基金总支出2349.3亿元，比上年增长40%。年末基本养老保险基金滚存结余3444.88亿元，比上年增长9.2%。

参加企业职工基本养老保险人数为2323.02万人。其中，参保职工1710.55万人，离退休人员612.47万人。全年企业职工基本养老保险基金总收入1976.07亿元，同比增长3.4%，基金总支出1759.08亿元，同比增长14.7%，基金年末滚存结余3225.67亿元，同比增长7.2%，基金支付能力为22.6个月。

城乡居民基本养老保险参保人数1233.12万人，比上年末减少52.77万人。其中实际领取待遇人数536.39万人。全年城乡居民基本养老保险基金总收入150.09亿元，同比增长1.1%，基金总支出143.62亿元，同比下降0.1%，基金年末滚存结余150.8亿元，同比增长4.5%。

机关事业单位基本养老保险参保人数（含统筹试点，下同）183.92万人，比上年增加78.04万人。其中，在职职工参保人数132.49万人，退休人员参保人数51.43万人。机关事业单位基本养老保险基金（含统筹试点，下同）年末滚存结余68.41亿元。

全省被征地农民参保人数507.09万人，比上年增加29.32万人。其中，参加职工基本养老保险人数324.11万人，参加基本生活保障人数182.98万人。

参加基本医疗保险人数5178.11万人，比上年末减少17.57万人。其中，参加职工基本医疗保险人数2017.5万人，参加城乡居民基本医疗保险人数为3160.61万人。

全年职工基本医疗保险基金总收入1057.52亿元，总支出857.27亿元，分别比上年增长9%和10.9%。基金年末滚存结余1323.5亿元。

全省城镇职工基本医疗保险参保人数2017.5万人，比上年增加24.8万人。其中参保职工1634万人，比上年末减少5万人，参保退休人员383万人，比上年末增加29万人。全年城镇职工基本医疗保险基金总收入761.99亿元，同比增长10.1%，基金总支出572.29亿元，同比增长12.5%，基金年末滚存结余1249.29亿元，同比增长17.9%，统筹基金支付能力为26.5个月。

全省城乡居民基本医疗保险参保人数3160.61万人。全年城乡居民基本医疗保险基金总收入295.53亿元，同比增长6.4%，基金总支出284.98亿元，同比增长7.8%，基金年末滚存结余74.21亿元，同比增长16.6%。

（2）全力推进社会救助体系建设

浙江省全力推进社会救助体系建设。一是兜底保障低保群体。目前，全省在册低保对象73.5万人，比年初新增7万人，低保边缘家庭对象23.7万人，单独列户纳入低保的重点残疾人4万余名，低保扩面取得初步成效。全省城乡平均月低保标准为585元和668元，农村低保标准为城市的87.6%；城乡低保平均补差分别为每人每月361.1元和511.9元。二是优化完善救助政策。加快低保与扶贫政策衔接，会同省农办研究制定低收入农户标准和认定流程，推进全省低收入农户“4600”巩固对象救助工作。制定全省重度残疾人单独施保具体把握标准，开展支出型贫困家庭救助、赡养能力计算、社会救助家境调查、社会力量参与社会救助等试点工作，全省20个市县已出台支出型贫困救助政策。三是提升医疗救助水平。开展罕见病医疗专项救助，将戈谢病、苯丙酮尿症、渐冻症3种罕见病纳入救助范围。简化医疗救助程序，推广“一站式”即时结报信息系统。2016年，全省直接救助困难群众就医267万人次，同比增长10.3%，支出医疗救助资金7.86亿元，同比增长9.9%；资助144万困难群众参加城乡居民基本医疗保险，支出4.15亿元。四是提高临时救助效率。全面开展“救急难”工作，确保相关救助措施24小时内到位。2016年，全省共筹集临时救助专项资金4.6亿元，支出2亿元，同比增长19%；救助困难群众11.5万户21.5万人（次），户均救助1739元，同比增长14%，人（次）均救助930元，同比增长9%。五是加强核对平台建设。加强全省社会救助家庭经济状况核对平台建设，省级核对平台已联网5家银行，提供银行存款比对协查业务，进一步提高核对精准性。2016年，全省各级核对机构接受委托核对98.8万人，检出不符合对象20.9万人次，检出率为21.24%。

（3）提速发展社会养老服务业

2016年，浙江提速发展社会养老服务业。一是推进养老服务改革。在2015年全省14个县（市、区）开展养老服务业综合改革试点的基础上，召开全省养老服务业综合改革试点工作经验交流会，确定杭州市和嘉善县为新一轮养老服务业综合改革试点市、县，分别制定《杭州市养老服务业综合改革试点方案》《嘉善县深化养老服务业综合改革试点实施方案》。二是加快养老设施建设。截至2016年9月底，全省共有养老机构2297家，床位37.5万张，每千名老年人拥有机构床位数达38张；护理型床位15.1万张，护理型床位占机构床位数的40%；民办（民营）机构床位19.7万张，民办（民营）机构床位占比达52.5%。共建成城乡社区居家养老服务照料中心22356家，居家养老服务站9951个，有日间照料床位近16万张，老年食堂11200家，居家养老服务基本覆盖城市社区和大部分农村地区。三是强化标准规范管理。全面实施养老机构消防设施整改，2016年追加1.05亿元财政资金用于敬老院消防设施改造。目前，列入整改的866家敬老院中已有80%完成改造设计，关停109家，完成整改287家。稳步推进公办养老机构改制工作，印发《关于推进养老机构公建民营规范化的指导意见》。加强养老服务标准化建设，成立浙江省社会养老服务标准化技术委员会，制定养老服务机构康复辅助配置标准，开展星级社区居家养老服务照料中心和养老机构，全省已评定三星级以上照料中心300多家、养老机构150多家。四是推进社区养老服务。启动智慧养老社区建设，起草《浙江省智慧养老社区建设标准》，在全省100个社区开展智慧养老社区创建活动。配合相关部门探索研究老年人长期照护保险制度，制定养老服务机构综合保险方案，全省已签单社区居家养老服务机构综合保险机构2000多家。五是加强护理人员培养。继续实施《老年服务与管理类专业毕业生到养老机构入职奖补办法》，与浙江树人大学联合签订养老与家政服务人才培养战略合作协议，成立浙江省养老服务与家政管理人才培训基地。六是全面推动老龄事业发展。开展“老年友好城市”和“老年宜居社区”创建，深化特殊困难老人社会工作服务示范项目，引导社会组织参与“银龄行动”，组织开展“敬老月”活动和省老年文化艺术周活动，推进老年人意外伤害保险工作。

(4) 健全完善适度普惠型儿童福利制度

为健全完善儿童福利制度，浙江省采取如下措施：一是稳步推进农村留守儿童关爱服务工作。牵头建立省留守儿童关爱服务工作联席会议制度，提请省政府办公厅下发《关于加强农村留守儿童关爱保护工作的实施意见》，并召开全省农村留守儿童关爱保护工作电视电话会议。完善留守儿童法律保障，修订《浙江省未成年人保护条例》，增加留守未成年人保护章节。建设完成全省农村留守儿童信息平台，在全省范围内开展留守儿童信息排查和统计录入工作，实现农村留守儿童个人信息"一人一档"，为精准关爱帮扶奠定良好基础。二是扎实开展困境儿童福利保障工作。会同有关部门下发《浙江省残疾儿童免费基本康复制度实施办法》，调研起草《浙江省人民政府关于加快推进普惠型儿童福利体系建设的意见》，督导各地加快推进适度普惠型儿童福利制度建设。目前全省近5万名困境儿童纳入儿童福利保障，共发放困境儿童基本生活费1.3亿元(不含孤儿)。在北师大中国公益研究院制作的《中国儿童福利政策报告》发布会上，浙江儿童政策进步指数排名全国第一，困境儿童保障标准全国最高。三是逐步完善基层儿童福利服务体系建设。制定下发《浙江省民政厅关于进一步完善基层儿童福利服务体系建设的通知》，召开全省基层儿童福利服务体系建设推进会，进一步规范儿童福利督导服务工作。全面开展"添翼计划"工作，成功举办以"与爱童行 添翼助梦"为主题的2016全省儿童福利系统新春慰问联欢活动，取得良好社会效应。

(5) 大力推进现代慈善事业发展

2016年，浙江省大力推进现代慈善事业发展，一是学习贯彻《慈善法》。认真落实《浙江省人民政府关于加快推进慈善事业发展的实施意见》，起草《浙江省实施〈中华人民共和国慈善法〉办法》。组织开展各类《慈善法》学习会、座谈会和培训班，加大慈善法规、理念和文化的宣传力度，逐步推进慈善信托备案，加快慈善行业组织建设，成立浙江省慈善联合会。二是不断加大慈善工作力度。加强与省邮政公司沟通协调，进一步深化"邮善促民生"战略合作，大力推进慈善超市建设，开展"邮善邮乐"网上慈善超市试点。继续推进"衣循环·爱循环"旧衣物回收项目。组织开展第五届"浙江慈善奖"评选表彰工作，举办第三届"西湖论善"和"中华慈善日"系列活动。三是全面实施残疾人两项补贴。提请省政府出台《关于全面建立困难残疾人生活补贴和重度残疾人护理补贴制度的实施意见》，下发《关于印发〈浙江省困难残疾人生活补贴实施办法〉和〈浙江省重度残疾人护理补贴实施办法〉的通知》，会同有关部门召开全省推进困难残疾人生活补贴和重度残疾人护理补贴制度电视电话会议。目前，全省已有68个县市区出台了两项补贴政策，76761人享受困难残疾人生活补贴，69589人享受重度残疾人护理补贴。此外，全省福利彩票预计销售150亿元，同比增长3.62%，继续保持省内市场优势和全国领先地位。

4. 安徽省社会保障情况与措施

(1) 安徽省社会保障基本情况

2016年年末安徽省参加城镇基本养老、基本医疗保险人数分别为892.2万人和1621.4万人。参加失业保险人数为448.5万人，全年累计为16.9万名失业人员发放了不同期限的失业保险金。全省参加工伤、生育保险人数分别为546.3万人和517.6万人。城乡居民养老保险参保人数3431.9万人。参加新型农村合作医疗的农业人口5121.2万人，参合率为102.5%。

年末54.4万人享受城市居民最低生活保障，149.8万人享受农村居民最低生活保障，农村五保供养41.3万人。全年民政部门直接救助87.6万人次，资助参加基本医疗保险395.7万人。

(2) 完成人社部下达的参保扩面任务

2016年，安徽省委、省政府连续第5年将城乡居保工作纳入全省重点民生工程，上下联动，强力推进，全省城乡居保工作进展顺利，成效明显，一季度已经完成全年扩面工作任务。他们的主要做法是：

一是抓得早。省厅在2015年末即着手研究2016年的城乡居保重点工作，分解目标任务，谋划工作措施。及时组织召开全省农村社会保险工作座谈会，对2016年重点工作进行部署。各地人社部门不等不靠，立足于早，提前对城乡居保工作进行研究，全省民生工程任务下达后，层层分解目标任务，层层抓好落实。

二是措施实。省内各地紧紧抓住春节前后农民工返乡的有利时机，集中人力物力，采取多种措施，推进参续保缴费工作。借助“三下乡”、招聘会、庙会等活动，通过标语、横幅、展板、设置咨询台等形式，全面宣传城乡居保新政策，向居民解读缴费档次、补贴标准、丧葬补助、基础养老金提标等方面的政策调整，提醒参保人及时缴纳保费。同时，简化工作流程，方便居民参保。部分地区自我加压，主动提升工作标准，在提高居民缴费水平方面进行了有益创新，提升了参保质量。

三是进展快。根据全省城乡居保系统提取的数据，截至3月底，全省城乡居保参保总人数达3403.95万，已完成2016年人社部下达的参保扩面目标任务。全省当年参续保总人数2317.15万，当年缴费人数1420.48万，分别完成全年民生工程目标任务的79.6%、71%，养老金发放人数896.37万。分市来看，宿州市已完成全年民生工程目标任务，有4个市当年参续保目标任务完成率超过90%，13个市和1个省直管县参续保目标任务完成率超过70%。从全省和各市情况看，目标任务完成率均超过序时进度，为全年目标任务完成开了个好头。

（3）淮南市多项措施落实被征地农民社会保障资金

自2007年正式实施被征地农民养老保险制度以来，淮南市严格按照“先保后征、应保尽保”的要求，认真落实国家和省里相关政策，对被征地农民养老保险统筹资金做到应收尽收，有效维护了被征地农民的合法权益。截止到2016年9月底，全市参加被征地农民养老保险16.08万人，参保率98.5%，领取养老保险金人数7.18万人。累计征收被征地农民社会保障资金16.21亿，基金结余5.69亿。

一是把好源头关，严格执行政策不给任何项目开口子搞特殊。淮南市正式实施被征地农民养老保险制度以来，市委市政府一直十分重视此项工作，严格执行被征地农民养老保险制度，从不以大建设、大发展等理由，为工程项目开口子。在具体工作中，市人社局领导带头顶住各种压力，不给任何项目搞特殊化，从源头上把好关，并形成良好的工作机制。被征地农民养老保险政策实施10年来，全市没有一个未缴纳统筹资金而报批通过的征地项目。

二是把好审核关，与国土部门联动确保统筹资金必须按时缴纳。征地项目报批实行人社、国土两个部门分级审核，联合审批。项目报批首先由县区人社部门提出初审意见。市国土部门严格执行征地准备金制度，被征地农民养老保险统筹资金与项目建设其他资金一并由国土部门代收。项目建设单位将被征地农民社会保障措施落实情况说明表、安置途径告知书、土地调查确认表等项目报批资料报市人社部门，市人社部门根据银行进账单和国土部门出具已缴纳统筹资金函，进行审批。待项目征收批复后，国土项目将代收的统筹资金缴纳财政部门专户，并与人社部门核对明细，确保统筹资金按时足额缴纳。

三是把好参保关，把缴纳统筹资金作为被征地农民参保前提。市人社部门在办理被征地农民参保过程中，把缴纳统筹资金作为被征地农民参保前提，凡是不缴纳统筹资金的项目涉及的被征地农民一律不予参保。倒逼项目单位必须缴纳统筹资金，否则所涉及被征地农民无法参保，由此引发的社会矛盾问题一律由用地单位负责解决。合蚌高铁项目、淮河洛河洼石姚湾大堤加固工程等基础项目，没有配套的被征地农民养老保险统筹资金均由地方财政缴纳。

（4）六安市稳步提升居保参保率

六安市坚持“三个不放松”稳步提升城乡居民养老保险参保率。一是咬定目标不放松。坚持“两百四化”（参续保率100%，养老金发放率100%，推进服务制度化、规范化、信息化、均等化）工作目标不动摇，强化区、乡镇、村（居）层级责任落实，按照因地制宜、因户制宜、因人制宜工作原则，做好城乡居民保费征缴工作。二是宣讲政策不放松。紧紧围绕“长缴多得、多缴多得”政策实惠，充分利用六安电视台重点宣传国家上调基础养老金、上调政府补贴等利好政策。开展“送戏下乡”活动，将政策宣讲深入至每个乡村，现场为百姓算好长远账、实惠账，打消群众心中疑虑，鼓励积极参保。三是优化服务不放松。规范待遇审批发放程序，提前谋划，逐级审核上报，确保国家上调基础养老金得到最快落实；持续为行动不便老人提供上门服务，坚持以人性化的优质服务助推参保续保。至四季度，全市参保人数达257.2万，完成省厅下达任务的97.25%，缴费到账174.49万人，按月为82.69万名保障对象发放养老待遇。其中，金寨县已超额完成年度任务(110.31%)，裕安区、金安区、霍山县、舒城县、叶集区任务完成率都已远超90%，霍邱县也按序时进度不断提升参保率。

(5) 阜阳市多项措施积极做好清理拖欠农民工工资工作

阜阳市人社局采取多项措施，积极推进清理拖欠农民工工资工作。2016年11月14日至12月7日，共接待劳动者投诉举报案件44件，涉及农民工2187人，涉及工资5997.8万元，依法向公安机关移送2起涉嫌拒不支付劳动报酬罪案件。一是加大保障农民工工资支付宣传力度。依托电视台、报纸、微信公众号、户外广告屏等公共媒介，大力宣传农民工维权渠道和方法。开展“送政策法规上门”活动，通过发放维权手册、张贴维权海报，引导农民工及时理性维权，防止讨薪问题积压到春节。二是扎实开展农民工工资支付专项检查。成立由公安、住建、房产等10家单位组成的专项检查领导小组，组建6个检查组和2个督查组，采取召开建筑工地班组座谈会、约谈项目负责人、要求签订承诺书等方式，对农民工工资支付情况开展专项检查。11月22日，组织召开了专项工作推进会，由市劳动监察支队对专项检查流程要点进行业务辅导。三是落实每周例会制度。11月28日，组织召开第一次清欠工作例会，专项检查组分别汇报了接待投诉举报和专项检查有关情况，通报了重大案件处理处置情况和排查发现的问题隐患，市清欠办对下一步工作提出了具体要求。

五　教育事业发展情况

(一) 一市三省教育发展情况

表1　2012—2016年长三角地区一市三省在校学生人数　(万人)

	2012年	2013年	2014年	2015年	2016年
上海市	200.8	202.98	201.23	198.97	197.63
江苏省	1004.88	989.82	1013.44	1036.51	1090.19
浙江省	751.44	747.18	750.19	751.57	753.65
安徽省	925.26	912.02	901.8	897.63	904.24

(二) 促进教育事业发展的措施与进展

1. 上海市教育事业发展情况与措施

(1) 上海“德”“综”“评”频现教育亮点

2016的上海教育民生，细腻、细致、细心。在“德”的方面，上海市坚持“德育领先，使学生爱上思政课”的价值观总方针，继续开展市学校心理健康教育规范化建设，重点推动民办中小学心理健康教育示范校建设，开展区县和高校心理示范中心建设以及第二轮全国心理健康教育特色校建设，并发布《高校宣传思想工作主体责任实施意见》《加强和改进高校马克思主义理论学习研究宣传的实施意见》。启动中小学思政教师成长项目，开展新上岗的学校德育教导跟岗基地建设。推进新一轮中小学骨干教师德育实训基地、中小学班主任带头人工作室建设。其中，通过顶层设计与机制改革，沪上高校思政课程不再“孤岛化”，而是构建起全员、全课程的大思政教育体系。复旦大学把“最难讲的课”上得“最精彩”，通过邀请市委书记、市长走进校园为学生讲课，再让学生通过实践认识社会；上海交通大学的书记、校长、院系领导和名师登上思政教育的课堂，打破以往专职思政教师一讲到底的模式。

在“综”和“评”的方面，2016年一二本批次合并招生，综合评价批次录取试点高校扩至9所，4所高校公布高中学生综合素质评价信息使用办法。2016年上海高考改革的多项举措，实际上是为明年实行的3+3模式铺路。无论是高校还是考生，都拥有更多选择的余地。具备传统特色学科的高校可以获得更多优秀的考生；考生则可以更多偏向自己的兴趣，不再拘泥于一二本之分。综合评价批次录取试点高校扩容，高考60%+面试30%+学业考10%的模式。高考分数不再是唯一的录取标准，真正体现了摆脱“应试”的原则。2016年9月，上海全市将“等第制”评价从小学低年段向中高年段延伸，淡化具体分数，而以A、B、C、D或者“优秀”“良好”“合格”“需努力”等方式来评价。评价从“学习兴趣”“学习习惯”和“学业成果”三个维度展开，其中，语文学科的评价内容包括“识字与写字”“阅读”“表达”三个方面，数学学科的评价内容包括“数与运算”“方程与代数”“图形与几何”“数据整理与概率统计”四个方面，英语学科的评价内容包括“语音”“词汇”“词法”“句法”“语篇”五个方面。

(2)“交”“创”“特”“办”，上海优质教育名贯中西

“交”是指“上海数学教育模式”在英国教学交流。2016年7月，英国谢菲尔德汉勒姆大学的第三方评估报告将上海数学教育经验总结为“上海掌握教学模式”，英国政府宣布，未来四年中将投入4100万英镑，继续开展中英数学教师交流项目，并让英格兰8000所中小学参与学习上海数学教育经验。

“创”是指教育创新、思想创新、平台创新。上海市将创新教育侧重于应用型人才培养、创新创业教育、高校专业建设和高校学科建设这四个方向。在应用型人才培养方面，2016年5月11日，上海市教育局通过发布《上海2016教育改革试点的若干意见》文件，要求深化专业学位研究生教育综合改革，切实推进“5+3+X”等重大人才培养项目改革试点工作。为了完成这个指标，2016年，上海全市各高校拟新建20个左右专业，持续推进地方高校应用性本科专业试点计划。在创新推动教育、诱导教育的实践中，通过课程教材、教学方法等方面的改革，支持3000个大学生创新创业项目，支持高校举办15项学科竞赛活动，支持本科重点教改项目100项。持续推进卓越人才培养计划，推进14个卓越新闻人才培养基地建设。

“特”是指上海市特殊学生教育评估中心9月23日成立的盛况。该评估中心由上海市教育委员会和浦东新区教育局共建，是特殊学生教育评估的专业服务及协调机构，将对全市各级各类特殊学校(幼儿园)、普通中小学(幼儿园)的特殊学生(儿童)的教育评估工作进行指导，开展特殊学生的教育评估研究，为各类在校、在园特殊学生(儿童)提供教育评估等专业服务。该中心的成立是上海深化医教结合的重要举措，标志着上海特殊教育进入新的发展阶段。

“办”是指在国家“一带一路”政策扶持的大背景下，上海市进行的高水平中外合作办学和教育国际合作与交流办学。其中，同济大学与芬兰阿尔托大学合作设立“上海国际设计创新学院”工作，开展本市中外合作办学二级机构的管理机制体制、人才培养模式等方面的改革和创新。推进中国(上海)自贸区试验区经营性中外合作办学培训机构工作。实施高中国际课程年检和引进教材审查工作，推进国际课程的本土化研究。

(3) 深化教育公平，保障优质资源

2月18日开学日，市教委送出了一份“重磅礼包”——“上海市高中名校慕课平台”上线试运行。该平台的操作办法是，从3月5日起每逢周末和寒暑假，中学生只要用学籍号或身份证号登录，就可根据自己兴趣浏览和选择，在家就能上高中名校特色课。这份“名校大礼包”一经送出，就在校园广大师生之间掀起了一股新风尚。因为上海市的高中优质课程资源都在这一平台上实现了共享与辐射。其中，首批21门课程由上海中学、华东师范大学第二附属中学、复旦大学附属中学、上海交通大学附属中学4所学校打造推出；随后，18所市实验性示范性高中和特色高中先后在平台亮相，开设了61门课程。课程内容涵盖语言文学、数学、社会科学、自然科学、技术、艺术、综合实践等多个领域，它们都是各学校发展成熟的特色拓展型和研究型课程，也体现了学校办学文化和育人价值。这些丰富精彩的课程内容不仅让学生在自主学习过程中，开阔了视野，提升核心素养；更帮助他们不断挖掘和明确自己的兴趣和特长所在，为升学规划找到最合适的方向。

“办好家门口的学校，惠及每个孩子”则更是上海市教育局和上海市教育发改委为实现上海教育资源公平而设计的又一顶级厚礼。2016 年全年，在该教育方针的引领下，上海市深化学区化集团化办学成效显著。截至 11 月底，全市建有学区和集团合计 132 个，覆盖学校合计 721 所，占义务教育阶段学校总数的 48.6%。市级层面汇集 93 所项目学校，各区汇集 280 多所项目学校，市、区新优质项目学校占义务教育阶段学校总数的 25.1%。12 月 7 日，“上海市推进学区化集团化办学地图”也已同步上线，市民可查询各区县学区化集团化办学信息。上海市的这一举措是义务教育从“基本均衡”走向“优质均衡”的重要战略选择，其核心目标是要教好每个学生，成就每位教师，办好每所学校。通过集中攻坚、优质共享、特色共建的教育教学办法，以学生的全面成长、教师的专业发展体现办学成效。

(4) 统筹教育资源，促进城乡教育均衡发展

为了统筹教育资源，上海的城乡教育必须保障一体化、均衡化发展。为了达成这个目标，上海市组织召开了推进会，指导各区县做好“五项标准”实施规划，落实 2016 年实施项目。推进了学区化集团化办学和新优质学校的集群发展。2016 年全年，上海市累计形成市、区集群发展的新优质项目学校 170 所，并以郊区县为主体推进实施第五轮郊区农村义务教育学校委托管理工作，修订委托管理工作评估指标，指导区县组织开展对 50 所学校委托管理中期评估工作。

(5) 完善终身教育体系，开创市民“乐学基地”

终身教育，是教育事业所必须追求的最高目标。为了实现这个目标，上海市启动了市民终身学习资源配送体系平台建设，开创了上海市民终身学习体验基地，并在 2016 年的“全民终身学习活动周全国总开幕式”上，“乐学基地”被评为“2016 年特别受百姓喜爱的终身学习品牌项目”。该基地是市教委为满足市民多元化的学习需求，依托宣传、文广、科委等部门，以及高校和区县等社会优质公共教育和文化资源，为市民创设的体验式、互动式自主学习的新平台，目前已经建成“红色文化、科普教育、文化艺术、创意手工、智慧生活、海派文化、服饰文化、陶艺创作”8 大体验基地。这是上海在推进学习型城市建设进程中，着眼于市民的终身学习和城市发展，构建开放型的终身学习资源体系，提高社区教育服务能力的一大创新举措，也是终身教育、终身学习理念的实践性突破。最新数据显示，8 大体验基地已下设体验站点 104 个，终身学习体验项目 297 项，组织专题体验活动 1825 次，参与体验的市民累计达 425 万人次。

2. 江苏省教育事业发展情况与措施

(1) 重视教育公平公正，力求教育均衡发展

针对中小学违规补课现象、腐败滋生现象和针对引发争议的“2016 高招计划支援中西部”文件进行抗议的现象，省教育厅“止争控歧”，厅长沈健先后于 2016 年 5 月 15 日和 7 月 9 日分别出台了回应“减招”的“三个确保”文件和继续落实寒暑假全面禁止不公教育的“五严打压”文件，即确保江苏考生本科录取率进一步提高、上重点高校的机会增加、权益得到有效保障以及坚决制止违规补课、违规收费、违规招生和有偿家教等行为；严禁利用暑假时间组织学生进行集体补课、上新课或以各种名目举办文化课补习班、培优班、提高班等，不得租借校舍用于举办针对中小学生的补习班，不得与校外机构合作举办补习班、培优班或提高班，不得组织、要求或暗示学生到校外机构进行补课、培训等，这是在政策上的保障；在教育资源分配和完善方面，省教督办为体现“一带一路”的帮扶核心理念，重点攻克了监测义务教育均衡发展差异系数和开展“全面改薄”专项督导工作这两项难点亮点工作。南京市和苏州市的教育规划局也为教育公平抛砖引玉，落实民生。南京市除了提升教师队伍建设水平，还于 2 月 1 日出台的市教育民生规划文件上明确提出 2016 年必须落实扩建 40 所高校和中小学幼儿园，其中要求老城范围外的中小学、幼儿园教育配套达到 29 所，因为老城区范围外的教育配套属于南京市教育中的薄弱环节；苏州市规划局也效仿南京市做法，在相城区配置了 4 所幼儿园、4 所中小学和 2 所高校。

(2) 高校教育稳中求进

2016 年，江苏省教育厅继续奉行“精泛结合，利弊同辩；以促助长，以创带教”的 16 字高校治学理念，开展了一系列高校科研创新评比工作、精神卫生创建活动和优秀辅导员与大学生年度人物评选活动，让

高校教育稳中求进。

“精泛结合”，在高校教学方面，继续维持将精读课和泛读课结合，公共课、选修课和自修课相结合的原则，通过12月20日发布的《关于公布2016年高等学校重点教材立项建设名单和第四批出版名单的通知》(苏教高[2016]22号)，突出“选优、选精、选特、选新”的原则，充分发挥江苏省高等教育优势，鼓励高校高水平教师参与，集中优势力量建设一批代表江苏省高等教育水平的优秀教材，打造江苏教材品牌。在校园管理方面，继续围绕校长、校保安、党员、辅导员、宿舍管理员和先进班干、学委精治，其他学生自学自律的方式进行泛治。

“利弊同辩”，江苏各高校通过开展针对当前各种社会现象和人生迷思的辩论赛和公益活动，形成推动科研、促进创新、强化法治的良好局面。以2016年江苏社会各阶层争议面最广的智能科技为例，南京理工大学《20年后的科技，你为谁说话?》通过讨论手机和互联网时代背景下人类自律意识和精神信仰逐渐缺失，促成“垮掉一代”“诈骗一代”和“失信一代”加速的现状，得出科技终将无法战胜人类的法治和精神这个全民共识的观点。其他如南通大学哲学系开展的《高校之用，无用大用》端午文艺晚会以及淮阴师范学院文史系开展的《变和乱，谁人能适应?》海峡文化公益宣传教育活动，让全社会达成了教育要虚怀若谷、遵纪守法、情理通融、终身教育的共识。各市共斩获23项奖项，其中一等奖4项，二等奖8项，三等奖11项，南京市、淮安市和苏州市共斩获奖项合计14项。

“以促助长”和“以创带教”，11月20日和11月21日，省教育厅会同省人社厅、南京市人社局等部门在南京国际博览中心举办了两场招聘会，让高校学子提前体验社会的优胜劣汰，加紧对自身的职业教育；各高校校长、系辅导员和就业指导小组的负责同志也通过鼓励各位学子积极去图书馆广泛阅读，鼓励家庭教育培养学子自立创新意识“双鼓励”以及对大学准毕业生进行实习实践课教育，全面提升学子职场生存知识和心理适应能力“双提升”的方式，部分解决江苏省高校学子就业难、就业知识缺乏的问题。

省教育厅通过开展评选2016年度江苏优秀高校辅导员暨先进大学生双评活动，要求辅导员必须具备坚定正确的政治方向，遵循教书育人规律和人才成长规律，向专业化、职业化的方向不断完善发展自我；大学生努力向同心同向、创意激扬的青春梦迈进。

(3) 职业教育结出累累硕果

2016年，江苏现代职教体系试点工作不断推进，全年一共开展了中高职“3+3”、中职与本科“3+4”分段培养试点项目486个。除此之外，江苏积极推进校企合作，与联想集团、中兴通讯等企业开展了战略合作，并加强了现代化示范性职业学校和优质特色学校建设，遴选了39所省高水平现代化职业学校、认定了44个职业学校现代化专业群、启动建设了36个高水平示范性实训基地、遴选了35个职业教育名师工作室。从而获得了全国职业院校技能大赛“八连冠”和信息化教学大师“六连冠”的美誉，并新增全国社区教育示范区3个、实验区5个。

2016年，江苏全省部分高校和职业教育学校还同期开展了“职业教育活动周”“校园开放日”“办学成果集中展示”“社会服务促繁荣”等一系列多姿多彩的活动，其中，常州机电职业技术学院、盐城卫生职业技术学院、无锡城市职业技术学院和南京江苏经贸职业技术学院作为职业院校的“四大天王”，通过围绕“弘扬工匠精神、打造技能强省”的主题，结合办学实际，组织开展了职业教育系列活动，充分展示了学校的改革发展成果，扩大了学校的影响力和吸引力。这些学校开发开展职业体验活动、教育教学成果观摩活动、师生技能竞赛赛场观摩活动，开放实训基地、实训室，供校外人员参观。通过举办师德讲堂、大学生创意创新作品展、校企合作成果展等，集中展示学校的办学成果。

此外，2016年5月14日至6月6日期间，江苏还承办了农林牧渔类、加工制造类、医药卫生类、旅游服务类、交通运输类、石油化工类、材料与能源类、信息技术类、财经类9个大类26个赛项的全国职业院校技能大赛，继连续三年成为全国最大的分赛区后，2016年江苏承办赛项数量首次与天津主赛场一样。江苏通过技能大赛引领了职业教育的教学改革，充分展现了职业院校的师生风采，带动了全省“劳动光

荣、技能宝贵、创造伟大”的时代风尚，让人民群众和社会各界更多关注、理解和支持职业教育的发展，让更多的青年及高校、职业院校的师生都投入到职业教育的巨大革命事业中来。

(4) 开办首期家长学校教师培训班

2016 年暑期，江苏省举办了首期全省家长学校骨干教师培训班，列入省教育厅教师培训计划。培训对象为参与本市、县(市、区)教育系统家长学校管理、指导工作的在编中小学教师或校长，共 150 名。培训内容理论与实际结合，既有拓宽视野、拓展思路的家庭教育理论、心理健康知识、教材使用指导等知名专家讲座，也有紧密联系当前工作实际的家长学校总校和中小学示范家长学校等经验介绍，受到受训教师欢迎。

为了推动家长学校教师认真备课、上课，提高家长学校教学质量。省教育系统关工委组织了《家长必读》优秀教案评选。各市积极组织发动基层家长学校教师及有关家庭教育工作者设计、撰写教案，广泛开展了家长学校优秀教案评选以及示范课观摩等活动，促进了家长学校教育教学质量的提升。各市按照好中选优的原则选送了 763 份教案参加省里评选，包括了幼儿园，小学低、中、高年级和初中，高中，职业高中 7 个学段。最终评出一、二、三等奖教案共 460 份。

(5) 为特殊教育开启公正之门

江苏大力实施特殊教育发展工程，把特殊教育发展水平纳入全省创建教育现代化先进县和义务教育均衡发展先进县的重要指标，并且在评估验收时，作为必查项目，实行“一票否决”。多地特殊教育学校积极开展随班就读实验，安排随班就读实验专项经费，将随班就读实验工作扩大到全省所有地、市，在每个地级市都设立了一个实验县，使每个地区都有建立随班就读支持保障体系的示范点，为大面积开展随班就读支持保障体系建设打下了基础。积极推进教育、康复、医疗三方协作。深化融合教育，逐步实现观念、内容、形式等方面的融合，为残疾儿童成长打造良好的教育环境。

3. 浙江省教育事业发展情况与措施

(1)“补短板，扬长项，夯基础，强作风”浙江教育持续发力

浙江省教育厅副厅长刘希平同志所提出的“补短板，扬长项，夯基础，强作风”的 12 字方针概括了浙江省 2016 年教育事业的前进方向。

“补短板”一方面是指在基础教育和义务教育拥有高普及率的前提下，进一步保障教育的质量，使立德树人的观念深入人心；另一方面则是指加强职业教育，开展试点工作。幼儿园教育是提高教师的持证率、大力发展普惠性幼儿园、认真解决“大班额”问题；中小学义务教育一方面是进一步完善学校规划布局，有序调整生源难以为继的学校和教学点，确保所有学生都能接受到较高质量的教育，另一方面则是积极推广小班化教学和个性化教育，坚持不懈地强力推进中小学生减负工作；职业教育要深化产教融合，支持建设示范性职业教育集团、共建实习实训平台、扩大和加强社会培训。

“扬长项”，是指选择创新创业作为教育的突破口，充分利用浙江省“互联网＋”平台和“大数据”平台的资源优势，适应时代大众创业和万众创新的要求，加大课程创新行动计划实施力度，优化课程结构，推广资源分层，完善教学形态，增进理论与实际的紧密联系，切实加强对学生的社会责任感、创新精神、实践能力培养。为此，要建立健全学分制度、休学制度和学业考核制度，扩大学生专业学习和创业实践的选择机会和空间。在各个高校全面建立创业学院，并选择若干高校进行“2＋1”“3＋1”“4＋2”创业人才培养试点，着力于完善机制体制，走与企业和社会合作的路子，把创业学院当作改革特区，积极探索高校培养创新创业人才的有效形式。

“夯基础”，是指加强教师队伍建设、研究提高教师培养质量、加强和改进教师专业发展培训、深化教师管理制度改革、突出加强校园管理、坚决维护校园安全稳定以及大力推进教育信息化这七方面的工作。

“强作风”则是针对各地的党员干部、党员师生所提出的要求。“强作风”，就是要积极维护党的群众路线，加强“三严三实”教育工作，树立共产主义的远大理想，始终坚持和践行正确的教育理念，反对任何

形式的教育腐败现象。

(2) 杭州下城区三件大事推动教育优质发展

2016年3月，杭州观成中学依托杭州市教育局、杭州师范大学、杭州外办等部门，合作开展《校际交流推进城市国际理解的SWOT分析和路径探新——以杭州观成中学为例》课题研究，在全市率先以专项课题研究推进国际理解教育，得到陈红英副市长的批示肯定。国际互动常态化，有效发挥海外研修基地作用提升队伍素养，首批选派校长团和英语教师团40余人赴澳研修，将理论研修和实地考察当地知名中小学相结合。成功举办2016中澳校长“武林汇教”论坛，两地校长围绕“培养学生的核心素养”等主题交流教育理念、传递教育智慧、分享教育成果。访学成果辐射最大化，举行访学成果分享会，汇编研修报告，做细做深成果辐射，让更多的师生受益。

2016年4月，在做好调研、宣传的基础上，分步实施了五项学区优化举措。安吉路实验学校和长寿桥小学两所省市实验学校的教育服务区打通共享，实现省市实验学校互联互通；新华小学整体并入青蓝小学，优质教育资源实现新的聚变；在南部、中部、北部试点推进小升初交互式划片招生，缓解入学难的问题；长江实验小学新增体育公园校区，实施同步招生，实现南北两轮驱动；新建杭氧杭锅配套幼儿园，由特级园东新实验幼托园嫁接办园。通过服务区调整，有效优化了教育资源，激发了办学活力，提升了群众的教育获得感。

2016年10月，杭州市下城区出台了《下城区中小学德育工作评估指标》，开展了首次中小幼德育工作年度评估。举行了“校本德育推进交流活动”，推树一批德育优秀课程。打造“区片校三级家长课堂”，举办7场区级家长课堂。承办中国教育学会班主任专业委员会首届中小学班会课评审观摩活动。在2016年杭州市10名“美德少年”中，下城区独占三席；除此之外，同月17日，长三角教育厅联合发文，公布12个“长三角中小学名校长联合培训基地”，下城区教师教育学院上榜。11月20—25日，区教师教育学院承办了“长三角名校长高级研修班”培训，来自长三角地区的34名进修学校校长参与了本次培训。

(3) 中小学教师职称制度改革

2016年6月，浙江省启动中小学教师职称制度改革，统一整合中小学教师职务系列，统一设置员级、助理级、中级、副高级、正高级职务，畅通教师职业发展通道；“县管校聘”成为新的名词，“县管”，即县市级教育行政部门按照职能分工，根据相关部门核定的编制和岗位总数，依法履行对中小学教师的公开招聘、调配交流等管理职能；“校聘”则要求学校根据需求科学设置岗位，组织教师公开竞聘，依法与教师签订合同，负责教师的使用和日常管理。在这样的背景下，2016年全年浙江省定向招收各类师范生343名，培养院校扩大为7所，覆盖小学和初中、高中紧缺学科，其中小学全科教师271名，努力为乡村学校培养“一专多能”的教师。建立各级各类教师发展学校965所，遍布全省11个地级市，16所承担师范生培养任务的高校。

(4) 加强学校管理，推进校园文化建设

2016年，浙江省教育厅出台了《关于建立健全学校章程执行机制的意见》，强调继续把推进章程建设和校园文化建设作为加强学校管理的两大着力点。新核准了36所寄宿制中学和高校章程，加强了对各地公办寄宿制中学和高校章程建设的督促与指导。这些章程要求学校要不断加强学生的思想政治教育工作以及加快培养学生勤俭、诚实、共享的道德品质，使学生懂得尊重他人、勤俭朴实、诚实守信、不断进取。

针对中学和高校阶段寄宿学生身心发展的特点，学生宿舍的软硬件建设都得到了很大改善。为了维持相对稳定的宿舍环境秩序，各地寄宿制中学和高校认真开展了“文明宿舍”创建工作和“最美校园”建设工作，在这些工作中，“四则三化”成了指导行动的方针。“四则”，是指开展工作的四个原则：建设整洁有序的卫生环境、营造积极向上的文化氛围、严格文明规范的作息规律、引导友善和谐的同学及朋友关系。“三化”，是指教育学生自觉参与、快乐参与、积极参与，推动校园文化创建工作常态化、规范化、科学化。因此，“美丽校园”赢得了师生、家长和社会各界的大力支持和热情点赞。2016年5月以来，全省

各级教育行政部门上下联动，各中小学及高校积极参与，多形式多渠道开展了"点赞美丽校园"活动，同步开设"走进美丽校园"和"校训好故事"专栏，开展"美丽校园"点赞评选和"美丽校园我来拍"摄影作品评选，向全社会展示了118所中小学和228所高校"美丽校园"的建设成果。

(5) 充分利用互联网教育技术，杭州两所学校迈入互联网时代

2016年，浙江杭州市滨江区推进智慧校园建设，将"互联网＋"全面融入全区学校中。而最先迈入"互联网＋"队伍的，是杭州市行知中学和大成实验学校。这两所学校的亮点是率先将问酷智慧课堂模式助教于传统教学模式，该课堂包括一个基础平台，以及课堂互动系统、录播系统、备课系统、智能组卷系统、作业系统、学业报表分析系统六大系统，每个模块都紧扣学校数字化校园建设的痛点和需求进行设计，从教师"教"到学生"学"，再延伸到学校和家长，渗透至各个环节。目前，学校已经有80%的老师会主动经常使用，并且渗透进课堂教学、课后作业等方方面面，也在一定程度上减轻了老师的教学负担；行知中学更是在智能组卷和错题管理等方面体会到了"互联网＋"带来的便利，老师通过问酷智慧课堂能快速地完成一份满意的试卷，并能对学生的错题进行实时、有效地管理巩固。迄今为止，问酷智慧课堂已与浙江省内多所学校建立战略合作伙伴关系。过去一年中，包括杭州市大成实验学校、杭州市行知中学等8所省级信息化示范学校已成功引入问酷智慧课堂并投入使用。问酷智慧课堂通过互联网和教育的深度融合，为学校提供更灵活多样的课堂互动、更高效实时的数据采集、更便捷直观的学业反馈以及更新颖的教学方式，满足学校数字化校园建设的需求。从而使教师能高效备课，并与其他教师共享备课资源，迅速完成组卷、作业批改等繁琐工作，通过查看学生作业报表得到实时数据反馈；学生能够通过平板电脑、手机随时做题，生成个性化错题本，并进行错题巩固；家长能及时查看孩子在校成绩、进步趋势；学校能够进行优质教学资源的整合和共享，提升教学质量。

4. 安徽省教育事业发展情况与措施

(1) 智慧课堂显神通

合肥八中除了有多媒体智能一体机外，每位同学的面前摆着一台手机，老师的手上则拿着一台平板电脑。这种智慧课堂教学中的教师和学生是在彼此平等、尊重、接纳的基础上交流沟通、协商探讨的，学生们通过正确使用手机抢答、讨论、拍照上传，使老师能够即刻调取学生的答题情况并及时作出评价。通过这种方式，不同观点得以碰撞交融，课堂不再仅仅为了应试而服务，而是变成了老师与学生之间、学生与学生之间互动的场所。

根据合肥市教育局相关数据统计，仅2016年11月15日至12月31日一个半月期间，合肥八中智慧课堂使用次数达7356次，高一年级就达5570次，在合肥市乃至安徽省处于领先地位。智慧课堂，让八中学子更加乐学，老师更加乐教，课堂教学效率更高，课上课下互动更加多样，教师端、学生端已经成为八中课堂教学的"必需品"，也是八中一道亮丽的风景线。

2016年5月，安徽省教育信息化应用现场会，合肥八中作为合肥市高中学校"智慧校园"的典型代表，在会上作了经验汇报。国内外的同行也慕名而来，学习考察合肥八中的智慧课堂。仅2016年9月以来，学校就接待了来自泰国、柬埔寨、广东、江苏、湖北、浙江等地数十个代表团，为来访者介绍了学校智慧课堂的成功经验。

(2) 安徽省教育援藏工作成果丰硕

2016年是落实安徽省"十三五"对口援藏规划开局之年，年初，安徽省省市级示范高中就选派了5名管理干部和40名教师到西藏山南市第二高级中学进行任职任教，拉开了首批"组团式"教育援藏的序幕。为加强支教团队管理服务，安徽省成立了教育援藏工作组、组建了临时党总支，制定了七项制度，经常性地开展理论学习和政治思想教育，确保了"组团式"教育援藏工作和谐有效开展。同时，安徽省拿出专项经费500万元，每年接收山南市20名骨干教师到省级示范中学跟岗培训。

安徽省教育厅积极利用优质教育资源，把西藏山南孩子主要是农牧区子女请到内地来上学，并努力将每一名学生培养成才。仅在2016年，在安徽省就读的内地西藏班初、高中学生就有860人，集中安排

在3所省市级示范高中。除此之外，安徽省财政厅还安排了576.2万元的援藏教育专项拨款，确保了西藏班学生学习、生活和医疗需求。据统计，2016年，安徽省省级累计投入教育基础设施建设资金1818万元，初步改善了山南市措美县、错那县、浪卡子县的办学条件。在3月至5月，安徽省结合山南市实际需要，加大投入力度，共安排教育援藏项目13个，资金达2.2925亿元，占规划总盘子的三分之一以上，达到35.1%。其中基建项目投资达1.9685亿，占教育援藏资金的85.9%。截至年底，按照项目实施进度统计，已完成措美县6所完小规范化学校建设、错那县6所完小规范化学校建设和改造、浪卡子县8所完小建设系列项目和规范化学校建设，预计支出资金总额达1.3335亿元，完成“十三五”基建项目总投入的67.74%，在对口援建山南市的三个省中，安徽省的投资进度位列第一。

(3) 蚌埠市蚌山区增强教育硬实力

2016年，伴随着城乡一体化的进程，蚌埠市蚌山区乘势而上，把打造教育资源新亮点，全面提升学校办学水平作为新时期的首要任务。大力实施集团化办学，在蚌埠第一实验学校中山校区、汇金校区、胜利校区、淮上实验小学四所教育集团、蚌山教育集团办学取得优异成绩和社会声誉的基础上，继续推进实校教育集团水游城校区、龙门悦府总校建设，新建26中教育集团陶山学校，于2016年底主体全部完工。

蚌埠市蚌山区中小学实现了宽带接入率、校园网普及率和校园网络访问畅通比例“三项100%全能”，覆盖了所有教学班级和办公室，打造了蚌山区教育的信息高速公路。2016年10月，在此基础上，再次补配了76套班班通多媒体设备。目前，该设备已覆盖了全区中小学校的所有教学班级及部分功能教室，配备率105%，全校均能经常利用“班班通”多媒体教学设备，使用教育资源的课时达50%以上。2016年末，还投入400余万元建设了5个“智慧教育”项目点及4个录播教室，目前试点学校已通过多方位的培训与学习，开始进行教学尝试。

(4) 阜阳四大举措整顿教育风气，刷新师德形象

一是聚焦师德师风整顿提升，改进和展现阜阳教育新形象。2016年，阜阳市教育局以“阜阳市师德师风整顿提升年”活动为统领，积极组建阜阳市争做“四有”好教师师德报告团，在全市开展巡回宣讲；积极构筑监督网络，通过组建行风监督员队伍，设立局长信箱、举报热线信箱、电话咨询，建立“师德师风建设与教师管理投诉平台”等，加强对有损师德师风的行为进行监查，严格责任追究。一年来，全市师德师风建设成效显著，师德师风先进个人不断涌现，极大地提高了阜阳教育满意度，展示了阜阳教育新形象。

二是加大治理教育乱收费，办学行为进一步规范。阜阳市教育局下发了《关于2016年规范教育收费治理教育乱收费工作的实施意见》、查处并通报了不规范办学行为十起典型案例，并协同各县市区教育局局长和市直学校校长签署了《阜阳市规范办学行为承诺书》。通过这些手段，加大了监督检查力度，强化了教学责任追究。

三是推动颍东教育督导品牌化，获评中小学责任督学挂牌督导创新区。2016年10月23日，省政府教育督导委员会对颍东区中小学校责任督学挂牌督导创新情况进行了严格的省级评估。评估后，督导组认为，阜阳市和颍东区政府高度重视中小学校责任督学挂牌督导工作，积极创新挂牌督导工作机制，目标明确，措施得力，开展了大量卓有成效的工作，取得了积极成效，初步形成了“颍东督导精神”——“抱定初心的实干精神，锲而不舍的奋斗精神，脚踏实地的进取精神，坚持原则的求是精神”，颍东教育督导已经成为颍东教育一块品牌。并授予中小学责任督学挂牌督导创新区的称号。

四是推进校长教师交流轮岗，促进义务教育均衡发展。2016年8月阜阳市教育局、阜阳市财政局、阜阳市人力资源和社会保障局联合出台了《关于推进县市区域内义务教育学校校长教师交流轮岗的实施意见》(阜教人〔2016〕72号)，各县市区也相继出台并实施了本地教师校长交流的政策。至此，全市已基本实现了乡镇中心校范围内教师统一调配，跨县市区教师选调也已逐步展开，教师交流效果显现。据统计，2016年，全市共选派6385名教师参加支教交流，交流人数超过应交流人数的10%，超过骨干教师交流人数的20%，有力推进了义务教育均衡发展，提高了农村和薄弱学校师资队伍的整体素质。

(5) 宿城一中创新发展成绩突出

2016 年，宿城一中以“创新型、学术型优质高中”为发展目标，通过课程建设和文化建设为师生搭建了自主选择、多元发展的舞台，培养出一批“专业＋专长”的优秀教师和一群“全面发展＋创新能力＋学术素养”高素质学生。

“创新型、学术型”的发展定位，体现了一所百年名校在新时代的审时度势。然而，美好的愿景如何才能真正落地？学校决定，以课程建设为突破口，通过开发多样化的校本课程尤其是拓展性课程，带动“创新、学术”两大特色不断深化。学校根据师生需求提供尽可能多的“营养大餐”供大家选择。宿城第一中学紧紧抓住“谁来教”“教什么”和“怎么教”三个核心问题，大力实施“青蓝工程”和“名师工程”，加大对教师特别是青年教师培养力度。借势学科教研基地、实训基地开展教学观摩和教学研讨活动，组织课题申报，开展校本教研与课题研究，鼓励教师积极探索运用现代教育技术开展以“微课”为代表的新型教学形式，进一步提高教学水平。从 2015 年至今，宿城第一中学已经组织教师参加国家级、省级、市级、校级培训三千余人次。在科技创新教育领域，学校从 2014 年至 2016 年摘得全国奖项 10 余个，省级奖项近 50 个。

六　文化事业发展情况

(一) 一市三省文化发展

表 1　2012—2016 年长三角地区一市三省报纸、期刊发行种数 (种)

	2012 年	2013 年	2014 年	2015 年	2016 年
上海市	726	726	727	726	726
江苏省	593	594	596	585	587
浙江省	293	292	294	289	293
安徽省	278	278	278	278	278

(二) 促进文化发展的措施与进展

1. 上海市文化发展情况与措施

(1) 上海市文化产业结构不断升级，带动作用明显

2016 年，上海市的文化产业总体规模继续扩大，保持快速发展。对促进城市总体经济社会发展“稳中有进，稳中向好”起着支撑作用的文化产业，已成为深化上海供给侧结构性改革的重要助推力量。

在文化与科技融合方面，上海围绕“建设具有全球影响力的科技创新中心”的总体目标，聚焦“新技术、新产业、新模式、新业态”，切实把握文化科技领域关键技术环节。目前，上海已基本掌握 4K 超高清全产业链的关键技术，具备 4K 超高清电视广播级播出的技术能力和产业环境，建成国内领先的 4K 超高清试验播出平台，开展 4K 有线/无线播出的相关技术实验。2016 年李安导演的现象级影片《比利林恩的中场战事》，采用 3D、4K、120 帧拍摄技术，全球具备播放能力的影院只有 5 家，而上海影城有幸成为了其中之一。

在文化和商业融合方面，上海继续以商圈文化为重点，在全市中心城区 30 家左右一流商业设施推动“上海艺术商圈”落地，通过打造文化商业跨界平台，积极营造与国际文化大都市相适应的城市文化氛围。通过不断引入大师级艺术展览形式，丰富市民文化生活，提高城市文化生活内涵。元月，“米罗制

造——梦幻版画体验展”在芮欧百货落展；10月，《蓬皮杜现代艺术大师展——72大师的世纪探险》展出法国蓬皮杜艺术中心馆藏的20世纪最重要的72位艺术大师的71件真迹，对进一步推动中法两国在艺术和文化领域的交流发挥了积极作用。

在文化与装备制造创新融合方面，上海中经文化产业办公室积极推进平台建设，聚集国内外文化领域高新技术企业，逐步打造文化装备产业高地。上海高科技文化装备应用示范中心加强与市民生活对接，8月举行免费公众开放日活动，邀请市民近距离了解和体验文化装备技术与产品。上海高科技文化装备产业基地不断加强跨地区辐射带动效应，9月与陕西曲江新区签署战略合作协议，规划建设大明宫VR展示厅。同期，组织文化装备企业在陕西丝绸之路电影节开展专场VR展映。

在文化与产业实力融合方面，在电影市场上，由于政策红利推动，上海电影备案、出品量大幅增长，出品影片总票房增长近3倍，票房过亿的上海影片达到12部，其中，上影联合出品和发行的电影《美人鱼》创造了中国电影史近34亿元票房新纪录；上影集团主导出品的《盗墓笔记》票房超过10亿元，成为上海最高票房作品。全市影院数量近年来首超北京位列全国第一，联和院线票房回归全国第三。第19届上海国际电影节顺利举行。上影集团第六次获得“全国文化企业30强”荣誉称号，被国家商务部、文化部等五部委认定为“2015—2016年度国家文化出口重点企业”。

(2) 全市文化产业投融资并购继续升温

2016年，在“资本寒冬”的背景下，文化体育娱乐领域成为资本追逐新风口，文化产业投资并购热度不减，上海创新型文化企业间跨地区、跨行业、跨所有制兼并重组不断加快，全市文化企业向规模化、集约化、专业化发展。据统计，2016年上海文化企业发生股权投融资事件141起，涉及资金规模182.6亿元，其中，互联网相关的文化信息类企业约占投融资事件总数的三分之二，上海文化企业发生并购数21起，涉及资金规模83.4亿元。央数文化精耕互动娱乐、动漫早教领域，获得尚珹资本、新天域资本等2.5亿元人民币B轮融资。新锐企业兰渡文化专注于女性互联网栏目，获得盛景网联5500万元人民币C轮融资。蜻蜓FM获得中国文化产业投资基金过亿元人民币D轮融资。柠檬影业获得芒果基金5亿元B轮融资。在上市融资方面，8月17日，上海电影股份在上交所主板上市交易，成为国内首个地方国有电影上市公司。锦辉艺术、盛世天橙、天戏互娱、盛世锦天等近百家上海文化企业在新三板挂牌上市。申迪集团、锦江国际、飞乐音响等文化企业通过发放债券等形式，成功向社会募集资金。

(3) 国产动画项目评审结果，上海炫动占据3席数量居首

国家新闻出版广电总局2016年度国产动画发展专项资金项目评审结果最新公布，上海SMG旗下炫动传播公司在总计18个项目中占据3席，获奖数量与中央电视台动画公司并列榜首，其中《犟驴小红军》荣获一等奖。

动画创作具有长效慢热的特点，能在产量和质量上取得丰收，得益于近年上海SMG对于重大题材创作的提前规划与整体布局。炫动传播早在三年前就对重大主题的宣传时间进行了研究和部署，以“讲好中国故事，传播中国文化”为宗旨，分别结合重大宣传节点，弘扬上海城市精神等策划了《犟驴小红军》《中国巧姑娘之黄道婆》等选题，组织创作力量进行重点孵化，占得立项先机，多个项目被列入国家新闻出版广电总局重点选题范围。

上海SMG炫动另外两部获奖动画片包括讲述科创精神与上海文脉的《中国巧姑娘之黄道婆》与弘扬优秀传统文化的《京剧猫》。除此之外，上海今日动画公司创作的《泡泡美人鱼》也获得二等奖，2016年度上海动画获奖总数位列全国(含央视)之首。

(4) 上海国际童书展隆重闭幕，全民阅读风尚进一步提升

2016年11月20日，2016中国上海国际童书展正式落下帷幕。该届童书展成功吸引300余家国内外童书出版和文化创意机构，1000余位国内外童书作家、插画家和出版专业人士，6万余种中外童书新品，100余场阅读推广和专业交流活动参展。

展会期间举办了各类阅读推广、作家推介、专业论坛、交流互动活动，3天展会共吸引9500余位专业

观众和 4.2 万多位小朋友及其家长现场观展，专业观众数和普通观众人数较往年有明显增加。

作为亚太地区唯一的国际性童书展会，上海国际童书展为中国出版业“走出去”“引进来”搭建了重要的信息、产品和版权交流交易平台，得到国内外童书出版机构的高度关注。该届童书展上，国外展商数量占展商总数的一半。来自英国、美国、法国、加拿大、意大利、挪威、比利时、日本、韩国、马来西亚、印度、荷兰、巴基斯坦等国家和我国台湾、香港地区的 150 余家境外童书出版机构携最新童书参展，其中，英国和法国展团阵容空前，韩国、新加坡展团首次亮相，各携十余家童书出版机构参展。

海峡两岸 30 多位具有相当影响力和感召力的阅读推广人，2016 年在童书展开展近百场亲子阅读推广活动。如“推动台湾儿童阅读第一人”、著名华语亲子阅读推广人林文宝教授做客“亲子阅读推广魔法大师班”；来自上海魔法童书会、北京红泥巴书友会以及乌鲁木齐、深圳和南京的阅读专家、教育专家，把“激发孩子阅读潜能，培养终身阅读习惯”的经验在现场与家长和小朋友分享；“妈妈眼中的中国原创好童书”评选活动得到广大读者认同与肯定。

(5) 浦东新区档案局七项举措提升档案公共服务能力

2016 年，上海市浦东新区档案局围绕聚焦重点领域和专业领域抓好档案监管服务、加快自贸试验区档案工作的创新实践和试点成果运用、发挥档案工作在服务政府职能转变中的重要作用的总工作目标，出台了七项举措，切实提升了档案公共服务能力。

一是实现“七五”档案普法良好开局。围绕“国际档案日”、法制纪念日及各类重大节庆、时事热点，主动出击，深入群众，开展载体丰富、形式多样的档案法治宣传教育活动，全面实现档案普法进机关、进乡村、进社区、进学校、进企业、进单位目标，不断增强全社会档案法治意识。

二是优化完善档案服务网络。进一步开发窗口便民服务手段，加强档案利用宣传，充分发挥社区、村居委会、网络查询、自助查询等“延伸窗口”的作用。积极协调有关建档单位，掌握民生档案的进馆规律、流向归属和查阅方式，构建区域民生档案资源共建共享信息网络，提高档案利用服务的精准度。

三是加强民生档案远程利用服务体系统筹设计。确保民生档案服务的资源增量和类别拓展，重点推进新增劳动能力鉴定类档案进社区服务。积极开发针对不同群体需要的特色服务，推出“就地收件”等创新服务举措，依托移动客户端、加密网盘等新媒体新技术，促进民生档案远程便民服务进一步提质增效。

四是加强档案资源开发和档案文化传播。围绕庆祝建党 95 周年、纪念长征胜利 80 周年等重要节点，抓好档案史料解读公布和编研开发，在社会主义核心价值观宣传教育中发挥档案的独特作用。完成出版《浦东简史》，并以此为契机带动特色专题编研项目开展，传承浦东优秀地方文化。

五是发挥档案社会教育功能。建好用好市区两级爱国主义教育基地、全国中小学档案教育社会实践基地，进一步丰富了教育资源，调整优化了服务机制，打造精品主题活动，为公民道德教育和中小学生素质教育发挥更大作用。

六是创新档案宣传工作机制。积极运用新媒体档案文化传播方式开展档案宣传，拓展公共媒体合作，形成新媒体与传统媒体资源共享、优势互补的新型档案宣传机制，进一步提升浦东新区档案工作的社会影响力。

七是加强档案干部教育培训，激发基层工作活力。进一步规范浦东新区档案教育培训工作统筹管理，积极推进档案教学改革，着力构建对接需求、分层分类、形式灵活的教育培训体系，满足广大建档单位的多样化需求。依托档案学会平台，积极组织开展征文交流、课题研究、技能竞赛、献计献策等各类研学活动。

2. 江苏省文化发展情况与措施

(1) 江苏推动文化发展两个效益相统一

在微观方面，文化企事业单位是文化运行的微观主体，也是落实两个效益相统一最直接的责任主体。一是推动国有文化企业建立有文化特色的现代企业制度。在治理结构上，要健全党委领导与法人治理相结合的管理体制，明确党委成员以双向进入、交叉任职的方式进入董事会和经营管理层。在机构设置上，从事内容业务的文化企业要健全编辑委员会、艺术委员会等专门机构。在绩效考评上，涉及内容创作的部门和岗位要突出社会效益考核，在收入分配和奖励上予以适当倾斜。在企业党建上，要落实党建工作责任制，健全党务工作机构，配强党务工作人员，把党的领导这一政治优势发挥出来。二是完善新闻媒体管理运行机制。要推动媒体深度融合发展，尽快从相"加"阶段迈向相"融"阶段，围绕建设融媒体中心这个关键，探索完善融媒体条件下的媒体内部组织结构。三是深化国有文艺院团改革。国有文艺院团是繁荣社会主义文艺的中坚力量。要围绕"出人出戏出效益"这个目标，按照"一剧种一方针""一院团一政策"的原则，对国有文艺院团改革实行分类指导、分类施策、分类推进。

在宏观方面，要在创新文化微观运行机制的同时，更大力度推进文化宏观管理体制改革，构建确保两个效益相统一的体制环境。一是完善国有文化资产监管体制。要按照"四管统一"、宣传部门有效主导的要求，依托资产管理、行使出资人权利，建立健全党委和政府监管有机结合的管理模式。二是健全两个效益相统一的考核机制。要针对不同领域、不同行业文化企业的特点，分类制定考核办法，实行"一企一策"，把社会效益指标考核权重应占50%以上的要求，细化为政治导向、文化创作生产、社会影响等具体指标。三是发挥文化政策激励保障作用。实现两个效益相统一，离不开文化政策的引导、激励和保障。细化各类支持文化企业发展的政策保障措施，加强与全局性经济政策的衔接，努力形成一套体现文化例外要求、支撑两个效益相统一的文化政策体系。

(2) 推进标准化均等化构建现代公共文化服务体系

构建现代公共文化服务体系，是实现文化小康的重要途径，也是文化领域的一项基础工程、民心工程。一是提升公共文化设施服务效能。要注重共建共享和综合利用，以农村和基层为重点，加快推进综合性文化服务中心建设。文化设施不能一建了事，要在完善运行、改善服务上下功夫，健全内部管理制度，规范服务项目和流程，提高服务质量和水平。二是加大优质文化产品和服务供给。公共文化设施运行得怎么样，群众参与活动的积极性高不高，关键在于提供的文化产品和服务是否"适销对路"。要研究群众对文化需求的新变化，主动对接群众需求，创新形式和内容，多提供订单式、菜单式服务，多开展接地气、聚人气活动，让公共文化设施成为群众文化乐园。三是创新服务运行方式。公共文化服务是政府责无旁贷的责任，必须坚持政府主导，保基本、兜底线。要采取政府采购、项目补贴、定向资助等措施，推动公共文化服务社会化发展。要探索运用政府和社会资本合作方式，引入专业组织和专业人士参与管理，提高公共文化服务水平。

(3) 推动文化产业转型升级

在做强做优文化产业方面，重在推动转型升级。一是发展创意文化产业。创意是创新的源头，是创造力的核心。作为文化产业中最活跃的创意文化，不仅能够形成文化产业新的增长点，创造新的文化供给，也能够为大众创业、万众创新提供广阔舞台。江苏文化底蕴深厚，经济和科教实力全国领先，发展创意文化产业优势明显、潜力巨大。要重点做好"互联网＋""文化＋"这两篇文章，在加快发展网络视听、移动多媒体、数字出版、动漫游戏等新兴产业，推动出版发行、影视制作、工艺美术等传统产业转型升级的同时，下力气抓好创意文化产业发展，促进文化与科技、信息、旅游、体育、金融、建筑、消费品生产等产业融合发展，既增加相关产业的文化含量和产品附加值，又延伸文化产业发展链条，拓展文化产业发展空间。二是培育骨干文化企业。要推动文化企业在并购重组、做大规模的同时，练好内功、强筋健骨，建立体现自身独特优势、可持续发展的经营模式，培育具有知识产权、较高市场占有率的拳头产品，打造知名文化品牌，增强核心竞争力。要大力扶持"专、精、特、新"的小微文化企业发展，打造一批文化产业强县、名镇、特色村。三是优化文化市场环境。良好的市场环境、完善的要素市场，是推动文化企业持续健康发展的关键因素。要促进文化与金融相融合，发挥省文投集团、省文交所的作用，加快培育资本、产权、版权、技术、人才等文化要素市场，推动文化资源与多层次资本市场对接，支持符合条件的文化企业上市融资，提高文化产业资源配置的效率和水平。

(4) 江苏影视动漫年会拉开帷幕

2016年,江苏动画产业链条渐显雏形,产业开发展现成效,一大批具有中国风格和国际影响的国产动画品牌脱颖而出;广泛对接行业和市场,充分展示了江苏动画的品牌形象和江苏作为动画大省的整体实力。为加强省内影视动漫界行业信息沟通和交流,积极整合资源,推动影视动漫精品创作,推动全省动画片发展。江苏省影视动漫协会于2016年9月26日举办"2016江苏影视动漫年会"。

南京苗行天下传媒科技有限公司带来的《飞虎队长》项目,是国内首个国家航空抗战题材作品,是国内首个抗战动画影片＋历史纪录片＋空军文创商品＋抗战博物馆＋VR展示的文化产业项目,入选国家文化部社会主义核心价值观项目,南京市委宣传部重点指导项目。昆山粉墨文创发展有限公司带来的大型昆曲元素3D动画《粉墨宝贝》,由台湾著名漫画家林德政带队主创,首次将人类口头与非物质文化遗产的中国百戏之母昆曲艺术与现代动漫的表现形式相结合,被誉为最能代表中国动漫产业"未来"的动漫精品,并获得国家广电总局"中国梦"动画项目荣衔及国内外60余项动画奖项。其他各家影视公司带来的动漫作品各有特色,关于正义、自由、平等与团结、关于合作与竞争,展现了中国文化的内涵、宏大的世界观,并通过顶尖的动画特效来讲述精彩的故事。

(5) 江苏太湖影视文化产业投资峰会顺利开幕

2016年12月15日,童刚同志出席了2016中国江苏太湖影视文化产业投资峰会开幕式。会上,他表示,2016年,全国影视界认真贯彻习近平总书记系列重要讲话精神,特别是文艺工作座谈会重要讲话精神,坚持以人民为中心的创作导向,电影产业发展呈现出新人辈出、创作繁荣、产能优化、科学增长的良好局面。这次峰会以"移动互联时代的影视文化产业发展趋势和投资机会"为主题,有助于推动影视与互联网资本的深度融合,带动影视文化全产业链的健康发展。无锡国家数字电影产业园以此次峰会为契机,坚定不移地贯彻落实了习总书记系列重要讲话精神,实现影视艺术和现代技术的创造性转化、创新性发展,为中国影视产业的发展作出新的更大的贡献。

2016江苏太湖影视文化产业投资峰会由总局电影局、江苏局、无锡市政府共同主办,为期两天,聚焦数十位业内知名电影人,解读电影市场前沿趋势,共话中国影视产业发展之路,探讨影视界不同细分领域的发展趋势和投资机会。开幕式上,总投资额超过100亿元的6家影视基金签约发布,30家规模影视企业签约落户无锡数字电影产业园。

3. 浙江省文化发展情况与措施

(1) 浙江2016年文化服务出口大增

浙江省商务厅发布数据显示,2016年浙江全年文化服务进出口总额达40.68亿元人民币,同比增长29.84%。其中,文化服务出口达14.68亿元,同比增长140.42%。

从数据上看,浙江与"一带一路"沿线国家的文化服务贸易升至首位,文化服务出口至"一带一路"沿线国家达4.99亿元,占浙江文化服务出口总额的33.99%,首次升至为浙江第一大文化出口市场。

2016年,浙江文化服务出口结构进一步优化,全年以高科技、高附加值为主的文化创意服务出口继续保持增长,达8.16亿元,占浙江文化创意服务出口总额的57.73%,而以AR、3D技术为主打的浙江高科技文创产品和服务畅销美国、欧洲、拉美等地。在《神医喜来乐传奇》《全家福》等浙产影视剧出口哈萨克斯坦、吉尔吉斯斯坦等国的数量大幅增长的同时,浙江出版联合集团与马来西亚签订了四大名著马来语翻译出口大单。

值得一提的是,2016年浙江影视、出版、艺术等核心领域的文化服务出口达6.1亿元,同比增长253.12%。华策影视的大型年代剧《传奇大亨》入选了2016法国戛纳电视节并取得官方展映资格,海外订单稳步上升。此外,国际社会对浙江文化价值和产品的认可度以及接受度逐步上升,浙江文化信息传输服务等敏感领域的出口首次出现了正增长,达6724万元,增长幅度为120.04%。

(2) 在悉尼成功举办美丽浙江文化节

2016年7月10日,"澳大利亚· 中国美丽浙江文化节"在悉尼中国文化中心拉开帷幕。2016年是悉尼中国文化中心与浙江省文化厅部省合作年。在浙江省文化厅的鼎力支持和配合下，悉尼中国文化中心从年初开始已相继在澳大利亚成功举办了中国花园实景音乐会、浙江民俗美食走进校园等高质量活动，并在当地取得强烈反响。作为本次文化节的重点项目之一，“浙江创意设计展”暨“美丽浙江摄影图片展”也随之开幕。此次文化创意设计展以“融”为主题，通过传统与现代、生活与创意、东方美学与西方美学的融化和融合，力求通过摄影图片向悉尼观众展现中国的文化之美、创意之美、工艺之美、生活之美、设计之美。

中国驻悉尼文化参赞张英保表示，此次文化节内容丰富、包罗万象，从多个角度向世界充分展示了浙江文化的魅力。悉尼市议员郭耀文评价说：“文化节使澳大利亚观众了解到中国生活创意设计领域的新发展，为世界打开了一扇欣赏东方生活美学的窗口”。浙江文化厅相关负责人介绍，活动还邀请了许多悉尼的艺术家和朋友到浙江交流访问，希望用文化来增进相互了解和信任。也希望通过“美丽浙江文化节”活动向澳洲民众展现中国文化的魅力，并为浙江与悉尼的文化交流打开新的窗口。

另外，作为浙江与澳大利亚文化产业合作的成果，现场还举办了浙江少年儿童出版社对澳大利亚新前沿出版社的收购交割和签约揭牌仪式。双方的合作将为澳洲广大青少年群体了解认知中国文化提供高质量英文读物。

(3) 传承优秀戏剧，唱响美好生活

为展示浙江传统戏剧保护成果，让更多人了解、热爱传统戏剧，省文化厅和省戏剧发展促进会于2016年5月中旬起推出了“浙江好腔调”传统戏剧系列展演活动。该活动也是浙江省保护传统戏剧举措中的一项重要内容，着力推动全民共享传统戏剧文化，让传统戏剧走进当代生活，得到保护和传承。该项活动以“传承优秀戏剧，唱响美好生活”为主题，开展了3个专场的系列展演活动，分别是“满庭芳”名师高徒专场、“满堂彩”少儿(院校学生)专场、“满园春”第三批浙江省传统戏剧之乡授牌仪式暨“非遗薪传”传统戏剧展评获奖剧目专场。

传统戏剧的传承发展，人才培养是关键。青年传承人的培养是重点，“传帮带”是重要方式。12月8日在海宁市举办的“满庭芳”名师高徒专场活动，以浙江省70周岁以上国家级戏剧项目代表性传承人抢救性纪录专项工作为基础，从纪录对象与高徒合作(或单独表演)的节目中挑选经典节目进行展演，并在晚会中穿插播放抢救性纪录VCR。该专场演出有昆曲、婺剧、瓯剧、新昌调腔、海宁皮影戏、平阳木偶戏等多个浙江省、江苏省、江西省代表性剧种。展演邀请了汪世瑜、郑兰香、沈守良、卓乃金、章华琴、许二男、张坤荣7位国家级非遗代表性传承人到场，他们都是戏剧舞台名家，不少人已经很久没有公开露面。年轻一代则有梅花奖获得者杨霞云、奥运小生曾杰等诸多当下戏曲舞台上的中坚力量。国家级传承人与青年传承人同台亮相，展现薪火相续的传承主题。

2016年，浙江省组织开展了以中青年非遗传承人群为主要对象的“非遗薪传——浙江传统戏剧展演展评”活动，经各地报名推荐，专家评委会评审，省文化厅审核同意，共评出“薪传奖”10个、“优秀展演奖”24个、“优秀组织奖”7个。该活动是对浙江省近年传统戏剧保护成果的全面展示，活动中涌现出一批批年轻传承人和优秀剧目，让浙江省的传统戏剧得以更好地“活起来、传下去”。

(4) 强化文化人才队伍建设

推进浙江音乐学院、浙江艺术职业学院内涵建设，深化校团合作办学、省地合作共建，加快相关附属学校(附中、附小)合作建设。实施优秀文化专业技术拔尖人才培养深造计划。开展首批“浙江省文化创新团队”和首批“浙江省文化厅优秀专家”评选活动。举办第一批、第二批省属舞台艺术拔尖人才成果展示活动，推出第三批省属舞台艺术拔尖人才培养对象，举办2016“新松计划”全省青年舞蹈演员大赛，实施第3期全省中青年编剧扶持计划、第3期全省中青年创作人才(导演)高级研修班。进一步完善文化艺术人才评价机制。继续实施基层文化队伍素质提升工程，全省培训人员不少于2万人次。加强干部队伍建设，加大干部培训工作力度，拓展优秀年轻干部培养方法和渠道，建立厅属单位领导班子分析研判机制。建设浙江文化干部网络学院。培育壮大文化志愿者队伍，进一步完善管理制度。

(5) 探索多种模式保护历史文化村落

2016 年 6 月 3 日,浙江省历史文化村落保护利用工作现场会在台州黄岩区召开。

浙江省全面开展历史文化村落保护利用工作,先后启动 172 个历史文化村落重点村和 868 个历史文化村落一般村的保护利用工作,修复古建筑 3000 余幢、古道 212 千米,拆除风貌冲突的违法建筑物 32 万多平方米,使得古村落越来越有生气。因为 2016 年是浙江省历史文化村落保护利用承上启下的关键年,全省古村落第一批重点村要开启科学利用的大幕,第二批重点村要收官,第三、第四批重点村要继续按时按序推进,同时,积极培育村庄产业经济活力,也是浙江成功实践历史文化村落保护利用的重要经验。在充分保护的基础上,古村落保护利用还需要探索多种模式,多元化地追求旅游开发。为了防止旅游过热、商业味过浓的情况,在保持原汁原味的乡土气息的同时,现代农林业、休闲养老业、教育文化产业都可以作为浙江省历史文化村落的产业来规划,共同合力为村民带来一定的收益。因为只有安居乐业的古村落,才能见物、见人、见生活。

4. 安徽省文化发展情况与措施

(1) 传统戏曲文化走村进校取得良好效果

2016 年,安徽省进一步聚焦"徽风皖韵"传统文化,统筹各类文化资金,加强政府购买力度,创新开展了"送戏进万村""戏曲进校园""黄梅戏文化知多少"等活动,服务支持传统戏曲文化传承和发展。

自 3 月中旬起,安徽省推进构建了财政分级保障机制,省级财政重点扶持黄梅戏、徽剧等全省代表性剧种,省级文化强省资金、公共文化服务体系建设资金对优秀剧本创作项目予以支持,扶持地方戏曲创作、演出、更新戏曲院团演出设备,奖励演出场所建设。截至 2016 年底,省级财政已统筹文化强省、公共文化服务体系、非物质文化遗产、文化事业建设费等专项资金 2.1 亿元,重点支持全省黄梅戏、徽剧、庐剧、泗州戏等地方戏曲的创作排演、剧目推广、传习活动、人才培养等项目。省财政统筹资金 1.4 亿元,累计送戏 60662 场,实现全省 15442 个行政村每村每年至少能看一场正规演出的目标。这项活动有效对接了基层群众文化需求,调动了社会力量参与公共文化服务的积极性,丰富了农民群众的精神文化生活,取得了一举多得的综合效益。

2016 年 10 月,安徽省被列为全国"戏曲进校园"活动先行先试地区。省财政厅会同省委宣传部、省文化厅、省教育厅,结合安徽戏曲剧种实际,通过"开展一项活动、纳入两种课程、壮大三支队伍、搭建四大平台"的"数字建设法",大力推进"戏曲进校园"工作。各级财政部门按照现行学校归属级次和供给渠道,从部门预算经费或经批准的专项资金中统筹安排资金,开展政府购买"送戏进校园"活动。2016 年以来,省级财政安排 324 万元,支持全省高校演出 108 场,实现"全覆盖"。截至 11 月底,全省已进校园演出 3500 余场,形成了院团踊跃演出、学生乐意参与、家长感到满意、社会效果良好的生动局面。

(2) 文化惠民消费季精彩纷呈

由安徽省委宣传部牵头组织的"文化进万家·共筑中国梦"第三届安徽文化惠民消费季活动,2016 年 8 月 26 日至 11 月 26 日在安徽全省范围内进行。该届消费季共安排了 56 项重点活动,省级财政安排 890 万资金直接补贴文化消费者。

"五看"刷卡消费立减折扣优惠是安徽首创。和往届一样,消费者在特约商户实体店或网上销售平台"购书、订报、购戏票、购电影票、订购电视节目"时,凡使用 62 为开头的银行卡刷卡消费,按设定补贴规划享受不同的"立减折扣"和折上折优惠。截至年底已征集了 705 家"五看"特约商户,且数量仍在陆续增加。另外,由 25 家省直、中央驻皖单位及行业协会承办了 29 项活动,分为图书报刊惠民、文艺惠民、电视惠民、艺术品惠民、文化旅游惠民、文化科技和信息消费惠民、文化主题消费和文化公益八个类别。活动形式包括下基层、展览、演出、讲座、比赛、体验、游学、培训和线上线下各种优惠、推广。省内 16 个地级市和 1 个省直管县还各自组织了以彰显地域特色、区域品牌的活动共 25 项。

该届消费季活动中,一大批中国首创、世界一流、科技含量高的文化消费智能终端产品和服务集中亮了相。如克洛斯威智能钢琴、声讯语音速记本、阿法蛋智能早教机器人、豚宝宝互动电子课件、新知数媒美丽化学、奥希瑞斯全自动胶片冲洗机等。VR三国(合肥)主题公园、合肥万达文旅城优惠回馈月活动也同期开展。对于传统文化、非遗产品等,主办方推出"网上赏美好安徽·品特色文化"、互联网文化产品展销(阜阳)等活动,把更多优质传统文化产品通过互联网送到消费者面前。

(3) 阜阳11家企业进入安徽民营文化企业100强榜单

2016年4月13日,安徽2016年民营文化企业100强名单揭晓,阜阳市安徽金辉印务有限公司、界首市翰墨文化艺术传媒有限公司等11家文化企业上榜,入围"民营文化企业百强"数居全省第二。

安徽省民营文化企业100强是在各地各单位积极推荐的基础上,以社会效益与经济效益相统一为衡量标准,兼顾行业特点,按照企业主营业务收入、税前利润、净资产、纳税总额、从业人数及年人均工资等经济指标和企业的社会效益指标评定的。

近年来,阜阳市相继出台了一系列鼓励文化产业发展的扶持政策,有力推动了全市文化产业发展,文化产业增加值和增速连年攀升,文化产业综合排名居全省前列。截至年底,全市民营文化法人单位近4000家,规模以上法人246家,增速达15%以上。

一直以来,阜阳市着力培育特色产业聚集区,产业园区发展迅猛,已然形成了柳编、发艺、印刷包装、演艺等特色文化产业园区(基地),推动了阜阳印刷包装产业园、阜南黄岗柳编产业园、颍上文化产业园、558文化创意产业园、翰墨文化影视基地、明清苑影视基地等一批文化产业园区(基地)加快建设。在项目扶持上,为了帮助入驻企业快速成长,阜阳市每年遴选一批全市重点招商项目和省亿元以上重点文化项目,对总投资超过10亿元的重大项目进行跟踪帮扶,有力推动了天下粮仓、丝绸博物馆、欧苏文化园等项目建成开放。

随着一大批"互联网+"文化企业的落户,文化与科技、旅游等产业融合也进一步加深,如今的阜阳市文化业态更加全面。截至2016年底,阜阳市文化创意和设计服务法人单位数1200多家,信达动漫、558文化创意产业园、M双创文化孵化基地、阜阳创新创业大学孵化基地等新兴项目不断涌现。阜阳市还积极推动民营文化企业上市工作,成功实现"新三板"挂牌企业3家,"新四板"22家,并牵头安徽金辉印务有限公司等15家骨干文化企业成立了阜阳市文化企业协会,着力打造骨干文化企业品牌,实现了龙头带动。阜阳市积极做大做强颍上花鼓灯、临泉杂技、阜南柳编、界首彩陶、颍州剪纸等特色品牌,扶持重点文化企业上市,支持文化创客创业创新,着力把文化产业打造成为全市经济发展的重要支柱产业。

(4) 文化年促进共通繁荣,巧活动助推安徽实力

2016年6月18日,曼谷中国文化中心人头攒动,热闹非凡,泰国民众争相来到这里一睹黄梅戏、花鼓灯的表演,参观安徽摄影书画展览,2016泰国·中国安徽文化年开幕活动于当晚拉开大幕,中国驻泰国大使宁斌魁、泰国国家旅游局副局长维萨努及中泰嘉宾约200人应邀出席开幕式。

2016泰国·中国安徽文化年由安徽省文化厅和曼谷中国文化中心共同举办,系文化部部省合作项目框架下的活动之一。2016年一系列充满安徽地方特色的文化项目相继在曼谷中国文化中心举办,可以让泰国民众能够更直接地感受中国的地域文化,体味安徽山川秀美、人文荟萃滋养出的徽剧、黄梅戏、花鼓灯艺术形式。这次安徽文化年开幕活动上,有黄梅戏、花鼓灯舞蹈、民乐表演以及书画摄影佳作,充分展示了安徽厚重的历史、秀丽的山水以及和谐的生活。

(5) 2016安徽撮镇万亩荷园喜迎文化旅游节

2016年7月29日,"2016安徽撮镇荷花文化旅游节"如期开幕。刚一开幕,百姓的热情就跟着高涨了起来,只为一睹"万荷竞秀"的美景。"荷花节"八载"绽放"、年年提升,活动内容更丰富、接地气、亮点频现。

早上7点多,刚步入龙栖地生态湿地公园,就听到广场上热闹的说笑声。当地居民一大清早就赶来"占位"了,一心盼着能与开幕式专场文艺汇演的明星们近距离接触。自从举办首届荷花节起,文艺演出就被视作主题活动中的"重头戏",持续至今。撮镇镇政府"出人出力",编舞、排节目,邀请镇上知名的民

间文艺团队登台"助阵"。荷花节请来明星,让当地居民在"家门口"与明星"面对面",机会难得。央视关注、诸多明星助力,说明了荷花节已经初具影响。2016年,撮镇还继续扩大了荷花节的知名度和影响力,以荷为媒,推广撮镇的生态观光农业旅游品牌。

"万亩荷园"曾是被抛荒闲置的低洼地,兴建之初仅有500亩左右,随着近年来不断扩大水域,现在的实际面积不止万亩,跃升为华东地区面积最大的荷园。"万亩荷园"不断加大投入,治理水系、贯通水道,荷塘水更清澈;新添20多种水生花卉和荷花新品种,2016年首次"迎客",生态多样性更丰富。

为了配合本届荷花节的其中一个主题活动——雕塑展,龙栖地生态湿地公园结合当地民俗文化和历史底蕴,打造出文化内涵深厚的全新展区,作为生态文化游的景点之一。同时,园区还将继续挖掘"一里三公墓""万载龙栖地"和包公文化的内涵,使美好的自然风光与充实的人文情怀完美地融合起来。

开幕当天,配套主题活动,"舌尖上的肥东——肥东农特产品展销会"也拉开帷幕。肥东县农委等特地组织了多家肥东各农特产品商户,到建华龙栖地湿地公园内"吆喝",展示环巢湖沿岸及肥东特色美食。赏美景,品美食,还能观看城里难得一见的农家灶台烹饪,游客们不亦乐乎。

荷花节期间,还举办了"乡土乡音——肥东地方性群众文艺汇演",每个周末邀请肥东各乡镇艺术团来园区演出。

七 体育事业发展情况

1. 上海市体育发展情况与措施

(1) 聚焦建设体育名城,不断迈上新台阶

2016年,上海体育聚焦建设全球著名体育城市的总目标,深化改革、力补短板,勇于创新、务实拼搏,各项工作不断迈上新台阶,取得了新进展、新成效。

创新全民健身公共服务供给方式,成功举办第二届市民运动会。紧抓全民健身和健康中国上升为国家战略的重要机遇,市、区两级制定实施《全民健身实施计划(2016—2020年)》。超额完成年度实事工程,新建65条市民健身步道,新建改建56片市民球场。编制《"健康上海2030"规划纲要(体育部分)》,完善全民健身公共服务体系,强化科学健身指导和服务。第二届市民运动会赛事活动数量和参与人次、竞赛参赛人数均创历史新高,中青年人占参赛总人数的53%,办赛单位中社会组织和市场主体占比超过三分之一。竞技体育竞争实力不断提升,上海体育健儿在里约奥运会上取得3人次金牌、3人次银牌、4人次铜牌的优异成绩。深化体教结合工作,青少年体育公共服务体系不断完善。市委、市政府联合印发《上海市体教结合促进计划(2016—2020年)》,召开体教结合工作会议进行全面部署。优化体育赛事布局,全年举办各类各级全国级以上赛事156次,其中国际性赛事67次,赛事管理坚持管办分离,转变政府部门职能定位。坚持职业化赛事发展为导向,持续推进足篮排三大球振兴工程,上海三大球男女七支俱乐部全部跻身职业联赛前四名。推动基础设施重大项目建设,加快发展体育产业。"十三五"规划中一批市级重大项目基本落地。崇明基地一期项目整体有序推进。完成专业足球场项目选址和国际方案征集,推进徐家汇体育公园功能提升和改建工作,启动临港帆船帆板基地项目。公共体育场馆退租还体工作取得初步成效。

(2) 发展群众体育,提升市民身体素质和生活质量

体育生活化,生活体育化。上海打造国际大众体育季,旨在拉近市民与体育之间距离,拉近中外体育之间距离,让更多市民和国际友人体验中国全民体育的魅力。从过去的"体育节"到如今升级版的"体育季",虽是一字之差,但活动内涵丰富了许多。一是时间延长了,从之前集中几周举办活动,扩展为三个月的"体育季";二是形式多样了,从之前的线下展示,扩展为线上线下的深度融合,让更多市民通过互联网、移动端了解赛事,参与赛事,扩大赛事的参与面;三是种类更丰富了,从2015年11项赛事拓展为16项赛事。

通过改善体育服务供给方式，构建更加完善的全民健身服务体系。研制落实全民健身实施计划，探索构建与现代化国际大都市相适应的全民健身公共服务体系，不断扩大体育服务和产品供给，提升市民身体素质和生活质量；以吸引最广大体育运动爱好者的积极参与为目标，做好上海市第二届市民运动会的筹备、组织和宣传等各项工作；扎实推进社区体育设施建设，将30个农民体育健身工程改建为"市民多功能球场"，新建20片市民足球场。积极探索PPP模式，引进市场资金建设体育设施；深入推进体育社会组织改革，转变工作思路，充分发挥各级体育总会、老年体协、行业体协等体育社会组织在全民健身中的重要作用；不断提升公共体育服务能力，深入推进公共体育设施向社会公益性开放，提高学校体育设施开放质量。

(3) 发力体育竞赛，推动体育赛事欣欣向荣

竞技体育方面，提升奥运备战训练效益，深化竞技体育职业化改革。力求更多上海籍运动员参加里约奥运会，争创佳绩，提供优质周到的保障服务为国家队作贡献。强化竞体科学备战水平。积极推进职业体育发展，拓宽职业体育发展渠道，推进具备条件的运动项目走职业化道路。鼓励和引导市优秀运动队与企业合资组建投资职业体育俱乐部，采取俱乐部市场运作机制。

体育赛事方面，深化管理制度改革，努力建设国际体育赛事之都。精心办好由国际滑联首创的"上海超级杯"短道速滑及花样滑冰队列滑大奖赛，做好2019年世界青年帆船锦标赛申办工作。大力培育赛事管理人才，积极开发体育旅游业态，提高赛事运作效益。完善赛事管理制度，落实赛事审批制度改革新要求，建立赛事管理新机制。通过市场机制积极引入社会力量承办赛事，搭建政府支持社会力量举办赛事的服务平台。以市民需求为导向，大力发展体育竞赛表演市场。鼓励更多公共体育场馆开放资源，支持社会力量兴办赛事。建立体育赛事与项目爱好者之间的互动链接。引导赛事承办主体注重大数据分析，提高赛事服务目标人群的精准度。积极拓展体育赛事产业链，促进体育赛事相关产品消费。

(4) 探索多元发展模式，促进青少年体育蒸蒸日上

组建精英训练营是上海市学校体育工作的重要任务，以青少年校园足球为发展突破口、坚持文化学习与足球运动相结合，作为加快推进青少年校园足球普及力度，发掘和培养优秀足球后备人才的有效途径。校园推广足球运动是"立德树人"的重要载体，为此2012年，上海在全国率先成立了"上海市校园足球联盟"，构建了"大学—高中—初中—小学"(1—2—4—8)一条龙的校园足球发展体系，以高校为引领，带动中小学开展校园足球，至2016年已经形成了"16条龙"。经过几年的发展，上海建立起了一套符合教育规律的"四横四纵"立体化竞赛体系；构建了队伍建设、场地建设、经费投入、文化营造多位一体的校园足球保障框架。2016年底，在联盟注册的校园足球运动员从开始的900多人增长到超万人。

在青少年体育方面，通过探索多元发展模式，推动体教结合良性互动。推广学校、社区、家庭"三位一体"的青少年体育活动模式，引导社会组织参与青少年体育公共服务。强化体育后备人才体系建设，培育多元化青少年体育后备人才培养体系，进一步夯实后备人才基础。促进体教结合融合发展。

(5) 加强体制机制创新，推进三大球振兴工程

主动顺应体育改革趋势，加快体育产业发展，加强和上海联合产权交易所合作，推进体育资源交易平台建设。推进体育产业投融资平台建设。制定一批具有针对性和普惠性的体育产业配套政策。积极稳妥推进体育场馆改革。鼓励社会资本参与体育场馆建设与运营。健全体育场馆公益性开放标准和评估体系。完善体育产业工作机制。加强长三角地区在体育产业方面的区域协作。

在体制机制方面加强创新，持续推进足篮排三大球振兴工程。进一步深化足球改革，制定实施方案，做好本市足球协会换届工作。探索设置符合上海特点的业余联赛体系。促进俱乐部健康稳定发展，积极培育稳定的球迷群体，倡导健康文明的球迷文化。支持办好英超、西甲、意甲等在沪举办的国际赛事。

2. 江苏省体育发展情况与措施

(1) 江苏体育发展取得新进展

2016年，江苏各地经常参加体育锻炼的人数达到35%以上，国民体质合格率达92.1%。编制了《江

苏省足球中长期发展规划(2016—2050年)》《江苏省足球场地设施建设规划(2016—2020年)》。全省新建健身步道达到1500千米,567个乡镇建成多功能运动场,超额完成省政府下达的目标任务。在第31届奥运会上,江苏省33名运动员入选里约奥运会中国体育代表团,5人获得3枚金牌,4人获得2枚银牌,3人获得3枚铜牌,获奖牌人次数为境外参赛最好。另外,深入贯彻实施《江苏省青少年校园足球振兴行动计划纲要(2015—2020年)》,青少年校园足球特色学校发展到793所。打好健身消费五大"组合拳",用好5亿元体育产业发展专项资金,每年发放5000万元体育健身消费券,打造1000个健身俱乐部,推动建设40个体育服务综合体,培育20个体育健康特色小镇。

到2016年底,江苏省所有设区市、县(市、区)全部建成省级公共体育服务体系示范区,基本建成特点鲜明,领跑全国的公共体育服务体系。首先是领先一步的体育场地设施。江苏省人均公共体育场地面积达2.01平方米,高出全国平均0.55平方米,已初步形成了覆盖城乡的省市县镇村五级公共体育设施网络。省级公共体育设施,江苏省建有五台山体育中心和南京奥体中心两大综合性体育场馆,而13个设区市基本建成功能齐全、设施完备的体育中心和全民健身中心。

公共体育设施在县域板块的特点尤为明显。全省所有县(市、区)已基本完成"新四个一工程",这在全国还是首家。"新四个一"包括一个塑胶跑道标准田径场,一个3000座左右的体育馆、一个游泳馆或标准室内游泳池和一个3000平方米以上的全民健身中心。城乡一体,是江苏省公共体育的另一个基本特点。全省健身调查显示,经常锻炼的人群中83.6%的人首选的健身方式是健步走和跑步。2016年,全省新建1500千米健身步道,健身步道总里程达到8000千米。全省567个乡镇建成多功能运动场,绝大多数乡镇街道建成了包括乒乓球室、棋牌室、健身室、篮球场、健身路径在内的"三室一场一路径"。在行政村,江苏省所有行政村100%建成农民体育健身工程,所有行政村都建成了包括乒乓球室、棋牌室、健身活动室、篮球场、健身路径在内的"两室一场一路径"。

(2) 突出重点,南通市扎实推进足球改革发展新举措

一是抓规划、重布局。南通市把体育和足球事业发展纳入国民经济和社会发展总体规划,注重顶层设计,摆上议事日程,列入目标体系。围绕《963计划》确定的目标任务,教育、体育、财政、人社等部门及时出台了《南通市校园足球三年行动计划(2015—2017年)》,注重从校园足球抓起、从青少年足球抓起。财政、人社、国土、规划、建设、总工会、团委和妇联等部门积极作为,结合自身职责和任务分工,排出"作战图""进度表"和"路线图",对足球改革发展所涉的人才、资金、政策、保障等各有关工作,精心谋划组织,从严落实责任,实现目标化管理、项目化推进。

二是抓基础、建载体。对涉及足球改革发展的相关基础数据、制约瓶颈、民生需求等,开展全面深入的调查,做到心中有数。采用"进、转、培、聘、送、引"等方式,多措并举,打造高素质、高水平的足球师资队伍。营造社会氛围,与南通报业集团共同编辑出版《江海体育》杂志,设立足球改革发展专栏。抓场地建设布局优化。2016年全市新建或改扩建标准足球场60片,新建非标准足球场60片。拟建设的南通市足球训练基地,规划总占地面积306亩,计划总投资为12亿元,能同时承担两支以上职业俱乐部训练和20支青少年足球队集训,目前已经完成初步规划设计。

三是抓机制、求突破。努力构建"政府主导、部门协同、社会参与、市场运作、利益共享",具有南通特色的足球改革发展管理的新模式。从2016年起,"市队校办"学校、市后备人才示范学校经市教育行政部门批准,可跨区域招收特长生。南通市将力争三年内建成200所市级足球特色学校,组建1000支校园足球队伍,使参与足球活动的学生超过30万人。与此同时,大力实施青苗工程,完成了各层次训练队伍的梯队建设。社会足球在普及提升上有新突破。形成了一整套较为完整的业余联赛体系和业余球员注册系统。目前,已有近100支业余球队注册,近3000名球员登记在册。广泛开展群众喜闻乐见的社会足球活动。职业足球在运行机制上有了新突破。南通寰亚体育文化有限公司与广西龙桂达足球俱乐部(中乙队)达成共识,整体收购其俱乐部股权,南通职业足球队将正式亮相2016赛季中国职业足球联赛,力争5年冲入中甲,将职业足球尽快打造为南通体育的新品牌。

(3) 培育龙头企业,常州市实施人才战略推进体育产业发展

经过多年发展,常州体育产业集团注册资本已由3000万元增加到5.4亿元,经营性资产市值由原来不足1亿元增加到近20亿元,现辖有全资子公司6家,控股公司2家,参股公司3家,涉及场馆管理、体育俱乐部、体育咨询、文化金融、房地产、物业管理等领域。公司以"围绕体育办产业,依托产业办实事"为己任,按照全市总体规划,与新建中小学相结合,投资建设区(镇)级全民健身中心,探索出了一条全民健身中心"投、建、管一体化"的新路子,并为创建全市青少年公共体育服务体系、推进体教融合提供了有力的产业支撑。武进区也成立了体育场馆运营管理公司,已对10家乡镇体育场馆进行连锁托管经营。

根据产业发展需要,大批量引进各类专业人才。常州体育产业集团近几年引进人才超百人,其中研究生占员工总数的比例超过15%,并与苏州大学联合建立了研究生流动工作站。着力培养各类人才。市体育运动学校开设运动休闲专业,培养出来的毕业生供不应求。对高层次经营人才,实行与业绩挂钩的年薪制,上不封顶;对有培养前途的人才,有计划选送国内高校进修培养。

(4) 健身消费"组合拳"助力健康江苏建设

10月27日,2016江苏体育产业大会在溧阳举行。未来五年,江苏将用好总规模5亿元的体育产业发展专项资金、每年面向全省发放5000万体育消费券、持续打造1000个优质健身俱乐部、推动建设40个体育服务综合体、重点培育20个体育健康特色小镇,从供给侧和需求侧两端发力,以五大"组合拳"大力推动体育服务业发展,扩大健身消费规模,积极助力健康江苏建设实现新提速。会上,公布了江阴市新桥镇、南京汤山温泉旅游度假区、淮安市淮安区施河镇、仪征市枣林湾生态园、溧阳市上兴镇、南京市高淳区桠溪镇、宿迁市湖滨新区晓店镇、昆山市锦溪镇为江苏省首批8个体育健康特色小镇。

(5) 江苏省第七届全民健身运动会改革办赛机制,覆盖人群超过100万人次

2016年6月18日,江苏省第七届全民健身运动会在南京开幕。本届全民健身运动会的主题是"快乐运动,健康生活"。按照"政府主导、部门协同、全社会共同参与"的工作机制,由14家省级部门和单位共同主办。比赛从5月开始至10月底结束,共组织了32个项目、30个赛区、289个小项的竞赛。竞赛设项,由公众网络投票产生;竞赛组织服务,首次面向社会公开招标,共有10家企业和6家社团取得了22项赛事的承办权,竞赛社会化比例超过70%。在组委会评选出的10个最佳竞赛组织奖中,企业和社团就占了8席。为方便更多群众参加比赛,除各市代表团报名外,首次开放社会组织和个人报名入口,社会报名参赛比例约占36%。据统计,直接参加比赛和活动人数超过20万人次,群众满意度平均达95%。如果算上基层海选赛事及相关活动,覆盖人群超过100万人。

(6) "开跑吧,我的城!"马拉松精神为江苏壮力

2016年3月13日的第七届苏州环金鸡湖国际半程马拉松赛和10月16日的第三届金陵马拉松赛为全江苏描绘了一幅最为生气蓬勃的春秋画卷。共有51000多人参加了这两场全民体育盛事。

其中,金陵马拉松赛共设立了全程马拉松、半程马拉松、迷你健康跑和亲子跑四类比赛项目,且此次马拉松赛较之前举办的马拉松赛有了一些变化,放在秋天举办,是因为这样的气候条件适合于马拉松赛的展开。2016南马将赛道进行改线优化,"串联"更多的城市景观地标,玄武湖、中山陵、夫子庙、总统府、明故宫等AAAAA景点和经济文化中心都纳入跑马版图,山水城林和虎踞龙蟠的金陵风光一览无余;苏州环金鸡湖国际半程马拉松赛的亮点正在于响应了习总提出的"一带一路"的国际化体育发展号召,参赛选手来自全国各地及欧、美、亚、非、澳五大洲41个国家和地区,最小4岁、最大83岁。按学历划分,本科及以上学历占到64%。按职业划分,白领占44%,企业家及高级管理人员占31%。让选手们感受到苏州这座江南名城的生机活力。另外,赛道上二十多支乐队及众多cosplay的爱好者,让本届赛事成为了史上最好玩最有特色的的马拉松。

马拉松赛是一项高负荷、大强度、长距离的竞技运动,也是一项高风险的竞技项目,对参赛者身体状况有较高的要求,参赛者应身体健康,有长期参加跑步锻炼或训练的基础。因此,定期举办马拉松赛事

旨在激发广大民众平时对锻炼身体的热情，积极推动全民身体素质迈上更高的台阶。

3. 浙江省体育发展情况与措施

(1) 紧扣时代脉搏，发展群众体育

2016 年浙江省体育创强工作得到了进一步完善。全省申报体育特色乡镇 61 个，评估体育现代化县(市、区)11 个、现代化镇乡(街道)41 个。根据《浙江省实施“四提升四覆盖”全民健身工程指导意见(2016 年—2020 年)》，围绕体育组织、场地设施、健身活动、健身指导等方面提出具体目标和要求，确定湖州、嘉兴、衢州和三门、浦江、安吉作为工程试点市、县。“四提升四覆盖”工程，即提升群众身边的体育场地建设水平，实现“15 分钟健身圈”便民体育设施全覆盖；提升群众身边的体育组织水平，实现乡镇(街道)“1+5”体育社会组织网络全覆盖；提升群众身边的健身活动水平，实现常态化健身活动全覆盖；提升群众身边的健身指导水平，实现行政村(社区)各健身项目社会体育指导员及乡镇(街道)体质测试网点全覆盖。

浙江省一直将全面推进公共体育场地设施建设开放作为群众体育工作的重点。针对条件相对较弱地市，加强扶持力度，在全省范围内扶持建设社区多功能运动场 200 个，省级全民健身广场 13 个，乡镇全民健身中心 30 个，拆装式游泳池 100 个，笼式足球场 100 个，实施小康体育村升级工程 1100 个，新建或改造足球场地设施 500 万平方米以上。扶持建设省级社区体育健身俱乐部、老年体育活动中心、体育示范幼儿园等各类体育俱乐部 550 个，逐步建立乡镇(街道)1 个体育总会和 5 个以上体育社团分值机构的工作格局。截至 2016 年底，全省所有公共体育设施和 3368 所符合开放条件的学校体育设施全部向社会开放，人均体育场地面积达到 1.85 平方米。

贴近群众的全民健身活动更接地气。衢州江山的 2016 全国新年登高健身大会吸引了 11 个地市近 10 万人同步参加。5 月的浙江美丽乡村奥运会在全省共设 6 个分站，吸引了万余名群众参与。同时，省第二届女子体育节较之上届更具规模，设竞技类、趣味类、展示类三大板块，共 28 个大项、173 个小项，吸引到 102 支代表队近 5 万余人次参赛。据不完全统计，2016 年共举办省级群体性赛事(活动)729 项，承办省级以上赛事(活动)69 项。

(2) 竞技体育迎来大丰收

2016 年，浙江省竞技体育综合实力有了新提高，不仅在各项国际、国内大赛中成绩突出，更在后备人才培养、杭州亚运会筹备以及足球改革等多个方面取得显著成效。全年浙江运动员在各类国际性、洲际性、全国性比赛中共获得奥运会冠军 2 个、世界锦标赛冠军 5 个、世界杯分站赛冠军 32 个、世界青年锦标赛冠军 8 个，亚洲锦标赛冠军 26 个、亚洲青年锦标赛冠军 13 个，全国各类比赛冠军 148 个。共创建省级青少年体育俱乐部 4 个，青少年户外体育活动营地 1 个。全省共有省级青少年体育俱乐部 408 所，国家级青少年体育俱乐部 148 所；省级青少年户外活动营地 55 个，国家级营地 6 所。

在 8 月的里约奥运会上，浙江省 26 名运动员参加 8 个大项的比赛，参加的运动员人数与北京奥运会持平，超过了参加历届境外奥运会人数。赛场上，浙江省运动员不畏强手、奋力拼搏，共夺得 2 金 2 银 3 铜的成绩，捍卫了自 1984 年我国参加奥运会以来浙江“届届有金牌”的殊荣，为全省人民争得了荣誉。其中，孙杨、傅园慧等运动员在赛场外表现出的阳光、健康形象获得了社会的普遍赞誉。

令人关心的还有 2022 年杭州亚运会。根据亚奥理事会要求，2022 年杭州亚运会组委会 4 月 9 日成立。在亚运会等发展契机的推动下，浙江省举办赛事的热情不断高涨。全省共承办了中日韩运动会等国际赛事，以及全国以上竞技体育赛事 30 多项次，举办省级青少年比赛 57 项次，各类品牌赛事广受好评。

在备受社会关注的足球改革发展工作上，成立了浙江省足球改革发展联席会议制度，并召开了联席会议第一次会议和全省足球工作会议，启动了首届浙江省足球超级联赛，并完成了省足球协会的换届，在全省形成浓郁的足球氛围。校园足球走在全国前列，目前浙江省有 500 多所定点学校，超过 20 多万名学生参与校园足球活动。

(3) 体教结合，加强体育后备人才培养

在加强业余训练扶持力度和体育后备人才培养网络建设上，加大了省级体育后备人才基地配套经费投入，使各级体校办学条件得到改善，体校管理更趋规范。全省注册青少年运动员达 54937 人，创历史新高，形成了以各个市级体校为龙头，以县(市、区)级体校为骨干，以阳光体育后备人才基地、项目训练点和青少年体育俱乐部为补充的业余训练体系。

积极开展并完成各级体育后备人才基地创建认定工作，通过复评及进行综合考虑，推荐 18 所体校创建国家级基地，使浙江省国家级基地由上周期的 13 所增加到 18 所。

值得称赞的亮点是以体教结合为抓手的青少年体育。2016 年底浙江省通过省级体育师资培训班共培训中小学骨干体育教师近 2000 人，全国体育传统特色学校 17 所，浙江省阳光体育后备人才基地 131 所，省级体育传统项目(体育特色)学校 540 多所。这些师资力量和平台为体教结合提供了重要的资源。

(4) 体育产业发展进入新阶段

2016 年，浙江体育产业方面贯彻落实有关体育场地开放、大型体育场馆运营、体育设施建设等配套文件实施，完成 2016 年度浙江省体育产业发展资金项目库建设，为不少尚处萌芽之中的体育产业项目提供了合适的土壤。据统计，2016 年共有 87 个项目进入省体育产业发展资金项目库获得资助。7 月，浙江新体育新经济分享大会在杭州召开，来自长三角的 1000 多名体育产业生产者、消费者、创业者深度交流，会上还评选了首届浙江省体育产业领军人物和第二届浙江省运动休闲旅游达人，为探索中的浙江体育产业培育了示范群体。

与此同时，各类催生体育产业服务平台也在同步迈进。2016 年，认定省级运动休闲旅游示范基地 7 个，精品线路 5 条，优秀项目 30 个，为各类体育产业项目提供了参照。柯桥酷玩小镇、平湖九龙山航空运动小镇、上虞 e 游小镇等 5 个体育类特色小镇入围浙江省特色小镇第二批创建名单，也深化了体育产业与各地旅游、文化等特色产业融合的新模式。组织企业参加中国体育用品博览会、中国体育旅游博览会等项目，参展项目数量全国第一。联合团省委举办首届浙江省大学生体育产业创新创业大赛，共有 20 多所高校的近百件作品参赛，推动体育领域大众创业万众创新。联合上海市、江苏省、安徽省体育局共同主办第三届长三角运动休闲体验季活动，承办浙江境内松阳、梅山、兰溪站活动，联合三省市体育局和浙江广电集团共同主办第七届长三角国际体育休闲博览会，参展面积 13000 平方米，特装面积再创新高。

(5) 加快体育社团实体化社会化规范化建设步伐

继续实施“省级体育社团三年孵化计划”。2016 年投入 738 万元向省级协会组织购买体育服务，会同省文化厅制订政府购买公共体育服务目录，并列入《浙江省政府向社会力量购买服务指导目录》。深化体育行政部门由“办赛”向“管赛”职能转变，鼓励体育社团承接政府职能转移和购买服务。以篮球项目政府职能转移为试点，积极推进政府职能向社会组织转移工作。成立领导小组，制定工作方案，开展专题调研，制订《省体育局篮球运动政府职能向社会组织转移清单》，按照“能转则转、分步实施、有序推进”的原则，将篮球项目一级裁判员技术等级认证监督管理职能委托省篮协实施，将省体育局主办的群众性篮球赛事活动、青少年篮球赛事以及篮球裁判员、教练员、体育师资培训等 9 项职能委托省篮协承担。在此基础上，围绕“放、接、管、服”等重点环节，制定《浙江省体育局关于开展篮球运动政府职能向社会组织转移试点的意见》《浙江省篮球协会实体化改革方案》等一系列政策性文件，形成试点工作方案。制定《浙江省省级体育协会车辆管理办法(试行)》，对 53 个省级体育单项协会全部进行“三公”经费审计。继续开展争先评优，指导省级体育单项协会参与社会组织等级评估。

4. 安徽省体育发展情况与措施

(1) 竞技体育实力有所上升

2016 年里约奥运会，安徽省有 8 名运动员参加 5 大项 14 小项比赛，与上届奥运会 5 大项 10 小项 6 名运动员参赛相比，参赛小项和人数均超过了上届。本届奥运会，安徽省一改上届只有单项冲金实力，在田径、举重、体操、射击等项目上均具备了夺牌冲金的实力和水平，整体实力较上届有明显提升。安徽省本届奥运会共进行了9名运动员的联合培养，成功率为44.4%，同时奥运会联合培养选手入选奥运阵容的人数仅次于天津，排全国第二位，反映出安徽省联合培养工作的高质量和高成效。

2016年8月15日，在第31届里约奥运会上，安徽省运动员孟苏平以抓举130公斤、挺举177公斤、总成绩307公斤的成绩夺得冠军，收获了安徽省在里约奥运会中的一枚金牌。孟苏平的成功夺金，使得安徽省实现了自2008年北京奥运会以来连续三届奥运会中夺取金牌。在本届奥运会上，安徽省运动员共获得1金、2铜、2个第四和1个第六名，创造了安徽省参加境外奥运会的历史最好成绩。

(2) 创新举办第四届全民健身运动会

2016年10月12日下午，安徽省第四届全民健身运动会在阜阳市体育中心田径场隆重开幕。本届运动会遵循"绿色、共享、健康、和谐、快乐"的宗旨，突出"重在参与、重在推动、重在展示、重在提高"的理念，着力做好"赛、展、论、游、进"五大活动。来自全省16个市、2个省直管县和省直有关单位的19个代表团的近5000名运动员参加了34个大项的比赛，比赛项目和参与人数创历史之最。

10月13日，安徽省第四届全民健身运动会科学健身论坛在阜阳召开。论坛特别邀请了中科院教授孙怡宁和奥美之路健康科技股份有限公司董事长褚锃分别以"科学健身与健康促进"和"科学运动、健康中国的产业实践"为题作专题报告，系统讲述了全民健身的科学意义、现实要求、实现路径和产业价值。

全民健身是全体人民增强体魄、健康生活的基础和保障，人民身体健康是全面建成小康社会的重要内涵。安徽省紧紧围绕省委省政府提出的建设体育强省的目标，努力实施群众体育"全民健身、健康安徽"战略，竞技体育"奥运争光、全运争先"战略，体育产业"品牌引领、融合发展"战略，不断完善全民健身公共服务体系、竞技体育争光体系、体育产业促进体系、体育工作保障体系，全面推进群众体育生活化、竞技体育集约化、体育产业市场化、体育队伍专业化、体育场馆现代化、体育治理法治化的"六化"建设。

(3) 发扬光大民间体育运动

2016年安徽省被国家体育总局批准为全国首批5个健身气功管理方式改革试点省。2016年8月2日，安徽省健身气功管理方式改革试点工作会议在合肥召开。合肥、亳州、蚌埠、马鞍山、黄山五市率先启动市一级健身气功管理方式新模式的探索。试点工作旨在积极推动健身气功与体育旅游、运动康复、养生养老、文化传播等融合发展，坚持市场导向，争取社会公益赞助、企业支持和介入，让更多社会力量参与其中。

2016年11月20日上午，全国百城千村健身气功交流展示系列活动闭幕仪式在安徽黄山屯溪世纪广场隆重举行。健身气功作为民族传统体育项目，文化底蕴深厚，健身效果明显，深受群众喜爱。为了做大品牌，扩大影响，体育总局气功中心决定，从2016年起把百城千村系列活动升级为大赛，采用互联网投票，扩大群众参与，借助新媒体和互联网＋的优势，把健身气功传播得更广更远。刚刚颁布的《健康中国2030规划》，明确提出要大力发展健身气功等民族民俗民间体育运动项目，为健身气功项目的发展提出了更高的要求，也提供了全新的机遇。

安徽省体育局积极响应国家体育总局健身气功管理中心的号召，进一步打造健身气功活动品牌，在全省16个市进行了百城千村活动的动员部署，搭建起了广阔的交流展示平台，16个市都以不同的形式在全省全民健身活动日前后进行了9种功法的百城千村展示活动。这次在黄山市举办的2016年全国百城千村健身气功交流展示系列活动闭幕仪式，场面壮大，功法整齐，影响广泛，精彩纷呈。

(4) 安徽第四次国民体质监测报告出炉，成年人超重率上升

2016年1月26日《安徽省第四次国民体质监测公报》发布，结果显示，与2010年相比，安徽省国民体质总体水平有所提升，合格率增长了2.7个百分点，但成年人群超重肥胖现象依然呈现持续上升的趋势。据了解，为系统掌握全省国民体质现状和变化规律，推动全民健身的有效开展，2014年，安徽省体育局、安徽省教育厅、安徽省科技厅、安徽省卫计委、安徽省统计局等10个部门联合在全省10个地市进行了第四次国民体质监测，上一次进行全省国民体质监测还要追溯到2010年。最后的监测公报显示，

2014年国民体质总体合格率比2010年增长了2.7个百分点，反映全省国民达到体质监测标准“合格”等级以上的人口数量有所增加，并且不同年龄、性别以及城乡人群均呈现增长趋势，其中20—39岁年龄段的成年人群、老年人群和乡村人群的增长尤为明显。

(5) 环江淮万人骑行大赛圆满成功

2016安徽环江淮万人骑行大赛盛大落幕，安徽体育首次试水体育＋旅游＋文化融合发展取得圆满成功。

“健康安徽”2016环江淮万人骑行大赛是省体育局贯彻落实国务院《关于加快发展体育产业促进体育消费的若干意见》及安徽省人民政府《安徽省人民政府关于加快发展体育产业促进体育消费的实施意见》文件精神，为培育精品赛事、打造具有影响力的自行车赛事活动品牌而采取的一个创新举措。整个赛事于2016年3月20日在宁国市开幕，11月5日结束，历时大半年，途经宁国、黟县、绩溪县、休宁县、当涂县、明光市、泾县、旌德县、来安县、博望区、含山县、铜陵市、淮北市、和县、宣州区、砀山县共17站比赛。大赛共吸引国内20多个省市近万名运动员、自行车爱好者参赛，分站奖金和全程奖金总计近200万元，观众人数突破10万人次，市场开发600多万，拉动消费超亿元。

此次大赛旨在促进安徽省体育与旅游、文化、传媒等业态融合发展，推动全省体育竞赛市场供给侧改革，丰富人民群众的文化生活。同时，通过品牌赛事的推广，打造“城市名片”，推动体育产业成为安徽省经济转型升级的重要力量，是一次“集人气、接地气、聚财气、提士气、造福气”的自行车大赛。为保证赛事的顺利进行，有关组办单位共同努力，一是加大宣传力度，通过传统媒体和网络新媒体等多渠道宣传赛事信息，达到赛前、赛中、赛后的宣传全覆盖，不断增强赛事影响力，加大群众参与度；二是加强组织保障，由于是首届赛事，同时有部分赛区是初次承办自行车赛事，组织工作必须做实做细，保障措施必须扎实有力；三是加强沟通协作，各个赛区要互相支持、互相配合、互相宣传，办赛经验多的赛区要积极分享，办赛经验少的赛区要加强学习。通过骑行大赛的组织，最终达到“让各站比赛串起来、让产业市场旺起来、让美丽安徽亮起来、让健康安徽动起来”目标。

八　医疗卫生发展情况

(一) 一市三省医疗卫生发展

2012—2016年长三角地区一市三省医疗卫生机构床位数　(万张)

	2012年	2013年	2014年	2015年	2016年
上海市	10.96	11.43	11.75	12.28	12.92
江苏省	33.31	36.83	39.23	41.36	44.31
浙江省	21.33	23.01	24.58	27.25	29.04
安徽省	22.23	23.60	25.21	26.74	28.22

(二) 促进医疗卫生发展的措施与进展

1. 上海市医疗卫生发展情况与措施

(1) 上海市医疗卫生发展基本情况

2016年底，上海市共有医疗卫生机构5011所，卫生技术人员21.72万人。全年全市医疗机构共完成诊疗人次2.66亿人次；户籍人口期望寿命达到83.18岁，上海地区婴儿死亡率3.76‰，孕产妇死亡率5.64/10万。为1.4万对计划怀孕夫妻提供免费孕前优生健康检查。

全市公立医院药品(除中药饮片)加成率降至5%,共调整660项医疗服务项目价格,调价总补偿率85%左右。在首批65家社区卫生服务综合改革试点基础上,启动第二批121家社区试点,试点社区已覆盖全市社区卫生服务中心总量的77%。至2016年底,已有215家社区卫生服务中心正式开展"1+1+1"签约服务,已签约居民130万余人,开具延伸处方14万余张。超额完成市政府实事"上海市社区居民大肠癌免费筛查及跟踪管理"项目任务,累计为50.7万余人免费筛查。全年市级公立医院有34家单位共派出414人参加临床主治医师到基层定期工作,区属公立医疗机构派出542人支援社区卫生服务中心、医疗急救机构。

(2) 让居民远离健康危害因素

以健康环境、健康社会、健康人群协调发展为目标,推进健康城市建设。坚持"培育示范、强化规范、深化内涵、扩大覆盖"原则,继续开展向全市家庭发放健康读本和支持性工具工作,加强健康支持性环境建设,深化健康自我管理小组内涵建设,规范健康促进场所建设,开展健康大讲堂活动,提升健康生活方式指导员能力。继续加强公共场所控烟监管,推动室内全面无烟环境立法,以无烟卫生计生系统、无烟机关、无烟企业创建为重点,全面提高城市无烟环境建设水平。

全面实施第四轮公共卫生体系建设三年行动计划。继续实施公共卫生分级分类服务与管理。完善传染病监测体系和方案,强化夏秋季和冬春季传染病及人感染H7N9禽流感、埃博拉出血热和中东呼吸综合征等重点传染病防控。启动实施免疫规划脊髓灰质炎疫苗序贯程序,探索预防接种异常反应补偿保险试点工作。推进第三轮国家艾滋病综合防治示范区建设。加强体卫结合、医教结合,推进委市合作慢性病管理示范市建设,开展《上海市预防和控制慢性非传染性疾病中长期规划(2000—2015年)》终期评估。推进健康管理云平台建设,巩固和推进医防融合脑卒中预防救治、糖尿病预防诊疗服务体系建设,完成大肠癌筛查及追踪管理市政府实事项目。实施基于信息化的社区慢性病健康管理工作规范。做好国家第四次口腔健康流行病学调查。组织实施空气污染对人群健康影响监测工作。做好严重精神障碍患者服务管理,落实以奖代补工作模式,提升心理咨询服务规范化水平,开展全国精神卫生综合管理试点工作。

(3) 让居民得到便捷适宜的医疗服务

完善医疗资源规划和配置。坚持非营利性医疗机构为主体,营利性医疗机构为补充,公立医疗机构为主导,非公立医疗机构共同发展的办医原则,形成多种所有制并存,功能分工明确,医疗、康复、护理等门类齐全的医疗服务体系。根据城市总体规划调整和人口分布变化,完善医疗机构设置规划。在郊区新城、人口导入区域引进优质医疗资源。按照规划设置社区卫生服务机构和农村基层医疗卫生机构。加强存量资源盘整,促进现有资源有效利用,鼓励社会力量参与,合理调整和补充康复、老年护理、精神卫生、妇幼卫生等医疗资源配置。营造公平的政策环境,引导社会资金进入医疗服务领域,形成公立医疗机构和非公立医疗机构有序竞争的格局。

采取多种形式,推进医疗资源整合。探索以区域为基础,以公立医院为主体,以信息化为支撑,以提高医疗资源利用效率和构建科学合理的就医模式为目标,建立区域性医疗联合体,促进资源共享和统筹配置,加强联合体内各级医疗机构间的梯度支撑与分工协作,探索实施医疗联合体内统一医保预付、统一资源配置、统一运营管理等综合措施,逐步推进分级医疗、社区首诊、双向转诊。

加快社区全科医学、公共卫生人才培养,加强三、二级医院和专业公共卫生服务机构对社区的人才和技术支持,全面提高社区卫生服务机构的服务能力和技术水平,应用适宜技术、适宜设备和基本药物,使居民在社区可以获得良好的基本公共卫生和基本医疗服务。进一步健全以全科团队为基础的社区卫生服务模式,建立家庭医生制度,加强对社区居民的健康管理;逐步实施家庭医生首诊、定点医疗和转诊制度,使家庭医生逐步成为居民健康的守门人。按照"降低费用、提高水平、规范功能、加强管理"的目标,进一步深化社区卫生服务综合改革,切实实施收支两条线管理、医保总额预付、绩效考核等措施,强化政府主导,凸显公益公平,提高服务水平和绩效。

(4) 让居民不因经济困难看不起病

2016年，上海拟将职工医保、居民医保、新农合统筹基金最高支付限额分别提高到职工年平均工资、城镇居民人均可支配收入、农民人均纯收入的6倍以上。职工医保统筹基金最高支付限额从7万元提高到28万元。居民医保和新农合住院费用平均报销比例达到70%左右。

保障居民基本医疗。贯彻国家关于完善医疗保障体系的要求，整合和完善上海市医疗保险制度，形成由城镇职工基本医疗保险、城镇居民基本医疗保险、新型农村合作医疗为主体，覆盖城市就业人口、城市非就业人口、农业人口、外来从业人员的基本医疗保险制度体系，逐步建立城乡统筹的基本医疗保险制度。完善医保综合减负措施，对超过医保基金支付限额的，按照相关规定再给予报销。完善医疗救助制度，扩大医疗救助适用人群，加大对低收入人群和因病致贫"支出型"贫困人群的综合帮扶力度。

进一步落实补充医疗保险政策，鼓励用人单位为职工解决基本医疗保障之外的需求。引导商业保险机构开展管理式医疗和第三方管理健康保险服务，探索以政府购买医疗保障服务的方式，委托具有资质的商业保险机构经办补充医疗保障服务。推动商业保险机构和医疗机构、基本医疗保险机构的合作，鼓励数据共享，探索直接结算，简化理赔手续。

(5) 让居民用药更安全、更便宜、更科学

在国家基本药物目录基础上，制定本市基本药物增补目录。社区卫生服务中心等基层医疗卫生机构全部配备、使用基本药物，实行零差率销售。其他医疗卫生机构也要将基本药物作为首选药物并确定使用比例。基本药物全部纳入基本医疗保障药品报销目录，报销比例明显高于非基本药物。各级医疗机构要按照国家基本药物临床应用指南和基本药物处方集，加强合理用药管理，确保规范使用基本药物。

完善药品集中招标采购办法。建立政府主导、全市统一的药品招标采购平台。坚持全国统一市场，不同地区、不同所有制企业平等参与、公平竞争，实行药品网上集中公开招标采购。在国家零售指导价格规定的幅度内，根据招标形成的采购价格、配送费用及药品加成政策，确定药品的零售价格。加强药品购销合同管理，明确品种、规格、数量、价格、回款时间、履约方式、违约责任等内容，履行合同规定的责任和义务。基本药物实行单一货源承诺、量价挂钩的采购模式，明显降低基本药物价格，由中标药品生产企业自主选择具有资质的药品经营企业实施统一配送。

完善医药产业发展政策和行业发展规划，以规范药品研制为手段，推动企业提高自主创新能力和产业结构优化升级，继续支持药品现代物流配送和零售药店连锁经营，鼓励药品生产企业、流通企业的整合。支持临床必需、不可替代、用量不确定、不常生产的药品生产、供应，完善药品储备制度。完善药品生产、配送质量管理规范。推进药品现场快检初筛工作，对基本药物生产、经营、使用环节实施全覆盖抽验，定期向社会公布抽检结果。推进基本药物全品种电子监管。加强和完善药品不良反应监测，建立健全药品安全预警和应急处置机制，完善药品召回管理制度。

2. 江苏省医疗卫生发展情况与措施

(1) 江苏省医疗卫生发展基本情况

2016年末江苏省共有各类卫生机构32080个。其中医院1679个，疾病预防控制中心117个，妇幼卫生保健机构110个。各类卫生机构拥有病床43.3万张，其中医院拥有病床34.8万张。共有卫生技术人员51.9万人，其中执业医师、执业助理医师19.6万人，注册护士21.8万人，疾病预防控制中心卫生技术人员0.6万人，妇幼卫生保健机构卫生技术人员1.1万人。新型农村合作医疗人口覆盖率达99%以上。分级诊疗制度加快实施，基层诊疗人次占诊疗总数的比重达到60%。2016年，省卫生计生委稳步推进"健康江苏"建设，完善基层医疗卫生运行，加快构建分级诊疗等一项项具体举措扎实有效。2016年，江苏省率先在全国推出新政，将专家号至少20%留给基层。要求城市大医院要将一般专家、特殊专家各不低于20%的号源，留给基层医疗卫生机构和签约家庭医生，解决基层老百姓看病难问题。截至11月底，全省城乡家庭医生签约服务覆盖890万户、2524万人，全省共建有全医联体187个，基层诊疗

人次已占诊疗总数的60%。通过医联体建设，让大医院带动基层医院，也让大专家走到百姓家门口，更好地满足百姓就医的需求。

(2) 医改突破年，更多红利惠百姓

江苏综合医改启动实施一年多来，政策框架基本形成，重点改革破冰前行，各项工作统筹推进，全省综合医改试点取得重要进展和阶段性成效，探索形成一些成功经验。2015年10月底，全省城市公立医院全面取消药品加成、调整医疗服务价格。目前，全省城市公立医院改革运行平稳，迈出了公立医院综合改革的关键步伐。

医改的核心是建机制，强化公益性，一个重要方面是政府加大投入。2015年，省级一般公共预算医疗卫生支出比上年增长22.1%，2016年的预算安排又比2015年增长22.3%，各地的政府卫生投入也有较大幅度增长。增加的卫生投入，主要是用于转机制、建机制。南京市2015年加大政府卫生投入，在城市东部、南部、西部和江北地区建设医疗中心，投资规模超过100亿元，2016年进一步完善区域卫生布局。2016年苏州继续落实政府各项投入政策和对公立医院实施医药价格综合改革的政府补助，建立以奖代补的财政补偿机制。

公立医院改革仍是2016年的重中之重。一方面要挤掉药品加成的水分，让百姓看病降低费用，另一方面，要通过合理的价格机制体现医务人员应有的价值。2016年将制定公立医院薪酬制度改革实施意见和绩效工资总量核定办法，建立与岗位职责和业绩相联系的分配激励机制，凸显医务人员技术劳务价值，调动医务人员积极性。推行人员备案制，完善绩效工资制度，由公立医院自主招聘和管理备案人员、自主确定绩效工资项目构成和分配方式，重点向临床一线、关键岗位、业务骨干、风险度高和贡献突出的医务人员倾斜。

投入方面，将落实政府六大项投入政策，逐步化解经核定的公立医院长期性债务。2016年将对先期实施的医药价格改革政策进行评估，建立以合理成本和收入结构变化为基础的医疗服务价格形成机制。大力推行按病种、按人头付费的复合式付费方式，控制医药费用不合理增长。

(3) 异地就医力争“省内无障碍”

2016年转变基层机构服务模式，促进基层首诊。在城市以城市三级医院为龙头，建立医疗联合体、医疗集团；在农村以县医院为龙头，推进县乡村医疗服务一体化；集团内实行发展规划、资源管理、财务管理、人事管理、绩效考核“五统一”，充分发挥集成效应。制定医联体内分级诊疗具体实施细则，明确基层首诊、分级诊疗、急慢分治、双向转诊的具体要求、标准、流程、考核办法。建立双向转诊绿色通道，上级医院对基层转来的病人给予优惠政策，二、三级医院预留专科专家门诊号源给基层使用。

全面推进城乡居民个性化契约服务，以65岁以上老年人、孕产妇和儿童等为重点，2016年所有县(市、区)要全面推进乡村医生签约服务，85%以上的社区卫生服务中心要实施家庭医生制度。2016年还将大力推行日间手术、检查结果互认等举措，以更大力度打造智慧健康，努力使每个家庭有一名家庭医生、每个居民有一份电子健康档案和一张居民健康卡。扩大按病种付费的病种数和住院患者按病种付费的覆盖面。

百姓期待的异地就医联网平台建设也将加强，争取做到“省内无障碍、省外有渠道”，方便群众就医。同时，2016年还要完善医疗卫生服务体系规划，加强产科、儿科、康复、精神卫生专科和人才队伍建设，特别要充分考虑实施全面两孩政策带来的压力，加强妇幼健康服务体系建设，尽快实现每个市、县都有政府标准化的妇幼保健机构目标，推动二级以上综合医院增设产科、儿科住院床位，缓解“一床难求”问题。

(4) 探索形成江苏特色药品集中采购模式

建立分类采购机制，将所有药品分为竞价采购、议价采购、限价挂网采购、直接挂网采购、备选采购、询价采购、备案采购7种类型进行采购。采取省市联动形式，省级负责通过分类采购方式确定省级入围产品和价格，市级负责组织本辖区内医疗卫生机构与入围企业进行价格谈判，确定成交产品及其价格，省市共同完成集中采购全过程。实行分组评审策略，对采购金额高、临床用量大的品种，划分四个评审分组，并科学设定指标体系，确保把质量相近的产品放在一个层次上竞争，体现竞争公平性、保证药品质量。创新竞价采购办法，在省级评审产品入围数量上体现"宽"，在入围价格上体现"严"，以满足不同地区、不同类型医疗机构临床用药需求，并通过充分竞争挤干药价水分。进行药价动态调整，根据市场供求变化和其他省份的招标结果，动态调整药品价格，保持江苏相同品质药价在全国处于较低水平。全省第一批直接挂网采购产品已完成省级资质审核、市级价格谈判，实现医疗卫生机构上网采购；第二批（竞价、议价、限价挂网）采购产品已经完成省级资质审核工作。2015 年，率先开展医疗机构高值医用耗材集中采购，第一批中标产品价格平均下降 19.83%、第二批下降 23.41%。率先建立短缺药品储备制度，根据临床监测情况动态调整《江苏省短缺药品目录》，建立 4 个省级短缺药品储备点，较好地满足了群众对"救命药"的需求。

(5) 综合医改试点，江苏交出满意答卷

作为国家首批综合医改试点省份，江苏省交出了满意的答卷：居民个人卫生支出占卫生总费用比重从 2010 年的 32.88%下降到 2016 年的 28.88%，为近 20 年最低水平。第三方调查显示，患者和医务人员对公立医院改革的综合满意度分别达到 92%和 95%。主要原因在于，江苏坚持价格调整、医保支付、政府投入多管齐下，破除"以药补医"机制。

在 2013 年所有县级公立医院取消药品加成的基础上，2015 年 10 月底全省所有 204 家部省市区属、部队、高校、企事业单位城市公立医院全部实施药品零差率销售，同步调整医疗服务价格并纳入医保报销范围。各地按照省明确的范围和标准积极落实 6 项公立医院投入政策，因取消药品加成减少的收入作为政策性亏损由各级财政补偿，2016 年省对各市、县分别补助 3000 万元、450 万元，安排 1.6 亿元补助省属医院。同时将经核定的公立医院长期债务纳入政府性债务统一管理，逐步予以化解。南京、无锡等 10 个设区市将公立医院债务纳入政府化债平台，并确定 2016 年化债金额，省财政对各地给予奖补。目前，城市公立医院运行平稳，改革效果逐步显现，与上年同期相比，城市公立医院医疗收入上升 15%，平均住院日缩短 0.8 天，药品和检查收入分别下降 7%、2%，药占比由 44%下降到 38%，医疗服务量、人均住院费用基本持平。

江苏省将财政资金集中投向基层，2014—2016 年省级财政分别安排基层卫生补助资金 64 亿元、80.28亿元、91 亿元，分别占总数的 93.31%、93.58%、94.68%。在所有政府办基层医疗卫生机构达到国家标准的基础上，明确示范化标准、开展省级示范建设，建成省级示范乡镇卫生院 344 所、村卫生室 440 个，全省每个县(市)都有 1 所以上较高水平的二级甲等综合医院、中医院。开展农村订单定向医学生免费培养等工作，在全国率先实现每万常住人口拥有 3 名全科医生目标。

3. 浙江省医疗卫生发展情况与措施

(1) 浙江卫生医疗发展基本情况

2016 年年末全省共有卫生机构 3.15 万个(含村卫生室)，其中，医院 1131 个，乡镇卫生院 1194 个，社区卫生服务中心(站)5870 个，诊所(卫生所、医务室)9673 个，村卫生室 11677 个，疾病预防控制中心 101 个，卫生监督所(中心)103 个。卫生技术人员 43.2 万人，比上年末增长 6.9%，其中，执业(助理)医师 16.8 万人，注册护士 17.4 万人，分别增长 6.3%和 9.1%。医疗卫生机构床位数 29 万张，增长6.6%，其中，医院 26 万张，乡镇卫生院 2 万张。医院年诊疗 25357 万人次，增长 2.9%。孕产妇死亡率 5.73/10 万，5 岁以下儿童死亡率 4.00‰，婴儿死亡率 2.82‰。

全年全省预约诊疗服务平台预约请求量 836.4 万人次，预约成功量为 597.5 万次，比上年分别增长 24.7%和 23.8%，日均预约成功量 16369 次。新增注册用户 191.4 万人，增长 47.1%，日均注册量为 5243 人次。全年完成新接入医院 40 家，累计接入医院 260 家。

2016 年浙江全省县域平均就诊率达 84.99%，群众看病就诊满意率达 90%以上。全省 122 家县级医院与 54 家省、市级三级甲等医院建立紧密型医联体，成为城市医院的分院。当下，浙江县级医院的业务水平明显加强，危重症病人诊治及急救能力得到提高。微创手术从几乎未开展到全面开展，2016 年达

4.6万例。平均每家合作办医的县级医院建立专科、亚专科4个以上。除了强化紧密型医联体建设、推进县域医共体建设、推动城市“1＋X”医联体建设、启动特色专科联盟建设等举措外，浙江还大力促进远程医疗协作网建设，充分利用信息化手段促进优质医疗资源的流动，提高可及性。

(2) 勇立潮头，“智慧医疗”惠及民生

2016年，浙江省力推智慧医疗模式，充分利用大数据、移动互联网、云计算等多种信息技术，夯实基础设施建设，促进医疗资源信息互连互通；大力推进智慧医疗，通过线上支付、诊间结算、一站式结算等便民惠民的措施全方位帮助百姓“轻松看病”；积极探索“互联网＋医疗健康”，努力改善群众看病就医感受，走在了全国前列。

目前，省市县三级人口健康信息平台的架构已基本形成。省级平台联通16家省级医院，并采集涵盖门诊、住院、检验检查等诊疗数据1亿5千余条。11个市级平台建设全面开展，80％县级平台投入运行，70％县级平台实现与上级平台的互联互通。全员人口、电子健康档案和电子病历三大数据库建设正有序推进，居民电子健康档案建档率达到90％，电子病历在二级及以上医疗机构的应用率超过85％，全员人口信息入库率达到95％。

2016年，为推进“基层首诊、双向转诊、急慢分治、上下协作”的分级诊疗格局，浙江省卫生计生委将此平台升级为具有转诊功能的预约服务平台，在号源池的基础上增加床位池、检查池和日间手术池，为县级二级以上医院和城市三级医院之间提供预约转诊服务，实现上下级医院间以文本、影像、视频等为载体的诊疗信息交换功能，目前该平台已正式发布，并上线运行。“足不出县”就能让城市医院的专家为自己看病，这对于浙江的老百姓而言，已并不是一件新鲜事。基于三级平台联通各级医疗机构，通过建立区域影像、区域心电、区域临床检验等医疗协作信息系统，实现医疗资源的整合与共享。这意味着老百姓只需在当地医院做完相应的检验检查，同时，产生的检查结果连同患者的健康信息一并传至平台，上级医院的专家坐在电脑前便可调阅辅助。

(3) 深化医改，基层卫生工作见成效

杭州西湖区区委区政府高度重视基层卫生工作，紧紧围绕“保基本、强基层、建机制”的总体要求，不断完善政策体系，健全长效机制，基层卫生综合改革取得阶段性实效。一是强化政府主导，完善保障体系。建立“政府兜底”的财政保障机制和“动态增补”的人员保障机制。重大建设项目经费在卫生投入总额外单独予以保障，近年来，总建设概算逾7亿元，先后启动了蒋村、转塘、三墩和西溪街道社区卫生服务中心的迁建项目。二是深入开展签约服务，提高基层首诊。西湖区按照政府主导、政策联动、整体推进的原则，开展了医养护一体化签约服务工作的实践，为建立分级诊疗体系进行了有益的探索。抓好医生诊间的日常签约、走村入户移动签约及功能社区特殊签约的三个环节、扩大签约覆盖面；通过梳理签约对象基础信息资料，针对签约群众需求分类开展相应服务，比较好地响应了群众的呼声。2016年区财政预算安排1248万元专项经费，局层面出台规范专项资金使用政策。2016年1—7月全区签约居民在社区的就诊率达52.93％，市医保签约居民占总就诊人次的41.29％，建立家庭病床153张。三是加强队伍建设，提升服务能力。西湖区先后开展人才“双百”工程、卫生人才“1586”工程等，以西湖区名医工作室、重点学科、创建特色医疗等为工作抓手，开展覆盖全员的三基培训及基层综合技能大比武等活动，着力提升卫生人才队伍建设。

(4) 强化公共卫生保障

加强基本公共卫生服务项目质量管理，认真实施国家重大公共卫生服务项目。充分发挥专业公共卫生机构作用，健全基层医疗卫生机构与专业公共卫生机构分工协作机制，继续扩大服务受益面，提高服务成效。开展流动人口健康促进行动，提高流动人口基本卫生计生服务均等化水平。

加强卫生应急保障能力建设。开展卫生应急工作规范化建设，完善联防联控机制，推进突发公共卫生事件综合检测、风险评估和及时预警。扎实做好突发急性传染病防范应对、突发事件紧急医学救援，以及G20杭州峰会等重大活动卫生应急和医疗保障工作。继续深化卫生应急示范县建设。

做好重大疾病防控。完善艾滋病、结核病等重大疾病防控策略。落实重点传染病防控年部署、季调度、月评估制度，有效控制暴发流行。努力提高免疫规划财政经费投入，强化预防接种。加强国家和省级慢性病综合防控示范区建设，提高对高血压、糖尿病患者的管理干预水平，对高危人群开展癌症等疾病早诊早治工作。全面做好12320心理卫生热线服务，切实加强严重精神障碍患者的救治管理。加强职业病防治服务体系和能力建设，推进落实疾控中心机构编制、岗位设置和传染病防治人员安全防护等政策措施。探索开展疾控机构规范化建设综合评价。

加强食品安全标准管理和风险监测工作。贯彻落实《食品安全法》，出台完善食品安全地方标准管理、企业标准备案、风险监测评估、食源性疾病管理等配套制度。重点做好小作坊、火腿生产卫生规范等地方标准制定。规范企业标准备案，逐步推进网上申报。开展标准跟踪评价、宣传培训和指导解答。推进风险监测技术机构规范化建设，市级风险监测设备参考品目配置率达到85%以上。组织实施全省风险监测方案，全系统风险监测食品样本量达到1件/千人口，食源性疾病监测哨点医院覆盖所有二级及以上医疗机构。组织实施居民食物消费量调查，加强对风险监测信息的梳理分析，定期会商、通报风险监测结果。

(5) 杭州医院便民六项措施彰显人文关怀

举措1：为方便病人就医，及时解决病人的实际问题和困难，杭州同济医院实行专家全程负责制度，不仅专家亲自接诊，而且所有就诊环节全部由专家亲自把关。定期安排院级领导在门诊接待患者及家属，人性化地及时解决患者就诊时的困难，接待时间、电话要向患者告知。

举措2：合理利用医疗资源，优化门诊布局结构，根据就诊病人数量的峰谷及时调配，缩短病人就医等候时间，开通各种预约就诊平台，为预约患者提供绿色就医通道。收费站排等候时间不得超过10分钟。要探讨医疗单位实行个人付款一卡通，减少收费频次。

举措3：在诊疗活动中要注意保护病人隐私，为病人检查、治疗时要提供必要的私密性的环境和空间，同时对病人的检查、检验、诊断结果进行保密。

举措4：医院在门诊大厅、药房、收款处、疗区、走廊及电梯内安装摄像探头，确保病人、医护人员及其他来院人员的权利和人身安全得到保护，避免发生盗窃和其他人身伤害事件，维护正常的就医和工作秩序。同时加强医院安全保卫人员的配备及培训，公示各项安全目标的具体实施办法，鼓励病人主动参与医疗安全。

举措5：医院利用网络咨询预约平台、电话咨询预约平台（咨询电话0571—85192112）制定统一的预约诊疗工作制度和规范，不断提高患者预约就诊的比例。实行病人选择医生制度，加强门诊信息公开和咨询服务，帮助病人准确挂号，提高病人有效就诊率。

举措6：成立病人服务中心，专人负责接送病人检查、为病人送取各项检查结果，提供与病人的病情和生活自理能力相适应的护理服务。落实护理人员配置标准，实施整体护理模式，开展护理健康教育工作，注重人文关怀，为病人提供包括生理、心理、社会、文化及精神等多方面需求的人性化护理服务。

4. 安徽省医疗卫生发展情况与措施

(1) 安徽医疗卫生发展基本情况

2016年年末全省有医疗卫生机构24386个，其中医院1039个、基层医疗卫生机构22271个、专业公共卫生机构984个、其他卫生机构92个。基层医疗卫生机构中，卫生院1372个，社区卫生服务中心（站）1908个，村卫生室15276个；专业公共卫生机构中，疾病预防控制中心121个，专科疾病防治院（所、站）47个，妇幼保健院（所、站）120个，卫生监督所（中心）113个。全省卫生技术人员29.1万人，其中执业（助理）医师11.2万人，注册护士12.6万人，乡村医生和卫生员4.3万人。医疗卫生机构床位28.2万张，其中医院、卫生院床位26.7万张。全年医疗卫生机构共诊疗2.72亿人次。

降低医保补偿门槛。贫困人口县域内普通门诊不设补偿起付线；取消住院预付金，在乡镇卫生院、县级医院、市级医院、省级医院住院治疗的，补偿起付线分别降至100元、300元、500元、1000元。

提高医保补偿比例。保障贫困人口享有基本医疗服务，提高贫困人口合规医药费用补偿比例。贫困人口就医按《安徽省农村建档立卡贫困人口分级诊疗办法》规定执行。贫困人口县域内普通门诊医药费用限额内实际补偿比提高至70%；常见慢性病门诊按病种付费，补偿比提高至75%；特殊慢性病门诊参照住院治疗的补偿标准给予保障。在乡镇卫生院和县级、市级、省级医疗机构住院治疗的，积极推行按病种付费，补偿比分别提高到80%、70%、65%和60%，其中患特殊慢性病住院治疗的再提高5个百分点；患重大疾病按相关规定并在定点医疗机构治疗，补偿比提高至70%。

(2) 探索合理价格发现机制，挤压药品价格空间

药价虚高是顽症，发现药品真实价格是难题。安徽发挥政府和市场两个作用，坚持省级招标与医疗机构联合采购相结合。政府搭建采购平台，制定基本用药目录，省级集中招标确定药品医保支付参考价。尊重医院和医生在药品采购和使用中主体地位，医疗机构组成药品采购联合体，与药品企业在双方自愿、公开透明、协商一致前提下，以量换价，确定实际成交价格，签订购销合同。

安徽药品医保支付参考价与政府定价相比，平均降幅42.21%，药品采购联合体又降低15%左右，2015年全省节约药品采购费用33亿元左右。启动医用耗材网上交易，平均降价19%。开展医用设备省级集中采购，降幅30%以上。2016年继续降低药品医保支付参考价，同步置换为医疗服务价格，再次组织联合采购。通过两三年的调整与置换，彻底切断医务人员与药品的隐性利益关系。

取消所有公立医疗机构医用耗材加成并实行分片带量采购，公布省级集中限价和实际采购价格。按照“腾空间、调结构、保衔接”的步骤和“总量控制、结构调整、有升有降、逐步到位”的原则，理顺不同级别医疗机构间和医疗服务项目的比价关系。健全调整医疗服务价格、增加政府补助、改革支付方式以及医院加强核算、节约运行成本等多方共担的补偿机制。建立公立医院药占比、耗占比、次均费用控制与提高技术劳务性医疗服务价格联动机制。

(3) 整合医疗服务体系，破解无序就医空间

无序就医浪费医疗资源，增加患者负担。安徽在40个县开展医共体试点，由县级医院牵头，联合乡(镇)、村医疗机构，实行新农合资金按人头总额预算包干，再造县域医疗服务体系，提高县域救治率。

如潜山县前10位病种的病人回流县内10%、下转2%，费用下降8%。省儿童医院组建儿科医联体，下沉和释放儿科优质资源，建立双向转诊、检验检查结果互认、远程会诊等绿色通道，已有2000多名急危重患儿上转救治痊愈，20%下转下级医院。取消基层医疗卫生机构“收支两条线”管理、县级以下卫生技术人员晋升高级职称论文与外语要求，增强基层运行活力，稳定基层人才。引导城市医院医生领(承)办社区卫生服务机构，提高基层服务能力。建立城市三级医院门诊限时限号制度，增加医患沟通时间，改善就医体验，引导患者分流。

城市三级医院推进日间手术并纳入医保支付范围，不断扩大日间手术病种。加强预约诊疗工作，城市三级医院应将不低于40%的专家门诊号源放在省医疗便民服务平台或医联体对口的社区卫生服务中心。加强医疗服务信息公开制度落实，全省二级以上医疗机构每季度向社会公开基本情况、医疗费用、医疗质量、运行效率、群众满意度和服务承诺等内容，接受社会监督。加强综合性医院和妇幼保健院等医疗保健机构产科、儿科专科建设。加强药事服务、急诊急救、优质护理等工作。建立健全医疗纠纷预防调解机制，依法保护医患双方合法权益，构建和谐医患关系。改善就医感受，增强人民群众获得感。

(4) 建立三医联动机制，拓展医保作用空间

医改离不开医保政策支持，推进医改有利于保障医保基金安全和提高保障水平。安徽新农合坚持省级定政策、市级抓督促、县级管执行，实现筹资政策、补偿方案、报销目录、信息系统、基金管理、定点医疗机构评审标准“六统一”。

推进按病种付费，二级以上医院开展近400个病种，病种付费病人占出院病人比例居全国前列，实际报销比例达69%，比普通住院高10%。加强对医院“次均三费”(药品、检查、材料费)监管，规范医疗行为。差异化设置医疗机构起付线和报销比例，促进分级诊疗。新农合病人实际报销比处于全国前列，

目前已有 26 个县区主动将城镇居民医保交新农合，由卫生计生部门管理。

完善医保付费总额控制，实行“临床路径＋按病种付费”制度改革，探索按病种付费浮动定额管理机制，到 2016 年底，公立医院 40%以上的住院患者实现按病种付费。制定深化医保付费方式改革的政策措施，系统推进按人头付费、床日付费、总额付费等多种方式结合的付费方式改革，控制医疗费用不合理增长。同时，将医保对医疗机构服务的监管延伸到对医务人员医疗服务行为的监管。

（5）京颐云 HIS 助推亳州搭建智慧医疗平台

在借助云计算技术构建一体化区域智慧医疗体系方面，亳州市走在了全国前列。亳州市共有各类医疗机构 1520 家，优质医疗资源集中在亳州市内，基层医疗机构水平薄弱。为了整合全市医疗卫生信息资源，提升医疗服务水平，加强医疗行为监管，方便群众看病就医，亳州市结合国家、省卫生计生信息化建设规划和市政府建设“智慧城市”要求，选择京颐股份作为合作伙伴，借助云计算和“互联网＋”手段建设智慧医疗工程。

2016 年 2 月 23 日，亳州市的智慧医疗建设启动，京颐云 HIS 实施团队正式入驻。至年底，亳州市已经初步建成一张专网（医疗专网）、三大数据库（全员人口数据库、居民健康档案数据库和电子病历数据库）、一个平台（人口健康信息平台）、四项应用系统（云 HIS 系统、便民服务平台、分级诊疗、卫生综合监管平台）、两套机制（信息安全、数据标准），初步实现市、县、乡、村互联互通、信息共享。

其中电子病历数据库自 3 月份建设以来，已经汇集就诊数据 271G、1.3 亿条，通过平台，实现全市各级医疗机构间共享信息，为双向转诊、远程会诊等系统应用提供基础数据。基于云计算及大数据技术而建设的云 HIS，已经集成了 972 个医疗机构，覆盖二级医院、乡镇卫生院和社区卫生服务中心、村卫生室、民营医院，每日通过云 HIS 系统就诊患者门诊量突破 30000 人次、住院患者达到 5600 人次。

九　环境保护情况

（一）一市三省环境保护情况

2012—2016 年长三角地区一市三省二氧化硫排放总量　（万吨）

	2012 年	2013 年	2014 年	2015 年	2016 年
上海市	22.82	21.58	18.81	17.08	7.42
江苏省	99.20	94.17	90.47	83.51	
浙江省	61.10	57.90	56.00	52.40	24.50
安徽省	46.98	45.02	44.06	42.00	23.24

（二）促进环境保护的措施与进展

1. 上海市环境保护的情况与措施

（1）大气污染防治取得阶段性成绩

2016 年，上海市 PM2.5 年均浓度为每立方米 45 微克，比 2015 年下降了 15.1%。上海 PM2.5 浓度的同比降幅超过了全国平均水平和周边地区。根据环保部的数据，2016 年，全国 PM2.5 平均浓度降幅为 6%；长三角的浓度降幅则为 13.2%。上海 2016 年环保成绩单上，不仅是 PM2.5，其余多项环保指标的改善幅度，在近年中都称得上比较显著。以几类主要大气污染物浓度为例，2015 年，上海的二氧化硫（SO_2）、可吸入颗粒物（PM10）、二氧化氮（NO_2）年均浓度分别较 2015 年下降了 11.8%、14.5%和6.5%；而且，与 PM2.5 一样，这几项污染物浓度指标均为历年最低。

2016年,上海市环境空气质量指数(AQI)优良率为75.4%,较2015年上升4.7个百分点。其中,"优"为78天,"良"198天,"轻度污染"69天,"中度污染"19天,"重度污染"2天。与2015年相比,污染日减少17天(其中重度污染日减少6天),而"优"的天数增加了23天。

2016年,工业方面,上海完成了1456家工业企业的挥发性有机物治理,全市公用燃煤电厂有9台60万千瓦及以上机组完成了超低排放改造,启动煤场封闭改造和剩余集中供热锅炉清洁能源替代改造;交通领域,上海港靠泊船舶正式启动换用低硫燃油,全市淘汰高污染机动车5.3万辆;扬尘污染防治方面,全市创建了486平方千米的扬尘污染控制区,累计安装扬尘在线监测系统2100余套。

(2) 让每一条小河都清澈起来

2016年,上海市重点攻坚56条段河道,徐家宅河、许浦港等黑臭河道实施一河一策后,近一年来水质明显改善,河浜清亮起来了。

2016年全市地表水环境质量总体较2015年明显改善,主要河流断面水环境目标达标率63.3%,较2015年上升26.6个百分点。在这背后,是上海市环境保护工作者在河道治理上的锲而不舍、久久为功。

全市环保系统建立了环保、水务双牵头的市区两级联合推进机制,全面推动《上海市水污染防治行动计划实施方案》明确的171个重点项目的落实,启动长三角区域水污染防治协作;制定了《本市全面推行河长制的实施方案》,建立市—区—街镇三级河长体系,加快落实未达标河道断面"一河一策"治理,全面启动城乡中小河道综合整治;协调推进金泽水库建成,形成"两江并举、集中取水、水库供水、一网调度"的原水供应格局;按照一级A及以上标准,完成了5座污水处理厂的提标改造工作,全面完成"十小"企业排查取缔,整治关闭不规范中小养殖场(户)2720家。

2016年是《水污染防治行动计划实施方案》启动年,全市河道水质显著改善,大大地振奋了人心。2016年,全市主要河流断面水环境目标达标率为63.3%,较2015年上升26.6个百分点,污染程度最高的劣Ⅴ类断面占34.0%,较2015年大幅下降22.4个百分点。

(3) 吹响土壤治理的集结号

在城市的转型发展时期,遗留了不少污染问题,尤其是土壤污染问题已成为生态宜居城市建设的突出短板之一。上海市近年来高度重视土壤治理工作,组织实施了宝山南大、普陀桃浦地区和世博会规划区域用地的综合治理工程。2016年6月,上海迪士尼乐园能正式投入运营,土壤质量各项指标均符合美国苛刻要求,这片区域正是上海市环科院土壤治理团队辛勤劳动的杰作。

一是制定上海土壤污染防治行动计划。有着上海版"土十条"之称的《上海市土壤污染防治行动计划实施方案》已经市政府批准发布,上海市将严控增量,逐步减少存量的方阵,上海版"土十条"为全市吹响了土壤治理新的集结号。二是建成上海潜在污染场地信息库。摸清全市工业用地、市政用地、生态环境综合整治区域的土壤潜在污染状况,建立信息库。三是实施工业用地全生命周期管理的土壤环保制度。制定出台工业用地全生命周期管理制度及配套标准规范。四是完善工业土壤环保标准规范。将试行期满的工业土壤环保相关技术规范上升为地方标准。

(4) 由点及面推动环境质量改善

2016年初,上海市委书记韩正来到普陀区红旗村暗访,极度脏乱差的环境令他心情沉重,要求"拆违同时一定要加快整治"。同年6月,普陀区红旗村内近29万平方米违章建筑提前185天被全部拆除,与此同时红旗村内的河道整治,以及周边的景观工程全面展开,如今违建基本拆平、市场稳妥关闭、整治有序进行。

市委书记指出:"五违四必"区域环境综合整治工作责任重大、任务艰巨、不进则退,必须持续用力,以攻坚克难的担当精神完成既定目标。

上海市前两轮28个市级重点地块和258个区级地块整治任务全面完成,累计消除违法用地1.28万亩,整治污染源近2100处,关闭无证及淘汰企业近5800家。第三批22个市级重点地块整治工作已全面启动。2015年,市环保局协同各区、各相关部门,按照"五违四必"要求,狠抓落实,敢于碰硬,形成了齐抓共管、合力推进的好局面。市、区、街镇、村居多层发力，实施连片整治、整体转型，区域环境综合整治取得明显成效。金山地区环境综合整治工作实施力度和完成情况超过计划要求，区域主要环境指标和恶臭污染得到改善。两轮整治28个地块重新恢复水清岸绿、绿树成荫的生态环境。

(5) 铁腕治法守护美丽上海

2016年10月，新修订的《上海市环境保护条例》正式实施，条例新增了按日计罚和双罚制，大幅提高罚款上限，将最严格的法律责任从大气污染防治领域扩大至所有环境保护领域。

2016年上海市环保部门对标国际先进，组织编制了4项排放标准，以最严格标准来加强全市环境治理。随着一条条法规条例的制定，上海环保也成了地方法规条例最全、体系最完善的省市之一。

法律法规的生命力在于严格执行。在2015年环境执法中，上海市环境监察部门主动作为破解执法难题，联合记者开展后督察，强化舆论监督，倒逼企业整改。2016年全市环保系统共查处案件3317件，处罚金额2.51亿元，分别同比增长28%和45%。

新修订的《环保条例》在实施中凸显三方面效果，一是成为引领之法。引领企业绿色发展，引领公众绿色生活；二是成为共治之法。希望通过条例的实施，激发全社会参与环保治理的积极性；三是成为利剑之法。条例既是环境违法者头顶上的利剑，也是环境监管者手中的利剑。

(6) 推进长三角区域环保协作

2016年，长三角区域用“众智”和“众力”使环保协作更加紧密，人员交流更加畅通，机制运行更加有效，联防联控重点更加突出。

2016年9月，二十国集团领导人峰会在美丽的西子湖畔盛大召开。保障好峰会既是环保部门的本职工作，更是重大政治任务。上海市环保局各部门各单位充分发挥长三角协作机制平台，全力以赴做好“护城河”工作。强化管控措施，增加机组调停和停限产项目；加强监测监控，全市近300套重点企业废气排放在线监测系统、1000余套扬尘在线监控系统和40多个产业园区在线监控点加强实时监控；严格检查督查，期间累计出动6.6万人(次)，检查点位4.3万个，空气质量达到优良水平，圆满完成保障工作。

2016年11月，第九届全球健康促进大会在上海市召开，李克强总理出席大会并发表重要讲话。上海市环保局坚决贯彻市委市政府部署要求，按照“统一协调、市区联动、分工负责、各司其职”的工作机制，全力以赴落实空气质量保障措施。上海市环保局主要领导带队加强对重点企业、重点地区开展督查，注重部门协同，强化执法效能。协同各部门出动检查人员9981人(次)，检查点位18986处。大会期间空气质量指数日均值优良率达到100%。

长三角区域联防联控协作机制通过3年的滚动，机制越来越成熟，协作的重点、特色越来越明显，成效也显现了。

2. 江苏省环境保护的情况与措施

(1) 全省环境质量保持总体改善良好势头

长江江苏段干流水质较好，10个监测断面水质均符合Ⅲ类标准。41条主要入江支流的45个控制断面中，水质符合Ⅲ类、Ⅳ类、Ⅴ类和劣Ⅴ类断面分别占56.8%、20.4%、11.4%和11.4%，与2015年相比，符合Ⅲ类标准的水质断面比例上升2.3个百分点，劣Ⅴ类断面比例下降9.1个百分点。太湖湖体高锰酸盐指数和氨氮年均浓度分别达到Ⅱ类和Ⅰ类标准，总磷年均浓度达Ⅳ类，总氮年均浓度为Ⅴ类。与2015年相比，湖体高锰酸盐指数、氨氮浓度稳定在Ⅱ类以上，总氮浓度下降3.9%。湖体综合营养状态指数为54.6，同比下降1.5，总体处于轻度富营养状态。全省近岸海域31个国控、省控海水水质测点中，符合或优于《海水水质标准》二类标准的比例为61.3%，三类、四类和劣四类水质比例分别为22.6%、12.9%、3.2%。全省县级及以上城市集中式饮用水水源地达标(达到或优于Ⅲ类标准)取水量为61.09亿吨，占取水总量的99.8%。

环境空气质量持续改善。按日评价，全省环境空气质量达标率为70.2%，较2015年上升3.4个百分点，13个设区市达标率范围为65.0%—77.9%。空气中的主要污染物浓度均有不同程度下降或保持稳定，其中全省PM2.5年均浓度为51微克/立方米，较2015年下降12.1%、较2013年下降30.1%，达到国家提出的“在2013年基础上下降13%，比2015年下降3%”的目标要求。2015年，全省共发生11次重污染天气过程，按照省政府发布的《江苏省重污染天气应急预案》，全省共发布蓝色预警10次，黄色预警1次。全省设区市酸雨平均发生率为18.8%，降水年均pH为5.61，与2015年相比，全省酸雨平均发生率下降9.5个百分点，达到近10年的最低水平。

城市声环境质量总体保持稳定。各类声源、声强及分布情况无明显变化，生活噪声和道路交通噪声仍是影响全省声环境质量的主要因素。全省13个设区市昼间噪声平均等效声级为54.8分贝，有8个达到城市区域环境噪声昼间二级水平。设区市环境噪声平均等效声级表现出与城市日常生产、生活和作息规律相似的变化特征，昼间平均等效声级6—8时上升明显，8—18时维持在较高水平，18—21时逐步减弱。

生态环境状况无明显变化。生态遥感监测结果显示，全省生态环境状况指数为66.8，各设区市生态环境状况指数处于61.1—70.4之间，生态环境状况处于良好状态，与2015年相比，全省生态环境状况指数上升了0.3。太湖、长江、京杭大运河等主要水体水生生物多样性调查结果显示，全省生物环境状况总体保持稳定。

辐射环境状况良好。全省辐射环境56个国控点和233个省控点监测结果表明，太湖、淮河、长江等重点流域水体及近岸海水、海洋生物中放射性核素浓度与1989年江苏省环境天然放射性水平调查测量结果处于同一水平；重点饮用水水源地取水口水中放射性指标符合《生活饮用水卫生标准》要求。环境中电磁辐射监测结果均低于《电磁辐射防护规定》中公众曝露控制限值的要求。

(2) 实施4288项大气治理重点工程

围绕年度目标，江苏省坚持“以周保月、以月保年”的工作机制，实施4288项大气治理重点工程。一是严控燃煤污染。完成32台1068万千瓦燃煤机组超低排放改造，整治9237台燃煤锅炉，实现大型燃煤机组超低排放和燃煤小锅炉整治“两个全覆盖”。二是深入治理工业污染。实施2821项挥发性有机物(VOC)整治项目，大力推动钢铁、焦化、玻璃等行业烟气脱硝设施建设；全部拆除钢铁烧结机脱硫烟气旁路。三是加强机动车船污染防治。推广新能源汽车5万辆(标准车)，新建港口岸电系统359套，非道路移动机械排放标准从国Ⅱ升级到国Ⅲ。四是综合治理城乡面源。全面推行“绿色施工”，提升道路机械化清扫水平；继续保持秸秆禁烧的高压态势，确保火点数处于全国较低水平。五是强化重污染天气应急管控。进一步提升空气质量预测预警水平，更加有效地管控重污染天气。

针对臭氧超标问题，江苏省将加强臭氧前体物——VOC的控制。2015年底，省委、省政府出台“两减六治三提升”专项行动方案，“六治”中有“一治”就是“治VOC”。2016年2月，省政府专门出台“VOC治理专项行动实施方案”，强力推进VOC治理。年内全省将削减重点行业VOC排放总量10%，一年时间就完成“十三五”VOC减排任务的一半。一是实施工业VOC治理，所有化工园区建成泄漏检测与修复系统，完成石化、化工等重点行业的VOC集中整治。二是实施清洁原料替代，印刷包装、集装箱、交通工具、机械设备、人造板、家具、船舶制造等行业全面使用低VOC含量的涂料、胶黏剂。三是加强面源VOC治理，以长江和京杭运河沿线为重点，推进油码头油气回收治理改造；组织各地制定实施餐饮油烟、汽车维修行业VOC整治方案。四是夯实工作基础，加强臭氧污染形成机理的研究，建立动态更新的VOC排放清单，制定VOC污染管理办法，严格落实VOC排污收费政策。

(3) 建立长江生态环境保护机制

2016年，江苏省政府印发了《关于加强长江流域生态环境保护工作的通知》。省政府建立了长江生态环境保护联席会议，协调保护长江流域生态环境，并于2016年底前对沿江环境隐患整治情况开展专项督查。

在沿江产业布局调整优化方面，江苏制定更加严格的产业准入目录，严禁在干流及主要支流岸线1

千米范围内新建布局重化工园区和危化品码头，严格限制在长江沿线新建石油化工、煤化工等中重度化工项目。制定实施分年度落后产能淘汰方案，2016 年底前，全面取缔“十小”企业。2016 年底前，完成造纸、制革、电镀、印染、有色金属等重点行业专项治理任务。

此外将加快城镇污水处理设施建设，南通在 2016 年底前完成污水处理设施全部达到一级 A 排放标准，实现稳定运行。推进城镇雨污分流和管网建设。

2016 年底前，全面取缔水源保护区、自然保护区、风景名胜区等禁设区域内的排污口；对没有满足水功能区管理要求和影响取水安全的排污口限期整改，整改不到位的一律取消。沿江各市、县人民政府及供水单位定期监测、检测和评估本行政区内饮用水源、供水厂出水、用户水龙头水质等饮用水安全状况，2016 年起，按季向社会公开。加快沿江地区饮用水水源地达标建设，2016 年底前全部完成。

（4）江苏环保新技术交流会成为环保精英的年度盛会

自 2009 年起至今，江苏环保新技术交流会已经举办了 7 届，并逐步发展成为业内公认的江苏乃至“长三角”环保精英的年度盛会。与往届展会相比，2016 年江苏环保新技术交流会在举办规模与产业高度上都有了新的进步，有超过 200 家国内外优秀环保企业和科研院所参展参会，展出总面积超过 20000 平方米。

本次新技术交流会迎合国内外环保市场发展新趋势，展出的技术及产品主要包括：生活污水及各种工业废水处理技术和装备、大气污染防治、固废处理、处置及资源化、土壤修复、环境监测、环境服务及其他：环境监测仪器设备、实验室设备、环境工程服务、环境评价与咨询、环境贸易、环境教育与培训等，可以说涉及环保产业的方方面面，并覆盖了环境监测、市政、工业、民用及商用全领域。

不仅如此，交流会同期举办的中美臭氧污染防治国际研讨会、化工园区 VOCs 无组织排放控制交流会、电厂超低排放和非电脱硫脱硝治理技术研讨会等十个学术研讨及技术推荐会议，涉及各个环境污染治理领域的前沿技术和解决方案，邀请到的专家也都是国内外知名学者及企业家。

本次江苏环保新技术交流会吸引了来自美国、荷兰、意大利、日本、韩国等 10 个以上国家和地区的 50 多家境外企业前来参展，国际展商比例超过 20%，其中不乏美砺杰热能环保（B&W MEGTEC）、赫拉集团、美国 GMX 国际公司等世界著名的环保公司。

温室气体 CO_2 转化甲醇、硅藻精土替代其他 PAC 药剂应用于废水处理工艺、VOC 纳米吸附降解一体化技术等新环保技术在此次展会中一一呈现。新技术带来新革命，此次展会展示的新技术的方案让人耳目一新，具有良好的发展前景和市场潜力。展示的技术和设备也符合当下中国环保事业发展的重点方向，有利于促进相关技术成果的转化。

环境监测分析仪器在整个监测过程中有着举足轻重的作用，环境修复保护技术的应用在很大程度上依赖于修复设备和监测设备的支撑。聚光科技（杭州）股份有限公司、青岛崂山应用技术研究所、青岛众瑞智能仪器有限公司等多家专业的监测仪器厂家此次参展带来了便携式烟气检测仪、二噁英采样仪、VOCs 采样仪。

相比国内其他环保行业，土壤修复发展也远落后于大气污染防治、污水处理、垃圾处理等较早兴起、目前较为热门的行业。相对于工业废水、工业废气等污染治理投资，土壤修复投资力度远远落后，产值也远不及这些环保行业。随着“土十条”的颁布，正式开启土壤修复万亿蓝海市场，将极大地拉动土壤修复产业的发展。本次江苏环保新技术交流会有超过 10 家以上专业的土壤修复公司参展，其中不少家都曾有过省级以上的重点工程成功案例。本次江苏环保新技术交流会上将有快速场地污染修复这样的新技术展示，不仅如此在土壤修复中引入 EPC、BOT、“岳塘模式”等新的商业模式也是这次值得关注的地方。

有机废气种类多，治理难度大，一直以来是环保技术的重点关注点。本次江苏环保新技术交流会有 10 家以上的企业带来了新的 VOC 治理技术，同类展品中如蓄热式焚烧设备——RTO、直燃炉 TO、VOCs 光催化氧化器、全热交换器等新型的 VOC 治理设备也值得期待。

3. 浙江省环境保护的情况与措施

(1) 浙江城市空气质量总体好于上年

2016年，浙江省修订发布《浙江省大气污染防治条例》，实施省级16个涉气重点区域综合整治。针对排在首位的燃煤污染，完成20台1186万千瓦煤电机组超低排放改造，完成135台热电锅炉超低排放改造；完成小锅炉年度淘汰任务，淘汰改造小锅炉14203台。针对机动车、船污染，提前全面淘汰黄标车，全省淘汰黄标车和老旧车18.6万辆，完成国家下达任务；推进宁波舟山港、温州港绿色港口示范工程建设，建立宁波舟山港船舶污染控制区。针对日益抬头的臭氧污染，浙江省早计划、早行动，完成涂装、印刷等重点行业VOCs污染治理企业953家。

环保部发布的空气质量状况显示，2016年舟山、丽水、台州在全国74个重点城市空气质量排名前十位；设区城市空气优良天数比例平均为83.1%，同比上升4.9个百分点；PM2.5平均浓度为41微克/立方米，同比下降12.8%。全省大气环境质量持续改善。

(2) 全力维护水生态良性循环

2016年是浙江省"五水共治"工作全面铺开的第三年，是实现"三五七"时间表中"三年解决突出问题，明显见效"目标的决胜年，也是"十三五""五水共治"工作的开局之年。

首先是治污水。2016年，全省全面实施水污染防治行动计划，狠抓劣Ⅴ类断面削减和"清三河"防反弹，深化落实河长制。劣Ⅴ类断面削减三年行动计划两年完成，省控劣Ⅴ类断面减少到6个；列入"水十条"目标责任书考核的103个水质断面全部达标，5个入海河流考核断面全部消除劣Ⅴ类；加强良好水体保护，建立健全饮用水源地"一源一策"管理机制。全省完成涉水行业企业污染整治444家，搬迁入园1407家；完成规模生猪养殖场污染整治任务，整治生猪散养户42958个。钱塘江、太湖流域城镇污水处理厂全部执行一级A排放标准，行政村生活污水处理基本实现全覆盖。监测数据显示，2016年，全省221个地表水省控监测断面中，Ⅲ类以上水质断面占比77.4%，同比提高4.5个百分点；劣Ⅴ类水质断面占比2.7%，同比下降4.1个百分点。

其次是防洪水。推进一批重要江河和重点支流防洪控制性水库工程，增强流域洪水调蓄能力。全年完成病险水库除险加固100座，山塘整治400座，圩区整治面积30万亩。弥补御洪短板。继续开展海塘配套加固，重点消除重要保护区一线海塘由于沉降或保护对象重要性提升引起的不达标问题。更加注重生态，堤防、海塘加固要结合城镇建设，充分发挥防洪御潮、景观、休闲等综合功能。全年完成海塘干堤加固100千米。

第三是排涝水。加快大型排涝设施、地下排水管网、削峰调蓄设施以及综合管廊建设，加快易涝积水区域改造、城市河道综合整治、排水管网提标改造和雨污分流改造。有序推进海绵城市建设。综合采取"渗、滞、蓄、净、用、排"等措施，发挥城市水体、绿地、道路、广场、小区等对雨水的渗透、吸纳和净化作用，最大程度实现雨水在城市区域的自然积存、渗透和净化，提升城市排水防涝能力的提升。嘉兴市建设海绵城市建设示范区面积不少于15平方千米，其他市建设海绵城市建设示范区面积不少于5平方千米。

第四是保供水。开工建设台州朱溪、松阳黄南等4座大中型水库，推进缙云潜明等6座水库建设，新昌钦寸、诸暨永宁水库力争下闸蓄水，增加水资源供给能力，强化水源战略储备。加快推进千岛湖引水等骨干引调水工程，提高水资源调控能力，改善重点城市饮用水品质，保障重要经济区和重点城市供水安全。推进解决部分江河源头县饮用水仍采用单一河道型水源的现状，加快县级以上城市备用水源建设，强化集中式饮用水水源地保护，提升供水安全保障能力。实施"千厂万村"规模化集中供水工程，实现农村饮水提质增效。

切实加强饮用水安全保护。建立健全饮用水源地"一源一策"管理机制。各设区市自2016年起每季度向社会公开饮用水水源、供水厂出水和用户水龙头水质等饮水安全状况。

第五是抓节水。实施大中型灌区续建配套与节水改造、小型农田水利重点县等节水灌溉提升工程，全省建设大型雨水利用示范工程6个，建设屋顶集雨等雨水收集系统4500处，改造节水器具4.5万套，改造“一户一表”2.5万户。

开展节水型示范企业创建试点，对年取水量30万立方米以上的重点耗水企业和国家、省级重点监控企业，全面落实强制清洁生产审核，全年实施清洁生产审核企业700家，创建节水型企业30家；推进双百万节水灌溉工程，加强“三条红线”管理，全年发展高效节水灌溉面积20万亩。

(3) 垃圾分类领跑全国

浙江的垃圾分类，开始于城市，标杆在农村，环境整治蕴含着城乡统筹发展的智慧。2014年和2016年，浙江先后出台《中共浙江省委关于建设美丽浙江创造美好生活的决定》和《关于进一步加强城市规划建设管理工作加快建设现代化城市的实施意见》，对推进生活垃圾分类提出了要求，同时结合“十三五”规划制订，编制完成《浙江省生活垃圾无害化处理设施建设“十三五”规划》和《浙江省生活垃圾分类五年行动规划》，并出台《浙江省餐厨垃圾管理办法》。

好的顶层设计，让垃圾分类处理有章可循，其中也少不了监督考核“指挥棒”的作用。在杭州、宁波、绍兴、金华等市，生活垃圾分类被纳入各部门、各城区和国有企事业单位的年度工作考核，做到垃圾分类工作与年度重点工作、各类文明创建工作一同部署、一同落实；在金华，建立市对县季查，县对乡、乡对村月查的分级督查考评制度，与年度考核和奖金挂钩。

浙江农村完善源头追溯制度，对每个垃圾袋进行三级编码，一级代码为垃圾分类号，二级代码表示卫生责任区区号，三级代码表示户主代号，实现垃圾“见袋知主”，便于监督考核；一些地方建立计分奖惩和责任包干制度，村卫生保洁员每日对村民垃圾分类投放情况进行检查；一些地方开展村对农户垃圾分类评优，建立“笑脸墙”“红黄榜”公布结果。

在浙江各地，有一个共识：垃圾分类涉及千家万户，如果不能调动人的积极性，就难以取得预期效果。金华市金东区的垃圾分类曾因央媒连续报道成为“网红”，它的秘诀之一就是通过提高家庭主妇的认识，提高生活垃圾的分类处置率；杭州、宁波等地居民小区，通过开展微信积分换小奖品、“一户一码”实名小奖励等活动，让居民对垃圾分类习惯成自然；还有更多的村庄，将垃圾分类写入村规民约，以乡土社会特有的方式，破解乱丢乱扔垃圾的陋习……

目前，浙江农村垃圾分类在全国有三个领先：一是全省农村垃圾集中有效处理已基本实现全覆盖，而国家标准是到2020年达到76%；二是全国唯一利用机器成肥的省份，500多个村庄试点微生物发酵资源化快速成肥；三是全国唯一在农村展开垃圾分类的省份，4500个村庄推进农村垃圾分类与三化处理工作。

(4) 浙江环境服务业发展情况

浙江环境服务业水污染治理企业数量领跑其他领域，危废治理年收入表现突出，固废治理盈利能力表现优异。2016年，水污染治理、环境保护监测两领域分别以36.9%、24.9%的从业单位数量占比，继2015年后依旧稳居细分领域中的前两位。其中，环境保护监测领域2016年单位数量占比较上年增加9.7%。与2015年相同，危险废物治理仍在细分领域中收入最高，2016年主营业务收入达109.5亿元，同比增长18%，接近行业收入总额的三分之一。

从盈利情况看，环境保护监测、水污染治理、大气污染治理、固体废物治理和危险废物治理五大细分领域中，固体废物治理领域以11.9%的营业利润率成为盈利能力最高的细分行业，环境保护监测领域营业利润率约9.8%，以上两个领域均高于企业营业利润率全省均值6.4%。

非国有企业优势地位明显，行业集中度总体较高。2016年，营业收入排名前20位的从业企业，以股份有限公司或其他有限责任公司等非国有企业为主，仅有3家国有企业或国有独资企业。从行业集中度看，前20位营业收入之和约占环境服务业年度营业收入总额的55%。从细分领域来看，危险废物治理为5个细分领域中行业集中度最高的领域，营业收入前10位企业以20.8%的企业数量占比完成了该领域营业总额的93.5%，固体废物治理行业紧随其后，环境保护监测、大气污染治理行业集中度居于中游，水污染治理行业的行业集中度相对较低。

(5) 环境监管执法必严

浙江省自2016年4月25日开展全省百日环保执法专项行动以来，结合G20峰会环境质量保障和媒体曝光环境问题，打出环境执法最严组合拳，从严、从重、从快打击了一批环境违法行为。

统计数据显示，2016年全年共出动执法人员87.7万人次，检查企业34.6万家，立案查处环境违法案件17077件、处罚款5.99亿元，其中按日计罚79件，查封、扣押1325件，限产、停产347件，移送行政拘留591件，移送涉嫌环境污染犯罪457件，行政拘留525人，刑事拘留640人，全面完成11.36万个违法违规建设项目清理任务。

4. 安徽省环境保护的情况与措施

(1) 安徽省环境质量情况

2016年，安徽省平均空气质量优良天数比例为74.3%，16个设区的市空气质量优良天数比例范围为62.6%(宿州)—97.3%(黄山)，黄山市空气质量达到国家环境空气质量二级标准。

2016年，全省可吸入颗粒物年均浓度同比下降3.8%，连续三年下降，细颗粒物年均浓度同比下降3.6%，完成大气污染防治年度目标任务。

2016年安徽省日超标污染物主要为细颗粒物、臭氧和可吸入颗粒物。其中，可吸入颗粒物(PM10)年均浓度为77微克/立方米，超过二级标准0.10倍；细颗粒物(PM2.5)年均浓度为53微克/立方米，超过二级标准0.51倍；臭氧(O_3)日最大8小时平均第90百分位浓度为140微克/立方米，达到二级标准。

全省污染物浓度呈明显季节变化特征，二氧化硫、二氧化氮、可吸入颗粒物、细颗粒物和一氧化碳浓度夏季最低、冬季最高，臭氧浓度夏季最高、冬季最低。可吸入颗粒物和细颗粒物空间分布特征基本一致，高值区位于以合肥为中心的江淮之间和皖北大部分区域，低值区位于黄山和池州市。

2016年，地表水总体水质状况为轻度污染，其中，安徽省境内淮河流域总体水质为轻度污染，长江流域总体水质为良好，新安江流域总体水质为优，巢湖为轻度富营养，完成水污染防治年度目标任务。16个设区的市集中式生活饮用水水源地水质达标率为98.1%，同比上升0.3个百分点。城市声环境质量总体稳定，辐射环境质量和生态环境质量整体良好。

(2) 政协委员为治水治污开良方

2016年上半年，安徽省政协成立专题调研组，先后赴合肥、淮北和马鞍山等地进行专题调研。经过开展实地调研、广泛了解情况、听取意见，调研组认为，全省水环境形势依然严峻。一是部分支流水质仍然较差。全省Ⅴ类及劣Ⅴ类水质的断面仍占17.8%。二是黑臭河水体未得到有效治理。调查显示，全省设区以上城市仍有225条黑臭河水体亟待整治。三是全省工业污水排放量占比虽逐步减少，但城市建成区重污染企业搬迁改造、工业园区污水集中处理、淘汰落后产能等任务较重。

农业面源污染业已成为安徽省主要水污染来源。调研组认为，农业面源污染排放主体分散、隐蔽，排污随机、不确定，不易监测，监管难度大。针对这些问题，省政协委员，民革中央"三农"委员会副主任，安徽农业大学国土资源研究所所长、经济管理学院教授於忠祥从实施农业面源污染"源""汇"管控并重出发，建议实施化肥农药减量增长行动，最大限度地整治乱施滥用化肥农药的行为，推广无害化防治病虫害技术。他还提出，"农村塘坝体系是天然的农业面源污染'处理厂'，是'汇'污染治理的第一站。然而，当今的农村，绝大多数塘坝淤塞，遍布的是'碟子塘'"。他建议结合实施"千村万塘"工程，结合农村土地整治，修复和完善农村塘坝体系。"鉴于全省农村土地整治的新增耕地主要来源于坑塘填埋，建议取消新增耕地率3%的规定。"

"目前控制农业面源污染有效的经济措施主要有两种：一是经济处罚措施，二是经济奖励措施。"省政协委员，阜阳市农业技术推广中心高级农艺师李庭奇认为，针对农业农村水污染现实情况，经济处罚措施难以实施，增加绿色补贴，建立长期有效的经济激励机制是现实最好的选择。"绿色补贴可采取对应用绿色生产技术造成成本上升及产量损失的进行综合补贴；也可以直接对绿色产品进行扶持补贴，使绿色产品销得出、收益高。”

针对城市雨污分流不彻底，污水处理后主要污染物浓度仍高于地表水水质标准等情况，李学良委员建议政府通过大力支持创新发展，促进产学研结合，支持现有环保企业“强体”、促进潜在环保企业“转身”、加强外来环保企业“引凤”来壮大水污染治理装备产业。李学良提出，未来几年安徽省水污染治理产品与装备需求应该谋求重点在城镇生活污水处理厂的新建、提标改建；工业废水处理的核心设备、高端材料及药剂生产制造；水环境监测仪器设备以及应急管理平台和软件系统等领域得到发展。省政府参事室参事、教授级高级工程师钱敏建议，在污水处理厂退水区设立人工湿地，对退水进行生物生态再处理，既可进一步降低退水污染物含量，改善入河水质，又可美化优化环境。对水污染重点地区和有条件的地方，提高污水处理厂退水排放标准，执行特别排放限值。

程晓舫委员提出，水污染防治工作一定要“定调子”，从顶层设计上尽快建立完善水污染防治协作联动机制，落实生态环保“党政同责”，实行省以下环保机构监测监察执法垂直管理制度。同时，预防与治理结合。进一步优化空间布局和严格区域环境准入，推动产业结构优化调整，淘汰落后产能，严控新增产能，实施重点污染行业清洁化改造等。

(3) 铜陵市“零点行动”常态化　重拳出击大气污染

为持续改善空气环境质量，落实G20峰会会前整治措施，推动大气污染防治百日攻坚行动取得实效，2016年6月24日和7月12日晚，铜陵市环保局局长姚贵平、副局长朱承宽带领环境监察、监测人员，对部分企业的污染源达标排放情况展开检查，重点对辖区内涉气企业、特别是市民投诉反映比较集中的几家企业进行“突袭”，“零点行动”平均持续4个小时，起到较好的威慑作用。

紧盯重点工作。围绕降低PM10浓度，抓道路建筑扬尘，对重点区域、重点路段开展巡查，督促翠湖六路、义安路等开挖路段设置围挡，严查渣土运输途中夹带、遗撒造成道路污染，当场叫停杨村花园项目建设工地等夜间施工。抓工业污染排放，重点检查企业中控室和总排口，采取问、闻、看、测等方法，不放过任何一个排污细节。查设备维护、运行记录是否规范到位；查在线监测系统运行是否正常、监测数据是否达标；查被责令停产、整改企业是否落实。环境监测人员还对部分企业排放的废水进行了现场取样。

狠抓问题整改。两次行动共检查了富鑫钢铁、神虹化工、金昌冶炼厂等15家工业企业，采集水样8份。多数受检企业环保设施运行及污染物排放正常，但少数企业开停工过程中二氧化硫排放量大，厂区烟气无组织排放严重。对存在问题的企业，市环保局逐一跟踪督办整改，确保查处到位、整改到位，对严重污染环境、拒不整改的企业，公开曝光，依法严肃处理。先后约谈2家污染物超标排放的企业主要负责人，并进行立案查处。

建立巡查机制。坚持“沉下去，摸实情，求实效”，市环保局每月至少开展一次“零点行动”，不定期开展夜间以及节假日执法突击行动，适时进行部门、县区联动，加大对重点企业的监管力度，切实做到查处一片、警示一片；严格实行“双随机”抽查方式，带队领导随机、执法人员随机，临时确定检查对象，确保检查结果真实、客观、准确；加强资料收集整理，完善巡查工作台账，形成长效机制。

(4) 阜阳市扎实有效开展生态扶贫工作

安徽阜阳市扎实有效开展生态扶贫工作，一是制定《阜阳市生态保护脱贫工作实施方案》，以创建生态文明市作为生态脱贫总抓手，围绕城乡环境整治、生态示范创建等工作，通过农村环境综合整治项目实施，改善农村生产生活环境，促进贫困群众增收脱贫，实现生态保护与脱贫攻坚互融互促。二是争取环保资金支持，统筹整合上级环保专项资金。利用《水污染防治行动计划》中农村环境综合整治资金，选取颍东区正午镇吴寨村、颍州区三十铺镇李门楼村、颍上县润河镇汪堂村等扶贫点共计52个村进行农村综合整治，每村补助资金12万元，主要修建农村生活污水排放基础设施，因地制宜开展农村生活污水整治工作，逐步建立完善农村垃圾处理系统，修建垃圾处理点，集中存放、定时清运，进行无公害处理和处置。三是立足生态创建，扎实推进生态乡镇(村)创建。通过打造生态建设亮点工程，发挥点、线、面层次的示范带动，推动全市生态扶贫工作，2016 年颍上县鲁口镇、阜南县王家坝镇、太和县马集乡 3 个镇成功创建省级生态乡镇。四是立足于大气污染防治，加大秸秆禁烧和综合利用力度。科学制定禁烧方案，细化技术路线，落实工作措施，2016 年夏季，全市 PM10 平均浓度较 2015 年同期下降 25.6%，秋季未发现焚烧火点。积极拓展秸秆专业化利用渠道，全市夏季秸秆综合利用率达到 94%，创历史新高。

(5) 淮北市四措并举，有序推进水环境质量改善

淮北市为改善水环境采取了如下措施：一是治理黑臭水体。市政府成立黑臭水体整治工作领导小组负责各项整治工作，明确成员单位工作职责，建立分工负责、协调配合的工作机制，明确治理的时间节点、目标任务。从控源截污、河道清淤、内源治理、生态修复等方面提出了黑臭水体整治方案。

二是开展现场调查。为做好全市"河长制"实施方案编制工作，组织开展全市 30 多个主要沟河、湖库、塌陷区污染调查、取样监测工作，基本掌握全市水环境水质现状，为下一步"河长制"的实施提供了基础数据支撑。

三是编制实施方案。根据《淮北市水污染防治工作方案》等要求，落实各级政府主体责任，确定实施"河长制"河流筛选原则，编制了淮北市"河长制""断面长制"实施方案，完成了征求意见等各项前期工作。

四是清理违规项目。开展违规建设项目清理专项工作，通过清理整顿，淘汰一批不符合产业政策的高耗能、高排放建设项目，完善一批符合产业政策建设项目的环保手续，规范一批治污设施不健全建设项目的环保管理，提高治污设施建设和运行管理水平，实现环境保护和经济社会发展共赢。逾期不能完成整改的，明年将被关停。截至 10 月份，全市共排查清理各类违法违规建设项目 480 个，目前已完成整改 367 个，其余正在整改中。

十　社会稳定情况

1. 上海市促进社会稳定工作情况与措施

(1) 运用法治思维和法治方式，综合整治城市管理顽症

开展全市交通大整治。自 2016 年 3 月 25 日开始的全市道路交通违法行为大整治，立足上海超大型城市交通管理特点，运用法治思维和法治方式，创新管理举措，强化源头治理，取得了显著的阶段性成果。全市道路交通突出违法行为明显减少，道路交通秩序和通行能力明显改观，市民群众的守法意识明显提升。道路交通事故数、死亡人数、受伤人数比整治前分别下降了 26.6%、16.9%、43.3%。为固化交通大整治中的有效措施，建立常态长效管理机制，回应人民群众的关切，2016 年底，市政府提请市人大常委会审议通过对本市道路交通管理条例的全面修订。

全力推进"五违四必"区域环境综合治理。按照市委部署，违法用地、违法建筑、违法经营、违法排污、违法居住"五违"必治，安全隐患必须消除、违法无证建筑必须拆除、脏乱现象必须整治、违法经营必须取缔"四必"先行。在"五违四必"整治中，各区政府和职能部门注重法律法规梳理，执法力量整合，执法流程重构，严格程序规范。全市先后完成前两批 28 个市级地块和 258 个区级地块的整治，区域环境显著改善。

严格烟花爆竹的安全管控。以贯彻实施新修订的《上海市烟花爆竹安全管理条例》为契机，狠抓源头控制、宣传发动、依法严管等关键环节，严格落实烟花爆竹禁燃禁放措施，实现了外环线以内区域基本"零燃放"，外环线以外区域燃放量明显减少，外环线以内烟花爆竹引发火灾数为零、烟花爆竹致伤数为零，烟花爆竹垃圾数为零。依法严查非法运输、储存、经营、燃放烟花爆竹案件，建立健全烟花爆竹严管严查严控常态长效机制。

开展无证食品生产经营与网络食品经营等重点领域和薄弱环节的专项整治。建立长效性的食品安全保障机制。2016 年，全市各类食品安全风险监测总体合格率为 97.3%，较前一年提高 0.3 个百分点。

全市未发生重大食品安全事故，食品安全总体状况继续保持有序、可控、稳中向好的态势。按照中央关于食品安全“四个最严”的要求，市政府提请市人代会审议通过了“史上最严”的食品安全条例。全面实施《上海市食品安全信息追溯管理办法》，强化全程监管、科学监管，形成食品安全综合协调、专业监管和基层综合执法相结合的监管体系。

（2）健全多元化解机制，依法有效化解矛盾纠纷

人民调解机制不断完善。2016 年，上海市人民调解组织共受理各类纠纷近 33 万件，同比基本持平；成功调解 30 余万件，调解成功率达 93.5%。共制作人民调解协议书超过 19 万份，同比增长 6.2%。构建“两所联动”工作机制。市司法局与市公安局联合印发《关于进一步深化司法所和公安派出所联动化解社区矛盾工作的意见》，明确分工衔接、优化联动程序、强化日常管理，保障工作规范高效。全市共有 191 家派出所设立人民调解工作室，共派驻专职人民调解员 247 人。推动扩大民事调解协议的司法确认范围。经各行业性专业性人民调解组织调解达成的调解协议申请司法确认的，不再受标的额为 5 万元的限制。推进人民调解专业化职业化建设。积极推进专业人民调解中心建设，形成集聚物业、医患、交通、消费、知识产权等各类专业人民调解的大平台。

发挥行政复议委员会在审理重大、复杂、疑难案件中的积极作用。市政府行政复议委员会全年共召开 6 次案审会审议相关案件。开展了增加非常任委员占案审会比重、非常任委员担任案审会主持人、扩大当事人参与度等试点工作。上海市行政复议委员会的案审会制度获得了第三方颁发的第四届“中国法治政府奖”。

改革信访工作制度。加强信访复查复核和核查终结制度。规范和细化复查复核程序，提升复查复核工作的有效性，妥善处理各类信访矛盾，努力维护信访人合法权益，推动浦东、徐汇等 13 个区和市环保局先行成立信访复查复核委员会。继续推进诉访分离。严格甄别把关，提高涉法涉诉信访事项处理效果。完善信访基础业务标准化操作规程。编制了《上海市信访业务操作指南》，严格规范信访事项受理、办理、答复、送达、信息录入、督查督办等工作环节，细化信访工作业务规则。

（3）上海纳入社工管理办法，有效遏制青少年犯罪势头

2016 年 10 月 12 日，由上海市综治委“预青”专项组、市综治办、团市委组织召开的预防青少年违法犯罪工作推进会上，一组最新数据惹人注意。上海 25 岁以下青少年犯罪占犯罪总人数的比例由 2012 年的 27.15%下降到 2016 年的 18.76%，未成年人犯罪占犯罪总人数的比例也由 2012 年的 3.39%下降到 2016 年的 1.51%。这样超过 8%的青少年犯罪大幅下降的速度，成绩突出。虽说上海是一座特大型城市，常住人口超过 2400 万人，然而，在控制犯罪尤其是预防青少年群体犯罪方面，社工团体的劳动成果是功不可没的。

截至 2016 年 11 月中旬，在上海各街道和社区一线服务的青少年事务社工已有 683 人。他们除了在社区、学校提供服务，还会常驻大型市场、拘留所、看守所等展开工作。值得一提的是，这批社工的职业上升通道也已打通。此前的 5 月 19 日，“预青”专项联合组已联合多个部门，为社工设计了职业资质认定、职业晋阶和薪酬制度改革等一揽子政策。上海市青少年服务和权益保护办公室副主任许贝宁向记者介绍道：“截至 2016 年底，已有 3 批青少年事务社工晋升成为了中级社工，占社工总人数的 30%左右，他们是我们预防青少年违法犯罪工作的中坚力量。”

校园里的青少年有专业社工进行管理，而社区里的失业青年也同样有社工进行关心。在市人社局和团市委共同启动扶持失业青年就业“启航”计划的大背景下，每个社区的长期失业青年都会通过人社数据库被转介到青少年事务社工那里，社工会针对个案逐个突破。在该计划实施五年以来，2016 年，已有 8400 多人通过“启航”计划就业，长期登记失业青年的人数比例下降了 26.6%。

社工的作用在上海的法治建设进程中是不容小觑的。在已经试点一年的上海市静安区人民法院，2016 年，该院少年庭全年共受理 765 起案件，其中 733 件为家事案件，而其中又有 196 件法院的工作人员邀请了青少年事务社工在法官的指导下参与调解，促进了以 80 后和 90 后为代表的离婚当事人和解

撤诉以及调解成功率达55.4%。有数据显示，长期在家庭暴力或冷暴力环境中成长的孩子大约有56.4%的孩子成绩下降，20.8%的孩子不愿回家，12.8%的孩子性格扭曲甚至走上犯罪道路。大约有24%的女性犯罪源于家庭暴力。正因如此，社工们达成了一个共识判断：家庭是社会安定的重要子系统。一个家庭安定了，就可以正向影响和织就本家庭成员及相关家庭和个人的安定网络。因此，他们介入了家事纠纷，进行了家事调解。这种做法值得在全国推广，因为社工介入领域不仅可以是未成年和青少年事务，还可以扩展到反家暴、虐待疏忽老人、女童保护等各方面的领域，所以他们参与的中坚力量是巨大的。

(4) 上海长宁区民间纠纷化解有新招

长宁区的天山路街道司法所7月11日开展了民间纠纷“百日三无”竞赛活动，在这次竞赛活动中，有三个亮点是值得注意的。第一点是加强了部门联动，促进了纠纷化解。在加强与派出所、“三结对”律师事务所、劳动监察、物业、天山社区和调解中心等部门的联动下，调解人员在实践中不断探索和汲取了经验，积极争取了各个职能部门对司法所工作的支持，及时“会诊”了疑难复杂纠纷，从而确保了社区稳定；第二点是进一步整合了社区的资源，促进了工程矛盾的化解。尤其是对重大工程引起的房屋动拆迁及建筑工地扰民等国家普遍存在的群体性矛盾进一步做到“一个跟上，两个及时，三个到位”。通过进一步发挥和借助“三结对”律师、社区法律志愿者等智囊团的作用，参与工地矛盾化解，力求防止矛盾激化，将影响大局的群体性矛盾和纠纷化解在基层、消灭在萌芽状态；第三点是进一步加强队伍建设，促进队伍的专业化、职业化。通过集中授课、案例讲评、以会代训、个别咨询、发放学习资料等多种方式，组织人民调解员参加培训和学习，使得调解员熟知人民调解工作的基本法律、法规知识，掌握调解技巧，从而综合提升人民调解员的素质能力。

(5) 切实维护知识产权合法权益，在审判中体现维法维权意识

为了维护整个城市经济与科技发展的秩序，切实做好对每一项知识产品的维权工作，上海市中院和高院的办案人员坚持“细致审判，判中带教”的审判原则，于2016年4月25日联合发布了《2016年上海法院知识产权审判白皮书中英文版》和《2016年法院知识产权司法保护十大案件白皮书中英文版》，这可以说是上海中院和高院首次联合，以中英文对照形式发布上海法院知识产权审判白皮书。在这份白皮书中，大家可以看到审判结果是公正客观的，法官们平衡量点、善恶分明，在审判过程中也加深了对知识产权的理解与认识，并对侵权行为给出了合理的裁决和惩罚。其中最惹人注目的三个案件分别是“视频聚合平台实施不正当竞争行为案”“侵害大润发商标权及不正当竞争纠纷案”和“美术作品著作权侵权纠纷案”。

在“视频聚合平台实施不正当竞争行为案”中，被告公司开发运营软件目的是在吸引用户同时免于支付版权、宽带等运营成本，其本质属于不劳而获的搭便车行为。原、被告之间原属于同行业竞争关系，然而被告通过不正当手段获取竞争优势，如果不加以规制，不仅不利于营造公平有序的网络环境，也不利于激励网络传播者在版权保护上持续的资本投入。因此，法院判定被告行为违背了诚实守信原则，损害了他人合法权益，构成了不正当竞争。而且，作为全国首例视频聚合应用软件不正当竞争纠纷案，该案件对类似案件的审理具有非常大的教育和借鉴意义。

在“侵害大润发商标权及不正当竞争纠纷案”中，最大的法治亮点在于对法定赔偿数额的新的讨论。在这一案件中，法院在判令被告构成商标侵权、停止在企业名称中使用“大润发”字样的同时，还明确了在确定赔偿数额时，如果无法计算赔偿数额进而无法适用惩罚性赔偿条款时，可以考虑被告的主观恶意，适度增加法定赔偿数额，以实现对惩罚性赔偿的补充适用。不仅如此，在企业名称与商标权权利冲突不正当竞争纠纷中，如果被告从事的商品或服务构成相同或者类似，可以综合考虑注册商标的知名度、侵权恶意因素，判断被告擅自将他人商标登记为字号的行为是否构成不正当竞争，没有必要认定注册商标是否为驰名商标。这不能不说是法治和知识对于推进商标产权维护工作的一次质的飞跃。

最后，固然侵权案件是要受到相应代价的，然而不是每一个案件都有审判的必要性。如同“美术作

品著作权侵权纠纷案”中的原告上海美影厂虽认为浙江新影年代公司为配合电影《80后的独立宣言》的上映宣传制作了侵权海报，然而法官认为该案中的“葫芦娃”和“黑猫警长”角色形象美术作品使用在涉案电影海报中属于转换性使用，即对原作品的使用不是单纯地再现原作品本身的文学、艺术价值，而是通过在新作品中的使用使原作品在被使用过程中具有了新的价值、功能或性质，从而改变了其原先的功能和目的。这一案件裁判明确了转换性使用属于合理使用的审查判断标准，即在转换性使用的情况下，不影响原作品的正常使用、也没有不合理地损害著作权人合法利益的，即构成对原作品的合理使用，因此驳回诉讼请求，以调解方式终结此案。可见只要善意使用知识产权，知识产权也是可以为文化事业的繁荣而作出贡献的。

2. 江苏省促进社会稳定工作情况与措施

（1）构建平安江苏“天罗地网”

2016年，江苏围绕建设平安中国示范区目标，扎实开展“综治工作创新突破年”活动，推动综治工作和平安建设创新发展，全省群众安全感达到了95.2%，名列全国前茅。

加快构建完善立体化、信息化的社会治安防控体系，社会面巡防、网络社会管控、科技防控等能力水平不断提升，全省刑事案件、八类案件、侵财案件呈发案下降、破案上升的“三降三升”良好态势，实现现行命案全破，公安部专门发了贺电赞誉“为全国公安机关作出了表率，为平安中国、法治中国建设作出了突出贡献”。

下好社会治理“先手棋”，加强反恐怖、反邪教等专案侦查打击，全面织牢治安防控网络，“技防城”建设创建达标率达97.26%。加大社会治安重点地区排查整治力度，全省排查治安重点地区3109个，完成整治2922个。

积极构建矛盾纠纷多元化解机制，有力破解基层政法力量分散和手段不足的“瓶颈”。南通市港闸区探索建立基层司法所、派出所、律师事务所“三所共建”模式，整合基层政法力量，吸收法律专业力量，动员社会志愿力量参与社会治理，实现矛盾少、秩序好、群众满意的良好局面。

2016年初，江苏率先在全国出台《关于加快司法行政领域社会组织培育发展的指导意见》，探索运用社会力量，走联动融合、开放共治的社会治理新路。目前，全省已登记备案司法行政领域社会组织1394个，建成孵化中心75家，“政社互动”“跨界融合”“新兴力量”正在成为江苏社会治理的“新动能”。

2016年，全省组织实施重大稳评事项8251件，调处矛盾纠纷近50万件。全省进京非正常上访总人次同比下降80.4%。全面完成县级综治中心建设任务，城乡社区网格化服务管理覆盖率达95%，平安志愿者达306万人。

（2）“平安网＋大数据”全民共建，“党员网＋行业网”心手相连

2016年，江苏省在以国家“一带一路”网、“互联网＋”、“净网行动”和“猎鹰行动”为指导背景下，通过创设性提出“平安网＋大数据全民共建，党员网＋行业网心手相连”的治理模式，将除互联网外的“党员网”“行业网”“新广网”“交通网”等十网相结合的方式，形成“你有三十六罪，我有法网上策；你爱侥幸逃避，我爱实时监控”的线上线下法治管理体系。江苏要求各行各业的党员、工作人员尤其是行政机构的负责人要身先士卒，上行下效。通过表彰先进，惩治贪污受贿及违法犯罪的方式，为各行各业的党员及工作人员验明正身、敲响警钟。2016年全年，江苏省通过开展“党员网＋行业网”双网管理活动，共表彰了215位先进党员，其中37位党员的先进事迹被公开学习；也通过中纪委、省纪委和市纪委、督查办四位一体打击涉嫌各类贪腐和违法犯罪的活动，共查处违反中央八项规定精神的典型“吃拿卡要”问题1394起、立案侦办纪检监察干部严重违纪问题102起，共查处市纪委贪腐人员136人，并在首轮和第二轮巡视工作中共计开出26张责任清单。这些赤裸数据，令人震惊，其中有部分党员干部和行政人员知法犯法的行为，更是令人不齿。为了起到以儆效尤，警钟长鸣的作用，江苏省以国家“红通行动”“净网行动”和“猎鹰行动”三行动为指导背景，省高院、检察院和公安局“三位一体”打击，共抓获了境外在逃江苏籍红通人员高达30余人。不仅如此，江苏还审理了7位“省外老虎”的贪污渎职案，依法取缔和关停了近

3500 多家涉嫌黄赌毒传等非法内容的网络直播平台。

在“大数据”共促“幸福感”方面，江苏省通过各种法治数据的及时上报、会议讨论法治进展、各市县市长、县长带头团结法治等一系列方式，通过借鉴其他省份及上海的经验，认真落实编写了《2016 江苏法制信息化年鉴》《2016 长三角信息化蓝皮书》《2016 江苏调解文化发展报告》《2016 公安工作报告》等一系列法治文化书籍，让全民共享 2016 江苏法治成果，使江苏人民群众对法治建设的满意率切实达到 95.3%。江苏法治建设工作一直位居全国前列，在第十三次党代会上提出的“让法治成为江苏发展核心竞争力的重要标志”这一奋斗目标，更是成为了江苏特色的法治名片和法治样本。这既是对法治江苏建设实践经验的总结和建设成效的高度肯定，又是高水平全面建成江苏小康社会法治宏伟蓝图的定海神针。然而，值得低调务实的是，该目标的实现是一项复杂的系统工程，有赖于全社会法治素养的提升。一方面，法治江苏建设需要抓住领导干部这个关键少数；另一方面，法治江苏建设源自人民的内心拥护，法律发挥作用需要全社会信仰。要推动全社会树立法治意识，使民众逐渐成为社会主义法治的忠实崇尚者、自觉践行者。

(3) 江苏调解工作独具特色，力争上游

2016 年，江苏省通过在各级社区逐步完善主任制和调长制；在调解工作室增添办公桌椅和调解资料专用柜等各类硬件设施；在各教科频道、城市频道和综艺频道继续展开并推广如《零距离》《平安江苏》《法治集结号》《有请当事人》和《一转成双》情感纠纷、社会纠纷调解节目工作；在各级公检法调解诉讼服务中心设立人民调解工作室和律师工作站等一系列方式，围绕以征地拆迁、环境污染、非法集资、企业破产、道路交通、劳经物政等为核心的群体性涉诉纠纷和以婚姻矛盾、婆媳矛盾、家事情感矛盾、遗产继承矛盾、补偿款分配矛盾、公平问题矛盾等为核心的情理性涉诉纠纷，在积极争取党委政府、人民团体和基层组织的支持下，有针对性地、止争控歧地切实展开了以“幸福课堂，你我共读”为名义的调解工作，共同营造了如江西卫视“金牌调解”般的调解效果，让百姓失去的只是对心理盲区和法治盲区的无知。2016 年，全省共派驻人民调解员 3828 名，设立速裁庭的方式，使得很多民刑政纠纷案得以精审快审、精泛共治。法院适用的小额诉讼程序审理案件 106716 件，同比增长 107.50%。

合据为本、价条为尺、责任为规是调解工作所遵循的一座最大的“中和桥”。以徐州市为例，徐州市价格监测局截至 2016 年底，共设调解站、调解点 618 个，聘请调解员、联络员 709 人。通过在县区成立价格纠纷人民调解委员会、价格纠纷调解工作室，并配备专职调解队伍，以镇为中心划分片区，制定《2016 徐州市各县区镇价格条例争议说明》文件，负责重大价格争议调处及各职能部门的协调工作。有的县区还与政府服务热线 12345、市场监管局 12315 消费者投诉举报热线、司法行政服务热线 12348、公安局 110 指挥中心、12358 价格举报投诉平台对接，把各种渠道接到的价格争议纠纷案件直接转为价格争议调解，方便群众投诉，减少了中间环节，及时化解了当事人的价格争议矛盾；以扬州市和苏州市解决劳经政纠纷的办法为例，法院通过公布“被执行人老赖黑名单”“全面限制老赖被执行人人身自由”和“质押担责，不得反悔”的方式，使狡猾多变的被执行人悔罪认罚，为心酸无奈的工农医保大众平冤昭雪；以无锡市、南通市和泰州市处理物政纠纷、继承纠纷和补偿款纠纷的办法为例，工作者们通过让当事人在各级法治调解现场当场亮出合同协议书和各类房产、赡养情况的证据说明书的方式，直接果断地控制分歧、亮明黑白。

(4) 江苏公安为百姓铸牢“防火墙”

2016 年，江苏公安战士以焚膏继晷的奋斗和铁杵成针的信念，为人民群众的安全铸牢了一面坚实的“防火墙”。他们凭借打击邪恶犯罪、弘扬见义勇为的精神，获得了“江苏十宗罪的 360 安全卫士”特殊称号。这个光荣的称号实至名归，2016 年全年，他们配合法院合计打击并审理了 87751 名犯罪嫌疑人，同比增长了 3.75%，打击了涉嫌故意杀人、绑架、抢劫、强奸等严重刑事犯罪案件 2314 件，抓获了 2765 人。打击了盗窃、诈骗、危险驾驶、交通肇事等多发性犯罪案件 44791 件；涉毒品犯罪案件 5357 件；涉危害食品、药品安全犯罪 1006 件，与上一年同比增长 101.6%。此外，他们还依法加大了对涉嫌非法集资涉众型经济犯罪、黑恶暴势力犯罪、互联网金融犯罪、电信网络诈骗犯罪等一系列犯罪的斗争力度和清除力度，切实在江苏全省形成了“发现一处黄赌毒，销毁一座安乐窝；确定一场集资传，取缔一所伪课堂；播出一段黑视频，吊销一张营业证”的坚定除恶局面。

2016年，针对不同案件的案情性质，江苏公安打出了“多快好铁”法和“精耐细广”法的办案“组合拳”，对严重威胁公共财产和生命、环保的重特大要案以及历时多年，取证结案困难的所谓“历史遗留案”进行了集中处理。公安人员通过与省网信办、广电总局相合作的办法，公开播送了审案过程。其中，以南通4·29重特大杀人案、8·26边防港派出所通过与上海市和陕西省警方合办的两起外地捕鸟案和跨省网络捕鸟案；苏州10·23恶意绑架温州商人案、12·15恶意绑架勒索宝马车驾驶员案；徐州5·24重特大网络传销集资诈骗案、11·15重特大非法集资赌博案；泰州12·7诱拐骗保案和12·21先天性脑瘫弃婴案等多达近30起重特大要案为例，公安机关打出“大快人心”“生死时速”“完整结案”“铁证如山”“抨击侥幸”“限制自由”的一套重型组合拳，使犯罪分子受到惩罚，切实保卫了人民生命和公共财产的安全。

(5) 司法改革提升人民群众获得感

着眼于提升司法公信力、提高人民群众的获得感，2016年江苏司法体制改革试点工作从“破冰”前行到立柱架梁，不断向纵深推进。这一年，通过扎实开展完善司法责任制等四项改革，推动法官、检察官实行单独职务序列管理。完成全省法官、检察官首批入额遴选工作。在全国首家出台法官、检察官和司法辅助人员工资制度试点实施意见，实行试点法院、检察院机构编制和人员统一管理。在全国率先开展书记员管理体制改革，中央对此给以肯定。

全面深化涉法涉诉信访改革，全面落实诉访分离、依法终结、司法救助制度，认真组织涉法涉诉信访积案的攻坚化解，有力促进了一大批问题的实质性解决，2016年全省登记涉法涉诉信访案件同比下降30.5%。

省公安厅认真贯彻“互联网+”国家战略，在全国率先建成三级公安机关移动互联网“微警务”服务平台集群，目前已推出重名查询、身份证办理进度查询、出入境业务办理、高速路况查询、自助移车以及违法犯罪举报等500多项服务功能，真正实现了“让数据多跑路，让群众少跑腿”。

省司法厅全面开启“智慧法务”新格局，升级打造12348公共服务平台，确保法律问题全天候地得到专业解答和帮助。一年来，12348热线共接听群众来电28万余人次，满意度达95.6%，12348网站浏览总量39.7万余人次，在线办理公证3000余件。其中，南京市人民中级法院还通过积极勇敢的司法探索，使得《法律》歌词中“切莫贪恋去伸手，爱在心中留；堂堂正正做人，明明白白做事”的法治格言得以践行；使得“通融相济中和桥，违法必有武定门；长乐莫愁需节制，磊功评事保太平”的地名哲学得以落实；从而让全市民众获得了“清风拂袖，风平浪静，遵纪守法，良知表现”的切实幸福感。

3. 浙江省促进社会稳定工作情况与措施

(1) 服务保障经济转型升级，出台公证便民利民措施

在服务保障经济转型升级方面，以龙游县的某纸业有限公司为例，这家公司在停产1年多后，在律师的帮助下，原破产企业被新公司成功收购，土地和厂房等闲置资源得以有效盘活并重新焕发生机。这一切都是浙江省法律服务工作者服务保障经济转型所造成的结果。2016年全年，浙江省司法厅在继续深化法律服务“拆、治、归”专项行动并制定实施了《关于法律服务“一带一路”建设的指导意见》、《关于公证服务金融改革创新防范金融风险的指导意见》等法制指导性文件的背景下，会同有关法制单位组织开展了“知识产权宣传巡回服务”“中小企业法律服务月”“法护创客”等法制推广活动，助推浙江经济健康发展。2016年全年，浙江省共成立各类专业法律服务团153个，组织1470名法律服务工作者对740家企业开展“法律体检”，为企业提供法律意见建议1283条，解决1170个有待争议的法律问题，参与“僵尸企业”处置工作510余家。

在出台公证便民利民举措方面，为了紧跟互联网发展新形势，回应群众新期盼，省司法厅指导公证

机构积极“触网”，创新推出“O2O”服务模式，为群众提供便捷、快速的公证服务。全省三分之一公证机构开设了网上咨询、网上受理业务，通过微信、APP客户端等媒介传输证明材料，有效减少了办事群众往来奔波的不便。2016年10月，公证便民服务十大举措应运而生。2016年，全省公证系统开设“绿色通道”，提供八小时外电话预约服务；推广对70周岁以上老年人提供减、免费遗嘱公证服务，开展“情暖夕阳红”关爱老年人各类公证公益活动；探索“绿色继承”，帮助调取证据；进行服务满意度测评，加强服务质量监督。一年来，全省公证机构共办证836768件，同比增长8.37%，人均办案数增长3.03%，办证量人均办证数实现双增长。

(2) 开展全民学法活动，稳步推进法治建设

在掀起全民学宪法热潮活动工作方面，自2016年9月下旬起到12月上旬，浙江省通过组建百支宪法宣讲队、举办千场法治讲座、开展万场宪法主题活动一系列方式，以“菜单化”“订单式”宣讲服务为方式，使全省公民平等互惠地接受了一次宪法教育。2016年全年，浙江全省共有宪法宣讲团成员1000余人，组织宪法学习专题讲座2000余场次，组织各类主题活动11000多个。结合“12·4”国家宪法日，举办“全省互联网＋宪法宣传主题活动”，开通“学点点”APP宪法学习专栏，启动“我们一起学宪法”网络宣传活动，开通宪法“微课堂”；在“浙江普法”微信平台上推出“做尊法学法守法用法中国公民”承诺活动，当天就有近10万人承诺并转发。

在稳步推进法治建设试点片区方面，2016年8月，桐乡市与省“关心桥教育公益基金会”及桐乡市一米阳光法律服务中心通过加强与“浙江省关心桥教育公益基金会”协调沟通的办法，在全省建立了12家“关心桥驿站”，进一步推进了青少年社区矫正工作，重点加强矫正教育的个性化服务。此驿站建设试点工作的全面展开，为全省社区矫正教育管理体系的不断完善奠定了基础，被评选上了第五届“浙江省慈善奖”。在此影响下，全年没有发生社区服刑人员重大恶性案件和影响社会稳定的重大事件。

在创新发展人民调解工作方面，2016年元月7日，省司法厅、省住房和城乡建设厅联合召开了全省物业管理纠纷人民调解工作现场会，加强物业管理和环境污染纠纷人民调解工作；法制部门通过坚持、借鉴和发展“枫桥经验”，巩固传统人民调解组织，加强县级人民调解委员会建设，有效化解跨部门、跨行业、跨区域的重大疑难复杂的矛盾纠纷；健全人民调解与行政调解、司法调解联动工作体系，联合省法院、浙江保监局推进保险行业人民调解及道路交通事故纠纷“网上数据一体化处理”综合改革试点工作。2016年全年，全省有各类人民调解委员会41054个，其中行业性专业人民调解组织1340个；人民调解员153660名；2016年共调解纠纷590448件，调解成功582971件，成功率为98.7%。

(3) 推进司法改革和智慧法院建设，促进司法公正高效

不断完善审判权运行机制。稳步推进法官员额制、人员分类管理、法官职业保障和司法责任制等基础性改革，制定完善了30项配套制度，遴选入额法官3597名。探索建立以员额法官为核心的审判团队，推进院庭长办案常态化，完善审判委员会制度，实现让审判者裁判、由裁判者负责，审判绩效得到明显提升。

积极推进以审判为中心的刑事诉讼制度改革。温州乐清等法院大力推行庭审实质化改革，充分发挥庭审在查明事实、认定证据、保护诉权、公正裁判中的决定性作用，得到中央政法委和最高法院的肯定和推广。严格落实罪刑法定和疑罪从无等法律原则，完善证据裁判规则，对26名被告人依法宣告无罪。为1.9万名没钱请律师、可能被判处三年以上有期徒刑的被告人聘请法律援助律师出庭辩护，辩护率达95.4%，继续保持全国第一。杭州法院积极开展刑事案件速裁程序试点工作，已审理案件4764件，平均用时4.7天，比普通程序缩短了96%。

全面深化司法公开。深入推进审判流程、庭审活动、裁判文书、执行信息四大公开平台建设，主动公开依法应当公开的所有司法信息。上网公布裁判文书257万份，位居全国第一。坚持推进公开透明的网络司法拍卖，全部涉讼资产通过淘宝网公开拍卖，成交率93.4%，平均溢价率51.7%，为当事人节省佣金12亿元。省法院以10.34亿元成功网拍一公司资产，刷新了全国司法网拍成交记录。网络司法拍

卖改革成为浙江法院的金名片，已被最高法院推广到全国。

加快建设“智慧法院”。建成覆盖全省法院的数据中心、数字法庭统一管理平台和“审务云”平台，开发浙江法院公开网、浙江法院律师服务平台和浙江智慧法院APP，为当事人和律师参加诉讼提供更加便捷的服务，努力“让数据多跑路，让群众少跑腿”。推进庭审记录改革，研发推广庭审语音智能识别系统，被最高法院确定为全国庭审记录改革试点。适用远程视频庭审系统开庭审理案件1.2万件，大大提高了审判效率。协助最高法院成功举办乌镇世界互联网大会“智慧法院暨网络法治论坛”，浙江省法院关于设立网络法院的主旨发言引起热烈反响，得到了省委、中央改革办和最高法院的肯定和支持。浙江省“智慧法院”项目被评选为“2016年度互联网＋法治建设十大典型案例”。

(4) 推进平安浙江，繁荣法学研究

2016年，是浙江省法学会换届选举之后的开局之年。一年来，省法学会在中国法学会的有力指导和省委政法委的直接领导下，坚持围绕中心、服务大局，切实履行繁荣法学研究、推动法治进程的基本职责，为推进平安浙江、法治浙江建设作出了新贡献。

浙江省法学会围绕2016年浙江法治“三改一拆”、“五水共治”、司法体制机制改革、省供给侧改革的制度建设等全年重点工作组织了专项课题研究，明确了课题研究重点、发布了课题申报指南。经学术委员会评审，与政法委联合确立了年度重点课题25项、一般课题35项。同时，完成往年课题52项，结题率达97%。围绕法治浙江建设和生态文明建设，召开以“浙江省农村产权制度改革研究”和“绿水青山就是金山银山”评价体系为主题的第六届山区经济发展法治论坛；参加以“环境污染防治法律问题研究”为主题的第十三届“长三角法学论坛”，开展“我为法治浙江献一策”征文活动，创办法治浙江论坛，与省委宣传部联合举办法治浙江建设十周年理论研讨会，取得了一批研究成果。另外，还组织专家学者参加中国法学会“中国法治论坛”并作专题发言；协助中国法学会举办“两岸四地共同参与‘一带一路’建设法律问题”研讨会和中政委法治理论创新调研会；组织论文参加第十一届中国青年法学论坛，获优秀组织奖。除此之外，浙江省组织学术年会还支持金融法学研究会承办中国证券法学研究会2016年年会、国际经济法学研究会承办中国国际经济法学研究会2016年年会。指导和参与劳动法学、竞争法学、宪法与地方立法学、诉讼法学、浙籍法学家、国际法学、建筑工程法学、社会法学、法律文化、环境法学、刑法学、法学教育、财税法学、婚姻法学、三农法治等研究会召开学术年会，形成丰硕的研究成果，指导应用于法治实践。

(5) G20杭州峰会安保工作实现“五个零”

G20杭州峰会期间，省女子监狱28名怀孕女民警坚守执勤一线，22名正值哺乳假的女民警提前返岗，加入“背奶妈妈”行列，奋战在监狱一线，肩负起监管安全的重大职责，不辱使命。这只是G20杭州峰会全省司法行政系统维稳安保工作中的一个缩影。

峰会期间，全省监狱戒毒系统组织三分之二以上警力值班备勤，开展安全隐患大排查大整治专项行动和维稳安保实战演练，完成管控衔接工作，确保了监狱戒毒场所安全稳定；浙江警官职业学院冲锋在前，历时381天，累计派遣1474人次学警参战峰会安保执勤任务；部署开展社区服刑人员外出管理和“两个八小时”落实情况专项整治等专项活动，强化社区服刑人员动态管控，确保始终处在视线之内、管控之中、一个不少；广大基层司法行政干警深入开展矛盾纠纷排查预警，引导人民群众依法解决利益诉求，筑牢维护基层安全稳定“第一道防线”；广大法律服务工作者积极发挥自身专业优势，主动对接G20峰会筹备重点项目、重点工程和重大活动，为党委政府依法决策提供法律服务，受到了社会各界广泛好评。

全省司法行政干警和法律服务工作者以责任履行使命、用担当诠释忠诚，顽强拼搏、敢打必胜，实现了峰会期间“五个零”的目标，省公安厅和浙江警官职业学院被省委、省政府授予“在服务保障G20杭州峰会工作中作出突出贡献的集体”。

4. 安徽省促进社会稳定工作情况与措施

(1) 扩大法律援助覆盖面全面完成

2016年,省司法厅承担省政府重点工作"扩大法律援助覆盖面",目前已经全面完成。2016年以来,全省法律援助机构以实施法律援助民生工程为契机,扩大法律援助范围,健全完善服务网络,大力加强法律援助服务供给,有力地扩大了覆盖面,服务保障和改善民生。全省法律援助办案量、月增长率屡创历史新高。2015年11月—2016年11月,全省法律援助审批案件90691件,同比增长超过23.8%,案件总数为历史之最。全省每万人获得法律援助案件量从2015年10.56件增长到13.1件,法律援助覆盖全省常住人口比例从15%提高到20%。向公民提供法律咨询235815人次,同比增长9.86%。

主要推进措施有:一是推动改革举措落地。贯彻落实中办国《关于完善法律援助制度的意见》和全省两办《实施意见》,从扩大援助范围、提升案件质量、完善便民服务、强化保障能力等方面,深化改革,推进法律援助工作发展。二是实施法律援助民生工程。年初,城乡困难群体法律援助纳入全省33项民生工程,计划办案8万件,安排经费8000万元。借助民生工程工作机制的强力推动,全省各地扩大援助范围,加大办案力度,提高补贴标准,提升援助质量,推动办案总数达到历史新高。三是修订地方立法。2016年初,《安徽省法律援助条例》修订列入省人大年度立法计划。11月10日,经省人大常委会第三十四次会议审议通过修订草案。新条例规定,各级人民政府应当将法律援助纳入基本公共服务体系。县级以上人民政府应当逐步扩大法律援助范围,使更多的公民获得法律援助,平等享受法律保护。新条例将公民申请法律援助的经济困难标准由居民最低生活保障标准放宽到最低生活保障标准的2倍。将与交通、工伤、医疗、食品药品、环境污染、产品责任事故有关的财产损失、农村土地承包经营及其流转中合法权益侵害、因高危作业造成损害,新增纳入全省法律援助事项范围。目前,安徽省法律援助事项范围已基本涵盖民生领域。法律援助覆盖全省常住人口比例达1/5以上。

(2) 严打各类犯罪,治理违法雾霾

2016年,安徽省公安厅及检察院预防违法犯罪工作绩效位居全国第一,群众安全感和满意度连续三年实现"双提升"。

在"创新摸排机制,不定期突击抽查"方面,安徽省公安厅自主研发了违法犯罪信息系统,自动抽取了协同办案系统里近20类违法犯罪案件尤其是涉黑、涉假、涉诈、涉弃婴拐卖、涉捕野杀生等重特大严重危害公共生命财产安全的刑事案件的受理和立案情况,并和110接报警警情数据关联碰撞,生成违法犯罪线索。针对全省各类违法犯罪线索发现难的问题,公安部门跟进数据,把握犯罪嫌疑人的每一点作案动机,总结提炼近年来的成功经验和做法,综合运用"互联网+大数据+广播网"的信息化手段,全方位提升民警线索发现能力,让各类违法犯罪案件无所遁形,消灭在萌芽状态。除此之外,县级公安机关刑侦部门在办理各类群体性违法案件中,只要是涉案犯罪嫌疑人数达到10人以上,实施公开作案或虚假宣传、欺诈赌博达5起以上、涉及罪名3个以上的,都要第一时间将案件情况报备至省公安厅"打击违法犯罪"行动队。这样做能够及时掌握各地案发情况,便于统一调度、灭早灭小。

在"坚持五个一律,对各类违法出重拳下猛药"方面,为了进一步提升打击能力,安徽省公安厅和检察院要求各地办案工作必须始终坚持五个"一律":遇到涉嫌造假和虚假宣传的企业,一律从严问责,直至吊销营业执照甚至关停企业;遇到各类涉嫌电信诈骗和赌毒传杀等危害生命财产安全的重特大案件,一律由省"打黑办"和公安厅、检察院挂牌督办,对气焰嚣张的犯罪分子绝不可姑息饶恕,严重的要提起公诉;一律对主要涉案人员以及态度顽固的"老赖""骗子手"和"江湖医生"进行异地羁押,并将其违法所得予以没收,退还受害者并将其姓名纳入社会征信黑名单系统,使其"一处行骗,处处受限";对于有上下线"保护伞"和跨省幕后黑手的,在与该省公安机关和检察院合作打击的情况下,一律要予以深挖清除;对于受害者在发现被骗后要求公安、检察尽早破案的,一律要在第一时间内掌握案情,通过与电信部门和银行部门协力合作的方式,在第一时间内进行止损止付工作,冻结正在进行交易的资金链,防止事态进一步升级。

在“主动现场消毒，对重点犯罪地区挂牌整治”方面，直到6月底，当涂县公安局党委会议室里还悬挂着“违法犯罪重点地区”牌子，时刻提醒全体民警知耻而后勇。为了彻底坚定法治“洗黑还白”的信仰，在被挂牌整治期间，当涂县公安局成立了违法犯罪行动队，选调办案能手开展经营攻坚，有效挤压了各类违法犯罪的滋生空间。挂牌整治倒逼了各地工作模式发生转变，各地公安机关化遭遇战为主动仗，主动发现，主动打击，提高了打击违法犯罪工作的能力。

在“锻造消防尖兵，引领办案能力提升”方面，2016年，安徽省公安厅从全省常年战斗在打击违法犯罪一线的民警中选出54人成立人才库，在侦办一些大要案件时随时异地调用。同时，为提高办案质量，安徽连续举办3期培训班，对从事打击违法犯罪工作的近600人进行了培训。此外，安徽省还成立了由公检法机关从事违法犯罪案件侦查、审查、审判工作的15位专家组成的省级打击违法犯罪专家组，为地方疑难复杂案件侦办提供指导，在案件侦查终结之前实地阅卷提出完善意见，不断提升民警办案能力。

(3) 蚌埠市五项措施做实“警民联调”工作

一是理清工作思路。针对过去“警民联调”工作流于形式，公安派出所对人民调解员进驻警民联调室不热情等问题，蚌埠市司法局积极与市综治办和公安机关协调，创新性地提出了“1＋2＋1”的工作模式(即：一名所领导或有丰富调解经验的干警，二名相对固定的人民调解员，乡镇、街道创建一个金牌调解室负责由公安派出所转过来的疑难案件的调解工作)，做实警民联调工作。二是选好调解员。通过公开招聘、公安机关推荐和人民调解委员会指定等形式，在公检法退休人员和社区“五老”中选聘警民联调室人民调解员。目前全市共选聘警民联调室人民调解员180多名。三是做好经费保障。该局积极协调市财政局同意追加2016年“警民联调”工作经费24万元，其中培训费4万元，交通分局3个派出所调解经费20万元，同时此经费从2017年起列入部门预算。同时要求各县区、开发区按警民联调室数量，每所6—7万元的标准，予以财政经费保障。实行坐班制的每名调解员按每月补贴1000元，案件补贴每件50—800元的标准执行，保证了警民联调室人民调解员的稳定，提高了其参与人民调解工作的积极性。四是加强监督考核。该局和各县区局、开发区分局积极协调各派出所加强对人民调解员的管理，派出所负责日常管理。进行不定期的巡查，成立由各级综治、公安和司法行政机关组织的卷宗评议小组，对警民联调调解卷宗的质量进行评查回访，达到标准的案件及时造表发放补贴。五是强化业务技能。为使全市警民联调工作顺利有序开展。该局联合市综治办、市公安局在市委党校礼堂举行举办了警民联调工作培训班，近260人参加培训。各县区分别召开了工作培训推进会针对人民调解卷宗制做流程及要求、警民联调案件移送程序和人民调解案件的调解技巧实务等分别进行了授课培训。进一步提高了警民联调人民调解的业务能力和调解水平。

(4) “打教防研”四招并举防范传销活动

从6月20日起，安徽全省各市县全面启动了历时近半年的“皖剑2016反传销天网行动”，直至12月10日正式收官。活动共分为打击整治、全面创建和总结巩固三个阶段。全省也采取了“专案经营”与“面上清理”相结合、刑事打击与行政处罚并举、教育劝返与综合治理同时推进，即“打教防研”四招并举的方式，坚决防止传销回潮。

在刑事打击与行政处罚方面，此次行动重点打击如同“1040工程”“资本运作”等异地聚集式传销，“免费旅游”“原始股权”“资本互助”等网络传销，重点打击和处置了传销组织的组织者、领导者和骨干成员，重点排查了城郊结合部、城中村和新建新开发的居民小区，一旦发现上述地区有人公然私设传销“非法课堂”甚至拉拢学生或老年人进行传销，使其上当受骗的，一律依法进行罚款200—1000元不等的处罚，对于已经传销成功并跨省进行传销，形成同伙的，省公检立即通过网络大数据平台进行案件跟进追踪，在与多地警方和跨省警方联合互动的情况下，通过实时定位和合力打击的方式，有效清除犯罪分子的传销土壤；不仅如此，视犯罪主观动机，对于那些冥顽不化，通过非法拘禁甚至绑架胁迫他人参与传销非法组织的，发现一起打击一起，坚决灭早灭小，除黑除恶。

在教育劝返与综合防治方面，为扎实配合推进“皖剑2016反传销天网行动”，省教育局、省法制办和省人社局在与省八部门通力协作的基础上，采取了宣教结合、广泛宣传禁止和打击传销的相关法律法规、防范传销基本常识的办法，让百姓自觉学习预防传销犯罪的方法，并且及时正义地举报违法犯罪线索；不迷信、不宣传、不侥幸于犯罪分子的花言巧语，让传销人员没有继续作恶的条件。省法制办还重点宣传打击传销和无传销城市、无传销社区（村）创建成果，在完成城区无传销社区（村）、无传销区创建率达到双100%的基础上，积极申报2016年度安徽省“无传销城市”，为其他存在着传销行为的城市起到警示和借鉴作用。

在研究特点和总结经验方面，省法治八部门通过及时审结每一起传销案件并认真分析刑侦卷宗的方式，发现传销往往是团伙作案，且非法集资数额巨大。传销头目往往是一些破了产的企业老总或是赌博欠债的赌徒，他们为了保全名声或是还清赌债，所以采取传销这一铤而走险的“拆东墙补西墙”的方法从事违法犯罪活动，而且他们往往利用人们普遍的侥幸心理和虚荣心理，诱惑甚至教唆价值观尚在形成之中的高校学子或是年事已高、判断能力下降的老年人这两个“年龄峰值”的人加入犯罪阵营，使其既成为加害者，又成为受害者。掌握了这一卑劣的作案动机后，省法制办工作人员于是通过与省教育局、各区级街道办三管齐下的方式，利用“10·15安徽省法治工作评比日”“11·9安徽省公安预防犯罪宣传日”和“12·4国家宪法日”这些特殊的法制宣传日开展反传销宣传进校园和进社区活动，并通过与电信局通力合作的办法，在360网、搜狗网发布传销组织最新活动消息和团伙诈骗特点，第一时间使民众清醒头脑，鉴别真假；各高校校长和党团辅导员也通过开展经济知识知多少活动使学生知道大量的经济学常识、心理学和法学常识，自觉主动地远离传销这一危险的“烫手山芋”。

（5）六措施防范和处置非法集资与民间借贷涉案工作

一是防打结合，打早打小。做好防范预警工作和舆情通报工作，尽可能通过打教相结合的手段，使非法集资现象和民间借贷涉案现象不发生、少发生，一旦发生要打早打小，在苗头时期、涉众范围较小时解决问题。

二是突出重点，依法打击。抓住非法集资和民间借贷涉案重点领域、重点区域、重大案件，依法持续严厉打击，最大限度追赃挽损，强化跨区域、跨部门协作配合，防范处置风险，有效维护社会稳定。

三是疏堵结合，标本兼治。进一步深化金融改革，大力发展普惠金融，提升金融服务水平。完善民间融资制度，合理引导和规范民间金融发展。

四是齐抓共管，形成合力。各级政府牵头，统筹指挥；防范和处置非法集资和民间借贷涉案工作领导小组协调督导，各部门协同配合，加强监督管理。强化宣传教育，增强人民群众防范金融风险意识，自觉抵制非法集资，用自律与忠诚良心规范民间借贷行为，并积极配合参与防范、举报和处置非法集资和民间借贷涉案工作。

五是消灭要案，及时监测。安徽省高院为了使金融存量风险及时化解，增量风险逐步减少。对大案要案进行了集中歼灭，并准确监测、及时预警、得力防范非法集资和民间借贷涉案行为，一旦发现苗头就及早引导、规范、处置。政策法规进一步完善，处置非法集资和民间借贷涉案工作纳入法治化轨道。人民群众相关法律意识和风险意识显著提高，买者自负、风险自担的意识氛围逐步形成。金融服务水平进一步提高，投融资体系进一步完善，非法集资和民间不合法借贷的生存土壤得到进一步压缩。

六是落实职责，压实监督。安徽省各市县人民政府严格落实属地管理职责，充分发挥资源统筹调动、靠近基层一线优势，做好本行政区域内风险排查、监测预警、案件查处、善后处置、宣传教育和维护稳定等工作，建立健全目标责任制，将防范和处置非法集资工作纳入领导班子和领导干部综合考核评价内容，表彰奖励先进，对工作失职、渎职行为严肃追究责任，进一步规范约束各级领导干部参与民间经济金融活动。除此之外，各行业主管、监管部门还要按照“谁审批、谁监管，谁主管、谁负责”的原则，对行业领域的内非法集资活动负监督管理责任。按照监管与市场准入、行业管理挂钩原则，确保所有行业领域非法集资监管防范不留真空地带。

第五篇

经济社会发展重要指标

第一章　长三角地区重要经济发展指标

表1　长三角地区国民经济和社会发展总量与速度指标(2016年)

指　　标	长三角	上海市	江苏省	浙江省	安徽省
人口与就业					
人口(万人)					
年末常住人口	22204.30	2419.70	7998.60	5590.00	6196.0
就业(万人)					
从业人数	14243.06	1365.24	4756.22	3760.00	4361.6
宏观经济					
国民核算(亿元)					
地区生产总值	175634.07	28178.65	76086.17	47251.36	24117.89
第一产业	8719.55	109.47	4077.18	1965.18	2567.72
第二产业	74741.68	8406.28	33550.54	21194.61	11590.25
第三产业	92172.84	19662.90	38458.45	24091.57	9959.92
地区生产总值比上年增长(%)		6.9	7.8	7.5	8.7
固定资产投资(亿元)					
全社会固定资产投资总额	112748.20	6755.88	49663.21	29571.00	26758.11
财政(亿元)					
地方财政收入	22502.14	6406.13	8121.23	5301.98	2672.8
地方财政支出	29398.15	6918.94	9981.96	6974.25	5523.0
物价(上年=100)					
居民消费价格指数	409.2	103.2	102.3	101.9	101.8
国内商业					
社会消费品零售总额(亿元)	71624.69	10946.57	28707.12	21970.80	10000.20
对外经济贸易和旅游					
进出口总额(亿美元)	13242.97	4338.05	5096.12	3365.00	443.80
出口	7991.58	1834.67	3193.44	2678.64	284.83
教育、科技、文化					
教育					
高等学校本专科在校学生(万人)	446.85	51.47	174.58	106.3	114.50
普通中学在校学生(万人)	879.00	57.11	290.10	226.9	304.89
小学在校学生(万人)	1386.53	78.97	522.20	355.0	430.36
文化					
图书出版量(亿册)	16.90	4.18	6.24	3.99	2.49
杂志出版量(万册)	35861	11200	11954	7690	5017
报纸出版量(亿份)	67.51	10.09	23.31	26.16	7.95

续表

指　　标	长三角	上海市	江苏省	浙江省	安徽省
家庭、生活、环境					
全体居民人均可支配收入(元)	144902	54305	32070	38529	19998
城镇常住居民人均可支配收入(元)	174237	57692	40152	47237	29156
农村常住居民人均可支配收入(元)	77712	25520	17606	22866	11720
全体居民人均消费支出(元)	99827	37458	22130	25527	14712
城镇常住居民人均消费支出(元)	115964	39857	26433	30068	19606
农村常住居民人均消费支出(元)	59145	17071	14428	17359	10287

表 2　长三角地区国民经济和社会发展结构指标(2016 年)

指　　标	上海市	江苏省	浙江省	安徽省
人口与就业				
人口				
城乡结构				
城镇		67.7	67.0	52.0
乡村		32.3	33.0	48.0
性别结构				
男	49.6	50.60	51.3	52.0
女	50.4	49.40	48.7	48.0
就业				
产业结构				
第一产业	3.33	17.7	12.4	31.7
第二产业	32.85	43.0	47.4	28.6
第三产业	63.82	39.3	40.2	39.7
宏观经济				
国民核算				
地区生产总值产业结构				
第一产业	0.4	5.4	4.2	10.6
第二产业	29.8	44.1	44.8	48.1
第三产业	69.8	50.5	51.0	41.3
产业经济				
工业				
工业产值按轻重分				
轻工业		27.9	39.0	
重工业		72.1	61.0	
运输业				
货运量结构				
铁路	0.5	2.5	1.5	2.5
公路	44.04	54.3	62.3	67.1

续表

指　　标	上海市	江苏省	浙江省	安徽省
水运	55.00	36.8	36.2	30.4
民用航空	0.4			0.001
对外经济贸易和国际旅游				
海外旅游人数结构				
外国人	77.23	66.1	65.3	58.3
港澳台同胞	22.77	33.9	34.7	41.7
教育、科技、文化				
教育				
在校学生结构				
大学生	27.4	16.8	15.4	10.4
中学生	30.5	32.9	33.0	30.0
小学生	42.1	50.3	51.6	39.2
专任教师结构				
大学生	26.24	15.7	13.4	9.4
中学生	34.62	43.0	42.2	38.3
小学生	33.13	41.3	44.4	38.0
生活、环境				
生活				
城镇居民消费结构				
食品	25.1	18.4	28.2	32.5
衣着	5.0	4.5	6.3	7.6
居住	33.2	15.3	24.6	20.1
其他	2.8	61.8	2.1	2.2
农村居民消费结构				
食品	33.6	24.2	31.8	34.2
衣着	5.1	4.6	5.5	5.2
居住	24	18.5	22.3	21.9
其他	1.7	52.7	1.6	1.7

表3　长三角地区主要年份地区生产总值(按当年价格计算)　　单位:亿元

年　份	长三角	上海市	江苏省	浙江省	安徽省
1989	3484.08	696.54	1321.85	849.44	616.25
1990	3760.85	781.66	1416.50	904.69	658.00
1991	4247.98	893.77	1601.38	1089.33	663.50
1992	5427.35	1114.32	2136.02	1375.70	801.20
1993	7480.44	1519.23	2998.16	1925.91	1037.14
1994	10057.96	1990.86	4057.39	2689.28	1320.43
1995	13041.54	2518.08	5155.25	3557.55	1810.66

续表

年　份	长三角	上海市	江苏省	浙江省	安徽省
1996	15266.79	2980.75	6004.21	4188.53	2093.30
1997	17179.05	3465.28	6680.34	4686.11	2347.32
1998	18626.53	3831.00	7199.95	5052.62	2542.96
1999	20076.38	4222.30	7697.82	5443.92	2712.34
2000	22408.96	4812.15	8553.69	6141.03	2902.09
2001	24859.55	5257.66	9456.84	6898.34	3246.71
2002	27925.26	5795.02	10606.85	8003.67	3519.72
2003	32833.38	6762.38	12442.87	9705.02	3923.11
2004	39576.98	8165.38	15003.60	11648.70	4759.30
2005	46732.08	9365.54	18598.69	13417.68	5350.17
2006	54291.06	10718.04	21742.05	15718.47	6112.50
2007	64801.25	12668.12	26018.48	18753.73	7360.92
2008	75572.13	14275.80	30981.98	21462.69	8851.66
2009	82803.94	15285.58	34457.30	22998.24	10062.82
2010	98965.67	17433.21	41425.48	27747.65	12359.33
2011	116308.14	19533.84	49110.27	32363.38	15300.65
2012	126562.92	20553.52	54058.22	34739.13	17212.05
2013	138996.95	22257.66	59753.37	37756.58	19229.34
2014	150170.97	24060.87	65088.32	40173.03	20848.75
2015	160651.97	25643.47	70116.38	42886.49	22005.63
2016	175634.07	28178.65	76086.17	47251.36	24117.89

本表对 1995 年后部分数据按各省统计年鉴进行修正。

表 4　长三角地区主要年份第一产业生产总值　　单位:亿元(按当年价格计算)

年　份	长三角	上海市	江苏省	浙江省	安徽省
1990		34.24	355.17	255.04	
1991		34.06	345.14	245.22	
1992		34.16	393.82	262.67	
1993		37.82	490.59	315.97	
1994		47.61	683.98	438.65	
1995		59.82	866.24	549.96	
1996		68.72	989.18	594.94	
1997		72.03	1035.8	618.9	
1998		73.84	1047.16	609.3	
1999		74.49	1037.37	606.31	
2000	2497.77	76.68	1048.34	630.98	741.77
2001	2593.03	78.00	1094.48	659.78	760.77
2002	2658.98	79.68	1110.44	685.20	783.66

续表

年 份	长三角	上海市	江苏省	浙江省	安徽省
2003	2710.72	81.02	1162.45	717.85	749.40
2004	3215.63	83.45	1367.58	814.10	950.50
2005	3401.18	80.34	1461.51	892.83	966.50
2006	3574.98	93.80	1545.05	925.10	1011.03
2007	4104.35	101.84	1816.31	986.02	1200.18
2008	4725.96	111.80	2100.11	1095.96	1418.09
2009	5034.21	113.82	2261.86	1163.08	1495.45
2010	5743.83	114.15	2540.10	1360.56	1729.02
2011	6788.07	124.94	3064.78	1583.04	2015.31
2012	7392.70	127.80	3418.29	1667.88	2178.73
2013	7622.24	124.89	3469.86	1760.34	2267.15
2014	7928.16	124.26	3634.33	1777.18	2392.39
2015	8385.47	109.82	3986.05	1832.91	2456.69
2016	8719.55	109.47	4077.18	1965.18	2567.72

本表对 1995 年后部分数据按各省统计年鉴进行修正。

表 5　长三角地区主要年份第二产业生产总值　　单位:亿元(按当年价格计算)

年 份	长三角	上海市	江苏省	浙江省	安徽省
1989		466.18	657.06	386.25	
1990		505.60	692.59	408.18	
1991		550.64	793.92	494.11	
1992		677.39	1119.26	653.43	
1993		902.38	1598.05	983.96	
1994		1148.45	2186.77	1398.12	
1995		1430.37	2715.26	1854.52	
1996		1610.47	3074.12	2232.17	
1997		1789.72	3411.86	2554.57	
1998		1889.63	3640.10	2766.95	
1999		2004.55	3920.15	2974.74	
2000	10998.53	2231.93	4435.89	3273.93	1056.78
2001	12166.60	2431.38	4907.46	3572.88	1254.88
2002	13686.48	2654.47	5604.49	4090.48	1337.04
2003	16668.21	3249.43	6787.11	5096.38	1535.29
2004	20480.28	3947.01	8437.99	6250.38	1844.90
2005	24386.72	4451.11	10524.96	7164.75	2245.90
2006	28562.01	5056.43	12282.89	8511.51	2711.18
2007	33670.81	5674.34	14471.26	10154.25	3370.96
2008	38967.66	6207.97	16993.34	11567.42	4198.93

续表

年　份	长三角	上海市	江苏省	浙江省	安徽省
2009	41475.34	6143.59	18566.37	11860.16	4905.22
2010	49754.72	7376.81	21753.93	14187.36	6436.62
2011	57972.37	8128.44	25203.28	16331.27	8309.38
2012	61590.81	8063.93	27121.95	17000.09	9404.84
2013	65670.80	8147.16	29086.08	18047.52	10390.04
2014	69542.20	8434.97	30854.50	19175.06	11077.67
2015	70961.98	8259.03	32044.45	19711.67	10946.83
2016	74741.68	8406.28	33550.54	21194.61	11590.25

本表对 1995 年后部分数据按各省统计年鉴进行修正。

表 6　长三角地区主要年份第三产业生产总值　　单位:亿元(按当年价格计算)

年　份	长三角	上海市	江苏省	浙江省	安徽省
1989		200.73	340.61	252.24	
1990		241.82	368.74	271.47	
1991		309.07	462.32	350	
1992		402.77	622.94	459.6	
1993		579.03	909.52	625.99	
1994		794.80	1186.64	852.52	
1995		1027.79	1573.75	1153.07	
1996		1301.56	1940.91	1361.43	
1997		1603.53	2232.68	1512.64	
1998		1867.53	2512.69	1676.38	
1999		2143.26	2740.30	1862.87	
2000	8912.66	2503.54	3069.46	2236.12	1103.54
2001	10099.92	2748.28	3454.90	2665.68	1231.06
2002	11579.80	3060.87	3891.92	3227.99	1399.02
2003	13454.45	3431.93	4493.31	3890.79	1638.42
2004	15881.07	4134.92	5198.03	4584.22	1963.90
2005	18934.26	4824.17	6612.22	5360.10	2137.77
2006	22154.06	5567.80	7914.11	6281.86	2390.29
2007	27026.29	6891.94	9730.91	7613.46	2789.78
2008	31878.51	7956.03	11888.53	8799.31	3234.64
2009	36294.40	9028.17	13629.07	9975.01	3662.15
2010	43467.13	9942.25	17131.45	12199.74	4193.69
2011	51547.70	11280.46	20842.21	14449.07	4975.96
2012	57579.41	12361.79	23517.98	16071.16	5628.48
2013	65703.91	13985.61	27197.43	17948.72	6572.15
2014	72700.61	15501.64	30599.49	19220.79	7378.69
2015	81304.52	17274.62	34085.88	21341.91	8602.11
2016	92172.84	19662.90	38458.45	24091.57	9959.92

本表对 1995 年后部分数据按各省统计年鉴进行修正。

表 7　长三角地区主要年份工业生产总值　　单位:亿元(按当年价格计算)

年　份	长三角	上海市	江苏省	浙江省	安徽省
1990		469.83	634.13	363.74	
1991		514.79	725.83	438.36	
1992		636.68	1017.94	581.73	
1993		846.71	1451.97	876.26	
1994		1074.37	2002.22	1243.37	
1995		1318.93	2467.63	1645.51	
1996		1466.12	2754.80	1983.9	
1997		1614.13	3016.44	2285.24	
1998		1687.39	3157.69	2484.97	
1999		1807.29	3387.99	2679.68	
2000	9701.85	2022.53	3848.52	2945.70	885.10
2001	10708.93	2194.09	4270.90	3181.94	1062.00
2002	12035.09	2399.07	4880.09	3640.84	1115.09
2003	14703.85	2980.43	6004.65	4462.97	1255.80
2004	18141.09	3646.47	7514.39	5491.33	1488.90
2005	21726.90	4104.65	9440.18	6344.71	1837.36
2006	25582.65	4659.17	11097.64	7585.47	2240.37
2007	30260.55	5254.57	13105.24	9090.74	2810.00
2008	34800.82	5695.23	15271.20	10328.72	3505.67
2009	36516.70	5546.27	16464.94	10440.77	4064.72
2010	43852.06	6689.90	19277.65	12477.11	5407.40
2011	51116.18	7403.07	22280.61	14370.50	7062.00
2012	54137.58	7301.05	23908.47	14902.22	8025.84
2013	57589.71	7368.20	25503.86	15837.20	8880.45
2014	60810.23	7619.88	26962.97	16771.90	9455.48
2015	61910.08	7431.36	27996.43	17217.47	9264.82
2016	65441.51	7555.34	29385.87	18655.12	9845.18

本表对 1995 年后部分数据按各省统计年鉴进行修正。

表 8　长三角地区主要年份建筑业生产总值　　单位:亿元(按当年价格计算)

年　份	长三角	上海市	江苏省	浙江省	安徽省
1990		35.77	58.46	44.44	
1991		35.85	68.09	55.75	
1992		40.71	101.32	71.70	
1993		55.67	146.08	107.70	
1994		74.08	184.55	154.75	
1995		111.54	247.63	209.01	
1996		144.35	319.32	248.27	

续表

年　份	长三角	上海市	江苏省	浙江省	安徽省
1997		175.59	395.42	269.33	
1998		202.24	482.41	281.97	
1999		197.26	532.16	295.06	
2000	1296.68	209.40	587.37	328.23	171.68
2001	1457.67	237.29	636.56	390.94	192.88
2002	1651.39	255.40	724.40	449.64	221.95
2003	1964.37	269.00	782.46	633.42	279.49
2004	2339.19	300.54	923.60	759.05	356.00
2005	2656.59	346.46	1084.78	816.81	408.54
2006	2972.32	397.26	1185.25	919.00	470.81
2007	3399.55	419.77	1366.02	1052.80	560.96
2008	4166.84	512.74	1722.14	1238.70	693.26
2009	4958.63	597.32	2101.43	1419.38	840.50
2010	5902.66	686.91	2476.28	1710.25	1029.22
2011	6856.20	725.37	2922.67	1960.78	1247.38
2012	7453.22	762.88	3213.48	2097.86	1379.00
2013	8159.41	802.13	3590.16	2243.01	1524.11
2014	8847.91	843.02	3899.47	2467.10	1638.32
2015	9167.94	855.22	4055.42	2558.38	1698.92
2016	9427.72	879.81	4173.66	2610.72	1763.53

本表对1995年后部分数据按各省统计年鉴进行修正。

表9　长三角地区主要年份地区生产总值中第一产业比重　　单位:%(按当年价格计算)

年　份	长三角	上海市	江苏省	浙江省	安徽省
1990		4.4	25.1	24.9	
1991		3.8	21.5	22.5	
1992		3.1	18.4	19.1	
1993		2.5	16.4	16.4	
1994		2.4	16.9	16.3	
1995		2.4	16.8	15.5	
1996		2.3	16.5	14.2	
1997		2.1	15.5	13.2	
1998		1.9	14.5	12.1	
1999		1.8	13.5	11.1	
2000	11.2	1.6	12.2	10.3	25.6
2001	10.5	1.5	11.6	9.6	23.4
2002	9.5	1.4	10.5	8.6	22.3
2003	8.3	1.2	9.3	7.4	19.1

续表

年　份	长三角	上海市	江苏省	浙江省	安徽省
2004	8.1	1.0	9.1	7	20.0
2005	7.3	1.0	7.9	6.7	18.1
2006	6.6	0.9	7.1	5.9	16.6
2007	6.4	0.8	7.0	5.3	16.3
2008	6.3	0.8	6.8	5.1	16.0
2009	6.1	0.7	6.5	5.1	14.9
2010	5.8	0.7	6.1	4.9	14.0
2011	5.9	0.6	6.2	4.9	13.2
2012	5.9	0.6	6.3	4.8	12.7
2013	5.5	0.6	5.8	4.7	11.8
2014	5.3	0.5	5.6	4.4	11.5
2015	5.2	0.4	5.7	4.3	11.1
2016	5.0	0.4	5.4	4.2	10.6

本表对 1995 年后部分数据按各省统计年鉴进行修正。

表 10　长三角地区主要年份地区生产总值中第二产业比重　单位:%(按当年价格计算)

年　份	长三角	上海市	江苏省	浙江省	安徽省
1990		64.7	48.9	45.1	
1991		61.6	49.6	45.4	
1992		60.8	52.4	47.5	
1993		59.4	53.3	51.1	
1994		57.7	53.9	52.0	
1995		56.8	52.7	52.1	
1996		54.0	51.2	53.3	
1997		51.6	51.1	54.5	
1998		49.3	50.6	54.8	
1999		47.5	50.9	54.6	
2000	49.1	46.4	51.9	53.3	36.4
2001	48.9	46.2	51.9	51.8	38.7
2002	49.0	45.8	52.8	51.1	38.0
2003	50.7	48.1	54.6	52.5	39.1
2004	51.7	48.4	56.3	53.6	38.8
2005	52.4	47.5	56.6	53.4	42.0
2006	52.9	47.2	56.5	54.1	44.4
2007	52.4	44.8	55.6	54.1	45.8
2008	52.0	43.5	54.8	53.9	47.4
2009	50.1	40.2	53.9	51.6	48.8
2010	50.3	42.3	52.5	51.1	52.1

续表

年　份	长三角	上海市	江苏省	浙江省	安徽省
2011	49.8	41.6	51.3	50.5	54.3
2012	48.6	39.2	50.2	48.9	54.6
2013	47.2	36.6	48.7	47.8	54.0
2014	46.3	35.1	47.4	47.7	53.1
2015	44.2	32.2	45.7	45.9	49.8
2016	42.5	29.8	44.1	44.8	48.1

本表对1995年后部分数据按各省统计年鉴进行修正。

表11　长三角地区主要年份地区生产总值中第三产业比重　单位:%(按当年价格计算)

年　份	长三角	上海市	江苏省	浙江省	安徽省
1990		30.9	26.0	30.0	
1991		34.6	28.9	32.1	
1992		36.1	29.2	33.4	
1993		38.1	30.3	32.5	
1994		39.9	29.2	31.7	
1995		40.8	30.5	32.4	
1996		43.7	32.3	32.5	
1997		46.3	33.4	32.3	
1998		48.8	34.9	33.2	
1999		50.7	35.6	34.2	
2000	39.8	52.0	35.9	36.4	38.0
2001	40.6	52.3	36.5	38.6	37.9
2002	41.5	52.8	36.7	40.3	39.8
2003	41.1	50.7	36.1	40.1	41.8
2004	40.1	50.6	34.6	39.4	41.3
2005	40.3	51.5	35.6	40.0	40.0
2006	40.5	51.9	36.4	40.0	39.1
2007	41.3	54.4	37.4	40.6	37.9
2008	41.7	55.7	38.4	41.0	36.5
2009	43.8	59.1	39.6	43.4	36.4
2010	43.9	57.0	41.4	44.0	33.9
2011	44.3	57.8	42.4	44.6	32.5
2012	45.5	60.2	43.5	46.3	32.7
2013	47.3	62.8	45.5	47.5	34.2
2014	48.4	64.4	47.0	47.8	35.4
2015	50.6	67.4	48.6	49.8	39.1
2016	52.5	69.8	50.5	51.0	41.3

本表对1995年后部分数据按各省统计年鉴进行修正。

表 12 长三角地区主要年份地区生产总值构成中工业比重 单位:%(按当年价格计算)

年 份	长三角	上海市	江苏省	浙江省	安徽省
1989		62.1	45.4	40.8	
1990		60.1	44.8	40.2	
1991		57.6	45.3	40.2	
1992		57.1	47.7	42.3	
1993		55.7	48.4	45.5	
1994		54.0	49.3	46.2	
1995		52.4	47.9	46.3	
1996		49.2	45.9	47.4	
1997		46.6	45.2	48.8	
1998		44.0	43.9	49.2	
1999		42.8	44.0	49.2	
2000	45.2	42.0	45.0	48.0	30.5
2001	44.6	41.7	45.2	46.1	32.7
2002	44.7	41.4	46.0	45.5	31.7
2003	46.5	44.1	48.3	46.0	32.0
2004	47.8	44.7	50.1	47.1	31.3
2005	48.4	43.8	50.8	47.2	34.3
2006	48.9	43.5	51.0	48.3	36.7
2007	48.3	41.5	50.4	48.5	38.2
2008	47.7	39.9	49.3	48.2	39.6
2009	44.7	36.3	47.8	45.4	40.4
2010	44.6	38.4	46.5	45.0	43.8
2011	43.9	37.9	45.4	44.4	46.2
2012	42.7	35.5	44.2	42.9	46.6
2013	41.4	33.1	42.7	41.9	46.2
2014	40.5	31.7	41.4	41.7	45.4
2015	38.5	29.0	39.9	40.1	42.1
2016	37.3	26.8	38.6	39.5	40.8

本表对 1995 年后部分数据按各省统计年鉴进行修正。

表 13 长三角地区主要年份地区生产总值中建筑业比重 单位:%(按当年价格计算)

年 份	长三角	上海市	江苏省	浙江省	安徽省
1989		4.8	4.3	4.7	
1990		4.6	4.1	4.9	
1991		4.0	4.3	5.1	
1992		3.7	4.7	5.2	
1993		3.7	4.9	5.6	
1994		3.7	4.5	5.8	

续表

年　份	长三角	上海市	江苏省	浙江省	安徽省
1995		4.4	4.8	5.9	
1996		4.8	5.3	5.9	
1997		5.1	5.9	5.7	
1998		5.3	6.7	5.6	
1999		4.7	6.9	5.4	
2000	5.8	4.4	6.9	5.3	5.9
2001	5.9	4.5	6.7	5.7	5.9
2002	5.9	4.4	6.8	5.6	6.3
2003	6.0	4.0	6.3	6.5	7.1
2004	5.9	3.7	6.2	6.5	7.5
2005	5.7	3.7	5.8	6.1	7.6
2006	5.4	3.7	5.5	5.8	7.7
2007	5.2	3.3	5.3	5.6	7.6
2008	5.5	3.6	5.6	5.8	7.8
2009	6.0	3.9	6.1	6.2	8.4
2010	6.0	3.9	6.0	6.2	8.3
2011	5.9	3.7	5.9	6.1	8.2
2012	5.9	3.7	6.0	6.0	8.0
2013	5.9	3.6	6.0	5.9	7.9
2014	5.9	3.5	6.0	6.1	7.9
2015	5.7	3.3	5.8	6.0	7.7
2016	5.4	3.1	5.5	5.5	7.3

本表对1995年后部分数据按各省统计年鉴进行修正。

表14　长三角地区生产总值项目结构(增加值)(2016年)

单位:亿元

指　　标	长三角	上海市	江苏省	浙江省	安徽省
地区生产总值	175634.07	28178.65	76086.17	47251.36	24117.89
第一产业	8719.55	109.47	4077.18	1965.18	2567.72
第二产业	74741.68	8406.28	33550.54	21194.61	11590.25
工业	65441.51	7555.34	29385.87	18655.12	9845.18
建筑业	9427.72	879.81	4173.66	2610.72	1763.53
第三产业	92172.84	19662.90	38458.45	24091.57	9959.92
交通运输、仓储和邮政业	6673.05	1237.32	2834.56	1774.37	826.8
信息传输、软件和信息技术服务业	6437.18	1647.66	2443.22	2239.90	403.4
批发和零售业	19119.95	4119.59	7470.27	5754.19	1775.9
住宿和餐饮业	3257.30	388.98	1291.32	1119.00	458.0
金融业	15274.57	4765.83	6011.13	3050.61	1447.0
房地产业	10149.51	2125.62	4292.79	2607.00	1124.1

续表

指 标	长三角	上海市	江苏省	浙江省	安徽省
租赁和商务服务业	7390.57	1628.09	3451.12	1341.06	970.3
科学研究和技术服务业	2995.85	1004.94	1097.81	691.80	201.3
水利、环境和公共设施管理业	1088.39	114.99	551.91	273.29	148.2
居民服务、修理和其他服务业	3008.74	315.22	1507.03	724.19	462.3
教育	5325.06	875.94	2426.57	1408.05	614.5
卫生和社会福利业	3307.10	574.24	1410.95	929.11	392.8
文化、体育和娱乐业	1637.13	208.80	795.79	385.44	247.1
公共管理、社会保障和社会组织	5673.14	622.81	2618.65	1687.28	744.4

第二章　长三角地区重要社会发展指标

表15　长三角地区总人口基本情况　　单位:万人

年　份	长三角	上海市	江苏省	浙江省	安徽省
2000	19708.75	1608.60	7327.24	4679.91	6093.0
2001	18880.05	1668.33	7354.92	4728.80	5128.0
2002	20014.34	1712.97	7380.97	4776.40	6144.0
2003	20191.46	1765.84	7405.82	4856.80	6163.0
2004	20420.68	1834.98	7432.50	4925.20	6228.0
2005	20475.66	1890.26	7474.50	4990.90	6120.0
2006	20695.41	1964.11	7549.50	5071.80	6110.0
2007	20960.98	2063.58	7624.50	5154.90	6118.0
2008	21164.55	2140.65	7676.50	5212.40	6135.0
2009	21341.28	2210.28	7724.50	5275.50	6131.0
2010	21575.51	2302.66	7869.34	5446.51	5957.0
2011	21677.26	2347.46	7898.80	5463.00	5968.0
2012	21765.41	2380.43	7919.98	5477.00	5988.0
2013	21882.64	2415.15	7939.49	5498.00	6030.0
2014	21976.74	2425.68	7960.06	5508.00	6083.0
2015	22074.57	2415.27	7976.30	5539.00	6144.0
2016	22204.30	2419.70	7998.60	5590.00	6196.0

表16　长三角地区劳动就业基本情况(2016年)　　单位:万人

指　标	长三角	上海市	江苏省	浙江省	安徽省
从业人员合计(万人)	14243.06	1365.24	4756.22	3760.00	4361.6
第一产业	2737.04	45.45	841.85	466.24	1383.5
第二产业	5521.41	448.50	2045.17	1782.24	1245.5
第三产业	5984.61	871.29	1869.20	1511.52	1732.6
年末城镇登记失业人数(万人)	123.72	24.26	35.21	33.85	30.4
年末城镇登记失业率(%)		4.1	3.00	2.87	3.2

表17　长三角地区从业人员基本情况　　单位:万人

年　份	长三角	上海市	江苏省	浙江省	安徽省
2000	7889.47	745.24	4418.14	2726.09	7889.47
2004	8311.34	836.87	4482.52	2991.95	8311.34
2005	8474.20	863.32	4510.12	3100.76	8474.2
2006	8622.65	885.51	4564.76	3172.38	8622.65

续表

年 份	长三角	上海市	江苏省	浙江省	安徽省
2007	8932.23	909.08	4618.14	3405.01	8932.23
2008	9188.66	1053.24	4648.89	3486.53	9188.66
2009	9331.04	1064.42	4674.64	3591.98	9331.04
2010	13531.46	1090.76	4754.68	3636.02	4050.0
2011	13657.57	1104.33	4758.23	3674.11	4120.9
2012	13773.07	1115.50	4759.53	3691.24	4206.8
2013	14113.43	1368.91	4759.89	3708.73	4275.9
2014	14151.61	1365.63	4760.83	3714.15	4311.0
2015	14195.76	1361.51	4758.50	3733.65	4342.1
2016	14243.06	1365.24	4756.22	3760.00	4361.6

表 18 长三角地区年末尚有失业人员 单位:万人

年 份	长三角	上海市	江苏省	浙江省	安徽省
2000		20.08	30.36	21.82	
2004		27.43	42.9	30.14	
2005		27.5	41.63	28.97	
2006		27.82	40.40	29.1	
2007		26.78	39.26	28.6	
2008		26.60	41.09	31.08	
2009		27.87	40.74	30.68	
2010	128.01	27.73	40.65	31.13	28.5
2011	137.35	27.33	41.45	31.67	36.9
2012	137.33	27.05	40.47	33.41	36.4
2013	138.41	26.37	37.61	34.93	39.5
2014	134.64	25.63	36.57	33.14	39.3
2015	125.41	24.81	36.01	33.69	30.9
2016	123.72	24.26	35.21	33.85	30.4

表 19 长三角地区人民生活水平情况(2016 年)

指 标	上海市	江苏省	浙江省	安徽省
就业				
城镇居民家庭每户就业人口(人)	1.25	1.66	1.61	1.50
每一城镇就业者负担人数(人)	2.14	1.79	1.79	1.87
城镇登记失业率(%)	4.1	3.00	2.87	3.2
收入与支出				
城镇居民人均可支配收入(元)	57692	40152	47237	29156
城镇居民生活消费支出(元)	39857	26433	30068	19606.25

续表

指　　标	上海市	江苏省	浙江省	安徽省
农村居民人均可支配收入(元)	25520	17606	22866	11720.47
农村居民生活消费支出(元)	17071	14428	17359	10287.30
职工年平均工资(元)	78045	72684	73326	59102
人均储蓄存款余额(元)	103786		68116	
生活质量				
居民家庭恩格尔系数(%)		28.3		
城镇居民		28.0		32.5
人均住房面积(平方米)		46.3		
农村人均住房面积		56.9		49.40
城市公用事业				
用水普及率(%)	99.99	99.9	99.97	99.2
人均公共绿地面积(平方米)	7.80	14.79	13.17	14.02
文化、教育和卫生				
文化				
城镇每百户拥有彩色电视机(台)	185	173.9	174	129.2
农村每百户拥有彩色电视机(台)	166	154.5	170	124.6
每百户家用电脑拥有量(台)	131	76.6	77.8	
城市	141	94.2	93.01	71.24
居民家庭文教娱乐支出比重(%)	11.2	11.36	10.94	
城市	11.4	11.97	11.48	11.39
教育				
每万人口在校学生数(人)				
大学生数	213	238.5	190.23	226
中学生数	236	362.7	519.93	312
小学生数	326	652.9	635.10	700
平均每一教师负担学生(人)				
大学	12	17.4	17.58	18.3
中学	10	11.3	12.58	14.0
小学	15	18.1	17.75	17.9
卫生				
每万人拥有医生数(人)	27.0	25.6	30.1	18.37
居民家庭医疗保健支出比重(%)	7.3	6.57	5.90	
城市	7.1	6.15	5.63	6.47

表 20　长三角地区农村居民人均可支配收入基本情况　　单位:元

年　份	上海市	江苏省	浙江省	安徽省
2000	5565	3595	4254	1935
2001	5850	3785	4582	2020
2002	6212	3996	4940	2118

续表

年　份	上海市	江苏省	浙江省	安徽省
2003	6658	4239	5431	2127
2004	7337	3754	6096	2499
2005	8342	5276	6660	2641
2006	9213	5813	7335	2969
2007	10222	6561	8265	3556
2008	11385	7357	9258	4202
2009	12324	8004	10007	4504
2010	13746	9118	11303	5285
2011	15644	10805	13071	6232
2012	17401	12202	14552	7160
2013	19208	13598	17494	8098
2014	21192	14958	19373	9916
2015	23205	16257	21125	10821
2016	25520	17606	22866	11720

表 21　长三角地区城镇居民家庭人均可支配收入基本情况

单位:元

年　份	上海市	江苏省	浙江省	安徽省
2000	11718	6800	9279	5294
2001	12883	7375	10465	5669
2002	13250	8178	11716	6032
2003	14867	9263	13180	6778
2004	16683	10482	14546	7511
2005	18645	12319	16294	8471
2006	20668	14084	18265	9771
2007	23623	16378	20574	11474
2008	26675	18680	22727	12990
2009	28838	20552	24611	14086
2010	31838	22944	27359	15788
2011	36230	26341	30971	18606
2012	40188	29677	34550	21024
2013	43851	32538	37080	23114
2014	47710	34346	40393	24839
2015	52962	37173	43714	26936
2016	57692	40152	47237	29156

表22　长三角地区城镇居民家庭恩格尔系数　　单位:%

年　份	上海市	江苏省	浙江省	安徽省
2000	44.5	41.1	39.2	45.7
2001	43.4	39.7	36.3	44.2
2002	39.4	40.4	37.9	43.2
2003	37.2	38.3	36.6	44.2
2004	36.4	40.0	36.2	43.9
2005	35.9	37.2	33.8	43.7
2006	35.6	36.0	32.9	42.4
2007	35.5	36.7	34.7	39.7
2008	36.6	37.9	36.4	41.0
2009	35.0	36.3	33.6	39.6
2010	33.5	36.5	34.3	38.0
2011	35.5	36.1	34.6	39.8
2012	36.8	35.4	35.1	38.7
2013	34.9	34.7	34.4	39.1
2014	35.0	28.5		33.3
2015		28.1		33.7
2016		28.0		32.5

表23　长三角地区城镇居民家庭基本情况(2016年)

指　　标	上海市	江苏省	浙江省	安徽省
基本情况				
调查户数(户)		4200		
平均每户家庭人口(人)	2.69	2.97	2.88	2.89
平均每户就业人口(人)	1.25	1.66	1.61	1.50
平均每一就业人口负担人数(人)	2.14	1.79	1.79	1.87
平均每户就业面(%)		55.82	55.70	51.90
人均家庭总收入				
人均可支配收入(元)	57692	40152	47237	29156
人均家庭总支出				
人均消费性支出	39857	26433	30068	19606
#食品	10015	7389	8467	6382
衣着	1835	1810	1904	1491
家庭设备用品及服务	1868	1616	1421	1118
医疗保健	2840	1624	1692	1269
交通通讯	4447	3952	5101	2748
娱乐教育文化服务	4534	3164	3452	2233
居住	13216	6141	7385	3931

表 24　长三角地区农村居民家庭基本情况(2016 年)

指　标	上海市	江苏省	浙江省	安徽省
基本情况				
调查户数(户)		2400		
平均每户家庭人口(人)	2.69	2.98	3.0	3.00
平均每户就业人口(人)	1.54	1.95	1.91	1.97
平均每一就业人口负担人数(人)	1.75	1.53	1.57	1.53
人均家庭总收入				
人均可支配收入(元)	25520	17606	22866	11720
人均家庭总支出				
人均消费性支出	17071	14428	17359	10287
＃食品	5732	4255	5520	3523
衣着	877	816	953	539
家庭设备用品及服务	795	910	870	643
医疗保健	1707	1148	1173	932
交通通讯	2367	2334	3076	1276
娱乐教育文化服务	1123	1352	1611	949
居住	4171	3258	3882	2248

表 25　长三角地区房地产投资主要指标(2016 年)

指　标	上海市	江苏省	浙江省	安徽省
房屋建筑面积(万平方米)				
施工面积	17733.25	58761.73	41609.78	52620.12
＃住宅	8157.21	43002.93	24709.37	25873.28
竣工面积	2840.03	10073.96	7925.40	10264.51
＃住宅	1557.98	7602.69	5091.95	4532.47
商品房销售情况				
房屋销售面积(万平方米)	2705.69	13962.09	8636.79	8499.65
商品房销售额(亿元)	6695.85		9605.10	5035.55

表 26　长三角地区商品零售价格指数　(上年＝100)

年　份	上海市	江苏省	浙江省	安徽省
2000	96.4	98.6	99.0	98.0
2001	98.6	98.9	98.1	99.6
2002	98.7	98.4	98.7	99.2
2003	99.0	99.8	99.6	101.3
2004	100.9	102.2	102.7	102.7
2005	99.4	100.3	100.9	100.6
2006	100.2	100.8	100.8	100.8

续表

年　份	上海市	江苏省	浙江省	安徽省
2007	102.4	102.9	103.8	104.5
2008	105.3	104.9	106.3	106.3
2009	99.4	98.9	98.8	99.0
2010	101.7	103.2	103.9	103.2
2011	104.1	104.6	105.5	105.3
2012	101.2	102.1	101.9	102.1
2013	100.2	101.4	101.0	101.2
2014	100.9	101.6	100.9	100.4
2015	101.1	100.6	99.9	99.7
2016	100.8	100.8	101.0	100.8

表 27　长三角地区居民消费价格指数　　（上年＝100）

年　份	上海市	江苏省	浙江省	安徽省
2000	102.5	100.1	101.0	100.7
2001	100.0	100.8	99.8	100.5
2002	100.5	99.2	99.1	99.0
2003	100.1	101.0	101.9	101.7
2004	102.2	104.1	103.9	104.5
2005	101.0	102.1	101.3	101.4
2006	101.2	101.6	101.1	101.2
2007	103.2	104.1	104.2	105.3
2008	105.8	105.2	105.0	106.2
2009	99.6	99.6	98.5	99.1
2010	103.1	103.6	103.8	103.1
2011	105.2	105.1	105.4	105.6
2012	102.8	102.6	102.2	102.3
2013	102.3	102.3	102.3	102.4
2014	102.7	102.2	102.1	101.6
2015	102.4	101.7	101.4	101.3
2016	103.2	102.3	101.9	101.8

表 28　长三角地区主要年份农业总产值　　单位:当年价格亿元

年　份	长三角	上海市	江苏省	浙江省	安徽省
2000		89.81	1096.02	521.31	
2005	2875.60	111.25	1291.06	654.81	818.48
2006	3128.43	119.99	1416.91	684.00	907.53
2007	3459.20	126.74	1542.53	735.92	1054.01

续表

年 份	长三角	上海市	江苏省	浙江省	安徽省
2008	3893.34	135.52	1746.83	813.10	1197.89
2009	4278.42	147.53	1948.20	879.05	1303.64
2010	5010.56	155.27	2269.56	1041.30	1544.43
2011	5672.90	165.07	2640.95	1152.04	1714.84
2012	6235.20	171.48	2966.72	1229.36	1867.64
2013	6680.11	172.28	3167.78	1336.79	2003.26
2014	7037.49	169.51	3362.81	1385.96	2119.21
2015	7493.46	162.04	3722.10	1434.71	2174.61
2016	7618.50	148.53	3714.64	1521.19	2234.14

表 29 长三角地区主要年份林业总产值 单位:当年价格亿元

年 份	长三角	上海市	江苏省	浙江省	安徽省
2000		1.41	30.17	54.48	
2005	218.29	11.11	45.27	83.51	78.4
2006	239.10	10.43	54.25	86.04	88.38
2007	264.90	10.05	58.88	95.47	100.50
2008	295.44	9.12	64.92	106.95	114.45
2009	308.67	8.99	70.79	117.64	111.25
2010	340.28	7.53	78.12	119.35	135.28
2011	416.57	7.62	92.81	134.07	182.07
2012	460.92	9.55	99.74	142.14	209.49
2013	491.56	9.65	107.30	141.54	233.07
2014	557.03	8.78	118.18	147.00	283.07
2015	582.98	12.15	129.09	151.63	290.11
2016	591.76	13.20	129.33	158.15	291.08

表 30 长三角地区主要年份渔业总产值 单位:当年价格亿元

年 份	长三角	上海市	江苏省	浙江省	安徽省
2000		37.92	313.01	297.36	
2005	1109.93	51.64	511.86	380.81	165.62
2006	1129.49	55.25	552.21	347.53	174.50
2007	1198.11	54.19	579.00	369.90	195.02
2008	1363.01	57.11	665.75	407.82	232.33
2009	1465.85	53.53	719.25	435.48	257.59
2010	1674.87	52.62	805.25	522.18	294.82
2011	2117.14	54.72	1060.44	655.75	346.23
2012	2364.33	57.45	1235.40	687.05	384.43

续表

年　份	长三角	上海市	江苏省	浙江省	安徽省
2013	2608.04	59.89	1351.11	757.97	439.07
2014	2728.30	62.50	1426.74	779.36	459.70
2015	2900.23	51.79	1517.51	855.86	475.07
2016	3147.20	50.16	1621.88	962.01	513.15

表 31　长三角地区主要年份畜牧业总产值　　单位:当年价格亿元

年　份	长三角	上海市	江苏省	浙江省	安徽省
2000		87.35	430.53	183.94	
2005	1492.99	54.34	599.14	285.95	553.56
2006	1360.94	46.29	544.48	279.01	491.16
2007	1767.34	58.00	704.38	367.60	637.36
2008	2210.61	68.40	916.46	418.86	806.89
2009	2139.28	64.61	873.97	404.88	795.82
2010	2299.55	62.90	923.25	448.42	864.98
2011	2897.81	77.44	1190.50	546.33	1083.54
2012	2967.54	72.59	1226.18	549.04	1119.73
2013	3009.73	69.97	1222.22	546.18	1171.36
2014	2906.92	69.93	1182.69	472.23	1182.07
2015	3012.86	65.61	1262.09	426.18	1258.98
2016	3204.17	62.62	1331.55	434.32	1375.68

表 32　长三角地区粮食产量　　单位:万吨

年　份	长三角	上海市	江苏省	浙江省	安徽省
2000		174.00	3106.63	1217.00	
2004		106.29	2829.06	850.17	
2005		105.36	2834.59	830.42	
2006		111.30	3041.44	839.52	
2007		109.20	3132.24	801.67	
2008		115.67	3175.49	775.55	
2009		121.68	3230.10	789.15	
2010		118.40	3235.10	770.67	
2011		121.95	3307.76	781.60	
2012	7553.77	122.39	3372.48	769.80	3289.10
2013	7550.68	114.15	3422.98	733.95	3279.60
2014	7776.74	112.89	3490.62	757.40	3415.83
2015	7963.74	112.08	3561.34	752.20	3538.12
2016	7735.13	99.55	3466.01	752.17	3417.40

表 33　长三角地区棉花产量

单位:万吨

年　份	长三角	上海市	江苏省	浙江省	安徽省
1980		7.62	41.81	8.29	
1990		1.22	46.42	6.42	
2000		0.12	31.45	2.92	
2004		0.18	50.28	2.28	
2005		0.18	32.27	2.16	
2006		0.20	38.14	2.35	
2007		0.25	34.75	2.54	
2008		0.32	32.60	2.82	
2009		0.26	25.55	2.81	
2010		0.35	26.08	2.94	
2011		0.48	24.68	3.24	
2012	54.81	0.38	22.04	2.99	29.40
2013	49.23	0.39	20.93	2.80	25.11
2014	44.88	0.12	15.95	2.48	26.33
2015	37.09	0.04	11.69	1.99	23.37
2016	27.52	0.03	7.38	1.65	18.46

表 34　长三角地区油料产量

单位:万吨

年　份	长三角	上海市	江苏省	浙江省	安徽省
1980		9.6	38.64	28.86	
1990		18.2	112.39	48.35	
2000		16.37	225.65	57.88	
2004		7.39	238.38	48.77	
2005		6.94	215.99	50.14	
2006		5.31	218.18	46.23	
2007		3.62	145.08	43.74	
2008		3.60	150.29	41.27	
2009		3.39	162.23	43.24	
2010		2.29	151.97	39.47	
2011		1.86	144.05	39.85	
2012	414.67	1.73	146.95	38.30	227.69
2013	415.08	1.50	150.37	37.78	225.43
2014	407.34	1.28	146.60	30.66	228.80
2015	403.49	1.18	143.11	31.35	227.85
2016	376.75	0.90	131.93	29.09	214.83

表 35 长三角地区农业现代化情况

指 标	长三角	上海市	江苏省	浙江省	安徽省
农业机械化情况					
机耕面积(千公顷)	11572.59	295.7	5939.63	930.36	4406.90
机械收获面积(千公顷)	12786.78	134.0	5199.94	869.95	6582.89
农村电气化情况					
农村用电量(亿千瓦小时)	2964.10	7.47	1869.27	926.09	161.62
农用物资使用情况					
化肥施用量(折纯量)(万吨)	733.16	9.16	312.52	84.48	327.0
农用塑料薄膜使用量(万吨)	29.53	1.71	11.39	6.73	9.70
农药使用量(万吨)	23.53	0.39	7.62	4.95	10.57

表 36 长三角地区规模以上工业企业单位数(2016 年)

单位:个

项 目	长三角	上海市	江苏省	浙江省	安徽省
总 计			47900	40128	19838
按轻重工业分					
轻工业			17710	19736	8455
重工业			30190	20392	11383
按行业分					
制造业			47208	39376	19158
农副食品加工业			1679	762	1786
食品制造业			429	346	506
酒、饮料和精制茶制造业			189	242	416
烟草制品业			6	3	8
纺织业			4454	4852	735
纺织服装、服饰业			2393	2568	1139
皮革、毛皮、羽毛及其制品和制鞋业			606	1757	328
木材加工和木、竹、藤、棕、草制品业			1299	453	659
家具制造业			296	789	334
造纸和纸制品业			556	856	255
印刷和记录媒介复制业			654	545	365
文教、工美、体育和娱乐用品制造业			1340	1285	537
石油加工、炼焦和核燃料加工业			146	57	26
化学原料和化学制品制造业			3657	1583	1053
医药制造业			703	439	466
化学纤维制造业			737	572	39
橡胶和塑料制品业			2099	2430	1154
非金属矿物制品业			2780	1559	2173
黑色金属冶炼和压延加工业			1249	799	409
有色金属冶炼和压延加工业			1035	773	214

续表

项　　目	长三角	上海市	江苏省	浙江省	安徽省
金属制品业			3089	2407	928
通用设备制造业			4132	3862	1210
专用设备制造业			3042	1593	954
汽车制造业			1742	1902	916
铁路、船舶、航空航天和其他运输设备制造业			870	519	186
电气机械和器材制造业			4124	3973	1278
计算机、通信和其他电子设备制造业			2676	1288	601
仪器仪表制造业			899	627	164
其他制造业			166	347	123
废弃资源综合利用业			138	145	187
金属制品、机械和设备修理业			23	43	9
电力、燃气及水的生产和供应业			562	603	278
电力、热力的生产和供应业			332	375	161
燃气生产和供应			101	79	59
水的生产和供应业			129	149	58

表 37　长三角地区规模以上工业企业主营业务收入(2016 年)　　单位:亿元

项　　目	长三角	上海市	江苏省	浙江省	安徽省
总　　计	298550.53	34315.15	156591.04	65453.88	42190.46
按轻重工业分					
轻工业	99332.51	15917.32	43641.87	25662.44	14110.88
重工业	199218.02	18397.83	112949.17	39791.44	28079.58
按行业分					
制造业	282553.70	32760.34	150898.52	60276.28	38618.51
农副食品加工业	9712.58	405.44	5100.74	1063.10	3143.30
食品制造业	3161.18	705.05	1162.85	563.40	729.88
酒、饮料和精制茶制造业	2406.10	128.52	1154.51	465.03	658.04
烟草制品业	2216.63	903.13	533.47	482.84	297.19
纺织业	14228.04	207.63	7244.84	5737.40	1038.17
纺织服装、服饰业	8470.90	353.89	4641.92	2372.74	1102.35
皮革、毛皮、羽毛及其制品和制鞋业	3097.08	169.67	1092.30	1381.74	453.37
木材加工和木、竹、藤、棕、草制品业	3821.41	63.46	2584.21	479.52	694.22
家具制造业	2050.08	307.41	396.91	962.59	383.17
造纸和纸制品业	3554.11	265.78	1637.92	1236.82	413.59
印刷和记录媒介复制业	1935.39	184.72	875.52	437.80	437.35
文教、工美、体育和娱乐用品制造业	4779.74	489.07	2349.83	1463.64	477.20
石油加工、炼焦和核燃料加工业	4738.03	1041.23	2113.41	1212.18	371.21
化学原料和化学制品制造业	28343.19	2680.77	17957.37	5450.05	2255.00

续表

项　　目	长三角	上海市	江苏省	浙江省	安徽省
医药制造业	6659.17	716.44	3870.28	1248.64	823.81
化学纤维制造业	5289.83	37.59	2778.87	2376.88	96.49
橡胶和塑料制品业	8383.28	915.10	3169.42	2668.57	1630.19
非金属矿物制品业	9988.60	581.10	5097.54	1793.15	2516.81
黑色金属冶炼和压延加工业	14798.15	1385.78	9447.20	2057.07	1908.10
有色金属冶炼和压延加工业	9812.41	417.10	4149.75	2324.53	2921.03
金属制品业	10985.23	917.94	6355.02	2331.49	1380.78
通用设备制造业	18114.07	2583.21	9117.19	4153.00	2260.67
专用设备制造业	10744.62	1147.72	6449.34	1593.31	1554.25
汽车制造业	21903.51	7213.54	7470.38	4420.38	2799.21
铁路、船舶、航空航天和其他运输设备制造业	5720.90	711.57	3680.22	1009.43	319.68
电气机械和器材制造业	30571.34	2183.95	17185.11	6377.90	4824.38
计算机、通信和其他电子设备制造业	29771.39	5420.79	18881.07	3226.89	2242.64
仪器仪表制造业	5134.90	372.14	3774.83	762.78	225.15
其他制造业	800.37	49.86	324.79	295.07	130.65
弃资源综合利用业	1054.70	30.73	265.55	257.88	500.54
金属制品、机械和设备修理业	306.74	170.04	36.15	70.46	30.09
电力、燃气及水的生产和供应业	13349.73	1548.84	5086.52	4999.70	1714.67
电力、热力的生产和供应业	11576.34	1139.70	4488.40	4419.86	1528.38
燃气生产和供应	1295.24	323.95	436.50	401.57	133.22
水的生产和供应业	478.16	85.20	161.62	178.27	53.07

表 38　长三角地区规模以上工业企业利润总额(2016 年)

单位:亿元

项　　目	长三角	上海市	江苏省	浙江省	安徽省
总　　计	20199.99	2913.91	10574.40	4469.42	2242.26
按轻重工业分					
轻工业	6065.05	507.31	3078.14	1657.86	821.74
重工业	13205.10	1476.75	7496.26	2811.57	1420.52
按行业分					
制造业	18979.99	2797.71	10080.62	4070.13	2031.53
农副食品加工业	512.08	14.38	325.18	43.90	128.62
食品制造业	203.10	43.53	82.71	37.89	38.97
酒、饮料和精制茶制造业	314.30	10.11	178.96	49.27	75.96
烟草制品业	363.29	232.85	85.42	35.16	9.86
纺织业	772.14	14.95	381.87	324.12	51.20
纺织服装、服饰业	498.93	4.79	312.58	135.12	46.44
皮革、毛皮、羽毛及其制品和制鞋业	174.94	12.35	62.17	69.90	30.52
木材加工和木、竹、藤、棕、草制品业	251.39	2.84	186.47	29.89	32.19

续表

项目	长三角	上海市	江苏省	浙江省	安徽省
家具制造业	137.30	31.93	25.39	60.24	19.74
造纸和纸制品业	199.44	13.20	97.49	66.97	21.78
印刷和记录媒介复制业	138.62	12.55	71.62	24.91	29.54
文教、工美、体育和娱乐用品制造业	304.83	33.14	157.57	89.51	24.61
石油加工、炼焦和核燃料加工业	385.00	96.17	111.32	166.66	10.85
化学原料和化学制品制造业	2032.64	223.90	1303.15	358.23	147.36
医药制造业	795.14	118.73	419.34	190.44	66.63
化学纤维制造业	253.11	4.17	124.40	118.65	5.89
橡胶和塑料制品业	546.66	71.27	216.63	151.90	106.86
非金属矿物制品业	668.53	44.72	319.83	124.84	179.14
黑色金属冶炼和压延加工业	649.51	82.62	400.13	90.40	76.36
有色金属冶炼和压延加工业	312.48	13.35	182.54	80.99	35.60
金属制品业	651.38	49.34	390.16	127.42	84.46
通用设备制造业	1275.31	159.84	705.87	299.84	109.76
专用设备制造业	788.75	94.37	484.83	119.38	90.17
汽车制造业	2219.47	1081.97	589.94	421.66	125.90
铁路、船舶、航空航天和其他运输设备制造业	327.49	−21.40	311.66	20.65	16.58
电气机械和器材制造业	2135.38	169.06	1223.68	421.57	321.07
计算机、通信和其他电子设备制造业	1522.76	132.45	964.59	301.16	124.56
仪器仪表制造业	479.26	43.08	329.57	85.04	21.57
其他制造业	49.68	4.37	18.94	15.73	10.64
废弃资源综合利用业	40.37	2.71	14.06	7.94	15.66
金属制品、机械和设备修理业	7.25	0.38	2.56	0.75	3.56
电力、燃气及水的生产和供应业	1158.74	115.83	523.65	386.99	132.27
电力、热力的生产和供应业	1004.77	92.01	435.58	363.62	113.56
燃气生产和供应	113.84	15.52	64.04	19.52	14.76
水的生产和供应业	40.13	8.30	24.03	3.85	3.95

表 39 长三角地区规模以上工业企业利税总额(2016 年)

单位:亿元

项目	长三角	上海市	江苏省	浙江省	安徽省
总计		4897.96		7343.63	
按轻重工业分					
轻工业				2955.02	
重工业				4388.61	
按行业分					
制造业		4716.79		6700.18	
农副食品加工业		21.03		61.69	
食品制造业		82.15		61.29	

续表

项　目	长三角	上海市	江苏省	浙江省	安徽省
酒、饮料和精制茶制造业		19.60		80.23	
烟草制品业		941.38		405.40	
纺织业		19.97		515.53	
纺织服装、服饰业		10.66		229.58	
皮革、毛皮、羽毛及其制品和制鞋业		18.76		123.85	
木材加工和木、竹、藤、棕、草制品业		5.08		45.58	
家具制造业		42.73		103.54	
造纸和纸制品业		25.10		125.33	
印刷和记录媒介复制业		20.62		39.81	
文教、工美、体育和娱乐用品制造业		39.36		132.69	
石油加工、炼焦和核燃料加工业		378.80		415.78	
化学原料和化学制品制造业		318.49		517.18	
医药制造业		164.0		278.74	
化学纤维制造业		4.52		160.89	
橡胶和塑料制品业		100.37		238.82	
非金属矿物制品业		61.85		195.29	
黑色金属冶炼和压延加工业		117.76		136.72	
有色金属冶炼和压延加工业		15.89		120.03	
金属制品业		73.19		207.71	
通用设备制造业		232.59		463.21	
专用设备制造业		123.28		182.16	
汽车制造业		1471.19		618.36	
铁路、船舶、航空航天和其他运输设备制造业		−20.3		39.42	
电气机械和器材制造业		216.85		632.55	
计算机、通信和其他电子设备制造业		135.11		401.76	
仪器仪表制造业		54.39		121.58	
其他制造业		6.89		25.67	
废弃资源综合利用业		3.91		15.30	
金属制品、机械和设备修理业		11.59		4.49	
电力、燃气及水的生产和供应业		179.96		618.47	
电力、热力的生产和供应业		147.7		581.17	
燃气生产和供应		18.85		25.96	
水的生产和供应业		13.41		11.34	

表 40　长三角地区建筑业总产值

单位:亿元

年　份	长三角	上海市	江苏省	浙江省	安徽省
2000		631.64	1546.17	1383.77	
2005	11924.58	1889.25	4368.95	4743.30	923.08
2006	14579.47	2285.38	5424.85	5701.0	1168.24

续表

年　份	长三角	上海市	江苏省	浙江省	安徽省
2007	18088.53	2524.18	7010.57	7036.8	1516.98
2008	21506.71	3071.76	8308.46	8268.6	1857.89
2009	26081.59	3830.53	10264.92	9746.21	2239.93
2010	31781.95	4300.19	12405.90	12210.90	2864.96
2011	38480.44	4586.28	15122.74	15171.80	3599.62
2012	45153.43	4843.44	18423.55	17656.00	4230.44
2013	52716.03	5102.84	21990.84	20658.80	4963.55
2014	58746.70	5499.94	24592.93	23170.90	5482.93
2015	60675.62	5652.47	24785.81	24541.40	5695.94
2016	63538.96	6046.19	25791.76	25653.90	6047.11

表 41　长三角地区交通运输基本情况(2016 年)

指　　标	长三角	上海市	江苏省	浙江省	安徽省
运输线路长度(千米)					
铁路营业里程	9969.90	465	2721.9	2540	4243
公路通车里程	487237	13292	157304	119053	197588
#高速公路	14087	825	4657	4062	4543
内河航道里程	41922	2058	24366	9769	5729
客运量总计(万人)	342972	19564	134605	107377	81426
铁路	56538	10609	17814	17766	10349
公路	270451	3402	113493	83033	70523
水运	6607	172	2272	3950	213
民用航空	9375	5381	1025	2628	341
旅客周转量(亿人千米)	5801.71	1903.39	1591.93	1074.99	1231.40
货物运输量总计(万吨)	883907	88689	215651	215018	364549
铁路	18372	461	5335	3332	9244
公路	534746	39055	117166	133999	244526
水运	316523	48787	79314	77646	110776
货物周转量(亿吨千米)	48338.69	19376	8290.69	9788.76	10883.24
民用车辆拥有量(万辆)	4740.91	359.48	1733.70	1557.40	1090.33
#民用汽车拥有量	3626.85	322.94	1434.52	1258.35	611.04
#载客汽车	3266.76	293.85	1326.73	1140.30	505.88
载货汽车	320.76	21.86	94.17	112.87	91.86
#私人汽车	3135.98	271.01	1252.20	1105.17	507.60
港口货物吞吐量(万吨)	504447	70177	241487	140866	51917

表 42 长三角地区客运量基本情况

单位:万人

年 份	长三角	上海市	江苏省	浙江省	安徽省
1980		2369	34002	28454	
1990		3835	48339	60347	
2000	300303	6893	107244	124133	62033
2005	388231	9487	145204	160669	72871
2006		10205	161425	174626	
2007		10371	187241	189658	
2008		10927	208237	217209	
2009		11136	201262	222130	
2010	627673	13432	226627	228017	159597
2011	678613	13519	247405	231900	185789
2012	730955	14547	268371	234366	213671
2013	431870	15933	152172	136790	126975
2014	444885	17560	156016	131486	139823
2015	372936	18571	153943	113315	87107
2016	342972	19564	134605	107377	81426

表 43 长三角地区铁路客运量基本情况

单位:万人

年 份	长三角	上海市	江苏省	浙江省	安徽省
1980		1692	3364	2421	
1990		2476	4788	3018	
2000	14774	2980	4891	3909	2994
2005	19731	4313	6658	5274	3486
2006		4458	7293	5588	
2007		4795	7658	5931	
2008		5343	8846	6448	
2009		5161	9167	6508	
2010	28992	6095	9711	7634	5552
2011	31215	6198	10598	8439	5980
2012	33625	6758	11757	8725	6385
2013	39196	7972	13435	10579	7210
2014	45361	9194	15374	12821	7972
2015	49167	9692	16116	14806	8553
2016	56538	10609	17814	17766	10349

表 44　长三角地区公路客运量基本情况　　单位:万人

年　份	长三角	上海市	江苏省	浙江省	安徽省
1980		200	26463	19326	
1990		605	41850	51083	
2000	279217	2482	101713	116996	58026
2005	361904	2468	138287	152222	68927
2006		2784	153824	165441	
2007		2872	179206	179501	
2008		2934	199008	206111	
2009		2995	191001	210584	
2010	588889	3634	215850	215708	153697
2011	637005	3477	235673	218415	179440
2012	686511	3748	255358	220517	206888
2013	379893	3720	135555	121185	119433
2014	385342	3754	137270	112915	131403
2015	308695	3766	134553	92304	78072
2016	270451	3402	113493	83033	70523

表 45　长三角地区水运客运量基本情况　　单位:万人

年　份	长三角	上海市	江苏省	浙江省	安徽省
1980		446	4175	6702	
1990		555	1701	6214	
2000	4851	539	514	2938	860
2005	3417	626	37	2510	244
2006		68	27	2792	
2007		95	27	3164	
2008		89	32	3494	
2009		90	686	3680	
2010	3969	85	590	3155	139
2011	4278	78	579	3466	155
2012	4273	66	594	3454	159
2013	5701	68	2454	3111	68
2014	6412	90	2563	3581	178
2015	6531	113	2392	3841	185
2016	6607	172	2272	3950	213

表 46　长三角地区民用航空客运量基本情况　　单位:万人

年　份	长三角	上海市	江苏省	浙江省	安徽省
1995		567	48	235	
2000		892	126	290	
2005	3118	2080	222	663	153
2006	3608	2309	280	805	214
2007		2609	350	1062	
2008		2565	351	1156	
2009		2890	408	1358	
2010	5846	3642	476	1520	208
2011	6115	3766	555	1580	214
2012	6545	3974	662	1670	239
2013	7080	4173	728	1915	264
2014	7770	4522	809	2169	270
2015	8543	5000	882	2364	297
2016	9375	5381	1025	2628	341

表 47　长三角地区货运量基本情况　　单位:万吨

年　份	长三角	上海市	江苏省	浙江省	安徽省
1980		20037	16527	9577	
1990		22848	49399	33474	
2000	257810	47954	90436	74884	44536
2005	374970	68741	112909	126192	67128
2006		72617	125114	140110	
2007		78108	143805	153334	
2008		84347	166322	146654	
2009		76967	160967	151258	
2010	668250	81023	188558	170563	228106
2011	760045	93318	212594	185717	268416
2012	829197	94376	231295	191084	312442
2013	869890	91535	194048	187915	396392
2014	928182	90341	208623	194918	434300
2015	849354	91239	211648	200711	345756
2016	883907	88689	215651	215018	364549

表 48　长三角地区铁路货运量基本情况　　单位:万吨

年　份	长三角	上海市	江苏省	浙江省	安徽省
1980		4484	3420	1523	
1990		1257	4235	1691	
2000	13560	1055	4077	1955	6473

续表

年 份	长三角	上海市	江苏省	浙江省	安徽省
2005	19714	1278	5090	2960	10386
2006		1223	5169	3231	
2007		1143	5177	3447	
2008		1012	5118	3398	
2009		941	6137	3435	
2010	23312	959	6374	3888	12091
2011	24843	888	7282	4166	12507
2012	24158	825	7223	3847	12263
2013	23103	694	6806	4037	11566
2014	20675	549	6090	3548	10488
2015	19027	471	5066	3332	10158
2016	18372	461	5335	3332	9244

表 49　长三角地区公路货运量基本情况　　单位:万吨

年 份	长三角	上海市	江苏省	浙江省	安徽省
1980		7284	4427	3012	
1990		8714	27904	22879	
2000	175173	28369	59056	55008	32740
2005	240047	32684	76301	81448	49614
2006		33799	84319	89342	
2007		35634	97473	98742	
2008		40328	110302	91625	
2009		37745	104002	95802	
2010	451442	40890	123500	103394	183658
2011	511609	42685	140803	108654	219467
2012	569461	42911	153696	113393	259461
2013	554797	43809	103709	107186	300093
2014	589530	42848	114449	117010	315223
2015	507174	40627	113351	122547	230649
2016	534746	39055	117166	133999	244526

表 50　长三角地区水运货运量基本情况　　单位:万吨

年 份	长三角	上海市	江苏省	浙江省	安徽省
1980		8267	6482	5042	
1990		12864	15908	8904	
2000	67585	18442	25902	17921	5320
2005	112727	34557	29277	41768	7125

续表

年 份	长三角	上海市	江苏省	浙江省	安徽省
2006		37342	32862	47522	
2007		41041	37858	51129	
2008		42729	42799	51614	
2009		37983	42016	52002	
2010	183118	38803	48702	63258	32355
2011	212712	49389	54012	72872	36439
2012	223474	50302	58639	73817	40716
2013	239318	46697	70909	76662	45050
2014	304765	46583	75328	74267	108587
2015	309857	49770	80343	74797	104947
2016	316523	48787	79314	77646	110776

表 51 长三角地区民用车辆拥有量(2016 年) 单位:万辆

指 标	长三角	上海市	江苏省	浙江省	安徽省
合 计	4740.91	359.48	1733.70	1557.40	1090.33
汽车		322.94	1434.51	1258.35	
载客汽车	3266.76	293.85	1326.73	1140.30	505.88
#轿车		206.91	962.96	810.30	
载货汽车	320.76	21.86	94.17	112.87	91.86
摩托车	819.61	29.10	287.53	268.87	234.11
拖拉机		1.05		24.30	234.10

表 52 长三角地区私人车辆拥有量(2016 年) 单位:万辆

指 标	长三角	上海市	江苏省	浙江省	安徽省
民用汽车	3381.18	271.01	1252.20	1105.17	752.80
载客汽车	2936.58	242.06	1197.17	1032.90	464.45
轿车		181.19	892.07	750.03	
载货汽车	162.88	0.40	46.21	70.45	45.82
摩托车	811.56	28.26	284.28	266.25	232.77

表 53 长三角地区邮电业务基本情况(2016 年)

指 标	长三角	上海市	江苏省	浙江省	安徽省
邮电业务总量(亿元)	8863.65	564.25	3431.23	3715.39	1152.78
函件(亿件)	15.57	8.26	3.33	3.37	0.61
特快专递(亿件)	121.17	26.02	28.38	59.88	6.89
报刊期发数(万份)			1062.97		528

续表

指　标	长三角	上海市	江苏省	浙江省	安徽省
年末固定电话(万户)	4340.97	731.62	1708.33	1287.22	613.8
年末移动电话用户(万户)	22922.87	3156.14	8198.75	7225	4342.98
固定互联网用户(万户)	6724.48	804.2	2685.24	2160	1075.04
邮路及农村投递路线总长度(万千米)	335.42	5.96	37.17	271.97	20.32
邮电通信工具拥有量					
长途光缆线路长度(千米)			2939498	24040	1018085

表 54　长三角地区社会消费品零售总额　　单位:亿元

年　份	长三角	上海市	江苏省	浙江省	安徽省
1980		80.43	122.56	74.87	
1990		333.86	515.43	353.75	
1995		1050.96	1741.92	1472.66	
2000		1865.28	2908.46	2553.59	
2005	15137.55	2979.50	5735.50	4645.85	1776.70
2006		3375.20	6706.19	5357.97	
2007		3873.30	7985.90	6271.32	
2008		4577.23	9905.10	7533.30	
2009		5213.11	11487.72	8666.19	
2010	34331.44	6186.58	13606.34	10387.02	4151.50
2011	40677.54	7185.83	16058.31	12532.80	4900.60
2012	46136.70	7840.40	18411.11	14199.59	5685.60
2013	52450.70	8556.96	20878.20	15970.84	7044.70
2014	58553.90	9303.49	23458.07	17835.34	7957.00
2015	64701.01	10131.5	25876.77	19784.74	8908.00
2016	71624.72	10946.60	28707.12	21970.80	10000.20

表 55　长三角地区批发和零售总额　　单位:亿元

年　份	长三角	上海市	江苏省	浙江省	安徽省
1980		70.28	114.35	69.62	
1990		265.67	472.72	321.45	
1995		864.01	1573.01	1360.01	
2000		1493.13	2583.19	2235.01	
2005		2637.29	5051.70	4033.32	
2006		2987.54	5898.79	4687.61	
2007		3428.43	7023.48	5488.43	
2008		4051.51	8890.30	6678.37	
2009		4610.76	10312.81	7708.05	

续表

年　份	长三角	上海市	江苏省	浙江省	安徽省
2010	30705.69	5494.69	12207.18	9231.22	3772.60
2011		6446.61	14320.87		4321.40
2012		7039.16	16448.83		5005.50
2013		7714.96	18694.85		6225.50
2014		8414.81	21229.55		7032.90
2015		9116.93	23414.30		7912.10
2016		9874.15	25899.14		8914.20

表 56　长三角地区餐饮业总额　　单位:亿元

年　份	长三角	上海市	江苏省	浙江省	安徽省
1980		3.41	4.72	2.86	
1990		17.08	24.17	15.90	
2000		134.12	269.59	237.67	
2005		342.21	583.09	534.85	
2006		387.66	678.83	613.63	
2007		444.87	810.56	724.04	
2008		525.72	826.10	804.09	
2009		602.35	957.23	905.75	
2010	3440.24	691.89	1147.99	1072.46	527.90
2011		739.22	1359.27		579.20
2012		801.24	1588.08		680.10
2013		842.00	1788.44		819.20
2014		888.68	2040.85		924.10
2015		1014.57	2263.56		995.90
2016		1072.42	2591.25		1086.00

表 57　长三角地区限额以上批发和零售业法人企业数(2016 年)　　单位:个

项　　目	长三角	上海市	江苏省	浙江省	安徽省
总　　计	49351	5688	19423	17317	6923
#国有及国有控股			855	878	403
批发业	28609	3814	10852	11678	2265
#国有及国有控股			539	447	228
按登记注册类型分					
内资企业	26537	2429	10463	11397	2248
国有企业	344	42	217	39	46
集体企业	80	9	44	16	11
股份制企业	30	2	5	19	4

续表

项 目	长三角	上海市	江苏省	浙江省	安徽省
私营企业	19466	1519	7649	9007	1291
港、澳、台商投资企业	763	450	171	137	5
外商投资企业	1309	935	218	144	12
按行业分					
农、林、牧产品批发	1149	48	663	205	233
食品、饮料及烟草制品批发	2211	300	854	651	406
纺织、服装及家庭用品批发	6042	550	1643	3658	191
文化、体育用品及器材批发	940	123	289	470	58
医药及医疗器材批发	1144	189	315	367	273
矿产品、建材及化工产品批发	11441	1455	4980	4354	652
机械设备、五金交电及电子产品批发	4410	902	1554	1626	328
贸易经纪与代理	380	107	157	102	14
其他批发	811	140	397	245	29
零售业	20742	1874	8571	5639	4658
#国有及国有控股			316	431	175
按登记注册类型分					
内资企业	19966	1591	8349	5442	4584
国有企业	149	48	51	31	19
集体企业	202	29	111	39	23
股份制企业	63	11	12	35	5
私营企业	13185	774	5781	3646	2984
港、澳、台商投资企业	461	170	128	114	49
外商投资企业	315	113	94	83	25
按行业分					
综合零售	2457	252	856	501	848
食品、饮料及烟草制品专门零售	2097	117	1048	351	581
纺织、服装及日用品专门零售	1393	283	590	300	220
文化、体育用品及器材专门零售	1121	124	577	235	185
医药及医疗器材专门零售	1141	114	491	310	226
汽车、摩托车、燃料及零配件专门零售	7252	709	2844	2385	1314
家用电器及电子产品专门零售	2298	89	1013	599	597
五金、家具及室内装修材料专门零售	1239	85	661	205	288
货摊、无店铺及其他零售业	1744	101	491	753	399

表 58 长三角地区限额以上批发和零售业产业活动单位(2016 年)

单位:个

项 目	长三角	上海市	江苏省	浙江省	安徽省
总 计		19360	31873		
#国有及国有控股			4166		
批发业		6999	12437		

续表

项 目	长三角	上海市	江苏省	浙江省	安徽省
＃国有及国有控股			1173		
按登记注册类型分					
内资企业		3761	11912		
国有企业		54	309		
集体企业		17	60		
股份制企业		2	5		
私营企业		1748	8106		
港、澳、台商投资企业		1028	273		
外商投资企业		2210	252		
按行业分					
农、林、牧产品批发		62	724		
食品、饮料及烟草制品批发		1130	1001		
纺织、服装及日用品批发		1382	1779		
文化、体育用品及器材批发		169	310		
医药及医疗器材批发		358	379		
矿产品、建材及化工产品批发		2104	6024		
机械设备、五金交电及电子产品批发		1444	1628		
贸易经纪与代理		134	157		
其他批发		216	435		
零售业		12361	19436		
＃国有及国有控股			2993		
按登记注册类型分					
内资企业		8669	17961		
国有企业		82	84		
集体企业		96	202		
股份制企业		60	16		
私营企业		2577	8184		
港、澳、台商投资企业		1395	477		
外商投资企业		2297	998		
按行业分					
综合零售		4907	3453		
食品、饮料及烟草制品专门零售		1892	2943		
纺织、服装及日用品专门零售		2394	961		
文化、体育用品及器材专门零售		390	990		
医药及医疗器材专门零售		1141	3269		
汽车、摩托车、燃料及零配件专门零售		984	4943		
家用电器及电子产品专门零售		343	1600		
五金、家具及室内装修材料专门零售		120	719		
无店铺及其他零售		190	558		

表 59 长三角地区限额以上批发和零售业从业人员(2016 年)

单位:人

项目	长三角	上海市	江苏省	浙江省	安徽省
总计	2893533	805396	966102	745929	376106
#国有及国有控股			102975	86359	65219
批发业	1341872	440975	404339	374349	122209
#国有及国有控股			57527	48849	37579
按登记注册类型分					
内资企业	983547	160585	346759	359779	116424
国有企业	42473	2410	20479	8665	10919
集体企业	3116	234	1454	814	614
股份制企业	1109	52	344	488	225
私营企业	497177	69127	173733	209641	44676
港、澳、台商投资企业	141130	108991	21330	9127	1682
外商投资企业	217195	171399	36250	5443	4103
按行业分					
农、林、牧产品批发		2205	25029	4778	
食品、饮料及烟草制品批发		54683	64237	57595	
纺织、服装及日用品批发		139048	94462	118382	
文化、体育用品及器材批发		16086	15589	13705	
医药及医疗器材批发		50824	45972	32454	
矿产品、建材及化工产品批发		58097	96656	90150	
机械设备、五金交电及电子产品批发		105210	50926	51226	
贸易经纪与代理		4589	2651	1626	
其他批发		10233	8817	4433	
零售业	1551661	364421	561763	371580	253897
#国有及国有控股			45448	37510	27640
按登记注册类型分					
内资企业	1204619	198904	444834	328362	232519
国有企业	10708	2255	4517	1636	2300
集体企业	7637	1500	3569	1918	650
股份制企业	1310	217	260	643	190
私营企业	464801	65142	232624	167017	111464
港、澳、台商投资企业	180255	71714	70904	23151	14486
外商投资企业	166787	93803	46025	20067	6892
按行业分					
综合零售		122320	191737	108006	
食品、饮料及烟草制品专门零售		20487	42496	15085	
纺织、服装及日用品专门零售		117888	43355	27829	
文化、体育用品及器材专门零售		10604	25199	12125	
医药及医疗器材专门零售		13353	42630	27034	
汽车、摩托车、燃料及零配件专门零售		43082	130325	118444	
家用电器及电子产品专门零售		13353	45451	26329	
五金、家具及室内装修材料专门零售		6349	18765	5340	
无店铺及其他零售		16985	21805	31388	

表 60　长三角地区对外经济主要指标(2016 年)

单位:亿美元

指　　标	长三角	上海市	江苏省	浙江省	安徽省
进出口总额		4338.5	5096.12	22202.08(亿元)	443.80
进口总额		2503.38	1902.68	4535.60(亿元)	158.96
初级产品			233.26	1647.26(亿元)	85.86
工业制成品			1591.87	2888.34(亿元)	73.10
出口总额		1834.67	3193.44	17666.48(亿元)	284.84
初级产品			51.38	511.48(亿元)	17.32
工业制成品			3077.73	17155.00(亿元)	267.52
合同外商直接投资项目(个)	10424	5153	2859	2145	267
合同外商直接投资	1263.12	509.78	431.39	280.81	41.14
实际外商直接投资	754.01	185.14	245.43	175.77	147.67
接待海外旅游者(万人次)	2789.79	854.37	329.77	1120.30	485.35
外国人	1892.35	659.83	217.99	731.62	282.91
港澳台同胞	897.48	194.54	111.78	388.68	202.48
旅游外汇收入(亿美元)	203.07	65.30	38.04	74.31	25.42

表 61　长三角地区合同外商直接投资项目(2016 年)

单位:个

指　标	长三角	上海市	江苏省	浙江省	安徽省
合　　计	10424	5153	2859	2145	267
合资经营企业	2324	989	776	430	129
合作经营企业		6	15		2
独资经营企业	7669	4148	2062	1325	134

表 62　长三角地区合同外商直接投资金额(2016 年)

单位:亿美元

指　　标	长三角	上海市	江苏省	浙江省	安徽省
合　　计	1263.12	509.78	431.39	280.81	41.14
合资经营企业	211.11	68.73	85.19	44.93	12.26
合作经营企业		3.41	9.51		0.60
独资经营企业	993.67	425.27	331.59	208.29	28.52

表 63　长三角地区实际外商直接投资金额(2016 年)

单位:亿美元

指　　标	长三角	上海市	江苏省	浙江省	安徽省
合　　计	754.01	185.14	245.43	175.77	147.67
合资经营企业	168.38	29.48	54.50	35.19	49.21
合作经营企业		0.28	2.28		0.52
独资经营企业	555.08	152.32	182.54	123.15	97.07

表 64　长三角地区接待海外旅游者人数和收入(2016 年)

项　　目	长三角	上海市	江苏省	浙江省	安徽省
接待人数(人次)	27897951	8543700	3297735	11203019	4853497
外国人	18923569	6598300	2179954	7316202	2829113
日本	2240950	1074900	414889	552598	198563
新加坡	639898	225900	68466	204592	140940
美国	1974345	943600	225373	555743	249629
加拿大		225500	78812	158602	
英国	628582	245300	59919	225166	98197
法国	596251	224500	46447	232813	92491
德国	773352	324800	103154	246935	98463
意大利		117700	34374	300172	
澳大利亚		230600	60124	143038	
港澳台同胞	8974832	1945400	1117781	3886817	2024834
旅游外汇收入(亿美元)	203.0735	65.30	38.04	74.31	25.4235

表 65　长三角地区国内旅游者人数　　单位:万人次

年　份	长三角	上海市	江苏省	浙江省	安徽省
2003		7603.00	11423.82	8429.00	
2005	43688.26	9012.00	17234.26	12758.00	4684.0
2007	60357.60	10210.00	23198.60	19100.00	7849.0
2009	78765.60	12361.00	29726.60	24410.00	12268.0
2010	101830.60	21463.00	35518.60	29500.00	15349.0
2011	121058.81	23079.00	41150.01	34295.00	22534.8
2012	139884.51	25094.00	46437.41	39124.00	29229.1
2013	154570.30	25991.00	51539.20	43439.00	33601.1
2014	169705.12	26818.00	57113.32	47875.00	37898.8
2015	186438.35	27569.00	61933.65	52532.00	44403.7
2016	206942.19	29621.00	67779.99	57300.00	52241.2

表 66　长三角地区保险业务主要指标(2016 年)　　单位:亿元

指　　标	长三角	上海市	江苏省	浙江省	安徽省
保费收入	6622.92	1529.26	2690.25	1527.32	876.09
财产险	1986.72	371.15	733.44	569.34	312.79
#机动车辆保险			587.92	458.46	260.45
人身险	4636.20	1158.11	1956.81	957.98	563.30
人身意外伤害险			61.32	45.87	16.66
健康险			388.53	198.16	106.28
寿险			1506.96	713.95	440.36

续表

指　标	长三角	上海市	江苏省	浙江省	安徽省
各项赔款和给付	2319.27	528.77	915.13	517.89	357.48
财产险	1170.53	222.55	437.66	335.26	175.06
＃机动车辆保险			356.70	279.30	131.66
人身险	1148.74	306.22	477.48	182.63	182.41
人身意外伤害险			17.64	9.76	3.08
健康险			55.89	30.31	33.37
寿险			403.95	142.56	145.96

表 67　长三角地区科研机构数(2016 年)

单位:个

指　标	长三角	上海市	江苏省	浙江省	安徽省
科技机构数(个)	47434	2706	25402	13966	5360
＃科研单位	442	111	135	96	100
大中型工业企业	17919	2344	7816	3016	4743
高等院校	2346	114	1055	717	460

表 68　长三角地区三种专利申请受理量(2016 年)

单位:件

项　目	长三角	上海市	江苏省	浙江省	安徽省
申请受理量合计	1197465	119937	512429	393147	172552
＃发明	428188	54339	184632	93254	95963
实用新型			192636	199244	67031
外观设计			135161	100649	9558

表 69　长三角地区三种专利授权量(2016 年)

单位:件

项　目	长三角	上海市	江苏省	浙江省	安徽省
授权量合计	577702	64230	231033	221456	60983
＃发明	102906	20086	40952	26576	15292
实用新型			117827	123744	38773
外观设计			72254	71136	6918

表 70　长三角地区文化艺术和文物事业机构情况(2016 年)

单位:个

项　目	长三角	上海市	江苏省	浙江省	安徽省
艺术业		252	744		1966
＃艺术表演团体	3772	205	444	1245	1878
图书馆业	363	24	114	102	123
群众文化服务业		237	1395		1559
文化馆、站	4399	213	1282	1466	1438

续表

项 目	长三角	上海市	江苏省	浙江省	安徽省
文化馆	360	24	113	102	121
艺术教育业	25	1	13	6	5
文艺科研	27	2	8	6	11
文物业	1281	135	426	443	277
博物馆	888	125	317	275	171

表 71 长三角地区教育事业基本情况(2016 年)

指 标	长三角	上海市	江苏省	浙江省	安徽省
学校数(所)					
普通高等学校	422	64	141	108	109
普通中学	9256	801	2692	2291	3472
小学	16373	753	4036	3300	8284
特殊教育	285	29	101	84	71
专任教师(万人)					
普通高等学校	27.21	4.23	10.98	6.05	5.95
普通中学	74.65	5.58	27.17	18.98	22.92
小学	78.31	5.34	28.92	20.00	24.05
特殊教育	0.84	0.12	0.33	0.24	0.15
招生数(万人)					
普通高等教育	135.81	19.18	50.58	31.09	34.96
研究生	14.29	4.91	5.31	2.22	1.85
本专科生	121.52	14.27	45.27	28.87	33.11
普通中学	302.39	17.83	101.98	79.04	103.54
小学	242.69	16.08	93.46	59.51	73.64
特殊教育	1.08	0.06	0.40	0.25	0.37
在校学生(万人)					
普通高等教育	482.71	65.97	190.74	106.33	119.67
研究生	42.54	14.50	16.15	6.72	5.17
本专科生	440.16	51.47	174.58	99.61	114.50
普通中学	878.97	57.11	290.10	226.87	304.89
小学	1386.55	78.97	522.20	355.02	430.36
特殊教育	6.65	0.43	2.47	1.66	2.09
毕业生数(万人)					
普通高等教育	131.26	17.23	52.52	29.11	32.40
研究生	11.72	3.97	4.37	1.78	1.60
本专科生	119.55	13.26	48.16	27.33	30.80
普通中学	285.03	14.37	95.47	74.23	100.96
小学	210.76	14.69	72.18	56.95	66.94
特殊教育	0.81	0.08	0.33	0.26	0.14

表 72 长三角地区卫生事业机构数(2016 年)

单位:个

项目	长三角	上海市	江苏省	浙江省	安徽省
总计	93082	5011	32135	31548	24388
医院	4201	349	1679	1131	1042
综合医院	2400	181	1033	505	681
中医院	381	19	111	152	99
中西结合医院	86	8	27	31	20
专科医院	1163	113	403	411	236
疗养院	162	32	105	15	10
社区卫生服务中心	11477	1039	2660	5870	1908
卫生院	4831	1218	1041	1201	1371
门诊部	3570	633	1300	1390	247
专科疾病防治院(所、站)	125	20	42	16	47
疾病预防控制中心(防疫站)	358	19	117	101	121
卫生监督所	338	17	106	103	112
医学科学研究机构	36	9	9	7	11

第六篇

重要文献

第一章 上海市政府相关文件

上海市政务数据资源共享管理办法

第一章 总则

第一条(目的依据)

为规范和促进本市政务数据资源共享与应用,推动政务数据资源优化配置和增值利用,促进政府部门间业务协同,避免重复建设,进一步提高本市公共管理和服务水平,依据国务院印发的《促进大数据发展行动纲要》(国发〔2015〕50号)等文件精神,结合本市实际,制定本办法。

第二条(概念定义)

本办法所称的政务数据资源,是指市级行政机关和依法经授权行使行政职能的组织(以下统称"行政机构")在依法履行职能的过程中采集和获取的各类数据资源。

第三条(适用范围)

行政机构之间的各类政务数据资源共享行为及其相关管理活动,适用本办法。

第四条(职责分工)

网上政务大厅建设与推进工作领导小组(以下简称"领导小组")是全市政务数据资源共享管理工作的领导机构,负责协调推进政务数据资源共享有关的重大事项,领导小组办公室设在市政府办公厅。

市经济信息化委负责行政机构政务数据资源共享的统筹规划和本办法的组织实施,会同相关部门制定、发布政务数据资源共享交换具体实施制度,承担政务数据资源共享基础设施以及资源管理平台的建设、运行和维护,负责政务数据资源维护管理、安全运行管理等工作。

市财政局负责行政机构政务数据资源共享的资金保障。

行政机构是政务数据资源共享的责任主体,应当在各自职责范围内,做好本部门政务数据资源的采集获取、互联互通、目录编制、共享提供和更新维护工作,并按照法律、法规和有关规定,合理使用获得的可共享的政务数据资源(以下简称"共享数据资源")。

第五条(原则要求)

政务数据资源的共享与应用遵循以下原则:

(一) 全面共享。政务数据资源以共享为原则,不共享为例外。行政机构应当在职能范围内,提供各类政务数据资源共享服务。

(二) 依法使用。对共享数据资源,进行合法、合理使用,不得滥用,不得泄露国家秘密、商业秘密和个人隐私,切实维护数据资源主体的合法权益。

(三) 安全可控。依托全市信息安全保障体系,完善全市政务数据资源共享安全机制,确保政务数据资源安全。

第二章 资源管理平台

第六条(资源管理平台属性)

本市建设满足市级政务数据资源共享和业务协同需求的、统一的政务数据资源管理平台(以下简称"资源管理平台")。资源管理平台是政务数据资源共享的主要载体,为行政机构之间政务数据资源共享交换提供支撑。资源管理平台包括目录管理系统和交换系统两部分。

第七条(资源管理平台接入要求)

全市性、行业性、领域性的跨部门业务协同信息化系统,应当纳入政务数据资源共享工作范围内统筹管理,并与资源管理平台做好对接。

行政机构必须以数字化形式,向资源管理平台提供可共享的政务数据资源的访问接口,确保行政机构业务数据库与资源管理平台之间的实时连通和同步更新。对不支持政务数据资源共享和业务协同的项目,项目审批部门不予审批。

第三章　数据资源目录

第八条(政务数据资源共享属性)

政务数据资源共享属性分为三种类型:普遍共享、按需共享、不共享。

普遍共享类包括:具有基础性、基准性、标识性的政务数据资源;资源提供方明确可以无条件共享的政务数据资源;经领导小组核定应当无条件共享的政务数据资源。

数据内容敏感、只能按特定条件提供给资源需求方的政务数据资源,应当按照相关保密管理规定,列入按需共享类。

列入不共享类的,应当有法律法规、规章政策或其他依据。

第九条(资源目录编制要求)

行政机构根据法定职责,对本部门所掌握的政务数据资源进行梳理,确定其共享和公开属性,并按照技术标准,在资源管理平台进行目录编制,形成政务数据资源目录(以下简称"资源目录")。

行政机构可以结合自身实际,选择在线编制、离线工具、系统对接等方式,进行本部门资源目录编制。

行政机构信息化项目建设应当在项目验收前,做好信息化项目中的资源目录编制工作,资源目录将作为规划和安排各部门信息化建设项目和运行维护项目评审的重要依据。

第十条(资源目录管理要求)

行政机构应当建立本部门资源目录管理制度,并加强对本部门资源目录编制、审核、发布、更新等管理。

行政机构应当指定专人负责资源目录的编制和审核。审核人员应当逐条审核已提交的目录信息,确保其准确性、完整性和合规性。审核通过的目录,应当及时发布;审核未通过的目录,应当及时退回修改。

行政机构应当建立本部门资源目录更新制度,因资源目录要素内容发生调整或可共享的政务数据资源出现变化时,应当在 2 个工作日内,进行资源目录的更新操作。

行政机构对本部门资源目录,每年应当至少进行一次全面维护。

第四章　数据采集

第十一条(数据采集原则)

行政机构应当按照法定职责,采集政务数据资源,明确本部门数据采集、发布、维护的规范和程序,确保数据的正确性、完整性、时效性。

行政机构有政务数据资源采集需求时,除法律、法规另有规定以外,应当遵循"一数一源"的原则,不得重复采集可以通过共享方式获取的政务数据资源。

第十二条(数据采集方式)

行政机构应当以数字化方式采集、记录和存储政务数据资源,非数字化信息应当按照相关技术标准,开展数字化改造。

数据资源的采集应当以统一社会信用代码作为标识。其中,自然人的统一社会信用代码为身份证

号码，法人和其他组织的统一社会信用代码为登记管理部门赋予的唯一机构编码。

第五章　共享使用

第十三条（共享使用原则）

行政机构有义务向其他行政机构提供可共享的政务数据资源，并有权利根据履职需要，提出政务数据资源共享需求。

除法律、法规、规章另有规定外，行政机构不得拒绝其他行政机构提出的政务数据资源共享需求。

第十四条（共享使用方式）

行政机构应当通过资源管理平台，主动提供普遍共享类政务数据资源的共享服务。

对按需共享类政务数据资源，资源需求方应当通过资源管理平台，向资源提供方提出共享申请，说明共享范围、共享用途和申请数据项内容等，并将系统生成的需求申请表以书面形式送资源提供方审核。资源提供方应当在收到书面申请后10个工作日内，提出是否同意共享的意见及理由。

如资源需求方对资源提供方的意见持有异议，可以申请协调处理，由领导小组办公室会同相关部门对该事项进行研究并作出结论，必要时报请领导小组决定。

涉及国家秘密、商业秘密和个人隐私的政务数据资源，资源需求方和资源提供方应当签订政务数据资源共享安全保密协议，按照约定方式共享数据资源。

第十五条（共享服务模式）

行政机构应当根据政务数据资源的性质和特点，选择采用接口交换、文件下载、在线浏览或离线交换等途径共享政务数据资源。其中以接口交换方式提供的，行政机构应当及时在资源管理平台将其注册为接口服务，并提供接口描述及调用方法。对变化频繁的、时效性较强的，以及涉及跨部门并联审批和协同办公的政务数据资源，应当采用接口交换的方式，提供共享服务。

第十六条（共享更新机制）

行政机构应当建立政务数据资源的共享更新机制，对其提供的共享数据资源进行动态管理，在共享数据资源产生或者变更之后2个工作日内进行更新，并通知该共享数据资源的获取方。资源获取方应当及时比对和更新所获取的共享数据资源，确保数据一致性。

第十七条（使用限制）

行政机构获取的共享政务数据资源仅限于内部使用，如需对外提供或发布，应当向资源提供方提出书面申请，经同意后，方可对外提供或发布。

行政机构未经授权，不得将获取的共享数据资源挪作他用，不得以任何方式或形式用于社会有偿服务或其他商业用途，并对共享数据资源的滥用、非授权使用、未经许可的扩散以及泄露等行为负责。资源提供方不对其提供的共享数据资源在其他行政机构使用中的安全问题负责。

第六章　安全保障

第十八条（安全保障原则）

市经济信息化委应当建立健全政务数据资源安全管理制度和工作规范，加强资源管理平台安全建设和管理，完善身份认证、访问控制、信息审计追踪等技术防控措施，建立安全应急处理和灾难恢复机制。

行政机构应当按照“谁建设，谁维护；谁使用，谁负责”的原则，在各自的职责范围内，做好政务数据资源安全和信息保密的监督和管理工作。

第十九条（保密审查）

行政机构提供的共享数据资源，应当事先经过本部门的保密审查。

第二十条（资金保障）

行政机构政务数据资源共享的运行维护经费，纳入本部门市本级信息化项目支出预算。

第二十一条(机构与人员保障)

行政机构指定专门机构和专人负责政务数据资源共享工作，并将数据资源管理员的信息向市经济信息化委备案，如有人员变动，应当及时更新。市经济信息化委应当定期组织开展政务数据资源共享工作业务培训。

第七章 监督检查

第二十二条(评估考核)

市经济信息化委会同市政府办公厅督促检查政务数据资源共享落实工作。市经济信息化委对各部门政务数据资源的目录编制、资源共享和更新维护情况进行评估，并对评估结果进行定期通报，评估结果纳入市级政府信息公开工作年度考核范围。

第二十三条(效能监督)

行政机构违反本办法规定，有下列情形之一的，由网上政务大厅建设与推进工作领导小组根据实际情况予以书面通报，并责令其限期改正；造成严重不良后果的，由网上政务大厅建设与推进工作领导小组按照效能检查的相关规定予以处理：

(一) 不按照规定将本部门资源目录和掌握的政务数据资源提供给其他部门共享的；

(二) 不按照规定随意采集政务数据资源，扩大数据采集范围，造成重复采集数据，增加社会成本，给社会公众增加负担的；

(三) 故意提供不真实、不准确、不全面的资源目录和政务数据资源的，未按照规定时限发布、更新资源目录和政务数据资源的；

(四) 对获取的共享数据资源管理失控，致使出现滥用、非授权使用、未经许可的扩散以及泄露的；

(五) 不按照规定，擅自将获取的共享数据资源用于本部门履行职责需要以外的，或擅自转让给第三方，或利用共享数据资源开展经营性活动的；

(六) 对监督检查机关责令整改的问题，拒不整改的；

(七) 其他违反本办法应当给予处分的行为。

第二十四条(法律责任)

行政机构违反法律、法规和本办法有关规定，造成国家、法人、其他部门和个人损失的，依法追究相关部门和直接责任人员的法律责任。

第八章 附则

第二十五条(适用性)

各区县行政机构之间的各类政务数据资源共享行为及其相关管理活动，遵照本办法执行。

第二十六条(实施日期、有效期)

本办法自2016年3月1日起施行。

本办法有效期5年。

本市加强财政科技投入联动与统筹管理实施方案

为深入贯彻落实中共中央、国务院《关于深化体制机制改革加快实施创新驱动发展战略的若干意见》、国务院《关于深化中央财政科技计划(专项、基金等)管理改革的方案》和《中共上海市委上海市人民政府关于加快建设具有全球影响力的科技创新中心的意见》，进一步推动本市财政科技投入管理改革，

加强财政科技投入联动与统筹管理，制定本实施方案。

一、明确实施目标与范围

（一）实施目标。遵循“顶层设计、分步实施”原则，以制度改革为基础，以信息化手段为支撑，充分发挥社会专业机构在财政科技项目管理中的作用，优化财政科技投入管理，打破部门分割，提高财政科技专项资金的使用效率与效益。用两年时间，基本解决本市财政科技投入存在的分散、重复等突出问题，基本建立起布局合理、功能清晰、信息公开、绩效导向的财政科技投入管理体系和部门科技投入联动协同、重大科技投入统筹聚焦的管理机制，进一步加强对重大战略项目的支撑，进一步强化科技与经济的紧密结合，充分发挥财政科技投入对建设具有全球影响力的科技创新中心的战略支撑作用。

（二）实施范围。将 19 个市级科技专项纳入实施范围。今后，本市新设科技专项原则上纳入联动与统筹的管理范围，逐步扩大实施范围。涉密科技专项以及涉及敏感信息的科技项目不纳入本方案实施范围。

二、建设统一的市级财政科技投入信息管理平台

（一）建设全市统一的财政科技投入信息管理平台。依托政务外网，建设全市统一的财政科技投入信息管理平台（以下简称“信息平台”）。实现对专项指南的集中发布，项目的一站式网上申报受理、统一编码和信息公开，以及专项信息跨部门共享，逐步将分散在各相关部门的专项管理信息集中到信息平台上，最终实现覆盖专项指南发布、项目申报、立项、实施、验收等全过程的统一信息管理，为加强财政科技投入联动和统筹管理提供数据支撑。

（二）加强财政科技专项管理信息开放与共享。对纳入财政科技投入联动与统筹管理的专项和已建管理系统的专项与信息平台进行系统级互联和数据交换。未建管理系统的专项以及今后新设科技专项，原则上依托信息平台，开展项目信息管理工作。

三、加强市级财政科技投入联动管理

（一）加强财政科技专项分类管理。围绕产业链部署创新链，围绕创新链完善资金链，将全市财政科技投入专项优化整合为五类，逐步形成各有侧重、相互协同的专项分类管理格局。主要分为基础前沿类专项、科技创新支撑类专项、技术创新引导类专项、科技人才与环境类专项，以及新设立的市级科技重大专项。

基础前沿类专项重点支持对经济社会发展和科技进步具有前瞻性、战略性、全局性、带动性等基础研究和科学前沿探索项目，强化财政科技投入的稳定性和持续性，夯实创新基础，增强源头创新能力。

科技创新支撑类专项重点支持市场化竞争前的产业共性和关键技术研发，关系到城市发展和社会进步的环境、生态、健康等领域的社会公益性研究，以及科技服务、公共技术研发平台建设等项目，促进科技成果转化，增强科技创新支撑能力。

技术创新引导类专项重点支持以企业为主体、以技术创新为基础、以产业化为主要目标的项目，发挥财政资金的杠杆作用，充分发挥市场机制，引导企业加大技术创新投入力度，探索财政科技项目支持新方式。

科技人才与环境类专项重点支持科技创新创业基地服务能力建设、科技人才发展等项目，促进科技资源开放共享，推进基地服务平台建设和创新创业文化发展，为创新创业人才提供良好的发展条件和有效激励，提高科技创新创业的条件保障能力。

新设的市级科技重大专项以战略性新兴产业发展专项资金为基础，统筹利用现有相关专项，聚焦对科技和产业进步具有重大带动作用的重大战略产品和产业化目标，以及重大关键技术研发，组织协同攻关。

（二）分类加强财政科技专项的联动管理。重点开展基础前沿、科技创新支撑、技术创新引导、科技人才与环境类专项的联动管理。其中，市科委是基础前沿、科技创新支撑、科技人才与环境类专项的联动牵头部门，市经济信息化委是技术创新引导类专项的联动牵头部门。牵头部门要会同相关配合部门根据分类专项特点，分别制定各分类专项联动管理实施细则，并根据联动管理需要，组织协调相关部门完善相关专项管理办法。

牵头部门及配合部门依托信息平台，开展联动管理，加强专项指南研究、项目支持等工作协同，提高分类专项整体管理水平，避免项目重复支持。牵头部门负责编制分类专项联动管理情况年度报告，并于下年度一季度前报送市发展改革委。

（三）推动财政科技专项的优化整合。市发展改革委、市科委、市财政局牵头负责财政科技专项的优化整合，研究新设科技类专项的必要性和合理性，视情委托第三方专业机构对分类专项联动管理年度报告进行评估。在综合专业机构评估报告、专项实施绩效评价报告的基础上，研究提出专项优化整合建议，报市政府审定。

（四）依托专业机构提升专项管理水平。各专项管理部门充分依托具备一定条件的科技管理事业单位，或有相关资质的专业项目管理机构，开展专项项目管理。专业机构受负责专项管理的政府部门的委托，对专项项目进行过程管理。

四、加强市级科技重大投入统筹聚焦

（一）实施市级科技重大专项。重点围绕具有全球影响力的科技创新中心建设实施一批重大战略项目的任务要求，实施市级科技重大专项，集中资源，加强财政科技投入力度，聚焦突破国家亟需、能填补空白、上海自身有基础和能力的一批关键技术，支持建设一批重大科技基础设施。积极支持市级科技重大专项，按照国家有关规定，申报国家科技重大专项。

（二）加强市级科技重大专项的统筹协调。市战略性新兴产业领导小组办公室负责统筹实施市级科技重大专项。市科委、市经济信息化委、市国资委会同市发展改革委、市财政局研究提出实施计划建议，包括实施领域、项目包、牵头承担单位、重大专项管理部门、保障措施等。市战略性新兴产业领导小组办公室在审核实施计划和统筹平衡的基础上，研究拟定实施方案以及项目包资金支持渠道，报市政府审定后，按照实施方案确定的资金渠道相关规定，对重大专项相关项目进行管理。重大专项管理部门负责专项整体推进和阶段性评估工作。市战略性新兴产业领导小组办公室负责组织重大专项总体验收工作。

五、确定实施进度与任务分工

（一）建立联动管理工作机制

制定联动管理实施细则，2016 年 5 月完成。（各分类专项牵头部门会同配合部门）

依托信息平台，启动开展分类专项联动管理，2016 年底前完成。（各分类专项牵头部门会同配合部门）

（二）建设和推动信息平台应用

启动信息平台建设，2016 年三季度建成。（市信息中心会同各相关部门）

依托信息平台，试点推进信息共享，2016 年底前完成。（市发展改革委、市科委、市经济信息化委、市财政局会同市信息中心、相关部门）

扩大信息平台应用范围，基本实现对本市财政科技投入专项资金全覆盖，2017 年 9 月底前完成。（市财政局、市科委、市发展改革委会同市信息中心、相关部门）

（三）推进市级科技重大专项

制定市级科技重大专项管理办法，2016 年上半年完成。（市发展改革委会同市科委、市财政局等）

研究启动首批市级科技重大专项，2016 年底完成。（市科委、市发展改革委会同市财政局、市经济信

息化委、市国资委)

继续实施一批市级科技重大专项。(市经济信息化委、市国资委、市科委会同市发展改革委、市财政局等)

六、落实保障措施

(一) 加强财政科技投入管理改革的组织领导。在市推进具有全球影响力的科技创新中心建设领导小组(以下简称"领导小组")的领导下,领导小组办公室负责协调本市财政科技投入管理改革有关事项,相关部门要进一步统一思想,积极配合,主动改革,加快落实专项管理改革工作。

(二) 推进信息平台应用。市信息中心实现信息平台与上海市网上政务大厅对接,加强信息平台的应用宣传。市政府办公厅会同市信息中心将依托信息平台集中发布专项指南等有关信息,纳入专项管理部门政府信息公开工作考核范围。相关专项管理部门、市财政局逐步以项目统一编码分别作为项目受理立项、财政资金拨付的必要条件。

(三) 支持专业服务能力建设。各专项管理部门建立依托专业机构,开展项目管理的工作机制。支持专项管理部门研究调整相关操作办法,允许各专项资金列支部分资金,并进一步加大投入力度,用于采购专项管理专业化服务。

本实施方案自 2016 年 5 月 1 日起施行,有效期至 2020 年 12 月 31 日。

上海市融资性担保公司管理办法

为充分发挥融资性担保在促进中小企业融资中的重要作用,加强对融资性担保公司的监督管理,规范融资性担保行为,促进本市融资性担保行业健康发展,根据《中华人民共和国公司法》《中华人民共和国担保法》《中华人民共和国合同法》《融资性担保公司管理暂行办法》(银监令〔2010〕3 号)等规定,结合本市实际,制定本办法。

一、适用范围

(一) 凡在本市范围内设立融资性担保公司、开展融资性担保业务及有关管理工作,适用本办法。

(二) 本办法所称融资性担保,是指担保人与银行业金融机构等债权人约定,当被担保人不履行对债权人负有的融资性债务时,由担保人依法承担合同约定的担保责任的行为。

(三) 本办法所称融资性担保公司,是指依法设立,经营融资性担保业务的有限责任公司、股份有限公司。

二、总体要求

(一) 融资性担保公司在经营中,应当遵循"诚实守信、公平竞争、依法合规"的原则,注重把握安全性、流动性、收益性,为促进中小企业发展发挥积极作用。

(二) 本市有关部门和区县政府要形成合力,进一步加大政策扶持与服务力度,为融资性担保公司持续健康发展创造良好条件。

(三) 本市融资性担保公司监管,实行"部门配合,市、区县联动"的机制。有关部门要切实履行职责,做好对融资性担保公司的日常监管、风险防范和处置等工作,确保融资性担保行业健康稳定发展。

三、工作机制

(一) 完善本市融资性担保行业规范发展和业务监管联席会议(以下简称"市联席会议")制度。市联席会议主要承担两项职能：一是指导开展融资性担保行业规范发展工作，审议决定行业监管的重大事项；二是促进本市融资性担保行业进一步支持和服务中小企业融资，研究制定促进行业发展的政策措施，指导推进区县政府开展融资性担保相关工作，建立健全科学合理的政策性融资担保业务绩效评价与综合考核机制，协调解决融资性担保行业发展存在的问题。

市联席会议成员单位要各司其职，形成合力，共同推进本市融资性担保行业健康发展。

（二）市金融办作为本市融资性担保公司和业务的监管部门、市联席会议办公室，按照规定对本市融资性担保公司和业务实施行政许可，核发和管理经营许可证，负责本市融资性担保公司的准入、退出、日常监管和风险处置等工作，并向融资性担保业务监管部际联席会议（以下简称"部际联席会议"）报告工作；按照要求及时上报本市融资性担保行业统计报表、机构概览、融资性担保行业年度发展与监管情况报告，持续跟踪监测本市融资性担保业务风险。

市金融办对区县开展融资性担保相关工作予以指导。

（三）区县政府向市金融办报送本区县申请开展融资性担保业务管理工作的报告，由市金融办报经市联席会议审核同意后，具体负责注册在本辖区融资性担保公司的设立预审和风险处置，在市金融办指导下，做好注册在本辖区融资性担保公司的日常监管工作，并向市联席会议及其办公室报告工作。

区县政府应当明确主管部门，配备专门力量，切实承担管理职责。

四、设立、变更和终止

（一）设立公司

1. 在本市设立的融资性担保公司，应当由1—2个企业法人或自然人等作为主发起人发起组建。

企业法人作为主发起人，应当具备以下条件：

（1）管理规范，信用良好，实力雄厚。

（2）持续经营3年以上，最近连续2个会计年度盈利，近3年累计净利润在1000万元以上，资产负债率不高于70%，净资产不低于5000万元，原则上实施本项投资后长期投资额不超过净资产的60%。

自然人作为主发起人，应当具备以下条件：

（1）拥有发起出资的经济实力，具有一定的实业背景并在所在行业具有一定影响力，能够出具相应的有效证明。

（2）无重要不良信用记录，无重大不良从业记录和无违法犯罪记录等。

2. 在本市设立的融资性担保公司，注册资本最低限额为人民币1亿元。注册资本为实缴货币资本。区县政府主导设立、主要为本辖区内中小企业提供融资担保服务的融资性担保公司，可适当降低注册资本要求。

由单个企业法人作为主发起人发起组建的，持股比例原则上不低于30%；由2个企业法人作为主发起人发起组建的，持股比例原则上各不低于20%；自然人作为主发起人发起组建的，应当持有适当比例的股权。

一般发起人应当具有一定的行业背景、持续的出资能力以及风险承受能力，原则上出资额不低于500万元。

3. 设立融资性担保公司，应当符合以下规定：

（1）有符合前款关于主发起人、一般发起人等规定的条件。

（2）有符合《中华人民共和国公司法》规定的章程。

（3）有具备持续出资能力的股东。

（4）有符合本办法规定的注册资本。

（5）有符合任职资格的董事、监事、高级管理人员和合格的从业人员。

（6）有健全的组织机构、内部控制和风险管理制度。

(7) 有符合要求的营业场所。

(8) 其他审慎性条件。

4. 董事、监事、高级管理人员应当具有符合部际联席会议规定的资格,遵纪守法、诚实守信,具有与担任职务相适应的专业知识、工作经验和组织管理能力。

5. 从业人员应当参加融资担保方面的专业培训,具有与担任职务相适应的专业技能,有良好的合法合规意识和审慎经营意识。

6. 设立融资性担保公司,应当由主发起人向拟注册所在区县政府递交设立申请材料。申请材料应当包括:

(1) 申请书。申请书载明拟设立融资性担保公司的名称、住所、注册资本和业务范围等事项。

(2) 可行性研究报告。

(3) 章程草案。

(4) 股东名册及其出资额、股权结构。

(5) 股东出资的验资证明、股东的资信证明和有关资料。

(6) 拟任董事、监事、高级管理人员的简历和资格证明。

(7) 经营发展战略和规划。

(8) 营业场所证明材料。

(9) 律师事务所、会计师事务所出具的法律意见书和审计报告。

(10) 其他需要提交的文件和资料。

开展融资性担保业务管理工作的区县政府按照要求,对上述申请材料进行预审,预审通过后,将申请材料和预审意见报市金融办。市金融办征求市联席会议有关成员单位意见后,认为符合有关规定要求的,出具同意筹建的文件。

7. 申请人应当在取得市金融办同意筹建文件之日起6个月内,完成筹建工作。在规定期限内未完成筹建工作的,应当说明理由,经拟注册所在区县主管部门审核并报经市金融办同意后,可适当延长。在延长期内仍未完成筹建工作的,市金融办出具的同意筹建文件自动失效。

筹建机构不得从事任何融资性担保业务活动。

8. 申请人完成筹建工作后,应当书面报请区县主管部门对筹建工作进行预验收。预验收通过后,区县主管部门书面报请市金融办对筹建工作进行正式验收。正式验收通过后,市金融办批复融资性担保公司筹建验收合格,并颁发经营许可证。经批准筹建验收合格的融资性担保公司应当持批准文件及经营许可证,向工商部门申请注册登记。

融资性担保公司自取得经营许可证之日起3个月内,无正当理由未向工商部门办理注册登记手续的,市金融办颁发的经营许可证自动失效。

区县主管部门和市金融办对申请材料具体审批时限,应当符合《行政许可法》有关规定。

本市经批准设立的融资性担保公司名称由行政区划、字号、行业表述、组织形式依次组成。其中,行政区划系指"上海";字号由公司自行确定;行业表述应当标明"融资担保"或"融资性担保"字样;组织形式为有限责任公司或股份有限公司。未经批准,不得在名称中使用"融资担保"或"融资性担保"字样。

(二) 设立分支机构

1. 本市注册设立的融资性担保公司拟在市内外设立分支机构的,应当符合以下条件:

(1) 注册资本不低于人民币3亿元。

(2) 持续经营3年以上,且最近连续2个会计年度盈利。

(3) 稳健合规经营,无违法、违规和其他不良记录。

(4) 融资性担保公司每新设立一家分支机构,应当增加相应的注册资本。

(5) 其他有关条件。

外省市注册设立的融资性担保公司拟在本市设立分支机构的,原则上按照前款办理。每新设立一家分支机构,应当拨付相应的营运资金。

2. 本市注册设立的融资性担保公司拟在外省市设立分支机构的,应当在融资性担保公司所在区县主管部门备案,报经市金融办同意,并经拟设立分支机构所在地省级监管部门审查批准。

3. 外省市注册设立的融资性担保公司拟在本市设立分支机构的,应当征得融资性担保公司所在地省级监管部门同意,报经拟设立分支机构所在区县政府预审,并经市金融办审查批准。

设立分支机构具体申办流程,参照本办法设立公司的相关规定。

(三) 变更和终止

1. 融资性担保公司有下列变更事项之一的,报区县主管部门预审:

(1) 变更名称。

(2) 变更组织形式。

(3) 变更注册资本。

(4) 变更公司住所。

(5) 调整业务范围。

(6) 变更董事、监事和高级管理人员。

(7) 变更持有 5%以上股权的股东。

(8) 分立或者合并。

(9) 修改章程。

(10) 规定的其他变更事项。

区县主管部门负责将通过预审的融资性担保公司变更申请材料和预审意见报市金融办审核、批准。

融资性担保公司变更事项涉及公司登记事项的,经市金融办批准后,按照规定向工商部门申请变更登记。

2. 融资性担保公司因分立、合并或出现公司章程规定的解散事由需要解散的,应当报区县主管部门预审,区县主管部门预审通过后报区县政府。由区县政府报经市金融办审查批准后,融资性担保公司凭批准文件,及时向工商部门申请办理有关登记手续。

3. 融资性担保公司有重大违法经营行为,不予撤销将严重危害市场秩序、损害公众利益的,由监管部门予以撤销。法律、行政法规另有规定的除外。

4. 融资性担保公司解散或被撤销的,应当依法成立清算组进行清算,按照债务清偿计划及时偿还有关债务。市金融办和区县主管部门指导、督促其清算过程。

担保责任解除前,公司股东不得分配公司财产或从公司取得任何利益。

5. 融资性担保公司不能清偿到期债务,并且资产不足以清偿全部债务或者明显缺乏清偿能力的,应当依法实施破产。

五、业务范围

(一) 融资性担保公司经市金融办批准,可以经营下列部分或全部融资性担保业务:

1. 贷款担保。
2. 票据承兑担保。
3. 贸易融资担保。
4. 项目融资担保。
5. 信用证担保。
6. 其他融资性担保业务。

（二）融资性担保公司经市金融办批准，可以兼营下列部分或全部业务：

1. 诉讼保全担保。

2. 投标担保、预付款担保、工程履约担保、尾付款如约偿付担保等履约担保业务。

3. 与担保业务有关的融资咨询、财务顾问等中介服务。

4. 以自有资金进行投资。

5. 规定的其他业务。

（三）融资性担保公司可以为其他融资性担保公司的担保责任提供再担保和办理债券发行担保业务，但应当同时符合以下条件：

1. 注册资本不低于人民币3亿元。

2. 连续经营2年以上。

3. 近2年无违法、违规和其他不良记录。

4. 规定的其他条件。

（四）融资性担保公司不得从事下列活动：

1. 吸收存款。

2. 发放贷款。

3. 受托发放贷款。

4. 受托投资。

5. 规定不得从事的其他活动。

六、风险控制

（一）融资性担保公司应当建立健全法人治理结构，完善议事规则、决策程序和内审制度；应当建立符合审慎经营原则的业务规程、决策程序、保后监管、风险预警及处置等制度。

（二）融资性担保公司应当按照金融企业财务规则、企业会计准则等要求，建立健全财务会计制度，真实地记录和反映公司的财务状况、经营成果和现金流量。

（三）融资性担保公司收取的担保费，可根据担保项目的风险程度，由融资性担保公司与被担保人自主协商确定，但不得违反国家有关规定。

（四）融资性担保公司对单个被担保人提供的融资性担保责任余额不得超过本身净资产的10%；对单个被担保人及其关联方提供的融资性担保责任余额不得超过本身净资产的15%；对单个被担保人债券发行提供的担保责任余额不得超过本身净资产的30%。

（五）融资性担保公司的融资性担保责任余额不得超过其净资产的10倍，国家另有规定的除外。

（六）融资性担保公司以自有资金进行投资，限于国债、金融债券及大型企业债务融资工具等信用等级较高的固定收益类金融产品，以及不存在利益冲突且总额不高于净资产20%的其他投资。

（七）融资性担保公司不得为其母公司或子公司提供融资性担保。

（八）融资性担保公司应当按照当年担保费收入的50%提取未到期责任准备金，并按照不低于当年年末担保责任余额1%的比例提取担保赔偿准备金。担保赔偿准备金累计达到当年担保责任余额10%的，实行差额提取。

（九）融资性担保公司应当对担保责任实行风险分类管理，准确计量担保责任风险。

七、监督管理

市金融办会同市联席会议有关成员单位共同做好本市融资性担保公司和业务的监管工作。区县主管部门具体负责注册在本辖区融资性担保公司的日常监管、统计、汇总、分析等工作。

监管内容包括非现场监管、现场检查、信息披露、重大风险事件报告和应急管理等。

（一）非现场监管

1. 建立融资性担保公司管理信息系统，将全市融资性担保公司及其分支机构的资料报送、业务情况、信用情况、监管情况、风险预警等信息纳入系统进行综合管理。

2. 区县主管部门按照本办法的要求，建立健全融资性担保公司信息资料收集、整理、统计分析制度和监管记分制度，对经营及风险状况进行持续监测，做好日常非现场监管工作。区县主管部门于每年年末全面分析评估本辖区融资性担保行业年度发展和监管情况，每年 1 月底前向区县政府和市金融办报告本辖区上一年度融资性担保行业发展情况和监管情况；每年 3 月底前完成所监管融资性担保公司上一年度机构概览报告。

3. 融资性担保公司于每月 10 日前，向区县主管部门报送上月度经营报告、财务会计报告；每季度首月 15 日前，向区县主管部门报送上季度合法合规经营和资本金运用情况的报告。区县主管部门收到上述报告后，在 5 日内报市金融办。

市金融办根据审慎监管的需要，适时提出融资性担保公司的资本质量和资本充足率要求。

4. 融资性担保公司设立及开展业务后，与其建立合作关系的银行应当实时跟踪有关资金流向，发现异常情况及时报告有关部门。

5. 市金融办和区县主管部门根据监管需要，有权要求融资性担保公司提供专项资料，或约见其董事、监事、高级管理人员进行监管谈话，要求其就有关情况、问题进行说明或作必要的整改。必要时，市金融办和区县主管部门可以向债权人通报所监管有关融资性担保公司的违规或风险情况。

（二）现场检查

1. 市金融办和区县主管部门根据监管需要，可以对融资性担保公司进行现场检查，融资性担保公司应当予以配合，并按照要求提供有关文件、资料。现场检查时，检查人员不得少于 2 人，并向融资性担保公司出示检查通知书和相关证件。

2. 必要时，市金融办和区县主管部门可以聘请会计师事务所、律师事务所和信用评级机构等社会中介机构，对融资性担保公司进行专项审计、尽职调查或信用评级等，并将检查结果向市联席会议报告。

（三）信息披露

1. 融资性担保公司应当建立信息披露制度，定期向市金融办和区县主管部门、公司股东和合作银行等披露财务、经营信息。

2. 融资性担保公司应当及时向市金融办和区县主管部门报告股东大会或股东会、董事会等会议的重要决议。

（四）重大风险事件报告和应急管理

1. 市金融办和区县主管部门应当建立重大突发风险事件应急管理机制，制定融资性担保行业突发事件的发现、报告和处置制度，制定融资性担保行业突发事件处置预案，明确处置机构及其职责、处置措施和处置程序，及时、有效地处置融资性担保行业突发事件。

2. 融资性担保公司应当在重大风险事件发生 3 小时内向区县主管部门报告简要情况，12 小时内报告具体情况。按照部际联席会议有关规定，重大风险事件包括以下情形：

（1）融资性担保公司引发群体事件的。

（2）融资性担保公司发生担保诈骗、金额可能达到其净资产 5%以上的担保代偿或投资损失的。

（3）融资性担保公司重大债权到期未获清偿致使其流动性困难的，或已无力清偿到期债务的。

（4）融资性担保公司主要资产被查封、扣押、冻结的。

（5）融资性担保公司因涉嫌违法违规被行政机关、司法机关立案调查的。

（6）融资性担保公司主要出资人虚假出资、抽逃出资的，或主要出资人对公司造成其他重大不利影响的。

(7) 融资性担保公司董事会、监事会或高级管理人员在3个月内有二分之一以上辞职的。

(8) 融资性担保公司主要负责人失踪、非正常死亡的，或被司法机关依法采取强制措施的。

(9) 其他需要报告的情况。

3. 区县主管部门应当对本辖区发生的融资性担保公司重大风险事件的性质、事态变化和风险程度，及时做出准确判断；对危及金融秩序、影响社会稳定、可能引发系统性风险的重大风险事件，应当及时向区县政府报告，按照有关规定及时处置，并同时向市金融办报告。

4. 市金融办对本市融资性担保行业的重大风险事件，应当会同有关方面按照规定及时处置，并及时向市联席会议和部际联席会议报告。

八、法律责任

发生违法、违规情形的，按照有关法律法规及《融资性担保公司管理暂行办法》规定，依法予以处理。

(一) 本市从事融资性担保公司监管工作的人员有下列情形之一的，依法给予行政处分；构成犯罪的，依法追究刑事责任：

1. 违反规定审批融资性担保公司的设立、变更、终止以及业务范围的。
2. 违反规定对融资性担保公司进行现场检查的。
3. 未依照有关规定报告重大风险事件和处置情况的。
4. 其他违反法律法规及有关规定的行为。

(二) 融资性担保公司违反法律法规及《融资性担保公司管理暂行办法》规定，有关法律法规有处罚规定的，依照其规定给予处罚；有关法律法规未作处罚规定的，由市金融办责令改正，可以给予警告、罚款；构成犯罪的，依法追究刑事责任。

(三) 违反《融资性担保公司管理暂行办法》第八条规定，擅自经营融资性担保业务的，由有关部门依法予以取缔并处罚；擅自在名称中使用"融资担保"或"融资性担保"字样的，由市金融办会同有关部门责令改正，依法予以处罚。

九、其他

(一) 现有融资性担保公司资本实力较强、业务达到一定规模、具有行业领先地位并按照规定重新确认登记的，或拟新设立融资性担保公司主发起人资本实力雄厚、在业内具有国内外影响的，可向注册所在区县政府提出申请同时抄报市金融办，经区县政府审核并报经市金融办同意，由市金融办直接负责其设立和管理等事宜，区县政府配合做好相关工作。

(二) 市有关部门和区县政府要进一步加大扶持力度，研究制定和落实促进融资性担保行业健康稳步发展的政策措施。

(三) 市担保行业协会要加强自身建设，加强行业自律管理，切实履行自律、维权、服务、引导等职责，在推进本市融资性担保行业健康有序发展中发挥积极作用。

(四) 外商投资的融资性担保公司适用本办法，并应当符合现行外商投资有关法律法规的规定。申请人应当取得市金融办同意筹建的文件，筹建工作完成并报请监管部门验收通过后，市金融办批复融资性担保公司筹建验收合格，并颁发经营许可证。申请人在向市商务委办理有关手续后，由工商部门办理注册登记手续。

(五) 在本市设立的非公司制融资性担保机构，原则上参照本办法执行。

(六) 本办法施行前已经设立的融资性担保公司，应当按照国家有关规定予以规范整顿，并达到规定的要求。

(七) 本办法未尽事宜，依照《融资性担保公司管理暂行办法》等规定执行。

(八) 本办法自2016年2月1日起施行，有效期至2020年12月31日。

上海市因病支出型贫困家庭生活救助办法

第一条(目的依据)

为规范本市因病支出型贫困家庭生活救助工作，根据国务院发布的《社会救助暂行办法》和市政府印发的《关于本市贯彻〈社会救助暂行办法〉的实施意见》(沪府发〔2014〕60 号)等，制定本办法。

第二条(定义)

本办法所称因病支出型贫困家庭生活救助，是指对本市城乡居民因患病导致医疗费用等刚性支出较大，实际生活水平低于本市最低生活保障标准的家庭，由政府给予基本生活保障的制度。

本办法所称医疗费用支出，是指在本市医保定点医疗机构发生的，由个人现金支付的医疗费用。

第三条(工作原则)

鼓励居民按照“分级诊疗、梯度就医”的原则就医。

对因病支出型贫困家庭生活救助，遵循“公开、公平、公正和保障基本生活”的原则。

第四条(对象范围)

因病支出型贫困家庭生活救助的对象范围为：

(一) 具有本市户籍的城乡居民；

(二) 与本市户籍城乡居民共同生活的非本市户籍的家属(配偶和子女)中具备下列条件之一的人员：

1. 患大病重病的；
2. 丧失劳动能力的；
3. 配偶年龄男 60 周岁、女 50 周岁及以上的；
4. 子女未满 16 周岁或虽年满 16 周岁仍在普通初中、普通高中和普通中等职业学校就读的。

享受本市最低生活保障待遇的家庭，不纳入因病支出型贫困家庭生活救助范围。

大病重病的具体范围，参照本市城乡居民大病保险关于大病种类的有关规定执行。

第五条(政府职责)

市民政局主管本市因病支出型贫困家庭生活救助工作。

市发展改革、教育、财政、人力资源社会保障、卫生计生等有关部门按照各自职责，协助做好因病支出型贫困家庭生活救助工作。

区政府负责本行政区域内的因病支出型贫困家庭生活救助工作。

区民政部门负责本行政区域内因病支出型贫困家庭生活救助的组织实施。

街道办事处、乡镇政府在区民政部门的指导下，负责因病支出型贫困家庭生活救助的受理、审核、审批、救助金发放等工作。

第六条(申请条件)

同时具备下列条件的城乡居民家庭，可以申请因病支出型贫困家庭生活救助：

(一) 在提出申请之月前 3 个月内，家庭医疗费用支出和基本教育费用支出之和超过家庭可支配收入或虽未超过家庭可支配收入，但家庭可支配收入扣除家庭医疗费用支出和基本教育费用支出之和后，月人均可支配收入低于本市城乡居民最低生活保障标准的。

本办法所称基本教育费用支出，是指在本市公办普通高中学校、全日制普通中等职业学校（中外合作办学专业除外），所发生的学费、住宿费、课本和作业本费。

（二）提出申请之月前12个月家庭人均可支配收入低于本市上年度城市居民人均可支配收入。

（三）家庭财产符合本市低收入困难家庭申请专项救助经济状况认定标准相关规定的。

第七条（全额救助和差额救助）

对符合申请条件的家庭，按照下列标准给予救助：

在提出申请之月前3个月内，家庭医疗费用支出和基本教育费用支出之和超过家庭可支配收入的，按照本市城乡居民最低生活保障标准，给予全额救助。

在提出申请之月前3个月内，家庭医疗费用支出和基本教育费用支出之和未超过家庭可支配收入，但家庭可支配收入扣除家庭医疗费用支出和基本教育费用支出之和后，月人均可支配收入低于本市城乡居民最低生活保障标准的，按照低于本市城乡居民最低生活保障标准的差额，给予救助。

第八条（办理程序）

申请因病支出型贫困家庭生活救助，以家庭为单位，由户主或其委托的人员向户籍所在地街道办事处、乡镇政府提出书面申请，并提供身份证、户口簿，医疗证明（病历卡或出院小结）、医疗费用发票，教育费用票据，可支配收入和家庭财产证明等材料。

因病支出型贫困家庭生活救助的受理、审核、审批、救助金发放等办理程序，按照本市城乡居民最低生活保障制度的有关规定执行。

申请家庭应当配合街道办事处、乡镇政府对其家庭经济状况以及医疗费用支出、基本教育费用支出情况进行调查核实。

第九条（复审制度）

对因病支出型贫困家庭生活救助实行动态管理，一般由街道办事处、乡镇政府每3个月复审一次。已经获得救助的家庭应当主动向街道办事处、乡镇政府提供复审前3个月内医疗费用发票、教育费用票据以及家庭人员、可支配收入、家庭财产等情况的材料。街道办事处、乡镇政府根据复审情况，及时核定救助金额，做出继续救助或停止救助的决定。已经获得救助的家庭，未主动提供复审材料进行复审的，不再继续救助。

第十条（核对机制）

街道办事处、乡镇政府可以委托居民经济状况核对机构，对申请家庭的经济状况以及医疗费用支出、基本教育费用支出情况进行调查核实。

第十一条（资金保障及管理）

各级财政部门要落实因病支出型贫困家庭生活救助资金，并将救助资金纳入年度预算，救助资金由市、区财政各承担50％。

各级财政、民政部门要建立健全因病支出型贫困家庭生活救助资金管理制度，实行专款专用、专账管理，不得以任何形式挤占、截留、滞留和挪用，不得擅自扩大支出范围。

第十二条（对工作人员违法行为的责任追究）

因病支出型贫困家庭生活救助工作，接受审计、监察等部门的监督、检查，并接受社会监督。从事因病支出型贫困家庭生活救助工作的人员要依法依规落实救助政策。对滥用职权、玩忽职守、徇私舞弊造成严重后果的，要依纪依法追究责任。

第十三条（对不诚信行为的责任追究）

申请家庭应当如实申报家庭有关信息及其变化情况，自觉接受并配合社会救助管理部门和居民经济状况核对机构调查核实。对不接受或者不配合调查核实工作的家庭，不予救助。对出具虚假证明材料的单位和个人，按照有关法律法规规定处理，并记入相关征信系统。

第十四条（实施细则制定）

市民政局可以根据本办法，制定相关实施细则。

第十五条（施行日期及有效期）

本办法自 2016 年 11 月 1 日起施行，有效期至 2021 年 10 月 31 日。

第二章　江苏省政府相关文件

江苏省关于加快质量发展的意见

为贯彻落实《江苏省国民经济和社会发展第十三个五年规划纲要》，建设质量强省，推进供给侧结构性改革，促进经济提质增效升级，现就加快质量发展提出如下意见。

一、总体要求

（一）指导思想。全面贯彻党的十八大和十八届三中、四中、五中全会精神，深入落实习近平总书记系列重要讲话特别是视察江苏重要讲话精神，牢固树立和贯彻落实创新、协调、绿色、开放、共享的发展理念，主动适应和引领经济发展新常态，紧紧围绕供给侧结构性改革这一主线，更大力度建设质量强省，更高水平推进质量惠民，加快推动全省质量发展迈上新台阶，从整体上改善供给结构，推动实现更高质量、更有效率、更加公平、更可持续的发展。

（二）基本原则。

——企业主体，政府引导。坚持市场主导，充分发挥市场在资源配置中的决定性作用，强化企业质量主体地位。正确处理政府和市场之间的关系，大力推进简政放权、放管结合、优化服务，营造质量发展良好环境。

——深化改革，创新驱动。坚持深化质量治理体制改革，最大限度释放质量改革红利。不断完善创新体系，提升自主创新能力，促进转型升级。

——以人为本，关注民生。坚持把满足人民群众日益增长的质量需求作为质量工作的出发点和落脚点，切实保障和改善民生质量，让人民群众更好地共享质量发展成果。

——全员参与，社会共治。坚持全面、全程和全员的质量发展理念，动员全社会力量广泛参与，形成政府法治、企业自治、社会共治的“大质量”治理格局。

（三）主要目标。到2020年，综合质量竞争力位居全国前列，质量整体状况达到中等发达国家水平，努力建成全国质量发展的示范区和先导区。

1. 质量竞争力。

——制造业质量竞争力指数达88。

——质量管理水平。新培育中国质量奖2—3个，中国工业大奖5个，全国质量奖10个，江苏省质量奖50个；中国建筑工程鲁班奖25个，省优质工程“扬子杯”奖1000个；中国土木工程詹天佑奖10个，省交通建设优质工程100个；中国水利工程优质（大禹）奖5个，省水利优质工程和文明工地80个。质量信用AA级和AAA级企业达1000家。

——品牌标准水平。获得驰名商标认定保护总数达800件，累计培育江苏省著名商标4000件、江苏名牌3500个，重点培育和发展的国际知名品牌达350个，自主品牌企业增加值占GDP比重达15%以上；新增制修订国际标准30项、国家标准500项，承担国际标准化组织（ISO）和国际电工委员会（IEC）的技术委员会、分技术委员会及工作组达12个。

2. 产品质量。主要地产农产品质量监督抽检合格率稳定在98%以上，种植业食用农产品“三品”产量占食用农产品产量比重达55%；主要工业产品、日用消费品国家质量监督抽查合格率稳定在90%以上。

3. 工程质量。推进工程质量标准化建设，工程质量通病治理成效明显，投诉率逐年下降，遏制重大工程质量安全事故发生，大中型工程项目一次验收合格率达100%；全面贯彻落实《江苏省绿色建筑发展条例》,全省新建民用建筑全面按一星级以上绿色建筑标准规划、设计和建设。

4. 服务质量。新建省级以上服务业标准化试点示范120个;新增制修订地方服务标准150项;新增江苏省服务业名牌企业200家;生产性和生活性服务行业顾客满意度分别稳定在85和80以上。

二、重点任务

(一) 推进质量品牌建设。

1. 实施质量提升工程。积极推进"全国质量强市示范城市""全国知名品牌示范区""江苏省优质产品生产示范区"创建,提升区域和产业质量水平。全面提升农产品质量安全等级,大力发展无公害农产品、绿色食品、有机农产品和地理标志农产品,增加优质农产品供给。开展消费品工业"增品种、提品质、创品牌"专项行动,推出一批制造业精品。健全工程质量管理体系,加强建设、勘察、设计、施工和监理各环节质量控制,推进优质工程建设。建立健全服务业标准体系,推广实施优质服务承诺制度、服务标杆引领计划,推进服务质量升级。提高各类组织质量管理水平,树立一批卓越绩效管理标杆,积极争创国家级、省级质量奖。

2. 强化技术标准引领。贯彻《国家标准化体系建设发展规划(2016—2020年)》,制定实施全省标准化事业发展规划。改进和加强地方标准化工作,健全地方标准体系,建立企业标准自我声明公开和监督制度,推动"江苏标准"走向国际,提高市场"话语权"。拓宽标准化工作领域,推动工程建设标准化发展,推进社会管理和公共服务标准化,加强节能标准、环境质量和污染物排放标准制修订工作,推广循环经济标准化试点。健全技术创新、专利保护与标准化互动机制,及时将专利和先进技术转化为标准。鼓励各类组织参与国际标准、国家标准制修订工作,完善行业技术标准体系,培育发展团体标准。完善标准化管理体制,逐步形成政府引导、市场驱动、社会参与、协同推进的标准化工作格局。

3. 培育做强自主品牌。制定实施《江苏省"十三五"品牌发展战略规划》,积极推进品牌基础建设工程。突出战略性新兴产业、现代服务业和传统支柱产业,进一步加大品牌培育、推广和保护力度,鼓励企业打造拳头产品,重塑传统特色品牌,做强现有知名品牌,培育自主创新品牌,努力形成一批创新能力强、技术水平高、质量等次优的品牌产品和企业。"十三五"期间,培育50个具有世界影响力的品牌、100个全国市场排名领先的高端制造品牌、100个与国内外知名品牌同标准同质量的日用消费品品牌。完善品牌发展战略推进机制,加强品牌研究,建立与国际接轨的品牌标准体系、评价体系和服务体系,增强品牌建设软实力,加快从品牌大省向品牌强省转变。

(二) 强化质量安全保障。

1. 完善质量安全监管机制。制定重点监管产品目录,对关系国计民生、健康安全、节能环保等重点产品、重大工程和重点服务项目实施分类监管、精准监管。推广实施产品质量溯源、缺陷产品召回等制度,建立健全以重点产品日常抽查为主、节令产品专项抽查和风险产品随机抽查为补充的质量监督抽查机制,组织开展进口食品安全放心工程和出口食品质量竞争力提升工程,全面提升质量安全监管效能。

2. 加强质量安全风险管理。建立企业重大质量事故强制报告制度和产品伤害监测制度,健全质量安全信息舆情监控系统,加强对重点产品、重点行业和重点地区风险监测和分析评估。强化出入境动植物检疫和口岸卫生检疫疫情风险监控,增强口岸卫生和动植物检疫能力。完善质量安全风险管理工作机制,制定质量安全风险应急预案,提升风险防范和应急处置能力。

3. 严厉打击质量违法行为。大力整顿和规范市场经济秩序,严厉打击危害公共安全、人身健康以及生命财产安全等质量违法行为。做好行政执法与刑事司法的有效衔接,加大质量违法行为的刑事司法打击力度。积极探索实施符合市场经济规则、有利于消费者维权的质量安全多元救济机制,完善质量举报投诉受理处置体系,畅通质量投诉渠道。

4. 加快质量诚信体系建设。加大质量信息归集和公开力度,建立"互联网+"质量信息数据库,推动与省公共信用信息平台的互联互通。大力开展"诚信计量"创建、"诚信兴商"宣传等活动,营造良好的诚

信氛围。加强质量信用分类管理，完善质量信用评价、质量信用“黑名单”等制度，在政府采购、工程招投标、银行信贷等领域加大质量信用使用力度。

(三) 加强质量发展创新。

1. 推进质量技术创新。建立健全以企业为主体、市场为导向、产学研相结合的质量技术创新体系。实施企业制造装备升级、互联网化提升两大计划，聚焦重点产业领域和优势产品，开展质量攻关，努力攻克一批影响质量提升的关键共性质量技术，加快建立创新突破与国际同步、产品质量与国际接轨的先进产业体系。推广可靠性设计、试验与验证以及可制造性设计等先进质量工程技术，努力提高产品的稳定性、可靠性、适应性和使用寿命。聚焦苏南国家自主创新示范区建设，以创新要素的集聚与流动促进质量发展，打造全国质量先导区。

2. 推动质量管理创新。开展质量标杆示范、质量比对、顾客满意度提升等专项行动，推广应用精益生产、六西格玛、卓越绩效管理等先进质量管理技术和方法，提升产品质量和服务水平。完善首席质量官制度，提高企业内部质量规划、管理和监督水平。支持地方政府、行业部门和企业三方共建，打造一批“卓越绩效管理孵化基地”。

3. 强化质量机制创新。继续清理、取消和下放生产许可和质量准入方面的行政审批事项，完善权力清单、责任清单和负面清单。全面推开“双随机、一公开”监管制度，加强事中事后监管。深化商事制度改革、市场监管综合行政执法改革、标准体系和标准化管理体制改革，营造公平的质量发展环境，释放经济发展活力。

(四) 夯实质量发展基础。

1. 加强质量理论研究。围绕经济社会发展中具有全局性、战略性和前瞻性的质量问题，开展质量研究，定期发布质量状况分析报告。跟踪世界先进质量标准水平，推进质量标准理论研究国际化合作，引进、消化、吸收世界先进经验和最新成果，提高质量理论研究水平和质量创新成果转化率。

2. 强化技术基础支撑。实施《质量基础提升行动计划(2016—2018年)》。提高计量建设水平，围绕高新技术产业、战略性新兴产业、节能减排和循环经济发展，着力健全计量科技创新体系、计量服务体系和计量监管体系。完善认证认可体系，推动节能、节水、节电、节油等自愿性产品认证，深化质量、环境、职业健康安全管理体系认证，加快新型服务认证制度实施进度。推进检验检测公共服务平台建设，围绕全省产业发展规划，建成各类检验检测国家级中心50家、省级中心100家，鼓励产品、工程等检验检测技术机构资源整合，优化检验检测资源配置。

3. 加强人才队伍建设。以国际化视野创新人才培养、引进和使用机制，加快建立一支素质优良、结构合理、数量充足的质量人才队伍。加强省有关部门、地方政府和高校三方合作，试点建设质量学科，培养一批质量专家、相关学科带头人和企业高级质量管理者。开展质量素养提升行动，塑造精益求精、追求质量的工匠精神。完善技能人才培养政策，开展岗位技能培训，鼓励职业院校建立定向式、订单式质量人才培养机制，培养一批基础好、能力强的质量技术骨干。

4. 弘扬先进质量文化。大力弘扬诚实守信、持续改进、创新发展、追求卓越的质量精神，编辑出版江苏质量品牌文化、质量标杆引路等系列丛书，讲好江苏质量品牌故事。鼓励各地采用“互联网＋”等现代化手段，建立质量主题公园、质量文化长廊、质量博物馆等质量文化载体和平台，努力形成体现时代特征、地区特色和行业特点的城市质量精神和企业质量文化，不断提升江苏质量文化软实力。

三、保障措施

(一) 加强组织领导。省质量强省推进工作领导小组要充分发挥统筹协调作用，加强对质量强省建设的整体部署和协同推进。省有关部门要按照分工，明确职责，密切配合，形成合力。各地要把质量发展目标和任务纳入本地区国民经济社会发展规划，加强政策引导，将质量工作列入重要议事日程，制定实施方案，明确目标任务，落实工作责任，为质量发展提供坚强有力的组织保障。

（二）完善法治体系。坚持依法治质理念，充分运用法律手段解决质量发展中的突出矛盾和问题。加快制定江苏省质量促进条例，建立健全适应经济社会发展需要的质量法规体系。加大质量法制宣传力度，普及质量法律知识。加强执法队伍建设，完善质量法制监督机制，逐步建立健全法规完备、实施高效、监督严密、保障有力的质量法治体系。

（三）加大政策扶持。进一步加大公共财政对质量发展的投入力度，充分发挥质量强省等专项资金的引导作用，支持质量品牌建设、质量技术攻关、质量信用建设、质量人才培养等质量提升工作。全面落实和完善现有质量奖励政策，其中，省人民政府对获得中国质量奖、中国质量奖提名奖、江苏省质量奖的组织，分别一次性给予300万元、200万元、100万元奖励。对检验检测认证服务机构的整合、重组、转企改制给予必要的政策支持。

（四）推进社会共治。完善政府监管、市场调节、企业主体、行业自律、社会参与的质量工作格局。发挥学会、协会、商会等社会组织的桥梁纽带作用，提供技术标准、质量管理、品牌建设等方面的质量服务。深入开展“质量月”“3·15”等质量活动，不断凝聚全社会质量共识。强化质量舆论监督，营造质量共治的良好环境。

（五）强化考核评价。认真贯彻落实国务院和省人民政府质量工作考核办法，建立健全科学规范的质量绩效考核评价体系，加强督导和检查。加大考核结果运用力度，将质量绩效考核结果作为对各级政府领导班子和领导干部进行综合考核评价和实行问责的重要依据。

江苏省关于进一步促进民间投资发展的意见

促进民间投资健康发展，对于推动全省新旧动能加速转换和新经济培育成长，加快聚力创新、聚焦富民步伐，高水平全面建成小康社会，建设“强富美高”新江苏，具有重要的意义。为深入贯彻《国务院办公厅关于进一步做好民间投资有关工作的通知》（国办发明电〔2016〕12号）等文件精神，认真落实国务院促进民间投资专项督查组对我省提出的整改要求，现就进一步促进我省民间投资发展，提出如下意见。

一、大力发展实体经济

（一）促进产业转型升级。深入贯彻《中国制造2025江苏行动纲要》，充分发挥省级战略性新兴产业专项资金、工业和信息产业转型升级专项资金、省级科技成果引导资金的引导和带动作用，鼓励民间资本重点投向新能源、新材料、生物技术和新医药、节能环保、物联网和云计算、新一代信息技术和软件、高端装备制造、新能源汽车等战略性新兴产业，努力培育新经济增长点和产业转型升级新动力。坚持企业主体与政府引导相结合、发展先进与淘汰落后相结合、积极推进与稳妥安置相结合，通过环保、能耗、质量、安全等标准，引导过剩产能、落后产能、低效产能逐步退出市场，支持民营企业加快“腾笼换鸟”、二次创业，提升实体经济资产质量，促进产业向中高端迈进。

（二）鼓励企业技术创新。完善以企业为主体、市场为导向、产学研相结合的产业技术创新体系，鼓励民营企业联合研究机构通过委托研发、技术许可、技术转让、技术入股等多种形式，开展多要素、多样化的政产学研用合作。鼓励民营企业建立重点实验室、工程技术研究中心、工程实验室、企业技术中心等研发机构。支持民营企业参与标准规范制定，对民营企业主导或参与国际、国家级行业标准和技术规范制修订的，各级财政可视财力状况给予奖励。大力发展军民融合，鼓励民营企业与军工单位开展研发与生产合作，充分发挥省级军民融合发展专项资金的引导作用，对军民融合发展投资项目给予支持。

（三）加强载体支撑和信息引导。积极支持重大科创载体建设，加快发展产业科技服务示范区，鼓励各类园区、开发区重点建设关键共性技术研发、公共技术服务、产业监测等服务平台，对符合条件的民间投资项目优先列入各级重大项目投资计划，给予重点保障和推进。充分利用全省政务服务网、投资项目

在线审批监管平台、全省统计数据中心等信息平台，及时向社会发布产业发展、投资、财税、招投标等政策信息和投资结构分布、投资发展趋势、产能结构变化等投资动态信息，引导企业准确选择投资方向，提升民营企业盈利能力。

（四）降低项目建设和运行成本。认真贯彻落实《省政府关于降低实体经济企业成本的意见》（苏政发〔2016〕26号），切实降低民营经济特别是民间投资项目建设和运行成本。完善企业最低工资标准调整机制，落实阶段性降低企业社保缴费比例和援企稳岗补贴等政策，合理控制用工成本。调整完善公路收费政策，规范机场、铁路、港口码头及海关监管区收费，有效降低物流成本。进一步优化能源发展结构，加快电力市场化改革，完善天然气价格形成机制，切实降低项目用能成本。推进相对集中行政许可权改革试点工作，全面清理行政审批中介服务事项及其收费标准，着力降低制度性交易成本。提高企业资金周转效率，清理规范工程建设领域保证金，加强资金清欠工作，化解民营企业债务链风险。

二、全面放宽市场准入

（五）严格界定政府投资范围。政府投资资金只投向市场不能有效配置资源的公共基础设施、农业农村、生态环保和修复、重大科技进步、社会公益服务、社会管理、国家安全等公共领域项目，以非经营性项目为主，原则上不支持经营性项目。对基础设施、市政公用和其他公共服务领域项目中具有稳定收益、可获得较好预期投资回报或通过适当补助可获得较好预期投资回报的项目，原则上推行市场化运作，鼓励和支持民间资本参与，政府可给予适当补助，一般不再进行全额投资。

（六）全面落实民间资本准入平等待遇。进一步开放民用机场、基础电信运营、油气勘探开发、配售电、国防科技等领域，确保市场准入对各类投资主体一视同仁，鼓励和引导民资进入。对省内涉及市场准入、经营行为规范的法规、规章和规定进行全面清理，按程序修改或停止执行不利于民间投资准入和存在不公平待遇的政策文件规定。各级政府推进的重点事项和重大建设任务，一律向民间资本开放，实行公平竞争，一般不再新设国有企业或指定既有国有企业承担投资建设任务。

（七）健全民间投资权属和收益保障机制。对资产权属结构不够明晰而不能保证投资收益，导致民间资本不愿进入的行业或领域，建立健全包括民间资本在内的各类投资主体投资权属确认和保障机制，进一步完善公平公正和稳定合理的投资回报机制，为民间投资发展创造公平的市场竞争环境。学习借鉴国外先进经验，探索开展特殊股权试点，国有资本通过持有极少量的特殊股权，仅在约定的个别关键事项上拥有决策权，将项目所有权和收益权最大化赋予民间资本，有效拓展民间投资发展空间。

（八）探索民间投资项目负面清单管理。在符合国家规定的前提下，试点开展民间投资项目市场准入负面清单管理制度，定期调整公布民间投资项目负面清单。进一步明确负面清单以外的行业、领域、业务等，各类市场主体皆可依法平等进入，任何部门不得以制定规范性文件、印发会议纪要、公布歧视性招标公告等形式对民间投资设置附加条件、歧视性条款和准入门槛。

三、积极拓展投资领域

（九）鼓励民间资本参与基础设施领域投资。充分利用国家向地方政府和民间资本放开城际铁路等非干线铁路所有权和经营权的机遇，力争尽快在部分条件成熟的铁路项目上取得突破，率先引入民间资本。积极吸引民间资本参与公路建设，推动公路养护管理领域通过政府购买服务引入民间资本。积极吸引民间资本参与盈利状况较好的机场建设，拓宽新建机场和改扩建机场项目资金渠道。支持民间资本投资建设风光电、生物质能等可再生能源项目，鼓励民间资本积极参与天然气发电、热电联产、清洁高效煤电和燃煤电厂节能减排升级改造项目，积极吸引民间资本参与电网、油气管网、煤炭储运设施建设运营。

（十）鼓励民间资本参与生态环保领域投资。深化国有林场管理体制和集体林权制度改革，鼓励民间资本发展森林旅游等特色产业，推进国有林场公益林日常管护引入市场机制。在电力、钢铁、水泥、化工等重点行业以及开发区等重点区域大力推行第三方治理，通过委托治理服务、托管运营服务等方式，由排污企业付费购买专业环境服务公司治污减排服务。鼓励民间资本参与排污权和碳排放权交易，积极推进排污权有偿使用和交易试点，加快碳排放权交易市场建设。

（十一）鼓励民间资本参与农业水利领域投资。培育农业多元化投资主体，鼓励和引导农民合作社、家庭农场、专业大户、农业企业等新型经营主体投资农田平整改良、灌排设施、机耕道路等农田基础设施，建设高标准农田。推进水权制度改革，完善水利工程水价形成机制，鼓励民间资本以特许经营、参股控股等多种形式参与投资具有一定收益的节水供水重大水利工程。

（十二）鼓励民间资本参与社会事业领域投资。促进社会办医，鼓励民间资本依法依规举办各类医疗机构，支持民间资本通过合作合资、收购兼并、公办民营等多种方式参与公立医院改制重组，重点解决民营医院在职称晋升、政府补贴、土地使用等方面的突出困难。探索发展股份制、混合所有制职业院校，支持各类投资主体以独资、合资、合作等方式或以资本、技术、管理等要素参与举办职业教育，稳步扩大非义务教育阶段优质民办教育规模，支持民间资本投资建设产教融合实训基地、智慧校园等项目，重点解决民办学校在办学主体平等地位、职称评定等方面的突出矛盾。推动社会养老，鼓励民间资本加快进入养老服务领域，重点解决民办养老机构在设立许可、医保对接、人才培养等方面难题，支持民间资本通过独资、合资、合作联营、参股、租赁等途径参与公办养老机构改革。加快体育资源开发利用力度，鼓励民间资本参与健身休闲、体育竞赛、场馆建设运营、职业体育等领域。

四、着力创新合作模式

（十三）积极推广 PPP 投资模式。在政府负有提供责任又适宜市场化运作的领域，大力推进政府和民间资本合作，以特许经营、政府购买服务等方式参与基础设施和公共服务领域建设运营，增强公共产品供给能力，提高供给效率。进一步完善民间投资参与的配套政策措施，研究出台相关行业、领域 PPP 实施细则，去除不合理门槛，优化价格形成机制，健全项目退出机制，加强风险控制，切实解决民企与国企公平竞争问题，保护各方合法权益。完善 PPP 中介服务支持体系，在项目前期决策过程中发挥中介机构在资产评估、成本核算、经济补偿、决策论证、合同管理等方面专业技术优势。建立健全各级 PPP 项目库并及时组织更新，定期开展项目推介活动，并在项目实施过程中加强监督和后评价。

（十四）鼓励发展混合所有制投资。通过资产证券化和公开转让部分国有企业产权等方式，将部分国有存量资产转让给民间资本，鼓励民间资本与国有资本合资组建混合所有制主体进行投资，引导民间投资参与轨道交通、高速公路、港口、污水处理、垃圾处理等领域国有资产投资运营。积极鼓励和引导民间资本参与国有企业改革，在一般竞争性领域，启动和推进一批国有企业混合所有制改革试点；在可以实行市场化运作的城市公共服务领域，进一步完善政府购买服务、特许经营等制度，启动和推进一批国有企业混合所有制改革试点。

（十五）大力发展公私合作投资基金。进一步发挥政府资金的引导、示范和放大作用，积极鼓励有条件的地方，按照“政府引导、市场运作、风险可控”的原则，由政府出资牵头设立综合性母基金或重点行业（产业）母基金。综合运用参股基金、政府出资让利于社会出资等多种方式，支持、引导和推动民间资本出资设立创业投资基金或者市场化母基金。

（十六）发展壮大农村集体经济。发挥集体经济组织主体作用，鼓励集体经济组织以自主开发、联营联建、区域统筹等方式，对农村低效用地进行集约利用和腾退改造，加快城乡结合部建设和新型城镇化建设。集中梳理推进一批以集体经济组织为主体的项目，加快释放集体经济组织投资潜力。按照中央统一部署，认真做好常州市武进区农村集体土地制度改革试点工作，积极争取扩大集体收益。

五、有效改善融资环境

（十七）支持股权融资。积极鼓励和支持实力较强的民营企业通过主板、中小板、创业板上市和新三板、区域性股权市场（挂牌）融资。发展各类创业投资，充分发挥省天使投资引导资金作用，壮大面向种子期、初创期中小企业的天使投资。积极向国家争取开展金融机构持有企业股权试点，拓展企业特别是小微企业、创业型企业等轻资产企业融资渠道。积极稳妥开展“投贷联动”试点，适时总结推广成功经验。积极争取开展股权众筹融资试点，进一步建立完善股权众筹融资平台，鼓励小微企业通过股权众筹方式融资。支持符合条件的企业开展债转股，改善企业资产负债结构。积极吸引全国社会保障基金、基本养老保险基金、企业年金通过股权投资方式，支持我省重大基础设施、重大民生工程、新型城镇化等领域项目建设。

（十八）发展债券融资。鼓励金融机构加快债券产品创新，丰富债券品种，进一步发展企业债券、公司债券、非金融企业债务融资工具，推动绿色债券、项目收益债、专项企业债、资产支持债券、中小企业集合票据等特色产品落地和扩容，支持民间投资项目通过债券市场筹措资金。充分利用发展改革委改革创新企业债券发行方式的政策机遇，强化政策宣传和指导，探索建立“企业债券＋产业投资资金”“企业债券＋银行信贷”等融资协作新机制，进一步提高企业债券的申报和发行效率。在全省范围内探索“小微企业发行私募债＋小贷公司提供担保＋再担保公司提供再担保兼主承销”的私募债发行模式。鼓励各级政府设立中小企业风险缓释基金，为民营企业融资搭建平台、创造条件。

（十九）发挥政策性开发性金融作用。在国家批准的业务范围内，充分发挥政策性、开发性金融机构长期融资优势及引领导向作用，为生态环保、农林水利、铁路、公路、市政基础设施、科技创新等重大工程建设提供长期稳定、低成本的资金支持。发挥专项建设基金作用，通过资本金注入、股权投资等方式对符合条件的民间投资项目给予重点支持。支持政策性、开发性金融机构拓展业务空间，联合商业银行、证券公司、保险公司、金融租赁公司等金融机构，通过组建产业投资基金等融资创新，为民间投资项目建设提供“投资、贷款、发债、租赁、上市”等综合金融服务。

（二十）精准扶持小微企业融资。鼓励金融机构多维度加强对小微企业融资支持，落实贷款增速、户数、申贷获得率“三个不低于”目标要求，改进授信管理，优化服务流程，对经营状况良好、符合条件的小微企业给予转续贷支持。完善排污权、收费权、特许经营权等权利的确权、登记、抵押、流转等配套制度，帮助小微企业积极申请创新类贷款业务。推动发起成立小微企业综合金融服务电子交易平台和融资性担保联盟，加快建立动产和应收账款等财产权利质押登记系统，改进和完善小微企业金融服务。进一步规范有关部门和中介机构在融资过程中的评估、登记等收费行为，督促商业银行取消不合规不合理收费，降低小微企业融资成本。

六、持续加大政策扶持

（二十一）加大财政支持力度。各级各类财政性产业发展引导资金要在安排上对符合产业政策、发展前景好、带动能力强的民营企业给予扶持。各类财政预算内投资、专项建设资金以及国际金融组织贷款和外国政府贷款等，要明确规则、统一标准，对包括民间投资在内的各类投资主体同等对待。在社会保障、公共文化和市政公共服务等领域，积极培育和扶持政府购买服务市场主体，采取价格扣除、预留份额、评审优惠等措施，支持小微企业参与政府采购。严格执行《中华人民共和国政府采购法》等政府采购有关法律制度规定，采购人、采购代理机构不得设置不合理条件限制或排斥民营企业，严格按照采购合同约定的时限和方式支付款项，为民营企业参与政府采购营造公平的市场环境。

（二十二）降低企业税费负担。落实国家降低制造业增值税税负、小微企业和高新技术企业所得税优惠、企业研发费用税前加计扣除、固定资产加速折旧等国家税收优惠政策。落实《环境保护、节能节水项目企业所得税优惠目录》和《资源综合利用产品和劳务增值税优惠目录》，确保垃圾填埋沼气发电项目按规定享受税收优惠。对非营利性基础设施和公共服务设施建设，酌情免征权限内有关行政事业性收费。对营利性基础设施和公共服务设施建设，酌情减半征收权限内有关行政事业性收费。全面清理规范涉企收费，实行行政事业性收费和政府性基金目录清单管理，进一步减少和规范评审、评估、检测等各类涉企收费，严厉打击各种涉企违法违规收费行为。

（二十三）构建政府性担保体系。进一步加大对民营企业的融资担保支持力度，加快省级融资再担保体系建设，支持建立市级政府性担保机构，鼓励政府性担保机构开展业务创新，探索发展新型融资担保行业，推动形成政府引导，银行、担保、再担保、小微企业为主体的融资服务链条。落实好担保、再担保业务风险补偿政策，对银行发放小微企业、“三农”和科技企业贷款，担保机构提供融资担保，再担保机构提供再担保或分保的，由银行、担保机构、再担保机构合理分担风险，鼓励有条件的地区设立财政担保基金(资金)，参与分担代偿支出或者给予风险补偿。

(二十四) 改革完善国有建设用地供应方式。对民间投资的工业项目，可采取长期租赁、先租后让、租让结合、弹性出让方式供应土地，有效降低民营企业用地成本。落实发展新产业新业态的供地政策，对依法利用存量房产、土地资源建设文化创意、科技服务、众创空间、研发设计等新产业、新业态的民间投资项目，在5年内可继续按原用途和土地权利类型使用土地，5年期满或涉及转让需办理相关用地手续的，可按新用途、新权利类型、市场价，以协议方式办理。保障物流项目用地供应，科学合理确定物流项目用地容积率。

七、切实优化行政服务

(二十五) 深入推进简政放权。贯彻落实国务院《清理规范投资项目报建审批事项实施方案》，对企业核准后开工前的各类报建事项进行整合和清理，打通投资项目开工前“最后一千米”。进一步整合、清理、下放包括企业投资项目核准在内的各类投资审批事项，按照能简则简、能放则放的原则加快修订企业投资核准目录，在有条件的地方和领域试点开展企业投资项目承诺制。进一步优化企业投资项目审批流程，对备案类项目不得设置任何前置条件，对核准类项目加快推进并联审批，探索建立多评合一、统一评审新模式。按照改扩建项目和新建项目区别对待原则，结合不同行业企业情况，研究改进环评管理，简化环评内容或降低环评类别。加快构建权责明确、高效透明的事中事后监管机制，全面推行“双随机、一公开”监管等政府管理新模式。

(二十六) 完善政务服务体系。大力推行“互联网＋政务服务”，充分发挥全国联网的投资项目在线审批监管平台作用，引入全流程监督管理和挂牌督办机制，加快推动有效落实部门横向协调联动和网上集中办理，实现全省各类投资项目审批“一口受理、一码通行、一网办结”，让企业少跑路、让信息多跑路。探索建立并逐步推行投资项目审批首问负责制和重大投资项目审批代办制度，为企业办理项目审批提供更加便捷、精准的“一站式”受理和“全流程”服务，让政府成为企业的“店小二”。结合推进行业商会协会脱钩转型，加大对民营企业专业培训力度，建立为民营企业提供信息服务的有效渠道，减少中介服务环节和费用。

(二十七) 构建新型政商关系。完善政策发布等信息公开机制，建立涉企政策手机推送制度和网上集中公开制度，加大政府信息数据开放力度。进一步完善重大项目协调联动服务机制，及时协调解决重大民间投资项目推进过程中遇到的问题和困难。加强与金融机构和民营企业沟通合作，搭建和完善融资合作平台，定期梳理发布民间投资项目融资需求，积极为民间投资项目拓展融资渠道。构建制度化、常态化政企沟通渠道，逐步推广企业评议政府政务服务和营商环境，坚定民营企业发展信心。

(二十八) 建立推进督查机制。要充分认识促进民间投资健康发展的重要意义，以更大的决心和气力抓好促进民间投资工作。各地、各有关部门和单位要结合各自实际，加快制定具体工作方案，进一步明确职责分工，密切协调配合，细化重点任务，紧抓关键环节，狠抓工作落实。省政府将把促进民间投资发展的推进落实情况作为督查的重要内容，定期组织专项督查。各地也要采取切实有效措施加大促进民间投资发展工作督查推进力度，确保各项政策措施落实到位、取得实效。

江苏省关于加强政府性债务管理的实施意见

为进一步加强我省政府性债务管理，促进经济社会持续健康发展，根据《国务院关于加强地方政府性债务管理的意见》(国发〔2014〕43号)以及《中华人民共和国预算法》有关规定,结合我省实际,现提出以下实施意见。

一、总体要求

(一)目标要求。按照职责明确、界限清晰、运作规范、风险可控、良性发展的管理要求,建立健全"借、用、还"相统一的地方政府性债务管理机制,有效发挥政府性债务的积极作用,防范和化解财政金融风险,更好地推动我省经济社会持续健康发展。

(二)管理原则。

分清责任。明确各级人民政府间债务界限,明确政府与企业间债务界限,落实谁借谁管、谁借谁还、风险自担的责任。

全面规范。全面规范政府性债务举借、使用和偿还,严格报告报批程序,把政府性债务全部纳入监管轨道。

不出风险。以本地区不发生政府性债务风险为底线,强化债务风险评估预警、应急处置和考核问责。

稳步推进。严格管理新增政府性债务,稳妥处理存量政府性债务,确保政府性债务管理平稳推进。

二、强化政府性债务管理责任

(一)明确政府性债务管理责任主体。全省政府性债务管理实行省级人民政府统一领导、各级人民政府分级负责。各级人民政府是本地区政府性债务管理的责任主体,政府主要负责人为本地区政府性债务管理的第一责任人。省级人民政府对市县政府性债务实行不救助原则。

(二)划清政府与企业间债务责任。企业债务由企业负责偿还,不得将企业债务推给政府偿还,也不得将应由政府偿还的债务推给企业偿还。政府和社会资本合作项目,按约定规则依法承担相关责任。

(三)健全政府性债务管理协调机制。各级人民政府要进一步发挥政府性债务管理领导小组及其办公室职能作用,统筹加强政府性债务管理重大问题的决策协调、实施监督。财政部门是政府性债务归口管理的职能部门,要根据本实施意见和国家有关规定,完善债务管理制度,细化债务管理办法,充实债务管理力量,认真做好政府性债务具体管理工作。发展改革部门要加强政府投资计划管理和项目审批,从严审批债务风险较高地区的新开工项目。各金融主管部门应加强监管,督促金融机构不得直接或变相违法违规提供融资。审计部门要依法加强对地方政府性债务的审计监督,促进债务规范管理。其他部门要积极配合做好政府性债务管理工作。

三、加强政府性债务基础管理

(一)建立政府性债务账簿核算制度。债务家底清晰是加强政府性债务管理的基础。要按照财政管理制度,建立政府性债务账簿核算制度,加强债务核算,准确反映每一项债务变化情况,做到账实一致。将政府性债务区分为政府债务和政府或有债务,对政府负有偿还责任的政府债务,要按照财政总预算会计制度要求组织核算;对政府负有担保责任或可能承担一定救助责任的政府或有债务,要参照现行会计核算方法,建立专门账簿单独进行核算。规范政府性债务凭证资料的档案管理。

(二)完善政府性债务统计报告制度。要按照财政部有关政府性债务管理信息系统,结合管理需要完善统计指标和内容,分类统计和汇总债务存量,全面反映政府性债务现状,做到账表一致,并按规定要求逐级上报。要加强债务统计分析,及时研究解决发现问题,正确提供决策参考依据。要加快建立权责发生制的政府综合财务报告制度,全面反映政府资产负债情况。

四、控制政府性债务规模

(一)实行政府债务限额管理。全省政府债务余额限额在国务院核定的限额内,由省财政厅提出意见经省人民政府审定后报省人大常委会确定，并将全省政府债务（包括一般债务和专项债务）余额全部纳入限额内管理。省本级及各市县的政府债务初始限额（包括一般债务和专项债务限额）按财政部核定的清理甄别数核定，以后年度在上年政府债务限额上加上当年新增（或削减）债务限额核定。全省政府债务年末余额不得突破国务院核定的限额，省本级及各市县政府债务年末余额不得突破省核定下达的限额。

（二）严控政府或有债务增长。要锁定政府或有债务存量，原则上只减不增。新发生的政府或有债务，要严格限定在依法担保的范围内，并根据担保合同依法承担相关责任。各级人民政府及其所属部门不得违法违规为任何单位和个人举借债务提供任何方式的担保。

（三）建立政府性债务监督公开制度。各级人民政府每年要将政府性债务余额变动情况、增减内容及其主要项目建设情况向本级人大或其常委会报告，并对重要事项作出说明，主动接受人大监督。按规定需报经同级人大或其常委会批准的债务事项必须报其批准，并按有关规定要求向社会公开，自觉接受社会监督。

五、规范政府举债融资机制

（一）明确政府性债务举借权限。在国务院确定的限额内，经省人大常委会批准，省人民政府可通过发行地方政府债券举借政府债务。其中，通过发行一般债券举借一般债务，通过发行专项债券举借专项债务。市县级人民政府确需举借政府债务的，只能在省核定下达的地方政府债券额度内申请省人民政府代为举借。乡镇人民政府不得举借政府债务，确需举借的应纳入县（市、区）级地方政府债券额度内统筹考虑，并落实偿还责任。政府债务必须通过政府或财政部门举借，其他国家机关单位和参照公务员制度管理事业单位不得举借任何债务；其他事业单位举借债务，必须在符合国家有关规定的前提下，经同级财政部门审核、报同级政府审批。今后，不得通过企业举借政府性债务，也不得通过政府显性或隐性担保等方式举借企业债务。中央转贷国际金融组织和外国政府贷款按照财政部有关规定执行。

（二）规范地方政府债券分配发行。省本级及各市县地方政府债券额度，由省财政厅在确定的全省额度内，按照省委、省政府要求，根据各市、县债务风险、财力状况，并统筹考虑各地区投资需求等因素，测算提出分配方案报省人民政府批准后下达。实行地方政府债券分配与市县消化存量债务挂钩，鼓励市县消化存量债务。省本级地方政府债券额度由省财政厅提出安排意见和预算调整方案，经省人民政府审定后报省人大常委会批准。市县级人民政府在省核定下达的地方政府债券额度内提出债券使用计划和预算调整方案，经本级人大常委会批准后，报省人民政府备案并申请省人民政府代为发行。省财政厅按照财政部规定要求，遵循市场化原则，合理安排，组织实施我省地方政府债券发行工作。要建立健全地方政府债券发行机制，创新发行方式，拓展发行渠道，不断提高发行效率，切实维护我省政府债券信誉。

（三）限定新增政府债务资金用途。通过发行地方政府债券举借的政府债务资金只能用于公益性资本支出和适度归还存量债务，优先保障在建公益性项目建设，优先用于重大基础设施和重大民生项目建设，不得用于经常性支出和楼堂馆所等明令禁止的支出。一般债券资金应用于没有收益的公益性事业发展，专项债券资金应用于有一定收益的公益性事业发展。中央转贷国际金融组织和外国政府贷款即外债转贷资金严格按批准的有关外债转贷协议规定的用途使用。

（四）创新公益性项目融资机制。推行政府和社会资本合作（PPP）模式，可通过特许经营权、合理定价、财政补贴、使用者付费等事先公开的收益约定规则，鼓励社会资本参与或承担基础设施、公共服务等公益性事业投资和运营，使投资者有长期稳定收益。投资者按照市场化原则出资，按约定规则独自或与政府共同成立特别目的公司建设和运营合作项目。投资者或特别目的公司可以通过银行贷款、企业债、项目收益债券、资产证券化等市场化方式举债并承担偿债责任。政府对投资者或特别目的公司按约定规则依法承担特许经营权、合理定价、财政补贴等相关责任，不承担投资者或特别目的公司的偿债责任。

鼓励推行政府向社会购买服务等其他融资方式，拓展公益性项目融资渠道。

六、实行政府债务预算管理

（一）分类纳入预算管理。根据债务项目收益情况及计划偿债来源，严格将政府债务区分为一般债务和专项债务。各级人民政府要将一般债务收支纳入一般公共预算管理，将专项债务收支纳入政府性基金预算管理。政府和社会资本合作项目的有关财政支出要按资金性质纳入相应的政府预算管理。此外，各机关事业单位也要将其政府性债务收支纳入部门或单位的预算管理；到期政府或有债务确需地方政府或其部门、单位依法偿还的，偿债资金要纳入相应预算管理。

（二）强化政府债务预算执行管理。通过发行地方政府债券举借的市县政府债务，省财政厅要与市县人民政府签订转贷协议，明确债务责任，并及时转拨债券资金。各级人民政府要按照本级人大常委会批准的调整预算，及时组织项目实施，提高债券资金使用效益。对债券资金当年未使用的将相应扣减下年度地方政府债券额度。对列入预算安排的到期政府债务（包括地方政府债券）本息要按规定及时拨付偿还。

七、加强政府或有债务监管

（一）理顺存量政府或有债务关系。各级人民政府要在2014年清理甄别的基础上，进一步鉴别和做实存量政府或有债务，逐一落实债务人责任。对违法违规担保的政府或有债务，应由政府、债务人与债权人共同协商，重新修订合同，依法解除担保关系。对依法代偿的到期政府或有债务，可依法对原债务责任单位保留追索权利。对因预算管理方式变化或应由政府依法承担偿债责任等原因确属政府债务的政府或有债务，在不突破政府债务限额前提下，经省级财政部门审批后可调整划入政府债务。对其他确实不属政府或有债务的债务要予以剔除，并落实好相关债务人责任。

（二）加强政府或有债务监控。要采取有效措施，强化政府或有债务人责任，建立健全监管机制，加强对政府或有债务变动情况和潜在风险的监控。各级财政、审计、监察等有关部门要组织开展督查、审计和监察，及时查处存在问题，防范和处置债务风险。

（三）推动融资平台公司市场化转型。理清融资平台公司债务，合理划分政府与融资平台公司的偿债责任。剥离融资平台公司政府融资职能，融资平台公司不得新增政府债务和政府或有债务。推进融资平台公司与政府脱钩，按照现代企业制度要求和国家有关规定，进行市场化转型改制。创新体制机制，加大改革力度，采取政府和社会资本合作、政府购买服务等多种模式，通过注入优质资产或资本金、规范财政补贴、完善治理机构、加强经营管理等多项措施，理顺政府与融资平台公司关系，推动融资平台公司走向市场，实行自主经营、独立核算、自负盈亏。

八、妥善处理政府性债务存量

（一）加快存量政府债务置换。鼓励将符合置换条件的存量政府债务全部置换成地方政府债券，优先置换高成本政府债务。债券置换额度由省财政厅根据财政部下达的额度，按照各地需要提出分配方案，报经省人民政府批准后下达。要充分利用置换政策，积极协商债权人，促使能够置换的存量政府债务全部置换成地方政府债券，以降低债务成本，缓解偿债压力。地方政府置换债券发行由省财政厅统一负责，按照财政部有关规定要求实施。置换债券资金只能用于归还被置换对应的政府债务本金，不得用于支付利息等其他方面。

（二）鼓励用社会资本改造存量债务。要积极创造条件，引入社会资本通过PPP等模式，改造与运营存量政府性债务特别是政府债务项目，并相应调整权责利关系，将部分有条件的政府性债务转换为非政府性债务，以降低政府性债务规模，腾出更多资金支持重点项目建设。

（三）履行政府性债务到期偿还责任。各级人民政府必须对其举借的到期政府债务负责按时偿还。

其中，一般债务要通过一般公共预算以相应的资金偿还；专项债务要通过政府性基金预算以对应的政府性基金、专项收入或其他资金偿还。对到期的政府或有债务，要指导和督促有关举借债务的单位加强财务管理、拓宽偿债渠道，统筹资金按时偿还；举借单位确实难以归还的，本级政府要依法妥善处置，必要时要切实承担起相关担保或救助责任。

九、防范政府性债务风险

（一）建立政府性债务风险预警机制。科学设置风险预警指标，以债务率为主要指标总体评价债务风险，以偿债率、代偿率、逾期债务率等辅助指标分类评价风险环节，综合评价各市、县债务风险水平。合理确定风险预警标准，对列为债务高风险地区的市县，进行红色预警；对列为债务较高风险地区的市县，进行黄色预警。具体由省财政厅结合财政部要求每年进行测算和预警通报。列入红色预警的地区，要制定债务风险化解计划，采取有效措施，3 年内将风险降到警戒线以内；列入黄色预警的地区，要严格控制债务规模的增长，降低债务风险；债务风险相对较低的地区，也要合理控制债务的增长速度。实行风险预警结果与市县新增政府债务限额分配挂钩。

（二）建立政府性债务风险应急处置机制。各级人民政府要制定政府性债务风险应急处置预案。当出现偿债困难时，要通过控制项目规模、压缩财政支出、政府预算安排、处置存量资产、引入社会资本等方式，多渠道筹集资金偿还债务，妥善化解债务风险。同时，根据处置债务风险需要，及时跟踪和研判舆情，统一发布信息，正确引导舆论。建立债务风险责任追究机制，及时上报应急处置情况。

（三）建立政府性债务考核问责机制。把政府性债务作为政绩考核的一项重要指标，并将债务审计列入党政主要领导干部经济责任审计，将债务管理列入财政工作考核。要强化对各级人民政府任期内债务的举借、使用和管理情况的考核、审计和责任追究，纠正不正确的政绩观。对脱离实际过度举债、违法违规举债或担保、违规使用债务资金、恶意逃废债务等行为，要追究相关责任人责任。

加强政府性债务管理，对于稳增长、调结构、防风险、惠民生具有重大意义。各地、各部门要高度重视，进一步统一思想，切实负起责任，加强协调配合，全面做好加强政府性债务管理工作，确保各项政策措施贯彻落实到位。

江苏省关于在市场体系建设中建立公平竞争审查制度的实施意见

为贯彻落实《国务院关于在市场体系建设中建立公平竞争审查制度的意见》(国发〔2016〕34 号)精神，规范政府有关行为，防止出台排除、限制竞争的政策措施，营造公平竞争的市场环境，推动江苏经济转型升级持续健康发展，现就我省在市场体系建设中建立公平竞争审查制度，提出如下实施意见。

一、总体要求和基本原则

（一）总体要求。

建立公平竞争审查制度，要按照加快建立统一开放、竞争有序的市场体系的要求，确保全省各级人民政府行为符合公平竞争要求和相关法律法规，维护公平竞争秩序，保障各类市场主体平等使用生产要素、公平参与市场竞争、同等受到法律保护，激发市场活力，提高资源配置效率，着力营造有利于大众创业、万众创新的市场环境，促进我省经济持续健康发展。

（二）基本原则。

——坚持竞争政策引领。建立公平竞争审查制度，确立竞争政策的基础性地位，在经济建设领域，引领政府其他各项政策措施的制定和实施。以促进和保护市场公平竞争为重点，深入推进政府简政放

权、放管结合、优化服务改革,树立竞争意识,最大限度减少对微观经济的干预,激发市场活力,提高资源配置效率。

——立足全局着眼长远。按照建设全国统一市场的要求,建立公平竞争审查制度,摒弃影响公平竞争的观念和做法,消除市场壁垒,促进商品和要素在全国范围内自由流动。打破地区封锁和行业垄断,增强市场创新动力,培育经济发展新动能,促进江苏经济持续健康发展。

——分步实施统筹推进。从我省实际出发,统筹考虑国家利益、区域发展、经济转型等多种需要,研究制定具有可操作性的方案。坚持先增量后存量,在规范增量政策的同时,逐步清理废除妨碍全国统一市场和公平竞争的存量政策。做好整体规划,分阶段、分步骤稳妥推进,在实践中不断完善我省公平竞争审查制度。

——提高审查监督效能。建立健全公平竞争审查工作和保障机制,坚持自我审查与专门机构指导监督相结合,通过听取利害关系人意见、向社会公开征求意见、第三方评估等多种方式,加强社会监督和舆论监督,加大宣传和信息公开力度,提高公平竞争审查的权威和效能。

二、明确公平竞争审查制度内容

(一) 审查范围。江苏省内行政机关和法律、法规授权的具有管理公共事务职能的组织(以下统称政策制定机关)制定市场准入、产业发展、招商引资、招标投标、政府采购、经营行为规范、资质标准等涉及市场主体经济活动的规章、规范性文件和其他政策措施,以及提请人大审议的地方性法规草案等(以下统称政策措施)相关文件,均应该在起草过程中进行公平竞争审查。未进行自我审查的,不得提交审议。

(二) 审查方式。政策制定机关在政策措施制定过程中,要严格对照审查标准进行自我审查。经审查认为不具有排除、限制竞争效果的,可以实施;具有排除、限制竞争效果的,应当不予出台,或调整至符合相关要求后出台。没有进行公平竞争审查的,不得出台。制定政策措施等相关文件及开展公平竞争审查应当听取利害关系人的意见,或者向社会公开征求意见。法律法规规章规定制定相关政策措施必须组织听证的,应当在听证中增加公平竞争审查内容。政策制定机关应当做出公平竞争审查报告,公开公平竞争审查结果,有关政策措施出台后,要按照《中华人民共和国政府信息公开条例》要求向社会公开。政策制定机关的公平竞争自我审查由其具体业务部门负责,也可与合法性审查一并由其法制工作部门负责。

(三) 审查标准。各地、各部门要从维护全国统一市场和公平竞争的角度,按照以下标准进行审查:

1. 市场准入和退出标准。

(1) 不得设置不合理和歧视性的准入和退出条件;

(2) 公布特许经营权目录清单,且未经公平竞争,不得授予经营者特许经营权;

(3) 不得限定经营、购买、使用特定经营者提供的商品和服务;

(4) 不得设置没有法律法规依据的审批或者事前备案程序;

(5) 不得对市场准入负面清单以外的行业、领域、业务等设置审批程序。

2. 商品和要素自由流动标准。

(1) 不得对外地和进口商品、服务实行歧视性价格和歧视性补贴政策;

(2) 不得限制外地和进口商品、服务进入本地市场或者阻碍本地商品运出、服务输出;

(3) 不得排斥或者限制外地经营者参加本地招标投标活动;

(4) 不得排斥、限制或者强制外地经营者在本地投资或者设立分支机构;

(5) 不得对外地经营者在本地的投资或者设立的分支机构实行歧视性待遇,侵害其合法权益。

3. 影响生产经营成本标准。

(1) 不得违法给予特定经营者优惠政策;

(2) 安排财政支出一般不得与企业缴纳的税收或非税收入挂钩;

(3) 不得违法减免特定经营者需要缴纳的社会保险费用；

(4) 不得在法律规定之外要求经营者提供或者扣留经营者各类保证金。

4. 影响生产经营行为标准。

(1) 不得强制经营者从事《中华人民共和国反垄断法》规定的垄断行为；

(2) 不得违法披露或者要求经营者披露生产经营敏感信息，为经营者从事垄断行为提供便利条件；

(3) 不得超越定价权限进行政府定价；

(4) 不得违法干预实行市场调节价的商品和服务的价格水平。

没有法律、法规依据，各地、各部门不得制定减损市场主体合法权益或者增加其义务的政策措施；不得违反《中华人民共和国反垄断法》，制定含有排除、限制竞争内容的政策措施。

(四) 例外规定。属于下列情形的政策措施，如果具有排除和限制竞争的效果，在符合规定的情况下可以实施：

1. 维护国家经济安全、文化安全或者涉及国防建设的；

2. 为实现扶贫开发、救灾救助等社会保障目的的；

3. 为实现节约能源资源、保护生态环境等社会公共利益的；

4. 法律、行政法规规定的其他情形。

政策制定机关应当说明相关政策措施对实现政策目的不可或缺，且不会严重排除和限制市场竞争，并明确实施期限。

三、有序实施公平竞争审查制度

(一) 建立工作机制。

1. 设立联席会议制度。

省人民政府建立省公平竞争审查联席会议制度，指导全省公平竞争审查制度实施工作，研究公平竞争审查制度实施中的重大问题。省公平竞争审查联席会议由省物价局、省发展改革委、省法制办、省商务厅、省工商局等相关部门参加。办公室设在省物价局，承担联席会议的日常工作，落实联席会议的有关决定，督促指导各地、各部门开展公平竞争审查，接受对违反公平竞争审查规定的举报办理，负责工作网络的对外联系，组织宣传培训、政策解读和舆论引导，推动信息公开发布，及时总结成效和经验，推进制度不断完善。

省人民政府所属部门、各设区市、县(市、区)人民政府同步建立公平竞争审查相应机制，负责在政策制定过程中对照审查标准开展自我审查和清理政策措施文件，推进本部门或本地区的公平竞争审查工作，并将公平竞争审查及清理情况定期向省公平竞争审查联席会议报告。省人民政府所属部门、各设区市、县(市、区)人民政府在推进公平竞争审查和清理文件工作时，要将遇到的困难和重大问题及时报省公平竞争审查联席会议研究解决。

2. 明确政策制定规范。

以各级人民政府(办公厅或办公室)名义出台的政策措施等相关文件，由文件起草牵头部门在文件起草过程中开展公平竞争审查，形成审查报告与文件一并提交本级人民政府审议。以多个部门名义联合制定出台的政策措施等相关文件，由牵头部门负责公平竞争自我审查工作，将审查报告与文件一并送至其他部门联合发文会签。以单独部门名义出台的政策措施等相关文件，由政策制定机关开展自我审查。未经过公平竞争审查的政策措施等相关文件，一律不得出台。

(二) 及时规范增量。

按照国务院规定，自本意见发布之日起，省人民政府及所属部门在有关政策措施制定过程中实行公平竞争审查。各设区市、县(市、区)人民政府要结合实际研究制定本地区公平竞争审查具体措施和办法。从2017年1月1日起，各设区市、县(市、区)人民政府及所属部门在有关政策措施制定过程中实行公平竞争审查。

(三) 有序清理存量。

按照“谁制定、谁清理”的原则，各级人民政府及所属部门要对照公平竞争审查标准，对现行政策措施等相关文件区分不同情况开展自查，稳妥把握节奏，有序清理和废除妨碍全国统一市场和公平竞争的各种规定和做法。省人民政府及所属部门原则上应于2017年3月底之前完成清理；各设区市、县(市、区)人民政府及所属部门原则上应于2017年9月底之前完成清理。其中，对市场主体反映比较强烈、问题暴露比较集中、影响比较突出的规定和做法，要尽快予以废止；对以合同协议等形式给予企业的优惠政策，以及部分立即终止会带来重大影响的政策措施，原则上设置6个月的过渡期，留出必要的缓冲空间；对已兑现的优惠政策，不溯及既往。各级人民政府及所属部门应当对清理情况形成报告，并按要求及时向社会公开。

(四) 定期评估完善。

对公平竞争审查制度实施后出台的政策措施，省人民政府及所属部门、各设区市、县(市、区)人民政府应当就其是否存在影响全国统一市场和公平竞争的情况，每年至少开展1次集中评估。经评估认为妨碍全国统一市场和公平竞争的政策措施，应当依法尽快废止或者修改完善。鼓励按照有关规定委托第三方评估机构进行评估。如有必要，评估报告可依照有关规定向社会征求意见，并将评估流程、评估结果依法向社会公开。政策制定机关要逐年评估相关政策措施的实施效果，实施期限到期或未达到预期效果的政策措施，应当及时停止执行或者进行调整。

四、健全公平竞争审查保障机制

(一) 健全市场机制。

各地、各部门要按照《中共江苏省委江苏省人民政府关于健全完善现代市场体系的若干意见》(苏发〔2014〕15号)和《中共江苏省委江苏省人民政府关于全面推进价格机制改革的实施意见》(苏发〔2016〕13号)要求，正确处理政府和市场的关系，充分发挥市场的决定性作用，防止政府不当干预市场，逐步确立竞争政策的基础性地位，使资源配置依据市场规则、市场价格、市场竞争实现效率最优化。以消除壁垒、打破垄断、引入竞争为重点，进一步完善价格形成机制，深入推进价格改革。加快建立竞争政策与产业、投资政策的协调机制，加强市场监管，维护公平竞争的市场秩序，促进形成统一开放、竞争有序的现代市场体系。

(二) 完善守信机制。

进一步加强政府信用体系建设，严格履行各级人民政府向社会作出的承诺，把政务履约和守诺服务纳入各级人民政府的绩效评价体系，建立健全政务和行政承诺考核制度。我省各级人民政府对依法作出的政策承诺和签订的各类合同要认真履约和兑现，不断健全政务诚信约束和问责机制。进一步推广重大决策事项公示和听证制度，拓宽公众参与政府决策的渠道，加强对权力运行的社会监督和约束。

(三) 强化监督和问责机制。

建立公平竞争审查工作考评、督查和责任追究制度。对未进行公平竞争审查或者违反公平竞争审查标准出台政策措施，以及不及时纠正相关政策措施的政策制定机关，依法查实后要作出严肃处理。对失职渎职等需要追究有关人员责任的，及时将有关情况移送行政监察机关。对涉嫌违反公平竞争审查标准的政策措施，任何单位和个人有权举报，有关部门要及时予以处理；对涉嫌违反《中华人民共和国反垄断法》的，反垄断执法机构将依法调查处理。

各地、各部门要切实加大宣传培训力度，加强政策解读和舆论引导，推进公平竞争倡导，增进全社会对公平竞争审查制度的认识和理解，培育公平竞争文化，为我省公平竞争审查制度实施营造良好的舆论氛围和工作环境。

第三章 浙江省政府相关文件

浙江省加快推进“一转四创”建设“互联网+”世界科技创新高地行动计划

为贯彻落实全国科技创新大会和《中共中央国务院关于深化体制机制改革加快实施创新驱动发展战略的若干意见》(中发〔2015〕8号)、《国务院办公厅关于印发促进科技成果转移转化行动方案的通知》(国办发〔2016〕28号)和省委十三届九次全会精神，深入实施国家创新驱动发展战略纲要，加快推进科技创新，打造“互联网+”世界科技创新高地，率先建成创新型省份和科技强省，特制定本行动计划。

一、指导思想和总体目标

(一)指导思想。深入学习贯彻习近平总书记系列重要讲话精神，按照“五位一体”总体布局和“四个全面”战略布局，牢固树立创新、协调、绿色、开放、共享的发展理念，以“八八战略”为总纲，坚持把创新作为引领发展的第一动力、把创新目标锁定在全国第一方阵、把科技创新作为需要补齐的第一短板，聚焦科技经济紧密结合，把科技成果转化作为第一工程，全面驱动“创新大平台、创新大项目、创新大团队、创新大环境”四个轮子(统称“一转四创”)，系统谋划布局，努力打造各要素综合集成、各环节紧密协同的一流创新生态链，全面推进“互联网+”深度融合创新，形成创新驱动发展的新动能，为高水平全面建成小康社会提供强大的科技支撑。

(二)总体目标。到2020年，创新驱动发展战略实施取得实质性成效，科技体制改革取得突破性进展，创新资源自由流动，创新条件明显改善，创新合作更加开放，创新活力竞相迸发，创新价值充分体现，在信息经济等若干战略必争领域形成独特优势，以“互联网+”为核心的信息经济率先进入全球价值链中高端，率先建成创新型省份，打造“互联网+”世界科技创新高地。全社会研发经费支出占地区生产总值比重达2.8%左右，研发人员数达45.6万人/年，高新技术产业增加值达7200亿元，高新技术产业投资年均增长15%，高新技术企业达15000家，科技型中小微企业达50000家，每万人发明专利拥有量达17件，技术交易额达500亿元，科技进步贡献率达65%。

二、全面加速科技成果转化，推进全创新链一体化

(一)大力培育科技企业。以“互联网+”为主攻方向，深入实施科技企业“双倍增”计划。大力培育发展高新技术企业，开展“百企创强”行动，力争打造龙头骨干高新技术企业100家以上。培养与引进一批移动互联网、数字内容等领域的具有全球影响力的知名企业，形成一批创新型领军企业；完善创业服务机制，激发传统产业和新兴产业中小企业创新活力，推动量大面广的中小企业向新技术、新产业、新模式、新业态转型，发展成为科技型中小企业。构建科技企业微成长、小升高、高壮大的梯次培育机制，孵化“互联网+”高新技术企业3000家。鼓励企业以自主创新成果为基础，参与国际标准、国家标准、行业标准和团体标准制修订工作。完善创新券政策，推进科研资源开放共享。2016年，新增高新技术企业1500家、科技型中小微企业6000家，为主制修订国际标准、国家标准、行业标准100项以上；新增发放创新券1.5亿元、使用额1.5亿元，服务企业10000家次。(牵头单位:省科技厅；参与单位:省发展改革委、省经信委、省财政厅、省工商局、省地税局、省国税局、省质监局等)

(二)建设一流高等学校和科研院所。支持浙江大学建设世界一流研究型大学，与世界著名高等学校合作办学或设立合作研究机构，参与国际大科学计划和大科学工程建设。支持省重点建设高校发展，

推进其他省属高等学校提升水平,力争一批学科进入世界一流学科前列。推进科研院所分类改革,开展试点,形成一批在全国有特色、高水平的科研院所。优化实验室布局,建立梯度培育机制,新建省级重点实验室、工程技术研究中心50家,择优重点培育若干高水平实验室,建设以国家实验室为引领的科技创新基地。细化科研型、教学型、教学科研型、社会服务推广型四类职称评聘标准,建立科学、合理的评价标准及评价方法。(牵头单位:省教育厅、省科技厅;参与单位:省发展改革委、省经信委、省人力社保厅等)

(三)深入推进科技大市场建设。深入实施科技大市场建设"131"工程,充分发挥展示、交易、共享、服务、交流"五位一体"的功能,加快线上线下融合发展,完善双向互动的技术供需体系、技术交易服务体系和技术交易保障体系,形成科技成果竞价拍卖等多种方式的技术交易模式,加快建设全国一流的科技大市场。推进线上线下相结合的市县、高新园区、科技城分市场建设。依托科技大市场,建设知识产权交易中心。2016年,组织举办6次科技成果拍卖活动,拍卖成果300项以上,成交金额4.5亿元以上,实现"季季拍"。(牵头单位:省科技厅)

(四)建立高效便捷的创业服务体系。面向创业需求,开发一批大数据公共服务产品,运用大数据提供精准服务。整合优质公共服务资源,形成基于大数据的公共服务平台,提供研发设计、技术产业化、人力资源、市场推广等服务。培育集聚一批技术交易、咨询评估、科技金融、研发设计、检验检测、知识产权等重点科技中介服务机构。鼓励条件成熟的金融机构设立科技金融专营事业部或专营支行,加大科技信贷投入。大力推动专利质押融资业务。扩大政府性创业引导基金规模,鼓励发展天使投资、种子投资、创业投资等各类风险投资,探索设立创投改革试验区,充分发挥省股权交易中心的作用。培育创投基金小镇。设立省科技成果转化引导基金,引导市县设立创业引导基金、政府产业基金,吸引社会资本、风险投资进入科技创新领域,支持银行业金融机构开展科创企业投贷联动试点。开展科技保险产品创新。创建国家知识产权投融资综合试验区,逐步开展知识产权证券化交易试点、专利保险试点。到2020年,科技创新创业投资机构达到300家以上,管理资金达到3000亿元以上。2016年,制订省科技成果转化引导基金管理暂行办法,全面启动基金运作;出台鼓励创业风险投资发展的政策,培育壮大创业投资。(牵头单位:省科技厅、省财政厅、人行杭州中心支行、省金融办;参与单位:省发展改革委、浙江银监局、浙江保监局等)

三、全面推进创新大平台建设,汇聚融合高端要素

(一)全力打造杭州城西科创大走廊。完善组织协调机制,编制发布发展规划,制定政策意见,推进高铁(铁路)城西枢纽与综合交通建设,加快谋划启动一批重大建设项目。积极创建国家大科学基地和以网络大数据协同创新为主攻方向的国家实验室,引进一批国内外高水平科研院所,培育一批学科群;集聚创新型企业,打造一批产业群,形成学科群与产业群良性互动,促进创新功能、产业功能和城市功能融合发展,把杭州城西科创大走廊建设成为具有全球影响力的信息经济中心、国家级创新策源地、绿色"双创"空间、最优创业创新生态圈,成为科技创新创业的示范区和集聚区。(牵头单位:杭州市政府、省科技厅、省发展改革委、省交通运输厅;参与单位:省推进杭州城西科创大走廊建设联席会议其他成员单位)

(二)高水平建设国家自主创新示范区。强化杭州、宁波的创新极核功能。以杭州和萧山临江2个国家高新区为主体,系统整合各类创新平台,高水平建设杭州国家自主创新示范区,在跨境电子商务、科技金融、知识产权运用和保护、人才集聚、信息化和工业化融合、互联网创新创业等方面先行先试,打造具有全球影响力的"互联网+"创新创业中心,建成创新驱动转型升级示范区、互联网大众创业集聚区、科技体制改革先行区、全球电子商务引领区、信息经济国际竞争先导区;通过制度创新、管理创新,逐步把政策红利放大到杭州全市域,放大到全省高新区。支持宁波争创国家自主创新示范区,努力建设具有国际影响力的制造业创新中心。编制实施环杭州湾高新技术产业发展规划,全面提升环杭州湾国家和

省级高新区高新技术产业集聚发展水平，打造具有国际竞争力的高新技术产业带和创新型城市群，努力建设具有全国影响力的科技创新中心、高端人才集聚中心。（牵头单位：省科技厅、杭州市政府、宁波市政府；参与单位：省发展改革委、省经信委、省教育厅、省财政厅、省国土资源厅、省建设厅、省商务厅、省金融办、人行杭州中心支行等）

（三）着力建设创新型园区和高能级科技城。积极推进高新区、科技城的扩容提升，推动杭州、宁波国家高新区创建具有全球竞争力的一流高科技园区，推动温州、绍兴、衢州、萧山临江、嘉兴秀洲和湖州莫干山等国家高新区聚焦重点产业，做大规模，提升质量，发展成为在全国具有重要影响力的科技园区。积极推进有条件的省级高新园区创建国家高新区，推动产业集聚区、经济开发区、工业强县等创建主攻方向明确、发展空间具备的省级高新园区，打造一批支撑能力强、辐射范围广的网络化协同制造现代产业集群。到2020年，力争设区市创建国家高新区，工业强县、产业集聚区创建省级高新园区全覆盖，培育若干千亿级的高新园区，成为我省高新技术产业发展的主战场。加快未来科技城、青山湖科技城、宁波新材料科技城、嘉兴科技城、舟山海洋科学城建设，支持温州浙南科技城、金华国际科技城加快建设，鼓励有条件的地区根据各自特色、科技发展特点，布局建设科技城。大力推进乌镇互联网创新发展试验区建设，提升“互联网＋”经济在全球的影响力。（牵头单位：省科技厅；参与单位：省发展改革委、省经信委等）

（四）加快建设科技特色小镇和新型孵化器。加快建设梦想小镇、云栖小镇等一批互联网创业、移动互联网、云计算等领域的特色小镇，打造一批产值超百亿元的“互联网＋”制造示范园区。依托移动互联网、大数据、云计算等现代信息技术，积极发展众创、众包、众扶、众筹等新模式，扶持一批新型科技企业孵化器，构建一批低成本、便利化、专业化、全要素、开放式众创空间，形成“创业苗圃—孵化器—加速器”的创业孵化链，创建科技企业孵化国家示范基地（众创空间、星创天地）。到2020年，众创空间等新型创业服务平台达到1000家以上，新增孵化面积250万平方米，新入驻企业10000家，5年累计毕业企业3000家。2016年，新增国家和省级孵化器（大学科技园）5家，新增孵化面积50万平方米；省重点培育的众创空间达100家以上，争取在国家新备案登记40家以上。（牵头单位：省科技厅、省发展改革委、省经信委等）

（五）建设一流产业技术创新研究机构。着眼创新资源和要素的有效汇聚，聚焦重点培育的战略性新兴产业和重点支柱产业，以龙头骨干高新技术企业为牵引，支持信息技术、智能制造、新材料、互联网、海洋产业等科技创新中心建设。2016年，在设区市启动建设若干产业技术创新研究机构、科技创新中心和标准化研究机构。（牵头单位：省科技厅；参与单位：省发展改革委、省经信委、省财政厅、省人力社保厅、省质监局等）

四、全面推进创新大项目实施，引领产业高端发展

（一）实施重大科技专项。按照围绕产业链部署创新链、完善资金链的要求，坚持系统化设计、全链条部署、阶段性安排，突出企业技术创新主体，健全项目指南发布机制，完善产学研用协同与部门间、省市县联动的重大科技专项组织管理方式，强化项目承担单位的法人职责，加强项目资金使用监管。在信息技术领域的网络空间安全、重大基础设施安全、工业控制系统安全的主动防御、大数据计算，材料科学领域的传感材料与器件、材料显微结构与性能表征研究，生命科学领域的脑认知与脑机交互研究、干细胞、生殖发育与再生医学研究等科学前沿领域安排重大科技基础研究专项。围绕信息经济、新材料、生物技术等领域，实施石墨烯应用及高性能产品、新一代集成电路关键技术及高端芯片、3D打印材料及控制部件、新能源汽车与动力电池、航空及智能绿色轨道交通装备、智能机器人及核心功能部件、生物基高分子材料、高端医疗装备与器械、大型船舶设计与制造，以及重大高发疾病、肿瘤等重点疾病的精准医疗与新药创制等重大科技攻关专项。加快启动沪杭量子通信商用干线建设、基于4G＋/5G的移动互联技术试验、大数据行业示范应用、智能制造示范应用、“中国制造2025”智能制造、“五水共治”环境治理技术

等重大科技示范应用专项及项目。2016 年,围绕七大万亿产业,实施重大科技基础研究、重大科技攻关、重大科技示范应用项目 50 项、150 项、50 项左右。(牵头单位:省科技厅;参与单位:省发展改革委、省经信委、省财政厅、省卫生计生委、省环保厅等)

(二) 加大高新技术产业投资。全面实施“中国制造 2025”浙江行动和“互联网+”行动计划,支持“阿里云”开发并推广应用适合中小企业的产品与服务。全面实施工业机器人行动计划,发挥政府产业基金的撬动功能,加大浙商回归、央企对接、外资引进力度,谋划招引一批标杆性高新技术产业投资项目,带动全产业链创新,提升产业价值链。力争到 2020 年,全省“互联网+”企业达 100 万家,建成一批具有国际领先水平的“互联网+”基础设施,形成一批产值超百亿元的“互联网+”示范基地;在役工业机器人超过 10 万台。(牵头单位:省科技厅、省发展改革委、省经信委;参与单位:省财政厅、省商务厅等)

(三) 提升企业技术创新能力。支持信息技术、新材料、智能制造、生物技术、大数据、云计算等领域高新技术企业建设省级(重点)企业研究院。支持科技特色小镇组建研究院,推动省级技术标准创新基地建设。加快企业重点实验室、工程技术研究中心、企业技术中心、制造业创新中心、高新技术研发中心等创新载体建设,推动规模以上工业企业研发机构、科技活动全覆盖。到 2020 年,省级企业研究院达 1000 家,省级重点企业研究院达 300 家。其中 2016 年,新建省级重点企业研究院 30 家左右、省级企业研究院 100 家、高新技术研发中心 300 家。(牵头单位:省科技厅、省发展改革委、省经信委;参与单位:省委人才办、省财政厅、省质监局等)

(四) 深化产学研用协同创新。继续深化与中国科学院、浙江大学的合作,深入推进与中国工程院、北京大学、清华大学开展新一轮全面合作。支持浙江清华长三角研究院和中国科学院宁波材料所等创建国家级重大科技基础平台、重点实验室和国际科技研究中心,积极争取国家重大科技项目落户我省。支持行业骨干企业与高等学校、科研院所联合组建技术研发平台和产业技术创新联盟,组建跨行业的“互联网+”技术联盟、产业联盟,承担产业共性技术研发重大项目,完善产业创新链,构建创新利益共同体。完善“政府搭台、军地互动、民企唱戏”的军民科技融合发展机制,引进一批重大军民融合产业项目,推动军民兼容型高新技术实现产业化。(牵头单位:省科技厅、省发展改革委、省教育厅;参与单位:省经信委、省财政厅等)

五、全面推进创新大团队建设,打造人才生态最优省份

(一) 培育科技创新人才和重大团队。实施高层次人才特殊支持计划和领军型创新创业团队引进培育计划,健全“千人计划”工作体制机制,完善省特级专家制度,实施院士智力集聚工程。完善省领导联系高层次人才制度,办好人才交流与项目合作活动。大力培养科技人才和管理人才,注重造就一支一线创新人才和青年科技人才队伍,引进集聚一批大数据、云计算领域的海内外高层次人才,发挥企业家在创新创业中的重要作用。到 2020 年,新引进培育对我省产业发展具有重大影响、经济和社会效益显著的领军型创新创业团队 100 个。2016 年,新培育领军型创新创业团队 10 个以上,新引进省“千人计划”人才 200 名左右。(牵头单位:省委人才办、省科技厅、省人力社保厅;参与单位:省经信委、省教育厅、省科协等)

(二) 加强企业家队伍建设与高技能人才培养。实施名企、名家、名品“三名”培育工程和企业经营管理人才素质提升计划,培育具有全球视野的现代企业家、创业创新型企业家和职业经理人。强化企业主体地位,实施“百校千企”和“千企千师”培养工程,努力培养一大批具有工匠精神的高技能人才。对全省规模以上企业主要负责人开展分领域、分层次培训。到 2020 年,努力培育 100 名具有全球视野的现代企业家、1000 名创业创新型企业家、10000 名具有较高素养的职业经理人。2016 年新增高技能人才 20 万名以上,培训经营管理人才 20 万名。(牵头单位:省经信委、省人力社保厅;参与单位:省教育厅、省科技厅等)

(三) 创新科技人才培养与分类评价机制。扩大高等学校、科研院所自主权,赋予创新领军人才更大

的科研人财物支配权、技术路线决策权。鼓励高等学校设置数据科学和数据工程等相关专业，培养一大批“互联网+”应用创新型人才。建立更加开放的人才引进使用机制，招才引智。构建多元化人才考评体系，完善高等学校、科研院所研发人员与创新业绩挂钩的内部激励机制、职称评聘制度。制订普通本科高等学校分类管理评价指标体系，推进研究生教育综合改革，深化高等学校创新创业教育改革，选择若干高等学校进行“2+1”“3+2”“4+2”创业人才培养试点。(牵头单位:省委人才办、省教育厅、省人力社保厅;参与单位:省科技厅、省公安厅等)

(四)构建有利于创新创业的激励机制。推进《浙江省促进科技成果转化条例》的修订工作，完善科研人员成果转化收益分享机制，探索知识产权股权、分红等激励模式。完善事业单位绩效工资制度、财政科研项目间接费用管理制度，合理补偿项目承担单位间接成本和绩效支出。项目承担单位要结合一线科研人员实际贡献，公开公正安排绩效支出。研究制订省级事业单位科技成果转化处置的具体实施办法。(牵头单位:省科技厅、省人力社保厅、省财政厅;参与单位:省委人才办、省教育厅等)

六、全面推进创新大环境建设，构筑创新创业生态体系

(一)健全科技创新统筹协调机制。合理确定各部门功能性分工，发挥高等学校、科研院所、企业等各类创新主体在创新需求凝练、任务组织实施、成果推广应用等方面的作用，建立科技部门牵头抓总、部门间协同配合、省市县集成联动的科技创新管理体制，加快实现从研发管理向创新服务转变。加大对科技创新的投入，优先保障科学技术经费投入，规范财政科技投入口径，优化支出结构。全面落实激励企业创新政策，鼓励政府采购大数据、云计算产品和服务。支持和引导高等学校、科研院所加强科研经费管理制度创新。推进“四张清单一张网”建设，完善科技云平台，健全政府数据资源、公共数据资源共享开放管理制度。落实企业研发费加计扣除、高新技术企业税收优惠等普惠性政策。(牵头单位:省科技厅、省财政厅、省发展改革委;参与单位:省经信委、省教育厅、省地税局、省国税局、杭州海关等)

(二)深化科技计划管理改革。紧扣知识创新、技术创新、转化应用、环境建设4个创新链环节，设立基础公益研究(含省自然科学基金)、重点研发、技术创新引导、创新基地和人才四大类省级科技计划。建立公开统一、覆盖省市县三级的科技项目和经费管理系统。加快建立健全决策、执行、评价相对分开、互相监督的运行机制。改进科研资金管理，规范项目预算编制、预算评审和决算审计工作。落实法人责任制，完善科研信用管理。(牵头单位:省科技厅、省财政厅)

(三)加快融入全球创新网络。开展开放创新行动，实施“一带一路”科技合作专项和联合产业研发计划，提高科技创新的开放度和共享性。推进与相关国家的联合研究计划，加强在海洋科技、清洁技术、再生能源、智慧物流等领域的科技合作与交流。吸引国际知名科研机构来我省联合组建国际科技中心。鼓励有实力的民营科技企业并购、合资、参股国外创新型企业，设立海外研发中心、双向互动的国际科技园或孵化器。鼓励企业参与实施重大国防科技专项和国防技术装备研制与生产。2016年，新建省级以上国际科技合作基地5家。(牵头单位:省科技厅;参与单位:省经信委、省教育厅、省财政厅、省人力社保厅、省商务厅等)

(四)加快知识产权强省建设。联动推进“三强一制造”行动，培育一批“浙江制造”品牌试点县(市、区)和标杆企业，实施知识产权强省推进工程，系统推进知识产权强市、强县、强企建设，培育一批省级商标品牌示范县(市、区)、示范乡镇(街道)和示范企业。开展知识产权密集型产业、区域专利导航试点，探索知识产权综合行政执法，强化行政执法与司法衔接，推进诉讼调解对接工作，建立严格保护知识产权的长效社会治理体系，利用新一代信息技术提高知识产权保护效率，营造尊重知识、崇尚创新、诚信守法的知识产权文化环境。编制《浙江省知识产权“十三五”发展规划》，研究制定引领型知识产权强省政策。支持有条件的地方开展商标、版权、专利“三合一”的知识产权综合管理改革试点。2016年，新培育省级知识产权示范县5家。(牵头单位:省科技厅〔省知识产权局〕、省工商局、省质监局)

(五)深化“五帮一化”服务企业活动。进一步完善“五帮一化”常态化、长效化服务企业机制，发动全

省科技、发展改革、经信等部门及科研机构、科技人员力量，加强精准施策、精准对接，全面建立联系结对机制，为科技型企业、科技园区、众创平台提供针对性、实效性的创业创新服务。围绕补齐补好交通基础设施、生态环境、低收入农户增收致富、公共服务有效供给、改革落地等短板的要求，加强科技创新服务工作，更好地发挥科技支撑作用，提升全社会的科技创新水平。（牵头单位：省科技厅、省经信委、省发展改革委等）

浙江省关于高质量加快推进特色小镇建设的通知

为进一步贯彻落实习近平总书记等中央领导同志对我省特色小镇建设的重要批示精神，高质量加快推进我省特色小镇规划建设，经省政府同意，现将有关事项通知如下：

一、强化政策措施落实。严格贯彻执行《浙江省人民政府关于加快特色小镇规划建设的指导意见》（浙政发〔2015〕8号）明确的有关政策措施。各市和省特色小镇规划建设工作联席会议成员单位应进一步制订完善具体的支持政策。适时对政策有关落实情况开展专项检查，确保有关政策措施落实到位。

二、发挥典型示范作用。进一步加大工作推进力度，着力推动建设一批产业高端、特色鲜明、机制创新、具有典型示范意义的高质量特色小镇，力争每个市都有示范性小镇、每个重点行业都有标杆性小镇。对在全省具有示范性的特色小镇，省给予一定的用地指标奖励，省产业基金及区域基金要积极与相关市县合作设立专项子基金给予支持。

三、引导高端要素集聚。充分整合利用已有资源，积极运用各类平台，加快推动人才、资金、技术向特色小镇集聚。省级有关行业主管部门应充分利用行业优势，积极推荐行业领军人物参与特色小镇建设，推动最新技术在特色小镇推广应用。鼓励指导有条件的特色小镇召开区域性、全国性乃至全球性的行业大会。加强招商引资，依托浙洽会、浙商大会等平台，开展特色小镇推介活动，吸引骨干企业、优质项目落户特色小镇。

四、开展“比学赶超”活动。建立健全特色小镇创建对象长效交流机制，分行业、分区域、分主题组织开展“比学赶超”现场推进会。围绕特色小镇的建设速度、产业高度、创新力度和特色亮度，加强各地、各特色小镇之间的交流、互鉴，营造互比互学、你追我赶的良好氛围。

五、加强统计监测分析。省统计主管部门要完善特色小镇统计监测制度，加强指导和培训，会同有关部门开展统计监测工作检查和数据质量核查。各县（市、区）政府要建立健全特色小镇统计工作机制，明确部门职责分工，夯实特色小镇统计基础，确保统计数据质量。建立特色小镇统计监测数据共享机制。

六、完善动态调整机制。坚持宽进严定的创建制，高质量推进特色小镇规划建设。严格执行年度考核和验收命名制度，对不符合“三生融合”（生产、生态、生活）、“四位一体”（产业、文化、旅游和一定社区功能）等内涵特征、有效投资带动作用弱、新开工建设项目少、新增税收等预期成效差的特色小镇创建单位予以调整，对原奖励或预支的新增建设用地计划指标予以扣回。

七、做好舆论宣传引导。积极发挥省内主流媒体阵地作用，加强与中央媒体的对接联络，创造条件开展灵活多样、经常性的宣传报道，全面展现特色小镇工作亮点。要认真总结特色小镇建设的创新实践，挖掘好亮点，提供好素材，并以此为契机查找特色小镇规划建设中的短板，制订改进举措，尽快补齐补好短板，增创新优势。

浙江省关于促进加工贸易创新发展的实施意见

为适应新一轮对外开放发展需要，根据《国务院关于促进加工贸易创新发展的若干意见》（国发

〔2016〕4号)、《国务院关于促进外贸回稳向好的若干意见》(国发〔2016〕27号)精神，结合我省实际，制定以下实施意见：

一、统一思想，明确目标，充分认识我省加工贸易创新发展重要意义

（一）切实统一思想。促进加工贸易创新发展是我省稳定经济增长和推进产业转型升级的重要抓手，是我省实施创新驱动发展战略的重要组成部分，是我省由贸易大省向贸易强省转变的重要途径。各地、各有关部门要全面贯彻党中央、国务院和省委、省政府决策部署，以创新驱动和扩大开放为动力，以国际产业分工深度调整和实施"中国制造2025"为契机，通过加工贸易创新发展，推动我省产业向全球价值链高端跃升，打造外贸增长新引擎，补齐贸易短板，为加快构建我省开放型经济新体制、加快建设开放型经济强省作出更大贡献。

（二）明确发展目标。到2020年，全省加工贸易主体不断扩大、实力增强，高端制造业及其配套服务业加工贸易比重明显提高，各类开发区、海关特殊监管区域加工贸易优势凸显，加工贸易创新发展取得重要阶段性成果，质量明显提高。

二、加大对加工贸易创新发展的支持力度，引导加工贸易整体提升

（一）培育一批示范企业。培育100家符合我省产业政策导向、创新发展、转型升级效果明显的加工贸易示范企业。对制造水平提升明显、总部要素集聚、经营管理规范、示范带动作用突出的，给予优先政策支持及贸易便利化等先行先试措施。

（二）推动企业技术创新。推进加工贸易企业"两化"融合、"四换三名"，支持加工贸易企业设立研发机构，鼓励增加对关键核心技术研发投入，拓展价值链，提高层次和水平。落实国家和省鼓励扩大设备进口和技术改造的相关优惠政策，支持企业引进消化吸收再创新，增强配套能力。鼓励符合政策的加工贸易示范企业购买用于重点工艺流程和环节改造的关键设备、耗材和零部件，简化进口流程。通过政府产业基金积极引导金融资本、社会资本加大对加工贸易的投入。

（三）加强企业品牌建设。支持企业创建自主品牌和获取自主知识产权，提高"委托设计＋自主品牌"混合生产方式比例，推动企业从贴牌生产(OEM)向委托设计制造(ODM)和自主品牌制造(OBM)一体化转型。充分用好"走出去"专项资金，鼓励企业自建海外市场营销、售后服务体系，并购国际知名品牌并整合推进。完善加工贸易数据统计体系，加工贸易企业申报备案品牌及在报关单备注栏注明品牌和自主知识产权的，海关及相关部门要加强统计监测，协助打击假冒伪劣、侵权行为，加大对国内外品牌和知识产权的保护力度。

（四）延伸加工贸易产业链。支持企业在同等条件下提高浙江本地产品采购率。鼓励企业开展深加工结转业务，延长产业链，增强国内配套能力。海关、检验检疫、国税等部门要加强服务指导，为企业深加工结转提供便利。

（五）支持企业业务拓展。支持海关特殊监管区域内企业拓展保税物流、检测维修等功能，发展生产性服务业。支持企业开展船舶、飞机和大宗商品等产品加工贸易业务，在条件成熟的地区开展航空、电子信息等高技术含量、高附加值产品境内外检测维修和再制造业务试点。推动加工贸易与信息经济、服务贸易等创新融合，提高加工附加值，拓展发展空间。

（六）优化产品结构。支持各级开发区、海关特殊监管区域、国际产业合作园精选大型外商投资企业入驻，带动关联配套企业联动发展。指导各地根据当地产业特色，细化招商引资目录，重点引进高端新型电子信息、高端装备制造、节能环保等战略性新兴产业。推动纺织服装、家具、玩具、鞋类、家用电器等传统劳动密集型产业向高附加值、绿色低碳方向发展。吸引跨国公司地区总部、研发中心、销售中心、物流中心、结算中心和营运中心等功能性机构落户浙江。

（七）加强金融、信用保险支持。政策性银行等金融机构根据加工贸易企业的需求，量身定制多种形

式的跨境人民币产品。支持符合条件的加工贸易企业赴境外人民币市场发债、开展跨境双向人民币资金池业务。根据加工贸易进出口订单,为加工贸易企业提供订单融资、应收账款融资等金融支持,并在固定资产投资、原材料进口、产业整合、自主创新、国际物流等领域提供融资服务。出口信用保险浙江分公司对市场、客户稳定的加工贸易企业进一步降低保费;加大出运前保险在加工贸易项下的推广力度,提高出口信用保险风险容忍度,扩大出口信用保险规模和覆盖面,支持加工贸易企业投保出口信用保险。各地可视情探索设立加工贸易企业转型升级贷款专项资金。

三、改革加工贸易行政审批和监管制度,提高监管水平和效率

(一)精简审批事项。落实取消加工贸易业务审批要求,加强对加工贸易经营状况和生产能力核查,督促企业强化安全生产、节能低碳、环境保护等社会责任,建立健全加工贸易事中事后监管平台与机制。

(二)改进监管方式。尽快调整以加工贸易手册为主的监管方式,逐步实现以企业为单元的监管。按照《中国制造2025浙江行动纲要》的要求,选择100家符合条件的加工贸易企业,量身定制有针对性的便利措施,并适时总结推广可复制经验。优化海关核查方式,对于委托第三方进行核查的,鼓励采取政府购买服务方式,提高核查比例、效率和服务质量。

(三)加强信息共享。2016年底前整合加工贸易企业备案数据和进出口报关业务数据,建成加工贸易综合信息平台,商务、海关、检验检疫、国税、外汇等部门统一采用企业在海关录入的上述数据,实现一次录入、多部门共享。引导企业和从事报关、货运代理等商事服务的机构使用加工贸易综合信息平台,免除企业数据联网费用。

(四)改进进口料件核销方式。对资信良好、信息透明、符合海关监管要求的示范企业优化进口料件审批流程,有效缩短核销时间,提高核销效率。实施企业单耗自核的管理方法,按照公平竞争、鼓励创新的原则,对已有统一单耗标准的行业,允许企业在单耗标准内申报,海关按照企业申报的单耗核销。

(五)完善加工贸易风险保证金台账等制度。完善企业信用体系建设,搭建企业信用平台和担保平台,允许规模较大、资信良好的企业在杭州关区和宁波关区间进行异地加工贸易时,免交风险保证金。允许规模较大、资信良好、在我省境内租用厂房经营3年以上的企业免交加工贸易业务风险保证金。允许年出口规模500万美元以上、资信良好、拥有自有厂房的示范企业全工序外发加工的,采用银行和非银行金融机构担保的方式。除法律、法规、规章另有规定外,根据银行综合资信水平,从事一般贸易的高资信企业首次办理加工贸易手册,免交风险保证金,简化电子账册有关手续。

(六)明确深加工结转税收政策和操作指导。简化深加工结转备案程序,明确深加工结转业务税收政策,对深加工结转业务实行统一的免税政策。深加工结转业务在最终出口前的各环节实行免税,最终出口企业按照现行加工贸易复出口货物有关规定实行退(免)税管理,鼓励加工贸易企业增加国内采购和从事深加工结转。

(七)加快推动长三角一体化通关。进一步贯彻落实长江经济带海关区域通关一体化改革,全面实行各口岸部门之间信息互换、监管互认、执法互助,取消二次报关或二次审核的环节,提高一体化报关的效率。加强信息公开,积极做好企业报关的服务指导,避免从事报关、货运代理等商事服务的机构向企业收取不合理费用。

四、改革海关特殊监管区域管理制度,提升加工贸易载体功能

(一)支持海关特殊监管区域转型提升。积极引导和支持各类海关特殊监管区域向综合保税区转型提升,已获批建设的海关特殊监管区域要落实责任确保按时通过验收,并加大招商引资力度,引进培育一批有一定规模的加工贸易企业。

(二)探索货物状态分类监管试点。积极探索解决海关特殊监管区域政策"倒挂"现象。探索货物状态分类监管试点,根据保税货物、非保税货物、口岸货物等三类不同货物状态,进行分类监管,提高通关

速度,降低监管风险。

(三) 提高加工贸易产品内销便利化水平。借鉴自贸区试点经验,探索在海关特殊监管区域内推广内销企业选择性征税政策。落实加工贸易产品内销办理生产许可证和强制性产品认证的便利措施,实现加工贸易产品检验检疫和质量技术监督相关许可互认。

(四) 培育一批公共服务平台。择优建设一批行业和区域加工贸易服务平台,加大政府购买服务和创新券的推广应用力度,为加工贸易企业提供科学仪器设备共享、检测分析、质量监督检验、专利检索等服务,促进创新资源、服务资源开放共享,降低企业研发成本。

五、推进加工贸易省内梯度转移,形成协调发展格局

(一) 支持省内中西部地区承接加工贸易转移。根据我省产业、资源分布及山海协作工程情况,加强对杭州、宁波、嘉兴等加工贸易优势发展地区转型升级工作的指导和支持,鼓励金华、衢州、丽水等中、西、南部具有资源优势的地区承接加工贸易转移。支持企业开展外发加工业务,形成杭州、宁波、嘉兴总部基地与中、西、南部制造基地合理配套、优势互补、协调发展的格局。

(二) 鼓励"退二进三",盘活土地资源。杭州、宁波、嘉兴地区加工贸易企业转移到省内中、西、南部具有资源优势地区的,转移腾退用地经批准可转变为商业、旅游、养老等用途。推动企业入区集聚到海关特殊监管区域发展,对于区外企业入区、转移腾退用地的,经批准也可转变为商业、旅游、养老等用途。加工贸易企业依法取得的工业用地可按合同约定分期缴纳土地出让价款,对我省属于《中国制造2025浙江行动纲要》11大产业且用地集约的工业项目,可按不低于所在地土地等别对应工业用地出让价标准的70%确定土地出让底价。

六、加强组织保障,以考核评价引领加工贸易的创新发展

(一) 加强组织领导。各地要切实加强对加工贸易创新发展的组织领导,研究制定加工贸易创新发展方案,认真做好加工贸易创新发展的实施推动、综合协调和措施保障。省商务厅要加强统筹协调、跟踪分析和督促检查,研究提出我省加工贸易创新发展的战略方向、重大政策,加快形成分工明确、配合紧密、运行高效的促进加工贸易创新发展的体制机制。省级有关部门要按照职能分工,加强指导和服务;各部门之间要加强沟通协作,深入调查研究,及时总结经验,指导和帮助各地切实解决遇到的困难和问题。

(二) 强化人才保障。积极组织加工贸易从业人员参加商务、海关、检验检疫等相关业务流程及税收、金融等方面的培训。建立加工贸易企业与职业学校、高等学校、培训机构合作机制,降低加工贸易企业用工成本。鼓励加工贸易企业引进欧盟、美国、日本等高端人才,适当放宽外籍退休高级管理人员、技术工人工作许可的年龄限制,简化外籍高层次人才永久居留证、签证及居留办理程序。按照国家和省有关规定适当降低社会保险费,做好加工贸易重点发展地区流动人员社会保险工作,增强社会保险经办管理服务的便捷性,方便流动就业人员社会保险关系转移接续。

(三) 完善考核机制。各地要进一步完善考核机制,将加工贸易作为外贸考核的重要组成部分纳入政府年度目标考核,充分发挥考核评价在推进加工贸易创新发展中的导向作用。

第四章 安徽省政府相关文件

安徽省关于推进商贸流通创新发展转型升级的实施意见

为贯彻落实《国务院关于推进国内贸易流通现代化建设法治化营商环境的意见》(国发〔2015〕49号)、《国务院办公厅关于推进线上线下互动加快商贸流通创新发展转型升级的意见》(国办发〔2015〕72号)、《国务院办公厅关于加强互联网领域侵权假冒行为治理的意见》(国办发〔2015〕77号)和《国务院办公厅关于促进农村电子商务加快发展的指导意见》(国办发〔2015〕78号)精神,进一步发挥商贸流通对经济的基础性支撑作用和先导性引领作用,提升商贸流通信息化、标准化、集约化、法治化水平,努力为全省经济提质增效提供持久强劲动力,结合我省实际,提出如下实施意见:

一、总体要求

坚持"创新、协调、绿色、开放、共享"五大发展理念,遵循"以市场化改革为方向、以转变政府职能为核心、以创新转型为引领、以营造法治化营商环境为主线"基本原则,围绕加快调结构转方式促升级,深化商贸流通领域改革,推动体制机制创新,转变流通发展方式,基本形成统一开放、竞争有序、畅通高效、城乡一体、便民惠民的商贸流通体系,以商贸流通现代化带动消费升级和产业升级,使商贸流通成为经济转型发展的新引擎、优化资源配置的新动力、促进创新创业的新活力。到2020年,全省社会消费品零售额年均增长10%左右,每年新增限上企业1000家左右,限额以上流通企业应用电子商务比率达到95%以上。

二、重点任务

(一) 构建城乡一体化流通体系。

1. 完善流通网络布局。落实"一带一路"、长江经济带等重点战略,以及全国流通节点城市布局规划和安徽省城镇体系规划,合理布局流通节点城市。支持合肥市打造国家级流通节点城市,支持阜阳、蚌埠、安庆、芜湖等市打造区域级流通节点城市,支持其他各市整合资源、发挥优势,打造各具特色的地市级流通节点城市,提升节点城市集散能力、辐射功能和中转效率,形成畅通高效的骨干流通网络。依托长江经济带综合立体交通走廊,加快沿江物流主干道和区域性商贸物流中心建设。支持皖北和大别山区建设以农副产品深加工、药材等为特色的区域性市场,支持皖南和皖西建设文化旅游特色商品集散中心。优化城市商业网点布局,统筹推动中央商务区、商贸功能区、特色商业街区协调发展,促进商品交易市场转型升级,发展城市便民商业,引导电子商务进社区。整合商务、供销、邮政、快递等资源,推进农村商品流通服务体系建设,引导大中型商贸流通企业合理布局建设农村商品配送中心、乡镇商贸中心和农村直营连锁店,构建工业品、农产品双向畅通的流通渠道。(责任单位:各市、县人民政府,省商务厅、省发展改革委、省国土资源厅、省住房城乡建设厅、省交通运输厅、省农委、省旅游局、省供销社、省邮政管理局等)

2. 加强流通设施建设管理。县级以上人民政府要统筹科学编制商业网点规划并纳入城乡规划和土地利用总体规划体系,加强规划执行力。创新基础性流通设施建设管理模式,引导资金投向公益性农产品批发市场建设。落实新建社区商业和综合服务设施面积占社区总建筑面积的比例不得低于10%的政策,优先保障农贸市场、社区菜市场和家政、养老、再生资源回收等设施用地需求。整合优化城市交通资源,建立健全城市绿色物流服务体系,完善城市物流园区(分拨中心)、配送中心和社区集散点等设施网络布局。规范大型商业设施及其配套设施建设，引导购物中心、商业综合体、商业集聚区等合理布局、有序发展。建立建设大型商业设施听证制度并开展城市商业面积监测预警，定期发布大型商业设施供给信息，合理引导市场预期，避免盲目重复建设。（责任单位：各市、县人民政府，省商务厅、省发展改革委、省国土资源厅、省住房城乡建设厅、省交通运输厅、省农委等）

3. 培育壮大商贸流通主体。落实税费减免、用电用水同价、要素保障等政策，降低企业运营成本。支持省内骨干流通企业通过参股控股、特许经营等方式跨行业、跨区域兼并重组，推动具备条件的流通企业利用多层次资本市场做大做强，培育若干知名度高、主业突出、竞争力强的大型流通企业集团，提升市场占有率和产业集中度。支持各地建设中小商贸流通企业公共服务平台，提供融资、市场营销、管理咨询等服务，促进中小微流通企业专业化、特色化发展。完善流通业品牌培育保护机制，鼓励流通企业申报中国质量奖、中国驰名商标、中华老字号、省政府质量奖、省著名商标等，扩大品牌影响力，提升市场竞争力。加大对商贸流通领域传统技艺的保护传承，加强商业文化内涵建设，提高本土商贸流通企业品牌的市场认知度和信誉度。各地可根据实际情况，依法完善相关政策，按照主体自愿的原则，引导有条件的个体工商户转为企业。（责任单位：各市、县人民政府，省商务厅、省发展改革委、省经济和信息化委、省国资委、省工商局、省质监局、省政府金融办等）

4. 加快发展农村电子商务。充分发挥现有市场资源和第三方平台作用，着力培育多元化农村电子商务市场主体。依托“宽带安徽”“快递下乡”等重点工程，加快推进国家电子商务进农村综合示范县建设，培育省级电子商务进农村示范县、示范乡镇和“电商村”，开展电子商务强县创建活动，探索制订电子商务服务规范和工作指引，充分发挥农村电子商务精准扶贫的助推作用。（责任单位：各市、县人民政府，省商务厅、省农委、省邮政管理局等）

（二）提升内外贸一体化发展水平。

1. 提升商贸流通开放水平。落实对外资实行准入前国民待遇加负面清单管理模式，抓住国家扩大服务业对外开放、商贸物流等领域外资准入限制放开等机遇，鼓励外资投向共同配送以及鲜活农产品配送等现代物流服务领域。加快引进国外先进技术、管理经验、商业模式和知名品牌，支持跨国公司在我省设立采购、物流配送和结算等功能性区域中心。（责任单位：省商务厅、省发展改革委、省经济和信息化委、省国资委等）

2. 搭建内外贸融合发展平台。鼓励内外贸企业战略合作与兼并重组，完善大宗商品集散地、特色专业市场进出口功能，争取市场采购贸易试点。培育内外贸结合、具有一定国际影响力的大型会展平台。加快建设跨境电子商务综合试验区，建立完善公共服务中心平台，形成覆盖全省的网络系统，为跨境电商企业提供通关、物流、仓储、融资、退税等全方位的优质高效服务。（责任单位：相关市人民政府、省商务厅、省国税局、安徽出入境检验检疫局、合肥海关、省外汇局等）

3. 推动流通企业“走出去”。主动融入“一带一路”战略，支持省内流通企业“走出去”，利用境外经贸合作区开展境外投资合作，支持大型企业建设境外营销和仓储物流网络（配送）中心，推动流通渠道向境外延伸。鼓励支持流通企业与“走出去”龙头企业“抱团出海”，提高流通企业利用两种资源、开拓两个市场的能力。（责任单位：省商务厅、省发展改革委、省经济和信息化委、省国资委、省工商联等）

（三）推进商贸流通创新发展。

1. 鼓励线上线下互动融合。支持实体店通过互联网展示、销售商品和服务，提升线下体验、配送和售后等服务，发展体验消费。开展合作消费，提高闲置资源配置和使用效率。鼓励技术应用创新，加快移动互联网、大数据、物联网、云计算、北斗导航、地理位置服务、生物识别等现代信息技术在认证、交易、支付、物流等商贸环节的应用推广。促进产品服务创新，鼓励企业利用互联网逆向整合各类生产要素资源，按照消费需求打造个性化产品。深度开发线上线下互动的可穿戴、智能化商品市场。鼓励第三方电子商务平台与制造企业合作，利用电子商务优化供应链和服务链体系，发展基于互联网的装备远程监控、运行维护、技术支持等服务市场。（责任单位：省商务厅、省发展改革委、省经济和信息化委、省网信

办等）

2. 激发实体商业发展活力。实施“互联网＋流通”行动，加快流通网络化、数字化、智能化建设。推进零售业改革发展，鼓励零售企业转变经营方式，提高自营商品比例，加大自主品牌、定制化商品比重。深入发展连锁经营，推进实体店铺数字化改造，开展全渠道营销，由商品销售为主转向“商品＋服务”并重。加快批发业转型升级，鼓励传统商品交易市场增强物流配送、质量标准、金融服务、研发设计、展览展示、咨询服务等新型功能，推动传统批发企业实现由商品批发向供应链管理服务的转变。支持发展品牌联盟或建设品牌联合采购平台，引导商品交易市场向电子商务园区、物流园区转型。转变物流业发展方式，大力发展智慧物流，推动物流标准、高效、集约发展。推进生活服务业实现在线化、标准化、便利化，加快商务服务业实现智能化、精细化和网络化。（责任单位：省商务厅、省发展改革委、省经济和信息化委、省农委、省质监局按职责分工负责）

3. 推进绿色循环低碳发展。积极倡导健康节约、绿色低碳的消费方式，引导生产方式、流通方式变革。支持流通企业与绿色低碳商品生产企业（基地）产销对接，推行绿色包装和绿色物流，鼓励采购和使用节能环保产品和服务。鼓励旧货市场规范发展，促进二手商品流通。建设现代再生资源回收体系，加快合肥、马鞍山、芜湖、安庆、黄山等国家级试点市（基地）和蚌埠、池州等省级试点市开展再生资源回收体系建设，促进商贸流通网络与逆向物流体系共享，规范建设城市再生资源分拣中心、回收市场和社区回收站点。推广《零售企业能源管理体系建设指引》和《流通领域节能环保产品技术指导目录》，开展绿色商场、绿色饭店等示范活动。（责任单位：省商务厅、省发展改革委、省经济和信息化委、省环保厅等）

（四）构建统一高效流通体制机制。

1. 深化流通体制改革。复制推广国家级商贸流通体制改革发展综合试点经验，支持有条件的市争取国家综合试点。省政府建立商贸流通工作协调机制，各市、县政府要建立相应工作机制。鼓励各地探索整合商贸流通管理职责，建立与内外贸一体化、电子商务、市场监管等发展需要相适应的管理体制和服务机制。探索建立商贸流通行政管理权力清单、部门责任清单和市场准入负面清单，提高行政审批便利化水平，完善体制机制引导和创业创新服务链条，支持大众创业和万众创新，强化商贸流通企业市场主体地位和责任。（责任单位：各市、县人民政府，省商务厅、省发展改革委、省经济和信息化委、省国土资源厅、省住房城乡建设厅、省工商局、省质监局等）

2. 推进流通行业协会商会改革。积极稳步推进商贸流通领域行业协会商会与行政机关脱钩。探索制订政府职能转移目录、购买服务目录、行业组织资质目录。促进行业协会加快发展，制订全省支持商贸流通领域行业协会商会发展的措施，提升行业服务和管理水平，支持行业协会商会根据本领域行业特点和发展需求制订行业标准和经营规范，充分发挥其在反映行业诉求、加强行业自律、服务行业发展等方面作用。（责任单位：省民政厅、省商务厅、省财政厅等）

3. 完善市场监测调控机制。健全市场应急调控管理体系，各市、县政府成立市场应急调控工作协调机构，建立健全省、市、县三级应急调控网络。制订完善生活必需品市场供应突发事件应急预案，综合运用信息引导、储备调节等调控手段，维护市场稳定。完善省市分级储备相结合、商业代储与政府储备相结合的应急储备体系，扩大肉类、食糖、食盐等重要商品储备品种和规模，合理规划设置应急商品集散地和投放网点，增强市场应急保供能力。完善商贸流通统计监测体系，建立规模以上企业电子商务统计调查制度，健全综合统计与部门统计协作机制。通过政府采购、服务外包等方式，建立政府与社会互动的大数据采集机制，形成高效率的商贸流通综合数据平台。（责任单位：各市、县人民政府，省商务厅、省发展改革委、省经济和信息化委、省财政厅、省农委、省统计局等）

三、保障措施

（一）落实政策支持措施。充分发挥省产业发展基金作用，加大对电子商务和公共性、公益性商贸流通基础设施建设及运营的支持。推进互联网金融与电子商务融合发展，规范发展互联网支付、股权众筹融资等互联网金融业务和互助担保融资、商圈融资、供应链融资。支持中小微企业开展集合票据、集合债券、集合信托等融资方式，发展私募股权投资和创业投资等。完善流通企业融资模式，推广知识产权质押、仓单质押、商铺经营权质押等多种方式融资，加强企业商标品牌的市场化运用。加快政策性担保体系建设，加大对商贸流通企业的融资担保支持力度，鼓励开展相关业务的融资担保公司为符合条件的劳动密集型流通中小企业提供创业贷款担保。创新消费信贷产品，鼓励发展多种形式的信用消费。支持设立消费金融公司。在不改变用地主体、规划条件的前提下，各类市场主体利用存量房产、土地资源发展线上线下互动业务的，可在5年内保持土地原用途、权利类型不变，5年期满后确需办理变更手续的，按有关规定办理。线上线下互动发展企业符合高新技术企业或技术先进型服务企业认定条件的，可按现行税收政策规定享受有关税收优惠。加大对涉农电子商务企业的授信及贷款支持，鼓励金融机构与电商平台企业对农村居民网络购物给予消费信用贷款和利率优惠。简化农村网商小额短期贷款手续。符合条件的农村网商，可按规定享受创业担保贷款及贴息政策。（责任单位：各市、县人民政府，省商务厅、省财政厅、省发展改革委、省科技厅、省经济和信息化委、省国土资源厅、省政府金融办、省地税局、省国税局等）

（二）加强流通产业人才建设。适应流通转型、消费升级发展需要，加强商贸流通领域人才培育、引进和交流，完善高等院校、职业院校、社会职业教育、企业培训等多层次相关人才教育培训体系，鼓励各类院校根据市场需要开设电子商务、连锁经营、现代物流、健康养老等专业和课程，加快培育一批复合型的高端商务人才。依托各类院校大力开展职业教育与培训，加强实习实训基地建设，促进校企合作、产教融合、工学结合，为商贸流通业发展提供人才智力保障。（责任单位：省教育厅、省人力资源社会保障厅、省商务厅等）

（三）建立健全流通法规制度。加大商贸流通法律法规宣传贯彻力度。推进制订商业网点、农产品批发市场、公益性流通设施建设运营等方面的地方性法规和规章。清理和废除妨碍统一市场、公平竞争的各种政策和规定，完善反垄断、反不正当竞争法律的配套制度，建立健全统一的市场准入制度，打破市场分割和行业垄断。（责任单位：省商务厅、省发展改革委、省工商局、省质监局、省食品药品监管局、省法制办等）

（四）推进流通标准化建设。加大标准推广实施力度，建立重点标准实施监督和评价制度，提高标准应用水平。实施商贸物流标准化专项行动计划，推进芜湖国家物流标准化试点城市建设。推进实施流通领域国家标准和行业标准，制订修订流通地方标准和企业标准，建立健全覆盖全面、重点突出、相互配套、结构合理的流通地方标准体系。推进流通服务业标准化试点示范工作，鼓励具备条件的流通企业采用国际先进标准。推动建立经营场所服务标准公开公示制度，引导企业以标准为依据规范服务、交易和管理行为。（责任单位：省质监局、省商务厅、省经济和信息化委、省发展改革委等）

（五）加强流通信用体系建设。加快建立以行政管理信息共享、社会化综合信用评价、第三方专业信用服务为核心的商贸流通信用体系。建设全省商务领域信用信息平台，建立以商贸流通行业为重点、资质企业信息为主体的商贸企业信用信息数据库，接入全省统一的信用信息共享交换平台。拓展信用应用领域，推动在行政审批、资质审核、事中事后监管等领域依法使用企业信用信息和信用报告，对企业实施信用分类管理。完善商贸流通企业信用评价标准，建立健全企业经营异常名录、失信企业“黑名单”制度，依法向社会提供信用信息查询服务，逐步形成“守信激励、失信惩戒”诚信约束机制，提高流通领域经营主体的诚信意识和信用水平。（责任单位：省商务厅、省发展改革委、省工商局、省质监局、省食品药品监管局、合肥海关等）

（六）提升监管执法效能。深化流通领域市场监管体制改革，利用现代信息技术提升监管执法效能，建立监管互认、执法互助、信息共享的综合监管与联合执法机制。健全商务行政综合执法工作机构，建立商务举报投诉服务网络，开展商务综合行政执法体制改革试点。健全区域间执法协作机制，推进长三角地区案件线索和信息共享。创新市场监管方式，加强事中事后监管，推进行政处罚案件信息公开和流通企业信息公示，引入行业协会、专业机构等社会监督力量，提高市场监管水平。积极参与国家肉菜、中药材流通追溯建设试点，加强重要商品追溯体系建设，利用物联网等信息技术建设“来源可追、去向可查、责任可究”的信息链条，加强商品追溯信息、大数据等信息技术在流通领域监管执法中的应用。（责任单位：省商务厅、省工商局、省质监局、省食品药品监管局等）

（七）加强流通领域侵权假冒行为治理。运用法治思维和法治方式履行市场监管职责，强化事中事后监管，构建法治化营商环境。推进线上线下一体化监管，深化行政执法与刑事司法衔接，加强跨区域、跨境监管执法信息共享，强化对侵权假冒违法犯罪线索的追踪溯源和联合行动，铲除侵权假冒违法犯罪链条。不断创新监管方式和手段，打击网上销售假劣商品、网络侵权盗版活动。加强域名属地化、网际协议地址（IP地址）精细化管理和网站备案管理，推行网络实名制，推广实行电子标签。落实电子商务企业、网络服务商、上下游相关企业责任，畅通社会举报投诉渠道。（责任单位：省打击侵权假冒工作领导小组成员单位）

各地、各部门要加强组织领导和统筹协调，结合本地、本部门实际制订促进商贸流通现代化、发展农村电子商务、推进线上线下互动发展、加强互联网领域侵权假冒行为治理的实施方案，实化措施，明确分工，落实责任。商务主管部门要会同有关部门做好政策宣传、业务指导和督促检查工作。

关于推进“电商安徽”建设的指导意见

为贯彻网络强国战略、大数据战略和“互联网＋”行动计划等一系列国家战略部署，落实《国务院关于大力发展电子商务加快培育经济新动力的意见》等文件精神，大力培育新徽商，为全省经济注入新动力，现就推进“电商安徽”建设提出如下指导意见。

一、总体思路

全面贯彻落实党的十八大和十八届三中、四中、五中全会精神，深入学习贯彻习近平总书记系列重要讲话精神和视察安徽重要讲话，主动引领把握经济发展新常态，牢固树立并自觉践行新发展理念，大力发展网络经济，以推进“电商安徽”建设为突破口和切入点，加快改造传统经营模式和生产组织形态，推动一二三产业、线上线下、内外贸深度融合发展，催生新业态新模式新产业，实现从“买进来、卖出去”到“买全国、卖全国”，再到“买全球、卖全球”，推动“安徽品牌”向“中国品牌”“世界品牌”升级，着力打造“皖货通天下”的生动局面；培育一批带动力强、在全国有重要影响力的电商龙头企业和千军万马的中小电商企业，造就一批现代徽商，为打造创新型“三个强省”、全面建成小康社会提供重要支撑。

二、发展目标

到2020年，全省电子商务市场规模明显扩大，应用水平大幅提升，创新能力显著增强，服务体系基本健全，实现电子商务与其他产业深度融合，现代服务业比重和水平显著提升，建成产业体系较为完整的电子商务大省。

——电子商务产业规模跨上新台阶。到2020年，全省电子商务年交易额超过1.3万亿元，年均增长20％，网络零售额超过2500亿元，年均增长30％，农产品电子商务年交易额超过900亿元，年均增长40％。

——电子商务集聚效应明显增强。到2020年，培育一批具有行业影响力的电子商务品牌企业、专业性电子商务平台和电子商务服务企业，建设一批布局合理、业态先进、带动性强的电子商务产业园区。把中国（合肥）跨境电子商务综合试验区建设成为国内领先的跨境电子商务集聚区。

——电子商务应用水平进入全国前列。推动电子商务与服务业、农业、工业深度融合，推进电子商务进农村、进社区、进企业，实现县级电子商务综合服务体系全覆盖、社区电子商务便民服务网点全覆盖、大中型企业电子商务应用全覆盖。

——电子商务创新能力显著提升。基本形成以企业为主体、科研院所密切协作、政府引导支持的电子商务创新体系，支持组建电子商务协同创新联盟，建设一批电子商务研发中心、应用促进中心和大数据中心。

三、重点任务

（一）着力培育电商主体。积极引进和承接国内外知名电子商务企业来皖设立总部、搭建平台、拓展业务。大力培育本土电商品牌企业，支持中小电商企业发展。加快发展文化、旅游、家电、汽车、能源、原材料、食品、农产品、中药材等行业电子商务平台，积极发展区域性电子商务平台，支持建设面向中小企业的"工业云"平台，创新发展服务领域电子商务平台。支持创建国家电子商务示范城市、示范基地和示范企业，认定一批省级电子商务示范县（市、区）、示范园区和示范企业，优化电子商务产业基地布局，发展平台集聚经济。

（二）大力推进电商应用。深入实施"互联网＋"行动，全面普及工业企业电子商务应用，加快建立与安徽产业特色相适应的工业品网络零售和分销体系，推动产品质量和企业效益不断提升。加快推进农村电子商务发展，鼓励各类市场主体拓展适合网络销售的农产品、农业生产资料、休闲农业等产品和服务，引导电子商务企业与新型农业经营主体、农产品批发市场、连锁超市等建立多种形式的联营协作关系，拓宽农产品进城渠道，鼓励电子商务企业拓展农村消费市场，形成农产品进城与农资和消费品下乡双向流通格局，培育发展一批电子商务特色小镇和"电商村"。引导传统服务型企业发展电子商务，开展线上线下互动，鼓励拓展智能消费和绿色消费，创新发展旅游、住宿餐饮、家政、卫生、健康、养老等生活性服务业电子商务，推进出版、发行、广播影视、文学、艺术、音乐、教育培训、演艺、动漫等重点文化服务和工艺美术、文化用品等重点文化产品领域的电子商务。推动政府采购领域应用电子商务。促进跨境电子商务发展，鼓励企业利用电子商务开展对外贸易，推动中国（合肥）跨境电子商务综合试验区建设，鼓励政策创新和体制机制创新，尽快形成可复制的经验并在全省范围推广。

（三）加快完善基础设施。整合各类资源，实现共建共享。统筹城乡网络基础设施建设，深入推进"宽带安徽"建设，扩大城乡网络覆盖面。开展信息进村入户试点，加快农业信息化建设。统筹互联网数据中心、公共信息服务中心等云计算设施建设，支持发展大数据分析处理技术。统筹电子商务物流、配送仓储等公共设施建设，加快分拨中心、配送中心和末端网点建设，积极发展产地冷冻运输、冷库仓储和定制配送等冷链物流。推动电子商务与物流快递协同发展，合理规划物流（快递）配送车辆通行路线和货物装卸搬运地点，推动城市配送车辆标准化、专业化发展，鼓励邮政企业等各类市场主体整合农村物流资源，建设改造农村物流公共服务中心和村级网点。加快发展国际物流和保税物流，支持新开通国际货运航线，支持优势电商物流企业加强联合，在条件成熟的国家和地区建立海外物流基地和仓配中心，提供一站式仓储配送服务。

（四）加快构建服务体系。加强电子商务政务服务，推进省、市、县三级电子商务公共服务体系建设，将电子商务公共服务纳入政府购买服务范围。大力发展网店建设、营销推广、售后服务、代运营等电子商务服务业。大力发展消费金融业态，规范发展互联网金融。支持建立具有安徽特色的电子商务地方标准体系。积极发展检验检测认证等中介服务，建立跨境电子商务风险监控和质量追溯体系。推进跨境电子商务通关、检验检疫、结汇、缴退税等关键环节"单一窗口"综合服务体系建设，提高通关效率。

（五）促进电商创新创业。推进电子商务技术应用创新、商业模式创新和产品服务创新，积极开发虚拟现实、现实增强等人工智能新技术新服务，鼓励发展移动端电商、个性化定制、体验式营销等新模式。鼓励包容企业利用互联网平台拓展产品和服务消费新空间新领域，发展分享经济、协同经济新模式，扩大社会灵活就业。规划建设一批电子商务众创空间和创新创业基地，加大电子商务创业支持力度，鼓励

支持大中专毕业生、大学生村官、农村青年等开展电商创业，培育一批“新徽商”、智慧徽商。充分发挥电商在扶贫中的作用，在贫困地区、革命老区和民族聚居区开展电商精准扶贫，推动当地农产品网上销售。

四、政策支持

（一）加大财政支持。按照“渠道不乱、合力推进”的原则，统筹整合发展改革、科技、经济和信息化、农业、商务、旅游、供销等有关方面的专项资金，设立省级促进电子商务发展专项资金，重点支持电商主体培育、电商公共服务平台、电子商务人才培训、安徽企业联合开展网络促销活动等。充分发挥省产业发展基金作用，加大对电子商务项目的支持力度。鼓励支持有条件的县（市）申创国家电子商务进农村综合示范、省级农村商品流通服务体系试点，并给予资金扶持。

（二）落实税收政策。认真落实国家鼓励电子商务发展的各项政策措施。支持电子商务企业申请高新技术企业或技术先进型服务企业认定，按国家现行税收政策规定享受有关税收优惠。小微企业依法享受税收优惠政策。

（三）加大用地支持。在城乡规划中合理规划布局电子商务产业用地。在不改变用地主体、规划条件的前提下，各类市场主体利用存量房产、土地资源发展线上线下互动业务的，可在 5 年内保持土地原用途、权利类型不变，5 年期满后确需办理变更手续的，按有关规定办理。

（四）加大金融支持。鼓励商业银行、商业保理机构、电子商务企业开展供应链金融、商业保理服务，进一步拓展电子商务企业融资渠道。支持政策性担保机构服务电商企业。鼓励电子商务企业以各种方式引入风险投资、战略投资，发行中小微企业债券，支持企业做大做强。

五、保障措施

（一）加强组织领导。成立以省委、省政府负责同志为组长的推进“电商安徽”建设领导小组，领导小组办公室设在省商务厅，具体承担落实领导小组议定的各项任务和日常协调服务。各市、县（市、区）要比照成立相应领导机构，建立与电子商务发展需要相适应的管理体制和服务机制。健全电子商务统计监测体系和评价考核机制。建立省级电子商务综合服务平台，整合现有各类资源，为发展电子商务提供理论研究、数据分析、平台搭建、项目咨询、资本对接等相关服务。编制电子商务发展规划，引导各类电子商务业态和功能聚集，推动全省电子商务产业统筹协调、错位发展。建立电子商务重点项目库，每年排出并实施一批重点项目。

（二）强化人才支撑。将电子商务纳入领导干部及公务员培训内容，提升各级党委、政府推动电子商务发展的水平。把电子商务人才纳入我省紧缺急需人才目录，依托各类人才工程和项目，加快引进、集聚一批高层次电子商务人才。支持建设安徽省电子商务人才继续教育基地。引导高等院校加强电子商务专业建设，进一步完善产学研用合作机制。创新电子商务人才培养方式，探索实训式电子商务人才培养与培训机制。

（三）推动规范发展。推进网络诚信体系建设，建立健全电子商务领域失信行为联合惩戒机制。建立政府和企业网络安全信息共享机制。加强电子商务市场监管，充分利用电子商务平台大数据开展综合执法，加强消费者权益保护，加大对侵权假冒、无证无照经营、虚假交易等行为的打击力度。

（四）注重宣传引导。通过各类媒体加强宣传，提升我省特色产品和网络品牌知名度。总结宣传推广各地发展电子商务的成功经验，提高我省电子商务发展的影响力。举办全省电子商务专题活动，开展各类主题论坛、专题培训、创新创意创业比赛、经验交流等活动，强化各级发展电子商务和全民利用电子商务的意识。

（五）营造良好环境。坚持市场主导、政府引导，大力推进电子商务政策、模式、管理和服务创新。全面清理电子商务领域前置审批事项，降低电子商务领域准入门槛。为中小企业应用互联网创业创新提供集群注册、办公场地、基础通信、运营指导、人才培训、渠道推广、信贷融资等软硬件一体化支撑服务。

支持发展电子商务行业组织，发挥行业服务和自律作用。

各地、各有关部门要认真落实本意见提出的各项任务，结合实际研究制定具体实施方案，明确分工，落实责任。省商务厅要会同相关单位加强指导与协调，确保各项措施落实到位。

安徽省关于健康脱贫工程的实施意见

为深入贯彻习近平总书记视察安徽重要讲话精神和党中央、国务院关于健康脱贫的决策部署，认真落实《中共安徽省委安徽省人民政府关于坚决打赢脱贫攻坚战的决定》(皖发〔2015〕26 号)，根据国家卫生计生委等部门《关于实施健康扶贫工程的指导意见》(国卫财务发〔2016〕26 号)，解决农村建档立卡贫困人口(以下简称贫困人口)因病致贫、因病返贫问题，现制定如下实施意见：

一、总体要求

深入贯彻落实党的十八大和十八届三中、四中、五中全会以及中央扶贫开发工作会议精神，围绕“四个全面”战略布局，牢固树立创新、协调、绿色、开放、共享发展理念，坚持精准扶贫、精准脱贫基本方略，与深化医药卫生体制改革紧密结合，针对农村贫困人口因病致贫、因病返贫问题，突出重点人群、重点病种，加强统筹协调和资源整合，采取有效措施提升农村贫困人口医疗保障水平和贫困地区医疗卫生服务能力，为农村贫困人口同步迈入全面小康社会提供健康保障。

二、基本原则

政府主导、各方联动。按照“保、治、防”的工作路径，科学谋划和扎实推进健康脱贫工程，落实政府主导责任，发挥部门职能作用，动员社会广泛参与，形成协作联动、有力有效的工作组织体系。

多措并举、综合保障。着力推进“三保障一兜底”，形成贫困人口基本医保、大病保险、医疗救助和兜底保障相互衔接的医疗保障体系。

防治结合、精准施策。着力创新贫困人口医疗卫生服务体制机制，加强服务能力建设，形成签约服务、分类救治、便民结算、预防全覆盖的医疗卫生服务体系，做到精确到户、精准到人，增强健康扶贫的针对性和有效性。

统筹兼顾、共享发展。既要加大政策倾斜力度，切实保障贫困人口享有基本医疗卫生服务，又要统筹安排，稳定并逐步提高城乡居民基本医保水平，使之不因实施健康脱贫工程而降低，让全体人民共享改革发展成果。

三、主要目标

通过加强医疗卫生服务能力建设，到 2017 年底，贫困县(含市、区，下同)县域内就诊率达到 90%；医疗综合保障体系基本建立，贫困人口基本实现兜底保障。到 2020 年，贫困人口医疗保障和医疗服务水平进一步提升，重大传染病、地方病、慢性病得到有效防控，健康水平明显提高；贫困县卫生资源、居民健康、公共卫生、疾病防控等主要指标力争达到全省平均水平，因病致贫、因病返贫问题得到有效控制。

四、重点任务

(一) 提高综合保障水平。

1. 代缴医保参保费用。贫困人口参加基本医保个人缴费部分，自 2017 年起通过城乡医疗救助基金全额代缴，由县级民政部门会同有关部门落实。(责任单位：省民政厅、省财政厅，排名第一的为牵头单位，下同)

2. 扩大医保报销范围。制定《安徽省贫困人口慢性病及重大疾病保障指导目录》，重大疾病由12组增加到40组以上，特殊疾病经省级基本医保管理部门审核同意后列入重大疾病范围；慢性病病种30种(组)，基本医保统筹地区应结合实际适当扩大慢性病病种范围。(责任单位：省卫生计生委、省人力资源社会保障厅、省财政厅)

3. 降低医保补偿门槛。贫困人口县域内普通门诊不设补偿起付线；取消住院预付金，在乡镇卫生院、县级医院、市级医院、省级医院住院治疗的，补偿起付线分别降至100元、300元、500元、1000元。(责任单位：省卫生计生委、省人力资源社会保障厅、省财政厅)

4. 提高医保补偿比例。保障贫困人口享有基本医疗服务，提高贫困人口合规医药费用补偿比例。贫困人口就医按《安徽省农村建档立卡贫困人口分级诊疗办法》规定执行。贫困人口县域内普通门诊医药费用限额内实际补偿比(以下简称补偿比)提高至70%；常见慢性病门诊按病种付费，补偿比提高至75%；特殊慢性病门诊参照住院治疗的补偿标准给予保障。在乡镇卫生院和县级、市级、省级医疗机构住院治疗的，积极推行按病种付费，补偿比分别提高到80%、70%、65%和60%，其中患特殊慢性病住院治疗的再提高5个百分点；患重大疾病按相关规定并在定点医疗机构治疗，补偿比提高至70%。(责任单位：省卫生计生委、省财政厅、省人力资源社会保障厅)

5. 强化大病保险保障。贫困人口大病保险起付线，由1—2万元降至0.5万元，分段补偿比例由50%—80%提高至60%—90%。(责任单位：省卫生计生委、省财政厅、省人力资源社会保障厅、安徽保监局)

6. 加大医疗救助力度。贫困人口全部纳入医疗救助范围，医疗救助水平按年度住院合规医药总费用(含特殊慢性病门诊)的10%给予救助。搭建政府救助资源、社会组织救助项目与农村贫困人口救治需求对接的信息平台，引导支持慈善组织、企事业单位和爱心人士等为患大病的贫困人口提供慈善救助。(责任单位：省民政厅、省财政厅、省扶贫办)

7. 实行医疗兜底保障。贫困人口通过基本医保、大病保险、医疗救助等综合补偿后，在县域内就诊个人年度自付费用不超过0.3万元，在市级医疗机构就诊个人年度自付费用不超过0.5万元，在省级医疗机构就诊个人年度自付费用不超过1万元，剩余部分合规医药费用实行政府兜底保障。市县政府承担兜底保障责任，并设立健康脱贫医疗专项补助资金，省财政给予补助。因患者及其家属个人行为导致的过度医疗而发生的医药费用由患者自付；因医疗机构不合理检查、施治、用药等导致的过度医疗而发生的医药费用，由医疗机构承担，不纳入兜底保障范围。健康脱贫医疗专项补助资金由民政部门管理使用，封闭运行，具体实施细则由省民政厅、省财政厅会同相关部门制定。鼓励有条件的地区探索运用商业保险工具支持健康脱贫工程。(责任单位：省财政厅、省卫生计生委、省民政厅)

(二) 优化医疗服务。

8. 精准识别保障对象。以建档立卡数据为基础，建立基于基本医保信息系统的贫困人口身份识别系统、结算系统，精准识别，精细服务。与脱贫退出机制相衔接，实行动态管理。县可制发《贫困人口医疗救助证》，方便群众享受政策优惠。以县为单位开展贫困人口因病致贫、因残致贫调查工作，把握贫困人口病情及病种，为分类救治和健康管理提供支撑。(责任单位：省卫生计生委、省民政厅、省扶贫办、省残联)

9. 积极开展签约服务。贫困县要为贫困人口每人建立1份电子健康档案、1张健康卡，为每个贫困户确定1名乡村医生签约。按照普通患者、高危人群和一般人群，对贫困人口实行分类健康干预，提供基本公共卫生、健康管理、基本医疗等服务。(责任单位：省卫生计生委、省扶贫办、省残联)

10. 实施大病慢性病分类救治。对一次性能治愈的大病，集中力量进行治疗；需要维持治疗的，由就近具备能力的医疗机构实施治疗；需要长期康复治疗的，确定定点医院或基层医疗卫生机构实施定期治疗和康复管理。(责任单位：省卫生计生委、省扶贫办)

11. 实行先诊疗后付费。建立县域内先诊疗后付费的结算机制，实行基本医保、大病保险、医疗救助、贫困人口健康脱贫医疗专项补助资金联动，实现“一站式”信息交换和即时结算服务。改造相关信息系统，强化信息技术支撑。各医疗卫生机构要认真履行社会责任，为贫困人口提供优质服务。（责任单位：省卫生计生委、省民政厅、省人力资源社会保障厅、省财政厅、安徽保监局）

12. 加强诊疗行为监管。加快推进贫困地区医保支付方式改革，积极推行临床路径管理与按病种付费。制定《安徽省农村建档立卡贫困人口分级诊疗办法》，严格县域外诊治条件，规范就医秩序。建立健全规章制度，强化约束，严格规范医疗机构诊疗行为，加强费用管理，严控不合理检查检验、药品、耗材等费用。（责任单位：省卫生计生委、省人力资源社会保障厅、省物价局、省医改办、安徽保监局等）

（三）加强疾病防控工作。

13. 积极实施公共卫生项目。落实国家基本卫生和重大公共卫生服务项目。全面实施贫困地区儿童营养改善、新生儿疾病免费筛查、妇女“两癌”免费筛查、孕前优生健康免费检查等重大公共卫生项目。加强农村环境整治和垃圾无害化处理工作。（责任单位：省卫生计生委、省扶贫办、省财政厅、省妇儿工委）

14. 加强重点传染病防治。强化和落实重点传染病和地方病防治措施，有效控制传染病和地方病。实施农村贫困户饮水安全巩固提升工程。深入开展爱国卫生运动。全面开展贫困人口健康教育和健康促进行动。（责任单位：省卫生计生委、省财政厅、省环保厅、省住房城乡建设厅、省水利厅、省爱卫会）

（四）加强医疗卫生服务能力建设。

15. 建立对口帮扶机制。组织全省三级以上医院与重点县医疗机构建立稳定持续的“一对一”帮扶关系，开展医疗卫生人才“组团式”对口支援，建立医联体关系，签订帮扶责任书，明确目标任务、工作措施。帮扶双方建立远程医疗平台，积极开展远程服务。（责任单位：省卫生计生委、省发展改革委、省扶贫办）

16. 推进医疗机构标准化建设。加强贫困地区县级医院（含中医院）、妇幼保健机构、乡镇卫生院、村卫生室标准化建设，配置所需医疗设备，实施社区服务中心空白点建设。优先安排贫困地区住院医师规范化培训，为贫困地区订单定向免费培养医学类本专科学生，每年招聘一定数量的特岗全科、专科医生。（责任单位：省发展改革委、省卫生计生委、省人力资源社会保障厅、省教育厅、省质监局）

五、保障措施

（一）加强组织领导。各级政府要将实施健康脱贫工程作为打赢脱贫攻坚战的重点任务，建立高效的工作推进机制，切实加强领导，统筹组织实施，及时研究解决健康脱贫工程实施中出现的问题。各地、各有关部门要制定具体实施方案，明确目标任务、工作进度和推进措施，确定牵头领导、责任部门和具体责任人，做到定责定时定人。

（二）加强协作配合。各有关部门要主动抓好工作推进和政策衔接落实，加强沟通，密切协作，形成合力。省扶贫办要会同有关部门加强指导和督查，定期协调调度。省卫生计生、人力资源社会保障、财政、民政等部门要及时制定相关具体办法和实施细则，保障政策落地。

（三）加强资金保障。各级政府及有关部门要统筹资金安排，加强资金保障，特别是要落实好贫困人口健康脱贫医疗专项补助资金。科学测算、合理安排城乡医疗救助基金，运行中凡基金出现缺口的，由同级财政及时弥补。

（四）加强监督考核。审计、监察、财政、扶贫等部门每年对健康脱贫相关资金管理使用情况开展专项审计监督。卫生计生、人力资源社会保障、民政、扶贫等部门和单位要对医疗机构诊疗行为、基本医保及医疗救助基金经办行为开展专项检查，对违规经办、过度医疗、骗保套保等行为依法依规严肃追究经办机构、医疗机构负责人和直接责任人，以及当事患者的责任。将健康脱贫工程组织实施、政策落实、资金保障、工作成效、对口帮扶等情况纳入对市县和部门（单位）脱贫攻坚目标管理，严格考核，强化问责。

（五）加强宣传引导。各地要制定宣传方案，加强对健康脱贫工程重大意义、政策措施和工作成效的宣传，营造良好的社会氛围。要完善鼓励企业、社会组织、公民个人参与健康脱贫工程的政策措施，积极引导慈善机构等深入贫困地区开展慈善救助。要加强对贫困人口的宣传教育，引导他们全面正确把握政策，规范就医，合理就医。

第七篇

大事记

大事记(2016年)

一月

1日 上海将法人登记证书、组织机构代码证、税务登记证等,合并为加载有统一社会信用代码的法人登记证书。

《江苏省循环经济促进条例》施行。

南京纬三路过江隧道(扬子江隧道)正式开通,与纬七路过江隧道(长江隧道)同时免费通行。

安徽省当涂总投资约1.6亿元的青山大桥及山水大道竣工通车。

2日 江苏省盐城被列入全国首批绿色能源示范市。

3日 江苏省苏州援陕因公殉职的医生史明入选"中国好人榜",江苏省卫生计生委授予史明白求恩式卫生工作者荣誉称号,江苏省总工会追授史明医生江苏省五一劳动奖章。

4日 浙江省举行扩大有效投资重大项目集中开工仪式,开工的614个项目总投资6652亿元。

江苏政务服务网暨网上办事大厅(http://www.jszwfw.gov.cn/)上线试运行。

中科大教授彭新华等9位女科学家荣获第十二届"中国青年女科学家奖"。

5日 国家海洋局批准浙江省嵊泗县为国家级海洋生态文明示范区。

江苏省中山陵等12家单位被命名为首批"中国华侨国际文化交流基地"。

安徽省138个项目进入国家第二批PPP项目库,总投资675亿元。

第四届安徽省专利奖揭晓,"用户个性化信息语音识别方法及系统"等19个专利项目获金奖。

6日 美国有线电视网(CNN)在"20个来华旅游推荐"中,上海中医大附属龙华医院以富有传统特色的中医诊疗服务榜上有名。

长三角中小企业绿色金融与创新驱动主题峰会在南京举行。

7日 国务院常务会议决定在上海、合肥、苏州等12个城市新设一批跨境电子商务综合试验区。

浙江省宁海的宁波生物产业园启动建设总投资3.3亿元的4个原创1.1类新药产业化基地项目、总投资8亿元的中科院上海药物所宁波临床前研究中心项目、占地350亩的生物医药产业"孵化器"。

《宁波市生态保护红线规划》获通过。

江苏农业科技园区协同创新战略联盟挂牌成立,9家国家农业科技园区和18家省级现代农业科技园区共27家成员单位加盟。

新华保险后援中心项目在安徽省合肥开工建设,项目总投资约40亿元。

合肥国际铁人品牌赛签约仪式暨新闻发布会在合肥市政务会议中心举行。

8日 在2015年度国家科学技术奖励大会上,上海共有42项牵头及合作完成的重大成果荣获国家科学技术奖。在高等级奖项中,全国共授予国家科学技术进步奖特等奖3项,上海均有参与;共授予国家科学技术进步奖一等奖17项,上海牵头完成1项,参与完成5项。在专用项目(涉及国防、军事、安全)中,本市有6个项目获奖。

在三类奖项中,上海荣获国家自然科学奖5项,均为牵头完成;荣获国家技术发明奖6项,其中牵头完成3项;荣获国家科学技术进步奖31项,其中牵头完成11项。

浙江省共有 28 项科技成果获国家科学技术奖。其中,以浙江省为主完成的项目有 8 项,含国家科技进步奖一等奖 1 项、创新团队 1 项、二等奖 5 项,国家自然科学奖二等奖 1 项。参与完成的有 20 项。

江苏省共有 39 项科技成果获国家科学技术奖,包括自然科学奖 2 项、技术发明奖 9 项、科技进步奖 28 项,其中主持完成 22 项。

“安徽人力资源研究院”成立。

安徽建工集团与广德县人民政府正式签约了“S215 皖苏界至广德凤桥段公路改建工程 PPP 项目”,投资 14.21 亿元。

2015 年度浙江新农村建设带头人“金牛奖”评选在杭州揭晓。

9 日　智慧长江新经济高峰论坛在江苏省扬中举行。

10 日　“寻找经济增长新动能——第九届新华高峰会”在南京开幕。

安徽省皖西学院与中国中医科学院中药资源中心等单位合作完成的“中药生态农业研究与实践”项目获得“2015 年中国产学研合作创新成果奖”一等奖。

11 日　《一代楷模——学习恩来精神·践行“三严三实”》情景朗诵剧在南京文化艺术中心上演。

12 日　总规模 300 多亿元的 11 个文化产业基金在杭州签约成立;浙江省首个文化产业金融服务平台“鑫文化”上线。

2015 年江苏省十大新闻评选揭晓。

位于南京鼓楼区老菜市口 8 号的荷兰大使馆旧址修缮完工,拟用于民国文化展示。

13 日　“印度—中国商务投资论坛”在沪开幕。

浙江省衢州市总投资 21 亿元的环信安湖十大民生工程集中开建。

芜申线南京段航道整治工程交工验收,标志着南京首条高等级内河航道正式通航。

江苏省徐工工业设计中心被工信部认定为“国家级工业设计中心”。

安徽省亳州、宣城、六安、淮南等地 4 个园区新晋国家农业科技园区行列。

周乃翔同志任苏州市委书记,陆志鹏同志任南通市委书记,张国华同志任徐州市委书记。

14 日　《浙江省人口与计划生育条例》经修改后施行。

15 日　2015 年度“风云浙商”在杭州颁奖。

《江苏省社会保险基金监督条例》通过,将于 2016 年 7 月 1 日起施行。

《安徽省人口与计划生育条例》第四次修正,提倡一对夫妻生育 2 个子女,实行生育登记服务制度,取消了晚婚晚育假,延长政策内产假 60 天。

16 日　江苏第一届滑雪旅游节,在徐州市贾汪区督公湖风景区举行。

17 日　“金石齐寿——金石家书画铭刻特展”在上海龙美术馆(西岸馆)开幕。吴昌硕、吴湖帆、谢稚柳、陈佩秋自用印为首次集中展现。

“中国(长三角)高铁旅游联盟”在浙江省丽水成立。

18 日　浙江省江山市健盛集团江山产业园等 8 个项目集中开工。总投资达 100.1 亿元。

19 日　徐立毅同志任中共温州市委书记。

国家发改委批准了安徽省作物抗逆育种与减灾、分布式控制技术、数控锻压机床装备、热安全技术、微电子机械系统等 5 家工程研究中心(工程实验室)为国家地方联合工程研究中心(工程实验室)。

位于浙江省海盐县的山水六旗国际度假区破土动工,总投资 300 亿元人民币。

20 日　上海宣布设立目前国内规模最大的地方性集成电路产业基金 500 亿元,通过注册于自贸区的基金管理公司开始投资。
王昌荣同志任中共台州市委书记。
国际著名的法国外科学院授予浙江大学医学院附属第二医院彭淑牖教授等荣誉院士证书和奖章。
项雪龙同志当选为连云港市市长。惠建林同志当选为淮安市市长。
“中国好创意”全国青年大数据创新大赛上,安徽中科大学子夺得唯一的综合特等奖。

21 日 “最美浙江人——2015 年度浙江骄傲人物评选”活动颁奖典礼在杭州举行。
曲福田当选苏州市市长。史立军当选泰州市市长。韩立明当选南通市市长。
安徽省新农合“十三五”期间住院实际报销比例不低于百分之六十,最高支付限额提至二十五万元。

22 日 周铁根同志当选徐州市市长。
合肥市创新产业联盟成立。
安徽古徽州文化旅游区获批创建“中国徽文化国际旅游目的地”。

23 日 “中国特色社会主义政治经济学研究”被立为 2015 年度马克思主义理论研究和建设工程重大项目,同时被列为国家社科基金重大项目。

24 日 奇瑞汽车股份有限公司伊朗汽车工业园扩建项目正式签约。

25 日 陶行知的儿女卢界平、卢爱萍向南京陶行知纪念馆捐赠一批兼具史料和文物价值的藏品。

26 日 苏宁牵手上海市奉贤区人民政府和上海市农科院,构建具有上海特色的农村电商体系。
合肥市服务机器人产业创新战略联盟在中科大先研院举行揭牌仪式。

27 日 《上海市老年人权益保障条例(草案)》提交市人代会审议。
江苏省沭阳县被命名为“江苏省园林城市”。
芜铜长江高速南段开通。
在全球最具活力城市 20 强榜单中,中国上海、北京、深圳和南京四座城市入选。

28 日 《开天辟地——中华创世神话项目》文艺创作动员会在上海市委宣传部举行。
江苏省省长石泰峰成为江苏第一位进行宪法宣誓的省长。
《江苏省人民代表大会关于修改〈江苏省制定和批准地方性法规条例〉的决定》通过。
合肥、铜陵、芜湖当选第四届全国文明城市。

29 日 上海市第十四届人民代表大会第四次会议通过关于上海市 2015 年国民经济和社会发展计划执行情况与 2016 年国民经济和社会发展计划草案的报告。
第二届世界互联网大会总结表彰会议在杭州举行。
江苏省徐州、苏州、昆山三个城市入围首批“国家生态园林城市”。
江苏师范大学联合淮海经济区内 8 所师范类高校成立了全国首个“乡村教师教育联盟”。
2016 年“安徽向上向善好青年”评选揭晓。

30 日 赵光君同志任中共金华市委书记,史济锡同志任中共丽水市委书记。
安徽省淮北申能平山电厂二期工程项目成功获批国家火电示范工程。

二月

1 日 《上海市国民经济和社会发展第十三个五年规划纲要》正式发布。
上海国际经济贸易仲裁委员会产权交易仲裁中心成立。
浙江形象宣传片《美丽浙江》收获盛赞。
国际轮滑联合会授予南京“世界轮滑之都”称号,南京成为世界上第一个被授予该荣誉的城市。

安徽省淮水北调干线工程成功实现试通水。

2日　上海油画雕塑院美术馆分馆落户长宁区华翠艺术广场。

安徽省十二届人大常委会第二十七次会议决定:淮北、亳州、六安、马鞍山、黄山市5个设区的市开始行使地方立法权,可以对城乡建设与管理、环境保护、历史文化保护等方面的事项制定地方性法规。至此,安徽省16个设区市全部可以行使地方立法权、制定地方性法规。

3日　2015浙江旅游总评榜在杭州揭晓。

4日　“江苏文脉整理与研究工程”在南京启动。

5日　江苏省盐城博物馆、水浒文化博物馆和盐都民俗博物馆向公众开放。

6日　上海交响乐团2016新春音乐会上演。

7日　扬州瘦西湖APP上线。

8日　《上海市老年人权益保障条例》由上海市第十四届人民代表大会第四次会议于2016年1月29日通过,现予公布,自2016年5月1日起施行。

《安徽省实施〈中华人民共和国老年人权益保障法〉办法》已经2016年1月15日安徽省第十二届人民代表大会常务委员会第二十六次会议修订,现予公布,自2016年3月1日起施行。

9日　上海戏剧学院附属舞蹈学校学生于航和同学白鼎恺在第44届瑞士洛桑国际芭蕾舞比赛中,获得2016年“洛桑奖学金”。于航更是荣获本届比赛第一名。

10日　以贺年羹典故为蓝本的微电影《元日》等在上海钱学森图书馆展映。

11日　经2016年2月2日安徽省第十二届人民代表大会常务委员会第二十七次会议修订的《安徽省消费者权益保护条例》公布。

12日　安徽省黄山市,池州市,合肥市巢湖市,安庆市岳西县、太湖县、潜山县,宣城市绩溪县、广德县、泾县,六安市霍山县、金寨县等11个市县成功入围“国家全域旅游示范区”名单。

13日　在首届世界义商大会重大招商引资项目签约仪式上,华灿光电等5个项目总投资达123亿元。

14日　2016年沪浙苏皖三省一市携手共建“信用长三角”,申报创建区域信用合作示范区。

15日　浙江省宁波大榭开发区总投资134亿元的大榭石化馏分油综合利用项目投产。

当当网全国客服中心在江苏省宿迁电子商务产业园落成启用。

16日　浙江省政府发布《中国制造2025浙江行动纲要》。

江苏省公布第一批37个省级示范家庭渔场名单。

17日　国家发展改革委、科技部同意上海以张江地区为核心承载区建设综合性国家科学中心。

江苏省苏州第二图书馆破土动工,将建成全国首家智能集成书库。

18日　宁波舟山港宣布牵手全球最大的集装箱班轮公司A.P穆勒-马士基有限公司,签订深化全面战略合作协议。

南京江北新区计划总投资1100.17亿元的37个重大项目集中开工。

19日　“江南百工——首届长三角非物质文化遗产博览会”在上海市朵云轩艺术中心举行。

中共江苏省委宣传部在南京授予崔根良江苏“时代楷模”荣誉称号。

20日　江苏省无锡市区划调整 ,梁溪区、新吴区成立。

21日　浙江省舟山市定海区总投资16.2亿元的富翅门大桥正式开工。

22日　由江苏省人民政府和加拿大安大略省政府主办的“欢乐元宵·美好江苏”文化节在加拿大

多伦多市开幕。

23日 上海古籍出版社的《宋会要辑稿》和上海科技教育出版社的《竺可桢全集》荣获第十四届“上海图书奖”特等奖。

宁波市非物质文化遗产博览会在宁波市镇海鼓楼广场举行。

总投资50亿元的丹阳美乐集团爱玛高档电动车及智能轮椅项目在江苏省丹阳生命科学产业园举行开工奠基仪式。

24日 “设计上海”2016预展在上海市新天地拉开帷幕。

《安徽省女职工劳动保护特别规定》公布，将于3月1日起施行。

25日 上海市文艺评论家协会成立大会暨第一次会员大会在上海文艺会堂召开。

浙江省政府在杭州与中国进出口银行举行战略合作协议签约仪式。

温暖同志当选舟山市市长。

江苏省扬州市17个亿元以上投资项目集中开工，其中新能源产业4个项目总投资75.2亿元。

2015安徽省文化信息消费创新应用示范项目和互联网文化产业年度人物评选活动揭晓。

安徽省发布《关于加强农村宅基地管理工作的通知》。

26日 上海市委市政府发布《关于加强知识产权运用和保护支撑科技创新中心建设的实施意见》，提出12条措施把上海建成亚太知识产权中心城市。

浙江省长兴县总投资99.1亿元的33个重大项目集中开工。

浙江省湖州德清莫干山国家高新技术产业开发区和嘉兴秀洲国家高新技术产业开发区分别被授予国家级高新区称号。

江苏省科学技术奖励大会在南京举行。

安徽省亳州市华佗中医药博物馆等6个景区和单位被确定为安徽省省级中医药健康旅游基地。

安徽省首家希望公益服务中心授牌仪式在金寨县举行。

浙江省台州市王盛获评全国模范检察官。

27日 安徽省宁国市入选国家学前教育改革发展实验区。

28日 首支双创孵化投资引导基金在合肥高新区成立。

29日 总投资超300亿元的浙江山水六旗国际度假区项目开工。

葛益平为温州市人大常委会主任，张耕为温州市市长。

三月

1日 华东进出口商品交易会(简称“华交会”)在上海开幕。

“南京大屠杀史与国际和平研究院”在侵华日军南京大屠杀遇难同胞纪念馆成立。

《江苏省旅游条例》施行。

2日 盐城环保科技城与奥地利MCI投资集团成功签约3亿欧元外资项目，江苏省盐城市亭湖建立全国首家环保产业集聚区。

安徽省政府与工业和信息化部在北京签署共同推进安徽制造创新发展战略合作框架协议。

3日 浙江省与7家央企在京签订战略合作协议。合作项目总投资约2000亿元。

江苏省高级人民法院公布，成立江苏省法官协会法官权益保障委员会，并将每年2月26日确定为“法官权益保障日”。

4日 教育部批准建立浙江音乐学院。

安徽省阜阳市长途汽车中心站“邹侠服务班”班长邹侠、滁州市出租车“雷锋车队”队长方怀成获得“全国岗位学雷锋标兵”称号,国家电网马鞍山供电公司获得“全国学雷锋活动示范点”荣誉。

5 日　江苏省入选全国志愿服务“四个 100”先进典型。

全国首个“民国旧体文学与文化”数据库在南师大揭牌成立,这是该校国家社会科学基金重大项目“民国词集编年叙录与提要”阶段性重要成果之一。

2016 全国竞走大奖赛暨奥运会选拔赛在安徽省黄山市开赛。

6 日　浙江省义乌市与正大集团、康地集团签署合作协议。这两家企业计划总投资 24.4 亿元,涵盖中央厨房和肉制品深加工、饲料加工、有机肥料加工 3 个工业项目,10 个生态型家禽养殖场和 1 个生态型生猪养殖示范场建设项目。

在江苏省南通 1895 文创园举办的唐闸书画院 2016 新春书画展上,一幅被故宫博物院的专家誉为南通版“清明上河图”的《大生运河图》与世人见面。

7 日　《上海图书馆藏珍稀家谱丛刊》(第一辑)在上海图书馆首发。

联合国教科文组织宣布该校教授、中科院院士谢毅等 5 位女科学家获得 2015 年度“世界杰出女科学家奖”。

8 日　浙江省第二届“十大杰出义工”受到表彰。

由江苏省妇联与三胞集团安康通联手打造的“96338 智慧家庭服务平台”开通。

江苏省泰州市海陵新能源产业园与上海曼威公司签约,总投资 10 亿元的“工业 4.0 大数据平台”和总投资 4 亿元的工业机器人制造项目同时落地。

9 日　由省文联、常州市对外文化交流协会主办的紫禁神韵・周蕴华、周冰“皇城风貌刻纸艺术展”在江苏省现代美术馆开幕。

中国科学技术大学杜江峰教授领衔的研究团队将量子技术应用于单个蛋白分子研究,在室温大气条件下获得了全球首张单蛋白质分子的磁共振谱。

10 日　上海市旅游公共服务大会启动“旅游云”试运行。

江苏省沭阳智能针织产业园在国家级沭阳开发区奠基开建。

11 日　国家林业局与上海市人民政府在上海签署了《国家林业局与上海市人民政府部市合作协议》。双方将合作支持在上海野生动物园建设上海大熊猫保护研究基地,并在上海辰山植物园建立华东野生濒危植物资源保育中心。

安徽省委、省政府印发《安徽省生态文明体制改革实施方案》。

12 日　高职(商科)创新创业联盟在安徽绿海商务职业学院正式成立。

13 日　安徽霍山黄大茶被认定为国家地理标志保护产品。

14 日　浙江省与清华大学在京签署新一轮省校战略合作协议。

总额达 100 亿元的无锡太湖(浦发)股权投资基金成立,这是无锡首个政府股权投资母基金。

安徽省高级法院发布《安徽法院 2015 年维护消费者权益状况及典型案例》白皮书。

15 日　朱晨当选丽水市市长。

16 日　全球最大的国际纺织面料及辅料(春夏)博览会在上海国家会展中心开幕。

《刘海粟作品选》特种邮票原地首发式在安徽省黄山市举行,这也是黄山风光第七次登上“国家名片”。

17 日　中欧法官论坛在上海举行。

肥东县现代农业协会成立。

18 日 浙江电视台公共·新闻频道正式开播。

江苏省社科界第九届学术大会高层论坛在宁举行。

新静安区第一个大型旧改基地——华兴新城项目正式启动第二轮征询签约。

安徽省阜阳市广播电视台记者高思杰被授予"全国优秀新闻工作者"荣誉称号。

国内首个"农村一二三产业融合发展研讨会"在上海金山举行。

19 日 上海金山区与浙江嘉善县签订"共建沪浙毗邻地区合作发展示范区"战略框架协议，并为双方共建的"长三角路演中心"揭牌。

"2016 浙江·香港现代服务业高端人才招聘会"在香港会议展览中心举行。

2016 长三角婚庆文化嘉年华在南京国际博览中心启幕。

中国狮子会江苏会员管委会正式成立。

20 日 安徽省淮北市、安庆市荣获"全国绿化模范城市"称号。

21 日 "全国新书发布厅"在上海书城举办首场活动。"全国新书发布厅"将成为继上海书展、思南读书会等阅读品牌活动之后，上海打造的又一常态化阅读推广平台。

苏州市吴中区召开《吴中文库》丛书研讨会。

22 日 "天工开物——非物质文化遗产全国精品邀请展"在上海滩大美术馆开幕。

杭州铁路运输法院与浙江大学光华法学院在杭州联合成立了全国首个跨行政区划审判研究中心。

文化部与苏州市签署布达佩斯中国文化中心合作共建协议。

南京大学举行纪念匡亚明校长诞辰 110 周年座谈会。

"感知中国·平安合肥——智慧与安全大数据技术研讨会"在合肥举行。

23 日 浙江省科学技术奖励大会在浙江省人民大会堂举行。

"紫金文创研究院"在南京艺术学院成立。

全国质量文化建设成果发布及经验交流会在合肥市举行。

24 日 安徽省池州市华龙洞旧石器遗址入围 2015 年度"全国十大考古新发现"终评。

在浙江省金华召开的长三角城市经济协调会第 16 次市长联席会议上，长三角三省一市联合发起设立长三角新能源汽车发展推进联盟。

25 日 "2016 国际工程机械暨轨道交通设施展览会"在合肥市安徽国际会展中心举行。

中国互联网金融协会在沪正式成立。

26 日 2016 年上海市民文化节开幕。同时"文化上海云"也正式上线。

第十一届黄山(黟县)国际山地车公开赛暨"健康安徽"2016 环江淮万人骑行大赛(黟县站)在安徽省黟县宏村启动。

27 日 浙江省在杭州、嵊州两地举办越剧诞辰 110 周年纪念活动。

28 日 台积电南京 12 吋晶圆厂签约仪式在南京举行。

江苏省首个国家级新区——南京江北新区管理机构设置获得批复。中共南京市委江北新区工作委员会、南京市江北新区管理委员会同步设立。

安徽省马鞍山长江大桥获得第 33 届国际桥梁大会最高奖项——乔治·理查德森奖。

29 日 浙江河北两省在杭州举行经济社会发展情况交流会。

在第二届中国质量奖颁奖大会上，安徽合力股份有限公司、安徽华茂集团有限公司、中铁四局集团有限公司、中国能源建设集团安徽电力建设第一工程有限公司 4 家皖企和在皖企业，以及中国宣纸股份有限公司捞纸工人周东红获得中国质量奖提名奖。

江苏省政府发布《江苏省国民经济和社会发展第十三个五年规划纲要》。

30日　江苏省政协在南京举行《江苏历史文化览胜》出版座谈会。

31日　浙江省《关于加快供给侧结构性改革的意见》出台。

《江苏政府治理创新蓝皮书(2016)》发布。

安徽省委、省政府印发《安徽省国有林场改革实施方案》。

四月

1日　上海杨浦区艺术博物馆举行的"一带一路民间文物精品展"吸引了众多市民。

浙江大数据交易中心落户乌镇，浙报传媒将投资2.6亿元，建设大数据产业园。

"2016镇江市—宁镇扬在地高校院所科技合作对接会"在江苏省镇江举行，签订了超32亿元的产学研合作项目。

安徽滁州至淮南高速公路定远至长丰段。开工建设滁州至淮南高速公路是陕西等中西部省份前往长三角地区又一新的大动脉。

2日　江苏省丹徒国税共组织全口径收入愈12亿元。

安徽电建承建的越南海阳发电厂正式开工，项目总投资18.69亿美元。

3日　江苏省泰州生物医药产业培育新的增长点，力争今年全市医药产销规模超过1000亿元。

江苏省中韩(衢州)国际产业合作园开园，项目总投资将达70亿元。

安徽省新开辟重点项目上亿元以上建成600个以上的目标任务。

4日　江苏省连云港口岸出口食用菌逾5000吨，货值突破1亿美元。

吴冠中《周庄》拍出2.36亿港元，刷新中国现当代油画拍卖纪录。

5日　总投资为36亿元的格力电器项目在江苏省宿迁破土动工，这是该项目在江苏唯一生产基地。

江苏省连云港开发区实现工业销售100亿元，绝对额和增幅居全市首位。

6日　浙江日报传媒等有限公司设立首期规模30亿元的文旅产业发展基金，进行投资与管理。

江苏省徐州市重大项目在邳州举行开工仪式，总投资2799亿元，年度计划投资739亿元。

江苏省常州东风农机集团总投资22亿元与兴化开发区签订东风农机工业园项目投资协议。

7日　预计规模3000亿元的中国保险投资基金落户上海。

由清华大学领衔的集星科技超级电容和储能技术研究院在江苏省常州天宁区成立，这是我国首家超级电容研究院。

8日　浙江省湖州市太湖图影旅游度假区正式启动，总投资300多亿元。

总投资3亿元的江苏省昆山高新区工程开工，主要承接昆山高新区产业转移和孵化高新技术产业。

江苏省泰州市举办泰台经贸交流合作峰会，现场签约总投资超过1000亿元，其中外资39亿美元。

10日　江苏省丹徒区将推进投资42.5亿元的重点项目建设。

安徽省芜湖首位产业的汽车及装备制造业实现工业增加值87.46亿元。

11日　安徽省文化产业重点招商项目323个，投资总额3574.54亿元，计划引进资金3229.67亿元。

12 日 在 2016 年亚洲公务机展上，上海自产“风翎号”两栖飞机是整个展会上唯一一架从头到尾都在中国设计和制造的飞机。
江苏省内首个固定营运的海峡两岸农副产品展销中心在无锡成立。

13 日 以“江苏供给侧结构性改革研究”为主题的第十八期现代智库论坛在江苏省社科院举行。
安徽省合肥高新区重大项目集中开工仪式在中航新能源产业基地举行，总投资 30 亿元。
江苏省泗洪县经济开发区有 18 个亿元以上项目开工或投产，项目协议总投资 48 亿元。

14 日 江苏省宿迁市与浙江省杭州市在杭州召开粮食产销衔接洽谈会，建立合作机制和产业合作的会商制度。

15 日 “中安创谷苏河汇众创空间开业仪式暨沪合众创空间联盟签约”活动在安徽省合肥举行，开启了上海、合肥众创空间战略合作的大幕。
上海经济运行显示，一季度全市生产总值为 6225.39 亿元，增速与全国保持一致。
浙江省新批外商投资项目 386 个，实际利用外资 278.5 亿元，投资总额 32 亿美元。
江苏省南通市重大项目建设完成投资 2 万亿元以上。
苏浙沪两省一市联合在江苏省南京召开新闻发布会，发布长三角地区知识产权发展与保护状况白皮书。

16 日 江苏省扬州高新区正式升格为国家高新技术产业开发区，扬州国家高新区建设推进大会在扬州举行。

17 日 自贸改革的上海浦东新区，被赋予了上海科创中心核心功能区建设的重任。
浙江省杭州单体投资 51 亿元的长江新能源汽车项目是余杭区引进的最大工业科技项目。
江苏省扬州项目签约共有总投资近 538 亿元，主要在医药、汽车、智能机床等高科技产业。

18 日 江苏省淮安确保“三农”信贷资金到位。截至 3 月末，累计投放春耕备耕贷款 1.4502 亿元。
安徽省天长市出口玩具企业出口额 1.3 亿美元。

19 日 浙江省杭州开园项目衢州海创园总投资约 3.5 亿元。
总投资 38.2 亿元的一批重大产业项目在浙江省金义都市新区举行集中开工仪式。
安徽省新批境外企业和机构对外投资 2864 万美元。
浙江省绍兴企业打通全球产业链累计实现融资 645 亿元。

20 日 上海计划新开工亿元以上项目 116 个，总投资达 646 亿元。
江苏省无锡高新区重大项目总投资达 162.8 亿元，涵盖多个领域。
浙江省杭州引进的最大单体产业投资项目——计划投资 80 亿元的吉利新能源整车项目签约落户大江东。
浙江省大江东仅汽车产业总投资 80 亿元的吉利新能源整车项目签约落户。

21 日 第四届中国(上海)国际技术进出口交易会在上海世博展览馆拉开帷幕。
江苏省徐州泉山经济开发区新引项目总投资额 85 亿元人民币，涉及高端装备制造等多领域。
合肥至南京高速改扩建工程年内开工，工程投资约 63.74 亿元。

22 日 江苏省分布式光伏发电现场会在江苏省南通市召开，总产值达到 17.8 亿元。
安徽省民生工程累计拨付资金 536.4 亿元，开局良好，进展顺利。

23 日 由浙江省海港投资运营设立的海洋港口发展产业基金首期金额为 100 亿元。
江苏省南京市六合区综合旅游度假重大项目签约，预计总投资 262.4 亿元。

24 日 浙江云南经济社会发展情况交流会在浙江省杭州举行。

25日　上海市代表团在新疆喀什地区考察，援疆资金22.7亿元。

华夏银行杭州分行向杭州未来科技城授信100亿。

江苏省南京空港、海港、高铁港三大枢纽经济区重大项目集中开工，总投资达339.85亿元。

安徽省在建亿元以上重点项目完成投资2554.7亿元。

26日　上海市重大工程建设项目101项，其中新开工项目20项，基本建成项目15项。

江苏省海洋经济多项指标居全国之首，去年全省海洋生产总值达6406亿元。

27日　上海市最为完整的核电产业体系，到2020年产业规模力争超过230亿元。

杭州经济技术开发区全力推进项目建设，项目工程总投资约3.95亿元。

2016中国·青海绿色发展投资贸易洽谈会在江苏省南京举行，有总投资近2000亿元的招商引资项目。

28日　以"制度创新，联动共赢"为主题的2016自贸区论坛在上海举行。

浙江省宁波杭州湾新区的吉利集团投资130亿元建设30万辆中高级乘用车项目开工建设。

安徽省在建徽商回归项目216个，投资总额912.8亿元，实际到位资金359.5亿元。

29日　上海闵行七宝镇九星地区是年上缴利税数亿元的"中国市场第一村"，总资产达到35.79亿元。

浙江省台州总投资268亿元的重大项目集中开工。

江苏沿海产业投资基金基本实现成立一周年规模达到100亿级的目标任务。

五月

3日　江苏省将实施援疆"1001工程"，力争每年实现投资100亿元。

上海市文化创意产业推进工作会议在上海举行，年实现增加值3020亿元。

4日　浙江省杭州大江东产业集聚区二季度重大项目百亿工程集中开工，8个项目总投资超过120亿元。

5日　安徽省新登记外资企业投资规模大幅度增长，累计投资总额17.65亿美元。

江苏省靖江市成功设立海外引才联络机构，靖江全市人才发展资金投入年保持在1.7亿元以上。

6日　香港特别行政区全国人大代表考察团就上海国际金融中心建设及上海自贸试验区金融改革试点等情况开展专题调研。

浙江省舟山市政府与中国交通建设股份有限公司计划总投资500亿元，共同打造舟山千岛中央商务区。

江苏省苏州亨通集团投资80亿元在苏州湾旅游度假区建设地标性文化旅游项目。

农发行本年度对安徽省棚改贷款评审金额159.1亿元，发放金额58.15亿元。

7日　投资额达39.2亿元的华电安徽省芜湖电厂二期工程开工建设。

8日　2016年上海科技活动将在上海举办，主题为"万众创新——向建设具有全球影响力的科技创新中心进军"。

安徽省淮北市将着力打造战略性新兴产业集聚发展基地。力争到2020年，市级战略性新兴产业集聚发展基地，总产值达到2800亿元。

9日　全国最大家纺电商城在江苏省海门上线开业，年销售额突破130亿元。

安徽省蚌埠市举行招商引资重点项目推介会暨项目集中签约仪式，计划总投资111亿元。

10 日 上海制造业发展的纲领性文件正式发布，标志着上海后工业时代发展拉开大幕。

11 日 李克强主持国务院常务会议通过为了以改革创新推动长三角城市群协调发展而制定的法规。这一法规施行有利于促进产业升级，发挥上海中心城市作用，推进南京、杭州、合肥、苏锡常、宁波等都市圈同城化发展。

江苏省有 48490 家规模以上工业企业实现利润总额 2089 亿元。

安徽省合肥都市圈纳入长三角城市群发展规划。

12 日 在第十二届深圳文博会上，江苏省徐州市举办招商推介会，现场签下 10 个项目，签约总额约 18 亿元。

安徽省南北合作现代产业园区一季度招商引资 121 亿元。

13 日 以"两岸经济转型发展：方向与优势互补"为主题的 2016 年沪台研讨会在上海国际贵都大酒店举行。

"2016 丝绸之路国际博览会暨第 20 届中国东西部合作与投资贸易洽谈会"上，江苏省洽谈落实合作项目 103 个，总金额达 288.14 亿元。

14 日 江苏省启东华峰工业园项目一期建设年产 7500 万米产业用非织造布超纤材料项目，总投资近 43 亿元。

15 日 江苏省重大投资项目辽宁辉山乳业江苏有限公司在江苏省射阳县投产，一期投入 25 亿元。

16 日 上海市 4 月份规模以上工业企业完成工业总产值 2392.59 亿元。

2016 年江苏省乡村旅游节在徐州开幕，乡村旅游实现营业收入 632.405 亿元。

17 日 上海陆家嘴金融贸易开发区股份有限公司计划以现金方式出资百亿元购买上海陆家嘴金融发展公司。

在浙商回归的投资浪潮中，总规模 7 亿元的生物医药新能源定向基金已进入协议签署阶段。

浙江省嵊州市 26 个重大项目总投资达 166.06 亿元集中开工。

浙江省衢州市开工项目共 109 个，总投资 182 亿元，年度计划投资 64 亿元。

安徽省第一支农业产业基金——安徽种业发展基金，规模已达 1.2 亿元。

18 日 上海华谊公司将旗下 7 家单位的优质资产注入上市公司"双钱股份"，实现了核心资产上市，并完成了 37 亿元资金募集。

中德产业创新与合作中心在江苏省常州开工，据悉去年常州对德进出口额突破 15 亿美元，中心定位为长三角企业对德合作窗口。

安徽省道 307 亳州段一级公路 PPP 项目合同签约仪式在亳州举行，项目投资总额暂定为 57.2 亿元。

安徽高新毅达皖江产业发展创业投资基金揭牌仪式在安徽省合肥举行，该基金规模有 100 亿元。

中国国际传感谷(常州)技术研究院在常州高新区成立，年产值达 125 亿元。

第九届海盐文化节在江苏省盐城开幕，共签约 16 个重大项目；上市公司投资的内资项目 5 个，总投资达 41 亿元人民币。

19 日 浙商全国 500 强上榜的 500 家浙商企业创造的财富超过 5 万亿元，而新增面孔有 128 家，其中 7 家企业的营业收入规模在百亿元以上。

20 日 2016 中国·启东国际经贸洽谈会在江苏省启东召开，累计签约项目 50 个，总投资逾 237 亿元。

21 日 由华东政法大学《法学》编辑部等举办的"经济新常态与中国法治发展"智库圆桌会议在江

苏省南京召开。

22 日 位于上海徐汇滨江的上海梦中心的集文化、演艺、娱乐和商业的综合体,投资规模逾百亿。

23 日 上海海关 2016 年前 4 个月,进口水海产品 3.4 万吨,价值 24.8 亿元人民币。

浙盐集团总投资 1 亿美元的德丰茶色素提炼及深度加工项目落户综保区。

江苏省沭阳开发区引进亿元以上工业项目 18 个,协议投资总额 52.3 亿元。

24 日 位于江苏省南通打造长三角特色产业科技创新基地产业产值突破 1.8 万亿元。

25 日 在浙江省丽水市扩大有效投资政策处理大会战和"集中开工"活动上同步开工了 103 个项目,总投资达 185 亿元。

在浙江宁波和上海投资合作洽谈会上共有 54 个重大投资合作项目签约,总投资 603.9 亿元。

26 日 江苏省南京市秦淮区暨南部新城"十三五"发展商机举行推介会,总投资额约 280 亿元。

27 日 上海市政协举办"深化国资国企改革"提案专题座谈会,市国资委系统企业累计投资 1.1 万亿元,在战略性新兴产业等 4 大领域里的投资占到 70%。

28 日 以"当代话语下的文化经济学"为主题的首届文化经济学紫金论坛在江苏省南京艺术学院开幕。

主题为"工业互联,智慧经济"的 2016 国际工业互联网大会在上海临港举行。

浙江旅游总收入为 7139.1 亿元。

2016 中国南通江海国际博览会开幕,20 个重大项目集中签约,总投资超过 210 亿元。

29 日 主题为"虹口区的城市更新与发展"的 2016 年中澳城市论坛在上海北外滩举行。

浙江省舟山重点生态廊道改造提升工程,已累计投入建设资金 1.5 亿元。

国光电线缆行业会议在江苏省南通举行。到"十三五"期末,集团销售收入目标 500 亿元。

30 日 浙江省确定重大制造业项目全年计划投资近 700 亿元。

31 日 浙江省金台铁路是浙江省第一条自主建设的电气化铁路,投资概算为 160.65 亿元。

东亚电力(无锡)燃机发电项目开工建设,该项目总投资 100 亿元,是目前无锡规模最大的天然气发电项目。

长三角区域水污染防治立法协作会在安徽省合肥召开。

六月

1 日 由上海市政府发展研究中心负责编纂的大型资料性年刊《上海经济年鉴·2016》(第 32 卷)出版发行。

江苏省财政厅、省知识产权局投入 3740 万元支持南京绿叶制药有限公司等带动企业投资 1.4 亿元。

安徽省新设立外商投资企业 78 家,实际吸收外商直接投资 48.6 亿美元。

2 日 主题为"城镇化与包容性增长"的亚太经合组织城镇化高层论坛在浙江省宁波开幕。

3 日 浙江省高速公路温州瑞安—苍南段,项目总投资 156.58 亿元,是温州市目前投资最大的独立公路项目。

2016 浙江(上海)旅游交易会在上海光大会展中心举办。

4 日 浙江省苍南县交流考察项目投资总额 26.73 亿元。

5 日 上海工业自动化仪表研究院,是国家能源局批准的第一家国家能源研发(实验)中心,2015 年产值已达 1.5 亿元。

在第 45 个世界环境日来临之际，江苏省扬子石化绿色发展累计投资超 30 亿。

安徽省电子商务保持较快发展，2015 年实现电子商务交易额 5993 亿元。

6 日 江苏省无锡市梁溪区建区后首次重大项目暨金融合作签约，总投资 500 多亿元的 50 个重大项目落户该区。

7 日 安徽省合肥“2016 年庐阳区转型升级重点项目集中开工仪式”在庐阳工业区举行，总投资逾 186 亿元。

国内第一个“国家智能网联汽车（上海）试点示范区”封闭测试区在上海嘉定国际汽车城落户。

2016 浙洽会国际科技合作论坛暨高技术项目展示对接活动在浙江省宁波举行，带来了 220 多项先进的技术与浙江企业对接。

8 日 江苏省如皋新开工亿元以上项目 100 个，打响重大项目攻坚战。

江苏省南京江北基础设施股权投资基金的首笔 12 亿元资金全部募集到账。

9 日 第十八届浙洽会举行浙江省重大项目签约仪式，现场共签约重大投资项目 29 个，总投资额 698 亿元。

10 日 在第二届中东欧博览会上，一批中东欧国家的经贸成果在浙江省宁波落地，总投资额达 3.37 亿美元。

在第十八届浙洽会上，浙江省宁波市举行了重大投资项目签约仪式，总投资额 37.5 亿美元。

12 日 以“全球经济增长的挑战与金融变革”为主题的 2016 陆家嘴论坛，在上海拉开帷幕。

13 日 上海陆家嘴金融城与伦敦金融城举行“双城联动”圆桌会议，以“新格局下国际投资的新机遇”为主题展开了深层次交流。

以“人机融合，让机器人更智能”为主题的第三届中国机器人在浙江省余姚开幕，签约金额 200 亿元。

总投资 10 亿元跨境电商项目落户于江苏省镇江。

14 日 江苏省淮安区强力推进农村区域供水惠民工程，政府投资 10 亿元实施区域供水工程。

安徽省铜陵市义安区群排路改建工程正式开建，总投资为 620 万元。

16 日 江苏省宿迁市举行政府与社会资本合作（PPP）项目推介会，共有 44 个项目，总投资达 475 亿元。

安徽省打造开放型经济新高地，实际吸收外商直接投资 61.7 亿美元。

17 日 上海“绿色产业园区”创建启动，10 家银行承诺以“节能减排收益权”模式提供了 500 亿元人民币融资额度。

浙江省台州市路桥区举行 2016 年投资项目推介会暨项目集中签约仪式，签约 32 个项目，总投资 419.21 亿元。

合肥高新区 28 个集成电路产业项目集中签约，投资额达 43.95 亿元。

18 日 “2016 杭州青山湖科技城高层次人才创新创业大赛”总决赛在浙江省青山湖科技城进行，对获奖项目提供 2 亿元以上的创投资金支持。

博纳影业集团与中国华融国际控股有限公司共同成立的文化产业基金管理公司落户上海静安，计划募集 50 亿元人民币，用来投资文化产业。

以“创新、新经济与结构改革”为主题的二十国集团智库会议在浙江举行。

全国首个带有政府和社会资本合作性质的 PPP 综合服务平台登记立项的 PPP 项目数量接近 1 万个、总投资超过 10 万亿元。

19日 上海网商银行启动绿色金融计划，设立“生态经济”引导专项资金，每年投入达1亿元。

20日 浙江省重点项目中的120多个重点交通项目建设提质增效，完成投资1.5亿元。

21日 江苏省财政厅、无锡市政府、浦发银行在南京举行无锡太湖浦发股权投资基金签约活动，基金首期认缴规模100亿元。

安徽省东至县50个重点项目集中开工集中签约，总投资达119亿元。

22日 安徽省首批14个战略性新兴产业集聚发展基地实现产值突破千亿元，高达1348亿元。

23日 浙江省举办农业品牌发展大会暨淳安等26县农商农企对接大会，对接会现场共达成合作意向35个，成交总金额达2.5亿元。

24日 浙江省政府召开推进杭州都市区发展工作座谈会，会上汇报都市区经济总量达1万亿。

省厅召开江苏省第三轮矿产资源总体规划听证会。

25日 江苏省工商联、江苏省扶贫办、江苏省光彩会在南京举行全省“百企帮百村”推进会暨村企结对帮扶签约。

26日 江苏省洪泽县委县政府等在南京共同举办第二届江苏“美丽经济”发展高峰论坛暨洪泽生态旅游经济产品发布及项目签约会，总投资为159.8亿元。

27日 中国保险投资基金与上海首个市场化运营的双创母基金在上海宝山区共同发起设立中保双创城市发展基金，基金募集总规模300亿元。

新开工的浙江中穗省级粮食储备库整体迁建工程建设总概算为5.38亿元。

28日 江苏省南京江北新区举办新型城镇化论坛，今年江北新区重点项目投资总量将达970亿元。

29日 2016如皋国际石材与装备展览会在江苏省如皋港区开幕，东升南通国际石材产业城首期投资125亿元。

浙江大数据交易中心首届会员大会在桐乡乌镇召开，总计投入规模超20亿元人民币。

30日 上海青浦工业园区发展项目将落户园区，产业项目首期投资额达15亿元。

浙江省桐庐县百亿元重大项目暨浙商回归推进会举行，协议引资113亿元。

七月

1日 江苏省开展专项整治行动规范商标代理市场行为。

10家单位被确定为“上海市第十四届人大常委会基层立法联系点”。

G20杭州峰会维稳安保工作部署视频会议在杭州召开。

安徽省庆祝中国共产党成立95周年大会在合肥举行。

2日 “互联网＋医疗”高峰研讨会在南京邮电大学举行。

第七届上海夏季音乐节拉开帷幕。

浙江省更新校园运动场地监测指标。

安徽省第十六届中小学电脑制作活动机器人竞赛拉开战幕。

2016浙江省足协杯赛开赛。

3日 江苏ETC用户可以在18省市一卡通刷。

昆明—合肥—太原航线开通。

4日 2016年上海市哲学社会科学教学科研骨干研修班开班。

中行宁波市分行营业部跻身“中国银行业文明规范服务百佳示范单位”。

合肥市举行《智慧合肥建设“十三五”规划纲要》专家评审会。

5 日 上海都市现代农业科技创新中心揭牌成立。
国内体量最大的地铁商业空间 CBD 在宁波揭开面纱。
合肥交通运输局发布最新道路通行信息。
"绿地创客中心"落地上海。

6 日 浙江医保率先实现个人账户家庭互济。
安徽省卫计委发布全省健康素养监测报告。

7 日 江苏高等职业教育"卓越计划"启动。
上海市政府公布《上海妇女儿童发展"十三五"规划》。
全国永久基本农田划定工作现场交流会在杭州召开。
浙江省水利发展"十三五"规划公布。
合肥环巢湖大道跨南淝河大桥被评为 2015 年安徽交通优质工程一等奖。

8 日 江苏省社科院与省统计局在南京联合举办江苏经济运行研讨会。
美中友协会长一行访沪。
浙江省加强农村留守儿童关爱保护工作电视电话会议在杭召开。
国务院批复《安徽省系统推进全面创新改革试验方案》。

9 日 2016 年度"法润江苏·普法惠民环省行"启动。
2016 年二十国集团(G20)贸易部长会议在上海开幕。
2016 中国·宁波与非洲多边国家乒乓球友谊赛举行。
第八届安徽省少儿艺术大赛总决赛在合肥开幕。

10 日 由上海碳源汇谷推出的世界首款石墨烯基锂离子电池产品在京发布。
宁波物流枢纽港获国家级"示范物流园区"称号。
哈尔滨工业大学机器人项目正式落户合肥经开区智能装备科技园。

11 日 上海市首批认定 94 家贸易型总部。
中国航海日论坛在浙江宁波举行。
"2016 年安徽省青少年武术套路锦标赛"在亳州市举行。

12 日 2016 中国互联网企业 100 强发布,江苏 7 家企业上榜。
上海市"十大忠诚卫士"评选揭晓。
上海市大数据创新基地揭牌。
"浙江政协·崇学讲坛"第 34 讲在杭举行。
合肥市青年商会成立暨第一次会员大会召开。

13 日 江苏省先进流体工程装备产业技术创新战略联盟在镇江成立。
"国际企业、经济学和伦理学学会第六届世界大会"在上海开幕。
宁海海洋生物博物馆入选"中国十大最美湿地场馆"。
安徽省 49 家单位获"全省廉政文化建设示范点"。

14 日 《新华—波罗的海国际航运中心发展指数报告(2016)》在上海发布。
安徽制定健康脱贫计划。
安徽省首个"分级诊疗云平台"在合肥市第二人民医院上线。
杭州跨境电商东洲内河国际港开港仪式举行。

15 日 江苏省扶持 173 个科技成果转化。
中国共产党上海市第十届委员会第十二次全体会议召开。
2016 年世界青年技能日暨技工教育宣传活动在合肥举行。

16 日　第四届林散之·江苏书法作品双年展终评在南京举行。
浙江首辆无障碍旅游大巴启程。
安徽省统计局:上半年全省规模以上工业实现增加值 4709.8 亿元,增长 8.5%。

17 日　由同济大学、香港理工大学、台湾逢甲大学、台湾世新大学共同主办的"联合大学(暑期·2016)"在上海开学。
2016 年"创业在上海"创新创业大赛启动。
浙江启动"十百千"计划,总投资 7600 亿元。
安徽省上半年保障性安居工程开工率超七成。
第九届全国外贸技能竞赛在合肥举行。

18 日　从江苏省现代民政建设推进会上获悉,江苏已建成 38 个现代民政示范县(市、区)。
上海国际自然保护节手机随手拍大赛开赛。
浙江省公路水运"品质工程"动员会暨质量安全管理信息化现场会在台州召开。
安徽省金融形势分析会在合肥召开。

19 日　江苏省不动产登记服务模式标准化建设研究课题研讨会在南京举行。
上海市金融综合监管试点工作启动。
2016 上半年浙江省生产总值 20762 亿元,同比增长 7.7%。
安徽省金融精准扶贫工作推进会。

20 日　金砖国家新开发银行首届理事会年会在上海开幕。
"宁波市十大生态环境整治亮点"揭晓。
2016 年上半年安徽省省属企业累计实现营业收入 2975.5 亿元,同比增长 0.9%。
《中国区域科技进步评价报告 2015》发布,上海综合科技进步排名全国第一。

21 日　2016 宁波购物节将于 22 日开幕。
第五届中国创新创业大赛合肥赛区启动。

22 日　江苏省开展暑期交通安全隐患集中整治。
农业部渔业渔政管理局在浙江台州召开全国渔具整治工作推进会。
安徽清理规范省级公共服务事项和中介服务事项方案公布。
浙江省下半年扩大有效投资重大项目集中开工仪式举行。

23 日　第二届中国品牌经济(上海)论坛召开。
安徽省组织部长座谈会在合肥召开。

24 日　来自美国等国家和地区著名高校学生相聚宁波,开始海燕集结行动。
从安徽省粮食局获悉,全省夏粮托市收购 305 万吨。

25 日　江苏检验检疫局中国电子检验检疫(e-CIQ)主干系统试点上线运行。
"代谢科学"前沿论坛在上海举行。
上海市第十四届人大常委会第三十一次会议(扩大)举行。
浙江省政协举行第 24 次"浙江政协·民生论坛"。
第九届中国曲艺牡丹奖(合肥赛区)举行。
浙江省"三位一体"农民合作经济组织建设现场会在临海召开。

26 日　国务院正式批复苏州城市总体规划。
Audi　Sport 嘉年华在上海举行。
安徽马鞍山跻身"中国外贸百强城市"。
2016 年第二季度上海市科普工作例会在科学会堂召开。

27日 2016年二十国集团青年会议在复旦大学开幕。
由浙江省委宣传部等联合举办的法治浙江建设十周年理论研讨会在杭州举行。
反腐题材黄梅戏《大清名相》在合肥演出。

28日 交通运输部和江苏省人民政府在南京召开长江南京以下深水航道建设专题会议。
泰州市发起设立280亿元城市建设发展基金。
九三学社上海市委召开纪念九三学社上海组织成立七十周年座谈会。
浙江省政府在宁波市召开全省政保合作推进会。
2016中国安徽（合肥）农业产业化交易会筹备工作动员会在合肥召开。
合肥国际服务机器人产业发展论坛举行。

29日 江苏发改委公布，上半年全省固定资产投资完成22452亿元，总量全国第一。
上海市双拥模范命名表彰大会暨建军89周年庆祝大会举行。
浙江省11个设区市再次被命名为“全国双拥模范城”。
由上海市人民检察院和上海市教育委员会联合举行的“法治进校园”巡讲活动启动。
国内首个专注电子商务领域质量反假组织——杭州市电子商务反假联合会成立。
第三届安徽省政府质量奖入围企业答辩会举行。
安徽省出台《关于扎实推进现代农业建设的实施方案》。

30日 从安徽省财政厅获悉，上半年全省财政收入2329亿元，增长8.8%。

31日 纪念中国人民解放军建军89周年，在上海举行招待会。
第七届江苏教育发展论坛在南京举行。
全球首个以疾病为中心医健创新创业地图在杭发布。
浙江省新生代企业家联谊会举行二届一次理事会。

八月

1日 经江苏省金融办等部门批准，南京“华鼎文交中心”挂牌。
工商银行江苏省分行向省统计局发出首张单位公务卡。
《上海市推进国际航运中心建设条例》实施。
《浙江省安全生产条例》正式施行。
《安徽省规范税务行政处罚裁量权实施办法》开始实施。
海峡两岸首届青年创客大赛在同济大学举行。

2日 《苏州市城市总体规划(2011—2020年)》获得国务院批复。
浙江省政府召开全省加快推进铁路建设工作电视电话会议。
由共青团中央、中共安徽省委、全国学联主办的实践锻炼活动在安徽大学启动。
浙江发布《2015年浙江省电子商务发展指数综合评价报告》。

3日 江苏省水利厅：上半年全省农村水利建设完成投资93.3亿元，占年度计划的85%。
上海在全国率先启动药品上市许可持有人制度改革。
安徽省商务厅公布，上半年全省实际对外投资8.6亿美元，同比增长42%。
江苏省淮安市政府网站发布《国务院批复淮安市部分行政区划调整》公告。
第五届上海国际芭蕾舞比赛开启。
2015年浙江省电力行业节能环保白皮书发布。

4日 中日人才技术合作发展论坛在浙江省宁波召开。
安徽省经信委与省知识产权局联合发布了第三批省知识产权优势企业名单。

首届长江经济带科技资源共享论坛在上海召开。
中科大现代物流研究中心落户安徽肥东。

5 日　“江苏省第七届水彩（粉）画展”开幕。
浙江省公布《浙江省新型城市化发展“十三五”规划》。
杭州城西科创大走廊建设动员大会举行。
“合肥市第二期校长信息化领导力高级研修班”在清华大学举行。
全国首个“妇儿名医集团”在杭州成立。
《进一步深化中国（上海）自由贸易试验区和浦东新区事中事后监管体系建设总体方案》印发。

6 日　长三角国际城市发展高峰论坛在江苏南通举行。
上海首批“定点组团”式援藏支教团赴日喀则市。

7 日　江苏省委举办县委书记工作讲坛。
上海市第四届“中华杯”职业技能竞赛暨两岸三地邀请赛颁奖大会举行。
浙医二院的眼科中心，新病房、新手术室启用。
安徽省金融办：上半年实现直接融资 1973.65 亿。

8 日　腾讯众创空间入驻苏州。
上海市中心唯一一家免税商店——中服上海免税店试营业。
江苏南通 110 千伏北区变电站投运。

9 日　江苏扬州向故宫捐赠《四库全书》。
中国电影股份有限公司登陆 A 股市场，在上海证券交易所挂牌上市。
安徽省社会救助家庭经济状况核对办法出台。

10 日　安徽省统计局发布，上半年全省规模以上工业利润 847.6 亿元，增长 18.2%。

11 日　农业部“渔业养殖权交易平台＋政银保＋气象指数项目”落户江苏扬州。
第六届安徽青年创新创业大赛在合肥举行。

12 日　江苏省工商局、新华日报社联合主办的“新华思享会——江苏品牌大讲堂”开讲。
西藏日喀则市与上海市联合举办珠峰文化旅游节。
浙江省知识产权研究与服务中心授牌仪式举行。
安徽省政府与国家开发银行在合肥举行支持实体经济发展座谈会。
第四届徽商奥斯卡全球年度盛典暨寻找最具匠心徽商活动启幕仪式在合肥举行。
浙江省公布 2015 年度工业强县（市、区）综合评价报告。

13 日　江苏省科技厅组织专家组对扬州市申报的江苏省可持续发展实验区建设规划进行了可行性论证。
第 44 届世界技能大赛全国选拔赛在沪开幕。
第七届亚洲舞蹈锦标赛在浙江宁波举行。
合肥快速公交 3 号线启用。

14 日　世界“慰安妇”纪念日活动在南京举行。
第 31 届全国青少年科技创新大赛在上海华东师范大学拉开帷幕。

15 日　日本神户“南京心连心会”访问侵华日军南京大屠杀遇难同胞纪念馆。
首届上海艾萨克·斯特恩国际小提琴比赛开幕。
合肥环巢湖大道全线恢复通行。

16 日　江苏省金融支持实体经济发展座谈会在南京召开。

"首届全球精准医学高峰论坛"在杭州召开。
第二届全国青少年龙舟锦标赛在南京举办。
《上海市科技创新"十三五"规划》发布。
首届"长三角城市群发展论坛"在上海举行。
浙江省政协举行第25次"浙江政协·民生论坛"。
全球首个规模化量子通信网在合肥建成。
合肥公共图书馆联盟成立。

17日 江苏省14项目入选国家客货运枢纽。
以"我爱读书,我爱生活"为主题的2016上海书展开幕。
浙江省经信委和浙江省统计局发布《2015年浙江省能源与利用状况》(白皮书)。
解放日报第72届文化讲坛携手2016"书香中国"阅读论坛举办。

18日 致公党长三角区域合作发展论坛在苏州举行。
浙江省林业推进低收入农户增收现场会召开。
安徽省28家出口食品企业入驻"同线同标同质"工程公共平台。
2016年中国情感障碍大会暨第四届东亚双相论坛在合肥召开。

19日 苏州设百亿基金做强新能源产业。
第二届中国青年电商创业论坛在江苏南通举行。
"上海市创业指导专家志愿团年度表彰暨第二批高校创业指导站授牌仪式"举行。
安徽省政府召开全省教育扶贫工作电视电话会议,部署推动全省教育扶贫工作。
江苏省举办首届全省工业统计业务技能大赛。
吃水11.3米的马耳他籍外轮靠泊南京,创下南京港历史最大吃水深度货轮记录。

20日 安徽省财政统筹16亿元,改善义务教育薄弱学校条件。
安徽省电动汽车充电基础设施产业联合会成立。

21日 由上海市新闻出版局、市科协主办的暑期院士专家系列科普讲坛举行。
中国老年学和老年医学学会运动健康科学分会上海成立。
合肥创新创业高层次人才协会揭牌仪式暨合肥科技成果发布会举行。
合肥市科技馆青少年科技实践活动基地揭牌。

22日 装载9080个集装箱的"中远欧洲"号轮,开启连云港至地中海和美西首航之旅。
中山先生来甬视察100周年纪念活动在浙江宁波举行。
2016台北上海城市论坛举行。
G20杭州峰会碳中和项目启动仪式在杭州举行。
安徽省政府召开2016中国国际徽商大会筹备工作会议。
中国欧盟商会发布调查报告显示,外企在南京投资收益最好。

23日 2016台北上海城市论坛在台北举行。
浙江省教育厅发布《浙江省普通本科高校分类评价管理改革办法(试行)》。

24日 由农业部主办的基层畜牧(草原)技术推广示范站创建启动会在江苏如东举行。
上海市浦东新区科技和经济委员会宣告成立。
"2016IEBE(上海)国际电子商务博览会暨互联网科创应用展"拉开帷幕。

25日 我国首列中亚班列"中亚国际专列(南通—阿富汗·海拉顿)"开通。
上海陆家嘴金融城发展局投入运作。
全国工商联公布民企500强,浙商占134席。

安徽省首次启动地方立法第三方评估。
2016 上海企业百强榜出炉。
浙江法院案款管理系统全面上线。
参加 2015 年长三角三省一市金融办主任圆桌会议的代表们来合肥考察。
全国工商联发布 2016 中国民营企业 500 强榜单,江苏 94 家企业入围。

26 日　上海举行大规模实弹反恐演练。
第三届安徽文化惠民消费季启幕。

27 日　工信部与江苏省签署《部省市共同打造国家级大数据产业基地三方战略合作备忘录》。
2016 上海国际篮球文化高峰论坛开幕。
安徽省出台“互联网+”现代农业行动实施方案。

28 日　第四届中国江苏创新创业大赛决赛在苏州上演。
上海大剧院举办仲夏狂欢节。
合肥出品电影《魔力学院之我是麻瓜》入围首届亚洲电影节“金海鸥奖”。

29 日　江苏全光网省发布暨江苏产业互联网联盟成立大会在南京举行。
2015 年度上海市市长质量奖颁奖仪式举行。
上海国企交易型开放式指数基金上市交易。
安徽省委召开全省领导干部会议。

30 日　苏州昆剧院青春版《牡丹亭》在国家大剧院开始上演。
上海第二个保税直销中心落址南京西路。
据国家统计局统计,浙江省早稻单产居全国第一,平均亩产达 426 公斤。
长江经济带城市协同能力排名中,安徽合肥居第九。

31 日　江苏省下派第九批科技镇长团。
中共上海市委党校、上海行政学院 2016 年秋季开学典礼举行。

九月

1 日　南通中华慈善博物馆开馆仪式和第九届中华慈善奖颁奖典礼在南通举行。
中德智能制造合作试点示范项目经验交流会在上海举行。
“智汇 U+,绽放梦想——海尔 U+创客大赛第二季暨生态论坛上海站。拉开帷幕。
G20 杭州峰会新闻中心正式启用。
《合肥市城市绿化管理条例实施细则》开始施行。

2 日　第十二届南京软博会举行。
“2016 中国制造业人才发展高峰论坛”在宁举行。
巴西—中国高级商务研讨会在沪举行。
中国(合肥)国际智能语音产业园 A 区项目开工建设。
解放日报发行推广工作会议召开,61 位先进个人受表彰。

3 日　首届江苏志愿服务展示交流会开幕。
2016 年二十国集团工商峰会(B20 峰会)在杭州开幕。

4 日　第十一届无锡现代农业博览会举行。
国际网球挑战赛上海站在沪举办。
二十国集团领导人第十一次峰会(G20 杭州峰会)在杭州召开。

5 日　由文化部、上海社会科学院主办的 2016“青年汉学家研修计划” 秋季班开班。

合肥首条心理援助热线开通。

6日 由民盟江苏省委承办的扶贫工作经验交流会在南京召开。
国内单体产能最大的乐叶光伏2GW组件项目在江苏省泰州市投产。
全国"互联网+"现代农业工作会议暨新农民创业创新大会在苏州召开。
2016中外诗歌进地铁系列活动启动。
世界贸易组织总干事罗伯特·阿泽维多与阿里巴巴马云畅谈建设eWTP的思路。
安徽省第三届青年志愿服务项目大赛决赛在合肥举行。
第九届中国报刊经营大会在南京举行。
AIA国际会计师公会毕业典礼在上海举行。

7日 第26届南京金秋经贸洽谈会举办。
2016年世界大学排名发布,中科大排名第104位。
2016年全国科普日江苏主场活动在南京拉开帷幕。

8日 长三角区域市场一体化会议在南京召开。
上海举办2016企鹅生活圈发布会。
合肥东部新中心框架公布。

9日 未来家电体验中心落户上海浦东。
2016第十届上海购物节正式开幕。
中国安徽名优农产品暨农业产业化交易会在合肥举行。

10日 世界速度轮滑锦标赛在南京举行。
黄浦江底最大直径的隧道——长江路隧道试通车。
浙江省民宿(农家乐)治安消防管理暂行规定实施。
合肥市健康跑暨合肥市第十一届全民运动会体验项目开跑。
上海海上搜救中心举行"2016年船舶火灾应急处置战术演习"。
合肥市现代生态循环农业主题创新项目答辩赛举行。

11日 2016江苏金秋度假旅游季暨中国南通江海国际旅游节拉开帷幕。

12日 江苏国际文化交流中心第四届理事会第一次会议在南京举行。
上海市第六届"平安英雄"评选活动启动。
中国智能交通国际研讨会在合肥召开。

13日 南京开发区签下总投资30亿元的新能源汽车动力电池项目。
以"幸福回'嘉',共筑梦想"为主题的嘉兴市第二届浙(禾)商大会召开。
上海欢乐谷国际魔术节开幕。
2016年中国社区发展年会在合肥市开幕。

14日 江苏省教育厅《江苏高水平大学建设方案》对外发布。
"江苏省妇幼保健院妇幼健康联合体"在宁成立。
秘鲁共和国总统佩德罗·巴勃罗·库琴斯基·戈达德抵沪访问。
第十三届"全国各地温州商会年会"在浙江苍南召开。
合肥市第二批依法行政示范单位出炉。

15日 位于江苏连云港港口的哈萨克斯坦过境粮食唯一口岸验收完毕,开始运作。
合肥市公布首批市级两创产品目录。

16日 2016上海国际科普产品博览会举行。

17日 2016上海邮轮旅游节暨上海旅游节花车宝山巡游活动开幕。

上海瓷林馆在上海文化名镇南翔开馆。
2016第九届中国国际青年艺术周在上海开幕。
2016世界温州人大会主旨大会召开。
合肥开展"优秀(十佳)少先队员"评选活动。

18日 江苏省民防教育体验馆在南京开馆。
九三学社上海市委召开第十六届委员会第六次全体会议。

19日 2016第十届国际湿地大会在江苏常熟市开幕。
安徽省健康脱贫工程推进会议在合肥召开。
第三届国家网络安全宣传周(上海地区)暨第六届上海市信息安全活动周开幕。
沪苏浙皖人大常委会主任座谈会在合肥举行。

20日 江苏省政协十一届十五次常委会议在南京开幕。
由上海交通大学医学院附属瑞金医院、黄浦区卫计委和上海市儿童医院共同组建的上海中部儿科医疗联合体启动。
"2016海外杭州之友联谊大会暨海外华商杭州投资洽谈会"举行。
我国首次在合肥城市光纤中实现量子隐形传态。
江苏扬州开始实施《企业商业秘密保护工作暂行规定》。

21日 全国击剑锦标赛在合肥开赛。
上海市政府与中国移动通信集团公司签署"互联网+"战略合作框架协议。
2016浙江·台湾合作周在杭州开幕。
合肥市第五届职工文化艺术节开幕式暨职工合唱比赛举行。

22日 全国首座环保地铁站亮相南京。
第十六届江苏省—维多利亚州联合经济委员会会议在南京召开。
2016年"世界无车日"城市公益定向赛在沪举办。
2016国际海岛旅游大会在浙江舟山开幕。
第十届合肥国际文化博览会开幕。
第三届全球传感器高峰论坛暨中国物联网应用峰会在合肥举行。
浙江省政协举行第26次"浙江政协·民生论坛"。
浙江省政府办公厅印发浙江省突发环境事件应急预案。

23日 江苏省第十一届村民委员会暨第六届居民委员会换届选举启动。
第七届中国大学生服务外包创新创业大赛在无锡落幕。
上海举行第四届"爱的上海"颁奖盛典。
第六届中国摩托艇联赛合肥庐江大奖赛拉开战幕。
2016江苏渔业国际合作推介会在连云港成功举办。
"2016第六届中国智能博览会暨第六届中国智能产业高峰论坛"在合肥开幕。
2016浙江省足球超级联赛开幕。

24日 2016小企业金融论坛在沪召开。
全国击剑锦标赛激战合肥。
华东地区建筑界、文化界年度盛会——城市建筑文化论坛在合肥市举办。

25日 由江苏省委宣传部等主办的"江苏当代作家与中国当代文学"研讨会举行。
上海市第二届市民运动会举行。
"大白鲸计划影视IP征集"活动启动仪式在镇江举行。

26日 上海贵州两地经济交流座谈会在上海举行。
第20期GFCI全球金融中心指数在上海发布。
浙江省大数据交易中心上线运行。
合肥市第十一次党代会开幕。

27日 第二届“新亚欧大陆桥安全走廊国际执法合作论坛”在江苏连云港举行。
江苏省体育产业投资基金成立。
由民建上海市委等举办的“2016上海中小企业发展奉贤论坛”举行。
中国民主促进会杭州市第十三次代表大会开幕。
合肥首个审资料缴税一站式服务中心启用。
上海北斗导航创新研究院成立。

28日 首届国家中小企业发展基金高峰论坛在南京举行。
2016年“上海市荣誉市民”称号和“白玉兰荣誉奖”颁授仪式举行。
浙江省综合交通投融资建设签约大会在杭州举行。
合肥举行轨道交通项目反恐火灾综合应急演练。

29日 江苏省政府在宁举办国庆招待会。
2016泰州金秋投资说明会举行，共签约项目104个，总投资突破900亿元。
“长征精神·永放光芒”国防教育演出活动在沪举行。
浙江省公安厅在浙江革命烈士纪念馆举行浙江公安英烈祭奠活动。

30日 安徽省第21(22)期青年卫生志愿者培训班暨送行仪式在合肥举行。
2016(第十五届)南京国际车展举办。
纪念中国工农红军长征胜利80周年音乐会在沪举行。
安徽省地方性法规新闻发布会召开。

十月

1日 江苏省近45万优抚对象抚恤补助标准提高。
上海芭蕾舞团原创舞剧《哈姆雷特》开幕献演。
大型水上情景表演交响音乐会《最忆是杭州》亮相。
安徽省全面实施企业、农民专业合作社“一照多址”登记制度改革。
2016金色徽园文化惠民艺术月在合肥拉开帷幕。

2日 2016中国龙舟公开赛(江苏阜宁·金沙湖站)开赛。
上海市首条BRT开始模拟运营测试。
合肥第十一届三国文化节开幕。
合肥出台区域性住房限购等十项意见。

3日 上海近20家企业代表参加上交会捷克展。
浙江体育旅游“新金矿”开启。

4日 2016世界集装箱港口百强榜单公布，我省连云港港、太仓港、南京港入选。
上海2016简单生活节开幕。

5日 上海国际舞蹈中心英国版芭蕾舞剧《罗密欧与朱丽叶》上演。

7日 合肥合作化路变电站扩建项目启动成功。

8日 江苏淮安清江浦区、洪泽区挂牌成立。

江苏常州南通颁发首批"五证合一"营业执照。
上海全面实施不动产统一登记制度。
浙江宁波市召开推进"中国制造2025"试点示范城市建设动员大会。

9日 江苏72项目入围国家重点科技专项。
合肥出台就业创业实施意见。
《上海市公民科学素质行动计划纲要实施方案(2016—2020年)》公布。
经农业部批准,浙江将创建全国农业"机器换人"示范省。
2016年安徽省暨合肥市"敬老月"活动启动。

10日 "南京市社会培训行业协会"成立。
由江苏省宁镇扬智库联盟主办的协同创新发展论坛在宁召开。
上海国际艺术节举办十八届以来第一次用民乐作品开幕仪式。
浙江安徽签订战略合作框架协议。

11日 江苏省政协举行第59期"名人名家"讲座。
《蓬皮杜现代艺术大师展:1906—1977》在上海开幕。
2016国际空中机器人大赛落幕,浙大代表队获得亚太赛区第一。
江苏省深化道德讲堂建设暨精神文明建设表彰会在常州召开。

12日 第十八届中国上海国际艺术节开幕。
第十九次中韩日佛教友好交流会议在宁波举行。
"2016安徽机电行业创新企业100强评选活动"落下帷幕。
江苏省人民政府、香港贸易发展局在南京举行苏港合作联席会议第四次会议。

13日 江苏省文明委命名表彰了15家2013—2015年度江苏省文明行业。
投资675亿元的中芯国际项目在上海浦东启动。
沪苏皖浙检察机关联手护航非公经济和科技创新。
2016徽商论坛健康产业发展峰会新闻发布会在合肥举行。
中国上海国际艺术节中心与印度签署中印文化交流合作备忘录。

14日 我国首部反通讯信息诈骗蓝皮书在南京邮电大学发布。
科技部宣布浙江宁波为首批国家科技成果转移转化示范区。
第三届互联时代徽商金融高峰论坛签约暨启动仪式举行。

15日 第二十三届全国科普理论研讨会在南京开幕。
上海出台供后管理实施细则。
上海市社会科学界第十四届(2016)学术年会马克思主义研究学科专场暨上海市马克思主义研究年度论坛举行。
2016中国药物创新及产业化院士论坛在杭州开幕。

16日 第三届江苏(盛泽)纺织品博览会举办。
第14届两岸四地印刷业交流联谊会暨2016丝路印刷发展论坛在上海召开。
安徽省山地自行车赛举行。

17日 新华日报和中国日报在南京签署国际传播战略合作协议。
2016宁波品牌百强榜发布。
"2016中德投资并购论坛"在江苏昆山举行。
2016中国印刷论坛暨第十六届亚太印刷论坛在上海开幕。
2016年度浙江省省级精品示范道路考评验收工作启动。

安徽金寨被评为“2016 中国长寿之乡旅游文化服务示范城市”。

18 日 南京中医药大学整合医学学院暨整合医学研究院成立。

第六届中国国际全印展在上海开幕。

2016 年上海市学生运动会拉开帷幕。

浙江省财政厅公布 86 个 PPP 项目，总投资达 1942 亿元。

南南合作促进会国际产能合作长江三角洲分会在杭州揭牌。

中国国际徽商大会在合肥开幕。

第十届中国(合肥)国际家用电器暨消费电子博览会举行。

19 日 江苏省社科界第十届学术大会开幕式暨首届江苏智库峰会在南京举行。

第十一届台商论坛在江苏淮安开幕。

《上海市产业与信息化领域“十三五”人才规划》发布。

第三届浙江青年电影节的帷幕在杭州拉开。

第二届世界杭商大会开幕。

首届中国机器人创客大赛总决赛在合肥举行。

长江经济带五家高新区协同发展信息平台开通。

20 日 中国共产党上海市十届十三次全体会议召开。

浙江省委宣传部、省社科院、省社科联等部门联合召开“与时俱进的浙江精神”理论研讨会。

合肥市城市街区 24 小时自助图书馆启用。

2016 中国国际林业机械展览会暨第四届全国林业机械发展大会在合肥开幕。

上海举办“第二届国际 LED 光源与植物照明技术论坛”。

21 日 2016 海峡两岸(江苏)名优农产品展销会举行。

浙江省第 22 届中国义乌国际小商品博览会开幕。

2016 中国・合肥苗木花卉交易大会开幕。

精准健康管理创新创业发展论坛在杭召开。

22 日 《共同见证：1937 南京大屠杀》史实展在法国冈城和平纪念馆开展。

第二届上海国际自然保护周启动。

合肥市物业管理行业“首届岗位技能大赛”举行。

23 日 全国首场渔业行政执法资格统一试点考试在南京拉开帷幕。

2016 上海广播节开幕。

由中国致公党中央委员会、浙江省政府主办的 2016 海峡科技论坛在杭州开幕。

总投资 259.7 亿元的 19 个重大项目在合肥集中开工。

由《浙商》杂志、武义县政府等共同举办的“弘扬浙商工匠精神”主题论坛举行。

24 日 江苏省政府召开全省大气和水污染防治工作推进会。

墨西哥国防部长一行访沪。

合肥市滨湖新区国际双语学校项目设计项目标前需求公示对外发布。

25 日 江苏省农业经济学会第八次会员代表大会在南京召开。

2016 上海广播节开幕。

上海机器人产业和绿色产业联盟揭牌。

浙江省人民防空实战化演习在温州市举行。

“互联网＋社会治理”全国法治媒体浙江行活动在杭州启动。

恶劣天气下限速证据采集系统在合肥机场高速启用。

26 日　江苏省"金融支持江苏供给侧结构性改革"研讨会在宁召开。
2016 中国(上海)自贸区文化授权交易会举行。
2016 中国国际食品博览会在举行。
浙江省企业联合会、企业家协会、工业经济联合会公布浙江省百强企业榜单。
中国首个跨境电子商务商品质量安全风险国家监测中心在杭州上线运行。
中德(安徽)产业合作圆桌会议在京举行。
安徽省召开 2016 年投资项目推介会,共 260 个项目,总投资 3009 亿元。

27 日　第四届公共外交对话会在上海举行。
浙江省行业协会商会与行政机关第一批脱钩试点改革拉开帷幕。

28 日　2016 第八届中国南京文化创意产业交易会举行。
江苏长江经济带研究院在南京举行"协调性均衡发展"研讨会。
2016 上海智慧城市建设领军先锋评选暨智慧工匠技能竞赛启动。
2015 年上海市外资百强发布。
浙江省、美国波音公司、中国商飞公司在杭举行发布会宣布,波音 737 完工和交付中心落户舟山。
中国电信合肥启动家庭客户千兆宽带规划。

29 日　第七届中国(泰州)国际医药博览会开幕。
第六届上海公益伙伴日活动开幕,首批 28 家公益基地获得命名。
杭州市大学生互联网科技创新大赛启动。
2016 合肥蜀山国际半程马拉松赛举行。

30 日　由工信部、科技部和江苏省人民政府共同主办的世界物联网博览会在无锡召开。
中国城市治理研究院在 2016"全球城市论坛"开幕式上举行揭牌仪式。
中国共产党安徽省第十次代表大会隆重开幕。

31 日　2016 世界物联网无锡峰会在无锡举行。
第 12 届浙西旅游合作峰会开幕。
上海市第八届(2014—2015)优秀公共关系案例评选颁奖大会举行。
浙江省古村落(传统村落)保护利用基金成立。

十一月

1 日　江苏省扩大有效投资暨重大项目推进会在南通召开。
第 18 届中国国际工业博览会在上海举办。
浙江宁波国家保险创新综合试验区建设推进大会举行。
合肥地铁 1 号线完成热烟测试。
创新与新兴产业发展国际会议在沪开幕。
第七届"今日水电论坛"在杭州开幕。

2 日　江苏通用航企亮相珠海航展。
"一带一路"与沪港金融合作研讨会在上海市召开。
大学生动物医学技能赛合肥开赛。
第四届中国智慧城市产业发展(上海)论坛在沪举行。

3 日　第四届江苏互联网大会在南京召开。
第八届中国(无锡)国际新能源大会在无锡开幕。

浙江省地震局发布《浙江省防震减灾"十三五"规划》。
合肥市首个社区食药品安全工作站揭牌。
东南大学国家发展与政策研究院揭牌成立。

4日 "很江苏 很未来 很幸福"成就展在宁举行。
2016国际海运年会在上海举行。
首届金融中心建设司法论坛在沪召开。
首届"中国(杭州)城市地下空间开发创新论坛"召开。
全国运动健身科学指导芜湖站活动举行。

5日 全球首家刑侦科学类博物馆——李昌钰刑侦科学博物馆在江苏如皋开馆。
2016第十二届上海当代戏剧节拉开大幕。
2016(第十四届)中国物流企业家年会在杭州开幕。
合肥市首家市级社区志愿服务广场揭牌。
《穿越火线》职业联盟电视联赛(CFPL)全国总决赛在合肥上演。

6日 2016年第七届环太湖国际公路自行车赛在无锡开幕。
第十八届中国塑料博览会在浙江余姚市举行。
第28次上海市市长国际企业家咨询会议举行。
2016杭州马拉松开跑。
2016中国城市学年会暨第六届城市学高层论坛在杭州举行。
安徽省合肥市电力大数据应用工程技术研究中心成立。

7日 江苏—东盟教育合作对话会在无锡举行。
上海国际喜剧节开幕。
2016全球私募基金西湖峰会在杭州开幕。

8日 首届中国—中东欧国家创新合作大会在南京开幕。
全国公安交通管理工作会议在上海召开。
全球最大天文馆在上海奠基开建。
2016第七届环太湖国际公路自行车比赛在浙江安吉举行。

9日 中国共产党江苏省第十二届委员会第十三次全体会议在南京召开。
"中国·江苏第五届国际产学研合作论坛暨跨国技术转移大会"在南京开幕。
国际展览业协会第83届会员大会在沪举行。
第四批中国传统村落名录公示,浙江225村落入选。

10日 江苏省暨南京市纪念孙中山先生诞辰150周年大会在宁举行。
"全球水岸对话2016论坛"在上海召开。
浙江省品牌学院在宁波挂牌成立。
联想年产500万台平板电脑项目投产仪式合肥举行。

11日 江苏省首届健身瑜伽马拉松在句容举行。
第11届上海双年展开幕。
第十七届全国留学人员创业园网络年会在浙江宁波召开。
安徽省盐业总公司与中国盐业总公司在合肥签署战略合作协议。

12日 第三届南京国际美术展开幕。
上海召开社区检察理论论坛。
2016合肥国际马拉松鸣枪开跑。

第二届绿色设计与制造论坛在合肥召开。

13日　首届江苏省政府投资基金创业精英大赛在南京启动。

浙江绍兴举办2016中国“名士之乡”人才峰会。

“2016东京审判与世界和平国际学术论坛”在上海交通大学落幕。

长三角合作与发展联席会议在杭州召开。

14日　中共江苏省委十二届十四次全会举行。

第23届全国省级党报总编辑年会在上海召开。

“合肥造”装置磁场在中国科学院强磁场科学中心调试成功。

15日　科技部与江苏省政府启动新一轮合作。

第三届世界互联网大会·互联网之光博览会在乌镇开幕。

中国海事海商审判理论专业委员会2016年年会在上海召开。

“第五届东方法治论坛”在上海浦东举行。

浙江省国家信息经济示范区建设新闻发布会举行。

合肥骆岗通用机场重启申请获民航华东地区管理局通过。

16日　江苏省政府与华为技术有限公司在南京签署战略合作协议。

第三届世界互联网大会在浙江乌镇召开。

第三届中国(连云港)丝绸之路国际物流博览会举办。

17日　江苏苏州300多亿项目集中开工开业。

上海市社会科学界第十四届学术年会大会举行。

第十三届上海知识产权国际论坛在沪开幕。

浙江省评出首批20条省级精品示范道路。

18日　“中国白酒小窖工艺高峰论坛”在安徽宣城举行。

中共江苏省第十三次党代会开幕。

第五届中国校园戏剧节在上海开幕。

德国宝沃汽车大项目落户浙江嘉兴。

第十届中国(合肥)国际家用电器暨消费电子博览会在合肥举行。

第七届合肥国际珠宝展览会拉开帷幕。

19日　“2016再生医学与健康产业发展论坛”在江苏南通举行。

上海市“外滩国际金融峰会”举行。

2016世界浙商上海论坛暨上海市浙江商会成立30周年大会举行。

2016徽商全球理事会年会亳州召开。

全球共享金融100人论坛(宁波)峰会举行。

安徽省钢琴协会教育委员会在合肥成立。

20日　2016中国新型城镇化国际论坛在苏州举办。

上海科普教育创新奖颁奖典礼举行。

第七届海峡两岸海洋海事大学蓝海策略校长论坛在江苏连云港举办。

21日　第九届全球健康促进大会在上海举行。

国家大学科技园22家企业在宁波股权交易中心集中挂牌。

索尼中国顾客互动中心——合肥运营中心开幕仪式举行。

22日　江苏镇江举行2016文化产业项目推介会。

《上海年鉴(2016)》出版。

"2016 年天下浙商家乡行活动"在杭州举行。
《安徽省"十三五"科技创新发展规划发布》。

23 日 第三届江苏文化艺术节闭幕。
南京浦口经济开发区沿山大道建设工程开工。
2016 长三角地区体育产业协作会议在沪举行。
2015 年度浙江省民营企业百强榜单公布。

24 日 知识产权服务平台"我的麦田"在南京开通。
2015 年度浙江民企百强榜单发布。
《上海市综合交通"十三五"规划》公布。
浙江农业博览会在杭州开幕。
合肥林园部门公布,合肥东部、南部和北部都将拥有重量级的湿地公园。

25 日 南京举行江苏省产业教授(兼职)选聘工作推进会。
2016 第五届世界华人收藏家大会暨"一带一路"收藏文化研讨会在上海举行。
2016 浙江省首届农业科技成果投资路演推介会启动。
合肥创新中心举行政企对接会暨首批企业集中签约仪式。
合肥举办第三届非遗论坛暨技艺大赛。

26 日 中国盐城第六届沿海发展人才峰会召开。
民进江苏省九届七次会议在宁开幕。
上海市网络游戏行业协会成立。
国家级平台上海石油天然气交易中心运行。
浙江获批建设国家科技成果转移转化示范区。
首届南京大数据产业年会暨大数据发展高峰论坛举行。
"合肥包河经开区融创·项目资本对接暨丰会商道"举办。
北航合肥科学城项目奠基。

27 日 第二届上海青年环保公益骑行活动举行。
第十届中国产学研合作创新大会在杭州开幕。
浙江秋季科技成果竞拍会举行。
"校企合作与创新创业发展高峰论坛"在杭州举办。

28 日 2016 镇江国际低碳技术产品交易展示会开幕。
首届紫金知识产权国际峰会在南京开幕。
安全国家重点实验室易址新建启动大会在上海举行。
安徽省首届电视旗袍春晚新闻发布会在合肥召开。
中宣部治国理政论坛研讨会在苏州举行。

29 日 2016 年法治江苏建设高层论坛在南京举行。
上海市政协举行 2016 年情况通报会。
浙江省 2015 年文化发展指数出炉。
浙江省水利工作会议暨百项千亿防洪排涝工程建设动员大会召开。
中国(蜀山)天鹅湖商务核心区主题摄影大赛启动。
上海科技出版社成立 60 周年纪念座谈会举行。

30 日 首届紫金京昆艺术群英会在南京开幕。
2016 外交官与民营企业家交流活动在上海举行。

浙江省在杭州举行第十三届戏剧节颁奖晚会。
安徽省人才工作会议在合肥召开。
宁波舟山港首条 40 万吨级航道通过评定。

十二月

1 日　“2016 泛长三角区域金融创新·合作与发展峰会”在南京举办。
长江沿岸中心城市经济协调会第十七届市长联席会议在南京举行。
《上海市华侨权益保护条例》正式实施。
中国宝武钢铁集团有限公司成立大会在上海总部举行。
2015 年度浙江省生态环境状况评价结果出台。
安徽省文物工作会议在合肥召开。

2 日　江苏省离退休干部工作委员会成立。
全国首个大数据试验场联盟在上海揭牌。
“首届国际专科护士大会”在杭州落幕。
首届世界工业设计大会在杭州召开。
安徽省暨合肥市举行 2016“全国交通安全日”主题活动。

3 日　农工党江苏省十一届六次全委(扩大)会议在南京召开。
2016 中国(苏州)数字经济与创新发展大会在苏州举行。
第三届中国大学智库论坛年会在复旦大学举行。
安徽省《长江三角洲城市群发展规划安徽实施方案》出台。
第十届浙江省中小企业峰会举行。

4 日　2016 年江苏科技论坛(青年科学家年会)在南京拉开帷幕。
“第 3 个国家宪法日暨上海市高校大学生法治辩论赛总决赛”举行。

5 日　2017 南京国际和平海报双年展启动仪式举行。
国家电动客车整车系统集成工程技术研究中心在合肥揭牌。
第一届全国大学生集成电路创新创业大赛在南京启动。
《浙江省国家赔偿费用管理办法》出台。
2016 合肥市国家电动客车工程中心揭牌仪式举行。

6 日　长江经济带多式联运公共信息与交易平台在南京上线。
中英创新合作战略圆桌会在上海举办。
中英基础教育论坛在上海举行。
共青团浙江省第十四次代表大会在杭开幕。
全国省级党报集团媒体融合研讨会在杭举行。
以“让制造更聪明”为主题的世界智能制造大会在南京举行。
第六届中英青年领导者圆桌会在沪举行。

7 日　安徽宿州青年创新创业中心揭牌成立。
产业互联网联盟在上海揭牌。
上海国际跨媒体技术装备创新博览会开幕。
浙江开化县被纳入第三批国家新型城镇化试点。
中美工程技术研讨会暨第七届“外国专家江淮行”活动举行。

8 日　江苏句容抽水蓄能电站开工建设。

首届中国军民两用技术创新应用大赛决赛在江苏泰兴圆满落幕。
“2016 上海最具投资潜力 50 佳创业企业”榜单公布。
国家统计局公布数据显示，今年安徽省粮食总产 683.5 亿斤，比上年减产 24.1 亿斤。
2016 年度长三角地区主要领导座谈会在杭州召开。
长江三角洲地区主要领导座谈会在杭州举行。
第八届陆家嘴法治论坛在上海举行。

9 日 2016 中国(南京)电子商务博览会在南京开幕。
第三届上海国际智库峰会举行。
首次南京与台湾新北市共同举办的智慧社区论坛召开。

10 日 中国开发区协会通用航空产业园区专业委员会成立大会在沪举行。
浙江西湖高等研究院在杭州成立。
首届健康中国(池州)论坛举行签约仪式。
第十届中国如东沿海经济合作洽谈会在上海举行。

11 日 “江苏美境行动”第十三届颁奖暨第十四届启动活动在南京举行。
由上海联影医疗科技有限公司牵头承担的三个“国家重点研发计划”启动。
全球青年温商创业大赛总决赛在京举行。
合肥建东西南北四个医养结合示范中心选址敲定。

12 日 第七届江苏廉洁文化周开幕剧《一代楷模周恩来》在南京上演。
中共武警上海市边防总队第三届委员会第一次全体(扩大)会议召开。
中欧(汉堡—合肥)首趟回程班列抵达合肥。

13 日 2016 年南京大屠杀死难者国家公祭仪式在宁举行。
2016 陆家嘴金融发展峰会在上海举办。
浙江成立海外高科技项目投资与并购平台。
2016 安徽旅游互联网大会暨网络旅游论坛在合肥召开。
安徽省“引江济淮”工程可研报告获国家发改委批复。

14 日 江苏省启东 4000 吨级浮吊船建成交付。
第二届“药食同源与植物代谢”国际学术研讨会开幕。
全国首个省级司法智库在沪成立。
杭州市农合联举行成立大会暨第一届会员大会。
上海—东盟商品直销中心揭牌。

15 日 2016 中国·江苏太湖影视文化产业投资峰会在无锡举行。
安徽省发布“十大皖药”，确定首批 12 个产业示范基地。
第十三届中国国际金融论坛在沪举行。

16 日 “江苏省·中央企业合作恳谈会”在北京举行。
宁波(北京)投洽会暨重大项目签约仪式在京举行。
上海北郊未来产业园启动建设。
合肥经开区召开“调转促”四个政策文件宣贯会。
安徽重型燃气轮机院士工作站正式入驻清华启迪科技城。

17 日 第三届华语大学生视觉映像艺术节在江苏南通举行颁奖盛典。
互联网医疗全科中心“微医全科中心”落户杭州。
第二届“复旦科技创新论坛”举行。

第五届上海文化发展研讨会举行。
民盟浙江省委会十一届六次全会在杭州召开。

18 日 江苏扬中投资 20 亿元建设智慧城市。
由《解放日报》主办的 2016 上海创新论坛举行。

19 日 江苏光伏电池转化率,再创世界纪录。
2016 中国影视艺术创新峰会在杭州拉开帷幕。
上海首个绿色低碳公交场站投入运营。
宁波舟山港成为全球首个年货物吞吐量突破 9 亿吨的大港。
第三届互联时安徽全面落实"全创改"试点,11 家试点单位方案获国务院批复。

20 日 淮海大数据产业园在江苏徐州开工建设。
中以上海创新中心成立一周年庆典在沪举行。
国务院同意浙江省开展国家标准化综合改革试点工作。

21 日 江苏省徐州保税物流中心(B 型)封关运行。
中国建筑国际集团安徽省基础设施总部项目落户合肥。
新开发银行首贷项目在沪签约。
第三届世界互联网大会总结表彰会议在杭州举行。
合肥新站高新区首个院士工作站揭牌。

22 日 "鉴真精神与中日文化交流"研讨会在日本奈良举行。
上海市马克思主义研究论坛举行。
浙江省科学技术协会第十次代表大会在杭举行。
安徽省信访工作领导干部专题培训班结业式在合肥举行。

23 日 第二届"公共工程审计理论与实务研讨会"在南京召开。
九三学社上海市委召开十六届七次全体(扩大)会议。
国土资源部批复同意《浙江省国土资源节约集约示范省创建工作方案》。
江苏省经济工作会议在宁召开。
安徽省双拥工作暨"双拥在基层"活动总结会议在合肥召开。
2016 年美丽中国·生态文学艺术学术论坛在浙江召开。

24 日 上海市举行"温暖送三岛"慈善活动。
合肥入选首批"中国快递示范城市"创建试点。

25 日 江苏省首个野生动物王国在南京开工建设。
上海市第八次综合测评结果揭晓 。
安徽养老公共信息服务平台在合肥上线。

26 日 "中国城市公益慈善指数"发布,江苏省南京、无锡等上榜。
致公党上海市委召开七届十次全会。
浙江发布《钱塘江金融港湾发展规划》及相关政策。
全国首个液化品保税物流中心在宁波镇海封关运行。
合肥市轨道交通 1 号线一、二期工程开通运营。
合肥成为"全国旅游标准化示范城市"。
《浙江省电子商务产业发展"十三五"规划》发布。

27 日 江苏省公安工作会议在宁举行。
江苏常州中非国际合作产业园启动。

安徽四高校当选全国首批深化双创教育改革示范校。

安徽省第五次残疾人事业工作会议在肥召开。

安徽省"四好农村路"运输服务工作现场会在舒城县召开。

28日 最高人民法院第三巡回法庭在南京揭牌。

农工党上海市委召开十二届十一次全体会议。

第二届杭州大学生戏剧节开幕。

九三学社江苏省第七届委员会第六次全委会议在南京召开。

上海市举行院士专家工作站总结会。

民建上海市委召开十二届六次全体会议。

"西藏号"集装箱班列首发宁波。

江苏省妇女儿童工作会议在南京召开。

29日 2016民营资本投资江苏大会在南京举行。

国内首座机场艺术馆落户上海浦东。

金甬铁路项目开工仪式在浙江省宁波举行。

安徽2017新年音乐会举行。

淮河干流航道(三河尖至蚌埠闸段)整治工程开工。

30日 苏州交响乐团揭牌。

上海市首批青少年科学创新实践工作站揭牌。

杭州首条直飞温哥华航线启航。

江苏省反通讯网络诈骗中心组建运行。

安徽省省属企业与金融机构对接会在合肥召开。

31日 在上海交响乐团音乐厅举行"上海新年音乐会"。

浙江义乌开往伦敦中欧班列首发。

截至2016年12月底,合肥经开区国家级高新技术企业达到113家。

图书在版编目(CIP)数据

长三角年鉴. 2017/孙克强主编. —南京：河海大学出版社，2018. 3

ISBN 978-7-5630-5341-4

Ⅰ. ①长… Ⅱ. ①孙… Ⅲ. ①长江三角洲－2017－年鉴 Ⅳ. ①Z525

中国版本图书馆 CIP 数据核字(2018)第 036130 号

书　　名 / 长三角年鉴(2017)
书　　号 / ISBN 978-7-5630-5341-4
主　　编 / 孙克强
协　　办 / 长江经济带研究中心/长三角城市经济协调办公室/长江经济网/长三角智库
责任监制 / 蔡荣治
通讯地址 / 南京市建邺路 168 号　　　邮政编码:210004
编辑部电话 / (025)83734866
网　　址 / www. yangtze. org. cn

出　　版 / 河海大学出版社
地　　址 / 南京市西康路 1 号(邮编:210098)
电　　话 / (025)83737852(总编室)　(025)83722833(发行部)
网　　址 / http://www. hhup. com
电子信箱 / hhup@hhu. edu. cn
责任编辑 / 毛积孝
装帧设计 / 王东平

总 经 销 / 河海大学出版社发行部
经　　销 / 江苏省新华发行集团有限公司
读者服务 / 邮购部(025)83722833
印　　刷 / 南京台城印务有限责任公司

开　　本 / 880 毫米×1230 毫米　1/16
印　　张 / 57. 5
插　　页 / 30
字　　数 / 1597 千字
版　　次 / 2018 年 3 月第 1 版
印　　次 / 2018 年 3 月第 1 次印刷
定　　价 / 498. 00 元(精装)